编　委　会

主编：黄凯锋　轩传树

世界社会主义研究年鉴

（2019）

上海社会科学院中国马克思主义研究所
上海社会科学院国外社会主义研究中心　编

上海社会科学院出版社
SHANGHAI ACADEMY OF SOCIAL SCIENCES PRESS

序

蓝蔚青[①]

2020 年是恩格斯诞辰 200 周年，也是他的最有名的代表作之一、科学社会主义的经典名篇、被马克思称为“科学社会主义的入门”的《社会主义从空想到科学的发展》发表 140 周年。

200 年来，沧桑巨变。马克思主义诞生之时，共产主义还只是一个在欧洲徘徊的幽灵。《社会主义从空想到科学的发展》发表时，群众性的工人阶级政党已开始成为欧洲主要国家的重要政治力量。恩格斯撰写此书就是为了适应当时党的思想建设的需要，这本书对日后马克思主义在全世界的广泛传播也发挥了重要作用。今天，共产党领导的社会主义中国已成为全球第二大经济体和世界经济发展的最大引擎，在各领域发挥着举足轻重的影响，在某些方面如互联网深入社会生活和这次以举国之力防控新冠肺炎疫情等，已开始发挥引领性作用。各国资本主义势力惊恐不已，不择手段地打压围堵，不惜打乱全球经济，肆意破坏现行国际经济政治秩序。一些政客甚至不顾“二战”之前纳粹势力借助民粹主义和民族复仇主义思潮坐大上台、祸害全世界并最后自取灭亡的历史教训，为了国内政治斗争和大选的需要，操弄民粹主义和狭隘民族主义，鼓吹本国“第一”“唯一”，大肆“甩锅”，刻意煽动非理性的社会心态，并造成这种“思想病毒”的国际传播，给世界带来更多的不确定性。这些不计后果、不惜代价的疯狂举动，恰是他们走向衰亡的突出表现。

资本主义基本矛盾的深化和世界格局的重大变化，使我们面临“百年未有之大变局”，各种“黑天鹅”“灰犀牛”现象接踵而来。2020 年刚刚开局，我们就目睹了新冠肺炎疫情全球大流行迫使一些经济发达地区封城封国，经济社会生活陷入“休克状态”的“蝴蝶效应”：疫情造成原油需求大幅萎缩，主要原油供给国之间为争夺市场份额大打价格战，供需双杀使得原油价格暴跌，加剧了金融市场的动荡，美国股市更是史无前例地在短短 10 天内 4 次熔断、一个月跌幅超过 30%，让 89 岁高龄的“股神”巴菲特都目瞪口呆。疫情在欧美国家的扩散对主要经济体的消费、服务业、工业生产、国际贸易和全球供应链等造成严重的负面冲击，占这些国家经济总量三分之二以上的服务业遭到巨

① 作者系浙江省社会科学界联合会原党组副书记、副主席、研究员，上海社会科学院中国马克思主义研究所特邀研究员。

大打击，一些巨无霸企业也陷入困境。

新冠疫情和石油价格战不过是导火线。经济动荡、社会恐慌、民粹主义盛行的根本原因，还是恩格斯在《社会主义从空想到科学的发展》中所深刻分析的资本主义基本矛盾。在《共产党宣言》中，马克思、恩格斯就富有远见地指出了资本主义生产关系推动经济全球化的必然趋势，同时也指出资产阶级为了克服源于资本主义基本矛盾的周期性经济危机，“一方面不得不消灭大量生产力，另一方面夺取新的市场，更加彻底地利用旧的市场”“这不过是资产阶级准备更全面更猛烈的危机的办法，不过是使防止危机的手段愈来愈少的办法”。随着世界各国普遍打破封闭状态，融入全球经济，愈来愈多的行业被纳入全球产业链，从而使经济危机、经济动荡的波及范围空前巨大，“蝴蝶效应”频频发生。

恩格斯在《社会主义从空想到科学的发展》中还分析了自由竞争转变为垄断的必然性以及金融投机和金融食利阶层对全社会进行的露骨剥削。马克思也揭示了信用制度和虚拟资本使资本主义发展成为最纯粹的赌博欺诈制度，并且使剥削社会财富的少数群体的人数日益减少。资本主义进入垄断阶段后，列宁指出：“帝国主义的一般特性，就是资本的占有同资本在生产中的运用相分离，货币资本同工业资本或者说生产资本相分离，全靠货币资本的收入为生的食利者同企业家及一切直接参与运用资本的人相分离。”金融资本的垄断和对外扩张，不仅造成了国内的食利者阶层，而且还产生了“食利国”。现代金融资本不仅跨行业、跨部门，而且跨区域、跨国界，这种国际金融垄断资本是资本最高和最抽象的表现形式，构成了发达资本主义国家最本质的经济特征。

现代金融资本的很大一部分是自我循环的虚拟资本。这些年来，发达资本主义国家通过“金融创新”，使各种金融衍生产品迅速发展，金融市场的交易量远远超过国内外贸易的交易量。金融机构通过发行金融衍生产品和运作金融资产，构成相对独立的金融循环体系，通过调整自身资产结构进行流动性重新配置，通过快速运动不断地成倍产生新的虚拟资本，形成巨大的资产泡沫。金融资本具有食利性、寄生性和投机性等特征，使发达资本主义国家愈来愈依赖于对发展中国家“剪羊毛”。特别是掌握着世界货币发行权的美国，无论产生多少逆差都可以用美元来“平衡”。随着金融资本的虚拟化，投机活动蔓延到社会经济生活的各个领域。不仅金融资本的拥有者热衷于投机，政府也利用各种金融手段进行投机活动，甚至相当一部分中产阶级也被吸引到了金融投机的浪潮中。金融资本的高额利润使制造业空心化、政府债务负担加重、企业部门债台高筑、社会贫富分化严重，加上发达国家普遍存在的人口老龄化等问题，导致经济缺乏长期增长的动力。这种金融驱动和信贷支撑型经济具有极大的脆弱性。一旦遇到重大突发事件甚至虚假传闻，导致对经济趋势的预期出现逆转，就可能打破财富效应的正反馈，引发泡沫破裂，导致流动性枯竭，市场巨震甚至崩盘，重要金融机构倒闭，甚至发展为殃及全球的金融危机，并从虚拟经济蔓延到实体经济，从发达国家传导到发展中国家，形成席卷世界的经济危机。

发达资本主义经济体的现状充分证明，尽管一批资本主义企业凭借长期积累，在许多科技和经济领域仍有优势，资本主义也还有一定的自我调节能力，发展潜力尚未枯竭，但源于资本主义制度的基本矛盾依然没有得到解决。随着经济全球化的广度和深度不断发展，资本主义基本矛盾的覆盖范围将愈来愈大，并日益显示出它是当前经济、政治、文化、社会、生态领域一系列重大问题的根源，而缓解矛盾的政策空间却捉襟见肘，十分有限。只有按照马克思主义所揭示的人类社会发展的客观规律和必然趋势，依靠人民群众，因势利导地对社会基本制度进行革命性的改造，才能“山重水复疑无路，柳暗花明又一村”，开创人类社会美好的未来。

社会主义思想和运动始于对资本主义种种弊端的批判和反抗。社会主义经过几百年来从空想到科学、从愿景到实践、从欧洲到全球、从社会运动到制度建设、从风起云涌到曲折前进的发展，已经成为当今最引人注目的社会现象之一。特别是占全球人口五分之一的中国人民，在中国共产党的领导和中国化的马克思主义理论的指导下，历经一个世纪艰苦卓绝的英勇奋斗，从“站起来”到“富起来”再走向“强起来”，开辟了中国特色社会主义道路，创立了中国特色社会主义的理论体系和制度体系。我们党大力倡导以“实事求是”为核心的思想路线，创造性地把非公有制经济和社会主义市场经济体制以及与之相联系的分配制度纳入社会主义基本经济制度并作为其有机组成部分，突破了高度行政化的僵化体制的束缚，把全面依法治国作为社会主义的本质要求和重要保障，发展民主参与和民主协商，极大解放发展了社会生产力，增强了社会活力。我们不仅书写了人类历史上“最成功的脱贫故事”，而且已经阔步走到决胜全面建成小康社会的重要历史节点，向全世界展示了能够避免资本主义种种痼疾的与众不同的发展道路，鼓舞了各国进步力量维护人民大众利益，追求美好生活的信心。在经历了苏东剧变所带来的巨大冲击后，面对资本主义发展的新现象和新矛盾，其他国家的社会主义运动和左翼力量也在调整理论策略，重新整合力量，为争取社会中下层群众的利益而斗争。

《世界社会主义研究年鉴》(以下简称《年鉴》)作为国内集中展示世界社会主义研究成果的有重要影响的学术平台，主要选取上一年度国内外世界社会主义研究中具有权威性、前沿性和代表性的研究成果，试图对当今世界范围内的社会主义思潮、理论、运动与制度作多视角、深层次的观察和思考，以反映世界社会主义研究领域的最新动向。在 2019 卷中，一批老中青作者和译者全景式地展现了中国特色社会主义的国际影响和海外研究，马克思主义经典著作出版和研究的新成果，社会主义思想史的深入考证评析，以社会主义运动为主的世界左翼运动的历史和现状，当代资本主义的新变化与新趋势。《年鉴》围绕当年的一些重要历史纪念日，提供了一批具有新视角新境界的论文。这些成果既有翔实的材料，又有独到的见解，为深化对马克思主义、社会主义和资本主义的科学认识，提供了多方面的启迪。借此机会，笔者也就马克思主义、社会主义和资本主义的关系略表浅见。

中国特色社会主义的中心词是“社会主义”，我们党的几代领导人反复强调，我们搞的是社会主义而不是别的什么主义，必须坚持社会主义道路不动摇，把它作为一项根本原则。我们的立论依据就是：社会主义是比资本主义进步的社会制度，人类社会必然走向社会主义，并进一步走向共产主义，这是不以任何个人的意志为转移的客观规律。承认这种客观必然性是共产党人理想信念的哲学基础，也是马克思主义历史观的基本结论。这个普遍规律，马克思、恩格斯在《共产党宣言》《社会主义从空想到科学的发展》《哥达纲领批判》等著作中讲得很明确，而且这一发展趋势已经在我国和发达国家的社会生活中愈来愈多地显现出来，也一再证明它是人类文明发展的普遍规律，是历史必由之路。我们如果还想自称是马克思的学生，就决不能忽视现实生活中的这些客观事实。

马克思主义之所以是科学而不是空想，就是因为恩格斯所说的，“我们关于未来非资本主义社会区别于现代社会的特征的看法，是从历史事实和发展过程中得出的确切结论；脱离这些事实和过程，就没有任何理论价值和实际价值”。列宁在《国家与革命》中再次强调了马克思主义预测未来社会发展趋势的这一科学方法，他说：“究竟根据什么材料可以提出未来共产主义的未来发展问题呢？这里所根据的是，共产主义是从资本主义中产生出来的，它是历史地从资本主义中发展出来的，它是资本主义所产生的那种社会力量发生作用的结果。马克思丝毫不想制造乌托邦，不想凭空猜测无法知道的事情。马克思提出共产主义的问题，正像一个自然科学家已经知道某一新的生物变种是怎样产生以及朝着哪个方向演变才提出该生物变种的发展问题一样。”因此，我们需要对发达国家的社会现象作科学研究，分清哪些是人类社会发展的必由之路，属于马克思所说的“自然历史过程”，哪些是资本主义制度造成的弯路、邪路，哪些是人家曾经走过弯路、邪路后来又改邪归正了的。“择其善者而从之，其不善者而改之”。

其实马克思在《资本论》第一卷第一版序言中就非常明确地指出：“工业较发达国家向工业较不发达国家所显示的，只是后者未来的景象。”“一个国家应该而且可以向其他国家学习。一个社会即使探索到了本身运动的自然规律，——本书的最终目的就是揭示现代社会的经济运动规律，——它还是既不能跳过也不能用法令取消自然的发展阶段。但是它能缩短和减轻分娩的痛苦。”这些话应该说属于马克思主义的 ABC。但是这些年来我们在强调发展道路的多样性的同时，对普遍规律讲得不足，不少人头脑中激发了跳过或用法令取消“自然的发展阶段”的幻想，以至于把前进道路上那些不可避免的痛苦归咎于我们党的一些政策，特别是改革开放。这是一个深刻的教训。

毋庸讳言，我们过去在建设理想社会的参照系选择上有过失误。这个失误不在于按照普遍规律选择参照系，而是误解了普遍规律。误解之一是把特殊当一般，把偶然当必然，主要是把苏联的具体做法甚至错误做法作为参照系，照抄了苏联的许多不正确或有很大历史局限性的具体做法，20 世纪 50 年代一度盛行“苏联的今天就是我们的明天”之说。其实毛泽东在探索中国社会主义建设道路的开篇之作《论十大关系》中就开宗明义地指出：“特别值得注意的是，最近苏联方面暴露了他们在建设社会主义过程中的一些缺点和错误，他们走过的弯路，你还想走？过去我们就是鉴于他们的经验教训，少走了一些弯路，现在当然更要引以为戒。”误解之二是时间坐标错位，超越阶段，不承认经济社会发展水平的决定作用，急于求成。误解之三是忽视了价值理想，把价值理想当成制度理想。

自《共产党宣言》发表后，马克思、恩格斯在阐述共产主义理想时，所讲的基本上都是价值理想。其实社会主义一开始就是作为一种与个人主义相对立的价值观、价值理想而提出来的。社会主义从空想到科学的发展，使美好的价值追求建立在对社会发展客观规律的科学认识的基础上，从而有了实现的可能性。同时，科学社会主义没有抛弃前辈思想家不成熟的价值理想，而是把其中的合理内容作为思想精华继承下来。马克思主义是关于人类解放道路的理论，它始终把人的解放程度作为社会进步的根本标尺，人的彻底解放就是马克思主义最根本的价值理想，它与肯定人民群众创造历史的决定作用的马克思主义历史观是内在统一的。《共产党宣言》用一句话概括了共产主义理想:“代替那存在着阶级和阶级对立的资产阶级旧社会的,将是这样一个联合体,在那里,每个人的自由发展是一切人的自由发展的条件。”恩格斯在逝世前不久写的一封信里说,如果要用最精练的语言来概括未来新社会的特征,那么最合适的就是《共产党宣言》中的这句话。马克思更多的是用“自由人的联合体”“一切人自由全面发展的社会”这些概念来指称他们为之奋斗的新社会。恩格斯在《社会主义从空想到科学的发展》中,也对共产主义社会的本质作了这样的概括:到那时,“人们周围的、至今统治着人们的生活条件,现在却受到人们的支配和控制,人们第一次成为自然界的自觉的和真正的主人,因为他们已经成为自己的社会结合的主人了。”“这是人类从必然王国进入自由王国的飞跃”。马克思、恩格斯对共产主义理想的阐述,主要是价值理想。恩格斯还明确宣布:“关于未来社会组织方面的详细情况的预定看法吗?您在我们这里连它们的影子也找不到。”

当然,社会主义绝不仅仅是一种价值观,我们反对“制度虚无主义”。但社会主义的制度设计不是凭空想象的,更不是一成不变的,必须从各个时期、各个国家的实际情况出发,并且根据建设社会主义的实践经验不断加以修正。而社会主义、共产主义的价值理想则是一脉相承的。在新民主主义革命时期,尽管我们党明确指出这一革命的目标并不是建立社会主义的社会制度,但当时的共产党人是有共产主义理想的。这个理想不仅体现在党的最高纲领中,而且体现在为人民服务,争取民族独立、人民解放的价值追求中。这种价值理想是直接指导当时实践的,并且是可以验证的,当时广大人民群众不是从对未来美好生活的远期许诺中,而是从共产党人实践价值理想的实际行动中认识共产党,信任共产党,追随共产党。毛泽东著作中影响最大、传播最广、我们这一代人都背得滚瓜烂熟并刻骨铭心的“老三篇”,讲的都是共产党人的价值理想而不是制度理想。

几百年来,社会主义的价值理想一直指导着社会主义的制度设计,引导、鼓舞和支撑着一代代社会主义者前赴后继,不懈奋斗,并作为一面光辉的旗帜吸引愈来愈广大的群众。制度是价值的外化,是价值的躯壳,是实现价值理想的保障;而价值是制度的灵魂。制度失去了价值理想就会“失魂落魄”,失去意义,徒具形式。我们坚持社会主义,绝不意味着在制度建设上墨守成规、作茧自缚,而是要坚持以社会主义的价值理想为指导,从生产力发展水平和社会关系的实际情况出发,进行社会主义制度的建设、改革和完善,推动社会主义法律规范和道德规范的形成和健全。在现阶段,就是要坚持全心全意为人民服务的价值理想,以中国人民整体利益的最大化和具体利益冲突的最小化作为价值目标来改革和设计制度,制定政策,建设一个人民群众当家作主,主动性、积极性、创造性得到充分发挥,人人享有美好生活的和谐社会。

习近平总书记在十八届中央政治局常委同中外记者见面时强调指出:“我们的人民热爱生活,期盼有更好的教育、更稳定的工作、更满意的收入、更可靠的社会保障、更高水平的医疗卫生服务、更舒适的居住条件、更优美的环境,期盼孩子们能成长得更好、工作得更好、生活得更好。人民对美好生活的向往,就是我们的奋斗目标。”这番话深得马克思主义的精髓。我们要突出这样的价值理想,因为它是一以贯之的,始终有效的,便于检验的,不会变成空谈和忽悠,也不会搞成空想误导实践。

江泽民同志在《在庆祝中国共产党成立80周年大会上的讲话》中,曾专门讲过这个道理。他指出:“我们坚信马克思主义关于人类社会必然走向共产主义这一基本原理。共产主义只有在社会主义社会充分发展和高度发达的基础上才能实现。共产主义社会,将是物质财富极大丰富,人民精神境界极大提高,每个人自由而全面发展的社会。必须看到,实现共产主义是一个非常漫长的历史过程。过去,我们对这个问题的认识比较肤浅、简单。经过这么多年的实践,现在,我们对这个问题的认识要全面和深刻得多了。我们对社会未来发展的方向可以作出科学上的预见,但未来的事情具体如何发展,应该由未来的实践去回答。我们要坚持正确的前进方向,但不可能也不必要去对遥远的未来作具体的设想和描绘。以往的经验教训已充分说明,这样做很容易陷入不切实际的空想。大家都应该深刻认识这个道理。”他在这里所强调的,也是价值理想。他在这篇重要讲话中总结我们党80年的奋斗历程和基本经验,展望新世纪的艰巨任务和光明前途,得出的结论是:“我们党要继续站在时代前列,带领人民胜利前进,归结起来,就是必须始终代表中国先进生产力的发展要求,代表中国先进文化的前进方向,代表中国最广大人民的根本利益。”这也是一个价值标准。当时不少人用制度理想去衡量,对“三个代表”感到不解,甚至提出了种种质疑。而从价值标准、价值理想的角度去理解,那就顺理成章了。

突出价值理想,充分继承了中华民族的优秀传统文化。我们的先哲关于理想社会最有代表性的阐述,见于《礼记·礼运》的大同篇:“大道之行也,天下为公,选贤与能,讲信修睦。故人不独亲其亲,不独子其子,使老有所终,壮有所用,幼有所长,矜、寡、孤、独、废疾者皆有所养,男有分,女有归。货恶其弃于地也,不必藏于己;力恶其不出于身也,不必为己。是故谋闭而不兴,盗窃乱贼而不作,故外户而不闭,是谓大同”。这里并没有具体的制度设计,讲的都是价值理想、道德境界。而且追求这种价值理想,完全可以从当下的社会主义初级阶段、从我们每个人做起,而不应推到遥远的未来,这就是所谓“人皆可以为尧舜”。

社会主义价值理想,也应该成为中华民族对世界的重大贡献。英国前首相撒切尔夫人曾经说过一句流传很广的话,“中国不可能成为超级大国,因为中国没有那种可以用来推进自己的权力,进而削弱我们西方国家的具有‘传染性’的学说。今天中国出口的是电视机,而不是思想观念”。我相信我们完全能打破这一“撒切尔魔咒”。党的十八大报告已经对社会主义的基本价值理念作了概括,要求“倡导富强、民主、文明、和谐,倡导自由、平等、公正、法治,倡导爱国、敬业、诚信、友善,积极培育和践行社会主义核心价值观”。只要我们自觉践行并积极倡导这样一些价值理念,必定能够站到道义上的制高点,得到世界各国人民的认同和尊敬。我们应该有这样的文化自信。

研究社会主义和资本主义的关系,还需要科学使用“东方”和“西方”的概念,不能把“资本主义”同“西方”划等号,以免混淆话题,搞错对象。划分东西方国家有三个标准:地理位置、文化背景和社会基本制度。在历史上,“西方”最初是指相对于拜占庭东罗马帝国及以东的“东方”而言,亦即基督教世界,也就是信仰基督教的地区,后来专指罗马天主教会统治的地区。具有全球意义的东西方关系形成于第二次世界大战后,指的是以苏联为首的社会主义阵营同以美国为首的资本主义阵营的关系。双方组成两个对立的军事、政治集团,并都有具体的组织形态,在政治、军事、经济和意识形态等领域处于全面对立状态，进行激烈斗争。我国一度属于东方阵营，但中苏关系破裂后，毛泽东提出“三个世界理论”取代“两大阵营”的划分，成为我国制定和实施国际战略的理论依据。1985年，邓小平进一步指出：“现在世界上真正大的问题，带全球性的战略问题，一个是和平问题，一个是经济问题或者说发展问题。和平问题是东西问题，发展问题是南北问题。概括起来，就是东西南北四个字。南北问题是核心问题。”这里说的东西问题是指以美国为首的北约和以苏联为首的华约的关系，我们并没有把自己包括在东方集团之内，而是把当时在我国边境陈兵百万的苏联视为最大的军事威胁。

针对两大军事集团的对峙，我们把独立自主作为中国外交政策的根本原则和核心，反复宣布对于一切国际事务都要从中国人民和世界人民的根本利益出发，根据事情本身的是非曲直决定自己的立场和政策，讲公道话，办公道事，不依附任何大国或国家集团，不屈从于任何大国或国家集团的压力，不同任何大国或国家集团结盟，不参加任何军事集团，不受制于人，不在两大集团之间选边站队，不打别人的牌也不允许任何人打中国牌。坚持永远站在第三世界一边，谁搞霸权就反对谁，自己也永远不称霸，永远不欺负别人。我们坚持和平共处五项原则，不以意识形态划线，同谁都来往，同谁都交朋友，不让社会制度和意识形态差异成为发展国家关系的障碍。我们把国家利益作为外交战略的最高准则，把国家主权和安全放在第一位，绝不容忍中国的国家统一、领土完整、国家安全、民族尊严受到任何侵犯。同任何国家发展关系都绝不以牺牲自己的主权和安全为代价，不拿原则作交易，不把自己的社会制度和意识形态强加于人，但也绝不允许别国把他们的社会制度和意识形态强加于我们。针对国际上对中国内政的干涉、主权的侵犯等行为和企图，决不让步，决不屈服。在坚持维护自己的国家利益的同时，也尊重他国的国家利益。不随便批评别人，指责别人，过头的话不讲，过头的事不做，但同时心中有数，在反对霸权主义、维护世界和平、推动国际新秩序的建立方面有所作为。坚持这样的根本原则和最高准则，为我们的改革开放和社会主义现代化建设创造并长期保持了空前的有利国际环境。

苏东剧变后，东西关系的集团政治内涵不复存在，东西方关系往往被用来指社会主义国家和资本主义国家的关系，西方成为资本主义国家特别是发达资本主义国家的代名词。但剧变后的俄罗斯并没有被我们明确归入西方国家，而显然属于东方文化的日本、韩国、新加坡等国却被明确划归西方国家。这也表明“东方”“西方”这组概念具有一定的含混性，在不同场合具有地域、文化、社会制度、地缘政治等不同内涵。纵观这些年来学术论文和宣传文章中使用的“西方国家”概念，其外延大体有三种情况：大概念的“西方”是指资本主义国家，当然包括大批实行资本主义制度的发展中国家；中概念的“西方”是指发达资本主义国家；小概念的“西方”实际往往是专指美国。这就要求我们在使用“西方”这个概念时要避免随意性，注意精准性，防止“棍打一大片”，无意中伤人树敌。在国际政治斗争和意识形态斗争中，还是要多用有限定词的“西方敌对势力”这个概念，因为它虽不点名但指向精准，谁敌视我们就与谁针锋相对地斗争，把斗争矛头指向真正的对立面，决不示弱退让，也不主动树敌，特别是要把资本主义国家中的友好人士、中间力量、可以团结争取的力量和广大人民群众同敌对势力区分开来，避免产生“陪绑”之感，以利于巩固和发展国际统一战线。

在意识形态领域，要高度警惕和防范资产阶级意识形态的渗透和腐蚀，但不能把阶级概念置换成地域概念或文化概念，把“西方文化”一概看成腐朽的、敌对的文化，甚至把矛头指向“过圣诞节”这样的西方文化习俗。更何况作为我们党的指导思想的马克思主义在文化渊源上无疑属于西方文化。马克思、恩格斯都有深厚的西方文化底蕴。我们与新中国几乎同龄的这代人开始了解西方文化，首先就是通过学习马恩列斯的著作及其辅导材料、背景材料。笔者的研究生专业是马克思主义发展史，学习的主要教材就是马恩列斯全集，笔者关于西方文化的启蒙知识绝大部分来源于此，甚至一度在文风上也深受马恩著作翻译句式的影响，后来在干部教育和理论宣传的实践中才逐步“中国化”。马克思主义中国化是要用马克思主义的世界观和方法论研究中国的实际问题，并作出更容易为中国广大人民群众所理解和掌握的阐释和解读，更要在马克思主义指导下进行能够有效解决中国当下重大问题的理论创新，而不是要摒弃马克思主义思想体系中的西方文化因素。我们党筹建创立之时，就对那种认为马克思主义不适合中国国情的论调进行过针锋相对的批判。

与此相联系，我们在进行社会主义与资本主义的比较研究时，也要准确使用“西方”这个概念。我们的比较对象，主要是西方发达资本主义国家，对这个概念所包含的三重内涵，需要科学分析，区别对待：作为发达国家，它们是工业化、市场化、城镇化、现代化的先行者，它们在实践过程中取得的经验教训、社会治理的不少制度和方法都值得我们借鉴，以便少走弯路；作为资本主义国家，对它们实施的维护“1%”利益的那些制度我们必须揭露批判，坚决摒弃；对它们国内源于西方文化传统的各种现象，则应抱着理解而不盲从的态度，做到费孝通先生所提倡的“各美其美，美人之美，美美与共，天下大同”。尽管文化心理的差异可能会造成严重的社会后果，例如在这次新冠肺炎疫情中，属于东方文化但实行不同社会制度的中国、韩国、日本、新加坡等国发生疫情较早，但各种管控措施都较快得到民众的遵从和执行，较快遏制了疫情蔓延。而有些欧美国家在已经有前车之鉴的情况下仍然出现疫情失控，这与民族的文化心理有很大关系。但我们决不能因此而幸灾乐祸，渲染东方文化的优越性，以免伤害很多欧美朋友的感情。总之，在分析西方发达资本主义国家中的社会现象时，我们要实事求是地分析它到底是源于“发达”，源于“西方”还是源于“资本主义”，或者是源于一种以上的因素，并加以区别对待。

目　录

年度热点专论

马克思主义经典文献解读

当代资本主义纵览

世界左翼运动现状

社会主义思想史新探

中国特色社会主义研究

附录

Contents

The 100th Anniversary of May 4th Movement

Interpretation of Marxist Classical Literature

An Overview of Contemporary Capitalism

The Current Situation of the Left Movement in the World

A New Research on The History of Socialist Thought

Research on Socialism with Chinese Characteristics

Appendix

Epilogue

2019年度世界社会主义研究报告

马丽雅①

近年来,资本主义世界面临贫富差距拉大、经济过度金融化、社会分化、政治极化等严峻挑战,左翼运动发展缓慢甚至面临瓶颈。与此同时,中国特色社会主义进入新时代,理论创新、实践创新、制度创新不断推进,成为世界社会主义的中流砥柱,为世界社会主义运动的发展注入了强大的生机活力。在这一背景下,跟踪当前世界社会主义理论与实践研究的前沿动向,分析其间的主要观点与基本判断,有助于进一步推进世界社会主义研究向前发展。

一、世界社会主义研究中的核心议题与前沿动态

相比往年,2019年世界社会主义研究除了聚焦本年度重大历史事件周年纪念以外,依然主要围绕马克思主义经典文本、当代资本主义新变化以及世界左翼政治新发展等核心议题展开。

1. 纪念重大事件,聚焦热点议题

2019年恰逢五四运动爆发100周年、共产国际成立100周年、中华人民共和国成立70周年、中东欧国家转型30周年等,国内学术界从不同视角出发,对相关议题进行了充分阐释。

五四运动开辟了一个新时代,也是马克思主义在中国传播的历史起点。在五四运动爆发100周年之际,关于五四运动的研究成果数量达到了前所未有的峰值,仅中国知网的搜索数据,就有487篇,②而在2009年五四运动爆发90周年时,相关成果为212篇,与之相比,2019年的成果数量翻了一倍。在世界社会主义运动视域下,关于五四运动的研究主要侧重于两方面:一是五四前后马克思主义在中国的传播,通过历史观、文化、心理和地域等环环相扣的维度,马克思主义最终成为历史

---

① 作者系上海社会科学院中国马克思主义研究所助理研究员。

② 搜索时间为2020年4月7日23:08,搜索关键词为“五四运动”,搜索范围为在“期刊”项中“篇名”中含有“五四运动”的成果。

和人民的选择;①二是具有初步共产主义思想的知识分子群体在五四运动中完成了现代世界观的转型,在思想和干部上为1921年中国共产党的成立做好了准备。②

作为20世纪国际共产主义运动发展的必然产物,共产国际的诞生将"全世界无产者,联合起来"的口号付诸实践。在共产国际成立100周年之际,国内相关研究重新审视了共产国际和中国共产党及中国革命的关系,客观评价其历史地位,认为共产国际促进了马克思列宁主义在中国的传播,为中国共产党的成立进行了必要的理论和组织准备,同时其也存在过分集中、运转方式缺乏民主以及过分干预各党内部事务等缺陷。③ 国外相关研究在总结经验教训④的同时,更注重分析当前各国共产党和无产阶级力量重新团结起来,加强联合的可能性与必要性,认为共产国际精神对于当前推动社会革命、民族复兴、构建人类命运共同体及社会主义事业具有重大时代价值,因此要推进共产国际精神的创造性转化。⑤

中华人民共和国的成立是中国历史上的一个重大事件,对于世界社会主义运动而言同样意义非凡。在中华人民共和国成立70周年之际,相关研究主要侧重于三方面:一是马克思主义中国化

---

① 相关研究包括王刚:《五四前后马克思主义传入中国的多维进路》,《马克思主义与现实》2019年第3期;胡振良:《五四运动与马克思主义发展新境界》,《当代世界与社会主义》2019年第2期;石仲泉:《五四运动与马克思主义在中国的早期传播》,《当代世界与社会主义》2019年第2期;项久雨:《五四运动与马克思主义在中国传播的特点及规律》,《马克思主义研究》2019年第4期;"Young Pioneers, May Fourth Manifesto", *New Left Review*, 116/117, March-June, 2019等。

② 相关研究包括齐卫平:《五四运动结缘马克思主义的历史叙事》,《当代世界与社会主义》2019年第2期;刘焕明:《早期中国共产党人从五四运动中吸取的经验教训及其启示——纪念五四运动100周年》,《毛泽东邓小平理论研究》2019年第4期;段治文、张帅:《中国共产党对五四运动形象的历史建构》,《浙江社会科学》2019年第4期;陈杰、何云庵:《五四时期中国先进分子对马克思主义的认知抉择》,《马克思主义研究》2019年第4期等。

③ 相关研究包括刘淑春、佟宪国:《共产国际与中国共产党关系评析》,《马克思主义研究》2019年第10期;李后东:《共产国际中国问题研究小组的多维考察》,《当代世界社会主义问题》2019年第3期;刘新刚、程恩富:《共产国际的历史价值及其精神的时代价值——写在共产国际成立100周年之际》,《世界社会主义研究》2019年第12期;李景治:《实事求是地评价共产国际的历史地位和历史贡献》,《理论视野》2019年第6期等。

④ [俄]根·安·久加诺夫:《共产国际的宝贵经验》,《世界社会主义研究》2019年第5期。

⑤ 相关研究包括王喜满等:《共产国际成立100周年与争取和平和社会主义的斗争——第21次共产党和工人党国际会议的成果与特点》,《当代世界与社会主义》2020年第1期;元晓晓:《共产国际的经验和教训:欧洲共产党和工人党未来合作与展望——2019年欧洲共产党和工人党"倡议"纪念共产国际成立100周年会议评析》,《世界社会主义研究》2019年第11期;Communist Party of the Russian Federation, "21 IMCWP, Contribution of CP of the Russian Federation", http://www.solidnet.org/article/21-IMCWP-Contribution-of-CP-of-the-Russian-Federation/; Party of Labour of Austria, "21 IMCWP, Contribution of Party of Labour of Austria", http://www.solidnet.org/article/21-IMCWP-Contribution-of-Party-of-Labour-of-Austria/; Communist Party of the Workers of Spain, "21 IMCWP, Contribution of the CP of the Workers of Spain", http://www.solidnet.org/article/21-IMCWP-Contribution-of-the-CP-of-the-Workers-of-Spain/等。

的发展历程。70年来，马克思主义在中国经历了社会主义革命和建设、改革开放、中国特色社会主义进入新时代等主要历史时期，成为推进新中国社会主义革命、建设和改革等伟大实践进程的重要思想动力。① 二是中国特色社会主义理论发展。在70年实践探索基础上，新中国在社会主义政治经济学和政治学等学科上实现了一系列重大创新，有力指导了社会主义建设事业，为世界社会主义的发展提供了中国智慧。② 三是中国特色社会主义对世界社会主义的贡献。70年来，中国成功的经验、行之有效的制度、所坚持的道路和做法为世界社会主义发展提供了中国智慧和中国方案、做出了杰出贡献。③

20世纪80年代末，东欧社会主义国家先后开始向多元政治体制和市场经济过渡，使世界社会主义运动遭受了重大挫折。在中东欧国家转型30年之际，有学者研究了中东欧社会转轨30年来的成效和政党发展情况④等议题，分析了中东欧左翼政党的复兴前景。研究认为，30年来，中东欧各国在政治民主化，经济私有化、市场化，对外关系的西方化等方面都发生了很大变化，也引发了分配不公、疑欧主义兴起、民族主义泛滥等诸多问题，左翼政党大多由于党内分歧、党外多变的复杂环境而长期处于低迷状态，未来的复兴之路取决于其自身的改革能否适应变化了的政治社会环境。

---

① 张傅、杨倩：《新中国70年马克思主义传播的主要历程概述与浅析》，《马克思主义与现实》2019年第6期。

② 相关研究包括王立胜：《重视社会主义生产目的：新中国70年的理论探索》，《马克思主义研究》2019年第8期；王宗礼、李连军：《新中国70年中国特色政治发展道路及其理论超越》，《马克思主义理论学科研究》2019年第5期；逄锦聚：《新中国70年经济学理论创新及其世界意义》，《当代世界与社会主义》2019年第4期；王宗礼：《新中国成立70年来现代化中国道路及其理论超越》，《中国特色社会主义研究》2019年第4期等。

③ 相关研究包括［德］汉斯·莫德罗：《新中国70年与世界社会主义》，《世界社会主义研究》2019年第12期；姜辉：《中国特色社会主义进入新时代在人类社会发展史上的重大意义》，《世界社会主义研究》2019年第10期；孙代尧：《休戚相关：新中国七十年与世界社会主义》，《马克思主义与现实》2019年第4期；李景治：《新中国成立70年对世界社会主义的杰出贡献》，《学习论坛》2019年第9期；杨承训：《世界社会主义重心三次变迁推进理论大发展——以全球视阈深化认识中华人民共和国成立70周年》，《毛泽东邓小平理论研究》2019年第1期；汪亭友、杨戏戏：《新中国70年对世界社会主义发展的伟大贡献》，《马克思主义与现实》2019年第5期等。

④ 相关研究包括项佐涛、李家懿：《中东欧转轨三问——30年历程的回顾与反思》，《当代世界与社会主义》2019年第6期；姬文刚：《中东欧左翼政党发展30年：回顾与展望》，《当代世界与社会主义》2019年第6期；孔田平：《中东欧经济转轨30年：制度变迁与转轨实绩》，《欧亚经济》2019年第3期；朱晓中：《浅析欧盟对中东欧资本主义类型形成的影响》，《国外理论动态》2019年第10期；易小明：《中东左翼政党的政党合作：基本特征及其影响》，《当代世界社会主义问题》2019年第1期；沈志华等编：《东欧各国社会制度转型档案文献编目》，社会科学文献出版社2019年版；Susi Dennison et al.，"How to Govern a Fragmented EU：What Europeans Said at the Ballot Box?"，*European Council on Foreign Relations Report*，June 19，2019；Levon Kameryan，"EU Funds for Central and Eastern Europe：2021 – 27 Budget Matters for Sovereign Outlooks"，*Scope Ratings*，July 31，2019，http：/ /www. scoperatings. com / ScopeRatingsApi/api /downloadstudy? id＝c8242bef-bcd7-43e7-adb2-8b6bf93c846c；Levon Kameryan，"EU Funds for Central and Eastern Europe：2021 – 27 Budget Matters for Sovereign Outlooks"，*Scope Ratings*，July 31，2019，http：// www. scoperatings. com/ScopeRatingsApi/api/downloadstudy? id＝c8242bef-bcd7-43e7-adb2-8b6bf93c846c等。

2. 持续关注经典文献,推进马克思主义文本研究

受《资本论》第1卷出版150周年、《马克思恩格斯全集》历史考证版(以下简称MEGA²)《资本论》部分全部完成、《德意志意识形态》2017年正式出版、《共产党宣言》发表170周年等研究热点的持续影响,2019年学界关于马克思主义经典文献的研究继续聚焦《资本论》《共产党宣言》等文本,但关注度稍有变化。

从中国知网数据来看,近10年来国内学界对《资本论》的关注度较高,平均每年发表262.9篇研究成果。从2014年起,首次超过平均值,达到304篇,但2019年对《资本论》的关注度有所降低,也是近年来首次低于平均值,为202篇。① 相关研究内容主要侧重三方面:一是MEGA² 推介。MEGA² 是收录马克思、恩格斯著作最为权威和完备的版本,该版全集的第二部分"《资本论》及其准备著作"在2012年出齐,收录了1857年后马克思、恩格斯与《资本论》相关的全部著作和手稿,为我们更细致地复原《资本论》创作史,深入理解马克思、恩格斯的相关思想提供了参考。② 值得一提的是,国内学界近年来对MEGA² 的关注度也颇高。截至2019年4月,由中国马克思主义研究基金会、中共中央党校(国家行政学院)马克思主义学院和《理论视野》杂志社共同主办的MEGA² 系列研讨会已经召开了四次,研讨会聚焦MEGA² 中的《资本论》和《德意志意识形态》文本,深入开展马克思恩格斯文献研究成果交流。二是《资本论》在国外的传播与接受情况。相关研究显示,从19世纪德语学者围绕《资本论》及其手稿展开的深入研究,到20世纪60年代以来的以"新马克思阅读"运动为代表的德国《资本论》研究热潮,再到现今的相关研究,德语世界的《资本论》研究传统虽有低潮,但从未间断。在全球范围内,马克思在《资本论》中的许多批判性分析以及他关于替代资本主义的思想在今天依然被广泛接受。③ 三是马克思的资本理论。有学者认为,随着科学技术在机器体系中运用水平的日益提高,资本主义生产的自动化程度也日益加深,资本逻辑呈现为一种去主体的结构化形式。超越这种形式不能诉诸纯粹主体性的反抗,而是要在生产方式的内在矛盾中找到人类自由解放的力量。④

从中国知网数据来看,2010—2019年,国内学界关于《共产党宣言》的研究成果平均每年发表170.6篇,在2018年《共产党宣言》发表170周年之际达到峰值637篇,虽然2019年(281篇)较2018

---

① 搜索时间为2020年4月12日19:18,搜索关键词为"《资本论》",搜索范围为在"文献"项中"篇名"中含有"《资本论》"的成果。

② 徐洋:《〈马克思恩格斯全集〉历史考证版中的〈资本论〉第一卷文献》,《马克思主义理论学科研究》2019年第4期。

③ 相关研究包括王校楠:《德语世界〈资本论〉研究的互动与传承——从奥地利马克思主义到德国"新马克思阅读"运动》,《教学与研究》2019年第4期;张福公:《〈资本论〉的全球接受史及其当代意义——访马塞罗·默斯托教授》,《国外理论动态》2019年第11期;[德] C.-E. 福尔格拉夫:《考茨基父子和马列主义研究院的〈资本论〉普及本及其他》,《马克思主义与现实》2019年第3期等。

④ 相关研究包括孙要良:《机器体系与资本逻辑批判——基于〈资本论〉及其手稿的考察》,《马克思主义与现实》2019年第3期;肖峰:《〈资本论〉的机器观对理解人工智能应用的多重启示》,《马克思主义研究》2019年第6期;朱炳元、陈治风:《〈资本论〉中的虚拟资本理论研究》,《马克思主义与现实》2019年第1期等。

年有所下降，但仍高于平均值，①相关研究主题包括资本主义、生产方式、生产关系和剥削问题等。2019年关于《共产党宣言》的研究则多侧重阐释其当代价值，认为《共产党宣言》初步阐释了资本主义全球化趋势的二重性问题，为人类将如何面对其共同命运指明了最终方向。②

从中国知网数据来看，近10年来国内学界关于《德意志意识形态》的研究总体呈上升趋势，平均每年发表81.7篇研究成果。其中，2018、2019年的成果数量大幅超过平均值，分别为108篇和101篇。③ 在这些成果中，除了关注历史唯物主义、费尔巴哈等主题，还特别注重对MEGA²《德意志意识形态》的研究。中国知网的数据显示，国内学界关于MEGA²《德意志意识形态》的研究从2001年至2019年共有91篇④，其中2018年为20篇，2019年为9篇，近两年的成果数量约占19年来成果总量的1/3。2019年的相关研究除了继续介绍MEGA²《德意志意识形态》的新发现⑤外，国内学界开始走出文本，基于MEGA² 对马克思主义理论进行深入研究与剖析，认为意识形态与科学的关系问题以及历史唯物主义与唯物史观的区分，是理解MEGA²《德意志意识形态》编者为何要解构《德意志意识形态》与历史唯物主义内在关联的传统观点的关键。唯物史观通过思想路线与观察方法的变革，以实证科学取代了独立哲学，对现实展开经验的考察，得到真正的知识，为共产主义运动提供科学的论证。⑥

3. 直面当代资本主义新变化，多学科交叉推进

2008年金融危机以来，对危机后资本主义发展的追踪研究热度未减，根据中国知网数据，近10年来关于“资本主义”的研究平均每年为1124.2篇，每年的研究成果从未低于970篇。⑦ 而与之相比，关于“世界社会主义”的研究成果平均每年为94.3篇，从2017年开始才突破百篇，成果最多的

---

① 搜索时间为2020年4月12日20:50，搜索关键词为“《共产党宣言》”，搜索范围为在“文献”项中“篇名”中含有“《共产党宣言》”的成果。

② 相关研究包括舒展：《〈共产党宣言〉中的经济全球化思想及其继承与发展》，《马克思主义研究》2019年第5期；刘珍英：《〈共产党宣言〉中的政治经济学批判思想及其现实意义》，《毛泽东邓小平理论研究》2019年第2期等。

③ 搜索时间为2020年4月12日19:36，搜索关键词为“《德意志意识形态》”，搜索范围为在“文献”项中“篇名”中含有“《德意志意识形态》”的成果。

④ 搜索时间为2020年4月8日23:56，搜索关键词为“MEGA²”，搜索范围为在“文献”项中“篇名”中含有“MEGA²”的成果。

⑤ 相关研究包括赵玉兰：《MEGA² 版〈德意志意识形态〉述评》，《国外理论动态》2019年第12期；赵玉兰：《MEGA² 版〈德意志意识形态〉的编辑情况分析——访德国柏林-勃兰登堡科学院MEGA工作站格哈尔特·胡布曼博士和乌尔里希·帕格尔博士》，《马克思主义理论学科研究》2018年第5期等。

⑥ 相关研究包括王代月：《“退回到现实”：MEGA²〈德意志意识形态〉的唯物史观实质研究》，《马克思主义与现实》2019年第5期；王代月：《〈德意志意识形态〉中意识形态发生问题研究——基于MEGA² 的研究》，《哲学动态》2019年第11期等。

⑦ 搜索时间为2020年4月8日23:34，搜索关键词为“资本主义”，搜索范围为在“文献”项中“篇名”中含有“资本主义”的成果。

2018年也不过165篇。① 就研究特点而言，关于当代资本主义的研究体现了多学科交叉的趋向，涉及理论经济学、政治学、马克思主义理论、历史学、哲学等多个学科。根据国家社科基金项目数据库显示，2017—2019年立项的与资本主义相关的课题共有18项(见表1)。这些课题中，涉及马列·科社(11项)、哲学(2项)、理论经济(2项)、国际问题研究(1项)、世界历史(1项)、政治学(1项)等学科，研究主题包括资本智能化、数字资本主义、垄断资本主义、资本主义金融化、危机研究等。

表1 2017—2019年立项的关于资本主义研究的国家社科基金课题名单*

序号	项目批准号	项目类别	学科分类	项目名称	立项时间
1	19CKS006	青年项目	马列·科社	当代西方数字资本主义批判理论与数字化生活问题研究	2019-07-15
2	19CZX010	青年项目	哲学	基于“过度积累”的资本主义危机理论及其批判研究	2019-07-15
3	19CKS007	青年项目	马列·科社	基于当代资本智能化的资本主义新变化研究	2019-07-15
4	19BKS023	一般项目	马列·科社	马克思主义金融资本理论视域下的当代资本主义金融化研究	2019-07-15
5	19AKS003	重点项目	马列·科社	当代英美马克思主义者对资本主义的道德批判研究	2019-07-15
6	19BKS031	一般项目	马列·科社	21世纪资本主义四大社会思潮的最新发展与理论批判研究	2019-07-15
7	19CKS012	青年项目	马列·科社	金融危机后西方左翼学者的当代资本主义批判研究	2019-07-15
8	18BGJ080	一般项目	国际问题研究	福利资本主义变革背景下的美欧气候政策走向及中国对策研究	2018-06-21
9	18BJL016	一般项目	理论经济	金融化视阈下资本主义经济不稳定性机制研究	2018-06-21
10	18BZX035	一般项目	哲学	斯图亚特·霍尔的当代资本主义文化批判理论研究	2018-06-21
11	18XKS002	西部项目	马列·科社	当代资本主义日常生活金融化研究	2018-06-21
12	18CKS002	青年项目	马列·科社	《资本论》视阈下当代资本主义系统性危机研究	2018-06-21
13	18CSS002	青年项目	世界历史	20世纪90年代以来的美国“资本主义史学”研究	2018-06-21
14	17FJL003	后期资助项目	理论经济	广义政治经济学——资本主义以前的社会生产方式	2017-09-20

① 搜索时间为2020年4月6日23:17，搜索关键词为“世界社会主义”，搜索范围为在“文献”项中“篇名”中含有“世界社会主义”的成果。

续 表

序号	项目批准号	项目类别	学科分类	项　目　名　称	立项时间
15	17CZZ004	青年项目	政治学	西方资本主义国家福利危机与民主调适机制研究	2017－06－30
16	17CKS029	青年项目	马列·科社	国外左翼学者关于当代资本主义金融化与经济停滞理论研究	2017－06－30
17	17CKS028	青年项目	马列·科社	当代资本主义剩余价值生产与分割的新变化研究	2017－06－30
18	17BKS096	一般项目	马列·科社	金融危机后美国制度结构转型和垄断资本主义发展阶段分析	2017－06－30

＊搜索标准为立项课题名称中直接含有“资本主义”的课题。

从成果形式来看来，国内学界特别注重对国外关于资本主义最新研究成果的译介。从中国知网数据来看，在关于资本主义研究的文献来源中，《国外理论动态》位居榜首。在 2019 年《国外理论动态》发表的 20 篇相关成果①中，译介类成果为 11 篇，原文发表的时间均是 2019 年或 2018 年。相关译文涉及的主题包括资本主义的批判路径、经济危机、福利国家的右转、绝对资本主义、资本主义多样性、晚期资本主义、数字资本主义等。

4. 追踪国外左翼动态，分析世界左翼政治现状

为及时把握国外左翼发展态势，国内相关研究介绍、研判了当前国外左翼理论和实践方面的前沿动态。在左翼理论方面，主要集中于以下几点：一是左翼学者对资本主义的认识。法兰克福学派代表南茜·弗雷泽(Nancy Fraser)将当前资本主义危机的根本原因解释为资本主义的制度化秩序所造成的“前景—背景”的结构性矛盾。她认为，资本主义既不能简单地被视为一种经济制度，也不是具体化的伦理生活形式，而是一种与封建主义相当的制度化社会秩序。② 在美国著名马克思主义经济学家大卫·M. 科兹(David M. Kotz)看来，未来将出现何种积累机制仍不明朗，以商业为主导的集权机制或社会民主资本主义机制都可能是发展方向。无论如何，新自由主义的资本主义和资本主义本身一样，都不可能是永恒的。③ 英国马克思主义历史学家佩里·安德森(Perry Anderson)指出，无论是在美国还是欧洲，新自由主义秩序都正在经受民粹主义力量的冲击，但由于欧美民粹主义力量对各社会集团缺少一种更为细致和具体的政治经济学与政治社会学分析，所以无法提供真正具有替代性的新政治秩序，这就凸显了坚持历史唯物主义政治经济分析方法的重要

① 仅统计文章题目含“资本主义”的成果。

② 参见陈良斌：《南希·弗雷泽的资本主义危机新论》，《国外理论动态》2019 年第 10 期；孙海洋：《理解资本主义——南茜·弗雷泽访谈录》，《国外理论动态》2019 年第 4 期。

③ ［美］大卫·科茨：《新自由主义时代的终结？——美国资本主义的危机与重构》，陈晓芳、车艳秋译，《国外理论动态》2019 年第 1 期。

性。①二是左翼学者对社会主义的认识。有学者指出，当前欧美左翼学者关于社会主义的理论探索呈现出新特点，如对社会主义的认识更具国际视野，对社会主义本质的界定向经济及社会制度性质回归，重新强调阶级主体及工人阶级历史地位，突出对经济平等与正义的强调和回归，对社会变革方式的研究更加关注社会运动本身所带来的推动效应。②此外，俄罗斯左翼学者则注重回归马克思的历史唯物主义与革命的辩证法，立足对苏联社会主义实践历史经验与历史成就的当代反思，在研究晚期资本主义过渡性质与矛盾转化的基础上，积极寻求新阶段对前一阶段的"否定之否定"，即如何由先前阶段的社会结构历史性地生成具有本质差异的社会结构，并进入新的社会发展阶段。③三是左翼力量对中国的看法。当前许多国外共产党都在关注和解读中国的社会主义改革，多侧重于分析中国的经济实力和中国自身发展变化及其意蕴，而不是对社会主义的认同。④葡萄牙共产党认为，中国特色社会主义之所以能成功，根本原因在于中国共产党；中国共产党之所以能成功，根本原因在于它具有人民性、敢于自我革命的精神与勇气，以及将正确理论变成现实的强大政策执行能力。⑤

在左翼实践方面，相关研究侧重于根据左翼政党的最新发展动态研判世界左翼政治现状，尤其注重英国工党、瑞典社会民主党、意大利共产党以及美国共产党等发达国家共产党和欧洲左翼政党的发展动态和趋势研究。相关研究显示，当今国外共产党的发展变化，总体上呈现实践发展中的不平衡性、不稳定性，以及理论战略上的探索性等鲜明特征。⑥除了共产党外，欧洲社会主义运动正处在一个十字路口。作为其传统政治代表的欧洲社会民主党和激进左翼分别在经历不同的转型，伴随这一进程的是欧洲左翼的结构性变化和传统左翼政治的褪色。而理论与实践的断裂是摆在欧洲社会民主党和激进左翼面前的共同问题。⑦美国社会中的左翼运动从更加关注民众社会生活的微观视角出发，用更加激进的口号号召抗议新自由主义，这吸引了不少民众参与，产生了一定的社会影响。⑧

二、对世界社会主义发展的趋势性判断

透过2019年度世界社会主义研究核心成果，可以对世界社会主义发展基本态势作出如下几个方面基本判断。

---

① 孙璐璐：《佩里·安德森论霸权与21世纪的国际体系》，《国外理论动态》2019年第12期。

② 童晋：《21世纪初欧美左翼学者关于社会主义的观点及其评析》，《马克思主义研究》2019年第11期。

③ 参见户晓坤：《21世纪俄罗斯左翼学者对社会主义理论的新探索》，《马克思主义研究》2019年第2期；户晓坤：《"新政治经济学"与替代性抉择：俄罗斯马克思主义研究的当代探索》，《当代世界与社会主义》2019年第5期。

④ 余维海、刘继凤：《国外共产党对中国社会主义改革开放的认知与评价》，《当代世界与社会主义》2019年第4期。

⑤ 唐海军、章德彪：《葡萄牙共产党对中国特色社会主义的看法与评析》，《江西师范大学学报》（哲学社会科学版）2019年第2期。

⑥ 于海青：《当今国外共产党的发展变化及其特点》，《人民论坛》2019年第8期。

⑦ 林德山：《理论与实践的断裂：欧洲社会主义运动发展现状思考》，《当代世界社会主义问题》2019年第2期。

⑧ 张彦琛：《美国左翼运动的现状与发展趋势》，《马克思主义与现实》2019年第6期。

1. 作为社会主义的核心指导思想，马克思主义仍具有批判功能和现实解释力

关于马克思主义当代价值的讨论一直是常谈常新的议题。当前，面对全球范围内的经济困境、民主危机以及政治僵局日益凸显等现状，相关研究多侧重于将马克思主义经典理论研究与其当代价值阐发相结合，剖析当前困扰世界社会主义理论与实践发展的种种问题。

其一，马克思主义理论的批判功能。马克思主义的一个重要特征就是批判性。马克思在《资本论》中谈及他所运用的辩证方法时指出："辩证法在对现存事物的肯定的理解中同时包含对现存事物的否定的理解，即对现存事物的必然灭亡的理解；辩证法对每一种既成的形式都是从不断的运动中，因而也是从它的暂时性方面去理解；辩证法不崇拜任何东西，按其本质来说，它是批判的和革命的。"①在解读《资本论》《共产党宣言》《德意志意识形态》等经典文本时，相关研究特别注重联系现实，通过诠释经典文本对资本主义生产方式、意识形态、阶级结构和经济范畴的犀利批判，彰显其当代价值。在《资本论》中，马克思通过对资本主义"内在否定"因素的批判，确证了资本主义发展的动力源泉。② 在《共产党宣言》中，马克思、恩格斯论证了在利益驱动下，资本主义客观上推动了社会生产力的发展和进步，为人的全面而自由的发展创造了前提条件，但资本主义的全球化也造成一种盲目异己的力量，使无产阶级和落后国家"陷入绝境"。③ 在《德意志意识形态》中，马克思、恩格斯批判了资本主义意识形态及其前提，探索了超越资本主义的世界历史规律。在今天看来，马克思主义经典文本中对资本主义的深刻批判，对于理解资本主义的本质和对资本主义现状进行批判分析依然具有借鉴意义。

其二，马克思主义理论的现实解释力。对马克思主义经典文本的解读，不仅为批判资本主义旧世界和开辟社会主义新纪元提供了有力的理论支撑，也为解释现实可行的发展道路提供了重要依据，正如马克思所说，"这种批判撕碎锁链上那些虚幻的花朵，不是要人依旧戴上没有幻想没有慰藉的锁链，而是要人扔掉它，采摘新鲜的花朵"④。相关研究从马克思主义方法论出发，聚焦资本运行逻辑及其可替代性、反抗资本主义等当代理论与实践问题，⑤关注经济全球化和金融化的成因、生态危机等最为迫切的问题，阐释了超越资本主义、改变世界的方法，体现了马克思主义在今天得以实现的可能性与适用性。以生态危机为例，在部分西方左翼学者看来，虽然近年来相关研究有力指

---

① 马克思：《〈资本论〉第一卷第二版跋》，《马克思恩格斯文集》（第 5 卷），人民出版社 2009 年版，第 22 页。

② 孙要良：《机器体系与资本逻辑批判——基于〈资本论〉及其手稿的考察》，《马克思主义与现实》2019 年第 3 期。

③ 舒展：《〈共产党宣言〉中的经济全球化思想及其继承与发展》，《马克思主义研究》2019 年第 5 期。

④ 马克思：《〈黑格尔法哲学批判〉导言》，《马克思恩格斯文集》（第 1 卷），人民出版社 2009 年版，第 4 页。

⑤ 相关研究包括付文军：《论资本主义"自我否定"的逻辑——基于〈资本论〉及其手稿的批判性考察》，《社会主义研究》2019 年第 5 期；李旸：《欧洲左翼思想、历史意识与批判的马克思主义——访美国政治思想史家理查德·沃林教授》，《马克思主义理论学科研究》2019 年第 1 期；柴尚金：《百年大变局中的世界社会主义》，《人民论坛·学术前沿》2019 年第 16 期；Paramjit Singh, "Understanding Marx's Capital", *Critique Journal of Socialist Theory*, Vol. 45, Iss. 3, 2017; Kevin B. Anderson, "Marx's Capital After 150 Years: Revolutionary Reflections", *Socialism & Democracy*, November 2017 等。

出了生态不平等交换的存在，但其在实证分析和更为重要的基础理论层面都存在严重问题。从实证分析角度来看，相关研究"缺乏一个共同的度量标准（或许多相关的共同度量标准）来分析不平等的生态交换"；从基础理论层面来看，根本原因在于没有充分利用马克思主义对使用价值与交换价值的区别来进行批判。① 因此，生态危机理论仍有很大研究空间。2018 年，为纪念马克思诞辰 200 周年，法国《今日马克思》(*Actuel Marx*)杂志组织刊发了"资本主义剥削问题研究"特辑。相关文章指出，当今资本主义社会的一个标志性特征是大多数人都变成了被剥削的劳动者。剥削方式多样化、隐蔽化并不意味着马克思对该问题的分析失效，反而进一步论证了马克思主义分析、批判资本主义制度的科学性。② 马克思主义揭示了自然界、人类社会、思维发展的普遍规律，无论在 19 世纪还是在 21 世纪，都为人们观察世界、解释现实提供了"伟大的认识工具"，即科学的世界观和方法论。

2. 作为社会主义的对立物，当代资本主义继续深陷危机

金融危机爆发 10 余年来，资本主义社会两极分化严重，矛盾日益激化，随着近年来资本主义政治经济社会诸多新变化的出现，当前资本主义面临许多新挑战。

其一，受资本积累过剩、经济金融化以及不平等发展等多重因素影响，当前资本主义矛盾重重。2008 年爆发的金融危机被认为是自美国大萧条以来资本主义社会持续时间最长、影响最深远的经济危机。10 余年过去，资本主义依旧深陷危机，不仅没有走出泥潭，反而凸显出日益激化的矛盾。从相关研究来看，资本主义走入死胡同的状况是多重因素所致。一是资本主义制度本身的缺陷。自身特有的周期性危机带来的波动和破坏，使资本主义制度从根本上成为一种不稳定的、存在严重断裂的体系。③ 在这一意义上，资本主义的周期性危机并不是偶然的，而是资本主义制度所带来的必然结果。二是积累过剩。全球生产过剩和资产价格泡沫表现在多个方面，如世界经济因互联网和房地产泡沫遭受重创、第三世界经济体通过增加出口拉动经济增长的时代总体上已经终结、国际收支失衡席卷整个第三世界、法西斯主义在全球范围内再次兴起等④。积累过剩使资本主义深陷矛盾，资本主义试图通过企业兼并、金融化、全球化等方式来突出重围，却导致了更为严重的失衡。三是经济金融化。中国知网数据显示，资本主义金融化趋向从 20 世纪 80 年代开始进入国内学界的研究视野，并在 2008 年金融危机爆发后受到学界的持续关注（见图 1）。20 世纪七八十年代以

---

① 郑吉伟、宋鑫：《论 21 世纪以来西方左翼不平等发展理论的新取向》，《马克思主义与现实》2019 年第 6 期。

② 张春颖：《法国理论界对资本主义剥削问题的阐述——以〈今日马克思〉杂志为中心》，《马克思主义与现实》2019 年第 6 期。

③ Hadas Thier, "Ten Years since the Great Recession", *International Socialist Review*, Iss. 112, Spring 2019.

④ 相关研究包括[美] 威廉 · I. 罗宾逊：《全球资本主义危机与 21 世纪法西斯主义：超越特朗普的炒作》，赵庆杰译，《国外理论动态》2019 年第 11 期；Utsa Patnaik and Prabhat Patnaik, "Neoliberal Capitalism at a Dead End", *Monthly Review*, Vol. 71, Iss. 3 (July-August 2019); John Bellamy Foster, "Absolute Capitalism", *Monthly Review*, Vol. 71, Iss. 1, (May 2019); Alain Badiou, "The Alleged Power of Capitalism-today Is Berely a Reflection of the Weakness of Its Opponent", http://www.criticatac.ro/lefteast/alain-badiou-of-its-opponent/等。

来,金融化的垄断资本在全球迅速扩张,攫取巨额利润,近年来,金融化不但增加了资本主义经济的脆弱性,改变了资本主义的经济结构和生产关系,还加剧了社会矛盾和社会分裂,影响了世界经济秩序。四是不平等非正义现象。金融危机以来,随着全球经济形势持续恶化以及社会矛盾不断凸显,不同阶级或阶层之间收入分配的不均以及国际范围内的不平等非正义问题激化了资本主义的矛盾,①使资本主义深陷危机。

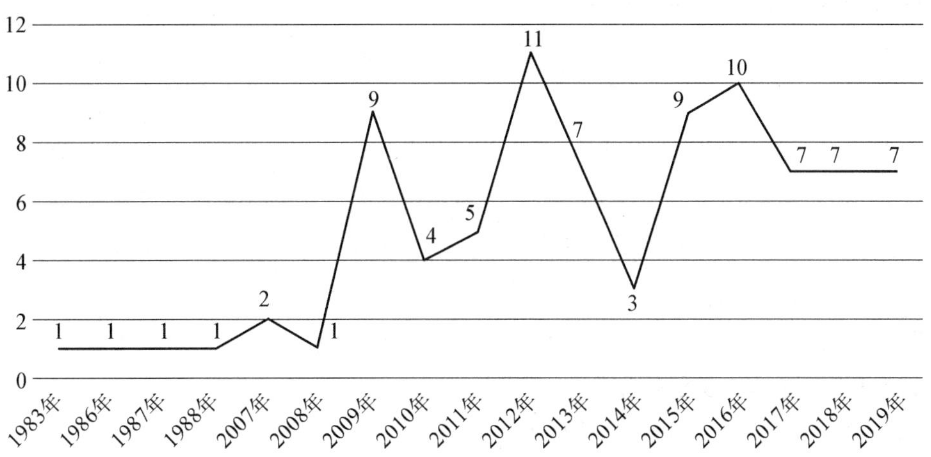

图 1　1983—2019 年中国知网关于"资本主义金融化"的研究成果分布情况*

*搜索时间为 2020 年 4 月 4 日 23:02,搜索关键词为"资本主义金融化",搜索范围为在"文献"项中"篇名"中含有"资本主义金融化"的成果。

其二,当前资本主义面临民粹主义、人工智能、新自由主义意识形态危机等严峻挑战。近年来,由于资本积累方式、生产方式、剥削方式、社会阶级结构发生重大变化,资本主义呈现出不稳定性,相关研究在研判资本主义当前所处的状态时,多会用"衰退""衰败"等词汇。随着经济全球化的发展、科技进步以及危机的不断深化,处于"衰退"期的资本主义面临多重挑战。一是民粹主义兴起对资本主义秩序的挑战。资本主义危机导致民粹主义的兴起,但民粹主义并不能解决危机。美国历史学家尼尔·弗格森(Niall Ferguson)指出,历史地看,民粹主义往往可以让那些"替罪羊"们的生活变得更差,但难以让民粹主义支持者的生活变得更好,因为民粹主义的药方往往是错的,而且是反生产性的。② 无论在美国还是欧洲,新自由主义秩序都正在经受民粹主义力量的冲击。③ 民粹主义不仅无法缓解金融

① 相关研究包括[澳] 伊恩·亨特:《资本主义与正义——马克思与罗尔斯的融合》,凌菲霞译,《国外理论动态》2018 年第 5 期;陈良斌:《南希·弗雷泽的资本主义危机新论》,《国外理论动态》2019 年第 10 期;郑吉伟、宋鑫:《论 21 世纪以来西方左翼不平等发展理论的新取向》,《马克思主义与现实》2019 年第 6 期。

② 朱安东:《危机中的资本主义:新自由主义、民粹主义和法西斯主义》,《马克思主义与现实》2019 年第 4 期。

③ 参见 George E. McCarthy, *Marx and Social Justice: Ethics and Natural Law in the Critique of Political Economy*, Haymarket Books, Jan. 2019; Bhaskar Sunkara, *The Socialist Manifesto: The Case for Radical Politics in an Era of Extreme Inequality*, Hachette Audio, Apr. 2019。

垄断资本的统治危机，而且极有可能使资本主义改革无法进一步推行，进而深化危机。二是人工智能的发展。正如工业革命给人类的生产、生活带来了极大变革一样，人工智能系统也具有同样的潜力。计算机之父冯·诺依曼(John von Neumann)的“自动机”研究预见到了科技奇点的到来。他还预测，到2030年人工智能将与人脑相当，2045年人工智能就将超越人类认知水平。当前经济社会矛盾重重的资本主义面临以人工智能为代表的高新技术发展带来的挑战：一方面，大规模技术性失业将“从根本上改变社会成员之间的经济和政治权力分配”①；另一方面，人工智能时代生产资料的集中和劳动的社会化进一步发展，与“资本主义外壳”的不相容加剧，使资本主义价值运动的狭隘与局限更加暴露无遗②。三是新自由主义意识形态危机。当前的资本主义意识形态危机主要表现为恐怖主义、移民问题、极右主义等现象，以及新自由主义在资本主义世界原本所具有的凝聚共识和鼓舞人心的力量削弱、对民主政治危机解释力的欠缺。正如伦敦政治经济学院教授约翰·格雷(John Gray)所言，“后自由主义社会应该是一个在强大国家的庇护下，自由与宽容得到保护的社会……未来政府的成功或失败，取决于他们如何能在实现繁荣的同时，管理全球化产生的社会混乱”，而不是任凭全球化的世界主义不断压制和侵蚀国族主义，③西方过去几十年来所推崇的新自由主义模式正在迎来意识形态领域的强烈反弹。

3. 作为社会主义的重要力量，国外共产党、工会、社会运动仍然困难重重

受当前国际局势、国内政治态势以及政党自身情况的影响，现实社会主义国家以外的各国共产党大多仍处于边缘地位，欧洲主要左翼政党深陷政治困局，全球左翼力量发展缓慢，但研究也显示，不同左翼力量和政党所面临的困境和机遇存在差异。

其一，国外共产党依然面临严峻考验，生存现状短期内较难改变。从当前国外共产党的发展态势来看，一方面，多国共产党，特别是发达国家共产党为加强联系民众，应对政党边缘化的考验，结合国际国内形势的新变化以及自身的发展困境，探索了新的策略与斗争方针。例如，近年来，西班牙共产党就对党的意识形态及欧洲政策、政党联盟、政治动员等战略策略进行了近乎颠覆性的重构。④ 意大利共产党提出通过加强党的政治文化建设和基层组织建设，重建密切联系民众的机制以及与青年和妇女运动的联系平台等措施以应对新挑战。⑤ 另一方面，世界局势风云多变，世界社会主义力量整体发展不平衡，多国共产党面临自身实力弱化、道路选择、理论调整以及国际联合等

---

① 参见 Carl Benedikt Frey, *The Technology Trap: Capital, Labor, and Power in the Age of Automation*, Princeton University Press, Jun. 2019; Carles Boix, *Democratic Capitalism at the Crossroads: Technological Change and the Future of Politics*, Princeton University Press, May 2019; Ian E. J. Hill, "Monsterization, Mechanization, Contradiction: Marx's Rhetoric of Technology", *Rethinking Marxism*, Iss. 4, 2019。

② 黄再胜:《人工智能与资本主义价值运动的危机》,《中国社会科学报》2019年4月25日。

③ 李明坤:《当前西方社会新自由主义意识形态的危机及其启示》,《当代世界与社会主义》2019年第1期。

④ 于海青:《西班牙共产党意识形态与理论战略的调整及其原因》,《当代世界社会主义问题》2019年第1期。

⑤ 李凯旋:《意大利共产党加强党的建设的理论与路径评析》,《科学社会主义》2019年第3期。

方面的现实困境。① 从整体上看，国外共产党，特别是发达国家共产党边缘化的弱势状态在短期内依然较难改观。

其二，西方主要左翼政党仍然处于积聚力量、等待时机逆境突围的阶段。近年来，西方多个国家政治右转，极右势力、民粹主义崛起对左翼政党的进一步发展带来了严峻挑战。以欧洲左翼重建过程中较为成功的德国左翼党为例，自 2007 年成立至今，德国左翼党在德国联邦议院、各州议会以及欧洲议会三个层面的选举中均取得了稳定成绩。但是，作为一个现代化的左翼政党，一定要具有“自己特有的、经过革新的社会主义面貌，而不是空洞地号召克服（资本主义）制度”，②要想实现在联邦层面成为执政伙伴或者主要执政党的目标，左翼党依然任重道远。在中东欧地区，苏东剧变以来，左翼政党经历了组织危机、制度适应、左右轮换与总体低迷的阶段，形成了相对稳定的意识形态与政策主张。受社会主义历史包袱等因素影响，在当前整个欧洲极端性政党崛起的背景下，中东欧左翼政党依然面临较长时期的低迷状态。科兹提醒，当前的新自由主义正在发生制度转型，以特朗普政权为代表的右翼专制民族主义政权有可能会绑架西方民主议会制度，重返种族主义、民族主义和专制主义道路，③这将给世界社会主义运动的发展带来严峻挑战和不利的政治后果。因此，从当前全球资本主义与社会主义力量对比以及世界社会主义运动的整体发展态势看，西方左翼力量的复兴之路必然布满荆棘。

其三，工人、工会和左翼运动在全球左翼力量发展中的作用还有待时间检验。近年来，在反对资本主义等抗争运动中不乏工人阶级、工会和左翼力量的身影。针对收入不平等、社会流动性下降、性别工资差距以及政治权力集中在富人手中等问题，工人群体为争取自身权益进行了多重尝试。④ 社会运动的新变化则主要体现为运动参与主体由“分散化”转向“集中化”，运动诉求由“多样性”转向“政治性”，运动方式由“线上动员、线下行动”转向“线上互动、线下联动”。⑤ 为更好发挥左翼运动的影响力，美国民主社会主义者联合会提出了“回到工人阶级”的口号，倡导深入劳工群体以巩固自身发展基础，明确以渐进方式推动社会秩序变革，调整运动策略以提升组织影响力。⑥ 虽然工人、工会和左翼运动等左翼力量日益活跃，但其影响力还有待时间的检验。工人阶级组织和文化的弱化⑦、

---

① 轩传树：《发达国家共产党的活动空间及其局限》，《当代世界与社会主义》2019 年第 3 期；何淼：《意大利重建共产党的现实困境及其出路探索》，《当代世界社会主义问题》2019 年第 2 期。

② 王军：《当代德国左翼党的嬗变：“全德党”及其困境》，《当代世界与社会主义》2019 年第 5 期。

③ 吴茜：《新自由主义资本主义的制度转型与未来替代模式》，《当代世界与社会主义》2019 年第 4 期。

④ 参见 Steven Greenhouse, *Beaten Down*, *Worked Up: The Past*, *Present*, *and Future of American Labor*, Knopf, Aug. 2019; Ronald Paul, “Workers' Play Time: Seven Scripts from Seven Struggles”, *Socialism and Democracy*, Iss. 1, 2019。

⑤ 郑吉伟、郭发：《金融危机后西方新社会运动发展的新趋势》，《国外理论动态》2019 年第 9 期。

⑥ 张彦琛：《美国左翼运动的现状与发展趋势》，《马克思主义与现实》2019 年第 6 期。

⑦ ［英］马尔科·博佛、［英］阿尔弗雷多·萨德-菲罗、［英］本·法因：《新自由主义资本主义：走向威权主义》，《马克思主义与现实》2019 年第 6 期。

薄弱的左翼凝聚力①、左翼政党与工会联盟关系的空心化②、左翼运动大量涌现却以失败告终等问题,也预示着全球左翼力量的进一步发展依然存在诸多困境和挑战。

三、世界社会主义研究视域下的中国特色社会主义

中国特色社会主义坚持和发展了科学社会主义,对于振兴世界社会主义运动具有特别重要的意义。中华人民共和国成立70周年之际,相关研究指出,当前中国特色社会主义的理论创新、实践创新和制度创新,对于世界社会主义理论与实践方面的进一步突破,对于21世纪马克思主义的发展均具有重要意义。

1. 中国发展道路70年的成功实践创新了社会主义发展模式,拓展了发展中国家现代化途径

新中国的70年,不仅是中国人民将"中国特色"与"社会主义"相结合,探索发展社会主义道路,实现从"站起来"到"富起来"并迈向"强起来"的70年,也是伴随着世界社会主义运动的曲折发展,在"苏联模式""拉美陷阱"等经验教训中探索建设社会主义进而超越资本主义发展道路的70年。在世界社会主义研究视域下,相关研究特别注重从科学社会主义、现代化以及中国特色三个视角出发,总结中国特色发展道路的经验智慧,认为这一道路"体现了复合性、包容性的特点,有力地保障了人民当家做主,超越了西方政治发展理论关于政治发展目标、政治发展动力、政治发展过程以及政治多元化理论"③,这一道路深化了对现代化发展规律的认识,拓展了现代化的内涵和外延④,使现代化的路径更加科学。

中国特色现代化发展道路的探索,超越了西方的现代化模式,创新了社会主义发展模式,拓展了发展中国家实现现代化的途径。近年来,随着资本主义主导地位的削弱,金融危机的持续深化,中国特色现代化道路的发展日益彰显了现代化道路的多样性,为新自由主义的替代方案提供了参考。现代化可以有多个模式,中国的发展证明了发展中国家的生存和发展不必遵从英美模式。⑤中国特色现代化发展道路"不是简单延续我国历史文化的母版,而是马克思主义指导下中国历史文化的现代版;不是简单套用马克思主义经典作家设想的模板,而是科学社会主义的中国版;不是其他社会主义国家实践的再版,而是现实社会主义的扩展版;不是国外现代化发展的翻版,而是发展中国家实现现代化道路的创新版"⑥。这一道路不仅解决了现代化建设进程中的一系列难题与困境,实现了马克思主义关于东方落后国家建立社会主义制度、建设社会主义的设想,也为世界发展

① 李淑清、王先鹏:《2018年主要发达资本主义国家工人罢工的新特点》,《世界社会主义研究》2019年第10期。

② 张莉:《意大利工会的演变与现状》,《世界社会主义研究》2019年第10期。

③ 王宗礼、李连军:《新中国70年中国特色政治发展道路及其理论超越》,《马克思主义理论学科研究》2019年第5期。

④ 参见陈志刚:《新中国70年现代化发展新路的探索和总结》,《马克思主义研究》2019年第10期。

⑤ Hugo De Burgh and David Feng, "The Return of the Repressed: Three Examples of How Chinese Identity Is Being Reconsolidated for the Modern World", *Critical Arts*, Vol. 31, No. 6, 2017.

⑥ 秦宣:《当代中国伟大社会变革的多维解读》,《马克思主义研究》2019年第6期。

贡献了中国智慧。

2. 习近平新时代中国特色社会主义思想丰富和发展了 21 世纪马克思主义

苏东剧变以来，随着世界社会主义在低潮中曲折发展，科学社会主义也面临严峻考验，其当代适用性和解释力也备受质疑，因此，马克思主义的理论创新也成为当代各国共产党人面临的重大课题。2019 年，学界关于《习近平新时代中国特色社会主义思想三十讲》《习近平新时代中国特色社会主义思想学习纲要》等的阐释和研究不断深入，相关研究特别注重对习近平新时代中国特色社会主义思想的理论创新进行总结。

从世界社会主义研究视域出发，中华民族伟大复兴的“中国梦”把中国人民的历史追求与社会主义道路相统一，形成了强大的精神力量和行动力量；国家治理体系和治理能力现代化推动制度优势转化为治理效能，丰富和拓展了社会主义现代化的内涵，彰显了中国特色社会主义制度优势；“以人民为中心”的方略和理念科学回答了中国特色社会主义建设过程中经济社会发展的根本目的、动力、趋向等问题，是对与其一脉相承的“为人民服务”思想的创新与发展，开启了当代中国马克思主义发展观的新境界；“人类命运共同体”思想是对马克思主义“真正共同体”“自由人联合体”的继承和发展，其价值内涵与马克思的人类解放目标具有同理性。① 可以看到，立足时代之基与中国现实形成的习近平新时代中国特色社会主义思想，在坚持马克思主义基本原理和科学方法的同时，为探索共产党的执政规律、社会主义建设规律、人类社会发展规律做出了原创性、历史性的贡献。

3. 新时代中国特色社会主义为推动世界社会主义进一步发展提供了中国方案

当今世界正处在大发展大变革大调整时期，世界多极化、经济全球化深入发展，社会信息化、文化多样化持续推进。与此同时，西方治理理念、体系和模式日益暴露出与新的国际格局和时代潮流的矛盾，不稳定性不确定性突出。在这一复杂多变的局势下，一方面，通过破解当前诸多全球性问题，新时代中国特色社会主义展现出了社会主义的优越性，鼓舞了世界社会主义力量。在一些左翼政党看来，“共产主义的幽灵”之所以至今仍能在欧洲和世界徘徊，在很大程度上恰恰得益于以中国

---

① 参见黄红发、俞思念：《马克思主义在新时代的原创性发展——习近平新时代中国特色社会主义思想的原创性贡献》，《理论视野》2020 年第 1 期；汪亭友、杨戏戏：《新中国 70 年对世界社会主义发展的伟大贡献》，《马克思主义与现实》2019 年第 5 期；王立胜：《重视社会主义生产目的：新中国 70 年的理论探索》，《马克思主义研究》2019 年第 8 期；石仲泉：《国家治理体系和治理能力现代化的里程碑》，《人民日报》2019 年 11 月 27 日；夏锦文：《国家治理体系和治理能力现代化的中国探索》，《理论导报》2019 年第 11 期；韩迎春、曹一鸣：《论“以人民为中心”对“为人民服务”的新发展》，《社会主义研究》2019 年第 5 期；周宗敏：《人类命运共同体理念的形成、实践与时代价值》，《学习时报》2019 年 3 月 29 日；肖贵清、夏敬芝：《中国特色社会主义道路的原创价值》，《社会主义研究》2019 年第 4 期；DeLisle J. and Goldstein A.，*To Get Rich is Glorious*，*Challenges Facing China's Economic Reform and Opening at Forty*，Brookings Institution Press，2019；Moore，Gregory J.，“Cheng Li，Chinese Politics in the Xi Jinping Era：Reassessing Collective Leadership”，*Journal of Chinese Political Science*，Vol. 24，No. 3，2019；Takeuchi H.，“Domestic Politics of Chinese Foreign Policy：Where Will Xi Jinping Bring China?”，*Asian Security*，Vol. 15，No. 2，2019。

为代表的社会主义实践。① 中国特色社会主义的成功极大激励和鼓舞了各国共产党人为社会主义奋斗的信心，在抵御国际资本主义的进攻中发挥了重要作用。② 近年来，新时代中国特色社会主义在生态建设、减贫扶贫等方面的成就凸显了社会主义制度的比较优势，提升了马克思主义的魅力，这对于发展态势缓慢的全球左翼力量而言，是一种极大的鼓舞，使社会主义、马克思主义在21世纪展现出了新气象。

另一方面，新时代中国特色社会主义为当前世界社会主义力量的团结与合作提供了中国方案。在资本主义深陷危机，左翼力量发展依然低迷的今天，如何团结世界社会主义力量，提升左翼凝聚力，携手共同走出全球化困境，是世界社会主义进一步发展的难题。"一带一路"倡议以及构建人类命运共同体的提出则为这一问题提供了中国方案。"一带一路"倡议不仅促进了新型国际关系格局的形成，而且具有强大的经济功能，加速了各地区发展。③ 相关研究指出，推动构建人类命运共同体不能靠单打独斗，而是需要各个国家、政党以及各种进步力量团结一致，群策群力，形成合力。④在这一过程中，世界社会主义力量尤其是各国共产党人之间需要加强交流合作，在求同存异、相互尊重、互学互鉴的基础上加强交流合作，这将有助于共同发展壮大世界社会主义力量，推动世界社会主义运动走向振兴。

四、简要评论

从2019年世界社会主义的研究成果来看，有对经典理论的阐发，有对历史问题的回望，有对现实热点问题的解读，还有对未来发展的展望。这些研究对于我们科学评判当代资本主义的新变化、准确把握世界社会主义运动的发展态势、深入理解新时代中国特色社会主义的理论意义和实践意义，具有不可忽视的积极意义，同时也对我们进一步推进世界社会主义研究提供了启示。

其一，进一步深化关于当代资本主义的研究。随着资本主义主导地位的削弱，为更加准确把握当代资本主义的特征及其发展趋势，一方面，需要及时把握资本主义发展的新变化与新特点，通过跟踪资本主义在政治、经济、文化和意识形态等方面的动向，把握其基本走势；通过追踪国外关于数字资本主义、金融资本主义、空间帝国主义以及新帝国主义等前沿理论的研究成果，把握理论前沿。另一方面，需要加强马克思主义经典文本解读，通过将马克思主义经典文本关于资本主义本质的理论阐释与当前日益加剧的资本主义危机等现实问题相结合，为客观评判资本主义的新变化与本质，

---

① 20 IMCWP, "*Written Contribution of Italian CP*", https://www.solidnet.org/article/20-IMCWPWritten-Contribution-of-talian-CP/.

② 唐海军、章德彪：《葡萄牙共产党对中国特色社会主义的看法与评析》，《江西师范大学学报（哲学社会科学版）》2019年第2期。

③ Julien Chaisse and Mitsuo Matsushita, "China's 'Belt And Road' Initiative: Mapping the World Trade Normative and Strategic Implications", *Journal of World Trade*, Vol. 52, No. 1, 2018.

④ 邹国煜：《人类命运共同体是世界的必然选择——第27届万寿论坛侧记》，《当代世界》2019年第4期。

深化当代资本主义研究提供理论参考。

其二，进一步深化对国外社会主义理论和运动的研究。在马克思主义视域下，资本主义固有的矛盾运动终将使其走向毁灭。“随着大工业的发展，资产阶级赖以生产和占有产品的基础本身也就从它的脚下被挖掉了。它首先生产的是它自身的掘墓人。资产阶级的灭亡和无产阶级的胜利是同样不可避免的。”①全融危机后的十年间，左翼运动、工人阶级的反抗方兴未艾，但是其成效却远没有达到推动左翼力量的发展和复兴世界社会主义的程度。在许多共产党和左翼政党那里，依然存在着理论分歧、组织分散等问题，马克思和恩格斯笔下“全世界无产阶级联合起来”的激昂口号并没有完全成为现实。这些事实需要我们进行深刻反思，从理论上直面影响当前世界社会主义运动发展空间的诸多现实问题。

其三，进一步深化对中国特色社会主义道路、理论、制度和文化的研究。中国作为社会主义大国，虽然综合国力和国际地位不断提升，但多年来，中国的国际形象在很大程度上依然是“他塑”而非“自塑”。在关于中国特色社会主义的评价中，有客观、多维的眼光，也有根深蒂固的偏见和误解。当今世界正面临“百年未有之大变局”，中国与世界的关系已进入深度互动、相互塑造的新时期，中国道路、中国经验、中国智慧和中国方案在 21 世纪将产生世界历史性的示范意义和影响，如何对新时代中国特色社会主义进行客观解读，总结出满足新时代中国需要的理论，加强 21 世纪马克思主义理论建构，依然是一项有待学界继续接力完成的使命。

---

① 马克思、恩格斯：《共产党宣言》，人民出版社 2018 年版，第 40 页。

年度热点专论

2019年是中华人民共和国成立70周年,也是共产国际成立100周年,以及五四运动100周年。中华人民共和国的成立,不仅使中国这个文明古国走向了复兴的康庄大道,而且对于整个世界的社会主义和共产主义运动也具有重大意义。

清华大学马克思主义学院教授肖贵清、博士研究生田桥在《新中国70年与中国特色社会主义道路的开创》一文中指出,中华人民共和国成立70年来,中国共产党全部理论和实践的主题就是在中国怎样建设和发展社会主义。在70年的持续探索中,中国共产党坚持把马克思主义基本理论与我国发展实际相结合,坚持科学社会主义基本原则并赋予其鲜明的中国特色,领导中国人民开创了适合国情、适应时代发展进步要求、符合人民意愿和利益的中国特色社会主义道路。这一道路不仅解决了我国社会主义现代化建设进程中的一系列发展难题,也为世界发展贡献了中国智慧和中国方案。

在中华人民共和国70年所取得的辉煌成就中,中国经济的持续高速增长可能是最令人瞩目的。中国社会科学院哲学研究所党委书记王立胜、曲阜师范大学政治与公共管理学院硕士研究生孙泽玮在《从人口红利到结构红利:70年经济奇迹的社会主义背景》一文中指出,20世纪80年代中国经济增长的主要动力之一是人口红利,而1990年以后中国经济持续高增长的新引擎是城乡劳动力流动形成的结构红利。人口红利的社会主义背景是中华人民共和国成立之初的土地革命和公共医疗体制。结构红利的关键来源在于社会主义土地公有制和农村土地家庭联产承包责任制。通过对人口红利和结构红利的分析,作者揭示了中国70年经济发展奇迹的关键在于:改革开放后的社会主义市场经济体制充分释放了改革开放前的社会主义基本制度优势,从而使中国的社会主义市场经济表现出明显优于其他市场经济的社会主义优越性。

中华人民共和国的70年不仅是自身社会主义建设的70年,同时也是支持世界正义事业的70年。中共中央对外联络部原研究室副主任肖枫研究员在《70年中国共产党对外工作的发展成就和理论创新》一文中总结了70年中国在这方面的贡献。新中国成立后,中国共产党在世界伸张正义、主持公道、支持民族解放和殖民地的独立运动以及人类的进步事业,在世界上特别是在亚非拉国家中赢得了广泛赞扬和支持,为新生共和国屹立于世界奠定了基石。1978年历史性的中央全会后,党的对外工作发生了历史性转变。集中到一点,就是从过去"战争与革命"年代神秘封闭的"党的对外工作",转变发展成公开透明并符合国际惯例的"政党外交"。党的对外工作实践的大转折、大发展,进一步推动了思想认识上的飞跃和理论上的创新。中国特色政党外交正以自己的亲和力、吸引力和感召力汇入世界政党交流合作的大潮,从而使中国共产党的朋友遍布五洲四海。

中华人民共和国70年的高速发展也使得世界社会主义运动中心发生了变化。北京大学马克思主义学院教授孙代尧、中国人民大学国际关系学院讲师黄斐的论文《休戚相关：新中国 70 年与世界社会主义的发展》以及河南财经政法大学国际经济与贸易学院教授杨承训的论文《世界社会主义重心三次变迁推进理论大发展》从不同角度指出，当前世界社会主义在低潮中奋进，世界社会主义核心力量东移，中国成为世界社会主义的中流砥柱。在一百多年的时间里，世界社会主义运动重心经过三次变迁，从西欧到东欧（苏联），再到东亚，现在重心稳扎在中国。这种转移是历史的选择。成立已有 70 年的中华人民共和国，尤其是在 40 多年改革开放中产生的中国特色社会主义理论体系，使中国成为当代最坚强的马克思主义阵地。新时代中国特色社会主义将在构建人类命运共同体的进程中发展壮大世界社会主义力量，为引领世界社会主义运动走向振兴贡献中国力量和中国方案。

在世界社会主义运动的发展历程中，1919 年成立的共产国际发挥过不可磨灭的作用。中国人民大学国际关系学院教授李景治在《实事求是地评价共产国际的历史地位和历史贡献》一文中指出，共产国际推进了国际共运整体大发展，指导和帮助了各国共产党的建立建设，积极支持和指导了各国革命运动，推动了世界反法西斯统一战线的建立和发展。但共产国际作为统一的国际性共产党和国际共产主义运动“指挥中心”的定位，其高度集中的组织体系和组织结构，其过分集中、缺乏广泛民主的运转方式，以及对各国党内部事务的干预，特别是直接决定各国党领导人的安排，越来越脱离国际共产主义运动和各国革命发展的需要。纪念共产国际 100 周年，既要充分肯定它的成就、贡献和积极作用，总结其成功的经验，也要吸取其教训，以推动世界社会主义运动的振兴和健康发展。

俄罗斯联邦共产党中央委员会主席根·安·久加诺夫的文章《共产国际的宝贵经验》更强调共产国际这段历史对于今天社会主义运动的意义。他指出，当今的世界资本已经彻底撕下了“民主”和“人权”的面具，变得更加具有进攻性。所以，铭记和理解共产国际的经验，加强革命力量之间的联系和团结就显得至关重要，而这一任务只有坚定地争取社会主义的共产党才能完成。

中国共产党的诞生与 100 年前的五四运动有着密切的关系。浙江大学马克思主义学院教授段治文、博士研究生张帅的《中国共产党对五四运动形象的历史建构》以及中共中央党校（国家行政学院）党史部教授张太原的《五四“反帝反封建说”的历史考察》分别总结了百年来不同政治派别对五四运动所作的不同的历史解读和形象建构。段治文和张帅指出，中国共产党建构的五四运动形象在中国近现代社会占据着主导性地位。中国共产党运用革命话语、阶级话语与建设话语建构了五四运动的世界性面相、革命性面相、群众性面相与现代化面相。张太原指出，20 世纪 40 年代之前，一些左翼知识人和共产党人论及五四时，有过反帝说、反封建说、反帝反封建说等。而毛泽东所提出的五四“反帝反封建说”的形成和定格，充分体现了革命、理论和历史的统一。南京大学马克思主义学院教授熊秋良在《五四知识分子对“劳工神圣”的认知与实践》一文中提出，五四时期“劳工神圣”的思潮，在工人阶级与马克思主义之间搭建起桥梁，既为中国现代社会革命造就了先进阶级及其先锋队——中国共产党，又使马克思主义在中国的实践有了现实的本源和阶级载体。

中华人民共和国成立 70 周年

新中国 70 年与中国特色社会主义道路的开创

【内容提要】 在中国怎样建设和发展社会主义？这是新中国成立 70 年来中国共产党的全部理论和实践的主题。在 70 年的持续探索中，中国共产党坚持把马克思主义基本理论与我国发展实际相结合，坚持科学社会主义基本原则并赋予其鲜明的中国特色，领导中国人民开创了适合国情、适应时代发展进步要求、符合人民意愿和利益的中国特色社会主义道路。这一道路不仅解决了我国社会主义现代化建设进程中的一系列发展难题，也为世界发展贡献了中国智慧和中国方案。中国特色社会主义进入新时代，必须坚定道路自信，强化道路认同，在实践中不断完善和发展中国特色社会主义。

【作者简介】 肖贵清，清华大学马克思主义学院教授；田桥，清华大学马克思主义学院博士研究生

【原文出处】 《马克思主义与现实》2019 年第 4 期

新中国成立 70 年来，中国共产党始终探索在中国建设和发展社会主义、实现社会主义现代化的正确道路。在新中国成立后近 30 年艰辛探索的基础上，中国共产党带领中国人民在改革开放新时期开辟了实现这一目标的中国特色社会主义道路。这一道路是马克思主义与中国实际第二次成功结合的理论与实践成果。新时代中国特色社会主义道路的发展和完善，凝结了中国共产党和中国人民 70 年持续探索的智慧和心血。

一、新中国 70 年中国特色社会主义道路一以贯之的接力探索

“中国特色社会主义是改革开放新时期开

创的，也是建立在我们党长期奋斗基础上的，是由我们党的几代中央领导集体团结带领全党全国人民历经千辛万苦、付出各种代价、接力探索取得的。”①习近平总书记的这一论述揭示了探索、开创和发展中国特色社会主义道路的艰辛过程，揭示了改革开放前后两个历史时期中国社会主义道路一以贯之的接续探索。

（一）社会主义建设时期的道路探索

1956年我国进入社会主义初级阶段，如何在中国建设社会主义成为中国共产党面临的重大课题。苏共二十大后，毛泽东明确提出“以苏为鉴”，不能迷信和照搬苏联模式，要实现马克思主义基本原理与中国实际的“第二次结合”，“努力找到中国建设社会主义的具体道路”。②这是党在社会主义建设道路探索的关键时期作出的重大战略决策。毛泽东总结苏联社会主义建设存在的问题和教训，在1956年4月发表的《论十大关系》中系统阐述了我国社会主义道路的十大关系和全面布局。1956年9月，党的八大提出把党和国家的工作重点转移到社会主义建设上来，社会主义建设道路的探索取得了良好的开端。但从1957年下半年开始，由于受“左”倾错误的影响，党提出的一系列社会主义建设理论、方针和政策未能在实践中充分付诸实施。

中国共产党在探索社会主义道路过程中历经曲折，“但党在社会主义革命和建设中取得的独创性理论成果和巨大成就，为在新的历史时期开创中国特色社会主义提供了宝贵经验、理论准备、物质基础”。③ 习近平科学概括了以毛泽东为核心的中国共产党第一代领导集体的历史性贡献。其一，对符合中国特点的社会主义道路的艰辛探索，是改革开放的历史缘起和中国特色社会主义道路的源头。虽然初步探索的很多成果没有来得及付诸实践，但探索中的经验和教训，为改革开放新时期开辟中国特色社会主义道路积累了重要历史经验和宝贵精神财富。其二，社会主义建设时期的发展成就，例如，独立的比较完整的工业体系和国民经济体系的建立、以“两弹一星”为标志的国防和科学技术的进步、农田水利基础设施的规模化建设、交通运输业的发展等，为改革开放后我国经济的迅速发展奠定了坚实的物质基础。其三，毛泽东总结苏联经验，基于国内发展实际，提出了社会主义社会基本矛盾、农轻重协调发展、统筹兼顾等独创性理论观点。这些观点是被实践证明了的关于社会主义建设的正确理论，为改革开放新时期中国特色社会主义道路的开辟提供了思想资源和理论准备。其四，确立了我国国体（人民民主专政）、政体（人民代表大会制度），以及基本政治制度（中国共产党领导的多党合作和政治协商制度和民族区域自治制度），为中国特色社会主义道路的开创发展提供了政治前提和制度保障。

（二）改革开放新时期中国特色社会主义道路的开辟

社会主义建设时期历经20多年的艰辛探索，没有完全突破苏联建设社会主义的模式。究其原因，主要是当时没有从理论和实践两方面回答好“什么是社会主义，怎样建设社会主义”这一课题。解放思想，破除对社会主义的教

① 《十八大以来重要文献选编》（上），中央文献出版社2014年版，第73页。

② 《毛泽东年谱》（第2卷），中央文献出版社2013年版，第557页。

③ 习近平：《在庆祝改革开放40周年大会上的讲话》，《人民日报》2018年12月19日。

条式理解,全面总结我国社会主义建设正反两方面经验,这是中国特色社会主义道路开辟的逻辑起点。1978年12月召开的十一届三中全会重新确立了实事求是的思想路线,作出了党和国家工作重点从阶级斗争转向经济建设、实行改革开放的战略决策。“走出一条中国式的现代化道路”①“中国式的社会主义”②等思想的提出,开启了中国共产党独立探索符合中国国情的现代化发展道路的新征程。邓小平在1982年9月召开的党的十二大首次提出了“把马克思主义的普遍真理同我国的具体实际结合起来,走自己的道路,建设有中国特色的社会主义”③的科学命题,这标志着中国共产党从此举起了中国特色社会主义的旗帜。1984年6月,邓小平在会见外宾时概括了我国现代化建设的基本构想,将其称为“建设有中国特色的社会主义的道路”。④ 以邓小平为核心的党的中央领导集体围绕这一道路不断探索,提出了改革开放论、商品经济论、社会主义本质论、社会主义初级阶段论、一国两制论等理论,这些构成了中国特色社会主义道路的基本内涵。

20世纪80年代末,世界社会主义运动因苏东剧变遭遇严重曲折,以江泽民为核心的党中央在国内外形势的严峻考验面前捍卫了中国特色社会主义事业。20世纪90年代,中国共产党总结改革开放实践经验,根据时代要求和执政考验,把建立社会主义市场经济体制作为我国经济体制改革的目标,发展社会主义市场经济并建立与之相适应的基本经济制度和分配制度,加强党的执政能力建设和先进性建设,在坚持和完善根本政治制度、基本政治制度的基础上,推进社会主义民主和法制建设,使中国特色社会主义道路比较平稳地迈进21世纪。党的十六大以后,以胡锦涛为总书记的党中央在新的历史起点上坚持和发展了中国特色社会主义道路。中国共产党根据国情、世情、党情的阶段性变化,在总体小康的基础上提出了全面建设小康社会的发展目标,并作出了构建社会主义和谐社会、建设社会主义核心价值体系和先进文化、建设社会主义新农村等一系列战略部署,规划和完善了中国特色社会主义道路的发展路径。

中国共产党对中国特色社会主义道路的探索,是通过理论创新和制度改革来完成的。改革开放以来,中国共产党围绕建设和发展中国特色社会主义进行了全方位的探索。2011年7月,胡锦涛在庆祝中国共产党成立90周年大会上的讲话中将这一探索的成就概括为“开辟了中国特色社会主义道路,形成了中国特色社会主义理论体系,确立了中国特色社会主义制度”。⑤

随着改革开放的推进,中国共产党对中国特色社会主义道路内涵的认识不断深化。党的十七大报告首次概括了中国特色社会主义道路的基本内涵,党的十八大报告增加“生态文明”“全面发展”“共同富裕”等内容,再次明确了这一道路的基本范畴:(1)领导力量:中国共产党;(2)基本路线:“以经济建设为中心,坚持四

① 《邓小平文选》(第2卷),人民出版社1994年版,第163页。

② 《邓小平思想年谱(1975—1997)》,中央文献出版社1998年版,第208页。

③ 《邓小平文选》(第3卷),人民出版社1993年版,第3页。

④ 同上,第65页。

⑤ 《十七大以来重要文献选编》(下),中央文献出版社2013年版,第435页。

项基本原则，坚持改革开放，解放和发展社会生产力”；[①](3) 发展布局：“建设社会主义市场经济、社会主义民主政治、社会主义先进文化、社会主义和谐社会、社会主义生态文明”；[②](4) 建设目标：“促进人的全面发展，逐步实现全体人民共同富裕，建设富强民主文明和谐的社会主义现代化国家”。[③]

中国特色社会主义道路的探索为理论创新提供了实践经验，理论创新又为道路探索提供理论支撑，为其指引正确方向。围绕中国特色社会主义道路的发展步骤、目标任务、内外条件、政治保证等重大问题，改革开放以来党的几代中央领导集体在不同时期进行了创新性的思考，围绕中国特色社会主义的性质、本质、领导力量、发展思想等问题作出了科学回答，形成了邓小平理论、“三个代表”重要思想、科学发展观等理论创新成果，推动马克思主义中国化实现第二次历史性飞跃，产生了中国特色社会主义理论体系。这一理论体系的发展过程是对中国特色社会主义道路探索中实践经验的概括和凝练。

道路探索中不断出现的难题，需要通过制度改革加以解决。历届党中央领导集体始终重视制度建设，及时总结社会主义现代化实践的成功经验，以制度和法律的形式把改革发展成果固定下来，保障道路探索的稳定性。我国在推进改革开放中逐步形成了一整套相互衔接、相互联系、具有鲜明中国特色的社会主义制度体系。党的十八大报告指出这一制度体系包括四个层次的范畴：根本政治制度、基本政治制度和经济制度、法律体系、以及建立在这些制度基础上的各项具体制度。[④]

（三）新时代中国特色社会主义道路的拓展

新时代我国社会主要矛盾已经转化，中国特色社会主义道路的发展方位也发生了转变。以习近平同志为核心的党中央结合新的时代条件和实践要求，不断丰富和深化中国特色社会主义道路的内涵。一方面，设置了分层次、分等级的目标愿景，把实现中华民族伟大复兴的中国梦作为长期奋斗的目标，并规划了实现这一目标的战略安排：在 2020 年全面建成小康社会，2035 年基本实现社会主义现代化，2050 年建成社会主义现代化强国。另一方面，完善了中国特色社会主义道路的发展方略，在宏观布局上统筹推进经济、政治、文化、社会和生态文明“五位一体”建设，在战略举措上通过全面从严治党、全面深化改革和全面依法治国保证发展方向、增强发展动力。

以习近平同志为核心的党中央高度重视制度的顶层设计，着力加强党内法规制度体系建设，加快中国特色社会主义法治体系建设，推进中国特色社会主义制度更加系统完备、更加科学规范、更加成熟定型。制度的生命力在于实施，如何把中国特色社会主义制度的优势转化为管理国家社会事务的实际效能，推进国家治理体系和治理能力现代化，“实现党、国家、社会各项事务治理制度化、规范化、程序化，不断提高运用中国特色社会主义制度有效治理国家的能力”，[⑤]是新时代中国共产党面临的深刻挑战。为此，党中央加快党和国家机构改革，变革

① 《十八大以来重要文献选编》(上)，中央文献出版社 2014 年版，第 10 页。

② 同上，第 10 页。

③ 同上，第 10 页。

④ 同上，第 10 页。

⑤ 《习近平谈治国理政》，外文出版社 2014 年版，第 104 页。

不符合实践发展要求的体制机制，推进国家治理体系和治理能力现代化，旨在为中国特色社会主义道路的发展提供根本性的保障。

以习近平同志为核心的党中央立足于新的历史方位，在治国理政的具体实践中提出和实施了一系列新理念新思想新战略，从理论与实践两方面系统回答了“新时代坚持和发展什么样的中国特色社会主义、怎样坚持和发展中国特色社会主义”①这一重大课题。党的十八大以来，中国共产党推进马克思主义中国化而取得的理论创新成果是习近平新时代中国特色社会主义思想，这一成果坚持了马克思主义的基本立场、观点和方法，在丰富和发展中国特色社会主义理论体系的同时，创造性地发展了当代中国马克思主义和21世纪的马克思主义，为新时代中国特色社会主义道路的拓展提供了科学理论指导。

二、中国特色社会主义道路一脉相承的理论与历史逻辑

“中国特色社会主义，是科学社会主义理论逻辑和中国社会发展历史逻辑的辩证统一。”②习近平作出的这一论断阐明了中国特色社会主义道路一以贯之的理论与历史逻辑，这一逻辑就是党的十七大、十八大报告所提出的“既坚持了科学社会主义的基本原则，又根据我国实际和时代特征赋予其鲜明的中国特色”。③

（一）新中国70年社会主义道路探索始终贯穿科学社会主义基本原则

中国特色社会主义道路具有深厚的历史渊源，科学社会主义与中国特色社会主义是源与流的关系。习近平在2013年1月的学习贯彻党的十八大精神研讨班上发表重要讲话，从六个时段分析了世界社会主义从空想学说到科学理论、从一国实践到多国实践的发展历程，内容包括空想社会主义的产生和发展，马克思和恩格斯创立科学社会主义理论，1917年俄国十月革命胜利后社会主义国家的建立与实践，苏联社会主义模式的逐步形成、僵化与解体，1949年新中国成立以后社会主义建设道路的探索，改革开放新时期中国特色社会主义的发展。这一重要讲话为我们正确认识科学社会主义与中国特色社会主义的源流关系提供了依据。

科学社会主义的这六个发展阶段是一脉相承的，这个“脉”就是科学社会主义基本原则。科学社会主义的六个发展阶段呈现出历史演进的态势，中国共产党在吸取前几个历史阶段的经验教训、借鉴世界社会主义经验的基础上，开辟了中国特色社会主义发展道路。可见，中国特色社会主义属于科学社会主义的发展谱系，它不是一种独立于科学社会主义之外的社会主义形态，而是科学社会主义发展历史进程中的一个新阶段。党的全国代表大会报告多次阐明：中国特色社会主义是“扎根于当代中国的科学社会主义”，④是科学社会主义基本原则同我国国情相结合的成果。因此，“在当代中国，坚持中国特色社会主义道路，就是真正坚持社

---

① 习近平：《决胜全面建成小康社会 夺取新时代中国特色社会主义伟大胜利》，人民出版社2017年版，第18页。

② 《习近平谈治国理政》，外文出版社2014年版，第21页。

③ 《十七大以来重要文献选编》（上），中央文献出版社2013年版，第9页。

④ 《十三大以来重要文献选编》（上），中央文献出版社2011年版，第47页。

会主义”。[1] 当今，中国特色社会主义进入新时代，无疑在世界社会主义发展史上具有重要意义。党的十九大报告就此指出：科学社会主义在新时代迎来了重大发展机遇，“在21世纪的中国焕发出强大生机活力”。[2]

（二）坚持和发展科学社会主义的基本遵循

习近平指出：“中国特色社会主义是社会主义而不是其他什么主义，科学社会主义基本原则不能丢，丢了就不是社会主义。”[3]这一论断深刻阐明了中国特色社会主义的本质，同时表明了是否坚持科学社会主义基本原则可以作为判断中国特色社会主义的根本标准。改革开放40年来，中国共产党之所以没有走“封闭僵化的老路”“改旗易帜的邪路”，中国特色社会主义道路之所以不是西方学者眼中所谓的“新官僚资本主义”“国家资本主义”“新自由主义”，根本原因在于中国共产党毫不动摇地坚持科学社会主义基本原则。中国共产党为什么能做到始终坚持科学社会主义基本原则，并实现与中国具体国情相结合呢？一个重要的原因是中国共产党重视将中国化马克思主义理论的活的灵魂（实事求是、群众路线、独立自主），转化为中国社会主义道路探索一以贯之的立场、观点和方法。

一是实事求是地探索中国特色社会主义道路。任何科学理论必须本土化才能真正发挥作用，科学社会主义基本原则只有联系中国实际才能解决中国的问题。中国共产党始终坚持一切从实际出发，秉持实事求是的思想路线，推进马克思主义基本原理与中国现代化建设实践相结合，在70年的接力探索中开创和发展了中国特色社会主义道路。

二是中国共产党在领导革命、建设、改革的长期实践中，不照搬别国发展模式，独立自主走自己的路。这是新中国70年社会主义道路探索的重要原则。以毛泽东为代表的中国共产党人在工农业基础薄弱、长期遭受西方资本主义国家严密封锁的国内国际形势下，努力探索符合中国实际的社会主义道路；改革开放40年来，中国共产党几代领导集体不迷信西方模式，始终沿着中国特色社会主义道路开拓进取。

三是中国共产党在70年的持续探索中始终坚持人民立场，尊重人民主体地位，充分发挥人民群众的能动性，坚持以人民为中心的发展思想，致力于发展好、实现好、保障好最广大人民的根本利益。中国人民的坚持和拥护是中国特色社会主义道路开创的根本动力，实现共同富裕和人的全面发展是这一道路的价值目标。

（三）中国特色社会主义开创了科学社会主义新的发展形态

新中国70年的社会主义道路探索中，中国共产党秉持实事求是、独立自主、人民立场的基本原则，从而始终以发展的观点坚持马克思主义，而不是教条式地对待马克思主义。正因为如此，中国化马克思主义随着实践发展而不断发展，中国特色社会主义道路在开拓中不断前进。换言之，中国特色社会主义道路之所以成功开辟并不断发展，在于它创新了科学社会主义基本原则的具体实现形式，创造性地将科学

---

① 《十七大以来重要文献选编》（上），中央文献出版社2013年版，第9页。

② 习近平：《决胜全面建成小康社会 夺取新时代中国特色社会主义伟大胜利》，人民出版社2017年版，第10页。

③ 《习近平谈治国理政》，外文出版社2014年版，第22页。

社会主义基本原则根据中国国情和时代特点运用到发展着的实践当中。中国特色社会主义道路在本质上始终坚持科学社会主义基本原则，在具体形式上实现了理论与实践的创新性融合，开创了科学社会主义新的发展形态。

坚持以生产资料公有制作为社会主义的经济基础，实行按劳分配，这是科学社会主义基本原则的核心内容。我国在社会主义建设初期曾经片面追求“一大二公”、纯而又纯的公有制，实现形式单一，在分配上实行平均主义“大锅饭”。改革开放后，我国逐步突破了单一的所有制结构和高度集中的计划经济体制。在坚持公有制主体地位的同时，允许非公有制经济的发展，非公有制经济从社会主义经济的有益补充，发展到与公有制经济具有平等市场经济地位，实现了对传统公有制模式的变革与创新。我国建立了基本经济制度(以公有制为主体、多种所有制经济共同发展)，也建立了与之适应的分配制度(以按劳分配为主体、多种分配方式并存)。在经济运行方式上，摒弃了把计划与市场看作社会主义与资本主义的根本区别的错误认识，逐步改变了把社会主义基本制度与市场经济对立起来的传统观念，通过建立和完善社会主义市场经济体制，实现了市场经济与社会主义基本制度的有机结合。政府宏观调控不断完善，市场在资源配置中从发挥基础性作用到发挥决定性作用。这些变化反映了公有制经济与非公有制经济发展比例的调整与优化，促进了社会主义市场经济的发展完善。

坚持无产阶级政党对社会主义事业的领导，是科学社会主义的又一项基本原则。新中国成立 70 年来，中国共产党始终是中国的领导党和执政党，把控和统领着中国社会主义建设道路的方向和全局。改革开放 40 多年来，中国特色社会主义政治发展的实质，就是在坚持和完善中国共产党的领导的前提下，不断完善我国根本政治制度和基本政治制度，不断推进政治体制改革，实现党的领导、依法治国、人民当家作主的有机统一。

中国特色社会主义制度及具体体制机制既坚持了科学社会主义基本原则，又适应了我国生产力发展水平，是我国经济发展和社会进步的重要保障。坚持中国共产党的领导与发展社会主义市场经济，二者相互影响、相互促进，共同构成了中国特色社会主义道路的重要优势。公有制经济的主体地位，为中国共产党的执政地位和中国特色社会主义制度提供坚实经济基础，同时，在社会主义市场经济条件下，非公有制经济也为促进国民经济发展发挥着日益重要的作用。另一方面，中国共产党的领导与执政地位的保持，为巩固和发展公有制经济，鼓励、支持和引导非公有制经济的发展提供了政治保障。

三、中国特色社会主义道路的价值和意义

经过新中国 70 年的探索，尤其是经过改革开放 40 年的发展，我国经济、科技、国防等领域的发展实力和综合国力进入世界前列，从摆脱贫困到实现温饱，从总体小康到决胜全面建成小康社会，国家面貌和中华民族的面貌发生了显著变化。这些成就是在改革开放新时期走中国特色社会主义道路取得的，但也是在新中国成立后建立社会主义基本制度并进行 20 多年建设的基础上取得的。中国特色社会主义道路是当代中国的发展道路，有人将其称为“中国道路”，也有人称之为“中国模式”或“中国经验”。无论何种称谓，都彰显了这一道路的时代价值，

它不仅破解了我国的发展难题，也为世界发展作出了重要贡献。

（一）中国道路解决了我国社会主义现代化建设的发展难题

习近平指出："一个国家实行什么样的主义，关键要看这个主义能否解决这个国家面临的历史性课题。"[①]之所以选择中国特色社会主义道路，是因为这条道路解决了中国这样一个人口多、底子薄的发展中国家在建立社会主义制度以后，如何独立自主地建设和发展社会主义、快速实现现代化的根本问题，也是因为这条道路为解决我国现代化进程中面临的诸多难题提供了一整套符合国情、切实有效的治理方案。这些方案体现在经济、政治、文化、社会、生态等多个领域。

其一，坚持走中国特色社会主义经济发展道路，有效解决了如何统一开放发展与国家经济安全的难题。不断完善社会主义市场经济，在提升资源配置和经济发展效率的同时，注重分配和再分配的公平，在积极参与经济全球化的同时保持我国经济发展的独立性和自主性，在扩大对外开放的同时保障国家金融、贸易、粮食、能源的安全，不断推进经济发展方式和经济结构优化升级，努力跨越"中等收入陷阱"。

其二，坚持走中国特色社会主义政治发展道路，协调了扩大政治参与与维系政治秩序的关系。在坚持中国共产党领导、坚持社会主义政治制度的前提下，推进我国政治体制的渐进式改革，汲取人类政治文明和法治文明的有益成果，既保障了政治稳定，又促进了中国特色社会主义民主政治的发展和法治体系的建设。通过加强党的建设和政府职能转变优化，推进依法行政、依法执政、依法治国，巩固党的群众基础，提升政府公信力，避免"塔西佗陷阱"。

其三，坚持走中国特色社会主义文化发展道路，坚持马克思主义在意识形态领域的指导地位，正确处理了文化开放与文化安全的辩证关系。在对外文化交流中维护国家文化安全和意识形态安全，抵制文化霸权主义，警惕西方"普世价值"的渗透，弘扬社会主义核心价值观。在文化交流中既汲取世界各民族文化的长处，又注重传承和弘扬中华文化，提高国家文化软实力和影响力，为建成社会主义文化强国奠定基础。

其四，坚持走中国特色社会主义社会治理之路，在构建和谐社会中妥善处理发展活力与安定有序的关系。建立完善"党委领导、政府主导、社会协同、公众参与、法治保障的社会治理体制"，[②]既积极发挥党和政府的作用，又注重激发全社会创造力和发展活力，让多元主体共同参与社会治理，提升社会治理水平，有效防范重大风险。

其五，坚持走中国特色社会主义生态文明建设道路，着力解决经济发展与人口资源环境之间的矛盾。实现经济与生态环境的协调发展、可持续发展，避免走工业革命以来西方国家"先发展后治理"的老路，是我国生态文明的发展理念。既要金山银山又要绿水青山，建设现代化的美丽中国是生态文明建设的目标。

其六，坚持实施"一国两制"基本方针，通过建立特别行政区制度，既坚持了社会主义的原则立场，维护了国家主权、安全和发展利益，又保持了香港、澳门长期繁荣稳定；坚持实施"和

---

① 《习近平谈治国理政》，外文出版社 2014 年版，第 22 页。

② 《十八大以来重要文献选编》(中)，中央文献出版社 2016 年版，第 819 页。

平统一、一国两制”方针，维护和推动两岸关系和平发展，为“解决台湾问题、实现祖国完全统一”①创造和积累条件。

其七，坚定不移走和平发展道路，在民族复兴征程中打破所谓“强国必霸”的历史定律。始终倡导和平、发展、合作、共赢，主动破解“中国威胁论”，既寻求和平崛起，同时也坚定捍卫国家主权、保护国家权益，防止我国陷入“修昔底德陷阱”。

中国特色社会主义道路所提供的治国理政方案，正确处理了我国现代化进程中改革、发展、稳定这一基本辩证关系，保持了国家发展政策的连续性和创新性，保持了国家对各区域、各领域、各行业的调控能力和治理能力，能够有效应对现代化的各种挑战与风险。这些因素都是改革开放以来我国经济发展和社会进步的重要条件。随着经济快速发展，我国城乡居民人均收入水平和消费水平持续较快增长。从 1978 年到 2018 年，我国国内生产总值从 3678.7 亿元增长到 900309 亿元，城镇居民人均可支配收入由 343 元增长至 39251 元，农村居民人均纯收入由 134 元增长到 14617 元，我国城镇和农村居民家庭恩格尔系数由 57.5%和 67.7%分别下降到 27.7%和 30.1%，全国居民恩格尔系数下降为 28.4%。② 经济发展的成就集中体现在民生改善方面，我国在义务教育、养老保险、公共卫生、基本医疗等方面公共服务均等化水平不断提升，人民对美好生活的向往逐渐变成现实。我国人类发展指数的增长也反映了人民生活质量的持续改善。1990 年，我国人类发展指数只有 0.495，低于世界平均水平(0.600)，2018 年我国 HDI 达到 0.752，③已经迈进高水平的人类发展阶段。这期间我国人类发展指数高于世界平均增长速度。总之，我国在内政外交国防、治党治国治军等各个方面取得的发展成就，充分证明了中国共产党领导中国人民开辟的中国特色社会主义道路具有强大生命力，是符合中国国情、保障中国社会进步和发展的正确道路。

(二) 中国道路为世界发展贡献了中国智慧和中国方案

对世界发展作出的重要贡献也是中国特色社会主义道路的价值和意义所在。习近平在党的十九大报告中对此作出了高度评价：“拓展了发展中国家走向现代化的途径，给世界上那些既希望加快发展又希望保持自身独立性的国家和民族提供了全新选择，为解决人类问题贡献了中国智慧和中国方案。”④

第一，中国道路为世界减贫等事业作出了重要贡献，为人类社会发展增添了中国动力。贫困是一个世界性难题，反贫困是全人类的共同使命。改革开放以来，中国走出了一条特色反贫困之路，先后使近 8 亿人摆脱贫困，对世界减贫贡献率超过 70%。⑤ 党的十八大以来，我国实施精准扶贫战略的 6 年间，全国累计减少

① 习近平：《决胜全面建成小康社会 夺取新时代中国特色社会主义伟大胜利》，人民出版社 2017 年版，第 56 页。

② 数据来源于《2016 年中华人民共和国年鉴》《2018 年国民经济和社会发展统计公报》。

③ Human Development Reports 1990 - 2018，http://hdr.undp.org/en.

④ 习近平：《决胜全面建成小康社会 夺取新时代中国特色社会主义伟大胜利》，人民出版社 2017 年版，第 10 页。

⑤ 张志文：《“中国减贫成功经验值得学习”——记第十二届中国—东盟社会发展与减贫论坛》，《人民日报》 2018 年 7 月 2 日。

贫困人口 8239 万,[①] 书写了人类反贫困新奇迹。中国反贫困成就提振了世界扶贫的信心,产生了积极的“溢出效应”。中国致力于消除本国贫困的同时,还通过设立援助基金、项目支持、免除债务、医疗援助、减贫培训等形式,帮助广大发展中国家特别是最不发达国家消除贫困。此外,在应对全球气候变化、应对贫富差距、恐怖主义、核威胁等日益增多的全球性挑战上,中国不仅以自身实际行动推动问题解决,同时也倡议弘扬共商共建共享的全球治理理念,推动全球治理体制朝着更加公正、合理的方向发展,推动全球性议题的有效治理,彰显了中国作为发展中大国的责任担当。

第二,中国是经济全球化的受益者,也是贡献者,中国自身的发展为世界各国提供了经济发展机遇和发展红利。中国稳定的经济增长速度、世界第二的庞大经济体量以及位居世界前列的对外贸易、对外投资和外汇储备,对世界经济增长贡献率已超过 30%,成为世界经济增长的重要动力来源。中国积极推进“一带一路”倡议,与世界分享经济发展机遇和发展红利,欢迎世界各国搭乘中国发展的“快车”和“便车”。此外,中国在反对贸易保护主义、减少国际金融危机对世界经济发展的冲击、防止新兴市场国家在美元加息过程中发生债务危机等方面都发挥了重要作用。随着中国对外开放的深入推进、更高层次开放型经济的发展,中国将为世界经济发展作出更大贡献。

第三,中国道路拓展了发展中国家走向现代化和人类文明发展的途径。当代中国的发展道路,极大鼓励了发展中国家积极探索符合本国国情的发展道路。独立自主走自己的路,是新中国 70 年社会主义道路探索中积累的宝贵经验,也是中国道路最具价值的发展经验。独立自主地探索本国的现代化发展道路,在对外开放中保持本国政治稳定,保持经济发展的自主性,保持维护国家主权的能力,这些经验对那些盲目引用西方模式而陷入泥淖的发展中国家具有十分有益的启示。

第四,中国道路为推动构建人类命运共同体和世界和平发展提供了中国方案。中国日益走近世界舞台中央,在更广领域、更深层次参与全球经济治理,提出了一条共建共享、互利共赢的发展道路:“打造富有活力的增长模式、开放共赢的合作模式、公正合理的治理模式、平衡惠普的发展模式”,[②] 旨在倡导建立以合作共赢为核心的新型国际关系,推进全球治理体系变革。同时,中国也积极推动国际和地区安全合作,在国际政治和安全领域发挥积极作用。

长期以来,有意否定、歪曲误读中国道路的国际舆论一直在场,诸如“中国崩溃论”等唱衰中国道路的声音也不在少数。但随着中国声音的对外传播、良好国家形象的塑造,国际上越来越多的人深入了解并客观评价中国发展道路,中国道路受到了国际社会的广泛赞誉。党的十九大召开后,多国政界、学界人士及媒体高度评价中国共产党领导中国取得的发展成就:“中国成就印证了中国在理论、道路和制度上历史选择的正确”,“中国选择了自己的发展道路,以成功实践证明资本主义不是唯一发展方案”,“中国取得的成绩让外界对中国政治制度的疑虑逐渐消除,中国应继续坚持适合自身发展并

---

① 顾仲阳、郁静娴:《脱贫攻坚一年一个台阶 我国年度减贫连续 6 年超千万人》,《人民日报》2019 年 3 月 17 日。

② 习近平:《共担时代责任 共促全球发展》,《人民日报》2017 年 1 月 18 日。

且带来成效的道路和制度体系”。① 这些积极的国际舆论是对中国道路价值与贡献的认可与肯定。

综上所述,新中国成立70年来中国共产党领导人民对社会主义道路的探索是接续推进的,历经改革开放前30年与改革开放后40年,这两个历史时期承前启后、接续发展,有重大区别也有内在联系,不能把改革开放后40年中国特色社会主义的发展与改革开放前30年社会主义建设的实践对立起来。习近平指出:“改革开放以来,我们总结历史经验,不断艰辛探索,终于找到了实现中华民族伟大复兴的正确道路,取得了举世瞩目的成果。这条道路就是中国特色社会主义。”②中国特色社会主义是中国共产党和中国人民长期实践取得的根本成就。党和人民坚定认为:“中国特色社会主义道路是实现社会主义现代化、创造人民美好生活的必由之路,”③只有这条道路才能引领中国进步、才能实现中华民族伟大复兴中国梦。道路自信建立在当代中国发展成就的坚实基础之上,也来源于国际社会的积极正面评价。中国特色社会主义进入新时代,必须坚定道路自信,强化道路认同,保持政治定力,凝聚共识,不为各种错误思潮所惑,并根据实践和时代诉求,正确处理守正与创新的关系,与时俱进,深化改革,继续坚持与发展中国特色社会主义道路。

① 缔造发展奇迹 领航中国奋进——国际社会高度评价中国共产党领导中国取得的巨大成就,http://www.xinhuanet.com//politics/19cpcnc/2017-10/18/c_1121823123.htm。

② 《十八大以来重要文献选编》(上),中央文献出版社2014年版,第83页。

③ 习近平:《决胜全面建成小康社会 夺取新时代中国特色社会主义伟大胜利》,人民出版社2017年版,第16页。

从人口红利到结构红利

——70年经济奇迹的社会主义背景

【内容提要】 人口红利是改革开放以来，尤其是20世纪80年代中国经济高增长的重要动力，而形成这一人口红利的关键原因则是20世纪50—60年代人口死亡率的大幅度下降。新中国成立之初的土地革命和公共医疗体制则是降低人口死亡率，形成人口红利的社会主义背景。1990年以后中国经济持续高增长的新引擎是城乡劳动力流动形成的结构红利。通过与印度的比较可以发现，这一结构红利的关键来源在于社会主义土地公有制和农村土地家庭联产承包责任制为城乡劳动力流动提供的制度保障。对人口红利和结构红利的考察表明，成就新中国70年经济发展奇迹的关键在于：改革开放后的社会主义市场经济体制充分释放了改革开放前的社会主义基本制度优势，从而使中国的社会主义市场经济表现出明显优于其他市场经济的社会主义优越性。

【作者简介】 王立胜，中国社会科学院哲学研究所党委书记；孙泽玮，曲阜师范大学政治与公共管理学院硕士研究生

【原文出处】 《马克思主义与现实》2019年第4期

一、人口红利的基本概念与历史数据

人口红利是考察中国经济增长的重要视角。当前多数文献关注的是人口红利减退对经济增长速度下降的影响，但是相反方向的研究同样富有价值：就新中国成立70年以来的经济奇迹而言，人口红利也是解释中国经济高增长特征的重要切入点，例如按照蔡昉和王德文的估算，“人口红利对1982—2000年期间人均GDP增长率的贡献为26.8%”。①

① 参见蔡昉：《人口转变、人口红利与刘易斯转折点》，《经济研究》2010年第4期；Cai, Fang and Dewen Wang, “China's Demographic Transition: Implications for Growth”, in Gamaut and Song(eds) *The China Boom and Its Discontents*, Canberra: Asia Pacific Press.

考察人口红利的一个重要指标是社会抚养比，即年龄在15岁以下和65岁以上的“非劳动人口”占总人口的比例。社会抚养比越低，说明总人口中可以劳动就业的人口比例越大，相同人口规模下的人均产出量就越高。因此，一般将人口抚养比相对较低的时期视为存在人口红利的时期。当然，准确判断人口红利对经济增长的影响，不能只关注社会抚养比，因为较低的人口抚养比只是提供了潜在的就业人口，即15—64岁的劳动人口，这些人口要形成更大的就业规模和更快的经济增长，还要看经济系统能否解决这些潜在劳动力的就业，即人口红利的发挥以充分就业为条件。因此，我们可以使用一个更为直观的指标来考察“人口红利”：就业人口比例，即就业总量占总人口的比例。这个比例越高，表明总人口中从事生产经营的劳动者越多，需要被抚养的未就业人口越少，因此以总人口为分母的人均产值就相对较高，经济增长速度相对较快。同时，这一指标也将“充分就业”条件纳入其中：如果存在更低的“社会抚养比”，但是潜在的劳动力没有实现就业，则就业人口比例不会提高。

在现有统计数据中，可以梳理出1949年以来的总人口和就业总量数据，其中由于统计数据来源和统计口径的变化，1990年就业量相对于1989年的数据发生了“跳跃”，我们将1990年猛增的就业量分摊到1986—1989年，即按年平均增长速度进行“移动平均”，再以调整后的数据计算新中国成立70年以来的“就业人口比例”。

体现人口红利的就业人口比例，在第一个五年计划完成后直到改革开放之前处于相对稳定阶段，其比例维持在0.39—0.42之间，人口红利推动经济增长的效果集中出现在1980年代，这期间就业人口比例从1978年的0.417快速提升至1990年的0.556，提升了33.33%；扣除物价波动，1990年的人均国民生产总值提升至1978年的2.3817倍，人口红利对经济增长的贡献达到24.12%。从1990年以来的28年时间，就业人口比例未出现明显的波动，2008年以来的10年间，其水平还略有下降，从2007年的0.57下降到2018年的0.556。这一基本数据也表明，将2010年以来的经济增长速度放缓归结于“人口红利”因素并不准确。客观而言，人口红利对经济增长的推动作用，在1990年以后已经基本消失，在2000年以后“人口红利”对经济增长的作用已经由正转负。近年来经济增长速度的放缓，应从其他结构性因素中寻求解释。人口红利的增减，与其说是一个解释当前经济增长放缓的因素，不如说是一个探析改革开放初期经济起飞引擎的经济史议题——这一议题对于我们准确理解新中国70年的经济增长奇迹和改革开放前后两个时期的内在联系具有重要价值。

简言之，讨论人口红利对70年中国经济奇迹的贡献，就是讨论其在改革开放初期经济增长起飞阶段所发挥的推动作用，这一时期人口年龄结构和就业比例的提高，成为推动中国经济进入“高增长阶段”的重要引擎。要真正理解改革开放之后的经济起飞，则必须结合社会主义基本制度。①

二、人口红利的形成与释放：改革开放前后的制度交汇造就经济起飞引擎

依据“人口红利”的基本逻辑，总人口年龄

① 王立胜：《改革开放与“中国奇迹”的奥秘——纪念改革开放40周年》，《齐鲁学刊》2018年第6期。

结构的变化是“社会抚养比”下降和“就业人口比例”提高的原因所在。我们能够从全国总人口增长趋势中窥见改革开放后“人口红利”的重要成因：20世纪50—60年代的人口增长高峰期，为改革开放后的经济增长提供了青年壮年劳动力。1950—1963年出生的劳动者，在1978年的年龄为15—28岁。在整个20世纪80年代，50年代和60年代出生的新增人口均成长为20岁以上的劳动人口，从而塑造了改革开放初期低水平的社会抚养比和高水平的就业人口比例。

是什么因素形成了1950—1960年代的人口增长高峰期呢？我们一般在习惯上将人口高速增长时期称之为“生育高峰”期，但是考察20世纪50—60年代的中国人口数据则发现，不能将这一时期的人口净增长归结为“生育高峰期”。

2000年前后，中国人口学界的研究表明，20世纪50—60年代的人口出生率并未出现明显的上升，导致人口快速增长的原因是这一时期人口死亡率的大幅度下降。与之相对应的是人口平均寿命的提高，“1949年中国人口平均预期寿命一般估计为30—35岁。1980年第三次全国人口普查时，中国人口平均预期寿命上升到68岁，整整提高了一倍。婴儿死亡率由100‰左右降至36‰”。① 同时，值得注意的是，并非所有发展中国家的人口死亡率和人均寿命都出现了相同幅度变化。以经济发展阶段与中国相近的印度为例，著名学者阿玛蒂亚·森(Amartya Sen)就指出“在中国实行经济改革的1979年，印度的人均寿命大概只有54岁，也就是说比中国的68岁小了整整14岁”。② 人均寿命的大幅度提高，是人口死亡率快速下降的结果，在人口出生率相对稳定的情况下，人口死亡率的快速下降，明显提高了人口增长速度。而这一时期出生的人口在20世纪70年代以后开始进入劳动人口行列，这在很大程度上降低了1970年以后的“人口抚养比”，成为此后“人口红利”形成的关键条件。

那么，是什么原因导致我国超越其他发展中国家，在新中国成立之初的十余年间形成的死亡率的大幅度下降、在改革开放之前的30年前形成了人均寿命的大幅度提升呢？社会主义基本制度的建立发挥了关键作用。例如，20世纪50年代的土地革命、公有制经济和公共医疗体系对于死亡率下降的影响。在农村，虽然50年代初的土地革命建立的是农民土地个体所有制，但是由于打破了封建土地所有制，真正实现了“耕者有其田”，农民拥有了稳定的经济收入；此后建立的农村集体所有制也为农民提供了基本的生活保障。在城市，没收官僚资本和社会主义改造完成后形成的全民所有制经济将绝大多数城市居民纳入其中，为城市居民提供了更为可靠的公有制经济保障。在此之后，无论是农村还是城市，“卖儿卖女”的现象从未出现，除“三年自然灾害”外，饿死人的现象再未出现，这是大幅度降低婴幼儿死亡率的关键的经济基础。除土地革命和公有制经济外，具有中国特色的社会主义的公共医疗和防疫体系，对人口死亡率的下降和人均寿命的提高发挥了更为直接的作用。新中国成立之初，我国重点加强了农村医疗体系建设，基本实现了县级医院的“全

---

① 翟振武：《20世纪50年代中国人口政策的回顾与再评价》，《中国人口科学》2000年第1期。

② ［英］阿玛蒂亚·森：《社会发展中的和谐与不和谐——中印经验比较》，丁启红译，《国外理论动态》2009年第9期。

覆盖”,并形成了“县、乡、村三级医疗服务网”,并建立了具有中国特色的农村合作医疗制度。[①] 20世纪70年代,另一具有中国特色的农村赤脚医生制度轰动全世界,上海中医院和浙江中医院编写的《赤脚医生手册》被联合国翻译成50种语言在全世界推广。妇幼卫生保健运动也是推进社会主义体系建设的重要内容,1949年的人民政治协商会议第一次会议通过的《共同纲领》就强调“推广卫生医药事业,并注意保护母亲、婴儿和儿童的健康”,[②]其中一项重要运动就是“种痘运动”,1950年政务院发布《关于发动秋季种痘运动的指示》,到20世纪60年代初我国在全国范围内消灭了天花。除此之外,针对流行性疾病的治疗运动和防控体系也全面推进。20世纪50年代针对血吸虫病、疟疾、霍乱和流行性脑膜炎等疾病的疫苗预防接种工作全面展开,并在此基础上建立了全国范围的卫生防疫体系。1957年中国人均寿命已经由1949年的35岁提到了57岁,比20多年后的印度人均寿命还要高出3岁。[③]

正是新中国成立之初的土地革命、公有制经济和社会主义公共卫生防疫体系,从经济基础和医疗条件下根本改变了中国人民的健康水平,大幅度降低了人口死亡率,形成了20世纪50和60年代的人口增长高峰期,从而塑造了20世纪70—80年代较低的社会抚养比,为改革开放初期的经济高速增长提供了重要“人口红利”引擎。

上述讨论也涉及“人口红利”的另一项疑问:20世纪50年代人口增长高峰期出生的人口,在20世纪70年代就已经进入了“劳动人口”范围,但是为什么70年代的就业人口比例并未出现明显的提高呢?一个重要的原因在于,70年代正值“文革”时期,面临国民经济失调困境,释放“人口红利”所需的“充分就业”条件难以满足。实际上,这一时期也正是“知识青年上山下乡”的高峰期。从20世纪60年代中后期开始,知青下乡数量的猛增所体现的正是50年代“第一次人口增长”高峰期导致的城镇就业危机。显然,在无法解决充分就业的条件下,劳动人口增加形成的不是“人口红利”而是“就业包袱”。那么,是什么原因导致计划经济时期无法实现“充分就业”呢?

理论上一个代表性观点就是国民经济比例失调问题。导致失调的原因,就是对“价值规律”作用的忽视,而取消商品价格是导致价格规律难以发挥其作用的重要因素。改革开放的一个重要作用就是恢复了价格调节机制,使国民经济各部门的比例可以自由调整,从而在很大程度上克服了各部门生产面临的“比例失调”。价值规律的调节作用的重要性,也是社会主义政治经济学的经典议题,至少可以追溯到苏联学者关于“劳动消耗规律”争论。争论双方是布哈林(Николай Иванович Бухари)和普列奥布拉任斯基(Преображенский, Евгений Алексеевич),后者提出了著名的社会主义原始积累规律,把这一规律与价值规律相对立。对此,布哈林进行了旗帜鲜明的批评,强调价值规律背后的“劳动消耗规律”是任何时代必然发挥作用的客观规律。马克思曾写道:“这种按一定比例分配社会劳动的必要性,决不可能被社会

---

① 胡克夫:《新中国社会主义卫生事业和防疫体系的创立和发展》,《当代中国史研究》2003年第5期。

② 中共中央文献研究室编:《建国以来重要文献选编》(第1册),中央文献出版社1992年版,第11页。

③ 参见胡克夫:《新中国社会主义卫生事业和防疫体系的创立和发展》,《当代中国史研究》2003年第5期。

生产的一定形式所取消,而可能改变的只是它的表现方式。”①对此,布哈林认为“在一切社会历史形态中,按比例的劳动消耗规律或者简单地说,‘劳动消耗规律’是社会平衡的必要条件”。② 但是,由于布哈林的主张未能获得持续的贯彻,布哈林预言的国民经济失衡问题曾长期困扰社会主义计划经济,也引发了广泛的反思。在我国,1956 年孙冶方发表《把计划和统计放在价值规律的基础上》③一文,明确提出基于“价值规律”处理经济计划和统计核算的问题。这一时期,魏埙和谷书堂等④围绕“第二种社会必要劳动”时间的争论,也从另一个角度重启了布哈林的“劳动消耗规律”,强化了对价值规律的认识。20 世纪 80 年代,我国社会主义经济理论界关注的波兰社会主义经济学家布鲁斯(Wlodzimierz Brus)的观点,也与这一议题密切相关。1961 年布鲁斯提出发展商品经济的系统主张,在其著作《社会主义经济运行问题》中,就是从商品经济和价值规律范围问题开始研究的。

1978 年以后,尤其是 1984 年“价格改革”之后,中国在商品经济背景下的价格放开措施,在很大程度上恢复了价值规律的调节作用,为克服结构失调导致的就业不足问题提供了条件。除了“价格改革”外,“市场开放”也发挥了重要作用。在存在国际贸易的背景下,国内产出过剩或不足的物质生产部门,可以通过国际市场“调剂余缺”,从而有效地降低了生产扩张的结构性约束,这就为扩大就业、释放“人口红利”提供了条件。可以说,正是价格改革和国际市场开放,为“人口红利”的释放提供了条件。20 世纪 80 年代的经济起飞阶段是新中国 70 年经济奇迹的重要时期,作为经济起飞阶段重要引擎的“人口红利”,则是新中国成立初期的社会主义基本制度与改革开放后的社会主义市场经济共同作用的结果。

三、结构红利:社会主义土地制度提供接续人口红利的新引擎

人口红利的作用主要体现在 1990 年以前,在此之后的经济高速增长中,“人口红利”的作用已经明显下降。但是反观中国经济发展历程不难发现,此后中国经济的增长速度并未明显下降。从 1990 年开始一直到 2013 年经济“新常态”出现,中国经济的“高增长阶段”依然持续了 20 多年。要理解这一时期的经济高增长奇迹,另一个与社会主义基本制度紧密相关联的关键要素值得重点关注:城乡就业结构调整形成的“结构红利”。

结构红利是关于经济结构调整的基本假说⑤,认为部门间的生产要素存在由低效率部门流向高效率部门的基本趋势,在此趋势下,即

① 《马克思恩格斯选集》(第 4 卷),人民出版社 1995 年版,第 580 页。

② [苏]布哈林:《布哈林文选》(中册),人民出版社 1981 年版,第 91 页。

③ 孙治方:《把计划和统计放在价值规律的基础上》,《经济研究》1956 年第 6 期。

④ 魏埙、谷书堂:《价值法则及其在资本主义发生发展各个阶段上的作用及形式》,《南开大学学报(经济科学)》1955 年第 1 期;魏埙、谷书堂:《再论“社会必要劳动第二含义”——答王章耀、萨公强两同志》,《学术月刊》1958 年第 2 期;王章耀、萨公强:《关于“社会必要劳动时间”问题——与魏壎、谷书堂、吴树青诸同志讨论》,《学术月刊》1958 年第 2 期。

⑤ Peneder, M.: Industrial structure and aggregate growth, *Structural Change and Economic Dynamics*, 2003, 14(4): 427-448.

使两个效率部门的效率水平不变,高效率部门所占的要素比例越高,整体国民经济的经济效率也会相应提高。这种由部门间要素结构变动形成的效率提升作用就称之为"结构红利"。在政治经济学"劳动生产率"概念的框架下,我们可以将产出总量分解为就业量与劳动生产率的乘积,而部门间就业结构的变动则会影响整体国民经济的劳动生产率水平,从而形成就业结构变动的"结构红利"。我们将研究视角锁定在城乡就业结构,即农业与非农产业的就业结构上,以此来考察就业结构变动对整体劳动生产率的影响。

依据佩德(Michael Peneder)在法布里坎特(Solomon Fabricant)"份额偏离法"[①]基础上提出的"结构红利"计算方法,我们可以直接计算出农业劳动者向第二、三产业转移形成的"结构红利"。[②] 为了便于长期比较,我们以 1952 年为基期,将历年的结构红利和人口红利进行累积,并以 1952 年的"就业人口比例"和受就业结构影响的劳动生产率为 1,直接核算历年人口红利与累积形成的结构红利相对于 1952 年的提升幅度。按这一方法核算出的人口红利和年度的积累结构红利的倍数也直接体现为两者将总产出和人均产出提升至 1952 年产出水平的多少倍。相应的,人均 GDP 的提升倍数等于人口红利、结构红利和部门生产率提升幅度三者的乘积。因此,人口红利的倍数和结构红利的倍数,也分别代表人口红利将人均 GDP 提升到 1952 年人均 GDP 的多少倍,以及结构红利将人均 GDP 提升至 1952 年人均 GDP 的多少倍,因此,按年份积累的人口红利倍数和结构红利倍数,两者对人均 GDP 的贡献相同,可以直接比较。

在政治经济学劳动生产率口径下,与 1952 年折算水平相比,到 1990 年人口红利对人均 GDP 的提升倍数达到 1.538 倍,结构红利为 1.413 倍。但是在 1990 年以后,人口红利的作用明显下降,甚至在 2007 年以后出现了下降,而结构红利则后来居上,在 20 世纪 90 年代提升至 1.75 倍左右,在 2003 年以后更是迅速提高,至 2017 年已经达到 1952 年的 2.54 倍。

那么,农业劳动力向二三产业转移,是否是发展中国家"二元经济"的常态呢?依据刘易斯(W. Arthur Lewis)的二元经济理论,[③]国民经济可以分为传统农村部门和现代城市部门两大

---

① Fabricant S.: Employment in Manufacturing, *1899 - 1939: An analysis of its relation to the volume of production*, NBER Books, 1942.

② 基本计算公式如下:劳动生产率 $LP = Y/L$,因此 $Y = LP \cdot L$,其中 LP 为总劳动生产率,Y 为总产量,L 为总就业量;令 LP^t 和 LP_i^t 分别为 t 时期总体的劳动生产率和 i 产业的劳动生产率 S_i^t 表示 t 时期 i 产业的劳动份额。令 $i=1, 2$,分别代表农业(即第一产业)和非农产业(即第二、三产业的总和),因此有 $LP^t = \frac{Y^t}{L^t} = \sum_{i=1}^{n} \frac{Y_i^t L_i^t}{L_i^t L^t} = \sum_{i=1}^{n} LP_i^t S_i^t$, $\frac{LP^t - LP^0}{LP^0} = \frac{\sum_{i=1}^{n}(S_i^t - S_i^0)LP_i^t}{LP^0} + \frac{\sum_{i=1}^{n}(LP_i^t - LP_i^0)S_i^0}{LP^0}$, $\frac{\Delta Y}{Y} = \frac{L^t - L^0}{L^0} + \frac{\sum_{i=1}^{n}(S_i^t - S_i^0)LP_i^t}{LP^0} + \frac{\sum_{i=1}^{n}(LP_i^t - LP_i^0)S_i^0}{LP^0}$,其中人口红利形成的就业总量扩张,体现在 $\frac{L^t - L^0}{L^0}$ 之中,$\frac{\sum_{i=1}^{n}(S_i^t - S_i^0)LP_i^t}{LP^0}$ 就是城乡就业结构变动形成的"结构红利"。

③ Lewis W A. "Economic development with unlimited supplies of labour". *The manchester school*, 1954, 22 (2): 139 - 191.

部门，城市部门的生活水平高于农村部门的生存水平，劳动力会从农村流向城市，从而实现城市化和工业化进程。依据这一假说，只要存在城乡工资差异，农业劳动力会自动流向城市，启动城乡劳动力转移，从而推进经济发展。但阿瑞吉（Giovanni Arrighi）等学者很早就指出，刘易斯的这一假说难以成立，城乡劳动力转移往往不是市场经济的自然结果，而要取决于非市场的制度和政策因素。[①] 依据阿瑞吉对南部非洲的考察，在市场经济逐步形成的过程中，农村传统部门的农民适应市场经济的直接反应不是从农村向城市迁移，而是出售其农产品。只有超越市场机制的非市场因素冲击的情况下，农民才会做出从农村向城市迁移的决策。近年来，两位美国学者的研究[②]进一步印证了阿瑞吉的观点，他们指出，印度的城乡工资差异，远远高于与中国和印度等相近发展水平的亚洲国家，但印度的城乡劳动力转移却一直未能启动，其劳动力转移的数量和规模明显滞后。他们的研究认为，导致这一结构的原因在于印度劳动力流动的“保障条件不足”，由于缺乏稳定的收入来源，印度农民在很大程度上依赖同种姓亲族之间的救助制度，这种救助制度起到了平抑风险、“平滑”消费的作用，但是男性外出打工的家庭会失去这种非正式保险，从而导致劳动力的城乡流动面临“两难选择”。其实，熟悉中国经济史的学者不难理解印度农民对非正式保险的依赖。在封建土地所有制下，中国农民也曾面临各种不同形式的“人身依附关系”，从而阻碍劳动力的城乡流动。这种人身依附关系的彻底破除得益于新中国的“土地革命”。当农民真正拥有自己的土地时，土地上的经济收入不再受其亲族关系和家庭成员身份的影响，从而为农民提供了超越其传统亲族关系的稳定保障。在此基础上形成的“家庭联产承包责任制”具有同样的作用：无论家庭成员在乡务农还是进城打工，获得了土地承包经营权的家庭都可以稳定地获得土地收益所形成的保障，而不再像印度农民那样依赖于亲族间的“非正式保险”。从这个角度不难理解，在土地革命和农村土地集体所有制基础上形成的“家庭联产承包责任制”为中国农村劳动力的城乡流动提供了多方面的保障：进城务工人员的失业保障、家庭在乡留守人员的最低收入和最低生活保障，以及在农村土地和户籍制度基础上形成的医疗和贫困救济等社会保障。虽然这种“土地保障”的水平相对不高，但是具有高度平均化和稳定性的特征，为中国高达 2.8 亿规模的城乡劳动力流动提供了重要保障。正是这种社会主义土地公有制和家庭联产承包责任制保障下的城乡劳动流动，为 1990 年之后的经济高速增长提供了接续“人口红利”的“结构红利”。

同时，阿瑞吉的研究还提供了另一个重要的启示。他认为农村剩余劳动力的转移，在其未完成的状态下所发挥的作用越突出，相反，如果农村剩余劳动力转移进入后期，劳动力的成本就会相应地拉高，从而限制资本积累过程，经济增长速度也会相应放缓。因此，在阿瑞吉看来，东亚经济崛起的重要原因在于没有推行彻

---

① Arrighi, Giovanni. “Labour Supplies in Historical Perspective: A Study of the Proletarianization of the African Peasantry in Rhodesia”. *Journal of Development Studies*, 1970, 6(3).

② Munshi, Kaivan, Mark Rosenzweig, “Networks and misallocation: Insurance, migration, and the rural-urban wage gap”, *The American Economic Review*, 2016, Vol. 106. 1: 46 - 98.

底的城市化,“从1980、1990年代以来,主要的发展一直都有两个分支,一边是充满活力的、向上发展的东亚,一边是不景气的、向下发展的非洲”,导致这一差异的原因就在于东亚未推行彻底的城市化政策。① 他认为,“一旦农民不得不在城里生活,那种认为‘我们是单身汉,我们的家人还可以在乡下继续过农村生活’的幻想是行不通的”,② 即劳动者的收入必须能够支撑其整个家庭的城市生活,这有可能激发劳资双方的矛盾,使资本积累不能继续其既有的高速模式。

根据阿瑞吉的这一判断,我们可以看出:从2003年开始,直到2014年中国劳动力城市转移形成的“结构红利”一直非常突出,这一效应对经济增长的作用,在2015年以后趋于放缓。而2015年同样是中国经济增长速度放缓的重要结点。因此,如果说近年来的经济增长速度放缓与劳动力因素存在关联,那么,其直接联系并非劳动力数量占总人口比重所对应的“人口红利”的放缓,而主要源自城市劳动力转移所对应的“结构红利”的放缓。而“结构红利”能够在1990年以后持续不断,且在2003年以后进入高速提升时期,社会主义土地制度发挥了关键因素。因此,要准确理解新中国70年经济奇迹,尤其是改革开放以来的中国经济奇迹,社会主义基本制度的根本作用不容忽视,③正是社会主义基本制度,为新中国70年经济奇迹提供了关键的制度背景和体制基础。

结 语

考察新中国70年经济奇迹,推动经济高速增长的“人口红利”和“结构红利”都是值得关注的重要视角:前者为改革开放之初20世纪80年代的经济起飞提供了重要引擎;后者则在1990年之后成为持续推进经济增长的新引擎。而要准确理解“人口红利”和“结构红利”来源,则必须科学把握改革开放前后社会主义制度的辩证统一关系:正是改革开放之前的社会主义基本制度为人口红利的形成提供了有利的年龄结构,并为结构红利的形成提供了基础的土地制度;正是改革开放之后的市场开放和家庭联产承包责任制,才将社会主义基本制度所形成的潜在优势在市场经济条件下充分释放,从而实现了潜在制度优势向现实人口红利和结构红利的转换,推动了改革开放后我国经济的持续高速增长。

① [美]乔万尼·阿瑞吉、杨慧:《资本的蜿蜒之路(上、下)》,《国外理论动态》2009年第9期。

② 同上。

③ 王立胜:《改革开放与“中国奇迹”的奥秘——纪念改革开放40周年》,《齐鲁学刊》2018年第6期。

70 年中国共产党对外工作的发展成就和理论创新

【内容提要】 新中国成立后，中国共产党不忘初心支持世界正义事业，为新生共和国屹立于世界奠定基石。1978 年历史性的中央全会后，党的对外工作发生了历史性转变。集中到一点，就是从过去“战争与革命”年代神秘封闭的“党的对外工作”，转变发展成公开透明、符合国际惯例的“政党外交”。党的对外工作实践的大转折、大发展，进一步推动了思想认识上的飞跃和理论上的创新。中国特色政党外交正以自己的亲和力、吸引力和感召力汇入世界政党交流合作的大潮，从而使中国共产党的朋友遍布五洲四海。
【作者简介】 肖枫，中共中央对外联络部原研究室副主任、研究员
【原文出处】 《世界社会主义研究动态》2019 年第 8 期；《中国浦东干部学院学报》2019 年第 5 期

2019 年是新中国成立 70 华诞。在这 70 年间，中国迎来了从站起来、富起来再到强起来的飞跃，正在走近世界舞台的中心，取得的辉煌成就令人欢欣鼓舞。中国共产党作为执政党，是中国社会主义事业的领导力量，也是国家对外战略和政策的制定者。执政党的思想、理论及工作，与整个国家的发展息息相关、影响极大。本文着重阐述 70 年来中国共产党对外工作的历史转折、开拓发展和理论创新。

一、不忘初心支持世界正义事业，为新中国屹立于世界竭尽全力

从新中国成立到 1978 年党的十一届三中全会召开的近 30 年，是党的对外工作从开创性发展，到发生历史性转折的 30 年。虽然党一成立就有对外关系，但当时主要是同共产国际（实

际是同苏联)联系。新中国成立之后,党的对外工作才算正式开创,中共中央对外联络部成立于1951年,第一任部长是王稼祥。新中国成立后,中国共产党成为执政党,坚持以马克思主义为指导,不忘无产阶级革命事业的国际性,承担起自己应尽的国际义务,在世界上维护和平、伸张正义、支持人类一切进步事业,为新生共和国屹立于世界竭尽全力。

20世纪上半叶,世界发生过两次世界大战,爆发了两次大革命(俄国十月革命和中国革命)。新中国成立时,世界仍处于“战争与革命”的年代。毛泽东在1957年这样分析,“第一次世界大战以后,出了一个苏联,两亿人口。第二次世界大战以后,出了个社会主义阵营,一共九亿人口。如果帝国主义者一定要发动第三次世界大战,可以断定,其结果必定又要有多少亿人口转到社会主义方面,帝国主义剩下的地盘就不多了,也有可能整个帝国主义制度全部崩溃”。① 基于这种分析,中国共产党人继承了马克思主义“危机和战争引起革命”的思路,并奉行支援世界革命的使命。到20世纪60年代,毛泽东更强化了这一思路,提出“不是战争引起革命,就是革命制止战争”的著名论断,对支持世界革命更加重视。因此,那个年代中国共产党的对外工作是受这一思路指导的,实行的是支持“世界革命”的方略。

从国际格局讲,中国共产党领导的新中国站在了苏联社会主义阵营一边。继中国革命胜利后,1957年苏联人造卫星上天,1959年古巴取得了革命胜利,社会主义由一国发展到多国,又从东半球扩展到了西半球。社会主义国家领土总面积一度占世界陆地面积1/4,人口约占世界总人口1/3,呈现出毛泽东所说的“东风压倒西风”的形势。在这种形势之下,中国共产党奉行支持革命和民族解放运动的政策是理所当然的,是正义、正当、正确的。这也可以说是当年的一种“不忘初心、牢记使命”。

在党的对外交往方面,一开始主要是同共产党执政的社会主义国家建立和发展关系,当然也包括一些非执政的共产党。同时也在坚持反帝反殖、维护世界和平,支持殖民地独立和民族解放运动方面开展工作。新中国刚成立,美国将朝鲜战火烧到了我们家门口,逼得中国不得不与美国打一仗。结果令美国人吃惊的是,中国没被打垮,反而打出了威风和尊严,大大提高了国际地位。随后,中国共产党提出、倡导了和平共处五项原则,在1955年万隆会议上成为受欢迎的“明星”,大大增强了中国在亚洲和非洲地区的影响力。1956年党的八大召开,邀请54个国家的共产党和工人党代表团以及巴基斯坦共产党、美国共产党的观察员参加会议,进一步拓展了对外交往工作的渠道。

在战后亚非拉民族解放运动高潮中,中国共产党通过党和政府的联络渠道,以及人民团体的交往,全力支持和推动亚非拉反帝反殖斗争,如支援越南人民的抗法、抗美救国斗争和老挝抗美救国、柬埔寨维护民族独立的正义斗争,支持阿尔及利亚民族解放阵线斗争在1962年获得了完全胜利,支持刚果人民的爱国斗争。1964年毛主席发表过反美侵略声明,支持南非人民反对种族隔离的斗争,从1960年以来不断有人员往来。在拉美1959年古巴革命胜利后,我们扩大了对拉美人民反美斗争的支持,1961年反对美国雇佣军入侵古巴,1964年支持巴拿马人民反美爱国斗争。此外,从1956年党的八

① 《毛泽东文集》(第7卷),人民出版社1999年版,第238—239页。

大后,我们帮助了许多拉美国家左派人士来华学习和访问。

总之,新中国在世界伸张正义、主持公道、支持民族解放和殖民地的独立运动以及人类的进步事业,在世界上特别是在亚非拉国家中赢得了广泛赞扬和支持,结交了不少“铁哥们”和真朋友。20 世纪 70 年代中国被亚非拉发展中国家“抬入”联合国,这决不是偶然的。应当说新中国前 30 年,中国共产党对外工作的成就是辉煌的,是值得赞扬和肯定的。

二、正视问题,吸取教训,推动党的对外工作在曲折中前进

在充分肯定新中国前 30 年中国共产党对外工作成就的基础上,还必须正视这一时期存在的问题,从中吸取应有的教训。这样,才能坚持和发展马克思主义,才能在变化了的历史条件下克服困难,将党的对外工作继续推向前进。

前 30 年的主要问题是“左”。邓小平说,“我国历史上最大的错误是‘左’倾错误”,“从 1957 年开始我们的主要错误是‘左’,‘文化大革命’是极左”。类似的提法和说法,在《邓小平思想年谱》中有不下 7 处之多。① 在党的对外工作方面,“左”的问题主要反映在两个方面:一是“文化大革命”中受“支左反修,支援世界革命”的思想影响,有些事情做得“过头”,留下了所谓“历史遗留问题”;二是在国际共运“大论战”中,双方都讲了许多空话,中国共产党在反对“老子党”上是对的,但是错误和教训也极其深刻。

先谈所谓“历史遗留问题”。这是指“文革”期间遗留下来的支持东南亚一些国家的共产党开展武装斗争的问题。新时期这个问题得到稳妥的解决,标志着中国共产党传统对外工作已完成了向“中国特色政党外交”的转变。

东南亚国家的一些共产党大多从事武装斗争。20 世纪 50 年代,中国共产党对他们的支持重在政治和道义,有些必要的物质援助也是很有限的。但 60 年代中国共产党开展“反修”斗争、特别是开展“文化大革命”之后,在“支左反修,支援世界革命”的思想影响下,加大了支持其搞武装斗争的力度,甚至允许他们的领导人在华活动并建立向国内宣传的广播电台。这影响了中国与相关邻国的国家关系,损害了中国的国际形象。

当年毛主席以“国家是国家关系,党是党的关系”即所谓“两个关系”的原则来处理,意在既不放弃“共产党应支持共产党”的原则,但又希望不要影响同这些国家之间的国家关系。对此,相关国家接受程度是不一样的,有的公开表示理解,有的勉强接受,有的则明确反对。1977 年邓小平访问新加坡时李光耀当面向其提出要解决这个“历史遗留问题”。1982 年 9 月,党的十二大强调“革命决不能输出”,随后加快了调整支持东南亚国家共产党武装斗争的政策,经过协商和细致耐心的工作,终于使问题得到妥善解决。

实践表明这个问题的解决是成功的,效果是好的。在新的历史条件下,东南亚国家的一些共产党与政府进行和谈,有的已达成和平协议。泰国、马来西亚两国政府与马共人民军,三方已于 1989 年 12 月 2 日签署了和平协议,实现了马共总书记陈平所说的“有尊严的和平”。人民军自行解散,销毁武器,作为公民可以自由参加政治活动。政府为马共及其解散后的武装

---

① 《邓小平思想年谱(1975—1997)》,中央文献出版社 1998 年版,第 271、283、356、369、390、396、406 页。

部队成员提供土地、房产等安置。现在前人民军成员在勿洞地区建起了和平村,已成为旅游胜地,景点包括挂有马、恩、列、斯、毛画像的当年的党校课堂,当年的军事指挥部。泰王后、公主都去看望过。

"历史遗留问题"的妥善解决,既是我们党对外工作完成转变的重要标志,也是对外工作指导思想由"支援世界革命"转向"为国内社会主义现代化服务"的关键。如果仍然以"支援世界革命"为指导思想,也就谈不上什么"中国特色政党外交"了。

再谈国际共运"大论战"和"九评"问题。在20世纪60年代国际共运"大论战"中,我们反对"老子党"是对的,但也存在不少问题和教训。新时期邓小平以"回头看"方式进行了总结,深刻指明了我们党的经验教训和主要错误。中共十一届三中全会后,邓小平在总结国际共运"大论战"的基础上明确指出:"一个党评论外国兄弟党的是非,往往根据的是已有的公式或者某些定型的方案,事实证明是行不通的","就算你用的公式是马克思主义的,不同各国的实际相结合,也难免犯错误。"①对于中国共产党在其中所犯的错误,邓小平说:"不在个别观点,个别观点上谁对谁错很难讲,应该说,我们的许多观点现在看还是正确的。我们的真正错误是根据中国自己的经验和实践来论断和评价国际共运的是非,因此有些东西不符合唯物主义和辩证法的原则。主要是这个问题。"②

关于意识形态争论问题,邓小平认为不能肯定"九评"。他说,反对"老子党",我们是对的;至于意识形态争论,双方都讲了许多空话,如何认识和发展马克思主义没有搞清楚。1989年邓小平对戈尔巴乔夫说:"经过二十多年的实践,回过头来看,双方都讲了许多空话,马克思去世以后一百多年,究竟发生了什么变化,在变化的条件下,如何认识和发展马克思主义,没有搞清楚。"③这就等于否定了过去给"大论战"所作的"定性",因为既然连"如何认识和发展马克思主义"都没有搞清楚,那么岂能说那场论战是"马克思主义反对修正主义"性质的论战呢?

苏联发生"8·19事件"之后,苏共在几天时间内就彻底崩溃了。国内不少人出于义愤,要求公开批判戈尔巴乔夫,强烈要求肯定"九评"。当时党中央要求中联部尽快就此拿出意见和看法。笔者时任中联部研究室副主任,分管国际共运和理论研究工作,直接参与了相关报告的起草工作。中联部当时以邓小平新时期的思想和原则为指导,以《关于如何看待"九评"和国际共运大论战问题》为主题,直接向中央领导报送了意见。中联部报告的基本思想是,反对"老子党"我们是对的,但总体不能肯定"九评",决不能再搞意识形态争论。被"九评"从"左"的角度批为"修正主义"的某些东西,正是我们改革开放正在做的。所以,争论会造成思想混乱,动摇改革开放。而且这毕竟是苏联的内政,我们管不了,不能干涉人家内政。但是对外不搞争论,决不意味着我们赞成戈尔巴乔夫那套错误的东西,在国内我们仍要同其划清界限,决不受其影响。后来中央迅速采纳了中联部的意见。

① 《邓小平文选》(第2卷),人民出版社1994年版,第318页。

② 《邓小平思想年谱(1975—1997)》,中央文献出版社1998年版,第272页。

③ 《邓小平文选》(第3卷),人民出版社1993年版,第291页。

总之,1957年之后的“左”,特别是“文化大革命”给党的对外工作带来了极大损害。由于受“左”的影响,当时对外只能跟所谓“真正的马克思主义”政党交往,“修正主义”党不行,其他资产阶级政党更不行。而判断是否马克思主义政党的标准,就是它们“是否支持拥护‘文化大革命’”。这样搞的结果是,到“文化大革命”结束时,党的对外交往对象大为缩小,原来与我们党有联系的80个共产党中只有10个还与我们保持来往,70年代末进一步减少到7个。而一些在国际共运大论战和“文化大革命”影响下出现的“左派”组织和“左派”党,多数都没能在群众中站住脚。结果是,中国共产党对外交往的面越来越窄,几乎可以说已走进了“死胡同”,这都是由于“左”的思想影响造成的。事实说明,不坚持和发展马克思主义,纠正“左”的错误,党的对外工作不可能有新发展。

现在中国共产党按照“独立自主、完全平等、互相尊重、互不干涉内部事务”的党际关系四项原则,本着“求同存异,增进相互了解和合作”的精神,同世界上一切愿意同中国共产党交往的政党,建立和发展党际关系。目前,中国共产党同世界160多个国家和地区的500多个政党和组织保持着不同形式的关系和联系。2017年召开的“中国共产党与世界政党的高层对话会”,有120多个国家的近300个政党的代表来北京出席。与会者超越意识形态、社会制度和宗教文化上的各种差异,就构建人类命运共同体、共同建设美好世界这一主题展开对话交流。这不仅是世界政党史上的空前盛事,也有力地说明中国共产党的朋友遍天下,中国特色社会主义的影响力空前扩大。现在的中共中央对外联络部实际上是“中国共产党外交部”,党的对外工作既是党的事业的重要组成部分,也是国家总体外交的一条重要战线,还是党的形象和国家软实力建设的重要平台。这与40年前的情况相比,真有天壤之别。

为什么会有这么大的发展变化?如何认识这种发展变化?为什么说这种发展变化是正确的、必要的、必然的?为什么说这是马克思主义在新历史条件下的创新发展?要回答这些问题,必须回顾党的十一届三中全会,因为这次历史性的全会重新确立了解放思想、实事求是的思想路线,党的对外工作从此发生了“历史性转折”。

三、历史性全会打开思想开关,完成“两个大局”中的“三大转变”

党的十一届三中全会是一次完成历史性转折、具有伟大历史意义的全会。它重新确立了“解放思想、实事求是”的思想路线,开启了全面改革开放的新时期。这次全会之后的几年时间内,党中央在关系“国内外两个大局”的问题上完成了“三大转变”:一是改变了过去一直认为战争不可避免,而且迫在眉睫的看法,转变到放心搞建设;二是改变了过去一段时间针对苏联霸权主义而搞的“一条线”战略,转变到“奉行独立自主的正确的外交路线和对外政策”,谁搞霸权就反对谁,谁搞战争就反对谁;三是党的对外工作,也发生了由“支持世界革命”转向“为国内现代化经济建设服务”的转变。从此,中国面貌迅速发生变化。

一次历史性会议只开几天就完事了,但要实现解放思想则是一个很长的历史过程。单是完成这次关系国内外两个大局的“三大转变”这件事,就前后花费了五六年时间。这段解放思想的艰难情况简要说来是这样的:

关于前两个转变,1985年,邓小平在军委扩大会议上以“总结”式的口吻讲得很明白。①至于第三个为国内经济建设服务的转变，事情本身简单明确，在党的十一届三中全会上就已经定了的。问题的复杂性就在于，放弃“支持世界革命”这个问题相当复杂。这不仅取决于前两个转变、前两个判断，而且涉及马克思主义的一些原则问题，以及对世界革命形势的分析认识问题。如果我们还认为“世界战争不可避免”且“迫在眉睫”，就不可能放心搞建设。如果认为“苏修亡我之心不死”“战争威胁来自北方”，不实行“独立自主”的外交政策，仍搞“一条线”战略，也难以转向经济建设。如果仍认为“当前世界的主要倾向是革命”，第三个转变也不可能实现。因此这三大转变都取决于对国际形势的分析判断。究竟如何认识当今的国际形势，如何作出符合客观情况、实事求是的分析判断？当时党内外的争论都集中到这些问题上来了。

党的对外工作决定放弃“支持世界革命”的重大转变，是由多重因素决定的，其中对国际形势、革命形势的重新认识是关键。在“文化大革命”期间，我们曾经把“革命制止战争”看作是一种现实的可能性，作出过“当前世界的主要倾向是革命”的判断，并采取了一些“支持革命”的政策和举措。直到1977年8月党的十一大通过的关于国际形势和对外政策部分的提法，仍同“文化大革命”时期一样。这说明“放弃支持革命转向服务于国内经济建设”的这一转变是非常艰巨的。

但国际形势的客观情况是，20世纪60年代以来，不仅欧洲，而且亚洲的许多国家经济持续发展，人民生活有了改善，国际形势已发生了很大变化，绝大多数国家并不存在无产阶级直接夺取政权的革命形势。特别是70年代之后，国际形势变化更快。一是60年代殖民体系崩溃之后，新独立国家第一位的任务是发展民族经济；二是70年代美国从越南败退，后来亚非拉急风暴雨式的斗争转入“沉寂”；三是发达资本主义国家由于通过“体制改革”缓解了“制度危机”，社会阶级矛盾有所缓和；四是社会主义国家要改变落后于发达资本主义国家的状况，急需发展经济，增强综合国力。这些因素综合起来，使“和平与发展”成了世界潮流，这与先前的“战争与革命”年代是不同的。

面对新形势，世界上越来越多的共产党开始注重独立思考，不同程度地质疑和摆脱“领导党”“领导中心”和统一行动的“共运模式”，力求把马克思主义基本原理同本国实际结合起来，探索适合本国情况的发展道路。如果说过去强调“国际联合”和“共同规律”，而现在强调的是“独立自主”和“民族特色”，从而调整了自己对内对外的关系和政策。于是，在党与党的关系上，谋求建立独立平等、自愿往来的新型的党际关系已成为历史发展的必然。原来那种国际共运的路线和党际关系早已不存在了。

在这种情况下，邓小平以“回头看”的方式，在总结国际共运历史经验的基础上，就如何处理兄弟党关系问题提出了一些重要原则。从党的十一届三中全会之后，特别是从20世纪80年代前后的那一时期开始，党的对外工作的指导思想已开始发生历史性转变。

1980年1月16日，邓小平在《目前的形势和任务》中提出：“我们的对外政策，就本国来说，是要寻求一个和平的环境来实现四个现代化。这不是假话，是真话。这不仅是符合中国

① 《邓小平文选》(第3卷)，人民出版社1993年版，第126—128页。

人民的利益，也是符合世界人民利益的一件大事。”①一年后，即 1981 年 1 月 4 日，邓小平在会见美国客人时，又强调要澄清一个观点，这就是有人认为“中国政府信奉的意识形态旨在摧毁类似美国这样的政府”，邓小平郑重地指出：“这样的观点至少不是 80 年代的观点，也不是 70 年代的观点，而是恢复了 60 年代以前的观点。”②这段话明确地指出中国所采取的国际战略，在 80 年代之后是与过去大不相同了。这就是说，从 80 年代初开始，我们的对外战略已开始由“文革”时期的“打倒帝、修、反”“支援世界革命”，转向为国内四个现代化建设“寻求一个和平的国际环境”了。

1982 年 9 月，党的十二大强调，“革命决不能输出，它只能是各国人民自己选择的结果。正是基于这样的认识，我们始终坚持和平共处五项原则”。之后，党的对外工作的指导思想，从理论到实践，都发生了由“支持世界革命”向“为国内经济建设服务”的转变。这一历史性转变总的说来始于 80 年代初。

四、“中国特色政党外交”的亲和力、吸引力和感召力全面俱增

近 40 年来，经过一系列改革，党的对外工作在指导思想、对外交往原则、交往对象、交往内容和形式上实现了“四个历史性改变和突破”。在指导思想上，实现了从“支援世界革命”到以国家利益为最高准则、服务于国家总体外交的历史性转变与突破；在对外交往原则上，实现了从“以我划线”到党际关系四项原则的历史性转变与突破；在交往对象上，实现了过去只同共产党交往，到超越意识形态差异，同世界各类主流政党全方位交往的历史性转变与突破；在交往内容和形式上，实现了过去以意识形态为主、参与部门较少，到广泛交流、党的各级组织有序参与的历史性转变与突破。这种转变，集中到一点，就是过去那种“战争与革命”年代的传统的“党的对外工作”，已转变发展成公开透明的“中国特色政党外交”了。

中国特色政党外交，指的是去除了原先的“神秘的封闭性”“党派的排他性”和“强烈的意识形态性”之后，增强了公开透明性、包容开放性和超越差异的兼容性，加上社会主义国家执政党具有长期执政的制度优势，使其对外交往具有官方性、权威性和稳定性等多重特点，从而使这种中国特色政党外交，在当今世界的政党外交大潮中具有了很强的亲和力、吸引力和感召力。一些抱有敌意的国家或政党想继续阻挡中国共产党汇入世界政党交流合作的大潮，已经变得越来越困难了。

中国特色政党外交的特点优势逐渐展现。在中国政治体制中，我们党的核心和领导地位是具有稳定性的，与那些轮换执政的非社会主义国家的政党相比，具有稳定优势。也正是因为这一优势，使许多外国政党很看重、很珍惜与我们党的关系。不少国家认为，只与中国政府有外交关系，而不与中国的执政党中共发展关系，国家关系是“不完整、不完全的”。另一方面，我们党的政党外交也不同于政府外交，它并不直接处理国家间的具体事务，而突出做人的工作；不拘泥于外交礼仪与形式，而重在思想沟通、深入交流、增进理解，达到广交朋友，提高和增强国家“软实力”的效果。这既是政党外交的特点，也是政党外交的优势。

---

① 《邓小平文选》(第 2 卷)，人民出版社 1994 年版，第 241 页。

② 同上，第 378 页。

当代世界政党政治面临许多问题和挑战，同时也存在许多共同的课题和交流合作的机遇。当代生态污染、恐怖主义、水源、能源、人口、贫困等全球性问题的出现，需要各国政党尤其是执政党在世界范围内加以协商探讨，并通过培训提高自己干部在这方面的能力。政党能否有能力应对并引导国家积极参与上述进程，趋利避害，直接决定了各政党的政治生命力。中国特色政党外交，具有这方面的计划和功能，并有相应的学校和培训计划，可与外国政党交流合作，加深了解，扩大交往优势和潜力。

现在中国特色政党外交已逐步形成全方位、多渠道、宽领域、深层次的中国特色政党外交新格局。同中国共产党交往的外国政党中，既有执政党、参政党、合法在野党，也有一些政党国际组织。在当今世界的政党外交大潮中，中国特色政党外交以自己的亲和力、吸引力和感召力，促成世界政党的一些多边活动陆续由中国共产党来主办。2004 年 9 月，第三届亚洲政党国际会议在北京举行，有包括中国在内的 35 个国家 81 个政党、组织的领导人和代表 350 多人参加了会议。2010 年 5 月，中国共产党倡议并主办了首届中欧政党高层论坛，来自欧洲 22 个国家 35 个政党及 2 个欧洲地区性政党、3 个欧洲议会党团的高层领导人出席了论坛。此外，中国共产党与外国政党还建立了各种形式的机制化交流方式，中越、中日、中俄、中印、中欧、中英、中美政党对话机制先后展开。这是进入 21 世纪以来，中国共产党对外交往的新发展。

五、“多层面大系统”的“指导思想”是党的对外工作创新发展的关键

党的对外工作的转变，离不开思想解放，而指导思想的转变是最具关键性的转变。关于“党的对外工作的指导思想”，过去通常的回答是“以马克思主义为指导”，这当然是正确的，但其实并没有这么“简单”。实际情况是，对党的对外工作起指导作用的因素和方面是很多的。从 40 余年来党的对外工作的实践发展看，其“指导思想”实际上是由一个“多层面的大系统”组成的，可以称之为“总指导思想”，每个层面都有一些因素和条件对党的对外工作产生影响。

第一大层面是包括战略思路在内的“基础理论、基本理论”。中国共产党作为马克思主义的无产阶级政党，一向坚持以马克思列宁主义、毛泽东思想为党的指导思想。马克思、恩格斯历来强调无产阶级事业的国际性，并在 19 世纪提出过“危机和战争引起革命”的思路。在 20 世纪上半叶，世界发生过两次世界大战和两次大革命(俄国、中国)，社会主义由一国发展到多国，一度形成了不小的社会主义阵营。实践证明马克思主义基本原理和“危机和战争引起革命”的传统思路是正确的。毛泽东继承并强化了这一思路，1957 年曾分析说，如果帝国主义者一定要发动第三次世界大战，可以断定，其结果也有可能整个帝国主义制度全部崩溃。60 年代他又提出了“不是战争引起革命，就是革命制止战争”，而“当前主要倾向是革命”等著名论断。毛泽东的这些分析很合乎逻辑，也很有说服力，如果世界仍然是“战争与革命”年代那样的形势，毛泽东所预计分析的情况不是不可能出现的。然而问题却在于后来世界的发展形势变了，不是“战争与革命”，而是向着“和平与发展”的方向发展。马克思主义不是教条，在时代主题转换、历史条件和客观形势变化了的情况下，马克思主义必须有新的发展。今天我们党是以中国化的马克思主义，即新时期党的创新

理论为指导思想的(这包括邓小平理论、“三个代表”重要思想、科学发展观、习近平新时代中国特色社会主义思想等)。因此,现在党的对外工作是以党的创新理论为指导思想的。

在“和平与发展”成为时代主题的历史条件下,世界社会主义的发展不再是“危机和战争引起革命”的传统思路,也不能靠“无产阶级的国际联合”,而是要靠社会主义搞成功的实例来证明社会主义优于资本主义,从而赢得世界人民的拥护。这对党的对外工作提出了新的时代要求,使党的对外工作必然要发生一系列根本性的改变。

第二大层面,应是“交往方针、政策和原则”。第一层面是长期稳定起作用的,第二层面的“交往方针、政策和原则”不如第一层面稳定,但要比后面第三层面(“使命任务、职能定位”)稳定。就稳定性讲,它是介乎一、三层面之间的。譬如党际关系的“四项原则”(独立自主、完全平等、相互尊重、互不干涉内部事务)、“求同存异,增进相互了解和合作”的方针,也是长期起作用的。这是党的对外工作中必须长期遵循不会轻易改变的。改革开放以来,通过对外工作的实践,党的对外交往的方针原则不断发展完善,现已形成了一个“体系”,包括了以下核心原则,即一是以党的创新理论为思想理论指导,二是以党际关系“四项原则”为交往准则,三是以“求同存异”为交往方针,四是以“互利共赢”为交往动力,五是以“交流合作”为交往形式,六是以共建“人类命运共同体”为长期宗旨。

第三大层面是“使命任务和职能定位”。党的对外工作除了必须遵循上述一、二层面的理论、战略、原则之外,还必须承担党在不同时期的使命任务,完成随形势变化而出现的新需要、新要求。党的对外工作在历史上曾经为完成革命任务服务,现在则必须为社会主义现代化建设服务,为实现“两个一百年目标”服务。总体上就是作为国家总体外交的一部分,为国内经济建设创造一个和平、有利的国际环境。

中联部作为中央的职能部门,除了服从服务于党的总目标和不同历史时期的任务,还要按中央的要求,完成中央交办的各种工作。新时期以来,随着形势的发展变化,党的对外工作不断产生新的需要,于是中央不断给中联部下达新任务,从而使中联部的“职能定位”不断明确和扩大。苏联解体后,西方和平演变的图谋加强,中央要求党的对外工作要“为巩固和加强党的执政地位服务,为巩固和发展中国特色社会主义制度服务”。后来党的建设成为全党的重要任务,又产生了要求党的对外工作,努力成为党员领导干部观察和研究世界的重要平台,努力成为借鉴国外经验、为中央决策服务的重要渠道。近年来,习近平总书记对中联部工作又作出了新的“定位”。他说,党的对外工作是党的事业的重要组成部分;是国家总体外交的一条重要战线;是党的形象和国家软实力建设的重要平台。这些新要求和职能定位,给中联部工作提出了新任务,与“指导思想”的其他层面一样是必须遵循不可忽视的,也是可以归入“指导思想”这个大范畴之中的。

上述三大层面形成了党的对外工作“总指导思想”或称“指导思想体系”。这三大子系统,综合起来组成了党的对外工作的指导思想这个“大系统”。

六、“指导思想”也要接受实践检验,马克思主义是不断发展的理论

“时代是思想之母,实践是理论之源”。党的对外工作的“指导思想”是相对稳定的,但也

并不是凝固不变的，它要接受实践的检验，并随实践的发展而发展。马克思主义的基本原理属于“总指导思想”的第一大层次的范畴，理所当然是相当稳定的，然而它也要随历史条件的变化而发展。正如马克思、恩格斯在《共产党宣言》的序言中所说的，这些原理的实际运用，“随时随地都要以当时的历史条件为转移”。① 至于其他问题更不是凝固不变的。马克思主义是不断发展的理论。恩格斯很强调无产阶级事业的“国际性”。他说，“共产主义革命将不仅仅是一个国家的革命，而将在一切文明国家里，即至少在英国、美国、法国、德国同时发生”。② 列宁在20世纪从俄国实际出发，领导俄国十月革命取得了胜利，开创了落后国家先于发达国家取得革命胜利的先例。

列宁同马克思、恩格斯一样很重视“国际主义”，曾特别强调要坚定、坚决地支援“世界革命”。但是他对“国际主义”的理解以及如何实施对外援助，从来没有采取“绝对化”的态度。革命胜利初期，列宁寄希望于世界革命的到来，以便能支援苏维埃政权，于是采取了支援“世界革命”的对外战略。但世界革命并未到来，在此情况下，列宁改而采取与资本主义世界“和平共处”的政策，并强调:“和平共处”也是社会主义国家生存的需要。他说，“我们的目的只有一个，就是要在资本主义包围中利用资本家对利润的贪婪和托拉斯与托拉斯之间的敌对关系，为社会主义共和国的生存创造条件。社会主义共和国不同世界发生联系是不能生存下去的，在目前情况下应当把自己的生存同资本主义的关系联系起来”。③ 在支援世界革命的问题上，当时党内有人主张，“为了国际革命的利益，即使本国的社会主义革命失败，也要援助国际范围的社会主义革命”，列宁将这种论调斥之为“奇谈怪论”，④驳斥说：马克思主义从来不赞成“强行推动革命”，即使“我们‘作好可能丧失苏维埃政权的准备’，显然也不能帮助德国革命的成熟，反而会妨碍它”。⑤ 列宁主张“我们在国际政策上要尽可能地机动灵活”“援助的方式应该量力而定”。⑥

“国际主义”在中国也有过一番不平凡的经历。“大论战”和“文化大革命”时期，我们党把对“国际主义”的态度提得很高，将其视为对马克思主义“忠不忠”、对革命是否“背叛”的问题。改革开放后，随着党的对外工作由“支持革命”转向为国内经济建设服务，淡化了“国际主义”的提法，但从未正式表示“否定”与“放弃”。党的十四大通过的《党章》删除了“无产阶级国际主义”的提法，这并不等于我们彻底放弃“国际主义”，而是针对“无产阶级国际主义”这个概念被歪曲、被滥用的不良后果的。因为，一是苏共用它来推行大党大国沙文主义，二是我们党在“无产阶级国际主义”旗帜下的援助却收到“恩将仇报”的结果。此外，这个概念的“阶级”属性不利于团结更多的人，早已在欧洲被“新国际主义”所取代，现在又不适应广泛团结更多“合作伙伴”的时代要求。“无产阶级国际主义”删除

① 《马克思恩格斯选集》(第1卷)，人民出版社1995年版，第248页。

② 同上，第241页。

③ 《列宁全集》(第41卷)，人民出版社1986年版，第167页。

④ 《列宁选集》(第3卷)，人民出版社1995年版，第423页。

⑤ 同上，第423、424页。

⑥ 《列宁选集》(第4卷)，人民出版社1995年版，第119页;《列宁选集》(第3卷)，人民出版社1995年版，第423页。

了,“国际主义”精神照样存在。原来意义上的国际性,即强调统一和一致的“兄弟关系”式的国际性不存在了;现代意义上的国际性,即互利共赢的合作伙伴关系式的国际性却越来越红火。

尽人皆知,邓小平早就强调,“到下个世纪中叶,我们可以达到中等发达国家的水平。这不但是给占世界总人口四分之三的第三世界走出了一条路,更重要的是向人类表明,社会主义是必由之路,社会主义优于资本主义”。这意味着世界社会主义的未来要靠社会主义搞成功的实践来赢得人民的拥护。因此,现在社会主义中国把自己的事情办好,这本身就具有极重要的国际意义。习近平近年强调与世界共建“人类命运共同体”,这实际是“世界大同”思想在新时代的反映。中国的发展与世界的发展和人类的命运是有机结合在一起的。中国的发展离不开世界,世界的发展也离不开中国。中国对世界的贡献越来越大,越来越明显。

总之,党的对外工作最根本的原则和最根本的指导思想,归根结底在于实践,在于实事求是,一切从实际出发。由于客观情况在不断发展变化、实践在不断向前发展,所以党的对外工作也要根据新的世情、国情、党情,继续开拓创新,探索前进。这是一个永无止境的过程。

休戚相关：新中国70年与世界社会主义的发展

【内容提要】 世界社会主义走过了波澜壮阔、跌宕起伏、曲折前进的500多年历史进程。新中国的社会主义事业与世界社会主义发展紧密相连。中国在社会主义从一国向多国推进、从一种模式走向多样化发展的过程中以及社会主义遭遇发展性危机时都曾发挥重要作用。当前世界社会主义在低潮中奋进，世界社会主义核心力量东移，中国成为世界社会主义的中流砥柱。新时代中国特色社会主义将在构建人类命运共同体的进程中发展壮大世界社会主义力量，为引领世界社会主义运动走向振兴贡献中国力量和中国方案。

【作者简介】 孙代尧，北京大学马克思主义学院教授；黄斐，中国人民大学国际关系学院讲师

【原文出处】 《马克思主义与现实》2019年第4期

从1949年到2019年，新中国已走过70年的辉煌历程。新中国的70年，是中国共产党领导中国人民实现从站起来、富起来到强起来的70年，是中国为社会主义奋斗的70年，也是与世界社会主义运动紧密相连的70年。世界社会主义是中国社会主义的源头。中国社会主义在20世纪中叶世界社会主义勃兴的大背景下产生，在世界社会主义的发展中成长，同时也在各个重大历史节点对推进世界社会主义发挥重要作用。在新中国成立70年之际，有必要在社会主义历史进程的大视野下，研究中国社会主义与世界社会主义的内在演进逻辑，并展望新时代中国特色社会主义和世界社会主义的前景。

一、世界社会主义波澜壮阔、跌宕起伏、曲折前进的历史进程

作为一种影响现代世界的思潮，社会主义思想的起源远早于“社会主义”概念的提出。现代社会主义思想伴随着“现代社会”即资本主义社会的到来而产生，以1516年托马斯·莫尔(Thomas More)《乌托邦》一书的问世为标志。一般认为，“社会主义”一词最早出现在1832年的法国圣西门派机关报《地球报》上，20世纪30年代后期开始在英法和欧美其他国家逐渐流行起来，1841年欧文的名著《什么是社会主义》出版，“社会主义”广为人知。英国社会主义思想家G. D. H.柯尔(George Douglas Howard Cole)指出，“最初使用‘社会主义’这一名词，指的是以合作为基础，以大众的幸福和福利为目标的人类事物的集体管理制，所强调的不在于‘政治’，而在于财富的生产和分配，在于加强对公民的毕生教育中的‘社会化’影响——教育他们在行为、社会态度和信仰方面遵守合作的而非竞争的方式。”①从早期社会主义思想中我们可以看到当时的社会主义者对“集体”“合作”“生产”的看重。此后形成的科学社会主义则以唯物史观提供的方法论为基础，把共产主义看作是实现理想社会制度的现实运动；把共产党人的“理论原理”看作是“现存的阶级斗争、我们眼前的历史运动的真实关系的一般表述”；②把人的自由全面发展看作是“19世纪的伟大经济运动所追求的人道目标”，③勾画出的未来新社会是“在保证社会劳动生产力极高度发展的同时又保证每个生产者个人最全面的发展的这样一种经济形态”。④ 由此构成了三位一体的科学社会主义观：对资本主义的否定和超越的历史运动，实现人的解放和自由全面发展的价值追求，以及为实现“自由人的联合体”目标而作出的制度设计。

世界社会主义经历了从空想到科学、从理论到实践、从一国到多国、从一种模式走向多样化发展、从低潮走向振兴的过程。1848年《共产党宣言》发表，标志着社会主义实现了从空想到科学的飞跃。科学社会主义的诞生，开辟了对资本主义整体性超越的航向，推动世界社会主义运动浪潮奔涌向前。“《共产党宣言》一经问世，就在实践上推动了世界社会主义发展，深刻改变了人类历史进程。”⑤《共产党宣言》发表30多年后，马克思主义在国际工人运动中占据了主导地位，工人阶级政党在欧美各国普遍建立，工人运动突飞猛进地发展。《共产党宣言》发表70年后，列宁领导俄国布尔什维克党取得十月社会主义革命的胜利，使社会主义实现了从理论到制度现实的飞跃，打破了资本主义一统天下的世界格局。《共产党宣言》发表100年后，社会主义从一国发展到多国，形成了以苏联为首的强大的社会主义阵营。到1949年，先后有13个国家走上了社会主义道路，特别是中华人民共和国成立，极大壮大了世界社会主义力量。应该说，在《共产党宣言》发表后的一个世

---

① [英] G. D. H.柯尔：《社会主义思想史》(第1卷)，何瑞丰译，商务印书馆1977年版，第10页。

② 《马克思恩格斯选集》(第1卷)，人民出版社2012年版，第414页。

③ 《马克思恩格斯选集》(第3卷)，人民出版社2012年版，第178页。

④ 同上，第730页。

⑤ 《习近平在中共中央政治局第五次集体学习时强调 深刻感悟和把握马克思主义真理力量 谱写新时代中国特色社会主义新篇章》，《人民日报》2018年4月25日。

纪，科学社会主义无论在理论上还是实践上都取得了伟大的胜利。

20世纪中后期，苏联社会主义模式弊病日显，以中国为代表的社会主义国家纷纷寻求适合本国国情的社会主义道路，在改革或革新中突破苏联模式，形成了带有本国特色的社会主义。同时，伴随着民主社会主义持续发展、欧洲共产主义形成、民族社会主义另辟蹊径，社会主义思想和实践呈现多样态发展，社会主义由一种模式向多种模式演进。苏东剧变以后，世界社会主义陷入低潮。但是，社会主义始终占据着道义的制高点，始终是引领社会历史进步和凝聚人类社会正义力量的思想运动。21世纪初，世界社会主义重新升扬，随着2008年资本主义金融危机弥漫全球，世界社会主义呈现出在低潮中奋进、重新振兴的趋势。

世界社会主义发展史，是人类追求更美好社会制度的历史。这一进程始终代表人类的前进方向，不断推动着社会历史的伟大变革，展示出强大的生命力和影响力。而研究新中国70年的社会主义事业与世界社会主义发展的内在逻辑，有利于深化对世界社会主义运动规律的认识，丰富世界社会主义理论的内涵和外延，推动新时代中国特色社会主义道路、理论和制度的进一步发展与完善。

二、新中国的社会主义事业与世界社会主义发展紧密相连

（一）中国进入世界社会主义体系，壮大了世界社会主义力量

1949年，以新中国的成立为重要标志，社会主义从一国走向多国，社会主义阵营基本形成。与此同时，二战后在亚非拉美地区有100个左右的国家先后获得独立，其中有40—50个国家的执政民族主义政党宣布以社会主义为目标。这一时期世界上宣布奉行社会主义的国家的人口和经济总量超过世界1/3，领土超过全球1/4，充分显示了社会主义的巨大感召力和制度吸引力。中华人民共和国的成立，是世界社会主义发展史上的大事，意味着世界上约4亿人民加入了社会主义阵营，极大地壮大了世界社会主义力量。

中国共产党在新民主主义社会建设的实践中深刻认识到，要完成民族复兴的伟业，必须继续推进伟大社会革命，建立符合中国实际的先进社会制度。到1956年底，以对生产资料所有制的社会主义改造基本完成为标志，中国确立了社会主义基本制度，开始了推进社会主义建设的伟大征程。1956年，毛泽东在《论十大关系》中开始提出中国自己的社会主义建设路线，确立了“努力把党内党外、国内国外的一切积极的因素，直接的、间接的积极因素，全部调动起来，把我国建设成为一个强大的社会主义国家”①的基本方针。随后召开的中共八大进一步确立了“尽可能迅速地实现国家工业化，有系统、有步骤地进行国民经济的技术改造，使中国具有强大的现代化的工业、现代化的农业、现代化的交通运输业和现代化的国防”②的社会主义建设战略目标。党的八大以后，中国开始进行全面的大规模的社会主义建设，在经济、政治和科学文化各个领域展开探索，取得了巨大成就，初步建立了社会主义现代化建设所必需

① 《毛泽东文集》（第7卷），人民出版社1999年版，第44页。

② 中共中央文献研究室编：《建国以来重要文献选编》（第9册），中央文献出版社1994年版，第315—316页。

的物质技术基础，培养了经济文化建设的骨干力量，并积累了社会主义建设的重要经验，为改革开放后的社会主义实践探索奠定了重要的基础和条件。

（二）中国特色社会主义的兴起，对社会主义从一种模式走向多样化发展作出了开创性贡献

20世纪60年代以后，和平与发展的时代主题日益凸显，苏联模式的社会主义开始由盛转衰，社会主义阵营内矛盾加剧。社会主义国家纷纷寻求改革，试图摆脱单一社会主义模式的束缚。与此同时，世界社会主义的整体发展出现多元化、多党化、多样化的趋势。一些新的社会主义流派如欧洲共产主义、生态社会主义、女权社会主义等也纷纷登上历史舞台。社会主义思想和实践呈现多样态发展，社会主义由一种模式向多种模式演进。

在这个历史潮流中，中国应该做出怎样的选择，起到什么样的作用？是顺应历史潮流主动求变，还是故步自封裹足不前？中国共产党做出了合乎时代潮流、顺应人民意愿的选择，改革开放新的伟大革命使中国大踏步赶上了时代，进而在社会主义的模式转换中引领时势，推动社会主义的革新。以1978年改革开放和中国特色社会主义开创为标志，中国在社会主义国家中率先成功地突破了苏联模式，开辟了社会主义发展新道路，创立了中国特色社会主义新理论，为社会主义从单一模式走向多样化发展作出历史性贡献。

把马克思主义普遍真理同中国具体实践相结合，是中国共产党成立以来就致力于回答和解决的历史课题。中国共产党近百年的历史归根结底都是在实践中探索中国道路，在理论上回答“什么是马克思主义，怎样对待马克思主义”“什么是社会主义，怎样建设社会主义”两大根本问题。在这个过程中，中国共产党艰辛开创出具有中国特色的革命和建设新道路，形成了中国化马克思主义的两大理论成果。第一次结合的实践成果是新民主主义革命道路的开辟，理论成果是毛泽东思想的形成。1956年苏共二十大后，中国共产党开始独立自主地探索适合中国国情的社会主义建设道路。毛泽东提出把马列主义的基本原理同中国革命和建设的具体实际相结合。“现在是社会主义革命和建设时期，我们要进行第二次结合，找出在中国怎样建设社会主义的道路。”①这个时期的探索取得了丰硕的理论成果。但由于我们党对“什么是社会主义，怎样建设社会主义”这一问题的认识尚未取得突破，社会主义实践遭遇挫折，第二次结合的任务未能完成。在很长一段时间内，社会主义国家往往把苏联模式的社会主义等同于社会主义本身，认为苏联模式的社会主义是唯一的或唯一正确的社会主义模式。邓小平说：“我们过去照搬苏联搞社会主义的模式，带来很多问题。我们很早就发现了，但没有解决好。我们现在要解决好这个问题，我们要建设的是具有中国自己特色的社会主义。”②中国特色的社会主义，突破了苏联模式的“框框”，把科学社会主义基本原则同中国国情和时代特点结合起来，找到了科学社会主义在中国的具体实现形式，开辟了中国自己的道路，这第二次结合的成果，即中国特色社会主义。

中国特色社会主义道路的开辟、理论的形

---

① 《毛泽东年谱（1949—1976）》（第2卷），中央文献出版社2002年版，第557页。

② 《邓小平文选》（第3卷），人民出版社1993年版，第261页。

成及实践中的巨大成功，在世界社会主义发展史上具有里程碑式的意义。它的一个最重要的经验是，坚持科学社会主义基本原则，同时不断推进马克思主义的民族化、时代化、大众化，这是社会主义发展的必由之路。它使中国共产党人心怀的为世界社会主义事业、为全人类作出更大贡献的初心和使命得以践行。改革开放前夕，邓小平就说，中国实现现代化，既是为了使我们国家和我们党的事业兴旺起来，也是为了“使我们能够为国际共产主义运动，为全人类作出更大的贡献”。① 1985年，基辛格在同邓小平会谈时说，“像中国这样大规模的改革是任何人都没有尝试过的，世界上还没有别的国家尝试过把计划经济和市场经济结合起来。这是一个有历史意义的事件，因为你们的尝试是一个全新的试验。如果你们成功了，就将从哲学上同时向计划经济国家和市场经济国家提出了问题。”②邓小平说：“如果成功了，可以对世界上的社会主义事业和不发达国家的发展提供某些经验。”③

中国特色社会主义道路的开创，中国特色社会主义理论的形成和中国特色社会主义制度的不断完善和发展，使社会主义的优越性在中国逐步显现，为中国在20世纪80年代末90年代初顶住压力，坚守社会主义奠定了坚实的基础。中国特色社会主义的兴起，也鼓舞了其他社会主义国家探索符合本国国情的社会主义道路，推动了世界社会主义思想和实践的多元化、多样态发展。

（三）在世界社会主义遭遇重大发展性危机时，中国成为世界社会主义事业的坚守者

20世纪80年代末90年代初发生的苏东剧变，是社会主义从理想变为现实以来世界社会主义遭遇的重大挫折。世界范围内的大多数共产党遭受重创而纷纷改旗易帜，或是放弃社会主义目标，或是改信民主社会主义。世界社会主义运动因此而跌入低谷，西方一些自由主义学者借此扬言社会主义已经失败。

在世界社会主义遭遇重大发展性危机的同时，中国特色社会主义却高歌猛进。习近平指出：“东欧剧变、苏联解体以后，中国共产党人非但没有丢掉马克思主义，反而更坚定了坚持马克思主义、坚持共产党的领导、坚持走符合自己国情的中国特色社会主义道路的决心。从改革开放开始，特别是苏联解体、东欧剧变以后，唱衰中国的舆论在国际上不绝于耳，各式各样的‘中国崩溃论’从来没有中断过。但是，中国非但没有崩溃，反而综合国力与日俱增，人民生活水平不断提高，‘风景这边独好’。历史和现实都告诉我们，只有社会主义才能救中国，只有中国特色社会主义才能发展中国，这是历史的结论、人民的选择。”④

中国共产党人有坚定的社会主义自信，坚信世界社会主义运动出现低潮只是人类历史发展长河中的暂时现象，“世界社会主义在发展中也会出现曲折，但人类社会发展的总趋势没有改变，也不会改变”。⑤ 苏东剧变后，邓小平掷地有声地指出：“中国坚持社会主义，不会改

① 《邓小平文选》(第2卷)，人民出版社1994年版，第47页。

② 中共中央文献研究室编：《邓小平年谱》，中央文献出版社2004年版，第1094页。

③ 《邓小平文选》(第3卷)，人民出版社1993年版，第135页。

④ 习近平：《关于坚持和发展中国特色社会主义的几个问题》，《求是》2019年第7期。

⑤ 习近平：《在纪念马克思诞辰200周年大会上的讲话》，《人民日报》2018年5月5日。

变。”“只要中国社会主义不倒，社会主义在世界将始终站得住。”①“一些国家出现严重曲折，社会主义好像被削弱了，但人民经受锻炼，从中吸取教训，将促使社会主义向着更加健康的方向发展。”②江泽民说：“只要中国的旗帜不倒，世界上就有五分之一的人口在坚持社会主义。”③在国际局势风云变幻、世界社会主义暂时处于低潮的情况下，中国共产党人登高望远，信念坚定，顶住压力，对内继续推进改革开放，坚持和发展中国特色社会主义；对外作为社会主义大国在国际上特别是在第三世界中发挥积极作用，团结古巴、朝鲜等仍在坚持社会主义的国家，以及仍然向往社会主义的发展中国家和信仰马克思主义、社会主义的西方政党和团体，为世界社会主义事业的存续作出了重大贡献。

三、新时代中国特色社会主义引领世界社会主义发展

（一）当前世界社会主义在低潮中奋进，世界社会主义核心力量东移，中国成为世界社会主义的中流砥柱

在苏东剧变的重创之后，经过短暂的调整、恢复期，世界社会主义力量逐渐复苏，在低潮中奋进。中国、越南、古巴、朝鲜、老挝等国坚持社会主义方向，结合本国实际探索社会主义改革发展道路，取得了令人瞩目的成就。与此同时，坚持下来的共产党和一些国家的左翼政党积极进行革新、重组和发展，为社会主义力量走向振兴奠定了基础。此外，社会主义力量由零散走向联合。从 1998 年起，共产党和工人党国际会议每年举行，近些年来的议题大多是围绕资本主义危机、资本主义的替代性解决方案、共产党和工人党的团结行动、社会主义的未来等展开。这表明社会主义力量已从苏东剧变后初期的一盘散沙发展为自觉的、有组织的联合力量。

21 世纪资本主义与社会主义的力量对比格局正在逐渐发生改变，世界社会主义面临新的历史机遇期。2008 年经济危机的爆发再次暴露出资本主义的内生性矛盾。资本主义发展到今天，似乎总是在循环往复地上演着相似的戏剧，即遭遇一次次经济危机，在危机中绝处逢生，通过改良和革新开启下一轮扩张，但无论怎样修补，总是无法避免陷入下一轮危机中。资本主义的自我调节能力逐渐降低，创新空间被持续压缩，能够用以调节和解决危机的手段越来越少。在资本主义经济危机影响下，世界的经济和政治局势发生变化，面临着动荡、改变和重组，进而重塑社会主义的发展环境。对新自由主义的不满引发西方国家群众的强烈质疑，西方国家爆发了诸如“占领华尔街”这样大规模的群众性运动，在运动中出现了“走向社会主义”的口号。同时，新自由主义的失败使得过去被忽视和被淹没的社会主义理论重新得到关注，社会主义理论获得新的发展空间。许多国家的共产党和其他左翼党派、知识分子以及进步力量都发出了对资本主义的批判，对人们认识当代资本主义和世界社会主义的变化和发展趋势起到了积极的推动作用。

随着世界社会主义核心力量东移，中国成为世界社会主义的中流砥柱。纵观世界社会主义 500 多年的历程，社会主义的核心力量经历

---

① 《邓小平文选》(第 3 卷)，人民出版社 1993 年版，第 345、346 页。

② 同上，第 383 页。

③ 《江泽民文选》(第 1 卷)，人民出版社 2006 年版，第 336 页。

了自西向东的演进路线。社会主义产生之初，主要盛行于英国和法国。从16世纪至19世纪初，英法出现了许多社会主义理论家，如托马斯·莫尔、巴贝夫(Gracchus Babauf)、圣西门(Comte de Saint-Simon)、傅立叶(Charles Fourier)、欧文(Robert Owen)等。英国和法国也是最早发生大规模工人运动的国家。19世纪中期以后，社会主义力量的中心由英法转移到德国，在德国社会民主工党(后改名为德国社会民主党)的推动下，科学社会主义理论得到广泛传播。随着20世纪初世界上第一个社会主义国家苏维埃俄国的建立，社会主义的核心力量从此由西方向东方转移，并以苏联为核心向世界辐射。苏东剧变以后，社会主义阵营瓦解，但中国、越南、朝鲜、古巴、老挝等国仍然坚持社会主义。其中，中国在改革开放的正确方向下，取得了世界经济史上的发展奇迹，40年平均经济增长达到9.4%①，2018年人均GDP达到9780美元②，政治稳定有序、人民生活水平不断提高、国际影响力快速提升。中国共产党坚持科学社会主义基本原则不动摇，坚定不移走中国特色社会主义道路，坚持和完善中国特色社会主义制度，坚持传承和弘扬中华优秀传统文化并吸取人类优秀文明成果，使中国的社会主义建设一枝独秀，成为世界社会主义在整体低潮中的局部高潮。

习近平指出："中国共产党领导中国人民取得的伟大胜利，使具有500年历史的社会主义主张在世界上人口最多的国家成功开辟出具有高度现实性和可行性的正确道路，让科学社会主义在21世纪焕发出新的蓬勃生机。"③中国特色社会主义的成功，彰显了社会主义制度的进步内涵，拓展了社会主义的世界影响，鼓舞了各国共产党和左翼力量，使人们看到了社会主义走向复兴的希望和世界社会主义的光明前景。2017年10月，党的十九大报告提出，中国特色社会主义进入了新时代。这在世界社会主义发展史上、人类社会发展史上具有重大意义。进入新时代的中国，已经成为21世纪世界社会主义走向振兴最可靠、最坚实的阵地。

（二）习近平新时代中国特色社会主义思想开辟了21世纪世界马克思主义发展新境界，是振兴21世纪世界社会主义的思想旗帜

170多年来，马克思主义与时代变换同行。在时间维度上，马克思主义理论随着历史演进不断丰富和发展。在空间维度上，马克思主义由西方向东方演进，由地区向全球扩展，理论的影响不断扩大。马克思主义自诞生起，就是在与其他社会思潮的较量中生存和发展的，历经风雨而不断焕发出科学真理的光辉。

当前世界的意识形态呈现多样化、多元化的发展态势。过去30多年在世界范围内占据优势地位的新自由主义意识形态遭遇质疑，新民粹主义、新保守主义等思潮粉墨登场，马克思主义思想和理论恢复生机，世界意识形态格局正发生变革。马克思主义需要回应21世纪人类社会面临的新挑战，回答和解决21世纪出现的新问题。中国共产党"坚持用马克思主义观察时代、解读时代、引领时代，用鲜活丰富的当代中国实践来推动马克思主义发展，用宽广视

① 国家统计局：《新中国成立70周年经济社会发展成就系列报告》，2019年7月1日。

② 国家统计局：《2018年国民经济和社会发展统计公报》，2019年2月28日。

③ 习近平：《在庆祝中国共产党成立95周年大会上的讲话》，《人民日报》2016年7月2日。

野吸收人类创造的一切优秀文明成果”①,形成了习近平新时代中国特色社会主义思想。习近平新时代中国特色社会主义思想的形成,在时间维度上发展出马克思主义在21世纪的最新理论形态,空间维度上拓展了马克思主义理论的世界影响力,为21世纪马克思主义发展作出了开创性贡献。

习近平新时代中国特色社会主义思想是坚持科学社会主义基本原则、回答“新时代坚持和发展什么样的中国特色社会主义,怎样坚持和发展中国特色社会主义”的重大理论课题、体现人类文明发展趋势的科学思想体系,深化了对共产党执政规律、社会主义建设规律和人类社会发展规律的认识。这一思想是21世纪的科学社会主义,代表了21世纪世界社会主义理论发展的高度,是振兴21世纪世界社会主义的思想旗帜。

（三）新时代中国特色社会主义道路越走越宽广,更加彰显21世纪社会主义的生机活力

习近平指出,社会主义从来都是在开拓中前进的,“坚持马克思主义,坚持社会主义,一定要有发展的观点,一定要以我国改革开放和现代化建设的实际问题、以我们正在做的事情为中心,着眼于马克思主义理论的运用,着眼于对实际问题的理论思考,着眼于新的实践和新的发展”。② 新时代中国特色社会主义道路,根植于21世纪的中国,适应时代发展进步要求,反映中国人民意愿,为中国实现“两个百年”目标、创造人民美好生活指明了发展方向。

新时代中国特色社会主义勾画了在中国共产党领导下、在中国特色社会主义道路上建成富强民主文明和谐美丽的社会主义现代化强国、实现中华民族伟大复兴的蓝图。到2020年,中国将全面建成小康社会,跨过“中等收入陷阱”,从而彻底打破“现代化就是西方化”的神话,向其他国家贡献转型发展、国家治理和跨越“中等收入陷阱”的中国方案,提供社会发展模式的新选择。“我国的实践向世界说明了一个道理：治理一个国家,推动一个国家实现现代化,并不只是西方制度模式这一条道,各国完全可以走出自己的道路来。可以说,我们用事实宣告了‘历史终结论’的破产,宣告了各国最终都要以西方制度模式为归宿的单线式历史观的破产。”③到21世纪中叶,世界上最大的发展中国家完成现代化和实现民族复兴,将意味着世界社会主义进入全面复兴的新时代。

在新时代,“中国共产党人和中国人民完全有信心为人类对更好社会制度的探索提供中国方案”。④ 新时代中国特色社会主义强调全面深化改革,完善和发展中国特色社会主义制度,不断推进国家治理体系和治理能力现代化,吸收人类文明有益成果,构建系统完备、科学规范、运行有效的制度体系。这是21世纪中国发展进步的制度保障,为中国特色社会主义事业在21世纪继续延续辉煌打下了坚实的制度基础。新时代中国特色社会主义制度,将在改革完善中彰显更加强大的制度优越性和制度活力,为21世纪人类制度文明探索提供全新的方案。

---

① 习近平:《在纪念马克思诞辰200周年大会上的讲话》,《人民日报》2018年5月5日。

② 《习近平谈治国理政》(第1卷),外文出版社2018年版,第23页。

③ 中共中央文献研究室编:《习近平关于社会主义政治建设论述摘编》,中央文献出版社2017年版,第7页。

④ 《习近平谈治国理政》(第2卷),外文出版社2017年版,第37页。

四、新时代中国特色社会主义与世界社会主义的未来

当今世界正面临百年未有之大变局。“世界多极化、经济全球化深入发展，社会信息化、文化多样化持续推进，新一轮科技革命和产业革命正在孕育成长，各国相互联系、相互依存，全球命运与共、休戚相关，和平力量的上升远远超过战争因素的增长，和平、发展、合作、共赢的时代潮流更加强劲。”①同时，也存在治理赤字、信任赤字、和平赤字、发展赤字的突出问题，人类面临许多共同挑战。在此背景下，习近平提出“构建人类命运共同体”的伟大构想，深刻回答了人类社会向何处去的“时代之问”。构建人类命运共同体的核心要义是建设持久和平、普遍安全、共同繁荣、开放包容、清洁美丽的世界。构建人类命运共同体的理念，集中关注人类整体命运和世界和平，是对近现代以来普遍存在的狭隘的“西方中心论”的超越，是对人类社会发展潮流的前瞻性思考和对世界历史进程的深远洞见。它是中国共产党站在人类文明发展的高度提出的包容性方案，力求以公正合理、互商互谅、同舟共济、互利共赢的理念解决时代命题，是一种全新的国际联合方式和全球治理方案。

构建人类命运共同体的理念继承了马克思主义的宏大历史视野和思想逻辑，又创造性地赋予马克思主义以新的时代内涵和生命力，开辟了人类通往美好世界的现实途径。构建人类命运共同体的理念把马克思的“世界历史”思想和当今全球化时代面临的具体问题相结合，体现了中国共产党人的宏大世界历史视野，蕴含着源远流长的中国智慧，成为引领世界走向新全球化时代的旗帜。构建人类命运共同体的理念也是在新的历史条件下对马克思主义人的解放理论的发展，指明了人类未来奋斗的目标和方向。建立“真正的共同体”即“自由人的联合体”，是马克思主义基于对人类命运的深切关怀，为人类社会指明的理想归宿。从资本主义的“虚幻的共同体”走向真正的共同体，是一个长程的历史过程，人类命运共同体的构建是实现自由人联合体的必经阶段和现实途径。

我们今天所处的时代同马克思所处的时代相比发生了巨大而深刻的变化，“但从世界社会主义500年的大视野来看，我们依然处在马克思主义所指明的历史时代。这是我们对马克思主义保持坚定信心、对社会主义保持必胜信念的科学根据”。② 当前资本主义正面临系统性的危机，事实证明，“马克思、恩格斯关于资本主义社会基本矛盾的分析没有过时，关于资本主义必然消亡、社会主义必然胜利的历史唯物主义观点也没有过时”。③ 社会历史发展是前进性和曲折性的辩证统一，社会主义与资本主义的博弈在未来相当长一段时期内仍将表现为共处与斗争、合作与竞争并存。新时代中国特色社会主义必须坚持和巩固中国共产党的领导地位，持续提升中国特色社会主义的发展水平，不断展现社会主义的优越性、吸引力和感召力，继续推进世界社会主义事业，引领人类文明发展方向。

---

① 《习近平谈治国理政》(第2卷)，外文出版社2017年版，第538页。

② 同上，第66页。

③ 习近平：《关于坚持和发展中国特色社会主义的几个问题》，《求是》2019年第7期。

世界社会主义重心三次变迁推进理论大发展

——以全球视阈深化认识中华人民共和国成立70周年

【内容提要】 世界社会主义运动重心从170多年前至今经过了三次变迁，从西欧到东欧(苏联)，再到东亚，现在重心稳扎在中国。从历史唯物论的视角考量，重心变迁反映了经济政治发展不平衡规律，由西欧迁出主要取决于客观条件不成熟，由苏联迁出则主要是主观因素。成立已有70年的新中国，尤其是在40年改革开放中产生的中国特色社会主义理论体系，使中国成为当代最坚强的马克思主义阵地。我们从三次变迁中深化认识马克思主义发展规律，深化认识中国特色社会主义，尤其是习近平新时代中国特色社会主义思想。要解疑释惑，抓住机遇，迎接挑战，以自身的强大成为世界社会主义运动、人类解放的引擎和支柱。

【作者简介】 杨承训，河南财经政法大学国际经济与贸易学院教授

【原文出处】 《毛泽东邓小平理论研究》2019年第1期

习近平指出："重视吸取历史经验是我们党的一个好传统。历史记述了前人的成功和失败，重视、研究、借鉴历史，了解历史上治乱兴衰规律，可以给我们带来很多了解昨天、把握今天、开创明天的启示。"①如今，我们有了改革开放40多年的宝贵经验，又迎来中华人民共和国成立70周年的光辉日子，应当放眼世界历史，特别是共产主义运动170多年的历史，深研历史轨迹，总结历史经验，考量马克思主义的发展历程，深化认识坚持与创新的辩证关系，把握社会主义和世界经济政治发展规律，推进新时代中国特色社会主义宏伟事业。

---

① 习近平：《严把标准　公正用人　拓宽视野　激励干部　造就忠诚干净担当的高素质干部队伍》，《人民日报》2018年11月27日。

一、世界社会主义重心三次变迁及其因果分析

从1848年《共产党宣言》发表到中华人民共和国成立70周年的171年，彰显了世界社会主义运动光辉而曲折的历史过程，其重心经历了从西欧转移到东欧再转移到东亚的三次变迁。所谓重心，就是中流砥柱、理论阵地、实践样板、辐射圆心、引领潮流。重心的每次变迁50—60年（中间有转移交叉），都有它深刻的经济政治背景和重要的经验教训，应当从中揭示规律性，进而深入研究马克思主义的几次历史性飞跃。

19世纪中叶到20世纪初，世界社会主义运动重心在西欧，是创立、奠定科学社会主义理论基础的阶段。当时的西欧，是以英、法、德为主要发达资本主义国家，社会主义运动处于初期。马克思和恩格斯作为工人阶级的最先进代表，根据当时资本主义社会的矛盾和工人运动的实践，在论析人类历史发展和思想成果（三个主要来源）的基础上，创立了革命的理论（三个组成部分），主要代表著作是《资本论》。科学社会主义实践显现雏形，最突出的是存在72天的巴黎公社。无产阶级政党还在孕育中，当时的共产主义者同盟及第一国际、第二国际，严格地说还不是能充当领导革命的政党。19世纪的德国社会民主党开始成型，但并不成熟，在恩格斯逝世后产生了以爱德华·伯恩施坦（Eduard Bernstein）为代表的修正主义思潮，使第二国际各成员党在第一次世界大战中纷纷蜕变。放在世界社会主义运动历史长河中考察，这个以西欧为重心的时期，是一个重要的奠基阶段，主要使命是创立科学社会主义理论并与工人运动初步结合。

20世纪初期到60年代苏联蜕变为社会帝国主义前，社会主义运动的重心转移到东欧和俄罗斯，主要是建立了第一个社会主义国家和组成社会主义阵营。20世纪初，俄国建立了以列宁为首的共产党（布尔什维克），在第一次世界大战中突破帝国主义的薄弱环节进行十月革命，马克思主义由理论变为真正的实践。这一历史阶段的重大事件有：十月革命的胜利，苏联开创了与资本主义世界对立的社会主义经济基础，战胜德国法西斯主义，中国革命胜利和社会主义阵营形成，赫鲁晓夫反对斯大林导致社会主义阵营分裂。这是一个由社会主义胜利到壮大再到分化的时期，历史的经验教训极其深刻，可谓初创阶段。

20世纪60年代中叶社会主义阵营分裂后，世界社会主义真正的重心转移到中国。其原因在于：28年农村包围城市最艰苦卓绝的斗争砥砺了坚强的中国共产党，30年建设又使新中国日益强大。特别是改革开放40多年（之前出现的曲折可谓为之诞生付出的阵痛与代价），中国特色社会主义道路创造了极其巨大的成就，使新中国屹立在世界东方，成为世界社会主义最强大的中流砥柱。这一阶段的重大事件有：中华人民共和国成立与发展，初步建立了工业化体系，"两弹一星"研制成功，使新中国成为坚持科学社会主义的强大一极；"文化大革命"（可视为改革开放前的阵痛时期）；苏联蜕变为社会帝国主义，形成世界两霸对立（美苏冷战）；苏东剧变，世界上第一个社会主义国家最终崩溃，世界社会主义处于低潮；中国改革开放的发展由站起来到富起来再到强起来，经济总量雄踞世界第二，成为最大发展中国家；以美国为中心的国际金融危机造成垄断资本主义国家衰变；中国扩大对外开放实施"一带一路"倡议，

多数国家参加与赞同；中国方案为越来越多人所接受，力量对比正在发生重大变化。这一时期可视为世界社会主义挺进阶段。

以上170多年的三次重心变迁，带有必然性。邓小平在苏东剧变发生后不久后就作过这样的论述："社会主义经历一个长过程发展后必然代替资本主义。这是社会历史发展不可逆转的总趋势，但道路是曲折的。资本主义代替封建主义的几百年间，发生过多少次王朝复辟？所以，从一定意义上说，某种暂时复辟也是难以完全避免的规律性现象。"[①]大体上说，奠基、初创、挺进三个阶段构成一个"N"字形发展曲线，对其必然性可做如下分析。

从经济发展背景上看，奠基时期还处在自由资本主义发展阶段，后来向帝国主义开始转变。虽然基本矛盾逐渐尖锐，但欧美的生产力还有发展的广阔余地，社会主义取代资本主义的条件远未成熟，尤其是它们可以利用从世界殖民地的剥削补偿国内经济，为本国工人阶级提供比殖民地国家劳苦大众较富裕的条件（包括收买工人贵族），社会主义不可能在所有国家共同胜利。到了20世纪初，垄断资本主义发展的不平衡性突出，各大资本主义强国争夺殖民地和势力范围的矛盾尖锐起来，乃至发生第一次世界大战，社会主义革命在其薄弱环节突破，这就证实了列宁所说的"社会主义在一国或几国首先取得胜利"的论断。于是发生了十月革命，苏联开始建设新型经济政治制度，为他国做出榜样和提供支援。而殖民地半殖民地国家发展更不平衡，生产力发展水平同发达资本主义国家差距更大，而且国内还呈现特殊的不平衡性，但也有部分城市有先进的生产力和工人阶级在支撑发展。在这种条件下，在反动统治力量比较薄弱的部分地区特别是农村首先建立革命政权，依靠广大无产阶级逐步夺取全国胜利，便有可能在殖民地半殖民地国家率先完成无产阶级领导的民主主义革命，进而向社会主义转变。这是革命发生的客观经济政治条件不平衡性。

但是，革命能否胜利还取决于主观条件，这就是有无用马克思主义武装的先进政党领导。在19世纪社会主义奠基时期，还没有条件造就和砥砺出无产阶级先进的坚强政党。虽然工人运动能够形成一时热潮，但没有系统的斗争理论指导和组织保证，不能持久和发展。20世纪后，列宁在革命实践中建立和锻炼了坚强的共产党，进而保证了革命的胜利和社会主义建设重大成就的取得。中国共产党在苏俄共产党的示范下建立和壮大起来。在毛泽东思想指引下和以毛泽东同志为核心的第一代领导集体组织指挥下，中国共产党克服重重困难、走过最曲折的道路取得革命胜利。它是社会主义重心转移到东方最大的决定因素，邓小平等几代领导集体传承这个基因，使党更加坚强。

在社会主义建设时期，党的领导更加重要。苏联崩溃的决定性因素在内因而不在外因。斯大林领导的苏共总体是正确的，但有错误。主要失误之一是在党的建设上，斯大林去世后出现了赫鲁晓夫那样的野心家篡夺领导权，使党变质，导致了世界社会主义历史上最大的失败。新中国成为世界社会主义最坚强的阵地，根本原因在于中国共产党的坚强领导。虽然20世纪60、70年代犯过错误，但是我们党能够自我革命、严于治党。由邓小平开创的中国特色社会主义，短短40年使新中国屹立于世界。正如

① 《邓小平选集》（第3卷），人民出版社1993年版，第382—383页。

习近平所说,“中国特色社会主义最本质的特征是中国共产党领导,中国特色社会主义制度的最大优势是中国共产党领导”。① 可以说,党的领导也是带有规律性的因素。

中国成为世界社会主义的中流砥柱,是当代保证和促进人类解放事业最重要的条件。苏东剧变前夕,邓小平曾断言:“只要中国不垮,世界上有五分之一的人口在坚持社会主义。我们对社会主义的前途充满信心。”②中国之所以成为世界社会主义坚如磐石的重心,就在于运用马克思主义实现了客观辩证法与主观辩证法的统一,创立了中国特色社会主义,正如习近平所宣称的:“社会主义的伟大旗帜始终在中国大地高高飘扬!”③

二、在历史的辩证行进中坚持和创新马克思主义

世界社会主义运动重心的变迁,表明历史的发展是一个辩证的运动过程,总趋势是前进的,具体发展道路则是曲折的。这一客观辩证法决定了主观辩证法,客观事物的复杂性决定了认识的曲折性。马克思主义理论正是客观辩证法与主观辩证法的统一,在历史的变迁中发展、修正、提升。要通过对170多年世界社会主义运动重心三次变迁的历史梳理,深化马克思主义发展的规律,进而深化坚持和创新科学社会主义自觉性,尤其要深化认识中国特色社会主义理论所体现的科学性,提高践行的坚定性、创造性。

(一)深化认识坚持和创新的辩证关系,在实践和矛盾运动中发展马克思主义

恩格斯说过:“马克思的整个世界观不是教义,而是方法。它提供的不是现成的教条,而是进一步研究的出发点和供这种研究使用的方法。”④“我所在的党并没有任何一劳永逸的现在方案”,对于未来社会特征和发展,“不结合这些事实和过程去加以阐明,就没有任何理论价值和实际价值”。⑤ 这就告诉我们,必须正确处理坚持马克思主义和发展马克思主义的关系。马克思和恩格斯在19世纪分析资本主义矛盾,进而揭示社会主义必然胜利的趋势,大方向是正确的,科学的信仰任何时候都不能动摇;但具体发展阶段、采用形式乃至个别原理是必须根据实际情况创新发展的。这就是毛泽东所强调的从马克思主义中学立场、学观点、学方法,在具体运用中依据实际情况创新。这里的关键是实践。

辩证唯物主义认识论告诉我们,在人类历史实践中任何人的认识都会有这样那样的局限性,马克思主义经典作家的个别结论也会随着时代变迁而过时。不可能在一百多年前对未来什么事情都预料到。比如,马克思和恩格斯并未预料到社会主义在俄国首先取得胜利以及新中国的崛起,列宁并未预料到苏联还会变质而崩溃,在以前的马克思主义经典著作中找不到农民包围城市的革命道路,找不到社会主义市场经济;有的思想虽有萌芽但并未得到肯定分析,后人在实践中才加以详细阐发,如社会主义

---

① 习近平:《决胜全面建成小康社会 夺取新时代中国特色社会主义伟大胜利——在中国共产党第十九次全国代表大会上的报告》,《人民日报》2017年10月28日。

② 《邓小平选集》(第3卷),人民出版社1993年版,第321页。

③ 习近平:《在庆祝改革开放40周年大会上的讲话》,《人民日报》2018年12月19日。

④ 《马克思恩格斯选集》(第4卷),人民出版社1995年版,第742—743页。

⑤ 同上,第676页。

社会的基本矛盾、社会主义分阶段发展的主要矛盾、人民内部矛盾、不断改革扩大开放等。这些观点都是后来在不断实践中提出和践行的。世界社会主义运动重心三次转移是历史的客观进程,而不是经典作家事先设计好的。

时代是理论之母,实践是认识之源。正是世界社会主义的三次变迁,才推进马克思主义经历了几个发展阶段:西欧发达资本主义为最初的重心,创立了科学社会主义的基本理论,可谓"开天辟地";重心向东欧和俄罗斯的转移,建立第一个社会主义国家,使得马克思主义推向列宁主义阶段,可谓"鼎新继发";中国革命的艰苦斗争和"站起来"的过程中产生了毛泽东思想,可谓"异军突起";在史无前例的改革开放中形成中国特色社会主义理论体系,可谓"横空出世"。当然,每一个重心的形成又有发展了的马克思主义理论。在一定程度上可以说,理论引导起了决定性作用。从这里,我们还可以深化认识倒逼机制的原理:重心变迁和新理论的形成,提供理论和经验积淀,更是客观的压力倒逼出来的,这就是客观见之于主观、主观又引导客观的辩证法,是马克思主义发展的规律。进一步把握坚持和创新的关键,就在于邓小平概括的马克思主义的精髓——实事求是。展开说,就是要结合历史和现实,以问题为导向,在实践中研究、运用、创新马克思主义。否则,就会落后和僵化,就会把经典著作变成教条,正如习近平所说,"创新是改革开放的生命"。①

还有一层,这三次变迁中都出现过歪曲、反对马克思主义的思潮。第一次是伯恩施坦的修正主义和第一次世界大战中的第二国际;第二次是出现了从赫鲁晓夫到戈尔巴乔夫的歪曲、背叛马克思主义思潮;第三次除了民主革命时期的左倾机会主义外,就是西化思潮的泛滥,特别是新自由主义篡改改革开放方向的思潮。这就说明,坚持和创新马克思主义是在斗争中发展的。这也是马克思主义发展的重要规律。

(二)在革命实践和重心变迁中推进理论的创新

世界社会主义运动重心的三次变迁,正是革命实践深化的历史进程,反映了不同时代的理性诉求,形成马克思主义理论发展的四个阶段,即马克思恩格斯阶段、列宁及斯大林阶段、毛泽东思想阶段和中国特色社会主义理论体系阶段。在中国之所以又分为两个阶段,是因为中国在长达近百年的三大事件的革命历史中承担了不同的历史任务,回答了两个重大历史命题:一是新民主主义革命如何胜利并向社会主义转变;二是社会主义制度怎样进一步完善发展和长治久安、繁荣昌盛,也就是改革开放。前者使中国人民站起来,后者使中国富起来、强起来。在这个过程中,马克思主义的三个组成部分都产生了飞跃式迁升。

现在侧重简述一下在三次变迁中马克思主义政治经济学的四次飞跃。第一个飞跃,即从古典政治经济学跃升为揭示社会经济发展规律、无产阶级和劳动人民求解放的科学的政治经济学。这就是以《资本论》为代表的革命学说,武装无产阶级先进分子,开启了世界范围内的革命运动。这一科学理论,集中表现为恩格斯所说的两大发现,即历史唯物论和剩余价值学说。第二次飞跃,即从理论到社会主义革命和建设初期的实践,也就是列宁把马克思主义理论同帝国主义时代的俄国实践相结合,以创新的理论领导了十月革命,建立了世界上第一

① 习近平:《在庆祝改革开放40周年大会上的讲话》,《人民日报》2018年12月19日。

个社会主义国家。列宁的政治经济学创新主要在于深化了对商品经济本质的分析,创造性地揭示了资本主义新阶段即垄断资本主义或帝国主义的内在矛盾,探索了社会主义建设初期的市场关系。第三次飞跃,即东方大国(中国)经济变革和现代化建设的成功探索。如果说前两次飞跃发生在资本主义国家,那么第三次飞跃则出现在东方半殖民地类型的落后国家。这个特殊的探索和研究任务,便历史性地落在中国共产党和以毛泽东同志为核心的领导集体身上,创造了包括新民主主义经济理论、和平改造资本主义建立社会主义经济理论、对社会主义工业化若干经济问题进行探索的理论等,有着十分丰富的思想。第四次飞跃,就是中国特色社会主义政治经济学的创新。改革开放是决定中国命运的关键一招,是最有用的,揭示了社会主义自我完善和发展的规律。通过自觉的改革开放,我国正确解决生产关系和生产力、上层建筑和经济基础的矛盾和其他一切社会矛盾,实现制度创新,使自身不断适应先进生产力发展和人的全面发展的要求,充分发挥了制度的优越性。

这里要回答一个问题:斯大林的思想为什么没有构成马克思主义政治经济学的一次飞跃?那是因为他主要继承列宁的理论,在几十年的经济建设中没有特别重大的突破,反而出现了教条主义的僵化,形成了过度集中的计划经济体制。正如邓小平特别指出的,“社会主义究竟是什么样子,苏联搞了很多年,也并没有完全搞清楚。可能列宁的思路比较好,搞了个新经济政策,但是后来苏联的模式僵化了”,①这正是指的斯大林时期。后来苏联的《政治经济学》(社会主义部分),也是主要根据斯大林的《苏联社会主义经济问题》编写的,不能说其中没有马克思主义思想,但很多地方违背了马克思、恩格斯、列宁的辩证观点,并影响了以后的经济建设路子。中国特色社会主义政治经济学才是对这个僵化模式的大突破。因此,斯大林的思想还不足以构成马克思主义政治经济学一次独立的飞跃。

(三)掌握历史唯物主义中的辩证法思想,切中要害解疑释惑

仔细考量,世界社会主义重心变迁有一个显著特点,就是由生产力发展先进的地方向比较落后的地方转移。应当如何解释呢?这就需要用历史唯物主义的辩证法,回答人们经常提出的三个问题。

第一,不是生产力决定生产关系吗?社会主义革命为什么没有在现代生产力发达的地方首先取得胜利?这关系到对历史唯物主义不应机械地理解,而应辩证地理解。

恩格斯在回答一些人机械地理解革命发生只能依靠经济因素的形而上学观点时,就说过:“根据唯物史观,历史过程中的决定性因素归根到底是现实生活的生产和再生产。无论马克思或我都从来没有肯定过比这更多的东西。如果有人在这里加以歪曲,说经济因素是唯一决定性的因素,那么他就是把这个命题变成毫无内容的、抽象的、荒诞无稽的空话。经济状况是基础,但是对历史斗争的进程发生影响并且在许多情况下主要是决定着这一斗争的形式的,还有上层建筑的各种因素。”②“所有这些先生们所缺少的东西就是辩证法。”③毛泽东在

---

① 《邓小平选集》(第3卷),人民出版社1993年版,第138页。

② 《马克思恩格斯选集》(第4卷),人民出版社1995年版,第695—696页。

③ 同上,第705页。

《矛盾论》中专门论述了主要矛盾方面的转化，在一定条件下上层建筑能够起决定作用。后来他总结了革命发生的历史过程：“一切革命的历史都证明，并不是先有充分发展的新生产力，然后才改造落后的生产关系，而是要首先造成舆论，进行革命，夺取政权，才有可能消灭旧的生产关系。”①比如，在当时封建社会生产力最发达的中国并未先发生资产阶级革命，而是先发生于后来的西欧。资产阶级革命也不是先发生在当时生产力先进的意大利、西班牙，而是先发生于英国、法国。其中最典型的是法国，法国爆发了资产阶级大革命，其生产力却落后于英国。美国在18世纪是英国的一个殖民地，却先于西欧(大陆)发生革命(独立战争实质上是一次民主革命)。

对于社会主义革命来说，更为特殊，其生产关系(公有制)不可能在旧社会胚胎中自发成长，必须通过革命，依靠强大的政权改变旧生产关系。当俄国十月革命发生并开始建设社会主义经济时，第二国际的机会主义者就指责俄国生产力还未发展到发生革命的程度，文明程度不够。列宁临终前口述了《论我国革命》一文，深刻指出：“马克思主义中有决定意义的东西，即马克思主义的革命辩证法，他们一点也不理解。”②“我们为什么不能首先用革命手段取得达到这个一定水平的前提，然后在工农政权和苏维制度的基础上赶上别国人民呢?”③并且说：“世界历史发展的一般规律，不仅丝毫不排斥个别发展阶段在发展的形式或顺序上表现出特殊性，反而是以此为前提的。”④

如前所述，革命总是发生在反动统治最薄弱的环节，这也是革命的不平衡性。当然，这些新发生革命的国家和地区也并非是最落后的，而是拥有一定的先进生产力。并且，现代生产力在世界范围内共同起作用，世界生产力是重要的基础。因此，不能只看一国一方，要有唯物史观辩证法观点和世界整体视阈。中国革命胜利就是如此。

第二，列宁说帝国主义是腐朽的、寄生的、垂死的资本主义，但为什么垂而不死，反倒有发展、有繁荣？这也要做辩证的分析。

与此同时，列宁还说过另一句话：“过程的复杂性和事物本质的被掩盖可以推迟死亡，但不能逃避死亡。”⑤实事求是地说，在当时对后来发展的复杂性有估计不足之处，这是时代的局限性。从认识论看，是正常的。我们不能苛求于前人。

问题的复杂性仍在于发展的不平衡性。一是发达国家拥有的先进生产力，还有施展的余力。它们发展得早，虽然矛盾重重，但比起广大发展中国家来，它们掌握的生产力仍然是世界上最先进的，特别是科学技术，具有雄厚的先发优势。二是它们还可利用广阔的世界市场，以充实国内的力量。三是有些国家具有特殊情况和特殊优势。最突出的是美国，虽是后起的资本主义大国，但本身拥有得天独厚的资源优势，土地广阔，资源丰富；长期处在世界矛盾的边缘地带，在两次世界大战中，美国都没有受特别重大的损失(“二战”中受些损失)，却发了大财；美

① 《毛泽东文集》(第8卷)，人民出版社1995年版，第132页。

② 《列宁选集》(第4卷)，人民出版社1995年版，第775页。

③ 同上，第777页。

④ 同上，第776页。

⑤ 《列宁全集》(第54卷)，人民出版社1990年版，第483页。

国采取集聚人才政策,使得世界各国的众多优秀人才集中于美国,成为科技最先进的国家,并且垄断技术,引领技术革命;美国的军队遍布世界100多个国家,占据军事优势;利用这些优势控制世界的资源,剥削全世界,特别是第二次世界大战后形成的美元霸权使它能够掠夺全球的大量资源。美国的这些优势对全世界的资本主义国家生存都有支撑作用(战后的"马歇尔计划"支持欧洲复兴就是一例)。因此,也要以全球视阈全面认识美国的优势。

但是,近年来美国的内外矛盾越发尖锐起来。一是国内矛盾日益尖锐,表现在两极分化严重,1%富人财产相当于90%一般居民财富的总量,10%的富人拥有47%的国民收入,而很大一部分人无生活保障,犯罪率上升,群众反抗运动多次爆发(如占领华尔街运动),民族矛盾特别是种族矛盾不断,枪支泛滥造成凶杀事件迭起,党派之争十分尖锐。二是国际矛盾日益突出,表现在美国目前成为反经济全球化的元凶,在世界上日益孤立,连其伙伴都不顾及,特别是2008年开始的金融危机向全世界蔓延(西方国家受损最严重),美国已经显现颓势,走向衰落,现在垄断资本与生产社会化的矛盾已经扩展到整个世界。最近法国发生的"黄背心"浪潮冲击西欧资本主义,有人认为这是濒临危机的预兆。由此而言,未来的"垂死"是不可避免的历史大趋势。我们要学会全面看问题,善于做辩证分析。

第三,既然社会主义有优越性,为什么我们经济还赶不上西方发达国家,人均水平还比较低?这要做历史的分析。

中国70多年前由于帝国主义侵略掠夺、封建势力残酷剥削,我国生产力十分落后,连一辆自行车都不会制造,人民非常困苦,比西方落后几百年,怎么能在短期内就全面赶超呢?总得有个历史过程。新中国成立70年来,尤其是改革开放40多年来,我国仅用较短的时间先后超过了法国、英国、德国、日本,仅次于美国(经济总量相当于2/3),跃居世界第二。这些为世人所赞叹,美国人都感到惊慌。至于人均GDP,因人口特别多,赶上它们当然需要较长时间,但一定会达到。这已充分显出了社会主义制度的优越性。

进一步分析,如果当年苏联不是因为体制僵化和后来的解体,它或许也能够赶上西方发达国家。这就是历史曲折的代价。总结前车之鉴,必须要有发展的眼光,实行改革开放才能顺应历史的大趋势。虽然现时帝国主义还有一定的优势,但这只是暂时的,久久为功,社会主义一定会战胜资本主义。

三、以三次重心变迁的视阈深化认识中国特色社会主义要谛

世界社会主义重心迁至中国是历史的选择,也是中国特色社会主义道路、制度、理论所发源的深厚基础,并推进马克思主义发展至新阶段。邓小平指出:"坚持改革开放是决定中国命运的一招。这方面道理也要讲够。"①习近平指出:"改革开放是我们党的一次伟大觉醒,正是这个伟大觉醒孕育了我们党从理论到实践的伟大创造。改革开放是中国人民和中华民族发展史上一次伟大革命,正是这个伟大革命推动了中国特色社会主义事业的伟大飞跃!"②为什

① 《邓小平选集》(第3卷),人民出版社1993年版,第368页。

② 习近平:《在庆祝改革开放40周年大会上的讲话》,《人民日报》2018年12月19日。

么称之为“伟大觉醒”？这就意味着以往在许多重大问题上还处于迷茫状态，处于简单思维之中。客观形势倒逼人们重新认识客观世界行程、方式，进而上升为新的理论境界。习近平指出：“中国的发展道路是一条前所未有的道路，是一条与时俱进的道路，是一条由近 14 亿中国人民共同选择的道路。”①应当明确地说，改革开放是中国特色社会主义的规律。我们可以从以下几个方面进行分析。

第一，两极分化不是社会主义，贫穷落后也不是社会主义，必须大力发展生产力，逐步实现共同富裕，尤其要把科技创新当作发展的第一动力。

第二，对生产力与生产关系矛盾统一的认识要不断改革。以往认为，好像只要有先进的生产关系就可以使生产力快速发展。而三次变迁却告诉我们，事情并非如此简单。生产力是一个复杂的系统，而且处在变动中，生产关系要适应它，就必须经过多个阶段、采取多种形式。社会主义社会本身的多种矛盾运动(虽然是非对抗性的)，并不比资本主义社会简单，必须在实践中深化认识这种矛盾的特殊性。比如，生产力发展水平有阶段之分，不能用一个标准来对待。中国社会主义制度必须实事求是地区分大大小小不同阶段，我国从实际出发提出了社会主义初级阶段的论断。初级阶段本身又会区分为若干小的阶段，即使初级阶段过去了，以后的发展还会区分许多阶段。这是前人未曾预先详尽设计的。既然是“初级阶段”，生产关系就必须适应它的相对落后和多层次特点，就不能采取纯而又纯的公有制经济，必须同时发展多种所有制经济，需要处理好公有制为主体与多种所有制共同发展的关系，实施与之相适应的分配关系和劳动关系(特别是就业)。与此同时，世界科技在发展，还必须跟上新的先进生产力的要求，赶上并超过具有先发优势的发达国家。中国特色社会主义的特征之一，就是在公有制占主导地位的前提下所有制关系、分配关系、劳动关系等的多样化，不能套用以前的一个简单公式，必须通过不断深化改革进行探索。生产力发展是无止境的，生产关系和上层建筑一些环节的改革也是无止境的。

第三，交换关系的改革。从社会发展普遍规律上看，没有发达的交换关系是不能充分实现生产社会化的。交换关系的发达形式为市场经济，对资源配置起决定性作用。从历史经验教训来看，社会主义没有市场经济就会停滞僵化。中国特色社会主义创造了社会主义市场经济形式。以前认为只适用于资本主义的一些范畴、形式，也可在改革中应用于社会主义，如资本、股份、股票市场、期货市场等都可以找寻适合于社会主义的具体形式。以前总是把它们视为社会主义的异己之物，认为那是资本主义的专利，现在要统一于社会主义经济整体之中，并且要激发它们的活力。如何把其间的共性与个性统一起来，为社会主义所用，完全是一个前无古人的新课题，需要在改革中求索。

第四，全面扩大开放也是以往所未有的。世界社会主义重心在西欧时，还没有社会主义国家，当然没有开放的课题。苏联固然有帝国主义封锁，但除了列宁曾提出利用资本主义世界外，以后并未强调对外开放政策。新中国成立之初遭到封锁，基本上是封闭的。而党的十一届三中全会后，邓小平把开放与改革并提，这是一个根本的方针。此后，开放的广度深度提

① 《习近平会见葡萄牙议会议长罗德里格斯》，《人民日报》2018 年 12 月 6 日。

到前所未有的程度。习近平提出构建人类命运共同体、构建开放型世界经济、推进“一带一路”建设，中国成为世界经济发展的最大引擎，对外贸易、外汇储备名列第一，显示出中国特色社会主义一大特色和优势。

第五，上层建筑改革是一项复杂工程，在社会主义条件下具有特殊作用，特别是党的领导最关键。这个最关键的问题恰恰是最难的节点。恩格斯曾经指出，国家产生后容易产生特权阶层，在社会主义条件下也是难于避免的现象。世界社会主义在西欧时，无产阶级政党尚不成熟。转移到东欧和俄罗斯之后，苏(俄)共开始在列宁、斯大林领导下有了成熟的政党，但斯大林没有解决好党的建设问题，以后国家变质就是从党变质开始的。致力于系统建设好执政党，从严治党，使之永葆青春，正是中国特色社会主义的又一大创新。

以历史唯物论的辩证法考察，世界社会主义运动重心的三次变迁，是它自身的矛盾运动过程，也是马克思主义在这个矛盾运动中诞生和发展的过程。如果说《资本论》是资本主义的诊断书，那么中国特色社会主义理论体系乃是社会主义发展的导航仪。它继承了马克思主义最珍贵的精髓，又总结了社会主义的百年实践经验，从中国的实践出发，实现了当代马克思主义大创新。

中国改革开放的实践不断发展，中国特色社会主义理论也不断创新。习近平新时代中国特色社会主义思想开拓了当代马克思主义的新境界，包括新时代的主要矛盾观、新发展理念、社会主义治理思想、构建人类命运共同体和开放型世界的观点、从严治党的深刻论述，党的十九大报告提出的八个明确、十四项坚持等，都是马克思主义理论宝库中新的武器和财富。它保证中国特色社会主义伟大事业长治久安、永续发展，促进世界社会主义运动沿着正确方向蓬勃前进。目前，中国共产党人的伟大使命就是在习近平新时代中国特色社会主义思想指引下，抓住历史机遇，防范各种风险，实现中国梦，使世界社会主义运动重心更坚强发力，为全人类解放作出自己的贡献，继续推进科学社会主义理论再创新，创造让世界刮目相看的更大奇迹！

共产国际 100 周年

实事求是地评价共产国际的历史地位和历史贡献

【内容提要】 我们应当实事求是地评价共产国际的历史地位和历史贡献。共产国际推进了国际共运整体大发展，指导和帮助各国共产党的建立建设，积极支持和指导各国革命运动，推动世界反法西斯统一战线的建立和发展。但共产国际作为统一的国际性共产党和国际共产主义运动“指挥中心”的定位，高度集中的组织体系和组织结构，过分集中、缺乏广泛民主的运转方式，以及对各国党内部事务的干预，特别是直接决定各国党领导人的安排，越来越脱离国际共产主义运动和各国革命发展的需要。列宁逝世后，共产国际受苏联影响，“左”倾错误越来越明显，后果越来越严重。共产国际七大纠正了这些错误，组织制度和领导方式发生重大变化，其工作出现新气象。当前值得思考的是，从长远看，国际共运的发展是否需要一个统一的国际组织，它应处于怎样的地位、发挥什么作用、如何发挥作用，它应当同各国革命党保持怎样的关系。

【作者简介】 李景治，中国人民大学国际关系学院教授

【原文出处】《理论视野》2019 年 6 月

共产国际是国际共运史上第三个无产阶级政党的全球性国际组织，也被称为第三国际。今年是共产国际成立 100 周年。如何评价共产国际的功过是非，学术界存在各种不同见解。但是，我们应当实事求是地评价共产国际的历史地位和历史贡献。应充分肯定，共产国际极大促进了马克思列宁主义的传播和俄国十月革命经验的总结推广，指导和帮助各国共产党的建立建设，指导帮助各国共产党的反法西斯斗争，支持了社会主义苏联，积极促进世界反法西

斯统一战线的形成。当然也应当看到，由于客观历史条件和时代的局限性，以及人们对如何建立建设无产阶级政党的国际组织、这一国际组织在推动国际共运和各国革命中所处的地位、应发挥的作用等问题，还缺乏全面正确认识，致使共产国际在自身组织建设、处理与各成员共产党关系、指导各国共产党活动等方面存在一些不足之处。纪念共产国际100周年，既要充分肯定它的成就、贡献和积极作用，总结其成功的经验，也要吸取其教训，以推动世界社会主义运动的振兴和健康发展。

一、推进国际共产主义运动整体大发展

国际共产主义运动的兴起、发展都与无产阶级政党及其国际组织密切相关。从一定意义上说，国际共产主义运动史就是一部世界共产党及其国际组织建立、发展的历史。共产主义者同盟，是世界上第一个共产党组织。由于当时各国还不具备建立本国独立的共产党组织的条件，各国共产党人共同组织了一个国际性的共产党组织，这就是共产主义者同盟。共产主义者同盟的正式建立，及其作为同盟纲领《共产党宣言》的发表，标志着国际共产主义运动的兴起。共产主义者同盟在宣传共产主义思想、传播马克思主义理论、推动工人运动发展和加强共产党组织建设方面发挥了开创性、基础性的作用。

19世纪60年代，工人运动获得广泛发展，各国工人运动以及革命组织之间的联系越来越密切，各国工人反对资本主义制度的斗争也越来越需要相互支持。于是，第一国际应运而生。第一国际在加强各个工人运动团结、相互支持方面发挥巨大作用。它在批判和战胜各种非马克思主义流派、错误思潮中促进了马克思主义的发展和传播。它的纲领更加注重马克思主义理论与工人运动和革命实际情况相结合。[①] 它进一步完善和实践了无产阶级政党的组织原则和组织制度，为今后各国共产党和革命组织的建立建设，打下了基础、树立了典范。

19世纪70—80年代，各国工人运动和世界社会主义运动获得更为广泛的发展。西欧等各国普遍建立了社会主义政党，其他进步组织也蓬勃发展。各国政党、革命组织、工人团体和社会主义者需要经常交流经验，沟通情况，就共同关心的理论和现实问题交换看法、协调行动。于是，德国社会民主党、法国工人党、英国的社会民主联盟等发起成立第二国际。第二国际是各国社会主义政党和工人团体(包括工会、合作社)的国际联合组织，不是共产主义者同盟、第一国际那样的国际性革命政党组织。第二国际的成立和活动进一步扩大了马克思主义的影响，促进了国际共产主义运动和世界社会主义运动向更加广泛的方向发展。它联合各国革命政党、工人团体开展反对资本主义的经济斗争、政治斗争，努力维护工人合法权益和切身利益。随着工人运动和社会主义运动的发展壮大，以及西欧各国选举制度的改革，一些工人团体和社会主义政党的领袖、活动家和代表人物，被选入议会。他们利用议员的身份维护工人和人民群众的权益，反对政府的反动政策和资本家对工人的残酷剥削。但是各国社会党和社会民主党及其议员把主要精力放在议会活动以及与此相关的选举活动上。各国党的议会党团，成为党的实际领导中心。一些党的领导人和代表人物还参加了资产阶级政府。各国党都在不同程

---

① 《马克思恩格斯选集》(第3卷)，人民出版社2012年版，第1—11页。

度上忽视工人运动和实践斗争，脱离广大人民群众。第一次世界大战爆发后，各国社会党和社会民主党纷纷公开支持本国政府参战。第二国际破产。

以列宁为代表的马克思主义者和革命左派，同第二国际修正主义和机会主义进行了坚决斗争，并酝酿成立新的革命国际组织。共产国际创建于十月革命后的欧亚出现革命高潮之际。列宁参加了共产国际第一次代表大会，作了《关于资产阶级民主和无产阶级专政》①的报告，强调共产国际的中心任务是消除对资产阶级民主的幻想，建立无产阶级专政。大会根据列宁的报告作出决议，制定通过暴力革命建立无产阶级专政的战略方针。

回顾历史，应当承认共产主义者同盟、第一国际、第二国际，都在其所处的时代为国际共产主义运动和世界社会主义运动作出了自身的贡献。但与之相比，共产国际在国际共产主义运动中仍占有独特的地位并作出独特的贡献。在共产国际的推动下，国际共产主义运动具有空前的广泛性。共产主义者同盟，只涉及欧洲。第一国际主要活动也在欧洲，直到后期才扩展到北美。第二国际在发达国家和地区活动，较少关注殖民地半殖民地的情况。共产国际则发展到世界六大洲，尤其是广大殖民地半殖民地国家。共产国际领导的国际共产主义运动和革命活动，具有深刻的革命性。它大力支持并指导帮助欧亚革命，始终把通过暴力革命推翻资产阶级统治、建立无产阶级专政，当作指导方针，把建立社会主义、实现共产主义当作奋斗目标，从未放弃动摇。第一国际的整个活动几乎都伴随着马克思主义与蒲鲁东主义、工联主义和巴枯宁主义等机会主义派别的斗争。第二国际则出现伯恩施坦修正主义和考茨基主义的泛滥，发生理论上的演变。而共产国际始终坚持马克思列宁主义的指导。它内部虽然存在意见分歧和“左”的错误，但并没有从根本上动摇马克思列宁主义的指导地位。第二国际组织松散，各种组织自行其是，国际领导机关的建议对其没有约束力，整个国际难以形成统一的战斗力。与之相比，共产国际组织严密，具有强大的动员力和组织力，是国际共产主义运动的中心。在共产国际的推动下，国际共产主义运动得到空前、整体大发展。

二、指导和帮助各国共产党的建立建设

共产国际建立于 1919 年 3 月。经过短短四年的努力，它在世界六大洲创建了共产党组织。到 1943 年共产国际解散时，全世界已有 68 个共产党组织和 400 多万党员。共产国际为各国共产党的建立建设提供了多方面的指导帮助。

一是直接帮助一些国家建立共产党或共产主义小组。中国就是最明显的例子。1920 年 3 月，共产国际维经斯基（Ригоий Наумович Войтинскии）等人来华，了解五四运动后的中国革命形势，同中国共产主义者和先进知识分子进行广泛接触。在北京，他们会见了李大钊，双方商谈了建立中国共产党的问题，并取得共识。后经李大钊介绍，维经斯基一行前往上海会见陈独秀、李达等人，就建党问题取得一致意见。随后，在维经斯基的帮助下，陈独秀、李达等人在上海建立了中国第一个共产主义小组。此后，北京、湖南、广东、山东、湖北等地也建立了共产主义小组。共产主义小组的建立和活动，为中国共产党的建立打下了政治、思想和组织基础。

① 《列宁选集》（第 3 卷），人民出版社 2012 年版，第 692—708 页。

1920年8月，共产国际任命共产国际执委会委员马林（Hendricus Josephus Franciscus Marie Sneevliet）为共产国际驻中国代表。1921年6月，马林抵达上海，参加了中国共产党的筹建工作。1921年7月，马林出席中国共产党第一次代表大会并代表共产国际发表讲话。中国共产主义小组和共产党的建立，都离不开共产国际的指导帮助。其他国家共产主义组织和共产党的建立也得到共产国际的指导帮助。

二是指导帮助各国共产党进行组织建设。1920年夏天召开的共产国际第二次代表大会，通过了《共产国际章程》和《加入共产国际的条件》，对共产国际的性质、组织原则、活动方式、自身建设都做了明确规定，实际上也为各国共产党的组织建设树立了典范。共产国际明确要求，各国共产党必须坚持民主集中制。在马克思主义的指导下，共产主义者同盟和第一国际及其各国社会主义政党都坚持民主制组织原则和组织制度。但这种民主原则和民主制度并不是不要集中，而是强调民主基础上的集中。它坚持代表大会是最高权力机关，在代表大会闭幕期间，其执行委员会负责全党的工作，以及各种选举、表决实行少数服从多数的原则等，都体现了民主基础上的集中，以及民主与集中的高度统一。把马克思、恩格斯所主张的民主制说成不要集中的“单纯”“完全”的民主，显然是一种错误的理解。第二国际及其各国党的组织原则和组织制度，就是建立在这种理解的基础之上。这就导致其一盘散沙的局面，严重影响和阻碍了国际共产主义运动和世界社会主义运动的发展，也使第二国际各党在资本主义危机加剧、帝国主义战争爆发、革命形势日益成熟的时候难以领导工人阶级和广大人民群众夺取革命的胜利。

针对这种情况，列宁旗帜鲜明地提出新型无产阶级政党必须坚持民主集中制的组织原则和组织制度。其核心是：凡是承认党纲、在物质上支持党并参加党的一个组织的人，才能成为党员；党是无产阶级的先进部队；党是无产阶级有组织的部队，应当成为组织的总和；党是无产阶级的最高组织形式；党要保持自己组织的严整和队伍的统一，必须有全党共同遵守的纪律；党应当坚持民主集中制。民主集中制要求，党按民主集中原则组织起来，必须有统一的党章、统一的纪律和统一的领导机关，党内实行少数服从多数、个人服从组织、下级服从上级、全党服从党代表大会及其执行委员会。俄国布尔什维克党，正是坚持民主集中制的组织原则和组织制度，不断发展壮大，成为强大的革命政党，领导俄国工人阶级和广大人民群众夺取了十月革命的伟大胜利。共产国际是以马克思列宁主义建党理论和建党思想建立起来的，完全摆脱了第二国际及社会党和社会民主党的影响，坚定不移地实行民主集中制。同时，共产国际也要求各国共产党以列宁的建党思想为指导，按照俄国布尔什维克党的做法及相关制度加强党的建设。因此，各国共产党也得到大发展，成为组织统一、纪律严明、能够开展统一行动、充满生机活力的革命政党和战斗部队，成为各国革命的领导者和推动者。

三是指导各国共产党制定正确的理论纲领和行动纲领。1919年3月，共产国际第一次代表大会分析了十月革命后的国际形势、国际共产主义运动的发展趋势和各国共产党的任务，制定了《共产国际行动纲领》。① 《共产国际

① 参见《国际共产主义运动历史文献》第29—58卷，中央编译出版社2015、2016年版。

行动纲领》阐明了党的奋斗目标以及实现这一目标的途径和方法，规定了共产党的任务是彻底打碎资产阶级国家机器，建立新型无产阶级国家，实现劳动人民对国家的管理，坚持无产阶级国际主义，铲除世界帝国主义体系。它强调，殖民地半殖民地革命的第一步，是进行反帝反封建的资产阶级民主革命。这无疑对各国共产党纲领的制定起到指导作用。

三、积极支持和指导各国革命运动

共产国际在支持和指导帮助各国革命运动、推动国际共产主义运动的发展方面发挥了巨大作用。这种作用，集中体现在理论和方针政策的指导以及派经验丰富的革命者亲临帮助等方面。共产国际对国际形势和国际共产主义运动及各国革命面临的主要任务及时进行分析和判断，以指导国际共产主义运动和各国革命的发展。共产国际成立后，对欧美国家共产党及其他革命组织的革命活动、对殖民地半殖民地国家民族民主革命进行了指导帮助，促进国际共产主义运动的发展。

十月革命后，欧洲出现革命高潮。但各国共产党及其他革命组织还不够成熟，存在“左”倾问题，严重阻碍革命事业的发展。对此，共产国际非常关注。1920年，共产国际召开第二次代表大会。大会讨论了反对“左”派幼稚病的问题，主要针对在革命高潮中一些工人政党中出现的一股“左”倾思潮。其领袖和代表人物积极要求革命，但又缺乏实践经验，从反对右倾机会主义、改良主义走到另一个极端，否定议会斗争和工会的作用，拒绝任何妥协，把阶级与政党、领袖与群众完全对立起来，甚至主张打倒领袖。列宁全面论证了群众、阶级、政党、领袖的关系，以及革命政党的战略策略。他指出，群众是划分为阶级的，阶级是由政党来领导的，政党通常是由最有威信、最有影响、最有经验被称为领袖的人们组成的集团主持的。列宁指出，共产党和革命组织的基本策略原则是，必须密切联系群众，积极争取群众，努力扩大同盟者和利用敌人之间的矛盾，掌握策略的灵活性，善于进行必要的妥协。① 列宁的上述主张，得到大会赞同，变为大会决议。这一决议的贯彻落实，推动了国际共产主义运动，特别是欧美国家革命运动的健康发展。

共产国际高度重视殖民地半殖民地民族民主革命。共产国际第二次代表大会专门讨论了民族殖民地问题，列宁就此作了报告。报告明确指出，当今世界已划分为压迫民族和被压迫民族，共产国际和各国共产党应当从这一基本出发点来看待和解决民族问题。报告要求资本主义国家的无产阶级帮助被压迫民族的解放斗争，被压迫民族的无产阶级支持资本主义国家无产阶级的解放斗争。报告指出，殖民地半殖民地革命的第一步是进行反帝反封建的资产阶级民主革命，革命的领导阶级是无产阶级，主力军是农民。报告强调，共产党应当支持本国资产阶级的反帝反封建斗争，可以与之结盟，但要保持自身的独立性。

1922年1月，远东各国共产党及革命组织第一次代表大会召开。共产国际东方部主任萨法罗夫（Георгий Иванович Сафаров）作了题为《共产党人在民族殖民地问题上的立场及其与民族革命政党的合作》的报告，强调民族解放运动是反帝反封建的革命运动，应积极吸收农民参加，强调各国共产党要支持本国资产阶级反

① 《列宁选集》（第4卷），人民出版社2012年版，第132—211页。

帝反封建的民族民主运动。在共产国际远东会议直接影响下，中国共产党第二次代表大会明确提出，党在现阶段的任务是进行反帝反封建的民族民主革命，革命的对象是帝国主义和封建军阀，革命的基本动力是工人阶级、农民阶级、城市小资产阶级和民族资产阶级。共产国际的上述方针，为半殖民地民族民主革命开辟了正确的道路。

共产国际时刻关注国际形势和革命局势的变化。1921 年，列宁在共产国际第三次代表大会上分析了当时的国际形势的新特点和发展趋势，明确革命高潮已经过去，革命将缓慢发展，共产国际应由全面进攻转向积极防御，为未来革命作更周密、更扎实的准备。党的主要任务是到群众中去，争取工人大多数，建立工人阶级统一战线。这无疑是正确的，有利于推动国际共产主义运动健康发展，避免不必要的损失。

但在列宁逝世后，共产国际停止了纠正国际共产主义运动中"左"倾错误，对革命形势作出过分乐观分析，错误地引导了各国共产党和国际共产主义运动。由于苏共党内斗争和"左"倾错误影响，共产国际对国际形势和革命任务的判断出现失误。1924 年，共产国际召开第五次代表大会。季诺维也夫(Grigori Zinoviev)在向大会作的报告中指出，世界革命形势仍在不断发展，事变比我们预料的快得多，新的阶级搏斗已经开始，新的革命在敲门。大会赞同他的观点，并将其写入大会决议。第五次代表大会中断了由列宁主导的纠正"左"倾错误的进程，助长了共产国际及其各项方针政策和重要举措进一步"左"倾。这也使各国共产党建设及其领导的革命斗争，遭到很大的干扰和冲击，甚至导致灾难性后果。同时，共产国际为更加布尔维克化而斗争的方针，给各国共产党特别是殖民地半殖民地国家共产党造成严重后果，也阻碍了国际共产主义运动的正常发展。

1928 年召开共产国际第六次代表大会。会上，"左"倾路线占据主导地位。大会所坚持的理论、所通过的决议、所制定的方针政策，都存在"左"的错误。大会通过了《国际形势和共产国际任务提纲》的决议。该提纲提出国际工人运动三个发展时期理论。其中最重要的是，它认为第三时期始于共产国际第六次代表大会召开前夕，这一时期是资本主义总危机急剧发展的时期，是帝国主义矛盾激化和战争时期，是资本主义体系面临全面崩溃的时期，也是世界进入革命发展的时期。这一决议要求各国共产党为无产阶级专政和社会主义而进行决战。大会决议对社会党、社会民主党采取了错误的方针，认为社会民主党是资产阶级性质的工人政党，经常发挥法西斯主义的作用，是共产主义和无产阶级专政最危险的敌人。会后，一些资本主义国家的共产党"左"倾错误越发严重，导致共产党同社会党、社会民主党更加敌对，工人阶级队伍进一步分裂。这从客观上阻碍了国际共产主义运动和各国革命的发展，削弱了反法西斯力量。

四、推动世界反法西斯统一战线的建立和发展

共产国际坚决反对德意日法西斯的侵略扩张，积极参加世界反法西斯斗争。它深刻揭露了法西斯主义的实质，指出执政的法西斯是金融资本的极端反动、极端沙文主义和极端帝国主义分子的公开恐怖独裁。它还有力回击了帝国主义国家的反苏反共言行，揭露了英美企图与德意法西斯势力妥协，并将其侵略矛头引向苏联的阴谋。

共产国际指导各国共产党开展多种形式的反抗斗争。其中最突出的是，建立和发展敌后游击队。这些游击队斗志旺盛，得到人民的支持，发展很快，在消灭敌人有生力量、配合正面战场作战方面发挥了不可替代的作用。在德国的大规模入侵、苏联面临生死存亡的关头，它积极参加保卫苏联的战斗，并从组织、宣传和情报等方面作出了重要贡献。同时，它努力动员各国共产党支援苏联反法西斯战争。当时苏联是唯一的社会主义国家，也是反法西斯战争的中坚力量。苏联的兴亡，不仅关乎国际共运的前途命运，而且直接影响世界反法西斯战争的进程。同时，共产国际还协助苏联向一些反法西斯组织提供武器装备，派遣军事专家、医疗专家。中国共产党领导的抗日武装力量不断发展壮大，也得到了共产国际和苏联的指导帮助。中、朝、越、法、意、希等欧亚国家共产党领导的游击队，在反法西斯战争中迅速崛起，发展到几万到几十万人。此后，中、朝、越等国共产党正是依靠这支力量和人民群众的支持，赢得了国内革命战争的胜利。这些都与共产国际帮助奠定的坚实基础分不开。

建立和发展统一战线，是列宁时期共产国际的重要战略和策略思想。这一思想最初表现为建立工人阶级统一战线。早在1921年，共产国际三大通过的列宁起草的《论策略》提纲，就初步提出了工人阶级统一战线的策略，要求各国共产党争取同改良主义的社会民主党一道行动，以争取工人阶级的目前利益。次年召开的共产国际四大再次肯定了建立工人阶级统一战线的意义，强调这一统一战线是向其他党派组织和无党派人士发出共同斗争的建议。尽管这一策略主要适用于欧洲国家并在实践中遇到阻力而未能全面实现，但它所体现的思想还是值得肯定的，为后来反法西斯统一战线的建立奠定了基础。

1935年，共产国际召开第七次代表大会。季米特洛夫(Georgi Dimitrov Mikhailov)作了题为《法西斯的进攻和共产国际的任务》的报告。报告指出了法西斯势力的严重危害，深刻揭露了法西斯主义的本质。大会面对法西斯势力的日益猖獗，世界大战的危险迫在眉睫，提出建立反法西斯统一战线的战略方针。大会报告全面阐述了建立反法西斯统一战线的必要性、目标和方式，强调要把反法西斯当作首要任务，为此必须建立以工人阶级为基础的，有农民、小资产阶级、知识界和其他民主派人士参加的反法西斯人民阵线。这一分析，对于各国共产党认清法西斯主义的实质和危害，对于他们积极参加反法西斯战争具有重大意义。在这一战略方针的指引下，欧亚各国共产党都先后建立了反法西斯统一战线，从而最大限度地团结、联合了反法西斯力量，为赢得反法西斯战争的胜利创造有利条件。中国共产党坚持和平解决西安事变，实现国共合作和全国联合抗战的局面，就是贯彻这一战略方针的结果，也是共产国际积极促成的结果。苏联和各国共产党还积极推动了国际反法西斯统一战线的形成。毛泽东在总结中国新民主主义革命胜利经验时，曾把统一战线作为制胜三大法宝之一。如果总结世界反法西斯战争胜利的经验，建立并不断发展反法西斯统一战线，无疑是不可或缺的。

但在贯彻落实共产国际建立和发展反法西斯统一战线方针的过程中，存在两种错误倾向。一种错误倾向是，仍旧以社会党和社会民主党为敌，拒绝与其合作开展反法西斯斗争。这使欧洲反法西斯斗争难以形成两党团结合作的局面，削弱了反法西斯斗争的力量，影响了反法西斯斗争的效果。另一种错误倾向是，对资产阶级政府、反共的顽固派、投降派，采取妥协退让的态度。中共的王明，就是其中一个代表人物。他把统一战线看得高于一切，把国民党政府看作统一战线的领导者。他主张一切经过统一战线、一切服从统一战线，也就是说一切经过国民党政府，一切服从国民党政府。面对国民党顽固派的敌对行动乃至反共高潮，他一再主张退让妥协，造成恶劣影响和严重后果。以毛泽东为代表的中国共产党人，坚决抵制和反对王明的投降路线，打击了国民党顽固派的嚣张气焰，维护我们党的独立自主和正当权益，也坚持和维护了抗日统一战线。

五、几点思考

共产国际为国际共产主义运动和各国革命作出巨大贡献，也因主客观原因而出现失误、存在不足，给国际共产主义运动和各国革命造成一定损失和负面影响，留给我们许多值得思考的问题。

第一，如何评价共产国际的功过是非。总的原则是，应该历史地、实事求是地评价。评价要把握大局，抓住问题的主流、主导方面。从主流、主导方面来说，共产国际在推动国际共产主义运动和各国革命发展方面，所发挥的作用是积极的、所作的贡献是主要的，而其消极影响、所造成的损失是次要的。评价应该做到功过分明，既不能以功盖过，也不能以过盖功。肯定成就是为了总结经验，指出不足是为了汲取教训，最终都是为了推动国际共产主义运动和各国革命的发展。任何事物都有一个发展变化的过程。评价国际组织，要看到这种发展变化的过程，也要对每个发展阶段进行实事求是的评价。共产国际建立初期，在列宁的指导下，在推动国际共产主义运动和各国革命发展，特别是帮助各国共产党建立建设方面，发挥了巨大作用。1924 年召开共产国际五大。政治路线上，“左”的观点成为主流。组织建设上，通过《共产国际所属各国党的布尔什维克化》提纲，以反右倾的名义打击持不同意见的同志。结果共产国际和大多数党的“左”倾冒险主义和关门主义越来越严重。1928 年共产国际六大召开。“左”倾路线和理论体系形成。对革命形势的分析盲目乐观，认为资本主义总危机急剧发展，面临全面崩溃，无产阶级应该进行直接革命发动。同时，组织上的集权更加严重，要求共产国际各国支部无条件服从共产国际执委会。这种“左”倾错误政治路线和组织路线，在共产国际中间时期占主导地位。共产国际七大纠正了“左”倾错误，确立了建立反法西斯统一战线、开展反法西斯斗争的路线。共产国际后期，共产国际和各国共产党为反法西斯斗争胜利作出了积极贡献。

第二，国际共产主义运动的发展是否需要一个统一的国际组织。我们不能超越历史条件来思考和回答这个问题。在国际共产主义运动刚刚兴起的时候，无疑需要建立这样的组织。当时，工人运动需要科学理论的指导和革命组织的领导，马克思主义需要国际平台进行传播并与工人运动相结合，各国共产主义者也需要组织起来交流经验、采取一致行动。因此，可以说共产主义者同盟是应运而生。由于当时共产主义者人数较少，各国又没有建立自己的独立组织，共产主义者同盟就建成国际性共产党。第一国际和第二国际都是在国际共产主义运动发展更加广泛、更加壮大、更加深入、更加需要联合起来的时候建立起来的，也是时代的产物。与共产主义者同盟相比，它们主要是以各国革命政党和组织为基础组建的。第一国际坚持以马克思主义为指导，以共产主义者同盟为典范建立建设。而第二国际与此不同，是一个“完全”意义上的国际联合组织，是各国社会主义政党和组织、工会、合作社的联合组织。它组织松散、没有严格的组织章程和统一的纲领。但它在一定程度上适应了资本主义和平发展的客观环境和各国社会主义政党、组织发展的需要。其早期和中期确实也发挥了很大的作用。共产国际是在第二国际陷入危机和举步维艰的情况下，顺应世界革命潮流和各国革命迫切要求而建立的。它成立后，推动了国际共产主义运动整体性空前大发展，指导帮助各国建立建设共产党组织，指导帮助各国革命运动和反法西斯斗争，促进了反法西斯统一战线的建立。事实证明，国际共产主义运动需要建立国际组织，需要国际组织的推动、组织和协调。我们不能因为共产国际工作中出现一些问题，而否定国际组织的建立活动的必要性。但是，国际共产主义运动的国际组织毕竟是历史的产物，我们肯定其历史地位、历史贡献，但也并不意味着国际共产主义运动的这种组织形式以后仍然适用。二战后苏联主导建立了欧洲共产党情报局，效果不佳，没有存在几年就解散了，恰恰证明了这一点。

第三，国际组织应当处于怎样的地位、发挥什么作用、如何发挥作用。共产国际具有三重身份：各国共产党的国际联合组织、统一的世界性共产党、国际共产主义运动的指挥中心。但在国际共产主义运动发展和共产国际的运转中，共产国际作为各国共产党国际联合组织的身份似乎并不突出，乃至被人们淡忘。共产国际的另外两个身份，即统一的世界性共产党和国际共产主义运动的指挥中心，却非常突出。

共产国际本身就是一个无产阶级政党。它有自己的纲领、章程，以及严密的组织结构。其最高权力机关是代表大会，但实际权力由共产国际执委会掌握。各国共产党都是它的一个支部，和共产国际是上下级从属关系。各国党纲领和章程的制定要经过执委会批准，其代表大会的报告和大政方针也要执委会同意才能贯彻执行。各国党的人事安排，特别是重要领导干部的任免，也要经过执委会批准。各国党要定期向执委会或向共产国际地方局汇报工作。例如，共产国际要求成立不久的中国共产党，每三个月向其远东局汇报工作。共产国际代表大会的精神和执委会的决定，各国党必须坚决贯彻执行。由于苏共的特殊地位，其组织原则、组织制度和组织架构及其领导机关的工作作风，必然对共产国际及其执委会产生巨大影响，甚至可以说，共产国际是照搬苏共的党建模式。苏共模式本身就存在问题，共产国际再照搬这一模式，无疑会产生更加不利的影响。

从实践看，苏共和共产国际的组织原则、组织制度和组织架构容易产生过度集权的现象，即全党的权力集中在中央，中央的权力集中于执委会，特别是书记。书记个人独断专行的现象比较严重。当然，由于苏共在共产国际的特殊地位，由于共产国际毕竟是一个共产党的国际组织，共产国际执委会受到各方面因素的制约，还不可能完全像苏共那样集权。即使如此，过分集权的现象还是对共产国际及其执委会的工作产生很大的消极影响。共产国际的一些决议严重脱离实际，产生严重后果。事实证明，共产国际作为一个国际性共产党建立、建设和活动，存在不少弊端。但应历史地看待和评价这种组织形式。在国际共产主义运动刚刚兴起和发展初期建立这种国际性共产党是需要的，有利于各国革命和国际共产主义运动的发展。而共产国际时期，国际共产主义运动获得空前广泛发展，从东方到西方，从殖民地半殖民地到欧美资本主义国家，情况千差万别。而且，各国共产党搞好自身建设、领导本国革命的能力越来越强。在这种情况下，把共产国际定位为各国共产党联合组织并坚持按这一定位进行活动，显然更有利于国际共产主义运动和各国革命的发展。而把共产国际定位为统一的国际性共产党并按这一定位进行活动，明显脱离了当时的实际情况和各国共产党的实际需要。今后，这一组织模式已过时，不可能再被重新启用。世界社会主义运动和各国共产党需要加强联系和相互支持，也需要探索新的途径。

共产国际还有一重身份，那就是国际共产主义运动的指挥中心。整个国际共产主义运动和各国革命都是在共产国际的指挥下进行的。各国共产党都要按照共产国际的决议、决定和指示精神开展工作。而这些决议、决定和指示的制定者并不完全了解各国的情况，也不完全了解各国党真正需要什么。而且国际共产主义运动涉及六大洲，交通和信息也不很方便。这都给共产国际的指挥工作带来不少困难。有时一个文件、一个精神，传达到位，需要几个月的时间。更重要的是，共产国际的许多政策是根据苏联的情况和需求制定的。有时这些政策不仅不能对一些国家的革命起积极推动作用，反而起负面作用。例如，中国共产党的三次“左”倾都与共产国际有关。1927 年中共八七会议后，共产国际新任驻华代表罗明纳兹(Виссарион Виссарионович Ломинадзе)提出不间断革命论，认为中国革命必须不停留地从资产阶级民主革命发展到社会主义革命。1928 年共产国际执委会通过《关于中国问题的决议案》，把民族资产阶级当作革命敌人之一，提出城市中心论，错误地指责农村游击战争。1929 年革命低潮尚未过去，共产国际在给中共的信中，却认为革命高潮仍在延续，中国已进入全国危机时期，要求中共发动群众保卫苏联。1930 年王明被安排在中共领导岗位，他开始推行一条更加严重的“左”倾路线。由于他坚决执行共产国际的决议，采取盲动、冒险的方针，致使中共在白区的力量遭受重大损失。这种脱离中国的实际情况的瞎指挥，对各国革命危害很大。同时，共产国际第五次代表大会向各国共产党提出实行布尔什维克化的任务。会后执委会通过《共产国际所属各国党的布尔什维克化》提纲。布尔什维克化本是苏共党内斗争和推行“左”倾路线的结果，从一定意义上说就是搞“大清洗”，排除党内持不同意见者，为推行“左”倾路线扫清道路。把这种做法移植到各国党势必造成严重后果。后来，王明等人也打着为中共布尔什维克化的旗号打压、排除乃至残害坚持正确意见的好同志。事实证明，共产国际不适合承担国际共产主义运动“指挥中心”“司令部”的责任。

第四，国际共产主义运动的国际组织应当同各国革命党保持怎样的关系。各国共产党组织上应当是独立的，独立自主地制定本国革命的路线和方针政策，独立自主地领导本国革命。共产国际应当尊重各国党的独立自主地位，而把工作重点放在调查研究、形势分析、宏观政策制定和组织各国党交流经验上。各国党贯彻落实宏观政策，应当结合本国实际情况，不能原封照搬。尤其是在组织安排方面，共产国际更不能直接插手乃至决定各国党主要领导人的任免，应当支持各国党依据党章、通过民主选举产生领导机关及其主要领导人。共产国际直接插手和决定各国党重要领导人的做法，明显违背了各国党的党章和共产国际的章程。其实践效果也不好。王明就是一个最好的例子。他长期在苏联,并不了解国内情况,只是由于坚决支持“左”倾路线被直接“任命”为中共领导人。而毛泽东为代表的共产党人并不受重视,但他们却是在中国革命实践中成长起来的,了解中国国情、知道中国革命需要什么、党应当怎样做,在全党和红军中享有崇高的威望。1935 年遵义会议确定毛泽东的领导地位。从此,在中国共产党的英明领导下,中国革命从胜利走向新的胜利。共产国际上述问题直到共产国际第七次代表大会才引起高度重视。大会通过的《关于共产国际执行委员会工作》决议,赋予各国党独立自主根据国情制定策略的权力,宣布共产国际以后一般不再直接干预各国党内部组织事项。根据决议,共产国际执委会改变了领导方式,撤销地区书记处和地区局,取消了派遣国际代表的制度,改由共产国际执委会与各国党领导人直接联系的方式。共产国际第七次代表大会后,其领导方式有了很大好转。

苏共是世界上第一个社会主义国家的执政党。各国应当学习借鉴其成功的经验,共产国际也有义务总结和推广苏共的成功经验。苏联给了共产国际大量的支持和援助,没有这种支持和援助,共产国际很难进行正常的活动。因此,苏共在共产国际内的地位比较特殊,是可以理解的。但是苏共以“老子党”自居,奉行大党主义。共产国际所有重要事项都是由苏共决定的,共产国际执委会实际上只是最高执行者,负责把苏共的决定转变为共产国际执委会的决策。共产国际的重大决策无疑应当征求苏共的意见,但不能照搬苏共的,而应广泛听取各国党的意见。因为苏共的决策,是根据苏联的实际情况,不一定适合各国的具体情况。同时,苏共还干预乃至决定共产国际的领导人,既违背了共产国际的章程,也不符合各党的一律平等的原则,其结果显然不好。共产国际七大前方针政策的一些失误,同这一缺乏充分民主的组织制度和苏共大党主义具有密切关系。

共产国际的宝贵经验

【内容提要】 共产国际24年发展历程的历史意义在于，在世界范围内把马克思列宁主义与工人运动相结合，推动建立无产阶级的政党，加强工人阶级的国际团结，动员劳动人民投入反对帝国主义和反对法西斯主义的斗争，把殖民地和附属国的民族解放运动发展引上了一个新的水平。今天，世界资本彻底撕下了“民主”和“人权”的面具，变得更加具有进攻性。铭记和理解共产国际的经验，加强革命力量之间的联系和团结就显得至关重要。这一任务只有坚定地争取社会主义的共产党才能够完成。

【作者简介】 根·安·久加诺夫(Gennady Zyuganov)，俄罗斯联邦共产党中央委员会主席

【原文出处】 《世界社会主义研究》2019年第5期

一、通过团结获得解放

世界革命力量团结在无产阶级国际主义旗帜下是1919年之前共产主义运动发展的合乎规律的结果。马克思和恩格斯在其早期著作中强调了联合不同国家的工人共同进行反对资本和争取社会主义胜利的斗争的必要性。这一点在《共产党宣言》中的“全世界无产者，联合起来!”的口号中得以体现。

第一个国际无产阶级组织是共产主义者同盟，创立于1847年，由马克思和恩格斯直接参与创立。该组织的章程要求推翻资产阶级，建立无产阶级统治，消灭旧的以阶级对立为基础的资产阶级社会和建立没有阶级、没有私有制的新社会：“同盟的目标是：推翻资产阶级，建立无产阶级统治，消灭旧的以阶级对立为基础的资产阶级社会和建立没有阶级、没有私有制的新社会。”①然而，形成真正的群众性工人

① 《马克思恩格斯文集》(第4卷)，人民出版社2009年版，第236页。

阶级组织的条件是后来才出现的。这得益于无产阶级人数的增加、无产阶级从资产阶级的影响下解放出来以及对自身利益的觉醒。1864年，国际工人协会——第一国际的创立具有重要意义。第一国际尽管存在内部矛盾，但在组织无产阶级的协同行动方面发挥了重要作用。国际的第一次代表大会就通过了8小时工作制、保护妇女和童工的决议。在关于工会的决定中，提出了将无产阶级的经济斗争与政治斗争紧密地结合起来的主张。这一切都成为工人反对雇佣劳动制度和资本权力斗争的重要环节。而且，马克思的支持者还捍卫了无产阶级专政、土地社会化、工人阶级和农民联盟的思想。由于第一国际支持巴黎公社，遭致了资产阶级政府的迫害，欧洲陷于反动的氛围之中。在这种情况下，1876年，国际工人协会解散。

恩格斯继承了已故朋友和志同道合者的事业，领导建立了新的联合组织的工作。创立于1889年的第二国际在一些最重要的问题上都是建立在马克思主义的基础之上的。然而，到20世纪初，一些党的修正主义立场得到了加强。他们推行阶级合作、“劳资关系和谐”、拒绝革命斗争的思想。最后，在第一次世界大战爆发后，机会主义占了上风。德国、法国、英国的社会党的领导层支持“将战争进行到胜利结束”的口号，甚至成为资产阶级政府的成员。这些人放弃了无产阶级国际主义，转到了帝国主义势力的阵营。第二国际实际上已名存实亡。

二、在通往共产国际的道路上

唯一忠于马克思主义及其无产阶级革命斗争思想的政党就是布尔什维克。在《战争和俄国社会民主党》的宣言中，列宁难过地指出：“在这一具有重大的世界历史意义的关头，当今的第二社会主义国际……的大多数领袖力图以民族主义偷换社会主义。由于他们的这种行为，这些国家的工人政党不但没有起来反对政府的罪恶行径，反而号召工人阶级使他们的立场与帝国主义政府的立场一致起来。”[①]由此，布尔什维克领导人强调，觉悟的无产阶级的主要任务是“维护自己的阶级团结，捍卫自己的国际主义，坚持自己的社会主义信念，反对各国‘爱国主义的’资产阶级集团的猖獗的沙文主义”。[②]

列宁号召与第二国际的机会主义领导人彻底决裂并建立新的联合组织。他强调：“无产阶级的国际没有灭亡，也不会灭亡。工人群众定将冲破一切障碍创立一个新的国际。机会主义目前的胜利是不会长久的。战争造成的牺牲愈大，群众就会愈加看清机会主义者背叛工人事业的行为，愈加认清把枪口转向各自国家的政府和资产阶级的必要性。”[③]

建立共产国际的一个重要步骤是1915年的反战的齐美尔瓦尔德会议。来自11个国家的社会主义者—国际主义者，包括来自俄国的布尔什维克列宁和季诺维也夫与会。然而，很大一部分代表们反对同第二国际决裂，并拒绝“本国”政府在帝国主义战争中失败的口号。之后，在会议上组建了列宁领导下的“齐美尔瓦尔德左派”，坚持与第二国际领导人彻底决裂，并强调只有社会革命才能确保永久和平。

第二次国际反战会议于1916年在昆塔尔举行。会前，列宁写了《俄国社会民主工党中央委员会向社会党第二次代表会议提出的提案》，

① 《列宁全集》（第26卷），人民出版社1988年版，第14页。

② 同上。

③ 同上，第18页。

寄给了不同国家的左翼社会党人。提案指出，社会主义革命是通往真正民主和平的唯一途径。革命的社会民主党人呼吁与社会沙文主义者彻底决裂。虽然会议的中间派大多数不接受布尔什维克关于和平和创立第三国际的口号，但左翼的立场得到了加强。团结国际工人运动的革命者朝着建立共产国际迈出了下一步。

第三国际成立于伟大的十月社会主义革命胜利之后。十月革命创建了历史上第一个劳动人民的国家，它为全世界的工人和民族解放运动提供了强有力的推动力。各社会党的左翼摆脱了机会主义者，组建了新的组织。1918年，共产党在德国、匈牙利、波兰、荷兰和其他几个国家诞生。许多社会党转到了革命的立场。

以列宁为首的俄共(布)是创立新的国际的倡议者。该党始终如一地实践了团结各国劳动人民与资本进行胜利斗争的思想。列宁写道："我们反对民族仇恨、民族纠纷和民族隔绝的。我们是族际主义者，国际主义者。我们力求实现世界各民族工农的紧密团结，力求使它们完全合并成为一个统一的世界苏维埃共和国。"①

共产国际创建的组织工作始于1919年1月。在列宁的倡议下，莫斯科召开了苏维埃俄国、奥地利、匈牙利、波兰、芬兰、拉脱维亚共产党及美国社会主义工人党和巴尔干革命社会民主组织的代表会议。会议讨论了国际大会的召开，通过了告革命的无产阶级政党和团体的呼吁书，并制定了新的国际的纲领草案。

三、首批伟大胜利的旗帜

共产国际的第一次代表大会于1919年3月2—6日在莫斯科举行。来自21个国家的35个政党和团体的52名代表出席了会议。大会决定建立一个新的联合组织，讨论并通过了共产国际纲领和致全世界无产阶级的宣言。在这些文件中，十月革命之后的时代被称为资本主义衰败和全世界共产主义革命开始的时代。为此需要与机会主义彻底决裂和实现劳动人民的国际团结。

第三国际宣称是先前联合组织的后继者，同时强调了第三国际与先前组织的根本区别。正如1919年3月7日的《真理报》所指出的："如果第一国际预测了未来发展并指出了其路径，第二国际聚集和组织了一百万的无产阶级，那么第三国际是进行公开的群众性行动、采取革命性措施的国际。"大会文件强调："社会党人对资产阶级世界秩序的抨击足够了。国际共产党的任务是推翻它并在此基础上建立社会主义制度。我们呼吁所有国家的男工和女工在共产主义旗帜下联合起来，这已经是第一批伟大胜利的旗帜。"

共产国际局是共产国际代表大会闭会期间的领导机构，在第二次代表大会后成为共产国际执行委员会。在共产国际执行委员会的工作中完全遵循民主集中制的原则，并且它只对共产国际代表大会负责。

应该强调的是，共产国际并不只是将不同国家的政党联合起来，它还成为许多国际组织的中心。其中包括共青团国际、红色工会国际、援助革命战士国际组织、红色体育国际等。在共产国际麾下，还开办了一些教育机构：国际列宁学校、西方少数民族共产主义大学、东方劳动人民共产主义大学和中国劳动人民大学。

共产国际的最后组织安排是在第二次代表大会上进行的。第二次代表大会于1920年7

① 《列宁全集》(第38卷)，人民出版社2017年版，第47页。

月19日在彼得格勒开幕,从7月23日到8月17日继续在莫斯科举行。与第一次代表大会相比,第二次代表大会更具代表性。来自37个国家的67个组织的217名代表来到苏维埃俄国参加大会,会议讨论的主要问题是无产阶级政党的策略。

列宁在《关于国际形势和共产国际基本任务的报告》中指出了两个同样不能令人容忍的错误:一个是低估资本主义危机的深度,另一个是幻想资本主义制度可能迅速自动崩溃。为此,列宁重申了他在大会开幕前不久发表的《共产主义运动中的"左派"幼稚病》的主要观点。其中,他揭露了所谓的"左派共产主义"、宗派主义、否认党的纪律、缺乏与群众组织的联系等,并呼吁同"左翼"和右翼的机会主义作斗争。

为了帮助世界共产党避免错误,第二次代表大会批准了《加入共产国际的条件》。该文件第21条内容包括:承认无产阶级专政是革命斗争的主要原则,与改良主义者彻底决裂,承认民主集中制,合法和非法斗争方法相结合。

大会通过了共产国际章程。大会关于民族问题和殖民地问题的决议非常重要。该决议指出,民族解放运动已成为世界革命进程的一个组成部分,在这方面的任务是将发达国家的无产阶级的斗争与被压迫民族的斗争联系成统一的反对帝国主义的运动。

共产国际的决定指出,世界上第一个社会主义国家的建立为殖民地和半殖民地人民开辟了绕过资本主义阶段而向社会主义发展过渡的前景。与此同时,大会强调了同民族主义偏见斗争的必要性。

四、争取统一的工人阵线

由于革命浪潮的衰退和资本主义制度的暂时稳定,来自不同国家的共产党人需要妥善地重建防守条件下的政治路线。布尔什维克在新经济政策的框架内这样做了。但是,共产国际的一些支部,包括德国、意大利、奥地利的共产党,要求继续采取进攻策略,这不能不反映在国际第三次代表大会期间的辩论中。来自52个国家103个政党的605名代表于1921年6月22日齐聚莫斯科,并继续工作至7月12日。列宁的观点赢得了令人信服的胜利。这一观点在7月1日的演讲中得到了论证。列宁指出,共产党人不应该坚持旧的、在过去曾是正确的,而如今已被生活本身从议程中删除的口号;必须对总的形势加以分析并根据形势改变策略。在当时的具体情况下,这意味着号召立即对资产阶级堡垒发起进攻的口号不现实。那些要求这样做的人是在把无产阶级推向致命的冒险,并可能摧毁自己的党。在这种情况下,列宁认为扩大群众支持和共产党人争取工人阶级的大多数是最重要的任务。在某些情况下,这并不妨碍与其他政治组织就组建统一的工人阵线达成妥协。最后,大会批准了列宁提出的策略提纲。

1922年11—12月举行的第四次代表大会继续讨论了策略问题。列宁在他的报告中解释说,革命的暂时退却可以而且也需要用来准备对资产阶级制度进行新的进攻。这在欧洲极右翼独裁政权确立的背景下尤为重要。在分析意大利和匈牙利的事件后,共产国际在当时就预见到了法西斯主义的巨大危险,并指出,抵制这一危险的主要手段是统一的工人阵线。鉴于此,制定了"到群众中去!"的口号,这一口号可以理解为"为了共产主义思想争取广大无产阶级群众"。

共产国际的第四次代表大会是列宁参加的最后一次代表大会。此后的一次代表大会是在列宁逝世几个月后(1924年6月17日至7月8日),并且在笼罩着对无产阶级领袖的纪念氛围之中进行的。大会批准的提纲指出,共产国际活动的主要任务是组建真正的列宁主义政党或者说将其布尔什维克化。这样政党的主要特征是:群众性,机动性,不接受教条主义和宗派主义,忠诚于革命的马克思主义原则,民主集中制和团结一致。

无论是在联共(布)内,还是在世界共产主义运动中,托洛茨基主义都很活跃,这强烈要求人们必须对它进行揭露。1925年3—4月,共产国际执委会第五次扩大全会称托洛茨基主义为"孟什维主义的变种",它掺杂着欧洲机会主义与激进的左翼言辞。

1928年7月17日—9月1日在莫斯科举行的第六次共产国际大会揭露了托洛茨基主义的彻底的反革命性质。大会还强调了资本主义所有矛盾急剧恶化时期已经迫近。这可以从全球经济危机爆发的迹象中得到证明。大会决定号召共产党人和无产阶级同新的世界大战的威胁作斗争。大会强调,捍卫苏联"符合阶级利益,是国际无产阶级光荣的义务"。大会通过了共产国际的章程和纲领。纲领对资本主义和世界共产主义运动的目标进行了科学阐述。在国际形势恶化和反动势力进攻的背景下,该纲领要求加强纪律,要求所有共产党无条件地执行共产国际领导机构的决定。

法西斯主义者在德国上台,这要求共产国际对新的条件进行深思熟虑的集体分析并采取相应的策略。1933年底举行的共产国际执委会第十三次全体会议强调,建立一个统一的工人阵线作为打击法西斯主义威胁的主要手段。

共产国际第七次代表大会已成为巩固进步力量的历史性重大事件。大会于1935年夏天召开。各代表团的组成很好地反映了国际形势的变化:在76个组织中,只有26个组织能合法工作,其余组织都处于地下状态并遭到追踪。身处法西斯酷刑室的恩斯特·台尔曼(Ernst Thälmann)当选为大会名誉主席。除了关于国际执行委员会和监察委员会活动的报告,会议讨论的主要问题如下:法西斯主义的攻势和共产国际在争取工人阶级团结和反法西斯斗争中的任务,以及帝国主义战争的准备和共产国际的任务。大会明确而深刻地将法西斯主义定义为"金融资本中最反动、最具沙文主义和帝国主义思想的分子的赤裸裸的、恐怖主义的专政"。因此,将重新审视与社会民主党的关系以及统一一切能够反对法西斯主义和新的世界大战威胁的力量都列入议程。大会制定了人民阵线的理念——在统一的工人阵线的基础上团结农民、城市小资产阶级和劳动知识分子,以及形成人民阵线政府作为广义的阶级联盟政权的原则。此外,大会断定新的瓜分世界行动已开始。大会认为战争的主要煽动者是德国、意大利和日本的法西斯帝国主义政权。一旦法西斯侵略开始,共产党人和工人要站在"争取民族独立的战士的前列,并将解放战争进行到底",要"不惜一切手段和代价协助红军战胜帝国主义军队"。大会的决定对世界事件的进一步发展产生了重大影响。共产国际对20世纪30年代反战和反法西斯运动的贡献无以估量。在法国和西班牙,人民阵线上台执政,它们动员群众投入反法西斯主义的斗争;在中国,共产党人和国民党创建了抗日统一战线。

五、共产国际的遗产

随着第二次世界大战的开始和德国法西斯军队入侵苏联,共产国际及其政党处于对敌斗争的前线。与此同时，出现了共产国际继续存在是否合宜的问题。首先，共产国际的建立在各共产党的形成阶段是完全合理的。但随着各党的加强，国际的既定组织形式在某些情况下变成了无产阶级组织发展道路上的障碍。其次，第二次世界大战需要对共产国际能否成为整个共产主义运动的统一中心作出重大调整。侵略国的许多党处于地下状态，而其他党则在遭受进攻的国家内开展活动。这要求他们制定独立的策略，统一领导几乎不可能。最后，为了确保反法西斯力量行动的统一，有必要消除一切干扰，包括关于苏联干涉别国内政和某些共产党缺乏独立性的谎言。出于这些原因，1943年5月15日，共产国际执委会主席团决定解散共产国际。所有支部都支持这一行动。

关于共产国际的目标，斯大林认为，共产国际的理论和实践在于，组织一场反对资本主义的群众性革命运动。其任务如下：第一，在巩固西方的共产党方面、在共产党争取工人群众中的大多数方面进行工作；第二，在加强西方工人争取工会团结的斗争、加强我们联盟中的无产阶级与资本主义国家的无产阶级之间的友谊方面进行工作；第三，在加强我们国家的无产阶级与被压迫国家的解放运动之间的融合方面进行工作，因为这些运动是我们同帝国主义斗争中的盟友；第四，在加强我国社会主义因素方面、在社会主义因素战胜资本主义因素方面进行工作，因为这一胜利对所有国家的工人进行革命性变革至关重要。因此，他认为，国际共产党(共产国际)必须把自己的任务集中于团结整个国际工人阶级，以进行预防战争、保卫苏联、将帝国主义战争变成争取社会主义的战争等斗争上。为此目的，工人共产党员必须首先争取具有革命思想的非共产党的工人、无党派人士、社会民主主义者、工团主义者、无政府主义者、工会会员，以及属于纯粹资产阶级组织的诚实工人。

我们可以自信地说，共产国际已经完成了这些任务。共产国际的历史意义在于，它在世界范围内把马克思列宁主义与群众工人运动结合在一起，推动建立无产阶级政党和动员劳动人民在反对帝国主义和法西斯主义的斗争中捍卫自己的利益，加强了工人的国际团结，把殖民地和附属国的民族解放运动引上了一个新的水平。共产国际开展的工作为后来的成就奠定了基础，其中包括共产党在许多国家取得胜利并形成世界社会主义体系。

共产国际解散后，各国共产党并没有失去彼此的联系。1947年，共产党和工人党情报局在波兰成立。它联合了苏联、波兰、捷克斯洛伐克、匈牙利、南斯拉夫、保加利亚、罗马尼亚、阿尔巴尼亚、法国和意大利的共产党。

共产党和工人党情报局于1956年取消，国际合作形式改为共产党和工人党的国际会议。会议于1957年、1960年和1969年在莫斯科举行，会议通过的纲领性文件有助于分析国际关系体系和世界革命进程。

与此同时，在一些共产党的活动中，尤其是在苏共中，负面倾向有所增强：官僚化，教条主义，理论工作的僵化。对斯大林“个人崇拜”的揭露和苏中关系的恶化给国际共产主义运动带来巨大打击。在许多欧洲共产党中，逐渐放弃了马克思列宁主义的基本原则，转向欧洲共产主义立场。这造成了持续至今的欧洲左翼运动的深度危机。

苏联遭到了罪恶性的破坏，东欧发生了一系列天鹅绒革命，这导致革命力量暂时撤退了。然而，共产主义理想只是过去遗产的那种说法破产了。对社会主义的忠诚使得中国取得了巨大成就，并成为世界强国。社会主义的发展道路继续在越南、老挝、古巴和朝鲜进行。尽管来自帝国主义的压力巨大，但拉丁美洲的左翼政府并没有放弃。全世界数以百万计的劳动人民拒绝接受带来贫穷、不平等和腐朽的新自由主义秩序。他们在坚信正义与社会进步的马克思和列宁思想的创造性发展中看到了出路。

今天的共产党正在扩大接触，并寻求加强联系的方法。自 1998 年以来，共产党和工人党的国际会议每年举行，第 19 次会议在俄罗斯举行，以纪念伟大的十月社会主义革命 100 周年。会议通过的文件发表了对全球发展趋势的总的看法，并强调了全球的各进步运动之间协调行动的重要性。

共产党的区域联合也在进行。共产党联盟—苏共(СКП — КПСС)联合了苏联的 18 个组织。拉丁美洲的左翼政党每年在圣保罗论坛的框架内会面，讨论热点话题，并邀请其他洲的客人参加。

我们今天迫切需要在共产主义力量之间加强联系。世界资本正变得更具侵略性和更加无耻，它彻底扔掉了“民主”和“人权”的面具。在这样的环境下，摆在面前的是要团结全世界劳动人民。这一任务只有坚定地站在争取社会主义的纲领之上的共产党能够完成。

正如斯大林在苏共第十九次代表大会上的讲话中所强调的，资产阶级“抛弃了”资产阶级民主自由的旗帜，“抛弃了”民族独立和国家主权的旗帜。“共产主义的和民主主义的政党的代表们”必须举起这面旗帜，因为除了他们，再也没有人能举起这面旗帜。[①] 为了这项事业的成功，铭记并了解共产国际的经验至关重要，而近日正值共产国际创立 100 周年。

① 《斯大林文集》(1934—1952)，人民出版社 1985 年版，第 677—678 页。

五四运动 100 周年

中国共产党对五四运动形象的历史建构

【内容提要】 五四运动是中国近代发生的一场具有重大影响的历史事件。百年来，不同的政治派别都对五四运动进行了不同的历史解读和形象建构。中国共产党建构的五四运动形象在中国近现代社会占据着主导性地位。中国共产党运用革命话语、阶级话语与建设话语建构了五四运动的世界性面相、革命性面相、群众性面相与现代化面相。其中，前三种面相在新中国成立前就基本稳定，而最后一种面相萌发于新民主主义革命时期，在改革开放以后才逐渐定型。中国共产党对五四运动形象的建构不仅彰显了与其他党派的政治区别，使自身获得了政治合法性，而且在革命与建设的动员、文化整合等方面发挥了重要功能和影响。

【作者简介】 段治文，浙江大学马克思主义学院教授；张帅，浙江大学马克思主义学院博士研究生

【原文出处】《浙江社会科学》2019年第4期

五四运动发生迄今百年。百年来，每当人们谈起五四运动时，脑海中会浮现出这场发生于百年前的运动的不同形象。尤其对今人而言，绝大多数没有亲历过这场运动，对五四运动形象的知觉，或来自教科书的介绍，或源于史学家的论证，或起于亲历者的回忆，抑或是多种渠道杂糅在一起的综合结果。无论是教科书也好，还是史学家也罢，在近代乃至现当代中国的情境下，其背后都隐藏着某种政治倾向作为内在指引。由于政治价值观的差异，近代中国不同政治派别建构的五四运动形象存有分殊。中国共产党对五四运动形象进行了百年建构，展现了其独特的话语特征、形象功能与影响，对我们丰富对五四运动的认知，具有重要的价值。

一、中国共产党对五四运动建构的四种形象

梳理百年来中国共产党关于五四运动的主要解读文本，其中一部分对五四运动的论说随时势而兴，往往只是昙花一现。但还有一部分对五四运动的论说却被反复提及、频繁言说，历经时代风霜，最终得以保留下来，被纳入集体记忆中。虽然这些言说常常以不同的词句排列和表达方式获得外在表征，但其内在的核心涵义却持久稳定，随历史的演进日益丰满。恰恰通过这类言说，中国共产党的五四运动形象得以逐步建构，最终形成了以世界性面相、革命性面相、群众性面相与现代化面相为一体的五四运动形象。其中，前三种面相在新民主主义革命时期就已基本定型，而现代化面相则萌芽于新民主主义革命时期，在新中国成立以后尤其是改革开放以后才逐渐稳定。

第一，世界性面相。五四运动爆发后不久，无论持何种政治立场，发表于当时报刊的时事评论或后续的纪念文章，都不约而同地注意到日本对中国的压迫与巴黎和会上中国外交失败对这场运动的触发作用。1920 年，陈独秀说："我认为五四运动的发生，是受到了日本……压迫而成的……"①此时，陈独秀还只是简单地指出了五四运动爆发的世界因素。1921 年中国共产党成立以后，或许是由于共产党的世界背景的内在影响，中国共产党人更为明显地从世界视野来分析五四运动的爆发原因。1924 年，陈独秀明确指出五四运动"是在欧战后世界革命的怒潮中……发生的"。② 张太雷、瞿秋白也作出了类似的判断。张太雷认为五四运动是"世界革命潮流在中国的波纹"。③ 瞿秋白指出五四运动"事实上，思想上都是受世界革命潮流的冲动"。④ 这些论述共同表明世界革命潮流是五四运动产生的动因之一。在此基础上，中国共产党人对"世界革命潮流"又作了更明确的交代，认为俄国十月革命对五四运动起了内在推进作用。毛泽东指出："五四运动是在当时世界革命号召之下，是在俄国革命号召之下……发生的。"⑤毛泽东的论断具有决定性意义，此后五四运动的发生原因与十月革命紧密地联系在了一起。

除了从发生原因方面对五四运动赋予的世界性面相外，还有从五四运动性质的角度建构的世界性面相。对此，瞿秋白作出了最早的相应表述。他从中国革命前途的角度作出判断，认为"中国革命到五四运动之后，已经加入俄国的十月所开始的世界社会主义的革命"。⑥ 毛泽东受此启示，进一步表明"五四运动是当时无产阶级世界革命的一部分"。⑦ 根据毛泽东的理路，艾思奇更是认为由于五四运动后期进行了中国社会主义问题的论战，从而"使中国的资产阶级民主主义革命成为世界的无产阶级社

---

① 《陈独秀最近之演说》，《时事新报》1920 年 4 月 22 日。

② 《二十七年以来国民运动中所得教训》，《新青年》（季刊）（第 4 期），1924 年 12 月 20 日。

③ 《五四运动的意义与价值》，《中国青年》第七十七、七十八期合刊，1925 年 5 月 2 日。

④ 瞿秋白：《国民革命运动中之阶级分化》，《瞿秋白文集：政治理论编》（第 3 卷），人民出版社 1989 年版，第 459 页。

⑤ 《毛泽东选集》（第 2 卷），人民出版社 1991 年版，第 699 页。

⑥ 瞿秋白：《中国革命中争论问题》，《瞿秋白文集：政治理论编》（第 4 卷），人民出版社 1993 年版，第 480 页。

⑦ 《毛泽东选集》（第 2 卷），人民出版社 1991 年版，第 699 页。

会主义革命的一部分”。[①] 将五四运动归置于无产阶级世界革命之中，赋予其运动性质上的世界性面相，这是中国共产党建构五四运动世界性面相的又一重要体现。

第二，革命性面相。1919 年 5 月 4 日的那场学生运动发生之后，在中国共产党人的论述中，不仅有“五四运动”的字眼，还出现了“五四文化运动”“五四新文化运动”等字眼，可见，他们所理解的五四运动包括了在此之前发生的新文化运动。从整体看，无论对五四运动的理解带有怎样的个人倾向性，在追求思想集中的中国共产党党内，五四运动最终被认为是政治运动与文化运动的统一，而且文化运动从属于政治运动。关于这一点，毛泽东说得很清楚：“二十年前的五四运动，表现中国反帝反封建的资产阶级民主革命已经发展到了一个新阶段。五四运动成为文化革新运动，不过是中国反帝反封建的资产阶级民主革命的一种表现形式。”[②] 在中国共产党人确定了五四运动的基本性质后，对其革命性面相的建构便集中于阐述这场运动在政治与文化两个方面所展现的革命样貌。

作为政治运动的五四运动，中国共产党人对其革命性面相的建构，集中突显其反帝反封建的革命功绩。1920 年，陈独秀从中总结出“直接行动”的精神，认为这种精神就是对于社会国家的黑暗，直接采取行动加以制裁，而不依靠维护强权的法律。陈独秀此时只是朦胧地看到了五四运动的革命性，直至 1924 年也停留于五四运动“有革命倾向”[③]的认知。日后毛泽东依据“五四运动正是做了反对卖国政府的工作”，认为“它是革命的运动”。[④] 在指出五四运动反封建主义的革命性一面外，中国共产党人同时指出五四运动反帝国主义的革命性。1925 年，瞿秋白高度称赞五四运动“把义和团失败后之‘尊洋主义’的天经地义打破了”，并认为“这是五四在中国民族运动史上最值得纪念的一点。”[⑤]张太雷也表示“五四运动是一个完全反对日本帝国主义的运动”，“实开中国革命的新纪元”。[⑥] 基于五四运动在反帝反封建上共同的革命性，毛泽东直接将五四运动视为新民主主义革命的开端。

作为文化运动的五四运动，中国共产党人通过对其猛烈批判封建文化和积极宣扬新文化的阐释来建构革命性面相。1937 年，陈伯达从破旧与立新的角度高度概括了五四运动的文化功绩。在他看来，五四运动在文化上首先“便是敢于公开地向数千年来神圣不可侵犯的孔教，进行自觉地挑战”，其次“便是对于白话文的提倡”，“真可算是一种大革命”，再次则是使马克思主义在中国传播，给予中国人新的哲学。[⑦] 可以说，陈伯达的总结是比较全面的，这些总结也构成了中国共产党人建构五四运动革命性面相在文化方面的重要依据。除此之外，五四运

---

① 《五四文化运动的特点》，《中国文化》(延安)第一卷第三期，1940 年 5 月 25 日。

② 《毛泽东选集》(第 2 卷)，人民出版社 1991 年版，第 558 页。

③ 《二十七年以来国民运动中所得教训》，《新青年》(季刊)(第 4 期)，1924 年 12 月 20 日。

④ 《毛泽东选集》(第 2 卷)，人民出版社，1991 年版，第 562 页。

⑤ 《五四纪念与民族革命运动》，《向导》第一百十三期，1925 年 5 月 3 日。

⑥ 《五四运动的意义与价值》，《中国青年》第七十七、七十八期合刊，1925 年 5 月 2 日。

⑦ 《论五四新文化运动》，《认识月刊》创刊号，1937 年 6 月 15 日。

动还被中国共产党人赋予了深刻的革命启蒙意义，这场运动高举的民主与科学两面大旗使整个民族觉醒了，不仅人的理性获得张扬，个性还得到解放。何干之说："从整个新民主主义革命历史时期来看，五四最大的作用是思想的启蒙。"①陈伯达说："五四的启蒙运动却真正已是文化上的革命运动。"②五四运动的启蒙意义本身也是其革命性的表现之一，他们对此的认同进而表明了对五四运动在文化上的革命性的确认。1940年，毛泽东做了深刻总结："五四运动所进行的文化革命则是彻底地反对封建文化的运动，自有中国历史以来，还没有过这样伟大而彻底的文化革命。当时以反对旧道德提倡新道德、反对旧文学提倡新文学为文化革命的两大旗帜，立下了伟大的功劳。"③从此，五四运动在文化上的革命性面相基本确立。

第三，群众性面相。陈独秀、毛泽东等中国共产党人都曾对传统中国人的思想保守、昏庸迷信、奴性深重、组织涣散等流弊大肆批判。毛泽东愤怒地指出："现在国民性惰，虚伪相崇，奴隶性成，思想狭隘"，"中国人沉郁固塞，陋不自知，入主出奴，普成习性。"④他们对国民性的批判实际上隐含着心中寄托于国民的自觉来挽救当时中国社会的愿景。从五四运动中他们看到了国民觉醒的曙光。因此，他们的目光聚焦于这场运动中群众的实际行动与思想状态。正是在对群众的关注与书写中，五四运动的群众性面相得以逐渐建构起来。五四运动爆发后的最初几年，中国共产党人就注意到了其中的群众色彩，比如，瞿秋白强调五四运动"能在初开始时便倾向于接近民众……是以前时运动所没有的"，⑤"这的确是辛亥之后……带着群众性质的第一次"。⑥ 显然，这是瞿秋白在比较五四运动以前的革命运动后得出的结论，这种比较在陈独秀、陈伯达等人对五四运动群众性面相的论述中也时常出现。

在此后的时间里，中国共产党人对五四运动群众性面相的描述越发具有震撼力，称其是"群众的怒吼"，⑦是"中国有史以来第一次的群众示威"，"是中国民众的第一次觉醒运动"。⑧由于中国共产党人在革命实践中对阶级分析愈加重视和娴熟使用，因此从一般地运用"人民""平民""群众"等词汇来描述五四运动的参与群体，发展到逐步细化这些群体内部的阶级结构。1939年，毛泽东首次对参加五四运动的群体的阶级特征进行完整概括，指出其中包括"工人阶级、学生群众和新兴的民族资产阶级"。⑨ 在此基础上，艾思奇进一步细化指出其中有"民族资

---

① 《五四运动及其发展》，《北方文化》第一卷第五期，1946年5月1日。

② 《论五四新文化运动》，《认识月刊》创刊号，1937年6月15日。

③ 《毛泽东选集》(第2卷)，人民出版社1991年版，第700页。

④ 中共中央文献研究室、中共湖南省委《毛泽东早期文稿》编辑组编：《毛泽东早期文稿》，湖南出版社1990年版，第639页。

⑤ 《自民族主义到国际主义》，《上海大学周刊》第一期，1924年5月4日。

⑥ 《五四纪念与民族革命运动》，《向导》第一百十三期，1925年5月3日。

⑦ 《五四的来由与历史的鞭策》，《新华日报》1942年5月4日。

⑧ 《发扬五四的启蒙精神》，《解放日版》1942年5月4日。

⑨ 《毛泽东选集》(第2卷)，人民出版社1991年版，第558页。

产阶级、小资产阶级、学生、无产阶级等”。[①] 这种通过划分参与群体的阶级成分来展现五四运动的群众性面相，是中国共产党建构五四运动形象的特点。这种划分不仅仅是中国共产党人分析问题的一种思维方式，同时也为革命动员提供了重要的思想资源。

第四，现代化面相。在中国共产党人对五四运动的言说中，可以看到其中有关于五四运动的革命形态属于近代性质，以及五四运动与社会现代化相联系的论述，由此建构了五四运动的现代化面相。1925 年，张太雷在《五四运动的意义和价值》一文中将五四运动视为一种“近代的民族运动”。[②] 在这里，“近代的”的含义是五四运动在革命形态上属于近代性质，具体所指，就是他所说的“有组织的群众的反帝国主义与军阀”。其中，就革命对象而言，是“帝国主义与军阀”；就革命主体而言，是“群众”；就革命形式而言，是“有组织的”。在之后中国共产党人的论述中，时常就其中的某些方面进行发挥，但基本内涵是一致的。这些论述从革命形态的角度建构了五四运动的现代化面相。关于五四运动与社会现代化相联系的论述，在新民主主义革命时期，潘梓年曾说，五四运动对科学方法的介绍，虽然并非最进步最完整的科学方法，但却是“建立现代国家……所必不可缺的因素”。[③] 在华岗看来，“五四新文化运动的中心内容，就是民主与科学的要求，这表示了中国要向着现代的社会前进”。[④] 他们将五四运动所推崇的民主与科学注入现代化的价值取向，进而初步从社会现代化的角度塑造了五四运动的现代化面相。

新中国成立以后，时代背景从革命切换到建设与改革，中国共产党建构的五四运动现代化面相逐渐清晰起来。在间接的层面上，中国共产党人将五四运动的爱国精神、科学与民主精神给予时代语境下的解读，认为其“就是要把中国建设好，实现四化，振兴中华”[⑤]，类似的表达还有很多。在更直接的层面上，《人民日报》的社论则说：“五四运动开现代化运动先河，在近代中国第一次充分显示了中国人民要求民族解放，社会进步，要求推进现代化的强烈渴望和坚定信念。”[⑥]“五四先驱们在深刻思索：如何冲破思想的禁锢，追赶世界先进潮流，走向现代化。”[⑦]五四运动被认为是“现代化运动”，五四先驱的思考被解读为对中国社会“走向现代化”的探索，这是中国共产党人突破革命思维，基于现代化思维对五四运动面相的全新建构。

二、中国共产党对五四运动形象建构中的话语特征

中国共产党对五四运动形象的建构是以语言为中介的，在特定的语言被言说之后，五四运动的形象才被逐步建构起来。在这一过程中，话语也就随之生成。仔细考究中国共产党建构

① 《五四文化运动的特点》，《中国文化》(延安)第一卷第三期，1940 年 5 月 25 日。

② 《五四运动的意义与价值》，《中国青年》第七十七、七十八期合刊，1925 年 5 月 2 日。

③ 《继承五四的光荣传统》，《新华日报》1938 年 5 月 4 日。

④ 《五四的来由与历史的鞭策》，《新华日报》1942 年 5 月 4 日。

⑤ 《在建设和改革的新时代进一步发扬五四精神》，《人民日报》1989 年 5 月 4 日。

⑥ 《发扬五四精神，推进改革和现代化事业》，《人民日报》1989 年 5 月 4 日。

⑦ 《为民族复兴奏响青春乐章——纪念五四运动 90 周年》，《人民日报》2009 年 5 月 4 日。

五四运动形象的话语，可以发现，革命话语、阶级话语与建设话语居于重要位置。这些话语的产生和使用受中国共产党意识形态与时代主题的影响，共同建构着五四运动的形象。

第一，革命话语。近代中国，马克思主义思潮因其顺应中华民族救亡的逻辑被后来的中国共产党人所关注，受马克思主义那种彻底的革命理念的深刻影响，中国共产党人的认知模式天然地被覆上一层革命的面纱，即使新中国成立以后，革命的身影日渐隐退，从革命视角审视问题的思维却依旧存留。在革命思维的引导下，革命话语自然成为中国共产党话语体系中最为重要的一类。五四运动本身是各种矛盾、张力的聚合体，中国共产党人能够敏锐地觉察到这场运动所蕴含的革命要素，运用革命话语对其言说。这里面除了有前述中国共产党人的革命思维惯性起作用外，还有一个重要原因，就是在近代中国的革命浪潮下，谁能拥有对重大事件革命形象建构的主导权，谁就掌握了革命主导权，占领了革命高地。因此，当三民主义、保守主义、自由主义的知识分子或政治党派都纷纷加入对五四运动形象建构的角逐时，中国共产党亮出其彻底的革命话语，主导了对五四运动革命形象的建构。

作为革命话语的表征，详细剖析中国共产党对五四运动形象建构的经典文本，可以为我们理解用于形塑五四运动形象的革命话语所具备的重要特征。第一，革命话语强调反叛精神。五四运动散发出的反叛精神被中国共产党人的革命嗅觉所捕捉，并被极力张扬。早期陈独秀就曾指出这场运动的“直接行动”和“牺牲的精神”，此后的中国共产党人进一步丰满了五四运动的革命面相。另外，革命话语下的反叛精神，带有主动性，而非一种被动的无奈的反叛。第二，革命话语内置以对抗为主导的思维框架。可以明显看到，中国共产党人对五四运动形象建构的革命话语力图呈现出这场运动中两种力量的对抗状态。具体而言，就是下层与上层的对抗，国内与国外的对抗，新与旧的对抗，二元对立的色彩十分浓厚。第三，革命话语富有强烈的情感色彩。中国共产党人对五四运动形象的建构本身具有革命号召的目标，而要实现这一目标，势必要诉诸情感，因为只有这样才能唤起号召对象的情绪共鸣，使其参与到直接的行动之中。

第二，阶级话语。20 世纪 20 年代，阶级斗争作为马克思主义的核心观点被中国共产党人普遍接受和认同，之后，这一观点蕴含的方法论即阶级分析法也被用于对中国社会政治形势的判断与分析。由此，阶级话语被融入中国共产党建构五四运动形象的全过程。在一定程度上，阶级话语叙述下的五四运动可以被简单地看成已经形成分化的不同阶级产生了阶级冲突，最后引发了阶级间的斗争这一过程。这种阶级话语叙述建构了五四运动的革命性面相。因为阶级是符合某种属性的许多个人的集合，是一种集体概念，所以运用阶级概念描述五四运动时期的冲突与斗争，容易给人以一种宏大场面的观感，它不再是小群体间的而是阶级之间的对抗，突显了冲突的严重性和斗争的残酷性。这正是五四运动革命性面相的重要表现。

不仅如此，这种阶级话语叙述也建构了五四运动的世界性面相。五四运动被中国共产党人认为是反帝反封建的革命运动，这里的反帝就是反对帝国主义，即反对国际资产阶级。按照毛泽东的思路，“在任何殖民地半殖民地国家，如果发生了反对帝国主义，即反对国际资产阶级、反对国际资本主义的革命，它就……是新的世界革命的一部分，即无产阶级社会主义世界革命的一部分了”。[①] 阶级话语所反映的五四运动的阶级冲突与阶级斗争内在地吻合了毛泽东提出“中国革命是世界革命的一部分”命题的核心缘由，进而赋予了五四运动的世界性面相。

此外，我们不难发现，在这种阶级话语内部存在一种价值倾向，即对当时的中下层阶级尤其是无产阶级的褒扬与期盼。从中国共产党人对五四运动形象建构的文本中，我们可以感受到他们对五四运动时期中下层阶级联合起来反抗封建主义和帝国主义的行动所流露出的激动心情，这使他们更加关注中下层阶级尤其是广大的无产阶级在五四运动中的表现，也因此，五四运动的群众性面相得以建构。

第三，建设话语。时代主题的变迁往往会影响人们对问题的思维方式和审思视野，进而影响语言的表达，最终使话语发生变动。在中国共产党建构五四运动形象的话语中，建设话语是随着发展主题的日渐明晰和稳定而逐步出场的一套话语。除了与时代发展主题有着密切的联系外，建设话语还表露着浓厚的发展意识，它将五四运动纳入现代化框架中进行宏观叙事与微观剖析，洞见了五四运动中的发展要素，发现了其中与现代化相联结的成分。从历史的角度来看，萌发于新民主主义革命时期的建设话语，在其产生初期不拘泥于革命主题的规制，创造性地对五四运动展开现代化叙事，虽然只是零星地进行，在当时也并非是一种主流叙事，但无疑具有前瞻性。正是具备上述特征的建设话语，在相当程度上塑造了五四运动的现代化面相。

建设话语的出场是一个历史过程。新民主主义革命时期的时代主题虽然是革命，但是无论历史演进到哪个阶段，中国社会都内含有发展的价值诉求，况且中国共产党人在对革命与发展的辩证思考中，也正确地提出了革命只是一种手段，发展才是旨归的命题。所以，即使在革命主题的背景下，中国共产党人也于新民主主义革命时期初步使用建设话语，指出五四运动所追求的民主与科学是现代社会发展的重要因素。新中国成立以后，时代的主题本应由革命逐步向发展倾斜，中国共产党虽然有提出使中国“尽快从落后的农业国变为先进的工业国”的宏伟目标，对推进四个现代化等涉及发展的具体指示也日益不断，但是从时而发生的政治运动到之后长期进行的阶级斗争又逐步消解了发展的主题。也因此，在这一时期对五四运动形象的建构中，建设话语时而出现，时而隐退。改革开放以后，发展主题的重新确立使建设话语得以完全归位。全面获得彰显的建设话语大张旗鼓地建构着五四运动的形象。这主要体现在两个方面，一是作为五四精神核心范畴的爱国精神、科学精神、民主精神被注入社会主义现代化建设的要求之中；二是五四运动被当作现代化运动来言说，五四运动干将们在当时的行动被视为对现代化的追寻。

需要指出的是，虽然伴随着发展主题的明确，建设话语在中国共产党对五四运动形象建构的过程中越来越突出，遮蔽了革命话语的部分光芒，但仍始终居于从属地位，革命话语的支配地位并未因此而发生动摇。相应地，对五四运动的革命叙事是中国共产党对五四运动形象建构的主流，现代化叙事作为顺应时势的重要补充而存在。这种关系的生成是中国共产党立

---

① 《毛泽东选集》(第2卷)，人民出版社1991年版，第668页。

党宗旨的稳定与时代主题变动综合作用的结果。

三、中国共产党对五四运动形象建构的功能和影响

中国共产党运用革命话语、阶级话语和建设话语，精细地对五四运动的形象展开建构。这种建构并不是中国共产党人无意识的行为，相反，从一开始就带有积极的能动色彩。中国共产党人对五四运动形象有意识的构建也不是无意义的行动，相反，从历史发展来看，这种建构不断地发挥着政治区分与合法性获取、革命与建设动员、文化整合等正向功能和影响。

第一，政治区分与合法性获取。以政党形式存在的政治群体，必然带有专属自身的政治标识，否则不仅党外人士难以辨识该政党与其他政党的区别，就连党内人士恐怕也会缺乏对其所属政党的认同而产生政治身份的模糊，更严重地，甚至会对该政党的合法性构成威胁。这种政治标识，当然可以通过确立和宣布政党宗旨的方式获得，但在近代中国，各种政治事件频频上演，在报刊等公共话语空间对某些蕴含重大意义的事件建构特定的形象，往往成为展示政党自身政治标识的重要环节。但由于任何政治派系都有建构事件形象的权力，因此对这类事件的形象建构权，也就成为各个政治派系竞相争夺的对象。因为只有彻底获得形象建构权，才能使该事件真正具备展现自身政治标识的功能。五四运动就是这样一件重大的革命事件。新民主主义革命时期，中国共产党通过对五四运动的形象建构展现了自身的政治立场与追求。由于当时不同政治派别都在基于自身价值观建构五四运动的形象，因此，中国共产党对五四运动的形象建构常常是在与这些派别的对话甚至论战中进行的。比如，胡绳在阐明写作《五四运动论》一文的旨趣时表示："因为过去(也许是至今)许多人对于五四运动的理解常是歪曲的，片面的，因此对于五四运动理解的再批判更是必需的了。像为五四时代的健将的胡适先生始终把五四运动看作是几个人的事情……这种理解显然是对于历史的歪曲。"[①]经过与其他党派的激烈较量，中国共产党最终赢得了五四运动的形象建构权，其所建构的五四运动形象最终占据社会主流。可以说，五四运动所彰显的世界性面相、革命性面相、群众性面相和现代化面相，均在不同程度折射出中国共产党自身的价值理念。换句话说，借助于特定形象的五四运动的影响力，中国共产党的政治标识得以在中国社会广泛传播。不过，这并非简单地向外界传播中国共产党与其他政党的政治区分，进一步来看，由于五四运动在国人心中逐步沉淀的深远意义和价值认同，加之传播过程中也述说着五四运动与中国共产党的继承关系，因此在政治区分功能发挥的基础上，也给中国共产党带来了合法性的增益。

第二，革命与建设动员。每一个时代都有自己的时代主题，五四运动后至新中国成立前的时代主题是革命，新中国成立以后的时代主题大体上是建设。时代的主题并非凭空而来，而是通过社会中的许多个人在复杂的实践中逐步获得揭示。当时代主题日渐明晰时，号召更多的人加入符合时代主题的实践中就具备了必要性，这就涉及社会动员的问题了。中国共产党在革命与建设的过程中，十分重视对尽可能多的人进行动员。具备了动员的目标后，如何

① 《五四运动论》，《新学识》(上海)第一卷第七期，1937年5月5日。

动员就是有待思考的问题。从增加被动员者的切身物质利益入手，固然是动员的常用手段。除此之外，由于五四运动作为近代中国的重大事件，其所具有的影响力本身可以起到一定程度的动员作用。因此中国共产党就曾将五四运动作为动员的精神素材，通过展现这场运动的特有形象来调动多方力量以达到革命或建设的目的。在新民主主义革命时期，五四运动的革命性面相成为唤起各个阶级革命热情的重要动力源泉。中国共产党不仅在土地革命时期，利用五四运动反对封建军阀的革命形象号召人民起来反抗，在抗战时期，也借用五四运动的革命性面相进行抗战动员。1938 年，新华日报社在五四运动纪念日发表文章，号召全国人民“巩固国内团结，拥护政府，积极的参加抗战，以血肉头颅来换取抗战的胜利，来完成五四的事业——反对日寇侵略，争取中华民族解放”。①除了革命性面相外，五四运动的群众性面相也被用于抗战动员。如前所述，中国共产党对五四运动群众性面相的建构，有一个重要的特点就是清晰地划分了五四运动参与者的阶级成分。正是这种划分，为抗战时期动员资产阶级提供了历史资源。1937 年，在抗日民族统一战线背景下，胡绳为动员资产阶级抗战，这样说道：“中国的布尔乔亚从战斗员的身份堕落为帝国主义的附庸，封建主义的友人，但是在目前的抗敌救亡运动中间，它仍然有资格做一员战斗员。为了争取它的独立的存在，它不能不在这新的客观情势下面唤回它已失去的五四时代的战斗精神了。”②新中国成立以后，五四运动更多地被中国共产党用于动员人民参加社会建设，因此这场运动的现代化面相被进一步建构和广泛提及，甚至将五四运动视作现代化运动，号召全国人民学习五四先驱们对现代化的探索精神，积极投身于社会主义的现代化建设之中。

第三，文化整合。在中国共产党人心中，五四运动不仅作为政治运动而存在，同时也作为文化运动而存在。作为文化运动的五四运动，中国共产党对其建构的形象，在日后开展文化运动和文化建设时，又被作为重要的论证支点、发扬对象抑或借鉴对象而使用。从这个角度看，中国共产党对五四运动形象的建构发挥着文化整合的功能。这里不妨以新启蒙运动为例作具体说明。20 世纪 30 年代末，中国共产党人在民族危机日益严重的情况下转变政治斗争策略，寻求组建抗日民族统一战线，与之相应的就是在文化上倡导新启蒙运动。新启蒙运动虽然是政治策略的转换在文化上的反应，但是，当时的运动发起者也同样指出了这场运动的兴起在文化层面的因素，这就是五四运动之后，文化上的复古潮流再次出现，五四运动所创造的新文化正在遭受着被毁灭的危机，中国人的民族意识正在被麻痹。面对这样的文化危机，他们号召说：“我们的新启蒙运动是五四以来更广阔、而又更深入的第二次新文化运动。五四时代的口号，如‘打倒孔家店’、‘德赛二先生’的口号，仍为我们的新启蒙运动所接受，而同时需要以新酒装进旧瓶，特别是要多面地具体地和目前的一般救亡运动相联结。这些口号的接受，也就是我们和五四时代的任务合作的要点。”③可以看到，在这里，展现出革命性面相的五四运

① 《纪念五四》，《新华日报》1938 年 5 月 4 日。

② 《五四运动论》，《新学识》（上海）第一卷第七期，1937 年 5 月 5 日。

③ 《论新启蒙运动》，《新世纪》第一卷第二期，1936 年 10 月 1 日。

动成为新启蒙运动之所以启动在文化层面的论证支点。以此为支撑，为新启蒙运动的发起提供了历史的合理依据，与此同时，五四运动的革命性面相也成了这场运动积极发扬的对象。不过，中国共产党对五四运动革命性面相并非只是简单地借用，而是在反思、扬弃中进行的。1938年，潘梓年在《新华日报》撰文提醒说："五四运动中必须加以高扬同时又必须加以批判的，是那时反对孔教，反对旧伦理那一个狂潮……那时的打倒孔家店，太笼统了，把我国数千年来固有的文化一笔抹杀了，把孔教中某一些好的东西、值得吸收过来的东西都'玉石俱焚'了，这未免太不科学……我们必须对固有文化的精义加以洗刷与陶冶……使我们自己的固有文化能在最进步的科学方法之下发出新的光彩，成为我们吸收外来的文化的细胞核心，建立起此时此地的中国人自己的新文化。"① 对五四运动群众性面相的借助过程中，也透露着省思的成分。为推进新启蒙运动取得更好的成效，中国共产党人提醒说："五四运动的最主要一点成功是它把文化运动扩大为群众的广泛的运动，可是我们也不能忘记它所接触的群众是有限制的，它只唤醒了一小部分人的'人'的自觉，它仍然把大部分的在多重的压迫下挣扎生存的人遗忘了……五四运动已经告诉了我们，一个文化运动要得到成功，一定要它所提出的每一个要求、每一个口号都能和群众的日常生活密切地配合着。"②

四、结　语

一百年来，五四运动以其巨大的历史影响力，吸引着中国共产党人的关注。在与其他党派的激烈博弈中，中国共产党最终成功地建构了五四运动的世界性面相、革命性面相、群众性面相与现代化面相。这四种面相在百年的时间长程里陆续形成，久经考验，延续至今，占据着主导位置。中国共产党对五四运动形象的建构有着一套鲜明的话语体系，其中革命话语、阶级话语与建设话语最为突出。由这些话语建构的五四运动形象在政治和文化领域发挥着重要的功能。回望中国共产党建构五四运动形象的百年历程，我们可以发现，时代主题的变动和社会发展的要求会在很大程度上影响对五四运动形象的建构。因此，随着中国特色社会主义进入新时代，我们需要基于中国特色社会主义新时代的新的时代要求和社会变革，特别是为推进中国特色社会主义现代化强国的实现和中华民族的伟大复兴，进一步丰富和完善五四运动的新形象，进一步展示五四精神的新影响。

① 《继承五四的光荣传统》，《新华日报》1938年5月4日。

② 《五四运动论》，《新学识》（上海）第一卷第七期，1937年5月5日。

五四“反帝反封建说”的历史考察

【内容提要】 五四运动爆发以后，不同社会人士对它进行了各种各样的历史解释。20世纪40年代之前，一些左翼知识人和共产党人论及五四时，有过反帝说、反封建说、反帝反封建说等，一些一般知识界和国民党人也有这样的看法。毛泽东系统地论述了五四运动。他以世界无产阶级革命家的视野，深入分析中国近代历史大变革，把五四运动作为中国近代史重要分期的标志，并指出，五四运动是一次彻底地不妥协地反帝反封建的运动。此后，很多人再谈及五四运动，都是围绕毛泽东的论断而展开的。五四“反帝反封建说”的形成和定格，充分体现了革命、理论和历史的统一。

【作者简介】 张太原，中共中央党校(国家行政学院)党史部教授

【原文出处】《党的文献》2019年第3期

五四运动是我国近现代历史上具有里程碑意义的重大事件。五四运动爆发以后，不同社会人士对它进行了各种各样的历史解释，如反帝抗日运动、铲除汉奸运动、新文化运动、爱国运动、民主运动、文艺复兴运动、文学史上的启蒙运动、青年运动等。① 最为著名的是，“五四运动是反帝反封建的运动”。② 本文拟从思想史的角度对五四“反帝反封建说”的形成和定格作一考察。

一、20世纪30年代左翼知识人和一些中共领导人的认知

五四运动以后，马克思主义理论得到了迅

---

① 朱谦之：《五四运动之史的追述》，《读书知识》第1卷第2期，1940年5月；陈晋雄：《五四与青年运动》，《满地红》第2卷第8期，1940年5月14日。

② 菊圃：《论五四新文化运动》，《现代青年》第2卷第1期，1940年5月。

速传播。接受了马克思主义理论的左翼知识人和中国共产党的领导人，据此来重新认识中国历史，分析中国近代的变革，寻找中国革命的正确道路。由是，就很自然地谈到五四对中国革命的意义。20 世纪 30 年代初，瞿秋白指出，“五四新文化运动”就是“中国的反封建的文化革命”。① 茅盾也认为，五四运动在意识形态的斗争上，至少在破除封建思想这一点上，是有它的历史的革命的意义的。② 而在左翼作家的文艺新闻社看来，五四最大的任务与最后的成果就是反封建。③《青年文化月刊》的一篇文章更具体地论述了五四运动作为“反封建制度的民主运动”的典型表现：“新思潮蓬勃，反孔，反礼教，文学革命，出版物发达，外国风气传入，西洋学者相继来华讲学，诚然是轰轰烈烈于一时。然而欧战以后的中国产业不能继续着长足发展，所以新兴力量终于不能摧毁旧封建势力。”④很明显，这都是从五四运动作为文化运动一面来讲的，是在接受马克思列宁学说后反观五四运动得出的。

在由左翼知识人掀起的新启蒙运动中，这一看法更加普遍。张申府说：“在思想上，五四代表的潮流，对于传统封建的思想，是加了重大的打击。”⑤胡绳认为，反封建思想的诸要求，在五四时代被明显地作为战斗的标志。⑥ 柳湜指出，五四运动“最大的意义”，就在于对“中古”的传统思想，全部起了怀疑，公开地宣告了反叛。《新青年》杂志在五四阶段中“尽了它的向封建意识反叛领导的作用”。⑦ 在艾思奇看来，五四运动是“单纯反封建文化的运动”。⑧ 一位署名“兆鸥”的左翼知识人进一步解释说，五四运动是爱国运动，更是一个猛烈的反封建运动：它推翻了中国千古供奉的“孔家店”，怀疑了四书五经，否定了文言，对于封建势力给了有力的打击。它是“单纯反封建”的“一场典型的启蒙运动”。⑨ 稍有不同的是，齐燕铭认为：五四运动中，“最有意义的文化工作便是‘反儒’”，“而《新青年》在当时就成为‘反儒’的中心”。⑩ 其实，这并不矛盾，在左翼知识人看来，“儒教”即是中国封建思想的代表。

以什么样的武器来反“封建思想”呢？一些左翼知识人认为，五四时期特别是前期的思想武器是资产阶级文化。由此得出，五四是中国资产阶级的文化革命运动；⑪代表着中国新兴资产阶级之文化的抬头；⑫其口号“完全是资产

① 《瞿秋白文集》(第 7 卷)，人民出版社 1991 年版，第 232—233 页。

② 参见丙生(茅盾)：《五四运动的检讨》，《文学导报》第 1 卷第 2 期，1931 年 8 月。

③ 参见文艺新闻社：《请脱弃五四的衣衫》，《文艺新闻》第 45 号，1932 年 1 月 18 日。

④ 王虚如：《中国文化建设的途径》，马若芳编：《中国文化建设讨论集》(下编)，龙文书店 1935 年版，第 71 页。

⑤ 张申府：《什么是新启蒙运动》，生活书店 1939 年版，第 17 页。

⑥ 胡绳：《五四运动论》，《新学识》第 1 卷第 7 期，1937 年 6 月。

⑦ 柳湜：《国难与文化》，上海黑丛书社 1937 年版，第 33、37 页。

⑧ 艾思奇：《新启蒙运动和中国的自觉运动》，《文化食粮》第 1 号，1937 年 3 月。

⑨ 兆鸥：《五四纪念与新启蒙运动》，《北平晨报》1937 年 5 月 4 日。

⑩ 燕铭：《五四运动之历史的意义》，《国际知识》第 1 卷第 1 期，1937 年 5 月。

⑪ 参见易嘉(瞿秋白)：《五四和新的文化革命》，《北斗》第 2 卷第 2 期，1932 年 5 月。

⑫ 参见文艺新闻社：《请脱弃五四的衣衫》，《文艺新闻》第 45 号，1932 年 1 月 18 日。

阶级性的”，是中国新兴资产阶级企图组织民众意识的资产阶级的“文化运动”；[①]并且是“最典型的资本主义文化运动”；[②]反映了“布尔乔亚的抱负”；[③]民族资产阶级成为运动的“掌舵者”。[④] 在他们看来，“五四文化运动就是中国要求变更旧的社会关系而建立新的社会关系之表现”，“是一个前进的小资产知识分子所领导起来的民主革命运动”，那时所需要的是“资本主义社会”。[⑤] 但也有人认为，五四虽然努力去忠于资产阶级的完成，结果是相当地背叛了资产阶级，到后是怀疑了五四的资产阶级性！[⑥] 意思是民族资产阶级并没有完成应该完成的任务，这就需要一个新的阶级的登台。

除了以“反封建”来看五四对中国封建糟粕的批判之外，左翼知识人和中国共产党早期领导人更强调五四运动的政治性，即反对帝国主义斗争的一面。早在1925年，张太雷和瞿秋白就分别指出，“五四运动是一个完全反对日本帝国主义的运动”；[⑦]“积极的群众的反抗日本帝国主义的运动”。[⑧] 到20世纪30年代，由左翼知识人创办的《社会科学》的一篇文章指出，五四是北京学生反抗帝国主义及封建军阀运动的一个纪念日。[⑨] 1933年，苏区刊物《红色中华》纪念五四时解释说，五四运动是“中国民众因感于帝国主义侵略和军阀的压迫”而掀起的运动，“是反对帝国主义的，同时提出了反对军阀政府的口号”。[⑩] 1935年，中共驻共产国际代表在为瞿秋白写的讣告中讲到，十月革命以后，瞿秋白在俄期间，中国正发生一种“新文化”运动，亦是一种猛烈的反帝运动。[⑪] 其实，瞿秋白自己也说过，五四的遗产是对于封建残余的极端的痛恨，是对于帝国主义的反抗。[⑫] 齐燕铭同样认为，五四运动是“市民阶级反抗封建争取民主的新革命运动，同时也负了反帝的任务”。[⑬] 胡绳更明确地指出，“封建主义和帝国主义是五四运动的斗争的对象”。[⑭] 可见，左翼知识人逐渐把五四的“反封建”与“反帝”联系了起来，把它们共同作为五四运动的特征。

这种看法到抗日战争全面爆发以后特别

---

① 丙生(茅盾)：《五四运动的检讨》，《文学导报》第1卷第2期，1931年8月。

② 艾思奇：《论思想文化问题》，《认识月刊》第1号，1937年6月。

③ 胡绳：《五四运动论》，《新学识》第1卷第7期，1937年6月，第335页。

④ 齐伯岩：《五四运动与新启蒙运动》，《读书月报》第2号，1937年6月。

⑤ 燕铭：《五四运动之历史的意义》，《国际知识》第1卷第1期，1937年5月。

⑥ 林锡：《五四运动的意义及其在文学上的影响》，《尖锐》第1号，1932年5月。

⑦ 张太雷：《五四运动的意义与价值》，《中国青年》第4集，中国青年社1926年版，第396页。

⑧ 双林(瞿秋白)：《五四纪念与民族革命运动》，《向导》第113期，1925年5月3日。

⑨ 参见巴达：《从目前民族的危机说到今年的五月》(1935年)，中共北京市委党史研究室、中共天津市委党史资料征集委员会编：《北方左翼文化运动汇编》，北京出版社1991年版，第190页。

⑩ 《红角："五三"五四"五七""五九"》，《红色中华》(第71期)，1933年4月20日。

⑪ 参见《讣告——纪念热烈的革命者瞿秋白、何叔衡》(1935年)，孔海珠：《左翼·上海》附录，上海文艺出版社2003年版，第361页。

⑫ 参见易嘉(瞿秋白)：《五四和新的文化革命》，《北斗》第2卷第2期，1932年5月。

⑬ 燕铭：《五四运动之历史的意义》，《国际知识》第1卷第1期，1937年5月。

⑭ 胡绳：《五四运动论》，《新学识》第1卷第7期，1937年6月。

是在毛泽东的“五四观”形成时更加普遍。艾思奇在《新中华报》上的一篇文章指出，“在五四文化运动里，实在是在于旧文化的否定和严肃的清算”，配合着“救国特别是反对日本帝国主义和建国的任务”。① 反对把五四运动看作“文艺复兴”的何其芳认为，五四运动，一方面是对“封建思想的动摇”；“一方面是对帝国主义者的侵略而发的对外的爱国运动”。② 茅盾1939年著文谈到，“五四示威运动是二三年期间的反封建的思想准备的结果，所以五四运动扩大成为全国范围的社会运动以后，立即推进了并扩大了反封建的思想运动”。也就是说，五四时期的文化运动和政治运动是相互促进的。特别值得注意的是，他还认为，“‘反帝国主义’的口号，继‘反封建’的口号”而提出的。只是在这以后，出现了“资产阶级自己内部的动摇”，因而，“五四运动之反帝反封建的基本任务，迄未完成”；但是，“反帝反封建的革命乃是中华民族神圣的历史的使命，必得完成”。③ 那么，自然应该由无产阶级来完成。

作为五四运动亲历者的周恩来在一次接受采访时谈到，“五四运动包含民族运动，科学与民主运动，新文学运动”，“是思想革命也是一种启蒙运动”。具体表现为：既“反对封建意识”，又“反对日本帝国主义”。④ 凯丰说得更明确，“五四运动是一个反帝反封建的民族的民主的革命运动”。⑤ 与凯丰在同一期《读书月刊》的潘念之的文章同样指出，五四运动“是青年们抗日锄奸的救国运动，也是反帝反封建的民主运动”。⑥ 邹韬奋在《全民抗战》上的纪念文章讲到，“五四运动除了引起全国民众反对日本帝国主义侵略的巨潮外”，“还有提倡科学，反对封建思想，及主张文学革命等等”，“反侵略，实行民主，这是我们在今日的五四运动纪念中所要特别提出，继续努力的”。⑦ 根据现实需要来纪念五四，这一指向是很明显的。

不难发现，五四以后，尤其是到20世纪30年代，左翼知识人和中国共产党领导人以马克思列宁主义的革命理论来分析近代中国历史的演进，从而赋予五四以“反封建”和“反帝”的意义，而这样一种定性背后的现实指向，往往因时因地而不同。比如1927年之前，中国共产党所反对的帝国主义主要指的是包括日本在内的西方列强，20世纪30年代以后更多地是指日本帝国主义；而反对的封建主义主要指的是封建思想，当然也包括政治上封建势力的代表，开始是北洋军阀，后变为“豪绅地主”和一部分国民党的当权者。

二、自由知识人和国民党的看法

在十月革命的影响和新文化运动的推动下，到20世纪30年代，马克思主义已成为一种盛行的社会思潮。有人甚至认为，“三十年代，

---

① 艾思奇：《完成五四文化运动的任务》，《新中华报》第434期，1938年5月10日。

② 何其芳：《五四运动与新文化》，《学生半月刊》1938年第11期。

③ 茅盾：《五四运动之检讨》，《新芒月刊》1939年第1卷第1期。

④ 潜修访问：《特约通讯：五四纪念的前夜：周恩来在桂林》，《华美》1939年第2卷第5期。

⑤ 凯丰：《五四运动与中国民族解放运动》，《读书月报》1939年第1卷第4期。

⑥ 潘念之：《继续五四的民主精神》，《读书月报》1940年第2卷第3期。

⑦ 韬奋：《今日的五四运动纪念》，《全民抗战》1940年第121期。

马克思主义已为一般知识界之主潮”。[①] 在这种“主潮”之下,接受者和运用者并不仅仅是共产党人,毛泽东在《反对党八股》中就注意到有“党外马克思主义者”。[②] 当然,这些党外人士中也包括“一般知识界”。比如,20 世纪 30 年代初在关于中国社会性质和中国社会史的论战中,尽管各派政治立场各异,观点大相径庭,但都是对马克思主义理论的运用。更能说明问题的是,与左翼知识人文艺观相对立的自由知识人[③]或“第三种人”,在对五四的认识上,却不那么“对立”。他们认为,五四运动之使命,即是反封建文化;[④]其意义亦在于“反封建文化”。[⑤] 陈端志指出,“五四运动是一个反帝国主义的含有民族主义的运动”,“也是一个反封建势力的含有民主主义的解放运动”。[⑥] 同样,这类人把五四时期用来“反封建”的“新思潮”看作是资本主义文化。1932 年,胡秋原指出,五四运动不但是反映中国新兴资产阶级文化之抬头,而且反映美国资本对于从来支配中国的日本资本之进取,反映美国文化在中国思想界活动之开端。[⑦] 1934 年,张磐说,五四运动时代,“现代西洋文化”,指的就是资本主义文化,即资产阶级文化。所谓“赛恩斯”“德谟克拉西”,本是资本主义文化的产物。[⑧] 这样的资本主义文化运动,敲醒了全国思想界的梦。[⑨] 1935 年,一位评论“中国本位文化”的作者认为,五四文化运动,反映着大战时期中国民族产业的活跃,乃是资本主义的产物。[⑩] 而从“社会史观点”出发,陈啸江指出,五四新文化运动的所谓“新”,就是“迎接适合民族工业发展要求的新兴的资本主义文化之意”。[⑪]

五四运动前后,国民党人也曾参与对马克思主义理论的介绍。有新闻史的研究者指出,国民党办的“《民国日报》副刊《觉悟》《星期评论》《建设》杂志等,用很多篇幅刊登介绍马克思主义、研究十月革命和劳动问题的文章。”[⑫] 1923 年以后,在苏联的支持下,国共两党合作掀起了国民革命,“反帝反封建”曾是共同的口号,其中的有生力量主要是五四青年。因而,五四以后,在人员构成、思想观念与意识形态方面,国民党与中国共产党实有许多的一致或重合。比如,封建、封建主义、资本主义、帝国主义等,也是国民党思想言说和政治生活中的常用

---

① 胡秋原:《一百三十年来中国思想史纲》,台北学术出版社 1983 年版,第 127 页。

② 《毛泽东选集》(第 3 卷),人民出版社 1991 年版,第 832 页。

③ 一般指具有自由主义倾向的政治上持中间立场的知识人。

④ 参见文化评论社:《真理之檄》(1931 年),杨琥编:《民国时期名人谈五四》,福建教育出版社 2011 年版,第 194 页。

⑤ 胡秋原:《文化运动问题》,《文化评论》第 4 期,1932 年 4 月,第 46 页。

⑥ 陈端志:《五四运动之史的评价》,生活书店 1936 年版,第 260 页。

⑦ 胡秋原:《文化运动问题》(1932 年),杨琥编:《民国时期名人谈五四》,福建教育出版社 2011 年版,第 198 页。

⑧ 张磐:《中国文化之死路》,广州《民国日报》副刊《现代青年》第 834 期,1934 年 1 月 25 日。

⑨ 参见张磐:《在文化运动战线上答陈序经博士》,广州《民国日报》副刊《现代青年》第 840 期,1934 年 2 月 2 日。

⑩ 鲁人:《论中国本位的文化》,《大美晚报》1935 年 2 月 18 日。

⑪ 陈啸江:《从社会史观点考察五四运动》,《读书知识》第 1 卷第 2 期,1940 年 5 月。

⑫ 马光仁:《上海新闻史(1850—1949)》(修订版),复旦大学出版社 2014 年版,第 499 页。

语。即使1927年第一次国共合作破裂后，一些词语依然被国民党沿用下来。

毛泽东说，国民党反共以后，“中国又是帝国主义和封建主义的天下”。[①] 国民党自身仍然感到为“帝国主义”和“封建思想”所困，因而，在其政治言说中仍有反对和“打倒”的呼喊。这也反映到对五四运动的认识上。1927—1930年，《民国日报》曾连续发表关于纪念五四运动的文章，一直在强调其“反帝”的一面：“五四运动的对象是打倒帝国主义及其走狗”；[②]“五四运动的定义，就可说是中国人民，因不堪日本帝国主义的侵略及其工具——军阀官僚的压迫，奋臂兴起，自然发出的一种反感行动，他的对象就是日本帝国主义及其工具军阀官僚”；[③]“五四实为反帝国主义的民众运动的历程中爆发最激烈的一日”。[④] 几年后，与国民党关系密切的《文化建设》，不但仍然强调五四的反帝性质，而且又增加了其反封建的一面：“五四运动，就政治而言，可说是一个民族自觉的反帝国主义运动”；[⑤]为中国“特征”的“封建”，因“不适近代生活早已被有革命意义的五四新文化运动扔到厕所去了”；[⑥]“五四运动在政治上的意义表现为‘中国民族意识的觉醒’，以后到了民国十四年五卅运动遂具体化而为打倒军阀与打倒帝国主义的国民革命”。[⑦]

然而，胡适并不赞成反帝反封建一类的说法。早在1922年，他就批评过对“帝国主义”一词的使用。[⑧] 1929年，针对“封建”的用法，他又指出，一些人“喊来喊去，也只是抓住几个抽象名词在那里变戏法。有一班人天天对我们说：‘中国革命的对象是封建阶级’。”“一位天津市党部的某先生的演说，说封建势力是军阀，是官僚，是留学生。”但是，“我们孤陋寡闻的人，就不知道今日中国有些什么封建阶级和封建势力”。[⑨] 从胡适讲话的语境来看，“封建”的运用者明显是国民党人，“天天”特别能说明作为一种口号的特性，而把“留学生”也说成是“封建势力”，又提示了这一词运用的随意性。当时，反封建者常常把不同道者一概斥之为“封建”，更有相互指责对方为“封建”者。1933年底，在给孙长元的退稿信中，胡适同样表示了对这一类用词的反感：“你的文章有一个毛病，就是喜欢用许多不曾分析过的抽象名词。”“如‘封建势力’，‘国际帝国主义’，‘民族资本’等等，在读此文时，我好不懂得这些名词在这文里代表什么东西”。他还说：“此是时代病。”[⑩]

胡适说的“时代病”，从另一面看实际上就是一个时代整体上的思想取向。国民党的一些人或其支持者，同样是把五四反封建的思想武

---

① 《毛泽东选集》(第2卷)，人民出版社1991年版，第564页。

② 陶百川：《五四运动的前前后后》，《民国日报》1927年5月4日。

③ 彭学海：《五四运动与日帝国主义》，《民国日报·觉悟》1928年5月4日。

④ 陶愚川：《纪念光荣伟大的五四运动》，《民国日报·觉悟》1930年5月4日。

⑤ 文夫：《五四运动十七年》，《文化建设》第1卷第8期，1935年5月。

⑥ 李麦麦：《评〈中国本位的文化建设宣言〉》，《文化建设》第1卷第5期，1935年1月。

⑦ 文夫：《文化月旦：五四运动的发展》，《文化建设》1937年第3卷第7期，第2—3页。

⑧ 参见罗志田：《北伐前数年胡适与中共的关系》，《近代史研究》2003年第4期。

⑨ 胡适：《我们走那条路?》，《新月》第2卷第10号，1929年12月。

⑩ 耿云志、欧阳哲生主编：《胡适书信集》(上)，北京大学出版社1996年版，第595页。

器看作是资本主义文化。当时由国民党控制的《人民评论》的一篇文章指出，五四是资本主义文化运动。[①]《文化建设》亦刊文认为："五四时代，一般新文化运动家，虽然想把西洋近代的资本主义文化，完全搬到中国，但是为时不久，即成泡影，盖帝国的束缚未能解脱，自己的民族资本绝不能够发展，民族资本不能够发展，则资本主义又如何能凭空建立。五四运动的昙花一现，证明半殖民地的中国绝不能建立资本主义的文化，欧洲大战的教训，俄国革命的影响，又引起国人对于社会主义文化的向慕，于是五四运动熄灭以后，便有一部分人一转方向，提倡社会主义的文化。数年来的提倡与运动，当然不能说毫无影响，但是在整个的穷困的国家要希望建设社会主义的文化，亦不过等于东施效颦而已。"[②]如果没有最后一句，那简直就是马克思主义者的看法。

类似的观点还有："资本主义高速度的剥削，中国经济基础更进一层的瓦解，到底又揭起了中国文化运动的另一波涛，即是'五四运动'。这是进到高形态的反封建的资本主义文化运动。……但这运动又是不幸，并未产生若何大的效果，虽然它也有一点小的成功。这原因，不外是这样：几年的欧洲战争，刺激了中国民族工业的积极发展，民族工业发展达到某种程度时，接受资本主义文化的条件，遂有相当的成熟"，但"待到大战停止，国际的资本主义又再生的时候，这朵繁荣的葩蕾，不久，竟逐渐的凋谢，再也没有重温那种春色的梦的可能。于是五四运动，遂不得不宣布它已成为历史的陈迹，没有再向前发展的可能了！"[③]无论作者最终要得出什么样的结论，这显然很接近马克思主义的观点。既然原来意义上的资本主义在中国走不通，也就昭示了中国的"非资本主义"前途。

全面抗战爆发以后，国民党主导下的五四纪念，仍被不断地赋予它新的意义。汉口《政论》的一篇文章指出，"这一具有历史意义的伟大运动，其主要任务：是反抗日本侵略的民族运动，是反抗军阀专制的民主运动，是破除封建束缚、玄学思想的科学运动。自这一运动开始，中国革命又走向新的阶段"。[④] 其中所谈的五四的"历史意义"，既有"反帝"的意义，又有"反封建"的意味。有趣的是，一些国民党人士还大讲特讲国民党对五四的领导作用。《思潮月刊》的一篇文章写得十分具体："那时上海的民国日报，完全站在学生方面，抨击北洋政府，积极号召各地学生响应北京学生。对各地学生的活动消息，尽量予以登载。国民党的前辈如邵力子，戴季陶，沈玄庐诸先生，对于学生运动进了许多有益的忠告，并努力促进了罢市罢工之实现，我们可说，没有上海的有力应援，五四运动提出的要求不会实现，而上海和长江运动的活跃，和罢市的成功，一部分上海的国民党领袖实起了领导的作用。"[⑤]曾在国民政府任职的蔡侠飞认为，"五四运动的发生，虽是青年学生激于爱国的热情，为一种爱国的自发的救国运动，但其内容原因，完全是由于本党革命思想普遍深入青年心坎的效果。而且当时学生运动之所以能蓬

---

① 参见赵济孙：《中国文化运动之史的评述》(上)，《人民评论》第 31 号，1934 年 2 月。

② 陈高佣：《资本主义文化与社会主义文化讨论》，《文化建设》第 1 卷第 7 期，1935 年 4 月。

③ 李立中：《中国本位文化建设批判总清算》，《文化建设》第 1 卷第 7 期，1935 年 4 月。

④ 沈巨尘：《纪念五四》，《政论(汉口)》第 1 卷第 10 期，1938 年 5 月 5 日。

⑤ 《五四运动的发生及其经过》，《思潮月刊》1941 年第 1 卷第 6 期。

勃蔓延，亦完全是本党的宣传与领导”。[①] 这样一种说法虽然不符合历史实际，但说明了言说者对五四运动的看重——试图与之关联，并极力标榜对它的作用，这充分体现了五四运动的重要意义。

三、毛泽东的定论及扩展

20 世纪 30 年代末与 40 年代初，是毛泽东酝酿和创立系统的革命理论的重要时期。理论都建立在历史研究的基础上，需要从历史的逻辑建构理论的逻辑。直到 1956 年，毛泽东都清楚地记得：“《新民主主义论》初稿写到一半时，中国近百年历史前八十年是一阶段，后二十年是一阶段的看法，才逐渐明确起来，因此重新写起，经过反复修改才定了稿。”[②]毛泽东所指前后阶段的分界线就是五四运动。为了对五四运动进行一个明确的定位，毛泽东不可能不去了解既存的关于五四运动的种种说法。可以说，此前左翼知识人、一般知识界和国民党人士关于五四运动反帝反封建的一些认知，为毛泽东提供了思想资源。

1939 年 4 月下旬，毛泽东撰写了《五四运动》一文，发表在 5 月 1 日出版的《解放》上。其中指出，“二十年前的五四运动，表现中国反帝反封建的资产阶级民主革命已经发展到了一个新阶段。五四运动成为文化革新运动，不过是中国反帝反封建的资产阶级民主革命的一种表现形式。由于那个时期新的社会力量的生长和发展，使中国反帝反封建的资产阶级民主革命出现一个壮大了的阵营，这就是中国的工人阶级、学生群众和新兴的民族资产阶级所组成的阵营”。[③] 5 月 4 日，他在纪念五四运动 20 周年的讲演中讲到，“五四运动是干什么的呢？也是为着反帝反封建，但是也失败了”。[④] 反帝反封建是中国共产党二大提出的革命目标。毛泽东把五四与反帝反封建联系起来，明确地把五四置于整个近代反帝反封建的历程中去看，意在说明革命目标与历史发展需要是切合的。

1940 年，在标志着毛泽东思想成熟的《新民主主义论》一文中，毛泽东大篇幅地对五四运动进行了论述。他从世界无产阶级革命的视野，从中国近代历史大变革的视角，把五四运动不但作为中国近代史的分界线，而且作为资产阶级民主革命不同时期划分的标志，还作为“文化战线”或“思想战线”两个时期划分的界碑。前期的民主革命主要是资产阶级领导，后期无产阶级登上历史舞台，“在五四运动以后，中国资产阶级民主革命的政治指导者，主要的已经不是属于中国资产阶级一个阶级，而有中国无产阶级参加进去了。这时，中国无产阶级，由于自己的长成，与俄国革命的影响，已经迅速地变成了一个觉悟了的独立的政治力量了”。[⑤]

毛泽东指出，五四运动以前，中国文化战线上的斗争，是资产阶级的新文化与封建阶级的旧文化的斗争。“学校与科举之争，新学与旧学之争，西学与中学之争，都带着这种性质。那时的所谓学校、新学、西学，基本上都是资产阶级的自然科学与社会科学。”[⑥]这正好与此前知识界把五四运动看作“资本主义文化运动”相一

---

① 蔡侠飞：《从五四运动说到青年和党的关系》，《中国青年(重庆)》1942 年第 6 卷第 5 期。

② 《毛泽东年谱(1949—1976)》(第 2 卷)，中央文献出版社 2013 年版，第 546 页。

③ 《毛泽东选集》(第 2 卷)，人民出版社 1991 年版，第 558 页。

④ 同上，第 564 页。

⑤ 同上，第 672—673 页。

⑥ 同上，第 696 页。

致，只是对五四运动以后的认识就不一样了："中国产生了完全崭新的文化生力军，这就是中国共产党人所领导的共产主义的文化思想，即共产主义的世界观与社会革命论"。① 这个文化生力军，以新的装束与新的武器，联合一切可能的同盟军，向着帝国主义文化与封建文化展开了英勇的进攻。"在这个殖民地半殖民地革命时代最重要的思想武器的领域，却引起了极大的革命。在社会科学领域中，不论在哲学方面，在经济学方面，在政治学方面，在军事学方面，在历史学方面，在文学方面，在艺术方面（又不论是戏剧，是电影，是音乐，是雕刻，是绘画），都有了极大的发展。二十年来，这个文化新军的锋芒所向，从思想到形式（文字等），无不起了极大的革命。其声势之浩大，威力之猛烈，简直是所向无敌的。"②总之，五四运动以前，中国的新文化，是旧民主主义性质的文化，属于世界资产阶级的资本主义的文化革命的一部分。五四运动以后，中国的新文化，都是新民主主义性质的文化，属于世界无产阶级的社会主义的文化革命的一部分。③

更为重要的是，毛泽东对五四运动本身作了鲜明的定性："五四运动是反帝国主义的运动，又是反封建的运动。五四运动的杰出的历史意义，在于它带着为辛亥革命还不曾有的姿态，这就是彻底的不妥协的反帝国主义与彻底的不妥协的反封建。"就彻底的"反帝"来说，是因当时中国的资本主义经济已有进一步的发展，产生了数量可观的无产阶级，有了大批的赞成俄国革命的具有初步共产主义思想的知识分子。而"五四运动的文化革命则是彻底反对封建文化的运动，自有中国历史以来，还没有过这样伟大而彻底的文化革命。"④与前人不同的是，毛泽东更明确地把五四的反帝与反封建紧密地联系在了一起，并且特别强调了它的彻底性和不妥协性。

如前所述，1939 年 5 月 4 日，毛泽东曾说五四的反帝反封建"失败了"，而这里关于彻底性的论断究竟是怎样产生的呢？可能与胡乔木对五四的看法有一定关系。在毛泽东更加系统地论述五四之前，发表毛泽东《五四运动》一文的《解放》同一期还发表了胡乔木的《青年要发扬五四爱国精神》。其中指出，"它的坚决反对民族敌人和反对中途妥协的精神。五四运动中的青年，不仅不向日本帝国主义和其他国际帝国主义投降，也不像本国的卖国政府投降。……中国青年当时为了国家民族的利益，不惜任何牺牲的情景，就在今天我们也不能不因而感动，不能不加以赞美。每一个青年应该锻炼自己伟大的气节，跟一切艰难困苦和威胁利诱作斗争，跟一切悲观失望投降妥协的倾向和情绪作斗争。……我们应该人人走上全面抗战的最前线，人人参加抗战，人人起来消灭新的曹章陆——汪精卫和一切汪精卫之流，为团结全国抗战到底，这样来纪念五四。……只有这种精神才能使我们在长期的抗战中间不至迷失方向，不致为各种似是而非的妥协论、分裂论和其它脱离人民违反进步的错误理论所欺。"⑤可见，胡乔木曾论述了五四的不妥协性，而这种不妥协的定性不仅来自五四运动本身，也是为了

① 《毛泽东选集》（第 2 卷），人民出版社 1991 年版，第 697 页。

② 同上，第 697—698 页。

③ 同上，第 698 页。

④ 同上，第 699、700 页。

⑤ 胡乔木：《青年要发扬五四爱国精神》，《解放》1939 年第 70 期。

让人们警惕抗战中的“各种似是而非的妥协论”。当时，胡乔木还不是毛泽东的秘书，这篇文章的写作，毛泽东事前应该是不清楚的，但发表后毛泽东不可能不注意到。半年多以后，毛泽东在《新民主主义论》中对五四的“彻底性”和“不妥协性”的判断，有可能是受了胡乔木的影响。与胡乔木同时发表文章的凯丰也指出，“当今纪念五四运动，我们的任务就是要坚持抗战到底”，“必须坚持反对妥协投降的卖国贼汪精卫”。① 可见，在很大程度上，赋予五四运动以“不妥协性”，正是为了反对抗战中出现的“妥协性”。

在毛泽东作出五四运动是“彻底地不妥协地反帝反封建”的论断以后，很多知识界文化界人士都明显地受了影响。这突出体现在1940年他们为纪念五四运动撰写的文章中。周扬指出，五四新文化运动本身，既有“妥协”即“脆弱的一面”，“从民主主义向自由主义、保守主义退却，对封建主义投降(胡适、周作人等)”；也有彻底的一面，“就是新民主主义的深入贯彻，向社会主义文化的前进”。② 吕振羽在《中苏文化杂志》的一篇文章中写道：“五四运动的内容，是民族资本者集团所领导的反帝反封建的群众革命运动，它体现着空前的民族自觉的发展，是戊戌运动以来的启蒙运动的质变和高涨。”③而直接聆听了毛泽东关于《新民主主义的政治与新民主主义的文化》演讲的艾思奇，所受的影响似乎更大一些：“由于无产阶级深受着帝国主义的压迫，在反帝反封建的民主革命运动中是比民族资产阶级更坚决勇敢得多”，“五四文化运动，不单只就思想文化的内容上进行了反对封建传统的斗争，而且在思想表现的形式上，思想发展的工具上也展开了前所未有的斗争，那就是白话文学的提倡和对于文言文的统治的否定。民主主义思想对封建思想文化的猛烈进攻是五四文化运动的最初的基本的斗争。”④把“反帝反封建”明确地放在一起，并强调它的“深入”“质变”和“猛烈性”是以前比较少见的。

整风运动以后，毛泽东关于五四运动的论断被中共理论界和知识界更普遍地采用。1946年，李光灿在《北方文化》发表的一篇文章几乎照引了毛泽东的说法：“五四运动是反帝国主义的运动，又是反封建的运动。五四运动的最大的历史意义在于它带着为辛亥革命还不曾有的姿态，这就是彻底的不妥协的反帝国主义与彻底的不妥协的反封建。”⑤《北方文化》同一期刊发的何干之的文章显然也是从毛泽东的论述中得出：五四运动“是中国新民主主义文化革命的开端。”⑥1948年，曾多次论及五四运动的茅盾也调整了以前的看法：“五四运动正确的解释应当是：反帝反封建的政治的社会的思想的运动，而五四以后的新文艺(从文艺革命到革命文艺)就是反帝反封建的思想斗争的一翼。”⑦邵荃麟也指出，五四运动的最大特点，就是“彻底

---

① 凯丰：《五四运动与中国民族解放运动》，《读书月报》1939年第1卷第4期。

② 周扬：《关于五四文学革命的二三零感》，《中国文化》1940年第1卷第3期。

③ 吕振羽：《纪念五四：五四运动的历史意义和教训》，《中苏文化杂志》1940年第6卷第3期。

④ 艾思奇：《五四文化运动的特点》，《中国文化》1940年第1卷第3期。

⑤ 李光灿：《李大钊与五四》，《北方文化》1946年第1卷第5期。

⑥ 何干之：《五四运动及其发展》，《北方文化》1946年第1卷第5期。

⑦ 茅盾：《反帝，反封建，大众化：为五四文艺节作》，《风下》1948年第124期。

不妥协精神”,“五四彻底不妥协的反帝反封建是说明了无产阶级与广大人民斗争意识在中国革命历史上第一次起领导的作用”,“29年的血的奋斗中间,中国人民始终坚持着五四彻底不妥协的传统精神,把马克思主义理论和中国革命实践紧密的结合起来,成为最光辉的毛泽东思想。”[①]显然,中国共产党就是“彻底不妥协”的代表。

1949年,五四运动30周年,时值新中国成立前夕,《人民日报》作了隆重纪念,专门刊登了《毛泽东同志论五四运动》,摘选了《新民主主义论》和《反对党八股》中关于五四的内容,并按毛泽东的论述作了介绍:“五四运动是反帝反封建的运动。这一运动带着为辛亥革命所不曾有的革命性,这就是彻底地不妥协地和群众性地反对帝国主义和封建势力。”还说,五四以后,文化战线上的斗争就成为了历史唯物论和辩证唯物论所领导的人民民主的新文化与唯心论和形式主义的封建主义文化、帝国主义文化的斗争。[②]除此以外,《人民日报》还刊登了一组专门纪念五四运动的文章,基本上都是沿用了毛泽东关于五四运动的论断。何干之的文章指出,五四时期,“新思潮”内部就存在着两个不同的派别,“胡适妄谈贫穷、疾病、愚昧等五个鬼扰乱着中华,而封建势力不在内,帝国主义也不在内。中国革命的对象既然不是封建主义与帝国主义,那么胡适就变了反革命的辩护人,以至成为反革命中的一分子”。[③] 以毛泽东的论断回照历史,实际上是为了更鲜明地映照现实。吴玉章讲得更明确:五四新文化运动的发展,有两条不同的路线在发展着、斗争着。“它们都是新时代和中国新兴阶级的产物,表面上都是反帝反封建的,因而使人难于辨别是非、认识它们的好坏。”但是,“到现在:一个是成功了;一个是失败了”。[④] 因而,原来的分野和界限也就更清楚了。作家杨振声以此重新审视了现代文学发展的历史:“自五四以来,三十年中的文学,在暴露帝国主义与封建社会方面最显出他的力量与成绩。”[⑤]华岗在《群众》上的纪念文章更密切地把五四运动与新民主主义文化联系了起来:“五四运动是中国近代史上空前的一次人民觉醒运动,是中国革命史上划时期的一次群众救国运动,是中国人民群众自己动员起来所勇猛进行的反帝反封建运动,它表现了新颖的历史特征,成为中国新民主主义革命的开端,在政治上如此,在文化上也是如此。”“五四以后30年来中国新文化运动的发展过程,是新民主主义文化,逐步克服帝国主义文化与封建文化的斗争过程。”[⑥]

毛泽东1940年对五四运动作出的结论沿用到了现在。目前中学历史教科书是这样表述的:“五四运动是一次彻底的不妥协的反帝反封建的爱国运动,是中国新民主主义革命的开端。”[⑦]习近平在纪念五四运动100周年大会上

① 荃麟:《五四的历史意义》,《群众》1948年第2卷第17期。

② 《五四运动介绍》,《人民日报》1949年5月4日。

③ 何干之:《五四的两个基本口号》,《人民日报》1949年5月4日。

④ 吴玉章:《纪念五四三十周年应有的认识》,《人民日报》1949年5月4日。

⑤ 杨振声:《五四与新文学》,《人民日报》1949年5月4日。

⑥ 林石父(华岗):《中国新民主主义文化的产生和发展:纪念五四运动三十周年》,《群众》1949年第3卷第19期。

⑦ 《普通高中课程标准实验教科书:历史(必修1)》,人民教育出版社2007年版,第67页。

也指出：五四运动“是一场以先进青年知识分子为先锋、广大人民群众参加的彻底反帝反封建的伟大爱国革命运动”，“是中国旧民主主义革命走向新民主主义革命的转折点”。①

结　语

五四运动以后，特别是到20世纪30年代的新启蒙运动中，左翼知识人和一些中国共产党领导人都曾论及过五四的反帝反封建性质。这其中不少人比如艾思奇、何干之等，也包括曾领导左翼文化运动的胡乔木，后来都到了延安，活跃在毛泽东的周围。他们对五四的研究和论述，应该在相当程度上为毛泽东构建新民主主义文化史提供了材料。换个角度可以讲，毛泽东的五四“反帝反封建说”有知识界的贡献，又由知识界传播，最终成为长期坚持的经得起历史考验的定论。

有意思的是，一般知识界和国民党人士也会使用“反帝”“反封建”的话语，并将其与五四运动联系起来，其背后甚至同样采用了马克思主义的分析方法。对此，陈高佣说，“虽然各家对于中国社会与文化的看法彼此不同，而就其从社会经济上用史的方法来解释中国过去的历史与决定中国将来的出路，则为共同的一种思想方法”。② 政治上相异，而思想方法有共同之处，这大概是当时一种比较奇特的思想景观。有学者从另一角度和另一些史实已注意到中国近代历史的这种情况，“许多在社会区分方面看似歧异甚至对立的新旧派别在思想观念方面其实有着相当程度的共性”。③

在对五四的历史认知方面，最能体现这种“共性”的是1939年国共双方一致同意把每年的5月4日定为青年节。1939年3月18日，西北青年救国会召开常委会议，提议把5月4日作为中国青年节。4月5日，中共中央青年工作委员会给各根据地和大后方分别发出指示，要求对西北青年救国会的提议在各青年团体中宣传和讨论，并号召各地于当年5月4日举行拥护中国青年节的运动。这一运动确实得到全国各地青年团体的支持，在全国青年的普遍要求下，国民党中央最终确定了青年节的设立。④

社会各界和政治各派大都认可五四运动的反帝反封建的性质。确实，反对外国侵略，反对不合时宜的传统，无论从哪个角度看，都是五四运动无法否认的内容。而把它们分别叫做帝国主义和封建主义，则反映了马克思主义的历史观和认识论。帝国主义和封建思想确是近代中国变革的两个明显的障碍。对国共两党来讲，关键是看谁能够“反”得彻底，谁能够把它们真正的“打倒”！由此也在一定程度上决定了谁能够成功。1947年5月，毛泽东在修改新华社纪念五四运动的社论稿时写道：五四运动所开始的新的文化事业，“为现在的革命战争与将来的革命建设而服务，没有它，革命战争与革命建设的胜利是不可能的”。⑤ 历史恰证明了毛泽东所述关于革命胜利与五四的关联。

---

① 习近平：《在纪念五四运动100周年大会上的讲话》，《人民日报》2019年5月1日。

② 陈高佣：《中国文化问题研究》，商务印书馆1937年版，第299—302页。

③ 罗志田：《近代中国史学十论》，复旦大学出版社2003年版，第231、232页。

④ 参见马负钧：《半月座谈：五四感言》，《新青年》1940年第3卷第11期。

⑤ 《毛泽东年谱1893—1949》(修订本)(下卷)，中央文献出版社2012年版，第186页。

五四知识分子对“劳工神圣”的认知与实践

【内容提要】“劳工神圣”思潮的风行，引起了五四知识分子对劳工问题和社会问题的聚焦。他们在理论与现实的强烈反差中探求解决之道，号召“与劳工为伍”，开展深入的社会调查，开始做教育工人、引导工人、组织工人的实际工作。在这一过程中，他们将从马克思主义经典著作中接受的观点、学说和核心概念转化为自己的思考，尝试对劳动者两种悖反的状态进行解读和中国化话语的诠释，并以劳工问题的解决为突破，紧紧把握近代中国的基本国情，从而在工人阶级与马克思主义之间搭建起桥梁，既为中国现代社会革命造就了先进阶级及其先锋队——中国共产党，又使马克思主义在中国的实践有了现实的本源和阶级载体。

【作者简介】熊秋良，南京大学马克思主义学院教授

【原文出处】《马克思主义研究》2019年第4期

1918年11月16日，为庆祝协约国在第一次世界大战（以下简称“一战”）中获胜，蔡元培在天安门前举行的演讲大会上喊出了“劳工神圣”的口号，并迅速得到了知识界和报界的积极响应。五四运动后，中国先进知识分子通过各种形式礼赞劳工世界的到来，或关注劳工风潮的涌动，或尝试劳工问题的解决。考察他们对“劳工神圣”的接受、认知及实践过程，不仅可以清晰地呈现“劳工”群体进入中国社会公共话语空间的图景，而且折射出一个时代思想和社会心理的深层次变动。正如有的学者所说：“在‘劳工神圣’这一庞杂含混的口号中，我们可以更为具体切实地探视到中国现代革命的来临及其最初的思想发端，它潜隐地标识了中国近现代历史

发展的基因变异和思想文化的密码转换。"①

一、"劳工神圣"口号提出的多重向度

"劳工神圣"口号经蔡元培提出后，得到了各界的积极响应，沈定一评说道，蔡元培的一篇演说"居然把'劳工神圣'底标语，深印在觉悟者底脑筋中"。② "劳工"开始成为社会公共话题，时为北大学生的许德珩说道："天安门前'劳工神圣'的公开讲演，是破天荒的得着社会上多少人的景仰和兴奋。"③此后，"劳工神圣"逐渐取代"德先生"与"赛先生"成为最响亮的口号，这让人似乎感觉在"吾人最后之觉悟"意犹未尽时，突然被另一个新号角打断，然而审慎地考察，会发现历史的潜流已在悄然涌动，只是在等待时机而已。

（一）欧战的结局及华工的影响

"一战"期间，14 万中国劳工"以工代兵"奔赴欧战，当时国内外报刊都对华工为欧战服务的情况进行了报道，如 1918 年的《诚报》以《西欧战地之华工队》为题刊载了多幅华工在战时的图片：一些华工与英兵一起踞木以供造路之用，一位强壮的华工举起大沙包，甚至有一位华工展示了他所制作的海船模型。④ 这些画面改变了以往中国人"东亚病夫"的形象，凸显了华工在欧战中努力、积极的身影。国外报刊称赞道，"凡工人之操作勤恳而秉性忠实者莫华工……其办事之效能可无疑问"。⑤《远东评论》(*the Far Eastern Review*)的一篇文章甚至说："毫无疑问，华工赴欧援战将对世界历史产生深远的影响，也许将成为这次欧洲大战史上最重要的一方面。"⑥

华工在欧战中的表现也得到了北洋政府的认可，北京警厅侨工事务局同意北京工界首开侨工欢迎会，以表达对华工参与一战以及在战争中所取得成绩的敬意。⑦ 华工的一战经历也影响了社会精英对华工，甚至劳工的态度。1918 年 11 月 16 日，蔡元培在喊出"劳工神圣"的同时，在演说中还说道："我们四万万同胞，直接加入的，除了在法国的十五万华工，还有什么人！这不算怪事，此后的世界，全是劳工的世界呵！"⑧鲁迅后来也写道："欧战时候的参战……儒者们引以为劳绩的，倒是那大抵目不识丁的华工。"⑨康有为甚至致信巴黎和会中国代表团团长陆征祥，强调："吾国参战之功，惟工人最大，则我国所争议约之事，应以保护华工为最大事焉。"⑩正是鉴于华工在欧战中所付出的努力以及积极作为，社会各界开始重视劳工以及劳

---

① 徐中振：《"劳工神圣"——一个不容忽视的五四新启蒙口号——兼论中国现代革命和历史的时代精神》，《江汉论坛》1991 年第 7 期。

② 玄庐：《"劳工神圣"底意义》，《民国日报·觉悟》1920 年 10 月 26 日。

③ 许德珩：《吊吾师蔡孑民先生》，蔡建国编：《蔡元培先生纪念集》，中华书局 1984 年版，第 61 页。

④ 《西欧战地之华工队》，《诚报》1918 年第 42 期。

⑤ 《美报论战地华工之效能》，《欧战实报》1918 年第 168 期。

⑥ *the Far Eastern Review*，15，no. 4，pp. 126－127，徐国琦：《第一次世界大战期间的法国华工与中国国际化及国家认同》，转引张建国主编：《中国劳工与第一次世界大战》，山东大学出版社 2009 年版，第 84 页。

⑦ 参见《京工界以华工服务欧战与有劳绩拟倡首开侨工欢祝会》，《时报》1918 年 11 月 15 日。

⑧ 《蔡校长十六日之演说：劳工神圣》，《北京大学日刊》1918 年第 260 期。

⑨ 《鲁迅全集》(第 3 卷)，人民文学出版社 2005 年版，第 136 页。

⑩ 《康南海最近之言论：致陆子欣书》，《晨报》1919 年 1 月 9 日。

工问题。

（二）“一战”期间，欧洲各地罢工风潮风起云涌

“一战”使欧洲各国国内局势大为恶化，人们不堪战争之重负，开始奋起反抗。如德国，1917年参加罢工的人数已达146万，1918年的罢工浪潮更是一个接着一个，参与罢工的人数增达250余万。同时，各地纷纷效法俄国十月革命，成立士兵苏维埃。即使在“一战”中取得胜利的国家，一些民众也认为，“利益悉归于资本家阶级，而劳动阶级，乃一无所得”。基于这样的认识，各国的社会党人极力反对战争，组织工人罢工，以至这些“国家劳动者与社会主义者，大起非战运动，到处与帝国主义之提携运动相冲突”。[①] 傅斯年在《新潮》上发文写道：“中欧各国起了社会革命了！俄国式的革命到了德意志了。从此法国式的革命——政治革命——大半成了过往的事；俄国式的革命——社会革命——要到处散布了。”[②]

“一战”期间欧洲工人运动的蓬勃发展，中国报界予以高度关注。1917—1918年间，《华工杂志》《大战事报》《兴华》《银行周报》《欧战实报》等报刊大量报道了德奥罢工风潮、法国铁路、纺织工人罢工运动、日本罢工风潮、俄国工人罢工运动以及伦敦纺织工人罢工运动，等等。时人已敏锐地观察到世界劳工风潮的到来：“欧战以还，世界资本制度之国家，无一不受社会革命之风潮所激荡。”[③]世界工潮的风起云涌，通过国内报刊的传播，知识界自然受到影响。

（三）中国劳工阶级的壮大与罢工

“一战”期间，既是中国民族资本主义发展的黄金时期，也是工人阶级队伍迅速壮大的时期。据统计，1919年五四运动前夕中国产业工人有200多万，大多数集中于东南地区和沿海城市的大企业里。此外，还有城市手工业工人和店员约1200万人。随着工人阶级的成长，他们不仅为了改善劳动条件和增加工资待遇不断进行反抗，而且为了反对西方列强对中国主权的侵犯也进行斗争，从1914年至1919年5月间，工人举行的全国性罢工有108次，其中1919年1—5月就有19次。如上海日华纺织公司工人为撤换日籍工头、增加工资、反对日籍经理调整规章，分别在1918年8月13、14、15、16日、9月18、20、21、22日、10月24、27、31日举行大罢工。[④] 面对日益高涨的罢工运动，陈望道称颂道：“我们所谓争斗是阶级的争斗；……我们决不反对这意义的争斗。不但不反对，而且赞成，而且主张，而且顽强地、热烈地主张。”[⑤]随着工人运动的发展，工人组织也开始出现，逐步显示强大的影响力，为五四运动时期无产阶级作为一支独立的政治力量影响中国未来政治的发展做了准备。

（四）无政府主义者提倡“劳动主义”的影响

“劳工神圣”口号的流行与中国无政府主义者对“劳动主义”的宣传密切相关。中国无政府主义者提倡“劳动神圣”，他们在中国现代思想史上第一个弘扬“劳动”，第一个组织劳动工会，

---

① 高劳：《欧美社会党之消息》，《东方杂志》1915年第12卷第2号。

② 傅斯年：《社会革命——俄国式的革命》，《新潮》1919年第1卷第1号。

③ 茹玄：《资本与劳工》，《上海总商会月报》1922年第2卷第5号。

④ 参见唐海编著：《中国劳动问题》，光华书局1926年版，第384—391页。

⑤ 《陈望道文集》，上海人民出版社1979年版，第51页。

第一个出版以“劳动”命名的期刊，甚至第一个举办劳动大学。

无政府主义者在中国首次明确张扬“劳动为人生之天职”的思想，重视劳动的生产意义，认为“人之所以贵乎劳动者，将以博得生产物也”。1918年3月，吴稚晖、梁冰铉、刘石心等人在上海创办《劳动》月刊，这是中国第一个以“劳动”命名的杂志。吴稚晖将《劳动》月刊的宗旨确定为：尊重劳动；提倡劳动主义；维持正当之劳动，排除不正当之劳动……促进我国劳动者与世界劳动者一致解决社会问题。① 他们认为，中国最大的社会问题便是劳动问题，而劳动问题不仅由于雇佣制度的存在，而且还因寄生阶级对劳动者的剥削而引起，其实质是“阶级战争”，因此，劳动是神圣的，劳工也是神圣的。受无政府主义影响的黄璧魂甚至将开办的印刷厂取名为“劳工神圣社”，在上海名噪一时。

虽然无政府主义者对“劳动”“劳工”的解读与马克思主义从社会经济、阶级关系的角度进行考察具有显著差距，但在当时整个社会轻视劳动和劳工的氛围下，无政府主义者凭借他们的影响，对“劳动”“劳工”的肯定无疑对一战后“劳工神圣”思潮的兴起起到了积极作用。

总之，“劳工神圣”口号反映了国际、国内社会的变动，程度不同地体现并汇集了当时各色各样的社会思潮和观念，它以极其浅显通俗的形式提供了一个人人都能理解和接受的启蒙口号。当时有一则评论恰如其分地指出：“这难道是认蔡元培作偶像，才把‘劳工神圣’深入人心？——想来蔡元培一个人，哪里能够凭空造出‘劳工神圣’这句话，他不过将众人脑筋里深深地藏着的‘劳工神圣’，一声叫破了出来，于是众人都被他喊着，就回答一声‘劳工神圣’。”②

二、启蒙中的悖反：“劳工神圣”的问与答

“劳工神圣”思潮的逐渐风行，使五四知识分子在观念建构和对中国社会问题思考的视阈明显发生了转换。1920年6月17日发行的《民国日报》副刊《觉悟》评论道：“劳工神圣！劳工神圣！与劳工为伍！与劳工为伍！这种声浪在杂志界和报章也闹得够高了，一般讲新文化的青年，都免不掉要讲几声！”③可见这个口号强烈吸引着五四知识分子。然而，一位学生却用诗歌写道：“‘劳工神圣’，这话真的吗？呸！劳工——神圣……怎样劳工就是神圣呢？简直是实业家，资本家的牛马呵！”④面对这样的斥问，五四知识分子必须做出回应。

（一）劳工何以神圣？

在五四运动推动下，一些对社会主义和马克思学说有初步了解的五四知识分子，尝试着运用马克思主义的劳动观从物质财富的生产者和创造者的角度解释劳工对社会发展的推动作用，肯定劳动是推动历史发展的主体和动力，从而向社会宣传劳工为什么是神圣的。

在五四新文化运动时期，李大钊在《新青年》上发表了《我的马克思主义观》，他说：“从前的经济学，是以资本为本位，以资本家为本位。

---

① 参见劳动：《劳动者言》，《劳动》第1卷第1号，1918年3月20日。

② 玄庐：《“劳工神圣”底意义》，《民国日报·觉悟》1920年10月26日。

③ 义璋：《讨论怎样过我们的暑假生活》，《民国日报·觉悟》1920年6月17日。

④ 张劭英：《劳工神圣》，《学生文艺丛刊汇编》1920第1卷第3期。

以后的经济学，要以劳动为本位，以劳动者为本位了。”[①]陈独秀切身感受到工人阶级的强大力量，认识到劳动是人类生存与发展的前提，他在《劳动者底觉悟》中明确指出：“若是没做工的人，我们便没有衣食住和交通，我们便不能生存；……我所以说只有做工的人最有用最贵重。”“可见社会上各项人，只有做工的是台柱子，因为有他们的力量才把社会撑住。”[②]同样受到五四工人运动影响的毛泽东直截了当地喊出：“劳工是社会的台柱子。”[③]甚至胡适也说道：“世界人类的文明和幸福，惟工人所创造。”[④]五四知识分子对劳工群体的认同，也反映了建党前后进步知识分子对马克思主义劳动观的认知和接受程度。他们指出，社会上的生产制度无一不依靠劳工们，“假使没有他们，社会上的生产制度，一定会破产的。那人类生活就会绝望哪”。[⑤] 因此，应该“来提倡那神圣的‘劳动主义’”。[⑥] 为了让广大劳工也懂得他们何以神圣这个道理，五四知识分子创办了《劳动者》《劳动音》《劳动界》《劳动与妇女》《劳动周刊》《工人周刊》《上海伙友》等一系列刊物，讴歌劳动伟大、劳工神圣。如《劳动界》的发刊词说道：“我们印这个报，就是要教我们中国工人晓得他们应该晓得他们的事情。”[⑦]

（二）中国的劳工神圣吗？

虽然五四知识分子尝试运用马克思主义的劳动观从社会财富创造者和人类历史推动者的角度礼赞劳工神圣，但社会现实是广大劳工过着悲苦的生活。

在日本人开办的纱厂里，女工不仅工作时间达12小时，而且工作环境极差，容易患肺结核。参观者写道：“我们就可知道机械的粮食，不是煤炭，是工人！资本家所掠夺的工资剩余，不是金钱，是工人的血肉。”[⑧]有人在调查沪西工人的劳动状况时指出：“工人稍有懈怠，随意脚踏口骂；大便时间过长，这要罚工钱。”“孤身的工友……他们劳苦过度，多一病就死。”[⑨]《每周评论》刊载的调查文章形容唐山煤厂工人“尚不如骡马的生命”。[⑩] 王秀水编辑的《上海工人运动史》对20世纪二三十年代的上海工人运动进行了考察，他指出：“被国际帝国主义作为公共殖民地的中国，工人生活，简直比牛马不如。”[⑪]鲁农在《劳动界》刊文指出，在资本家眼里，“做工的生命，还不如那资本家底一只疯狗！”[⑫]可见，中国的劳工是神圣不起来的。

---

① 李大钊：《我的马克思主义观》（上），《新青年》第6卷第5号，1919年5月。

② 陈独秀：《劳动者底觉悟》，《新青年》第7卷第6号（劳动节纪念号），1920年5月1日。

③ 泽人：《怎样做去才有真正的劳工团体出现》，《大公报》（长沙）1920年12月5日。

④ 稻丰：《工人神圣》，《兴华》1921年第18卷第17期。

⑤ 戬初：《劳工为革命的原动力》，《半月》1921年第21号。

⑥ 中华全国总工会中国工人运动史研究室编：《中国工运史料》（上），工人出版社1984年版，第278页。

⑦ 汉俊：《为什么要印这个报？》，《劳动界》第1期，1920年8月15日。

⑧ 大同：《参观两纱厂后的劳动节感想》，《民国日报·觉悟》（劳动纪念号）1921年5月1日。

⑨ 黄舜融：《沪西劳动状况》，《民国日报·觉悟》1922年5月1日。

⑩ 明明：《唐山煤厂的工人生活》，《每周评论》1919年3月9日。

⑪ 王秀水编：《上海工人运动史》，民国图书，出版时间和出版地不详，第34、37页。

⑫ 鲁农：《人命不及狗命》，《劳动界》第10期，1920年10月17日。

（三）劳工进入文学

劳工是神圣的，这样的公共话题也迅速以文学的形式得到表达。最初一些文学作品大多讴歌劳工的伟力和创造，体裁以诗歌为主。如一位作者在《星期评论》发表的《劳动歌》中写道："你种田，我织布，他烧砖瓦盖房子……作工八点钟！休息八点钟！教育八点钟！大家要求生活才劳动……槐树绿，石榴红，薄薄衣衫软软风……休息八点钟！教育八点钟！作工八点钟！大家要求休息才劳动。"①1921 年"五一"劳动节时，渊白为这首诗歌谱了曲，发表在《民国日报》副刊《觉悟》"五一纪念号"上。显然，这首诗歌受到当时世界工人运动和中国工人运动的影响，根据工人运动中提出的"三八制"，即"做工八小时、教育八小时、休息八小时"，唱出了工人的诉求。

为纪念"五一"劳动节，1921 年 5 月 1 日，《民国日报》副刊《觉悟》出版了"五一纪念号"，刘大白发表了两首有关劳动和劳动者的诗歌，一首为《劳动节歌》："（一）世界，世界，谁能创造世界？不是耶和华，只是劳动者。世界，世界，劳动者底世界！……"②另一首为《"五一"运动歌》："（一）'五一'运动，'五一'运动，劳动者第一步成功，虽则成功，也难免几回飞溅血花红。断头如上，枪弹丛中，有多少牺牲者曾经断送！'五一'运动，悲壮啊！成功底历史多么惨痛！'五一'运动，光荣啊！成功底代价多么珍贵！……"③这两首诗歌都称赞劳动者创造了世界，同时讴歌了"五一"劳动节在欧美的成功，期望中国的工人懂得成功是要付出代价的，要紧跟世界劳动潮流而奋勇前进。

如果说以上的诗歌只是对劳工运动一种抽象的表达，尚未触及中国劳工具体生活的话，那么《起劲》《浙江路口的一个人力车夫》《一个黑夜的车夫》等诗歌不仅描述了劳工的悲苦生活，而且鼓励工人起来斗争，做自觉的阶级："'从此更起劲！起劲做工。'切断工人颈子上的锁链，打破资本家所建筑的牢笼。"④"苦力的朋友呀，我狠诚恳地祝你一句：'啦过了黑暗危险之地，前途还有极大光明之路。'"⑤

除了诗歌外，还出现在一些写实叙事的戏剧、小说等，如竹生的《拉车夫》通过对话呈现人力车夫生活的艰辛与无奈，车夫说道："这生活简直是牛马不如。"他呐喊道："难道我们不是一个人吗？甚么人都不拿我们当人类看待。"⑥在《"五一"纪念》的独幕短剧中，通过烟草公司的工人阿方与妻子的对话，反映出资本家对工人的压迫，并借五一节纪念，唤醒工人起来斗争，正如剧中人物阿方所说："我们做人的道理如此：这一天我们苦工人得胜的纪念日，全世界都要纪念，难道我一个人还为一天工钱么？"⑦

随着"劳工神圣"思潮的兴起，以及五四运动后工人阶级力量的壮大，五四先进知识分子在《新青年》《晨报》《新潮》《觉悟》《星期评论》等报刊上发表的这类文学作品猛增，这些作品的主人公有洋车夫、铁匠、校役、农夫、学徒、店员、

---

① 《劳动歌》，《星期评论》第 47 期，1920 年 4 月 25 日。

② 大白：《劳动节歌》，《民国日报·觉悟》（劳动纪念号）1921 年 5 月 1 日。

③ 大白：《"五一"运动歌》，《民国日报·觉悟》（劳动纪念号）1921 年 5 月 1 日。

④ 玄庐：《起劲》，《星期评论》第 45 期，1920 年 4 月 11 日。

⑤ 刘顺初：《一个黑夜的车夫》，《学生文艺丛刊汇编》1920 年第 1 卷第 3 期。

⑥ 竹生：《拉车夫》，《小说月报》1920 年第 11 卷第 6 期。

⑦ 天底：《"五一"纪念》，《民国日报·觉悟》（劳动纪念号）1921 年 5 月 1 日。

纺织女工、烟草工人，等等，他们基本上是首次进入文学作品，这显然与当时“劳工神圣”思潮的影响分不开，劳工群体的镜像通过文学作品的形式进一步扩散，与之相关的劳工问题逐渐成为公共话题，影响着五四知识分子的思想和行动。

三、坐而言不如起而行:“与劳工为伍”

面对理论与现实的强烈反差，五四知识分子关注的重心开始由文化向政治、社会变焦，并在新的意义上强调坐而言不如起而行。他们反思道:“我想我这拿笔在白纸上写黑字的人，够不上叫劳工。我不敢说违心话，我还是穿着长衫在，我的手不是很硬的，我的手掌上并没有长起很厚的皮，所以我不是劳工。”①施存统说:“我很惭愧，我现在还不是一个工人。”②俞秀松在《〈浙江新潮〉发刊词》中号召:“凡智识阶级里面觉悟的人，应该打破‘智识阶级’的观念，投身劳动界中，和劳动者联合一致。”③以上言论反映了五四青年知识分子共同的心声，他们跳出知识分子的圈子走向民间，开展实践活动，极力使自己走近劳工，或变成一个真正的劳工。正如李立三所说:“在五四运动以前几乎没有认识群众力量，到了五四运动以后一般进步青年，便受了这个浪潮的冲击，认识国民革命前途，必须唤起广大的群众来参加，尤其是工人群众。所以到工人中去，成为当时一部分革命青年的口号。”④

(一) 开展社会调查

五四知识分子要走近劳工，首先须了解他们的劳动状况。《觉悟》1920 年第 7 卷第 4 期发表了光涛的《社会调查》，作者说，暑假已在眼前，有一件事很要紧，就是社会调查，而且这个社会调查专指调查劳动界。作者认为，这样做的益处，“关于中国将来的、社会主义实现底预备。关于中国现在的、揭破工厂和资本家底黑幕，促他们底改良”。⑤ 可以说，早期五四知识分子践行“与劳工为伍”口号的重要路径就是走进工厂，进行社会调查。他们的实践不仅提供了关于劳工状况的具体资料，而且揭示了中国社会问题的深度，因此，他们的社会实践调查报告得到了报界的积极支持，予以大量刊载。

以《新青年》1920 年第 7 卷第 6 号为例，这一期为“五一”劳动节纪念专号，刊发了大量关于工人的调查报告。这些调查报告大都列出了调查的具体事项，如工人的年龄、家室、工作时长、工资、工作环境、居住条件、生活消费、包工，甚至生死率，通过大量表格的对比，详实的数据解读，给读者呈现了工人苦难的生存场景。如调查报告指出，长沙的劳工界“在这资本制度以下，劳动者为资本势力所屈服，完全处于被压迫的地位”，他们的劳动“是被压迫而且黑暗的状况”。⑥ 据不完全统计，《新青年》在 1919—1921 年间设置的“社会调查”“人口问题”“工读互助团问题”“劳动问题”等专栏和专号发表了 140

---

① 光佛:《谁是劳工? 谁是智识阶级?》,《民国日报·觉悟》1919 年 11 月 8 日。

② 张允侯等编:《五四时期的社团》(二),三联书店 1979 年版,第 422 页。

③ 《俞秀松纪念文集》,当代中国出版社 1999 年版,第 194 页。

④ 中国人民大学历史系中国工人运动史教研室编:《中国工人运动史参考资料》第 1 集,中国人民大学出版社 1959 年版,第 23—24 页。

⑤ 光涛:《我们怎样度暑假·(六)社会调查》,《民国日报·觉悟》1920 年 7 月 4 日。

⑥ 野:《长沙劳动状况》,《新青年》第 7 卷第 6 号(劳动节纪念号),1920 年 5 月 1 日。

多篇政论、报道和通信，对当时中国突出的劳工和劳动问题进行了大规模调查、研讨，反映劳工的生活实况，探讨如何动员他们改造自身并参加到社会改造甚至社会革命中来。

除《新青年》外，由少年中国学会创办的《少年世界》月刊同样注重社会的实际调查，专辟“劳动世界”和“工厂调查”栏目，“专载国内外工厂内容的调查”。[①] 国内工厂调查以武汉为主，包括武汉造币厂、粤汉铁路机器厂、财政部造纸厂、京汉铁路机器厂、汉阳铁厂等。此外，《民国日报》副刊《觉悟》《每周评论》《星期评论》《实业杂志》《东方杂志》《北京实业周刊》《上海伙友》《劳动界》等也都开设了“劳动问题”“社会调查”专栏，报道了“天津劳动者底状况”“大连底劳动界”“徐州底劳动界”“广州劳工状况调查录”“广东实业之状况”“松江实业状况”，等等。

五四知识分子开展的社会调查，一方面使他们对中国的劳工问题有了切实的体悟，另一方面使一些工人也受到启发，他们结合自己的劳动状况，写下了诸如《一个拣丝头的工人自述》《一个排字工人的苦话》《我做学徒时底苦况》《我做学徒时候底景况》《我们流出的血汗到哪去了》《工人应该觉悟的地方》《老板和老虎》等短文。一些觉悟较高的工人希望知识界不只是高唱“劳工解放”“劳工神圣”，而应通过知识的引导和灌输，帮助他们“共除那种不平等的事”，使他们“脱离这苦海”“都成功有人格的工人”。[②]

（二）创办夜校

一些五四知识分子也深感要使劳动者有彻底的觉悟，须进行劳工教育。陈开懋说：“劳动界还在混沌中，还在大梦里。什么‘五一纪念’呀，什么‘资本主义’呀，什么‘劳动神圣’呀，都是一无所知的……过着奴隶的生活……不晓得觉悟，起来奋斗，而与世界潮流适应。”如何能达到解放之目的、改造之目的呢?，他认为，“必须从‘从灌输新思想到工人的脑袋里去’入手，要‘灌输新思想到工人脑袋里去’，非‘去与劳工为伍’不可，所以这个‘去与劳工为伍’问题乃是最紧要的问题”。因此，他认为设立劳工夜校的办法较为完美，并付诸行动，与志同道合的朋友在沪江大学校门外办起了学校，每周一、三、五为授课时间，除教课本知识外，还教写字、算法，“并与他们讲到‘人格’‘平等’‘自由’‘自决’，和资本主义之万恶，劳动家之神圣”。[③]

同样，包惠僧在对武汉劳动界进行调查后说，要使工人产生阶级的觉悟，惟有劳工教育四字。那怎么做呢？他提出：第一，劳动界有觉悟的人，自己发起，设立劳动学校，像长辛店的工人补习学校一样；第二，知识阶级的人本着良心上的主张，去援助劳动阶级，或组织劳工学校，或向劳工演讲，增进他们的知识，促醒他们的觉悟。[④] 包惠僧所说的北京长辛店工人补习学校是中国共产主义小组建立的最早的工人补习学校，由邓中夏、张太雷、张国焘等于1920年12月筹办。它以“增进‘劳动者’和‘劳动者的子弟’完全知识；养成‘劳动者’‘和劳动者子弟’高尚人格为宗旨”。[⑤] 教员用通俗的语言讲述什么是做工、劳动，工人为什么受苦受穷，为什

---

① 《封一广告》，《少年世界》1920年第1卷第6期。

② 李次山：《上海劳动状况》，《新青年》第7卷第6号（劳动节纪念号），1920年5月1日。

③ 陈开懋：《“去与劳工为伍”和工人夜校》，《沪江大学月刊》1920年第9卷第6期。

④ 参见包惠僧：《我对于武汉劳动界的调查和感想》，《民国日报·觉悟》1921年4月8日。

⑤ 国焘：《劳动补习学校简单及预算案》，《劳动界》第15期，1920年11月21日。

么要向军阀、资本家作斗争,工人深受教育。长辛店工人补习学校不仅大大提高工人们的知识水平,而且他们的阶级意识也得到了提升,“不愧乎北方劳动界的一颗明星”。①

(三)发动五一节纪念

工人阶级的壮大和十月革命的影响,五四先进知识分子已认识到劳动在社会生产中的重要性和工人阶级在社会革命中的重要使命。五一劳动节的传入无疑进一步增强了五四知识分子与工人群体的联系。

1920年的五一劳动节,五四先进知识分子积极组织和发动工人开展各种纪念活动。如北京,李大钊主持的北京大学五一劳动节纪念大会,有校役、夜班工友和学生500多人参加,会上散发的传单阐述了纪念五一劳动节的原因:“希望诸位常常纪念‘五一’节,把全世界人人纪念的‘五一’节当作我们一盏引路的明灯。我们本着劳工神圣的信条,跟着这个明灯走向光明的地方去。”②工读互助团出动了两辆汽车,车上插着写有“劳工神圣”“五月一日万岁”“资本家之末日”等字样的红旗,沿街散发《五月一日北京劳工宣言》。一部分北京学生坐火车到长辛店铁厂散发传单和发表演说。工人听后说:“你们要是昨天来,我们今天便能罢工了。”③

为了通过“五一”节纪念促进中国劳动界的觉悟,以及使中国的工人运动与世界联系起来,李大钊发表了《“五一”May Day运动史》,这篇近3万字的宏文详细地考察了“五一”节纪念在西方工人运动发展中的历程,以及不同阶段“五一”节纪念的斗争目标,并期望中国的劳工同胞,“认今年的‘五一’纪念日作一个觉悟的日期”。④《星期评论》《东方杂志》《民国日报·觉悟》《建设》《新青年》《少年世界》等报刊同时刊载了李大钊的这篇文章,可见舆论界对劳工问题的高度关注。

在上海,陈独秀等人联合中华工会总会、上海船务栈房工界联合会等7个团体组织工人召开“五一”节庆祝会,到会的有三四千余人,高呼“劳工万岁”等口号。⑤ 广州的女子职业、铁路专门学校等学生发起召开“五一”节庆祝会,到会的有广州各学校和劳动团体等大约几万人,其中工人占大半,会场挂着“劳工神圣”“资本家末日”“打破阶级制度”“奋斗”“牺牲”等标语。学生发表了“五一劳动史”的演说,并表示了对今后劳动节的希望,听众“拍掌之声如雷动”。时人著文称赞说:“诚广州空前未有的劳工纪念会,真中国劳工的好现象了。”⑥此外,长沙、九江、唐山、汕头、漳州、哈尔滨等地也有工人集会和散发传单等活动。在这些纪念活动中,工人不再局限于增加工资,他们要求“八小时劳动,八小时休息,八小时教育”,显示了工人阶级对自身价值的深刻认识,知识界认为,这是中国工人阶级“空前的觉悟”,“他们所要求的是人的生活”。⑦ 李大钊寄语中国劳工同胞,将1920年

① 《长辛店工会成立》,《共产党》月刊1921年第6号。

② 吹万:《北京之劳动节与学潮》(北京通信),《申报》1920年5月4日。

③ L.S.:《北京“五一”运动的真相》,《北京大学学生周刊》1920年第15号,第16版。

④ 李大钊:《“五一”May Day运动史》,《星期评论》(劳动纪念号)第48期,1920年5月1日。

⑤ 参见《世界劳动纪念日纪事》,《申报》1920年5月2日。

⑥ 粤潮:《广州空前未有的劳工纪念会》,《北京大学学生周刊》1920年第15号。

⑦ 郑振铎:《“五一”的纪念》,《新社会》1920年第19期。

的“五一”纪念日作为一个“觉醒的日期”,①努力争取本阶级的权利。正如当时舆论所言:“今年五月一日,可算是劳动问题在中国发生实际运动的第一日。”②

四、变焦与转换:让劳工神圣起来

如果说由“劳工神圣”引发五四知识分子对劳工问题、社会问题的聚焦是自然演进过程的话,那么随着他们对社会主义、共产主义理论的接受和认知,一个社会学视角下的“社会问题”在性质上便开始发生变焦,转换为世界共产主义思想下的“社会革命”,成为“劳工解放”的逻辑起点。

(一)劳工要做世界的主人,必须在政治上赢得更多的权利

受欧战的影响,蔡元培喊出“劳工神圣”,李大钊倡言“须知今后的世界,变成劳工的世界”,③渐渐认识到劳动者地位之重要,在言论上对于劳动者“都知道表示同情的心理”。④ 在走近劳工的实践中,在唤起劳工觉悟的行动中,中国劳工界困苦的境况使他们不可能回避、也不得不思考如何让劳工神圣起来?也就是走向解放。去吾写道:“近来工人的进步,非常敏速,我们恰应该想出法子,去保护他们,优视他们。”⑤

办法是什么呢?从政治方面着手,成为五四知识分子共同的心声。有人认识到,仅仅指导工人为了增加工资、改善生活待遇进行斗争是不够的,这只是解决暂时的和眼前的问题,因此除了从经济上考虑,还要从政治方面去思考和努力。陈独秀在演说中肯定做工的人是最贵重的,是社会的台柱子时,便期望他们在实现待遇改良后,努力争取管理权,即“做工的劳力者起来管理政治、军事、产业,居于治人的地位”。⑥ 有人认为,正是劳工没有政治的保障才给“恶政治来鱼肉”,所以劳工运动若不涉及政治,是不彻底的,“希望中国的劳动者……赶快实行参与政治运动,做政治运动中的中坚”。⑦罗豁指出,世界上的一切文明都是劳动者创造的,却不能受国家法律的保护,而所谓安宁、幸福、平等,言论、集会、结社自由都是资本家和官僚的专有物,因此,他呼吁劳动者觉悟起来,做“世界底主人”,“共同努力取还我们劳动者底血汗结晶,这就是阶级觉悟的必要”。⑧ 显然,他也从政治层面提出了具体的要求,希望劳动者觉悟起来。

在五四知识分子看来,劳工要做世界的主人,必须在政治上赢得更多的权利。五四知识分子自我认识的提升,也为他们的奋斗寻找到了新的目标,即要赋予工人新的历史使命,通过革命谋解决之道。他们明确宣布,“劳工问题,实为二十世纪革命的原动力”,⑨工人作为社会

---

① 李大钊:《“五一”运动史》,《星期评论》(劳动纪念号)第48期,1920年5月1日。

② L.S.:《北京“五一”运动的真相》,《北京大学学生周刊》1920年第15号。

③ 李大钊:《庶民的胜利》,《新青年》第5卷第5号,1918年10月15日。

④ 唐海编著:《中国劳动问题》,光华书局1926年版,第339页。

⑤ 去吾:《劳动界·劳工世界》,《南洋周刊》1919年第1期。

⑥ 陈独秀:《劳动者底觉悟》,《新青年》第7卷第6号(劳动节纪念号),1920年5月1日。

⑦ 缪斌:《“五一”纪念与中国底劳动者》,《南洋周刊》1924年第8期。

⑧ 罗豁:《阶级的觉悟》,《民国日报·觉悟》1921年6月22日。

⑨ 戬初:《劳工为革命的原动力》,《半月》1921年第21期。

组织的骨干,革命分子的中坚,政治上的解决就是唤起他们"来做工运之唯一法门"。[①] 要让工人懂得,要推翻资本家,必须推翻保障他们的政府不可,而且他们完全有力量进行反抗。他们急切呼吁劳动界"赶快起来举行大示威运动,争回你们的人格,推翻那万恶的政府和那万恶资本阶级"。[②] "快快觉悟,起来革命",即使牺牲生命也不顾,"因为没有相当的牺牲,决不容易得到效果的"。[③]

(二)"无产阶级要实行革命,必有一个共产党从中指导"

马克思学说尽管较早从日本和欧洲传入中国,但只是在十月革命之后,五四先进知识分子才开始认真研究。在尝试以马克思主义的视角来检视中国劳工问题、社会问题时,他们借助俄国十月革命的影响,从政党的角度考察其成功的原因,借鉴其经验,并以此思考中国的社会革命。李达在《评第四国际》中总结了俄国十月革命和巴黎公社的历史经验,阐述了建党的必要性和重大意义,明确指出:"无产阶级要实行革命,必有一个共产党从中指导,才有胜利之可言。一九一七年俄国革命之所以成功,与一八七一年巴黎共产团之所以失败,就是因为一个有共产党任指挥而一个没有。"[④]李大钊也指出,"俄罗斯共产党,党员六十万人,以六十万人之活跃,而建设一个赤色国家。这种团体的组织与训练,真正可骇。"由此他呼吁道:"中国C派的朋友,那好不赶快组织一个大团体以与各国C派的朋友相呼应呢?"[⑤]明确表示希望尽快建立中国共产主义的政党。

正在国外苦苦探索改造中国社会的蔡和森也认为,要推动工人运动,需要四种利器,其中之一就是建立共产党,因为它是革命运动的神经中枢,是发动者、宣传者、先锋队、作战部,"以中国现在的情形来看,须先组织他,然后工团、合作社,才能发生有力的组织。革命运动、劳动运动,才有神经中枢"。在对加入共产国际的各国共产党考察的基础上,他希望"中国于二年内成立一主义明确,方法得当和俄一致的党"。因此,他建议毛泽东"准备做俄国的十月革命",并自信"有九分对"。[⑥] 这说明,蔡和森已经对中国共产党与工人阶级革命之间的关系有了非常清晰的认知。

陈独秀和李达在接受和传播马克思主义理论的过程中都认为,工人阶级革命的目的是通过阶级斗争,实行劳工专政,而要实行劳工专政,归根结底必然"有一个强大的共产党做无产阶级的先锋队与指导者不可"。[⑦] "共产党是无产阶级的柱石,是无产阶级的头脑,共产党人散布到全体中间宣传革命,实行革命。"[⑧]也就是说,共产党应该由无产阶级中最有觉悟、对历史使命具有自觉担当精神的优秀分子组成。

---

① 米寅宝:《工运之回顾与前瞻》,南华图书局 1929 年版,第 3 页。

② 芾甘:《"五一"纪念感言》,《人声杂志》1921 年第 2 期。

③ 瑞彭:《"五一纪念"促中国劳动界觉悟》,《民国日报·觉悟》1921 年 5 月 1 日。

④ 《李达文集》(第 1 卷),人民出版社 1980 年版,第 133 页。

⑤ 《李大钊全集》(第 3 卷),人民出版社 2013 年版,第 348、350 页。

⑥ 《蔡和森文集》,人民出版社 1980 年版,第 51—52 页。

⑦ 《陈独秀文集》(第 2 卷),人民出版社 2013 年版,第 265 页。

⑧ 《李达文集》(第 1 卷),人民出版社 1980 年版,第 133—134 页。

（三）“有一个最大的根本解决方法，就是社会主义”

面对工人的艰辛生活，五四知识分子将初步了解的马克思学说中劳动创造价值这一核心命题，结合工人的劳动实践，用通俗易懂的语言解释他们受压迫的命运不是天注定的，而是“资本家生产制”造成的，①从而为“社会革命”及其目标提供理论的支撑。如陈独秀运用马克思的“资本私有”和“剩余价值”②概念解释红利为何就是剩余价值，他说，资本私有是指有资本的人拥有工具，并雇人做工生产，自己还可以不做工，没有资本的人只能出卖劳力给有资本的人做工生产。同时工人用血汗所生产所应得的，被资本家用红利的名义掠夺而去，这个红利就是剩余价值，这就是劳动者苦命的原因。毛泽东在启发工人觉悟时，向他们赠送《劳动界》，湖南黑铅炼厂一位钳工罗谷荪读了《劳动界》以后，懂得了其被压迫被剥削的原因，他呼唤道：“黑暗，黑暗，黑暗！这是甚么世界到了，马格斯呀！你到我们中国来吗？这种十重地狱里面的日子实在难过呢。”③李达在解读马克思的社会主义学说时，也予以解释：“资本家利用收集生产物的剩余价值，坐致巨富，劳动者仅赖工钱以谋生。富者愈富，贫者愈贫，遂划分社会为有产者、无产者两大阶级。”④因此，劳动者千辛万苦仅能维持生活，如不能做工，则非饿死、冻死不可。

那么劳动者怎么才能不饿死、不冻死？怎样才不受资本家的剥削？李大钊立足于世界社会主义潮流的发展趋势，认为只有铲除国内的掠夺阶级，抵抗世界的资本主义，“依社会主义的组织经营实业不可”。⑤ 李达给出明确的答案：“这里有一个最大的根本解决方法，就是社会主义。”“社会主义主张推倒资本主义，废止财产私有，把一切工厂一切原料都归劳动者手中管理……这是劳动问题的根本解决方法，所以劳动者非信奉社会主义，实行社会革命把资本家完全铲除不可。”⑥

1921 年 1 月 2 日，新民学会长沙会员开会讨论解决社会问题的方法，毛泽东指出：共产主义，即所谓劳农主义，用阶级专政的方法，是可以预计效果的，故最宜采用。他明确地否定了改良主义，他说：“我对于绝对的自由主义、无政府主义，以及德谟克拉西主义，依我现在的看法，都只认为理论上说得好听，事实上是做不到的。”⑦施存统对一些人认为中国不能实行共产主义进行了驳斥，旗帜鲜明地说：“所以我们必须阶级对争，必须采用劳工专政。……总之，马克思底共产主义，一定可以在中国实行的。”⑧对于这一时期五四知识分子对共产主义理想目标的确定，毛泽东在《新民主主义论》中指出：“在五四以后，中国产生了完全崭新的文化生力

① 季陶：《劳动者应该如何努力?》，《劳动界》第 10 期，1920 年 10 月 17 日。

② 《陈独秀文章选编》(中)，生活・读书・新知三联书店 1984 年版，第 85—86 页。

③ 罗谷荪：《工头的黑暗》，《大公报》(湖南)，1921 年 2 月 28 日。

④ 《李达文集》(第 1 卷)，人民出版社 1980 年版，第 30 页。

⑤ 李大钊：《中国的社会主义与世界的资本主义》，《评论之评论》1921 年第 1 卷第 2 期。

⑥ 立达：《劳动者与社会主义》，《劳动界》第 16 期，1920 年 11 月 28 日。

⑦ 《毛泽东年谱》(1893—1949)上卷，人民出版社、中央文献出版社 1993 年版，第 74 页。

⑧ 存统：《马克思底共产主义》，《新青年》第 9 卷第 4 期，1921 年 8 月 1 日。

军……即共产主义的宇宙观和社会革命论。”①

五、余 论

由“劳工神圣”引发的劳工问题和社会问题,使五四新文化运动出现了裂变,陶希圣在谈到20世纪20年代前后一些运动的影响时说道:“五四运动对于中国一般青年知识分子,唤起了个人的觉醒。各种社会思想和政治学说在学生大众中如风起云涌,并行不悖……社会问题的主流的劳工问题亦渐从知识分子的空想转入社会的实际生活。”②“劳工神圣”作为一个社会现实和思想关注点大大迥异于新文化运动时期的概念游戏和新旧思想的对垒,五四知识分子使其远离文化讨论的学理层面,有了更明确和直接的意蕴,表达了更为具体的社会内容,即由“劳工神圣”推衍出中国的劳工问题、社会问题的解决。他们探求解决之道,走入民间,与劳工为伍,开展深入的社会调查,做起了教育工人、引导工人、组织工人的实际工作。在这一过程中,他们将从《共产党宣言》《资本论》等马克思主义经典著作中接受的观点、学说和核心概念转化为自己的思考,并与中国的劳工问题结合起来,尝试解释、解决中国的社会问题。在提出社会革命时,马克思主义彰显出相当的理论诠释力和实践动力。正如德里克所说:“在20年代政治岁月中成长起来的一代中国知识分子,较他们的前辈更为关心社会的变革,其结果,与马克思主义的要旨也更为合拍。正是通过这一代人,马克思主义理论融入了中国社会思想。”③

当李大钊把政治的“民主主义战胜”与社会的“劳工主义战胜”作为欧战的两个不同结果加以区别,并强调社会主义的胜利是20世纪的世界精神和潮流时,五四知识分子对“劳工神圣”思想的启蒙、传播和社会改造的实践至少在两个层面上对启动现代革命起了重要作用:在一个层面上,他们塑造了完全对立相反的劳工群体社会形象,即世界的主人翁、文明社会创造者的劳工和受掠夺、生活不如牛马的劳工,通过应然状态和实然状态强烈的对比,确定劳工身份归属,使劳动者的社会身份和地位发生了根本的变化。在另一个层面上,更为重要的是,当他们运用马克思主义观点对劳动者两种悖反的状态进行解读和中国化话语诠释时实际上在工人阶级与马克思主义之间搭建起了桥梁,即为中国现代社会革命造就了先进阶级及其先锋队——中国共产党,又使马克思主义在中国的实践有了现实的本源和阶级载体。

---

① 《毛泽东选集》(第2卷),人民出版社1991年版,第697页。

② 陶希圣:《潮流与点滴》,转引自[美]阿里夫·德里克:《革命与历史:中国马克思主义历史学的起源,1919—1937》,翁贺凯译,江苏人民出版社2018年版,第43页。

③ [美]阿里夫·德里克:《革命与历史:中国马克思主义历史学的起源,1919—1937》,翁贺凯译,江苏人民出版社2018年版,第33页。

马克思主义经典文献解读

马克思主义经典文献，集中体现了马克思主义基本原理，也蕴含了科学社会主义基本原则，是马克思主义理论的本源和基础，更是世界社会主义运动最为重要的理论之源。所以，解读和重温马克思主义经典文献，始终是世界社会主义运动，尤其是科学社会主义实践的一项重要理论主题。在新时代背景下解读马克思主义经典文献，对创新发展马克思主义可以起到“正本清源”和“返本开新”的效果。

众所周知，《马克思恩格斯全集》历史考证版（$MEGA^2$）是收录马克思、恩格斯著作最为权威和最完备的版本。其中，《德意志意识形态》是马克思主义诞生时期的科学巨著之一，它第一次系统地阐述了唯物史观基本原理，标志着马克思主义哲学的成熟。在《$MEGA^2$ 版〈德意志意识形态〉的编辑情况分析》这一访谈稿中，赵玉兰就 $MEGA^2$ 版《德意志意识形态》的编辑情况对格哈尔特·胡布曼博士和乌尔里希·帕格尔博士这两位马克思恩格斯文本、文献研究专家进行了专访。两位专家对 $MEGA^2$ 版《德意志意识形态》的编辑准备、过程和成果，$MEGA^2$ 先行版即陶伯特版的评价问题，《德意志意识形态》的著作与季刊的定性问题进行了详尽介绍，向我们展示了关于《德意志意识形态》所有手稿的完整的诞生史和流传史。

《资本论》是马克思研究资本主义社会经济形态的巅峰之作。在这部著作里，马克思以唯物史观的基本思想为指导，通过深刻分析资本主义生产方式，揭示了资本主义社会发展规律，从而使唯物史观得到了科学验证和进一步的丰富发展，也使社会主义得以建立在科学的基础之上。$MEGA^2$ 版全集的第二部分“《资本论》及其准备著作”在 2012 年出齐，收录了 1857 年之后马克思、恩格斯与《资本论》相关的全部著作和手稿。徐洋在《〈马恩全集〉历史考证版中的〈资本论〉第一卷文献》一文中分析认为，马克思在出版《资本论》第一卷之后对该卷进行修订和对相关问题的研究而留下几份手稿，恩格斯也在《资本论》第一卷各版修订过程中留下若干手稿。尽管这些文献规模不大，但是对深入理解马克思的研究方法和表述方法，对了解《资本论》创作史和传播史，具有重要意义。

就德语世界《资本论》研究而言，王校楠在《德语世界〈资本论〉研究的互动与传承》一文中指出，19 世纪末，德语世界就开始围绕《资本论》及其手稿展开深入研究，诞生了奥地利马克思主义政治经济学传统。苏联马克思主义经济学家鲁宾和法兰克福学派经济学家格罗斯曼以及早期马克思学者罗斯多尔斯基的思想，在某种程度上就直接或间接建立在这一传统上。“二战”结束后，鲁宾和罗斯多尔斯基的研究成果重新传入德语学界，为当时西德的马克思研究注入了一股理论活水，从而开启了 20 世纪 60 年代以来的以“新马克思阅读”运动为代表的德国《资本论》研究热潮。可以说，围绕德语世界的《资本论》研究，奥地利马克思主义、早期苏联马克思主义、法兰克福学派以及作为其理论传人的“新马克思阅读”之间存在着诸多互动与传承。

《资本论》是在20世纪初传入中国的，1930年，陈启修译的《资本论》第一卷第一分册在上海出版。作为《资本论》的首个中译本，陈启修译本极大地推动了马克思主义政治经济学在中国的传播。在《陈启修译〈资本论〉译介考释》一文中，王保柱、孙道凤指出，陈启修译本选择以考茨基版为翻译底本，参考日译本等多语种译本，灵活运用本土资源，内容翻译明白畅达，术语概念翻译准确，多数经典译语沿用至今。该文认为，尽管陈启修译本不是全译本，但在马克思主义经典著作的中文翻译史上具有里程碑意义，是继1920年陈望道翻译《共产党宣言》后最重要的经典翻译事业，对《资本论》在中国的传播和接受史具有先导意义。

马克思一生留下了卷帙浩繁的文献资料，涵涉著作、笔记、手稿与书信等不同形式的文本。根据学界对马克思文本的四类不同划分方式，报刊文章属于"第三类文本"。张娥在《马克思"第三类文本"的传播效应》一文中指出，"第三类文本"与其他文本相比，兼具思想形成价值和传播价值，其中，文本传播过程中产生的社会效应是判断其价值的重要指标。该文还就恩格斯晚年《在马克思墓前的讲话》中提到马克思一生参与的众多报刊时却"遗漏"《德法年鉴》这一现象试图给出自己的合理解释，以展现马克思"第三类文本"的传播价值。

作为马克思主义哲学经典文本，《反杜林论》第一次全面系统地论证了马克思主义是一个完备而严整的科学理论体系，对于人们从整体上研究和理解马克思主义起到至关重要的作用，在马克思主义发展史上具有里程碑意义。姚颖在《〈反杜林论〉吴亮平译本考释》一文中认为，《反杜林论》吴亮平译本在中国广泛传播，影响深远。该文通过比对考证《反杜林论》吴亮平译本的1930年首译本、1940年校译本和1956年校译本等重要版本中哲学术语、重点译句和文本情况，来管窥"吴译本"在马克思主义传播史上的贡献，及其在推进20世纪上半叶马克思主义中国化过程中的作用。

19世纪末20世纪初，列宁与"合法马克思主义"之间发生了一场关于资本主义的争论。所谓"合法马克思主义"，就是19世纪末俄国一个以马克思主义者自居却极力赞扬资本主义的思想流派。贾淑品、阳银银在《列宁对"合法马克思主义"资本主义观的认识与批评》一文中指出，列宁通过对"合法马克思主义"的诸如"马克思主义实现论""资本主义适应论""土地肥力递减理论""小农经济稳固论"等错误观点进行深入批判，粉碎了合法马克思主义的"资本主义完美论"神话。该文认为，列宁对"合法马克思主义"的批判对于今天的中国如何看待资本主义社会有着重要的理论和现实意义。

《唯物主义与经验批判主义》是马克思主义理论宝库中又一本重要著作，它标志着马克思主义哲学发展到了列宁主义阶段。在《批判"经验批判主义"，捍卫和阐发物质观思想》一文中，王宏波、曹睿指出，列宁在这部论战性的著作中对经验批判主义的诸如"感觉第一性""纯粹经验""思维经济原则""物理学唯心主义"等思想展开批判，坚持"物质第一性"的哲学原则，论证世界物质统一性的思想，阐述认识客观真理的辩证法，从而在批判的意义上构建了辩证唯物主义的哲学物质观。该文认为，列宁的哲学物质观对于理解当代科学技术新进展和新发现具有指导性意义。

MEGA² 版《德意志意识形态》的编辑情况分析

——访德国柏林-勃兰登堡科学院 MEGA 工作站格哈尔特·胡布曼博士和乌尔里希·帕格尔博士

【内容提要】《德意志意识形态》是马克思主义诞生时期的科学巨著之一，它第一次系统阐述了唯物史观基本原理，标志着马克思主义哲学的成熟。本文作为访谈稿，就 MEGA² 版《德意志意识形态》的编辑情况对格哈尔特·胡布曼博士和乌尔里希·帕格尔博士这两位马克思恩格斯文本、文献研究专家进行了专访。两位专家对 MEGA² 版《德意志意识形态》的编辑准备过程、关于 MEGA² 版《德意志意识形态》先行版即陶伯特版"费尔巴哈章"的评价问题、《德意志意识形态》的著作与季刊的定性问题，以及 MEGA² 版《德意志意识形态》的编辑成果进行了详尽介绍，向我们展示了关于《德意志意识形态》所有手稿的完整诞生史和流传史。

【受访者简介】 格哈尔特·胡布曼(Dr. Gerald Hubmann)，国际马克思恩格斯基金会秘书长、德国柏林-勃兰登堡科学院 MEGA(《马克思恩格斯全集》历史考证版)工作站总负责人；乌尔里希·帕格尔(Dr. Ulrich Pagel)，德国柏林-勃兰登堡科学院 MEGA 工作站成员

【采访者简介】 赵玉兰，中国人民大学马克思主义学院副教授

【原文出处】《马克思主义理论学科研究》2018 年第 5 期

关于 MEGA² 版《德意志意识形态》的编辑准备过程

赵玉兰：胡布曼博士、帕格尔博士，你们好！非常感谢二位接受本次专访。在英格·陶伯特(Inge Taubert)主编的 MEGA² 版《德意志意识形态》"费尔巴哈"章于 2004 年在《马克思恩格斯年鉴 2003》(以下简称《马恩年鉴》)出版

之后，为什么时隔10多年，直到2017年年底才最终出版了MEGA² 第Ⅰ/5卷即《德意志意识形态》卷？

格哈尔特·胡布曼(以下简称“胡布曼”)：这有几方面的原因。

第一，这一卷最初并不是由我们所在的柏林-勃兰登堡科学院编辑的，而是由特里尔工作组编辑的。在特里尔马克思故居于2004年关闭了其研究所之后，这一卷的编辑任务才落到了我们肩上。于是，我们把截至那时特里尔工作组所取得的成果发表在了《马恩年鉴》中。但是在柏林，我们起初并不能启动这一卷的编辑工作，因为那时我们还有另外一项工作计划，即优先完成MEGA² 的第Ⅱ部分(“《资本论》及其准备材料”)。因此，直到2010年这一卷才进入我们的工作计划，而其编者乌尔里希·帕格尔才开启了对它的编辑工作。

第二则是由于资料的规模与复杂性。迄今为止，学术研究总是在费尔巴哈部分深耕细犁，但这只是材料的一小部分。我们现在则首次以历史考证的方式编辑了施蒂纳手稿。从编辑层面来说，它属于最困难的部分，因为其中有三位书写者，即马克思、恩格斯和魏德迈——他们之间相互进行改动修正，又因为手稿中存在破损极为严重的部分，所以修订的数量以及文本异文(Textvariante)的数量极其庞大，多达几千处。因此，必须对这部分篇幅达400余页的手稿进行彻底全新的编辑，而这正是乌尔里希的主要任务。

第三，这样一个版本的确立过程本身也是一个研究过程。我们自然不能轻易地接受他人对个别部分所作的结论。我们必须彻底从头开始，包括已经在《马恩年鉴》中出版过的“费尔巴哈”部分，也必须按照我们的准则再次对之进行审校，并作部分的修改。所谓的研究过程意味着，一旦整项工作启动，那么没人知道此后会出现什么状况。我们不妨再举一个例子。在这一研究过程中，《德意志意识形态》是一部季刊的论断得到了证实。于是，基于对丹尼尔斯手稿(Daniels-Manuskript)的发现，基于事实上还存在其他作者(类似尼丹尔斯)所写手稿的证据，我们自然必须再次寻找并且核查这些手稿。丹尼尔斯手稿在我们这一卷中是首次出版的。虽然人们知道它保存在莫斯科，但不为人知的是，在这份手稿的开头和结尾都有马克思所作的编辑性评注，这些编辑性评注均与《德意志意识形态》相关。因此，我们自然也必须去寻找其他的手稿。

第四，制作这部篇幅近乎2000页的大部头在技术上的要求是极高的。例如，在异文资料中，我们的异文多达8个文本层次(Textschicht)，超过数百页，这在技术上是极难实现的。此外，还有许多修订过程。如果某一处作了改动，那么所有其他各处甚至文本卷(Text Band)的部分内容也要作相应的改动。

第五，也是最后一个原因，各份手稿的诞生史和流传史以及相互关系是错综复杂的。与此同时，我们还必须对之进行非常精确的说明，因为只有对这些极为复杂的关系做出精确的阐述，才能使之被透彻理解和深刻把握。这就需要对文本史包括导论(Einführung)进行颇费功夫的编辑工作。在这里需要强调的是，我们对《德意志意识形态》中的每一个编辑语句均作了非常精准的说明。所有这些，自然需要比其他卷次花费更多的功夫和时间。

乌尔里希·帕格尔(以下简称“帕格尔”)：我只作一些简要的补充。在MEGA² 第Ⅰ/5卷中，正文与《马恩年鉴》对应的部分有160多页，而本卷全部正文则达到709页。这意味着，有550页的内容完全是由我们全新编辑的，而我们自然还要对《马恩年鉴》部分加以修订，因为我们是责任编辑，不能只是出版其他编者的成果。关于丹尼尔斯手稿再补充一句。在莫斯科保存的并不是原件——它已然不知所踪，而只是复制件。对复制件的辨识比对原件的辨识更加艰难，因为复制件的质量经常不如人意。此外，我还想特别强调一下技术性的准备。伴随着《德意志意识形态》手稿版本的编辑，我们触碰到了MEGA编辑准则框架内异文展现所能达到的界限。例如，就“三、圣麦克斯”手稿来说，它有三位书写者，但如果我们把亲笔介入手稿的伯恩施坦也计算在内的话，那么在施蒂纳手稿中我们就面对四位书写者。四种笔迹必须相互区分开来，这不仅是就书写的字句而言——它们是易于比较的，而且是就某个逗号是否源于伯恩施坦这一问题而言的。如果是的话，那它就不允许出现在正文中，因为伯恩施坦并不是作者。再比如，就删除来说，必须审核它们源于何人。是马克思、恩格斯，还是魏德迈，甚至是伯恩施坦？如果是伯恩施坦，这些删除就可以不予考虑了。随着时间推移，从前的编者所持的观点，即细线所作的删除（dünne Tilgung）源自恩格斯，粗线所作的删除（dicke Tilgung）源自马克思，已不再能够站得住脚。如果你看看恩格斯的其他手稿就会发现，他有时也会用粗线进行删除。这只是为了说明，手稿的编辑，尤其是施蒂纳手稿和费尔巴哈手稿的编辑是何等复杂。

最后，我再谈谈手稿的诞生史以及导论，它们构成了一个相互关联的复合体。如果对某一份手稿产生了新认识，那么这种新认识势必对整体产生连锁影响。这意味着，我们首先要撰写最复杂文本的历史，然后再撰写其他文本的历史。之后，我们必须再次把这一首先撰写的复杂文本的历史同关于其他文本历史的认识相比较，并在最后一步即写作导论时，把在此过程中出现的认识再次补充进诞生史。因此，你会觉得仿佛划着木筏行进在一块沼泽地上，从来不能或者只有在最后才终于能够脚踏实地。导致了这一过程极其费时费力，而我们的目标正是在于，为读者最终奉上一份表述精准的文本。顺便说一句，我们针对文本产生过程的语句性说明所使用的各行并列展示（Zeilenparallelisierung）方式在排版技术上是极其艰辛费力的，每一处都必须手工设定。我们的技术科学人员罕里特·尼措尔特女士（Frau Henriette Nötzoldt）在排版系统中亲自设定了并列的每一行，因为在这方面并不存在专门的自动化处理方式。确切地说，由我先把它们画在纸上，她再把它们输入到排版系统中，而这在每一具体情况下都必须进行仔细审核和反复对照。这些要求只是我们这一卷所独有的，它们并不存在于$MEGA^2$其他卷次中。

关于$MEGA^2$版《德意志意识形态》先行版即陶伯特版“费尔巴哈章”的评价

赵玉兰：如你们所说，陶伯特本是$MEGA^2$版《德意志意识形态》卷的主编。2004年，她主编的$MEGA^2$版“费尔巴哈章”在《马恩年鉴》发表后产生了极大反响。学界均把这一版本视为未来$MEGA^2$版《德意志意识形态》的编辑雏形，并称之为“先行版”。那么，如今由你们所主编的$MEGA^2$版《德意志意识形态》这一最终的完整版本同陶伯特的先行版是什么关系？有何异同呢？

帕格尔：陶伯特女士在《马恩年鉴》中按照时间顺序编排了手稿。这是一个有趣的尝试，但并不符合MEGA编辑准则。陶伯特在《马恩年鉴》中对文本所作的编排之所以有效，只是因为她把费尔巴哈手稿和鲍威尔手稿之外的其余手稿都弃之一边了。如果我们把施蒂纳手稿“三、圣麦克斯”纳入考量，那么陶伯特按照时间顺序所作的编排就毫无效力了。因为那时，我们就势必拆散施蒂纳手稿，从而破坏手稿的整体性。如果你想按照时间顺序编排费尔巴哈卷帙(Konvolut zu Feuerbach, H^5)和施蒂纳手稿(H^{11})，①那就必须把施蒂纳手稿分成三个独立的部分，以便在其间插入H^{5b}和H^{5c}。② 这显然是同MEGA编辑准则相矛盾的，我们不能忽视一份手稿的内在联系。因此，陶伯特的解决方案对于我们而言是不可行的。我们必须找到自己的出路、自己的解决方案。此外，我们还处在这样一个背景下，即我们的MEGA卷次应该是一个最终版本。因此，我们决定，要比陶伯特再现更多的异文。例如，我们编录了费尔巴哈卷帙中的单字母的中断(einbuchstabige Abbrüche)，即那些只包含单个字母的删除(Tilgungen)。这些中断通常并不包含在MEGA的异文资料中，而鉴于费尔巴哈手稿所受到的特别关注，我们决定也编录这种类型的中断。我们自然只需把手稿再次完整地审阅一遍，就能够找出它们。在这种情况下，我们把《马恩年鉴》中的所有异文重新修订了一遍。因为我们已经为异文展示方式确立了自己的标准，所以，我们也必须在费尔巴哈手稿中实现这些标准。

胡布曼：陶伯特的版本很不错，也很可信。我们与她的版本的编辑原则是一样的，即都按照MEGA的标准进行编辑。不过在新出版的$MEGA^2$第Ⅰ/5卷中，我们有一处违反了MEGA编辑准则，这是缘于这样的疑问，即是否在《马恩年鉴》的某些地方存在错误。但所有的一切并不是陶伯特所造成的错误，而是因为她遵循了MEGA编辑准则，即把马克思所使用的缩写词(如Fkch)完整地书写了出来(如Frankreich，意为“法国”)。这是正确的，因为MEGA编辑准则规定，清晰可辨的缩写将不加说明地完整书写。但是，尤其许多外国读者就会认为，这里出现了错误，因为我们在其中添加了字母。所以，在$MEGA^2$第Ⅰ/5卷中，我们决定，在我们所补充的每一个字母下面都标记一个点，而这并不存在于MEGA的其他任何卷次。因此在本卷中，乌尔里希以极大的耐心实现了一个忠实于字母的版本。我们之所以这么做，就是为了使这些在世界范围内广受阅读的手稿不再招来不必要的批评，而这种批评其实是错误的。但是我们要重申，这并不意味着在陶伯特那里存在什么错误，而我们也只是再次把我们的版本精确化了，如此而已。

帕格尔：不过，陶伯特的版本也有缺陷。我只举一个小例子。马克思经常写“dß”，我们可以根据上下文把它分别拆解为带有“ß”的“dieß”或“daß”。在以前的版本包括陶伯特的版本中，这都是不加说明地完成的。而我们在把“dß”拆解为“daß”时，则会在“a”下面标记一个点。这是向读者表明，“a”是我们所作的解读，该字母并不存在

① H^5和H^{11}分别是$MEGA^2$版《德意志意识形态》中“费尔巴哈卷帙”和“施蒂纳手稿”的代码。这是$MEGA^2$卷次中关于文本实例的通行指代方式，H指手稿(Handschrift)。

② H^{5b}是马克思编号的费尔巴哈卷帙(H^5)的第30—35页，它源自“三、圣麦克斯”的“D. 教阶制”部分；H^{5c}主要对应马克思编号的费尔巴哈卷帙的第40—73页，它主要源自“三、圣麦克斯”的早期稿本。

于手稿中。由此你可以看出，我们花了多大的功夫来复现手稿的真实状况。尽可能如实地复现这些手稿是我们的最高目标。

胡布曼：重要的是，陶伯特对手稿所作的时间顺序的编排并不符合MEGA编辑准则，而她之所以能够很好地实现这一编排，就是因为她只编辑了一小部分手稿。如果要制作一个完整版本，就必须考虑到其他因素。例如，陶伯特把章开篇(Kapitel-Anfänge)置于后面，这从时间上讲是正确的。但是，如果我们这样来制作整本书的话，那它就不会成为一部可以为读者所阅读的书。因为章开篇也有标题，标题表明了它们所在的特定位置，这也是标准。同样，尽管序言在时间上讲诞生得很晚，但是标题“序言”已表明了它在手稿中应被排放的位置。此外，手稿中还有作者的预先说明(Vorverweise)以及回顾说明(Rückverweise)，从中亦可以得出关于各个部分的编排次序的结论。我们也不能轻易地忽略这些标准。反对时间顺序编排的另外一个原因是，它必将否定马克思对费尔巴哈卷帙所作的连续的页码编号。总而言之，人们可以实现时间顺序的编排，但如此一来就会同时否定其他标准。我们在MEGA^{2}第Ⅰ/5卷中考虑到了所有相关因素，而不仅仅是写作时间。

帕格尔：我想对陶伯特版的缺陷再作一点说明。例如，她收录了两份文本，而从时间上看，它们根本不会与《德意志意识形态》手稿共同出版。这就是陶伯特在开篇收录的文本《驳布鲁诺·鲍威尔》以及约瑟夫·魏德迈的《布鲁诺·鲍威尔及其辩护士》。正是后者促使陶伯特把魏德迈引证为《德意志意识形态》的作者之一。对于这个观点，我们没有找到任何证据。而且，魏德迈本人的陈述则清楚地表明，他并没有把自己视为《德意志意识形态》的作者。而在马克思、恩格斯后来的陈述中，也没有一个陈述可以让我们得出结论，在他们二人之外还有别的作者参与到《德意志意识形态》手稿的工作中。陶伯特更多的是从内容方面考虑的。她认为，魏德迈有内容上的贡献。因此，她把魏德迈的这一文本收入《马恩年鉴》的附录中。该文本发表于《威斯特伐里亚汽船》杂志，它虽然是魏德迈在布鲁塞尔时、在马克思和恩格斯在场的时候写的，但它并不是《德意志意识形态》的一部分。陶伯特在《马恩年鉴》中收录的另一文本《驳布鲁诺·鲍威尔》，是马克思、恩格斯单独发表的文章。他们也从未计划把它与《德意志意识形态》手稿一起出版。陶伯特之所以收录这一文章，就是因为它关涉到重建马克思、恩格斯的特定思想发展历程：这一历程从这篇最早的文章开始，一直到最后被她所收录的文章。从这个意义上讲，《马恩年鉴》并不是《德意志意识形态》手稿的一个版本。它是一个选集版本，陶伯特在其中收录了《德意志意识形态》的一些手稿(Manuskripte)，并把这些手稿同马克思、恩格斯和魏德迈的其他文本(Texte)汇集在一本书里，而这只有在MEGA框架之外才是可能的。此外，我们也制作了一部选集版本，它将由德格怀特出版社出版。① 在这部选集中，我们拥有了在一部MEGA卷次的框架内并不被允许的准则，即按照时间顺序编排施蒂纳手稿——我们收录了它的一些片段，以便能够在其间编排费尔巴哈卷帙的各个部分。这是一个非常有趣的项目，我认为它非常值得关注，因为

① Gerald Hubmann und Ulrich Pagel, Deutsche Ideologie. Zur Kritik der Philosophie. Manuskripte in chronologischer Anordnung, Berlin-Boston: Walter de Gruyter GmbH, 2018.

人们能够由此来一步步地理解马克思和恩格斯的思想发展历程。

关于《德意志意识形态》的著作与季刊的定性问题

赵玉兰： 长期以来，学界把《德意志意识形态》和《共产党宣言》《资本论》等经典并列。如今，你们在MEGA² 版《德意志意识形态》中却得出了一个新判定，即《德意志意识形态》是一部季刊。请问你们是如何做出这一判定的，依据何在？

帕格尔： 通过对流传下来的书信以及从马克思、恩格斯的手稿和其他著作中摘引的表述所作的综合评估，我们重建了马克思、恩格斯为他们的手稿所谋求的不同出版形式的次序。这里必须提及的第一个计划在时间上甚至先于季刊计划。我们所拥有的最早的文本是费尔巴哈卷帙的一部分，即 H^{5a}，它包括该卷帙的前 29 页，其中 5 页没有流传下来。这 29 页写在基础层次(Grundschicht)中，也就是写在左栏的文本之中，马克思、恩格斯打算把它发表在一份已经存在的刊物中。因此，这份文本是在他们根本没有得到关于拥有一份自己的杂志的许诺之前写就的。马克思、恩格斯之所以写作这一文本，就是为了对布鲁诺·鲍威尔的文章进行直接回应。而正是在写作该文本的时候，他们收到了消息：莫泽斯·赫斯(Moses Hess)在威斯特伐里亚为他们自己的杂志筹措到了资金。于是，他们拟订了一份比原初庞大了许多的计划。拥有一份自己的杂志或季刊，这是马克思、恩格斯多年以来努力谋求的计划。它之所以对马克思和恩格斯如此具有吸引力，就是因为一份季刊每年出版四次，且每一卷超过了 20 印张。为什么这一点很重要？因为德意志联邦的书报检查法令对于超过 20 印张的著作远不如小于这一篇幅的著作严苛。因此，人们能够在一份季刊中发表那些在通常的杂志中由于更加严苛的书报检查法令而不能被采用的短小文章。早在巴黎时期，马克思就在《德法年鉴》之后开始尝试创立一份自己的杂志。而随着赫斯在 1845 年 11 月通过谈判得到了资助许诺，马克思和恩格斯就有可能实现他们长期以来所谋求的计划，首当其冲的就是批判施蒂纳。这是他们所启动的第一项工作。此外，你要考虑到，一份季刊必须要有文稿来填充。如果你想每三个月出版 20 多个印张，那就必须拥有与之相关的文本。马克思、恩格斯自然也明白，他们二人是不可能独自完成这项工作的。因此，在收到资助许诺后不久，他们便给熟人故交写信约稿。此时已然是 1845 年年底了。第一位寄来文稿的是格奥尔格·维尔特(Georg Weerth)，他是最早的无产阶级作家之一。我们知道这份文稿，因为它已经发表了，但却不是发表在马克思、恩格斯的杂志上。

胡布曼： 因为这份杂志并没有诞生，所以马克思、恩格斯后来又给其他作者寄还了他们的文稿。但是，我们没有把它们收录到 MEGA² 第Ⅰ/5 卷中，因为我们的目标不是重构季刊，而是编辑马克思、恩格斯的《德意志意识形态》手稿。

帕格尔： 如果一份手稿中有马克思和恩格斯所作的编辑性修订的痕迹，那么我们也会收录它，就像丹尼尔斯手稿那样。如果维尔特手稿中有马克思和恩格斯所作的编辑性的修订内容，那么我们也会把它作为马克思和恩格斯编审过的文本而收录在本卷中。我们制作 MEGA² 第Ⅰ/5 卷的任务就是要编辑那些或者由马克思、恩格斯亲笔所写，或者由他们作过编辑性修订的文本。同样的情况也适用于卡尔·

路德维希·贝尔奈斯(Carl Ludwig Bernays)和其他作者,他们的文章本来应该在季刊的框架内出版。甚至威廉·魏特林(Wilhelm Weitling)的文本也应在季刊中发表,而马克思和恩格斯在致力于《德意志意识形态》的工作时,就已然同此人决裂了。在其他作者中,赫斯的角色无疑非常特殊。正是他从威斯特伐里亚筹措到了资金,并且还使自己拿到了一笔预付款。按照原初的计划,季刊的主编之位是由马克思、恩格斯和赫斯轮流担任的。但是,手稿的写作过程却存在着内容上的变化,这导致了马克思不再愿意为赫斯的立场负责。于是不久之后,赫斯便退出了编辑部。但赫斯已然拿到了他的预付稿酬,因此很显然,他的文章还是应该在季刊中发表。在季刊计划失败之后,赫斯最终把他的一部分手稿索要了回去。由此可见,本应在季刊中发表的文本的内容,随着时间的推移而多次发生变化。因此,$MEGA^2$ 第Ⅰ/5卷的文本收录标准不仅在于是否计划发表于马克思、恩格斯的季刊之中,而且还在于马克思、恩格斯是否对文本作了编辑性的修订。

我们来看看整个事情的结果。1846年7月,马克思和恩格斯同威斯特伐里亚的两位资金支持者尤里乌斯·迈耶尔(Julius Meyer)和鲁道夫·雷姆佩尔(Rudolph Rempel)决裂。马克思和恩格斯此时的处境是:他们拥有两部几乎已然完成的卷次,其中的每一卷都超过了20印张。材料已经有了,而文稿的稿酬也已经部分地支付了。这成为有必要单独出版这两部几近完成的卷次的又一个原因。但是,马克思、恩格斯并没有为这两卷觅得出版商,因为没有人甘冒风险为这些肯定会被书报检查法令查禁的文本预支如此大量的资金。这是我们这一卷真正的研究成果。由于寻觅新的出版商非常困难,其他参与的作者也开始索回他们的文本,以求在别处出版。这里首先要提及的是贝尔奈斯,他在1846年年底把他的本应发表在第二卷中的大幅手稿要了回去。由此,第二卷的篇幅变得单薄了许多。而马克思和恩格斯在寻找新的出版商的过程中也意识到,他们不可能在一位出版商那里出版篇幅如此巨大的两个卷次,因此,他们很可能开始着手把剩余的其他作者的手稿挑选出去,从而试图至少出版他们自己的手稿。有几条线索支持这一猜测。一条线索存在于马克思的声明《驳卡尔·格律恩》中,它是"德意志意识形态"这个标题的唯一证据。在这份声明中,马克思并没有提及两个卷次,而是只谈到了一部著作,一部由"恩格斯和我合写的著作(Schrift)"。① 另外,恩格斯在他去世前不久编制的文献遗产目录中也没有记载两个卷次,而是只记载了独立的三项。这三项分别指一摞"施蒂纳"文稿,一摞"费尔巴哈和布鲁诺·鲍威尔"文稿以及一摞"真正的社会主义"文稿。这三摞文稿并没有放在一起,而是分开放置的。最后,我们在恩格斯那里找不到哪怕一处谈及"德意志意识形态"的引文。他谈到过我们"关于施蒂纳的手稿",②但却从未提及"德意志意识形态"。在与马克思一直并肩战斗、对他当时所做的一切无所不知的恩格斯这里,却没有谈过哪怕一次"德意志意识形态"的标题,这实在令人奇怪。

胡布曼: 我想补充一个积极的方面。基于

① 《马克思恩格斯全集》(第4卷),人民出版社1958年版,第43页;Marx-Engels-Werke, Band 4, Berlin: Dietz Verlag, 1977, p. 38.

② 《马克思恩格斯全集》(第38卷),人民出版社1972年版,第41页。

马克思、恩格斯的通信所提供的证据和其他线索，基于存在着这一季刊计划并且至少我们在本卷中所提及的那些人物和文本参与其中的确凿证据，人们如今可以在学术研究中实现一个收录所有这些文本的版本。在一部 MEGA 卷次中，我们是不能这么做的。但是在 MEGA 之外，你是可以尝试重构这部季刊的。这正是今天我们的 MEGA² 第Ⅰ/5 卷使之可能的全新的观点和项目之一。

赵玉兰：我们可否说，马克思和恩格斯起初把《德意志意识形态》计划为一部季刊，后来在写作和出版过程中把它发展成为一部著作？

帕格尔：所谓著作，其前提就是马克思、恩格斯早在写作过程之初就已经拥有了关于他们想实现的、想实施的全部计划的设想。在季刊的框架之下，撰写批判性文章是马克思和恩格斯首当其冲想做的事情，他们想批判其他作家。在这一批判过程中，他们制定出了自己的观点。而下一步即写作一部著作，将是要在一个连贯的文本中阐述自己的观点。但这项工作他们并没有在《德意志意识形态》中完成，而是在《共产党宣言》中完成的。在《德意志意识形态》中，尽管这一观点已然诞生，但它并不是在一个连贯的文本中写下的。我们拥有的文本如对施蒂纳的批判，是与阐发自己的历史观截然不同的计划，这是根本的区别。在写作施蒂纳批判即"三、圣麦克斯"时，马克思和恩格斯拿起了施蒂纳的著作《唯一者及其所有物》，把整部书从头至尾通读了一遍。然后，他们就每一页写下了他们想到的东西——确实是每一页每一页！这显然根本不同于阐发自己的理论。因此，整个过程是这样的：在批判其他作家的过程中，马克思、恩格斯制定出了自己的理论，接下来的一步就应该是，在一份独立的文本中写下自己的这一理论。如果来自威斯特伐里亚的资助没有中止，或许他们就会这么做。另外，在 1846 年夏天季刊计划失败之后，恩格斯迁居巴黎。在巴黎他弄到了费尔巴哈的最新著作，便开始摘录这部著作，并把摘录寄给身在布鲁塞尔的马克思。这意味着，即使在季刊计划失败之后，马克思和恩格斯仍然想继续写作"费尔巴哈章"。但是恩格斯并没有付诸行动，他只是提供了材料，以便马克思还能够撰写这一章。遗憾的是，我们手上并没有流传下来的手稿能够表明，马克思当时也实施了这项计划。我认为，即使马克思、恩格斯把《德意志意识形态》构想为一部著作，但这部著作后来并没有完成。如果你想知道它应该是什么样子，那就必须去细读《共产党宣言》。

胡布曼：你如果阅读"费尔巴哈章"的话，总是会遇到中断。因此，我们不能轻易就说，马克思和恩格斯奉上了一部"阐述其历史观"的"著作"。在手稿中存在许多极富价值的思想，但却不存在制定好的理论。如果有人把这些片段拼合起来——正如 MEGA¹ 所做的那样，那就必须明确地指出，这只是个人所做的重构，只是编者的主观行为。我们之所以完全赞成 MEGA¹(因为这个版本是一项十分卓越的编辑成就)，就是因为它清楚地表明，各份文本都是有缺漏的，MEGA¹ 试图从中重建一种学说。但我们所不能做的，恰恰是去说明或者暗示：这正是马克思和恩格斯的著作，而它看起来亦似乎如此。没有任何文本基础能够支持所谓著作的论断，因为手稿太零碎、太不完整了。

帕格尔：请允许我再补充一点，它甚至是支持你的阐释的。在我看来，这一版真正的研究成果在于，我们能够基于"施蒂纳章"的一处文本异文证明，马克思和恩格斯最初想在一篇导论(Einführung)中阐发他们的观点，只是后来才决定，在批判费尔巴哈的框架内作这一阐发。这意味着，阐述他们个人立场的愿望要远远大于批判费尔巴哈的愿望。因此，对他们而言，“一、费尔巴哈”章首先关涉的是阐发他们自己的立场、理论。由此可见，他们其实恰恰想做隐藏在《德意志意识形态》之著作性质这一问题背后的事情。这是一个非常核心的问题，因为它也表明，那个长期占据支配地位的观点，即马克思和恩格斯以批判费尔巴哈为出发点，进一步走向了对其他作家的批判，是错误的。事实正好相反：独立的费尔巴哈批判恰恰是马克思、恩格斯在其“对现代德国哲学的批判”框架内最后想做的事情。在决定写作导论和“一、费尔巴哈”章之初，马克思、恩格斯的考虑是，把施蒂纳批判和鲍威尔批判中，他们在若干处离题阐述那里所阐发的观点，以集中的形式、在合适的地方——季刊第一卷的开篇——向公众展现出来。这其实是支持你们的论点的。只不过，这样一部著作并没有完成。

胡布曼：我们的观点也并非如此重要。我们只是编辑，我们只能在语文学方面而不是在阐释方面与资料相联系。虽然你们想知道这一卷的意义何在，从中能够得出哪些结论。但是你们必须知道，我们对资料的阐释并不享有相对于其他解释的特权。

帕格尔：我们出版《德意志意识形态》的目标并不是提供一个像迄今存在的所有《德意志意识形态》版本那样的、以某种特殊解读为出发点的版本，而是要让尽可能多的阐释者能够运用我们的版本来进行尽可能多样的工作。如果说我们反对德文版《马克思恩格斯全集》(*Marx-Engels-Werke*)第3卷版《德意志意识形态》，那绝不是因为我们认为它完全行不通，而是因为我们认为，它只是一种可能的阐释(Interpretation)。相反，我们是想提供一份真实的资料，并尽可能避免阐释性的论述。《德意志意识形态》意味何在，必须由作为读者、作为研究者的你们来告诉我们。我们是编者，我们不是《德意志意识形态》的阐释者。即使在中国，人们也对拥有一份如实反映马克思、恩格斯写作状况的文本——特别是费尔巴哈手稿——抱有兴趣。在MEGA^{1}那里，我们花费些许功夫尚能重建真实的文本形态，而在俄文版和德文版《马克思恩格斯全集》那里，我们就再也不能这样做了。因此，如果中国有人对马克思、恩格斯本人的所言所述，而不是对20世纪30年代的编者从中制作出来的东西感兴趣，那他就必须研究我们的版本。另外，20世纪70年代中期和末期，MEGA^{2}书信部分的第Ⅲ/1卷和第Ⅲ/2卷相继出版。与之相应，我们的认识亦达到了全新的水平，而这是MEGA^{1}所不可能拥有的条件。我们充分利用了这两个卷次，并把从马克思、恩格斯同时代人的通信中所包含的信息那里得出的图景作为我们这一版的基础。

胡布曼：几个月后，我们将在《马克思恩格斯年鉴》(*Marx-Engels-Jahrbuch*)中发表一份关于《德意志意识形态》所有原语言版——《马克思恩格斯文库》、MEGA^1、德文版《马克思恩格斯全集》等——甚至一些外文版本的文本编排和文本页次序的总结性清单。我们会比较这些版本对费尔巴哈手稿的编排。当你看到它们是多么地大相径庭，而手稿又是如何在读者毫不知情的情况下被拼接起来的时候，你一定会大跌眼镜。

关于MEGA^{2}版《德意志意识形态》的编辑成果

赵玉兰：刚才二位对MEGA^{2}版《德意志意

识形态》的编辑情况进行了介绍,下面请你们简要地概括 $MEGA^2$ 第Ⅰ/5 卷的编辑成果。

胡布曼: 就这一卷来说,它除了是一个真正的手稿版本之外,我还想强调三点:首先,这里有关于《德意志意识形态》出版史完整的、全面的阐述。与雷姆佩尔和迈耶尔的整个出版谈判过程以及它的最终失败,所有这些均在本卷中得到了详细的记载和准确的阐述。其次,所有手稿的诞生和流传史都得到了完整的阐述。马克思、恩格斯就《德意志意识形态》所作的全部表述被汇集起来,而《德意志意识形态》的流传史亦叙述至第一个原语言版本。最后,《德意志意识形态》的全部编辑史得到了阐述,这里有许多甚至不为专家学者所知的新信息,从而亦对历史编纂学作了修正。

帕格尔: 由此可以得知,批判施蒂纳的大部分内容早在 1903 年就出版了,而这一批判的其余部分自 1913 年以来就可以为研究所用了。① 这些信息在迄今为止的《德意志意识形态》各版本中均不存在,但当涉及描述《德意志意识形态》的影响史时,这又是极为重要的信息。它一方面表明,出版批判青年黑格尔派哲学的第一部分手稿的动机是与无政府主义进行论争,另一方面亦表明,施蒂纳手稿的部分发表是先于费尔巴哈手稿的。这在《德意志意识形态》通常被归结为费尔巴哈章的背景下显得尤为重要。我们的观点是,阐发唯物主义历史观的决定性步骤是在对施蒂纳的批判中完成的。就此而言,真正有趣的倒是去了解这部分手稿是何时出版的。人们通常说,《德意志意识形态》自 1932 年、1926 年或 1924 年问世,而从上述意义来讲就绝非如此了。《德意志意识形态》的很大部分早在 1903 年或 1904 年就出版了。

胡布曼: 我们还可以谈谈注释(Erläuterung)。我们在那里把与此前尚未编辑的摘录即马克思在曼彻斯特所作的曼彻斯特笔记纳入了考量范围。于是,注释展现出了非常有趣的新联系。例如,在费尔巴哈手稿的开篇出现了所谓的樱桃树,马克思在那里用它反驳费尔巴哈说,樱桃树并不像费尔巴哈所认为的那样是感性确定性的产物,而是"和几乎所有的果树一样,只是在几个世纪以前由于商业才移植到我们这个地区。由此可见,樱桃树只是由于一定的社会在一定时期的这种活动才为费尔巴哈的'感性确定性'所感知"。② 这是一段非常精彩的批判。费尔巴哈说,一切都是感性知觉。与之相反,马克思说,这种感性知觉具有历史性的前史。樱桃树通过商业才来到了这里,因为在德国并不生长樱桃树,人们必须首先把它引进来,由此它才能够成为费尔巴哈的感性知觉的产物。此处现在有一段非常精彩的前史,它就写在注释中。③ 当马克思在曼彻斯特研究英国经济学家时,他在大卫·麦克弗森(David Macpherson)那里发现了英国关于从意大利引入樱桃树的巨大争论的阐述,并把它抄录了下来。而在此前的 1843 年,费尔巴哈的《基督教的本质》第二版出版(可以证明,马克思拥有这一版,正如他给费尔巴

① Eduard Bernstein, Mein Selbstgenuß. Unveröffentlichtes aus dem Nachlaß von Karl Marx, Unterhaltungsblatt des Vorwärts, Nr. 52, 14. März 1913.

② Marx-Engels-Gesamtausgabe, Band Ⅰ/5, Berlin-Boston: De Gruyter Akademie Forschung, 2017, p. 20;《马克思恩格斯文集》(第 1 卷),人民出版社 2009 年版,第 528 页。

③ Marx-Engels-Gesamtausgabe, Band Ⅰ/5, Berlin-Boston: De Gruyter Akademie Forschung, 2017, pp. 950 - 951.

哈写信提及的[①])。相较于第一版,第二版中出现了一处补充。费尔巴哈在其中谈到,路德认为,樱桃树是上帝恩赐的产物;但对费尔巴哈而言,它只是感性确定性的产物。这是非常有趣的:对于路德来说,樱桃树是上帝创造的;费尔巴哈说,樱桃树是一种感性的产物;马克思说,樱桃树是商业的产物。这是我们在本卷中首次全新阐明的联系与背景。它只是一个例子,我们还能提及更多的例子。

帕格尔: 对樱桃树这句所作的精彩说明是:"当费尔巴哈是一个唯物主义者的时候,历史在他的视野之外;当他去探讨历史的时候,他不是一个唯物主义者。"[②] 樱桃树的事例道出了这个真相。马克思和恩格斯认为,对费尔巴哈而言只存在着一个没有过去的当下(Gegenwart)。相反,马克思、恩格斯指出,当下并不总是已然在那里的,而是形成的、生成的。马克思、恩格斯寻求这一当下——正是在其中,费尔巴哈能够感性地知觉到一株樱桃树——得以生成的规律性。这对于形象地说明对费尔巴哈所作的历史唯物主义批判不啻为一个精彩范例。这是在把马克思在其曼彻斯特笔记中所实现的认识过程纳入考量的情况下,在 $MEGA^2$ 第Ⅰ/5 卷中首次做出的阐述。它并不是存在于那里的一个偶然事例,而是具有悠长的前史。这是一个阐述非常精确的论证。

胡布曼: 与所有其他版本不同,我们必须奉上一个持久的、靠得住的版本,因为它把内容和编辑方面的所有相关因素都考虑在内,并遵循了 MEGA 的编辑准则。这意味着,我们不能制作一个遵循我们的阐释、我们的喜好的版本。我们必须提供一份最终的稿本,而就这样一份错综复杂的资料而言,这是极其不易的。不妨再次以异文为例,我们不能简单地制作任何描述性的(deskriptive)手稿情况说明表——就像大村泉(Omura Izumi)在他所计划的关于费尔巴哈部分的电子版中那样,而是必须提供关于文本产生过程的语句性(diskursive)说明,也就是重建所有的文本层次。这是极费功夫的,但是读者却可以从中受益,因为它并不仅仅是对手稿各页的简单再现,而是一个真正的、可读的版本。

---

① 《马克思恩格斯全集》(第 47 卷),人民出版社 2004 年版,第 68 页。

② Marx-Engels-Gesamtausgabe, Band Ⅰ/5, Berlin-Boston: De Gruyter Akademie Forschung, 2017, p. 26;《马克思恩格斯文集》(第 1 卷),人民出版社 2009 年版,第 530 页。

《马克思恩格斯全集》历史考证版中的《资本论》第一卷文献

【内容提要】《马克思恩格斯全集》历史考证版(MEGA²)是收录马克思、恩格斯著作最为权威和完备的版本,该版全集的第二部分"《资本论》及其准备著作"在2012年出齐,收录了1857年之后马克思、恩格斯与《资本论》相关的全部著作和手稿。在这一部分中,人们一般比较关注与《资本论》第二卷和第三卷相关的手稿,而忽略与第一卷相关的文献。实际上,马克思在1867年出版《资本论》第一卷之后,继续致力于对该卷的修订和相关问题的研究,在此过程中为该卷留下了几份手稿和相关材料。恩格斯在《资本论》第一卷各版的修订过程中也留下了若干手稿,见证了恩格斯长期以来对第一卷的贡献。尽管这些文献一般说来规模不大,但是对深入理解马克思的研究方法和表述方法,对了解《资本论》创作史和传播史,具有重要意义。

【作者简介】徐洋,中央党史和文献研究院第五研究部编审

【原文出处】《马克思主义理论学科研究》2019年第4期

《马克思恩格斯全集》历史考证版(MEGA²)第二部分"《资本论》及其准备著作"收录了1857年之后马克思、恩格斯与《资本论》相关的全部著作和手稿。长期以来,人们一般比较关注与《资本论》第二卷和第三卷相关的手稿,而忽略与第一卷相关的文献。这主要是因为《资本论》第一卷在马克思生前已经出版,人们认为此后马克思主要致力于撰写第二卷和第三卷的新手稿。实际上,马克思在1867年出版《资本论》第一卷之后,直到逝世之前,都力图在各个方面对该卷进行修订,恩格斯为此也作出了很大贡献。而见证上述修订工作的文献在

《马克思恩格斯全集》历史考证版中发表之前，大多数并不为人所知。本文首先简要介绍《马克思恩格斯全集》历史考证版及其第二部分的情况，以及这一部分所发表的全部与《资本论》第一卷相关的文献，然后按照如下顺序具体分析马克思和恩格斯对第一卷的修订工作：撰写《资本论》第一卷1867年德文第一版的手稿/付排稿；修订《资本论》第一卷1867年德文第一版（为出版第二版）；修订《资本论》第一卷1872—1875年法文版；修订《资本论》第一卷1872年德文第二版（为把该卷翻译成外文和出版第三版）；修订莫斯特（Johann Joseph Most）的小册子《资本和劳动》。文章最后简略论述了相关文献的学术意义和现实意义。

一、《马克思恩格斯全集》历史考证版（MEGA²）的第二部分

《马克思恩格斯全集》历史考证版（Marx-Engels-Gesamteausgabe，简称MEGA²）是"卡尔·马克思和弗里德里希·恩格斯的发表文献、遗留手稿（草稿）和往来书信的完整的、历史考证性的版本"。① "历史考证版全集"有其特定含义：所谓"历史"，就是审查作者遗留下来的全部文献，评估它们在文本形成上的作用；所谓"考证"，就是不仅将全部文献刊印出来，而且对它们进行考证性的研究和评价。"考证"一词，德文作kritisieren，英文作criticize，也可以理解为"批判"。这是西方自文艺复兴以来在哲学社会科学领域广泛使用的概念，它的基本内涵是对于历史上的一切文献和思想，特别是被视为经典的作品，"人们都应该用自己的理性考察它们，也就是批判地考察它们"。②

《马克思恩格斯全集》历史考证版的编辑语文学原则或者说该版的特点体现在以下四个方面：一是"完整性"（Vollständigkeit）。原则上把已知的作者写成的全部文献毫无保留地发表出来。二是"忠实于原稿"（Originaltreue）。用原文按照原貌发表。所有文献均用作者写作时或刊印时使用的文字发表，不作翻译；所有字形字体字号、标点符号、勾画线条、段落划分、篇章结构，均遵从作为底本的手稿或刊印稿，不作变动，特别是对手稿不按内容进行编排。有鉴于此，MEGA版在中国曾被称为"原文版"或"国际版"。三是"展现文本发展过程"（Darstellung der Textentwicklung）。通过各种手段，如撰写"产生和流传"，编制校勘表，特别是编制异文表和相关专题资料，再现作者创作这些文献的过程（包括创作源起、研究准备、文献来源、写作过程、修改过程、刊印过程、版本差异、流传过程）。四是"详尽资料"（Ausführliche Kommentierung）。MEGA² 每一卷书的正文和资料分开装订为两卷书，资料卷主要包括全卷"前言"（苏东剧变前的卷次，"前言"或"导言"置于正文卷卷首）、各篇著作的"产生和流传""异文表""校勘表"，以及极为细致的注释、人名索引、文献索引、报刊索引、名目索引等。新近出版的卷次还增加了"资料卷利用的资料和使用

① 这是《马克思恩格斯全集》历史考证版编委会的定义，参看http://mega.bbaw.de/projektbeschreibung; Editionsrichtlinien der Marx-Engels-Gesamtausgabe (MEGA), Berlin, 1993, S.17.

② 关于"历史考证版"的一般定义，参见http://de.wikipedia.org/wiki/Historisch-kritische Ausgabe；徐洋：《MEGA老兵马丁·洪特：见证一个更丰富的马克思！》，《社会科学报》2018年5月9日第8版。

的文献索引”。①

MEGA² 原计划出版160余卷，在国际马恩基金会的主持下，MEGA² 的规模缩小为114卷。② 在苏联、民主德国两个马列研究院主持编纂下，从1975年到1993年出版40卷(其中MEGA²Ⅱ/4缺第3册)。从1998年开始，截至2018年，在国际马恩基金会主持下出版26卷(外加MEGA²Ⅱ/4第三册)。总计出版了66卷。有的卷又细分为若干册。MEGA² 分为四个部分，每个部分单独编排卷次。第一部分：文章、著作、草稿，可简称“著作卷”，总计32卷，已出版23卷；第二部分：《资本论》及其准备著作，可简称“经济学卷”或“《资本论》卷”，总计15卷，已经出齐；第三部分：往来书信(包括马克思、恩格斯的书信以及第三者给他们的书信)，可简称“书信卷”，总计35卷，已出版14卷；第四部分：摘录和笔记，可简称“笔记卷”，总计32卷，已出版14卷。根据2015年10月31日德国科学联席会(Die Gemeinsame Wissenschaftskonferenz，GWK)作出的决定，除了第一部分，以及第四部分中的少数卷次，MEGA² 今后将不再印刷成书，而只以数字化的形式出版。③ 根据MEGA² 网站的“数字MEGA”栏目，1866年起的书信和大部分尚未发表的摘录笔记将在这里以数字化形式展示。④

MEGA第二部分是在2012年出齐的，总计15卷，最初装订为23分卷或者册。⑤ 这15卷书的内容，按其性质可分为三种类型。第一种类型：马克思为《资本论》撰写的手稿，包括1857—1865(1867)年期间撰写的《资本论》“三大手稿”，以及1867—1882年期间为《资本论》各卷撰写的手稿(主要是第二卷、第三卷的手稿)；第二种类型：马克思生前已出版的著作(主要是《资本论》第一卷)及其修订本、译本；第三种类型：恩格斯在修订、翻译《资本论》第一卷和整理出版《资本论》第二卷、第三卷过程中产生的各种文稿、编辑稿、刊印稿。本文关注的是马克思在撰写，以及他和恩格斯在

---

① http://mega.bbaw.de/projektbeschreibung，参见国际马恩基金会不断更新的宣传小册子 Marx-Engels Gesamtausgabe MEGA。

② MEGA原来计划出版多少卷，曾有多种说法。从164卷到114卷是MEGA编委会认可的说法。需要指出的是，MEGA卷次的减少并不直接等于内容的减少，而毋宁说只是一种“瘦身”。主要是第四部分即笔记、摘录部分不再原样刊出马克思、恩格斯作了勾画的文献的段落(有马克思、恩格斯留下的阅读痕迹)，而采用描述的方式反映，采用一些能够充分利用篇幅的技术手段，等等。参见周亮勋：《MEGA：前景见好，困难不少——“MEGA编辑准则修订会议”记实》，《马克思恩格斯研究》1992年第9期；周亮勋：《〈马克思恩格斯全集〉历史考证版修改后的计划》，《马克思恩格斯列宁斯大林研究》1998年第1辑(总第7辑)。

③ http://www.bbaw.de/presse/pressemitteilungen/pressemitteilungen-2015/gwk。这是当时的新闻简报，其中写道：“这一学术计划的目标是，现在用新的、与21世纪的接受习惯相符的编辑理念以及用数字化的开发和出版方式，最终完成这个版本。”

④ http://megadigital.bbaw.de/index.xql。截至本文写作结束时(2019年7月)，已有1866、1867年的书信在这里以考证文本(Kritischer Text)和阅读文本(Lesetext)两种形式展现出来。此外“数字MEGA”还上载了1868—1869马克思的一份摘录笔记(原属MEGA Ⅳ/19)。

⑤ 有关MEGA第二部分的具体内容，参见徐洋：《试论〈马克思恩格斯全集〉历史考证版(MEGA²)第二部分的主要内容和学术价值》，《马克思主义与现实》2013年第5期。

修订《资本论》第一卷过程中产生的文献。

二、MEGA² 第二部分中与《资本论》第一卷相关的文献

由于马克思亲自出版了《资本论》第一卷，后来也没有为第一卷作过比较大型的连贯手稿，因此在 MEGA² 第二部分，国际国内学者关注比较多的是马克思为第二、三卷创作的手稿以及恩格斯编辑这两卷的情况。实际上马克思在第一卷出版之后，还为该卷做了大量工作，在修订、翻译《资本论》第一卷的过程中，留下了若干与之相关的文献。恩格斯在第一卷的修订过程中也做出了贡献，留下了文字材料。上述这些手稿的内容有的被吸收进第一卷后来的各版，有的则没有完全吸收。因此，研究这些手稿，对于研究《资本论》的理论发展，理解马克思的研究方法和表述方法，了解《资本论》创作史和传播史，具有重要意义。

（一）马克思为《资本论》第一卷 1867 年德文第一版留下的手稿

马克思在 1863—1865 年间为《资本论》理论部分三册各自创作了一个“第Ⅰ稿”，其中第二册第Ⅰ稿（《第二册　资本的流通过程》，见《马克思恩格斯全集》中文第 1 版第 49 卷，原稿载于 MEGA Ⅱ/4. 1）和第三册的第Ⅰ稿（《第三册　总过程的各种形态》，即第三册的主要手稿，原稿载于 MEGA Ⅱ/4. 2）保存下来，而第一册的第Ⅰ稿一度被认为“失踪”了。以前有人认为，马克思在为第一册创作了第Ⅰ稿后，从 1866 年开始又为第一册“誊清”或重新创作了一份付排稿；《资本论》所有的付排稿都没有保存下来，也许毁于 1943 年盟军对汉堡的大轰炸；①但是 1863—1865 年间的全部三册的第Ⅰ稿，只有第一册的第Ⅰ稿没有完整流传下来，该稿存世的部分只有《第六章　直接生产过程的结果》和其他各章散页。MEGA² Ⅱ/4. 3 的编者福尔格拉夫（Carl-ErichVollgraf）认为，马克思 1866 年并没有重新撰写一份付排稿，他只是在为第一册编制付排稿的过程中“辩证地扬弃了”第Ⅰ稿：第Ⅰ稿中感到满意的阐述，就拿出来作为付排稿；再也用不上的部分，就扔到废纸篓中去，以免混淆；以后还用得上的部分，就保留下来，例如《第六章　直接生产过程的结果》。② 1933 年，苏共中央马克思恩格斯列宁研究院在《马克思恩格斯文库》第 7 卷中用德文和俄文首次发表了《资本论》第一卷第Ⅰ稿的传世部分。

马克思没有把第Ⅰ稿这一章收入《资本论》第一卷 1867 年德文第一版，而是只写成了一个简短的概要放在第一版的结尾③；第一卷以后的各版中，这一概要也被删掉了。马克思没有把第六章收入《资本论》第一卷，这正是这一章手稿得以保存下来的原因；而正是马克思不把它收入刊印稿的理由，体现了它的重大理论价值。

《第六章　直接生产过程的结果》，“按照马克思原来的设想，这一部分手稿应当成为《资本论》第一卷的结束部分，由此过渡到第二卷资本的流通过程”。马克思还分析了劳动异化，论述了劳动对资本的形式上的从属和实际上的从属

---

① 参见[德] E. 考普夫：《〈资本论〉第一册第三部手稿在哪里?》，《马克思主义与现实》2016 年第 3 期。文中把第一册第Ⅰ稿称“第三部”，是相对于 1857—1858 和 1861—1863 年手稿而言。

② MEGA² Ⅱ/4. 3，S. 464－467，Berlin：AkademieVerlag，2012.

③ 《马克思恩格斯全集》（第 42 卷），人民出版社 2016 年版，第 794 页。

问题，阐述了生产劳动和非生产劳动问题、总产品和纯产品问题等。①

如此重要而丰富的内容，马克思为什么不收入《资本论》第一卷呢？苏联学者安东诺娃(Irina Antonova)归纳了苏联学术界的三种解释(或者猜测)。“第一种猜测也是最为流行的假设，就是认为马克思当时决定《资本论》第一卷不再同时包括论述生产过程的第一册和论述流通过程的第二册，而是决定只包括第一册。这样，自然就把过渡性的一章拿掉了。”第二种解释认为，“把《政治经济学批判》第一分册(1859 年)的内容加到《资本论》第一卷中作为第一章之后，第一卷的篇幅已经很大了，第一卷的出版不容再往后拖延，最后，第六章在一定程度上又‘只是’对前五章详细论述过的问题的概括”。第三种解释认为，“马克思所说的‘结果’，不是指已经进行过的分析的概括，而是生产过程的客观结果……从原则上说第六章中几乎所有的论述在《资本论》的结构中都已有稳定的位置，它们发表在《结果》中则是一种新创造，所以马克思把它们删掉了”。也就是说，“由于论题的选择，结果把这些论述从第一卷的构成中删掉了”。

安东诺娃认为上述解释都不能令人完全信服。她不相信马克思这位极其讲究著作“结构”的人，会纯粹由于外部原因(第一、二种解释)而舍弃某一章；也不认为第六章仅仅是对前五章内容的概述和总结(第二、三种解释)。她提出了自己的理解：马克思对直接生产过程的结果在《资本论》逻辑结构中位置的重新考虑促使他放弃了把该章收入《资本论》第一卷的计划；在创作 1861—1863 年经济学手稿的过程中，马克思开始考虑在整个《资本论》理论部分之后，也就是直到第三卷的末尾才论述资本主义生产过程的结果，这体现在他 1862 年提出的《资本论》第三卷(部分或者篇)的结构计划的最后一项上：“结论。《资本和雇佣劳动》。”安东诺娃认为：“如果不考察整个生产过程，就连直接生产过程的叙述在理论上也是不完全的。”②

考察《第六章　直接生产过程的结果》与 1861—1863 年手稿最后几个笔记本的关系也是很有意思的。马克思在写作第六章的时候，曾经把 1861—1863 年手稿这几个笔记本中的相关论述整页整页或者整段整段地剪过来，贴到 1863—1865 年手稿第一卷第六章的相应地方。这不仅导致这两部手稿有大量雷同论述，而且导致 1861—1863 年手稿中有部分文字因为剪和贴的缘故而损失了。③ 同时，这也从一个侧面说明，尽管 1861—1863 年手稿的标题是“政治经济学批判”，而 1863—1865 年手稿的标题是“资本论”，但它们的论述对象某种程度上说是一致的。

属于马克思为《资本论》第一卷 1867 年德文第一版留下的手稿的还有“《资本论》第一卷

---

① 《马克思恩格斯全集》(第 49 卷)，人民出版社 1982 年版，第Ⅰ—Ⅱ页。

② [苏]伊·安东诺娃：《马克思的手稿〈第六章　直接生产过程的结果〉在〈资本论〉结构中的地位》，《马列主义研究资料》1986 年第 1—2 辑合刊。参见《马克思主义研究资料》(第 7 卷)，中央编译出版社 2013 年版。马克思 1862 年写的《资本和利润》计划草稿参见《马克思恩格斯全集》(第 2 版第 36 卷)，人民出版社 2015 年版，第 312 页。

③ 参见《马克思恩格斯全集》第 1 版第 48 卷卷末注 6，人民出版社 1985 年版，第 584 页。《马克思恩格斯全集》英文版就两部手稿之间的这一关系作了详细说明，参见 Marx Engels Collected Works, V. 34, p. 482, n. 65, Lawrence & Wishart (London), 1994。

关于马尔萨斯的一条注释的草稿(片段)”。从MEGA的出版情况来看,这可以算得上是一篇新文献,因为它直到2012年才在MEGAⅡ/4.3中第一次发表。据该卷介绍,这是马克思1866年春天或者夏天在编制《资本论》第一卷付排稿期间写的注释草稿。后来这份草稿被用于《资本论》第一卷的几条相关的注释。

(二)马克思、恩格斯为修订《资本论》第一卷1867年德文第一版留下的手稿

马克思的“《资本论》第一卷的补充和修改”手稿是《资本论》第一卷出版之后马克思为修订《资本论》该卷而撰写的重要手稿之一。这份手稿是1871年12月—1872年1月马克思为准备出版《资本论》第一卷德文第二版而撰写的。它1987年第一次发表于$MEGA^2$Ⅱ/6,中译文见《马列主义研究资料》1989年第1、2期。据该文献中译文的校者张钟朴先生介绍:“这个手稿的基本内容是马克思对《资本论》第一卷德文第一版的第一章(即目前流行的《资本论》版本中的第一篇)的正文所作的修改和补充。新华社驻柏林记者曾作过报道,引起了我国理论界的兴趣。手稿总篇幅译成中文约四万五千字左右。虽然手稿的结尾部分已涉及对第三篇‘绝对剩余价值的生产’的修改,但只是列了一些页码。而在手稿中占最大篇幅的是关于价值形式问题的反复修改和论述;其次,是关于价值实体、价值量、商品拜物教和货币的价值尺度职能等部分的修改手稿。这个手稿是反映马克思不断完善《资本论》中价值理论的重要文献,对我们学习马克思的经济理论有重要参考价值。”①马克思的“《资本论》第一卷的补充和修改”并不是一篇连贯的手稿。它是马克思是对《资本论》第一版中的特定问题写的具有片段性质的修改和补充意见。马克思在手稿中对不同的问题写了许多不同的修改方案,有的方案虽与总的轮廓相同,但其中局部的论述不同,而且这些方案分布在不同的页上。编者在发表这些手稿时,把论述同类问题的手稿片段放在一起,按写作先后的顺序编排。因此,发表出来的手稿顺序不是原来手稿的写作顺序,而是按《资本论》的理论顺序编排的。②

$MEGA^2$编者经过研究,认为这份手稿不是《资本论》第二版的最后定稿,而是第二版修改和补充的预备稿。手稿中较为成熟的理论论述已经被吸收到了第二版的正文里,只对个别词句作了修改。但是还有一部分论述并没有吸收到第二版中去。还有一个情况比较有意思。$MEGA^2$编者把这份手稿和《资本论》法文版的前三章加以对照后发现,手稿中有的论述没有吸收到德文第二版中,却吸收到了法文版中,其原因很可能是法文版的前几章不是根据德文第二版的清样,而是根据这份手稿而翻译的。③

从这份手稿可以看出,马克思在合并第一版中对价值形式的双重论述时,曾进行多方面努力和反复尝试。他尽量改变原来存在的黑格尔式的哲学痕迹,而改成政治经济学的论述,比第一版更详细地论证了价值实体、价值量和价值形式的社会性。

马克思的“关于本杰明·富兰克林的价值学说的一条札记”篇幅很短,是马克思为准备第

① 张钟朴:《关于新发表的马克思手稿》,《马列主义研究资料》1989年第1辑。

② $MEGA^2$Ⅱ/6, S. 789, Berlin: Dietz Verlag, 1987;并参看张钟朴:《关于新发表的马克思手稿》,《马列主义研究资料》1989年第1辑。

③ 参看张钟朴,同上。

二版时撰写的注释草稿。在第一卷第二版中，正式的脚注是第一章脚注 17a(参见《马克思恩格斯文集》第 5 卷第 65 页脚注 17a)。MEGA 编者没有把这条札记发表在正文卷，而是当作这条脚注的异文发表在异文表中。从行文来看，这条札记同脚注 17a 主题相同，都是论述不同商品因为相同的人类劳动具有价值而可以交换，但是表述的差异还是很大的。

随后的 3 份文献——"对《资本论》第一版的几条札记""对《资本论》第一版第 695 页的一条札记""对《资本论》第一版第 717 页的一条札记"——是恩格斯在马克思准备第二版期间写的 3 条札记。"对《资本论》第一版的几条札记"写在一张纸条上，后来夹在《资本论》第一卷德文第二版马克思自用本(K^5)里流传下来。恩格斯在纸条上记录了 1867 年德文第一版的 7 个页码，并在后面写下了修订意见。这些修订意见在德文第二版中都采纳了。"对《资本论》第一版第 695 页的一条札记"很短，是恩格斯记下的有关爱尔兰土地统计的数据资料，后经马克思稍加修改后用作第二版第 23 章的一句话和相应的脚注 186a(参见《马克思恩格斯文集》第 5 卷第 811 页脚注 186c)。"对《资本论》第一版第 717 页的一条札记"，后经马克思稍加修改后用作第二版第 24 章脚注 219a(参见《马克思恩格斯文集》第 5 卷第 840 页脚注 219a)。$MEGA^2$ 编者没有把这 3 份札记发表在正文卷。

《〈资本论〉第二卷第二版简介》(以下简称《简介》)是马克思自己 1872 年 4 月应《资本论》的出版商奥托·迈斯纳(Otto Meissners)的请求撰写的出版广告。《简介》的署名是迈斯纳，但实际作者是马克思。《简介》的手稿和当年印成的宣传单后来都找不到了。$MEGA^2$Ⅱ/6 发表的文本的底本是刊载在《资本论》第二卷 1872 年第二版第一分册前封背面的文字，是该《简介》的一部分。马克思在这份《简介》中如此阐述《资本论》的划时代意义：

"作者在这部著作中从一个全新的视角探讨了政治经济学。一方面，经济学家们迄今为止都把资本主义生产的规律描述为永恒的、一般的自然规律，这些规律以无情的必然性统治着一切时代的社会。另一方面，迄今为止的社会主义者们仅指出由这些规律必然产生出来的群众的贫困，并就这些规律呼吁同情心的道德义愤。马克思，与两者都不同，证明资本主义生产的规律及其所有的后果，完全同古典古代的和封建的生产方式一样，是与一定的历史的发展阶段相适应的形式；因此他一方面解释了资本主义生产方式的历史起源，另一方面指出了资本主义的自由发展必然从自身产生出来的经济变革。……撇开其理论内容不说，这部著作仅仅因为如下这一点就已经非常重要：它是唯一一部根据原始资料阐述了从 16 世纪起现代工业和现代土地占有关系的发展历史的特征的著作。"①

此外马克思还简要谈到了第二版对第一版所作的修订。

(三) 马克思、恩格斯修订《资本论》第一卷 1872 年德文第二版留下的文献

"对《资本论》第一卷德文第二版的补充和修改建议"是恩格斯在《资本论》第二版出版之后，大概 1873 年 11 月底—12 月初撰写的手稿，写在一张纸的正反面，包括 30 条札记。据 $MEGA^2$ 考证，这份手稿应该是恩格斯为马克思校订法文版《资本论》而准备的材料，当时恩

① $MEGA^2$Ⅱ/6, S. 55. Berlin: Dietz Verlag, 1987.

格斯通读了德文第二版，记下了应该在法文版中作补充或者进一步精确化的地方。手稿第4行恩格斯写道："387。15年(注释)现在是20年"。这是指德文第二版第387页注释91①："大约从15年前起，在英国，工作机上越来越多的工具才开始用机器制造……"这条注释在德文第一版就是这样。② 恩格斯认为这里应该根据当时的年份(1873年)把15年改为20年。有趣的是，尽管马克思亲自修订的《资本论》第一卷法文版吸收了这一建议，③但在恩格斯1883年完成修订工作的德文第三版，这条注释居然与德文第一版和第二版一模一样。④ MEGA² 编者推测，也许是恩格斯当时忘记了10年前写过相关札记。不过在1890年出版的德文第四版中，这条注释已经修改为"大约从1850年起……"⑤这样就再也不用根据再版的年份修改这个数字了。

"《资本论》第一卷修改一览表""《资本论》第一卷美国版修改一览表草稿""《资本论》第一卷美国版修改一览表"三份手稿是马克思1877年9月—10月19日之间主要以《资本论》第一卷德文第二版为基础，为计划在美国翻译出版的《资本论》第一卷英文版准备的材料。这是马克思为修订《资本论》第一卷留下的又一组重要文献。

马克思在校订法文版期间就感到作为底本的德文第二版有一些地方需要作进一步修订。他在德文第二版跋中说："现在我校阅正在巴黎出版的法译本时，发现德文原本的某些部分有的地方需要更彻底地修改，有的地方需要更好地修辞或更仔细地消除一些偶然的疏忽。可是我没有时间这样做……"⑥在法文版的《致读者》(即法文版跋)中马克思又说："在担负校正工作后，我就感到作为依据的原本(德文第二版)应当作一些修改，有些论述要简化，另一些要加以完善，一些补充的历史材料或统计材料要加进去，一些批判性评注要增加，等等。"⑦因此，当左尔格(Friedrich Adolph Sorge)告诉马克思在美国翻译《资本论》的计划时，马克思认为对《资本论》德文第二版作修改的时机来了。⑧马克思写信给左尔格，除了声称自己再也不参加《资本论》的翻译活动外，还寄给他一份"《资本论》第一卷美国版修改一览表"(誊清稿)，"在手稿中，除了德文本中的某些改动以外，还指明了在哪些地方应当用法文版代替德文版"。⑨

马克思是在《资本论》第一卷德文第二版和法文版的基础上编制这份一览表的。马克思在法文版中标出应当被美国版采用的段落；在德文第二版的自用本中，马克思在大约300页上做出了有关段落参看法文版的提示，在大约200页上做出了修改。此后马克思就开始誊抄给左尔格的"《资本论》第一卷美国版修改一览

① MEGA²Ⅱ/6, S. 365. Berlin: Dietz Verlag, 1987.
② 《马克思恩格斯全集》(第42卷)，人民出版社2016年版，第383页。
③ 《马克思恩格斯全集》(第43卷)，人民出版社2016年版，第389页。
④ MEGA²Ⅱ/8, S. 366. Berlin: Dietz Verlag, 1989.
⑤ 《马克思恩格斯文集》(第5卷)，人民出版社2009年版，第430页。
⑥ 同上，第14页。
⑦ 《马克思恩格斯全集》(第43卷)，人民出版社2016版第841页；《马克思恩格斯文集》(第5卷)，人民出版社2009版，第27页。
⑧ MEGA²Ⅱ/8, S. 805, Berlin: Dietz Verlag, 1989.
⑨ 《马克思恩格斯全集》(第34卷)，人民出版社1972版，第273、280页。

表”，后中断，并重新开始。[①] 据日本学者统计，手稿中做出 119 条修改，它们分布在德文第二版各篇的情况如下：第一篇：2；第二篇：0；第三篇：7；第四篇：12；第五篇：9；第六篇：2；第七篇：87。[②] 可见，马克思认为第二版第七篇《资本的积累过程》需要修改的地方最多。原来，马克思在出版第二版时，把主要精力放在对第一篇《商品和货币》的修改和对全书篇章结构的调整上。而在校订法文版译文的时候，马克思恰恰对德文第二版第七篇《资本的积累过程》作了最多的修改。因此，无论是现在要出美国版，还是今后要出德文第三版，都应当把法文版中的修改吸收进去。[③]

美国版的计划尽管没有实现，但是马克思所做的为美国版编制修改一览表的工作，对恩格斯写作《反杜林论》和马克思、恩格斯后来修订出版《资本论》第一卷德文第三版、第四版以及英文版，都发挥了作用。[④]

（四）马克思、恩格斯为《资本论》通俗化所做的工作

正如恩格斯所说，《资本论》是“工人阶级的圣经”。马克思、恩格斯非常重视《资本论》在工人阶级和普通群众中的传播。

1875 年夏，德国社会民主工党（爱森纳赫派）的领导人威廉・李卜克内西（Wilhelm Liebknecht）和尤里乌斯・瓦耳泰希（Julius Vahlteich）请求马克思修订该党党员约翰・莫斯特（Johann Most）的小册子《资本和劳动。卡尔・马克思〈资本论〉通俗摘录》。这本小册子出版于 1874 年，是莫斯特 1873 年在狱中根据《资本论》1867 年第一版写成的。为了支持德国无产阶级政党在工人群众中的理论工作，马克思答应了这一请求。在恩格斯的参与下，马克思带病进行了将近 4 周的修订，在当年 8 月初之前完成。经马克思修订的小册子于 1876 年出版。

修订小册子的工作量大大超出了马克思的预期。[⑤] 他后来在一封致左尔格的信中说：“一切涉及到价值、货币、工资以及其他许多问题的地方，我已不得不全部删去并换上自己的话。”[⑥]$MEGA^2$ 编者指出，由于莫斯特是根据《资本论》第一版摘录的，而马克思在第二版和法文版中已经对《资本论》作了大幅度的改动，所以马克思对这本小册子“在所有篇，在所有页，都有修改”。$MEGA^2$ 编者对这些各式各样的改动作了概括：第一，在《商品和货币》篇以及《工资》篇，对一连很多页都作了大段大段的连贯改写。第二，在《资本和劳动》《工作日》《分工》《大工业》《资本主义人口规律》和《资本主义条件下人口增殖的各种形式。大众的贫困》各篇，对大量的段落进行了改写。第三，在各篇，

① $MEGA^2$ Ⅱ /8，S. 805 - 806，Berlin：Dietz Verlag，1989.

② ［日］佐藤金三郎：《关于马克思为〈资本论〉第一卷美国版写的〈编辑说明〉》，《〈资本论〉研究资料和动态》（第五辑），江苏人民出版社 1984 年版，第 56 页。

③ $MEGA^2$ Ⅱ /8，S. 805 - 806，Berlin：Dietz Verlag，1989；《马克思恩格斯全集》（第 43 卷），人民出版社 2016 年版，第 10 页。

④ 参见 $MEGA^2$ Ⅱ /8，S. 806 - 808，以及恩格斯为后来各版写的序言。

⑤ 《马列著作编译资料》在发表莫斯特的《〈资本论〉摘要》第 2 版中译文时加的编者按指出：“莫斯特对《资本论》缺乏理解，他的小册子对马克思的理论有所歪曲。”——参见《马列著作编译资料》第 15 辑第 1 页，人民出版社 1981 年版。

⑥ 《马克思恩格斯全集》（第 34 卷），人民出版社 1972 版，第 172 页。

总计对差不多300处的单词或者词组作了改动或者替换。比如“价值”代替了“交换价值”,“技术”代替了“工艺”,“自然规律的”代替了“自然历史的”,等等。MEGA² 编者认为,这本小册子的《商品和货币》及《工资》两篇,是《资本论》第一卷出版之后唯一出自马克思之手的、以更广泛读者为对象的对政治经济学重要基本问题的阐述,并且在《资本论》第一卷第一版和第二版之后提供了又一个对价值形式的简短阐述。至于小册子的其余篇章,总体来说,马克思对莫斯特的摘录应该是满意的。马克思对论述资本主义积累和产业后备军的部分没有过多修改,时间不够也许是原因之一。①

马克思、恩格斯均认可小册子在工人阶级中间传播《资本论》的积极作用。1877年,马克思同意在美国出版小册子的英译本;在收到英译本之后,马克思还打算对它作修订。② 1882年,恩格斯在回复有关建立“工人图书馆”的询问时说:“马克思给莫斯特编写的浅说第二版改正了(这只是私下说说!)一些重大的错误,并作了某些增补,因此这本浅说还是有它的长处的,可以翻印。”③

三、结语

马克思(还有恩格斯)创作和修订《资本论》第一卷各版留下的文献让我们看到,马克思主义的创始人对《资本论》是如何精益求精的。一方面,马克思在学术研究上具有高度的自律性和追求完美的理想,他尽力要把《资本论》打造为“艺术的整体”。另一方面,《资本论》以缜密的逻辑和可靠的事实论证了剩余价值理论,把社会主义建立在科学的基础上,马克思深知这部著作对工人阶级的重要性。他是在坚定的政治信念的前提下写作的。正如马克思自己所说:“我必须对党负责,不让这部著作为肝病期间出现的那种低沉、呆板的笔调所损害。”④根据恩格斯的说法,“马克思认为自己的最好的东西对工人来说也还不够好,他认为给工人提供的东西比最好的稍差一点,那就是犯罪!”⑤正因为如此,马克思对篇章结构、遣词造句乃至标点符号,都进行仔细考量,反复修改。恩格斯在这一过程中也作出了杰出贡献。除了本文提及的工作,《资本论》第一卷的通行版即德文第四版,也是恩格斯最后定稿的。正因为这两位革命伟人和科学巨匠的精心打磨,《资本论》才成为世界学术王冠上的明珠。

《马克思恩格斯全集》历史考证版(MEGA²)发表与《资本论》相关的全部文献,可以使我们深刻理解什么叫作“历史”和“考证”。就本文所论述的第一卷文献来说,历史考证版发表了正式的手稿(第I稿,1863—1865年的《资本论》第一册手稿的传世部分)、《资本论》第一卷的6个版本、马克思在已出各版自用本或者题赠给他人的书籍上作出的修改、马克思和恩格斯为修订已出版的各版撰写的手稿或札记。不仅如此,历史考证版通过撰写前言、产生和流传,编制异文表、校勘表和其他专项资料,

---

① 参见 MEGA² II/8, S. 1369 - 1370。马克思在前述1876年6月14日致左尔格的信中还说:“我没有署名,否则我就要作更多的修改”(同上)。

② 《马克思恩格斯全集》(第34卷),人民出版社1972年版,第273、317页。

③ 《马克思恩格斯全集》(第35卷),人民出版社1971年版,第340—341页。

④ 《马克思恩格斯文集》(第10卷),人民出版社2009年版,第167—168页。

⑤ 同上,第588页。

不但从宏观上勾勒经典作家创作和修改《资本论》的总体情况，包括经过、特点、主要方面、成就，而且从微观上逐一展示每个字词的修订情况，在各相关文本之间建立起有机的关联。这样，历史考证版实质上就揭示了《资本论》第一卷中的几乎每一句话从草稿到通行本的演变历史，读者可以从中看到马克思、恩格斯的思维特点和工作方式。

《马克思恩格斯全集》历史考证版（$MEGA^2$）发表的材料，为我们研究《资本论》第一卷提供了新的视角和新的文献基础。以前，人们至多能够根据《资本论》的已出各版（主要是通行本）、《资本论》的三大手稿、马克思恩格斯《资本论》书信来研究《资本论》创作史。而现在，历史考证版又提供了大量其他丰富材料。依靠这些新材料，我们不仅能够更为细致地复原《资本论》创作史，而且可以更为深入地理解马克思、恩格斯的相关思想。比如德国学者米夏埃尔·海因里希（MichaelHeinrich）指出了马克思的"《资本论》第一卷的补充和修改"对马克思价值形式理论研究的意义。一直以来学界知道马克思为价值理论，特别是为其中的核心问题价值形式，撰写了三个不同的版本：《资本论》第一卷1867年德文第一版中的"双重论述"（第一章《商品和货币》，第一版的附录《价值形式》），加上第二版（以及第三、四版）的第一篇《商品和货币》。1987年马克思的"《资本论》第一卷的补充和修改"在$MEGA^2$Ⅱ/6中发表以后，在学术界引发了一次小震动，因为这份手稿不但展示了马克思为修订价值形式而绞尽脑汁，而且由于手稿的内容并未完全吸收到第二版中去，因而实际上提供了新的有关价值形式的手稿。特别是在这份手稿中，马克思对价值已在生产过程中确定还是在交换过程中形成，发表了自己的见解。① 因此，现在研究马克思的价值理论，就需要对上述4个版本进行研究了。甚至莫斯特《资本和劳动》中的论述，也是人们应当参考的材料。

最后，马克思、恩格斯为修订《资本论》各版和宣传普及《资本论》做出了巨大努力，这对我们是很大的启发。马克思、恩格斯极为重视在工人阶级和普通群众中传播科学真理。《资本论》第一卷德文第二版和法文版，都是分册（辑）出版的，这样是为了更容易到达贫穷的工人手里。马克思修订法文版的时候，一个很大的考虑就是"使读者更容易理解"，并对有些论述作了简化。② 修订莫斯特的《资本和劳动》，更是马克思、恩格斯大力推动《资本论》通俗化、普及化的生动事例。本文还提到马克思审看荷兰工人运动活动家纽文胡斯（Ferdinand Nieuwenhuis）的《资本论》通俗化著作《卡尔·马克思。资本与劳动》的事情。经典作家本人的率先垂范告诉我们，经典著作的通俗化和普及化并不是轻松简单的事情，而是需要具有扎实理论功底的学者投入更多的精力和智慧。

---

① Michael Heinrich: Marx' Ökonomiekritiek nach der MEGA. Eine Zwischenbilanz, in: Marx-Engels Jahrbuch (2012/2013), Berlin: Akademie Verlag, 2013, S. 156-157.

② 《马克思恩格斯全集》（第43卷），人民出版社2016年版，第13、841页。

德语世界《资本论》研究的互动与传承

——从奥地利马克思主义到德国“新马克思阅读”运动

【内容提要】 围绕德语世界的《资本论》研究，奥地利马克思主义、早期苏联马克思主义、法兰克福学派以及作为其理论传人的“新马克思阅读”之间存在着诸多互动与传承。19世纪末，德语世界就《资本论》及其手稿展开了深入研究，从而诞生了对后世影响深远的奥地利马克思主义的政治经济学传统。苏联马克思主义经济学家鲁宾和法兰克福学派经济学家格罗斯曼以及早期马克思学者罗曼·罗斯多尔斯基的思想就直接或间接地建立在这一传统上。二战后，鲁宾和罗斯多尔斯基的研究成果重新传入德国学界，为当时西德沉寂的马克思研究界注入了一股理论活水，从而直接开启了20世纪60年代以来的以“新马克思阅读”运动为代表的德国《资本论》研究热潮。

【作者简介】 王校楠，北京理工大学马克思主义学院—加拿大阿尔伯塔大学哲学系联合培养的博士研究生

【原文出处】 《教学与研究》2019年第4期

就《资本论》研究而言，奥地利马克思主义、早期苏联马克思主义、法兰克福学派以及作为其理论传人的“新马克思阅读”之间，存在着诸多互动与传承。笔者试图从学术研究的角度，针对从奥地利马克思主义到德国“新马克思阅读”之间的《资本论》研究做一个思想史考察，以理清这几个流派之间的理论互动与学术传承的思想史线索，也为国外马克思主义发展史研究提供一种新的理论视角。

一、德语世界早期的《资本论》研究：以奥地利马克思主义为中心

德语世界拥有深厚的马克思政治经济学研究传统，早在1886年，卡尔·考茨基（Karl

Kautsky)就在《新时代》(*Die Neue Zeit*)杂志上发表了《〈哲学的贫困〉和〈资本论〉》一文,对当时刚发表的德文版《哲学的贫困》和《资本论》第二卷做了评述,在评述《资本论》部分,考茨基对马克思劳动价值论与古典政治经济学的劳动价值论进行了对比研究。① 然而总体而言,《资本论》第一卷出版之后,并没有引起德语世界的广泛关注,收到的多是流于表面的批评和攻击。② 德语世界《资本论》研究的第一次高潮出现在1894年《资本论》第三卷出版之后,虽然就研究数量而言,此时的德语世界《资本论》研究尚不能与20世纪60年代之后的理论盛况相比,但就研究质量而言,丝毫不逊色于此后的研究水平。从区域来看,德语世界的《资本论》研究主要来自德国和奥地利。在德国,新历史学派的桑巴特(Werner Sombart)在1894年《资本论》第三卷出版后,就在历史学派的刊物《社会立法和统计学文库》上发表《评卡尔·马克思的经济学体系》一文进行回应,另外,柏林大学的统计学家博特凯维兹(Ladislaus von Bortkiewicz)也在1906年和1907年分别发表了《马克思体系中的价值和价格问题》和《论〈资本论〉第三卷中马克思的基本理论结构的改正问题》两篇论文,对马克思价值理论中的"转形问题"进行了开创性的研究。然而准确地说,当时德语世界《资本论》研究的重磅成果主要来自奥地利。奥地利之所以能成为马克思《资本论》研究的重镇,主要缘于两点:一是奥地利的大学在制度设计上不像德国的大学那样歧视马克思主义者③;二是当时的奥地利大师辈出,百家争鸣的学术环境助推了奥地利马克思研究的崛起,其中不少学者都参与到了与马克思相关的研究与讨论中,比如奥地利法学家凯尔森(Hans Kelsen)的马克思国家理论研究,庞巴维克(Eugen Bohm-Bawerk)的马克思经济学研究,另外,维也纳大学还活跃着各种与社会主义理论有关的学术社团,④比如米塞斯(Ludwig Heinrich Edler von Mises)参加的马克思著作研讨会,⑤熊彼特(Joseph Alois Schumpeter)参加的马克思价值理论研讨会⑥等。总之,在这种自由而活跃的马克思研究氛围中,奥地利催生了一批优秀的《资本论》研究成果。19世纪末,奥地利经济学派的许多学者就围绕《资本论》对马克思的经济学有过不少评论,其中论述最系统、影响最深远的当属庞巴维克1896年发表的《马克思思想体系的终结》一文,虽然这篇文章最终得出的结论是反马克思主义的,但作为一篇严肃的马克思经济学研究论文,它事实上将西方学界的《资本论》研究推高到了一个新的高度。⑦ 如果说桑巴特和博特凯维兹对马克思经济学的批评总体还是温和的,那么庞巴维克对

---

① B. Day Richard and Daniel Gaido, *Responses to Marx's Capital: From Rudolf Hilferding to Isaak Illich Rubin*, Boston: Brill, 2017, p. 129.

② 苏共中央马克思列宁主义研究院:《围绕马克思〈资本论〉所进行的思想斗争史概论(1867—1967)》,山东人民出版社1983年版,第95—129页。

③ See E. Hobsbawm, *How to change the world: Reflections on Marx and Marxism*, Yale University Press, 2011, p. 230.

④ T. B. Bottomore and P. Goode, *Austro-Marxism*, Clarendon Press, 1978, p. 9.

⑤ See JG Hülsmann, *Mises: The last knight of liberalism*, Ludwig von Mises Institute, 2007, p. 363.

⑥ [丹麦]埃斯本·安德森:《约瑟夫·熊彼特》,苏军译,华夏出版社2013年版,第27页。

⑦ 张亮:《早期西方"马克思学"视域中的〈资本论〉:批判的再评价》,《南京政治学院学报》2013年第3期。

马克思经济学体系的批评则是釜底抽薪的，他直指马克思的劳动价值论及其背后的方法论基础。他在《马克思思想体系的终结》一文中断定马克思的劳动价值论不能提供任何经验或心理的证明，而只是纯逻辑演绎的结果，并且推断《资本论》第三卷中平均利润率的提出标志着马克思已经放弃了劳动价值论，也预示着马克思政治经济学体系的终结。[①]

面对庞巴维克的诘难，当时的马克思主义者并没有马上给出有效反驳，直到近10年后奥地利马克思主义者希法亭（Rudolf Hilferding）的《驳庞巴维克对马克思的批判》一文的发表，庞巴维克的文章才有了马克思主义知识分子的回应。作为当时德语世界声誉卓著的马克思经济学研究专家，[②]希法亭的《驳庞巴维克对马克思的批判》一文对后世的马克思主义经济学影响很大。在马克思主义经济学家保罗·斯威齐（Paul Marlor Sweezy）看来，希法亭的这篇文章不仅是马克思主义营垒内对庞巴维克所做的唯一的全面答复，而且也可能是我们看到的对马克思经济学和现代正统经济学之间观点上的根本差别所作的最清楚的表述。[③] 希法亭对马克思价值理论研究的开创性意义在于，他洞察到了马克思经济学与唯物史观的特殊联系，他试图回到马克思唯物史观的逻辑中，用社会的和历史的观点阐述马克思价值理论的意义，即对劳动的社会性分析和对价值的历史性分析，实际上他已经把马克思劳动价值论的解读提高到了哲学（即历史唯物主义）的高度。[④] 就这一点而言，后世的马克思主义经济学对马克思价值理论的研究基本都在他开辟的研究方向上。希法亭对马克思经济学的研究无疑是早期《资本论》研究的一座理论高峰，对此，列宁、考茨基、奥托·鲍威尔（Otto Bauer）等人都对希法亭的马克思经济学研究给出了极高的赞誉。[⑤] 然而由于希法亭的马克思经济学研究成就太过耀眼，我们非常容易忽视这样一个事实，即希法亭这座高峰之下耸立的是整个奥地利马克思主义的政治经济学的群山——几乎所有的奥地利马克思主义者都参与到了对马克思《资本论》的讨论和研究当中。比如鲍威尔也是一名优秀的

---

① Paul Sweezy, *Karl Marx and the Close of His System by Eugen von Böhm-Bawerk and Böhm-Bawerk's Criticism of Marx by Rudolf Hilferding*, London: Merlin, 1975, p. 63.

② 希法亭的马克思经济学研究成果体现在他的一系列论文中，比如他发表在《新时代》第21期的《论价值理论的历史》（1903），在《国民经济与社会政策杂志》（*Zeitschrift für Volkswirtschaft, Sozialpolitik und Verwaltung*）第12期上发表《评维尔纳·桑巴特的〈现代资本主义〉》（1903）一文，《新时代》第23期《卡尔·马克思关于理论经济学问题的构想》（1905），《新时代》第29期的《马克思经济学史前史》（1911－12）等。See B. Day Richard and Gaido Daniel, *Responses to Marx's Capital: From Rudolf Hilferding to Isaak Illich Rubin*, Boston: Brill, 2017, p. 129.

③ Rudolf Hilferding, *Böhm-Bawerk's Criticism of Marx*, edited by Paul M. Sweezy, New York: Augustus M. Kelley, 1949, p. xix.

④ See Joan Robinson, Reviewed Work(s): *Karl Marx and the Close of his System. by Eugen von Böhm-Bawerk; Böhm-Bawerk's Criticism of Marx by Rudolf Hilferding; On the Correction of Marx's Fundamental Theoretical Construction in the Third Volume of Capital. by Ladislaus von Bortkiewicz and Paul Sweezy*, in *The Economic Journal*, 60 (6), 1950, pp. 358－363.

⑤ M. C. 霍华德、J. E. 金：《马克思主义经济学史（1883—1929）》，顾海良、常庆欣、刘和旺、鲍金红译，中央编译出版社2014年版，第99页。

马克思经济学专家,①他在《资本的积累》②一书中用不同生产部类所生产的商品价值的比例失调来解释危机的形成,据此反驳了罗莎·卢森堡(Rosa Luxemburg)在《资本积累论》中的相关论述,该文直接构建了亨里克格罗斯曼(Henryk Grossmann)的马克思主义危机理论的分析框架。此外,在1907年《资本论》第一卷出版40周年之际,鲍威尔又在《新时代》(*Die Neue Zeit*)第26期发表了《〈资本论〉的历史》一文,该文对《资本论》与黑格尔《逻辑学》中的范畴进行了类比研究,比如把黑格尔逻辑学中的"质""量""度"等范畴分别与马克思《资本论》中的"使用价值""劳动""抽象社会必要劳动"等范畴进行对比研究,从而试图表明《资本论》中黑格尔式逻辑结构,这比列宁在1914年《哲学笔记》中关于《资本论》与黑格尔逻辑学中的相关论述要早了整整7年。此外,鲍威尔还在1910年《斗争》(*Der Kampf*)杂志第三期发表了面向普通读者的《剩余价值理论》一文,对马克思的整个经济学体系做了以问题为中心的梳理与研究。另外,奥地利马克思主义者古斯塔夫·埃克斯坦(Gustav Eckstein)的《资本论》研究也值得关注,比如他在1906年《新时代》(*Die Neue Zeit*)第24期发表的《马克思对李嘉图的批判》一文,就以马克思的第二卷《剩余价值理论》为主要分析对象,指出李嘉图的劳动价值理论的不彻底最终造成了其在解释租金和价格形成方面的失误,并且认为,就方法论的清晰程度而言,马克思在《剩余价值理论》第二卷中对地租和绝对地租的表述要比《资本论》第三卷中更为出色。

总之,奥地利马克思主义者的《资本论》研究构成了20世纪早期一个极有价值却又容易被人忽视的马克思政治经济学研究传统,而且我们将会看到,这一传统在整个德语世界的《资本论》研究中拥有广泛而深远的影响。

二、奥地利马克思主义政治经济学传统的思想史效应

奥地利马克思主义的《资本论》研究工作对后世的马克思主义经济学研究产生了深远影响,这种影响主要体现在奥地利马克思主义者与同时代马克思主义者之间的理论互动与学术传承中。

首先,奥地利马克思主义与同时代的苏联马克思主义之间存在理论互动与传承。它们两者的理论渊源最早可以追溯到大卫·梁赞诺夫(David Riazanov)与奥地利马克思主义者在1911年的学术合作,③这种合作一直延续到20世纪20年代苏联马克思恩格斯研究院成立之后。就《资本论》研究而言,苏联早期的马克思经济学研究专家艾萨克·鲁宾(Isaak Illich Rubin)的经济学研究就是在希法亭的工作基础上进行的。④ 遗憾的是,鲁宾遭到了苏联20世纪30年代的"大清洗",其代表作《马克思的价值论文集》(1928)的理论影响足足中断了数十年。鲁宾在《马克思的价值论文集》中对西方经济学价值理论的反驳就是沿着希法亭《驳庞巴维克对马克思的批判》一文的思路继续的。在

① 值得一提的是,奥托·鲍威尔在维也纳大学的经济学指导教师就是庞巴维克。

② [美]保罗·斯威齐:《资本主义发展论》,陈观烈、秦亚男译,商务印书馆2011版,第266页。

③ 刘仁胜主编:《〈马克思恩格斯全集〉历史考证版(MEGA^2)研究》,中央编译出版社2015年版,第260页。

④ Boldyrev I and Kragh M, "*Isaak Rubin: Historian of Economic Thought during the Stalinization of Social Sciences in Soviet Russia*", in *Journal of the History of Economic thought*, 37(3), 2015, pp. 363-386.

《马克思的价值理论文集》中，鲁宾大量引用希法亭的著作，并对希法亭的研究工作给予高度肯定。尤为关键的是，鲁宾继承了希法亭开辟的从社会历史哲学角度介入《资本论》研究的理论路径，他与希法亭一样，认为社会形式的逻辑在马克思的价值理论建构中起决定性作用，强调价值的社会决定性，而不是单纯地强调价值的生理的或技术层面的因素，认为马克思价值理论的高明之处正是其哲学穿透力，而不是仅仅停留于分析具体劳动时间和生产价格之间的简单因果关系的层面。① 当鲁宾的著作在 20 世纪 70 年代再次发表之后，他在书中关于劳动价值理论与商品拜物教理论的研究极大地启发了西德一批左翼青年学者，成为“二战”后联邦德国马克思主义理论荒漠中一股理论活水。②

其次，奥地利马克思主义传统与早期法兰克福学派也有极深的渊源。法兰克福社会研究所的第一任所长就是奥地利马克思主义者卡尔·格律恩贝尔格(Karl Grünberg)担任，所以早期社会研究所的研究理念基本就是奥地利马克思主义马克思研究传统的延续。就《资本论》研究而言，法兰克福学派早期经济学家格罗斯曼的政治经济学研究基本可以看作奥地利马克思主义政治经济学研究的延续。马丁·杰伊在《法兰克福学派史》一书中认为法兰克福学派早期经济学家亨里克·格罗斯曼无论在年龄还是在思想上都更接近奥地利马克思主义者，③这种判断是有道理的。在澳大利亚左翼经济学家里克·库恩(Rick Kuhn)撰写的格罗斯曼传记中，我们可以了解到，格罗斯曼确实深受奥地利马克思主义理论气质的影响：他早在 1908 年就到维也纳从事经济学研究，在此期间结识了希法亭、鲍威尔、格律恩贝尔格等奥地利马克思主义者，并系统研究了他们的政治经济学思想。库恩认为，奥地利马克思主义者在两个方面对格罗斯曼具有极大的吸引力，一是他们科学的马克思研究立场，力图从马克思那里为社会主义运动找到坚实的经济学基础和哲学基础，二是他们对民族主义问题的研究。格罗斯曼对马克思政治经济学的兴趣就是在与奥地利马克思主义者密切接触中生成的。④ 格罗斯曼 1929 年在格律恩贝尔格主编的《社会主义和工人运动史文库》上发表的代表作《资本主义制度的积累和崩溃的规律》，无论是在研究方法还是分析框架上，都深受奥地利马克思主义的影响。比如在研究方法上，格罗斯曼与奥地利马克思主义者一样，都强调运用马克思所创立的方法去研究资本主义经济的本质。就具体的分析框架而言，格罗斯曼也基本延续了奥地利马克思主义者鲍威尔和希法亭的解释经济危机的思

① Boldyrev I and Kragh M, “*Isaak Rubin: Historian of Economic Thought during the Stalinization of Social Sciences in Soviet Russia*”, in *Journal of the History of Economic thought*, 37(3), 2015, pp. 363 - 386.

② 从海因里希(Michael Heinrich)所编的《PROKLA. 批判社会学》等期刊中可以发现，鲁宾的价值形式研究对西德的理论影响直接或间接地表现为，1970 年代在西德出现了各种基于《资本论》及其手稿的辩论，如“国家溯源辩论”“世界市场辩论”，以及试图对资本的当前运动进行“真实分析”的各种尝试。参见 https://www.viewpointmag.com/2014/10/29/state-violence-state-control-marxist-state-theory-and-the-critique-of-political-economy/。

③ 马丁·杰：《法兰克福学派史(1923—1950)》，单世联译，广东人民出版社 1996 年版，第 23—25 页。

④ Rick Kuhn, “*Henryk Grossmann, a Marxist activist and theorist: on the 50th anniversary of his death*”, in *Research in Political Economy*, 18(2000).

路，即用不同生产部类所生产的商品价值的比例失调来解释危机的形成。① 在奥地利马克思主义者的影响下，格罗斯曼还专门就《资本论》的创作问题展开研究，并于1929年出版了《马克思〈资本论〉原始计划的变化及其原因》一书，在书中他批判了罗莎·卢森堡和卢卡奇关于《资本论》不完整的观点。他认为马克思对同一问题在不同地方的表达是按照整个问题的各个要素来表达的，所以他断定马克思主要经济学著作在方法论上是完整的，《资本论》是实质上完成了的和没有空白的体系。② 总之，在某种意义上，格罗斯曼的政治经济学研究几乎是奥地利马克思主义政治经济学研究传统的延续。

再次，奥地利马克思主义传统与西德"新马克思阅读"运动之间也有理论的传承与互动关系。随着第二次世界大战爆发，纳粹恐怖之下几乎没有人再研究马克思的著作，只有极少数的德国本土学者坚持独立的马克思研究工作，战争期间最重要的马克思研究者是罗曼·罗斯多尔斯基(Roman Rozdolsky)，他的《资本论》研究也是在"奥地利马克思主义—格罗斯曼"政治经济学研究传统上进行的。罗斯多尔斯基出生于奥匈帝国的伦贝格(今属乌克兰利沃夫市)，他一生辗转，最后于美国底特律去世。然而他从事马克思研究工作的学术训练与学术积累是在维也纳完成的：他于20世纪20年代移居维也纳，并在1926年后开始任苏联马克思恩格斯研究院驻奥地利科学记者，从事搜集失散在维也纳的马克思恩格斯文献的工作，1929年又以《卡·马克思和弗·恩格斯的非历史民族问题》一文在维也纳大学获得政治学博士学位，而且迁居美国后，他又于20世纪50年代末再赴维也纳进行长达三年半的学术访问。罗斯多尔斯基长期在维也纳学术圈的经历使得他对奥地利早期《资本论》研究成果非常了解。在代表作《马克思〈资本论〉的形成》(1968)一书中，罗斯多尔斯基就对希法亭等人的《资本论》研究进行了详尽评述，他在具体观点上也与格罗斯曼存在某种延续，比如他在书中非常赞成格罗斯曼对马克思《资本论》中关于竞争，使用价值和利润率下降趋势的解释，也认同鲍威尔和格罗斯曼的危机理论研究中对卢森堡的批判。③ 此外，罗斯多尔斯基在书中运用了当时新出版的德文版《政治经济学批判大纲》(*Grundrisse*，以下简称《大纲》)的资料，通过对《大纲》和《资本论》之间关系的系统性分析，他断定马克思已将最初预计出版的有关土地财产和雇佣劳动的著作的材料归入《资本论》一书，于是他得出了与格罗斯曼相似的结论，即他也认为《资本论》本质上是一项完整的工作。但是在对《资本论》写作计划改变的时机和原因的解释上，两人有着明显的分歧，格罗斯曼以1863年8月15日马克思给恩格斯的信为依据，认为《资本论》写作计划的改变发生在1863年，而罗斯多尔斯基通过对《大纲》的研究，认为这种改变至少发生在1864年之后。④ 虽然罗斯多尔斯基的个别观点在马克思《1861—1863年经济学手稿》等新的经济学手稿的披露后，不断得到马克思文献学

---

① Rick Kuhn, "*Henryk Grossmann, a Marxist activist and theorist: on the 50th anniversary of his death*", in *Research in Political Economy*, 18(2000).

② Rick Kuhn Introduction to "*The Change in the Original Plan for Marx's Capital and Its Causes*", in *Historical Materialism*, 21 (3), 2013, pp. 117 - 137.

③ Ibid.

④ Ibid.

家的修正,[①]但不可否认,这部专著一直是西方学界公认的相关主题的最为系统的理论成果。更具开创性的意义还在于,通过对《大纲》的研究,罗斯多尔斯基从马克思《大纲》中对黑格尔《逻辑学》的大量引用中进一步确认了《资本论》中的黑格尔辩证法因素,他在书中写道:"《大纲》的出版意味若没有首先对马克思的方法和他与黑格尔关系的研究,就不能写出关于马克思的学术评论。"[②]这种以黑格尔辩证法解读马克思《资本论》的思路从奥地利马克思主义者鲍威尔开始,就一直浮现在西方马克思研究者的视线里,比如列宁在《哲学笔记》中也有相似的提法——不理解黑格尔逻辑学就不能完全理解马克思《资本论》。然而,这种以黑格尔解读《资本论》的做法的自觉地大量运用却始于罗斯多尔斯基,也正是在罗斯多尔斯基对马克思经济学与辩证法的重新连接的意义上,德国马克思学者扬·霍夫(Jan Hoff)和埃尔贝(Ingo Elbe)等人认为它对"二战"后兴起的以价值形式"辩证法"为研究主题的联邦德国"新马克思阅读"运动的兴起起到了重要的推动作用。[③]

三、德语世界《资本论》研究的复兴:"新马克思阅读"运动

"新马克思阅读"(Neue Marx-Lektüre)是与正统马克思主义、西方马克思主义并列的第三个理论范式,它最早发端于20世纪60年代末的西德法兰克福大学,该传统以马克思价值形式理论研究为特色,并在新世纪以来日益成为德国马克思研究领域的重要范式。

"新马克思阅读"的早期核心人物汉斯·巴克豪斯(Hans-Georg Backhaus)和赫尔慕特·莱希尔特(Helmut Reichelt)都在20世纪60年代求学于法兰克福大学,且都受教于西奥多·阿多诺(Theodor Adorno)的课堂,其中莱希尔特更是跟随阿多诺获得了硕士学位,并且在伊林·费切尔(Iring Fetscher)的指导下于1970年完成博士论文《论马克思资本概念的逻辑结构》,这篇文章也成了"新马克思阅读"的经典文献。"新马克思阅读"首先是在法兰克福学派的政治经济学传统中生长起来的。[④] 法兰克福学派的政治经济学传统始于20世纪20—30年代的格罗斯曼等法兰克福学派早期经济学家,在马克斯·霍克海默(Max Horkheimer)将社会研究所的研究方向转为社会批判理论之后,这种早期的政治经济学研究传统就被隐匿了起来。然而这种隐匿并不代表法兰克福学派理论家不再重视马克思的政治经济学,相反,阿尔弗雷德·施密特(Alfred Schmidt)就提示我们,霍克海默和阿多诺在《启蒙辩证法》一书中对当代意识与历史的疏远现象的分析运用就是一种经济学方法,[⑤]施密特的这种理论洞察一

① Rick Kuhn Introduction to "*The Change in the Original Plan for Marx's Capital and Its Causes*", in *Historical Materialism*, 21 (3), 2013, pp. 117 - 137.

② [英] 罗伯特·法恩:《马克思与黑格尔的关系:一种新阐释》,《马克思主义与现实》2010年第1期。

③ See Hoff J, *Marx Worldwide: On the Development of the International Discourse on Marx Since 1965*, Brill, 2016, p. 16.

④ Ibid.

⑤ [德] 阿尔弗雷德·施密特:《历史与结构》,张伟译,重庆出版社1993年版,第3页。另外,据沃纳·博内菲尔德(Werner Bonefeld)等开放的马克思主义者的研究,阿多诺的《否定辩证法》一书与马克思的政治经济学关系更密切。——Bonefeld Werner, "*Negative Dialectics and the Critique of Economic Objectivity*", in *History of the Human Sciences*, 2016, 29, 2: 60 - 76.

方面缘于他对法兰克福学派社会批判理论的稔熟于心,另一方面也缘于他自身对马克思政治经济学的浓厚兴趣与深入研究。所以如果说法兰克福学派的政治经济学传统在霍克海默和阿多诺那里被暂时隐匿起来,那么在施密特这里,政治经济学又成为施密特的直接理论对象,在其代表作《马克思的自然概念》一书的 1971 年版后记中,施密特总结说这是首次利用马克思中期和成熟时期的政治经济学著作,特别是利用《资本论》和《政治经济学批判大纲》对马克思著作进行的哲学解释。施密特认为西欧理论界近 20 年来对马克思的过度人本主义化解读需要得到纠正,特别是以新存在主义(neo-Existentialist)为代表那种基于马克思早期著作(主要是 1844 年《巴黎手稿》)中的异化劳动理论把马克思思想简化为一种"非历史"的人类学的马克思解读倾向。① 在《资本论》第一卷德文版以及《大纲》的重新出版后,这种对马克思思想的过度人本化的解读面临更大的质疑,西方学者越来越清楚地认识到马克思后期经济学著作与早期哲学著作的联系。这种认识在施密特之后的巴克豪斯与莱希尔特那里得到进一步强化。在"新马克思阅读"的奠基之作《论价值形式的辩证法》②中,巴克豪斯就将《启蒙辩证法》中的经济分析方法凝练为"价值形式的辩证法",从而试图从马克思晚期的经济学著作出发重新思考资本主义社会、国家和革命等理论问题。如果说政治经济学在施密特等正统法兰克福学派理论家那里还只是作为批判理论的重要方法论资源得到重视,那么在巴克豪斯和莱希尔特开启的"新马克思阅读"这里,政治经济学研究则是他们直面的理论任务——他们将其理论探讨全面地建立在政治经济学的基础之上。

如果说法兰克福学派本身的政治经济学传统是"新马克思阅读"运动兴起的内在原因,那么罗斯多尔斯基和鲁宾著作的发表或重新发现则给当时的西德马克思研究者以新的问题意识和理论视野。"新马克思阅读"的理论聚焦与理论特色就是巴克豪斯的奠基性文本的书名所展示的,即"价值形式的辩证法",笼统来说,其理论聚焦可以被拆解为两部分来理解,即价值的"社会"形式及其辩证运动。这两部分分别体现了他们对前人价值理论研究的批判性继承:一是继承了希法亭和鲁宾以来的社会历史哲学的解读视角,二是继承了鲍威尔和罗斯多尔斯基等人的黑格尔辩证法(逻辑学)的解读视角。实际上,自希法亭与庞巴维克的理论交锋开始,现代西方经济学与马克思的政治经济学的差别已经得到了充分的展示,现代西方经济学日益专注于经济现象的数量化分析与经济过程的精确化控制,然而马克思的经济学则显然不是"纯经济学",它更强调的是一种哲学探讨而不是生理或技术层面的定量分析,其理论视域更是包含社会的本质及其未来这样的哲学主题。所以对马克思劳动价值论的研究必须从哲学的视角才有可能真正理解马克思,在这个意义上,希法亭和鲁宾无疑是《资本论》哲学解读的早期践行者。

在"新马克思阅读"的代表人物巴克豪斯的

---

① See Hoff J, *Marx Worldwide: On the Development of the International Discourse on Marx Since 1965*, Brill, 2016, p. 77.

② 该论文最早形成于 1965 年阿多诺的社会理论研讨班上的课题研究,受到了阿多诺的高度肯定,1969 年正式发表于阿尔弗雷德·施密特主编的《马克思的认识论》这一文集中。

分析中,我们可以看到他对这种解读路径的继承与完善。巴克豪斯认为,马克思的价值理论本身就是对于现实社会、劳动过程、生产过程中人与人的关系的理论把握,所以对价值形式的逻辑结构的分析不能与它的历史社会内容的分析相分离,必须对"形成价值的"劳动的历史社会构造进行追问。所以,他特别强调对商品、货币、资本为代表的这些价值形式的社会性分析,即他认为这些形式本身不再停留于经验现象和主观心理层面,而是深入社会关系的层面。于是我们可以看到,马克思的经济分析与社会理论之间展现出一种内在的一致性。也正是在这个意义上,阿多诺把"新马克思阅读"的价值理论称为法兰克福学派的宝贵财富。①

其次,受到罗斯多尔斯基等对马克思经济学方法与黑格尔辩证法研究的直接启发,巴克豪斯回到了黑格尔辩证法(逻辑学)的《资本论》解读传统。在他看来,马克思在《资本论》第一卷为了符合大众读者的阅读要求对价值形式理论做了过度简化的处理,从而弱化了价值形式理论的辩证性。所以巴克豪斯试图从马克思的大量经济学手稿和相关评论中重新挖掘并建构马克思价值理论的整体性,恢复价值理论的辩证思想。通过对商品和货币的"二重化"研究,他指出对价值的研究必须从价值自身差异运动中得到解释,用黑格尔的语言,即把价值理解为通过中介的运动不断展现自身的"主体",而非僵化不动的"实体"。② 实际上,"新马克思阅读"所强调的价值形式的辩证运动,本身就构成了理解资本主义社会历史一个新的理论视角。于是,我们可以看到在大半个世纪的理论互动与传承后,德语世界的《资本论》研究在"新马克思阅读"运动这里达到了一个新的高度。

① 李乾坤:《"新马克思阅读"运动:当代德国马克思研究的一种新纲领的探索》,《山东社会科学》2015 年第 10 期。

② 同上。

《资本论》陈启修译本译介考释

【内容提要】 20世纪初《资本论》传入中国，1930年，陈启修翻译的《资本论》第一卷第一分册在上海出版。作为《资本论》的首个中译本，陈启修译本极大推动了马克思主义政治经济学在中国的传播。陈启修译本选择以考茨基版为翻译底本，参考日译本等多语种译本，在术语、概念和译注中既吸收了日译本的翻译，又灵活运用本土资源，内容翻译明白畅达，术语概念翻译准确，多数经典译语沿用至今。《资本论》陈启修译本尽管不是全译本，但在马克思主义经典作家著作的翻译史上具有里程碑意义，是继1920年陈望道翻译《共产党宣言》后最重要的经典著作翻译事业，对《资本论》在中国的传播具有先导意义。

【作者简介】 干保柱，天津外国语大学国际关系学院副教授；孙道凤，天津理工大学外国语学院讲师

【原文出处】《马克思主义与现实》2019年第1期

《资本论》是马克思的代表作，马克思主义的重要经典文献，被誉为"工人阶级的圣经"，是世界各国介绍、传播马克思主义的重要文本载体。20世纪初，《资本论》传入中国，1930年，首个中译本在上海出版，即陈启修翻译的《资本论》第一卷第一分册。《资本论》首个中文译文的出版发行，极大推动了《资本论》及马克思主义在中国的传播。《资本论》在中国的早期译介及中文译本，对于考察马克思主义在中国的早期译介及传播历程具有重要意义。笔者尝试对《资本论》在中国的早期译介、传播加以梳理，从文本视角对首个中文译本进行解析，与其参考的日文译本进行比照分析，阐释《资本论》首个中文译本在马克思主

义中国早期传播及中国马克思主义话语构建中的作用和意义。

一、陈启修的译介

在西学东渐与中国改良、革命势力的推动下,《资本论》等马克思主义经典著作传入中国,开启了在中国的传播之旅。马克思主义者陈启修在《资本论》的早期译介,以及个人的马克思主义理论积淀、马克思主义著作译介积累的基础上,于20世纪20年代后期将《资本论》译成中文,于1930年在上海出版发行。

自1899年马克思的名字见诸中文报刊起,马克思主义就开启了在中国的传播历程。马克思主义在中国的早期传播,是以《资本论》等经典著作为载体随着中国革命事业不断推进而被介绍、翻译、阐释,逐步为中国共产党人接受、掌握,成为分析中国社会的理论工具,随之,《资本论》等经典著作成为指导中国革命的基础文献。

直至20世纪20年代,《资本论》在中国的早期传播,经历了一般知识性片段介绍、系统全面介绍、阐释、研究、翻译序言、摘译部分正文内容的渐进译介历程。

在此过程中,传播主体由传教士、资产阶级改良派、革命派向马克思主义者转变,传播内容从简略的马克思主义政治经济学碎片知识向《资本论》的理论体系逐渐深化,译介文体由旧文体介绍发展到白话文文体介绍,传播方式从纸媒传播到纸媒、口头传播齐头并进,传播意识从自发传播上升至有意识有目的的自觉传播,传播对象从少数知识精英扩展到广大共产主义者、青年学生、知识分子,传播效果从最初的一般性知识提升为中国革命的指导理论源头。

随着中国革命事业的不断向前发展,马克思主义经典作家著作的中文译介尤显必要和迫切。随着《资本论》相关文本在中国的早期传播,《资本论》的翻译开始提上议事日程,这一重任落在了早期马克思主义经济学家陈启修肩上。

陈启修(1886—1960),后改名为陈豹隐,中国早期马克思主义经济学家。早年留学日本,在日本学习、接受了马克思主义。留日期间,陈启修掌握了日文、英文、德文,为此后阅读、翻译马克思主义著作奠定了语言基础。1913年大学一年级时,陈启修翻译了小林丑三郎的《财政学提要》,系统介绍了资产阶级财政学,开始了学术活动。毕业回国受蔡元培邀请,赴北京大学法商学院任教。最初讲授具有正统学派和德国官方学派色彩的财政学、统计学等经济学课程。在五四运动的洗礼下,陈启修的思想发生变化,开始运用马克思主义基本原理讲授相关课程。1920年,他开始讲授马克思主义经济学概论,按照《资本论》的理论体系讲授马克思的经济学说。1921年,北京大学马克思学说研究会成立,陈启修被研究会聘为导师,指导研究会翻译《资本论》。这一时期,陈启修致力于马克思主义的传播,以至五四时期有"南陈(启修)北李(大钊)"之说。

早在留学期间,陈启修便开始翻译资产阶级财政学、经济学著作,此后逐渐向马克思主义靠拢,转变为马克思主义者。在日本期间,陈启修致力于创作小说、诗歌、翻译外国文学作品,同时着力于政治学、经济学相关著述的研究及译介。陈启修是最早参与无产阶级文学革命的马克思主义者之一。"陈启修把当时日本无产阶级文学的热点话题及其相关课题及时地介绍给中国读者。”①在经济学的研究和译介领域，作为马克思主义者的陈启修首选《资本论》进行翻译。《资本论》首个中文版就是在这样的动机下翻译出版的。陈启修翻译《资本论》，根本上是一个马克思主义者在马克思主义传播上的行动自觉，是与专业知识结合的自然而然的结果，当然也不能回避客观经济收益。②

1928年，陈启修再赴日本。在滞留日本的两年中，他投身于著述、译介活动。据陈启修秘书常裕如统计，两年中陈启修著述颇丰，“他连译带著，出版了百万字左右的著作”。③ 陈启修在日期间撰写、翻译了大量经济学、政治学等社会科学著作，确切数字难以统计，其中著作《经济现象的体系》和翻译《经济学大纲》分别为翻译《资本论》作了马克思主义政治经济学理论和翻译上的准备。1929年，上海乐群书店出版陈启修的《经济现象的体系》，该书由经济学的基本概念、基础知识和资本主义社会经济现象的分析两大部分构成。在书中，陈启修运用马克思主义观点阐述资本主义经济的起源、基础、组织、企业等；在经济形态上，坚持以马克思主义生产关系标准划分，即“原始共产经济时代、奴隶经济时代、封建经济时代、资本主义经济时代”；④在资本概念的解释上，坚持马克思主义剩余价值理论。他说：“一切由过去的生产得来的价值，但凡被拿去专靠他取得别人造出的剩余价值的时候就变成了资本。”⑤

1929年，陈启修开始翻译河上肇的《经济学大纲》。该书是河上肇在东京帝国大学讲授《资本论》的讲稿，由商品及货币、资本的生产进程、资本的流通进程、资本的总进程四部分构成。陈启修认为河上肇的《经济学大纲》是对《资本论》的解读、阐释，在内容和体系上与《资本论》几乎无异，这也是他翻译此书的原因。河上肇“在实质上，几乎和马克思《资本论》的解释一样的东西”。⑥ 河上肇的《经济学大纲》原书尚有下半部分“资本家的经济学的发展”，陈启修没有翻译，原因在于该部分“含有心理派等非马克思主义的思想，这种思想的存在就是我不全译的主要理由”。⑦ 陈启修此举显然目标明确，意在聚焦马克思主义经济学的译介、阐释，为翻译《资本论》作准备。“陈启修译《经济学大纲》的目的，在于为译《资本论》做准备。”⑧在一系列准备后，滞留日本期间的陈启修完成了《资

---

① 芦田肇「東京に於ける陳啓修の文学的営為—詩論、文学評論及び文学作品の翻訳、「新冩實主義」論」、『資本論国学院大学紀要』、2006年、総第44巻。

② 据陈启修夫人唐惟俶回忆，当时家用主要依靠陈启修在日著书和译书所得版税。——参见唐惟俶：《参加政治历史之经过情形》，陈寅星、陈若豹藏。转引自刘会军：《陈豹隐》，吉林大学出版社2009年版，第152页。

③ 参见常裕如：《一生坎坷的早期经济学家陈启修》，转引自《中国当代著名经济学家》，孙连成、林圃主编，四川人民出版社1985年版，第298页。

④ 陈启修：《经济现象的体系》，乐群书店1929年版，第21页。

⑤ 同上，第21页。

⑥ 河上肇：《经济学大纲》，陈启修译，转引自西南财经大学马克思主义经济学研究院、经济学院编：《陈豹隐全集》(第2卷第1册)，西南财经大学出版社2013年版，第3页。

⑦ 陈豹隐讲，马玉璞等记：《经济学讲话》，陈启修译，西南财经大学马克思主义经济学研究院、经济学院编：《陈豹隐全集》(第1卷第1册)，西南财经大学出版社2013年版，第14页。

⑧ 胡培兆、林圃：《〈资本论〉在中国的传播》，山东人民出版社1985年版，第138页。

本论》的翻译,联系上海昆仑书店出版发行《资本论》。由此首个《资本论》中文译本在上海问世。

二、陈启修译本分析

陈启修选择以考茨基版为翻译底本,参考日译本等多语种译本。译者本着参考、借鉴和发展、创新并重的原则,在术语、概念以及译注中,既吸收了日译本的翻译,又灵活运用本土资源,推进术语、概念翻译的本土化。

在底本选择上,译者基于传播、普及《资本论》的初心,考虑到受众通俗易懂的需要,选择了考茨基民众版的第八版(1928 年版),该版由德国柏林 J. H. W. Dietz nachf. G. m. b. H.(约翰·海恩聂希·威廉的接班人出版社)出版发行。在参考译本上,首先参考了河上肇、宫川实的译本[マルクス(马克思)『資本論』第一分冊—第五分冊、河上肇 宮川実訳、岩波書店,1927—1929 年],原因在于河上、宫川译本的底本同样是考茨基民众版,译者河上肇、宫川实是著名的马克思主义学者,翻译质量上乘,出版发行量较大。陈启修在日本学习,熟练掌握法文、英文、德文,精通多门外语的他为参考多语种译本进行翻译创造了语言条件。此外,还参考了如下文献:莫利托儿(J. Molitor)法译本由巴黎,阿尔弗雷德·科斯特出版社(Paris, Alfred Costes)发行,1924 年出版。塞缪尔·摩尔(Samuel Moor)和爱德华·艾威林(Edward Aveling)的英译本,由芝加哥,查尔斯·克尔公司(Chicago, Charles H. Kerr & Company)发行,1921 年出版。高畠素之的日译本《卡尔·马克思著〈资本论〉》高畠素之訳、改造社,1927—1928 年。①

在翻译策略方面,陈启修坚持受众优先原则。首先,在文体上,陈启修选择了通俗易通的白话文,而不是当时流行的文言文或杂糅文言文、白话文的方式。其次,为了达到马克思主义传播、普及的效果,将易于理解、便于接受确立为基本翻译原则。再次,对于严肃的学术著作,采取忠实于原文的直译方式。受众优先的翻译策略,是陈启修的一贯坚持,《资本论》的翻译尤其如此。对此,他指出:“以为翻译科学之文,贵能明白畅达,易于通晓,使读之者如闻其声,如见其人,斯为上乘。文字不尚高深,务求达意,期不失原著者之真。”②

专业术语是一门学问的基本用语和基本构成元素,专业术语的翻译正确与否,反映了《资本论》整体翻译水准,因而也事关《资本论》能否被准确理解的问题。因《资本论》体量庞大,考察《资本论》的所有专业术语,难度很大,限于研究主题与文章篇幅关系,将专业术语范围限定在《资本论》第一章商品中,以第一章商品中的术语翻译情况管窥《资本论》专业术语的整体翻译,应该说不失为一种有效、合理的方法。选定第一章商品,是因为第一章商品是《资本论》体系中最重要、最基础,也是最难以理解的章节。

基于上述考虑,我们在具体操作上,选取

---

① 马克思:《资本论》(第 1 卷第 1 分册),转引自陈启修译,西南财经大学马克思主义经济学研究院、经济学院编:《陈豹隐全集》(第 2 卷第 2 册),西南财经大学出版社 2013 年版,第 3 页。

② 小林丑三郎:《经济学提要》,陈启修译,转引自西南财经大学马克思主义经济学研究院、经济学院编:《陈豹隐全集》(第 2 卷第 3 册),西南财经大学出版社 2013 年版,第 1 页。

商品章中的50个代表性专业术语①来展开分析。术语翻译的准确性,以中央编译局译本为准。在此基础上,将这些术语分为准确翻译、解释性翻译、误译三类。在准确翻译上,陈启修译本的诸如商品、货币、使用价值、价值、内容、交换价值、原子、二重性、有用劳动、复杂劳动、价值物、价值存在、一般等价物、商品世界、生活资料等15个术语的翻译是完全正确的,占30%;在解释性翻译中,该译本的诸如商品集成(商品堆积)、始基形态(元素形式)、有用的物(有用物)、商品尺标(商品尺度)、商品(商品体)、劳动生产物(劳动产品)、积蓄(积累)、价值形成实体(形成价值的实体)、同一的人类的劳动力(同一的人类劳动力)、社会的平均劳动力(社会平均劳动力)、社会的必要的劳动时间(社会必要劳动)、社会的分业(社会分工)、单纯的平均劳动(简单平均劳动)、相对的价值形态(相对价值形式)、等价形态(等价形式)、简单的价值形态(简单价值形式)、扩大了的价值形态(扩大的相对价值形式)、交换的比率(交换比例)、商品所有人(商品占有者)、一般的价值形态(一般价值形式)、社会的独占(社会独占权)、物神崇拜(拜物教)、私的劳动(私人劳动)、社会的总劳动(社会总劳动)、二重的社会的性质(二重的社会性质)、生产物的交换者们(产品交换者)等26个,占52%。这些翻译大体描述了该术语的内涵。有部分术语翻译不准确,可以视为误译,如享乐的对象(消费品)、历史的行为(历史的事情)、合意(约定成俗)、还元(化成)、舍像(抽象)、胶质物(凝结)、二者斗争物(二重的东西)、价值体质(价值体)、生产手段(生产资料)等9个专业术语,约占18%。这50个代表性术语中,完全正确的术语和大体正确的解释性术语翻译合在一起占82%之多,不准确的误译占18%。从中可以反映陈启修译本在专业术语翻译上的可靠、准确程度。80年前陈启修译本中的专业术语展现了高超的理论水准和娴熟的翻译技巧,诸多术语的经典译词在此后诸多版本的《资本论》及马克思主义著作中得到传承、延续,其中多数经典译词沿用至今,凸显了陈启修译词的强大生命力。

除了专业术语外,具体句式段落的翻译,更能体现对原文的贴近。基于与前述相同的理由,以下选取《资本论》第一章商品中三个重要段落进行考察。前段是陈启修译本的翻译,后段是中央编译局译本的翻译。"在资本主义的生产力方法行着统治的诸社会里面,他们的财富是当作一个非常巨大的商品集成,出现着的,各个商品是当作那种财富的始基形态,出现着的。"②"资本主义生产方式占统治地位的社会的财富,表现为庞大的'商品堆积',单个的商品

---

① 商品、货币、使用价值、价值、商品堆积、元素形式、消费品、有用物、历史的事情、商品尺度、约定俗成、商品体、内容、交换价值、原子、化成、抽象、劳动产品、凝结、积累、形成价值的实体、同一的人类劳动力、社会平均劳动力、社会必要劳动时间、二重性、二重的东西、有用劳动、社会分工、简单平均劳动、复杂劳动、相对价值形式、等价形式、价值物、价值存在、简单价值形式、扩大的相对价值形式、交换比例、价值体、商品占有者、一般价值形式、一般等价物、商品世界、社会独占权、拜物教、私人劳动、社会总劳动、二重的社会性质、产品交换者、生产资料、生活资料。

② 马克思:《资本论》(第1卷第1分册),转引自陈启修译,西南财经大学马克思主义经济学研究院、经济学院编:《陈豹隐全集》(第2卷第2册),西南财经大学出版社2013年版,第138页。

表现为这种财富的元素形式。”①“这些东西，如果当作这种为他们所共通具有的社会的实体的结晶看来，就是价值，就是商品价值。”②“这些物，作为它们共有的这个社会实践的结晶，就是价值。”③“一个物件的有用性，即他那种可以满足人类的某种欲望的性质，会把那个物件弄成使用价值。”④“物的有用性，使物成为使用价值。”⑤与中央编译局译本相比，陈启修译本的句式段落翻译显得不够凝练和精准，语言也不够学术化，句式铺陈也较为复杂、层叠过多，不够紧凑。但是，从内涵和外延界定来看，陈启修译本阐释了原文概念的基本内容。事实上，中央编译局译本传承、延续了诸多陈启修的翻译，但没有说明参考陈启修译本。据刘诗白考证，中央编译局译本若干地方的翻译与陈启修译本完全一致，甚至陈启修译本更加忠实于原文、也更准确。⑥ 陈启修译本句式段落翻译采用质朴的直译方式，捎带口语化的表达方式。在某种意义上，陈启修的句式段落翻译风格，既是个人的翻译风格，又反映了 20 世纪 30 年代文白相间、由文言文向白话文转变的时代特征。

在专业术语、段落句式的翻译之外，陈启修还进行了翻译上的多项创新。在造字方面，针对当时使用“的”“地”“底”分别用作形容词、副词、所有格时存在混用、误用的情况，陈启修别开生面地主张使用“的”“旳”“廸”取代“的”“地”“底”分别表示形容词、副词、所有格。“译者从这种见解着想，想出了‘旳’‘廸’两个新字；这两个字廸音是和‘的’字相同的，‘廸’字从之旁，表示牠用在‘之’字廸意义即所有格廸意义上，和所谓‘底’字相同。‘旳’字从冠盖，表示牠盖罩下面的动词或形容词，即表示牠是副词廸语尾，和所谓‘地’字相同。”⑦陈启修在《资本论》译文中使用了自创的“旳”“廸”字，体现了朴素的探索精神，遗憾的是，这两个字并没有通行并得到广泛运用，但不能否认陈启修在语言文字上创造性的精神与实践。

为了便于读者理解和导读，陈启修译本在正文前附上三篇《资本论》的阐释文章，编为《资本论旁释》，即考茨基的《马克思经济学说在思想史上的地位》、河上肇的《〈资本论〉在马克思经济学说上的地位》、由恩默特的《马克思的经济学要览并语汇》和河上肇、宫川实的《〈资本论〉第一篇在〈资本论〉上的地位》。在正文前附上导读性的《资本论旁释》，是陈启修译本的一大特色，这是此后《资本论》各种译本所没有的。全书篇幅上，《资本论旁释》约占 2/5，正文约占 3/5，内容包括第 1 卷第 1 篇前 3 章。《资本论旁释》的具体内容及其所

① 中共中央编译局编译：《马克思恩格斯选集》(第 2 卷)，人民出版社 2012 年版，第 95 页。

② 马克思：《资本论》(第 1 卷第 1 分册)，转引自陈启修译，西南财经大学马克思主义经济学研究院、经济学院编：《陈豹隐全集》(第 2 卷第 2 册)，西南财经大学出版社 2013 年版，第 144 页。

③ 中共中央编译局编译：《马克思恩格斯选集》(第 2 卷)，人民出版社 2012 年版，第 99 页。

④ 马克思：《资本论》(第 1 卷第 1 分册)，转引自陈启修译，西南财经大学马克思主义经济学研究院、经济学院编：《陈豹隐全集》(第 2 卷第 2 册)，西南财经大学出版社 2013 年版，第 140 页。

⑤ 中共中央编译局编译：《马克思恩格斯选集》(第 2 卷)，人民出版社 2012 年版，第 96 页。

⑥ 刘诗白：《陈豹隐与〈资本论〉理论在中国大学讲堂的传播》，《经济学家》2013 年第 6 期。

⑦ “译者例言”，马克思：《资本论》(第 1 卷第 1 分册)，陈启修译，转引自西南财经大学马克思主义经济学研究院、经济学院编：《陈豹隐全集》(第 2 卷第 2 册)，西南财经大学出版社 2013 年版，第 5—6 页。

占较大篇幅，凸显了译者面向大众的翻译导向，以及普及、传播马克思主义的良苦用心。在此意义上，陈启修译本是“编译本”。在发行方式上，陈启修采用分册出版形式，拟定了10册出版计划。这也是秉承马克思在创作、出版《资本论》时计划采用出版6个小册子的创意，以便工农大众携带阅读。

在译注上同样凝聚了陈启修别具一格的创意。陈启修译本中附上了陈启修本人撰写的大量译注，即在认为难以理解或有需要增加背景知识之处，陈启修附上了自己的注释“陈注”。“正文中的47条‘陈注’，有3条注释地名，其余各条都是讨论名词概念的翻译问题。”①47条“陈注”的数字最初出现在陈启修生前秘书常裕如的文章中，后被其他相关文章、著述引用，包括陈启修的传记。事实上，陈启修译本中的“陈注”远不止47条，经笔者统计多达74条。从“陈注”的具体内容看，粗略可以分为以下几类，5处背景知识备注，②1处原文备注，③2处篇目备注，④1处出处备注，⑤2处英语翻译备注，⑥其余63处均为翻译备注。⑦

通过附加74条译注，为读者提供了阅读《资本论》所需的背景知识、专业解读，有利于《资本论》的普及。陈启修的译注不仅方便了读者阅读，也为后来的译者提供了翻译指引。《资本论》中唯一提及的中国人王茂荫，在陈启修译本的译注中，对此作了最初的翻译查找。“原文是Wan-mao-in，我曾托人到清史馆查此人的原名，现在还无结果，这里姑且译为‘万卯寅’，待将来查明时再改正罢。”⑧陈启修的译名“万卯寅”是猜测译法，并不准确，但陈启修的科学精神与信息指引，仍然为后人沿着这一线索继续查找提供了便利。“这一‘王茂荫’的正确译名，是吴半农托吴春晗查《清史稿》及《部院大臣年

---

① 常裕如：《著名经济学家陈豹隐的主要学术活动与学术思想》，《四川财经学院学报》1982年第1期。

② 如：第122页陈注，麦杜则(mudese)女妖(希腊神话上的女妖。头上生着无数的蛇发，她会叫一切看见她的眼睛的人们化为石头——陈)。马克思：《资本论》(第1卷第1分册)，陈启修译，转引自西南财经大学马克思主义经济学研究院、经济学院编：《陈豹隐全集》(第2卷第2册)，西南财经大学出版社2013年版，第122页。

③ 如：第65页，英译的第一卷(恩默特这篇文章是为英美人写的，是英文，详见译者序——陈)。马克思：《资本论》(第1卷第1分册)，转引自陈启修译，西南财经大学马克思主义经济学研究院、经济学院编：《陈豹隐全集》(第2卷第2册)，西南财经大学出版社2013年版，第65页。

④ 如：第119页，第一章(这和今版的第一篇相当——陈)。马克思：《资本论》(第1卷第1分册)，转引自陈启修译，西南财经大学马克思主义经济学研究院、经济学院编：《陈豹隐全集》(第2卷第2册)，西南财经大学出版社2013年版，第119页。

⑤ 如：第80页，(河上肇这篇文章是附于日译《资本论》第2册的末尾的，详见前面译者序中——陈)。马克思：《资本论》(第1卷第1分册)，陈启修译，转引自西南财经大学马克思主义经济学研究院、经济学院编：《陈豹隐全集》(第2卷第2册)，西南财经大学出版社2013年版，第80页。

⑥ 如：第71页，exploit the things of market(开发市场上的商品——陈)。马克思：《资本论》(第1卷第1分册)，陈启修译，转引自西南财经大学马克思主义经济学研究院、经济学院编：《陈豹隐全集》(第2卷第2册)，西南财经大学出版社2013年版，第71页。

⑦ 如：第9页，两个大俦类(“俦类”是Categorie的译语，或译为“范畴”——陈)。马克思：《资本论》(第1卷第1分册)，陈启修译，转引自西南财经大学马克思主义经济学研究院、经济学院编：《陈豹隐全集》(第2卷第2册)，西南财经大学出版社2013年版，第9页。

⑧ 马克思：《资本论》(第1卷第1分册)，陈启修译，转引自西南财经大学马克思主义经济学研究院、经济学院编：《陈豹隐全集》(第1卷第2册)，西南财经大学出版社2013年版，第286页。

表》得到答案的。”[①]陈启修另辟蹊径，在翻译过程中附加独树一帜的“陈注”，闪烁着译者智慧的光芒。

总之，陈启修译本在底本和参考译本的选择、翻译策略、术语概念和句式段落的翻译、造字、《资本论旁释》、译注等方面，均体现了早期马克思主义者在《资本论》翻译中的大众导向、开创精神、严谨学风、语言功底。事实上，陈启修译本中的术语、概念的翻译及其表述方式，在此后的译本中得到延续与传承，显然这也是陈启修译本高质量翻译的佐证。

三、陈启修译本与河上肇、宫川实译本的比较

陈启修在译者例言中说明以日译本为参考，即河上肇、宫川实译本。以日译本为主要参考，既与译者的日本留学经历及翻译积淀有关，更是西学东渐的路径使然。侯外庐在谈及《资本论》的翻译时指出，“在中国当时的译界，不采用日译用语的，实在非常少”。[②] 同样，以下以商品章的术语、句式段落的翻译以及译注来考察两者的关联。

由选取的商品章 50 个主要术语的对比可知，其中 36 个术语，陈启修译本与河上、宫川译本完全一致，72％的一致度足见在术语翻译上，陈启修译本对河上、宫川译本的借鉴程度。此外，諸商品の集大成（商品集成）、原基形態（始基形态）、享楽の対象物（享乐的对象）、有用物（有用的物）、商品尺度（商品尺标）、商品体（商品）、労働諸生産物（劳动生产物）、膠結物（胶质物）、蓄積（积蓄）、私的諸労働（私的劳动）、生産物の交換者（生产物的交换者们）、有用的労働（有用劳动）等 12 个术语，虽不完全一致，基本表达了术语的基本内涵。余下两处（伝習に起因する、合意）、（分子、原子）翻译存在明显不同，合意明显比起因于传统习惯要接近约定俗成，原子是正确翻译，而分子则是错误翻译。显然，在术语翻译上，陈启修借鉴、传承河上、宫川译本的同时，对其进行了研究、辨识，正确的予以借鉴，其他的予以改进与纠正。

在句式段落的翻译上，以下从商品章中选出三组重要段落进行对比，前部分是河上、宫川译本，后部分是陈启修译本。“資本家的な生産の仕方の支配している諸社会の富は、一個の恐ろしく尨大な商品の集大成として、個々の商品はかかる富の原基形態として、現れる（在资本家的生产方式支配的诸社会的财富，表现为一个非常庞大的商品集成，各个商品作为此种财富的原基形态而出现）。”[③]“在资本主义的生产力方法行着统治的诸社会里面，他们的财富是当作一个非常巨大的商品集成，出现着的，各个商品是当作那种财富的始基形态，出现着的。”[④]“それらの物は、それらに共通なる・かかる社会的実体の結晶として、価値—商品価値である（这些东西，作为他们共通的社会的实体的结晶，就

① 千家驹：《三十年代翻译〈资本论〉的经过》，中共中央马克思恩格斯列宁斯大林著作编译局马恩室编：《马克思恩格斯著作在中国的传播》，人民出版社 1983 年版，第 88 页。

② 侯外庐：《〈资本论〉译读始末》，中共中央马克思恩格斯列宁斯大林著作编译局马恩室编：《马克思恩格斯著作在中国的传播》，人民出版社 1983 年版，第 73 页。

③ マルクス『資本論』（第 1 巻第 1 分冊），河上肇、宫川実訳、岩波書店、1927 年、37ページ。

④ 马克思：《资本论》（第 1 卷第 1 分册），陈启修译，转引自西南财经大学马克思主义经济学研究院、经济学院编：《陈豹隐全集》（第 2 卷第 2 册），西南财经大学出版社 2013 年版，第 138 页。

是价值、商品价值)。"①"这些东西,如果当作这种为他们所共通具有的社会的实体的结晶看来,就是价值,就是商品价值。"②"ある物の有用性は、即ち人間の何等かの種類の欲望を充たすその性質は、その物を使用価値たらしめる(一个物体的有用性,即它能够满足人类某种欲望的性质,使物体具有使用价值)。"③"一个物件的有用性,即他那种可以满足人类的某种欲望的性质,会把那个物件弄成使用价值。"④由对比可知,这代表性段落,陈启修的翻译也借鉴了河上、宫川译本,在借鉴的同时,将相关术语进行了调整,如将"资本家的"改译为"资本主义的"、将"生产方式"改译为"生产力",前者是正确的调整,后者则是误译。显然,陈启修的翻译既有误译,也有对日译的改正和发展。

在译注上,经笔者详细统计,河上、宫川译本合计有 121 处(该译本翻译至第 1 卷第 3 章),陈启修译本有 74 处。除去陈启修译本译者例言、《资本论旁释》中的 7 处译注外,即在内容对应上,陈启修译本 67 处译注与河上、宫川译本具有可比对性。实际上,经仔细比对,陈启修译本 67 处译注中,有 41 处与河上、宫川译本相同,是对日译本的翻译,26 处是真正的"陈注",也就是说,61%的"陈注"来源于河上、宫川译本。另一方面,具有可对比性的 121 处河上、宫川译本译注中,80 处并没有被陈启修转述。译者没有转译绝大部分河上、宫川译本译注,体现了陈启修有选择地借鉴日译本,在借鉴的同时,注重对翻译的理解,在认为必要之处增加了独特的 26 处"陈注"。这 26 处"陈注"是陈启修在《资本论》翻译中作出的独特贡献。

由以上陈启修译本与河上、宫川译本的对比看,尽管陈启修译本言明是以考茨基版为底本的,但从术语概念、句式段落、译注的对照来考察,陈启修在翻译中参考的主要对象为河上、宫川译本。陈启修以日译本为参考,在翻译中借鉴日译本之处颇多,以至于给人日译本重译的印象。千家驹在回忆《资本论》的翻译时,对陈启修译本作了如此评价。"陈先生的译本好像是根据河上肇的日译本重译的,我们看了质量不高。"⑤其实,陈启修译本吸收借鉴了日译本的翻译,但尚未达到是日译本重译的程度,因为他在借鉴日译本过程中,并没有完全照搬日译,而是加入自己理解,融入本土文化资源,推进翻译的本土化,是在借鉴、传承中进行了发展、创新。《资本论》在翻译过程中对日译本的参考、借鉴,与马克思主义向中国传播的渠道密切关联,众所周知,日本是早期马克思主义向中国传播的三个主要渠道之一。在此时代背景下,《资本论》的翻译主要参考、借鉴日译本就不足为奇了。

---

① マルクス『資本論』(第 1 巻第 1 分冊),河上肇、宮川実訳、岩波書店、1927 年、43ページ。

② 马克思:《资本论》(第 1 卷第 1 分册),陈启修译,转引自西南财经大学马克思主义经济学研究院、经济学院编:《陈豹隐全集》(第 2 卷第 2 册),西南财经大学出版社 2013 年版,第 144 页。

③ マルクス『資本論』(第 1 巻第 1 分冊),河上肇、宮川実訳、岩波書店、1927 年、38ページ。

④ 马克思:《资本论》(第 1 卷第 1 分册),陈启修译,转引自西南财经大学马克思主义经济学研究院、经济学院编:《陈豹隐全集》(第 2 卷第 2 册),西南财经大学出版社 2013 年版,第 140 页。

⑤ 千家驹:《三十年代翻译〈资本论〉的经过》,中共中央马克思恩格斯列宁斯大林著作编译局马恩室编:《马克思恩格斯著作在中国的传播》,人民出版社 1983 年版,第 88 页。

结 语

作为中国早期马克思主义者，陈启修开创性地将《资本论》翻译成中文出版发行。尽管陈启修译本不是全译本，但仍具有开创性意义，引领、促进了后来马克思主义者不断翻译出版《资本论》以及其他马克思主义经济学著作，对《资本论》在中国的传播具有先导意义。

陈启修翻译的《资本论》在马克思主义经典作家著作的翻译史上具有里程碑意义，是继1920年陈望道翻译《共产党宣言》后最重要的经典著作翻译事业，为广大先进的知识分子和中国共产党人直接学习马克思原著提供了基础文本，有力推进了马克思主义经典著作在中国的翻译和传播。

陈启修在吸收、借鉴日译本的基础上，开创性地将《资本论》译成中文，诸多术语、概念的翻译较为准确，其中很多术语、概念的译语甚至沿用至今，彰显了陈启修译本翻译的强大生命力。陈启修本着为我所用、符合中文语义的原则，借鉴了日文翻译，同时，在翻译中注重《资本论》术语、概念的本土化，使得翻译更加贴近中国话语，从而为马克思主义中国化的话语体系建设作出了开创性的贡献。

马克思“第三类文本”的传播效应

——对恩格斯“遗漏”《德法年鉴》的一种解释

【内容提要】 马克思一生留下了卷帙浩繁的文献资料，涵涉著作、笔记、手稿与书信等不同形式的文本，它们是理解马克思思想的重要依据。根据学界对马克思文本的四种不同划分方式，报刊文章属于“第三类文本”。“第三类文本”与其他文本相比，兼具思想形成价值和传播价值，而文本传播过程中产生的社会效应便是判断其价值的重要指标。国内外学者高度评价《德法年鉴》中马克思发表文章的思想价值，但恩格斯《在马克思墓前的讲话》中提到马克思一生参与的众多报刊时，却“遗漏”了《德法年鉴》。本文认为，恩格斯是考虑到《德法年鉴》传播效应的缺失而进行了取舍。

【作者简介】 张娥，浙江大学马克思主义学院博士研究生

【原文出处】 《南京师大学报》(社会科学版)2019 年第 4 期

马克思与恩格斯一生创办、主编和参与的报纸达 15 家，为 100 多家报纸撰稿，①并通过撰写大量报刊文章来推动国际工人运动的蓬勃发展。报刊创作在马克思思想萌芽、发展以及不断深化的过程中发挥了十分重要的作用。正是在以报刊为思想阵地与现实持续互动的过程中，马克思实现了自身的世界观建构，并充分发挥了其思想传播的社会效应。

学界过去大多将研究马克思思想演变的注意力集中于著作、手稿或书信中，对报刊文章的考察也主要侧重于思想内容的深度挖掘，而相对忽视“报刊”这一载体内含的传播效应。从文本及其思想史的深度“耕犁”角度出发，需要对作为“第三类文本”的报刊文章进行更为全面的评价。恩格斯《在马克思墓前

① 童兵：《马克思恩格斯创立人民报刊的思想初探》，《社会科学辑刊》1980 年第 5 期。

的讲话》中提及马克思一生参与的报刊活动,却"遗漏"了被当今学界高度评价的《德法年鉴》。笔者尝试解释恩格斯"遗漏"《德法年鉴》的可能原因,揭示报刊文章作为"第三类文本"兼具思想形成与传播的双重价值,从而为进一步深入探讨马克思"第三类文本"的重要作用提供一条新路径。

一、"第三类文本"的划分依据及其思想形成与传播效应

马克思一生留下了卷帙浩繁的文献资料,[①]涵涉著作、笔记、手稿与书信等不同形式的文本,它们是理解马克思思想的重要依据,是打开马克思思想宝库的锁钥。由于马克思写作这些文本的出发点与落脚点不尽相同,利用文本分类学的方法,将不同文本进行分门别类研究就显得尤为重要。

目前,学界对马克思的文本主要有四种不同的划分方式。其一,有学者将马克思的文本分为四类:"第一类文本"是马克思的"读书摘录笔记与记事笔记";"第二类文本"是"未完成的手稿和书信";"第三类文本"是"已经完成的论著和公开发表的文献";"第四类文本"是"拟文本",即由后人重新建构起来的马克思读书过程中所做的批注。[②] 其二,有学者将马克思的文本也分为四类,但把"第一类文本"界定为马克思本人创作、修订并出版的著作;"第二类文本"界定为恩格斯整理出版的著作;"第三类文本"指为后来的马克思研究者整理出版的文本;"第四类文本"是马克思的各种译文版本。[③] 其三,有学者认为马克思的文本应该被划分为这样四类:"第一类文本"是马克思个人已经发表的"自主公开文本";"第二类文本"是马克思准备发表但实际未发表的"类公开文本";"第三类文本"是马克思向他人公开却未发表的"亚公开文本";"第四类文本"是指马克思未完成和未向他人公开的"非公开文本"。[④] 其四,有学者指出,马克思的文本应该被划分为三类:"第一类文本"为"成熟性文本",即完整的、成型的纯理论著作;"第二类文本"是"生成性文本",即为纯理论著作写作所做的笔记、手稿;"第三类文本"是

---

① 据学者统计,在马克思长达50年的写作生涯中,根据已知文献资料统计发现,马克思拥有独著1660部(篇),合著314部(篇),书信3099封(参见聂锦芳:《马克思著述知多少——从"书志学"方面进行的清理、考证与统计》,《哲学动态》2005年第5期)。这些数字在凸显马克思思想文献资料丰富性的同时,也从侧面反映了其研究工作的复杂性。

② 张一兵:《回到马克思:经济学语境中的哲学话语》("导言"),江苏人民出版社2013年版,第12—13页。

③ 参见周嘉昕:《文本、历史与问题——21世纪马克思主义哲学发展视域中的"青年马克思"》,《教学与研究》2018年第1期。

④ 在进行文本划分之前,该学者区分了两种文本——"研究文本"与"认同文本","研究文本"是指马克思本人创作的文本,而"认同文本"则是马克思主义的传播文本,"研究文本"内含于"认同文本"之中。该学者认为,对"研究文本"进行四种文本类型的划分"对我们研究马克思创立马克思主义的心路逻辑都具有不可或缺的意义"。笔者以为,以公开发表或向他人公开与否作为划分"研究文本"的依据与其说对理解马克思创立马克思主义的心路历程有所裨益,倒不如说对理解马克思文本的思想形成与传播价值有所裨益。因为文本是否公开更为凸显的是其社会影响而非马克思自身思想的形成理路,就这一意义而言,这种划分方式与第四种划分方式存有共通之处。参见何怀远:《理解马克思与文本类型置序——马克思主义哲学研究的文本学方法之一》,《学术研究》2006年第1期。

"应用性文本",即报刊文章。[①]

这四种划分方式所依据的标准各不相同:第一种以文本思想的完整程度为标准,第二种以创作、出版的承担者为标准,第三种以文本是否公开发表或是否向他人公开及其组合为标准,第四种则是以"思想与现实"的关联度为标准。这些划分方式本身既无优劣之分,也非对立冲突关系,只是研究的侧重点与关注点不同而已。笔者倾向于赞同第四种划分方式,[②]因为马克思的思想创见并非静坐于"书斋"产生的学问,而是关注现实并发脉于实践的思想结晶,文本的呈现方式有直接(或显性)反映现实与间接(或隐性)反映现实之分,用"思想与现实"的黏合度来划分文本能够更好地体现马克思思想发展过程中"解释世界"与"改造世界"的内在统一性和文本表现形式的差异性。

报刊文章作为马克思的"第三类文本",是思想与现实直接碰撞的结果,因而与其他类型的文本相比,兼具思想形成价值与传播价值。报刊文章的产生取决于"双主体"的共同作用,是一种传播导向型文本。文章的撰写者必须考虑受众的需求与接受能力来进行创作,因而读者本身也间接地构成这一文本建构的主体。读者兴趣、阅读能力等因素的差异性,必然对报刊文章产生不同类型的文本需求。为了适应不同读者的阅读需求,报刊文本包含了消息文字文本、报刊特写文本、报刊通讯文本和报刊评论文本等类型。[③] 在这些文本类型中,马克思的报刊文章以报刊评论文本居多,以论战性或评论性的文章为主,并被倾注鲜明的个人风格——敏锐的洞察力、生动的表现形式以及晦涩的哲学话语。他在《答一家"中庸"报纸的攻击》中指出,《莱比锡总汇报》是为了传达"政治事实",《莱茵报》却"主要是满足对政治思想感兴趣的人的要求",[④]而这正是《莱茵报》与众不同的地方。马克思致力于传播"政治思想",他在报刊发表的文章不仅具备传播价值,而且承载思想形成功能。马克思传达"政治思想"的坚定性并没有随着《莱茵报》的停刊而结束,它贯穿马克思一生所有的报刊活动。

"第三类文本"的价值彰显同马克思革命家、哲学家的双重身份密不可分,革命的使命决定了其"第三类文本"具备鲜明的政治立场以及目标导向,而哲学的功底又使其能够将思辨的"批判"具体化到对现实问题的分析之中。马克

① 参见王广:《马克思报刊文章的文本归属与学术价值》,《南京大学学报》(哲学·人文科学·社会科学)2017年第6期。

② 笔者虽然赞同这一划分方式,该划分方式本身仍存在一定局限,如马克思的书信并未被纳入文本划分范围。恩格斯晚年曾在《关于共产主义者同盟的历史》中谈道,他和马克思"通过口头、书信和报刊,影响着最杰出的盟员的理论观点"。从恩格斯的论述来看,书信和报刊在共产主义运动中发挥着相同的作用,但这类书信只是马克思留下的书信的小部分,将其同报刊一起归为"第三类文本"不太恰当。笔者认为,书信与现实的黏合度介于"第一类文本"和"第三类文本"之间,将其单独划分为"第四类文本"更为合适。——参见《马克思恩格斯文集》(第4卷),人民出版社2009年版,第234页。

③ 谢晖:《新闻文本学》,中国传媒大学出版社2007年版,第247—278页。

④ 马克思在《莱茵报》担任主编时曾表明,哲学以前拒绝利用报纸,因为报纸致力于新闻报道,与哲学对"宁静孤寂""自我审视"的追求格格不入。而面对报纸对哲学肆无忌惮地攻击,他认识到哲学必须利用缜密的思维逻辑以回击其他报纸的肤浅之见,从而实现哲学与世界的双向互动。参见《马克思恩格斯全集》(第1卷),人民出版社1995年版,第219—221页。

思与现实的持续互动，使他不断萌生新思想，又将这些思想以报刊为媒介向社会传播。他以报刊为理论阵地，揭露社会的不公正以唤醒人们的革命意识，为无产阶级的现实斗争提供方向指引，这也决定了马克思的“第三类文本”是思想形成与思想传播过程的统一。

二、对《德法年鉴》文本思想价值的肯定性评价

马克思发表在《德法年鉴》上的两篇文章——《论犹太人问题》与《〈黑格尔法哲学批判〉导言》，作为“第三类文本”自然也具备思想形成价值与传播价值。透过马克思 1843 年写给阿诺德·卢格(Arnold Ruge)的信，可以窥见他写作这两篇文章的核心关切：一是关注“人的理论生活”，①二是影响同时代人。马克思认为，要实现这一关切，必须以“宗教”和“政治”问题为出发点，因为它们是德国社会关注的焦点。在《德法年鉴》的办刊方案中，马克思更加明确地阐明了该报刊的发展方向，指出《德法年鉴》要为人类自由作出应有贡献。为了达到这一目的，《德法年鉴》将对其他报刊、书籍进行评述或评介，并关注政治问题、介绍有思想的人物和有价值的学说。所以在这两篇文章中，马克思将论述的中心议题确认为“宗教批判”与“政治解放”，从而“向世界指明它究竟为什么而斗争”。②

学界对这两篇文章的思想价值进行了深入挖掘，虽然观点各异，但均给予了较高评价。具有代表性的四种肯定性评价是：

评价之一：马克思完成了“两大转变”，即实现了从唯心主义到唯物主义、从革命民主主义到共产主义的转变。这一表述最初由列宁提出，后被学界普遍认为是马克思在《德法年鉴》时期达到的思想高度。尽管也有学者对列宁的“两大转变论”提出质疑：一种观点认为，“两大转变论”拔高了《〈黑格尔法哲学批判〉导言》在马克思思想发展过程中的地位，马克思在此时并没有彻底完成向历史唯物主义与科学共产主义的转变，“如果这里的唯物主义是指一般的唯物主义和共产主义，那么这个转变又有什么意义呢?”③另一种观点认为，马克思此时转向“唯物主义”和“共产主义”的性质有待商榷，它离真正的实现彻底转变仍有一定距离，但并未否定马克思开启思想转变的客观事实。④ 这两种观点，笔者更倾向于后者。马克思此时虽未完成彻底转变，但开始转向一般的唯物主义与共产主义仍具有积极意义。马克思此时转向的只是形形色色的唯物主义与共产主义的一种形态，并未创立科学的历史唯物主义，无法为社会历史的发展提供方法和方向指引，也不能对历史发展产生实质性的推动作用。但对马克思自身思想的发展而言，这种转向标志着马克思向历史唯物主义和科学社会主义迈出了一大步。“两大转变论”对马克思语境中“唯物主义”与“共产主义”的具体所指缺乏清晰论述，是引发质疑的关键。“共产主义”一词因语境差异，具有内涵上的差异性。马克思曾经批判过教条主

---

① 《马克思恩格斯文集》(第 10 卷)，人民出版社 2009 年版，第 8 页。

② 同上，第 9 页。

③ 孙要良：《对〈黑格尔法哲学批判〉导言〈三个经典命题的重新认识〉》，《马克思主义与现实》2013 年第 3 期。

④ 参见赵家祥：《〈《黑格尔法哲学批判》导言〉的历史地位》，《北京大学学报》(哲学社会科学版)2012 年第 4 期。

义的“共产主义”，他在写给卢格的信中谈道：“共产主义就尤其是一种教条的抽象概念，不过我指的不是某种想象的和可能存在的共产主义，而是如卡贝、德萨米和魏特林等人所讲授的那种实际存在的共产主义”，[①]并因此拒绝将消灭私有制与实现共产主义相提并论。在马克思充满论战性的报刊文本中，由于论敌、批驳对象以及马克思本人使用的术语复杂交织，如果不明晰“唯物主义”与“共产主义”的内涵与现实指向，可能会出现对“两大转变”理解的分歧。

评价之二：《〈黑格尔法哲学批判〉导言》几乎可与《共产党宣言》相提并论。有学者认为，《〈黑格尔法哲学批判〉导言》的“敏锐性”和“独断性”使人联想到《共产党宣言》；[②]有学者指出，它具有政治论辩的明觉性，可以媲美《共产党宣言》。[③] 这种“敏锐性”“独断性”以及“政治论辩的明觉性”主要体现在，马克思此时虽未将资本主义作为批判的核心对象，也未喊出“消灭私有制”的口号，但同《共产党宣言》一样，他已将无产阶级视为解放主体，将斗争目标确立为人类解放。在这一最终目标的引领下，马克思对现实的德国制度展开猛烈批判，主张“把德国社会的每个领域作为德国社会的羞耻部分(partie honteuse)加以描述，应当对这些僵化了的关系唱一唱它们自己的曲调，迫使它们跳起舞来！”[④]这种鲜明的政治立场、犀利的笔触与《莱茵报》时期大不相同。为了同新书报检查制度周旋，马克思《莱茵报》时期的文章必须在尽可能地表达自身观点的同时躲避严格的审查制度，致使其批判显得“缩手缩脚”。但他十分厌恶这一做法，希望“大刀阔斧”地表达自己的观点。离开德国到达巴黎后，由于法国的政治环境相对宽松，马克思便对资本主义的意识形态进行了深入批判，表达了实现人类解放的强烈愿望，这种坚定的政治立场以及批判的彻底性与《共产党宣言》有异曲同工之处。

评价之三：马克思完成了唯物史观的最初表述。唯物史观是马克思的两大发现之一，尽管《德法年鉴》中马克思并未对其进行准确阐释，但他的表述却比转向一般的唯物主义前进了一步。恩格斯晚年在回顾他与马克思的思想发展历程时曾表明，《德法年鉴》中马克思就已经概括出“市民社会制约和决定国家”的观点。这一说法遭到了苏联学者巴加图利亚(G. A. Bagaturija)的质疑，认为恩格斯并未确切转达马克思的思想，而《黑格尔法哲学批判》更接近这一表述。为了回应巴加图利亚的质疑，有学者指出，马克思是在《德法年鉴》中完成了唯物

---

① 《马克思恩格斯文集》(第10卷)，人民出版社2009年版，第7—8页。

② ［英］戴维·麦克莱伦：《马克思传》，王珍译，中国人民大学出版社2006年版，第93页。

③ 陶里亚蒂甚至认为，《〈黑格尔法哲学批判〉导言》与《论犹太人问题》“就思想的深度，论述范围的广度，文体的力量而论……都达到了1848年《共产党宣言》的高度”。笔者不完全赞同陶里亚蒂的观点。《德法年鉴》中的两篇文章就政治论辩的明觉性而言，确实可与《共产党宣言》相媲美，但认为其在思想深度、论述广度和文体力量方面均已达到《共产党宣言》的高度，可能存在夸大之嫌。因为此时的马克思并未完全挣脱黑格尔的思想框架，未能深入剖析资本主义的社会结构，更未彻底发现人类社会的内在规律，其达到的思想高度与唯物史观创立之后的《共产党宣言》仍具有一定差距。参见［意］帕·陶里亚蒂：《从黑格尔到马克思主义》，转引自《马克思早期思想研究》，秦水等译，生活·读书·新知三联书店1963年版，第47页。

④ 《马克思恩格斯文集》(第1卷)，人民出版社2009年版，第7页。

史观的最初表述,[①]因为他阐明了国家与市民社会之间的关系。马克思认为,国家与市民社会之间的关系,是"天国"与"尘世"的关系,而天国的幻象正是尘世生活的映现,国家必须服从市民社会的统治。虽然他此时并未提出"社会存在决定社会意识"这一唯物史观的经典表述,但对国家与市民社会二元对立的现实描述以及市民社会决定国家的关系澄清都是对唯物史观思想的初步阐释。

评价之四:马克思实现了传统哲学从本体论到生存论的根本性变革。马克思通过建构生存论的提问方式,摆正了人与对象世界的关系,不再拘泥于传统哲学对思维与存在关系问题的追问,将目光投向了"人的自我分裂"问题;他关注人的生存境遇以及最终解放,其视域从致力于解释人与世界的关系转向人以对象性实践活动不断生成自身的过程,从而实现了哲学的根本性变革。在《〈黑格尔法哲学批判〉导言》中,马克思将"人"视为社会历史发展的在场者而非蛰居世界之外的抽象物,从而澄明历史发展中人的主体性地位,历史的进步成了人不断超越自我的过程。人不再是臣服于世界的被动存在,而是不断改变自身境遇的主动存在。哲学从本体论追问转向生存论关切,实现了根本性变革。

这四种代表性的评价切入点各不相同:第一种主要关注马克思世界观层面的初步转变,第二种侧重于马克思鲜明的政治立场以及批判的彻底性,第三种挖掘的是马克思自身思想发展的轨迹,而第四种则是在与传统哲学的比较中评价马克思此时达到的思想高度。这些评价尽管切入点具有差异,对《德法年鉴》文本思想价值肯定的程度也不尽相同,却存在共通之处,即都是以强调《德法年鉴》上马克思发表的两篇文章的重要性为前提的。令人疑惑的是,既然《德法年鉴》在当代拥有如此高的评价,为何恩格斯《在马克思墓前的讲话》中列举了许多马克思生前从事的报刊活动,却并未提及《德法年鉴》呢?

三、缺乏思想传播:被恩格斯"遗漏"的合理解释

马克思逝世后,恩格斯总结、回顾并高度赞扬了他的一生。在证明马克思首先是革命家时,恩格斯列举了马克思所参与的丰富的报刊活动:"最早的《莱茵报》(1842 年),巴黎的《前进报》(1844 年),《德意志—布鲁塞尔报》(1847 年),《新莱茵报》(1848—1849 年),《纽约每日论坛报》(1852—1861 年)……"[②]列举的报刊中,有很多被当今学界关注较少的刊物,如《前进报》《纽约每日论坛报》,但对学界评价甚高并认为在马克思思想转变中具有重要作用的《德法年鉴》却并未被恩格斯提及。那么,他究竟出于何种原因"遗漏"了《德法年鉴》?

对于恩格斯"遗漏"《德法年鉴》的原因,可以排除以下三种解释:

第一种解释:恩格斯并不熟悉《德法年鉴》,因而未提及。这种解释之所以应该排除,首先是因为恩格斯曾在仅出版一期的《德法年鉴》上发表过两篇文章——《国民经济学批判大纲》与《英国状况·十八世纪》,虽然那时他还并未开启与马克思长达 40 年的合作。其次,恩格

① 段忠桥:《马克思对历史唯物主义的最初表述是在〈黑格尔法哲学批判〉还是在〈德法年鉴〉》,《社会科学研究》2008 年第 3 期。

② 《马克思恩格斯文集》(第 3 卷),人民出版社 2009 年版,第 602 页。

斯在1844年回顾德国共产主义的发展历史时，曾称《德法年鉴》是“第一个社会主义的刊物”，①表明了他对刊物价值的认可。最后，恩格斯曾在其他回忆马克思的传记性文本中谈及《德法年鉴》及其涵盖的文本，证明他对这一刊物较为熟悉。马克思逝世后，他撰写了两篇关于马克思的回忆性传记，一篇是《在马克思墓前的讲话》，另一篇是《马克思·亨利希·卡尔》。在写于1892年的《马克思·亨利希·卡尔》中，为了尽可能详尽地含括马克思公开发表的所有著作，他提及《德法年鉴》并列举了其中的两篇文章。既然恩格斯知悉《德法年鉴》的存在，也对该报刊上发表了马克思的文章较为熟悉，那么便不存在因为不熟悉而“遗漏”《德法年鉴》的情况。

第二种解释：恩格斯认为《德法年鉴》上的文章思想价值不高，因而未提及。笔者认为，这一解释并不成立。原因在于，恩格斯晚年曾对《德法年鉴》上文章的思想价值给予肯定。恩格斯在《关于共产主义者同盟的历史》中指出，他在曼彻斯特通过经验性观察得出的结论——经济事实构成历史发展的决定力量，是阶级对立形成的基础，而阶级对立是全部政治史的基础，马克思早在1844年的《德法年鉴》里就已经将其概括为：“绝不是国家制约和决定市民社会，而是市民社会制约和决定国家，因而应该从经济关系及其发展中来解释政治及其历史，而不是相反。”②所以在恩格斯看来，《德法年鉴》中马克思虽未对唯物史观进行完整准确的阐释，其唯物史观思想却已具雏形。这是对《德法年鉴》思想价值的充分肯定。

第三种解释：恩格斯既知晓《德法年鉴》，也承认其具备思想价值，只是无意“遗漏”。马克思一生写下不计其数的报刊文章，因而《德法年鉴》在列举时被无意间“遗漏”似乎也不无可能。但只要仔细分析就会发现这一解释不具有十足的说服力。《在马克思墓前的讲话》草稿中，恩格斯并未提及马克思的报刊活动，只是称赞作为工人运动领袖的马克思在创建国际工人协会与推动革命运动蓬勃发展中作出的卓越贡献。然而在正式讲话中，恩格斯新增了马克思参与的报刊活动，并将国际工人协会的创建视为这些活动影响力的“顶峰”，凸显了其在马克思革命斗争中的重要性。从正式讲话中可以看出，恩格斯每一时期列举一种刊物，并按时间先后顺序有规律地排列。然而通过查阅马克思参与的报刊资料可以发现，不同的时间段都存在两种以上的刊物，如与《莱茵报》同时期的《特里尔日报》，与《德意志—布鲁塞尔报》同时期的《改革报》等，这表明恩格斯列举的刊物并非随意选择而是有意为之，故不存在无意“遗漏”《德法年鉴》的问题。

基于上述分析，笔者提出一种可能的解释：恩格斯知晓《德法年鉴》，也承认其思想价值，他并非无意“遗漏”，而是在选择刊物时进行了取舍。首先，从纵向时间轴来看，所有的报刊中《德法年鉴》传播产生的社会效应并不凸显。以《莱茵报》和《新莱茵报》为例，马克思在《莱茵报》发表了至少34篇文章，抨击了普鲁士的封建专制制度，唤醒了民众的反抗意识；在《新莱茵报》上发表了近250篇文章，指引了无产阶级革命的方向，促进了工人运动的蓬勃发展。据恩格斯晚年回忆，《新莱茵报》在出版后的一年

① 《马克思恩格斯全集》(第2卷)，人民出版社1957年版，第588页。

② 《马克思恩格斯文集》(第4卷)，人民出版社2009年版，第232页。

里虽几经查禁，其影响力却与日俱增。1848年9月，该报发行了约5000册，当1849年5月被查禁时，报纸征订用户已达6000人，而当时影响力较大的《科隆日报》仅有9000名订户。恩格斯不无自豪地说，“没有一家德国报纸——无论在以前或以后——像《新莱茵报》这样有威力和有影响，这样善于鼓舞无产阶级群众”。[①] 与《莱茵报》和《新莱茵报》不同，《德法年鉴》在1844年2月仅出版一期便因各种原因最终“夭折”，[②] 无论是发表文章的数量还是产生的社会影响力，都无法与这些报刊相比。其次，从横向时间轴来看，巴黎的《前进报》[③] 与《德法年鉴》同属于1844年，恩格斯却选择了前者而非《德法年鉴》。这就说明，他在选择1844年的代表性刊物时进行了取舍，而解开“遗漏”谜团的关键在于理清恩格斯做出这一选择的依据是什么。

笔者认为，恩格斯之所以没有选择《德法年鉴》并不是因为这两篇文章在马克思思想形成过程中缺乏足够的价值，而是出于对其现实影

① 《马克思恩格斯文集》(第4卷)，人民出版社2009年版，第12页。

② 关于《德法年鉴》缘何出版一期就“夭折”的原因，学界目前有较为统一的认知。《曼海姆晚报》曾在1844年4月7日刊登了一则消息：来自莱茵省的可靠信息，《德法年鉴》停刊的起因是企业无力支付出版费用及其他外部困难。这则消息虽对《德法年鉴》停刊的原因做出了解释，却并没有打消人们的疑惑，各种质疑与诽谤络绎不绝。4月20日，为了回应当时各种各样的诽谤，马克思在《总汇报》第111号(特刊)上刊登了一则《声明》：瑞士出版社因为经济原因退出导致《德法年鉴》停刊。与马克思的《声明》相比，恩格斯晚年的解释产生的影响力更大。他在《马克思·亨利希·卡尔》中指出：“杂志之所以停刊，部分是由于它在德国的秘密传播遇到很大困难，部分是由于在两位编辑之间很快就暴露出原则性的分歧。”[《马克思恩格斯全集》(第22卷)，人民出版社1956年版，第393页]学者们综合了马克思和恩格斯的解释，大多将《德法年鉴》的停刊归因于三个方面：一是经济原因，二是普鲁士政府的高压政策，三是马克思与卢格的观点分歧。在这三方面原因中，国内外学者普遍认为，马克思与卢格的观点分歧才是导致《德法年鉴》停刊的最终决定因素，如英国学者戴维·麦克莱伦，我国著名的马克思主义学者黄楠森等。参见[英]戴维·麦克莱伦：《马克思传》，王珍译，中国人民大学出版社2006年版，第100—104页；黄楠森等主编：《马克思主义哲学史》(第1卷)，北京出版社2005年版，第178页。

③ 这一报纸是指由德国人亨·伯恩施泰因1844年1月在巴黎出版的德文报刊，并非1876年出版的德国社会主义工人党中央机关报《前进报》。在已经明确作者归属的文本中，马克思发表在《前进报》中的文章似乎并不多见，只能找到两篇文章——《评一个普鲁士人的〈普鲁士国王和社会改革〉一文》和《对弗里德里希—威廉四世最近在诏书上所做的修辞练习的说明》。如果马克思确实在1844—1845年间从事《前进报》的编辑与撰稿工作，并对当时的社会产生了较大影响，那么缘何留存下来的文本如此之少？对于这一问题，恩格斯晚年在《马克思·亨利希·卡尔》中的回顾性论述或许可以解惑。在对马克思公开发表的文章进行尽可能全面梳理的过程中，恩格斯有这样一句表述：“1844年在巴黎报纸‘前进报’上发表的短文(未署名)。——在‘德意志—布鲁塞尔报’(1847—1848年在布鲁塞尔出版)上发表的一些署名和未署名的文章”[《马克思恩格斯全集》(第22卷)，人民出版社1956年版，第400—403页]。根据恩格斯的表述，我们或许可以知悉马克思在《前进报》中发表的文章之所以没有被保存下来，重要原因就在于多数文章均未署名，无法辨别其真正归属，因而后来整理出版马克思的著作时未被归入其中。《德意志—布鲁塞尔报》也存在同样的情形。正因如此，《在马克思墓前的讲话》中，即使在现在看来发表马克思文章数量较少的《前进报》与《德意志—布鲁塞尔报》也被恩格斯视为马克思报刊活动的代表性刊物。

响力的考量，思想传播受阻致使社会效应缺失可能是他并未提及《德法年鉴》的真正原因。马克思于1843年10—12月写作了《论犹太人问题》与《黑格尔法哲学批判》，到1844年2月出刊，他在《德法年鉴》这一理论阵地坚守了约4个月。《前进报》于1844年1月创刊，直到7月底马克思才在该报刊发第一篇文章——《评"普鲁士人"的"普鲁士国王和社会改革"一文》，驳斥卢格署名"普鲁士人"发表贬低工人运动的言辞并澄清读者将"普鲁士人"认定为马克思的猜测。尽管马克思接触《前进报》的时间晚于《德法年鉴》，但他直到1845年2月被迫离开巴黎一直都在从事《前进报》的编辑与撰稿工作。在这段时间，马克思虽然不是名义上的主编，却在编辑部内取得了与主编同等重要的地位。《前进报》每周出版两次，到1844年年底，订阅用户已经超过800位，在社会上产生了较大影响力，恩格斯称其为"共产主义报纸"。① 而《德法年鉴》的命运则截然不同，它只出版一期就已"夭折"，这仅有的一期也被普鲁士政府大量没收，②因而思想未得到有效传播。恩格斯认为，在马克思的所有身份(哲学家、革命家、科学家等)中，革命家的身份占据首要位置，因为马克思始终渴望打破资本主义的统治桎梏进而求得无产阶级乃至全人类的解放。在列举马克思参与的报刊创作之前，恩格斯语重心长地感慨：很少有人像马克思"那样满腔热情、坚韧不拔和卓有成效地进行斗争"。③ 这一表达并未出现在悼词草稿中，却被恩格斯同列举的报刊活动一起增加至正式讲话中。借此我们或许可以推断，"卓有成效"可能是恩格斯选择报刊的标准，《德法年鉴》由于马克思工作时间短且思想并未得到有效传播，从而与其他报刊相比对无产阶级运动的影响并不显著，也就无法体现马克思革命家身份的典范定位，所以恩格斯《在马克思墓前的讲话》中并未提及。

"第三类文本"无论是写作动机还是写作旨趣都与现实紧密相连，它的产生是对现实问题的直接回应，也是指引现实运动的主要思想阵地，因而思想传播产生的社会效应也构成衡量这类文本价值的重要指标。恩格斯晚年《在马克思墓前的讲话》中"遗漏"《德法年鉴》可能是考虑到其传播效应的强弱。这启示我们，由于报刊是大众传播的重要载体，我们在评价马克思"第三类文本"的价值时应做出更加全面的考量，既要考察它所具有的丰富思想内涵，也要关注当时具体条件下的大众化倾向以及对社会舆论的引导功能。

---

① 《马克思恩格斯全集》(第42卷)，人民出版社1979年版，第218页。

② 《德法年鉴》出刊后，便被普鲁士政府扣上"预谋叛国和侮辱国王"的大罪，遭到封禁与没收。《曼海姆晚报》曾在1844年4月7日刊登了一则消息：《德法年鉴》印刷3000册，在巴黎当地售出300多册(尽管该报称几乎每个来到巴黎的德国人都"人手一份"，但笔者认为销售仅300多册的杂志，其思想产生的实际影响仍然不大)，约300册在缴税时被巴伐利亚税卡扣留，最终导致马克思想要传达的思想并未传播到工人运动中或未达到理想的效果。参见《马克思恩格斯全集》(第3卷)，人民出版社2002年版，第618页。

③ 《马克思恩格斯文集》(第3卷)，人民出版社2009年版，第602页。

《反杜林论》吴亮平译本考释

【内容摘要】 作为马克思主义哲学经典文本,《反杜林论》第一次全面系统地阐明了马克思主义的三个组成部分及其相互联系,论证了马克思主义是完备而严整的科学理论体系,对于人们从整体上研究和理解马克思主义起到至关重要的作用,在马克思主义发展史上具有里程碑意义。1930 年,吴亮平翻译的《反杜林论》第一个中译本出版,这部著作在中国广泛传播,影响深远。本文旨在考据《反杜林论》吴亮平译本,简析《反杜林论》"吴译本"面世前后的社会历史状况,比对考证 1930 年首译本、1940 年校译本和 1956 年校译本等重要版本中哲学术语、重点译句和文本情况,以管窥"吴译本"在马克思主义传播史上的贡献,以及在推进 20 世纪上半叶马克思主义中国化过程中的作用。

【作者简介】 姚颖,中央党史和文献研究院第五研究部副研究员

【原文出处】 《马克思主义与现实》2019 年第 1 期

1878 年 7 月,《反杜林论》在莱比锡出版。这部论战性的著作在马克思主义发展史上具有里程碑意义。它第一次全面系统地阐明了马克思主义的三个组成部分及其相互联系,论证了马克思主义是完备而严整的科学理论体系。《反杜林论》是毛泽东最喜爱的马克思主义经典著作之一,他曾在《矛盾论》中大段地引用过《反杜林论》第一编第十二节《辩证法。量与质》的原文。[①] 毛泽东阅读的《反杜林论》中文全译本是由吴亮平翻译的,是中国首部全译本,出版于 1930 年。《反杜林论》吴亮平译本(以下简称"吴译本")的出版及其在中国的传播,适应了当时我们党亟须一套完整的马克思主义理论体系

① 参见《毛泽东选集》(第 1 卷),人民出版社 1991 年版,第 305—306 页。

作为革命斗争武器的现实需要，为马克思主义中国化的形成与发展提供了重要理论原典。

一、《反杜林论》吴译本问世前的译介及传播情况

五四运动之后，《反杜林论》被介绍到中国。1920年12月，上海《建设》杂志第3卷第1号刊载了一篇题为《科学的社会主义与唯物史观》的译文，文章作者是日本著名马克思主义经济学家河上肇，译者为同盟会成员徐苏中。该文摘录了《反杜林论》第三编第二、三章和《社会主义从空想到科学的发展》的部分内容，被认为是《反杜林论》一书中最早和我国读者见面的内容。①

此外，《反杜林论》通过党的早期理论家在著作或文章中的借鉴和使用而得到广泛传播。例如，1924年，上海书店出版刊行了瞿秋白的《社会哲学概论》，这部著作是"五四"时期首次系统论述辩证唯物主义和历史唯物主义基本原理的重要著作，它依据《反杜林论》的观点，肯定了意识与实质(客观存在)的关系是哲学的基本问题，并以此区分了哲学上的唯物论与唯心论。又如，1922年1月，邓中夏以"重远"为笔名在中国社会主义青年团机关报《先驱》创刊号上发表了《共产主义与无政府主义》一文，其中引述了《反杜林论》的内容，深入分析了共产主义与无政府主义的异同，清晰地划分了两者的界限。

20世纪20年代末到30年代中期，中国马克思主义经典著作翻译出版进入新阶段，以德文本、英文本、日文本和俄文本为翻译底本的中文全译本是这一时期马克思主义著作在中国传播的主要形式。出现这种局面的首要原因在于中国革命斗争的实践需要。1927年，大革命失败使中国革命陷入低潮。在白色恐怖的笼罩下，马克思主义不可能进行公开广泛的传播。但中国共产党人愈加感受到，党在马克思主义理论的准备和运用方面还不充分，亟须深入研究马克思主义思想体系，以此分析中国实际，指导中国革命实践。因此，对马克思主义著作的翻译出版并没有因大革命的失败而销声匿迹。一批党的理论宣传骨干与进步知识分子在国民党统治区以各种"伪装书"的形式热烈地传播马克思主义，试图在理论武装方面开辟新天地，使马克思主义深入人心。

从20世纪30年代开始，国民党在政治方面采取高压政策，在文化方面展开严密的控制和围剿。这在使人们产生反感的同时，进一步激发了人们对马克思主义理论的兴趣。一时间，阅读和研究马克思主义经典著作成为进步和前沿的象征，许多进步青年争相通过各种渠道获取相关书籍，研究并传播马克思主义理论。在这种形势下，中国共产党人利用上海那些以大大小小的书店为枢纽构成的翻译者、出版发行者和读者三位一体的出版传播网络，在马克思主义经典著作的翻译出版方面做大量工作。② "不但'商务''中华''开明'这样以文化积累和开启民智为本的书店得以繁荣，就是那些呼号救亡鼓吹进步的激进的灵魂们也在这里找到了栖身之所。"③例如，李达在1928年和1932年先后创办了昆仑书店和笔耕堂书店，开辟了马克思主义经典著作翻译传播的"红色阵

---

① 参见《〈反杜林论〉中译版本琐记》，《四川图书馆学报》1982年第3期。

② 徐素华：《马克思恩格斯著作在中国的传播》，中国社会科学出版社2013年版，第57页。

③ 《生活·读书·新知三联书店文献资料集》(上)，生活·读书·新知三联书店1996年版，第178页。

地”，许多革命者都在这里购买进步书籍或要求出版著作，而著名的四马路上的大小书店也纷纷上门为其销售那些受读者欢迎的马克思主义经典著作，并向全国各地传播发行。

在这一背景下，《反杜林论》这部马克思主义的“百科全书”就成为中国革命者重点宣介的对象。1930年前后，除了吴亮平翻译的《反杜林论》全译本，还有很多进步人士翻译了该书的全文或部分内容，为译介和宣传马克思主义理论作出了不可磨灭的贡献。这些译本或译文主要有：一是叶作丹摘译《达尔文学说之基础的要素》，载《马克思学体系》第3册(1930年版)第39—41页。内容为《反杜林论》第一编《自然哲学。有机界》中“达尔文学说”部分。二是钱铁如译，《反杜林格论——哲学·经济学·社会主义·批判》(上、下册)，上海昆仑书店出1930年12月版。目前该书只见上册，包括三版《序言》《绪论》和第一编。这个译本后来没有再版过。三是杜畏之摘译《反杜林论别序》《现代自然科学中之辩证法》，载《自然辩证法》(1932年版)第159—168、557—560页。内容为《反杜林论》第二版《序言》和《概论》部分前6个自然段。四是程始仁摘译《唯物辩证法与马克思主义》，载于《辩证法经典》(上海亚东图书馆1930年版)第135—158页。内容为《反杜林论》《概论》部分。①

二、《反杜林论》吴译本与马克思主义重要术语在经典著作传播中的发展

吴译本于1930年11月由上海江南书店首次出版，此后50年间，为使译文准确通俗，精益求精，译者先后在1940年、1956年、1973年和1978年校订出版了4次，②使该译本成为马克思主义经典著作翻译之典范。目前，《反杜林论》最新译文是由中央编译局根据《马克思恩格斯全集》历史考证版第1部分第26卷(1985年)、第27卷(1988年)并参考《马克思恩格斯全集》德文版第20卷翻译，载《马克思恩格斯全集》中文第2版第26卷(2014年)。我们把《反杜林论》吴译本中的3个比较重要的版本，即首译本、1940年校译本和1956年校译本与当代最新译文加以比较，揭示吴译本对马克思主义在中国传播的价值。

从翻译和校订底本看，吴译本1930年译本是以《反杜林论》德文版为底本，参考俄文版和日文版翻译的。虽然吴亮平没有指明“德文原本”是哪一版，但该译本包含了恩格斯写的三版序言，初步判断为1894年版。吴译本1940年校译本主要是“根据1938年苏联马恩学院订正的新俄译本、德文原本以及Burns译的英文本”③校订的。1956年校译本主要是根据1956年俄文本，同时参照德文原本和英文本(1954年莫斯科版)。④ 也就是说，吴译本及校译本在翻译文本依据上前后发生了变化，从德文本到俄译本。1930年译本虽然是以“德文原本”为底本，但其翻译时期属于马克思主义中国化的起源阶段，其基本概念、重要术语、语句表达乃至话语体系尚没有统一，对“日本术语”的使用较为普遍。1940年校译本以俄译本为底本，

---

① 北京图书馆马列著作研究室编：《马克思恩格斯著作中译文综录》，书目文献出版社1983年版，第108—109页。

② 《反杜林论》吴译本初译及4次校译情况，参见姚颖：《〈反杜林论〉在中国的翻译及版本流传简考》，《党政干部学刊》2012年第6期。

③ 恩格斯：《反杜林论》，吴理屏译，生活书店1947年版，“反杜林论”中译本出版十年小序第2页。

④ 恩格斯：《反杜林论》，吴黎平译，人民出版社1956年版，第344页。

"苏联话语"的应用成为这时翻译马克思主义经典著作的主流话语体系。"由于以列宁为代表的一代老布尔什维克人(如梁赞诺夫、阿多拉茨基等)对马克思恩格斯著作编译出版工作的高度重视,俄译本在马克思恩格斯著作的众多外文本中是比较好的,更忠实于原始文本,在版本的选择和一些疑难译文的处理上也是下过一番工夫的",①因此,可以看出1940年校译本的译文相对"通顺"。1956年校译本虽然也是以俄文本为底本进行校译的,但从俄文版本上看,1940年校译本"主要根据的旧俄文本本身所曾有的一些缺点(如1950年俄文版编者序言中所说明的),这一中译本是存在了不少缺点的"。②1956年"这次校译,虽然主要是根据1950年的俄文本,可是参照德文原本与英文本(1954年莫斯科版)是比较多的。在参照过程中,我看到三种版本虽然内容相同,但在表现手法上由于各国文字特点,好些地方并不完全一律。有些地方,俄文本增加了某些词汇,有些地方则运用了另一种表达方法。在这些地方,我对照了三种本子,采取了我个人认为比较易于理解的那种语句。所以我虽然基本上是以俄文本为依据,但在好些地方也采取了其他版本的一些表达方法"。③ 因此,1956年校译本在一些基本概念和重要术语的表述上更为准确,在话语体系和表达形式上明显较前两者更为"现代"。

例如,1885年恩格斯为《反杜林论》德文第二版撰写的序言中指出:"马克思和我,可以说是唯一把自觉的辩证法从德国唯心主义哲学中拯救出来并运用于唯物主义的自然观和历史观的人。"④这句话在"吴译本"1930年译本中译为:"马克思和我,把德意志唯心哲学的意识辩证法,保留并转移到自然与历史的唯物观念上去。做这种工作的,可以说唯一的只我们两人。"⑤在1940年校译本中译为:"从德意志唯心哲学中挽救了自觉的辩证法、并且把它运用到唯物的自然观和历史观上去的人,可以说唯一的只有马克思和我两人。"⑥在1956年校译本中译为:"马克思和我,可以说是从德意志唯心哲学中挽救了自觉的辩证法并且把它转为对于自然与历史的唯物理解的唯一的人。"⑦

再如,在"政治经济学"编的开篇,恩格斯就为"政治经济学"下了定义:"政治经济学,从最广的意义上说,是研究人类社会中支配物质生活资料的生产和交换的规律的科学。"⑧这句话在"吴译本"1930年译本中译为:"政治经济学,在其最广的意义上讲来,是一种科学,用来研究那些统治着人类社会中物质生活品的生产和交换之法则。"⑨在1940年校译本中译为:"政治经济学,广义说来,是一种科学,用来研究人类社会中支配物质生活品的生产和交换

① 徐素华:《马克思恩格斯著作在中国的传播》,中国社会科学出版社2013年版,第101页。

② 恩格斯:《反杜林论》,吴黎平译,人民出版社1956年版,第344页。

③ 同上,第344—345页。

④ 《马克思恩格斯全集》(第26卷),人民出版社2014年版,第13页。

⑤ 恩格斯:《反杜林论》,吴理屏译,生活书店1937年版,三版序文第10页。

⑥ 同上,第11页。

⑦ 恩格斯:《反杜林论》,吴黎平译,人民出版社1956年版,第7页。

⑧ 《马克思恩格斯全集》(第26卷),人民出版社2014年版,第154页。

⑨ 恩格斯:《反杜林论》,吴理屏译,生活书店1937年版,第177页。

底那些法则。”[①]在1956年校译本中译为:“政治经济学在最广的意义上说来,是研究人类社会中支配物质生活资料的生产和交换的那些规律的一种科学。”[②]

从翻译和校订的时期看,经过20世纪30年代马克思主义在中国传播的新阶段,马克思主义经典著作在中国被大量翻译出版,普列汉诺夫、德波林、布哈林的著作及《辩证唯物论教程》《新哲学大纲》《辩证唯物论与历史唯物论》等苏联通俗易懂的教科书被广泛引入中国,在此基础上对马克思主义的研究愈益丰富,其中李达的《社会学大纲》、艾思奇的《大众哲学》等著作影响最大。在此条件下,中国化马克思主义呼之欲出。1936年,中国共产党人到达延安后,更重视对马克思主义著作的翻译、学习和研究。1938年5月5日,我们党历史上第一个编译马克思主义经典著作的专门机构——延安马列学院编译部成立,党中央把每年这一天定为学习节,同年以解放社的名义出版了《马克思恩格斯论中国》,此后以“马克思恩格斯丛书”的形式出版了一系列重要的马克思主义经典著作。在此期间,毛泽东结合革命斗争经验教训和中国革命实际,刻苦研读马列著作,系统研究马克思主义理论,其主要研究成果就是《实践论》(1937年7月)和《矛盾论》(1937年8月)。

吴译本1940年校译本正是在上述背景下诞生的。这时的马克思主义话语形式开始从中国具体国情出发,向通俗化、大众化和人民群众喜闻乐见的表达方式转换,该版本译文的表达也较1930年译本更深入浅出、通俗易懂。吴亮平曾回忆指出,毛泽东不仅注重《反杜林论》的内容,还注意译文是否优美。例如《哲学》编第十一节末尾处有这样一句话:“……如果碰到一个可怜的家伙一时过于贪杯……”[③]在吴译本1930年译本中译为:“如果任何苦汉子,因为太过耽溺于酒……”[④]在1940年校译本中则译为:“如果任何苦汉子,因为太过耽溺于杯中……”[⑤]。毛泽东看了认为后一种翻译得好:“这样好,有味。”[⑥]1956年校译本基本保留了这个译法。

1945年6月,在党的七大上,毛泽东思想被确立为党的指导思想,标志着马克思主义中国化实现了第一次历史性飞跃。中国化马克思主义话语体系基本形成,其特点是:思想内容的继承性、表达方式的大众性、根本旨趣的实践性和价值取向的人民性。[⑦] 1956年校译本使用了大量已经固定下来的马克思主义术语的中国式表达,重视对马克思主义语言意义的创新。

三个时期的翻译语言差异化,可以在对“暴力是每一个孕育着新社会的旧社会的助产婆”的相关论述的翻译中得到体现。吴译本1930年译本译文为:“至于暴力还有别一种作用,革命的作用,至于暴力,如马克思所说的,还能促进旧社会生下新社会,至于社会的运行,赖武力

① 恩格斯:《反杜林论》,吴理屏译,生活书店1937年版,第194页。

② 恩格斯:《反杜林论》,吴黎平译,人民出版社1956年版,第150页。

③ 《马克思恩格斯全集》(第26卷),人民出版社2014年版,第125页。

④ 恩格斯:《反杜林论》,吴理屏译,生活书店1937年版,第134页。

⑤ 同上,第159页。

⑥ 吴亮平:《吴亮平文集》(上卷),中央党校出版社2009年版,第481页。

⑦ 参见李红梅、陈金明:《中国化马克思主义话语体系:历程、特征及其发展路向》,《湖北经济学院学报》2015年3月。

去开辟道路，而打破停滞的，麻木的政治形式……”[①]1940年校译本译文为：“至于暴力在历史上起别一种作用、革命的作用，至于暴力，如马克思所说的，还是任何旧社会在孕育新社会时的产婆，至于暴力是为社会运动开辟道路，并把麻木的死气沉沉的政治形式摧毁下来的工具。”[②]在1956年校译本中译为：“至于暴力在历史上还起着另一种作用，革命的作用，至于暴力，如马克思所说的，还是任何旧社会孕育新社会的产婆，至于暴力是为社会运动开辟道路，并把僵化的死沉沉的政治形式摧毁下来的武器。”[③]《马克思恩格斯全集》第二版第26卷译文为：“但是，暴力在历史中还起着另一种作用，革命的作用；暴力，用马克思的话说，是每一个孕育着新社会的旧社会的助产婆；它是社会运动借以为自己开辟道路并摧毁僵化的垂死的政治形式的工具。”[④]

从马克思主义重要术语在三个版本中的变化看，马克思主义基本概念在传入中国时，其生成语境所赋予的内涵和规范已嵌于其中。但众所周知，中国马克思主义基本概念的译介首先源自日文版马克思主义著作，其次为苏俄文本。这些已经过转换的概念进入中国都要与中国文化相融合后，才能逐渐成为被大多数译者和读者所接受的或约定俗成的固定术语。革命战争时期，由于中国社会科学领域缺乏严谨的学术范畴体系，再加上当时的马克思主义者对一些概念理解的差异，各时期的译者在翻译时对某一术语可能采用不同的对应词，即便是同一译者随着对马克思主义认识和理解的加深，在不同时期对同一术语也会有不同的译法。通过对吴译本三个版本中的部分核心概念的比对，可以映射出马克思主义中国化过程中的时代特征。

首先，在吴译本三个版本中存在大量与现行哲学术语一致的概念。例如，“先验主义”“唯一性”“生产力”“生产方式”“剩余价值”“分工”“经济基础”“上层建筑”“货币”，等等。这说明20世纪30、40年代，马克思主义一系列重要概念和范畴已经被翻译成中国人可以接受和理解的汉语词汇，概念的表述和理解的中西对接开启了马克思主义中国化基础工程，由此初步形成了表达马克思主义的中国话语体系。在此基础上，这一时期中国马克思主义者已经初步掌握了马克思主义基本思想范畴，并以此来观察和分析中国革命实践中遇到的重大问题，如中国革命的性质、社会的基本矛盾等。

其次，吴译本的三个版本中还存在着一些与现行哲学术语不一致的概念，特别是1930年译本和1940年校译本。虽然这些概念与现行概念在翻译表述上不同，但多数概念的内涵无所差别，如“生产手段”和“生产资料”“衰亡”和“消亡”“人的多方面发展”和“人的全面发展”“劳动的物体化”和“劳动的对象化”等。当然，也有的概念则属于意义所指存在差异或容易引起歧义的。

例如，“近代”或“现代”社会主义。“现代社会主义”（德文“der moderne Sozialismus”，英文“modern socialism”，俄文“современный социализм”）这一概念出自《反杜林论》引论中

① 恩格斯：《反杜林论》，吴理屏译，生活书店1937年版，第235页。

② 同上，第244页。

③ 恩格斯：《反杜林论》，吴黎平译，人民出版社1956年版，第191页。

④ 《马克思恩格斯全集》（第26卷），人民出版社2014年版，第193页。

《一、概论》第一段。在吴译本1930年译本和1940年校译本中，“modern”被译为“近代”“近世”。“modern”这个词的英文解释是：of the present or recent times（现世的、现代的、近世的、近代的），兼有“近代”与“现代”之意。在中国传统史学中，“近代”与“现代”在使用中没有确切界定。但是，恩格斯在这段话中提出了三个重要问题：一是指出“现代社会主义”考察的内容，二是提出“现代社会主义”的理论来源，三是揭示这一学说的实践根源。在这里，“modern socialism”一般是被翻译为“现代社会主义”。

三、《反杜林论》吴译本的历史价值及学术贡献

《反杜林论》问世至今140年来，以完整科学的共产主义世界观、深刻明了的思想内涵、鲜明严肃的批判精神影响了全世界革命者和共产主义者，为其提供了马克思主义理论基础和方法论原则，成为“每个觉悟工人必读的书籍”。[①]在中国，《反杜林论》对中国共产党人产生了重大影响。吴亮平在1984年为全国《反杜林论》研究会编辑的《〈反杜林论〉研究文集》撰写的序言中说：“从1930年《反杜林论》第一个中译本出版到现在已经半个多世纪了，在这漫长的革命岁月中，特别是在党的历次学习活动中，它都被列为干部学习必读的重要文献。它启迪和教育了成千上万的革命者，在整个中国革命和社会主义建设的历程中，起到了不可估量的作用；同时也证明了《反杜林论》所阐述的马克思主义原理的无比正确。”[②]

从《反杜林论》在中国传播的广度看，吴译本是《反杜林论》在中国20世纪上半叶唯一一部流传于世的中文全译本，1963年，中央编译局为出版《马克思恩格斯全集》中文第一版第20卷，决定根据德文版并参照俄文版重新翻译《反杜林论》，翻译组在译校过程中参考了吴译本，还听取了吴亮平对新译文的意见。但该译文因“文化大革命”延误至1971年《马克思恩格斯全集》中文第一版第20卷的出版才得以面世，[③]成为《反杜林论》继吴亮平译本之后新的全译本。在近40年时间里，虽然也有学者摘译或节译过《反杜林论》的重要内容，但最受读者欢迎、被再版翻印最多、传播最广、影响最大的还是吴译本。

从《反杜林论》在中国传播的深度看，《反杜林论》吴译本的问世为以毛泽东为代表的中国共产党人探索马克思主义基本原理与中国实际相结合的道路，逐步形成中国的马克思主义——毛泽东思想提供了系统全面的理论依据和思想原典。《反杜林论》吴译本是毛泽东反复研读的马克思主义经典著作之一。1931年毛泽东率领红军打下福建漳州时，从战利品中发现了吴亮平翻译的《反杜林论》，如获至宝，一直带在身边认真学习研究，在书上做批注，几乎把书读烂了。长征途中毛泽东的许多东西都丢失了，但这部著作始终被带在身边并一直被带到延安。[④] 吴亮平曾回忆说：“记得长征胜利结束到达陕北后，毛主席有一次对我说，‘你看，我把这本书（指《反杜林论》）带过来了。’在延安

---

① 《列宁全集》（中文第2版增订版第23卷），人民出版社2017年版，第42页。

② 全国《反杜林论》研究会：《〈反杜林论〉研究文集》，黑龙江人民出版社1984年版，序言第2页。

③ 顾锦屏：《〈反杜林论〉译文有哪些主要修改？》，《马克思主义与现实》2011年第2期。

④ 吴亮平：《吴亮平文集》（上卷），中央党校出版社2009年版，第316页。

时，毛主席经常在油灯下同我谈《反杜林论》，讨论哲学问题。”① 可以说，《反杜林论》吴译本在毛泽东思想发展和系统化过程中起到重要作用，是其主要的理论来源之一。

1937 年 4 月开始，毛泽东在抗日军政大学讲授《辩证法唯物论》，在他的授课提纲中，直接引用恩格斯的话 9 段。这些引文除了一段引自恩格斯《卡尔·马克思〈政治经济学批判。第一分册〉》外，其他均出自《反杜林论》和《自然辩证法》。发表于 1937 年 7—8 月的《矛盾论》和《实践论》就是根据授课提纲中的两节整理的。在《矛盾论》中，毛泽东引用了《反杜林论》吴译本中长达 400 余字的引文，“毛泽东同志在他的著作中是极少成段地征引马列著作的原来文字的”，② 可见该书对他的影响之深。

从《反杜林论》对增加中国学者的思想厚度上看，《反杜林论》吴译本为启迪 20 世纪上半叶中国学者打破旧的思维模式、接受马克思主义思维方式，抛弃僵化的形而上学，掌握辩证唯物主义和历史唯物主义方法论提供了经典文本。吴亮平回忆毛泽东与他一起讨论《反杜林论》的情形时说：“毛主席就是从《反杜林论》中学习马列主义的立场、观点、方法的。”③1938 年初，中国哲学家梁漱溟访问延安时，与毛泽东就中国共产党的策略主张和抗战前途等问题进行了多次探讨。他以“中国构造特殊论”否定阶级和革命的存在，对此，毛泽东批评他过于重视一般性而忽视中国的特殊性。梁不肯接受。在梁漱溟临行之际，毛泽东建议他说：“我对你说一句要紧的话，恩格斯写了一本书，叫《反杜林论》，吴亮平早已翻译出版了，你要读读《反杜林论》。”④后来，梁漱溟读了《反杜林论》，对马克思主义理论了解得更加系统和具体，其思想发生了变化，对之前的看法也作了反思。

---

① 吴亮平：《吴亮平文集》(上卷)，中央党校出版社 2009 年版，第 482 页。

② 吴亮平：《〈反杜林论〉中译本的五十年》，《文汇报》1979 年 8 月 31 日。

③ 吴亮平：《吴亮平文集》(上卷)，中央党校出版社 2009 年版，第 482 页。

④ 雍桂良等：《吴亮平传》，中央文献出版社 2009 年版，第 98 页。

列宁对“合法马克思主义”资本主义观的认识与批评

【内容提要】 19 世纪末 20 世纪初，列宁与“合法马克思主义”之间发生了一场关于资本主义的争论。所谓“合法马克思主义”，就是 19 世纪末俄国一个以马克思主义者自居却极力赞扬资本主义的思想流派。这一流派肯定、赞美、膜拜资本主义，他们认为资本主义社会不存在内在矛盾，是一种自然的永恒的制度。为了驳斥这类论调，列宁对“合法马克思主义”的诸如“资本主义各部门按比例分配论”“马克思主义实现论”“资本主义适应论”“土地肥力递减理论”“小农经济稳固论”等错误观点进行了批判，粉碎了“合法马克思主义”的“资本主义完美论”神话。列宁关乎“合法马克思主义”的批判对于今天的中国如何看待资本主义社会，以及推动人类命运共同体的构建有着重要的理论和现实意义。

【作者简介】 贾淑品，上海师范大学马克思主义学院教授；阳银银，江南大学马克思主义学院硕士研究生

【原文出处】 《党政研究》2019 年第 5 期

19 世纪末 20 世纪初，列宁与“合法马克思主义”发生了一场关于资本主义的争论，对于这场争论，学术界关注度并不够。为了破除当前一部分人被资本主义虚伪性所迷惑，进而迷恋资本主义的错误做法，我们有必要重新回顾与思考这场争论。

一、列宁对“合法马克思主义”关于资本主义社会的必然性和合理性观点的批判

19 世纪末，在俄国出现了一个特殊的“合法马克思主义”流派，这个流派在资产阶级与无

产阶级中间都颇受重视。他们一方面在沙皇政府准许的合法报刊上发表评论，极力赞扬资本主义，从而得到沙皇政府的赏识与信任，另一方面，他们又披着马克思主义的外衣，以马克思主义者自居，游走在无产阶级队伍中，与列宁站在一条战线上反对“民粹派”。“合法马克思主义”表面上宣扬马克思主义，实质上却是代表资产阶级利益的社会改良主义者。不过，因为他们曾经与列宁一起对民粹派进行批判，这就造成一种假象，好像他们的思想不偏不倚。因而指出其思想的迷惑性、虚幻性，便是当时列宁面临的一项重要理论任务。

（一）对资本主义的“历史必然性与合理性”观点的批判

“合法马克思主义”的主要观点之一，就是认为资本主义不存在内在的社会矛盾，或者说这一矛盾或问题可以在资本主义制度内加以克服或解决。这一思潮的代表人物彼得·司徒卢威(Pyotr Struve)在其代表作《俄国经济发展问题的评述》(1894)中，通过赞美弗里德里希·李斯特(Friedrich Liszt)的《政治经济学的国民体系》(以下简称《国民体系》)，来论证资本主义在其发展过程中的“历史必然性和合理性”。他说：“我还没有看见有哪一本书比《国民体系》更令人信服地说明广义的资本主义的历史必然性和合理性的了。”①司徒卢威认为：“随着资本主义的发展，基础和上层建筑之间的冲突会越来越轻，……社会的转化可能不是通过持续不断的阶级冲突，而是通过阶级的消除。”②

对此，列宁在《民粹主义的经济内容及其在司徒卢威先生的书中受到的批评》(1894—1895年)一书中指出，如果正如司徒卢威所说，那就意味着，资本主义在俄国的发展也自然有其内在的“必然性”和历史的“合理性”。对于司徒卢威的这一论调，列宁无情地揭露道：“指出资本主义以最不发达因而是最坏的形式也在人民生产中占居统治地位，那您就证明了的俄国资本主义的‘必然性’……那您也就证明了的俄国大资本主义的‘合理性’。”③不仅如此，列宁还进一步指出，“合法马克思主义”打着“客观主义”的旗号，大谈什么“历史趋势”，却对资本主义实实在在发生的对抗性的社会关系视而不见，最终只能落入对资本主义的无条件辩护的窠臼之中。他说：“客观主义者谈论现有历史过程的必然性；唯物主义者则是确切地肯定现有社会经济形态和它所产生的对抗关系。客观主义者证明现有一系列事实的必然性时，总是有站到为这些事实辩护的立场上去的危险；唯物主义者则是揭露揭露阶级矛盾，从而确定自己的立场。客观主义者谈论‘不可克服的历史趋势’；唯物主义者则是谈论那个‘支配’当前经济制度、促使其他阶级进行种种反抗的阶级。”④

列宁认为，马克思主义的唯物主义坚持哲学的党性原则，在评价任何事物的时候都必须代表历史的积极的、否定的和革命的力量。而“合法马克思主义”无视历史的内在的、否定的革命力量，奢谈所谓科学的或实证的客观性或必然性，因而并不认可马克思主义的无产阶级

---

① ［俄］彼得·伯恩哈尔多维奇·司徒卢威：《俄国经济发展问题的评述》，李尚谦等译，商务印书馆1992年版，第100页。

② 转引自 Virendra K. Roy, *Marxism in Russia: The Origin Development and Decline of a Doctrine*, Volume 1 (1861—1907), S. S. Publishers, 1999(79).

③ 《列宁全集》(第1卷)，人民出版社2013年版，第397页。

④ 同上，第362—363页。

与社会主义革命学说，认为俄国发展的最终目标是资本主义的经济、社会和政治制度，认为社会主义的意义和价值只是在推动资本主义社会进行自我改良。

所以，社会改良主义是“合法马克思主义”这一思想流派的实质。对此，列宁指出，“合法马克思主义”从民粹主义极端反对资本主义的一极倒向不切实际地为资本主义唱赞歌的另一极，其实是伯恩施坦修正主义的追随者，因而是打着马克思主义旗号的维护资本主义制度，美化资本主义社会的反动思潮。

(二) 对资本主义社会按比例分配协调发展观点的批判

“合法马克思主义”的代表人物司徒卢威等人在考察了马克思有关社会资本再生产的理论之后认为，资本主义可以实现协调的、按比例的发展。米哈伊尔·巴拉诺夫斯基(Mikhail Tugan-Bara-bovsky)有一句经典的表述：“只要社会生产比例适当，无论消费需求怎样减少，也不会使市场上产品供给总量超过需求。”①这就是他们把资本再生产理论看作资本主义社会按比例分配协调发展理论的代表性观点。如果这种观点成立，那么，资本主义“社会生产的比例就是适当”的，因而就不存在资本主义生产的社会化与资本主义私人占有的矛盾，就不会发生绝对过剩或相对过剩的资本主义危机，因而资本主义也就不存在固有的不可克服的内在矛盾。

对于这一观点，列宁认为，司徒卢威等人不但抛弃了马克思学说中相当重要的观点和内容，而且还一贯地固执己见。这种认为资本主义可以实现按比例分配协调发展的观点不仅是对马克思主义关于资本主义的一系列基本立场观点的直接发难，而且也是对马克思劳动价值理论和剩余价值理论的公开质疑。

列宁在《市场理论问题述评(评杜冈-巴拉诺夫斯基先生和布尔加柯夫先生的论战)》(1898年)一文中进行了无情的揭露和批判。列宁在该文中指出，杜冈-巴拉诺夫斯基先生和布尔加柯夫先生在批判民粹派观点上是一致的，两人观点都指出：“发展着的资本主义生产自己给自己创造市场，主要是依靠生产资料，而不是依靠消费品；产品的实现，特别是额外价值的实现，即使不把国外市场考虑进去，也是完全可以解释的；资本主义国家需要国外市场，决不是实现的条件(像瓦·沃·先生和尼·-逊先生所认为的那样)造成的，而是历史条件和其他条件造成的。”②

然而他们的观点是错误的，这种错误根源在于对马克思的国内市场理论和对外市场理论的错误理解。马克思在《资本论》第2卷第3篇分析产品的实现中明确指出了对外贸易同国外市场的联系。马克思说：“资本主义生产离开对外贸易是根本不行的。”③为了分析问题的方便，马克思没有把对外贸易引进对于资本的流通、循环和周转的分析之中。

列宁在这里指出，马克思在《资本论》第3卷是这样论述的，“进行直接剥削的条件和实现这种剥削的条件，不是一回事。二者不仅在时间和空间上是分开的，而且在概念上也是分开的。前者只受社会生产力的限制，后者受不同

① 转引自王伟光、侯才：《社会主义通史》(第3卷)，人民出版社2011年版，第146页。

② 转引自《列宁全集》(第4卷)，人民出版社2013年版，第40—41页。

③ 《马克思恩格斯文集》(第6卷)，人民出版社2009年版，第527页。

生产部门的比例和社会消费力的限制”。[1] 资本主义生产就是在资本无限扩大生产和社会的有限消费之间的矛盾运动中展开的。生产资料的生产与消费品的生产不是截然分开的,两者实际上是一对孪生兄弟,是如影随形,紧密联系。与此同时,生产部门的不变资本和可变资本也不是一成不变的。“但是,资本主义的本性一方面要求无限地扩大生产消费,无限地扩大积累和生产,而另一方面则使人民群众无产阶级化,把个人消费的扩大限制在极其狭窄的范围内。很明显,我们在这里可以看出资本主义生产中的矛盾。”[2]所以,列宁指出:“资本主义的发展不可能不在一系列的矛盾中进行,而指出这些矛盾,只是向我们说明资本主义的历史上的暂时的性质,说明它要求过渡到更高级的形式的条件和原因。”[3]

二、列宁对“合法马克思主义”混淆马克思主义实现论和否定资本主义危机论观点的批判

“合法马克思主义”通过混淆马克思主义实现论,否定资本主义危机论,从而为资本主义作为一种自然的永恒制度给出他们的所谓证明。为了揭露“合法马克思主义”的非马克思主义本质,列宁对这些观点和立场展开批判。

(一)对混淆马克思主义实现论观点的批判

“合法马克思主义”之所以是打着马克思主义旗号的假马克思主义,乃是因为它抛弃了马克思主义的一系列基本观点,其中,最具代表性的论调之一,就是对马克思关于资本价值实现论观点的混淆和误用。

针对这一问题,列宁在《再论实现论问题》(1899 年)一文中认为,“合法马克思主义”的代表人物司徒卢威“把资产阶级经济学家的市场理论同马克思的实现论混为一谈”,[4]“毫无根据地把实现论叫做按比例分配的理论。这是不确切的,而且必然会引起误解。实现论是说明社会总资本的再生产和流通如何进行的抽象理论”。[5] 列宁指出,马克思为了简明扼要地抓住问题的本质,他运用了科学的假设法,他把对外贸易、国外市场都抽象掉,阐述劳动在不同生产部门的价值实现,但马克思从来没有说在资本主义社会中劳动和产品总是能够按比例分配于各个生产部门。对此,列宁指出:“无论是马克思或者是司徒卢威与之进行论战的阐述马克思理论的作者,不仅没有从这一分析中得出生产和消费协调的结论,相反,他们都着重指出了资本主义所固有的矛盾,这些矛盾不能不在资本主义的实现中表现出来。”[6]

列宁认为,司徒卢威在实现论上犯了两个错误:第一,司徒卢威把马克思的实现论同资产阶级经济学家的市场理论混淆在一起。第二,司徒卢威还混淆了抽象的实现论与某个产品实现的具体历史条件。列宁指出,实现论有两个前提:一是要把对外贸易抽象掉的问题,也就是暂且不要考虑国外市场,但这绝不意味着我们否认在资本主义社会对外贸易曾经存在或能够存在;二是为了全面地说明价值的实现过程,应该假设资本主义各生产部门之间产品

---

① 《马克思恩格斯文集》(第 7 卷),人民出版社 2009 年版,第 272 页。

② 同上,第 44 页。

③ 同上,第 45 页。

④ 同上,第 60 页。

⑤ 同上,第 62 页。

⑥ 同上,第 60—61 页。

是按比例分配的，但这并不是像司徒卢威所理解的那样，产品总是按比例分配。

在马克思主义的实现论问题上，列宁指出：第一，不能用对外贸易或第三者的存在来说明产品在资本主义社会总生产能不能实现的问题。关于这一点，马克思主义的实现论作了非常彻底、明了的说明。第二，剩余价值能否实现，这涉及马克思主义观点与非马克思主义观点之间的区别。那种主张剩余价值不能实现的观点其实小资产阶级经济学家不了解价值的一般实现过程而导致的错误思想，抛开资本主义的内在矛盾不说，劳动是可以在社会生产各部门之间实现自身的价值补偿的。第三，资本主义生产和消费之间存在不可调和的矛盾，这一点与马克思主义的实现论并不冲突，资本的私人占有制和社会化大生产之间的矛盾导致劳动的价值不可能在资本主义各生产部门之间顺利实现，因而导致资本主义不可克服的矛盾和危机。

（二）对否认资本主义危机论的批判

“合法马克思主义”虽然反对民粹主义和封建专制，但并非为了宣扬马克思主义，而是假借马克思主义的语言和词汇，实现为资本主义在俄国的发展开道。

例如，司徒卢威就认为：“社会主义以资本主义的存在而存在：没有资本主义，它就成为没血没肉的幽灵。”①“资本主义不光是一种邪恶，同时也是促进文化进步的强大因素；也就是说，它不单是一种破坏因素，而且也是一种建设因素。……不！一定得承认我们还不够文明，还要向资本主义学习。”②“合法马克思主义”自信地认为随着社会和生产的发展，俄国封建农奴制度已经或者正在走向解体，资本主义的发展具有必然性，而俄国已经走上资本主义发展道路，这种取代是历史的进步。

他们通过对民粹主义的批判较好地把自己隐藏起来，但又否认资本主义因为内在矛盾必然导致危机，最终走向灭亡的历史趋势。因而“合法马克思主义”在传播自己的观点时，显然是抛弃了马克思主义关于资本主义的危机论观点。

对于这一论调，列宁明确指出：“马克思的理论指出了资本主义所固有的矛盾，即人民的消费没有随着生产的巨大增长而相应地增长这一矛盾是怎样发生的。因此，马克思的理论不仅没有复活为资产阶级辩护的理论（像司徒卢威幻想的那样），相反，它却提供了最有力的武器去反对这种辩护论。”③虽然资产阶级的调控可以延缓它的灭亡，但最终也必然灭亡。正如列宁所指出的，“我根本不想否认存在着无数历史的和实际的条件（更不必说资本主义的内在矛盾了），这些条件正在并且必定会把资本主义引向灭亡，而不会把现代资本主义变成理想的资本主义”。④

三、列宁对“合法马克思主义”的“土地肥力递减理论”和“小农经济稳固论”的批判

“合法马克思主义”之所以被称为狭隘的“客观主义”，是因为他们拒绝对历史的必然性

① ［俄］彼得·伯恩哈尔多维奇·司徒卢威：《俄国经济发展问题的评述》，李尚谦等译，商务印书馆 1992 年版，第 104 页。

② 转引自《列宁全集》（第 4 卷），人民出版社 2013 年版，第 228 页。

③ 同上，第 73 页。

④ 同上，第 74 页。

作真正科学的分析，片面看待资本主义社会发展的必然性，还将这种必然性视为资本主义的合理性，从而把资本主义当成一种自然和永恒的制度，他们承认资本主义在当时俄国的发展，但站在资产阶级立场上来分析这种发展，因而试图用诸如“土地肥力递减理论”和“小农经济稳固论”为俄国资本主义进行辩护。

（一）对“土地肥力递减论”的批判

“土地肥力递减论”是指土地的收益会随着土地肥力的逐渐衰退而递减。这是李嘉图的观点，并受到马克思的批判。但“合法马克思主义”代表人物谢尔盖·布尔加柯夫(Sergei Bulgakov)不但没有看到这些错误，还混淆了马克思的级差地租理论与“土地肥力递减理论”的区别。

布尔加柯夫认为，“土地肥力递减论”是一条亘古不变的规律，也就是土地报酬因为土地肥力的丧失呈现报酬递减规律。因而随着生产，尤其是农业生产的扩大，这条规律的存在会导致食物不足和农产品涨价。“合法马克思主义”利用“土地肥力递减论”来解释资本主义农业生产，其实是替资产阶级剥削农民的事实做掩盖，为资产阶级剥削、掠夺土地肥力辩护，而有意掩盖或者忽略导致俄国农民贫困事实的真正原因，即土地的资本主义私有制。

对此，列宁指出：“资产阶级的辩护士自然要设法回避农业落后的社会原因和历史原因，而把这种落后归咎于‘自然力的保守性’和‘土地肥力递减规律’。这个臭名远扬的规律所包含的无非是辩护术和糊涂思想。”①

（二）对“小农经济稳固论”的批判

以布尔加柯夫等人为代表的“合法马克思主义”秉持调和折中的理念，鼓吹小农经济可以在资本主义社会中安居乐业，因而主张“小农经济稳固论”。这种论调与19世纪末20世纪初以伯恩施坦为代表的修正主义遥相呼应，其反对大生产优于小生产的观点，否认俄国资本主义的发展是造成农民大众贫困的原因，而认为小农经济具有稳固的生命力。

由此可见，“合法马克思主义”已经堕入资产阶级庸俗经济学的窠臼，极力掩盖资本主义条件下小农经济的普遍解体、农民阶层的普遍瓦解，以及普遍沦为资本主义工业和农业的雇佣劳动者和产业后备军的历史趋势。资产阶级的利益要求促使“合法马克思主义”极力“粉饰资本主义和掩盖阶级鸿沟”。② 他们用“中等农民”粉饰“农民”，这实际上是“偷换概念”，混淆视听。

“合法马克思主义”试图掩盖资本主义剥削制度的本质，他们倾向于把俄国劳动者的贫困归咎于自然界，并用“小农经济稳固论”来为俄国资产阶级对小农经济和农民阶级的剥削进行辩护。在当时的俄国社会，这种论调的反动性已经昭然若揭了。

四、列宁对“合法马克思主义”批判的启示

“合法马克思主义”虽然高举马克思主义旗帜，高唱马克思主义的赞歌，实质却是贬低马克思主义，赞扬资本主义。在历史特定时期内，“合法马克思主义”的理论主张可能有一定的进步成分。但他们为了达到为资本主义剥削辩护的目的，对资本主义制度进行美化与粉饰，因而

① 《列宁全集》(第5卷)，人民出版社2013年版，第210页。

② 《列宁全集》(第23卷)，人民出版社2017年版，第460页。

走到马克思主义的对立面。

比如司徒卢威打着马克思主义的旗号，指出："对于前者来说，资本主义只是可悲的现象，只是人类的荒谬和卑贱的结果；对于后者来说，它是文明人类的社会经济发展中的必经阶段——其历史使命在于为以后的进步创造物质的和精神的条件。"①这里前者就是他们所指的民粹派，而后者就是他们所指的马克思。

但实际上，马克思是不仅指出了资本主义的历史进步性，也指出了资本主义的腐朽性和堕落性。而司徒卢威却无视马克思对资本主义的批判，一味地为资本主义辩护，因而是反马克思主义的。列宁对"合法马克思主义"的批判对于厘清什么是真正的马克思主义，什么是假马克思主义、非马克思主义或反马克思主义，具有重要的理论意义。

尤其在21世纪的今天，列宁对"合法马克思主义"资本主义观的批判，对于我们正确认识和把握当代资本主义仍然有着不可忽视的启示和借鉴意义。

当今世界正是面临新一轮大调整、大发展、大变革的时期，国家之间的联系日益紧密，整个地球正在形成一个"你中有我、我中有你"的地球村，世界多极化、经济全球化、文化多样化等问题层出不穷。

随着21世纪中国与世界的深层次互动和相互塑造，社会主义与资本主义的交集也越来越多，如何正确看待资本主义，合理扬弃资本主义，在改革开放的深入推进中建设中国特色社会主义，从而实现中华民族伟大复兴，积极构建人类命运共同体，也是一个越来越具有现实意义的理论问题。

列宁对"合法马克思主义"的批判让我们认识到，将资本主义恐怖化和罪恶化的观点是不对的，如俄国的民粹派；同样，将资本主义合理化和粉饰化也是不对的，如俄国的"合法马克思主义"。对待资本主义应当是辩证的、一分为二的唯物主义态度，如列宁在对"合法马克思主义"的批判，以及对民粹派的批判中所展现的科学态度，即一方面要认识到资本主义并不完全是负面的、消极的，在某种意义上说，正是资本主义的发展，导致了社会主义运动的产生；另一方面又要认识到资本主义有着深刻的内在矛盾，因而资本主义必然周期性地爆发危机，最终走向崩溃。鉴于此，列宁认为，社会主义是资本主义矛盾运动的结果，而19世纪末20世纪初俄国资本主义的发展在一定程度上是为俄国在将来进行无产阶级和社会主义革命做准备。

在当今时代，资本主义一方面已经吸纳了马克思的批评、提醒与警告，容纳了一些社会主义元素，在一定程度上实现了自我修正和自我改良，也在一定程度上缓解了其内部的经济和社会危机；另一方面，资本主义的内在矛盾并没有克服，它的腐朽性、堕落性和寄生性并没有根本改观，仍然在经济和社会领域，在人口、资源和环境领域不断制造着诸如剥削、不平等和贫困等一系列困扰人类发展的全球性问题。因此，我们同样也有理由认为，当代资本主义发展所导致的这些全球性问题的产生，在一定程度上也呼唤着更高意义的社会主义的解答或解决。正是在这个意义上，20世纪下半叶以来，世界资本主义的发展在一定程度上也是为中国特色社会主义建设做准备。可以说，正是中国

① [俄]彼得·伯恩哈尔多维奇·司徒卢威：《俄国经济发展问题的评述》，李尚谦等译，商务印书馆1992年版，第109页。

在40多年的改革开放中,在"一球两制"的大环境中,在资本主义与社会主义的"对立统一"的交集关系中,辩证对待和合理扬弃资本主义,从而开辟了中国特色社会主义道路。

今天,中国通过自身的改革开放实现对发展问题的破解,从而为世界在发展中解决全球性问题提供中国经验、中国智慧和中国方案,重温和借鉴列宁对"合法马克思主义"的批判中所展现的对资本主义的唯物辩证的科学态度,还是有裨益的。

批判“经验批判主义” 捍卫和阐发物质观思想

——列宁《唯物主义与经验批判主义》的精神实质及其当代意义

【内容提要】《唯物主义与经验批判主义》是马克思主义理论宝库中的一本重要著作，它深刻阐明了马克思主义哲学物质观及其相关基本原理，标志着马克思主义哲学发展到了列宁主义阶段。在这部论战性的著作中，列宁对经验批判主义的诸如“感觉第一性”“纯粹经验”“思维经济原则”“物理学唯心主义”等主观唯心主义思想展开批判，在认识论上提出两条根本对立的哲学路线，坚持“物质第一性”的哲学原则，论证了世界物质统一性的思想，阐述了认识客观真理的辩证法，从而在批判的意义上构建了辩证唯物主义的哲学物质观。列宁的哲学物质观展现了物质概念形成的方法论原则，对于理解当代各种新的科学技术进展和新的科学发现具有指导性意义。

【作者简介】 王宏波，西安交通大学马克思主义学院教授；曹睿，西安交通大学马克思主义学院博士研究生

【原文出处】《马克思主义理论学科研究》2019 年第 4 期

经验批判主义，也称马赫主义，是 19 世纪末到 20 世纪初的一种国际化的哲学流派。这个流派的代表人物是奥地利物理学家、哲学家恩斯特·马赫(Ernst Mach)和德国哲学家理查德·阿芬那留斯(Richard Heinrich Avenarius)。马赫的代表性哲学著作是《感觉的分析》《认识与谬误》。另外，阿芬那留斯也自称为批判的经验主义者，还曾写过一本题为《纯粹经验批判》的书。这两个人哲学思想的共同特点是否认经验之外的客观实在，从所谓的纯粹经验本身讨

论哲学认识论和本体论问题。由于马赫在自然科学和哲学两个领域都有影响,所以这种经验批判主义的哲学流派也叫马赫主义。马赫主义哲学流派的学术特点是对经验进行批判,批判的结果否定了经验产生的物质前提,所以本质上是一种唯心主义的经验论。列宁为了揭示和批判它的唯心主义实质,将书名确定为“唯物主义”与“经验批判主义”,以彰显这本著作的论战性质。

一、物质观思想是《唯物主义和经验批判主义》的理论重点和逻辑轴线

列宁这本书的理论重点是直面马赫主义和经验批判主义对唯物主义物质观的攻击,阐述马克思主义的物质观思想,并以物质观为理论基础,阐发马克思主义哲学的一些基本问题。为了实现这个理论目的,列宁将辩证唯物主义物质观思想作为一个逻辑轴线,贯通批判马赫主义和经验批判主义的相关问题,贯穿各个哲学问题和相应的各个章节。

列宁首先在《代绪论》中对马赫主义哲学的核心观点进行了“揭老底”式的批判。列宁抓住马赫的“物是感觉的复合”的观点,与贝克莱(George Berkeley)的“存在就是被感知”的观点进行比较,从哲学史的角度揭示出马赫主义哲学是欧洲16世纪英国主观唯心主义哲学家贝克莱的思想在20世纪的翻版,从而展示出贝克莱哲学—马赫主义—俄国马赫主义这祖孙三代间的血缘关系,它们的共同特点都是否认唯物主义的物质概念。这一比较就客观地揭露出马赫主义者唯心主义的本来面目。

列宁在第一章以物质观为思想武器,重点批判马赫主义“感觉第一”的唯心主义思想,阐释和强调“客观实在”是感觉的来源,阐发了“物质第一”的思想。

在第二章,列宁重点以物质观为基础讨论了客观真理问题,批判马赫主义者的主观真理论,并从哲学基本问题的两个方面出发,阐发认识对象的客观性以及认识的可能性问题。这一章的重点是批判马赫主义不可知论的哲学本质,阐释和论证“客观真理”的存在性以及认识客观真理过程的辩证法,强调实践在“自在之物”向“为我之物”转化过程中的基础作用。

在第三章,列宁重点批判马赫主义的“纯粹经验”论和对“物质”范畴的错误理解,深刻论证了马克思主义哲学的物质观思想,并对物质概念作了新的阐发,深化了物质范畴的内涵;指出了马赫主义“思维经济原则”的实质是放弃唯物主义物质观;揭示了物质观对于认识论的重要意义,还结合“因果性与必然性”“时间和空间”“自由与必然”等重大理论问题阐发了世界的物质统一性思想。

在第四章,列宁集中考察了经验批判主义的历史发展以及同其他唯心主义学派的联系,着重分析了经验批判主义如何从伊曼纽尔·康德(Immanuel Kant)出发走向乔治·贝克莱(George Berkeley)和大卫·休谟(David Hume),还主要批判了马赫主义和经验批判主义在俄国思想界和理论界的表现。

在第五章,主要是针对19世纪末20世纪初物理学新发现所引起的“物理学危机”中的“物理学唯心主义”,进一步揭露“物理学唯心主义”的实质是要否定哲学唯物主义物质范畴所表达的客观实在性的思想。为了揭穿唯心主义者的阴谋,列宁深入批判了“物理学唯心主义”的两个错误命题:“物质消失了”和“没有物质的运动”,并进一步揭露了这些错误观点的认识论根源,同时科学地阐发了辩证唯物主义关于物

质运动的观点。

第六章以“经验批判主义和历史唯物主义”为标题，集中考察和批判了经验批判主义者及其在俄国的衣钵继承者，即俄国马赫主义者及经验批判主义者的唯心主义社会历史观点。列宁把物质观思想贯彻到社会历史领域，批判了俄国马赫主义者对马克思主义历史唯物主义的修正，阐明了历史唯物主义和辩证唯物主义的内在有机性，强调了哲学的党性原则，也说明了马克思主义的理论发展特点。

二、批判性建构是列宁阐发物质观思想之理论逻辑的展开方式

列宁写作这本著作的历史环境是俄国革命暂时处于低潮时期。这个时期被称为沙皇统治的“斯托雷平时期”，思想理论领域的形势异常严峻和复杂：一方面，反革命势力在思想战线上大举进攻。一大群时髦作家涌现出来，他们“批评”和“谴责”马克思主义，对马克思主义的“批评”已经成为一种时髦。另一方面，革命阵营中的一些知识分子，利用“马赫主义”对马克思主义哲学基本原理进行否定和批判，妄图修正马克思主义哲学。他们“引证‘现代认识论’，引证‘最新哲学’（或‘最新实证论’），引证‘现代自然科学的哲学’，或者甚至引证‘20 世纪的自然科学的哲学’”，①去否定马克思主义哲学的基本原理。特别应当指出的是，当时很多批判马克思主义的人，讨伐马克思主义哲学基本原理的人，却以马克思主义的著作家自居。他们在哲学上否定辩证唯物主义和历史唯物主义，却自命为马克思主义者。

上述时代背景，决定了列宁的这本著作具有极强的批判性和战斗性，即通过批判和战斗来捍卫马克思主义，阐发和建构马克思主义哲学的基本原理。同时，这个历史任务和所要实现的理论目的，决定了列宁在写作《唯物主义和经验批判主义》一书时运用了批判性建构的哲学思维方式，即通过尖锐批判当时流行的错误观点，展开他的理论思维、内容结构和逻辑特点，进而阐发马克思主义哲学的基本原理。

（一）批判马赫主义的“感觉第一性”的主观唯心主义思想，坚持“物质第一性”哲学原则，提出认识论上两条根本对立的哲学路线

马赫坚持认为人的感觉之外没有引起感觉的客观事物。马赫曾经明确地表明，物理学的对象是“感觉之间的联系”，而不是物或者物体之间的联系。马赫又进一步把“感觉之间的联系”定义为“感觉复合”。在马赫所呈现的所谓最新哲学的思想中，把科学研究的对象规定为“感觉要素”和由“感觉要素”构成的“复合产物”，而把这种“复合产物”简称为“感觉复合”。所以，在马赫看来，科学研究的对象，不是存在于感觉之外、引起感觉的“物”或者“物体”，而只是“感觉”本身，并且否认引起感觉的外部物体或者物质现象。

列宁深刻地指出了马赫主义的实质就是否认“物质第一性”，坚持“感觉第一性”的主观唯心主义。

马赫主义者为了迷惑人们又提出了两种不同的说法。一个是“世界要素说”，另一个是“原则同格说”。其实，这两个不同的说法都是“感觉第一”的翻版。

其一，“世界要素”的实质就是指“感觉”和“感觉的要素”。列宁首先指出，马赫的“要素说”是“感觉第一性”思想的另一种表达方式。

---

① 《列宁选集》（第 2 卷），人民出版社 2012 年版，第 13 页。

列宁说，所谓的“要素论”，或者“世界要素说”，其理论要点是：宣称一切存在的东西都是感觉；把感觉称为要素；要素可以分为物理的东西和心理的东西，但是只有在物理要素与身体要素相联系的情况下，我们才把物理要素称为感觉的复合，因为心理要素是物理要素的根据。马赫认为，“要素”是一种非心非物，或者说是超出心物对立的中性的东西。列宁进一步指出，玩弄“要素”这个字眼是一种最可怜的诡辩。因为人们在读到马赫主义者的哲学书籍，看到“要素”这个词时，一定会问：“要素”是什么呢？以为造出一个新字眼就可以躲开哲学上的基本派别，那真是小孩子的想法。列宁深刻地指出：如果“要素”是感觉，那么就是妄图用一个比较“客观的”术语来掩盖唯我论真面目的唯心主义；如果“要素”不是感觉，那么所造出来的这个新字眼根本就没有什么意思，它不过是大肆吹嘘的空话而已。

其二，“原则同格说”的实质是否认认识对象的客观独立性。马赫主义的一个重要代表人物是阿芬那留斯，在他的《人的世界的概念》和《关于心理学对象的概念的考察》这两本书中阐述了他的原则同格说。所谓“原则同格说”，是指关于“我们的自我和环境的不可分割的同格(同格即相互关联的意思)”的原理。阿芬那留斯认为，“中心项”与“对立项”是不可分割地联系在一起的，是同时存在、同时灭亡，没有先后之说。阿芬那留斯强调说，他的这个“原则同格说”不去追究我们自己以及外部世界是不是真的存在谁先谁后、谁决定谁之类纯粹的哲学问题。列宁指出，阿芬那留斯的哲学错误是用认识过程的特点否认认识对象的客观实在性，否认对象对于认识主体的客观独立性，他把对物体与环境的描述同物体与环境的实际存在混同起来，企图用认识的相对性去否认客观事物不以人的存在为转移的基本性质。

列宁在批判了马赫主义以“物是感觉的复合论”及其翻版“原则同格论”和“世界要素论”等“感觉第一”的唯心主义观点以后，明确地提出了哲学上两条对立的认识论路线。列宁说，“我们现在不是谈唯物主义的这种说法或那种说法，而是谈唯物主义和唯心主义的对立，哲学上两条基本路线的区别。从物到感觉到思想，还是从思想到感觉到物？恩格斯主张第一条路线，即唯物主义的路线，马赫主张第二条路线，即唯心主义路线。”①

(二)区别“自在之物”的不同含义，阐释“自在之物”的物质内涵，阐释认识客观真理的辩证法

第一，列宁关于“自在之物”的唯物主义解释。关于自在之物，不同的哲学派别有不同的理解。作为不可知论者的著名代表——德国哲学家康德的不可认识的“自在之物”。在康德看来“自在之物”是存在的，却是不可知的。人们认识到的都是通过感觉获得的关于“自在之物”的现象，而不可能达到“自在之物”本身或本体。还有一种怀疑论，其实也是另一种形式的不可知论。怀疑论的代表人物是英国的哲学家休谟。休谟和康德不同，他对人的思维和感觉之外是否存在“自在之物”不置可否，因为关于思维和感觉之外，有没有“自在之物”存在那是不可能知道的事情，不可能回答的问题。在休谟看来，人的一切知识都通过感觉而来，人们只知道自己的感觉，而感觉之外的东西、支撑感觉的东西、作为感觉来源的东西，人们是无法感知

---

① 《列宁选集》(第2卷)，人民出版社2012年版，第13页。

的;由于无法感知引起感知的存在,所以对引起感觉的那个“自在之物”表示怀疑,因为它无法感知和无法证明,因而表示怀疑。总而言之,休谟的怀疑论还是建立在无法感知的不可知论的基础上的。

为了诠释马克思主义的“自在之物”观点,列宁首先依据恩格斯在《费尔巴哈论》中关于哲学基本问题回答的唯物主义思想,把不依赖人、人的思维、人的意识而存在的物质存在叫做“自在之物”。而且这个“自在之物”是可以认识的。恩格斯反对休谟的怀疑论,承认感觉之外有引起感觉的“自在之物”;同时又反对康德“自在之物”不可知的不可知论,认为感觉之外不仅存在“自在之物”,而且这个“自在之物”是可以被认识的。

列宁在对“自在之物”做了唯物主义的规定以后,总结了反映人类认识的本质和特点的三个重要结论。其一,物是不依赖于我们的意识、我们的感觉而在我们之外存在着的。其二,在“现象”和“自在之物”之间,没有而且也不可能有任何原则的差别;差别只存在于已经认识的东西和尚未认识的东西之间。其三,认识的发展是一个辩证的过程。人的认识过程就是从“自在之物”到“为我之物”的过程。

列宁进一步强调了实践在“自在之物”向“为我之物”转化过程中的客观作用。为此,列宁引用了恩格斯著作中的原话:“对这些以及其他一些哲学上的怪论的最令人信服的驳斥就是实践,即实验和工业。既然我们自己能够制造出某一自然现象,按照它的条件把它生产出来,并使它为我们的目的服务,从而证明我们对这一现象的理解是正确的,那么康德的不可捉摸的‘自在之物’就完结了。”[①]列宁引用恩格斯这一段著名的论述,就在于说明实践在“自在之物”向“为我之物”转化过程中的作用:“自在之物”是不依赖于人而存在的,是人还没有认识的客观存在的客观事物,也是实践未曾变革的客观事物。一旦这个“自在之物”进入人的认识领域,成为人的认识对象和实践对象,经过实践的变革,人们就会发现“自在之物”的本性和规律,然后人们再根据已经发现和认识的本性和规律,把“自在之物”按照人的方式又制造出来,为人服务、满足人的目的,那么这个时候,“自在之物”就转变为“为我之物”。

第二,揭示了“自在之物”的物质内涵。“自在之物”是什么?为了同唯心主义,特别是同康德的“自在之物”明确区别,列宁用物质概念替代“自在之物”,给“自在之物”以物质的规定性,在强调用“是否承认‘客观实在’”作为区分主观唯心主义以及马赫主义与唯物主义的理论原则以后,进一步用“客观实在性”揭示哲学上的物质概念的特点和基本内涵,深刻地阐释了“自在之物”的客观本性。列宁说:“物质是标志客观实在的哲学范畴,这种客观实在是人通过感觉感知的,它不依赖于我们的感觉而存在,为我们的感觉所复写、摄影、反映。”[②]列宁的物质定义言简意赅,以深刻的科学抽象和高度的哲学概括,包含了极为丰富的内容。它指明了物质范畴不仅具有本体论的意义,也具有认识论的意义,为人们正确把握辩证唯物主义物质观的精神实质和丰富内容指明了方向。

列宁认为,是否承认物质实在性的思想是区分唯心主义和唯物主义的哲学标准。列宁指出:对于感觉现象,一定要问人们是否感觉到

---

① 《列宁选集》(第 2 卷),人民出版社 2012 年版,第 75 页。

② 同上,第 89 页。

客观实在呢？这是一个老而又老的哲学问题，但是被马赫主义者搞乱了。如果你认为人没有感觉到客观实在，那么你就必然和马赫一起陷入主观主义和不可知论；如果认为感觉到了客观实在，那么就需要有关于这个客观实在的哲学概念，而这个概念很早以前就制定出来了，它就是物质概念。列宁进一步指出：接受或抛弃物质概念的问题，是人对他的感官的提示是否相信的问题，是关于我们的认识的源泉的问题。这一问题从哲学肇始之日就被提出来讨论了，虽然各种唯心主义者千方百计地把这个问题改头换面，但是，只要有唯心主义和唯物主义思想的斗争，物质概念就不会是陈腐的。

第三，只有承认和坚持物质概念，才能坚持绝对真理与相对真理的辩证法。首先，列宁正是在真理的客观性意义上理解和定义真理的绝对性，他强调指出："当一个唯物主义者，就要承认感官给我们揭示的是客观真理。承认客观的即不依赖于人和人类的真理，也就是这样那样地承认绝对真理。"①其次，列宁指出相对主义的实质是否认客观真理。再次，阐述了绝对真理与相对真理的辩证关系。为了论述绝对真理与相对真理的辩证关系，列宁强调，绝对真理是由相对真理构成的，相对真理的总和构成绝对真理；相对真理和绝对真理之间没有不可逾越的鸿沟；相对真理和绝对真理的区分既是确定的又是不确定的。列宁进一步强调，如果不了解相对真理与绝对真理之间的区分的不确定性，就会把真理看成只有绝对性而没有相对性的东西，只承认绝对真理不承认相对真理，就会把真理变成僵死的、凝固的、不发展变化的教条！如果不了解绝对真理与相对真理之间区分的确定性，就会把真理看成是只有相对性而没有绝对性的东西，只承认相对真理不承认绝对真理。这样就会陷入相对主义，从而否认认识世界的可能性。

列宁在阐述了绝对真理与相对真理的辩证关系以后，还进一步阐述了实践标准是确定性和不确定性的辩证统一思想。

列宁认为：坚持实践问题上的唯物论，就是要坚定地主张实践是检验真理的唯一标准，这是确定无疑的；同时强调，理论不能作为检验理论真假的标准，多数人的看法不能作为检验理论真理性的标准，客观事物无法作为检验理论真理性的标准。列宁还认为，坚持实践标准问题上的辩证法，就是要承认实践是一个具体的历史的过程，因而某些认识的真理性并不是一次实践就可以证明的；同样，某些认识的荒谬性也不是一次实践就可以轻易驳倒的，这就需要经过多次实践反复检验。如果不懂得这个辩证法，把实践标准绝对化，那就很可能单凭一两次实践而否定真理或肯定谬误，或者，由于一两次检验的不准确而对实践是否能够作为检验真理的标准产生怀疑。

（三）批判"纯粹经验"论及其"思维经济原则"，阐释世界物质统一性思想

马赫主义用"纯粹经验"论来否定"物质"范畴，并提出匪夷所思的"思维经济原则"。列宁在深刻批判这些错误命题的同时，深刻阐发了马克思主义哲学的物质概念，围绕"因果性与必然性""时间和空间""自由与必然"等重大理论问题论述了世界物质统一性思想。

第一，批判"纯粹经验"，深刻阐发物质内涵及意义。物质范畴是唯物主义哲学的基石。各种各样的唯心主义也十分了解物质范畴对于整

---

① 《列宁选集》(第 2 卷)，人民出版社 2012 年版，第 92 页。

个唯物主义哲学的意义和作用。因此他们或者用最恶毒、最肮脏的语言来攻击物质，如咒骂物质为“虚无”；或者从唯心主义前提出发歪曲物质概念的内涵，例如把物质说成是观念。经验批判主义者也否认物质范畴，他们认为只谈“纯粹经验”，不谈“物质实体”，就体现了“思维经济原则”。经验批判主义者也和他们的唯心主义鼻祖一样，企图用“经验”概念替代“物质”概念，用“经验”这个词语掩盖唯物主义和唯心主义的根本分歧。

列宁对物质概念做了重点解释并对其深刻内涵进行了新的阐发。列宁说“物质是标志客观实在性的哲学范畴”。这就是强调物质的唯一“特性”是客观存在，它标志着存在于我们的意识之外，能够为意识所反映的东西。哲学唯物主义是同承认这个特性分不开的。列宁像恩格斯一样，重申“物质”是一个哲学范畴。“客观实在”就是物质范畴的基本内涵。列宁认为物质范畴的核心就是“客观实在”。如何理解客观实在呢？这是理解列宁的物质观的关键所在。客观实在是物质的唯一特性，说明了人与世界的关系，思维与世界的关系。它是从总体上统指人们意识之外的存在，这是可感知的物质东西的共性，是无限多样的具体事物的根本特性。它作为世界的最一般本质也具有最广泛的概括性。

在列宁的物质概念中，客观实在从两种意义上与人的感觉、意识发生关系。一方面，客观实在不依赖于人的感觉，存在于人的意识之外；另一方面，它可为人的感觉所感知，为人的意识所反映。这样，通过客观实在来规定物质，可以转换成为：在物质和意识的关系中来确定物质。所以，列宁关于物质概念的定义便成了马克思主义哲学解决哲学基本问题的缩写。

第二，深刻阐发世界的物质统一性思想。运用物质的唯一特性即客观实在性，去说明世界万事万物的共同本质，就是世界的物质统一性问题。为了深入批判那些马赫主义者及其在俄国的信徒，列宁以“自然界的因果性”“时间和空间”“自由与必然”等这些重要的哲学问题为理论对象，既批判了在这些问题上的马赫主义的错误观点，又进一步深刻阐发了“世界的物质统一性”原理。

其一，阐发了自然界的因果性与必然性的客观实在性。由于因果性与必然性都是物质世界自身内部的本质联系，所以阐述世界的物质统一性问题，必然涉及因果性与必然性的物质性问题。列宁明确论述了关于整个外部世界的客观实在性的思想，还引证了恩格斯经常讲到的“自然界的规律”“自然界的必然性”思想，强调不容许对自然界的客观规律性、因果性、必然性的存在有丝毫的怀疑。

列宁在正面阐述因果性和必然性的客观性的同时批判了马赫主义者的唯心主义观点。一是批判了马赫用“函数依存关系”替代因果性，否认因果性的客观性的思想观念，揭露马赫在因果问题上的怀疑主义立场。二是批判了阿芬那留斯的所谓必然性，即那种建立在或然率基础上的主观主义的因果性或必然性，阐述了因果必然性的客观性。三是批判了“必然性属于概念的世界”而不属于物质世界的唯心主义观点，指出其走向信仰主义的本质，并更加深刻地指出，所谓的“人把规律给予自然界”这个说法与“上帝把规律给予自然界”的说法都是一致的，都否认自然界自身的运动是有规律的，认为自然界的规律是自然以外的力量强加给自然界的。四是批判了约瑟夫·彼得楚尔特(Josef Petzoldt)的否定自然界规律性的观念，揭露其

"逻辑的先天"的唯心主义实质。列宁尖锐地指出,彼得楚尔特的"逻辑的先天"思想是康德主义的变种。五是批判了约勒斯·彭加勒(Jules Henri Poincaré)的"经验符号论"。彭加勒坚持和维护"自然规律是人为了方便而创造出的符号、记号"这样的观点。列宁指出:"新术语一点也没有改变不可知论的陈旧不堪的哲学路线,因为彭加勒的'独创的'理论的本质就是否认(虽然他远不彻底)自然界的客观实在性和客观规律性。"①

其二,阐述了关于时间与空间的客观实在性。时间和空间的本性问题是物质统一性的一个重要问题。唯物主义者承认客观实在及运动着的物质不依赖于我们的意识而存在,也就必然要承认时间和空间的客观实在性。而唯心主义者否认世界的物质本性,也就必然否认时间和空间的客观实在性。列宁强调了这样几点:一是正如物或者物体不是感觉的复合,不是简单的现象,而是作用于我们的感官的客观实在一样,空间和时间也不是现象的简单形式,而是存在的客观实在形式;二是世界上除了运动着的物质什么也没有,而运动着的物质只有在时间和空间之内才能运动;三是人类的时空观念是相对的,但是关于时间空间的绝对真理是由这些相对的观念构成的。正如关于物质构造和运动形式的科学知识的可变性并没有推翻外部世界的客观实在性一样,人类的时空观念的可变性也没有推翻空间和时间的客观实在性。

列宁针对马赫主义者之流只谈时间、空间概念的变化,不谈时间、空间的客观实在性的主观唯心主义时空观,指出其走向信仰主义的本质。列宁说,如果只谈时间、空间概念,不问时间本性,否认时间空间的客观实在性,否认时间和空间是物质运动的基本形式,必然会滚到"终极原因"和"第一次推动"中去,②必然会导致信仰主义。

其三,深刻阐发了自由与必然的对立统一性。自由和必然的关系问题,是最能反映世界的物质规定性、客观必然性、客观实在性与人的主观能动性的关系问题,因而是哲学上长期讨论的问题,也是各派哲学争论不休的问题。列宁为了批驳经验批判主义者否认客观必然性、夸大主观意志作用的主观唯心主义观点,考察了辩证唯物主义和经验批判主义在自由和必然问题上的根本对立,阐明了恩格斯关于自由和必然的思想,进一步论述了理解自由和必然关系的辩证法。

列宁所引述的恩格斯的基本思想是:"自由不在于在幻想中摆脱自然规律而独立,而在于认识这些规律,从而能够有计划地使自然规律为一定的目的服务。自由就在于根据对自然界的必然性的认识来支配我们自己和外部自然。"③

列宁对这一段话所蕴含的思想做了具体的分析和阐释。一是恩格斯关于自由与必然关系的论述强调了必然性、规律的客观性。二是恩格斯关于自由和必然关系的论述强调了自然界的必然性是第一性的,人的意志、意识是第二性的。三是从恩格斯承认"盲目的必然性"出发,深刻阐述认识的过程是"自在的必然性"向"为我的必然性"转化的过程。四是恩格斯关于自由和必然的对立统一关系的思想,是以实践为基础的辩证法,强调了从认识必然性到支配

① 《列宁选集》(第 2 卷),人民出版社 2012 年版,第 127 页。
② 同上,第 139 页。
③ 同上,第 150—151 页。

必然性的飞跃，从理论到实践的飞跃。

（四）批判“物理学唯心主义”，坚持物质实在论

19 世纪 20 世纪之交的物理学新发现，不仅引起了“物理学危机”，而且也引发了深刻而又广泛的哲学反响。由于“电子”等新的物质微粒和放射性等新的物理学现象的发现，超出了经典物理学理论的解释范围，引发了一场经典物理学的危机。同时，围绕物理学新发现也展开了哲学争论，产生了“物理学唯心主义”。对此列宁进行了深刻的分析和尖锐的批判。

列宁分析了由“物理学危机”产生的唯心主义特点：其一，以“物理学危机”为缘由，以讨论物理学知识的价值与界限为论题，否认科学认识物质客体的可能性。其二，以“物理学危机”为缘由，否定唯物主义的物质实在性。其三，以“物理学危机”为缘由，主张功利主义的科学观，使科学失去了客观标准，成为功利主义者的艺术品，否定科学探索真理的本性。其四，“物理学危机”还给神秘主义的东西提供了可以借机还魂的逻辑空间，为信仰主义的传播开辟道路。

列宁对物理学危机实质的深刻揭示和总体评价是：第一，现代物理学中新学派与旧观点的对立，实质上是唯物主义思想与唯心主义思想的对立，他们斗争的焦点依然是承认不承认意识之外的客观存在。列宁指出：“现代物理学危机的实质就是：旧定律和基本原理被推翻，意识之外的客观实在被抛弃，这就是说，唯物主义被唯心主义和不可知论代替了。”①第二，所谓“物理学危机”并不是物理学发展的危机，而是对物理学新发现的哲学解释的危机。由物理学新发现引起的真正危机是哲学危机，是由传统物理学所自发接受的“物质实在”的哲学思想被科学家所怀疑，被一些物理学家所抛弃，得出了“物质消失了”的结论。而各种唯心主义、不可知论者、怀疑论者、信仰主义者也借此大行其道。所以，所谓“物理学危机”并不是物理学的发展遇到了危机，而是对物理学新发现得出了唯心主义的哲学结论，产生了“物理学”的唯心主义危机，这就是“物理学危机”的实质。

三、当代科技发展与哲学物质观

科学把握列宁的哲学物质观思想是理解科学发现的哲学意义的重要前提。首先，物质与物质的东西是不同的两个概念，要把作为哲学范畴的物质概念与作为科学范畴的物质形态概念区别开来。紧紧把握“物质”是一种哲学抽象，它所揭示的世界的本质只能存在于所有的种种不同的事物之中，没有脱离各种具体事物而独立存在的某种“物质自身”，但是，“物质自身”又是和“物质的东西”不同的东西。其次，要准确把握物质的唯一特性是“客观实在性”。这个客观实在的含义就是独立于意识之外，不以意识为转移的，能够为意识所反映的东西。所以物质的内涵是在物质与意识的对立统一关系中被定义的。如果我们把握了哲学物质概念的根本特性、理解了物质概念形成的方法论原则，就不难理解当代各种新的科学技术进展和新的科学发现的哲学意义。

（一）信息是物质显示其运动状态的表现形式

人类社会进入了 21 世纪，科学技术发展的一个重要特征是信息科学技术的飞速发展和广泛应用，以至于人们用信息社会来描述当代社

---

① 《列宁选集》（第 2 卷），人民出版社 2012 年版，第 189 页。

会的基本特征。科学技术界也已形成共识,把信息作为与物质、能量相并列的一种存在形态,强调信息就是信息,既不是物质,也不是能量,是一种相对独立的存在形态。从而,信息问题也成为哲学上讨论的一个重要问题,就是信息的本质是什么的问题。

信息概念的含义十分广泛,表现在各种不同的学科和各个不同的领域,首先要区分信息概念使用的不同层次及相应的不同领域。其一,日常经验中理解的信息概念。在人们的日常生活中,信息指的就是具有新内容、新知识的消息,承载其的载体诸如新闻、情报、资料、数据、图像、密码、语言、文字等。其二,信息科学技术领域的信息概念。在信息科技领域有两种学术定义是比较典型的。第一个是信息论创立者克劳德·香农(Claude Elwood Shannon)的信息定义。他说"信息是消除了的不确定性"。其含义是由于通信过程的完成,使得收信者对于某种事物存在状态知识的不确定性得以部分或全部消除。所以,信息就是消除了的不确定性。第二个是控制论创始人诺伯特·维纳(Norbert Wiener)的信息定义。他认为"信息就是负熵"。在热力学中熵值是表示系统的不确定性程度或者混乱程度的概念。熵值的减少就意味着不确定性的消除,所以信息就被理解为负熵。由此,也派生出信息就是标志系统的组织性程度,即有序性、秩序性的概念。这两种定义都是从实用信息科学的角度对信息的功能、意义和量化特征的描述。其三,哲学层面的信息定义。从哲学层面讨论信息的本质,一要超出日常生活领域和具体信息科学领域,从世界观层面上进行理解;二要从物质和意识的相互关系上进行理解和分析。这就要应用列宁曾经论述过的物质观思想,把物质的唯一特性和物质的具体表现形式区分开来。

从信息的存在方式来看,信息并不是一个直接的、具体的物质存在形式,信息是在表征、表现、外化、显示事物及其特征的意义的过程中存在的。这就是说信息不是绝对独立存在的,是在信源、信道、信宿的相互作用过程中产生的。首先,它是信源(某种客观实在的具体的事物)的属性或特征,同时通过信道(传递途径)传递的,最后是由信宿(信息接受者)接收的。尽管信息接受者可以对所接受的信息进行再加工处理,但是原始信息是独立于接受者的大脑和意识之外的,这都是信息的客观性。所以,不管是对于信源还是对于信宿,信息都不是第一性的。对于信源来说,信息是信源的属性;对于信宿来说,信息独立于信宿而存在,信息到达信宿,只是改变了信宿的信息状态,不管对于人还是机器都是如此。对于信宿来说,接收到信息可以改变自身的信息状态和应对外部事件的方式,但是却不能全部改变信宿的整体状态,它只能改变信宿的信息状态。如果要改变信宿的全部的整体的状态,只能通过所接受的信息和信宿的其他部分相互作用以后,借助于信宿的物质、能量与信息的相互作用而逐步实现。但是能够和所接受的信息相互作用的信宿的其他主要部分是先于所接受的信息存在的,不以所要接受的信息状态和性质为转移的,相反却是加工和处理所接收信息的主体。所以,不管是对于信源还是信宿,信息都是非实体性的存在,不是实体性的存在。

信息不是实体性的外部存在,也不是特定的物质形态和能量状态,那么信息到底是什么?按照世界物质性原理,信息是物质显示自身运动状态的表现形式。由于物质的相互作用,必然引起作用双方的内在结构、运动状态和性质的某种改变，这种改变的“痕迹”就显示了作用双方的性质和特点。由于运动是物质的存在方式，在运动过程中的物质必然会显示自身状态改变的特点，因此信息就是物质显示自身运动状态的表现形式。这样在辩证唯物主义的物质观中就存在这样几个相关的命题。首先，世界是物质的世界；其次，运动是物质的存在形式；最后，物质运动有两种同时俱在的表现形式，一个是能量，一个是信息。作为能量，它是物质运动的表现形式；作为信息，它是物质显示其自身运动状态的表现形式。

（二）暗物质是关于未知的物质形态的一种科学假说

暗物质(Dark matter)是理论上提出的可能存在于宇宙中的一种不可见的物质，它可能是宇宙物质的主要组成部分，但又不属于构成可见天体的任何一种目前已知的物质。诺贝尔物理学奖获得者李政道曾指出：“暗物质是笼罩20世纪末和21世纪初现代物理学的最大乌云，它将预示着物理学的又一次革命。”

暗物质的本质还是个谜。科学家认为，整个宇宙有84.5%是由暗物质构成，但一直未能证明其存在。已有不少天文学家认为，宇宙中90%以上的物质是以“暗物质”的方式隐藏着。天文学家们称，根据当前一些统计资料，我们平常看不见的暗物质很可能占宇宙所有物质总量的95%，而人类可以看到的物质甚至不能达到宇宙总物质量的10%。

对于暗物质，目前科学家采用的探测手段可以分为三类：一是“直接探测”。如果暗物质是由微观粒子构成的，那么每时每刻都应该有大量的暗物质粒子穿过地球。如果其中一个粒子撞击了探测器物质中的原子核，那么探测器就能检测到原子核能量的变化并通过分析撞击的性质了解暗物质属性。目前尚未有直接探测试验发现暗物质粒子存在的确凿证据。二是“间接探测”，如果在银河系中存在着大量的暗物质粒子，那么应该可以探测到它们湮灭或衰变所产生的常规基本粒子，间接探测就是在天文观测中寻找这种湮灭或衰变信号。当前对宇宙线的产生与传播过程的理解尚不全面，这给在宇宙线中寻找暗物质信号带来了挑战。三是“加速器探测”，探寻粒子对撞机中人为产生的暗物质粒子。在高能粒子对撞实验中，可能会有尚未被发现的粒子，包括暗物质粒子被产生出来。如果对撞产生了暗物质粒子，再结合直接或间接的探测手段，就可以帮助确定对撞机中产生的粒子是否为暗物质粒子。

综上，暗物质是关于世界的物质构成的科学假说。理论推论这种不可见的物质形态可能是存在的，但尚未被科学实验的探测完全证实。辩证唯物主义的物质观对于这种研究和探索具有重要的指导意义。辩证唯物主义物质观告诉人们，物质的唯一特性是客观实在性，它坚信客观的物质世界是独立于人的意识之外，并且成为科学研究的对象。暗物质就是关于世界物质结构形态的科学假说。要检验这种科学假说是否成立，必须坚信这种暗物质是一种具有客观实在性的东西。科学理论的第一步是形成假说，然后再证实这个假说，最终形成科学的理论。科学实验的证实过程就是寻找与科学假说相一致的客观事实，证明假说和预见的客观实在性。目前，相关科学观察实验还没有最后证实暗物质的存在。但科学家们坚信，科学假说所预见的“暗物质”，虽然到目前为止还只是科学推论的结果，但它一定不单纯是科学家头脑主观臆断的产物，这个结果一定不依赖于科学家的意识而存在。科学家的推论是建立在它一定是在科学家的头脑与意识之外存在着的东西。如果它是真实的，一定是科学家头脑之外的客观事实，就一定能通过各种方式找到它。正是这种唯物主义的科学精神推动着科学不断发展进步。

（三）量子现象是物质运动的一种存在形式

量子（quantum）是现代物理的重要概念，表示物质世界物理量的不可连续分割的最小单位，它最早由普朗克（Max Karl Ernst Ludwig Planck）在1900年提出。“量子”一词最初代表能量的最小单位。后来发现，能量表现出这种不连续的分离化性质，在其他诸如角动量、自旋、电荷等物理量中也存在。

量子力学研究发现，“量子”是一个不变的常数，微观粒子的能量只能是它的整数倍。对于量子运动，可以用矩阵力学描述，也可以用波动力学解释。另外，如果对微观粒子进行测量，还会发生所谓的“测不准现象”。这就是说，一个微观粒子的某些成对的物理量不可能同时具有确定的数值，例如位置与动量，其中一个量越确定，另一个量就越不确定。另外，微观世界的亚原子粒子，如电子或者光子可以同时处于两种或两种以上的态，也就是说，一个微观粒子在同一时间可以处于好几个不同的位置。而且在多粒子系统中，两个曾经相互作用过的粒子，在分开之后，不管相距多远，还都彼此神秘地联系在一起，其中，一方发生变化，另一方也会发生相应的变化。这种现象被称为量子纠缠。

微观世界的量子现象改变了人们关于物质运动的物理图像。经典物理学认为物质运动是连续的，量子论却告诉人们微观粒子的运动是不连续的；经典物理学在测量物质的物理量时，可以同时获得位置与动量这类相关物理量的准确度量，而量子世界却存在“测不准现象”；此外，经典物理学认为一个物体在某个时间点只能处于某一个确定的位置，并且曾经相互作用的两个物体在分离后不会有相互影响，但在量子领域，以上论断都被推翻。经典物理学中这些关于宏观世界的物理图像在微观世界里发生了如此“奇异”的变化，以致会颠覆人们的世界观。

阿尔伯特·爱因斯坦（Albert Einstein）认为，这些现象的出现是物理学发展不完备的表现。他在1948年所写的《量子力学与实在》一文中表示，如果不假定彼此远离的客体存在的独立性，那么惯常意义上的物理思维就不可能了，也很难看出有什么办法可以建立和检验物理定律。量子世界之所以出现这些“奇异”现象，说明量子力学是不完备的，很可能成为以后某种理论的一部分，就像相对论力学把牛顿力学看作是其内在的一部分一样。

大卫·波姆（David Joseph Bohm）与爱因斯坦不同，他认为任何测量的结果都包含着测量工具及其测量环境的效应，不过在宏观测量中这种环境效应中的量子效应可以忽略不计。波姆认为，量子测量过程不再像经典测量那样，是对被研究对象客观特性的一种揭示，而是依赖于整个测量环境的量子现象的显现过程。他认为，在微观测量中，微观粒子的某些特性的呈现是与测量的方式、方法和手段相关的一种共生现象。所以，微观世界的测量结果是测量对象与测量方式共生的产物。

按照量子力学的理论和研究方法的特征，有人认为，在微观世界中微观粒子的基本属性不总是先验地存在着，而与测量设置相关，是测量语境中的一种共生现象，而不是测量对象内在特性的独立呈现。也有人概括了几种不同的量子实在观，提出了自在实在、对象性实在和理论实在三个概念。[①] 如果根据辩证唯物主义的物质观思想，对这三种不同层次的实在可以有更深刻、更科学的理解。其一，作为自在实在的微观粒子，是物质构成的最小单位，是独立于物理学家的抽象思维并能够作为物理学家的研究对象而存在的客观实在，这是科学客观性的基本前提。其二，作为理论实在，是指量子物理学家根据已有的实验资料和科学理论，依靠数学逻辑预言新的实验结果或者实验现象，并且这种理论预言能够被证实或者证伪的理论模型。这种由抽象的理论描绘出来的实在称之为理论实在。其三，作为对象性实在，之所以说是对象性实在，是指运用特定的测量工具和测量方法观测到的微观粒子的某种属性和特性，它依赖于测量工具的使用，所测到的结果带有测量方法的因素。

根据辩证唯物主义的物质观，物质是标志客观实在性的哲学范畴，它所强调的是物质世界是独立于人的意识之外的这一特性。物质世界可以分为宏观世界与微观世界，不管微观世界的存在状态多么复杂，不管人们对它的认识带有多少实验方式和测量工具的影响，这类微观粒子是独立于人的意识之外而存在的，虽然认识和描述这种微观粒子带有理论框架和试验方法的特点，但是这种测量工具的影响不能否定测量对象的存在。爱因斯坦曾强调了这种微观粒子的客观独立性，认为这是物理学存在与发展的前提。波姆的共生理论是从测量结果的角度分析其构成因素，然而却没有否定微观粒子的独立存在性。所以认识微观世界的客观实在性，还是要坚持辩证唯物主义的物质观，要把对微观粒子的实验观察和理论描述同微观粒子的客观实在性严格区别开来。如果从观察实验结果受到观察工具影响，且这种影响极其重要、无法消除的观点出发，进而把观察对象说成是实验工具的唯一产物，那就是把科学研究的对象理解成了主观意识的产物，从而取消了科学研究对象的客观实在性，也就取消了科学研究的对象，取消了科学检验的标准，最终取消了科学本身。

物理学的发展已经深入微观领域，亚原子、电子、光子等现象的客观存在已经是不容争辩的事实。这再一次证明了列宁所揭示的辩证唯物主义物质范畴的哲学内涵的正确性；也再一次印证了恩格斯曾指出的物质概念需要科学的长期发展来证明的论断。量子现象再一次表明：世界是物质的，运动是物质的存在方式，量子是物质运动的一种特殊形式。至于对量子现象如何描述和测量，形成什么样的量子理论，量子科学的研究方法有什么特点，研究结论和研究方法之间有什么联系，这是量子科学的问题，需要通过量子科学的发展来回答。在这个问题上，哲学不能取代科学。但是，量子科学的发展却不能违背辩证唯物主义哲学物质观的基本原则，不能取消量子或者其他什么微观粒子的客观实在性。因为，是否承认科学研究对象的客观实在性正是科学与伪科学的根本界限。

---

① 成素梅：《论量子实在观》，《江西社会科学》2010 年第 7 期。

世界社会主义研究年鉴(2019)

当代资本主义纵览

2008年席卷全球的金融危机引发了学界对资本主义发展现状与未来的反思。时至今日，资本主义大国经济复苏依旧缓慢，社会矛盾与冲突不断涌现。2019年，国内外学术界主要关注当代资本主义，尤其是新自由主义资本主义的发展现状、发展阶段、主要特征及其未来趋势等重要议题。

新自由主义作为一种话语模式，体现了资本主义意识形态与价值观念。从新自由主义出发，对资本主义的发展现状进行分析，进而对资本主义的未来发展方向进行研判，已成为解释和理解当代资本主义的一个重要视角。李连波博士试图在金融化的政治经济学研究与哲学研究的基础上，构建一个理解个体金融化转变和日常生活金融化的分析框架。一方面，新自由主义的经济重构使个体通过负债来维持劳动力的再生产成了必然选择，另一方面，新自由主义的意识形态重塑为个体的金融化转变提供了内在动力。这两个方面共同塑造了自我规训的金融化微观主体，推动了日常生活领域的全面金融化。其实质是金融领域的资本日益广泛地渗透到非物质生产领域，将家庭和个体作为榨取利润的对象。但是，这样不仅不能消除资本积累中的矛盾，反而以新的方式加剧了这些矛盾。

约翰·B. 福斯特(John B. Foster)指出，新自由主义是资本主义意识形态建设的核心工程，旨在将国家嵌入资本主义市场，使国家从属于资本和市场，为推行市场逻辑服务，打造绝对资本主义体系。过度积累和停滞则是绝对资本主义的首要经济矛盾，资本主义试图通过企业兼并、金融化、全球化来解决这个问题，却导致更严重的失衡：工人的经济和社会条件不断恶化，加快了世界走向全球灭绝主义或毁灭主义的步伐。推行21世纪生态社会主义，实施自下而上的长期生态革命，建设一个真正平等的、生态可持续发展的、可满足大众需求的世界，应该成为人类的选择。

吴茜副教授以大卫·科茨(David M. Kotz)为代表的美国SSA理论流派对新自由主义“积累的社会结构”进行的研究为切入点，分析了资本主义的制度转型与未来替代模式。总的来看，2008年金融危机爆发后，资本主义制度转型和重建“积累的社会结构”大致有四种可能性替代模式，即右翼专制民族主义政权、大公司主导的“管制资本主义”、劳资妥协的改良资本主义和“有计划的民主参与式社会主义”。各国应关注新自由主义资本主义经济社会运动的危险轨迹，以制定抵抗战略和走向进步的未来。

面对当前不断激化的资本主义矛盾，以及资本主义国家为保持自身生机与活力所采取的一系列策略，不少学者将当前经济全球化和金融化背景下的资本主义发展阶段概括为新帝国主义，并对其阶段性特征和本质进行了深入剖析。程恩富教授等以列宁的帝国主义理论为基础，分析了新帝国主义的五大特征。一是生产和流通的新垄断：生产和流通的国际化和资本集中的强化，形成富可敌国的巨型跨国垄断公司；二是金融资本的新垄断：金融垄断资本在全球经济活动中起决定性作用,形成畸形发展的经济金融化;三是美元和知识产权的垄断:形成不平等的国际分工和两极分化的全球经济和财富分配;四是国际寡头同盟的新垄断:形成全球垄断剥削和压迫的金钱政治、庸俗文化和军事威胁的经济基础;五是当代资本主义垄断性和掠夺性、腐朽性和寄生性、过渡性和垂危性的新态势。

为进一步理解新帝国主义的本质,深入剖析资本主义剥削的真正含义,有研究从多重视角出发,对经济全球化、全球化垄断金融资本等问题进行了分析。因坦·苏万迪(Intan Suwandi)博士等将资本主义剥削的分析视角从国家实体转变为跨国公司的全球商品链,并为此构建以劳动力为中心的劳动价值商品链分析方法。帝国主义是通过全球商品链,利用南北方国家间巨大的单位劳动成本差异榨取外围地区的超额利润,并将产生的附加值归功于中心国家自身的经济活动。随着这种现象日益普遍,这种剥削与掠夺将更为隐蔽与无形。

总体来看,当前世界经济陷入经济大萧条以来最严重的衰退,虽然资产阶级通过一系列行动引发了新一轮复苏,但依然受到多重政治和经济矛盾的困扰。美国《国际社会主义评论》杂志邀请了哈达斯·蒂尔(Hadas Thier)、大卫·麦克纳利(David McNally)、李·苏斯塔尔(Lee Sustar)、李·文格拉夫(Lee Wengraf)、迈克尔·罗伯茨(Michael Roberts)5 位马克思主义经济学家对当前经济的主要特征及资本主义未来发展走向进行了评估,在他们看来,新自由主义世界经济的主要特征将呈现为经济民族主义、新重商主义和不断变化的贸易集团,这意味着,由美国主导的、建立在自由贸易协定以及全球金融资本基础上的国际经济秩序的终结。他们呼吁,应加紧建立社会主义组织,带领国际工人阶级和被压迫人民走出这一困境。

新自由主义、主体性重构与日常生活的金融化

【内容提要】 本文关注的是美国等主要发达资本主义国家经济的金融化倾向，试图在金融化的政治经济学研究与哲学研究基础上，构建一个理解个体金融化转变和日常生活金融化的分析框架。本文认为，新自由主义的经济重构使个体通过负债来维持劳动力的再生产成了必然选择，也就设定了个体金融化转变的宏观必然性；新自由主义的意识形态重塑则促进了金融逻辑对日常生活的渗透，引导了个体的日常实践，为个体的金融化转变提供了内在动力。以上两个方面共同塑造了自我规训的金融化微观主体，推动了日常生活领域的全面金融化。日常生活金融化的实质是金融领域的资本日益广泛地渗透到非物质生产领域，将家庭和个体作为榨取利润的对象。它不仅不能消除资本积累中的矛盾，反而以新的方式加剧了这些矛盾。

【作者简介】 李连波，中国社会科学院经济研究所助理研究员

【原文出处】 《马克思主义与现实》2019 年第 3 期

20 世纪 80 年代以来，美国等主要发达资本主义国家的经济出现了不同程度的金融化倾向。金融部门的地位日益提高，非金融企业参与了更多金融活动，个体和家庭与金融市场的联系也日益密切。马克思主义政治经济学将金融化与利润率动态、新自由主义和国际货币体系等因素联系起来，从宏观层面揭示了金融化的形成原因、运行机制和根本矛盾。

对于资本主义的金融化转变，有学者指出应当避免过于简单化的经济停滞—金融膨胀因果推论，而是要从资本主义经济当事人的行为转变中分析其产生的根源，即考察资本主义企

业、家庭和个体金融化行为转变背后的逻辑。[①]就这一点来说,政治经济学主要关注企业和家庭的金融化,对于个体金融化转变的分析则相对缺乏。同时,从哲学角度研究金融化的学者采取了一条完全不同的研究路径,他们聚焦个体的主体性重构,关注日常生活的金融化,剖析个体金融化行为转变背后的金融价值、观念和话语的转变。这两种研究路径并不对立,而是相互补充。分析个体的金融化转变需要将金融化的政治经济学研究与哲学研究结合起来,将宏观和微观分析结合起来,只有这样才能深刻理解日常生活金融化的深层逻辑和全面理解金融化。

一、新自由主义的经济重构:个体金融化转变的宏观必然性

20 世纪 80 年代以来,以美国为主要代表的发达资本主义国家工人的实际工资趋于停滞,收入分配状况不断恶化。同时,金融自由化与国际竞争加剧增加了宏观金融风险和工作的不稳定性,金融危机频发。在此背景下,工人不得不通过负债消费来维持劳动力的再生产,而银行的业务转变和金融创新则为其创造了必要条件。

(一) 实际工资停滞与收入分配恶化

“二战”结束后的 20 多年中,发达资本主义国家的资本和劳动共同分享了劳动生产率提高带来的收益。新自由主义政策的核心是让资本攫取劳动生产率增长的几乎所有收益。新自由主义主张削弱工会、削减工资、降低社会保障。在新自由主义实施的年代,由于制造业转移、工会力量日趋劣势、社会保障项目减少和工作不稳定性增加等原因,工人的实际工资下降了,美国生产工人和非管理类工人的工资基本处于停滞状态,工资增长与劳动生产率提高的差额越来越大。同时,这一阶段频繁的企业兼并和破产行为使经理们奉行股东至上主义。公司接管往往会打破原来的劳动合同,企业内部裁员盛行,使工人的工资不升反降,福利也随之消失。

新自由主义和金融化一方面影响了工资与利润之间的分配,另一方面,影响了利润在非金融企业和金融企业之间的分配。埃克哈德·海因(Eckhard Hein)识别了金融化和新自由主义影响功能性收入分配的可能渠道,认为 20 世纪 80 年代以来金融化和新自由主义可能通过三个渠道引起了总利润份额的提高,从而造成了劳动收入份额的下降。第一,经济部门结构调整,从公共部门和非金融企业部门向金融部门转向;第二,管理薪酬和食利者对利润的索取增加;第三,工会的议价能力不断削弱。[②]

除了影响功能性收入分配,新自由主义和金融化也加剧了工人阶级的内部分化,进一步加剧了收入分配不平等。这包括性别和民族两个方面——金融化既不是性别中性,也不是民族中性的。具体说来,美国经济的金融化通过将管理、金融职业与高收入相联系,反过来又将高收入与劳动力中占主导的人口群体——白人——的社会地位联系起来,创造了身份偏好

① See Costas Lapavitsas, *Profiting Without Pruducing: How Finance Exploits Us All*, London & New York: Verso, 2013, pp. 25 - 29.

② See Eckhard Hein, “Finance-Dominated Capitalism and Re-distribution of Income — A Kaleckian Perspective”, *Cambridge Journal of Economics*, Vol. 39, No. 3, 2015, pp. 907 - 934.

效应。[1] 经验研究结果表明，1983—2009年间管理和金融职业存在工资溢价，这个不断增长的溢价并未在所有族裔和性别群体中平均分配。对于同一族裔，男性获得了更大的工资溢价份额。更一般地，白人和西班牙裔男性获得了更大的工资溢价份额，但这是以黑人、白人女性和西班牙裔女性在工资溢价份额方面的牺牲为代价的。

（二）工作不稳定性与金融风险增加

在20世纪70年代全球生产能力过剩、国际竞争加剧和利润率下降的背景下，美国的制造企业为了降低生产成本开始向国外转移。自20世纪80年代起，业务外包成为企业的经营战略选择。与此同时，一些第三世界国家实行了出口导向型战略，以零部件供应、代工、贴牌生产等方式承接了美国和其他发达国家的转移产业，嵌入资本的全球积累体系。外包直接造成美国国内工作岗位的减少，增加了工人就业的不稳定性，加强了资本对劳动的统治。福特主义积累体制消亡后，新自由主义建立了灵活积累体制，对劳动力市场进行彻底重构。[2] 雇主们利用已被削弱的工会和剩余劳动力储备，试图确立更加灵活的劳动体制和劳动契约，使常规就业转变为日益依赖非全日的、临时的或转包劳动安排。新自由主义政策的实施与生产外包加剧了工人就业的不稳定性。新自由主义时期的特点是去工业化、持续的结构性失业、螺旋性的工作不稳定和高度的社会不平等，“简短地说，在过去的30年中，我们已经在很大程度上经历了马克思在《资本论》第一卷中所描述的世界”。[3]

在新自由主义的推动下，20世纪80年代以来发达资本主义国家的金融部门产生了三个深刻的变化：一是金融资产膨胀，金融部门的利润急剧增加，无论是绝对量还是相对量都是如此；二是金融创新不断，承销、证券化、兼并重组和买卖金融资产成为主要的金融活动；三是金融系统的“去中介化”，公开金融市场兴起，投资银行、证券公司、基金公司和保险公司等机构投资者的作用增强，银行作为资金借贷中介的地位下降。金融自由化加剧了金融市场的波动性，使这一时期危机频发。非金融企业出于对冲风险的需要持有了更多金融资产，家庭也由于养老金私有化改革等原因持有了更多金融资产。据测算，“二战”以来金融资产占家庭总资产的比例增加到了60%—70%。[4] 新自由主义和金融化使个体暴露在更多的风险之中。家庭必须依靠自己获得住房、医疗、教育等基本项目，许多过去由政府或雇主承担的风险现在必须由个体自己承担。

（三）家庭债务与劳动力再生产的金融化

传统的马克思主义理论认为，劳动力价值是由维持劳动力再生产的生活资料的价值决定的，工资为劳动力价值的货币表现。工人将全部工资用于消费，没有进行储蓄，也不需要借

---

① See Philip Arestis, Aurélie Charles, Giuseppe Fontana, “Financialization, the Great Recession, and the Stratification of the US Labor Market”, *Feminist Economics*, Vol. 19, No. 3, 2013, pp. 152 - 180.

② [英] D. 哈维：《后现代的状况——对文化变迁之缘起的探究》，阎嘉译，商务印书馆2013年版，第193页。

③ [英] D. 哈维：《跟大卫·哈维读〈资本论〉》，刘英译，上海译文出版社2014年版，第267页。

④ See Irene G. Levina, *The Sources of Financial Profit: A Theoretical and Empirical Investigation of the Transformation of Banking in US*, Doctoral Dissertations, University of Massachusetts, 2012, p. 267.

贷,从而和金融市场没有联系。然而,过去30多年在实际工资增长停滞的条件下,借贷对工人的吸引力日益增加,工人不得不依靠金融市场保持一定的生活水平并维持劳动力的再生产。收入分配不公平的加剧也使家庭债务激增,这是因为工薪家庭不顾实际工资增长停滞甚至下降而力图与社会消费标准保持一致。① 工作不稳定性与金融风险增加使工人面临更多的不确定性,增强了工人对消费信贷的依赖性。经济金融化意味着债务增长而非收入增长。

除了在生产领域加重对工人的剥削,资本也将金融作为剥削工人的武器。银行在传统业务盈利机会减少的情况下,日益将工人作为榨取利润的来源,逐步将消费信贷扩展到低收入阶层。消费信贷日益渗透到工人的日常生活是基于两个根本性的因素:一是工人日益依赖债务来维持基本的劳动力再生产,这是因为在消费需求增加、工资增长与劳动生产率提高不同步、劳动市场不安全性增加的情况下,工人日益将消费信贷作为工资的重要补充;二是银行日益将消费信贷作为其多元化经营的重点,能够轻松获得信贷的环境鼓励了工人更多借贷,即使他们的偿债能力很低。② 金融机构和工人之间的不平等,借贷双方的权力不对称加剧了借款给工资收入者所具有的剥削性的一面。20世纪90年代以前,由于银行歧视,美国的少数族裔被系统地排除在房贷业务之外。随着银行经营遇到困难,银行迫切需要开辟更多盈利渠道。据美国审计总署2002年的统计,美国有28%的个体和20%的家庭缺乏银行账户,少数族裔占到多数;这部分人对银行来说存在巨大的获利空间,每年可以带来62亿美元的收入。③ 在此背景下,银行日益将住房贷款扩展到之前被排除在外的人群,如少数族裔、妇女和穷人。与普通房贷相比,这些贷款的成本更高,惩罚条件更为苛刻,因而更具掠夺性。

劳动力再生产的金融化既是个体的必然选择,也是资本积累的内在要求。在资本主义生产关系占统治地位的地区,劳动力市场受到资本关系的调节,必须满足资本增殖的要求,保证资本主义阶级关系的再生产。大卫·哈维(David Harvey)认为,一旦劳动和资本的阶级关系在生产中占主导地位,产生它的前提必然会发生转变。④ 具体而言,货币、商品的流通和劳动力市场的运行也都会发生转变,以便支持甚至控制和规训生产领域中阶级关系的再生产。劳动力再生产的金融化进一步提高了资本对工人的剥削程度。金融通过工资—利息支付渠道提高了对工人的剥削率,从而提高了利润率,但是金融部门的高利润并没有扩散到整个经济,而是留在了金融部门内部。⑤ 家庭负债不断增

① See Engelbert Stockhammer, "Rising Inequality as a Cause of the Present Crisis", *Cambridge Journal of Economics*, Vol. 39, No. 3, 2015, pp. 935 - 958.

② See Elif Karacimen, "Consumer Credit as an Aspect of Everyday Life of Workers in Developing Countries: Evidence from Turkey", *Review of Radical Political Economics*, Vol. 48, No. 2, 2016, pp. 252 - 268.

③ See Gary A. Dymski, "Racial Exclusion and the Political Economy of the Subprime Crisis", *Historical Materialism*, Vol. 17, No. 2, 2009, pp. 149 - 179.

④ [英] D. 哈维:《跟大卫·哈维读〈资本论〉》(第2卷),谢富胜、李连波等译,上海译文出版社2016年版,第85—86页。

⑤ See Fletcher Baragar, Robert Chernomas, "Profits from Production and Profits from Exchange: Financialization, Household Debt and Profitability in 21st-Century Capitalism", *Science & Society*, Vol. 76, No. 3, 2012, pp. 319 - 339.

加，货币工资的一部分以利息的形式支付给金融部门。工人从货币工资中要求的抽象劳动数量实际上减少了，这可以理解为劳动力价值的降低，因此，在工作日长度和劳动强度不变的情况下，资本对劳动的剥削程度提高了。

二、新自由主义的意识形态重塑：个体金融化转变的内在动力

金融化的哲学研究集中于新自由主义转型发生后微观市场主体的形成过程，从微观层面详细描绘了个体的金融化转变。新自由主义通过经济、金融理论和政治、媒体话语等方式重塑了日常生活文化，引导了个体的日常实践。

（一）经济、金融理论

新自由主义经济学将个体描绘为出于个人利益理性地计算成本与收益的经济人，并且由自己承担个人选择的一切后果。新自由主义金融学则将金融描绘为个体获得自由和安全的必由之路，鼓励人们积极承担债务、拥抱风险。金融危机前，与次级贷款、资产证券化等金融创新相关的研究主要关注其积极功能。对于金融部门的转变，新古典经济学持赞赏的态度，热烈欢迎金融创新与去监管化。信奉有效市场假说的新古典经济学为新自由主义的政策主张提供了理论依据。按照新古典经济学的观点，金融市场为最理想的市场类型，金融资产价格反映了所有可得的经济信息；金融市场能有效分散风险、分配储蓄和促进资本积累，是公司治理的有效工具；金融创新增加了具有不同风险—回报特征的金融资产的数量，从而能够形成更有效的资产组合。

从哲学角度研究金融化的学者揭示了新自由主义的经济和金融理论促进日常生活金融化的具体方式。受米歇尔·福柯（Michel Foucault）的治理性、主体性和规训等概念的启发，有些学者将福柯的话语和权力理论用于分析日常生活的金融化。福柯认为自由主义与自由主义治理艺术带来了三个后果：第一个后果是个体需要“危险地活着”，这意味着个体被不断地暴露在危险的境况中；第二个后果是控制、约束、强制等进程的大范围扩张，这是规训与自由主义之间的联结；第三个后果是这种新治理艺术出现了一些机制，其作用在于，通过额外的控制与干预行动，生产自由，促进自由，使自由活性化。① 一方面，新自由主义的经济和金融理论重塑了人们关于风险的看法，风险不再被视为一种威胁，而被看作是机会或报酬，人们被鼓励去计算、接受和承担风险；另一方面，新自由主义通过次级贷款和消费信贷创造出了负债累累的大众，为发挥债务的规训作用开辟了道路，债务也引起了个体的自我规训，使个体的行为与金融化的要求相一致。② 保罗·兰利（Paul Langley）认为，用科学与计算的方式表示金融是现代金融权力构造的关键，从而是当代金融化趋势加快的关键。③

此外，从哲学角度研究金融化的学者也将表演性概念用于对日常生活金融化的分析，认为经济知识并非仅仅描述了经济如何运行，也

---

① ［法］M. 福柯：《福柯文选》(Ⅱ)，汪民安编，北京大学出版社 2016 年版，第 303—305 页。

② See Tayyab Mahmua, “Debt and Discipline: Neoliberal Political Economy and the Working Classes”, *Kentucky Law Journal*, Vol. 101, No. 1, 2013, pp. 1 - 54.

③ See Paul Langley, “Financialization and the Consumer Credit Boom”, Competition & Change, Vol. 12, No. 2, 2008, pp. 133 - 177.

导致了它描述的经济现象和行为。① 政策制定者与银行通过在经济人模型基础上设计出政策与金融工具，培育了按照模型行动的主体。约束个体行为符合理论或模型预期的并非是直接性的惩罚，而是信用打分之类的技术。

（二）政治、媒体话语

在推动个体的金融化转变中，政治和媒体话语也发挥了重要作用。金融化的哲学研究者考察了渗透于普通人日常生活的符号和话语的表现方式。为此，他们分析了通过各种各样的图像和文本而进行的金融化，如广告宣传、理财杂志、投资手册和金融知识宣传等。关于风险承担、自我管理和自我实现的话语促进了日常生活的金融化。② 消费日益受到媒体的鼓励，过度消费不再被看作是浪费，而是被当作一种实现自由的方式植入人们的潜意识。面对铺天盖地的媒体宣传，个体日益采用了金融思维方式，将自己看作是一名投资者，积极使用金融工具管理自己的消费、储蓄和债务。

个体对住房所有权目标的渴求推动了美国房地产市场的空前繁荣，政府在确立这一目标中起到了关键作用。新自由主义推动了住房政策的变化，实行了住房的商品化。美国政府在培育住房所有权的物质与社会基础方面发挥了重要作用，除了提供适当的法律框架、制度支持和一系列抵押担保之外，政府还深入参与了对诱人的住房所有权目标的制造与传播，将其称赞为美国梦的核心要素。③ 住房市场的金融化在家庭层面导致产生了广泛的投资理念，改变了人们思考与谈论住房的方式；它使抵押贷款成为普遍现象，通过住房所有权实现自由的信仰为其提供了正当理由——住房所有权提供了社会身份、稳定和归属感。④ 拉克尔·罗尼克(Raquel Rolnik)指出，新自由主义的住房政策改革——其要素包括住房所有权、私有财产权以及捆绑的金融承诺——是政治和意识形态策略的核心，新自由主义通过它保持支配地位。⑤ 新自由主义住房所有权政策的第一步是实现私有化，将提供住房的责任转交给市场，其潜台词是获得住房所有权对所有人来说都是最佳选择。政府之所以鼓励低收入家庭获得住房所有权，是为了增加这些家庭的金融资产并减少他们对政府援助的依赖。

以租养房被媒体推销为个体进行未来的金融安排的工具，在英国通常被视为一种投机性投资工具和获得长期金融安全的手段。然而，以租养房体现了金融化的重要方面，帮助人们将自己从“储蓄主体”转变为“投资主体”，有

① See Léna Pellandini-Simányi, Ferenc Hammer, Zsuzsanna Vargha, “The Financialization of Everyday life or the Domestication of Finance?” *Cultural Studies*, Vol. 29, No. 5 - 6, 2015, pp. 733 - 759.

② See Natascha van der Zwan, “Making Sense of Financialization”, *Socio-Economic Review*, Vol. 12, No. 1, 2014, pp. 99 - 129.

③ See Maria N. Ivanova, “Housing and Hegemony: The US Experience”, *Capital & Class*, Vol. 35, No. 3, 2011, pp. 391 - 414.

④ See Christian Poppe, Sharon Collard, Turf Böcker Jakobsen, “What Has Debt Got to Do With It? The Valuation of Homeownership in the Era of Financialization”, *Housing, Theory and Society*, Vol. 33, No. 1, 2016, pp. 59 - 76.

⑤ See Raquel Rolnik, “Late Neoliberalism: The Financialization of Homeownership and Housing Rights”, *International Journal of Urban and Regional Research*, Vol. 37, No. 3, 2013, pp. 1058 - 1066.

助于传播个体化形式的经济责任。① 这一转变是由政府逐步放弃承担维持收入稳定与长期金融安全的责任并将这一责任转嫁给个人、家庭和市场所激发的。从这个角度来看,以租养房的兴起带来了以下观念：储蓄计划——如养老金计划——是脆弱的和不合适的,但财产能够带来更大和更安全的长期金融回报。英国的住房协会具有慈善性质,为弱势群体或低收入家庭提供低成本租赁住房。20 世纪 80 年代以来,英国政府减少了补贴资金,住房协会被迫转向全球资本市场,全球养老基金和保险基金开始购买住房协会债券,有效地私有化了住房协会的开发资金;住房协会的社会目标受到了金融化、资本市场中介和资产管理者的挑战,金融化迫使住房协会改变了它们的组织与策略,绩效管理标准和市场导向的话语被普遍采纳,住房协会开始集中于资产管理、估价和风险建模,使这个部门与金融化更加兼容。② 在这个意义上,住房协会重塑了自己的行为,使之与私人部门现行的标准更加相容。

三、金融化微观主体的形成与日常生活的金融化

通过宏观与微观、外因与内因的共同作用,新自由主义塑造了自我规训的金融化微观主体,推动了日常生活领域的全面金融化。日常生活金融化的实质是金融领域的资本日益广泛地渗透到非物质生产领域,将家庭和个体作为榨取利润的对象。它不仅不能消除资本积累中的矛盾,反而以新的方式加剧了这些矛盾。

(一) 金融化微观主体的内涵

个体的金融化转变是多种力量共同作用的结果,收入分配动态、宏观政策演进、意识形态等因素都发挥了作用,这些力量共同塑造了新的金融化微观主体。新自由主义经济学将个体描绘为利己的理性经济人,金融学理论则呼吁个体通过参与金融市场来获得自由与安全,并由自己承担个人选择的一切后果。因此,这是一个理性、负责的个体。新自由主义意图使一个负责任的道德个体与一个经济理性的行为人合二为一：作为一个谨慎的主体,其道德品质取决于其对自身行为的经济成本与收益的理性评估。③ 这个主体现在必须依靠金融市场实现劳动力的再生产,将自己看作是微型的企业家,投资自己的人力资本。因此,他也是投资主体。兰利认为英美国家通过将养老金责任与风险转移到个人身上,将负责任的个体工人召唤为企业家式的投资者主体;这种责任与风险的个人化使保险不再作为构建、管理和汇集风险的手段,而是鼓励投资,去计算、接受和承担风险。④

金融化微观主体也是一个自我规训的主

---

① See Andrew Leyshon, Shaun French, "'We All Live in a Robbie Fowler House': The Geographies of the Buy to Let Market in the UK", *The British Journal of Politics and International Relations*, Vol. 11, No. 3, 2009, pp. 438 - 460.

② See Thomas Wainwright, Graham Manville, "Financialization and the Third Sector: Innovation in Social Housing Bond Markets", *Environment and Planning A*, Vol. 49, No. 4, 2016, pp. 819 - 838.

③ See Tayyab Mahmua, "Debt and Discipline: Neoliberal Political Economy and the Working Classes", *Kentucky Law Journal*, Vol. 101, No. 1, 2013, pp. 1 - 54.

④ See Paul Langley, "The Making of Investor Subjects in Anglo-American Pensions", *Environment and Planning D: Society and Space*, Vol. 24, No. 6, 2006, pp. 919 - 934.

体。债务引起了个体的自我规训,使个体自觉遵守金融化的逻辑,将其内化为自己的行为准则。为了取得贷款,个体必须证明自己满足金融机构所确定的标准。一旦负债,个体就被债务标准化,从而不大可能提出违背公共信念的观点或采取与之相悖的行为。这种遵守新的金融市场与劳动市场规则的债务人是新自由主义所鼓励的主体。[①] 概括而言,这是一个理性、负责和自我规训的投资者主体,在实际工资增长停滞和收入分配不平等加剧的情况下,不得不为了维持劳动力的再生产而积极参与金融市场,并承担个人选择的一切后果。

(二)日常生活金融化的实质与矛盾

金融化微观主体的形成推动了日常生活领域的金融化。金融逻辑被植入个体的日常生活中,现在个体不仅积极参与金融市场并购买金融产品与服务,而且日益采用了金融思维方式。金融化的哲学研究者将金融化作为一个广泛的文化和社会现象进行考察,例如马克斯·海文(Max Haiven)认为,金融化指的是金融尺度、观点、过程、技术、隐喻、叙述、价值、比喻超出金融领域,改造其他社会领域的方式,“我们可以将金融化理解为一个思想过程。如果我们使用这个扩展的定义,它就是用来自金融世界的一套话语、隐喻和程序性资源,解释和再生产日常生活以及我们所处的资本主义总体的过程”。[②]

与哲学研究不同,我们认为日常生活的金融化本质上是一种资本现象,体现了资本积累方面的系统性转变,因为资本积累在资本主义社会是一种“普照的光”。因此,所谓日常生活的金融化,无非是金融领域的资本日益广泛地渗透到非物质生产领域,将家庭和个体作为榨取利润的目标。对家庭和个体的金融掠夺不同于生产场所的剥削,是从属于流通领域的第二级剥削。马克思曾论述过这种剥削形式:“这里决定性的事情仍然是:它们是贷给直接生产者,还是贷给产业资本家,在前一场合是以资本主义生产方式还不存在、至少在进行借贷的领域内还不存在为前提,后一场合则正是以资本主义生产方式的基础为前提。至于把用于个人消费的房屋等等的租借也扯到这里来,那就更不恰当,更没有意义了。工人阶级也会受到这种形式的欺诈,甚至受到的欺诈是骇人听闻的,这是很明显的事实;但是,工人阶级也会受到供应他们生活资料的零售商人的欺诈。这是伴随着在生产过程本身中直接进行的原有剥削的一种第二级剥削。”[③]

通过复兴第二级剥削形式,日常生活的金融化进一步加强了对工人的剥削,解了资本积累的燃眉之急。然而,日常生活的金融化并没有消除资本积累中的矛盾,反而以新的方式加剧了这些矛盾。一方面,劳动力再生产的金融化为金融榨取个体收入打开了大门,进一步恶化了收入分配状况,并为走出危机带来了特别的困难。将借贷资本贷给资本家和工人涉及完全不同的经济与社会关系。在贷给个体劳动者的情形中,债务通常是由工人的工资收入偿还的,这使其包含了榨取的因素。现代金融资本日益将家庭和个人收入作为榨取利润的重要来

① See Tayyab Mahmua, “Debt and Discipline: Neoliberal Political Economy and the Working Classes”, *Kentucky Law Journal*, Vol. 101, No. 1, 2013, pp. 1 - 54.

② Max Haiven, *Cultures of Financialization: Fictitious Capital in Popular Culture and Everyday Life*, Basingstoke: Palgrave Macmillan, 2014, pp. 13 - 14.

③ 《资本论》(第3卷),人民出版社2004年版,第689页。

源，因而更具掠夺性，是高利贷资本腐朽一面的当代复兴，而且是在更广泛基础上的复兴。有学者指出，由工资收入者过度借贷所引发并作为特征的危机，造成了降低实际工资以恢复资本主义企业利润率与提高工资以恢复家庭及经济的金融稳定性二者之间的冲突。① 因此，如果不对劳动和金融市场进行大力干预，经济萧条持续的时间会史无前例地延长。另一方面，日常生活的金融化侵蚀了资本主义社会的自我保护机制和社会黏合剂。住房的商品化逻辑已经侵蚀了当代资本主义社会黏合剂的关键要素——住房所有权。② 住房所有权被鼓吹为实现"美国梦"的核心要素，是嵌入式自由主义或战后凯恩斯主义的社会合约的重要因素。在这一时期，住房所有权制度被置于公共政策的框架之中，目标是增强社会凝聚力，在波动、不确定性和危险的经济条件下为人们提供保护。在这个意义上，住房的商品化及其次级贷款模式的失败侵蚀了其作为当代资本主义社会黏合剂的作用。2008 年全球金融危机爆发后，美联储的第一反应是保护金融机构的资产和利润，而非将保护个人的财产与经济安全放在首位。

四、结　论

本文试图在金融化的政治经济学研究与哲学研究的基础上，结合宏观和微观各因素构建一个理解个体金融化转变和日常生活金融化的分析框架。金融化的政治经济学研究主要关注了两类主体的金融化——企业和家庭，但缺乏对个体金融化转变的深入考察。受福柯的话语和权力理论的启发，金融化的哲学研究聚焦微观个体，探讨了个体日常生活的金融化。个体的金融化转变是多种力量共同作用的结果，收入分配动态、宏观政策演进、意识形态等因素都发挥了重要作用。新自由主义的经济重构设定了个体金融化转变的宏观必然性——在实际工资停滞、收入分配恶化、工作不稳定性与金融风险增加的背景下，个体通过负债来维持劳动力的再生产成了必然的选择。新自由主义的意识形态重塑则为个体的金融化转变提供了内在动力——新自由主义通过经济、金融理论和政治、媒体话语等方式促进了金融逻辑对日常生活的渗透，引导了个体的日常实践。这些因素共同塑造了自我规训的金融化微观主体，推动了日常生活领域的全面金融化。日常生活金融化的实质是金融领域的资本日益广泛地渗透到非物质生产领域，将家庭和个体作为榨取利润的目标。这一过程不仅没有消除资本积累中的矛盾，反而以新的方式加剧了这些矛盾。一方面，劳动力再生产的金融化为金融榨取个体收入打开了大门，进一步恶化了收入分配状况，并为走出金融危机带来了特别的困难。另一方面，日常生活的金融化侵蚀了资本主义社会的自我保护机制和社会黏合剂。

---

① See Paulo L. dos Santos, "At the Heart of the Matter: Household Debt in Contemporary Banking and the International Crisis", *Ekonomiaz*, Vol. 72, No. 3, 2011, pp. 54 - 77.

② See Ray Forrest, Yosuke Hirayama, "The Financialisation of the Social Project: Embedded Liberalism, Neoliberalism and Home Ownership", *Urban Studies*, Vol. 52, No. 2, 2015, pp. 233 - 244.

绝对资本主义

——新自由主义规划与马克思—波兰尼—福柯的批判

【内容提要】 本文回顾了新自由主义概念产生与发展近百年历程中相关理论家对其的阐释与批判及其政治影响。新自由主义是资本主义意识形态建设的核心工程，其主要战略目标是将国家嵌入资本主义市场，打造绝对资本主义体系。在绝对资本主义体系中，国家从属于资本和市场，为推行市场逻辑服务。过度积累和停滞仍是绝对资本主义的首要经济矛盾，资本主义试图通过企业兼并、金融化、全球化来解决这个问题，结果却导致了更严重的失衡：世界各地工人的经济和社会条件在恶化，地球也陷入了危险。新自由主义正努力向绝对资本主义转变，这加快了世界走向全球灭绝主义或毁灭主义的步伐。推行21世纪生态社会主义，实施自下而上的长期生态革命，建设一个真正平等的、生态可持续发展的、可满足大众需求的世界，应该成为人类的选择。

【作者简介】 约翰·贝拉米·福斯特(John Bellamy Foster)，美国俄勒冈大学社会学教授

【原文出处】 《国外理论动态》2019年第8期

1864年，法国诗人夏尔·波德莱尔(Charles Baudelaire)写道："魔鬼最高明的诡计就是说服你相信它并不存在！"我认为这句话同样适用于今天的新自由主义者，其鬼把戏就是装作他们根本不存在。虽然人们普遍认为新自由主义是21世纪资本主义政治意识形态的核心工程，但是当权者鲜少谈论新自由主义。《纽约时报》甚至在2005年刊登了《新自由主义？它不存在》一文，将新自由主义的"不存在"公之于众。

这一诡计背后隐藏的是令人不安，甚至令人毛骨悚然的现实。新自由主义是统治阶级推行政治意识形态建设的综合工程，它与垄断金融资本的崛起相关，其主要战略目标是将国家

嵌入资本主义市场关系之中。国家的传统职能——用资产阶级的话来说——是维护社会再生产,但如今这一职能只剩下维护资本主义再生产了。新自由主义的目标就是打造绝对资本主义体系,当代人类生存和生态将因此被推向更为危险的境地。

一、新自由主义的起源

新自由主义的概念已存在近百年之久,但其政治影响近期才大幅显现。当 20 世纪 20 年代自由主义在欧洲各地分崩离析之时,新自由主义作为一种意识形态首次出现,呼应了德国和奥地利社会民主党的崛起。新自由主义凭借奥地利经济学家、社会学家路德维希·冯·米塞斯(Ludwig Von Mises)的三部作品——《民族、国家与经济》(*Nation, State, and Economy*)、《社会主义》(*Socialism*)、《自由主义》(*Liberalism*)——首次引起了广泛关注。人们很快发现,米塞斯的思想偏离了古典自由主义。随后,奥地利马克思主义学者麦克斯·阿德勒(Max Adler)于 1921 年创造了新自由主义(Neoliberalism)一词。1923 年,才华横溢的奥地利马克思主义学者海伦妮·鲍威尔(Helene Bauer)对米塞斯提出的社会主义进行了尖锐批判。1924 年,德国马克思主义者阿尔弗雷德·穆塞尔(Alfred Meusel)针对米塞斯写了一篇题为《新自由主义》的长篇批判,该文经鲁道夫·希法亭(Rudolf Hilferding)编辑后刊登在德国社会主义理论期刊《社会》(*Die Gesellschaft*)上。

穆塞尔和鲍威尔认为,米塞斯提出的新自由主义与古典自由主义相去甚远,是"流动资本时代"或"金融资本时代"的新学说,其目的是公然为资本集中、国家从属于市场、建立资本主义的社会管控体系辩护,米塞斯是"资本的忠实奴仆"。穆塞尔写道,米塞斯的新自由主义的特点是"无情的激进主义,试图从单一的竞争原则中提炼出全面的社会宣言"。米塞斯认为,竞争原则具有绝对优势,凡有悖于此的事物皆属于"解构主义",等同于社会主义。米塞斯指出,查尔斯·狄更斯(Charles Dickens)、威廉·莫里斯(William Morris)、乔治·萧伯纳(George Bernard Shaw)、赫伯特·威尔斯(Herbert George Wells)、埃米尔·左拉(Mile Zola)、阿纳托尔·法郎士(Anatole France)和列夫·托尔斯泰(Leo Tolstoy)"或许都没意识到他们在为社会主义招贤纳士,为解构主义铺平道路",真正的马克思主义者也不过就是解构主义者。

在《自由主义》一书中,米塞斯对比了"旧自由主义与新自由主义",他认为前者在某种程度上注重平等,而后者除了接受机会平等外拒绝其他任何形式的平等。米塞斯通过支持"消费者民主"来解决民主问题。他认为,"自由竞争发挥作用就已足够,生产的上帝是消费者"。

弗里德里希·冯·哈耶克(Friedrich von Hayek)是一位年轻的米塞斯拥护者,曾深受其影响。起初,哈耶克被米塞斯的《社会主义》一书所吸引,参加了米塞斯在维也纳举办的非公开研讨会,二人都厌恶 20 世纪 20 年代奥地利马克思主义者发起的红色维也纳思潮。20 世纪 30 年代早期,哈耶克应早期英国新自由主义经济学家莱昂内尔·罗宾斯(Lionel Robbins)的邀请,离开维也纳前往伦敦经济学院。在纳粹接管奥地利之前,米塞斯曾担任过奥地利法西斯总理兼独裁者恩格尔伯特·陶尔斐斯(Engelbert Dollfuss)的经济顾问。在《自由主义》一书中,米塞斯声称:"不可否认,法西斯主义及其试图建立独裁统治的(右翼)运动,其出发点都极好,他们的干预拯救了当时的欧洲文明,法西斯由此赢得的赞扬将永垂史册。”后来,米塞斯移民到瑞士,随后前往美国,接受了洛克菲勒基金会的资助,在纽约大学任教。

二、大转型之逆转

“二战”以来,批判新自由主义的最重要的作品应数卡尔·波兰尼(Karl Polanyi)的《大转型》(*The Great Transformation*),其矛头直指市场自我调节之谜。该书出版于1944年,当时盟国胜局已定,西方战后秩序也逐渐明朗。波兰尼的批判缘起于他对红色维也纳的支持。他与维克多·阿德勒(Victor Adler)和奥托·鲍威尔(Otto Bauer)等奥地利马克思主义者政见相投,都极力反对米塞斯、哈耶克及其他右派的观点。波兰尼在《大转型》一书中阐述道,新自由主义是将社会关系嵌入经济中,这与资本主义产生之前经济被嵌入社会关系中正相反。在该书出版时,大众的普遍共识是新自由主义注定失败,而“大转型”意味着国家调控经济的胜利。凯恩斯成为国家经济政策制定的权威,凯恩斯时代到来了。

不过,就某种程度而言,波兰尼对重振市场自由主义的深切担忧是有一定道理的。1938年,正值“二战”爆发前夕,沃尔特·李普曼(Walter Lippmann)研讨会于法国举办,米塞斯和哈耶克皆有出席。部分与会人士明确采纳了“新自由主义”的表述,但这一表述后来被弃用。毫无疑问,人们仍未忘却20世纪20年代新自由主义遭受的猛烈批判。但新自由主义计划在“二战”后卷土重来。1947年,朝圣山学社成立,它与芝加哥大学经济学院共同构成新自由主义思想复兴的制度基础。除了米塞斯、哈耶克、罗宾斯、米尔顿·弗里德曼(Milton Friedman)和乔治·斯蒂格勒(George Stigler)之外,首届沃尔特·李普曼研讨会的主要参与者还有卡尔·波兰尼的弟弟迈克尔·波兰尼(Michael Polanyi),他是著名的化学家、科学家和恶毒的冷战专家。

“二战”后的20多年被称作资本主义的黄金时代,凯恩斯主义主导了整个黄金时代。但20世纪70年代中期出现了严重的经济危机,经济开始停滞,其初期表现为滞胀。凯恩斯主义从正统的经济理论中消失,被新自由主义所取代。新自由主义先是以货币学派和供给学派经济学为幌子,而后演变为重组全球资本主义,以及打造被市场左右的国家和社会。

在新自由主义跻身主流之际,米歇尔·福柯(Michel Foucault)敏锐地捕捉到其精髓。1979年,福柯在法兰西学院做了名为“生命政治的诞生”的讲座,详尽分析了新自由主义。福柯精彩地阐释道,国家不再是亚当·斯密(Adam Smith)所说的财产保护者,也不再是马克思所说的资本家利益的维护者。在新自由主义体制下,国家的职责是全面积极地推动市场原则,或叫作资本主义竞争逻辑,使其渗透到生活的方方面面,最后国家也将被吞噬。

福柯写道:

> 自由主义的最初构想是由国家定义并监管自由市场。新自由主义者颠覆了这个构想,主张自由市场应成为国家组织和调控的基础……换言之,国家接受市场监管,而不是市场接受国家监管……
>
> 我认为,当前新自由主义的关键问题正在于此。常有人说今日的新自由主义是18世纪和19世纪老式自由主义经济的重现和再兴,是因为资本主义无法解决内部的问题和危机、无法实现各国特定的政治目标而被重新启用。但我们不应该对这种说法抱有幻想。事实上,现

代新自由主义的另一些问题更攸关生死……市场经济存有瑕疵，所以不论是左派或右派，人人都有各种理由不信任它。因此，问题的焦点是市场经济是否有能力成为国家运行的原则、形式和模型。①

总而言之，福柯认为，新自由主义的问题是……如何以市场经济原则为基础全面行使政治权力。新自由主义的唯一目标就是"社会政策私有化"。

在新自由主义时代，国家不应通过干预来抵御市场体系的影响，而应通过干预促进以规则为基础的市场体系扩展至社会各层面。社会和国家都无法脱离市场的影响，国家应成为市场自我调控和扩张的担保人。人们不再认为垄断市场与寡头市场违反了竞争原则，而是认为它们只是竞争的表现形式。

福柯认为，要区分古典自由主义与新自由主义，最重要的是要明白前者更注重虚构的平等交换或交换条件；对新自由主义而言，主导原则是自由竞争，而非交换条件，但这种自由竞争已被新自由主义重新诠释，从而为垄断势力和诸多不平等现象辩护。福柯认为，显而易见，随着社会保障和各种形式的社会福利的消亡，国家的社会再生产管理职能会凌驾于一切之上，以推动新自由主义金融化。在新自由主义体系中，"个人全靠自己的积蓄(抵御风险)"，没了国家的保护，个人成了大企业的猎物。这种转变致使由少数垄断巨头掌控的私人金融资产进一步扩张。

如此看来，新自由主义是一次系统性的试水行动，旨在通过国家推行"市场全面调控社会"的政策(国家也从属于市场)来解决经济基础与上层建筑的矛盾，解除对资本的束缚。新自由主义作为资本主义的"新奇事物"，作为一项全方位的原则，渗透至社会的方方面面。即使是经济危机，也只是判断是否应将市场逻辑扩大到其他领域的指标。

克雷格·艾伦·梅德伦(Craig Allan Medlen)进一步发展了保罗·斯威齐(Paul Sweezy)的观点。梅德伦认为，当前的新自由主义秩序涉及国家经济活动与私营部门之间"界线"的系统性转变，对国家产生了决定性影响。国家通过调整财政和货币政策，不断为市场和资本提供补贴，导致界线明显向国家一侧收缩，国家除了在军事领域进行投资和消费外，几乎没有其他的经济活动空间。

20 世纪 70 年代后期，新自由主义如经济衰败时期的机会主义病毒一样重现。凯恩斯主义危机与垄断资本主义经济发展过程中的剩余资本吸收或过度积累问题有关。在这种情况下，自由主义的重组首先是以货币学派和供给学派的形式出现，之后，随着社会金融化的发展而演变成如今的形态，其本身就是经济停滞的产物。由于产能过剩和投资停滞愈发严重，货币资本更多地流入金融部门，新型金融工具应运而生，以吸收过剩产能。金融泡沫推动经济向前发展，然而经济停滞的趋势仍未改变。与"二战"后的几十年不同，在大衰退(Great Recession)后的第一个 10 年中，美国制造业的产能利用率从未超过 80%，产能利用率的持续低位不足以刺激净投资。

这些现象都说明，20 世纪垄断资本正在向 21 世纪垄断金融资本过渡。信贷的迅猛增长即为例证。尽管金融危机频发，但信贷扩张在经济体系中得以制度化，导致了财富积累的新

① Michel Foucault, *The Birth of Biopolitics*, New York: Palgrave Macmillan, 2008, pp. 116 - 117.

型金融架构的形成。随着1989年之后世界市场的开放,在掌握了控制金融和技术的数字化体系后,新帝国主义通过劳动力套利在全球范围内攫取超额利润。在位于资本主义世界经济核心地带的跨国公司的金融总部带领下,这一切在金融化和价值掠夺的全球化进程中发展到极致。

国家的职能是确保主权在民和社会保障,但这些职能被不断削弱,引发了自由民主制度的危机。有史以来最严重的不平等现象,加之大部分民众的经济利益和社会利益受损,导致大众的不满加剧,但这种不满无法得到明确表达。在这种动荡的局势下,资本试图动员中下阶层(大多为反对变革者)同中上阶层和工人阶级对抗(特别是对移民进行种族攻击)。这样一来,游离于市场之外的国家就成了人民公敌。大卫·哈维(David Harvey)称之为新自由主义与新法西斯主义之间的发展型"联盟"。

三、绝对资本主义与社会体制的失败

福柯认为,新自由主义与自由放任主义之间的距离就像前者与凯恩斯主义之间的距离一样遥远。正如哈耶克在《自由宪章》(*The Constitution of Liberty*)一书中所主张的,由于新自由主义国家代表的是由市场控制的、由规则主导的经济秩序,并致力于把这种经济秩序固化并延伸至整个社会,所以它不是自由放任主义,而是干预主义。新自由主义国家就算不干预经济领域,也会把商品交换原则推行到生活的方方面面,如教育、保险、通信、医疗服务和环境领域,因此还是干预主义。

在新自由主义所构想的新秩序中,国家是市场的化身,只有当它代表着价值规律的时候才是至高无上的。在哈耶克看来,价值规律几乎等同于"法治"。占主导地位的阶级—财产关系蕴藏于法律体系中,国家变成了体现在法律体系中的正式的经济规则。福柯认为,哈耶克所谓的"法治"就是国家强制进行"正式经济立法",这与"计划经济截然不同",其目的是建立"游戏规则",防止国家偏离商品交换的逻辑或资本主义竞争的轨道,并在社会中进一步推行这些规则,将国家置于"市场至上"的最后担保人的地位。福柯认为,迈克尔·波兰尼在《自由的逻辑》中对上述准则阐释得最为精准,他在书中写道:"自发形成的法律秩序的主要职能是管控自发形成的经济生活秩序……通过法律体系制定并执行这些规则,生产和分配的竞争机制在这些规则下运作。"

因此,主要社会生产关系或主要的阶级—财产关系居于至高无上的地位,这体现在商品化的法律体系对经济和社会的控制中。新的利维坦摒弃了前资本主义的所有陷阱,它不再是凌驾于商品交易之上或之外的势力(即上层建筑),而是从属于市场逻辑,为推行市场逻辑服务。福柯认为,这就是马克斯·韦伯(Max Weber)提出的法律秩序理性化,简而言之,就是限制国家权力,强行实施正式经济规则。与此同时,国家是唯一合法的武力使用者,被赋予推行私有化新秩序的职能。由此可以联想到亚伯拉罕·博斯(Abraham Bosse)为托马斯·霍布斯(Thomas Hobbes)的《利维坦》创作的著名的卷首插图,图中众人纷纷将主权移交给巨人君主。换作今日,应由一位身着西装的法理巨人代替众人,西服内包裹着大企业。如今,不戴王冠的法理巨人不会一手持权杖,一手持剑,而应一手持《美国宪法第十四修正案》(该法案原意为保护昔日奴隶的权利,后为企业的法律主体资格提供依据),另一手持巡航导弹。新自由主义的利维坦是遵循单一市场逻辑、职能愈发单一的国家，在这个意义上，它是绝对的，代表着绝对资本主义。

绝对资本主义自然也包含矛盾，其中有5个矛盾最为突出：经济矛盾、帝国主义矛盾、政治矛盾、社会再生产矛盾和环境矛盾。这些矛盾皆指向体系的整体性失败。借鉴马克思对资本运动规律的广义批判，我们能更好地预判经济危机的走向。位于世界经济核心地带的跨国公司的金融总部主导了国际资本流动，并通过商品链控制了垄断金融流动资本。从经济的角度来看，新自由主义正是这个时代的历史性和结构性产物。

2007—2009年的金融危机暴露出新兴绝对资本主义的内在不稳定性。绝对资本主义的核心经济矛盾仍是过度积累和停滞，为解决这两个问题，企业开始兼并，金融化（采取投机手段集中金融资产）启动，这使21世纪资本主义业已存在的头重脚轻问题进一步恶化，长期存在的失衡进一步加剧，危机发生的概率增大。

具体而言，新自由主义全球化表现为全球劳动力套利和全球商品链体系以及全球垄断的加剧。南北工资差异大于其生产力差异，是新帝国主义整个剥削体系的支点，南方新兴经济体低廉的单位劳动力成本成了全球供应链和新价值攫取体系的基础。这些现象标志着新帝国主义的诞生，全球不平等、不稳定和斗争因此加剧。美国霸权的衰落使情况愈发糟糕，可能因此爆发大范围的、无休止的战争。

如上所述，新自由主义政权代表了国家和市场力量的协作，国家的社会再生产活动越来越从属于资本主义再生产。政府无法有效控制中央银行、货币政策决策机构等政府部门，而金融资本却对其具有十足的影响力。在这种情况下，越来越多的人将国家视为外来机构，由此引发了除了富豪阶级和富人阶级之外的三个主要社会阶级——中上阶层、中下阶层和工人阶级——的矛盾。

在发达资本主义社会的构图中，中上阶层主要由专业技术人员组成，其地位不仅取决于其经济阶级，还依赖于整个政治权利体系，所以他们密切关注所有针对政府的攻击。由此一来，中上阶层与自由民主国家结为一体。相比之下，中下阶层主要由小企业主、中层管理人员、企业白领工薪阶层和销售人员（特别是受教育程度较低的农村地区的信教白人）组成，通常是反国家、亲资本的民族主义者。中下阶层认为，国家福利多半流向其两个头号敌人：中上阶层和工人阶级——前者直接受益于国家，后者愈发被贴上种族标签。中下阶层还包括查尔斯·赖特·米尔斯（Charles Wright Mills）所谓的资本主义制度的“后卫”。当危机爆发、资本主义利益需要捍卫时，中下阶层将接受有钱人的派遣，但他们本身也是极不稳定的社会因素。工人阶级主要是指美国人口中收入最低的占人口总数60%的群体。工人阶级最受压迫，构成也最为复杂（因此最为分裂），但仍是资本的敌人。

与过去一样，在发达资本主义国家，资本目前所面临的最大威胁仍是工人阶级。在欠发达国家，工人阶级兼有受剥削的农民阶级的身份，情况更是如是。工人阶级只有与其他底层阶级联合，形成由工人阶级领导的统治阶级联盟，才能变得最强大（这就是占领华尔街运动的口号“我们是99%”的真正含义）。剩余的1%可能会意识到自己缺乏政治基础，而政治基础仍是继续推行新自由主义的绝对资本主义计划的必要条件。从唐纳德·特朗普（Donald Trump）到雅伊尔·博索纳罗（Jair Bolsonaro），我们可以看到新自由主义与新法西斯主义之间微妙的合作关系。这种合作关系意在调动资本主义体系的"后卫",让居住在农村的、信教的、白人中下阶层民族主义者成为资本主义的政治意识形态军队。但这其中蕴藏着右翼民粹主义危险,最后将威胁到自由民主国家的存亡。

如今,资本主义社会的主要矛盾——性别矛盾、种族矛盾、社会矛盾和阶级矛盾——所折射出的危机已经不局限于工厂的剥削,危机已蔓延至关乎劳动人民生活的更广泛的领域,包括社会再生产的主要阵地,如家庭、社区、教育、健康、通信、交通和环境。社会再生产场所遭到破坏,工作条件不断恶化,使恩格斯所谓的"社会谋杀"(social murder)现象重现。近年来,发达资本主义经济体的人口预期寿命下降即是例证。贫穷女性化、种族资本主义、无家可归、城市社区衰败、金融剥夺和生态衰退等问题在更多的社会领域中显现,这为阶级斗争、种族斗争、社会再生产斗争和环境危机提供了更广阔的温床。随着新自由主义的绝对资本主义的出现,这些问题已经发展到非常严重的程度。

绝对资本主义与环境之间的冲突是绝对资本主义体系在现阶段所特有的最严重的矛盾,由此引发了21世纪地球与人类关系的"死亡螺旋"问题。在20世纪70年代,生态改革时代很快被环境超载时代所取代。在绝对资本主义中,绝对的、抽象的价值占主导地位。在一个金融财富至上的体系中,交换价值与使用价值不再有直接联系。这不可避免地扩大了资本主义商品社会与地球之间的根本性冲突。

四、灭绝主义还是革命?

如前文所述,米塞斯用"毁灭"为社会主义定性。他十分看重这个观点,所以在《社会主义》一书中用长达50页的笔墨来论述。米塞斯写道:"社会主义不建设,只破坏,因为毁灭才是它的本质。"社会主义只"消耗资本",而不替代或增加资本。在米塞斯看来,社会主义只顾极度挥霍当下的资源,不关心人类的未来,这是毁灭主义最突出的特征。他所预见的未来蕴藏于资本积累中。

具有讽刺意味的是,今天的垄断金融资本正是米塞斯曾强烈痛斥过的那种绝对毁灭主义的典型。虽然技术变革继续发展,但作为体系核心的资本积累(投资)依旧停滞不前,只有在企业减税、国家活动私有化等的短期刺激下才有起色。与此同时,收入和财富不均严重到无以复加的地步,世界各地工人的经济、社会和生态条件在恶化,人类栖居的地球也陷入了危险境地。这一切都是由资本主义体系在全世界范围内的剥削、侵占、浪费和掠夺所导致的。科学告诉我们,如果不改变当今的这些趋势,资本主义巨头将动摇工业文明的基础,威胁人类自身的生存,而最坏的后果将由现在的年轻一代承担。

如果从历史和理论的角度来分析地球目前面临的危机,那么马克思和恩格斯对19世纪50—70年代英国殖民地爱尔兰的分析是一个有益的参考。其关键词是"灭绝"(extermination)。马克思在1859年写道,1846年(该年的标志性事件是爱尔兰大饥荒和《谷物法》的废止)之后,英国(以及英裔爱尔兰)资本家发起了"一场针对贫农的残酷战争",或者说"消灭"了靠种植马铃薯维持生计的爱尔兰自耕农。爱尔兰通过粮食出口供养了英国工业,其土地地力因此消耗殆尽。① 恩格斯将大饥荒之后的数十年称为"灭

① Karl Marx and Frederick Engels, *Ireland and the Irish Question*, Moscow: Progress, 1971, p. 90, p. 124; Karl Marx, *Capital*, Vol. 1, London: Penguin, 1976, p. 860.

绝期”(Period of Extermination)。[①] 马克思和恩格斯，以及同时代的许多人都使用了“灭绝”一词，这在当时有两个含义：驱逐和消灭。因此，“灭绝”一词准确地概括了爱尔兰人民当时的悲惨遭遇。

19 世纪中期，爱尔兰问题的根源在于殖民体系中“十分严重的代谢断裂”。1846 年之后，一直负责为土壤施肥的贫农逐渐被驱逐和消灭，爱尔兰的农作物生产与地力维护之间脆弱的生态平衡被完全打破。这引发了又一轮的驱逐农民、农场整合以及退耕还牧(以满足英国的肉类消费)运动。正如 1867 年马克思所言，爱尔兰农民需要在“灭亡还是革命”(ruin or revolution)之间作出选择。[②]

如今，类似事件正在世界范围内上演，各地的自耕农发现，在全球帝国主义的影响下，自己的境遇愈发艰难。此外，生态破坏不再局限于土壤破坏，而是蔓延至包括气候在内的整个地球系统，危及地球的全部人口，让本已生活在生态恶化地区的人们更加绝望。20 世纪 80 年代，马克思主义历史学家爱德华・P. 汤普森(Edward P. Thompson)写下了著名的《灭绝主义的注释——文明的最后阶段》(*Notes on Exterminism, the Last Stage of Civilisation*)一文，研究了地球面临的核威胁和环境威胁。毋庸讳言，数亿甚至数十亿人的生命面临着被毁灭的威胁——生态毁灭、经济毁灭、军事毁灭和帝国主义毁灭，无数物种濒临灭绝。

全球平均气温上升 4 摄氏度，工业文明面临崩溃，甚至连世界银行都认为，如果按此状况发展下去，崩盘将于不日到来。因此，罗莎・卢森堡(Rosa Luxemburg)提出的“社会主义还是野蛮”的口号已不足以形容现状，必须替换为“社会主义还是‘灭绝主义’”，或马克思的“灭亡还是革命”。

新自由主义对绝对资本主义的推动加快了世界走向全球灭绝主义或毁灭主义的步伐。在此进程中，资本和国家在“二战”后实现了前所未有的团结。然而，人类还有一个选择：实施自下而上的长期生态革命，以建设一个真正平等的、生态可持续发展的、可满足大众需求的世界，即 21 世纪生态社会主义。

(辽宁大学亚澳商学院王爽、辽宁大学公共基础学院车艳秋　译)

① Karl Marx and Frederick Engels, *Ireland and the Irish Question*, p. 210.

② Ibid., p. 142.

新自由主义资本主义的制度转型与未来替代模式

【内容提要】 本文以大卫·科茨为代表的美国SSA理论对20世纪70年代到21世纪初的新自由主义资本主义"积累的社会结构"进行的研究为切入点，分析了资本主义的制度转型与未来替代模式。本文认为，科茨揭露了新自由主义资本主义经济长期扩张与停滞收缩的波动机制，思考了2008年结构性危机爆发后资本主义制度转型和重建"积累的社会结构"的四种可能性替代模式，包括右翼专制民族主义政权、大公司主导的"管制资本主义"、劳资妥协的改良资本主义和"有计划的民主参与式社会主义"。此外，科茨还指出美欧右翼专制民族主义政权有可能会绑架西方民主议会制度，重返种族主义、民族主义和专制主义道路，因此各国应关注新自由主义资本主义经济社会运动的危险轨迹，以制定抵抗战略和走向进步的未来。

【作者简介】 吴茜，厦门大学马克思主义学院副教授

【原文出处】 《当代世界与社会主义》2019年第4期

2008年国际金融危机以来，美国著名马克思主义经济学家大卫·科茨(David M. Kotz)作为"积累的社会结构理论"(Social Structure of Accumulation，简称SSA理论)的重要代表人物之一，对新自由主义资本主义的内涵、兴起原因、经济扩张与经济停滞的波动机制、资本主义结构性危机、制度转型以及未来替代模式进行了系统性的、创新性的理论分析。根据SSA理论基本观点，科茨认为，国际金融危机后新自由主义资本主义正在发生制度转型，以特朗普政权为代表的西方国家右翼专制民族主义政权有可能会绑架西方民主议会制度，这将给世界社

会主义运动的发展带来严峻的挑战和不利的政治后果。

一、关于资本主义“积累的社会结构”制度转型的理论

科茨始终紧密把握资本主义社会经济运动发展的脉搏，不断推进 SSA 理论和马克思主义政治经济学在当代的发展。1994 年，科茨与特伦斯·麦克唐纳(Terry McDonough)、迈克尔·赖希(Michael Reich)在《积累的社会结构：发展与危机的政治经济学》(*The Social Structure of Accumulation: Political Economy of Development and Crisis*)一书中对 SSA 学派思想观点做了全面介绍。他们在 2010 年又出版了《当代资本主义及其危机：21 世纪积累的社会结构理论》(*Contemporary Capitalism and Its Crises: Social Structure of Accumulation Theory for the 21 Century*)一书，进一步对 20 世纪 70 年代“管制资本主义”到 21 世纪初“新自由主义资本主义”的运动动态和制度变迁进行跟踪研究。在 2015 年科茨最新出版的《新自由主义的兴衰》(*The Rise and Fall of Neoliberal Capitalism*)一书中，对新自由主义资本主义“积累的社会结构”兴起的原因、运作机制、结构性危机以及制度转型的发展趋势进行深入思考，清晰地勾勒出 1940—2015 年当代资本主义经济运动的发展轨迹。

“积累的社会结构理论”是将马克思关于资本主义生产方式运动一般规律与具体历史时期和具体历史制度相结合的一种中间层次的分析范式。SSA 方法的基本主张是：一个强劲的资本积累阶段要求存在“一套广泛的社会制度安排”，资本主义经济“长波是资本积累过程和一系列巩固资本积累的社会制度之间相互作用的结果。这套制度，被称为积累的社会结构”。①科茨指出，资本主义长期经济繁荣与停滞更替的背后实质上是 SSA 理论的建立和崩溃的内在机制在起作用。具体地说，即一定时期和阶段的资本主义经济、政治和文化意识形态制度设置会促进利润增长和持续的经济扩张②，但这套制度设置本身又蕴含着结构性矛盾和危机；在另一时期和阶段，过去的制度设置逐渐成为阻碍资本积累的障碍，进而导致资本主义结构性危机的爆发，这就意味着唯有通过构建新的“积累的社会结构”才能解除这场危机。③ 科茨专门解释了 SSA 理论能够促进资本主义经济快速增长的原因。他认为，若要出现一个“长期强劲的资本积累”的阶段，就必须存在一个特定的 SSA 理论，其潜在理由是资本主义充斥着阶级冲突和竞争，SSA 理论的功能就在于调节阶级冲突和竞争，进而创造足够的稳定性和利润可预期性，为快速资本积累创造前提。例如，二战后构建的“资本—劳动妥协”的“管制资本主义”SSA 囊括了两个方面：一方面，工会工人的战斗性和激进性遭到“红色整肃”和“抑制劳动法律”的压制；另一方面，劳动与资本之间的

---

① David M. Kotz, “Long Waves and Social Structures of Accumulation: A Critique and Reinterpretation”, *Review of Radical Political Economics*, Vol. 19, No. 4, 1987, pp. 16 - 38.

② David M. Kotz, “The Financial and Economic Crisis of 2008: A Systemic Crisis of Neoliberal Capitalism”, *Review of Radical Political Economics*, Vol. 41, No. 3, 2009, pp. 305 - 317.

③ David M. Kotz, “Social Structure of Accumulation Theory, Marxist Theory, and System Transformation”, *Review of Radical Political Economics*, Vol. 49, No. 4, 2017, pp. 534 - 542.

合作通过集体谈判和立法而获得,同时大资本集团愿意对劳方定期增加工资,保证对劳动过程的有效的资本主义控制,从而促进经济的增长。①

SSA 理论强调,当某一个 SSA 推动经济扩张和资本快速积累的潜力耗尽时,就会爆发资本主义结构性危机,必须通过构建新的 SSA 理论来恢复资本积累。② 科茨认为,在 1973—1979 年,资本主义"滞胀"危机中出现了高通货膨胀、高失业与低增长、国际货币体系不稳定的现象。20 世纪 70 年代末以后,以美国大公司 CEO 组成的商业圆桌会议(the Business Roundtable)和以企业研究所(American Enterprise Institute)、遗产基金会(the Heritage Foundation)、胡佛研究所(the Hoover Institution)为代表的美国智库转而支持新自由主义学说。1981 年 1 月,里根执政后的政策改革加快推进新自由主义"积累的社会结构"一整套制度的构建,凯恩斯国家干预主义支撑下的"管制资本主义"很快就被抛弃了。③

科茨探讨了 2008 年国际金融危机资本主义制度转型的原因。在 20 世纪 90 年代末到 21 世纪初期,形成了新自由主义资本主义 SSA 理论的一整套制度设置:"经济和金融的全球化;放松对企业和金融业的政府管制;私有化和外包公共产品和服务;为大企业和富人减税;无约束的市场竞争;市场规则渗透进企业内部。"④ 自 20 世纪 80 年代以来,新自由主义资本积累的制度设置的确带来了长达 25 年的经济持扩张和利润增长,但同时也导致了三种发展倾向:一是社会不平等的加剧。日益严重的经济不平等和普通民众实际收入的长期停滞或下降,必然带来有效需求不足,加剧资本主义生产与消费的矛盾。剩余价值实现条件的破坏导致了新自由主义资本主义采取"债务驱动型经济增长模式"——普通民众被迫进行维持生计的含"次贷"在内的过度消费信贷。然而,靠不断增长的家庭债务支撑的经济扩张是不可能持久的。二是金融投机盛行。新自由主义资本主义推行放松金融管制、无节制的企业竞争以及大公司的市场化政策,这些政策的实施使企业销售越来越奇特的金融衍生工具来获取高额利润,即利用"以钱圈钱"的资本自我循环来实现资本增殖,导致虚拟经济日益脱离实体经济。三是一波又一波的资产泡沫刺激了这 10 年的经济增长。以上因素在推动新自由主义资本主义一系列经济扩张的同时,也埋下了引发结构性危机的祸根。⑤ 到 2008 年,新自由主义资本主义突然跌入结构性危机。⑥ 而此次危机已不再是温

---

① David M. Kotz, "Long Waves and Social Structures of Accumulation: A Critique and Reinterpretation", *Review of Radical Political Economics*, Vol. 19, No. 4, 1987, pp. 16 - 38.

② David M. Kotz, "Social Structure of Accumulation Theory, Marxist Theory, and System Transformation", *Review of Radical Political Economics*, Vol. 49, No. 4, 2017, pp. 534 - 542.

③ David M. Kotz, *The Rise and Fall of Neoliberal Capitalism*, Cambridge: Harvard University Press, 2015, p. 74.

④ Ibid., p. 45.

⑤ David M. Kotz, "The Financial and Economic Crisis of 2008: A Systemic Crisis of Neoliberal Capitalism", *Review of Radical Political Economics*, Vol 41, No. 3, 2009, pp. 305 - 317.

⑥ David M. Kotz, "Social Structure of Accumulation Theory, Marxist Theory, and System Transformation", *Review of Radical Political Economics*, Vol. 49, No. 4, 2017, pp. 534 - 542.

和的资本主义周期性经济波动，而是周期性危机与结构性危机叠加，是整个扩张长波时期所积累的深层次矛盾的大爆发。科茨敏锐地观察到结构性危机后资本主义又开始了新一轮的制度转型，即向右翼专制民族主义政权或新法西斯主义政权转型。

二、特朗普右翼专制民族主义政权与制度转型

2007年美国房地产次级抵押贷款危机引发了严重的国际金融危机。自2009年夏季经济开始复苏以来，美国的年均GDP增长率平均为1%—2%，全球经济则陷入长期停滞低迷，这反映了新自由主义资本主义依赖债务融资消费来推动经济增长的潜力已枯竭。① 这种结构性危机必将促使新自由主义资本主义SSA发生制度转型。科茨谈到，在自由市场资本主义早期阶段崩溃之后，20世纪30年代的经济大萧条导致资本主义陷入长期的经济停滞。资本主义结构性危机的最终解决方案产生了三条不同的制度转型轨迹：在德国、意大利和日本出现了极端右翼民族主义政权，在第二次世界大战中被盟军推翻之前，确实带来了快速的经济增长和帝国主义的扩张；"改良主义的资本主义"出现在斯堪的纳维亚和"二战"后的美国、英国和西欧大陆的大部分地区。此外，社会主义从苏联扩散到东欧、中国、朝鲜北部和越南北部。在20世纪末21世纪初期，新自由主义资本主义的SSA理论崩塌后，以特朗普政权为代表的西方国家，包括土耳其、匈牙利、波兰和菲律宾甚至俄罗斯目前再次兴起了右翼专制民族主义政权。② 这些政权总是操弄民族主义和爱国主义议题，承诺解决恶化的经济问题，寻找少数民族、宗教信徒、移民或外来人口作为经济不景气的"替罪羊"，以此作为快速获取政治资本的借口。2016年6月，英国"提前"决定"脱欧"，2017年特朗普执政以来，美国先后退出跨太平洋伙伴关系协定（TPP）、应对全球气候变化的《巴黎协定》以及联合国教科文组织、联合国人权理事会等，从而导致全球保守主义、孤立主义以及贸易保护主义的兴起。科茨指出，一旦右翼民族主义政权得到巩固时，它们将限制长期存在的个人权利，并诉诸暴力来解决国内外经济社会问题。20世纪30年代自由市场经济的资本主义崩溃曾经导致了法西斯主义政权上台和引发世界大战，今天，人们认真研究新自由主义资本主义制度转型的发展轨迹，了解这种危险轨迹的根源有助于制定抵抗战略和走向进步的未来。③

科茨指出，推行新自由主义政策的恶果和经济长期停滞是人们抛弃奥巴马、希拉里代表的民主党而选举特朗普上台的重要原因。一方面，政府牺牲公众养老金去救市大企业和银行机构，普通人对富人和民主建制精英的愤怒情绪在不断积累。另一方面，国际金融危机后，美国贫富差距持续扩大，中产阶级接受精英教育机会降低，阶级流动渠道逐渐缩小的状况在不断恶化。与此同时，在政治上长期被忽略的白人蓝领阶层也爆发了大反叛。白人蓝领阶层这类选民文化程度不高，经济上比较困难，他们对少数族裔和外来移民抢占其就业、教育、医疗等资源深感不满，对美国传统价值观受到侵蚀感

① David M. kotz, "The Specter of Right-Wing Nationalism", https://www.jacobinmag.com/2017/05/donald-trump-neoliberalism-right-wing-nationalism.

② Ibid.

③ Ibid.

到极为焦虑，他们持白人至上主义，把怨恨和不满倾泻到少数族裔和移民身上。特朗普在总统竞选期间，呼吁替代现有的秩序，挑战新自由主义的核心方面，强调民族主义、仇外心理、白人至上主义以及一种能够恢复过去荣耀的复仇主义，提出一整套“让美国重新伟大起来”的战略目标。[①] 特朗普宣扬的这种右翼专制民族主义口号和意识形态吸引了厌倦民主建制政治的中产阶级和白人蓝领工人。到2016年，美国大部分人口已准备好接受与既定政策的激进背离，特朗普最终打败民主党建制派精英希拉里，获得总统选举胜利。

特朗普的意识形态非常混杂，他既不属于支持新自由主义的共和党内建制派，也不属于最右翼的茶党，其思想与共和党正统观念大相径庭。特朗普将自己定位于极右翼、福音派和白人盎格鲁-撒克逊（WASP）团体。他宣称复兴国家干预主义，推行就业和经济的国家主义计划，要求把更多的国家支出用于军事基础设施和市政基础设施投资。特朗普并不反对政府资助的医保体系，他甚至攻击华尔街和大银行，说它们剥削人民却几乎完全不缴税，因而他不愿放松对金融行业的管制。他对外推行经济民族主义和贸易保护主义，反对共和党长期坚持的新自由主义的核心——自由贸易，要求废除美国签订的区域贸易协定，力图重振美国的基础设施和制造业，迫使企业在美国投资和创造就业机会。特朗普宣称“美国第一”——这与20世纪30年代孤立主义和亲纳粹团体的口号非常相似。[②]

在政治上，特朗普煽动种族仇恨，发动人民去驱逐非法移民，排斥少数族裔，阻挡穆斯林和攻击华尔街，摒弃了民权运动以来美国社会形成的“政治正确”共识，鼓噪重新回归盎格鲁-撒克逊新教徒为主导的文化理念。特朗普指责非法移民摧毁了美国，要求墨西哥政府在美墨边界修筑一道隔离墙，禁止穆斯林进入美国。特朗普鼓吹的右翼专制民族主义导致当前美国白人至上主义大行其道，宗教种族主义卷土重来，“三K党”“另类右翼”等各种白人至上主义团体又纷纷走上台前。[③]

在国际关系领域，自国际金融危机后，美欧各国政府除了纷纷出台“救市”措施，还试图凭借强大的金融、政治和军事实力，通过贸易战甚至军事战争来打垮竞争对手的经济实力，积极向世界分工体系的外围国家转嫁和输出经济危机，为国内资本的新一轮积累抢夺外部空间。[④] 科茨指出，特朗普等鼓吹国家历史上的强大和荣耀，美化暴力和军事野心膨胀，在国际社会挑起仇恨和教唆对政治对手的报复。特朗普甚至谴责北约和世界贸易组织等多边机构，挑战新自由主义国际政策的各个方面，并暗示核扩散是可取的。[⑤] 特朗普始终主张美国利益至上，鼓吹使用暴力打击反对美国世界霸权地位的新兴大国。中国作为新崛起的发展中大国，想要进入世界工业产业链的高端战略领域分享原工业国家的红利，必然引起美国对中国的战略疑

① David M. kotz, “The Specter of Right-Wing Nationalism”, https://www.jacobinmag.com/2017/05/donald-trump-neoliberalism-right-wing-nationalism.

② Ibid.

③ 周琪等：《美国左右翼民粹族裔同时兴起？》，《文化纵横》2016年第3期。

④ 张宇、邱海平、刘凤义等：《危机和当代资本主义历史走向》，《政治经济学评论》2013年第1期。

⑤ David M. kotz, “The Specter of Right-Wing Nationalism”, https://www.jacobinmag.com/2017/05/donald-trump-neoliberalism-right-wing-nationalism.

惧和制度偏见。因此,特朗普政权不断制造地缘政治压力,在人民币汇率、金融市场开放等问题上对中国施加更大的压力,企图通过“看不见硝烟的金融战争”来驯服中国经济。

科茨指出,一方面,国际金融危机后美国出现的右翼专制民族主义政权有可能会窃取西方民主议会制度,这将对世界和平发展构成严重的威胁①;另一方面,由于特朗普政权结构中新自由主义势力仍然强大,他或将难以巩固右翼专制民族主义政权,大多数统治精英正在努力深化新自由主义政策,但这种努力只会加剧美国和世界经济持续陷入停滞衰退。

三、国际金融危机后重建“积累的社会结构”的四种趋向

根据SSA理论,资本主义一旦发生结构性危机就需要通过重建新的“积累的社会结构”来解除危机,以恢复利润增长和持续的经济扩张。2008年这次资本主义结构性危机爆发后,在美国和欧洲,右翼专制民族主义、新自由主义的变种以及社会主义都有反弹。其中,“占领华尔街运动”“占领华盛顿运动”以及社会主义支持者民主党人伯尼·桑德斯(Bernie Sander)的出现就是一种社会主义倾向。② 科茨讨论了新自由主义资本主义制度转型的四种可能性趋向,他认为,新的“积累的社会结构”的重塑最终取决于多种力量相互斗争的结果。

第一种资本主义制度转型的可能趋向是全球兴起右翼专制民族主义政权。其重要特征是国内经济上的管制和在全球系统中表现出特别具有侵略性的帝国主义形式,甚至向法西斯主义演变。③ 尽管特朗普执政后表明他将继续致力于建立一个右翼民族主义政权,但执政之后,特朗普不得不调整他的右翼专制民族主义纲领所主张的干涉主义的国内经济政策。第一个挑战来自他自己的政党即共和党的内部分歧,他所面对的共和党国会里充满了新自由主义者和社会保守派。特朗普急于让国会共和党人保持一致并避免叛乱,他不得不向其妥协和采纳了很多关于国内经济、社会政策的新自由主义议程。④ 此外,除了来自政治结构和官僚渠道的阻挠,美国文化强烈的个人主义甚至反独裁主义的压力使其强制政权难以实施。总之,目前特朗普右翼专制民族主义政策方向还在变化、摇摆之中。

第二种是大公司主导的“管制资本主义”。在美国,劳工和公民运动一向处于弱势,大公司和银行机构对政府政策制定和民意形成一直影响深远。⑤ 本轮危机爆发以来,由于以金融资本为首的国际垄断资本控制了主要西方国家的经济、政治和文化,他们利用公共财政资金“救市”挽救了自身金融投机赌博失败,并进一步打击劳工阶级,因此,工人在美国当前经济社会中的议价能力是很弱的,这就形成了大银行和金融企业作为主要的参与者来操纵、控制经济结

---

① David M. Kotz, “Social Structure of Accumulation Theory, Marxist Theory, and System Transformation”, *Review of Radical Political Economics*, Vol. 49, No. 4, 2017, pp. 534 - 542.

② Ibid.

③ Ibid.

④ David M. kotz, “The Specter of Right-Wing Nationalism”, https://www.jacobinmag.com/2017/05/donald-trump-neoliberalism-right-wing-nationalism.

⑤ David M. Kotz, *The Rise and Fall of Neoliberal Capitalism*, Cambridge: Harvard University Press, 2015, p. 201.

构调整的方向。[①] 但一个比较明显的特征是，国际金融危机后，尽管占主导地位的指导思想和意识形态仍然是新自由主义，但大企业集团并不坚决反对国家干预，只不过他们所认可的政府干预重点是对军事基础设施和市政基础设施的投资。[②] 这种大公司主导的“管制资本主义”对于广大劳工来说，仍然面临着工资下降和生活水平持续下降，这必然会对世界资本主义进行必要的调整带来严重的障碍。

第三种是劳资妥协的改良资本主义。科茨认为，当前美欧盛行的右翼民族主义的镇压政权，对全世界来说是一个危险的前景。他希望能够出现一种新的以人民利益为主的改良资本主义的 SSA 理论，这种左倾的资本主义 SSA 理论或有可能摆脱当前资本主义的经济衰退。科茨谈到，“正如 1930 年代所做的那样，如果出现另一种资本—劳动妥协的‘积累的社会结构’，就能导致工资与劳动生产率同步上升，经济可以进入稳定的经济扩张时期，并以可再生能源和更具资源效率的生产和运输模式为基础，采用促进环境可持续发展的经济模式”。[③] 科茨同时也指出，只有出现强大的民众运动和更强有力的工会运动，使得大公司集团愿意与劳工进行谈判，才有可能产生资本与民众之间实行民主妥协的改良资本主义类型。

第四种是向“有计划的民主参与式社会主义”转变。科茨指出，2008 年国际金融危机和欧洲主权债务危机爆发后，人民艰难地抗争着生活中的种种威胁，他们随时可能会失去住房、工作和医疗保险，失去一生大部分的积蓄。西方国家广大民众对当代资本主义经济政治制度的合法性提出深刻质疑和猛烈抨击。西方左翼激进力量也不断觉醒和重新集结队伍，爆发了席卷全美的“占领华尔街运动”“占领华盛顿运动”，法国“黑夜站立”大规模反抗运动，以及葡萄牙、意大利、希腊、挪威、瑞典、英国、爱尔兰、德国爆发的大规模群众罢工示威游行。在这些激进社会运动中出现了“资本主义制度已经行不通”“资本主义正在衰亡，社会主义是替代”等口号、标语。因此，科茨认为，目前除了右翼专制民族主义和资本主义的渐进式改革之外，还有一种可能的变革方向，即超越资本主义向社会主义过渡，实施以人类的需求来引导生产的社会制度，而不再以无限资本积累的利润动机来引导生产。[④]

科茨期望在美国实现的社会主义被称为“有计划的民主参与式社会主义”。科茨认为，斯大林高度集权的计划经济体制是一种扭曲的社会主义版本，它的重要缺陷之一是人民缺乏对政治权力运作的参与和发言权，而“有计划的民主参与式社会主义”是一种资本主义未来替代制度，因为它能让社会主义的受益者获得政治权力。计划经济的相关方和受益者，比如说工人、劳动者、消费者，都应该在该政治权力架构中拥有自己的代表，以保证在决策过程中所有团体的意见和利益都会得到考虑。因此，“有

① ［美］大卫·科茨：《目前金融和经济危机：新自由主义资本主义的体制危机》，《当代经济研究》2009 年第 8 期。

② David M. Kotz, *The Rise and Fall of Neoliberal Capitalism*, Cambridge: Harvard University Press, 2015, p. 201.

③ David M. kotz, “The Specter of Right-Wing Nationalism”, https://www.jacobinmag.com/2017/05/donald-trump-neoliberalism-right-wing-nationalism.

④ David M. kotz, “The Specter of Right-Wing Nationalism”, https://www.jacobinmag.com/2017/05/donald-trump-neoliberalism-right-wing-nationalism.

计划的民主参与式社会主义"能够更好地保障普通民众的物质利益和政治权利。但科茨承认,目前在美国既没有重要的社会主义政党,也没有激进的劳工运动,社会主义尚未提上日程。从历史发展的规律来看,社会主义代替资本主义是人类社会发展的一个主要趋势,这一趋势的实现需要一系列复杂的社会历史前提和主客观条件,阶级斗争最终决定变革的方向,这需要经过一个长期曲折的历史发展过程。

四、关于科茨对21世纪SSA理论创新发展的评论

资本主义的历史是一部波澜起伏、不断发展变化的社会运动史。马克思是19世纪最伟大的资本主义经济社会运动病理学家。在他之后,鲁道夫·希法亭(Rudolf Hilferding)、罗莎·卢森堡(Rosa Luxemburg)、布哈林和列宁关于帝国主义的论著充分显示了他们对马克思研究传统的继承,即对资本主义历史分期和运动规律的关注。在他们探索帝国主义90多年后,资本主义已经从私人垄断资本主义演进到国家垄断资本主义,再发展到国际垄断资本主义阶段了。在这一阶段,西方左翼学者秉承马克思主义政治经济学理论分析范式,坚持以生产方式为核心的历史唯物主义分析框架来解释当代资本主义的新变化。例如,比利时马克思主义经济学家厄尔奈斯特·曼德尔(Ernest Mandel)提出"晚期资本主义"理论。他把18世纪末以来资本主义生产方式的发展分为三个阶段:自由竞争的资本主义、"古典的"帝国主义(即列宁所论述的帝国主义)和"晚期资本主义"。曼德尔认为,"晚期资本主义"仍然是帝国主义即垄断资本主义的进一步发展,它反映了"二战"后"资本的基本运动规律和内在矛盾"的特征。他指出,"晚期资本主义"资产阶级国家对经济的调节和指导只是修补裂缝和推延爆炸的权宜之计,"晚期资本主义"已陷入一种系统性的、历史性衰落的危机。[①] "二战"后,以保罗·斯威齐(Paul Sweezy)、哈里·马格多夫(Harry Magdoff)、约翰·贝拉米·福斯特(John Bellamy Foster)为代表的美国垄断资本学派提出了资本主义加速增长与低迷停滞时期更替的理论解释框架。在斯威齐看来,处于垄断阶段的资本主义运动的基本规律是经济停滞,因为"总剩余"过剩资本积累超过了剩余价值的实现额,当推动经济增长和扩张的外部刺激因素如技术创新、战争等耗尽之后,垄断资本主义潜在的停滞性质就会重新显现。[②] 斯威齐和马格多夫还探讨了资本主义的生产停滞趋势和金融资本扩张趋势的双重特征以及内在关联。20世纪90年代后,福斯特对资本主义的金融化做了深入挖掘,提出"垄断金融资本"理论。他认为,20世纪70年代垄断资本主义再次陷入长期"停滞",由于不能为其实体经济的过度资本积累寻找到出路。各国政府宣扬的新自由主义理论和政策本质上是利用金融化(即一波接一波的资产泡沫)来虚假地克服垄断资本主义的过度积累问题,最终导致虚拟经济严重脱离实体经济,当金融泡沫破灭,国际金融危机必然爆发。[③]

---

① [比]曼德尔:《晚期资本主义》,伦敦英文版1978年版,第502、39页。

② David M. Kotz, "Long Waves and Social Structures of Accumulation: A Critique and Reinterpretation", *Review of Radical Political Economics*, Vol. 19, No. 4, 1987, pp. 16 - 38.

③ 吴茜:《当代垄断资本主义:争论、实质及其历史地位》,《马克思主义与现实》2013年第6期。

以科茨为代表的美国SSA理论流派吸收了资本主义长波经济理论、法国调节学派以及新制度主义学派的优点，对20世纪下半叶到21世纪初资本主义的制度变迁和经济运动规律作出新的诠释。1994年，在《积累的社会结构：增长和危机的政治经济学》一书中，科茨认为，SSA理论学派早期使用的“长波”概念是指与康德拉季耶夫和熊彼特长波理论相联系的资本主义50年长周期，现在SSA理论流派转而使用“长期波动”概念，目的是要表达资本主义经济的长期快速增长和长期停滞的交替，而不是要表达某种周期性的、规则性的模式。① 科茨对20世纪70年代到21世纪初的新自由主义资本主义“积累的社会结构”的制度变迁进行病理式解剖研究，他深刻地揭露了新自由主义资本主义经济长期扩张与停滞收缩的运动机制，思考了结构性危机爆发后资本主义制度转型和重建“积累的社会结构”的四种替代模式。从更大的范围来看，科茨建立了一个以全球化、金融化为特征的新自由主义SSA框架，揭示了全球帝国主义最新发展阶段的本质特征、内在矛盾及其未来发展趋势。科茨的理论不仅揭示出新自由主义资本主义结构性危机的深刻根源在于马克思发现的资本主义价值生产和价值实现这一基本矛盾，它导致实体经济生产过剩危机与虚拟经济金融危机相互交织，资本主义制度愈来愈走向末路。同时，他也敏锐地揭示了右翼专制民族主义政权绑架了以往的美欧国家议会制民主制度，这将导致灾难性的世界后果。科茨的创新性研究在一定程度上推进了SSA理论流派和马克思主义政治经济学在当代的发展。

其次，科茨对新自由主义资本主义结构转型中出现的美欧国家右翼专制民族主义政权提出独树一帜的见解，对当前世界社会主义运动的战略制定具有重要的理论启示作用。科茨将新自由主义阶段资本主义异化的政治形态，在功能和后果上与20世纪30年代的法西斯主义政权的危害进行比较和思考。“二战”前，德国中产阶级的贫困衰落导致法西斯政权的崛起和惨绝人寰的世界大战的爆发，今天，美国中产阶级的贫困衰落与特朗普右翼专制民族主义政权崛起依然有着历史的可比性，它究竟是将世界带向战争灾难还是催生新的更加高级社会替代制度的到来？中国学术界应当高度重视国际金融危机后资本主义制度转型的内在机理和未来发展趋势。特别是对于中国想要在21世纪实现“两个一百年”奋斗目标来说，右翼专制民族主义政权在西方资本主义世界的兴起将是一个严峻的挑战。当前，在美国大企业和政治统治精英中，阻止或者至少减缓中国崛起已形成一种共识，这是资本主义和帝国主义长期以来形成的经济利益格局造成的——“二战”后，美国国际垄断资本凭借强大的经济军事实力，通过美元霸权形成了美国单凭印刷纸钞就能攫取全世界生产的剩余价值的极不公平的世界资本积累体制。今天，中国“一带一路”远景规划要推行人民币国际化，这是对美元霸权及其世界资本积累体制提出的严重挑战。其次，中国作为新崛起的发展中大国，积极参与全球治理，希望通过“一带一路”倡议引领发展中国家实现现代化和走上共同富裕道路，这必然引起美国使用各种“巧战争”如意识形态、金融规则、科技垄断和经济制裁来遏制打击中国。尽管中国一再倡

① David M. Kotz, “Long Waves and Social Structures of Accumulation: A Critique and Reinterpretation”, *Review of Radical Political Economics*, Vol. 19, No. 4, 1987, pp. 16 - 38.

导建立一种以“不冲突不对抗、相互尊重、合作共赢”为核心诉求的中美新型大国关系，倡导各国共建一个开放、包容、普惠、平衡、共赢的“人类命运共同体”，但当前美元霸权主导下的世界资本积累体制和国际政治霸权结构是不允许放弃美国至上的国家利益的。如何应对来自特朗普右翼专制民族主义政权对中国崛起和民族复兴的时代挑战，已迫在眉睫。

科茨认为，从历史上看，不断增加的劳工和左翼激进社会运动可能是唯一对当前右翼专制民族主义的有效抵抗力量。他给出的建议是，中国现在需要积极与世界左翼激进政治力量和组织团结、巩固起来，形成强大的世界左翼阵营，才能形成对国际垄断资本力量的有力钳制，才能推进世界各国，特别是发展中国家共同实现“人类命运共同体”的美好愿景。

论新帝国主义的五大特征和特性

——以列宁的帝国主义理论为基础

【内容提要】 本文以列宁的帝国主义理论为基础，分析了新帝国主义的特征和性质，并将其概括为五个方面。一是生产和流通的新垄断：生产和流通的国际化和资本集中的强化，形成富可敌国的巨型跨国垄断公司。二是金融资本的新垄断：金融垄断资本在全球经济活动中起决定性作用，形成畸形发展的经济金融化。三是美元和知识产权的垄断：形成不平等的国际分工和两极分化的全球经济和财富分配。四是国际寡头同盟的新垄断："一霸数强"结成的国际资本主义寡头垄断同盟，形成全球垄断剥削和压迫的金钱政治、庸俗文化和军事威胁的经济基础。五是经济本质和大趋势：全球化资本主义矛盾和各种危机时常激化，形成当代资本主义垄断性和掠夺性、腐朽性和寄生性、过渡性和垂危性的新态势。

【作者简介】 程恩富，中国社会科学院大学首席教授；鲁保林，曲阜师范大学经济学院教授；俞使超，上海财经大学马克思主义学院博士研究生

【原文出处】《马克思主义研究》2019 年第 5 期

资本主义的历史演进形成了若干个不同的具体阶段。20 世纪初，资本主义由自由竞争阶段发展到私人垄断阶段，列宁称其为帝国主义阶段。帝国主义时代经济政治发展不平衡规律发生作用，为了重新瓜分世界领土和对外扩张，列强结成不同联盟并展开激烈斗争，催生了两次世界大战。20 世纪上半叶，整个欧亚大陆战争连绵，民族民主革命和共产主义运动高潮迭起。第二次世界大战后，一些经济相对落后的国家先后走向社会主义道路，世界上形成资本主义和社会主义两大阵营的对峙。尽管马克思、恩格斯在《共产党宣言》中宣布资本主义必然被社会主义替代，并在极少数国家得以实现，但整个资本主义和帝国主义体系长期垂而未

死,尤其是20世纪80年代—90年代初以来,经历了新自由主义重构和冷战后的帝国主义发展到新的阶段——新帝国主义阶段。

列宁在《帝国主义是资本主义的最高阶段》一书中阐述了帝国主义的定义和特征:"如果必须给帝国主义下一个尽量简短的定义,那就应当说,帝国主义是资本主义的垄断阶段……其中要包括帝国主义的如下五个基本特征:(1)生产和资本的集中发展到这样高的程度,以致造成了在经济生活中起决定作用的垄断组织;(2)银行资本和工业资本已经融合起来,在这个'金融资本的'基础上形成了金融寡头;(3)和商品输出不同的资本输出具有特别重要的意义;(4)瓜分世界的资本家国际垄断同盟已经形成;(5)最大资本主义大国已把世界上的领土瓜分完毕。帝国主义是发展到垄断组织和金融资本的统治已经确立、资本输出具有突出意义、国际托拉斯开始瓜分世界、一些最大的资本主义国家已把世界全部领土瓜分完毕这一阶段的资本主义。"①在同年12月发表的文章中,列宁又指出帝国主义的三大特性:"帝国主义是资本主义的特殊历史阶段。这个特点分三个方面:(1)帝国主义是垄断的资本主义;(2)帝国主义是寄生的或腐朽的资本主义;(3)帝国主义是垂死的资本主义。"②我们以列宁的帝国主义理论为基础,结合当代资本主义的新变化进行分析,可以得出:新帝国主义是垄断资本主义在当代经济全球化和金融化条件下的特殊历史发展阶段,其特征和性质可以综合概括为五个方面。

一、生产和流通的新垄断

列宁指出,帝国主义最深厚的经济基础是垄断。这一论断根源于资本主义竞争的基本演化规律:竞争导致生产集中和资本集中,生产和资本集中达到一定程度必然产生垄断。20世纪初,资本主义世界经历了两次巨大的企业兼并浪潮,资本集中和生产集中相互促进,生产活动越来越集中于为数不多的大企业,形成跨部门多产品经营的工业垄断组织,垄断联合代替竞争占统治地位。当资本主义的历史车轮前进到20世纪70年代时,又遭遇了一场长达近10年之久的"滞胀"危机,经济衰退和国内市场竞争压力推动垄断资本在海外寻找新的增长机会。在新一代信息通信技术的支撑下,对外直接投资和国际产业转移不断掀起新的高潮,生产和流通的国际化程度远远超过了过去。垄断资本从生产到流通的各个环节在全球重新布局,生产工序分散化、国际化催生了跨国公司组织和管理的全球价值链分工体系和运营网络。跨国公司通过复杂的供应商关系网络和各种治理模式协调全球价值链,在此种链式分工体系下,中间产品和服务的生产及交易被分割且分散在世界各地,投入和产出的交易在跨国公司的子公司、合同伙伴及供应商的全球生产和服务网络中进行。据统计,全球约60%的贸易为中间产品和服务贸易,全球贸易的80%是通过跨国公司实现的。③

从生产和流通的新垄断来界定,新帝国主义的第一个特征表现为:生产和流通的国际化和资本集中的强化,形成富可敌国的巨型垄断

① 列宁:《列宁全集》(第27卷),人民出版社2017年版,第401页。

② 列宁:《列宁全集》(第28卷),人民出版社2017年版,第69页。

③ 参见联合国贸易和发展组织:《世界投资报告2013——全球价值链:促进发展的投资与贸易》,经济管理出版社2013年版,第139页。

跨国公司。跨国公司是当代国际垄断组织的真正代表，新帝国主义时期巨型垄断跨国公司具有以下特点。

（一）跨国公司数量猛增，生产和流通的社会化、国际化程度更高

20 世纪 80 年代以来，跨国公司作为对外直接投资的载体，逐步成为国际经济交往的主要驱动力量。在 80 年代，世界范围的投资以前所未有的速度增长，大大快于同期世界贸易和产值等主要经济变量的增速。到了 90 年代，国际直接投资的规模已经达到空前水平。跨国公司通过对外直接投资，在世界各地建立分公司及附属机构，规模和数量都急剧扩张和增长。1980—2008 年，全球跨国公司的数目从 1.5 万家增至 8.2 万家，海外子公司数目增长更快，从 3.5 万家增至 81 万家。2017 年，世界 100 家最大非金融跨国公司的资产和销售额平均有 60%以上在国外，国外雇员也接近 60%。① 资本主义生产方式自诞生以来，生产活动集聚、协作以及社会分工的演进导致生产社会化程度越来越高，分散的劳动过程日益走向联合的劳动过程。事实证明，对外直接投资的持续增长，加深了各国之间的经济联系，显著提高了生产和流通体系的国际化程度，而跨国公司作为微观层面的主导力量在其中发挥了十分关键的作用。生产国际化和贸易全球化几乎重新界定了各国参与国际分工的方式，而参与国际分工的方式又重塑了各国的生产方式和盈利模式。世界绝大多数国家和地区都被整合到跨国公司编织的“密如蛛网”的国际生产和贸易体系之中，成千上万个分布于世界各地的企业则构成全球产业链体系上的一个个价值创造节点。在全球经济中，跨国公司成为国际投资与生产的主要承担者、国际经济行为的核心组织者以及全球经济增长的发动机。跨国公司的迅猛发展表明，在资本全球化的新帝国主义阶段，生产和资本的集中程度更高，几万个跨国公司就可以“主导一切”。

（二）跨国垄断资本积累的规模更庞大，形成了跨国公司帝国

当代资本主义的跨国公司虽数量不多，但实力都非常雄厚。由于它们是新技术开发和使用的主力军，控制着营销网络，以及越来越多的自然和金融资源，因而它们垄断了生产和流通的收益权，具有无可比拟的竞争优势。1980—2013 年，受益于市场扩张以及生产要素实际成本降低，全球最大 2.8 万家公司的利润从 2 万亿增至 7.2 万亿，占全球 GDP 的比重也从 7.6%增至近 10%。② 跨国公司不仅与国家权力结盟，而且与全球金融体系联动发展，形成了背后有国家支持的金融垄断组织。垄断资本的全球化、金融化发展，进一步巩固了垄断资本的财富积累。单从销售额这一项指标来看，一些跨国公司的经济规模已经超过了某些发达国家的经济体量。例如，2009 年，丰田汽车的年销售额就超过了以色列的国内生产总值。2017 年，居世界 500 强榜首的沃尔玛公司总营收突破 5000 亿美元，比比利时的 GDP 还要高。其

① “World Investment Report 2018 — Investment and New Industrial Policies”，https：//unctad.org/en/Pages/DIAE/World%20Investment%20Report/World_Investment_Report.aspx.

② James Manyika，“Playing to Win：The New Global Competition for Corporate Profits”，https：//www.mckinsey.com/business-functions/strategy-and-corporate-finance/our-insights/the-new-global-competition-for-corporate-profits.

实，如果把当今的跨国公司与近200个国家和地区混合一起，按照产值进行排名，那么，全球100个最大的“经济实体”中，国家的数量占比不到三成，其余都是跨国公司。如果这样的发展势头持续下去，全球将会出现越来越多的富可超国的跨国公司。虽然产业全球化导致经济活动较为分散，但是投资、贸易、出口和技术转让等还是主要通过巨型跨国公司及其境外分支机构进行的，并且这些跨国垄断企业的母公司仍然集中在少数几个发达资本主义国家中，所以利润也流向了这些国家。2017年，美国、日本、德国、法国、英国进入世界500强企业数约占全球500强企业数的一半。在最大的100家跨国公司中，来自这些国家的就占2/3以上。

（三）跨国公司在各自行业中居于垄断地位，控制和经营国际生产网络

跨国公司巨头资本雄厚、拥有强大科技力量，在全球生产、贸易、投资、金融和知识产权输出领域占据统治地位。垄断所造成的生产规模化效应，扩大了跨国公司的竞争优势。因为“内部实行分工的工人大军越庞大，应用机器的规模越广大，生产费用相对地就越迅速缩减，劳动就更有效率”。[①] 跨国公司的高度垄断使得生产集中和市场集中相互促进，加快了资本积累，而竞争和信用作为资本集中的两个强有力的杠杠，又加速了资本积聚和集中的趋势。近30年来，各国推进有关促进投资的政策方案，放宽了针对外国直接投资的诸多限制。发达国家对外直接投资的增长，虽然在不同程度上促进了落后国家的资本形成和人力资源开发，提高了这些国家的出口竞争力，但同时也刺激了大规模的私有化和跨国并购交易的发生，加速了这些国家中小企业的破产或被跨国公司兼并的进程，即便是一些大企业同样难逃被并购的厄运。目前，全球很多行业都已形成了寡头垄断市场结构。例如，全球CPU市场基本为英特尔与阿彻丹尼尔斯米德兰公司（AMD）完全垄断。据欧洲医疗器械行业协会统计，2010年，25家医疗器械公司的销售额合计占全球医疗器械市场销售总额的60%以上，前10家跨国公司控制了全球药品和医疗产品市场的47%。2015年之前，全球种子和农药市场基本为巴斯夫、拜耳、陶氏、杜邦、孟山都、先正达这6家跨国公司所控制，它们控制着全球农药市场的75%、种子市场的63%以及私营部门种子和农药研究的75%；仅先正达、巴斯夫、拜尔这3家公司就占据了农药市场份额的51%，而杜邦、孟山都、先正达则占据了种子市场份额的55%。[②] 作为中国重要的粮食作物之一的大豆，其产供销链的所有环节已被5家跨国公司控制，分别是孟山都、阿彻丹尼尔斯米德兰公司、邦吉、嘉吉和路易·达孚，其中孟山都主导种子和生产所需的其他原材料投入方面，阿彻丹尼尔斯米德兰公司、邦吉、嘉吉和路易·达孚等4家公司主导种植、贸易和加工方面，而且这些跨国公司通常通过从合资、合伙、长期合同协议到其他形式的战略联合，组成林林总总的联盟。[③] 在以跨国公司为基础的新帝国主义时期，由于越来越多的

---

① 《马克思恩格斯文集》（第1卷），人民出版社2009年版，第736页。

② ETC Group, “*Breaking Bad: Big Ag Mega-Mergers in Play Dow + DuPont in the Pocket? Next: Demonsanto?*”, http://www.etc-group.org/sites/www.etc-group.org/files/files/etc_breakbad_23dec15.pdf.

③ 王绍光、王洪川、魏星：《大豆的故事——资本如何危及人类安全》，《开放时代》2013年第3期。

社会财富被越来越少的私人资本巨头所占有,垄断资本对劳动的控制和剥削加深,形成世界规模的资本积累,从而加剧了全球某些生产能力过剩和贫富两极分化。

在新帝国主义阶段,信息通信技术飞速发展,互联网的出现极大地压缩了社会生产和流通的时间及空间,跨国兼并、跨国投资、跨国贸易浪潮风起云涌。如此一来,更多非资本主义区域被纳入垄断资本主导的积累过程,极大地强化和扩展了世界资本主义体系。可以说,到了21世纪的经济全球化资本主义时代,生产和流通的国际化程度又出现了根本性飞跃,大大强化了《共产党宣言》所描绘的格局:“一切国家的生产和消费都成为世界性的了。”①垄断资本的全球化要求全球经济政治体制同轨,消除横亘于两种体制之间的制度性障碍。但当一些国家抛弃原来的政治制度和经济体制,向资本主义市场经济体制转轨后,也并未获得新自由主义经济学家鼓吹的富足与稳定。相反,新帝国主义舞台上演的尽是霸权主义和垄断资本的横行和狂欢。

二、金融资本的新垄断

列宁指出:“生产的集中;从集中生长起来的垄断;银行和工业日益融合或者说长合在一起,——这就是金融资本产生的历史和这一概念的内容。”②金融资本是银行垄断资本与工业垄断资本融合或混合生长而形成的一种新型资本。20世纪初是资本主义从一般资本统治向金融资本统治的转折点,在最大的几个帝国主义国家中,银行已经由普通的中介企业变成了势力极大的垄断者。不过在20世纪前半叶,由于连绵不断的战争、高昂的信息传输成本,以及贸易保护主义等技术和制度性的障碍,全球投资、贸易、金融、市场的联系还比较松散,经济全球化发育程度尚比较低,阻碍了垄断资本触角的向外延伸。第二次世界大战后,经济全球化在新科技革命的助推下加速发展,到了20世纪70年代初,石油价格的上涨引爆世界性经济危机,出现了通货膨胀和经济停滞并存这一凯恩斯主义经济学无法解释的怪诞现象。为寻找有利可图的投资机会,深陷“滞胀”泥潭中的垄断资本一方面把传统产业向海外延伸和转移,继续维持其原有的竞争优势,另一方面,加速与传统产业脱钩,并力图在金融领域开辟疆土。资本主义的全球化和金融化相互催化、相互支撑,加速了垄断资本的“脱实向虚”和实体经济的空心化进程。由此,20世纪70年代的那次西方经济大衰退,不仅是垄断资本走向国际化的催化剂,也是产业资本向金融资本大规模急速转型的起始点。自此,垄断资本加速了从一国垄断向国际垄断,从实体产业垄断向金融产业垄断的“华丽转身”。

从金融资本的新垄断来界定,新帝国主义的第二个特征表现为:金融垄断资本在全球经济生活中起决定性作用,形成畸形发展的经济金融化。

(一)为数不多的跨国银行等金融机构控制着全球经济大动脉

谋求垄断性权力是帝国主义的本性,“大企业,尤其是大银行,不仅直接吞并小企业,而且通过‘参与’它们的资本、购买或交换股票,通过债务关系体系等等来‘联合’它们,征服它们,吸

① 《马克思恩格斯文集》(第2卷),人民出版社2009年版,第35页。

② 《列宁专题文集·论资本主义》,人民出版社2009年版,第136页。

收它们加入‘自己的’集团”。“银行管道的密网扩展得多么迅速……把成千上万分散的经济变成一个统一的全国性的资本主义经济，并进而变成世界性的资本主义经济”。[①] 在新帝国主义阶段，一小撮跨国公司，其中绝大部分是银行，通过兼并、参与、控股等形式，在全球建立了非常广泛而细密的经营网络，从而不仅控制了无数的中小企业，而且牢牢掌控着全球经济大动脉。瑞士三位学者斯特凡·维塔利(Stefania Vitali)、詹姆斯·B. 格拉特菲尔德(James B. Glattfelder)和斯蒂芬娜·巴蒂斯顿(Stefano Battiston)的研究证实：为数不多的跨国银行几乎支配了全球经济。他们在分析了全球 43060 家跨国公司和它们之间相互交织的股份关系之后发现：顶端的 737 家跨国公司控制了全球 80%的产值。当进一步拆解这张复杂关系网，他们得出了一个更加惊人的结论：最核心的 147 家跨国公司控制了近 40%的经济价值，而这 147 家公司中的 3/4 都是金融中介机构。[②]

（二）金融垄断资本在全球金融市场纵横驰骋

当帝国主义发展到新帝国主义阶段时，货币战、贸易战、资源战、信息战等接连不断，金融寡头及其代理人罔顾贸易和投资领域的游戏规则，持续发动恣意掠夺全球资源和财富，无所不用其极。新自由主义经济学家扮演着金融寡头的代言人角色，到处鼓吹垄断寡头支配的金融自由化和金融全球化，诱逼发展中国家放开资本项目限制。凡是按照这一套理念行事的国家和地区，其金融监管难度加大，金融系统的隐患增多，金融垄断资本就可以寻找机会掠夺它们的财富。在资本市场，管理庞大资产的私人基金公司是国际金融投资巨头。[③] 往往能够攻击发展中国家脆弱的金融防火墙，趁机对它们数十年积累起来的资产进行洗劫。因此，金融的全球化和自由化固然搭建了一个统一开放的全球金融体系，但同时也铺就了“中心”地区汲取落后“边缘”地区资源和剩余价值的“绿色”通道。集中在少数国际金融寡头手里并且享有实际垄断权的金融资本，通过对外投资、创办企业、跨国并购等手段，获得愈来愈多的高额垄断利润，不断地向全球征收贡赋，巩固了金融寡头的统治。

（三）生产逻辑让位于投机逻辑，经济金融化畸形发展

金融垄断资本由于摆脱了物质形态的束缚，具有高度灵活性和投机性，是资本的最高和最抽象形态。如果不加以管制，极易背离一国产业的发展目标。第二次世界大战后，在国家干预主义理念的引导下，商业银行和投资银行分业经营，证券市场受到严格监管，金融资本的扩张和投机在很大程度上受到制约。20 世纪 70 年代，随着凯恩斯主义的式微，新自由主义开始登台，金融业拉开了去管制化进程的序幕，调节金融市场的基本力量由政府转为市场。在美国，里根政府于 1980 年颁布《储蓄机构取消管制与货币控制法案》，取消存贷款利率管制，

① 《列宁专题文集·论资本主义》，人民出版社 2009 年版，第 122、123—124 页。

② Stefania Vitali, James B. Glattfelder and Stefano Battiston, The Network of Global Corporate Control, *PLoS ONE*, October 2011.

③ 世界十大基金公司为美国的贝莱德、先锋集团、道富环球投资管理、富达投资、摩根大通、纽约银行梅隆公司、资本集团、高盛集团，德国的安联集团，法国的安盛集团，https://www.willistowerswatson.com/-/media/WTW/PDF/Insights/2017/10/The-worlds-500-largest-asset-managers-year-end-2016.pdf.

直至1986年彻底实现利率自由化。1994年通过《里格—尼尔银行跨州经营与跨州设立分行效率法》,彻底解除银行经营地域范围限制,允许银行跨州开展业务,此举扩大了金融机构之间的竞争。1996年颁布《全国性证券市场促进法》,大幅取消和放松对证券业的监管。1999年颁布《金融服务现代化法案》,彻底废除实行近70年的分业经营制度。金融自由化的倡导者最初声称,只要政府解除对金融机构和金融市场的监管,就能进一步提高金融资源的配置效率,更好发挥金融刺激经济增长的作用。但是,一旦金融自由化的潘多拉魔盒打开,金融资本就会如同脱缰的野马一样,根本无法驾驭。过度金融化必定会导致经济活动虚拟化和虚拟经济泡沫化。近30年来,伴随金融资本崛起的是持续的"去工业化"进程。因为生产性投资机会匮乏,金融资源逐渐远离实体经济,结果造成冗余资本在虚拟经济领域自我循环、过度膨胀、畸形发展。

第一,大企业的现金流从固定资本投资转向金融投资,利润的获取渠道越来越多地来自金融活动。1982—1990年间,私人实体经济中几乎1/4的工厂和设备投资转向了金融、保险和不动产部门。① 例如,全球最大的食品零售商沃尔玛推出了价值2500万美元的私募基金。而从20世纪80、90年代放松金融管制以来,一些超市开始普遍地向公众提供种类越来越多的金融产品,包括信贷和预付费借记卡,储蓄和支票账户,保险计划甚至家庭抵押贷款。② 80年代后流行的"股东价值最大化"原则导致公司CEO的目标短期化,一些CEO更愿意把利润用于回购本公司的股票,以推高股价,从而提高自己的薪酬,而不是将利润用于偿还债务或改善公司的财务结构。据统计,449家在2003—2012年上市的标准普尔500指数公司一共斥资2.4万亿美元来收购自己的股票,占总收益的54%,还有37%的收益被用于支付股息红利。③ 2006年,美国非金融公司的股票回购额高达非住房性投资支出的43.9%。④

第二,金融部门主导了非金融部门的剩余价值分配。非金融企业部门利润中用于支付股息和红利的比重越来越高。20世纪60—90年代,美国公司部门的股息支付率(红利与经调整的税后利润之比)大幅上升,60年代平均为42.4%,70年代为42.3%,而在1980—1989年间,股息支付率从未低于44%。1989年,虽然公司利润总额下降了17%,但红利总额却上升了13%,股息支付率达到了57%。⑤ 到了2008年美国金融危机前夕,净红利支出占净税后利润的比重已占公司最终资金分配的80%左右。⑥

第三,虚拟经济过度繁荣,完全背离了实体经济的支撑能力。实体经济的停滞萎缩与虚拟

① 参见[美]罗伯特·布伦纳:《全球动荡的经济学》,郑吉伟译,中国人民大学出版社2012年版,第218页。

② Isakson, S. Ryan, "Food and Finance: the Financial Transformation of Agro-food Supply Chains", *The Journal of Peasant Studies*, Vol. 41, No. 5, 2014.

③ 参见[美]威廉·拉佐尼克:《只有利润,没有繁荣》,http://www.hbrchina.org/2014-09-11/2354.html。

④ [美]托马斯·I.帕利:《金融化:涵义和影响》,房广顺、车艳秋、徐明玉译,《国外理论动态》2010年第8期。

⑤ 黄一义:《股东价值最大化由来与发展》,《新财经》2004年第7期。

⑥ [美]埃尔多干·巴基尔、艾尔·坎贝尔:《新自由主义、利润率和积累率》,陈人江、许建康译,《国外理论动态》2011年第2期。

经济的过度发展相互并存，两者在一定程度上还表现出恶性互促的趋势。一方面，实体经济的价值实现依赖于资产泡沫膨胀、资产价格攀升所创造的虚假购买力。由于贫富差距持续拉大，金融机构在政府支持下不得不依靠花样繁多的金融创新，去支撑居民透支消费和分散金融风险。另一方面，衍生金融品创新和资产泡沫膨胀所产生的巨额收益和财富效应，又会吸引更多的投资者涌向虚拟经济。在垄断利润的驱使下，名目繁多的衍生金融产品被创造出来。金融产品创新还可以拉长债务链条，转嫁金融风险。次级住房按揭贷款证券化就是如此，通过层层包装，名曰提高信用等级，实则是把高风险转嫁他人。金融产品的交易越来越脱离生产活动，甚至可以与生产活动没有任何联系，完全就是一种赌博性交易。

三、美元和知识产权的垄断

列宁指出："对自由竞争占完全统治地位的旧资本主义来说，典型的是商品输出。对垄断占统治地位的最新资本主义来说，典型的则是资本输出。"①第二次世界大战后，国际分工的深化和细化将更多不发达国家和地区纳入全球经济网络。从表面看来，全球生产网络格局下，每一国家、每一企业都可以发挥比较优势，即便是最不发达的国家，也能依靠廉价的劳动力和资源优势参与国际分工协作，获取最大利益。但垄断资本的真正动机是争夺有利的交易平台，攫取高额垄断利润。特别是由于美元霸权和知识产权垄断的存在，国际交换严重不平等。可见，旧帝国主义时期表现为与商品输出并存而又作为特征的是一般资本输出，而新帝国主义时期表现为与商品输出、一般资本输出并存而又作为特征的是美元和知识产权输出。

从美元和知识产权的垄断来界定，新帝国主义的第三个特征表现为：美元霸权和知识产权垄断，形成不平等的国际分工和两极分化的全球经济和财富分配。从"资本—劳动""资本—资本""国家—资本""国家—国家"四个方面来看，跨国垄断资本和新帝国主义的统治力量在经济全球化、金融自由化条件下得到进一步强化。

（一）在"资本—劳动"关系上，垄断资本的空间扩展使其能够在全球范围内布局产业链，实现"全球劳工套利"

跨国公司通过外包、设立子公司、建立战略联盟等形式把更多国家和企业整合到其主导的全球生产网络之中。资本的全球性积累之所以可能，就在于其拥有一支规模庞大的低成本全球劳动力大军。根据世界劳工组织的数据，1980—2007年，世界劳动力从19亿增长到31亿，其中73％的劳动力来自发展中国家，仅中国和印度就占了40％。② 跨国公司都是有组织的实体，而全球劳动者则不可能有效地联合和维护自己的权利，而且由于全球劳动力后备军的存在，资本能够运用分而治之的策略来达到驯服雇佣工人的目的。几十年来，垄断资本把生产部门向南方国家转移，结果造成全球劳工"逐底竞争"，而跨国公司却从中榨取了巨大的"帝国主义租金"。另外，跨国公司拥有很强的游说能力，可以游说发展中国家的政府制定有利于资本流动与投资的政策。很多发展中国家

---

① 《列宁专题文集・论资本主义》，人民出版社2009年版，第150页。

② 参见［美］J. B. 福斯特、R. W. 麦克切斯尼、R. J. 约恩纳：《全球劳动后备军与新帝国主义》，张慧鹏译，《国外理论动态》2012年第6期。

的政府为换取GDP增长，不仅无视居民社会福利和劳工权益等方面的保护，还会承诺对投资和利润减免税收、给予信贷支持等各种优惠措施，以吸引国际资本投资设厂。因此，生产的全球化使得发达资本主义国家能够在公平贸易的口号下更加“文明”地剥削欠发达国家，而后者为了启动现代化，不得不接受前者的资本输出以及某些不合理的附加条件。

（二）在“资本—资本”关系上，跨国垄断资本支配了全球合作伙伴，金融垄断资本凌驾于产业资本之上

20世纪80年代以来形成的新的国际分工结构仍然延续着旧的不均衡、不平等的结构体系。尽管生产和营销是分散的，但是研发、金融和利润的控制中心仍然是跨国公司。跨国公司通常位于垂直专业化分工链条的最上游，拥有核心部件知识产权，负责制定技术和产品标准，控制着产品的研发设计环节，而它的合作伙伴往往依附于跨国公司，是产品标准和价格的接受者，更多从事劳动密集型的生产加工装配环节的劳动承担着简单零部件大批量生产的任务。作为跨国公司的代工工厂，这些企业只能赚取微薄的加工利润，而且这些企业里的工人工资水平普遍比较低、劳动强度很大、工作时间很长、工作环境较差。尽管产品的价值主要由代工工厂的生产工人创造，但跨国公司利用不平等的生产网络占有了大部分价值增值。据统计，美国公司的海外利润占比已经从1950年的5%增加到了2008年的35%，海外留存利润占比从1950年的2%一度增至2000年的113%。日本企业的海外利润比重从1997年的23.4%上升到了2008年的52.5%。[①] 跨国公司还常常利用对知识产权的垄断获取巨额回报。知识产权包括产品设计、品牌名称、营销中使用的符号和图像，它们受关于专利、版权和商标的规则和法律保护。联合国贸发会的数字表明，跨国公司的特许权使用费和许可收费已经从1990年的310亿美元增长到2017年的3330亿美元。[②]

随着金融自由化的狂飙突进，金融资本从服务于产业资本转变为凌驾于产业资本之上，金融寡头和食利者居于统治地位。1987年以后的短短20年间，国际信贷市场的债务从近110亿美元猛增到480亿美元，其增长率远远超出了经济增长率。2007年，全球衍生金融产品市值达681万亿美元，是全球GDP的13倍，是全球实体经济价值的60多倍。[③]

（三）在“国家—资本”关系上，新帝国主义国家实施新自由主义政策，极力维护垄断资本的利益

20世纪70年代中期以来，因为经济“滞胀”久拖未解，凯恩斯主义被政府弃置不用或少用。现代货币主义、理性预期学派、供给学派等新自由主义经济学，因适应垄断资本全球化金融化拓展的需要，而成了新帝国主义国家的经济理论和政策的宠儿。新自由主义是在金融垄断资本基础上生长起来的上层建筑，从本质上看，它就是维护新帝国主义统治的政策依据和

① 参见崔学东：《当代资本主义危机是明斯基式危机，还是马克思式危机?》，《马克思主义研究》2018年第9期。

② “World Investment Report 2018-Investment and New Industrial Policies”，https://unctad.org/en/Pages/DIAE/World%20Investment%20Report/World_Investment_Report.aspx.

③ 程恩富、侯为民：《西方金融危机的根源在于资本主义基本矛盾的激化》，《红旗文稿》2018年第7期。

意识形态。20 世纪 80 年代，美国总统里根和英国首相撒切尔夫人是新自由主义风靡全球的旗手，二人推崇现代货币主义、私有产权学派和供给学派的主张，执政期间推行私有化和唯市场化改革，随意放松政府监管，削弱工会和工人阶级维权的反抗力量。里根就任总统后，立即批准成立了以布什副总统为主任的撤销和放宽规章条例的总统特别小组，该小组主张的法令规章涉及生产安全、劳动保护、消费者利益保护等。里根政府还和大资本家联手打击公共部门与私人部门的工会，解雇工会的领导人和组织者，使得本就处于弱势地位的工人阶级更加被动。所谓的"华盛顿-华尔街复合体"(Washington-Wall Street Complex)表明：华尔街的利益就是美国的利益，对华尔街有利的就是对美国有利的，美国政府事实上已成为金融寡头谋取巨额经济政治利益的工具。① 因此，能把政府权力关进笼子的根本不是选民的选票，更不是"三权分立"的民主制度，而是华尔街的金融寡头及其军工复合利益集团。财力雄厚的华尔街财团通过提供竞选献金和操纵媒体，影响着美国的政治进程和政策议题。由于被垄断利益集团套上了"紧箍咒"，美国政府在推动经济社会良性发展和改善社会民生方面很难有所作为。年收入几千万美元的华尔街高管和美国政府高官的身份可以相互转换。例如，第 70 任美国财政部长罗伯特·爱德华·鲁宾(Robert Edward Rubin)曾供职于高盛 26 年，第 74 任财政部长亨利·保尔森(Henry Paulson)曾任高盛集团主席和首席执行官，特朗普政府的不少高官都是垄断企业的高管。正是由于"旋转门"机制的存在，即便政府出台相关金融监管政策，也很难从根本上动摇华尔街金融财阀的利益。而且，每当出现金融危机时，政府还要对华尔街垄断寡头提供紧急援助。有美国学者经过调查发现，美联储曾用秘密的应急贷款来满足华尔街大型利益集团的需求，包括大力支持那些列席地区联储银行理事会的银行家。2007 年美国次贷危机爆发，华尔街五大投行中的贝尔斯登被摩根大通收购、雷曼兄弟公司宣布破产、美林公司被美国银行收购，但是高盛却幸免于难。其主要原因：一是政府紧急给予高盛商业银行控股公司地位，此举使高盛从美联储获得海量救命资金；另一个是美国证券交易委员会禁止做空金融股。②

（四）在"国家—国家"关系上，新帝国主义的霸主——美国依靠美元霸权和知识产权，攫取全球财富

1944 年 7 月，根据美英政府倡议，44 个国家在美国新罕布什尔州的布雷顿森林商讨战后体系，会议通过了《联合国家货币金融会议最后议定书》《国际货币基金组织协定条款》《国际复兴开发银行协定条款》，统称《布雷顿森林协定》。布雷顿森林体系的核心内容之一是构建以美元为中心的国际货币体系。③ 美元与黄金挂钩，其他货币与美元挂钩，美元取代英镑在全球扮演世界货币的角色。美元相对其他货币的特殊优势，决定了美国处于和其他国家不同的

① 鲁保林：《"里根革命"与"撒切尔新政"的供给主义批判与反思——基于马克思经济学劳资关系视角》，《当代经济研究》2016 年第 6 期。

② 梁燕、唐钰、李萌、王会聪：《"高盛帮"在美国政坛能量有多大》，《环球时报》2017 年 1 月 18 日。

③ 陈建奇：《当代逆全球化问题及应对》，《领导科学论坛》2017 年第 10 期；何秉孟、刘溶沧、刘树成主编：《亚洲金融危机：分析与对策》，社会科学文献出版社 2007 年版，第 66 页。

特殊地位。据统计,美元占全球货币储备的70%、国际贸易结算的68%、外汇交易的80%以及国际间银行业交易的90%。[①] 由于美元是国际公认的储备货币和贸易结算货币,美国拿着几乎是零成本印刷出来的美元,不仅可以兑换他国实实在在的商品、资源和劳务,维持长期贸易逆差和财政赤字,而且可以进行跨国投资、并购他国企业,新帝国主义的掠夺性本质在美元霸权上体现得淋漓尽致。美国还可以通过输出美元获得国际铸币税收益,并能利用美元和美元资产贬值减轻外债。美国共产党经济委员会委员瓦迪·哈拉比(Wadi A Halabi)指出,美国国际收支账户中,其中海外净收入2001年为6583亿美元,2003年为8426亿美元。[②] 美元霸权还造成了财富从债权国向债务国转移,即穷国补贴富国的不公正现象。

20世纪90年代中期以来,国际垄断企业控制了全世界80%的专利和技术转让及绝大部分国际知名商标,并因此获得了大量收益。美国国家科学理事会于2018年1月发布的《2018年科学工程技术指标》数据显示,2016年,全球知识产权跨境许可收入总规模达到2720亿美元,其中,美国是最大出口国,知识产权出口额占全球总量高达45%,欧盟占24%,日本占14%,而中国占比不足5‰。与此形成鲜明反差的是,中国对外支付知识产权使用费由2001年的19亿美元攀升至2017年的286亿美元,知识产权跨境交易的逆差超过200亿美元,同期美国对外许可知识产权每年净收入都接近或超过800亿美元。[③]

四、国际寡头同盟的新垄断

列宁指出:"最新资本主义时代向我们表明,资本家同盟之间在从经济上瓜分世界的基础上形成了一定的关系,而与此同时,与此相联系,各个政治同盟、各个国家之间在从领土上瓜分世界、争夺殖民地、'争夺经济领土'的基础上也形成了一定的关系。""金融资本和同它相适应的国际政策,即归根到底是大国为了在经济上和政治上瓜分世界而斗争的国际政策,造成了许多过渡的国家依附形式。这个时代的典型的国家形式不仅有两大类国家,即殖民地占有国和殖民地,而且有各种形式的附属国,它们在政治上、形式上是独立的,实际上却被金融和外交方面的依附关系的罗网缠绕着。"[④]当今世界,新帝国主义在经济、政治、文化、军事领域已形成新的各种同盟和霸权关系。

从国际寡头同盟的新垄断来界定,新帝国主义的第四个特征表现为:"一霸数强"结成的国际垄断资本主义同盟,形成全球垄断剥削和压迫的金钱政治、庸俗文化和军事威胁的经济基础。

(一)以七国集团为主体的国际垄断资本主义经济和政治同盟

现今新帝国主义的国际性垄断经济同盟和全球经济治理框架是以美国为主导,G7(1975年,美、英、德、法、日、意六大工业国成立

---

① 王佳菲:《美元霸权的谋取、运用及后果》,《红旗文稿》2011年第6期。

② 余斌:《新帝国主义的白条输出》,程恩富主编:《马克思主义经济学研究》,中国社会科学出版社2015年版,第378页。

③ 杨云霞:《资本主义知识产权垄断的新表现及其实质》,《马克思主义研究》2019年第3期。

④ 《列宁专题文集·论资本主义》,人民出版社2009年版,第163、172页。

六国集团,次年加拿大加入形成七国集团首脑会议)及其垄断组织为协调平台,并以其控制的国际货币基金组织、世界银行和世界贸易组织为配合机构的。

第二次世界大战后形成的布雷顿森林体系架构下的全球经济治理体系,实质上是一个高级的由美国操纵的,服务于其全球经济政治战略利益需要的资本主义国际垄断同盟。到了20世纪70年代初,美元与黄金脱钩,布雷顿森林货币体系崩溃,七国集团首脑会议诞生,担当了加强西方共识,抗衡东方社会主义国家和抵制南方欠发达国家要求改革国际经济政治秩序呼吁的重任。① 随着新自由主义上升为全球经济治理的主导理念,这些多边机构和平台就成了新自由主义在全球传播和扩展的推动力量。它们根据国际金融垄断寡头及其同盟的意愿,软硬兼施,不遗余力地诱逼发展中国家实行金融脱实向虚的自由化、生产要素的私有化、事先不监管的唯市场化和资本项目下的自由兑换等,以方便国际游资进出,通过制造泡沫经济和金融投机,伺机掠夺和控制他国经济,从中牟取暴利。兹比格涅夫·布热津斯基(Zbigniew Brzezinski)在《大棋局》中也承认:"国际货币基金组织和世界银行,可以说代表着'全球'利益,而且它们的构成成分可以解释为世界性。但实际上它们在很大程度上受美国的左右。"②20世纪80年代至今,国际货币基金组织和世界银行引诱发展中国家推行新自由主义改革,而当这些国家因私有化、金融自由化改革陷入危机或困境时,国际货币基金组织等机构再以提供贷款援助相要挟,附加各种不合理条件,强迫这些国家接受"华盛顿共识",进一步加大新自由主义改革力度。1978—1992年,有70多个发展中国家和前社会主义国家执行了国际货币基金组织和世界银行强加的566个结构调整方案。③ 例如,20世纪80年代初,国际货币基金组织利用拉美债务危机强迫这些国家接受新自由主义改革。1979年,美联储为遏制通货膨胀,便推动短期利率从10%上升到15%,最后升到20%以上,由于发展中国家的现有债务与美国利率挂钩,美国利率每上升一个百分点,第三世界债务国一年多付40亿—50亿美元利息。1981年下半年,拉丁美洲每周要借入10亿美元,大部分用于偿还债务利息;1983年,拉丁美洲差不多拿出口收益的一半来偿还债务的利息。④ 拉美国家迫于还贷压力不得不接受国际货币基金组织所开的新自由主义改革"药方",其主要内容是推行国有企业私有化以及贸易金融自由化,厉行压缩民生福利的经济紧缩政策,减少垄断企业税收,削减政府开支和社会投资。在1997年亚洲金融危机中,国际货币基金组织在向韩国提供援助时附加了很多条件,其中包括允许外资持有股份由23%放宽到50%,到1998年12月进一步放宽到55%,允许外国银行在韩国自由设立分行和分支机构。⑤

---

① 吕有志、查君红:《冷战后七国集团的演变及其影响》,《欧洲》2002年第6期。

② [美]兹比格纽·布热津斯基:《大棋局:美国的首要地位及其地缘战略》,上海人民出版社2007年版,第24页。

③ 李其庆:《全球化背景下的新自由主义》,《马克思主义与现实》2003年第5期。

④ [美]杰弗里·弗里登:《20世纪全球资本主义的兴衰》,杨宇光等译,上海人民出版社2017年版,第343—346页。

⑤ 何秉孟、刘溶沧、刘树成主编:《亚洲金融危机:分析与对策》,社会科学文献出版社2007年版,第84、91页。

（二）以北约国家为主体的国际垄断资本主义军事和政治同盟

北约集团是一个在冷战时期美国首先发动成立和主导的、其他帝国主义国家参与的国际资本主义垄断军事同盟。冷战期间，北约是美国用来主动遏制和抗衡苏联东欧国家，影响和控制西欧国家的主要工具。冷战结束后，华约解散，北约成为美国实现全球战略目标的军事组织，“一霸数强”型资本主义寡头垄断同盟形成。美国前国务卿沃伦·迈纳·克里斯托弗(Warren Minor Christopher)说：“只有美国才能充当领导者的角色。”“发挥美国的领导作用需要我们有值得信赖的武力威胁作为外交的后盾。”[①]1998年12月美国推出的《新世纪国家安全战略》毫不隐讳地声称，美国的目标是“领导整个世界”，决不允许出现向它的“领导地位”提出挑战的国家或国家集团。[②] 2018年12月4日，美国国务卿迈克·蓬佩奥(Mike Pompeo)在布鲁塞尔出席“马歇尔基金会”的演讲时明确宣称：“美国没有放弃其全球领导地位，是在主权国家而非多边体系的基础上重塑‘二战’后的秩序……在特朗普总统的领导下，我们不会放弃国际领导地位和我们在国际体系中的盟友……特朗普正让美国恢复传统的世界中心领导者地位……美国想要领导世界，从现在直到永远。”[③]为了称霸全球、领导世界，美国极力推动北约东扩，扩展势力范围，以控制中东欧，压缩俄罗斯战略空间。在美国的操纵下，北约已然成为其实现全球利益的理想军事工具。1999年3月，以美国为首的北约多国部队向南斯拉夫联盟发起大规模空中袭击，这是北约成立50年来第一次对一个主权国家发动军事打击。1999年4月，北约在华盛顿举行首脑会议，正式通过北约的“战略新概念”，其核心内容：一是允许北约对防区以外“涉及共同利益的危机和冲突”进行集体军事干涉。这实质上是把北约由“集体防御”性军事组织变成一个所谓“捍卫共同利益和共同价值观”的进攻性政治军事组织。二是北约的军事行动无须取得联合国安理会的授权。[④]

除了北约之外，美国通过双边联盟条约形成的军事盟友主要包括日本、韩国、澳大利亚、菲律宾等国，在其军事盟友国家里都建有美国的军事基地，成为新帝国主义军事同盟的重要构成部分，在全球各地区形成军事威胁和挑衅，导致不少“热战”“温战”“凉战”“新冷战”，加剧新的军备竞赛。而新帝国主义的“国家恐怖主义”行径和反恐双重标准，又造成其他形式的恐怖主义盛行。

（三）以西方普世价值观为主导的文化霸权

除了经济同盟及其霸权和军事同盟及其霸权之外，新帝国主义的特征还表现为以西方普世价值观为主导的文化霸权主义。约瑟夫·奈(Joseph Nye)强调“软实力”就是通过吸引而非强迫或收买的手段来达己所愿的能力，而国家的软实力主要来自三种资源：文化(在能对他国产生吸引力的地方起作用)、政治价值观

① 转引自刘振霞：《北约新战略是美国霸权主义的体现》，《山西高等学校社会科学学报》1999年第3期。

② 参见刘振霞：《北约新战略是美国霸权主义的体现》，《山西高等学校社会科学学报》1999年第3期。

③ 《蓬佩奥扬言美国正建立全球新秩序，对抗中俄伊》，https://www.guancha.cn/internation/2018_12_05_482182_s.shtml。

④ 参见刘振霞：《北约新战略是美国霸权主义的体现》，《山西高等学校社会科学学报》1999年第3期。

(当它在海内外都能真正实践这些价值观时)及外交政策(当政策被视为具有合法性及道德威信时)。[①] 西方发达国家特别是美国,利用其资本、科技和市场优势对其他弱势国家和地区进行文化渗透,提出"以美国价值观为价值观"的一系列文化"新干涉主义"理论。美国通过向其他国家尤其是发展中国家输出美国的价值观念和生活方式,占领对方的文化市场和信息空间,把美国文化塑造成世界的"主流文化"。[②] 文化霸权主义或文化帝国主义通过控制国际舆论场,输出西方的普世价值观,实施和平演变和"颜色革命",以达到理查德·米尔豪斯·尼克松(Richard Milhous Nixon)所说的"不战而胜"之战略目的。苏联和东欧社会主义国家的演变就是非常典型的案例。众所周知,价值观的渗透通常是缓慢的、长期的和潜移默化的,其传播途径往往潜藏在学术交流、文学作品和电影电视之中。例如,好莱坞就是"美国霸权主义政策的传声筒","好莱坞的电影在向世界各地炫耀着美国的优势,并试图通过这种渠道达到其文化征服的目的"。[③] 曾任美国中央情报局高级官员的艾伦·福斯特·杜勒斯(John Foster Dulles)说:"如果我们教会苏联的年轻人唱我们的歌曲并随之舞蹈,那么我们迟早将教会他们按照我们所需要他们采取的方法思考问题。"[④] 基金会和智库也是新自由主义向外传播的重要推动力量,像福特基金会、洛克菲勒基金会、朝圣山学社、美国国际私营企业中心等通过资助研讨会和学术组织的方式,积极参与推广新自由主义价值观。

列宁曾指出,作为整个20世纪初期特征的已经不是英国独占垄断权,而是少数帝国主义大国为分占垄断权而斗争。[⑤] 而冷战结束以来,全球资本主义的特征是美国"独占垄断权",其他强国和大国无意亦无力与美国全面抗衡,个别国家如日本等曾试图在经济和科技上挑战美国的"垄断权",但最终一败涂地,后来欧元的出现,也未能动摇美国霸权。在军事方面,海湾战争、科索沃战争、阿富汗战争、伊拉克战争、利比亚战争、叙利亚战争等更加助长了美国的单边主义和霸权主义气焰。借助于经济、军事、政治寡头垄断同盟以及文化软实力,美国在全球推销普世价值观,煽动别国街头政治和颜色革命。通过制造发展中国家的债务危机和金融危机,打开他国金融开放的大门。而当其主导的全球治理体系遭遇挑战时,美国就发动贸易战、科技战、金融战和经济制裁,甚至威胁或实际发动军事打击。其中,美元、美军与美国文化是美帝国主义实施霸权的三大支柱,并形成互相配合利用的"硬实力""软实力""强实力"(经济制裁)、"巧实力"。[⑥] 要言之,"一霸数强"结成的

---

① 王岩:《文化软实力指标体系研究综述》,《马克思主义文化研究》2019年第1期。

② 郝书翠:《让中国特色社会主义文化在当代世界文化百花园里吐蕊争芳——访全国政协常委、民族和宗教委员会主任王伟光教授》,《马克思主义文化研究》2018年第1期。

③ 《伊朗官员抨击好莱坞电影　称其为美霸权主义"传声筒"》,http://www.chinadaily.com.cn/hqJs/JsgJ/2012-02-03/content_5075641.html。

④ 转引自肖黎:《美国政要和战略家关于对外输出意识形态和价值观的相关论述》,《世界社会主义研究》2016年第2期。

⑤ 《列宁专题文集·论资本主义》,人民出版社2009年版,第194页。

⑥ 程恩富、李立男:《马克思主义及其中国化理论是软实力的灵魂和核心》,《马克思主义文化研究》2019年第1期。

国际垄断资本主义同盟成为内外垄断剥削和压迫的金钱政治、庸俗文化和军事威胁的经济基础,也大大增强了美国作为新帝国主义霸主的地位。

五、经济本质和大趋势

列宁指出,帝国主义是垄断和掠夺的、寄生和腐朽的、过渡和垂死的资本主义。在经济全球化的新帝国主义阶段,当代资本主义经济基本矛盾表现为经济的不断社会化和全球化,与生产要素的私人所有、集体所有和国家所有的矛盾,与国民经济和世界经济的无政府状态或无秩序状态的矛盾。[①] 新帝国主义排斥国家和国际社会的必要调节,推崇私人垄断资本自我调节,维护私人垄断资本的利益,导致一国和全球的各类矛盾时常激化,经济危机(包括金融危机、财政危机等)、社会危机和生态危机成为"流行病",社会矛盾激化造成危机频发,各种危机与资本积累交织并行,形成当代资本主义垄断性和掠夺性、腐朽性和寄生性、过渡性和垂危性的新态势。

从经济本质和大趋势来界定,新帝国主义的三大特性表现为:全球化资本主义矛盾和各种危机时常激化,形成当代资本主义垄断性和掠夺性、腐朽性和寄生性、过渡性和垂危性的新态势。

(一)新帝国主义是垄断和掠夺的新型资本主义

新帝国主义就其经济实质来说,是建立在巨型跨国公司基础上的金融垄断资本主义。跨国公司生产垄断和金融垄断是从发展到更高阶段的生产和资本集中生长起来的,其垄断程度更深更广,以至于"几乎所有的企业都集中到越来越少的人手中"。以汽车业为例,汽车行业的五大跨国公司几乎占据世界汽车生产份额的一半,而前十大企业的生产份额占全球汽车生产的70%。[②] 国际金融垄断资本不仅控制了全球的主要产业,而且垄断几乎所有的原材料来源、各方面的科技人才和熟练体力劳动力,霸占交通要冲和各种生产工具,并通过银行和各种金融衍生品以及种种股份制,支配和占有更多的资本进而掌控着全球的各种秩序。[③] 如果以市价总值、公司收入及资产等衡量,世界各地的经济集中度都在上升,百强公司尤甚。2015年全球百强公司的市值是排名最后2000家公司的7000多倍,而1995年只有31倍。[④] 2018年7月19日《财富》世界500强公布的数据显示,2017年,世界500强(不含中国公司)的380家企业的营收达到22.83万亿美元,相当于全球GDP的29.3%,总利润则达到创纪录的1.51万亿美元,利润率同比增加了18.85%。[⑤] 利润份额和利润率两项指标的上升集中体现了新帝国主义的掠夺性。由于经济全球化、金融化与新自由主义政策对劳工构成了三重挤压,利润

① 程恩富:《新时代将加速民富国强进程》,《中央社会主义学院学报》2018年第1期。

② [美]约翰·贝拉米·福斯特、罗伯特·麦克切斯尼、贾米尔·约恩纳:《21世纪资本主义的垄断和竞争(上)》,金建译,《国外理论动态》2011年第9期。

③ 李慎明:《金融、科技、文化和军事霸权是当今资本帝国新特征》,《红旗文稿》2012年第20期。

④ 参见《贸易和发展报告2017》,https://unctad.org/en/PublicationsLibrary/tdr2017_ch.Pdf。

⑤ 参见《2018年财富世界500强排行榜》,http://www.fortunechina.com/fortune500/c/2018-07/19/content_311046.htm。

相对于工资迅速增长。[①] 1982—2006年间，美国非金融公司部门生产工人的实际工资增长率仅为1.1%，不仅远低于1958—1966年的2.43%，而且低于1966—1982年经济下行时期的1.68%。工资萎缩转化为公司的利润，推动利润份额在此期间上升了4.6个百分点，对利润率回升的贡献率高达82%。可以肯定地说，“劳动挤压”对利润率回升起到了关键性作用。[②] 而且，自2009年经济开始复苏以来，美国经济的平均利润率水平虽然低于1997年的峰值，但还是明显高于处于低谷时的20世纪70年代后期到80年代早期的水平。[③] 新帝国主义的本质就是控制和掠夺，其“掠夺式积累”特性不仅体现在剥削国内劳工，更体现在对其他国家的疯狂掠夺上。其形式和手段主要包括以下几种。

第一，金融掠夺。垄断寡头“通过金融化的方式控制国际大宗商品的价格进而影响原材料生产国和进口国，攫取巨额暴利；或通过资本的大规模流入和流出，制造金融泡沫和危机，影响他国经济和政治稳定；或通过金融制裁的手段达到不战而屈人之兵的目的”。[④] 新自由主义的金融创新导致金融衍生品泛滥，而政府监管滞后又助长了非生产性投机交易浪潮。一小撮处于金字塔顶端的金融寡头和跨国公司受益于金融资产价格膨胀，并从中攫取了与其数量不成比例的社会财富。

第二，公共资源和国有资产的私有化。自“撒切尔-里根主义”成为很多国家制定经济政策的主导理念以来，最近40年全球经历了一场大规模的私有化(民营化)运动，很多欠发达国家的公共资产落入私人垄断资本和跨国垄断企业手中，全球财富不平均水平亦因此飙升。最新发布的《世界不平均报告2018》显示：自20世纪70年代以来，各国私人财富普遍增长，与国民收入之比从200%—350%增长至400%—700%。相反，公共财富几乎都呈下降趋势。美国与英国的公共财富在近年下降至负数，日本、德国和法国的公共财富也仅仅略高于零。有限的公共财富限制了政府调节收入差距的能力。[⑤]

第三，强化“中心—外围”格局。新帝国主义国家利用其在贸易、货币、金融、军事和国际组织中的优势地位强化“中心—外围”格局，并借此不断榨取外围国家及地区的资源和财富，从而巩固自己的独占或寡占地位，保证其发展和繁荣。剩余价值国际转移率对一般利润率具有正效应。[⑥] 环顾全球，只有霸权国家才能借

---

① 李翀的研究也证明了剩余价值率的上升。据他测算，在1982—2006年间，美国企业的可变资本从15056.6亿美元增加到60474.61亿美元，增加幅度为301.66%。而剩余价值从6747.06亿美元增加到36152.62亿美元，增加幅度为435.83%。参见李翀：《马克思利润率下降规律：辨析与验证》，《当代经济研究》2018年第8期。

② 鲁保林：《劳动挤压与利润率复苏——兼论全球化金融化的新自由主义积累体制》，《教学与研究》2018年第2期。

③ [荷]古里尔莫·卡尔凯迪、[英]迈克尔·罗伯茨：《当前危机的长期根源：凯恩斯主义、紧缩主义和马克思主义的解释》，张建刚译，《当代经济研究》2015年第4期。

④ 谢长安：《金融资本时代下国际竞争格局演变研究》，《世界社会主义研究》2019年第1期。

⑤ 参见《世界不平均报告2008(执行摘要)》，https://wir2018.wid.world/files/download/wir2018-summary-chinese.pdf。

⑥ 王智强：《剩余价值国际转移与一般利润率变动：41个国家的经验证据》，《世界经济》2018年第11期。

助自身的经济、政治和军事实力将不发达国家创造的部分剩余价值转变为自己的国民财富。因此,新帝国主义垄断资本积累的结果,不仅在美国、法国等国内表现为垄断剥削的贫富两极分化和民生受损(波及 80 个国家的“占领华尔街”国际运动抗议“1%与 99%”贫富对立、波及多国的“黄背心运动”等均为表现),而且在全球表现为一极是中心国家总财富和洁净(生态环境财富)等的积累,另一极是众多外围国家相对贫穷、污染等的积累。2017 年,作为中心国家的七国集团国内生产总值高达 36.73 万亿元,占全球的 45.5%。① 瑞信发布的《全球财富报告 2013》显示,世界上最富有的 85 人所拥有的财富,相当于世界上底层 35 亿人的资产总和,也就是半数人类的总财富。②

(二) 新帝国主义是寄生和腐朽的新型资本主义

列宁指出:“帝国主义就是货币资本大量聚集于少数国家……于是,以‘剪息票’为生,根本不参与任何企业经营、终日游手好闲的食利者阶级,确切些说,食利者阶层,就大大地增长起来。帝国主义最重要的经济基础之一——资本输出,更加使食利者阶层完完全全脱离了生产,给那种靠剥削几个海外国家和殖民地的劳动为生的整个国家打上了寄生性的烙印。”③新帝国主义时代,食利者阶层人数剧增,食利国的性质更加严重,极少数资本主义国家寄生和腐朽的态势进一步加深。具体表现在以下几个方面。

第一,美国依靠美元、军事、知识产权、政治和文化霸权等掠夺全球,特别是发展中国家的财富,是全球最大的寄生性和腐朽性国家。以中美之间的贸易为例,中国把利用廉价劳动力、土地、生态资源生产出来的商品卖给美国,美国无须生产这些商品,只需印钞票即可。然后,中国赚来的美元又只能去购买美国国债等虚拟资产,为美国的借贷消费和对外扩张融资。美国输出到中国的是不能保值增值的有价证券,而中国输出到美国的主要是实体性商品和劳务。中国科学院国家健康研究课题组发布的《国家健康报告》显示:美国是全球获取霸权红利最多的国家,中国是全球损失霸权红利最多的国家。2011 年,美国霸权红利总量 73960.9 亿美元,占 GDP 的比例达到 52.38%,平均每天获取的霸权红利为 202.63 亿美元。而中国总计损失 36634 亿美元,若按劳动时间计算,中国劳动者有 60%左右的工作时间是在无偿为国际垄断资本服务。④

第二,军事开支增长,人民负担加重。新帝国主义主导下的世界大规模刺激先进武器的科技研发和军工产业不断扩张,因而“垄断资本所支持的军工综合体以及在殖民主义基础上形成的文化霸权,促使西方国家任性地干涉他国事务”。⑤ 由此,新帝国主义成了地区动荡和局势不稳定的始作俑者及战争的发动机,在过去 30 年,美国在 13 场战争中花费了

---

① The World Bank, “GDP ranking”, https://datacatalog.worldbank.org/dataset/gdp-ranking.

② 参见瑞信:《全球财富报告 2013》, https://publications.credit-suisse.com/tasks/render/file/?fileID=BCDB1364-A105-0560-1332EC9100FF5C83.

③ 《列宁专题文集·论资本主义》,人民出版社 2009 年版,第 186 页。

④ 杨多贵、周志田等:《国家健康报告第 1 号》,科学出版社 2013 年版,第 217 页。

⑤ 韩震:《西方社会乱局的制度性根源》,《人民日报》2016 年 10 月 23 日。

14.2 万亿美元，[①]而美国人民的医疗保障等民生改善问题因财力不足而受阻。高昂的军费开支成为国家和人民沉重的负担，而寄生于军火产业的垄断企业却因此而发财致富。根据英国国际战略研究所统计，2018 年，美国军费支出为 6430 亿美元，2019 年将达到 7500 亿美元，超过紧跟其后的 8 国军费总和。冷战后，美国先后发动或参与了海湾战争（1991 年）、科索沃战争（1999 年）、阿富汗战争（2001 年）、伊拉克战争（2003 年）、利比亚战争（2011 年）、叙利亚战争（2011 年至今）共 6 场战争，[②]这是垄断导致经济政治腐朽和寄生于战争的一种表现，是反文明、反人道、反人类命运共同体的野蛮行径，表明新帝国主义是战争频发的首要根源。

第三，财富和收入更加集中于少数拥有金融资产的阶层，形成 99%和 1%的贫富对立。新帝国主义阶段，生产的社会化、信息化、国际化程度空前提高，人类创造财富的能力比旧帝国主义时期不知要高出多少倍，但作为人类共同财富的生产力进步却主要造福于金融寡头，"大部分利润都被那些干金融勾当的'天才'拿去了"。[③] 例如，在 2001 年，美国 1%的最富有人口所持有的金融财富（不包括其房产权益）比 80%的最贫穷人口所拥有的金融财富多 4 倍。美国 1%的最富有人口拥有价值 1.9 万亿美元的股票，这与其他 99%的人口所持有的股票价值大致相当。[④]

第四，垄断阻碍了技术创新及其较快推广。贪婪和寄生决定了金融垄断资本对待技术创新具有二重性：一方面，垄断资本需要并依赖技术创新维持垄断地位；另一方面，垄断地位带来的高额利润意味着其在创新的速度上具有一定惰性。例如，在农药研发领域，1995—2005 年，农药研发成本上涨了 118%，但绝大多数的研发支出却花在了维持那些专利即将到期的旧化工产品的销售上。由于参与研发的公司数目减少，全球农用化学品的发展都在减速。[⑤] 又如，手机的多项先进功能即使在当年研发成功，但手机生产的垄断企业也要分几年来推广和应用，以促使消费者不断购买新功能手机，年年汲取更多的高额垄断利益。

第五，垄断资产阶级及其代理人制造民众运动中的腐化现象更加严重。列宁早就指出："在英国，帝国主义分裂工人、加强工人中间的机会主义、造成工人运动在一段时间内腐化的这种趋势，在 19 世纪末和 20 世纪初以前很久，就已经表现出来了。"[⑥]新帝国主义利用苏联解体东欧剧变的时机，分化工人阶级队伍，打击和削弱各国工会，用垄断利润收买个别人的人心，培植工人运动和各种民众运动中的机会主义和新自由主义势力，从而造成工人运动和各种民众中出现腐化趋势，导致世界

① 参见《马云：过去的全球化由 6500 个跨国公司来控制》，http://finance.qq.com/a/20170119/000649.htm。

② 朱同根：《冷战后美国发动的主要战争的合法性分析：以海湾战争、阿富汗战争、伊拉克战争为例》，《国际展望》2018 年第 5 期。

③ 《列宁专题文集·论资本主义》，人民出版社 2009 年版，第 117 页。

④ ［美］约翰·贝拉米·福斯特：《资本主义的金融化》，王年咏、陈嘉丽译，《国外理论动态》2007 年第 7 期。

⑤ ETC Group, "Breaking Bad: Big Ag Mega-Mergers in Play Dow + DuPont in the Pocket? Next: Demonsanto?", http://www.etc-group.org/sites/www.etc-group.org/files/files/etc_breakbad_23dec15.pdf.

⑥ 《列宁专题文集·论资本主义》，人民出版社 2009 年版，第 192 页。

社会主义运动的低潮，以及崇拜或惧怕新帝国主义势力的倾向更为明显和严重。

(三)新帝国主义是过渡和垂危的新型资本主义

列宁发表的《帝国主义是资本主义的最高阶段》揭示垄断资本主义具有过渡性或垂死性，已有100多年。然而，似乎令许多人感到困惑的是，迄今为止，除了极少数国家属于社会主义以外，绝大多数资本主义国家并没有灭亡，而且还获得了不同程度的发展并将继续下去。这就提出了一个十分重要的问题，即如何去判断当代资本主义的过渡性或必亡性发展趋势？遵循历史唯物主义的分析方法，新帝国主义的过渡性是指：第一，同世界上任何事物一样，新帝国主义制度也是变化着的。它在人类历史上具有暂时性，不具有永恒性。第二，它的变化发展同样遵循从低级向高级的路线，新帝国主义最终必然通过多种形式的革命而转向社会主义。在新帝国主义时代，发达资本主义经历了许多重要的技术和制度变革，这在一定程度上为资本主义的进一步发展提供了基础，并延缓了资本主义的灭亡。有资料表明，资本主义国家的工业平均增长速度，在自由竞争的资本主义阶段只有2%左右，而在垄断资本主义阶段，却达到了3%左右。这种速度或快或慢地继续下去，使得列宁所说的它在腐朽状态中保持的时期大大地延长了。这是因为，资本主义国家对生产关系和上层建筑作了不少的调整，如一定程度的宏观经济调控、分配制度和社会保障的改良、金钱政治和家族政治的时好时坏某种调节，等等。尤其是经济全球化对于发达资本主义国家来讲，毫无疑问利要大于弊。因为，在经济全球化进程中，实力雄厚的发达资本主义国家占据着绝对的主导地位。凭借着这种主导地位，发达资本主义国家就可以获得尽可能多的利益。私人垄断资本通过扩大世界市场等经济全球化途径来进行“资本修复”，延续更长的生命周期。“近两年来，特朗普政府鉴于国内危机的加深逆全球化历史潮流，坚持‘美国优先’的方针政策，挑起国际经济贸易争端，力图向外摆脱和转嫁国内的危机。”①美国采用某些保护主义的逆全球化措施的目的，就是企求在经济全球化中缓解国内困境和危机而汲取更多的霸权利益。

不过，新帝国主义和资本主义在一定时期内的发展与其最终必然灭亡这两者之间并不存在矛盾。列宁所说的帝国主义是垂死的资本主义，讲的只是资本主义必然灭亡并由社会主义所取代的趋势，我们不能简单地理解为新帝国主义或所有资本主义国家将顷刻消失。实际上，马克思主义经典作家并没有给出资本主义和帝国主义灭亡的具体时间表。列宁给出的是科学判断：“帝国主义是衰朽的但还没有完全衰朽的资本主义，是垂死的但还没有死亡的资本主义。”②列宁充分地预见到了这个垂死的资本主义很可能还会“拖”一个相当长的时期，甚至也不排斥，在这个垂死的阶段中，资本主义还会得到一定程度的发展。比如，列宁在讲到帝国主义的腐朽性时说：“如果以为这一腐朽趋势排除了资本主义的迅速发展，那就错了。不，在帝国主义时代，某些工业部门，某些资产阶级阶层，某些国家，不同程度地时而表现出这种趋势，时而又表现出那种趋势。整个说来，资本主

① 刘明国、杨珺珺：《警惕新一轮更为深重的金融危机——美国后危机时代的经济态势分析》，《海派经济学》2019年第1期。

② 《列宁全集》(第29卷)，人民出版社2017年版，第479页。

义的发展比从前要快得多。""它可能在腐烂状态中保持一个比较长的时期(在机会主义的脓疮迟迟不能治好的最坏情况下),但终究不可避免地要被消灭。"①那么,新帝国主义和当代资本主义新变化为什么不会改变它必然灭亡的历史发展趋势呢? 这是因为,资本主义基本矛盾仍然存在并继续发展,资本主义积累规律仍然存在并继续发展,资本主义经济危机仍然存在并继续发展。所以,以 19 世纪末 20 世纪初基本形成垄断资本主义为标志,列宁便揭示和宣布:作为垄断资本主义的帝国主义具有寄生性或腐朽性、过渡性或垂死性(必死性),世界处于帝国主义和无产阶级革命的时代,而帝国主义时代的经济政治发展不平衡规律使革命有可能在一国或数国首先胜利。在《共产党宣言》判断资本主义必然灭亡、《资本论》宣布资本主义私有制的丧钟就要敲响了的数十年后,由于列宁领导的无产阶级政党实施正确的战略策略,因而 1917 年爆发的十月革命就很快"敲死"了军事封建帝国主义国家的沙俄。接着,毛泽东领导的无产阶级政党实施正确的战略策略,"敲死"了国民党统治的半殖民地半封建社会(毛泽东指出,第二次世界大战后中国呈现为封建的、买办的国家垄断资本主义状态)。20 世纪 15 个共产党领导的社会主义国家存在的历史充分印证了上述理论,而戈尔巴乔夫、叶利钦领导的苏联共产党主动背叛马克思列宁主义,导致苏联和东欧社会主义国家倒退到资本主义社会(白俄罗斯另当别论),表明社会主义及其经济制度发展的曲折性和艰难性,但改变不了大时代的性质和总趋势。

1984 年 10 月,邓小平指出:"国际上有两大问题非常突出,一个是和平问题,一个是南北问题。还有其他许多问题,但都不像这两个问题关系全局,带有全球性、战略性的意义。"1990 年 3 月,邓小平又说:"和平与发展两大问题,和平问题没有得到解决,发展问题更加严重。"②可见,邓小平强调"和平与发展"是当今时代所要解决的两大问题或主题,与列宁说的"战争与革命"两大问题是互相转化和辩证统一的,③并没有否定资本主义和新帝国主义趋向社会主义的大时代性质。

因此,依据上述新帝国主义特征和特性的分析,我们认为,新帝国主义既是资本主义从自由竞争、一般私人垄断、国家垄断发展到国际垄断的新阶段,是国际垄断资产阶级的新扩张,也是极少数发达国家主导世界的新体系,是经济政治文化军事霸权主义的新政策;从现阶段国际正义力量和国际阶级斗争的曲折发展来判断,21 世纪是世界劳动阶级和广大人民进行伟大革命和维护世界和平的新时代,是社会主义国家进行伟大建设和快速发展的新时代,是进步的文明国家共同构建人类命运共同体的新时代,是新帝国主义和全球资本主义逐渐向全球社会主义过渡的大时代。

---

① 《列宁专题文集·论资本主义》,人民出版社 2009 年版,第 210、212 页。

② 《邓小平文选》(第 3 卷),人民出版社 1993 年版,第 96、353 页。

③ 李慎明:《对时代和时代主题的辨析》,《红旗文稿》2015 年第 22 期。

新自由主义全球化下的剥削之谜

——基于全球商品链与新帝国主义的视角

【内容提要】 本文关注在新自由主义全球化背景下资本主义剥削的真正含义。在 21 世纪的资本主义生产不再是国家经济的集合体,并单纯按照 GDP 以及国家之间发生的贸易和资本交换对其进行分析,也不再为现有政治经济学甚至左翼学者所能理解。本文主张将资本主义剥削的分析视角从国家实体转变为跨国公司的全球商品链,并为此构建以劳动力为中心的劳动价值商品链分析方法。本文认为,帝国主义是通过全球商品链,利用南北方国家间巨大的单位劳动成本差异榨取外围地区的超额利润,并将其间所产生的附加值归功于中心国家自身的经济活动。因此,单位劳动成本是解开新自由主义全球化下剥削之谜的关键,而单位劳动成本分析所揭示的极高剥削率则反映了全球化垄断金融资本的本质。

【作者简介】 因坦·苏万迪(Intan Suwandi),美国俄勒冈大学社会学系博士;R. 贾米尔·约恩纳(R. Jamil Jonna),美国每月评论基金会助理编辑;约翰·B. 福斯特(John B. Foster),美国俄勒冈大学社会学系教授

【原文出处】 《国外社会科学前沿》2019 年第 9 期

21 世纪的资本主义生产不应再被仅仅理解为国家经济的集合体,并单纯按照国内生产总值(GDP)以及国家之间发生的贸易和资本交换对其进行分析。相反,它日益被组织在由横跨全球的跨国公司所控制的全球商品链(Global Commodity Chains)(也被称为全球供应链或全球价值链)中。在这些链条中,生产分裂为许多环节,每一环节都体现经济价值的转移。超过 80%的世界贸易为跨国公司所控制,它们的年销售额大约相当于全球 GDP 的一半,因此这些商品链可以看作是由世界经济中心紧紧掌控,而正是这个所谓的世界经济中心将主

要位于南方国家的生产与主要位于北方国家的垄断性跨国公司的最终消费和资金库连接起来。通用汽车的商品链包含全球两万家企业，其中大部分以零部件供应商的形式存在。美国没有一家汽车制造商从海外进口的汽车零部件是少于20%的，有时进口零部件可达组装汽车所需零件的50%以上。同样，波音公司从国外采购的飞机零部件占1/3左右。其他美国公司，如耐克和苹果公司，将其生产离岸外包给主要位于外围地区的分包商，依据其严密的数字规范进行生产。这是一种被称为公平交易的现象，有时也被称为非股权生产模式。如今，世界经济中心的跨国公司的这种生产离岸外包导致生产性岗位的主要集中区域发生了巨大转变——从20世纪70年代的北方国家转到21世纪的南方国家。

研究发现，离岸外包步伐的加速与外围低工资区域的外商直接投资(FDI)以及企业内部贸易密切相关。2013年，全球"发展中经济体"的外商直接投资流入量占总投资额的比例创下52%的历史新高，"首次超过发达经济体的流入量，达到1420亿美元"。但如今同等重要的是公平交易。世界银行基于美国人口普查数据指出，57%的美国贸易属于公平交易，而其中快速增长的部分则以垄断公平交易的形式进行，包括分包商(如在中国大陆运营的台企富士康)为购买者驱动型跨国公司(如苹果公司)生产商品(如苹果手机)而进行的特定生产。总之，美国贸易伙伴的人均收入越低，其在美国公平交易中所占份额也就越高，这表明一切都与低工资相关。即便是拥有很高对外直接投资水平的跨国公司，也以介于直接剥削与间接剥削之间的方式广泛参与公平交易。2010年，公平交易创造了约两万亿美元的销售额，"其中大部分是在发展中国家"。2010—2014年，世界经济增速为4.4%，而公平交易则以6.6%的速度增长，增速远超前者。

虽然这些现象屡见不鲜，但就能够从跨国公司经营活动中寻找到的所有先例而言，如今商品链的规模和复杂程度体现着正带来整个全球政治经济特征的某种质变。无论是对于左翼还是右翼政治经济学分析来说，这都带来了巨大混乱。比如，鉴于生产性岗位的转变和一些"外围"国家，特别是东亚国家的快速增长，大卫·哈维(David Harvey)认为，帝国主义的方向在某种程度上发生了逆转，西方或北方国家现在正成为输家。正如他所说："两个多世纪以来财富由东向西的历史性流失在过去30年里被很大程度地逆转了……我认为，接受乔万尼·阿瑞吉(Giovanni Arrighi)的主张是有益的。我们应放弃帝国主义观念以及刻板的中心—外围世界体系理论模型，而对全球国家体系内多变的竞争性霸权采取更为灵活的理解。"

然而，这种看法是基于一种错觉，即认为21世纪帝国主义还可以像过去那样主要在民族国家层面进行分析，而不必系统考察跨国公司日益扩大的全球影响力以及全球劳工套利的作用。问题在于，当今来自世界经济中心的全球寡头，如何在不平等交换过程中获取外围地区劳动力所创造的价值，从而"以更少代价换取更多劳动力"。其结果在维持全球剥削结构并加剧全球价值转移的同时，改变了全球工业生产结构。

由全球商品链或供应链所造成的世界就业形势的复杂状况如表1所示，表中包含2008年和2013年在全球商品链中占据就业岗位最多的国家。

如表1所示,迄今为止,中国和印度在全球商品链就业总量中所占份额最大,并且对两国而言,美国是最主要的出口目的地。这就造成世界经济中生产与消费彼此日益分离的情况。此外,正如我们将看到的,尽管大部分生产发生于外围或南方较贫穷国家,然而与这些商品链相关的增值,却被不成比例地归功于处于中心地带的富裕国家的经济活动。

表1 在全球供应链中占据就业岗位最多的国家及其主要出口目的地

国家	2008年		2013年	
	在全部GSC就业岗位中所占份额(%)	主要出口目的地	在全部GSC就业岗位中所占份额(%)	主要出口目的地
中国	43.4	美国	39.2	美国
印度	15.8	美国	16.8	美国
印尼	4.6	日本	4.6	中国
俄罗斯	4.1	德国	4.1	中国
巴西	3.5	美国	4.1	中国
德国	3.4	法国	3.6	中国
美国	3.3	加拿大	3.6	中国
日本	2.3	美国	1.9	中国
墨西哥	1.8	美国	2.2	美国
韩国	1.7	美国	2.1	中国
英国	1.7	美国	1.9	美国
总计	85.6		84.2	

注:“在全部GSC(Global Supply Chain)就业岗位中所占份额”涉及世界投入产出数据库(WIOD)序列中的40个国家;“主要出口目的地”是指某一指定国家GSC就业岗位大部分产出的出口国。

法国经济与社会研究中心的研究人员指出,全球商品链涵盖三种不同要素:生产要素,在复杂生产链中将零部件与商品相连接;价值要素,在全球范围内实现公司之间和公司内部价值传递并注重作为“价值链”的作用;垄断要素,它反映这样一种事实:这种全球商品链是由垄断跨国公司的金融总部控制,并汇集巨额垄断租金,正如斯蒂芬·海默(Stephen Hymer)在20世纪70年代提出的理论。全球供应链与全球价值链之间的区别,就好比被马克思称为商品的物质形式或“自然形式”的使用价值,与其“价值形式”即交换价值之间的区别。然而,所有这些都需要统一于全球商品生产的一般理论中。

在对全球商品链的这种分析中,通过对物质(供应)和价值两重性的认识,将使用价值和交换价值结合在一起,因为在所有资本主义生产中,价值要素在这类商品链中占主导地位,并根植于对劳动力的剥削。因此,我们将重点放在对所谓的劳动价值商品链的理论性和实证性分析上,强调交换价值(价值形式)要素的同时,也不忽视物质或使用价值(自然形式)要素。我们试图通过这种方式了解全球劳工套利的新帝国主义的运作方式，以及源于外围低薪劳动力的价值是如何在全球范围内被捕获的。

利用可公开使用的世界经济活动数据库，我们构建了一套既涵盖劳动生产率又包括工资水平的单位劳动成本。目标在于建构一种基于劳动价值关系并在理论上一致的方法论，以便对劳动剥削进行跨国比较，从而为商品链分析建立理论性和实证性基础。我们根据单位劳动成本对商品链中的每个环节或节点展开构想。单位劳动成本在很大程度上决定利润率，而生产的关键节点是那些劳动力成本最密集的地方，因此其包含最多社会必要劳动，比如产品装配。

对世界经济中心和外围主要国家的单位劳动成本的考察表明，在 21 世纪帝国主义中，跨国公司能够进行不平等交换并在其中以更少代价获得更多劳动力，而其获得的超额剩余价值往往被误导性地归因于发生于世界经济中心的"创新性"、金融性、榨取价值的经济活动。事实上，与全球劳工套利相关的巨大价值捕获主要是避开中心经济体的生产环节，那里的工人眼睁睁地看着自己的工作被外包出去。这有助于巨量财富的积累，而这些财富与中心经济体自身的经济增长相脱节。这些从外围地区流失的价值大多以未被记录的非法流动形式存在。挪威经济学院应用经济学中心和位于美国的全球金融诚信组织最近对全球金融流动的一项开创性研究表明，仅 2012 年，发展中国家和新兴经济体向富裕国家的净资源转移就达到两万亿美元之多。

从位于南方的外围经济体掠夺的大量战利品最终被置于加勒比海地区的"金银岛"，那里存放着数万亿美元的资本，这些资本甚至处于最强大民族国家的税务和会计机构的管辖之外。这种金融征收是整个垄断金融资本时代的特征，在这个时代，马克思所说的"征收利润"(Profit by Expropriation)或"异化利润"(Profit by Alienation)的作用日益显著。与直接价值生成相比，价值捕获(Value Capture)和价值榨取(Value Extraction)在决定跨国公司利润方面的作用日益明显。显然，生产全球化是基于中心和外围经济体之间单位劳动成本的巨大鸿沟而建立的，这体现了外围经济体中更高的剥削率。这反映了一个事实，即北方国家与南方国家之间的工资差异大于其生产率差异。数据显示，在过去 30 年的大部分时间里(截至 2019 年)，主要中心国家(美国、英国、德国和日本)与主要外围新兴国家(中国、印度、印度尼西亚和墨西哥)之间制造业单位劳动成本差距在 40%—60%。全球南北方国家之间的巨大鸿沟源于一种允许资本国际自由流动而对劳动力国际流动进行严格限制的体系。其结果是外围地区保持低工资水平，并使从南方国家大量吸取经济盈余成为可能。正如乌特萨·帕特奈克(Utsa Patnaik)和普拉巴特·帕特奈克(Prabhat Patnaik)所指出的，"外围地区的盈余流失不仅涉及资本的流动方向，更涉及一种在无任何补偿情况下猎取一个经济体盈余的现象"。

一、全球商品链与帝国主义价值捕获

"供应链"一词通常涉及"一系列生产操作"，它"从产品或系统的构想和开发开始，经过包括输入物(原材料、工具、设备)的获取在内的生产过程，最终到分配、维护和产品生命周期的结束(即消费)。将生产过程各个步骤中生产的部件和模块组装起来，完成最终产品"。

全球商品链可以被视为："由参与生产活动

的金融集团创造的集约一致的全球性空间。这些空间是全球性的,因为它们为资本价值的扩大开辟了战略视野,这些资本超越国界,并削弱国家监管。这些空间是集约一致的,因为它由数百甚至数千家子公司(生产、研发、金融等)组成,这些子公司的活动由经营资源的中心主体(母公司或控股公司)整合和控制,以确保资本增值过程无论在经济上还是金融上都有利可图。”

各国参与全球商品链这一行为对劳动力有着深远影响。从与全球商品链相关的工作岗位数量的快速增长就可窥一斑:劳动者数量从1995年的2.96亿增长到2013年的4.53亿。商品链生产方式的这种增长主要集中在“新兴经济体”中,在那里,这类工作岗位在1995—2013年间估计增长了1.16亿,并且主要集中在向北方国家出口的制造业领域。2010年,全球79%的产业工人生活在南方国家,而这个数据在1950年为34%,在1980年为53%。制造业已成为第三世界出口和生产领域“活力的主要来源”,对东亚和东南亚来说尤其如此,到1990年,其制造业在国内生产总值中所占份额高于其他地区。亚洲开发银行的一份报告显示,东南亚的大多数国家,特别是那些被视为发展中国家的地方,从20世纪70年代到21世纪,制造业产出份额均有所增长。

探究这一复杂现实对社会科学家提出了挑战。马克思曾在《资本论》中写道:“任何单个资本……本身就是商品世界的一般形态变化序列中的一个环节。”①后来,继马克思之后,鲁道夫·希法亭(Rudolf Hilferding)在《金融资本》中又提及“商品交换链条中的环节”。受早期马克思主义描述资本主义世界经济特征的商品交易链(Chains of Commodity Exchanges)概念的启发,特伦斯·霍普金斯(Terence Hopkins)和伊曼纽尔·沃勒斯坦(Immanuel Wallerstein)在20世纪80年代将商品链概念作为世界体系理论的一部分,并强调“工业在漫长的16世纪期间的历史性重构”。以加里·格里菲(Gary Gereffi)和米格尔·科尔泽涅维奇(Miguel Korzeniewicz)主编的《商品链与全球资本主义》的出版为标志,全球商品链研究在20世纪90年代中期变得更为流行。后来,格里菲也成为2000年全球价值链/全球供应链研究网络形成过程中的突出人物。这一研究网络的构建目的在于整合几种不同但相近的全球链研究方法。尽管全球价值链/供应链框架本身受到早期关于全球商品链研究的启发,但它常常与交易成本经济学的新古典传统相结合。

在引入商品链概念时,霍普金斯和沃勒斯坦将其定义为“一种由劳动与最终结果是制成品的生产过程所组成的网络”。这种商品链通常“在地理上是广阔的,并包含多种生产单位,其中有多种劳动报酬模式”。商品链学者使用“节点”(Node)这个术语来指涉构成商品链的可分离过程。在这种语境下,一个节点表示一种特定或明确的生产过程,“商品链中的每个节点都包含输入物(如原材料或半成品)的获取与组织、劳动力及其供应、运输、通过市场或转让而进行的分配以及消费”。如今,国际商品生产日益采取复杂且拥有更高组织水平的劳动价值商品链形式。因此,中心经济体也愈加依赖从低收入国家进口的商品和服务(包括装配)。正如现在被普遍承认的那样,与此类商品相关的显著特征之一是“发展中国家劳动力所占比例极

① 译文参考《资本论》(第2卷),人民出版社2004年版,第67页。

大且不断增长”。

威廉·米尔贝格(William Milberg)和黛博拉·温克勒(Deborah Winkler)认为,企业战略的转变是全球化“新浪潮”的关键驱动力。该战略包括寻求更低成本和更大灵活性,以及希望“为金融活动和短期股东利益分配更多资源,并减少对于长期就业和工作保障的承诺”。此外,格里非还特别强调不生产自身产品的大型跨国公司的出现是离岸外包“新趋势”的核心所在。像大型零售商和品牌专营商这类企业,可以被视为过去几十年日益凸显的全球链的新的驱动力。跨国公司的公平生产与其治理结构相关,其中,耐克和苹果公司可能是最典型的例子。在治理结构中,通常位于世界经济中心的跨国公司对在商品输出国(通常为第三世界)建立分散的生产网络发挥关键作用。它们实际上并非真正的制造商,而仅是商人,即那些“设计及(或)营销所销售的品牌产品,但不对其进行生产”的公司。

对公平企业交易的热议,突出了这种链条在生产的地理分布意义上的“分散特征”。然而,这绝不意味着对生产(和增值)控制的实际去集中化,虽然某一特定跨国公司在已被分包出去的各生产部门中并无股权,但与其相关的“分散的”商品链实际上还是为其集中的金融总部所掌控。跨国公司的金融总部保持对信息技术和市场的垄断,进而占有商品链各个环节的一大部分增加值。尽管中国被誉为最大的高科技产品出口国,但经济学家马丁·哈特-兰兹伯格(Martin Hart-Landsberg)指出,中国高科技出口的85%都是跨国公司全球商品链中的环节或节点。正如海默几十年前所说:“跨国公司的总部在摩天大楼顶端进行统治;在天气晴朗时,他们几乎可以俯视全世界。”

约翰·B.福斯特(John B. Foster)、罗伯特·W.麦克切斯尼(Robert W. McChesney)和贾米尔·琼纳(R. Jamil Jonna)认为,公平交易的确允许企业“通过国际运营并对其供应链施加战略控制”以捕获“极高利润率,尽管它们相对缺乏实际对外直接投资”。但这通常很难被察觉到,因为在这种情况下,跨国公司往往与为其生产商品的工人或农民只存在间接联系,从外国分包商流向其位于北方国家的客户(跨国公司)的可见利润流动无法追踪。因此,要想做出能够说明全球劳工套利全部影响的实证分析,无疑是非常困难的。

然而,仔细考察这些离岸外包形式背后的逻辑,将使我们了解劳动价值商品链及其内含的权力关系。问题不仅在于跨国公司如何管理商品链,更在于商品链如何促进对南方国家盈余的榨取。这一点在摩根士丹利前首席经济学家斯蒂芬·罗奇(Stephen Roach)著名的全球劳工套利概念中体现为“国外低薪但同样优质的工人”对美国和其他富裕经济体高薪工人的替代。在这里,全球劳工套利被合理化为北方企业迫于削减成本和“寻求新效能”的压力而采取的“一种应急生存策略”。

经过严格考察发现,这种对于成本控制的需求,恰是基于资本和劳动力流动自由度的不均衡而在不完善的全球市场内利用价格(即工资)差异进行套利的一种形式。由于移民政策,劳动力在很大程度上仍被限制在国界范围之内,而全球资本和商品拥有更大的流动自由,近年来贸易自由化进一步加剧了流动自由。因此,全球劳工套利成为跨国公司从“劳动力价格的巨大国际差异”中获取利益的一种手段。

从批判的政治经济学角度来看,全球劳工套利是国际资本对南方国家劳动力的过度剥削。它构成不平等交易,这可被理解为以更少成本换取更多劳动力,处于中心地带的垄断金融资本在此交易中受益于南方国家低成本劳动力所带来的高利润。同时,不平等交易进程标志着南方国家进一步融入全球经济。

在马克思劳动价值理论语境下,全球劳工套利是一种对增值的追求。它是一种谋求既降低社会必要劳动成本又最大限度占有剩余价值的策略。为从工人身上榨取更多,这种策略包括各种手段,比如外围经济体工厂中压抑的工作环境、国家对工会的强制性禁令、配额制度或计件工资制。

全球劳工套利之所以可能,在某种程度上就是由于被马克思视为产业后备军的失业者的存在,就全球范围而言,即全球劳动后备军的存在。过去几十年更大规模全球后备军的形成,部分原因在于一大批发展中国家和转型国家的劳动力融入全球经济,从而导致全球劳动力及其后备军规模的扩大。很大一部分全球外围国家通过农业商业导致的非农化也是这支后备军形成的关键因素。农民被迫离开土地,导致城市贫民窟人口的扩张。马克思将农民(后备军的"潜在"成分)从土地上的"解放"与"所谓原始积累"联系在一起。

全球劳动后备军的再生产不仅服务于短期利润的增加,而且为维护跨国公司的长期积累以及与跨国公司结盟的国家结构提供了一种在全球范围内对劳动力分而治之的方法。尽管企业间竞争仅限于寡头对抗,但通过增加相对过剩人口的数量,世界工人(尤其是南方国家的工人)彼此间竞争大为加剧。这种分而治之的战略有助于"整合不同剩余劳动力,以确保不断增长的全球后备军供应",他们"迫于无保障就业和持续失业的威胁而减少反抗"。

从上述讨论可以看出,自由竞争模式已经过时。尽管如此,追求低成本生产的"传统"规则仍然存在并发挥作用。事实上,有人可能会说,这一规则在垄断金融资本时代更为强化。跨国公司的目标始终是创造并维持其垄断能力与垄断租金,即"通过主要生产成本的加成来产生持续高额经济利润的能力"。扎克·科佩(Zak Cope)写道,随着生产的全球化,"领先的寡头垄断企业竞相降低劳动力和原材料成本。它们向欠发达国家输出资本,以确保对充足廉价劳动力的剥削以及对经济上关键自然资源的控制所带来的高回报"。无论是通过企业内部贸易还是公平交易,过去几十年来增长的离岸外包趋势构成了跨国公司帝国主义事业的延续,而处于由美、加、欧、日所组成的经济集团中的国家只得完全遵从这些事业。

这种用来说明各个国家对全球商品链的参与同单位劳动成本变化之间的关系的实证分析可以使人们对全球化生产的一般性理解更为具体化,有助于理解全球化生产背后的不平等交易过程与帝国等级制度。下面我们将看到,单位劳动成本数据有助于建构以劳动力为中心的劳动价值商品链分析,进而深化对不同劳动剥削率及其与生产全球化间关系的理解。

二、建构劳动价值商品链的方法:一种实证模型

在国际劳工组织(ILO)2015 年发布的一份关于世界就业的报告中,有一章集中探讨了全球生产模式变化对企业及就业的影响。报告指出,与全球商品链相关的就业岗位数量在 1995—2013 年间急剧增加。据估计,全球约 1/5 的就业岗位与全球商品链相关,所谓新兴经济体制造业部门的增长更为瞩目。有趣的是,

报告还发现，参与全球商品链对企业生产率及其盈利能力产生积极影响，但对工资来说并非如此。生产率的提升及其对工资积极影响的缺失意味着，参与全球商品链会导致“工人所获增加值比例”的下降。报告总结道：“这是将参与全球供应链直接与新兴经济体及发达经济体所占工资份额相联系的结果。”

对单位劳动成本（即对单位产品生产所花费劳动成本的一种计量）的差异进行国际比较，这与国际劳工组织所提出的基本问题相同，但前者的目的在于揭示毛利润率或剩余价值率。单位劳动成本将生产率与工资成本相结合，这与马克思剥削理论对待劳动成本的方式非常相近。

单位劳动成本是一种综合性衡量指标，它将劳动生产率与薪酬数据相结合，以对一组给定国家的价格竞争力进行评估。它通常以每单位实际产出的平均劳动力成本（即每小时薪酬总额与每小时劳动产出量间的比率）的形式出现。尽管单位劳动成本数据可以为整体经济进行编制，但大多数分析师将重点集中于制造业部门，以提高可比性。

与劳动生产率的增长率相比，单位劳动成本是衡量国际竞争力的一个更为全面的指标。在资本主义经济体中，相对生产率和相对工资都不足以对不同资本主义经济体各自的地位进行分析，而单位劳动成本则是将两者结合起来。例如，生产率增速较高的国家在竞争中可能会败于生产率增速较低但工资成本更低的国家。相反，工资成本更低的国家在竞争中也可能会输给生产率增速较高的国家。通过将这两组数据结合，单位劳动成本也可以揭示企业的毛利润率在哪里可以最大化。按照米查·卡莱茨基（Michał Kalecki）的观点，毛利润率体现了直接生产成本的加成（即垄断程度的一种象征）。

福斯特在一篇与罗伯特·布伦纳（Robert Brenner）就资本主义内部竞争进行争论的文章中利用（制造业）单位劳动成本的年均变化率，将七国集团（G7）1985—1998年间的数据分为两个时间段（即1985—1990年和1990—1998年）进行比较。数据显示，在此期间，美国拥有较其他G7国家更低的单位劳动成本增速，正如美国劳工统计局的分析师所总结的：这一事实使美国在1985年后的一段时间内，在“整体竞争力”上较主要竞争对手更具“决定性优势”，尽管其实际生产率增长处于较低水平。福斯特认为，这反映了“美国反劳工的阶级斗争的有效性”。这一发现表明，单位劳动成本的变化可使我们了解通过离岸外包措施从南方国家劳动力身上“捕获价值”的相关内容，对其进行详述将是有益的。我们旨在确认长期以来单位劳动成本变化与各国参与全球商品链之间的关系，以及这种关系如何有助于对从南方国家榨取盈余的现象进行解释。

为了对单位劳动成本与全球商品链之间的关系进行研究，我们利用世界投入产出数据库（WIOD）构建了一个原始数据集。这组数据的作用在国际劳工组织2015年版《世界就业和社会展望》报告中得到展现，该报告侧重于衡量全球商品链的范围。WIOD数据集包含40多个国家1995—2016年的信息，这40多个国家占世界GDP的85%，最为关键的是，它涵盖了南方国家的主要成员，如中国、印度、印度尼西亚和墨西哥。将其与社会经济核算数据表（SEA，是WIOD数据库的一个子集）相结合，可以构建对单位劳动成本时薪的综合性跨国衡量。我们重点关注高度参与全球商品链的8个国家：美国、英国、德国、日本、中国、印度、印度尼西亚和墨西哥。

为了理解单位劳动成本数据的重要性，首先对以美元计价的时薪进行考察是有益的，因为这体现了南北方国家间国际工资水平的巨大差异。尽管通常做法是以购买力平价(PPP，购买商品和服务的同等能力)对时薪进行衡量，这对于公平问题的研究是有效的，但我们旨在从总部设于世界经济中心的跨国公司的角度对剩余榨取与价值捕获问题进行研究。从这个角度来看，美元作为霸权货币，对总体"货币价值"与全球范围内货币财富的积累至关重要。以市场美元计价的劳动力成本在很大程度上决定跨国公司的整体利润率。

图 1 以 2017 年美元计价的制造业平均时薪对南北方经济体之间存在的工资鸿沟进行说明。数据显示，中心(北方国家)与外围(南方国家)之间工资水平存在巨大差异。在这里，时薪被转换为实际金额(Actual Dollars，代表决定劳动力购买价格、利润率和国际资金流动的霸权外汇/储备货币)，而没有采用购买力平价换算。

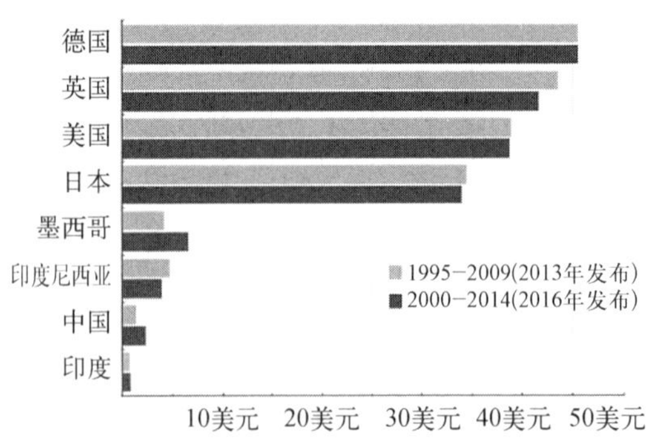

图 1 制造业平均时薪(2017 年)

图 2 呈现了 1995—2014 年间在世界经济中占据全球供应链最多就业岗位的一些核心发达国家和外围新兴国家的单位劳动成本指数。这一时期涵盖自 20 世纪 90 年代的高科技泡沫到 2007—2009 年的金融危机以及危机的复苏初期。该图显示，北方发达工业经济体与南方新兴经济体的制造业单位劳动成本之间存在巨大差距。四个发达工业经济体(美、英、德、日)相当紧密地聚集在一起，而这四个经济体的单位劳动成本要比其他四个新兴经济体(中国、印度、印度尼西亚和墨西哥)高得多。

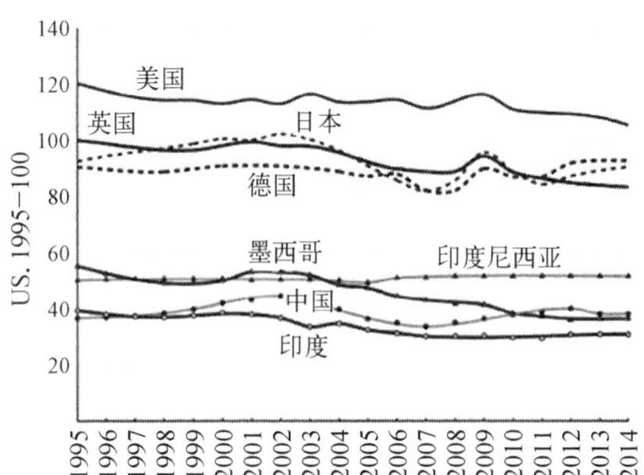

图 2 1995—2014 年个别国家制造业平均单位劳动成本指数(以美国 1995 年指数 100 为基准)

注：单位劳动成本是由每小时总劳动薪酬与每小时总产出相比计算得出。

图 3 聚焦于南方新兴经济体相对于美国的单位劳动成本变化。墨西哥相对于美国的单位劳动成本下降了 12%，反映出 20 年间的劳动弹性化；而印度的单位劳动成本基本保持平稳，下

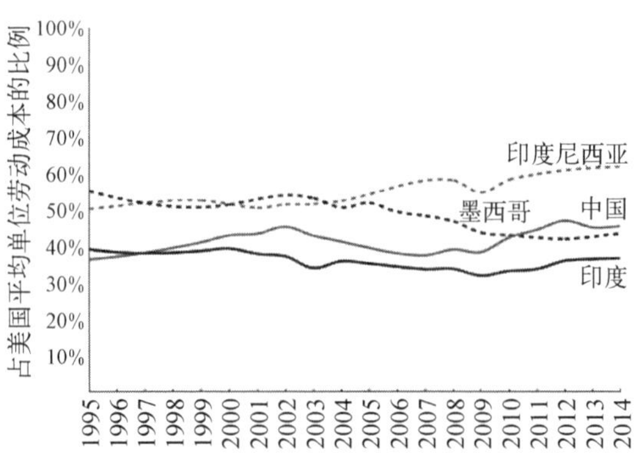

图 3 个别南方国家 1995—2014 年相对于美国的制造业平均单位劳动成本

降了 2%;相比之下,中国和印尼的单位劳动成本则分别增长 9%和 12%。印度一直处于低成本地位,其 2014 年单位劳动成本为美国的 37%,而中国和墨西哥则分别为美国的 46%和 43%。印尼尽管在全球商品链就业岗位中占据第三大份额,但其制造业单位劳动成本目前仅为美国的 62%。

很明显,单位劳动成本以外的其他因素,如基础设施、税收、主要出口国、运输成本和金融等都会对商品链中关键节点的位置产生影响。然而,随着中国相对于美国的单位劳动成本的提升,而印度的单位劳动成本相对平稳,所以苹果公司及其分包商富士康决定从 2019 年开始在印度进行其尖端手机和其他较廉价产品的组装也就不足为奇了。2009 年,苹果公司在中国组装手机的毛利润率为 64%,而不断上涨的单位劳动成本明显削减了这些利润。与从中心富裕经济体劳动力身上获得的利润率相比,将生产外包给较贫穷的新兴经济体可以获得更高的利润率,得出这一结论是必然的。本研究所涉及的四个南方国家(中国、印度、印度尼西亚和墨西哥)的单位劳动成本相对于美国而言,呈现总体平稳或有所下降的态势。

总之,世界投入产出数据库——社会经济核算数据表(WIOD-SEA)的数据清楚地说明,对于北方经济体来说,将劳动价值商品链的绝大部分置于贫穷新兴经济体具有明显好处。实际上,从盈利能力的角度来说,这也是必要的。依靠这些商品链及其位于低工资国家的关键节点,北方企业能够在劳动剥削率更高的基础上获得对全球竞争力至关重要的低成本地位。在这里需要强调的是,一个既定产品的零部件通常在不同地区制造,如德国、韩国和中国台湾,但装配在中国大陆(一个拥有几乎最低单位劳动成本、发达基础设施以及规模效应等优势的国家)进行,所以也就有了"中国制造"。换言之,尽管商品链是复杂和延展的,但拥有最低单位劳动成本的国家往往是最终生产地或组装地,从而成为毛利率扩大的最关键节点。

上述结果反映了截至 2014 年南北方国家间在工资和单位劳动成本方面的巨大差异。正如《麦肯锡季刊》资深董事洛威尔·布赖恩(Lowell Bryan)所指出的:"任何一家将生产或服务运营置于低工资新兴市场国家的公司都可以极大节省劳动力成本。即使在今天,中国或印度的劳动力成本仍然只是发达国家同等劳动力的一小部分,通常不及 1/3。然而,中国和印度的劳动生产率正在迅速增长,在某些领域,如中国的高科技装配或印度的软件开发,其劳动生产率甚至超过富裕国家工人的劳动生产率。"

通过对一个特定例子的考察就能说明劳动价值商品链的基本运作方式,比如在已成为许多现代制造业全球装配中心的中国所生产的苹果手机。大部分通过跨国公司出口的产品在中国进行的都是装配工作,中国工厂主要依靠来自农村的廉价劳动力(即"流动人口")进行产品装配。这些最终装配的主要高科技组件是在其他地方制造的,然后出口至中国。苹果公司将其手机零部件的生产分包给多个国家,而富士康在中国承包最终组装工作。2010 年,苹果手机的毛利率为最终售价的 59%,这在很大程度上归因于其为劳动密集型组装业务支付的低廉薪酬。在中国大陆,劳动力所得在最终售价中所占份额只是其中的一小部分。2010 年,从中国出口到美国的每一部苹果手机,零售价为 549 美元,而在中国进行零部件生产与组装的人工成本仅为 10 美元,即最终售价的 1.8%。

隐藏于这些劳动价值商品链中的全球化

剥削的类似情况，也适用于其他国家，尤其是跨国公司所依赖的分包商(或公平生产)国家。世界银行高级经济师扎希德·侯赛因(Zahid Hussain)表示，在目前生产主要集中于南方国家的国际服装业中，每件服装的直接劳动成本通常为最终零售价格的1%—3%。

耐克公司商品链1996年关于其鞋类产品的劳动价值构成显示，一只耐克鞋的52个部件要在5个不同国家生产。20世纪90年代末在越南生产一双耐克篮球鞋的全部直接劳动成本为1.5美元，相比于其在美国149.5美元的零售价，仅占1%。美国劳工委员会和中国劳工观察组织2004年报告称：21世纪初，德国跨国公司彪马在中国生产一双运动鞋的单位劳动成本极低，生产每双运动鞋的每小时利润比中国工人每小时所得薪酬高出28倍有余。

2019年，加利福尼亚大学布鲁姆发展经济学研究中心对1452名印度女性(包括17岁或17岁以下的女童)进行访谈，其中85%的受访者都从事"旨在出口美国和欧盟的大品牌"而进行的家庭作坊式生产，研究发现这些工人每小时只能获得低至15美分的报酬。她们"几乎完全"由印度"历史上受压迫的族群共同体"的女工组成，她们的工作通常包括"收尾工作"，如刺绣和珠饰。

这些极端剥削性的经济关系有助于我们理解劳动价值商品链的实际状况及其与全球劳工套利间的关系。实际上，劳动价值链的每个节点或环节都代表一个盈利点。每个中心节点和每个环节都构成价值(或劳动价值)的转移，但是这在一定程度上因GDP核算的惯例及其增加值的计算方法而被掩盖。实际上，正如许多分析者所指出的，由生产所产生的劳动价值被"捕获"而未被记录，这是权力关系的不对称性导致的，而跨国公司就是其中的关键中转人。

隐藏于世界资本主义经济的定价和国际交换过程之中，并很少为传统商品链或价值链分析所察觉的，是达到超级剥削程度的劳动力成本的巨额加成(剩余价值率)。这既表现为相对意义上高于平均比率的剥削，又通常表现为绝对意义上工人工资低于其劳动力再生产成本。与世界经济外围国家相关的政治经济实力状况"支撑"了不断扩大的毛利润率，导致当今世界的过度积累。这种过度积累现象是如此极端，以至于在全球76亿人口中，最富有的26个人(其中大多是美国人)所拥有的财富，相当于全球较穷的38亿人所拥有的财富之和。从结构上看，如此程度的不平等是全球商品链剥削体系的结果，是一种与世界垄断金融资本相关的新帝国主义劳动分工的结果。

一些左翼思想家认为，经济帝国主义的历史特性现在已发生转变，世界经济中的帝国主义联系"大幅逆转"为北(西)方利益受损，而南(东)方获利。此观点显然是基于对新兴经济体(尤其是中国和印度)发展的肤浅分析。事实上，以金融财富积累和资产集中程度来评判，世界资本主义经济在许多方面都比以往更为集中和等级化。我们看到的是一个全球财富金字塔的出现，在这个金字塔中，传说中的法老的财富等级也相形见绌。几乎所有国家内部以及最富裕和最贫穷国家之间的不平等都在加剧。正如乐施会(Oxfam)所指出的：摆在我们面前的问题是如何寻求一种"为99%的人谋利益的经济"。与此同时，挥之不去的帝国主义阴影仍笼罩在全球经济之上。

因此，对劳动价值商品链的研究揭示了潜藏于当今国际交易中的剥削。劳动价值商品链这一研究方法囊括了其他全球链框架中基本缺失或之前未被纳入系统性联系的各种组成要件，即一是全球资本劳动关系，二是南北方国家间工资的高度不平等，三是不同剥削率，这是全球劳工套利的基础，四是价值捕获现象。最为重要的是，这种方法将劳动价值理论作为一种分析工具，以对当代世界政治经济学提供更为有效的批判。所有这些都有助于我们了解垄断金融资本的全球商品链——当今新自由主义全球化背后的权力配置——如何迅速改变世界范围内的阶级关系与斗争。

除单位劳动成本外，还有其他因素对商品链的盈利能力造成影响，进而影响生产地点。然而，单位劳动成本是解开全球劳工套利及南北方国家间剥削率差异秘密的关键。

帝国主义通过全球商品链，在商品生产的基础上，参与世界性生产结构。灵活的全球化生产意味着全球商品链中劳动最密集的环节被置于南方国家，那里有更大规模的劳动后备军、更低的单位劳动成本，因此剥削率也相应较高。其结果是，跨国公司通过一种征收利润获得更高利润率，而产生的附加值往往被归功于中心自身的生产，并且整个过程日益导致财富在中心的积累。随着这种现象日益普遍，这种帝国主义剥削与掠夺将更为隐蔽与无形。为了理解当今经济帝国主义的本质，有必要远离所谓自由贸易占主导地位的交换领域，而应进入“生产的潜在处所”，在那里，单位劳动成本分析所揭示的极高剥削率的存在揭露了全球化垄断金融资本的本质。

（上海社会科学院国外社会主义研究中心 于明 译）

资本主义将何去何从？

——五位马克思主义学者论世界经济

【内容提要】 2007年的金融危机使世界经济陷入经济大萧条以来最严重的衰退，资产阶级通过一系列行动引发了新一轮复苏，但从历史的角度看，这是一个疲弱的复苏，受到了各种政治和经济矛盾的困扰。针对这一问题，美国《国际社会主义者评论》杂志邀请了五位马克思主义经济学家对当前经济的主要特征及其未来发展走向进行了评估。哈达斯·蒂尔探讨了全球实体经济衰退的原因，大卫·麦克纳利解释了经济复苏是如何加剧阶级不平等和政治两极分化的，李·苏斯塔尔分析了危机和随后的繁荣是如何引发贸易战争进而加剧世界主要经济大国之间的冲突，李·文格拉夫研究了帝国主义列强在塑造当今世界扩张时的掠夺性影响，迈克尔·罗伯茨则分析了“当今的经济大衰退”的成因以及克服路径。

【作者简介】 阿什利·史密斯(Ashley Smith)，美国《国际社会主义者评论》杂志编辑

【原文出处】 《国外理论动态》2019年第5期

美国《国际社会主义者评论》杂志邀请了五位马克思主义经济学家对当前经济时代的主要特征及其未来发展走向进行了评估。学者哈达斯·蒂尔(Hadas Thier)探讨了全球实体经济衰退的原因；大卫·麦克纳利(David McNally)解释了经济复苏是如何加剧阶级不平等和政治两极分化的；李·苏斯塔尔(Lee Sustar)分析了危机和随后的繁荣是如何引发贸易战争，加剧世界主要经济大国之间，尤其是美国和中国的冲突；李·文格拉夫(Lee Wengraf)研究了帝国主义列强在塑造当今世界扩张时的掠夺性影响；迈克尔·罗伯茨(Michael Roberts)则分析了“当今的经济大衰退”的成因以及克服路径，即要么通过工人革命建立国际社会主义，要么通过新一轮资本主义发展，给社会和环境带来灾难性的后果。

一、哈达斯·蒂尔[①]：实体经济中的危机、停滞和金融化的根源

在经济大衰退过去10年之后，近半数美国家庭仍难以实现“住房、儿童保育、食品、交通和医疗保健等基本家庭预算”。尽管我们病态的推特主在推特上不断地大肆吹嘘，但失业率下降并不能准确地衡量工人阶级的状况。“气馁”的工人(那些已经放弃找工作的人)以及未被计入失业行列的失业工人，劳动参与率仍然比衰退前低4个百分点，低失业率并没有提高工人低得可怜的工资。

或许，美国人本该料到，在新自由主义繁荣和衰退后出现的将是新自由主义的复苏。如果硬要说艾伦·格林斯潘(Alan Greenspan)在担任美联储主席期间做对了什么事情的话，那就是数十年的经济两极分化留下了一群“受到创伤”的工人。经济复苏后新增的工作大多是低工资、低技能、临时或兼职的工作，事实上，美国社会的两极分化又达到了新的高度。正如最近伯尼·桑德斯(Bernie Sanders)指出的那样：“美国最富有的三个人拥有的财富超过了收入最低的50%的人群——超过1.6亿人——的财富之和。”

(一)金融化的事实

尽管股市已经大势回归，企业利润也创下新高，但对新产品的投资依然疲弱。经济复苏导致美国经济整体增长乏力，GDP的年增长率仅略高于2%(与过去几十年的3%或4%相比)。严重衰退的经济及其缓慢的复苏，给左翼人士提出了一些亟待解决的问题。我们是否进入了前财政部长劳伦斯·萨默斯(Lawrence H. Summers)所称的“长期停滞”的新常态？如果是这样的话，又是什么导致的呢？

一个常见的、看似合理的答案认为，当前的经济状况应归咎于金融资本在当今社会中不断上升的地位。毫无疑问，自20世纪70年代以来，金融部门在管理上的放松以及日益增强的自主性，为金融市场的爆炸式增长和一切事物的“证券化”开辟了道路，如将债务(从国家债券到工人抵押贷款)转化为可公开交易的金融产品。在“大衰退”的加速和加深过程中，赌场资本主义都发挥了重要作用，而且毫无疑问地将在下一场衰退中继续发挥作用。

尽管金融关系扭曲的作用在经济衰退后的几年里已被广泛认知，但今天，人们仍在喝着同样的“毒鸡尾酒”。“次级抵押贷款”已经被“非优质抵押贷款”所取代，抵押贷款证券市场再次增长，但这一次与学生贷款证券市场(市值2000亿美元，且仍在增长)相比显得微不足道。如果你认为再也没有比华尔街从工薪家庭的住房噩梦中获利更糟糕的事情了，那么现在，投资者正瞄准那些承受着沉重的债务负担和无情的破产法重压下的数百万人，在他们身上赚得盆满钵满。目前，特朗普政府正在彻底废除奥巴马执政时期制定的尚不完善的金融机构监管制度。

(二)不是盈利的增长而是停滞导致了金融化

这个说法似乎不难理解，金融化时代如同迎来了资本主义的一个新阶段，《每月评论》主编约翰·贝拉米·福斯特(John Bellamy Foster)称其为“垄断金融资本主义”。他认为，金融化已成为“易停滞经济的一种永久性结构需要”。“由于资本无法通过传统的商品生产产

---

① 哈达斯·蒂尔，纽约“国际社会主义组织”成员、《国际社会主义者评论》长期撰稿人。

生足够的利润，它越来越依赖复杂金融产品带来的易获取却始终存在缺陷的利润。”然而，由于金融资本最终不可能在没有生产性经济基础的情况下无限扩张，所以它既容易导致投机泡沫，也容易导致泡沫破灭。

实际上，投资金融鸡尾酒(financial cocktails)是一个相反趋势的结果。新自由主义繁荣后，盈利能力的大量恢复使资本需要更多的投资渠道。自20世纪70年代以来，生产和产出实现了巨大的物质增长。21世纪初，随着石油价格的急剧上涨，这一进程加快了。“每个人都在寻求利益”，摩根大通团队早期成员之一林如添(Thiam Joo Lim)解释说：“人们会相信他们能想得到的几乎都可以做到，所以，每个星期都会有人尝试想出一种新的产品。”资本投资以消费者债务的形式找到了一条有效的渠道，并从此迎来了“证券化时代”。

正如马克思所说，危机并非起源于信贷领域，而是首先出现在信贷领域。“在再生产过程的全部联系都是以信用为基础的生产制度中，只要信用突然停止，只有现金支付才有效，危机显然就会发生，对支付手段的激烈追求必然会出现。所以乍看起来，好像整个危机只表现为信用危机和货币危机”。[①] 换句话说，由于金融体系依赖于信贷，而且信贷的扩张既会使生产扩张得以延续，也会在经济从繁荣走向低迷时枯竭，它会让人以为，危机是从这里开始的。

（三）生产资本与金融资本的整合

用于“实体”经济中的工业资本与用于流通中的金融资本之间并没有本质性的区别。工业资本用于商品的生产和销售，但在开展这一活动的过程中却几乎提供不了资金；金融资本在流通过程中起着纯粹的促进作用。与这二者相反的是，在过去的几十年里，生产资本和金融资本的重叠与融合越来越多，非金融企业已经有了更多进入和连接金融市场的机会。

谈到这两种资本之间的分离，实际上它们仍然是完全相互依赖的，生产一直依赖信贷。金融资本只不过是精英阶层推广并管理的一个分支，他们通过信贷扩张汲取丰厚的利润，即使这些丰厚的利润已变得更加夸大和疯狂。不管失常的金融化与生产领域的投资是多么无关紧要，还是它的影响力变得多么强大，经济学就像万有引力一样，是建立在物质条件之上的。

在经济大衰退的情况下，美联储设定的低利率让美国债务不断增长，为全球生产扩张提供了支撑，但也加剧了全球的商品过剩。在房地产行业，房屋建造过剩，而人们的工资却不断下降，这意味着数百万人无法支付高得离谱的利率。反过来，违约的抵押贷款导致金融衍生品跌破底价，数万亿美元在这个过程中蒸发殆尽。所以，实体经济必然要发挥出自己的作用，而不是在永无止境的科技或房地产循环中创造更多的财富。用马克思的话来说，这暴露出抵押贷款支持债券背后的“虚拟资本”是完完全全的有毒资产。

二、大卫·麦克纳利[②]：经济增长不温不火、社会两极分化与左翼的良机

在经济“大衰退”的最初阶段，两位非主流经济学家发表了一份有先见之明的论断。他们写道：“2010年代末期的全球金融危机，是自经济大萧条以来最严重的全球金融危机。这场危

① 《马克思恩格斯选集》(第2卷)，人民出版社2012年版，第588页。

② 大卫·麦克纳利，加拿大约克大学政治系教授、加拿大“新社会主义团体”成员。

机是全球经济史上的一个剧变时刻，其最终解决方案可能至少要用一代人的时间来重塑政治和经济。”这一说法之后得到了有力的证明。

首先，我们来看看在世界上占主导地位的资本主义经济在这一时期的表现。自2007年以来，美国的GDP年均增长1.4%，而在过去的35年里(1970—2006)，美国的GDP年均增长为3.2%。简言之，自从全球经济出现衰退以来，美国经济的增长率还不到以前的一半。

(一) 工资水平持续走低

与工资水平持续走低形成鲜明对比的是，商界专家对美国表面上“繁荣”的经济赞不绝口。然而，最关键的是，这一时期并没有出现所谓的“繁荣”，企业投资的持续增长是通过更新和改造生产和销售工具来推动的动态增长。

2009年以来，美国经济的增长实际上受到了两个特殊因素的推动。第一个因素是，各国央行实施了大规模的银行救助和财政刺激计划，极大地增加了政府债务，但它阻止了金融体系的崩溃，人为地将利率保持在低位，并允许问题严重的企业通过借款维持运营；第二个因素是重塑政治格局的决定性因素，包括财政紧缩政策和降低工资政策，这些政策提高了企业利润，但同时也显著加剧了贫困化和社会不平等。到2011年虽然利润不再下降，但工薪阶层的生活水平已经连续10年持续下降。让我们探讨一下这些趋势。

2009年，面对金融系统崩溃、金融机构纷纷破产，资本主义核心国家的央行做了他们在20世纪30年代未能做到的事情——直接向金融系统注入数万亿美元。作为银行救助计划的一部分，美联储收购了大约2.5万亿美元的私人银行“资产”，其中大部分是不良资产。与此同时，美国财政部就像醉酒后的购物狂一样发放资金和购买资产。结果，美国的政府债务增加了两倍多，从2007年的5万亿美元增加到现在的15万亿美元。新自由主义的政治家可能会说，在教育、医药保健和公共住房等方面的公共投资是他们负担不起的，但在拯救私人银行时，他们的负担能力则是没有上限的。

通过向金融体系注入大量现金，各国央行将利率压至历史低点，这样做会出现相互矛盾的效果。一方面，可以防止全球经济大萧条，另一方面，则降低了投资和积累的速度。毕竟，资本主义经济衰退的作用之一是使资本运转当中效率最低和利润最低的公司破产，为生产率最高的公司开拓市场，并为发起新一波的投资扫清道路。

人为压低的利率使成千上万的“僵尸企业”得以通过几乎免费的借款生存下来。边缘企业没有倒闭，而是以死气沉沉的方式蹒跚而行，这也阻止了盈利的公司吞并市场和启动新的投资项目。但与之相伴的趋势——经济紧缩和工资下调正以既危险又充满希望的方式直接重塑政治生活。

(二) 不平等和贫困化加剧

2018年5月，美国联合慈善总会发现，43%的美国人，也就是说超过5100多万家庭无法负担生活必需品(住房、食品、医疗保健、交通等)的支出。与此同时，联合国报告称，美国在有4000万贫困人口的同时，也有2208个亿万富翁。

这种社会中大部分人的贫困化是系统性地从下向上转移财富造成的。例如，在1978年，美国收入最低的一半人的收入占美国全部人口收入的20%。如今，他们所占的份额已经下降到12%，所以，收入最高的1%的人群的收入比例从11%上升到20%也就不足为奇了。

大多数人收入的锐减导致了社会的全面倒退。2016 年，美国人的预期寿命出现了近 25 年来的首次下降。在老年人的保障方面，100 位公司首席执行官的退休储蓄与 1.16 亿美国人的储蓄相当，这一数字是惊人的。加拿大和欧洲大多数国家也观察到类似的趋势，尽管这一现象目前还不太明显。

所有这些趋势都呈现为极端的种族化和性别化的特征。如果在全球范围内加以审视，这些趋势更令人震惊。根据牛津饥荒救济委员会的数据，世界上最富有的 8 个人所拥有的财富相当于全球一半人（36 亿人）的财富，最富有的 1%的人群拥有的财富超过了地球上其余 99%的人。

正是在这种背景下，阶级愤怒不断扩散，而这种愤怒通常是以惩罚那些导致不平等加剧的政治精英的方式得以发泄。然而，由于工会组织和社会运动的衰弱，右翼分子经常利用这种愤怒，并以种族主义、性别歧视和攻击移民的方式发泄出来。然而，正如美国教师罢工运动所体现的，针对新自由主义的紧缩政策，工人阶级的沮丧情绪也有可能推动基于团结和联合的抵抗运动。

这一点至关重要。因为全球经济的缓慢复苏最终将被新的衰退所取代。当这种情况发生时，新的危机将会出现，随之而来的将是群众更激烈的抵抗。而且，全球经济的持续衰退，将再一次让致力于社会主义的左翼人士重新重视对工人阶级的组织和动员。

三、李・苏斯塔尔[①]：从停滞到繁荣？

国际货币基金组织在 2018 年 4 月指出：“大约始于 2016 年中期的全球经济回升已经变得更加广泛和强劲。”但该组织同时也对危机后遗症发出了警告，这主要包括“全球债务水平上升”以及会导致“民族主义政策”的政治冲击。

当然，国际货币基金组织是在暗指曾居于世界经济核心国家的政治动荡：英国脱欧、特朗普上台、老牌政党的危机，以及法国、德国和意大利极右翼势力的崛起。这种向经济民族主义的转型可能会破坏世界经济的稳定，因为美国发动的贸易战首先针对的不是特朗普政府的经济竞争对手——中国，而是欧盟和北美自由贸易协定的伙伴——加拿大和墨西哥。这标志着资本主义的新自由主义时代的终结，即由美国主导的、建立在自由贸易协定以及全球金融资本基础上的国际经济秩序的终结。

（一）复苏的根源

鉴于这些新的、不稳定的形势，经济预测的准确性比以往更让人怀疑。我想讨论的关键因素是经济复苏以及导致下一次衰退的经济矛盾和政治矛盾。

2015 年以来，世界经济的较快增长主要通过三种方式实现。

首先，发达国家继续实行超低利率和量化宽松政策（即通常所说的印钞），以提高就业率和消费者的有效需求，尽管见效缓慢，但仍在继续。其中尤为突出的是，欧洲央行在 2016 年 3 月再次采取危机级别的干预措施，将欧元体系再融资利率降至 0%。

其次，中国在 2016—2018 年的另一波财政支出超过了 2009 年经济刺激计划，这次支出是为了在发展中国家（中亚和南亚、非洲，以及部分拉美国家）拓展市场。国际清算银行（BIS）估计，到 2017 年年中，中国的债务与 GDP 之比已

---

① 李・苏斯塔尔，美国左翼报纸《社会主义工人》编辑、《国际社会主义者评论》撰稿人。

达到256%，相比之下，新兴国家的平均水平为190%，美国为250%。

再次，由于公众承担了2008年金融危机期间的银行债务，加上近年来全球信贷的扩张，全球范围内私人部门和政府部门的债务都出现了大规模的增加。到2017年底，全球债务达到237万亿美元，比10年前金融危机爆发时增加了42%。

由于长期货币刺激政策以及美国和欧洲放松信贷的影响，全球消费和整体需求得到提振，这些因素相互影响并且最终波及中国。2018年4月，中国的消费和总需求同比激增12.9%。

（二）贸易战威胁着新自由主义秩序

然而，美国的经济复苏仍然相当疲弱。自2009年经济衰退结束以来，美国经济的年平均增长率约为2.2%。而第二次世界大战后，美国经济的年平均增长率约为3%，尽管2017年美国的经济增长率在年底时有所加快，仍仅有2.3%。美国的GDP花了近10年的时间才恢复到衰退前的水平线。简言之，美国经济仍处于"长期停滞"状态。这一说法最早出现在经济大萧条时期，近年来再次由前财政部长劳伦斯·萨默斯(Lawrence Summers)提出。

此外，特朗普的刺激计划可能加剧贸易紧张局势，因为中国对美国的出口直接受益于美国的经济增长。对于特朗普和主张制造业为导向的经济民族主义者、寻求保护知识产权的科技公司和航空公司、希望在中国获得更大的市场准入的华尔街金融家以及五角大楼和国家安全机构中的强硬派等各派人士来说，中国的崛起是他们的主要威胁。他们往往有着不同的目标追求，但他们都有一个共同的想法，就是必须遏制中国的崛起。

如果欧盟、墨西哥和加拿大成为中美钢铁和铝的第一波贸易战中的间接受害者，不仅是因为真正的市场竞争，也是因为美国有能力使这些参与国让步，并制定出有利于美国的双边贸易协定，这种局面的出现应归咎于世界贸易组织(WTO)。在华盛顿，世界贸易组织曾被视为巩固美国在世界经济体系顶层地位、遏制中国的一种手段，但如今，它被越来越有影响力的资产阶级视为一种桎梏。应该注意的是，特朗普的美国贸易代表罗伯特·莱特希泽(Robert Lighthizer)曾在20世纪80年代主导了美日贸易谈判，谈判最终压制住日本并控制了美国的贸易赤字。

（三）帝国间的竞争

美国贸易政策转变的原因远不止是因为特朗普上台。今天的中国已今非昔比，它已不再像20世纪90年代那样，是欧美制造商与日本竞争的一个廉价生产平台。如今，中国经济政策的目标是要打造高利润、高精尖的产业，这些产业在历史上一直是美国和其他发达国家的专利，如航空航天、机器人、芯片的设计和生产等。

这就是特朗普政府对中国施加贸易压力的背景。对此，特朗普采取了对钢铁和铝加收关税、向中国施压将贸易赤字削减2000亿美元、重新考虑跨太平洋伙伴合作关系贸易协议、支持中国手机制造商中兴等相应政策。这些政策看似踌躇不定，也显得有些不连贯，但它恰恰反映出美国与崛起的中国之间矛盾的经济关系，它们之间既有合作也有竞争，一如特朗普在使用华丽辞藻的同时，在政策上又不断转变而表现出的反复无常。但主要趋势仍是对抗，双方在经济、军事和政治等多个领域出现对抗并展开了竞争。如中国有条不紊地将日本沿海散落的岩石变成固定的航空母舰，以加强周边防御，而美国则试图操纵与朝鲜的谈判，以损害中国的利益。但美国竭力运用帝国的权威和经济的手段超越了中国。美国退出遏制伊朗核计划，同时威胁要对与伊朗做生意的欧洲公司进行制裁。这一切的结果是对全球政治经济版图的重绘，这将对帝国主义国家之间的关系以及发达国家的国内政治进程产生深远影响。

（四）政治极化

上述情况是极右翼势力崛起和新左派重新出现的主要背景。新左派仍在努力应对诸如如何对金融系统发起根本性挑战的各种问题：21世纪的前10年里，在拉美兴起的“粉红潮”政府要么已经转向右翼，要么被右翼势力取代，他们的再分配政策已经被废除。属于左派政党的激进左翼联盟（Syriza）在希腊上台后，接受了紧缩政策。西班牙反紧缩的极左翼政党“我们可以党”（Podemos）在西班牙也面临着类似的发展趋势及挑战。英国工党中复兴的左派也面临着同样挑战。

虽然社会民主党左派未能提出一个激进的计划来对抗资本，但右翼民粹主义正试图填补这一空白。随着新自由主义经济政策不再能使中产阶级成为主流政治的支柱，保守党正在适应极右翼，甚至要与之结盟。一些主要政治人物，如美国的特朗普、匈牙利的欧尔班·维克托（Orbán Viktor）、波兰的莱赫·亚历山大·卡钦斯基（Lech Aleksander Kaczyński）、意大利的马泰奥·萨尔维尼（Matteo Salvini）和支持英国脱欧的政客们，正试图以各种方式利用严厉的反移民政策、种族主义、维护法律和秩序的说辞，用经济民族主义的资本主义方案来调和中产阶级和工人阶级的保守派之间的关系。像法国国民阵线（French National Front）和德国联盟（Alliance for Germany）等极右翼政党的崛起，以及公开活动的法西斯组织，是这些事态发展带来的不可避免的“副产品”。

（五）未来的经济、政治和国际危机

当现在疲弱的复苏被衰退取代时，政治波动和两极分化将会加剧。下一场危机在何时、何地以及以何种形式爆发，都是无法预测的，但现在可以确认几个经济上的薄弱环节：第一，中国国内在债务方面面临一些问题；第二，美国消费者债务扩张造成的损失；第三，创历史新高的股票市场大幅收缩打击了实体经济；第四，美联储和发达国家央行试图在经济衰退时“重新加强”其刺激政策的能力，从而过早地加息和抛售资产。这些只是可能引发新一轮衰退的部分原因。

无论当前的繁荣将持续多久，我们已经可以勾勒出后新自由主义世界经济的轮廓，其特征是经济民族主义、新重商主义和不断变化的贸易集团。因此，建立社会主义组织、带领国际工人阶级和被压迫人民走出这一困境的任务比以往任何时候都更加紧迫。

四、李·文格拉夫[①]：撒哈拉以南的非洲及其危机

在新自由主义时代，发展中国家的经济受到尖锐矛盾的打击，不均衡地融入了世界经济并且过于依赖初级产品的出口，使这些经济体极易遭受生产过剩与产能过剩带来的系统性危机。目前，全球南方的大部分地区都处于经济复苏乏力的状态之中，麦克纳利将这种状态形

① 李·文格拉夫，《国际社会主义者评论》撰稿人，2018年著有《获利：帝国主义、新自由主义和对非洲的新争夺》。

容为“全球经济持续低迷时期”。这里严重依赖中国经济的刺激维持经济增长。但在撒哈拉以南的非洲地区和其他地区一样，这些新出现的调整增长只会使该地区的根本性问题更加恶化，如工业化倒退、阶级分化加剧和政治不稳定。

（一）采掘业的发展

在世纪之交，“崛起的非洲”的说法在商业新闻中占据了一席之地。当时非洲的燃料和矿物出口猛增数千亿美元，大宗商品价格高企支撑了这种新的繁荣。从石油、采矿到大规模土地征用带来了前所未有的经济增长和投资，也为非洲统治阶层和国际资本带来了巨额利润。但这种繁荣却伴随着贫困的加剧。

与殖民时代类似，自然资源的开采一直主导着非洲经济。在新世纪的前10年里，非洲与世界其他地区的贸易增长了200%，尤其在中国工业大规模增长的推动下，非洲吸引了巨额投资以满足日益增长的全球需求。中国使用了世界上大约1/3的钢材、40%的水泥和40%的铜；预计到2020年，中国将成为全球最大的石油进口国。2009年，中非贸易额超过了美国与非洲贸易额，使中国成为非洲最大的贸易伙伴。

非洲经济的迅猛增长不仅得益于中国的崛起，还取决于20世纪新自由主义对非洲经济的毁灭性开发。由于20世纪70年代中期全球大宗商品价格急剧下跌，非洲由20世纪60年代拥有4%—6%的可观的经济增长率陷入了经济衰退和波及整个非洲大陆的债务危机。国际货币基金组织和世界银行介入并强行实施“结构性调整”，以推进私有化为条件提供贷款，要求非洲各国消除关税和贸易补贴、放松管制，同时缩减社会计划、解散工会、取消粮食和燃料等生活必需品的补贴。这个过程为21世纪“有利于投资者”的非洲经济奠定了基础。

值得注意的是，贷款所附带的“条件”要求非洲各国将其经济定向在出口初级商品上，特别是采掘业上，而不是建设具有更广泛的经济发展和就业增长潜力的技术和工业基础。这些“出口导向型”经济体还被迫从西方进口制成品。这是全球资本和国际金融机构在经历了20世纪70年代经济衰退后，为恢复盈利能力而采取的整体性战略。到20世纪末，非洲的出口主要由初级商品主导，占全部出口商品的80%，而在“发达”经济体中，这一比例仅为16%。

（二）重返落后状态

接受这一系列做法的结果是，现在撒哈拉以南地区的经济体比刚独立时的工业化程度还要低。经济学家丹尼·罗德里克（Dani Rodrik）将这一过程称为“过早地去工业化”。从1980年开始，在接下来的35年里，这一地区的制造业在GDP中所占的比重从16.5%下降到10%。石油资源丰富的国家，如安哥拉、尼日利亚和赤道几内亚，目前90%以上的商品出口收入依赖这些初级商品，这一比例远远高于世界其他地区。南苏丹是世界上最依赖石油的国家，几乎百分之百的出口收入来自石油。

因此，虽然在撒哈拉以南非洲的投资和贸易激增，但殖民主义和新自由主义经济政策在这里留下了后遗症，使非洲经济以极度不均衡同时也极度不平衡的方式融入了全球资本主义体系，这种方式很容易受到商品价格波动的影响。因此，2002—2011年间，当石油价格翻了3倍，大宗商品价格急剧上升380%时，非洲大陆的经济增长率在5%—6%之间，高于世界平均水平。然而，当石油和原材料的供过于求，中国经济增长放缓并在2010年代中期引发了新的生产过剩危机时，在2014—2015年间，全球大宗商品价格暴跌，给全球产油国带来了严重的财政危机。

困扰当今世界体系的产能过剩危机对包括非洲经济体在内的全球南方经济体打击尤为沉重。2016年，撒哈拉以南非洲地区的平均GDP增长率仅为1.3%，次年仅上升至2.4%。世界银行将该地区2018年和2019年的经济增长预期分别上调至3.2%和3.5%，但同时警告称，这一预测并不均衡，因为增长是由非洲大陆最大的经济体尼日利亚、南非和安哥拉推动的。非洲大陆的其他地区一直受到经济增长缓慢的困扰。缓慢的复苏带动新一轮的危机和救助，会引发一些迫在眉睫的风险，如恢复世界银行和国际货币基金组织主导的紧缩政策，大宗商品价格高企时期在中国获得的基础设施贷款的收回，还有在经济再次下滑时会出现的违约。

（三）对非洲的又一次争夺

在国际金融机构的推动下，新自由主义政策在不知不觉中不仅为西方帝国主义带来了投资机会，也为其不断增加的竞争对手，尤其是中国带来了投资机会。在这种环境下，非洲资产阶级扮演着全球资本的热心“伙伴”角色，他们根据自己的条件致力于推动积累。这种“伙伴关系”日渐包括从非洲之角到萨赫勒以及其他地区的非洲大陆的军事化。

列宁和其他经典马克思主义者对帝国主义的描述得到了证实，围绕市场和资源获取的经济竞争加剧，产生了帝国主义国家之间竞争的新时代。帝国主义国家利用所谓的“反恐战争”和政治动荡等理由在非洲部署军队和建立军事基地。在乔治·W.布什（George Walker Bush）于2007年成立非洲司令部（AFRICOM）的基础上，奥巴马政府扩大了美国对非洲大陆的军事干预。现在，一个由军事基地、秘密行动和军队组成的庞大网络覆盖了非洲。

这些帝国主义列强在大宗商品繁荣时作出的预期收益的承诺未能兑现。尽管非洲的GDP以及非洲1%的人口所拥有的财富以前所未有的速度增长，但绝大多数人面临着日益严重的贫困。世界银行报告说，截至2012年，非洲贫困人口比20年前增加了1亿人，这一数字令人震惊。

五、迈克尔·罗伯茨[①]：资本主义的现在和未来

资本主义的发展从来都不是和谐的。自19世纪初以来，经济出现了经常性和周期性的繁荣和衰退。但在2008—2009年全球银行业崩溃后，我们经历了一次非常严重的经济衰退。这次经济大衰退是自20世纪30年代以来最严重的一次。

此次经济衰退的结果是，世界上所有主要经济体的国民收入都急剧下降。为了应对这一情况，各国政府采取了削减福利和公共服务支出的措施，即所谓的“紧缩”性财政政策。数千万人的生活被毁，人们失去了工作和家园。民众的社会福利遭受到永久性损失，这种损失是无法弥补的。

从这次经济大衰退中复苏的势头表现出难以置信的疲弱。大多数经济体的产出、就业和人民收入尚未恢复到2007年的水平。麦肯锡管理咨询公司的一份报告显示，与2005年相比，经合组织（OECD）26个经济体中，有2/3的家庭2015年的生活水平偏低。因此，这不是一

① 迈克尔·罗伯茨，马克思主义经济学家，2016年著有《长期的衰败：马克思主义与全球资本主义危机》。

场“正常”的经济衰退，而是一场经济萧条。

（一）经济大衰退

在经济大衰退时期，经济复苏非常疲弱，以至于在很长一段时间内经济都无法恢复到大衰退以前的增长率，甚至无法恢复到以前的产出水平。这种情况并不经常发生，在资本主义的历史上，经济大萧条只出现过三次——19世纪末期、20世纪30年代和现在。

20世纪30年代的经济大萧条始于1929年美国股市的崩溃，这与2007年美国房地产和信贷市场的崩溃相类似。美国在1929年股市崩盘后，出现了长时间的经济低增长和大规模失业。当美国加入第二次世界大战后情况出现逆转，政府投资成为经济发展的主要推手，最终导致美国“战争经济”的出现。

1945年至20世纪60年代中期，这段短暂的时期比较特殊，它被称为资本主义的“黄金时代”。发达资本主义经济体保持了相当好的增长态势，基本实现了充分就业；许多国家能够赞同福利国家、免费教育、医疗服务、国家住房计划和适当的养老金等福利政策。

（二）盈利能力下降引发的危机

资本主义经济的健康发展取决于资本的盈利能力。在第二次世界大战结束后的欧洲，由于原有的大多数机器和工厂被战争摧毁，出现了大量的廉价劳动力，资本的盈利能力急剧上升。与此同时，欧洲还从美国获得了廉价的（甚至免费的）信贷。

但随着资本主义的资本积累，盈利能力有下降的趋势，危机爆发得更加频繁和严重，这就是马克思所说的危机理论。在20世纪60年代中期，盈利能力开始急剧下降，直至80年代初期。

20世纪70年代中期和80年代初期的经济大衰退摧毁了制造业就业和工人运动的发展，工人运动在斗争中被束缚和挫败了。当时，资本主义通过削减公共支出、私有化、取消对劳动力的所有保护以及推进全球化，逆转了“黄金时代”的大部分成果，这就是所谓的新自由主义时期。

（三）新自由主义扩张与金融化

在发达经济体的生产性部门，盈利能力仍然相对较低。因此，资本更多地流向了可以赚取更高利润（即使最终证明这是虚构的）的金融部门。生产性投资占产出的比例下降，“金融化”是无法提高生产性资本盈利能力的一种表现。

在这一时期，美国经济强国的地位相对衰落。它在全球制造业产出中所占的份额先是输给了德国，然后是日本，最后是中国。即使在服务和技术领域，美国也正在失去优势。但它仍然拥有庞大的金融业，控制着全球的货币资本，而且它是迄今为止最大的军事强国。这些优势使美国得以延续其霸权地位。但经济大衰退标志着“自由贸易”和资本全球化时代的结束。

资本主义最终会摆脱当前的经济大衰退。在过去，如果能恢复较高的利润率，资本主义总能找到一条出路，就像第二次世界大战后和19世纪经济大萧条末期那样。但这意味着要清除更多不再盈利的旧资本，整个体系需要摆脱在长期萧条中积累起来的大量债务。这就意味着未来还会出现进一步的衰退，并将以牺牲就业和生计为代价。

（四）走出长期萧条

如果劳动人民不推翻资本主义，代之以社会主义，这个制度就不可能获得新生。它可以开始使用机器人、人工智能、物联网等新技术来提高盈利能力。此外，它还可以开发世界上仍拥有大量廉价劳动力的新地区。

即便如此,资本主义也不会无限期地解决自身问题,资本主义在未来20年里将面临重大挑战,其生产率增长将长期放缓——资本主义越来越无法扩大生产能力,以满足人们的需求。

此外,全球收入和财富的不平等已经达到了马克思《资本论》问世以来的最高水平。这已经加剧了社会紧张局势,削弱了主流资本主义的政治统治,并滋生出"民粹主义"。除此之外,气候变化和全球变暖威胁着人类和地球的未来。

资本要获得新的生命力变得越来越困难,在全球资本主义体系之外,世界上可供开发的领域越来越少。变革的推动者和资本主义的掘墓人——工人阶级,在全球历史上从未有现在这么大的规模,资本主义正在接近它的末日。

(中国人民公安大学马克思主义学院禚明亮、中国人民公安大学治安与交通管理学院刘蕾　译)

世界左翼运动现状

世界左翼运动是世界社会主义研究的一个重要领域，也是观察和研判当前世界社会主义运动发展趋势、特征、动态等的重要载体。从社会变革的角度看，左翼运动普遍反映了对资本主义制度的拒斥与批判，是人们追求更美好社会这一理念的现实投射，且社会主义力量仍旧是其主体，因此大左翼运动也可以用来泛指社会主义运动。过去一年来，伴随逆全球化、移民、民粹主义等问题的不断发酵，世界局势日趋复杂，对左翼运动提出了诸多挑战。对此，国内外学者主要以不同地域的左翼政党，如社会民主党、绿党、共产党、拉美左翼政党等为研究对象，具体分析各自所面临的挑战、所进行的调整以及所呈现的具体效果，进而对世界社会主义运动的发展态势作出研判。在世界尚未走出经济危机的大背景下，国外共产党中的一些大党老党十分活跃，如日本共产党和俄罗斯共产党，尽管活动空间有限；其他新型左翼政党也在发展，如绿党、希腊激进左翼联盟等，但也面临来自极左和极右的双向压力。总的来看，基于东西方力量对比变化以及社会主义力量自身的调整、革新与相互联合，世界地缘政治格局或将朝着有利于社会主义的方向发展。

作为对世界社会主义运动相对宏观的分析，林德山教授与老挝学者方习·老冯(Feuangsy Laofoung)，分别对欧洲和世界社会主义运动的现状作出了研判。林德山认为，自2008年金融危机爆发以来，欧洲社会主义运动正处在一个十字路口，作为其传统政治代表的欧洲社会民主党和激进左翼分别在经历不同的转型，伴随这一进程的是欧洲左翼的结构性变化和传统左翼政治的褪色，而理论与实践的断裂则是摆在他们面前的共同问题。方习·老冯认为，进入21世纪，世界社会主义发生了巨大而深刻的变化，不同地域的社会主义运动面临不同发展前景，拉美21世纪社会主义面临严峻挑战，中国、越南、老挝三国正通过不断改革建设社会主义，取得了重大成就，但是，如果只有几个国家走社会主义道路，那世界社会主义运动的发展是不可持续的。

作为过去一年具有代表性且较为活跃的共产党，日本共产党、俄罗斯共产党和西班牙共产党的研究动态颇受关注。曹天禄教授指出，作为发达国家最大的共产党，日本共产党正面临财政困难的挑战，几年来，党员数量减少、党报《赤旗报》发行量下降等因素，使日共财政收入急剧减少，甚至收不抵支。财政的入不敷出，已成为日本共产党生存和发展的切肤之痛。李亚洲教授认为，近两年来，俄罗斯共产党采取了一系列举措来维护俄罗斯民众利益，在实践中不断丰富和发展社会主义理论，使后苏联时代的俄罗斯共产主义事业不断发展。于海青研究员认为，西班牙共产党是一支极具探索和反思精神的政治力量，从倡导“欧洲共产主义”寻求多样化社会主义发展道路，到20世纪80年代在欧洲共产党的普遍危机中率先进行适应性调整，一直立于西方共产主义运动变革与创新的潮头。2010年以来，西共再次迈出革新步伐，对党的意识形态及欧洲政策、政党联盟、政治动员等战略策略进行了近乎颠覆性的重构，再次开启了新一轮变革。

作为欧洲具有代表性的新型左翼政党，无论是绿党，还是希腊激进左翼联盟，在过去几年中都深刻改变了欧洲政治格局。轩传树研究员和于明认为，绿党作为一支新兴的政治力量，参加欧洲议会直选并进入议会，代表了其正式走上欧洲政治舞台。从其参与欧洲议会选举的情况来看，明显呈现出时有波动甚至反复的不稳定性和地域分布尤其东西欧发展的不平衡性这一具体特征。未来，政策立场、选举策略、议题设置的不同以及党内尤其是领导层是否团结一致，将影响绿党的发展。周玉婉博士认为，希腊激进左翼联盟与希腊共产党是当前希腊政治舞台上两支重要的激进左翼力量，面对希腊政治格局动荡多变的背景，激进左翼联盟发展的前景充满了不确定性，而激进左翼联盟与希腊共产党的矛盾又限制了其整体发展态势。

在一定程度上，世界共产党和工人党国际会议可以比较集中地反映当前世界社会主义运动所关注的核心议题以及整体现状，也能从一个层面看出各共产党、工人政党对于当前形势的大致研判。罗理章副教授和岳梅认为，第 20 届共产党和工人党国际会议在深入分析当前国际形势的基础上，讨论了资本主义的危机，揭露和批判了帝国主义的进攻，交流了反抗帝国主义的斗争情况，充分肯定了社会主义国家的建设成就，明确了现阶段的斗争任务，也达成了共同行动方案。

理论与实践的断裂

——欧洲社会主义运动发展现状思考

【内容提要】 作为社会主义思想和运动的发源地，欧洲社会主义运动是观察世界社会主义运动发展状态的重要窗口。自2008年金融危机爆发以来，欧洲社会主义运动正处在一个十字路口，作为其传统政治代表的欧洲社会民主党和激进左翼分别在经历不同的转型，伴随这一进程的是欧洲左翼的结构性变化和传统左翼政治的褪色。而理论与实践的断裂则是摆在欧洲社会民主党和激进左翼面前的共同问题。欧洲社会主义运动及其政治力量代表的未来发展，需要弥合这种断裂，需要从理论上直面影响当今欧洲社会主义发展空间的重大现实问题。

【作者简介】 林德山，中国政法大学政治与公共管理学院教授

【原文出处】 《当代世界社会主义问题》2019年第2期

进入21世纪以来，欧洲社会主义所处环境发生了很大变化，以欧洲左翼为代表的欧洲社会主义运动面临巨大挑战。在此背景下，欧洲左翼力量分化加剧，在社会主义发展方向问题上，传统社会主义力量陷入迷茫。分析欧洲左翼的实践发展，理论与实践的断裂是困扰欧洲左翼以及欧洲社会主义发展的核心问题。欧洲社会主义运动发展需要从理论上解决一些新的重大问题。

一、欧洲社会主义发展现状

有关欧洲社会主义运动发展现状的判断主要基于对两种形势的认知。一是对欧洲传统左翼政治及其结构性变化的判断，二是对左翼政治与社会主义重叠关系变化的辨析。从这两方面来看，进入21世纪后，随着欧洲政治环境的改变，欧洲左翼政治出现了明显的结构性变化，欧洲左翼政治与社会主义的重叠关系也随之改

变。社会主义力量面临新的机遇，也面临更大的挑战。

第一，欧洲左翼政治出现结构性变化，欧洲社会民主党在传统左翼政治中的主导地位被动摇。

欧洲社会主义运动的力量构成复杂，很大程度上与人们习惯称之为的“左翼”是重叠的。这源于欧洲传统左翼的构成及其历史渊源。欧洲传统左翼大致可以归为三类，即作为欧洲社会民主主义代表的各国社会民主党，信奉温和改良主义，是欧洲传统中左政治的主要代表；更为激进的欧洲各国共产党，它们大多继承了欧洲共产主义的传统，信奉共产主义但接受在既有民主制度框架下活动；坚持更为激进革命立场的左翼力量，如欧洲托派组织，它们一般被归为“极左”范畴。从政治影响力来看，除少数国家（如意大利、法国和西班牙）的共产党一度拥有强大的社会基础外，这三类力量在战后欧洲各国政治总体结构中的位置呈现出从中左向极端渐次减弱的格局，作为欧洲主流政党中左翼政治代表的各国社会民主党无疑在该结构中占主导地位。

进入21世纪后，这种格局开始改变，其中最突出的现象是欧洲各国社会民主党地位的相对下滑和新的激进左翼力量的稳定和恢复。20世纪90年代，在冷战结束的背景下，欧洲各国共产党普遍陷入低谷，甚至面临生存危机。而经历80、90年代改革的欧洲社会民主党一度出现政治复兴之势。在1998年前后，当时的欧盟15国一度出现社会民主党在13国执政的空前盛况。力主社会民主主义“现代化”改革的布莱尔等人打出了新的“第三条道路”旗帜，并将之标榜为“新世纪的新政治”。但很快，进入21世纪后的各国社会民主党相继陷入新困境。与之相对，以各国原共产党为主体的欧洲激进左翼呈现明显回升趋势。2008年金融危机爆发后，欧洲传统左翼的这两只力量此消彼长的形势加剧。欧洲社会民主党的政治地位和影响力急剧下滑，欧洲社会民主主义的衰落正在从个别国家（最早显示的是希腊）向其他国家蔓延。同时，欧洲激进左翼，甚至一些传统的极端左翼却相对活跃。在此背景下，欧洲左翼乃至欧洲整体政治出现了新的结构性变化。其最突出的体现是南欧地区。以希腊为开端，[①]社会民主党的衰落和激进左翼的发展正在改变一些国家的政治结构，激进左翼成为左翼阵营的最大力量。而且，这种结构性变化有向欧洲其他国家和地区蔓延的趋向。2017年法国大选后的法国社会党正面临2012年后泛希腊社会主义党的类似处境，而作为欧洲社会党历史演变标杆的德国社会民主党也已处在从传统大党向一般政党退化的边缘地位。即使是社会民主党在整个国家政治生活中长期占主导地位的北欧地区，社会民主党的相对地位也在下降。

从现实来看，欧洲左翼的结构性变化在欧洲不同区域和不同国家也不尽相同，例如，在南欧地区的一些国家，社会民主党的衰落在很大程度上是以激进左翼的崛起为结果的，但在其他地区和国家，大量社会民主党传统选民的流失并非简单流向了激进左翼，而是流向了新崛起的右翼民粹主义力量，它导致了左右翼之间的力量失衡，欧洲政治进一步右倾化。而面对右翼民粹主义的发展，左翼则面临更大挑战。

① 受危机影响，希腊的传统大党泛希腊社会主义运动党在2012年后急剧衰落，沦为了议会小党。与之相对，以激进左翼联盟为代表的激进左翼崛起并取代了前者。

第二,欧洲传统左翼政治出现褪色趋向,左翼与社会主义的重叠关系也随之改变。

上述欧洲传统左翼力量之间虽然在对待资本主义和理解社会主义的问题上立场差异很大,但基于其历史的渊源关系和思想意识的特点,①它们保持了对资本主义的批判和对社会主义的广义承诺。也正是由此而言,欧洲传统左翼政治与社会主义运动在很大程度上是重叠的。但20世纪90年代后,欧洲传统左翼中的主要力量欧洲社会民主党和激进左翼力量都经历了转型,并在此过程中不同程度地显示出传统左翼褪色的倾向。其中,社会民主党人的"第三条道路"是这一趋向的典型表现。"第三条道路"明为"超越左右",实为摆脱传统左翼的思想和政治包袱,即在思想意识方面摆脱传统社会主义的承诺,在政治方面淡化党的阶级属性。作为"第三条道路"重要倡导者的安东尼·吉登斯(Anthony Giddens)在对其辩护中,实际认可了弗朗西斯·福山(Francis Fukuyama)的历史终结论。他强调资本主义的积极意义,认为它没有传统左翼认为的那么"野性和危险"。② 受该取向的影响,一些社会民主主义者也有意识地突出了社会民主主义从传统"民主社会主义"向"社会民主主义"概念转换的意义,其意图显然在于去除其词义中原有的"社会主义"因素。即使是那些依然坚持原有民主社会主义理念的社会民主党,也实际弱化了自己作为资本主义批判者的印记。正因如此,欧洲激进左翼认为,失去对资本主义批判性的社会民主党已经新自由主义化了,不再属于左翼。2008年金融危机爆发后,面对政治上的困境,一部分社会民主党有向传统左翼立场后退的迹象,但总体而言,社会民主党作为传统欧洲主流政党的角色令其在一系列问题上处境尴尬,也很难简单退回到传统左翼政治立场。即便是作为向传统后退典型代表的杰里米·科尔宾(Jeremy Corbyn)领导下的英国工党,也因为这种后退而面临党内更大的分化压力,它突出了党内精英与草根之间的矛盾。

欧洲激进左翼的转型则更为复杂,其中同时存在着强化和淡化传统左翼两种趋向。欧洲各国共产党除一部分坚持原有共产党之名外,许多通过改名转向了新的激进左翼。在社会民主党上述转型背景下,这些激进左翼力量继承了传统左翼对资本主义的批判,并借此为自己

---

① 欧洲传统左翼政治力量历史上大都曾与欧洲的工人运动和社会主义运动有渊源关系。许多国家的社会民主党与共产党本是同源,即源自19世纪末20世纪初的欧洲社会主义运动。一些政党作为第二国际成员早期深受马克思主义影响。面对资本主义的新变化以及动荡的国际形势,第二国际分裂。第一次世界大战前后,尤其是十月革命之后,围绕着如何对待资本主义以及苏俄革命,欧洲社会主义力量分裂为两大力量,追随十月革命以及后来的共产国际的激进革命力量纷纷脱离各国社会民主党并组成了新的共产党,而遵循改良主义的各国社会民主党则高举了"民主社会主义"的旗帜,并在战后建立了社会党国际。而欧洲托派则是从共产国际中追随托洛茨基主义的力量演化而来。

② 吉登斯在与更具传统左翼倾向的霍顿的对话中强调,福山的《历史的终结和最后的人类》(*End of History and the Last Man*)"尽管受到激烈的批判,但它从本质上说是正确的。至少在此刻,没有人能够在市场经济与民主政治体制的结合之外找到任何其他的有效选择——尽管它们各自都有很多不足和局限。"同时他强调人们要学会接受资本主义,尽管并不必定要爱它。See Will Hutton and Anthony Giddens (eds.), *On The Edge: Living with Global Capitalism*, Jonathan Cape, 2000, pp. 11 - 12.

赢得了大量来自社会民主党阵营的传统选民的支持。但激进左翼的思想意识变得更为复杂，包含了从共产主义、各种社会主义（包括民主社会主义）以及突出红绿政治的新激进主义的广泛意识。[①] 其中，一些转向民主社会主义的左翼党在强调作为左翼的批判性的同时，也突出了作为左翼替代的政治目标，为此它们在政治上变得相对温和。但在危机动荡的形势之下，也有一部分激进左翼政党变得更为极化。但以北欧国家激进左翼所倡导的以红绿政治为特色的新激进主义显然不再简单是传统左翼的一种复兴。其社会基础也不再简单以传统产业工人为对象，而是致力于发展进步主义的青年知识分子，后者显然缺少这些组织传统成员的社会主义记忆和承诺。2008 年以来，右翼民粹主义的崛起给欧洲左翼带来了更大压力，因为相当多的右翼民粹主义政党的支持者来自传统的左翼支持队伍。而且与传统左右政治力量不同，民粹主义力量标榜超越左右，在欧盟以及国内政治问题上，它们利用人们对主流政党的不满，诉诸大众与精英对立，并利用移民等问题极力渲染疑欧主义情绪。在此背景之下，激进左翼阵营出现了一种民粹化趋向。左翼民粹主义虽然突出其对资本主义的批判性，但却是诉诸民粹主义逻辑，即诉诸“人民”与“精英”的对立而非传统左翼的阶级政治逻辑，在组织上也强调运动式的直接大众动员而非传统的政党组织，一些激进左翼组织实际上是一种汇聚众多不同激进力量的松散联合。左翼的民粹化倾向在南欧国家的一些激进左翼以及法国的梅郎雄支持者中表现得更为突出。这使欧洲传统左翼的政治色彩更为模糊不清的同时，也突出了激进左翼政治的不稳定特征。

第三，左翼政治的碎片化趋向明显。

随着欧洲主流政党的下滑和民粹主义力量的崛起，欧洲传统主流政党正在失去其传统的政治控制能力，而一些传统的边缘性小党崛起并成为影响政府组织的关键。这种大党不大、小党不小的形势显示了欧洲政党政治结构性变化中的碎片化特征。而由于社会民主党的急剧衰落与激进左翼的可替代性不足，欧洲左翼政党的碎片化现象更为严重。社会民主党的衰落直接导致了左翼阵营的结构性稳定以及左翼政治的可替代性问题。欧洲的激进左翼受益于这种变化，面对社会民主党的衰落，它们也打出了作为左翼替代性力量的旗帜。在个别国家如希腊，激进左翼的崛起也的确在一定意义上替代了泛希腊社会主义运动党在传统政治结构中的位置，尽管其持续性还有待观察。但总体上，激进左翼的构成复杂及其思想组织的多样性、主流社会对其根深蒂固的疑虑，[②]以及由于其政治起伏大而表现出的政治作用不稳定等，都限制了它们作为社会民主党替代性力量的实际作用。一部分激进左翼的民粹化倾向也更加深了主流社会的疑虑。而且，与传统左翼政党不同，一些新的激进左翼组织本身带有松散的联盟性质，也难以发挥社会民主党在传统左翼政治中的作用，尤其是在治理国家方面。因此，欧洲左翼的碎片化现象更为严重，加之一部分

---

① 林德山：《欧洲激进左翼政党现状及变化评价》，《马克思主义研究》2014 年第 5 期。

② 冷战结束以后，大多数共产党及其后续组织深受冲击，政治影响力急剧下滑，如法国共产党以及前意大利共产党解体后的一些后续组织。即便是一些实际已经转型并变得相对温和的激进左翼组织，也由于其与之前的共产党的渊源关系而深受主流社会和政党的怀疑，如德国的左翼党。

激进左翼的民粹化趋向,欧洲左翼的分化也更为严重。这些都严重制约了欧洲左翼作为一个整体的政治能力和空间。欧洲政治的右倾化,便反映了这种现实。

二、欧洲社会主义运动中的理论与实践的断裂

社会主义思想和运动在欧洲有其深厚的基础。按照传统理论理解,资本主义的危机往往意味着社会主义运动的机遇。由此而言,2008年以后的欧洲经济、社会危机以及由此所引发的政治危机本应意味着左翼政治和社会主义运动的新空间,欧洲激进左翼的活跃一定意义上也反映了这一现实。但欧洲左翼的上述变化特征,尤其是左翼的褪色及其所体现的与社会主义重叠关系的转变表明,欧洲社会主义运动的现实表现及其发展空间是有限的。除人们一般所讨论的左翼组织及政治策略因素外,理论与实践之间断裂的矛盾是制约欧洲社会主义运动发展空间的更深层次的问题。而作为欧洲传统社会主义运动两大力量代表的欧洲社会民主党和激进左翼组织都面临这一问题,只不过它们所面对的实际问题有所不同。

第一,社会民主主义理论与实践的断裂。

社会主义是一种基于对资本主义批判的思想和政治学说,致力于改造资本主义也是欧洲形形色色的社会主义运动的一个共同点。因而,现实社会主义运动常常要面对理想与现实间的差距,并受困于目标远大与现实手段微薄之间的矛盾。历史上各种社会主义运动都有过这种境遇。欧洲社会民主党是从19世纪末20世纪初的欧洲工人运动与社会主义思想和政治运动的结合中产生和发展而来的,一些政党早期(至少是在第二国际初期)曾深受马克思主义影响,其后在走向改良主义的过程中,它们也不断面临这种理想与现实差距的矛盾。而不断缩小这两者间的距离也曾经被认为是欧洲社会民主主义发展的成功经验之一,尤其是在战后的民主社会主义时期,欧洲社会民主党一方面通过将社会主义价值体系与资本主义的自由民主观念(确切地说是进步的社会自由主义价值观念)相结合的方式,成功地使社会民主主义融入欧洲社会的主流价值体系中,缓和了主流社会出于对现实社会主义的恐惧而对之的抵触;另一方面,通过凯恩斯主义的政策方式和福利国家建设,社会民主党自认为找到了一种不改变所有制而改造资本主义的现实路径。但20世纪70年代后,凯恩斯主义政策手段的失灵和福利国家的问题暴露,加上全球化背景下国家间竞争加剧,这种民主社会主义模式陷入困境。

在寻求变革的过程中,欧洲社会民主党不同力量之间的分化加剧。现代化派寻求一种新的社会民主主义转型,实际是通过去左翼色彩,确切地说是摆脱传统社会主义包袱的方式解决其传统理论与实践之间的矛盾。这在思想和组织方面都是以剥离传统社会民主主义的社会主义特质为特征的,即在思想意识方面淡化甚至放弃传统的“社会主义”承诺,而使之成为一种纯粹的“社会民主主义”,在组织方面使社会民主党摆脱传统的阶级政党色彩,使之成为一个以新中间阶级为核心的进步主义政党。这也是20世纪90年代“第三条道路”的倡导者们实际表达的一种取向。从政治效果来看,借助于一些媒体效应,这种转型方式一度给社会民主党带来了选举利益。但这种方式给社会民主党带来的长期影响却是惨痛的。

首先,它导致了一种新的社会民主主义身

份危机。其实,社会民主党内的这种现代化改革本身的动力即来自身份危机,主要是指面对全球化挑战,传统左翼政治失灵所导致的左翼身份危机。但这种剥离社会主义因素后新的"社会民主主义"实际是以进一步地退向社会自由主义的方式来实现的。尽管社会民主党人在与中右派的竞争中反复强调"社会民主"的价值意义,可在今天的欧洲,即便是在中右政治阵营,占主导的都不是纯粹的传统自由主义者,而是保守主义者和基督教民主主义者,他们的思想意识并不简单排斥"社会"观念。最重要的是,在涉及经济政策和社会福利改革的重大事务问题上,社会民主党人无法真正提供区别于右派的市场手段之外的替代性方案。"社会民主"的价值观念失去了现实支撑。

其次,它导致了社会民主党传统社会基础的分化。工人或者说社会的中下层曾经是社会民主党稳定的社会基础。但面对社会民主党的新的政治定位,这些力量开始寻找其他的政治保护或依托,一部分流向了激进左翼,但也有许多对传统主流政党失望的群体选择了支持各种新的民粹主义力量,尤其是右翼民粹主义力量。与之相应,党内的一部分传统力量分离,如法国社会党的梅郎雄,以及德国社会民主党前主席拉方丹的支持者。而在社会民主党内部,这种改革趋向也强化了党内草根与精英之间的对立。2008 年金融危机爆发后,围绕着欧盟问题和紧缩政策,欧洲各国社会民主党党内积累起来的这种对立情绪爆发,它在一定程度上促使一些社会民主党向传统立场后退。英国工党在布朗之后的党内变化突出体现了这一特点。科尔宾当选党领袖以及围绕其领袖地位的党内数次交锋凸显了工党党内以普通党员为主体的草根与党内精英之间的对立。但最重要的是,在经历了传统左翼政治方式失败的前提下,简单退回左翼立场并没有真正为社会民主党提供一种可替代性的政治议程。而且它同样会引发社会民主党内部新的分化,即一部分亲中间阶级代表的离场。这也是包括英国工党在内的一些社会民主党目前正面临的挑战。

总之,进入 21 世纪后欧洲社会民主党的急剧衰落是其社会民主主义的长期理论演变与其实践需求断裂的结果。作为早期带有鲜明传统社会主义色彩的政治运动,社会民主主义长期被视为欧洲社会主义的重要流派之一。但欧洲社会民主主义作为一种思想理论是在适应社会民主党实践需要的过程中不断发展的。而其发展演变的核心逻辑是不断地将传统社会主义的观念和诉求与西方进步自由主义(或社会自由主义)融合。这一特点使得社会民主主义能够将作为一种带有批判性特质的社会主义思想与作为一种带有建设性的进步自由主义观念结合起来。同时,作为一种政治实践,社会民主主义逐渐使各国社会民主党从带有特定阶级属性的政党演变为一个面向全民的"可选举的"政党。可是,当这种"可选举的"实践宗旨转而诱使社会民主党超越其传统思想和政治特质之时,社会民主主义失去的就不只是其传统特质,也失去了其对既有主流价值和政治的可替代性意义。但对于各国社会民主党来说,目前的尴尬在于,退回到其传统的思想和政治特质又会使其失去"可选举的"能力和机会。这也正是人们从目前急剧下滑的欧洲社会民主党演变轨迹中所目睹的现实。传统民主社会主义理论和政策框架的不合时宜促使其进行改革,但改革取向,即去左翼或去社会主义却让其陷入了一种新的身份危机。在此背景下,社会民主主义失去了方向,其衰落也就不难理解。

第二，欧洲激进左翼的理论与实践断裂。

理论与实践的断裂同样也是目前相对活跃的欧洲激进左翼需要解决的问题，只不过其内容形式的表现与上述社会民主党有所不同。这主要是基于激进左翼本身的发展和构成。具体来说，它主要表现在以下方面。

首先，欧洲激进左翼缺乏明确一致的政治理念和身份认同。政治定位的不确定，缺少明确一致的政治理念和身份认同是限制激进左翼政治实践的首要问题。"激进左翼"本身就是一个不确定的概念，既可以表示在思想意识方面的特定"激进"意义，也可以表示一种政治光谱的位置。在欧洲以及西方的语境中，"激进政党"最初用以指称那些具有反建制意义的政党。因而在主流社会的话语中，人们往往将"激进"等同于"极端"。① 正因为如此，目前激进左翼队伍中一些人对于自己被归为"radical"的范畴很反感，因为他们并不认为自己是反体制的极端力量。不过，这并不妨碍人们从中性意义上，即从政治光谱的位置角度，将那些站在中左的社会民主党左边、同时又区别于极左力量的左翼队伍称之为"激进左翼"。②

但这一定义之下的"激进左翼"仍是一个模糊、覆盖范围广泛的概念。从构成来看，它包括了以原共产党及其发展组织为主体的力量、③社会民主党左翼队伍中的分离力量、新的激进知识分子，以及其他形形色色(甚至包括一部分极端力量)的激进力量。虽然他们被归为泛义的"激进左翼"之列，但这些力量从思想意识、政治及政策主张到社会基础差异很大。除了保持对资本主义的批判态度这一共同点外，这些众多的力量之间缺少共同的身份认同。即便是在对资本主义的批判态度问题上，不同力量之间真实的立场差异也很大，有的是对资本主义制度的批判，有的实际只是针对新自由主义政策方式。在基本政治理念方面，一些共产党依然坚持传统的反资本主义激进路线，以德国左翼党为代表的一些左翼党明确表示奉行民主社会主义，而以北欧一些激进左翼为代表的则表达了以红绿政治为特色的新激进主义理念。进入21世纪后，欧洲激进左翼阵营中的两种不同趋

---

① 在欧洲，"激进政党"(radical parties)最初用以表示支持扩大普选权、大众参与政治、公民自由以及更大福利的那些政党，当时这些主张还不是普遍标准。到20世纪，当这些都已经成为现实后，"激进政党"用以指称那些要求扩大现有的政治讨论标准的政党，如绿党。而在一些宗教传统很强的国家，激进政党用以表示那些反教权的政党。也有人把它归为类似于extreme right的"极右"政党(radial parties)，如法国的国民阵线，英国的国家党(National Party)等。而且，即使一些形成时属于反建制的、但后来已经变成融入建制力量的政党往往依然被称为"radical party"。参见 Iain McLean and Alistair McMillan (eds.), *The Concise Oxford Dictionary of Politics*, Oxford University Press, 2003, p. 455.

② 如欧洲一些亲激进左翼政治的政治研究机构将"激进左翼"定义为指称那些自认为非社会民主主义或非绿色替代的政治左翼。参见 Birgit Daiber, Cornedia Hildebrandt, Anna Striethorst (eds.), *From Revolution to Coalition — Radical Left Parties in Europe*, Rosa — Luxemburg — Foundation, 2012, p. 7. 不过按照传统的分类方法，"激进左翼"(Radical Left)还应区别于"极端左翼"(Extreme Left)，尽管在激进左翼中由于队伍复杂，政党之间的差别很大，有些已相当温和，而有些则不无极端色彩。

③ 这是目前欧洲激进左翼中最重要的一支力量，它们之中除一部分坚持共产党之名外，许多已经按照新的定位改名。如现今的瑞典左翼党、荷兰社会党、德国左翼党、挪威社会主义左翼党、芬兰的左翼联盟、丹麦的社会主义人民党等都与各国的原共产党有渊源关系。

势强化了这种理念和政治分歧：一部分传统的反建制力量(如许多共产党)在向新激进左翼转变过程中变得日趋温和,更强调作为社会民主党中间化——用激进左翼的观点是新自由主义化——后的左翼替代力量发挥建设性作用;而另一些激进左翼则受右翼民粹主义政党崛起的诱惑,转向迎合民粹主义的政治方式,即突出超阶级的“人民”与精英对立,诉诸激烈的政治手段。前者更突出传统左翼立场,而后者则有意超越传统左翼的束缚。由于缺少共同的意识和一致的身份认同,欧洲激进左翼难以作为一支独立一致的政治力量发挥作用。即便是在一些国家,激进左翼由于主流政党的危机而走向了政治前台(如希腊),这种内部的不一致也影响了其政治的可持续性。

其次,批判性与建设性的失衡是欧洲激进左翼在政治作用方面呈现的普遍问题。左翼政治的根本属性在于对既有制度和政策体系的激进态度,寻求用进步主义的方式改变资本主义既有的社会和政治秩序,也是资本主义历史条件下左翼政治的共同特点。换言之,对资本主义的批判性是由左翼政治的根本属性决定的。但在如何改变资本主义以及改变资本主义能力的问题上,欧洲左翼之间以及不同历史时期的左翼表现出明显差异。左翼常常会因此而显示其对现实的批判能力与其对现实的改造能力的不一致。作为社会主义思想理论与实践断裂的一种表现,批判性与建设性的失衡是欧洲各种左翼力量历史上都曾面临过的问题。

这与不同左翼对资本主义既有体制的态度有关。在该问题上,欧洲各种社会主义力量都曾有过痛苦的经历,即便是选择改良主义道路并很快走向权力中心的欧洲各国社会民主党,在其早期参执政过程中,其对社会主义的承诺和对资本主义既有体制的态度也限制了其实际的政治作为。后来的社会民主党人高举民主社会主义旗帜,将社会主义理解为用民主社会主义的原则改造资本主义过程,才从一定意义上改变了社会民主党人过去建设性不足的印象。民主社会主义的提出意味着欧洲社会民主党事实上认可了在既有资本主义民主制度框架下的民主改革和制度革新与社会主义目标是并行不悖的,它们也实际通过一系列改革促进了战后欧洲的政治和社会进步。与之不同,尽管欧洲各国共产党中的多数都具有广泛的社会基础,也接受了在资本主义制度框架下的民主活动,但它们对资本主义的立场决定了其根本的反体制态度,由此也决定了它们在现实政治结构中作为反对党的政治定位。在社会大众的认知心理中,这类激进力量的批判性意义大于其建设性意义。这无疑限制了激进左翼在现实政治中的作用空间。

冷战后一些欧洲激进左翼在转型过程中努力改变这种状况。进入 21 世纪,尤其是在 2008 年金融危机蔓延到欧洲后,传统左翼的主要代表欧洲社会民主党因为背负了新自由主义化的包袱而深受牵连。在此背景下,欧洲激进左翼,一方面通过突出其批判性而吸引了人们的关注。其对资本主义,尤其是对主流政党普遍奉行的新自由主义政策的批判,以及其对紧缩政策的明确反对切实回应了受危机冲击的普通大众的诉求。另一方面也在着力塑造自己作为左翼替代的形象。其间,一些激进左翼有意识地改变了传统做法,在整体立场趋于温和的前提下,紧紧围绕一些普通民众关切的现实政策,如福利保护、反紧缩,以及扩大民主参与等问题,提出有针对性的政策建议。

如德国民社党[①]在与一部分从德国社会民主党左翼中脱离出来的西部左翼合作并组成德国左翼党后，明显改变了其过去更为着重于对既有政策的批判而弱于提出建设性方案的印象，整个政治立场变得更为温和，力求树立并体现其左翼替代的形象。在北欧，激进左翼着力于面向进步知识分子，突出红绿政治，也明显表现出了对现实政策更为积极的态度。这种对重要公共事务的建设性参与态度有助于改变这些政党在大众心理中的传统的反体制印象。

但欧洲激进左翼在政治作用方面，批判性有余而建设性不足的总体表现依然在延续。在激进左翼的多种构成中，大多数共产党依然表现出激烈的反体制特征，尤其是在欧盟问题上。一部分带有极左倾向的激进力量在一系列重要问题上也表现出与主流政党激烈对峙，但却过于简单化的立场。另外，面对经济危机和欧盟危机的交织，欧洲社会的分裂问题凸显，左翼民粹主义也在激进左翼队伍中发展。受其影响，一些激进左翼为迎合部分大众的不满心理，更倾向于渲染一些极端的政治立场和主张。它进一步强化了人们对激进左翼的反体制印象。而即便是上述趋于温和的激进左翼力量，在主流政党看来，它们在许多政策问题上的政策立场也是不现实的，在欧洲政治总体右倾化、人们寄希望于大左翼联合的背景下，各国的社会民主党也常常抱怨激进左翼的不合作。这其实也是指责后者更乐于批判现实而不是解决现实问题。

再者，激进左翼的政策主张缺乏系统性，也缺乏一致的理论基础。与激进左翼政治实践中的上述现象和问题相应的是，激进左翼虽然在众多问题上表达了社会的不同声音，但其政策主张显示其缺乏必要的政策系统性和一致的理论基础。在欧盟问题、福利国家问题和民主参与问题上，激进左翼的不同力量表达了矛盾的、简单化的立场和政策主张。在欧洲问题上，针对既有欧盟的机制问题，激进左翼中既有进一步强化欧洲一体化功能的声音，也有强烈的解体欧盟的呼声，且其理由形形色色。激进的共产党把欧盟当作帝国主义的工具，而更多激进左翼的疑欧者则认为欧盟已经成为新自由主义的工具，无法保护民众利益，因而要求回到国家保护状态。在福利体制改革的问题上，面对主流政党共同显示出的福利改革政策趋向，捍卫福利国家成为激进左翼共同的，也是最有吸引力的政策主张。不过，福利国家本不是激进左翼的创造，激进左翼在表达受既有改革政策直接影响的社会弱势群体需求声音的同时，也应该直面，至少是回应主流政党的相关改革所针对的问题，即既有福利体制的问题。但激进左翼对此显然缺少有力的论证。而且，在目前欧洲政治民粹化的压力下，激进左翼队伍中也充斥了福利沙文主义的声音。在作为激进左翼重要的，也更具特色性的政治主张，即扩大民主参与的问题上，激进左翼虽然抓住了目前欧洲民主政治的问题核心，但其主张本身缺乏系统的论证。例如，针对目前代议民主制存在的问题，激进左翼普遍强调扩大直接民主，但显然缺少对现代社会条件下直接民主内涵形式的深入论证，一些具体的主张要求，如在关系社会整体重大利益问题（如欧盟问题）上诉诸全民公决，实际上是把复杂问题简单化，也难以使自己的诉求区别于右翼民粹主义。

---

① 民社党(PDS)是民主德国统一社会党的一部分改革力量组成的，在很长一个时期里被德国主流政党认为是民主德国共产党的继承者。

欧洲近年来的一些政策实践表明，这种表面上表达民意但缺乏系统深入论证的政策运用，其效果未必真正反映设计者初衷，反而可能加剧社会分化而不是问题的解决。在其他一些重大问题，如全球化、反紧缩等问题上，欧洲激进左翼的立场和政策也都显示其缺乏理论基础和对问题的系统论证，导致其许多政策在现实政治议程中缺少可替代性。

三、欧洲社会主义运动需要直面新的理论问题

欧洲左翼政治实践中的上述问题凸显了欧洲社会主义运动发展中的一个现实，即传统理论与实践之间的断裂。社会主义正面临一种时代的挑战。正如一些理性的思想者所强调的，在21世纪，社会主义的历史任务不再是如何在资本主义世界体系中与资本主义竞争，而是当资本主义不再是可行的历史体制时，社会主义能否证明它是解决人类所面对的根本危机的唯一可行的方案。① 综观欧洲左翼政治及社会主义运动的发展现状，社会主义者需要从理论上直面一些传统社会主义理论不再能够简单解释的新问题，其中尤其要回应后物质主义、全球化和技术变革所带来的问题。

第一，后物质主义观念和事务的发展及其与社会主义的关系。

传统社会主义理论和左翼政治议程主要围绕社会生产与社会关系展开，因此被认为属于物质主义维度。因此，当一场社会学家罗纳德·英格尔哈特(Ronald Inglehart)称之为的“静悄悄的革命”——意指一种从物质主义到后物质主义优先价值观的代际转变——在西欧出现，非物质主义事务在政治竞争中的地位日益上升之时，传统左翼受到了更大挑战。为应对这一挑战，欧洲左翼(包括社会民主党和激进左翼)一方面尝试接受或吸纳一些后物质主义观念，并将其补充到自己的价值体系中，另一方面又有意识地淡化传统左翼或社会主义色彩。“超越左右”是吉登斯阐发其“第三条道路”的理论前提，其意义就在于摆脱传统左翼观念和政治议程中的物质主义维度束缚。迎合这种政治文化的改变也体现在了欧洲激进左翼的思想观念变化中，新激进主义以及左翼民粹主义中的一些观念也是为了淡化传统左翼的阶级观念和强化对物质主义事务的专注。

其实，后物质主义观念与进步主义运动是并行不悖的。20世纪60年代的新左翼运动可谓最早表达和回应这种后物质主义观念变化。在欧洲各种政治力量中，欧洲左翼也是较早将生态、性别平等这些观念以及相应的政治改变纳入自己关切的议题和组织中的。北欧激进左翼更是以红绿政治为旗帜。但问题在于：适应后物质主义观念转变是与传统社会主义或左翼政治不兼容的吗？左翼的上述应对方式暴露出了欧洲社会主义运动在理论与实践上的断裂。弥补这种断裂至少需要社会主义者从理论上说明以下两方面的问题。

一是确切解释物质主义和非物质主义这两种观念及其事务在社会主义思想和政治运动中应有的位置，包括两者在自己的政治议程中的关系。欧洲传统的社会主义理论无疑专注于物质主义的维度。作为诞生于19世纪的工业化进程的思想和运动，这无可厚非。而在当代，社会主义运动的发展需要适应后工业社会的变

---

① Minqi Li, “The 21st Century: Is There An Alternative (to Socialism)?”, *Science & Society*, Vol. 77, No. 1, January 2013, pp. 10－43.

化，为此它需要对后物质主义的观念以及围绕于此的上述政治文化的转变作出回应。在讨论目前欧洲社会民主主义危机的根源时，一些进步学者强调，物质主义事务固然重要，但在一个关注道德和环境的社会中，我们必须知道其限度。左派应根据人对不同事务追求的本性的理解去建立一个美好社会，为此就应该倡导关注诸如一些非物质的问题，以此作为政治复兴的基础。① 但问题在于在对后物质主义观念作出回应时，社会主义者应该如何理解其传统的物质主义观念和政治议程所处的位置。目前围绕后物质主义的一些进步主义理论解释似乎过分强调非物质主义的观念转变。在现实政治生活中，物质主义与非物质主义往往并非简单排斥，而是交织的。例如，对于目前欧洲以及整个西方民粹主义政治力量崛起的根源问题，人们既可以将之解释为一种经济不平等所导致的社会分裂，也可以将之解释为一种文化断裂。② 不同理论突出了不同要点，但人们很难把两者截然分开甚至对立。社会主义者需要考虑如何将非物质主义的维度纳入自己的观念体系中。

二是更深入地讨论并回应与后物质主义观念转变相连的多重问题，以及社会主义者应该坚持的价值体系。适应后物质主义时代变化并非简单只是一个观念转变的问题，作为一种文化转变进程，它涉及复杂的转变进程和观念冲突，并将众多传统以及新的政治力量卷入其中。如英格尔哈特在验证其 20 世纪 70 年代初所提出的命题时所强调的，朝向后物质主义价值观的转变本身只是更广泛的文化转变过程的一个方面。这种文化转变不仅正在将新的政治议题推到前台并策动新的政治运动，而且也正在重塑发达工业社会的政治前景、宗教倾向、性别角色以及性规范。新的态度倾向更少强调传统文化规范，尤其是限制自我表现的规范。③ 但当这种文化转变与西方社会本身以及外部世界的新的变化进程交织在一起时，它就带来了与传统社会冲突意义不同的新冲突，并引发了政治竞争领域新问题。这种新的冲突是由这种文化转变本身所引发的。这种文化转变，尤其是围绕宗教、性、家庭和婚姻等问题的规范重塑，引发了传统保守社会群体的强烈抵制。整个社会围绕这种价值观念的开放与保守——它们更多是由生活方式而非生产方式的不同所造成的——出现了新的社会分化。另一种冲突则是因为全球化进程中的社会流动加速——在欧洲，它与一体化的进程紧密相连——引发的。伴随全球化的新发展，社会流动性加速，移民、难民以及其他伴随该进程的新的问题产生，并与欧洲国家内部的传统问题（如社会福利改革）交织在一起，演化成了本土民众与外来民众的冲突。两种冲突交织，导致欧洲政治竞争领域新的组合和价值观念变化。围绕着上述新的社会分化和冲突，在整个社会变得更趋保守的

① Neal Lawson, "Averting The Death Of Social Democracy", 20/12/2018. https://www.socialeurope.eu/averting-the-death-of-social-democracy. Last accessed on Dec. 28, 2018.

② Inglehart, Ronald, and Pippa Norris, "Trump, Brexit, and the Rise of Populism: Economic Have-Nots and Cultural Backlash", HSK Faculty Research Working Paper Series RWP16 - 026, August 2016, http://research.hks.harvard.edu/publications/workingpapers/citation.aspx? PubId=11325&type=FN&PersonId=83, Accessed on Aug. 30, 2017.

③ ［美］罗纳德·F. 英格尔哈特：《西欧民众价值观的转变(1970—2006)》，严挺译，《国外理论动态》2015 年第 7 期。

背景下,社会主义运动成了牺牲品。

传统社会主义或左翼力量在这一进程中的处境十分尴尬。这是由社会主义作为一种本质上的进步主义的立场和诉求所决定的。一方面,一些社会主义者(如欧洲的社会民主主义者)自视为彻底的自由主义者,在价值观念方面更容易接受新变化,包括个人生活方式的变化(如接受同性恋以及新的家庭和婚姻观念)和对全球化进程中的移民的保护。但另一方面,这些新变化的本质是助长个人主义,而这又可能侵蚀传统社会主义运动有赖的观念和组织基础,如集体主义和团结互助的观念和诉求。而且,这种文化转变所体现的代际变化也在侵蚀传统社会主义的阶级基础,导致诸如阶级观念的价值和适用范围问题。对社会主义者来说,需要从理论上回应这些问题,并发展在此情景下社会主义所适用的观念和政治导向。

第二,社会主义的全球化理论。

全球化问题是欧洲社会主义运动不可回避,也是困扰其发展的重要理论和实践问题。在该问题上,欧洲左派显示出不确定、矛盾的态度。社会民主主义的现代化派显示了热情拥抱全球化的立场,而来自极左和激进左翼中的部分力量则是坚定的反全球化代表。更多的左翼力量是抱着一种矛盾心态看待全球化,他们承认全球化的客观趋势,但却是以更带防范性的心理看待这一进程。

欧洲左翼对全球化的矛盾立场显然受到了两方面因素的影响。首先是全球化所导致的社会权力关系变化对传统左翼政治提出了更大挑战。其中影响深远的是经济全球化,尤其是资本流动加速对传统国家权力的侵蚀,以及它所导致的劳动与资本关系的新的失衡。国家对经济和社会事务的可控权,以及基于合作的劳方权力扩大,分别是传统左翼政治有效运转的重要政治和社会基础。因此,全球化所导致这两方面权力关系变化被认为是对传统左翼政治的侵蚀。其次,全球化叙事中新自由主义的主导权也影响了欧洲左翼对全球化本身的态度。经济全球化的发展伴随着欧美新右派的崛起,新自由主义的全球化叙事逻辑——强调全球化的必然性以及由此延伸到的市场逻辑的必然性——也在无形中主导了全球化的叙事。而新右派也借助这种叙事逻辑诋毁左翼政治。作为对这种叙事方式的抵制,欧洲一些传统社会主义者更倾向于否认全球化是一个新现象,认为它不过是新自由主义的一种全球化意识形态,是服务于帝国主义的扩张需要,迎合资本精英的利益诉求的。①

基于上述对全球化的矛盾立场,欧洲左派未能提供清晰的不同于右派逻辑的新的全球化理论和基于该理论的政治替代。如何从理论上正面回应全球化,并提出一套属于自己的全球化逻辑,这是摆在欧洲社会主义者面前的紧迫问题。从社会主义的本质特点角度出发,社会主义的全球化理论应该着力于澄清以下问题。

首先,体现应有的开放性和选择性。目前欧洲左派的各种力量中,除社会民主主义的现代化派外,大多呈现的是一种防御性全球化观。它无助于欧洲社会主义的复兴。社会主义本质上是一种适应社会生产力发展的开放社会,社会主义运动也应该是在一种开放的进程中实现的。由此角度来理解,开放性的全球化观应该

① Neal Lawson, "Averting The Death Of Social Democracy", 20/12/2018. https://www.socialeurope.eu/averting-the-death-of-social-democracy. Last accessed on Dec. 28, 2018.

是以承认其客观性为前提，意指跨越传统地域界限的生产和社会活动的交融趋势。但这种客观性不是新自由主义全球化叙事中的所谓必然性，后者实际将此概念偷换成了市场逻辑的必然性。全球化中的一些趋势与这里所谓的“必然性”是不等同的，后者否认了全球化进程中的行为者（企业或国家）的选择性。但反过来说，强调这种“选择性”而无视全球化中的客观进程中的自然变化进程，却是左翼的共同弱点。社会主义的全球化观，必然要体现不同于新自由主义的叙事逻辑，要呈现其选择性和替代性。这方面，虽然社会民主主义的现代化派试图用一种新的全球化理论来重塑社会民主主义，但事实上它未能清晰显示社会民主主义的话语逻辑，也缺少相应的政治和政策手段。2008 年金融危机爆发后，一些激进左翼清醒地认识到，全球竞争使得社会过于对野蛮的资产者作出妥协，而寻找不同于新自由主义主导的全球化的替代性声音是关键。正视全球化的客观性，但要提供不同的选择路径，包括倡导什么样的价值观念和优先事务。社会主义的全球化理论要在澄清全球化客观景象的同时，描述出不同于新自由主义的话语逻辑。

其次，国家权力的重构是社会主义全球化理论需要讨论的重点。国家功能的有效发挥是欧洲传统左翼政治议程得以有效运行的关键，而全球化对左翼政治冲击的要点也在于国家传统功能的被侵蚀。在此前提下，社会主义运动是否如新右派所攻击的失去了意义和空间？在新的历史条件下，它能够通过什么手段来行使自己对资本主义的“矫正”功能？在此问题上，欧洲传统左翼显示了模糊、混乱的立场。围绕着如何看待全球化及其规则，以及看待在此条件下的资本主义，相关的争论大致显示出两种不同的路径。一种是如激进学者所强调的，在承认资本主义霸权前提下的不触及国家权力的抵抗。① 如社会民主党人试图在承认既有规则条件下，在“间歇”中进行抵制。另一种则是寻求“权力回归国家”，通过国内社会主义的权力构建和国内一体化经济的构建，摆脱既有的服务于全球化的出口战略模式。欧洲一些激进左翼和极左的反欧盟立场大多是围绕这种思路展开的。这两种方式或路径都不无偏狭，前者失去了社会主义全球化理论所要求的选择性，而后者实际是用简单的抵制全球化的逻辑在应对。承认全球化的发展意味着需要重新思考在此前提下的政治权力结构。社会主义的全球化理论不应该是在简单的接受或反对既有的规则意义上展开，因此也不应该简单以去国家和回归国家为结论，而应该是围绕承认普遍性规律的前提下重构社会权力进行。而这一结构转变的关键是国家权力结构的重构，它不是简单地以放弃或回归国家权力的方式来表示，而更应该着力于讨论如何在新的历史条件下建设性地重构民族国家的作用。这涉及的一个关键问题是如何重新考虑国家的现实作用与一般所谓的全球治理间的关系。

第三，技术变化与社会主义。

社会主义运动及其发展的基础在于现实的社会生产方式变化。而在当代，人们目睹了新的技术变化对现代社会生产方式变化的深刻影响，尤其是数字化技术飞速发展的今天，技术的变化在急剧地改变现代社会生产方式，同时也在改变人的社会关系，改变人的世界观和社会意识，进而也在改变他们对待包括政党在内

---

① ［斯洛文尼亚］齐泽克：《新的抵抗政治与投降》，王晓群译，《国外理论动态》2008 年第 3 期。

的政治组织的态度。从进入21世纪后欧洲政治的发展趋向中,人们愈益感受到了技术变化对政治意识以及政治组织的影响。在普遍认可技术尤其是数字技术的急剧变革所带来的上述变化的同时,人们也强烈意识到了数字技术发展所带来的问题与挑战。传统的劳动与资本关系和形式的改变,政治团体和机构的结构和活动内容变化,无不渗透着技术变革的影响,进而反映在了公共政治生活的变化中。

在传统社会主义理论中,技术更多只是作为一个中性的因素被人们所认识。而如今,面对技术尤其是数字技术对社会生产和生活方式的直接而深刻的影响,社会主义运动的参与者已经不能简单满足于这种认知了。在欧洲,"数字社会主义"已经被人提出并广泛关注,它意在表示数字技术的运用已经改变了传统资本主义生产和社会组织形式,并使之最为接近于社会主义的原则,① 或用以表示一种我们能够用技术解决社会问题的思想。②

但从发展社会主义理论的角度来看,研究数字技术与社会主义的关系显然不能简单停留于这种对未来社会的猜想中,而更应着力于思考技术变化如何影响着现实的社会生产关系以及政治意识和组织,包括对生产组织形式及其所反映的社会关系、人的社会认知、公共权力、政治生活和政治组织的影响等。作为一个现实且变化中的问题,它会带有很大的不确定性。但作为一种着眼于改变现实和未来的思想和运动,包括欧洲在内的社会主义者不能不从这种思考中升华社会主义的时代意义。

欧洲社会主义运动及其政治力量正处在十字路口。从对资本主义的批判性和对政治选择的替代性要求方面来说,由传统左翼政治所表达的社会主义运动有其现实基础。但欧洲社会主义运动的上述特征,尤其是左翼政治的褪色却突出显示其现实困境,而理论与实践的断裂是摆在欧洲各种左翼力量面前的普遍问题。欧洲社会主义运动的发展需要着眼于如何弥合这种断裂,为此也更需要从理论上直面影响当今欧洲社会主义发展空间的重大现实问题。

① Kevin Kelly, "Digital Socialism", https://kk.org/thetechnium/digital-socialism/. Reza Shabanali, 'Digital socialism: towards a new socialism', http://webmindset.net/digital-socialism.

② "How Some Sharing Economy Organizations are Challenging Traditional Exchange Models", https://rustrum.com/digital-socialism/.

21世纪世界社会主义运动的发展与面临的挑战

【内容提要】 社会主义制度的正确内涵是：有一个工人阶级领导的执政党，政治稳定、每个人都有平等的权利、人民当家做主、社会公平公正、消除贫困等。在这一内涵指引下，进入21世纪，世界大变革大发展，世界社会主义运动发生了巨大而深刻的变化。在拉丁美洲，21世纪社会主义面临一系列严峻挑战；作为世界社会主义运动重要组成力量的中国、越南、老挝三国，根据本国实际情况建设社会主义，取得了巨大成就，对世界社会主义运动发展做出了贡献。但是，要推动世界社会主义运动广泛开展和持续发展，如果只有几个国家走社会主义道路，那是不可持续的。在当今世界，不仅存在市场经济的竞争，而且还存在社会主义和资本主义两个制度之间谁战胜谁的问题。真正的共产主义者将以满腔热血和高尚的牺牲精神，完成最终实现社会主义的崇高使命。

【作者简介】 方习·老冯(Feuangsy Laofoung)，老挝社会科学院经济研究所所长

【原文出处】《学术前沿》2019年第8期(下)

人类社会经历了多个发展阶段，产生了不同制度形式，包括：原始共产制度、奴隶制度、封建制度、资本主义制度和社会主义制度。每种社会制度都有其特点和优越性。在这些制度中，社会主义制度是最优越的制度，也是热爱和平的人们最向往的制度。

1917年10月，列宁领导俄国社会主义革命取得胜利，建立了世界上第一个社会主义国家。社会主义从此成为世界上与资本主义相对立的制度，它对世界各国的独立运动具有极其重大的意义。越南胡志明主席曾说过，俄国十月革命为世界各民族和全人类开辟了解放道

路，开创了人类从资本主义向社会主义过渡的新的历史时期。从那时起，世界上涌现出一大批社会主义国家，很多国家的人民奋起开展推翻资产阶级统治，争取民族独立、民主和主权的解放斗争。然而，苏联的社会主义制度未能长期维持下去，1991年，苏联解体为15个国家(立陶宛、格鲁吉亚、爱沙尼亚、拉脱维亚、亚美尼亚、乌克兰、白俄罗斯、摩尔多瓦、阿塞拜疆、乌兹别克斯坦、吉尔吉斯斯坦、塔吉克斯坦、土库曼斯坦、哈萨克斯坦和俄罗斯)。苏联解体有诸多原因，是血的教训，社会主义国家应避免重蹈覆辙。值得庆幸的是，社会主义运动并没有因苏联解体而终止，现在世界上仍有不少热爱和平的社会主义国家。

一、21世纪社会主义的历史渊源及其发展

社会主义制度的正确内涵是：有一个工人阶级领导的执政党，政治稳定、每个人都有平等权利、人民当家作主、社会公平公正、消除贫困等。社会主义制度的优越性让那些热爱和平的人们都希望生活在具有这种制度的国家。然而，为了维护自身利益，资本家对社会主义进行了歪曲宣传，让世界各国人民对社会主义制度产生了误解和排斥。即便如此，社会主义运动仍在许多国家兴起。20世纪末，拉美国家经历了经济危机。1990—1999年间，大多数拉美国家的基尼系数上升和物价飞涨，引起了民众的不满。2000年，仅有37%的拉美人对民主制度表示满意(低于欧洲20个点，低于撒哈拉以南的非洲10个点)。在此背景下，左翼社会主义政治运动为原住民和古柯农(cocaleros)争取人权、劳工权、妇女权、土地使用权，要求改革教育制度等，最终为社会主义领导人当选提供了群众基础，使21世纪社会主义在地方传统和以往拉美社会主义和共产主义运动基础之上得以建立，这些运动包括萨尔瓦多·阿连德(Salvador Allende)、菲德尔·卡斯特罗(Fidel Castro)和切·格瓦拉(Che Guevara)领导的运动以及墨西哥恰帕斯萨帕塔(Zapatista)民族解放运动和尼加拉瓜的桑地诺(Sandinista)民族解放阵线等。在委内瑞拉，乌戈·查韦斯(Hugo Chávez)把马克思主义、玻利瓦尔的革命和进步思想、基督教的人道主义思想作为21世纪社会主义的思想基础。21世纪社会主义在经济上主张以国有经济和合作社经济为主体、多种经济成分共同发展，实行国民经济的国有化政策；在社会方面主张公平分配社会财富，以解决不平等和贫富分化问题；外交方面主张促进拉美团结、发展与各国友好关系，以合作代替竞争，推动世界多极化和民主化。

21世纪社会主义是一个政治话语，由海因茨·迪特里希(Heinz Dieterich)于1996年首先提出。此后，当时的委内瑞拉总统查韦斯、厄瓜多尔总统科雷亚·德尔加多(Rafael Correa)、玻利维亚总统埃沃·莫拉莱斯(Evo Morales)、巴西总统卢拉·达席尔瓦(Luiz Inácio Lula da Silva)等拉美国家领导人不断丰富其中的社会主义原则和内容。21世纪社会主义通过对20世纪新自由主义和社会主义的比较，发现了人类在解决贫困、饥荒、剥削、经济压迫、性别歧视、种族歧视、自然资源的破坏以及缺乏参与式民主等紧迫问题上的成败根源。

鉴于各个国家和地区历史条件的特殊性，21世纪社会主义将面临许多巨大挑战，比如要在自由市场经济条件下实现经济增长、社会发展、环境的可持续发展以及消除贫困等，而在资本主义制度下，工厂主只关注经济发展，他们通

过加强对工人的剥削来增加资本积累，并且经常发生资本主义集团争权夺利的武装冲突和战争。

近 20 年来，拉美地区的左翼政党通过民主选举方式赢得政权，并采取了许多进步改革措施，积极朝政治生活民主化方向转型，捍卫国家主权。委内瑞拉、玻利维亚、厄瓜多尔和尼加拉瓜已宣布建设面向 21 世纪社会主义的社会主义模式。其中，委内瑞拉是这种模式的倡导者和发起者。这一新模式包含许多进步要素，是拉美地区独有的发展理念，其独特的理论基础集马克思列宁主义、玻利瓦尔思想和基督教人道主义的优点于一身。

在发展方面，21 世纪社会主义也面临来自自由市场经济的诸多挑战。目前，社会主义制度的关键任务是解决温饱、就业、社会平等公平和消除贫困等问题。实际上，社会主义制度在落实各项任务时仍存在许多不足。例如，一些社会主义国家的党员和党组织退化变质；在社会主义与资本主义的激烈斗争时期，不少共产党员脱离人民，混淆了工人阶级利益、劳动者利益和个人利益，伺机积累财富，忘记了社会主义理想，轻易陷入修正主义泥淖。虽然各社会主义国家仍坚持马克思列宁主义，但在经济发展中仍存在很多问题，贫困率依然很高，贫富差距仍然很大。迪特里希在他的著作中曾提及这个问题，他将 21 世纪社会主义和马克思的“一切社会的历史都是阶级斗争的历史”这一论断进行了比较，对资本主义和已垮台的东欧社会主义进行了分析，进而得出结论：二者都无法解决人类面临的紧迫性问题。

21 世纪世界社会主义运动面临两种矛盾：来自内部的矛盾和来自反对派的矛盾。过去已有一些国家的党组织退化或解散，原因是无法坚持社会主义理想并执行了错误的政策路线。例如，委内瑞拉在经济社会发展上虽然取得许多成就，但其对土地和经营实施了错误政策，不鼓励竞争和私营企业国有化。委内瑞拉的石油开采业已被国家垄断经营，石油开采的技术、机械设备都十分落后，石油品质差，导致大量工人和劳动者失业。国家缺乏石油却还要大量出口石油，而不解决本国就业和扶贫问题，让本来对国家满怀期待的委内瑞拉人民失去了信心。古巴被美国制裁几十年，却仍牢牢坚持社会主义道路，继续建设社会平等、公平的社会主义。但最近古巴正在发生一些新变化，古巴国会讨论了新宪法草案，用以取代现行的 1976 年苏联时期通过的宪法。新宪法草案中删除了建立“共产主义社会”的目标，代之以加强“建设社会主义”。[①] 古巴全国人民政权代表大会主席埃斯特万 · 拉索(Esteban Lazo)称，“这并不意味着我们放弃自己的理想”“古巴只是自苏联解体以来步入了一个新时代”“我们依然是要建立主权独立、繁荣和可持续发展的社会主义国家”。新宪法承认私有制，而此前，古巴共产党将私有制

① 参见徐世澄：《古巴新宪法“诞生记”》，《人民周刊》2019 年第 7 期。2019 年 2 月底，古巴对新宪法进行了全民公决，4 月 10 日，古巴新宪法正式生效。2018 年 7 月公布的《草案》曾删去了原宪法《序言》中“并且在共产党的领导下，为建立共产主义社会而继续前进”和“当人们从奴隶制度、封建制度和资本制度等一切剥削制度中解放出来以后，只有在社会主义和共产主义制度下，才能使人类获得全部尊严”这两段话，同时删去了第 5 条中“向共产主义未来推进的崇高目标”的提法。在全民讨论中，有不少民众反对删去“共产主义”的提法。在民众的强烈要求下，古巴第九届全国人大第二次会议在通过的新宪法的序言和第 5 条中又恢复了“共产主义”的提法。——编译者注。

视为资本主义残余。现在,古巴已开始实行市场经济革新。古巴原宪法只承认国家财产、合作社财产、农民财产以及个人财产、联合经营财产等,而不发展多种成分的经济。新宪法草案旨在建设可持续发展的社会主义,修改了一些条款,反映了古巴政治、社会和经济的变化。

查韦斯在21世纪社会主义理论中继承了天主教中公平、平等、博爱、利他的思想,尤其是解放贫困阶层的思想。此外,在阐释21世纪社会主义内涵时,查韦斯还借鉴了《圣经》和马克思主义创始人的著作。2007年1月,查韦斯在首都加拉加斯会见基督教主教们时说,"我建议各位主教读读马克思、列宁的著作,并在《圣经》中找到社会主义"。查韦斯称,耶稣是"历史上最伟大的社会主义者"。因此,他鼓励委内瑞拉人民主动以自由、自愿的方式去关心他人,摒弃个人主义。查韦斯也毫不犹豫地以耶稣的作品和福音书为例,强调在民间建天堂。2007年1月8日,查韦斯在委内瑞拉新内阁见面会上对基督教思想进行阐释时指出:关于公共财产,"没有哪种社会主义理论比基督教思想更类似于共产主义思想的了";耶稣是一个真正的社会主义者和反帝国主义者。委内瑞拉政府出台了旨在改善人民生活质量的"基督计划",该计划提出在2011年以前消除贫困的具体目标。

总的看来,21世纪社会主义的理论框架具有明显的整合性质。拉美的"现实土地"就像一个"筛子"一样在筛选各种理论中关于"解放"和"发展"的合理要素。查韦斯总统在委内瑞拉倡导实行21世纪社会主义后,许多拉美国家纷纷效仿。虽然目前正处于完善理论基础阶段,但这一模式的若干特征及其实践都明显体现出很多社会主义的性质。这一趋势为当代民生、民主、公平和社会主义斗争开辟了新的前景,这是任何人都无法否认的。面对资本主义全球化,左翼政党选择21世纪社会主义或建立区域联盟,是发展中国家的自然反应。委内瑞拉和拉美国家的举措展现了该地区左翼运动的新活力,证明了社会主义是人类永远向往的美好的社会模式。也许这一模式还不能完全与科学社会主义原理相契合,但他们的努力探索值得尊敬。可贵的是,拉美实践让我们再次看到了西半球社会主义发展的迅猛态势。21世纪社会主义及其政治社会的初步成果已经证明,发扬民主是改革的重要动力之一,尽管这种民主还局限于资产阶级民主框架。经济社会生活民主化已成为一个重大课题,拉美地区左翼政府在上台执政后,都广泛推动政治、经济、文化、社会改革,决心逐步消灭殖民主义和帝国主义残余,解决新自由主义造成的后果,将国家纳入健康发展轨道。拉美政治社会局势是人民对民主和民生的渴望,因此,能够掌控局势并有能力解决以上需求的政治力量将得到人民拥护,成为核心力量,执掌国家政权。21世纪社会主义模式给世界社会主义建设进程以极大的鼓舞。拉美左翼运动的发展对国际共产主义运动,对拉美地区以及越南、老挝社会主义定向的革新事业都具有重大的积极意义。

二、中国、越南、老挝各具特色的社会主义

1978年12月,中国共产党十一届三中全会决定将工作重心转移到社会主义经济建设上来。40余年来,中国已在中国特色社会主义建设和中国民族复兴道路上取得了伟大成就。邓小平是中国伟大的改革开放总设计师,他经历

了政治生涯的起起落落，在中共十一届三中全会上作出重大决策，并成为中国改革开放的掌舵者。邓小平为他之后的中国各代领导人创造性地建设符合中国国情和世界变化的现代化事业铺平了道路。

改革开放提高了世界 1/4 人口的生活水平。中国发展的速度之快，任何一个国家都难以企及。中国已从一个贫穷落后的国家发展成世界上最大的经济体之一。尽管目前正遭受全球经济衰退和经济危机的影响，但中国经济发展的前景仍然被世人看好。中国和全世界专家都在讨论和总结 40 余年来中国发展的宝贵经验。但世界上却没有哪个国家能照搬中国这个人口大国的发展模式。而在探索这条崭新道路的初期，中国开展了小规模的经济改革试验，成功后才在全国推广。先是在东部沿海城市和特区进行改革开放，在基础设施建设和管理制度等方面树立了良好典范，东部从此成为拉动全国经济增长的桥头堡。良好的竞争机制为外商投资创造良好的环境。目前，中国基本形成了经济发展的完整布局，形成了高度现代化的规模产业。

习近平新时代中国特色社会主义思想是中共中央总书记习近平的政治思想。这一思想是在 2012 年习近平当选中共中央总书记(国家最高领导人)后逐步发展起来的，在中共十九大上首次提出。中共十九大将习近平新时代中国特色社会主义思想写入党章。习近平新时代中国特色社会主义思想是中国特色社会主义理论体系的重要组成部分，这一思想同马列主义、毛泽东思想、邓小平理论、“三个代表”重要思想和科学发展观一脉相承。中共中央领导层将科学社会主义基本原理与中国实际相结合，找到了建设中国特色社会主义的方案，创造性地发展了马克思主义。中国共产党人从探索“什么是社会主义”“怎样建设社会主义”等问题出发，历经长期改革，取得了许多重要成就，形成了具有本国特色的社会主义，并得出结论：贫穷不是社会主义，富裕和高度发达的社会不是资本主义的“专利”。社会主义还要提高生产力，让劳动者都能享受到劳动成果。在中国共产党的领导下，中国成功将重心转移到经济建设上来，保持 40 余年的经济高速增长、社会发展，创造了社会主义的新蓝图。这是科学社会主义划时代的伟大成就。当前，中国在经济社会发展上取得了巨大成就，保持了民族特色，消除了贫困，同时坚定党内反腐的决心。中国特色社会主义是一种相对完善的模式，为 21 世纪世界社会主义运动提供了宝贵的经验借鉴。

越南在社会主义建设中始终坚持马列主义、胡志明思想。1986 年，越共六大提出了全面革新路线。到 2016 年，全面革新事业已历经 30 年。越共十二大回顾了 30 年来的革新历程，总结了革新的经验成就，指出了革新的局限、缺点和教训。实践证明：30 年革新是越南发展事业的重要历史时期，证明了越南共产党、国家和人民各方面的成长。革新具有革命性意义，是一个深刻、全面、彻底的转变过程，是越南全党、全民为实现“民富、国强、民主、公平、文明”目标的伟大革命事业。30 年来，越南在国家工业化和现代化建设上取得了重大成就，从一个拥有 90%农业人口的落后农业经济体，建立起能够逐步满足工业化、现代化建设需求的物质技术和经济社会基础设施，为吸引社会资源推动发展创造了条件。在此基础上，越南的国家面貌发生了巨大变化，经济保持较快增长，经济规模不断扩大，人民生活逐步改善。

老挝是一个以社会主义为发展方向的国

家,坚持马克思列宁主义,继承了印度支那共产党革命的传统和凯山·丰威汉(Kaysone Phomvihane)思想。目前老挝正在向社会主义过渡时期发展,并于1986—1987年实行了全面革新政策,对外开放,引进外资,建立社会主义定向的市场经济体制,鼓励和发展多种经济成分。老挝经济得到了较好发展,经济年均增长率达到7%—7.5%,老挝人民的生活水平逐渐提高。如今老挝党和政府的迫切任务是实现经济、社会、环境的可持续发展,消饥减贫,发展农村经济,封山育林,限制矿产开采和出口,努力实现千年发展目标指标,力争在2020—2025年摆脱欠发达状况。在国家发展和社会主义运动浪潮中,老挝还存在许多不足、面临许多挑战,在落实经济社会可持续发展、消除贫困任务的同时,老挝党和政府还要解决一些难题,例如党内腐败、党员思想蜕化、巩固各级党组织、加强党的领导能力、增强人民对党的信心等。另一方面,老挝要学习和吸取中国、越南和其他国家社会主义的经验教训,加强完善本国理论实践。

三、21世纪世界社会主义运动面临的挑战与发展前景

苏联解体以来,世界社会主义运动遭遇挫折,只剩下少数几个社会主义国家。虽然世界人民依然满怀热爱社会主义、热爱和平之心,但如何坚持社会主义制度仍是重要问题。要推动世界社会主义运动广泛开展和持续发展,如果只有几个国家走社会主义道路,那是不可持续的。我们建设社会主义,如果无法满足人民群众对社会平等、公平、自由和生活温饱幸福的渴望,就会失去人民群众对党、对政府的信任和对社会主义的信念。在抵御外侵时党得到人民的拥护,抗战胜利后,党若想在社会主义建设事业中取得成功,也要得到全民拥护和支持。一旦人民对党和国家失去信心,不再拥护党和国家,那么社会主义将像苏联和其他社会主义国家一样瓦解。例如在苏联社会主义垮台时,近2000万党员却没有做出任何反应。社会主义的敌人离我们并不遥远,就在我们的身边。因此,我们的任务是:保卫社会主义制度、严格执行党章、建设法权国家、建设公平与平等的社会、以人民利益为先、消除贫困等。

总而言之,社会主义既是人民的愿望也是共产党人的目标:建立没有剥削、人人平等、人民生活温饱幸福、没有种族歧视、没有私有制、人尽其能、按需分配、人与自然和谐相处、环境可持续发展的美好社会。因此,我们应深入研究、正确实践社会主义,清除党内那些与社会主义目的不相符的阶级属性,克服党的缺点和不足。在当今世界,不仅存在市场经济的竞争,而且还存在社会主义和资本主义两个制度之间谁战胜谁的问题。如果社会主义无法解决经济、社会和环境问题,就有可能失败,对21世纪世界社会主义运动而言,这是无比困难的挑战。但我相信,真正的共产主义者将以满腔热血和高尚的牺牲精神,完成最终实现社会主义的崇高使命。老挝、中国、越南三个社会主义国家将携手前进,在各自国家成功实现社会主义,共同解决历史遗留问题,在各方面相互帮助,为最终成功实现社会主义和推动21世纪世界社会主义运动不断发展壮大而做出贡献。

(中国社会科学院马克思主义研究院 潘金娥、韦丽春 译)

财政之困：日本共产党的发展之痛

【内容摘要】 作为发达国家最大的共产党，日本共产党的发展在某种程度上也是世界共产主义运动的一个重要风向标。而日本共产党生存和发展的前提和保障则是其财政收入，主要由党费、以《赤旗报》等报刊书籍为中心的事业收入和个人捐款构成。几年来，受党员数量减少、《赤旗报》发行量下降等因素影响，日共财政收入急剧减少，甚至收不抵支，进而导致日共参与国会选举的选区和候选人供给减少、驻外记者站和记者人数减少、宣传科学社会主义力度减弱、一些基层党支部和基层后援会组织名存实亡等。财政的入不敷出，已成为日本共产党生存和发展的切肤之痛。为了增加财政收入，除了节约成本、按时收取党费、接受个人捐款、扩大《赤旗报》发行量外，从根本上说，还必须创新观念，重新认识《政党助成法》和《政治资金规正法》，摒弃不能在党报党刊上刊登商业广告的陈旧思维等。

【作者简介】 曹天禄，深圳市人文社会科学重点基地“党建与世界政党研究中心”教授

【原文出处】 《当代世界与社会主义》2019 年第 4 期

成立于 1922 年 7 月 15 日的日本共产党(以下简称“日共”)即将迎来百岁华诞。现今，日共已经成为发达国家中最大的共产党组织：党员人数 30.5 万，党组织约 2.4 万个，在日本众议院 465 个席位中占有 12 个席位，参议院 242 个席位中占有 14 个席位，是日本国会第五大政党和第三大在野党，并在 9 个国家设有驻外记者站。① 日共主要政治活动是四年一次的党大会，以及参加每四年一次的众议院大选、三年改选一半议员的参议院大选、四年一次的地

① 根据日共官方网站相关资料整理：https://www.jcp.or.jp/english/jcpcc/blog/2017/01/jcp-27th-congress.htm。

方统一选举及期间举行的各级议员补选、公职人员选举等。日共要维系党的众多国内外组织机构的正常运行和各种活动的顺利开展，需要大量资金支持。日共把这些资金称为“财政收入”，主要包括党员缴纳的党费、读者订阅党报党刊的事业收入和党内外人士的个人捐款等。其中，以《赤旗报》订阅费为主的党报党刊事业收入费占了日共财政总收入的八成以上。但是，自2008年世界金融危机爆发，日共财政收入总体呈下滑趋势，从历史上最高时的320亿日元下滑到2017年的212亿日元，这已严重影响到日共的正常运转，必须采取强有力措施加以解决。

一、日共财政收支现状

对2008—2017年日共财政收支情况进行分析，如下：

从结构上看，日共财政收入主要由党费、个人捐款、机关报刊等事业收入及地方党组织的缴纳金等构成。以2017年为例，日共总收入为212亿日元，其中党费为6亿日元、个人捐款为8亿日元、机关报刊等事业收入为179亿日元、地方党组织的缴纳金18亿日元，所占比依次为3%、3.6%、84.9%、8.5%。[①] 可见，2017年日共财政收入最多的项目是报刊书籍，尤其是党报《赤旗报》发行的事业收入，而个人捐款从2013年起开始增加，表明关注、理解、支持日共的国民逐渐增多，反映了日共与国民的关联度不断提高。

财政支出主要包括日共的日常开支（主要是专职干部党员的工资），机关报刊书籍的制作、宣传、运输等事业费，选举等其他政治活动费，地方党组织运作费等。以2017年为例，日共总支出为214亿日元，其中日常开支34亿日元，机关报刊等事业费130亿日元，选举等其他政治活动费、地方党组织运作费49亿日元，所占比依次为16.2%、60.8%、23.0%。[②] 可见，2017年日共财政支出最多的是机关报刊书籍运营的事业费，其次是选举等政治活动，最后是日常开支等。这说明日共收入主要用在了党报党刊的运营和选举等政治活动上，而党专职干部的低工资则反映出日共确实是一个“无产阶级”政党。

2008—2017年，日共财政收入呈下降趋势，收支平衡的只有2014年，财政略有盈余的是2011年、2013年和2015年，出现财政赤字的是2008年、2009年、2010年、2012年、2016年、2017年，10年中有6年是财政赤字。从盈亏总额看，3年累计结余6亿日元，6年累计赤字20亿日元，10年赤字共14亿日元。赤字的主要原因是2009年、2012年、2016年和2017年参众两院大选。大凡选举之年，日共财政一般就会捉襟见肘。总之，日共这10年财政支出大于财政收入，如果不是历史上还有十几亿日元的节余，日共已处于破产状态。

与之相比，2017年的执政党自民党的财政收入（仅总部）高达258亿日元，支出为257亿日元；最大在野民进党的财政收入为90亿日元，支出为125亿日元。在财政收入上，日共仅次于自民党，但日共的财政收入全部为“自主经营”，而自民党和其他政党的财政收入大部分来自政党助成金和企业、团体的政治献金。

---

① 日共官方网站：https://www.jcp.or.jp/web_jcp/html/seiji-sikin-syuusi.html。

② 同上。

二、日共的财政观点

日本《政党助成法》规定,凡拥有 5 名以上国会议员,或拥有 1 名国会议员,且在最近一次国政选举中得票率在 2%以上的政党,可每年分四次(分别为 4 月、7 月、10 月、12 月)申请一定数额的政党助成金。因而,凡是达到条件的政党每年都可从政府那里接受从几亿日元到几十亿日元,甚至上百亿日元不等的政党助成金。

这个制度的计算方式是每年日本国民的总数乘 250 日元,政府每年向政党分配约 320 亿日元的政党助成金。迄今为止,政府共向各政党交付了超过 7000 亿日元的助成金。2018 年,政府交付给政党的总金额是 317.73 亿日元(约合人民币 18.87 亿元),其中,自民党为 174.89 亿日元,虽比 2017 年减少了 0.6%,但仍位居各政党之首。此外,民进党为 35.69 亿日元、希望之党为 30.42 亿日元、公明党为 29.48 亿日元、立宪民主党为 27.64 亿日元、日本维新会为 13.9 亿日元、社民党为 3.79 亿日元、自由党为 2.69 亿日元。① 据日本总务省统计,政党助成金占这些政党总收入的 59%,即这些政党的运营费近六成依赖于政党助成金,日共认为这种严重依赖国家财政(国民税金)运营的政党是极不正常的。

同时,《政治资金规正法》规定,各政党和个人可以从企业和团体那里获得一定数额的政治捐款,即政治献金,但必须严格遵照既定程序且公开、透明,并接受相关机构和全体国民的监督。如自民党 2017 年就接受了“国民政治协会”等政治团体的政治献金 24 亿日元,而企业的直接献金更是高达 185 亿日元,安倍个人也有 0.8 亿日元的政治献金入账。② 在实际操作过程中,一些接受政治献金的政党和要人往往会故意规避《政治资金规正法》的相关规定,为自己或他人捞取好处,这是日本政坛政治腐败现象层出不穷的重要原因。

日共认为,政党助成金名义上有助于政党成长,但是将从国民身上榨取来的重税发给政党作为营运费用是违反宪法的,这不仅侵害了国民思想、信仰自由和“支持政党自由”,还动摇了民主主义基石,使政党堕落,为了五个席位而分得政党助成金,必然不断重复“新党成立和解散”的故事。而无论再怎么修改《政治资金规正法》,变的只是接受政治献金的形式,不变的是政党和个人可以接受企业和团体政治献金这一“金权交易”的实质。以盈利为目的的企业和团体的捐款是要寻求回报的,谁接受了这些政治献金,谁就会为企业和政治团体说话办事。因此,政党助成金和政治献金是日本政治腐败的根源,“金权政治”是日本政治腐败的温床,不仅增加了国民税赋,而且侵害了公民主权。基于此,日共每年都拒绝领取高达数十亿日元的政党助成金,也一直拒绝接受企业和团体的政治献金,并强烈要求废止这两个“恶法”。

在日共看来,政党不能依赖企业、团体捐款和政党助成金维持运营,以自民党为首的政党不是以国民为中心,而是只服务于大企业、大资本和跨国集团,是没有前途的政党。为了远离被金钱扭曲的日本政治,日共十分重视由党费、报刊事业费和个人捐款等构成的财政工作。日共认为,从党的报刊事业和党内外人士得来的

---

① 《2018 年政党助成金状况》,http://www.jcp.or.jp/akahata/aik18/2018-09-22/2018092202_02_1.html。

② 《17 年政治资金报告》,《しんぶん赤旗(电子版)》2018 年 12 月 1 日。

资金是无比“珍贵的资金”,是党专职工作人员活动和生活的保障,是党开展各项活动的前提和基础,是推进日本社会进步和革新事业发展的保证。

三、财政之困下的日共

近几年日共财政收入下滑势头没有得到有效遏制,除了个人捐款这两年有所增加外,占比最大的事业收入急剧减少,党费收取也出现了问题。

造成日共财政收入减少有两个直接原因:一是党员数量减少,二是《赤旗报》订阅者减少。与2010年相比,2013年缴纳党费的党员数量减少了6.7%,《赤旗报》日刊订阅者下降了10.5%,周日刊订阅者下降了13.3%。[①] 与2012年相比,2014年缴纳党费的党员数量减少了2.7%,《赤旗报》日刊订阅者下降了7.3%,周日刊订阅者下降了7.5%。[②] 与2013年相比,2016年缴纳党费的党员数量减少了5.2%,《赤旗报》的日刊订阅者下降了7.4%,周日刊订阅者下降了8.5%。[③] 与2014年相比,2017年缴纳党费的党员数量减少了5.9%,《赤旗报》日刊订阅者下降了7.2%,周日刊订阅者下降了9.5%。[④]

虽然日共一直致力于发展党员,但党员数量还是出现了减少,这势必造成党费减少,党费减少又直接导致财政收入减少,而财政收入减少反过来又势必影响发展党员;同理,《赤旗报》发行量减少,造成财政收入减少,而财政收入减少反过来又势必影响对《赤旗报》的财政支持,因此党员数量的多少和《赤旗报》发行量多少与财政收入的多少成正相关关系。财政收入减少已经对日共运营生态产生了巨大影响。

日本选举包括参议院、众议院大选和地方统一选举。虽然马克思指出资本主义选举“只是让人民每隔几年行使一次,来选举议会制下的阶级统治的工具”而已,[⑤]但当他们发现资本主义议会制度和选举制度等民主制度对无产阶级革命斗争具有积极作用时,就毫不犹豫地提出要把普选权“由向来是欺骗的工具变为解放的工具”,[⑥]并进一步认为这是新形势下无产阶级革命“新的武器”。目前,日共将实现社会主义道路定位于通过选举,赢得议会多数取得政权这一和平道路。为此,日共必须在“资本主义框架内”将资本主义议会制度和选举制度等民主制度“为我所用”,积极参加选举,赢得国会议席多数,进行议会斗争,建立民主联合政府。

第二次世界大战后,日共积极投身于日本各级选举,尤其是参众两院选举。每当选举之时,日共都要举全党之力,施展浑身解数,制定选举策略,进行政治动员,包装候选人,走街串

① 《日本共産党第25回党大会第八回中央委員会総会決議》,http://www.jcp.or.jp/akahata/aik13/2013-09-19/2013091909_01_0.html。

② 志位和夫:《日本共産党第26回党大会第三回中央委員会総会の幹部会報告》,http://www.jcp.or.jp/akahata/aik14/2015-01-21/2015012105_01_0.html。

③ 志位和夫:《日本共産党第26回党大回第六回中央委員会総会の幹部会報告》,http://www.jcp.or.jp/akahata/aik16/2016-09-22/2016092207_01_0.html。

④ 志位和夫:《日本共産党第27回党大会第三回中央委員会総会の幹部会の報告》,http://www.jcp.or.jp/web_jcp/html/20171202-3chuso-houkoku.html。

⑤ 《马克思恩格斯文集》(第3卷),人民出版社2009年版,第196页。

⑥ 《马克思恩格斯文集》(第4卷),人民出版社2009年版,第550页。

户宣传马克思主义和自己的纲领路线、方针政策以及选举内容和目标等，以期得到更多选民支持，赢得更多议席，从而执掌国家大权。然而，目前日本选举在一定程度上已经演变为各政党金钱财力的竞争，虽说拥有充足竞选资金的候选人不一定当选，但没有充足竞选资金的候选人是绝对不能当选的，只是无形中增加资本主义民主的“广泛性”，增大当选者的选举分母。

在这种情况下，有限财力极大限制了日共参与各级选举能够取得的成就。其实，早在2009年众议院选举时，日共就因财政不足撤下了152位候选人，集中有限的资金支持最有希望当选的候选人。2016年参议院选举，日共能与民主党、维新党、社民党和生活党达成“在野党统一战线”的一个重要原因，也是因为财政不足撤下了自己在许多选区的候选人，让位于其他政党的候选人。当时，日本民主党选举对策部门相关人士就指出日共撤下候选人不是日共主动为之，而是由于日共占该党财政收入八成的《赤旗报》等业务收入减少所致，于是得出“共产党无力在所有小选区推举候选人”的结论。民主党的选举干部也向党首冈田克建议，在这种情况下，应当促使日本共产党自己撤下候选人，不要轻易答应与日共开展选举合作磋商的请求。

马克思、恩格斯十分重视无产阶级政党的舆论宣传，他们在创办《新莱茵报·政治经济评论》时就提出，无产阶级政党应“持续不断地影响舆论”。[①] 对于无产阶级政党来说，只有在工人阶级和广大劳动群众中不断宣传科学社会主义、自身纲领路线和方针政策，才能使工人阶级和广大劳动群众接受马克思主义指导，从自在阶级变为自为阶级。对日共来说，加大宣传力度才能有效回击日本保守力量和右翼势力对日共的种种歪曲和攻击。自日共诞生之日起，这两股势力就从未停止对日共指导思想科学社会主义理论，以及日共纲领路线、方针政策的攻击，污蔑日共是日本历史上最大的“国贼”。为了唤醒工人阶级的主人公意识，提高广大劳动群众的思想觉悟和以正视听，日共必须要有自己的宣传阵地，并不断地进行宣传，这当然需要投入大量资金。

日共进行的宣传活动，主要以《赤旗报》为平台，该报具有进行党内外宣传、组织和财政活动等三大功能。因此，日共历来十分重视以《赤旗报》为中心开展各项活动，日共二十二大报告指出，“不能把它作为党建设的一个分支，而应将它作为党所有活动的中心——经常阅读、讨论《赤旗报》，通过继续扩大发行量和投递来积累资金，扩大与国民的联系，极力谋求把读者当作朋友，寻求共同的一面，支助党的财政”。[②]

但近几年来，由于财政收入的减少，以及在新媒体冲击和其他原因作用下，《赤旗报》发行量大幅下降，2000年代发行量为200万份，但到了2018年日报发行量为20万份，周报发行量为100万份。这直接造成日共财政收入减少，并导致日共宣传科学社会主义和自身纲领路线、方针政策的投入减少，最终会加大日共与广大国民的距离。

发展党员与基层党支部工作密不可分，然而由于财政收入不足，有限的财政收入不可能顾及所有党支部，实事上，日共基层许多党支部

---

① 《马克思恩格斯全集》(第10卷)，人民出版社1998年版，第708页。

② 《日本共产党二十二大报告》,《しんぶん赤旗》2000年11月22日。

工作人员多为义工，虽然这些义工具有较高的"革命觉悟""党性原则"和"自觉意识"去完成组织交给的各项工作，但他们还要为自己和家庭的生存和发展而努力，不可能全身心投入党支部工作中去，这势必影响基层党支部的宣传、动员和组织工作，势必影响基层党支部在广大劳动群众中吸纳优秀积极分子的功能。由于财政支助力度减小，有的基层党支部已名存实亡，党支部从历史最高时的2.6万多个减少到现在的2.4万个左右。[①]

昔日遍布全日本拥有342万人的外援会一直是支持日共的友军，他们虽不是日共党员，但却理解、同情、支持日共，尤其是在日共参加各级选举时，总是有钱出钱，没钱出力，主动订阅《赤旗报》，以减少日共财政之忧，但由于财政困难，许多外援会的基层组织现也已名存实亡。日共已经意识到这一问题的严重性，2017年举行的日共二十七大指出，外援会的作用没有得到充分发挥，削弱了党与群众的联系，必须采取有效措施发挥外援会不可替代的作用。

曾几何时，日共在主要国家派驻记者站和办事处多达12个，记者达百余人，但现在由于财政不足，开始减少驻外记者站和记者数，目前已缩减到9个国家不足10名记者，这势必造成日共对世界和世界对日共的认知错位。

四、重建财政之路

为了增加财政收入，日共主要采取了要求党员按时缴纳党费、扩大《赤旗报》发行量、争取更多党内外人士捐款等措施，但这些都是杯水车薪，根本是要转变传统观念，创新思维来重建财政。

日共多次强调，财政活动必须以"扩大党员数量为基础"，党员缴纳党费是支持党的物质基础，是推进党活动的重要前提。日共二十二大通过的新党章继续把缴纳党费作为参加党组织的一个必要条件，党费按党员实际收入的1%收取，按月或在一定时期缴纳，不能拖欠，生活确有困难者、失业者和长期病患者可以少交或免交。此外，日共还要求党员积极订阅《赤旗报》和在自愿基础上向党捐款。这样党员面临着三项收费：党费、《赤旗报》订阅费和捐款，前项是刚性的，后两项是柔性的，不过可从中看出日共党员的经济负担。即使如此，党费收入在日共财政中的占比还是呈逐年下降态势，2018年党员缴纳的党费占整个财政收入的3%，在财政收入结构中居于末位，其主要原因是冷战结束后一直没有有效遏制党员人数减少的趋势。冷战结束前夕，日共党员人数近50万，但苏东剧变后，日共党员人数骤降到38万，目前是30.5万。日共在2000年举行的二十二大报告中就提出，要在21世纪头10年使党员人数达到50万，在以后的每次党大会上都有提及这一数字，但时至今日，这一数量不仅没有达到，反而在减少。

日共领导人大多是国会议员，其工作活动比一般党员干部多，这就意味着除了政府规定的议员活动经费外，还需要得到日共财政支持，为不增加日共的财政负担，部分领导人提议党的国会议员在自愿基础上将一部分工资上交议会党支部作为党的议员活动经费，并很快得到党的所有国会议员响应，不久这个提议又在党的国会议员秘书中推广。日共认为，这一举措缩小了领导干部与一般国民收入的差距，有利于消除党的国会议员可能出现的特殊化和腐败

① 根据日共官方网站相关数据整理：http://www.jcp.or.jp。

等问题。

日共非常珍惜来之不易的财政收入，提倡艰苦奋斗，勤俭节约，坚决反对铺张浪费。日共领导人以身作则，从不搞特殊。在党的总部常常看到委员长志位和夫等领导人与党的普通干部员工一起就餐，畅谈理论、时事和党员个人、家庭等情况。日共认为这不仅节约了不必要的开支，还能听到广大基层党员干部的真实声音，有利于党决策的科学性。在党每一次代表大会期间，所有代表都吃住在附近的普通民众家里，许多代表步行参加大会，用餐简单快捷。日共领导人和本部领导干部出差办事，包括去外国大使馆出席记者招待会等，一般都乘坐地铁公交，紧急情况下才打车，出差都住便宜旅店。这些行为不仅节省了大量开支，而且得到日本广大国民普遍赞誉，认为在腐败屡禁不止的日本政坛，日共树立了“廉洁”的政党形象。

日共认为，虽然党拒绝接受政党助成金和政治献金，但并不排斥党内外人士向党自愿捐款，因为党的性质和目标决定了党与广大国民根本利益的一致性，因此党的财政应该建立在广大国民的支持基础上。为此，日共确定了捐款三原则：自愿、不摊派和不影响党员家庭生活。近几年，由于日共加大了向党内外募捐的宣传力度，改革了募捐方式，如在日共官方网站和《赤旗报》(电子版)中开设了自动捐款链接，这就大大节约了捐款人的时间成本，个人捐款呈现出逐年上升的势头。

以《赤旗报》为中心的报刊书籍销售一直是日共财政收入最大的来源，其收入是靠这些报刊书籍的发行量来维持的，而发行量又是靠增加读者人数来实现的。但是近几年来，《赤旗报》发行量急剧下降，从历史上最高时的 400 多万份下降到 2018 年的 100 多万份，发行量下降表明读者人数减少，因此如何增加读者人数提到了日共的议事日程。如前所述，日共一直以来十分重视党报《赤旗报》和党刊《前卫》等报刊的发行工作，认为党报党刊是党事业活动的中心，报刊收费是党财政收入的主要支柱，是杜绝贪污腐败的一个重要举措。

日共在 2017 年举行的二十七大报告中指出，各级党支部应强调党内生活的“三大基本原则”：参加党的支部会议、订阅《赤旗报》、缴纳党费。第一项原则强调的是党的思想理论路线问题，第二和第三项原则强调的都是党的财政收入问题。日共在二十七大上重申了二十六大确立的 21 世纪初期两大党建任务：党员总数量达到 50 万;《赤旗报》日报版读者数达到 50 万，《赤旗报》周日版读者数达到 200 万。日共还特别强调，全体党员必须以《赤旗报》为中心，开展党的日常活动，拓宽《赤旗报》的发行和订阅渠道，把《赤旗报》作为党密切联系群众的重要媒介，发挥《赤旗报》作为党财政收入重要来源的功能。

传统的《赤旗报》分为日刊和周日版，日刊是一种大报形式，从周一到周日每天发行，周日版则采取小报形式，周四发行。从版面上看，日刊有 16 个版面，头版报道当天发生的重大事件及政治评论，2—16 版还辟有经济、文化、社会、生活、妇女、体育、娱乐及广播电视等专栏，值得注意的是，日刊每周二、四、六版还专门添加了两版日共“党学习活动”的版面，介绍各地党支部的活动情况。周日版有 20 版，更富于通俗性。但总的来看，《赤旗报》理论性强，是一份意识形态浓郁的报纸。

为了扩大发行量，增加读者，尤其是增加年轻读者，日共近来对《赤旗报》进行了改版，注重理论性与现实性、严肃性与活泼性、中老年读者与年轻读者、党内读者与党外读者的结合。从内容上看,更加贴近民生、青年,如增加了对年轻人喜欢的艺人偶像的采访,以及对著名体育运动员的专访等;从形式看,将日本男女老少都喜欢的卡通形象嵌入报纸版面中,使呆板的纸平面顿增生动趣味。另外,日共还积极将互联网、大数据等现代科技手段引入报刊中,2018年7月,《赤旗报》电子版面世,实现了"传统—现代"双轨发展模式。《赤旗报》改版后,发行量有所增加。

但是,仅靠改版还不足以吸引广大读者和扩大《赤旗报》发行量,亦即还不能从根本上遏制住财政收入的下滑,必须转变思维,创新观念。首先,应重新认识政党助成金和政治献金。在日本所有政党中,日共是唯一一个既不领取政党助成金,又不领取政治献金的政党,但是《政党助成金》和《政治资金规正法》是日本国会通过的法律,虽然其内容有不少瑕疵,但毕竟具有合法性,各合法政党领取政党助成金理所应当。同时,接受企业和团体的政治献金确实会出现日共所说的为企业和团体背书的情况,但如果某企业和团体赞同、理解、支持日共的纲领路线和方针政策,并表示愿意按法律规定捐款,日共是接受,还是拒绝呢?在我们看来,日共应该接受,这样才能更有利于保持日共与群众的密切联系,扩大党的社会基础,但碍于接受政治献金是"向企业团体投降和对国民的背叛"的一贯立场,实践中日共大概率不会接受,结果既减少了财政收入,更失去了热情的企业、团体和群众,使自己在国民中更增添不食人间烟火的神秘感,成为孤家寡人。

其次,党报党刊不刊登商业广告的问题。目前,《赤旗报》是日本发行量最多的报纸之一,在日本位居前十,但却是日本唯一不刊登商业广告的报纸。日共认为如果刊登商业广告,《赤旗报》的革命性就会被资本主义金钱污染,就会被广告人的金钱所绑架,就会替广告人背书等。其实,日共对这一问题的认识存在片面性。党报刊登商业广告不一定会被金钱污染和为广告人背书,只是存在这种可能性,否则就会出现倒洗澡水把婴儿一起倒掉的事故。如果某些企业是同情和支持日共的,想在《赤旗报》上刊登广告,从加强日共社会基础考虑,日共应该同意。同时,由于《赤旗报》具有高度的革命觉悟,出现被资本主义商业收买几乎微乎其微,如果被资本收买只能说《赤旗报》的革命性还不够坚定。另外,日共如果害怕《赤旗报》变色,可以事先筑起"防火墙",与企业签订日共不为其背书的协议,如企业同意就刊登其广告,否则就不刊登。

五、结　语

总之,日共为了增加财政收入,维持自身运转和可持续发展,必须把马克思主义原则的坚定性和策略的灵活性有机结合起来。一个真正的马克思主义政党虽然应在任何情况下必须坚持维护无产阶级和广大劳动群众的根本利益这一总原则,但在实践中还是必须坚持策略的灵活性。马克思、恩格斯就是坚持策略灵活性的典范,他们对无产阶级革命的条件、道路、方法、手段等的看法,就是随着历史条件和实践变化而不断发展的,比如从暴力革命是无产阶级革命的"一般规律"到普选制是无产阶级革命的"崭新的斗争方式"①的认识。在统一战线问题上,马克思、恩格斯在《共产党宣言》中甚至强调:无产阶级"在政治上为了一定的目的,甚至

① 《马克思恩格斯选集》(第4卷),人民出版社2012年版,第390页。

可以同魔鬼结成联盟”。① 对于目前的日共而言，无论是党的纲领路线，还是财政政策，原则的坚定性有余，策略的灵活性不足。

在新的历史时期，日共应坚持财政原则的坚定性与财政策略的灵活性有机统一，根据具体时间、地点和其他条件的变化来确定自己的财政策略，结合自身实际来确定财政策略，否则就会在革命过程中出现“左派”幼稚病。为此，日共可考虑先接受那些同情、理解、支持自己的企业和团体的政治资金，接受他们在《赤旗报》上刊登商业广告，等条件成熟时再考虑接受政党助成金。如果这样，就会每年给日共带来数百亿日元的收入，增加党员数量，扩大《赤旗报》发行量也就水到渠成，且在此过程中，由于日共是马克思主义指导的政党，是日本工人阶级和全体国民的政党，具有高度的政治自觉，虽接受从头到脚每个毛孔都滴着血和肮脏的资本(金)，但党不容易变质，相反却加深了日共与这些企业和团体的联系，夯实了日共的社会基础。

① 《马克思恩格斯全集》(第 10 卷)，人民出版社 1995 年版，第 552 页。

逆境中奋进的俄罗斯联邦共产党

【内容提要】 作为苏联共产党的"继承者",俄共的一举一动同样值得关注。作为俄罗斯第二大党,俄共是执政当局坚定的反对派,身处逆境仍积极奋进。近两年来,俄共采取了一系列举措来维护俄罗斯民众利益,在实践中不断丰富和发展社会主义理论:召开中央全会,提出国家反腐败方案;参加总统选举,向民众宣传国家发展的替代选择;纪念马克思诞辰200周年,强调马克思主义的价值和意义;投入地方选举,取得了良好的竞选成绩;主办青年团100周年纪念活动,高度重视党的青年工作;关注中国改革开放40周年,高度评价中国特色社会主义发展模式。从俄共的诸多重要实践不难看到,在后苏联时代,俄罗斯的共产主义事业仍在发展着。

【作者简介】 李亚洲,山东大学当代社会主义研究所教授

【原文出处】 《学术前沿》2019年第8期(下)

俄罗斯联邦共产党(以下简称"俄共")是当今俄罗斯政治舞台上一支举足轻重的社会主义力量,并在国际上具有重要影响力。作为俄罗斯第二大党,俄共是执政当局坚定的反对派,身处逆境仍积极奋进。2018年,俄共采取了一系列举措来维护俄罗斯民众的利益,同时在实践中不断丰富和发展社会主义理论。

一、召开中央全会,提出国家反腐败方案

苏联解体后,腐败一直是困扰当代俄罗斯发展的重大问题之一,也是当代俄罗斯社会挥之不去的顽疾。2000年弗拉基米尔·普京(Vladimir Putin)执政后,俄罗斯政府先后出台了一系列政策法规,并采取切实行动,力图遏制

腐败的蔓延。这些措施取得了一定的成效，但距离根除腐败的目标还是相去甚远。俄共作为当局的反对派，虽然在反腐的目标上与政府一致，但对腐败的认识和反腐措施与政府存在根本区别。2018 年 1 月 27 日，俄共在莫斯科召开中央全会，深入研讨了俄罗斯的腐败问题，并提出了俄共的反腐败方案。

全会分析认为，腐败高发是当代俄罗斯资本主义的典型特征之一，是资本主义制度不可避免的伴生毒瘤。20 世纪 90 年代，俄罗斯复辟了资本主义，并实施了掠夺式的私有化之后，这一严重的社会问题变得更加尖锐。其结果是国家机构和犯罪体系不断融合，这为全国范围内形成无所不在的系统性腐败埋下了伏笔，同时造成了今天俄罗斯的危机态势。一方面，官僚犯罪集团偷窃了靠出口自然资源获得的巨额财富，使经济增长失去了物质基础，民众社会福利受到侵蚀，国家整体上退化。另一方面，对腐败的高层官员进行勒索是西方实施新殖民式剥削的一种惯用手法。被转移到西方信贷组织和境外其他组织的资本、在海外购置的不动产、生活在海外的亲人等，都成为对俄罗斯领导人施加政治压力的筹码。美国当局于 2018 年 2 月公布的俄罗斯寡头档案，是影响俄罗斯国家政治局势的手段。这为俄罗斯的执政阶层大规模背叛国家利益创造了“前提条件”。

全会强调，当今世界各国的反腐败经验表明，只有系统性变革才能保证反腐败的成功。特别值得注意的是中国的经验，中国共产党在这方面采取了有效的政策。正是那些在遏制腐败方面取得了重大成就的国家，不但免受新殖民主义剥削，而且在最大程度上维护了国家主权。为此，俄共提出了自己的国家反腐败方案，其主要内容如下。

第一，必须严惩腐败犯罪行为。需要重新审视反腐败立法工作，衡量立法成效的主要标准应是法案质量，而不是数量。因此，不能只追求法律法规的数量，而是尽可能避免产生歧义和法律漏洞。数额巨大的贿赂和盗窃必须受到实刑惩罚，而不是罚款和行政处罚了事。必须将严重犯罪行为人财产没收的制度重新纳入刑法。在特殊情况下，这一条款也应适用于腐败者近亲。

第二，防止资本外逃将有助于遏制腐败。俄罗斯每年流失 500 亿—700 亿美元，这是一大笔资金。将俄罗斯的主要银行转归国家所有，就可以避免资金外流。

第三，必须在全社会形成对一切形式腐败零容忍的态势。官方强加于人们这样一种观点，即腐败是“不可避免的罪恶”，而贿赂似乎是俄罗斯人的本性。这是一个原则性的错误。必须致力宣传：腐败是无任何前提条件的邪恶。公民从幼年起就应该把腐败当作如同盗窃一样可怕的犯罪。

第四，必须使犯罪必然受到相应处罚。在准备受贿或参与欺诈时，官员必须明白，等待他的将是严厉的惩罚。今天的情况恰恰相反。从许多案例中可以看到，即使是数十亿美元的欺诈也仅被处以罚款或行政处罚。罪行受不到相应惩处的错觉，会诱发新的犯罪，这必须得到有效修正。

第五，要有效控制所有官员的收入和支出。官员购买不动产、奢侈品和商业资产应立即引起执法和监管机构的反应，必须立即恢复人民监督制度。

第六，迫切需要整顿国家投标制度。中标公司必须经过彻底的审计，付款只应根据所完成的工作项目进行。这些工作的流程应向公众开放。

第七，迫切需要重建政治体系。司法改革早就应该进行了，各级法院法官必须选举产生，法官必须向民众汇报工作。应恢复苏联时期公民有召回那些辜负了民众信任的法官们的权利。现在必须建立专门的国家反腐败机构，必须恢复有效的议会监督制度，并赋予审计机构适当的权力。

俄共在此次全会上聚焦俄罗斯的反腐败问题，一方面是因为俄罗斯的腐败问题一直困扰国家发展，俄共多年来致力于推进该领域的工作，另一方面是因为俄共意在2018年3月举行的总统选举，是俄共为迎接此次联邦级选举而进行的一场竞选宣传。

二、参加总统选举，向民众宣传国家发展的替代选择

俄罗斯最重要的两次选举分别是总统选举和国家杜马选举。俄罗斯联邦宪法规定，总统由拥有选举权的公民通过直接选举产生，任期4年。2008年，时任总统德米特里·梅德韦杰夫(Dmitri Medvedev)通过修宪将总统任期延长为6年。俄共推举的候选人参加了苏联解体后俄罗斯的历次总统选举，1996年、2000年、2008年、2012年由根纳季·久加诺夫(Gennady Zyuganov)代表俄共参选，得票率分别为40.31%、29.21%、17.8%、17.18%，只有2004年由哈利托诺夫代表俄共参选，得票率为13.7%。通过总统竞选，俄共不仅在实践上为争取自己的政治地位而斗争，尤其是在1996年的总统选举中，久加诺夫仅以微弱劣势惜败于叶利钦，差一点改变了俄罗斯政治进程的发展轨迹，而且从理论上积极向俄罗斯民众宣传俄共的政策主张，不断重申只有社会主义才能使俄罗斯摆脱危机，重新走上复兴之路。

2018年的俄罗斯总统选举于3月18日举行。早在2017年12月23日举行的十七大第二阶段会议上，俄共经过讨论并投票通过，决定推举无党派人士帕维尔·格鲁季宁(Pavel Gruzinin)代表俄共和人民爱国力量联盟参加此届总统选举。格鲁季宁生于1960年，是俄罗斯大型农业企业“列宁国营农场”董事长。苏联解体后，该企业不仅没有像绝大多数集体农庄那样垮掉，反而在社会主义理念下实现了良好发展。格鲁季宁将企业大量净利润用于员工福利设施建设，为员工建设了现代化的公寓，提供了远超平均水准的教育、医疗和退休保障服务，企业员工的平均月工资为7.8万卢布，是俄罗斯平均工资的两倍多。格鲁季宁早前表示，他完全赞同俄共的思想，如果获得推举，他会按俄共的竞选纲领参选。而俄共认为，格鲁季宁社会经验丰富，享有很高的声誉，始终把人民利益置于首位，用实际行动践行着自己的承诺，并在工作中取得了巨大成就，这是他坚持社会主义方针建设集体农庄的结果。俄共希望在全国范围内推广并实现这种模式，从而帮助俄罗斯摆脱经济困境。

在此后的竞选中，格鲁季宁以俄共的《十步走迈向体面生活》计划为基础，在总统竞选纲领中提出了“为人民服务的经济发展战略”、恢复最低工资、保障八小时工作制、对富人征税、保障养老金、建设经济适用房等主张。在基本和俄共立场保持一致的基础上，格鲁季宁也发挥了企业家的特点，提出了不少刺激经济发展的方案。而俄共则全力支持格鲁季宁，俄共领导人久加诺夫亲自担任俄罗斯人民爱国力量委员会主席，负责为格鲁季宁竞选提供支持。格鲁季宁参加总统竞选并在竞选中宣传俄共纲领，

在社会上引起了广泛关注和积极反响，在选举前进行的民调显示，格鲁季宁的支持率仅次于普京。

在 2018 年 3 月 18 日如期举行的俄罗斯总统大选中，共有 8 名候选人参加。这些参选人及得票率如下：以独立候选人身份参选的时任俄罗斯总统普京(76.69%)，俄共推举的俄罗斯“列宁国营农场”董事长格鲁季宁(11.77%)，现任俄罗斯自由民主党主席弗拉基米尔·日里诺夫斯基(Vladimir Zhirinovsky)(5.65%)，俄罗斯电视台节目主持人、普京“政治导师”的女儿克谢尼娅·索布恰克(Ksenia Sobchak)(1.68%)，俄罗斯“亚博卢”党创始人之一格里戈里·亚夫林斯基(Grigory Yavlinsky)(1.05%)，俄罗斯增长党主席鲍里斯·季托夫(Boris Titov)(0.76%)，“俄罗斯共产党人”党主席马克西姆·苏莱金(Maxim Suraikin)(0.68%)以及俄罗斯全民联盟创始人及领导人之一谢尔盖·巴布林(Sergei Baburin)(0.65%)。由以上数据可以看出，格鲁季宁的支持率虽远低于普京，但超过了其他 6 位候选人的得票率总和，在一定程度上反映了俄共的影响力。

三、纪念马克思诞辰 200 周年，强调马克思主义的价值和意义

2018 年 5 月 5 日是马克思诞辰 200 周年纪念日。为此俄共精心准备，早在 3 月 22 日，俄共中央主席团就通过了《关于纪念卡尔·马克思诞辰 200 周年的决定》，就举行系列纪念活动做出安排。在纪念日到来前夕，俄共中央主席久加诺夫在《真理报》上发表署名文章《改变世界的思想家》。在纪念日当天，以久加诺夫为首的俄共领导层、俄共党员、支持民众以及国外友人在莫斯科举行纪念活动，并向马克思纪念碑敬献鲜花。5 月 11—12 日，俄共在莫斯科再次举办了马克思诞辰 200 周年的纪念活动，来自中国、越南、古巴等 38 个国家的共产党和工人党代表参加了主题为“马克思的《资本论》及其对世界发展的影响”国际学术研讨会。久加诺夫在大会上作了题为“马克思作为科学家和革命家的功绩”的主旨发言。通过这一系列纪念活动，俄共高度评价了马克思对世界历史的影响与作用，有力驳斥了对马克思主义及科学社会主义的歪曲和攻击，强调了马克思主义的当代价值和意义。

俄共高度评价马克思的历史功绩和国际影响，认为在人类历史上只有寥寥几位思想家能够对全世界的命运产生影响，马克思就是其中之一。作为唯物主义辩证法、科学社会主义和国际共产主义运动的创始人，马克思对人类的贡献无与伦比。他创立了辩证唯物主义认识方法，并以唯物主义的方法来分析历史进程，揭示了历史发展的规律性：旧的生产关系和新的生产力之间的冲突是不可避免的，当生产力和生产关系的矛盾达到不可调和的程度后，就会破坏其社会经济制度，落后的生产方式被更先进的生产方式所取代，这一切将通过革命或变革的方式实现。与此同时，他的经济学说发现了劳动的真实作用和价值，揭露了剥削劳动者的机制。他与战友恩格斯一起科学论证了资本主义灭亡和社会主义胜利的必然性，奠定了共产主义思想的理论基础，成为科学社会主义的创立者和共产主义意识形态的奠基人。他的理论开辟了人类摆脱剥削、实现解放的时代，对世界各国的历史和命运产生了决定性影响。

俄共赞扬马克思主义对俄罗斯国家发展的决定性作用，认为马克思主义在俄罗斯现代史上起到了关键作用。由于罗曼诺夫王朝的君

主制经受不住考验，完全耗尽了自己的资源，并在帝国主义战争的灰烬中灭亡。在危急时刻，用马克思主义理论武装的布尔什维克党把国家从经济和社会政治崩溃泥潭中拉了出来。列宁发展了马克思主义，研究并提出了帝国主义理论，从科学的角度论述了俄罗斯帝国是帝国主义链条上最薄弱的环节。他以自己的政治实践证明了这一结论的正确性。俄罗斯成为取得社会主义革命胜利的第一个国家。马克思预见自己学说必将成功，但没有看到社会主义革命的第一次胜利。此后，苏联社会主义存在了70年，并建立了社会主义国家的世界体系。苏联新制度在经济发展、劳动者社会保障、精神解放和释放人的个性方面提出了那个时代的最高标准。

俄共通过分析当今世界局势以及资本主义面临的危机，有力地驳斥了对马克思主义及科学社会主义的歪曲和攻击，强调了马克思主义的当代价值和意义。俄共认为，在20世纪末苏联解体后，马克思主义过时的观点被强加给人们。西方资本主义欢庆胜利并提出了"历史终结论"。虽然资本主义复制了很多苏联的先进经验，展现了很强的适应能力，但是没有解决任何现代性全球问题。不断发生的周期性经济危机是由资本主义的本质所决定的，2008年全球金融危机又一次证明了世界经济体系存在缺陷。为了获取最大利润，资产阶级连续多年不断扩大投机泡沫。危机发生后，跨国公司和银行从国家那里得到数以亿计的资金支持。而所有的风险都被转嫁到普通人身上，他们失去了住房、工作和生存资源，生活水平日趋下降。社会分化不断扩大，财富和权力日益集中在少数资本家手中。2017年，全球最富裕人群的收入增加了7620亿美元，这1%的人手中掌握着世界上82%的财富。同时，全球处于饥饿状态的人数却增加了1100万，全球失业人数也突破了历史纪录，达到1.93亿人。

因此，俄共强调，资本主义现今与以往一样，让一小部分资产阶级变得极为富裕和强大，却迫害和折磨广大劳动人民，资本家的财富仍是广大劳动人民通过辛勤劳动所创造的，剥削从未消失，只是变得更加巧妙。同时，为了转嫁危机，帝国主义侵犯了亚洲、非洲和南美洲国家的主权，既有直接的武力侵犯，也有新殖民主义的剥削。西方跨国资本和政治精英从世界宪兵摇身变为世界土匪，四处点燃战争之火。同马克思生活的时代一样，劳动者认清了资产阶级的真实面目。资本主义依然存在，马克思的学说不可能过时。今天资本主义已经走入绝境，世界各地人民对资本主义制度的失望和反抗行动日益增加，越来越多的人选择社会主义。资本专政应该被劳动人民政权所替代，解放劳动和解放人类是共产党人和所有进步力量永恒的目标。世界的现实和俄罗斯的事实证明了马克思的正确和共产主义者斗争的迫切性。

四、投入地方选举，取得良好的竞选成绩

俄罗斯地方选举是国家政治生活的重要组成部分，各派政治力量历来对此都非常重视。2012年以前，俄地方选举一年举行两次。从2013年起，俄地方选举一年只举行一次，定在9月的第二个星期天。根据俄中央选举委员会的消息，2018年地方选举日定在9月9日，共22个联邦主体选举产生地区行政长官，共16个联邦主体举行地区议会选举。

作为俄罗斯政坛上的主要政党之一，俄共历来重视地方选举，将其看作向社会宣示自己

的机会和重要平台，力争获得更多民众支持。在2018年9月9日的俄罗斯地方选举中，俄共参加了17个联邦主体行政长官的竞选，以及全部16个地区立法会的竞选。就俄共自身而言，在此轮地方选举中，俄共取得了10多年来最好的竞选成绩。而与其他政党相比，俄共从整体上仍逊色于统一俄罗斯党，但从得票数与投入选举资金的比率来分析的话，可以说，较之包括统一俄罗斯党在内的其他政党，俄共继2017年之后再次取得了最佳的竞选成绩。

在此轮22个联邦主体行政长官的选举中，统一俄罗斯党凭借执政党优势，充分利用行政资源为本党推举的候选人摇旗呐喊。因此，该党候选人在大多数地区获胜当选。而俄共推举的候选人也有不俗表现：在奥廖尔州，安德烈·克雷奇科夫(Andre Kretchkov)以83.5%的得票率获胜；在哈卡斯自治共和国，瓦连京·科诺瓦洛夫(Valentin Konovalov)获得了近45%的得票率，以得票率第一的身份进入第二轮，后又在第二轮选举中以57.57%的支持率当选行政首脑；在滨海边疆区，安德烈·伊申科(Andre Ishenko)获得了近25%的选票，以得票率第二的身份进入第二轮，虽然由于种种原因最后未能当选，但也显示了自己的实力。值得注意的是，克雷奇科夫、科诺瓦洛夫、伊申科年龄分别仅39岁、30岁、37岁，这也从一个侧面反映了俄共近年来在干部年轻化方面取得的成就。

在此轮16个联邦主体议会选举中，统一俄罗斯党同样利用执政党优势，在上述多个地区得票率第一，以较大优势获胜。而俄共此次在3个地区战胜统一俄罗斯党获胜，取得了10多年来的最好成绩。在乌里扬诺夫斯克州，俄共得票率为36.3%，统一俄罗斯党得票率约34%；在伊尔库茨克州，俄共得票率为34%，统一俄罗斯党得票率28%左右；在哈卡斯自治共和国，俄共得票率为31%，统一俄罗斯党得票率25.5%。在其他地区，俄共在其中12个得票率为第二，仅在1个地区为第三。此轮选举后，俄共在这些地区议会的议席数由此前的76个增加到160个，是先前的两倍多。

从得票数与投入选举资金的比率来看，在此轮地区行政长官选举中，统一俄罗斯党平均每票98卢布，自由民主党平均每票61卢布，公正俄罗斯党平均每票58卢布，俄共平均每票38卢布，是所有政党中最好的。在此轮地区议会选举中，统一俄罗斯党平均每票183卢布；自由民主党平均每票112卢布；公正俄罗斯党平均每票93卢布；俄共平均每票41卢布，同样是所有政党中最好的。

五、主办青年团100周年纪念活动，高度重视党的青年工作

之所以在地方选举中取得了10多年来的最好成绩，其中原因之一就是俄共近年来非常重视青年工作，把干部年轻化作为党的一项重点任务来抓。2018年10月29日是苏联共青团成立100周年纪念日。围绕这一主题，俄共主办了一系列纪念活动，强调了加强青年工作对俄共未来发展的重要性，并规划了今后一个时期党的青年工作目标和方向。

2018年10月13日，俄共中央委员伊万·尼基丘克(Ivan Nikichuk)作为俄罗斯社会主义学者协会中央理事会主席，主持召开了专为纪念共青团100周年的科学实践会议，会议主题为“共青团历史上光荣的里程碑”。10月20日，俄共召开中央委员会和中央监察委员会联席会议，专门研讨了青年工作问题。10月27日，俄共在克里姆林宫举行了大型音乐晚会，隆

重纪念共青团成立100周年。10月28日，俄共举行了主题为“列宁共青团100周年与共产主义青年运动的现代发展”的国际学术研讨会，来自古巴、朝鲜、越南等国家的代表团参加了这次会议。10月29日，在列宁共青团成立100周年当天，俄共组织举办了多项活动：先是以俄共主席久加诺夫为首的老中青三代共青团员、俄共党员和党的支持者向列宁墓和无名烈士墓献花，之后在俄罗斯国家杜马举行了“青春与胜利时代”展览会开幕式，最后在莫斯科市“伊兹梅洛沃”音乐厅举行了纪念列宁共青团成立100周年的音乐会。至此，纪念活动圆满落下帷幕。

通过举行这些纪念活动，俄共回顾了苏联时期共青团组织及其成员在保卫祖国和建设社会主义进程中的伟大功绩。俄共认为，苏联共青团是一个真正伟大的组织：一是事业和成就的伟大，二是各个年代的共青团员所做出的贡献。内战时期，共青团员们同外国干涉者的帮凶斗争。内战结束后，他们又立即投入国家电气化中去。他们在伟大的卫国战争中功勋卓著。他们在第二次世界大战后国民经济恢复、航天事业、新城镇开发、贝阿铁路建设方面的成就为世人所熟知。然而，这样一个伟大组织，在20世纪90年代初遭到了破坏。

通过举行这些纪念活动，俄共强调了青年工作的重要性，总结了多年来党的青年工作的经验。对此，俄共重申，虽然苏联解体了，但是共青团的影响并没有消失，在俄罗斯联邦共产党的帮助下，俄罗斯列宁共产主义青年团得以重建。目前这个组织的成员达到2.5万，在80个地区有自己的分支机构。共青团是俄共的干部储备力量，75%的共青团员是俄共党员，而培养青年党员是俄共发展的首要任务。5年前，俄共成立了政治学习中心，至今已经培养了近千人，基本上都是青年人。可以说，这是一个很好的措施。政治学习中心把这些年轻人培养成为真正的共产主义者，然后他们带着这种信念回到自己所在的地区，以更大的信心和更强的意识采取行动，真正成为他们所在党组织的支柱力量。因此，最近几年，俄共和共青团中青年人的积极性和责任感明显提高，积极参与解决社会问题，例如青年党员积极参加了反对提高退休年龄的抗议，举行青年反“资本主义”行动，坚定捍卫历史真相，帮助支持顿涅茨克共和国和卢甘斯克共和国，组织学生建设队等。今后党应采取更加积极的政策来影响和激发青年，让他们成为为社会而奋斗的真正战士。

至于今后一个时期党在青年教育问题上的工作重点，俄共认为应该主要集中在以下方面。第一，确保教育普及性，提高教育质量。俄共党团寻求在国家杜马中通过《全民教育法案》，力争使教育支出在国内生产总值中的比重提高到7%。禁止教育机构私有化，大幅提高所有教职员工的工资和各类学生的奖学金。第二，持续提高俄共在青年中的影响力。俄罗斯现有450万名学生，扩大在青年中的影响力是俄共非常重要的工作。共产党员和共青团员应积极吸收他们参与解决社会问题，必须用道德榜样的力量影响他们。第三，加强政治培训，提高青年党员的知识水平。俄共需要扩大政治学习中心的活动领域，采取更加深入的新形式，让青年人进一步掌握党开展活动的理论基础，加强青年党员一般文化的培训。

六、关注中国改革开放40周年，高度评价中国特色社会主义发展模式

作为俄罗斯政治舞台上一支重要力量、一个颇具国际影响力的社会主义政党，俄共多年

来一直关注中国改革开放和中国特色会主义建设进程，并多次派出代表团访问中国，学习中国特色社会主义建设和中国共产党改革的经验。在中国改革开放迎来40周年之际，俄共中央主席久加诺夫接受记者专访，代表俄共详细阐述了对中国改革开放40年沧桑巨变的认识，高度赞扬了中国的社会主义实践。

久加诺夫强调，中国取得的一切成就及转变成世界强国，与坚持社会主义发展道路和中国共产党的领导作用有着不可分割的联系。40年来，中国有7.4亿人摆脱了贫困，平均每年1900万人。今天，中国的极端贫困问题已经得到基本解决，许多其他问题也同样得到了解决。城镇居民年净收入增长近100倍，从343元增长到3万多元，人均住房面积从6.7平方米增加到33平方米。一个没有放弃社会主义发展道路的国家对全世界消除贫困的斗争作出了决定性贡献，这是一个具有深刻象征意义的事实，也是中国改革取得成功的关键。1978年以来中国引进的市场机制起到了辅助作用，而战略产业则掌握在国家手中，建设社会主义仍是主要目标，并且可以确定的是，中国领导层仔细研究了苏联社会主义建设的经验，对苏联社会主义建设的优势和教训有着正确认识。中国对把苏联引向灾难之路的改革一直给予特别关注。其中一个主要结论涉及共产党及其在社会政治制度中的地位。中国认识到，要想解决国家面临的问题和实现目标，就必须有坚强的党的领导。因此，将“中国共产党领导是中国特色社会主义最本质的特征”写进《中华人民共和国宪法》，是深思熟虑的正确决定。

久加诺夫指出，中国领导层的一个明显优势是，它没有放弃规划制度，而且规划是多层次的。规划可以最大限度地分配经济资源，根据国家和社会的利益确定优先事项。例如，目前的“十三五”规划要求经济发展方式从粗放增长转向集约增长，引进保护生态和节约能源的生产。这对中国的未来是非常重要的，因为中国面临着美国日益增加的压力，只有实现本国经济现代化、成为世界科技领域领导者，才能迎接这一挑战。就此而言，长期战略发展规划非常重要。中国已经制定了几项长期战略发展规划：到2021年中国共产党建党100周年时，中国应该全面建成中等富足社会，彻底消除贫困；到2035年要为社会主义现代化建设打下基础；而到2049年中华人民共和国成立100周年时，中国应该成为一个社会主义现代化强国。我相信，中国共产党和中国人民有能力完成这些任务。

久加诺夫认为，现实证明了改革开放政策的有效性和别无选择。中国目前在世界经济中所占的份额为15%，但40年前仅为1.8%。国内生产总值世界排名第二，仅次于美国。目前中国发展最快的是高技术产业，这是2015年通过的第一个旨在使国家制造业现代化的十年行动规划，该规划称为“中国制造2025”，其优先事项是提高制造业的创新能力。在当今国际不稳定形势下这一方针特别重要。近几个月来，美国当局——实际上是其背后的资本集团——对中国实施了一系列制裁。他们不隐瞒自己的目的：削弱中国和限制北京获得高技术的机会。美国及其盟友试图将其不可分割的一部分——台湾——从中国分裂出去，并发动了一场真正的信息战。面对这些挑战，中国必须捍卫自己的主权，维护自己的利益。但出路不在于自我孤立，而是巩固与世界其他国家的联系，发展同它们的互利关系。中国应该沿着开放和建设公正合理的世界秩序的道路走下去。

久加诺夫确信,新时代中国特色社会主义是可以代替西方方案的人类社会发展新模式。当今的中国不仅是国际社会一个名副其实的成员,还是一个对全球进程产生越来越大影响的国家。中国虽然是全球经济发展的动力源,但是在与其他国家构建关系时从不以强凌弱,而是从互利共赢合作出发。这鲜明地体现在"一带一路"倡议实施过程中。仅仅5年时间,中国就在20多个国家建立了56个商业经济合作园区,创造了约20万个新工作岗位,中国对"一带一路"项目的投资仅最近三年就超过500亿美元。文化领域也是如此,中国文化对各个大陆的千百万人有吸引力。这就是为什么学习汉语的外国人的数量达到1.2亿的原因。孔子学院成为那些目标明确、才华横溢的年轻人的引力中心。这一切说明,除了以不公正的全球化、霸权主义和伦理道德价值观退化为标志的西方方案之外,中国提供了可行的替代方案。

西班牙共产党意识形态与理论战略的调整及其原因

【内容提要】 无论从世界社会主义运动发展的历史大视野看，还是基于当前仍面临生存与发展困境的欧洲共产党的观察视角来看，西班牙共产党都无疑是一支极具探索和反思精神的政治力量。从倡导“欧洲共产主义”，寻求多样化社会主义发展道路，到20世纪80年代在欧洲共产党的普遍危机中率先进行适应性调整，西共一直立于西方共产主义运动变革与创新的潮头。2010年以来，面对国际国内形势变化以及自身的巨大发展困境，西共再次迈出革新步伐，对党的意识形态及欧洲政策、政党联盟、政治动员等战略策略进行了近乎颠覆性的重构，如重新恢复了“列宁主义”的指导思想地位和“民主集中制”的组织原则，试图推动“联合左翼”从选举党向社会运动转型，推动选举联盟向更广泛的政治和社会联盟转型，对外激烈批评欧盟，等等。

【作者简介】 于海青，中国社会科学院马克思主义研究院研究员

【原文出处】 《当代世界社会主义问题》2019年第1期

一、西共意识形态和理论战略的演变

从1921年正式成立，到2016年第二十次代表大会第一阶段会议召开之前的90多年间，以意识形态与理论战略的重要调整和变化为依据，西班牙共产党（以下简称“西共”）的发展进程大体上可以划分为三个“30年”。

第一，20世纪20年代初到40年代末，可称为西共“布尔什维克化”时期。在这一时期，无论是党的组建和初期发展，还是战略策略制定、领导层更迭，都与共产国际和苏联的指导密切相关。而从西共自身来看，也一直努力效仿、

遵循"列宁主义"政党范式。① 因此，这一时期西共的意识形态和理论战略，不可避免地镌刻着"布尔什维主义"的深刻印记。

第二，20 世纪 50 年代初到 80 年代初，是西共致力于摆脱苏联影响，逐渐转向"欧洲共产主义"理论与实践的时期。1953 年斯大林逝世，尤其是 1956 年苏共二十大"秘密报告"出笼后，国际共产主义运动开启了寻求独立自主发展道路的潮流。在这一背景下，以圣地亚哥·卡里略(Santago Carrillo)为代表的新一代西共领导人深刻反思党的政治路线，提出"全国和解"政策，尝试将包括中产阶级、教会甚至武装部队在内的所有反弗朗西斯科·佛朗哥(Francisco Franco)的力量团结起来。通过"和平手段"实现向民主过渡是西共理论战略发展的重要转折点。1960 年，西共六大第一次明确宣布西班牙"可以沿着议会道路和平进入社会主义"。1968 年"布拉格之春"导致西共党内"独立派"与"亲苏派"之间对立公开化，而前者的压倒性胜利对西共最终走上独立自主道路产生了决定性影响。1973 年 12 月，西共通过新党纲，全面阐释了反对苏联社会主义模式、多样化中求团结、民主化和多党制等重要思想，标志着西共全面转向"欧洲共产主义"。70 年代中后期，在独裁统治终结实现合法化后，西共进一步与传统社会主义剥离，不再提无产阶级专政、暴力革命，取消指导思想中的列宁主义，反对民主集中制组织原则等，从而成为欧洲共产主义最显著、最明确的代表。

第三，20 世纪 80 年代中期到 2016 年西共二十大召开前，可视为西共的后"欧洲共产主义"时期。进入 80 年代中期，"欧洲共产主义"影响衰落，苏联解体后，其作为理论旗帜的意义逐渐丧失。在此后 30 多年实践中，西共致力于探索摆脱困境和危机的出路，依据国内外环境变化和党的发展状况不断进行适应性调整，提出了不少新的策略主张。但从根本上看，这些新调整并没有绕开"欧洲共产主义"的思想线索，一些重要举措与"欧洲共产主义"一脉相承。比如，1986 年西共在反对西班牙加入北约斗争的基础上，与诸激进左翼小党共同建立"联合左翼"，实际上是"欧洲共产主义"左翼联盟思想的延伸和拓展。2009 年，西共十八大提出以"民主"为核心构建"21 世纪的社会主义"，与"欧洲共产主义"倡导的"民主的社会主义模式"异曲同工。而西共在平等和互利基础上维护共产党间国际联系以及在民主基础上推进党的建设等观点，也是"欧洲共产主义"的"新国际主义观"及其党内民主运转原则的继续与深化。从"欧洲共产主义"到后"欧洲共产主义"，西共的意识形态和理论战略整体上呈现出不断趋向"温和化"的发展态势。

必须指出的是，这三个时期的划分标准是西共历史演进中总体、主要的倾向，不排除不同发展时期存在观点分歧和对立。比如，在 20 世纪 40 年代中期，西共内部已出现要求摆脱苏联的声音；在转向"欧洲共产主义"过程中，西共党内曾发生激烈争论，并因此导致了党的分裂；而在后"欧洲共产主义"进程中，党内"革命派"与"温和派"的对峙也深刻影响着西共和联合左翼的政策制定。但可以看到，在特定时期，主导性倾向具有决定性影响，从而使西共的发展呈现明显的阶段性特征。

① [德] 沃尔夫冈·莱昂哈德：《欧洲共产主义对东西方的挑战》，人民出版社 1980 年版，第 281 页。

二、西共二十大对意识形态和理论战略的调整

2016年后，以第二十次代表大会召开为标志，西共进入"发展断裂期"，出现了重大的路线性变化。从形式上看，二十大是西共历史上第一次分为两个阶段（分别在2016年4月和2017年12月）召开的党的代表大会。从内容上看，两阶段会议围绕三个重要议题进行讨论并达成共识，对党的意识形态和理论战略进行了全面重构。

（一）重新界定党的指导思想与组织原则

西共二十大通过了新党章，对党的指导思想和组织原则作出重大调整。一方面，重新恢复了"列宁主义"的指导思想地位。自1978年九大取消"列宁主义"的提法之后，西共党章一直以"革命的马克思主义"来指称党的指导思想，直到2009年西共十八大仍然强调"以革命的马克思主义和实现解放的理论、政策和文化为基础"。2013年西共十九大党章有所改变，提出"以革命的马克思主义为基础，同时运用马克思、恩格斯、列宁和其他马克思主义思想家的理论著作"。在西共二十大新党章第1条中，西共明确将党的指导思想更新为"以马克思列宁主义和科学社会主义作为现实分析和政治实践的基础"。

另一方面，重新恢复"民主集中制"作为党的组织原则。西共自转向"欧洲共产主义"后，在是否坚持民主集中制问题上一直存在争论。直到1991年西共十三大正式取消民主集中制，转向实行党内民主原则，后来通过的党章大都强调党内以完全实行民主自由为基础。比如，2009年西共党章提出党的运行需遵循民主原则，即党内民主、集体领导、联合行动和党内团结，其中决策制定和实施是党内各方面意见整合的结果，是党的积极分子自由参与、自下而上和自上而下讨论的结果。在二十大新党章中，西共重新以"民主集中制"取代"民主运作"，并在党章第18条分十个方面进行全面阐释，强调"民主集中制"原则建立在广泛参与集体讨论的言论自由、批评与自我批评、体现各种观点、所有职位可撤销以及斗争行动的集体方向和团结基础之上，其目的是"确保全党有一个总的发展方向和唯一的中央指挥部"。

2018年初，西共二十大后新当选为总书记的恩里克·圣地亚哥(Enrique Santiago)在党报《工人世界》刊文，大力支持西共重提列宁主义和民主集中制。[①] 他强调，对于一个共产主义政党来说，将马克思列宁主义作为党的指导思想，是一件非常自然的事情，而自20世纪70年代"欧洲共产主义"确立以来，西共一直在回避这一问题。实际上，随着苏联解体、两大阵营对立终结，"欧洲共产主义"客观上已经不复存在。马克思主义是基于社会阶级矛盾来分析世界，以及以替代模式解决这些矛盾的政治学说。而列宁主义则是马克思主义者通过正确分析资本主义制度，并将其改造为建立在新型无产阶级国家基础上的有关社会主义制度的政治学说。这种意识形态界定并非一些人所指责的那样，是脱离实际或"开历史倒车"。相反，马列主义是分析现实的工具，作为现实分析的工具，它必然使党的运作结构与之相适应。而恢复民主集中制就是最直接的变化，这一原则也必然使党内运作更富凝聚力和政治效率。

---

① ［德］沃尔夫冈·莱昂哈德：《欧洲共产主义对东西方的挑战》，人民出版社1980年版，第298页。

（二）重构欧盟的建议

自“欧洲共产主义”诞生以来，西共在欧洲联合问题上一直秉持“温和的”疑欧立场。在20世纪70年代，西共虽然谴责欧共体的垄断资本主义性质，但又声明佛朗哥之后的西班牙完全可以参加欧共体，倡导通过与其他进步力量合作，对欧共体进行民主改革，使垄断资本主义的欧洲转变为社会主义的欧洲。20世纪90年代以来，西共尽管经常批评欧盟的外交、安全及货币政策，指责工人社会党政府未能处理好西班牙的欧盟身份，反对两个版本的《欧盟宪法》等，但对欧洲联盟的总体发展趋向却持基本肯定态度：一是强调欧盟作为“应对巨大经济和生态挑战的实质性工具”作用；二是认为阶级斗争不能局限于某一具体国家，只有在欧盟层面才能实现；三是认为缺席欧洲一体化计划不符合西班牙人民的集体利益。

西共二十大在对待欧盟问题上发生了重要变化，激烈批评欧盟难以推动改革，指责其建立在资本主义价值观和原则基础之上，服务于金融集团的利益，因此不可避免地导致民主赤字，造成财富再分配有效机制的消失、劳动者工作条件恶化等，欧洲工人阶级为此遭受了灾难性后果。在西共二十大第一阶段会议上，西共第一次要求西班牙退出“欧元区”及与欧盟决裂。由于这一倡议的提出必然意味着恢复国家的政治和经济主权，因此西共呼吁欧洲左翼各协调组织、会议、论坛共同努力，构建一个使脱欧的经济影响最小化、能够保证国家主权以及保障所有人基本权利，尤其是经济和社会权利的左翼替代计划。

（三）寻求实现人民团结的新途径

在西共二十大上，西共积极呼吁寻求人民团结，强调这不仅是危机下的策略选择，而且是超越选举对抗的战略，要将选举联盟外的各进步的政治与社会力量联合起来，“在日常社会冲突中，在反对企业主的斗争中，在捍卫社会和劳动权利的过程中”建立最广泛的人民团结。从西共的主张看，虽然该党继续坚持“通过议会选举夺取国家政权的道路”，但把议会外动员和行动提到了重要位置，致力于推动实现两个转型。

一是推动“联合左翼”从选举党向社会运动转型。“联合左翼”自组建后（1992年正式登记为政党），一直就宣称其目标是发展成为能够激发广泛社会动员的“政治与社会运动”。但与预期背离的是，在后来发展中，选举逐渐取代社会动员而占据优先地位。2009年第九次联盟会议虽然重申恢复“联合左翼”的政治和社会运动身份，但并未能顺利实现组织转型，甚至一度由于支持率提升而终止。西共二十大再次提出推动“联合左翼”转型的任务，致力于使其发展成为直接参与和专注于社会行动，且更具灵活性的协调机制。

二是推动选举联盟向更广泛的政治和社会联盟转型。西共强调继续加强建设两个联盟，即“联合左翼”以及2016年大选中与新兴民粹主义左翼政党“我们能”等建立的“我们能联盟”，并将其作为形成更广泛政治和社会联盟的起点。建构这一政治和社会联盟，需充分考虑不同社会阶层、组织的政治意识的多样性，最广泛动员社会各阶层，寻求被全球化和新自由主义政策排除在外的群体、小企业主和青年人的支持。2018年1月，西共中央委员会进一步提出了构建政治和社会联盟的九大主张，主要包括优先考虑人民的政治、经济和社会生活条件，坚持联盟与合作方式的灵活性，作为各政治组织和行动者间的联系桥梁，将“我们能联盟”作为实现这种广泛联合的有效工具等。

三、西共二十大调整意识形态和理论战略的原因

西共二十大的新变化表明，西共明显开始转向寻求身份政治的策略，更加强调意识形态而非选举政治的优先性，关注通过积极的议会外运动塑造党的反资本主义形象以及争取广泛社会支持，这无疑是具有重要战略意义的调整和变革。现代政党政治的演进历史表明，政党的重大变革往往受到自身发展以及客观社会环境变化的影响。探究西共意识形态和理论战略变化的原因，必然也要从分析西共面临的内部危机和外部挑战入手。

（一）内部危机

近 30 年，西共倾向于温和化的政治实践，未能找到一条可行的发展道路，反而持续衰落。

从党的社会基础看，寻求超越社会主义和民主主义的身份定位，导致党的激进主义拥趸的认同度明显下降，而在变化的经济社会环境中又难以吸引新的支持者，这造成西共的社会基础不断削弱。自 20 世纪 60 年代中期起，伴随经济社会结构变化，传统蓝领工人相对减少，新中间阶级迅速崛起，西共的传统社会基础开始瓦解。1986 年西班牙加入欧共体后，很快出现了足以与战后德国经济发展奇迹相媲美的经济增长和社会繁荣，从而对整个国家的政治定位、社会行为和文化导向都产生了重要影响。对于西共来说，由于欧共体（以及后来的欧盟）给西班牙提供了大量的结构性资金补贴，造成西共传统工人阶级支持队伍分化，进一步冲击并解构了其社会基础。在这一背景下，西共试图从更广泛的社会阶层中争取支持，但在全国各选举层面上，却面临着来自主流左翼政党工人社会党的竞争。尽管西共激烈批评该党抛弃马克思主义，但二者话语体系的明显趋同，已经使马克思主义政党与社会民主党间的区分几乎消失殆尽。在资本主义议会民主条件下，工人社会党在选民争夺中明显更占优势。从实践上看，20 世纪 80 年代中期至 90 年代中期，西共之所以获得相对稳定的支持率，甚至在 1996 年达到 10.5%，很大程度上得益于选民对工人社会党执政的不满。进入 21 世纪后，西共支持率持续下滑。2008 年金融危机爆发后，西共获得工人社会党执行紧缩政策导致危机的“红利”，在 2011 年全国议会选举中得票率大幅增加，但很快受到观点更为鲜明和激进的“我们能”党的冲击，2015 年全国大选的支持率急速下降至历史新低。同时，西共的党员人数也持续减少。作为欧洲地区具有影响力的传统共产党，在 20 世纪 30 年代西班牙内战之后以及 70 年代佛朗哥独裁统治终结之初，西共党员人数曾先后两次达到 20 万之众。但到 80 年代初，西共党员人数很快下降到 13 万。此后，在苏东剧变的冲击下，西共党员数又急剧减少到 3.7 万人，2008 年进一步下降到 2 万人。金融危机后党的组织力量继续下滑，目前西共党员数仅约为 8800 人，愈益成为边缘化的政治力量。很显然，温和化政策并不能帮助西共巩固社会基础，倾向“中间主义”的策略难以奏效。

从党的内部关系看，西共不断受到内部分裂的困扰，民主化运转造成党极度缺乏凝聚力和向心力。在处理与工人社会党的关系、与工会的关系、“联合左翼”的意识形态以及组织界定等问题上，党内认识差异较大，从而使西共党内生活充满矛盾和冲突。民主化运转非但未能帮助西共弥合分歧、消解矛盾，反而导致党内派系丛生，各派系间观点对立、争权夺利，力量内

耗严重，甚至多次发生分裂危机。西共倡导民主化运转的初衷，是试图破除从反佛朗哥独裁垄断的长期地下斗争中沿袭下来的组织权力高度集中化，激发党员积极性，充分发挥党员作用，发展“参与式民主”的组织模式，但在党内民主实践中却出现了一系列问题。比如，党的文件中规定的全国议会选举候选人选拔程序，根本未能得到执行；一些集体决策机制，如吸纳普通党员参与各领域工作决策的“工作组”制度进展缓慢、参与率低、发展不平衡，与其他制度设计相互重叠。此外，一些民主规定执行走样，如党的地方议会候选人的党内初选程序既未能“强化”也未“制度化”，反而成为党内各派争权夺利的工具。多年民主化运转，造成了西共内部的分裂和分散化，党组织力量极大弱化，进一步加深了党的发展危机。

从与工会和社会运动的关系看，西共迫切需要重建社会联系和沟通渠道，以拓展党的社会生存空间。源于特殊的反独裁斗争历史，西共与西班牙工会组织工人委员会存在一种独特的紧密关系。工人委员会与西共在领导层和成员上交织重叠，从而使西共能够对工人委员会的政策制定产生重要影响。但进入 20 世纪 80 年代后，随着西共分裂以及工人委员会自治倾向加强，西共对工人委员会的影响极大减弱。为强化党的社会存在，西共将密切与社会运动的联系摆在首要地位，在传统左翼的关注重点之外加入新的政治议题，如女权主义、环境保护等，试图从更广泛的社会群体中寻求支持者。同时，通过邀请社会组织参与党的纲领设计以及积极参加社会进步运动，如 20 世纪 90 年代反对工人社会党政府劳动改革的“公民社会权利纲领”“废除第三世界外债公民网”等，加强党与社会运动的联系，并尝试将社会动员转化为选举动员。但从实践看，党内派系林立使西共不能形成清晰的政治方向和战略，阻碍了其发挥社会需求的沟通桥梁作用，进而使西共在大部分时间里不能有效利用选民的不满情绪。2008 年的灾难性大选结果(西共只获得 3.8%的支持率)，促使党内对立的各派达成了“重建”党的共识，更加强调与各社会运动组织的联系，比如在 2010 年 6 月的重建大会上，1000 名代表中有约 400 人是来自各社会运动组织的非西共党员。但这一政策在其后多年一直未能很好落实，党的许多地方组织根本没有参与这一过程。特别是缺席 2011 年 5 月爆发的西班牙近年来最重要的政治和社会动员“愤怒者运动”(经济危机以来西班牙议会政治中最为成功的“我们能”党正是脱胎于这一运动)，更加弱化了西共与社会运动的联系，西共亟需寻求新的联系渠道与途径。

（二）外部挑战

西班牙社会和政治环境的新发展新变化，也推动西共进行理论反思和调整，寻求制定适应性的应对政策。

21 世纪以来，西班牙社会的“欧洲主义”共识面临瓦解，“疑欧主义”抬头，整个社会情绪开始趋向激进。如上所述，自 80 年代中期加入欧共体后，西班牙从欧洲一体化进程中受益良多。无论从物质利益还是从情感上来说，整个西班牙社会一直对欧洲一体化保持着高于欧洲平均水平的认可度和支持率。因此，欧洲一体化在西班牙政党和选民中并不是一个能够引发广泛争议的问题。比如，在 2005 年的《欧盟宪法条约》公决中，西共等激进左翼政党持反对立场的理由，也不是基于“疑欧主义”，而是认为其不足以保护社会和工人权利。在投票中，《欧盟宪法条约》以 76.7%的高支持率通过，西班牙成为欧盟25个成员国中第一个以全民公决方式通过条约的国家，甚至有1/3的西共支持者选择背离党的立场支持该条约。金融危机和欧洲主权债务危机对于欧盟各成员国的欧洲一体化态度产生了很大影响。在受危机冲击严重的西班牙，民众态度转变尤为明显。欧洲晴雨表的民调显示，在危机最严重的2012年，有67%的西班牙人表示不信任欧盟。2016年的数据表明，不支持欧盟的西班牙人高达49%。移民、经济危机、失业、不平等，显然是引发西班牙"疑欧主义"激增的主要变量。相关数据显示，2000—2011年间，西班牙人口从4000万增加到4700万，在新增的700万人中，每年移民增长1.4%。同一时期，西班牙失业率却从8.2%猛增至26.1%，有50%的青年人就业受到影响。收入不平等和贫困风险激增，最富有的20%人口的可支配收入是最贫困的20%人口的6.5倍，西班牙因而成为欧盟中最不平等的国家之一。[①]面对社会环境的变化，为了确保党的生存空间，西共显然需要适度调整其政策目标以使党的内外部冲突最小化。

另一方面，经济危机下西班牙传统政治格局被打破，民粹主义政党崛起，对西共形成了巨大冲击。在经济危机后遍及欧洲的民粹主义浪潮中，西班牙在很长一段时间"独善其身"，没有出现任何有影响的民粹主义力量。但到2014年，"我们能"党强势崛起，很快上升为全国第三大政治力量，取代西共成为西班牙最大的激进左翼政党，这才引起人们对西班牙民粹主义的关注。"我们能"党兴起对西共的冲击，不仅体现在选举结果上，更表现在前者具有巨大吸引力的意识形态能够深刻反映社会不满、反主流情绪的政治主张，以及灵活机动、便利高效的社会动员策略等等。这给西共带来挑战的同时，也成为西共对自己的理论和战略进行反思和调整的重要诱因。

四、结　语

作为近半个世纪来一直信奉"和平民主道路"的政党，西共对意识形态和理论战略的重新界定显然不是政策主张的微调，而是几乎具有颠覆性意义的重大变化，因为这或许将成为西共转向新的政治实践的起点。这种转向不是简单回归传统，而是塑造新的形象、内聚党的力量、寻求人民团结。西共在关注日常生活领域斗争，如薪资、就业、养老金等的同时，也重视女权、环保和能源浪费等新政治议题。西共正在努力探寻构建一种能够将传统与现代结合起来的身份特征。

对试图通过变革摆脱危机的西共而言，有两个问题值得关注。一是这种转向在多大程度上能够转化为现实行动。从西共党内看，目前整体上对党的变革必要性的认识还是较为统一的，比如2018年1月圣地亚哥在西共二十届二中全会上所作的政治报告，获得了76张支持票，仅有1票反对，2票弃权。但作为高度派系化的政党，这次变革在西共党内自然不乏异议之声。比如一些捍卫者继续强调欧洲共产主义的有效性，重申欧洲共产主义时期关于列宁主义的争论，提出欧洲共产主义并没有否定十月革命，而只是放弃了列宁主义中的一些关键要素(如世界革命理论)以及严格意义上的无产阶级专政思想。他们认为列宁主义是与当时历史条件相适应的产物，而当今既无革命基础也无革命形势，因此西共二十大重提列宁主义并无

---

① 于海青：《西班牙"我们能"党兴起透视》，《当代世界》2016年第5期。

必要,列宁主义在国际共产主义运动中是只有部分意义而非全部意义的标志。显然,西共理论政策调整的有效落实仍面临阻碍。

二是这种转向在多大程度上能够促进党的复兴。从更广泛层面看,当前整个欧洲共产主义运动正处于理论变革和调整期,不少共产党都在根据社会环境的变化和自身发展实际,对党的理论政策进行不同程度的调整,以寻求摆脱困境的新的发展战略和方向。在这一过程中,有些传统上比较激进的党,如希腊共产党变得更加激进;有的党如西共,对以往理论政策进行了具有明显战略意义的大幅调整;有的党已开始深入讨论,在理论与实践的结合上尝试实现重要突破,比如法国共产党在 2018 年 11 月召开第 38 次代表大会,围绕何为现时代的共产主义展开大讨论,寻求实现党的战略重塑。这些变化表明,欧洲各国共产党已深刻意识到自身的困境和问题,并在努力寻找发展出路。但从当前国际资本主义与社会主义力量对比以及世界社会主义运动的整体发展态势看,包括西共在内的欧洲各国共产党的逆境重生之路必然荆棘遍布,充满艰辛和挑战。对于欧洲各国共产党来说,只有在理论与实践的结合中,才能找到一条真正切实可行的前进道路。

绿党在欧洲议会选举中的表现及其成因辨析

【内容提要】 绿党自诞生以来，就一直是影响欧洲政治的重要力量，深刻反映了欧洲后物质主义选民的诉求和价值取向。对此，可以从欧洲议会选举视角出发观察绿党的发展态势。欧洲议会选举是检验欧洲各类政党力量的共同平台，通过这一平台，不仅可以发现奉行生态主义并主张“超越左右”的绿党正逐渐从欧洲政治舞台边缘走向前台的一般趋势，更为重要的是，还可以看出绿党在欧洲议会选举中的表现明显呈现出时有波动甚至反复的不稳定性和地域分布，尤其东西欧发展的不平衡性这一具体特征。而这一具体特征的根源既来自各国经济、政治、文化等客观环境的不同，也源于各国绿党的主观选择和努力的差异。事实证明，在既定的客观环境下，政策立场、选举策略、议题设置的不同以及党内，尤其是领导层是否团结一致是影响绿党选举成绩的关键性因素，也是决定其未来发展的关键性因素。

【作者简介】 轩传树，上海社会科学院国外社会主义研究中心研究员；于明，上海社会科学院硕士研究生

【原文出处】《当代世界社会主义问题》2019 年第 4 期

在当代西方竞争性政党制度下，议会选举成绩可以说是衡量一个政党成败得失最直接的判断标准。欧洲议会这一“超级选举”，虽不像民族国家内的议会选举、总统选举那样直接关涉国内政治构成及其走向，但它却为欧盟成员国不同政党提供了一种相互竞争和彰显力量的共同平台，成为推进欧盟民主合法性的关键机制和反映欧洲整体政治风向的晴雨表。21 世纪以来，尤其是 2008 年全球金融危机以来，随着新自由主义的潮起潮落及其所带来的社会分

化,欧洲议会选举在呈现持续右转的同时,还出现了碎片化倾向。在刚刚结束的2019年欧洲议会选举中,传统主流政党地位下降,长期占据主导地位的中左的欧洲议会社会民主党进步联盟党团(S&D)和中右的人民党党团(EPP)所获席位之和首次未过半数,而中小政党崛起,疑欧的民粹主义、民族主义等右翼政党和亲欧的绿党都有不俗表现,尤其是绿党共获得58个议席,由生态主义者和自由主义者组成的欧洲议会绿党/欧洲自由联盟党团(Greens/EFA)获得了74席位,重新成为第四大党团。① 这意味着传统主流政党要想维持欧洲议会多数地位,必然要借助第三方力量,②中左的社会党党团要想发挥左翼政治影响,必然要获得以"超越左右"为自我标识的"温和左翼"绿党的支持。③也就是说,绿党将成为影响新一届欧洲议会多数构成、平衡左右政治进而决定欧洲一体化走向的关键,因此,绿党在欧洲议会选举中的表现非常值得关注。

总的来看,自1979年欧洲议会直选以来,绿党在欧洲议会选举中的总体表现可以说是从无到有,从小到大,逐渐从欧洲政治舞台的边缘走向前台,以至成为今日传统主流政党必须借助的关键平衡者。但是,如果将不同时段进行对比,绿党选举成绩明显呈现前后波动甚至反复的不稳定性,不管是全体绿党还是具体国家绿党,在欧洲议会选举中的表现在不同历史阶段都有差异;如果就某一具体时段来看,绿党选举成绩又呈现地域分布上的不平衡性,即不同地区的绿党,尤其是东西欧国家的绿党在同一次选举中表现悬殊。

为什么会出现这一现象?到底是什么因素决定了、影响了绿党在欧洲议会中的选举成绩?本文拟将绿党置于欧洲历史和现实的环境之中,从主客观两个维度,具体从经济社会发展水平、政治文化传统、选举制度、选民情绪(以上为客观环境)和政策立场、选举策略、议题设置、党内团结(以上为主观选择)等八个方面,对不同时期以及同一时期不同地域绿党的选举表现进行比较分析,在回答之所以会出现这种"不稳定性"和"不平衡性"背后原因的基础上,揭示诸影响因素之间的相关性和绿党未来发展的可能性。

一、客观环境

(一)经济社会发展水平

绿党是一个以绿色政治起家并以新中产阶级和后物质主义选民为基础的政党,这就决定了其政治影响或选举成绩往往与其所在国家和地区的经济社会发展水平有直接关系。从历届欧洲议会选举结果来看,绿党在南欧以及刚刚进入欧盟不久的东欧转型国家的表现往往较差,而在经济社会发达的西欧和北欧一直表现相对突出。之所以呈现这一现象,其背后的一个重要原因就是南欧尤其东欧地区,经济发展水平有限,基本上还属于发展中国家行列,环境议题往往处于政治议程的最底端,绿党的选民基础,即通常的新中产阶级的后物质主义选民,

---

① 欧洲议会绿党/欧洲自由联盟党团(Greens/EFA)在1999年、2004年和2009年连续三届欧洲议会选举中都成为仅次于中左的社会党党团(S&D)、中右的人民党党团(EPP)和自由民主联盟党团(ALDE)的第四大政治力量,2014年回落到第六大党团,2019年重回第四大党团的地位。

② 林德山:《2019年欧洲议会选举及其影响评析》,《当代世界》2019年第7期。

③ 轩传树:《欧洲左翼政党现状分析——基于欧洲议会选举的研究》,《社会科学》2010年第1期。

也相对弱小。

就希腊、意大利等南欧国家来看，近年来绿党之所以在国内选举和欧洲议会选举接连受损，其背后一个重要原因就是由于主权债务危机和相应的政府紧缩政策使社会经济问题占据主要议程，环境议题被边缘化，从而使反紧缩的激进左翼、疑欧的民粹主义、民族主义政党主导选举进程，而亲欧且与政府保持合作关系的绿党往往受到冲击。① 也就是说，经济处于下行周期，对绿党的选情并非有利，因为这时激进左翼的"反紧缩、维持既有福利"等物质主义主张相比绿党的后物质主义主张更容易吸引它们所共同争夺的中间选民。

而西欧、北欧地区的国家基本上都属于发达国家，新中产阶级和后物质主义选民力量强大，所以绿党在这些国家也就相应地强大且富有影响。比如在 2019 年欧洲议会选举中，绿党共获得 58 个议席，比上届增加 20 席。其中，增量的一半来自德国，德国绿党（Alliance 90/The Greens）获得 21 个议席，得票率超过 20%；紧随其后的是法国和英国等经济发达国家，两国绿党得票率均超过 10%，分别获得 12 个和 7 个议席；而东欧和南欧大部分地区的绿党得票率则仍然较低。

即使就西欧发达国家内部来看，不同地区的绿党选举成绩也存在很大差别。同样是 2019 年欧洲议会选举，在德国慕尼黑、不来梅、汉堡以及柏林这样的富裕城市，绿党往往都赢得了超过 20%的得票率，而其在原东德地区的得票率就比较低了，只有 10%左右；②英国的布莱顿、布里斯托、谢菲尔德、埃克塞特、诺威奇和剑桥等大学城，也是绿党得票率最高的地方，往往超过 20%。③ 这也进一步证明，绿党力量及其选情，同当地经济社会发展水平存在正相关关系，即经济社会文化发展水平越高，绿党越有力量，也越能赢得支持。

（二）政治文化传统

从绿党在欧洲议会选举中的历时性和地域性表现来看，其选举成绩不仅受到所在国家经济社会发展水平的影响，也深受当地的政治文化传统影响，建立在一定经济社会发展水平之上的政治文化传统会从心理上影响选民关注点，进而塑造选民的选举偏好。比如，西北欧地区和东欧地区的选民在选举中所关注的问题和政治倾向就存在明显的差异：西北欧地区不仅经济社会发展水平高，而且拥有比较开放的政治文化理念和较为悠久的绿色运动传统，环境保护主义、支持文化融合的立场以及在一定程度上捍卫福利模式等，都是可以带来选举收益的议题，持类似主张的绿党也就比较受欢迎；而东欧地区，由于曾经处于苏联集团的历史以及在这个历史中所形成的较为保守的政治文化传统，文化上的威权主义以及政治上的右翼立场则成为受选民欢迎的主张，而一贯倡导接受移民和可再生能源等议题的绿党则会受到选民的

---

① Wolfgang Rüdig, "The Greens in the 2014 European Elections", *Environmental Politics*, Vol. 24, No. 1, 2015, pp. 156 - 162.

② Federal Returning Officer, "European Parliament election 2019: Results", https://www.bundeswahlleiter.de/en/europawahlen/2019/ergebnisse.html.

③ Wikipedia, "Results of the 2019 European Parliament election in the United Kingdom", https://en.wikipedia.org/wiki/Results_of_the_2019_European_Parliament_election_in_the_United_Kingdom#References.

排斥。①

即使在西欧和北欧地区，绿党发展也是不平衡的。德法等国绿党之所以力量强大并一直在欧洲议会绿党党团中占据主导地位，除了它们的经济社会发达水平以及欧盟创始国身份外，一个很重要的原因是这些国家绿色运动历史相对较长，因此拥有更为深厚的绿色文化传统，广大民众关注环境和生态问题。而瑞典等北欧国家，就经济社会发展水平而言并不落后于其他西欧国家，但是它们的绿党力量却在相当长的一段时间内不及西欧地区，一个重要原因是北欧本身是一个并不反对欧洲一体化的地区，而瑞典绿党长期以来却是一个反对欧洲一体化最激进的政党。② 当它在2009年欧洲议会选举前明显缓和其一直固守的反对欧洲一体化的立场，便开始表现出色，赢得了11%的支持率和2个议席。改变立场后的北欧绿党在接下来的2014和2019年两届欧洲议会选举中都收获了比较不错的结果。

可见，总体上西北欧地区政治文化传统与绿色政治的契合性，或者说，西北欧地区绿党基本主张相对于当地政治文化传统的调适性，在一定程度上也可以为该地区在近几届，尤其2019年欧洲议会选举中出现的“绿色浪潮”③做出一定解释。

（三）选举制度

欧洲议会选举制度前后是有变化调整的。自1979年欧洲议会直选以来，每5年举行一次选举，1994年前各国都是按照自己的国内法选举欧洲议员的。1994年后各成员国必须按照欧洲议会的要求，遵循共同选举原则，但各国因国情不同仍部分保留了各自的特点，也就是说欧盟成员国的选举制度是存在一定程度上的差异的。不同选举制度对绿党来说也会带来不同的命运和选举结果。比如英国，由于1999年开始引入“比例代表制”，即一个党派在各个选区所得议席同其所得选票大致成正比，以取代过去一直沿用的“简单多数制”。这种选举制度一般对小党有利，所以英国绿党在这次欧洲议会选举中首次将自己的代表送进了欧洲议会，获得了2个议席，尽管它在这次选举中只有6.3%的得票率，连1989年得票率(14.9%)的一半都不到。从此，英国绿党一直保持这个水平，直到2019年选举中取得较大进展，赢得了11.8%得票率和7个议席。

当然，即使在欧洲议会选举中采取比例代表制，对于一些小国来说也会使绿党这样的新生小党面临不利的境遇。因为小国在欧洲议会中分配的席位较少，所以在选举中赢得席位所需选票份额就更多，这让选民更加倾向于大党，而非绿党这样的小党。这种情况也就促使一些小党联合组成统一的绿党，

① Nicola Maggini et al., “Impact of Issues on Party Performance”, in Lorenzo De Sio et al. (eds.), *The European Parliament Elections of 2019*, Roma: Luiss University Press, 2019, pp. 75 - 79.

② Neil Carter, “The Greens in the 2009 European Parliament Election”, *Environmental Politics*, Vol. 19, No. 2, 2010, pp. 295 - 302.

③ 所谓“绿色浪潮”(green wave)，主要是为了凸显绿党在2019年欧洲议会选举的突出表现：整个欧洲议会，各国绿党组织获得的议席数量总计58个，较2014年增长20席；德国绿党获得21个席位，位居本国第二；法国的绿党(EELV)获得12个议席，位居该国第三；英国绿党获得7个议席，多于目前执政的保守党。爱尔兰、比利时和芬兰等国绿党的得票率较2014年也有大幅提升。

以达到得票率门槛，[①]比如曾在1984年和1989年选举中组成竞选联盟的四个荷兰左翼政党在1990年合并产生了统一政党——绿色左翼(GreenLeft)，从而在其后的历次选举中成功地将绿党议员送入欧洲议会。[②]

在选举制度上，除了有“比例代表制”和“简单多数制”的不同，还有选区划分上的“全国单一选区”与“全国多个选区”的区别。比如，与英国由于选举制度的变化而给绿党带来好运形成鲜明对比的是，法国在2004年欧洲议会选举中第一次以“多选区制”取代“单一选区制”而使绿党遭受损失。相比而言，这种以各个选区选举为基础而不再是原来那种在全国单一选区基础上统计政党候选人得票率的选举制度，对地方性政党有利，也容易导致更多竞争，尤其是政党名单的拉长——每个地区平均有21个政党之多，[③]也使很多地区绿党的得票率都没能达到赢得议席所必需的5%的门槛，结果法国绿党(Les Verts)议席明显缩水，由上一届的9个议席下降到该届的6个议席。

（四）选民情绪

选民情绪通过投票率就可以得到一定程度的反映，而就绿党选举成绩同选民投票率之间的相关性来看，似乎存在两种可能。

一是选民投票率低对绿党不利。因为低参与率在某种程度上反映了选民对欧盟及其欧洲一体化的不满，这种不满会加剧疑欧主义或者说反欧洲一体化情绪，这通常与亲欧并主张开放和一体化理念的绿党相左，而更容易被极右民粹主义、民族主义政党所利用。1994年欧洲议会选举，参与率由1989年的58.41%下降到56.67%，在英国、意大利、希腊、葡萄牙和丹麦等国家甚至不到37%。在这些国家，明确反欧洲一体化的政党，尤其是极右民族主义政党利用了这种情绪并取得重大收获，而主张从内部对欧洲共同体进行激进改革而非反欧洲一体化的绿党无法也不愿意利用这种情绪，他们因此而有所受挫。[④] 2014年欧洲议会选举某种程度上再次出现类似情况，受全球金融危机影响，尤其是南欧地区所遭遇的紧缩政策和欧元危机，民粹主义右翼、反欧洲一体化的政党主导了选举进程，结果是绿党的选举成绩相比2009年有所下降。[⑤] 2019年欧洲议会选举投票率发生了历史上首次回升，达到50.62%，这是近20年来的最高水平。这种“回升”可以看作是在经历了近10年经济政治危机（比如欧元区危机、移民危机、英国脱欧）后欧洲问题在舆论上的反映。其中，参与投票的年轻人数量大幅增加：本次选举中，首次达到选举年龄并参加投票的选民有2800万，对大部分欧盟成员国而言，这部分

① 为了避免欧洲议会选举选票和议席过于分散，欧洲国家大多对政党获得议席设置一个得票率“门槛”(threshold)，但是这个门槛各国并不一样，比如法国、立陶宛等为5%；意大利、奥地利、瑞典为4%；希腊为3%。

② Wolfgang Rüdig, “Green Parties and Elections to the European Parliament, 1979－2019”, in Liam Ward et al. (eds.), *Greens For a Better Europe*, London: London Publishing Partnership, 2019, p. 16, p. 33.

③ Neil Carter, “Mixed Fortunes: The Greens in the 2004 European Parliament Election”, *Environmental Politics*, Vol. 14, No. 1, 2005, pp. 103－111.

④ Neil Carter, “The Greens in the 1994 European Parliamentary Elections”, *Environmental Politics*, Vol. 3, No. 3, 1994, pp. 495－502.

⑤ Wolfgang Rüdig, “The Greens in the 2014 European Elections”, *Environmental Politics*, Vol. 24, No. 1, 2015, pp. 156－162.

新增选民占 5%—8%；[①]在法国，有 40%的选民年龄小于 35 岁（这一比例较 2014 年增长 13%）。[②] 而年轻人普遍关注气候变化、绿色发展等后物质主义议题，倾向于支持绿党，这也为绿党在 2019 年选举中所取得的出色成绩提供了又一个维度的解释。

二是选民投票率低对绿党有利。因为低参与率也在一定程度上反映了主流政党并不受欢迎，这意味着像绿党这样的小党、新党可能比较受选民欢迎。比如 1999 年绿党在欧洲议会选举中获得了相当不错的成绩，从外在客观条件来看，似乎低迷的投票率成为英国、芬兰、荷兰和奥地利等好几个国家绿党出色表现的一个重要因素。因为绿党的支持者一般是经济状况较好的城市居民，以及受教育水平比较高的年轻人和女性，或者说是新中产阶级，他们比普通选民对政治更为感兴趣，因此他们的投票积极性也相对更高一些。[③] 在整体投票率低迷的情况下，这些政治参与积极性更高的群体将会发挥非常重要的作用。

也就是说，体现选民情绪的投票率之高低对绿党选举成绩的影响是不确定的，选民投票率低对绿党也许有利，也许不利，但是对绿党选举成绩的影响会越来越小。

相较而言，选民对本国政府和欧盟的态度却与绿党的选情更具直接相关性。在 2019 年欧洲议会选举刚刚结束后，欧盟委员会官方民调机构“欧洲晴雨表”（Eurobarometer）对欧洲 34 个国家（其中包括 28 个欧盟成员国和 5 个欧盟候选成员国）的调查数据显示，44%的欧洲人信任欧盟，比 2018 年秋季提高了两个百分点，并且这一数字是 2009 年秋季以来的最高水平；同时，越来越多的欧洲人不信任自己国家的政府（61%）和议会（60%），分别比 2018 年秋季增加了两个百分点。[④] 对欧盟信任度上升意味着选民更有可能对亲欧的绿党持有好感，对本国政府信任度下降则意味着本国传统主流政党，尤其执政党的信任度下降，而欧洲议会选举所具有的“次等选举”特征，[⑤]使选民的投票具有“感性投票”（expressing voting）的倾向，他们更容易根据自己的情绪对不受欢迎的执政党派投出反对票，而选择自己喜爱的党派。法国的绿党（EELV）在 2019 年选举中便是因为民众对执政党的不满而

---

① Deutsche Welle, “How Young Voters Matter in European Parliament Elections”, https://www.dw.com/en/how-young-voters-matter-in-european-parliament-elections/a-48824508.

② Thierry Chopin and Giulia Sandri, “The 2019 EP Elections in France: Second (dis)order Elections?”, in Niklas Bolin et al. (eds.), *Euroflections*, Sundsvall: Mittuniversitetet, 2019, p. 68.

③ Neil Carter, “The Greens in the 1999 European Parliamentary Elections”, *Environmental Politics*, Vol. 8, No. 4, 1999, pp. 160 - 167; Oddbjorn Knutsen, *Social Structure and Party Choice in Western Europe. A Comparative Longitudinal Study*, Palgrave Macmillan, 2004, pp. 198 - 200.

④ European Commission, “Standard Eurobarometer 91”, https://ec.europa.eu/commfrontoffice/publicopinionmobile/index.cfm/ResultDoc/download/DocumentKy/88107.

⑤ 所谓“次等选举”（second-order election）也是相对而言，即对选民和政党来说，国内议会选举和总统选举更为重要而被视为“一等选举”，而补选、市政选举、各种地方选举和欧洲议会选举等的重要性则相对较弱，因此而被视为“次等国内选举”。见 Reif Karlheinz and Hermann Schmitt, “Nine Second-order National Elections — A Conceptual Framework for the Analysis of European Election Results”, *European Journal of Political Research*, Vol. 8, No. 1, 1980, p. 3.

取得相当不错的成绩,收获 13.5%的选票。①

二、主观选择

(一) 政策立场

绿党的核心主张主要是建立在可持续社会、生活中的精神维度、全球视野、追求世界和平等四方面的价值之上。② 也就是说,这些价值成为绿党政策主张的根本基础,绿党所有活动的目的就是努力在现存政治制度内将这些核心价值制度化。为此,他们努力进入各级议会,甚至参加政府,在这个过程中,他们必须对欧洲一体化以及参与政府有明确立场。

就对待欧盟及欧洲一体化的立场而言,几乎所有欧洲绿党都已经由先前的"替代性"或"抗议型"政党转变为现在的体制化政党,都对欧洲一体化持赞成态度。③ 尤其是随着气候变化的挑战,越来越需要在欧洲层面得到解决,这一议题在欧洲议会选举中的重要性日益提高,也使对欧洲一体化持积极态度的绿党更容易选举成功。④ 无论是从欧洲议会直选以来绿党整体选举成绩的变化趋势来看,还是从具体国家绿党对待欧洲一体化态度政策前后调整之于其选举结果的影响来看,绿党对欧洲一体化是否持赞成态度与其选举结果之间都呈现出比较明显的正向关系。比如从 2009 年开始由先前疑欧立场转变为明确支持欧洲一体化的爱尔兰绿党在随后的 2014 年和 2019 年两次欧洲议会选举中都取得了不错的成绩。

就对待本国政府的立场而言,同样,几乎所有的欧洲绿党都已经由先前的"抗议型"政党转变为现在的"体制化"政党,都对参加政府持积极进取的态度。当然,他们所努力争取的结果往往也只能是作为联合执政的小伙伴,而这种小伙伴式的参与对绿党来说也是一种考验:一方面通过联合执政有利于将自己的政策主张付诸实践,但是另一方面又会面临执政所带来的政治包袱,它们可能会面临一种因参政而失去自身独特的身份标识和鲜明立场,或因选民对现任政府不满的"惩罚性投票"(Punishment Vote)而导致下届议会选举受损的危险。如曾与共和党(Fianna Fa'il)组成联合政府的爱尔兰绿党,因联合政府在经济危机期间推行不受欢迎的紧缩政策而引起公愤,在 2009 年欧洲议会选举中遭遇惨败,仅获得不足 2%的选票。⑤ 瑞典绿党 2014 年加入以社会民主党为首的联合政府,为了应对 2015 年的难民危机,不得不放弃先前的立场,转而支持边境管制和更严格的移民控制。这不仅使瑞典绿党在 2018 年的国内大选中大受挫败,也使其在 2019 年欧洲议会选举中的支持率较 2014 年下降了 3.9%。⑥

---

① Thierry Chopin and Giulia Sandri, "The 2019 EP Elections in France: Second (dis)order Elections?", in Niklas Bolin et al. (eds.), *Euroflections*, Sundsvall: Mittuniversitetet, 2019, p. 68.

② Elizabeth Bomberg, *Green Parties and Politics in the European Union*, Routledge, 1998.

③ 轩传树:《从运动型到体制化:欧洲绿党发展进程研究》,《理论与评论》2018 年第 5 期。

④ Rory Costello, "European Elections Gradually Becoming Less 'Second-order' in Ireland", in Niklas Bolin et al. (eds.), *Euroflections*, Sundsvall: Mittuniversitetet, 2019, p. 49.

⑤ Neil Carter, "The Greens in the 2009 European Parliament Election", *Environmental Politics*, Vol. 19, No. 2, 2010, p. 300.

⑥ Maria Oskarson, "Sweden: We Are All the Winners", in Lorenzo De Sio et al. (eds.), *The European Parliament Elections of 2019*, Roma: Luiss University Press, 2019, p. 262.

不过,21世纪以来几次欧洲议会选举结果表明,参加政府也并非不可避免地会对选举结果造成负面影响。在2004年欧洲议会选举中,参加政府6年之久的德国绿党表现特别出色,但是比利时绿党只是在国家议会中保持了最低限度的存在就导致欧洲议会选举成绩的下滑,法国绿党也在参与若斯潘政府失败之后经过两年的内部分化才慢慢恢复过来。① 在2009年欧洲议会选举中,芬兰"绿色联盟"(VIHR)没有因为作为中右联合政府的一部分而受到连累,反而得票率从原来的2%增加到12.4%。② 但是,在2014年欧洲议会选举中又出现了明显的受参加政府的负面影响:凡是绿党在欧洲议会选举时或者选举前夕参与政府的,比如丹麦、芬兰、法国和卢森堡,选票都有所受损;而那些得票率有所提升的绿党,如奥地利、瑞典和英国,都是作为在野党参加竞选的。③ 在2019年欧洲议会选举中,立陶宛的联合执政党农民与绿色联盟党(LVŽS)受到参加政府的负面影响,虽然选举成绩较上次稍有进步,但是作为本国议会中的最大党,得票率仅位列第三。而参与执政的卢森堡绿党(DG)则取得了在欧洲(及国家)选举中有史以来最好的成绩:赢得18.9%的支持率,较2014年提高近4个百分点。④ 在选举期间参加联合政府的芬兰"绿色联盟"也取得不错的成绩,获得16%的支持率和2个议席。

(二) 选举策略

在竞争性政党制度下,新生的边缘小党为了能进入议会(不管是国家议会还是欧洲议会),一般都会在选举时选择联合竞选的策略。同样,对于体制化后的绿党来说,为了进入欧洲议会,它们也不拒绝同其他政党合作,尤其是对于那些力量还比较弱小的南欧和东欧地区的绿党来说,为了能够达到得票率门槛,更是积极主动地寻求联合。但是,联合竞选的实际效果并非都能如其所愿。具体情况,从最近几次欧洲议会选举结果可窥一斑。在2009年欧洲议会选举中,真正得益于联合竞选的绿党只有荷兰"绿色左翼",它通过与"工党"建立选举联盟,议席由上届的2个增加到3个。其他绿党都未能从中获益,比如意大利"绿色联盟"(Federazione dei Verdi)同4个社会主义政党一起组成的"左翼与自由"(Left and Freedom)竞选联盟,但是这个联盟仅获得3.1%的支持率,未能达到4%得票率的新门槛,结果丧失了原有的2个议席;葡萄牙绿党(PEV)与共产党(PCP)组成竞选联盟获得了10.6%的支持率,但是绿党只是竞选联盟中的小伙伴,并没有能够将自己的代表送进欧洲议会;至于力量更为弱小的东欧绿党,匈牙利和波兰两国绿党都试图通过组建竞选联盟,但仍未能使其代表进入欧洲议会。⑤

在最近的2019年欧洲议会选举中,各国绿党的联合竞选都不算成功。在波兰,绿党

① Neil Carter, "Mixed Fortunes: The Greens in the 2004 European Parliament Election", *Environmental Politics*, Vol. 14, No. 1, 2005, pp. 103 - 111.

② Neil Carter, "The Greens in the 2009 European Parliament Election", *Environmental Politics*, Vol. 19, No. 2, 2010, pp. 295 - 302.

③ Wolfgang Rüdig, "The Greens in the 2014 European Elections", *Environmental Politics*, Vol. 24, No. 1, 2015, pp. 156 - 162.

④ Lorenzo De Sio et al. (eds.), *The European Parliament Elections of 2019*, Luiss University Press, 2019, p. 188, p. 197.

⑤ Neil Carter, "The Greens in the 2009 European Parliament Election", *Environmental Politics*, Vol. 19, No. 2, 2010, pp. 295 - 302.

(Zieloni)与公民纲领党(PO)、波兰人民党(PSL)、波兰民主左翼联盟(SLD)和波兰现代党(Nowoczesna)组成名为"欧洲联合"(KE)的竞选联盟一同参与选举,共获得22个议席,但当选议员都加入了欧洲人民党党团和欧洲议会社会民主党进步联盟党团;在拉脱维亚,绿党继续同右翼的"农民联盟"(Farmers Union)结盟,共获得5.4%的支持率,较2014年下降2.9%,失去了仅有的1个议席;在塞浦路斯,"生态主义者"(Ecologist)同"公民运动"(Citizens' Movement)结盟,一起参加竞选,竞选联盟获得3.3%的支持率,并未获得议席;在葡萄牙,"绿党"继续同葡萄牙共产党结盟,该联盟获得6.9%的支持率和2个议席,但是绿党仍然一个议席也没有获得;而葡萄牙独立参选的另一绿党"人类—动物—自然"党(PAN)却获得5.1%的支持率和1个席位。[①] 可见,绿党如果自身不够强大,依靠竞选联盟这一策略是很难改变自身命运的。

在选举过程中还有一个策略,效果是比较明显的,那就是推选出知名且受欢迎的候选人,比如提名社会名人或前政府、议会要员作为候选人。就2019年欧洲议会选举来看,芬兰"绿色联盟"表现出色,成为本国欧洲议会选举中的第二大党。这与其提出强大候选人名单不无关系,该名单包括四名现任议员、一位已任职两届的欧洲议会议员和一位前党魁。[②] 立陶宛农民与绿色联盟党为了吸引选民,在候选人名单中加入了一些虽无政治经验但广受欢迎的人物,比如著名的前篮球运动员萨鲁纳斯·马修利奥尼斯(Sarunas Marciulionis),并取得一定成功。[③] 再如2014年欧洲议会选举,卢森堡绿党获得了16.8%的支持率,当选议员是深受民众欢迎并长期在任的欧洲议会议员克劳德·图尔梅斯(Claude Turmes)。2009年欧洲议会选举,表现最突出的是法国绿党,该党在这次选举中获得了16.3%的支持率、13个席位,相比2004年翻一番还多,其中一个重要原因就是其候选人阵营不仅有1999年带领法国绿党走出1994年选举阴霾(由于内部纷争,一个议席没有获得)的昔日学生领袖、曾经德国绿党欧洲议员D. C. 本迪(Daniel Cohn-Bendit),还有著名的全球化活动分子约瑟·博韦(Jose Bove),他们的独特魅力吸引了支持者。[④]

关于推选社会名人作为竞选候选人这一点比较好理解,因为西方议会竞选与其说是对政党的选择还不如说是对候选人的选择,所以充分重视并利用候选人的社会知名度和影响力对所有政党来说都非常重要,也比较有效。但是绿党的"明星政治"也会使绿色政治的基本元素受到威胁,会使内部草根民主被"明星"领袖的决策所替代,还会使党内活跃分子的决定作用被掩盖,更严重的是,"明星"领袖是容易造成

---

① Lorenzo De Sio et al. (eds.), *The European Parliament Elections of 2019*, Luiss University Press, 2019, p. 111, p. 183, p. 220, p. 222, p. 228.

② Kim Strandberg and Thomas Karv, "The European Elections 2019 in Finland — Not Even a Second-order Election", in Niklas Bolin et al. (eds.), *Euroflections*, Sundsvall: Mittuniversitetet, 2019, p. 76.

③ Mažvydas Jastramskis, "Lithuania: Defeat of Eurosceptic Parties in the Shadow of a Presidential Campaign", in Lorenzo De Sio et al. (eds.), *The European Parliament Elections of 2019*, Roma: Luiss University Press, 2019, p. 187.

④ Neil Carter, "The Greens in the 2009 European Parliament Election", *Environmental Politics*, Vol. 19, No. 2, 2010, pp. 295 - 302.

绿色运动分裂的根源。[1] 基本解决这种潜在威胁或危害的，可以通过绿党的另一项策略："欧洲绿党"[2]在 2014 年选举前积极借鉴传统政党"种子候选人"(Spitzenkandidaten)做法的基础上，进一步提升党内候选人的开放性，即组织一种所有欧盟公民都可以而不是只有欧洲议会党团成员或绿党党员才可以参加的开放的网上"绿党初选"。对此，尽管新闻媒体反应相当冷漠，参与水平也不高，但是事实证明这对绿党来说是有所裨益的，因为这种做法让"欧洲绿党"得以参加高层次的电视辩论，从而扩大了宣传。

（三）议题设置

同样，在竞争性政党制度下，选举过程中的议题设置非常重要，对于绿党这样的年轻政党来说更是如此。绿党源于绿色运动这一根本基因和遗产，决定了它相比其他传统政党的一个根本特征就是对环境问题的持续强调和关注。所以，早期绿党在欧洲议会选举中的成绩在很大程度上主要受两个方面因素的影响，一是其他党派，尤其是左翼政党是否受选民欢迎，二是选民对环境问题是否关心。但凡选举之前或选举期间环境问题突出，且其他政党不受欢迎，绿党的选举成绩就会相对突出；否则，绿党就难以形塑自己的政治议程，进而使选举成绩受到影响。比如，绿党在 1994 年欧洲议会选举中的成绩远不及 1989 年，尽管原因是多方面的，但是有一个不容忽视的重要原因就是绿党在选举过程中重复他们在上一届选举时提出的"推进绿色欧洲"的口号，继续围绕环境议题，但是相比 1989 年，1994 年的选民似乎并不关心环境问题。[3] 当时大多数成员国都出现了强烈的反政府和"反欧洲一体化"情绪，导致民众不满情绪的原因主要与传统经济、安全问题有关，比如经济、失业、犯罪、移民等状况，而与环境问题关系不大。结果，这种情绪主要被极左民粹主义政党或极右的民族主义政党所利用。

相比之下，在 1999 年欧洲议会选举中，绿党之所以表现不俗，其中一个重要原因就是因为绿党经过 20 世纪 90 年代的波动和自我调整，在原来强调环境议题的基础上，提出反北约战争和推进欧盟机构改革的建议。如果说由于比利时的"鸡肉门"而使环境问题在比利时、法国和荷兰等几个比邻国家还比较重要，而在其他国家已经不那么重要的话，那么多数国家绿党由于其反北约立场才获得一部分和平主义者的支持，好几个绿党，尤其是荷兰绿党还成功塑造了积极主张欧盟机构改革的形象和声誉，这无疑同当时不断增长的欧洲怀疑主义选情产生共鸣。[4]

21 世纪以来，绿党的选举议题更为多元，不仅包括传统的环境保护、反战、维和，还提出了反对非法使用劳工、反对贩卖妇女、促进社会公正等主张。2009 年、2014 年两届欧洲议会选举前，绿党更明确提出了包括"绿色新政"在内的共同纲领，其中涵盖了就业、移民、气候变化、经济持续增长，甚至包括反对"跨大西洋贸易与投资伙伴关系协定"(TTIP，又称"经济北约")

---

① Wolfgang Rüdig, "Green Parties and Elections to the European Parliament, 1979 - 2019", in Liam Ward et al. (eds.), *Greens For a Better Europe*, London: London Publishing Partnership, 2019, p. 27, p. 32.

② 文中凡指跨国政党组织的"欧洲绿党"(EGP)，都用引号标注，以区别于地域意义上的欧洲绿党。

③ Neil Carter, "The Greens in the 1994 European Parliamentary Elections", *Environmental Politics*, Vol. 3, No. 3, 1994, pp. 495 - 502.

④ Neil Carter, "The Greens in the 1999 European Parliamentary Elections", *Environmental Politics*, Vol. 8, No. 4, 1999, pp. 160 - 167.

等新议题。议题多元化是绿党走向成熟的标志,它们之所以从单一议题走向多元议题,一方面是由于其他传统政党,尤其中左的社会党已在不同程度上吸纳了绿党的环境议题,绿党越来越难以仅仅依靠强调环境问题来自我标识,另一方面是由于绿党也由抗议型政党向体制化政党转变,体制化倾向决定了他们必须就几乎所有社会现实中涌现的关键问题表达自己的主张并迎合选民诉求。

欧洲议会在 2019 年选举后的最新调查显示,在欧盟层面,民众在本次选举中最关切的议题依次是经济增长、气候变化、民主人权以及欧盟未来的工作方式,经济增长成为 16 个成员国选民最关注的议题,气候变化则在 8 个成员国中最受关注。① 为此,各国绿党纷纷提出相应主张迎合选民诉求。比如,芬兰"绿色联盟"在本次选举中提出通过调整税收维护福利国家制度、欧盟采取协调一致措施解决气候问题、保障劳工权益以及赞成接受移民配额制度等主张来回应选民关切,收获不错的选举成绩。德国绿党则重点关注规范欧盟内部法规以解决气候变化和逃税等问题,争取中间选民支持。② 英国绿党在竞选宣言中重点强调以重建社区的方式来创造就业机会和解决不平等、改善应对气候变化的方式和以真正民主的形式来解决脱欧问题等议题来吸引选民。③ 一改其激进和非传统的形象,努力将自己塑造为追求进步改革、经济平衡和社会公正的代表,强调要努力提高欧盟的透明度、可靠性和民主控局能力。绿党在欧洲议会选举中的突出表现表明,民众在一定程度上认可了其作为积极改革者的形象。④

也就是说,从绿党的议题设置来看,议题多元化,尤其是顺应时代和环境的变化而进行适当的调整,是必要且有效的。在 21 世纪以来的欧洲议会选举中,绿党越来越不再仅仅局限于环境这一议题来吸引选民了。

(四)党内团结

无论什么政党,团结才有力量。否则,党内分化不仅不能统一行动,也难以在选民面前塑造一个统一形象,选民就会将其边缘化,它的选举基础就会消失殆尽。⑤ 长期以来,绿党由于既有的社会运动基因而强调其道德形象的传统,同其参与竞选、组建党团并参与党团活动以彰显自身力量的现实需求之间存在矛盾。因此,党内经常出现原教旨主义与现实主义的派别之争,以及与之相伴随的"道德纯洁性"与"选举可行性"之间的争论。⑥ 党内派别

① European Parliament, "Post-election survey 2019-First results", https://www.europarl.europa.eu/at-your-service/en/be-heard/eurobarometer/post-election-survey-2019-first-results.

② Lorenzo De Sio et al. (eds.), *The European Parliament Elections of 2019*, Luiss University Press, 2019, p. 135, p. 148; Niklas Bolin et al. (eds.), *Euroflections*, Mittuniversitetet, 2019, p. 35.

③ Green Party of England and Wales, "Euro Election Manifesto 2019", https://www.greenparty.org.uk/assets/images/national-site/eu-2019/eu-manifesto-online-19-05-07.pdf.

④ 林德山:《2019 年欧洲议会选举及其影响评析》,《当代世界》2019 年第 7 期。

⑤ Eric H. Hines, "Choosing Green: A Pooled-Times Series Analysis of Green Party Support in EP elections, 1979-1999", paper presented at the annual conference of the Midwest Political Science Association, Chicago, IL, 2003.

⑥ Eric H. Hines, "The European Parliament and The Europeanization of Green Parties", *Cultural Dynamics*, Vol. 15, No. 3, 2003, pp. 307-325.

之争对绿党来说不仅是一个发展战略的困境，也是一个选举策略的困境，绿党经常由于内部分化而受损。在这方面，就连德法等国历史悠久且相对强大的绿党也不例外。

1989—1994年欧洲议会选举期间，可以说是派别主义撕裂各国绿党的时期，也是欧洲议会中绿党意识形态分歧最为严重的时期，更是绿党选举成绩波动最为剧烈的时期。在1989年欧洲议会选举中，德国绿党由于内部分化，其在欧洲议会中第一大绿党的地位被法国绿党取而代之，尽管它的议席数由原来7个增加到8个，但是法国绿党却在这次选举中获得了9个席位。更为严重的是在随后的1990年德国国内大选中，绿党的原教旨主义派别继续保持微弱多数，进而控制该党并强行通过一个纲领，公开反对两德统一，使绿党成为德国唯一反对国家统一的政党，结果选民在统一后的选举中狠狠地惩罚了该党，绿党仅仅吸引了3%的投票率，没能达到5%的门槛，失去了在德国联邦议会中的所有席位。到1994年欧洲议会选举，已经完成统一且更为务实的德国绿党选情就比较好，获得了12个席位，但法国绿党又由于党内现实主义者同原教旨主义者的派别分歧而上演了一回过山车：由上一届的欧洲议会第一大绿党走到这一届席位尽失的境地。同年，英国、西班牙、荷兰等国绿党也由于内部派别之争而导致选举成绩明显受损。①

1999年欧洲议会选举，法国绿党在昔日学生领袖、原德国绿党欧洲议员本迪的带领下进行了改组，相对统一了内部分歧，获得了9个议席，重新回到欧洲议会，一改1994年由于内部分裂而未能获得任何议席的残局。但是，同期的德国绿党又因陷于内部分歧和内讧，尤其是在政府税收、福利改革以及是否支持北约对科索沃的轰炸等问题上争议不断，得票率由原来的10.1%下降到6.4%，议席也减少了5个，仅获得7个席位。

可见，整个20世纪90年代，欧洲绿党，尤其是德法绿党犹如过山车般的波动曲折，尽管其背后有苏东剧变和欧洲一体化带来的环境变迁方面的客观因素，但主要是绿党面对诸种变迁而进行自我调整成败得失的自然反应。因此，绿党党内团结与否始终是一个重要影响因素。

即使是在21世纪，欧洲绿党，尤其西欧绿党已经相对成熟，选情也相对稳定的情况下，党内团结与否仍会影响选举成绩。比如，2004年欧洲议会选举，德国绿党获得了11.9%的支持率，赢得了13个欧洲议会席位，两个指标都几乎是上一届的两倍。这一成绩得益于德国绿党竞争对手社会民主党(SPD)的惨败，也得益于一直备受欢迎的约施卡·菲舍尔(Joschka Fischer)的出场，绿党非同寻常地呈现统一战线，从而避免了以往选举中的内讧。② 2009年德国绿党基本保持既有的成绩，赢得了12.1%的支持率和14个欧洲议会席位。2014年欧洲议会选举中，德国绿党获得了10.7%的支持率和11个席位，相比上一届损失了3个席位。这与2013年德国绿党领导层发生变动而就其未来走向一直处于争论之中不无关系。在2019年欧洲议会选举期间，德国绿党则成功避免

① Neil Carter, "The Greens in the 1994 European Parliamentary Elections", *Environmental Politics*, Vol. 3, No. 3, 1994, pp. 495 - 502.

② Neil Carter, "Mixed Fortunes: The Greens in the 2004 European Parliament Election", *Environmental Politics*, Vol. 14, No. 1, 2005, pp. 103 - 111.

了严重的内部争斗并表现出很高的党内一致性，这使其选举成绩相对 2014 年几乎翻了一番，共赢得 20.5%的支持率和 21 个席位。而与此同时，其竞争对手德国基民盟（CDU）却因领袖默克尔的卸任而陷入内部复杂的权力争斗，德国社会民主党则持续遭受党内领导层变动的影响，右翼的德国选择党（AfD）也遭遇党内丑闻的打击。①

21 世纪以来，党内派别纷争更多的是发生在南欧、东欧地区力量还比较弱小的绿党中间。2004 年捷克绿党（SZ）应该是东欧地区最有可能进入欧洲议会的，但是由于欧洲议会选举前绿党领导集团内部激烈的个人纷争导致该党领袖雅库布・帕托奇卡（Jakub Patočka）将党内竞争对手从候选人名单中删除，结果引发政党分裂，一个席位也没有获得。② 2009 年欧洲议会选举中，奥地利、西班牙和捷克等国绿党同样由于内讧而导致选民止步于投票箱前。由于领导人亚历山大・范德贝伦（Alexander van der Bellen）在 2008 年联邦选举之后辞职，奥地利绿党就一直为内部公开分歧，尤其是参与欧洲议会竞选的候选人之间的公开分歧所困，结果尽管继续保留 2 个议席，但是它们的得票率却跌落了 1/4。西班牙的绿党组织一直处于分裂状态，在 2009 年这次选举中分属两个竞选阵营，结果只有其中一个阵营的绿党候选人获得 1 个席位，相比上一届减少了 1 个席位。捷克绿党由于加入由“公民民主党”（Civic Democrat）领导的中右联合政府，而联合政府同意在捷克国土为美国导弹防御系统建立雷达站，导致内部分歧严重，结果在 2009 年欧洲议会中有 3 个不同绿党阵营参加竞选，最好的仅获得 2.1%的支持率。③ 在 2019 年欧洲议会选举前夕，马耳他绿色政党民主选择党（AD）主席阿诺德・卡索拉（Arnold Cassola）因在堕胎问题上与执行委员会发生争议而退党；而另一“明星”候选人迈克尔・布里古利奥（Michael Briguglio）则出走成为马耳他国民党（PN）候选人。党内分歧和分裂导致民主选择党选举结果不佳，仅获得 0.7%的支持率。④ 意大利的一些绿色组织与政党——“绿色联盟”（FdV）、“可能”党（Pos）、“绿色意大利”（GI）和“意大利共同体”（IiC）在选举前拟组成名为“绿色欧洲”（EV）的竞选联盟，一同参与竞选，但“意大利共同体”中途为了与“更多欧洲”（＋Eu）组成新选举联盟而离开“绿色欧洲”。⑤ 最终“绿色欧洲”仅获得 2.3%的支持率，未达到 4%的得票率门槛，没有获得议席。总的看来，南欧、东欧地区的绿党势力弱小，组织分散，又无法很好地实现党内团结或党际合作，从而导致其选举结果不尽如人意。

既然绿党作为一个体制化的政党，其存在主要是为了竞选进而赢得席位，那么它就必须努力解决党内派别纷争的困境。解决这个困境

---

① Lorenzo De Sio et al. (eds.), *The European Parliament Elections of 2019*, Luiss University Press, 2019, p. 148, p. 151.

② Neil Carter, “Mixed Fortunes: The Greens in the 2004 European Parliament Election”, *Environmental Politics*, Vol. 14, No. 1, 2005, pp. 103 - 111.

③ Neil Carter, “The Greens in the 2009 European Parliament Election”, *Environmental Politics*, Vol. 19, No. 2, 2010, pp. 295 - 302.

④ Roderick Pace and Marcello Carammia, “Malta: Unstoppable Labour?”, in Lorenzo De Sio et al. (eds.), *The European Parliament Elections of 2019*, Roma: Luiss University Press, 2019, p. 200.

⑤ Wikipedia, “Green Europe”, https://en.wikipedia.org/wiki/Green_Europe#cite_note-3/.

可能有两种途径,要么它们在内部分歧面前学会合作,要么消除其中某一个派别。通过几十年发展历程来看,绿党更多地还是学会了合作、妥协,在合作中化解纷争,而不是消灭分歧派别。而学会合作的艺术,恰恰是其走向成熟的一个标志。

三、结 语

显然,影响绿党在欧洲议会选举中成绩的因素是多方面的,或者说,绿党在欧洲议会选举中的表现是多因素合力的结果。也许我们还难以就这些因素给出明确且科学的权重,因为毕竟不同国家不同时期影响绿党选举成绩的因素是变动不居的。但是,从这些因素之间的相互关系及其合力产生的结果来看,还是可以得出三点规律性认识。

第一,这些影响因素并不是孤立存在,而是相互关联、相互影响,甚至相互渗透而共同发挥作用的。经济社会发展情况决定了政治文化不同,这两者又共同决定了选举制度,并在一定程度上影响和塑造了选民情绪。正是这些因素构成了绿党选举的客观环境,但这并不意味着绿党只能被动接受这样的环境,恰相反,它们完全可以通过调整政策立场以适应当地的政治文化传统,通过联合竞选来应对不利于小党的选举制度,通过议题设置来迎合,甚至引导选民情绪,通过推选知名人士作为候选人这一选举策略来弥合分歧、加强党内团结。

第二,绿党之所以在欧洲议会选举中的成绩呈现地域分布上的“不平衡性”,主要是由经济、政治、文化等客观环境因素造成的。而且这些因素当中无论哪一项都不是一个党派所能决定,也更非短时间内能够改变的,所以“西强东弱、北大南小”这一态势还将延续一段时间。但是,如果换个角度来看,一旦地处中东欧地区的发展中国家或转型国家进入现代社会,那么也就会面临类似于当前西欧、北欧所面临的现代化后的普遍性问题,绿色政治也就会相应地进入政治议程,“由于经济发展水平与发展阶段的不同以及政治文化的差异,绿党在欧洲一直存在着‘西强东弱、北大南小’的态势”①就会改变。这就意味着中东欧地区绿色政治在未来将有更大的发展空间。

第三,相对而言,绿党在欧洲议会选举中的成绩之所以在不同时段呈现“不稳定性”,主要是由各国绿党主观选择造成的。毋庸置疑,以上这些客观环境因素是新兴的并大多处于在野党地位的绿党所无法掌控,也难以一时改变的,但是它们可以以此为前提而对选举战略、策略以及议题设置等进行调整。如果说我们还无法就这些主客观因素的影响给出明确且科学权重的话,那么至少可以肯定地指出,绿党是可以通过自身努力来改变自己命运——选举结果的。其中,最为根本的一条就是要根据外在环境的变化,主动调整政策立场、选举策略、议题设置,既要保持特色,又要有所作为。而绿党作为如何,将关乎未来欧洲政治的走向。

---

① 轩传树:《议会选举政治视角下的欧洲绿党》,《当代世界与社会主义》2016 年第 5 期。

希腊激进左翼政治的历史、现状与前景

——以希腊激进左翼联盟和希共的比较为视角

【内容提要】 希腊激进左翼联盟与希腊共产党是当前希腊政治舞台上两支重要的激进左翼力量。作为新兴与传统激进左翼政党的典型，两党自分裂后选择了不同的发展路径，在意识形态、组织模式、看待新自由主义、对内对外政策等理论战略方面也存在显著差异，结果导致双方不同时期表现出不同的关系倾向。路径选择与理论战略的差异不仅决定了两党各自的发展轨迹，也影响了双方力量对比变化。随着希腊政党政治格局的动荡多变，两党的未来前景充满了不确定性，而双方关系及未来前景的不确定性又限制了希腊激进左翼政治的整体发展态势。

【作者简介】 周玉婉，中国人民大学国际关系学院博士研究生

【原文出处】《当代世界与社会主义》2019年第2期

在当前希腊激进左翼政治光谱中，希腊激进左翼联盟（SYRIZA）与希腊共产党（KKE，以下简称希共）是最重要的两支力量。希共的前身是在俄国十月革命背景下成立的希腊社会主义工人党，在第三国际的国内支持者取得该党领导权后更名为希共。正是追随十月革命道路和苏联模式，塑造了该党一以贯之的理论模式与组织形态，使之成为西欧乃至整个欧洲在苏东剧变后仍坚持马克思列宁主义传统的典型政党。而致力于突破传统共产主义意识形态的希腊激进左翼联盟，自1968年与希共分裂后，选择追随意大利共产党与法国共产党，以欧洲共产主义为思想内核，并随时局变化而适时纳入新的意识形态成分，表现出了当代新兴左翼政党的普遍特征。迥异的理论与发展路径不仅影响了两党关系，也导致双方力量对比发生变化。

一、希腊激进左翼联盟和希共的关系演变

(一)从正式分裂到短暂合作:希共与希共(国内派)的产生

希腊激进左翼联盟与希共间的关系可追溯到1945年。第二次世界大战结束后,希共为适应国际共产主义运动展开的在各国建立新民主制度的斗争以及苏联同美国争霸的需要,发动了反对本国君主政体与英美帝国主义的武装斗争。由于力量悬殊,希共的武装反抗失败,党内领导人及大批党员流亡苏联及东欧国家,在国内的成员则进入地下活动状态。1956年,受苏共二十大影响,希共国内派别与流亡国外的派别在政治路线、斗争策略和组织模式上多年累积的分歧公开化。1968年,由于对苏联入侵捷克斯洛伐克的性质存有不同意见,希共国内派别与流亡国外的派别最终发生分裂。1969年4月,希共国内派别的领导人在意大利单独召开中央特别全会,重新组建新党希共(国内派)(KKE-Esoterikou),即希腊激进左翼联盟的前身,而流亡国外的派别在哈利劳斯·弗洛拉基斯(Harilaos Florakis)领导下继承了希共的名称。正式分裂后,希共与希共(国内派)选择了不同的政治路径:希共仍沿袭苏联的马克思列宁主义道路,而希共(国内派)则追随意大利共产党与法国共产党,以欧洲共产主义为意识形态内核。①

1974年是希腊整个国家及两个政党间关系的转折点,结束七年军事独裁后,希腊开始步入向民主化的过渡时期,希共与希共(国内派)也正式获得合法地位,开启了短暂的合作。在同年11月的国家大选中,为在希腊政坛寻求一席之地,希共、希共(国内派)与其他的左翼政党合作组建了选举联盟。后由于成绩不佳,希共与希共(国内派)便沿着各自的政治轨迹独立发展。

(二)从短暂合作到逐渐对立:希共与"左翼与进步力量联盟"的成立

20世纪80年代中后期,希共与希共(国内派)面对局势变化再度开启合作,但维持时间很短。当时,由于执政的泛希腊社会主义运动(PASOK,以下简称泛希社运)逐渐由激进向保守转变,并爆出经济腐败丑闻,导致它失去部分左翼和中下层选民的支持,为填补这一空白以及提升选举份额,希共、希共(国内派)及其他左翼力量再次合作组建了一个选举联盟,即左翼与进步力量联盟(Synaspismos,简称SYN)。

20世纪90年代初,受米哈伊尔·戈尔巴乔夫(Mikhail Gorbachev)的"新思维"与苏东剧变的影响,希共出现分裂,直接导致了与希共(国内派)的合作中断。在希共内部,以希共新任总书记格里戈里斯·法拉科斯(Grigoris Farakos)为首的"革新派"认同"人道的、民主的社会主义",主张革新希共、去斯大林化、修正党的无产阶级专政和民主集中制等原则,而以前总书记、时任党主席弗洛拉基斯为首的"传统派"则反对戈尔巴乔夫的"新思维",主张保持希共的名称和性质不变。在1991年2月举行的希共十三大上,"传统派"战胜了"革新派",通过了不变更党的名称、性质与奋斗目标的新党章,此举导致党内2/5的"革新派"集体脱离希共,并与希共(国内派)一道,将左翼与进步力量联

① See Myrto Tsakatika and Costas Eleftheriou, "The Radical Left's Turn towards Civil Society in Greece: One Strategy, Two Paths", in *South European Society and Politcs*, Vol. 18, No. 1, 2013, pp. 81 - 99.

盟改建成统一的政党，为此，“传统派”中断了和左翼与进步力量联盟的竞选合作，两党关系再度恶化。同年12月，希共召开十四大，确定了保持党的马列主义指导思想、社会主义奋斗目标和工人阶级先锋队性质不变的方针，批判希腊政府制定的向欧洲经济货币联盟看齐的趋同计划。① 作为统一政党的左翼与进步力量联盟在保持欧洲共产主义传统的同时，吸收了自由社会主义、新左派、生态政治与女权主义等意识形态成分，上述意识形态的公分母是否定斯大林主义与批判苏联和东欧“实存社会主义”(actually existing socialism)的实践模式。② 面对欧共体的进一步整合，左翼与进步力量联盟将自身定位为一支欧洲左翼的力量，以欧洲内部的稳定为取向，但它也对欧洲内部的民主赤字展开强烈的批判，试图从内部推动欧洲的民主化进程，逐渐实现从欧洲内部进行变革的可能。

（三）相互排斥：希共与希腊激进左翼联盟的成立

进入21世纪，面对美国在全球事务中的霸权角色、资本主义世界中的新自由主义主导范式以及全球领域出现的新议题，希共、左翼与进步力量联盟的行动纲领都有所调整，但国际环境的变化并未带来两党关系的回暖，反而由于政治轨迹的差异而更加恶化。希共进一步拓展完善了先前提出的反帝反垄断社会主义革命理论，并倡议建立反帝反垄断民主阵线，实现为人民谋福利的“人民经济”和建立将人民从垄断统治、帝国主义压迫和对外依赖中解放出来的“人民统治”的社会主义政权的目标。③ 而左翼与进步力量联盟则将其新时期的任务调整为“团结广泛的、多层面的新社会运动，反对新自由主义的资本主义全球化运动，追求新的议题维度等”，并由此发展出一套后共产主义新左翼议程，支持民主社会主义、少数人的权利、生态保护和欧盟进一步一体化。④

2004年，为扩大左翼选举力量，左翼与进步力量联盟与10个小规模共产主义组织建立了选举联盟——希腊激进左翼联盟。2009年，随着全球金融危机深刻影响希腊，希腊陷入严重的经济衰退，只能借助欧洲机构的救助计划渡过债务危机，但前提是在国内实施严苛的紧缩措施与系列结构性改革。提高个税、减少福利、降低工资等紧缩条款引发了多次民众抗议浪潮，在此过程中，高调支持反紧缩政策并参与到民众抗议浪潮中的希腊激进左翼联盟迅速崛起，在2012年5月的议会选举中成为最大的反对派。通过2013年的整合和一系列理论政策调整，该党在2015年1月的选举中成为议会第一大党，并上台执政。

不同于希腊激进左翼联盟在危机时刻对理论与实践的适时调整，希共不合时宜地重提反垄断反资本主义、在非革命时期实现制度变革的话语体系，不仅拒绝了希腊激进左翼联盟

① 王喜满等：《三十年来希腊共产党联盟组织形式的演变》，《当代世界社会主义问题》2017年第2期。

② See Sotirios Karampampas, “The Radical Left Movement, Revolutionary Groups and SYRIZA: Framing Militant Dissidence during the Greek Crisis”, in Magnus Wennerhag, Grzegorz Piotrowski and Christian Fröhlich (eds.), *Radical Left Movements in Europe*, Abingdon, Oxon; New York: Routledge, 2018, pp. 173 - 192.

③ 于海青：《希腊共产党的理论主张与发展现状》，《国外理论动态》2003年第11期。

④ ［英］卢克·马奇：《欧洲激进左翼政党》，王静、于海青译，社会科学文献出版社2004年版，第78页。

提出的“左翼政府”邀请，认为“与其他政治力量制定一个共同政治纲领或选举纲领会导致自身失去政治与组织的独立性”，还对对方多元化的意识形态加以批判，认为希腊激进左翼联盟正朝着保守的社会民主主义方向发展。而希腊激进左翼联盟也将希共视为阵线中的“特洛伊木马”、在搞“独幕剧”。因此，债务危机也并未使两党团结起来，反而因为理论与发展路径差异导致双方相互排斥，最终限制了希腊激进左翼政治的整体发展。

二、希腊激进左翼联盟和希共的理论比较

作为新兴与传统激进左翼政党的典型代表，希腊激进左翼联盟与希共各自的理论战略也体现了相关类型政党的一般特点，主要体现在以下四个方面。

（一）意识形态方面

在意识形态上，希共始终未曾改变追随苏联理论模式的初衷，及至苏联解体，该党仍坚定不移地奉行革命工人共产党的基本原则。因此，希共素被称为“正统的共产党”“老旧的斯大林主义政党”“忠诚于莫斯科的政党”等。但是，希共并非固守苏联理论不知变通的政党，在实践过程中也十分注重将马克思主义基本原理同本国具体国情及时代特征相结合。在历届党代会中，希共始终根据国内外形势的变化制定纲领主张，如在20世纪80年代，面对泛希社运留出的权力真空，该党欲借助议会选举提升影响，故在1987年召开的希共十二大上提出，“摆脱迄今所走的依赖型资本主义发展道路，走上一条有本质区别的、民主的、独立的和有计划的新型发展道路”。① 在1996年召开的希共十五大上，面对泛希社运政府积极适应欧盟的形势，该党指出：“希腊正处在依附于国际帝国主义体系的国家垄断资本主义阶段，这就决定了希腊社会发展可遵循两条道路：一条是为跨国资本主义和资本家利益服务、损害人民利益以顺应和屈服于欧盟和北约的道路；另一条是组建反帝反垄断民主斗争阵线，为工人阶级、城乡中下阶层和青年开辟前景的道路。”②而在2013年召开的希共十九大上，面对国内风起云涌的群众运动，该党虽未制定具体纲领，但提出要领导“工人和人民革命阵线进行各类斗争”，以实现非革命形势下资本主义制度向社会主义制度的转变。在这些纲领指导下，希共分别构建了社会政治变革阵线、反帝反垄断民主阵线以及工人和人民革命阵线。目前来看，希共正朝着社会民粹主义方向发展，但由于希腊激进左翼联盟的存在，这一诉求对民众的影响十分有限。

作为激进左翼政治中的新左翼，希腊激进左翼联盟在早期以欧洲共产主义为思想内核。进入21世纪以来，面对全球领域出现的新议题与社会阶级结构的新变化，该党将自身塑造成一个多元的民主社会主义左翼党，既非正统的共产主义，也非社会民主主义，而是一个提倡混合经济，尤其强调女权主义、民主权利和环境等新议题的新型左翼政党。在指导思想方面，希腊激进左翼联盟认为马克思构成了“左派理论的核心，但不是唯一的参照，马克思的著作作为人类著作的一部分，不能解决社会运动所面临的以及即将面临的所有问题，其

---

① 刘洪才编：《当代世界共产党党章党纲选编》，当代世界出版社2009年版，第618页。

② 吴彬康等编：《八十年代世界共产党代表大会重要文件选编》（下），中国广播电视出版社1989年版，第756页。

他左翼理论家的思想也应该得到重视”。[1] 因此罗莎·卢森堡(Rosa Luxemburg)、安东尼奥·葛兰西(Gramsci·Antonio)、尼科斯·普兰查斯(Nicos Poulantzas)和安东尼奥·奈格里(Antonio Negri)等学者的著作在党内受到普遍欢迎。意识形态的多元虽有利于该党吸纳更多派别,但也造成了思想混乱与分歧,各个派别经常就各种政治理论和形形色色的马克思主义进行激烈辩论。[2] 关于社会主义的实现路径,希腊激进左翼联盟反对斯大林教条式的“一国社会主义论”,主张先建立一个所有民族的欧盟,然后将其推广到其他地区,最终实现制度变革。之所以强调欧盟在通往民主和自由的社会主义道路上的重要性,是由接受马克思对于国际事件的世界观以及以马克思主义分析工具来分析社会、政治和经济现象所决定的,它认为,欧盟的制度规则与日渐成熟的物质基础是通往社会主义的必备要素。正是突破与革新传统左翼意识形态的努力,使得希腊激进左翼联盟的发展路径更加灵活,也更能为民众所接受。

(二) 组织模式方面

在组织模式上,希共始终坚持民主集中制,认为这是党的根本组织和领导制度。2013 年希共十九大通过的新党章延续了历届党章精神,规定党的根本组织原则是民主集中制,集中被严格定义为在单一中心即中央委员会领导下进行活动,少数服从多数,下级无条件执行上级组织决定,党员必须经过严格程序才能成为正式党员,党代表大会是党最高领导机构,中央委员会和政治局发挥主要领导作用,党在立法机构和其他“公共部门”的当选代表,必须执行党的政策和决定。[3] 在希共看来,离开民主集中制会导致意识形态混乱和无政府主义。为此,在党的各级选举和政策决议中,希共始终主张以民主集中制为指导,在保证中央绝对权威的同时,实施适当的党内民主。然而,从目前的实践效果来看,希共并未很好地贯彻民主集中制原则,始终未能摆脱民主不足、过于集中的弊端,党的政策严重依赖领导层作出,限制了普通党员的意见表达。

不同于传统激进左翼政党的组织模式,作为新兴激进左翼政党,希腊激进左翼联盟逐渐形成了一套去集中化的分散型与参与型组织形态。早在左翼与进步力量联盟时期,党章就明确提出赋予地方分支机构更大权力,经选举产生的区域委员会对在每个区域运行的候选人名单具有决定性发言权,地方分支机构也完全有权决定地方选举的候选人,但在大城市和部分地区除外;党的中央委员会和各分支机构的会议均向普通党员开放,后者直接参与党的决策、政策制定和候选人遴选;党内就重大议题进行全体公决,党员也可有自己的议题偏好,决议的最终形成基于全体党员的集思广益。[4] 这种分

---

① See Nikolaos Nikolakakis, “Syriza's Stance vis-à-vis the European Union Following the Financial Crisis: the Persistence of Left Europeanism and the Role of the European Left Party”, in *European Politics & Society*, Vol. 18, No. 2, 2017, pp. 128 - 147.

② See Yiannos Katsourides, *Radical Left Parties in Government*, London: Palgrave Macmillan, 2016, pp. 45 - 69.

③ 于海青:《希腊共产党的演进与当代希腊激进左翼政治》,《当代世界社会主义问题》2013 年第 3 期。

④ See Nikolaos Nikolakakis, “Syriza's Stance vis-à-vis the European Union Following the Financial Crisis: the Persistence of Left Europeanism and the Role of the European Left party”, in *European Politics & Society*, Vol. 18, No. 2, 2017, pp. 128 - 147.

散型与参与型的组织模式虽然有助于政党决策的灵活性和发扬党内民主，能够对选举与外部环境作出及时回应，但也容易导致分裂。希腊激进左翼联盟内部派系争端往往扭曲了党员声音，民主化的参与程序也为派系摩擦提供了机会与空间。执政后，随着该党有意识地突出阿莱克斯·齐普拉斯(Alexis Tsipras)的作用以及激进派别的离开，该党集中化趋势有所加强。

(三) 看待新自由主义方面

在2017年召开的二十大上，希共延续了一贯的反新自由主义立场，认为新自由主义加剧了资本与劳工的矛盾，强化了工人阶级绝对贫困化的趋势，扩大了长期失业群体，激化了各种社会矛盾。这些矛盾与新自由主义放任的经济发展模式和国家间毫无节制的恶性竞争，在社会主义及其生产的物质条件已经成熟的背景下，将有利于希共在非革命条件下整合工人阶级、劳动农民、城市中间阶层、劳动知识分子等群体，实现向社会主义制度的转变。作为反新自由主义的补充，该党具有浓厚的疑欧主义，强烈排斥欧元，支持完全脱离欧盟，认为欧盟是一个服务于垄断资本主义利益的反民主官僚机构，是造成失业和紧缩政策的罪魁祸首。①

希腊激进左翼联盟也反对新自由主义体系，但相较于希共态度更加温和。作为努力适应新形势的政党，它没有过多指涉资本主义与社会主义制度间的对立，该党这种立场是基于它的信念，强调从内部实现变革资本主义制度的可能，使社会朝向一个左翼的、进步的方向发展。为此，它在早期就接受了包括议会民主制在内的自由民主价值观。鉴于希腊激进左翼联盟身份认知的模糊性，它对欧洲一体化的立场体现了其固有的困境，该党谴责欧盟内占主导地位的新自由主义政策，批评欧洲中心主义，拒绝建立一个“堡垒般的欧洲”，②但同时又支持希腊在欧盟发挥积极作用，认为只有这样才有希望将欧洲彻底转变为一个民主、和平、生态和女权主义的社会主义试验场。随着危机波及希腊，这种矛盾的欧洲观有所改变，充满了更多的民粹主义色彩。在2013年统一大会作出的政治决议中，该党认为欧盟维护人民利益的力度正在降低，并视欧元为德国政策的载体，扩大了国家及社会阶层间的不平等。随着紧缩和衰退引发的对欧盟与欧元区信任的瓦解，以及这些机构未来的不确定性，该党的欧元怀疑论、反欧洲主义与民族主义倾向进一步强化。③

(四) 对内对外政策方面

在对内对外政策上，希共与希腊激进左翼联盟有一些共同立场，尤其是在债务危机中，两党都反对欧洲机构以新自由主义为主导范式展开的救助计划，以及为满足救助条件在希腊实施的紧缩措施。两党也反对国内两大主流政党向欧洲机构妥协，指责正是其40多年的统治才固化了庇护主义关系网并导致希腊毫无节制的债务累积，最终引爆了危机。但两党在内外政策上也有差异。希共以一种阶级斗争与意识形态对立的方式看待问题，面对债务危机，希共指责国内资产阶级是造成危机的罪魁祸首，并强调人民不应信任资产阶级。在任何情况下，资

---

① ［英］卢克·马奇：《欧洲激进左翼政党》，王静、于海青译，社会科学文献出版社2004年版，第76页。

② “Coalition of Radical Left (SYRIZA)”, https://www.syriza.gr/page/international.html.

③ See Paris Aslanidis and Cristóbal Rovira Kaltwasser, “Dealing with Populists in Government: the SYRIZA-ANEL Coalition in Greece”, in *Democratization*, Vol. 23, No. 6, 2016, pp. 1077-1091.

产阶级和工人阶级之间都不可能产生团结。因此,为解决危机,需要加快构建人民联盟,即在工农联盟的基础上团结青年、妇女及中小资产阶级参与有组织的罢工和集体斗争,并进行有利于人民的生产性调整的经济方针,将基础性生产设施与一些公共部门(能源、电信、运输与银行)收归社会和国家所有,同时运用中央计划调控生产和分配社会资源等。在对外政策上,希共将所有资本主义国家划入需要打击的帝国主义阵营行列,支持保卫人民反对帝国主义干涉和战争的斗争,反对希腊参与边界以外的战争,主张退出北约,从爱琴海撤出所有北约军队。① 对待世界社会主义力量,希共反对那些实行市场经济的社会主义国家或政党,而积极团结那些坚持苏联道路的政党。在希共看来,目前的资本主义体系由于尖锐的内部矛盾正处于式微阶段,但国际共产主义运动并未因此高涨。

与希共相比,希腊激进左翼联盟试图淡化意识形态分歧与阶级冲突,如在阶级诉求上,建党文件呼吁"工作和文化上的男人和女人,年轻人和被排斥的人",这显然不是针对特定的阶级,而是一种明确的跨阶级呼吁。② 希腊激进左翼联盟从未游离于资本主义体系之外,而是通过政策的右转努力适应资本主义结构。在执政前,它以坚定的反救助计划、反紧缩措施、反新自由主义等主张吸引了大批选民,但在执政后接受了救助计划和比之前更苛刻的紧缩条款。它在外交政策、国家的压迫性工具、国家与教会的关系和难民问题上右转倾向也十分明显。在对外政策上,希腊激进左翼联盟主张推行多维度的和平外交,不参与战争或军事计划,奉行独立自主政策,与所有国家,尤其是邻国进行友好和平的合作。作为欧洲左翼党的活跃成员,该党非常重视维护与拉美左翼的密切关系,以期从拉美进步的反新自由主义变革中汲取灵感等。③

三、希腊激进左翼政治的前景

(一) 充满变数

从希腊激进左翼联盟的发展态势来看,希腊激进左翼政治的前景存在很大变数。

就整体而言,不论是过去还是将来,希腊激进左翼政治都受制于希腊激进左翼联盟与希共各自的发展态势及两党关系的走向。而在希腊债务危机期间,希腊激进左翼力量整体实力之所以能迅速提升,主要归功于希腊激进左翼联盟的崛起。对于希腊激进左翼联盟来说,能够成为执政党,并即将在动荡多变的希腊政坛中完成任期,说明该党的崛起不仅仅是希腊危机的副产品,而是需要加以重视的现象。④ 危机固然为其提供了机遇,使其在反紧缩与反救助计划过程中的民粹主义话语及行动吸引了众多支持者,但在社会运动领域的强势存在才真正

---

① "Political Resolution of the 20th Congress of the KKE", https: //inter. kke. gr /en /articles /POLITICAL-RESOLUTION-OF-THE-20th-CONGRESS-OF-THE-KKE /.

② See Nikolaos Nikolakakis, "Syriza's Stance vis-à-vis the European Union Following the Financial Crisis: the Persistence of Left Europeanism and the Role of the European Left Party", in *European Politics & Society*, Vol. 18, No. 2, 2017, pp. 128 - 147.

③ "Coalition of Radical Left (SYRIZA)", https://www. syriza. gr/page/international. html.

④ See Michalis Spourdalakis, "The Miraculous Rise of the 'Phenomenon SYRIZA'", in *International Critical Thought*, Vol. 4, No. 3, 2014, pp. 354 - 366.

决定了该党的崛起。与主流的全能型政党相比，希腊激进左翼力量的合法性更依赖于与社会运动的联系，因为它们的核心意识形态与社会代表观念紧密相连。① 不同于其他激进左翼政党的传统习惯，希腊激进左翼联盟在社会运动领域采取了独特策略。在过去大约8年的时间里，面对其他政党为从主流政治体制中寻求承认与合法性，而不太愿意成为民众不满声音的传达工具时，希腊激进左翼联盟不仅在无理论教条的情况下认真对待社会运动，还提供了表达愤怒的渠道与立即行动的计划。即使其他政党愿意表达民众的不满，他们也是通过成为社会运动领域的操纵者或接管者的身份出现的，而希腊激进左翼联盟则是通过党内单独的个人、群体或小集团为社会运动提供政治、法律及各种各样的资源的方式保持自身存在的，它不会高高在上对其指挥，也不会将自己的意志强加于社会运动。② 正是在社会运动领域的参与式支持，使得该党在社会论坛、民权运动、环境运动、移民团体和新的大众工会运动中受益。

希腊激进左翼联盟的崛起还受益于希腊的政党政治体制。该国虽是多党制国家，但3%的选举门槛和"加强比例代表制"(reinforced proportionality)的运行使希腊形成了"稳固两党制"。由来已久的庇护主义传统在两大主流政党轮番纵容下变得愈加根深蒂固，而这种庇护-依附的关系网络又强烈腐蚀了希腊的政党政治体制。在这种体制中，希腊不仅没有形成现代国家所需要的高水准的合作、信任、互惠、公民参与和集体福利等社会资本，反而因为行政效率低下、庇护关系盛行限制了政党对危机的处理能力，同时也加深了普通民众的受剥削感。③ 当政治参与和政治制度化不能保持有效平衡时，选民往往通过抗议性选票惩罚主流政党的方式来表达不满，作为中右翼的新民主党(ND)与作为中左翼的泛希社运就是民众不满的牺牲品。而希腊激进左翼联盟在选民看来似乎绝缘于这个陈腐的政党政治体制，它来自一个"干净"的过程，它的大多数干部无执政经验，尤其是年轻的党首齐普拉斯魅力十足，没有人能把过去的一切归罪于他。④

当然，上台之路与执政之路是政党成长的两个阶段，政绩更能决定政党的未来。目前，希腊激进左翼联盟执政已达3年之久，回顾该党的执政之路也并非一帆风顺，面临着许多困境，这首先体现在两个方面：一方面是该党上台后整体政策的右转以及对民众的"背叛"，包括对救助计划的接受，在希腊实施严苛的紧缩政策以及与社会运动的疏离；另一方面则表现为该党执政期间经济、失业率并无多大改善，长期存在的经济和政治危机又导致了希腊民众政治幻灭、对制度缺乏信任及集体无力感。希腊激进左翼联盟的困境还表现在它的多元化与分散性上，意识形态、阶级诉求以及组织模式的多元化

---

① See Myrto Tsakatika and Costas Eleftheriou, "The Radical Left's Turn towards Civil Society in Greece: One Strategy, Two Paths", in *South European Society and Politcs*, Vol. 18, No. 1, 2013, pp. 81 - 99.

② See Paul Christopher Gray, "The Rise and Retreat of Syriza: an Interview with Michalis Spourdalakis", in *Studies in Political Economy*, Vol. 98, No. 3, 2017, pp. 333 - 349.

③ [美] 罗伯特·D. 帕特南：《使民主运转起来》，王列、赖海榕译，中国人民大学出版社2015年版，第4页。

④ See Myrto Tsakatika, "SYRIZA's Electoral Rise in Greece: Protest, Trust and the Art of Political Manipulation", in *South European Society and Politics*, Vol. 21, No. 4, 2016, pp. 519 - 540.

使其缺乏自身的鲜明特点,在当代西方政党普遍向中间靠拢的政党政治中,难以形成具有自身特色的政党定位以及稳定的支持群体,并且多元化与分散性也导致了内部的派系斗争、分裂,最终限制了该党的规模和发展前景。选民对政党党派认同的减弱以及选民的政策偏好与政党实践差距的增加都会动摇他们对政党的支持,①也就预示着希腊激进左翼联盟的未来存在很大变数,因此也限制了希腊激进左翼政治整体力量的发展。

(二) 面临困境

从希共的发展态势来看,希腊激进左翼政治的前景也面临困境。

作为希腊激进左翼政治中的另一支重要力量,希共的发展维持了一贯的稳定性,也就决定了激进左翼力量在希腊的长久存在,这种稳定存在主要归因于希共一以贯之的发展模式,这种模式在保持该党稳定的同时,也使其未来发展陷入困境。对传统理论模式的路径依赖使希共即便在危机中也保持了内向型的发展模式。但这种发展模式往往会造成政党僵化、极权、教条主义盛行以及缺乏灵活性,使其在危机时刻依然反应迟钝,不能根据社会形势的变化做出灵活的理论革新与力量整合,从而限制了自身规模的扩大。在希腊危机时期,面对相同的社会环境、制度背景与机遇,希共却未能像希腊激进左翼联盟那般抓住机会,发展自身。随着社会运动的高涨,希腊激进左翼联盟不仅提出了应对危机的具体纲领,也向受到危机影响的所有阶级发出呼吁,而希共仍通过冷战时代透镜强调意识形态对立与阶级斗争,这在当今很容易引起选民反感。对于阶级诉求,希共将其支持主体一贯锁定在工人阶级,但随着资本主义经济发展模式的改变,阶级结构也在变化,工人不仅规模在缩小,而且早已接受了西式政治经济运作模式。即便该党欲扩大其对其他阶级的影响力,也因其因循守旧的发展模式而提不出具有广泛阶级诉求的纲领。

当然,希共之所以在危机时刻未能做出积极反应,很大程度上也与其政党定位有关,希共自始至终都不是一个职位取向型的政党,而是典型的政策取向型或使命型政党,这就决定了它将选举看作是制度替代的手段,而不是最终目的。因此,即便在危机时刻,希共也会坚持其一贯的发展模式,继续作为抗议党与反对派,致力于在工人、大学、工会中进行政治动员,在整个希腊组织反建制和反资本主义斗争。② 在不断变幻的时局中,这种政党定位以及对传统理论模式长久以来的坚守虽限制了希共的规模,但也有其优势,就是使希共保持了内部的团结、凝聚力以及稳定的支持基础,从而避免了大多数共产党因理论调整而造成的思想混乱。正如卢克·马奇(Luke March)所言:“希共僵化的政策排除了选举联盟或出现显著选票扩大的可能性,但这也保证了党成为一个巩固、团结的组织,以及随着激进左翼联盟在政策上的右转,从而在激进左翼政治中维持了一个独特的、小的生存环境。”③

最后需要强调的是,希腊激进左翼联盟与

① [美]罗伯特·E.戈定等主编:《牛津比较政治学手册》,唐士其等译,人民出版社 2016 年版,第 567—590 页。

② 于海青:《近年来希腊共产党“再激进化”评析》,《当代世界与社会主义》2018 年第 2 期。

③ [英]卢克·马奇:《欧洲激进左翼政党》,王静、于海青译,社会科学文献出版社 2004 年版,第 78 页。

希共关系走向也决定着希腊激进左翼政治的整体发展。自第二次世界大战以来，两党关系走向不仅受到国内外环境变化的影响，也深刻受制于各自的实践与理论路径差异。除20世纪七八十年代出现短暂合作外，两党关系主要以对立与排斥为基调。债务危机后，随着希腊激进左翼联盟的崛起，希共召开的历次会议都会对它展开批判，将其视为资本主义体系的重要组成部分而不是可以团结的同盟伙伴，而希腊激进左翼联盟则指责希共不知变通。两党长时期的对抗与相互排斥预示着未来双方将很难形成有效合力，而这种合力才是推动希腊激进左翼政治取得实质性进展的决定因素。

资本主义的危机、帝国主义的攻势及共产党和工人党的斗争任务

——第20届共产党和工人党国际会议述要

【内容提要】 2018年11月23—25日，第20届共产党和工人党国际会议在希腊雅典召开，来自73个国家的90个共产党和工人党的180余名代表参加了会议。本次会议的主题是“当代工人阶级及其盟友的政治先锋队——共产党和工人党——在反对剥削和帝国主义战争、争取工人和各族人民的权利、争取和平、争取社会主义斗争中的任务”。会议在深入分析当前国际形势的基础上，讨论了资本主义的危机，揭露和批判了帝国主义的进攻，交流了反抗帝国主义的斗争情况，充分肯定了社会主义国家的建设成就，明确了现阶段的斗争任务，也达成了共同行动方案。

【作者简介】 罗理章，福建师范大学马克思主义学院副教授；岳梅，福建师范大学马克思主义学院硕士研究生

【原文出处】《当代世界社会主义问题》2019年第2期

2018年11月23—25日，第20届共产党和工人党国际会议在希腊雅典召开，来自73个国家的90个共产党和工人党的180余名代表参加了会议。本次会议的主题是“当代工人阶级及其盟友的政治先锋队——共产党和工人党——在反对剥削和帝国主义战争、争取工人和各族人民的权利、争取和平、争取社会主义斗争中的任务”。各参会政党代表表达了对希腊共产党建党100周年、马克思诞辰200周年的祝贺，并围绕会议主题分析局势，总结经验，明确任务，达成共识和行动方案。会议最终通过了《第20届共产党和工人党国际会议的呼吁》，发布了15个由部分与会政党自愿签署的旨在反抗帝国主义的声明和决议。

一、分析资本主义的危机和帝国主义的进攻

(一) 资本主义的危机

各国共产党和工人党普遍认为,资本主义结构性危机仍未消散,而且资本主义危机下的矛盾不断升级,国际形势日益复杂。印度共产党(马克思主义)认为,"当前全球经济低迷,是自70年前大萧条以来最严重的一次,给全球化的棺材钉上了最后一颗钉子",[①]并用涵盖180个国家的经济报告数据佐证了此次危机给全球经济发展带来的消极影响。与以往的经济危机不同,此次危机使资本主义在全球、区域和国家层面以及经济、政治、文化、环境等多领域陷入困境。在此背景下,帝国主义不惜一切代价维护自己的世界霸权,煽动法西斯主义、种族主义,实行贸易保护主义,引发空前的军备竞赛,为控制资源而对其他国家进行霸权干涉和侵略,在全球范围内加强反共反人民的进攻。伊拉克共产党一针见血地指出,此次国际会议仍然是在资本主义全球化遭遇深刻危机、经济停滞、失业和贫困增加、许多国家实行紧缩政策以及煽动仇外心理和敌视移民的世界形势下召开的。在特朗普政府的领导下,以美国为首的帝国主义列强正试图将世界推回到冷战和军备竞赛时期,大规模实施经济和政治制裁,特别是向正在发生军事冲突的地区出口武器。

可以说,资本主义危机的加深致使世界局势更加动荡和飘摇。巴西共产党重申其在2017年11月召开的第14届全国代表大会上的看法,认为不稳定、不确定、严重的紧张局势及其对和平的威胁是国际形势的一个显著特征。孟加拉国共产党揭露了帝国主义列强在美国领导下形成的国际金融资本霸权集团的恶行:不仅通过经济,还通过军事、政治和文化等手段将其意志强加于整个世界。为努力摆脱2008年金融危机的影响,帝国主义利用国际货币基金组织、世界银行和世界贸易组织等国际机构将危机的负担转嫁给第三世界国家的人民。国际垄断势力入侵了亚洲、非洲和拉丁美洲的经济,侵占了他们的劳动力、原材料基地、国家机构和利润丰厚的行业,并在一场前所未有的掠夺中占领市场。日益严重的过度剥削导致的贫困和歧视也在增加。对于帝国主义在全球范围内的侵略战争及霸权干涉,英国新共产党分析指出,现今世界上最主要的矛盾是美帝国主义同其企图支配的其他地区之间的矛盾——美帝国主义想要建立世界霸权。

(二) 帝国主义的进攻

面对日益深化的危机,帝国主义将政治暴力与意识形态进攻相结合,加强了对国内工人阶级的剥削和对他国的霸权进攻。

危机形势下的工人没有任何工作保障,贫困不断增加,社会不平等加剧。印度共产党(马克思主义)、匈牙利工人党等政党都注意到资本主义国家正推行严苛的劳工改革,如更加具有"弹性"的就业方式,以"学徒"代替"工人"的新型招聘方法等,都是为方便进一步剥削工人。在美国,90%的劳动力的工资仍然停滞不前,近1/3的劳动力处于失业状态。在波兰,8小时工作制只是形式,工资的支付条件更加灵活,许多法律合同形同虚设。在希腊,年轻人(15—29岁)的失业率接近40%,高失业率伴随着低收入,危机期间劳动人民

① http://www.solidnet.org/20th-imcwp/20-imcwp-contributions。如未注明,后续引文都引自该网站。

生活水平的总损失接近或达到 50%。没有固定工资和工作条件的生活状态使印度约 5 亿工人阶级陷入贫困。与危机相伴的还有严重的通货膨胀。自 1989 年穆斯林兄弟会上台以来，苏丹镑的购买力已经贬值 1000%。无情剥削工人的同时还在绞尽脑汁地为大企业主架桥铺路，“将政府项目私有化，取消对大企业的所有规定，特别是在环境方面”。

资本主义国家的新自由主义政策企图加速的私有化进程，除了恶化就业形势、缩减工人工资、制造失业问题外，还在剥夺工人阶级经过长期斗争获得的社会保障权利。在德国，住房问题日益严峻，越来越多的人付不起房租而居无住所。仅在柏林，每天就有 80 人被驱逐，3 万人无家可归；在整个德国，有 80 万人无家可归。俄罗斯联邦共产党也表示，工人们被剥夺了大部分的社会福利。总统选举后，俄罗斯政府宣布提高领取养老金的年龄，俄罗斯劳动力市场将有多达 1000 万的老年人延迟退休。但实际上，企业已无法提供那么多的就业岗位，而且俄罗斯的失业救济金太少，无法维持生计。因此，对俄罗斯来讲，养老金领取年龄的提高可能成为一场真正的社会灾难。

与此同时，帝国主义国家为维护其霸权地位，在欧洲开启了新的军备竞赛，不断制造地区紧张局势。波兰根据北约要求，需要保证军费支出占国内生产总值的 2%，并计划将这一比例提高到 3%。根据永久结构性合作，爱尔兰政府必须一年额外花费 60 亿欧元升级和发展爱尔兰的武装。2018 年 8 月，美国国会批准 2019 年军事预算为 7160 亿美元，这是美国现代史上最大的军事预算，比 2018 年高出 820 亿美元，是俄罗斯和中国国防开支总和的 3 倍。在今后几年，德国打算将其武器预算提高到每年 700 亿欧元。丹麦共产党代表指出，欧盟国防基金存在的目的就是让军火工业和大学共同进行研究——一个制造死亡的研究，美国总统特朗普希望开启一场新的中程弹道导弹军备竞赛，他们的目标是俄罗斯，尤其是中国。所谓“阿拉伯版北约”，不过是以对抗伊朗在该地区的扩张为借口，在伊朗周边建立的一个针对、孤立伊朗的战略同盟。

帝国主义的军事干涉也在不断制造难民和环境问题。克罗地亚社会主义工人党指出，以美国、欧盟和北约为首的世界金融中心对所有不接受帝国主义统治的人施加霸权，造成了巨大的平民伤亡和基础设施破坏，数百万人逃离家园成为难民。仅在土耳其，就有超过 550 万人离开家园，移民到德国、法国、比利时和荷兰等国家，还有一些移民到远离欧洲的澳大利亚等国家，生活悲惨。这意味着，资本主义用战争、危机、种族冲突和民族主义荼毒世界。针对移民和难民群体的民族主义和仇外心理蔓延，特朗普在中期选举期间公然以种族主义纲领大肆号召他的白人支持者，将寻求救济和庇护的中美洲人称为“入侵”者。移民被妖魔化，以“骨肉分离”的方式被关押在边境，且不断增加士兵拦截他们，这是一场恐惧、憎恶和胁迫的运动。欧洲国家正在推卸自己制造的难民问题，辩称自己是难民潮的受害者。帝国主义进攻也带来了环境污染、气候变化、粮食短缺等问题，威胁着人类生存，但是帝国主义对所有无法估量的环境灾难充耳不闻、视而不见。所谓“三叉戟”演习，不仅导致区域矛盾和冲突，也破坏了环境，在挪威，农民的土地、渔民的海洋和公共的基础设施均严重受损，这些问题却都要劳动人民来买单。孟加拉国共产党抨击帝国主义金融资本对环境的破坏。国际金融资本对有限的自然资源的无情过度开发，正在造成对人与自然重大、系统、全面的破坏，已对全球物质循环和全球生态平衡造成不可逆转的损害。

参会政党还共同表示，帝国主义国家野蛮镇压工人阶级和人民群众的抗争运动，打击各种工会组织、打压工会成员，将社会运动定为刑事犯罪，甚至援引反恐法来对共产主义者进行刑事定罪等，使共产党和工人党面临着非法化危机。澳大利亚共产党代表表达了其对工会不利处境的担忧：为破坏工会，当局将工人置于严格的劳资关系立法框架下加以惩罚，罚款金额高达数十万甚至数百万美元。俄罗斯联邦共产党控诉了当局对共产党人的打压。近 3 年来，波兰共产党的党报《黎明报》的编辑委员会成员也面临着非法指控。

除暴力打压外，帝国主义还利用其掌握的全球信息主导权，煽动仇恨、歪曲社会主义的意识形态，意图消解人民的社会主义意识。匈牙利工人党指出，资本主义用媒体操纵文化宣传使人变得愚钝，用各种方法来扰乱人们对阶级斗争的注意力，将社会的兴趣点转向移民等话题，将所有反对资本主义的力量从媒体中驱逐出去，进行反共主义的和宗教洗脑的教育和宣传。帝国主义在对工人阶级进行意识形态的操纵过程中，使“社会主义作为一种社会制度，在一些国家有着较大的痕迹，而在另一些国家，历史的痕迹却被完全掩盖了”。

二、总结反抗帝国主义的斗争策略和取得的成就

（一）斗争策略

参会政党普遍认为，共产党是社会主义革命和建设的核心，因此加强党的建设、提高党的领导能力十分必要。西班牙人民共产党指出，尊重共产党作为工人阶级政治先锋队的身份，就必须坚决恢复共产党组织，要使工人阶级同人民群众有机地联系起来，否则“革命任务是不可能完成的”。爱尔兰工人党重视培养阶级意识，认为工会运动和共产党人在资产阶级议会中斗争的任务是利用一切机会提高阶级意识，培养工人对阶级权力的认识，强调阶级的性质、基础和作用以及阶级斗争的重要性，组织群众运动，采取措施改善劳动人民的条件，捍卫劳工运动的成果。国际共产主义运动所面临的问题和挑战，只有通过一个真正革命的党，一个思想方向坚定不移的党，一个政治理论正确、战略战术正确、同最广大劳动人民群众保持密切联系的党才能解决。美国共产党指出，要在积极参与争取工会权利、医疗保健、投票权和反对气候变化的日常斗争中努力建设党。希腊共产党强调要注重党员的吸收与培训，通过增加年轻新成员来改善年龄构成，增加妇女在党和领导机关中的人数，提高她们在党和领导机关中的总比例。孟加拉国共产党指出，要加强党的建设，发展党的能力，增强党根据情况变化迅速调整和改变工作方法的能力，坚持党的思想、原则和目标，根据具体情况进行适当的战术部署。

面对帝国主义在意识形态领域的强烈攻势，各国共产党和工人党强调要坚持马克思主义的指导地位，与各种机会主义、新自由主义和右翼思潮作斗争。参会政党一致认为马克思主义在当代依然是鲜活的，为工人阶级提供了科学的理论，为超越资本主义、建设一个没有阶级剥削和社会压迫的社会主义社会提供了行动指南。澳大利亚共产党强调，必须加强教育工作，使党员团结在马列主义纲领周围。

面对资本主义宣传马克思主义是“老的”

“死的”“错误的”,工人阶级是“即将消亡的”意识形态进攻,参会政党揭穿了帝国主义的欺骗手段,号召共产党人要坚决抵制。俄罗斯联邦共产党指出,资本主义无视事实,宣传着无产阶级将要消亡的言论,其目的是“为了使我们共产党人放弃同广大无产阶级群众的工作,使工人们不再把自己看作是能够挣脱资本主义枷锁的强大力量”。孟加拉国共产党进一步揭示了这种意识形态进攻的内在原因,认为资本主义国家花费大量时间和精力来对抗所谓“死”的观念,是因为马克思主义根本没有死。事实上,由于马克思主义揭示了资本主义的真相,所以它们必须尽一切可能向广大人民,特别是工人和青年隐瞒这些事实,掩盖社会主义的存在。当代资产阶级知识分子为削弱马克思主义在广大人民群众中的强大影响而进行的宣传努力,是“占统治地位的物质关系在观念上的表现”。匈牙利工人党认为,社会主义是一直存在的,资本主义的虚假宣传是要掩盖世界上有社会主义国家而且这些国家越来越强大的事实。乌克兰共产党指出,乌克兰国家科学院社会学研究所一篇名为《现代乌克兰工人阶级》的报告,客观科学地反驳了大资产阶级宣传的“工人阶级已经消失”这一虚假观点。约旦共产党表示,“约旦需要通过文化辩论和教育辩论,重新拟定以民主、批判性思维和宽容为指导的精神和伦理观念”。

面对帝国主义进攻,各国共产党和工人党都明确表明:反对军备竞赛,反对帝国主义的侵略和干涉,反对封锁,支持巴勒斯坦、叙利亚、塞浦路斯、古巴等地区人民的正义事业,要求撤回帝国主义的海外军事基地和军队部署。意大利共产党表示,反对北约,反对欧盟,支持关闭外国军事基地,争取意大利从军事任务中撤出,禁止在外国基地和意大利议会控制之外储存非法核武器。伊拉克共产党代表在发言中表示,支持巴勒斯坦人民返回家园和自决的权利,支持巴勒斯坦人民以东耶路撒冷为首都,在自己的国土上建立独立的民族国家,并且呼吁国际社会团结起来,支持中东各国人民争取自由和有尊严的生活的斗争,谴责一切镇压爱国民主力量和左派进步力量、社会主义进步力量和共产主义进步力量的措施。以色列共产党希望公平解决巴勒斯坦问题,认为叙利亚人民有权选择其领导人及政治立场,叙利亚人民和世界各国人民有权享有以民主和社会正义为主导的生活。在维护国家主权、促进世界和平与发展的进程中,德国共产党、葡萄牙共产党及塞浦路斯劳动人民进步党希望联合国能够发挥应有的作用,将维护《联合国宪章》及其要旨作为共同任务之一。

(二)取得的成就

与会各党表示,尽管当前国际形势复杂、斗争形势严峻,共产党和工人党的斗争尚未形成有效的政治规模,但是饱受压迫的人民群众在本国共产党和工人党的带领下坚持斗争,通过罢工、游行、宣传、选举等方式进行相关反帝活动,取得了较多成果。

伊拉克共产党积极反抗美帝国主义推行的“阿拉伯版北约”和对伊拉克的干涉。伊拉克共产党指出,面对结构性政治危机,“自 2015 年以来,我们的党员和支持者一直积极参与反对腐败和宗派政治的大规模抗议活动。2018 年 7 月,为反对猖獗的腐败、高失业率(尤其是年轻人的高失业率)、贫困和糟糕的公共服务,伊拉克南部巴士拉爆发了一波新的抗议活动。尽管安全部队和武装组织进行了残酷镇压,20 多名和平抗议者死亡,数百人受伤,但抗议活动动摇了教派—种族配额制度的基础”。此外，在2018年5月，由伊拉克共产党、自由共产党人、萨德尔运动及其支持者以及民众和自由派力量组成的“萨伊恩”选举联盟取得了显著成果——赢得了新议会16%以上的席位。这表明，人民强烈希望打破政治权力的垄断，开辟变革之路，期待一个勇于改革、关心民众福利和国家建设的新政府。选举的胜利将会实现力量平衡的变化，“实现民族团结，建设以社会正义为基础的公民民主国家”。很显然，这些成果与该党大力发展同盟团结及群众斗争的活动是分不开的。

尼泊尔共产党也取得了可喜的成就：实现了尼泊尔共产党(毛主义中心)和尼泊尔共产党(联合马列)两党的统一，战胜资本主义势力，形成了稳定政府，在促进实现社会主义的宪法基础上建立了一个联邦民主共和国。新政府的成立为尼泊尔各界带来了新的希望。苏丹共产党代表称起义效果显著。苏丹当局在2018年1月起义的压力下，释放了被拘留的苏丹共产党领导人。

三、交流社会主义国家建设的经验教训

古巴共产党、越南共产党、老挝人民革命党、朝鲜劳动党和中国共产党均派代表参加了此次会议。中国共产党代表指出，中国特色社会主义建设进入新时代，意味着中国走近世界舞台的中央，将为人类做出更大的贡献。与把马克思主义当作教条的苏联和东欧国家的共产党不同，中国共产党始终坚持用辩证的和发展的观点对待马克思主义。习近平新时代中国特色社会主义思想把马克思主义理论提升到新的水平，为当代中国的发展注入了新的生机与活力，不仅是实现中华民族伟大复兴的行动指南，还为建设人类命运共同体、建设美好世界贡献了中国智慧和中国方案，无疑是21世纪和当代中国的马克思主义。中国共产党代表还表示，愿意加强同世界上其他共产党和工人党的党际关系，共同努力以推动社会主义事业的发展。中国共产党的建设经验和成就得到了与会者的支持与赞赏。匈牙利工人党认为，当前社会主义国家从以往的社会主义模式中解脱出来，并试图以各自国情为出发点去探索社会主义道路，它们在政治上的一个共同特征是政治权力掌握在工人阶级手中，共产党具有领导作用，在经济层面使用资本主义方法。虽然有一定的社会差别，但是它们国家的每个人确实比昨天生活得更好，明天也会比今天生活得更好。中国不断增强的经济、政治和文化实力，使得欧美资本主义国家不得不把中国看作是必须的伙伴和对手。

越南共产党强调了无产阶级与农民结盟的重要性以及无产阶级在斗争中的作用。“马克思和列宁在回顾历史现实和经验时指出，工人阶级同农民乃至社会各阶层的密切联系，是成功地进行革命斗争和保持政权的关键和前提条件。”因此，越南共产党自成立以来，始终坚持把马列主义作为党的指导思想，在越南革命的具体条件下应用和发展马列主义。此外，越南共产党十分重视党的建设，重视使党成为无产阶级斗争的组织者和领导者，成为工人阶级、农民、知识分子联盟的核心。为推进党的建设，越南共产党提出了今后几年的重要任务：“第一，党要在政治上、思想上、组织上强大起来，不断创新和完善自我，努力提高自身的智力水平、政治实力、道德品质和领导能力。第二，保持党内团结，保证党的活动有足够的民主和纪律。第三，经常进行批评和自我批

评，反对个人主义、机会主义和一切派性分裂的做法，反对官僚主义、腐败、浪费。最后，党要以胡志明(Ho Chi Minh)为道德榜样，培养一支有道德、有能力、有战斗力的廉洁的干部和党员队伍，注重培养和训练党和国家革命事业的下一代接班人。”

面对帝国主义的封锁和破坏，朝鲜始终坚持社会主义方向，现已迎来了平稳发展期。朝鲜劳动党指出，朝鲜革命的特殊性和艰巨性在于社会主义建设伴随着帝国主义的战争威胁，反帝国主义斗争包含在社会主义建设的进程中。朝鲜通过斗争为自己装备了捍卫和平的强大武器，实现了战争威慑，结束了帝国主义对朝鲜半岛的侵略威胁，铲除了核战争威胁，能够以可靠的方式捍卫国家和人民安全，从根本上改变了朝鲜半岛的权力动态，是世界上所有革命党派和进步人民在反对帝国主义独立的旗帜下为社会主义而战的共同胜利。朝鲜半岛局势渐趋平稳，党和人民现在能够在更加和平的环境中大力推进改善民生的社会主义建设，成功开启了和平与繁荣的新时代。在 2018 年 4 月的中央委员会全体会议上，朝鲜劳动党提出了一条新的战略路线：集中党和国家的一切力量建设社会主义经济。这是一条正确和现实的路线，反映了人民愿望。

老挝人民革命党表示，老挝人民民主共和国一直保持政治稳定，社会秩序和安全得到保障。老挝人民民主共和国经济持续增长，在 2017—2018 年间，国内生产总值增长率为 6.9%，人均收入为 2609 美元。贫困率逐渐降低，老挝人民的生活得到改善。老挝人民民主共和国在地区和国际舞台上的作用越来越大。目前，老挝人民革命党正在执行其第十届大会的决议，包括十年社会经济发展战略(2016—2025 年)和第八个五年国家社会经济发展计划(2016—2020 年)，目的是争取在未来几年将老挝人民民主共和国从最不发达国家名单中除名，并在 2030 年前进一步领导该国朝着知识经济以及绿色和可持续经济的方向发展。此外，老挝人民民主共和国将继续努力实现联合国制定的可持续发展目标，继续坚持奉行和平、友谊与合作的外交政策，扩大与邻国、东盟国家、世界友好国家、国际组织和政党的友好对外关系，以多方向、多侧面和多层次的形式促进党和国家的合作，促进世界各国的和平、稳定、繁荣和共同发展。

古巴最近在全国各地进行了深入的宪政改革，谨慎推进私营经济和外资发展，以计划经济为主同时承认市场的作用。古巴共产党重申其作为工人阶级的先锋队，作为国家和社会的主要领导力量，与人民永久团结和建立共识的保障者的作用，重申古巴革命在反帝国主义和国际主义基础上的外交政策原则，决心根据古巴历史和目前复杂的国际形势，以及《宪法草案》中保障以人为本和社会正义的原则，在扩大公民权利及其基本保障中推动社会主义建设向前迈进，让人民拥有一个独立、主权、社会主义、民主、繁荣和可持续的社会主义国家。

四、各国共产党工人党在斗争中的任务和行动方案

面临着帝国主义的疯狂剥削和迫害，各国共产党和工人党积极沟通，努力作为，制定了相应的方案以协调行动。

(一) 通过了协调一致开展行动的呼吁

面对帝国主义的侵略扩张，参会政党一致通过了《第 20 届共产党和工人党国际会议的呼

吁》，总结了会议议题的讨论内容，决定在下一阶段围绕下列主题开展行动：一是反对帝国主义的战争、干涉及军事化。反对北约(2019 年 4 月 4 日成立 70 周年)、欧盟(“永久结构性合作”)和其他机制使得欧盟进一步军事化，反对核武器和美国海外军事基地。二是为共产主义运动的历史和无产阶级国际主义的价值观辩护。开展各项活动以纪念共产国际成立 100 周年，反对针对共产党和工人党的迫害和禁令；借助十月社会主义革命纪念日宣传社会主义取得的成就，加深理论探讨，并落实到反对资本主义及其剥削、压迫、侵略、掠夺和非人道本质的实践斗争中。三是加强同面临帝国主义威胁和干涉的各国人民的国际主义团结。加强国际主义斗争，要求终结美国对古巴的封锁、对委内瑞拉玻利瓦尔共和国的干涉和威胁；支持巴勒斯坦人民为结束占领和自决而进行的斗争，支持其根据联合国决议建立以东耶路撒冷为首都的独立民族国家，支持巴勒斯坦人民的抗争并谴责以色列的犯罪政策；谴责帝国主义对朝鲜半岛的干涉，声援朝鲜人民争取独立与和平统一的努力；声援难民以及面临帝国主义占领、干涉和封锁的所有人民。四是支持工人争取劳动、社会和工会权利的斗争，支持工人反对资本进攻的斗争，多方面加强阶级团结。在工作场所开展斗争行动，特别是在 5 月 1 日国际劳动节开展行动，加强共产党人的先锋作用。五是争取妇女的权利和解放。为捍卫妇女在工作和生活中完全平等的权利，在 3 月 8 日国际妇女节开展斗争行动。六是为争取政治自由、工会自由和民主权利，反对法西斯势力、反对政权、种族主义、排外主义、宗教狂热和社会压迫而斗争，在人民战胜法西斯—纳粹主义的纪念日开展斗争的行动。七是为保护环境而开展行动。

(二) 部分参会政党签署了旨在加强团结的相关声援和决议

为加强各国共产党和工人党的相互同情、相互团结，声援被压迫人民的反帝斗争，支持和发展世界社会主义事业，部分参会政党签署了《支持弗拉基米尔·贝索诺夫的声明》，由巴西的共产党和巴西共产党联合发起旨在反对博索纳罗及其反动势力的联合声明《联合声明和呼吁(巴西的共产党和巴西共产党)》，意在支持古巴共产党和古巴人民反对帝国主义侵略，谴责美国封锁的《共产党和工人党声援古巴的声明》，反对外国干涉和帝国主义侵略，声援和支持塞浦路斯人民争取国家解放和统一斗争的《声援塞浦路斯人民的声明》，支持和声援苏丹共产党及苏丹人民反对独裁政权、争取民主、社会正义与和平斗争的《声援苏丹人民斗争的呼吁》，要求停止对也门人民的战争，寻找和平的政治解决办法的《声援也门人民的声明》，要求世界共产党和工人党支持科索沃是塞尔维亚共和国不可分割的一部分的《支持科索沃作为塞尔维亚共和国不可分割的一部分的声明》等 15 个声明和决议。

社会主义思想史新探

在“国际共产主义运动史”学科的支撑下，社会主义思想史是社会主义研究的重要领域，它关注马克思主义和社会主义历史中相关思想理论的演进、若干重大问题的争论、重要思想家的理论和实践等等。相较于20世纪八九十年代社会主义思想史研究的繁荣发展，当前思想史研究有被边缘化的趋势。对此，学界已加以重视，近两年也似有改观。2019年，学界开始回顾和反思“国际共产主义运动史”学科的研究历史、方位和对象，等等，对这门学科和社会主义思想史研究的发展提出了许多真知灼见。同时，对于“革命和改良”这一历久弥新的话题，不少专家学者仍在积极思考。另一方面，学界也开始更多关注辛亥革命前中国早期社会主义理论、思潮、概念的产生与演变。此外，在俄国十月革命爆发百年后，俄罗斯学者也开始总结、整理与革命有关的观点和理论发展，提出了俄罗斯应如何看待自身历史的主张。

王学东研究员和张光明教授分别从不同角度出发，总结了“国际共产主义运动史”的学科发展情况。王学东提出，“国际共产主义运动史”与“世界社会主义”的关系是一个十分重要的话题，虽然传统意义上的“国际共产主义运动”已经没有了，但是“国际共产主义运动史”仍将永远存在；不是用世界社会主义来替代“国际共产主义运动史”，而是用当代世界社会主义来延续或补充“国际共产主义运动史”。张光明回顾了改革开放40年来“国际共产主义运动史”的发展，在梳理研究重点、学科发展、重要成果等基础上，深刻指出了当前学科发展面临的主要问题，认为“学术发展有其自然的法则，对学问本身无私忘我的探求，才是发展的真正推动力”。

韦定广教授认为，无论对革命的过分推崇还是彻底否定，都有失偏颇。俄国和中国等东方国家的现代化革命最终走向社会主义，是历史的合力所致，且与世界现代化发展的特点相联系，大多兼具社会革命和民族革命双重目标与内涵。同时，落后国家的现代化多具有外源型特征，这使得俄国、中国的现代化革命最终具有一定程度的社会主义性质，是历史必然性的结果和反映。

在中国早期社会主义发展史研究领域，学界也产生了诸多有学理深度、丰富史料和现实意义的研究成果，如靳书君教授和李永杰教授阐释了无产阶级专政概念的中国化进程。这一概念在自西徂东衍变而传入日本，再由日本传入中国的过程中，多采用“独裁”译法，同时还配词“专制”“专政”“专断”等对译，某种程度上掩盖了中国传统文化中“专政”的独揽政权、专管政务的含义，也“歪曲”了马克思和恩格斯的原意。中国共产党成立后，在延安时期翻译了许多马克思列宁主义原著，实现了无产阶级专政概念的中国化以及“民主”和“专政”两词的连用，见证了人民作为政治主体的生成。鲁法芹副教授通过分析无政府主义思潮的早期传入和对革命的态度，分析了无政府主义在马克思主义和社会主义理论传入中国时的作用，指出无政府主义思潮之所以失败，在于“歪曲”了革命，没有意识到将生物界的科学理论机械照搬到人类社会发展上这一研究方法的错用。

陈红娟副教授考察了19世纪末20世纪初社会主义概念在中国的原初理解。社会主义术语进入中国语境，最早以一种音译的状态，主要通过传教士的译介与驻外使臣以见闻式的叙事方式加以阐述。此时社会主义主要呈现“消极”“负面”的语义。20世纪初，用汉字“社会主义”来对译“Socialism”成为主流，知识分子开始从政治变革与社会改造的角度理解“社会主义”。此后，“Socialism”这一术语的语词色彩逐渐从消极、负面意义居多，转变为彰显积极、正面意义。

对于1917年俄国革命研究，俄罗斯科学院俄国史研究所副所长谢尔盖·茹拉夫廖夫(Sergei Zhulavlev)教授总结了当代俄罗斯学界与社会对1917年革命的讨论。他认为，应在更广域的历史背景下研究1917年俄国革命，不能将1917年的历史事件割裂成两个互相对立的革命；现今的俄罗斯更多思考的是，如何承认历史发展的继承性：从俄罗斯帝国经过苏联，直至今天的俄罗斯联邦；无论是对待自由派、布尔什维克，还是他们的对手，都没必要追究对与错，也不应去谴责或维护某一方，而是要努力剖析历史，从中汲取教训，以避免重蹈覆辙。对于当代俄罗斯来说，这才是最重要也是最负责任的态度。

试论“国际共产主义运动史”与“世界社会主义”的关系

【内容提要】“国际共产主义运动史”与“世界社会主义”的关系是一个十分重要的话题。有观点认为两者是一回事,但从学科建设的角度来看,有必要厘清两者的关系,搞清它们之间的联系与区别。本文赞成高放老师的观点,认为应把社会主义历史学的领域留给国际共产主义运动史,而将社会主义现状学的领域划给世界社会主义。同时,应当强调的是,区别“国际共产主义运动”与“国际共产主义运动史”极为重要。虽然传统意义上的“国际共产主义运动”已经没有了,但是“国际共产主义运动史”仍将永远存在;不是用世界社会主义来替代“国际共产主义运动史”,而是用当代世界社会主义来延续或补充“国际共产主义运动史”。对此,可以将两者结合起来,称作“国际共运史和世界社会主义学科”。

【作者简介】王学东,中央编译局原副局长、研究员

【原文出处】《世界社会主义研究动态》(上海)2018年第10期

在2016年国际共运史学会年会上,笔者谈了“要把国际共运史作为一门历史科学来研究”,其中谈到“国际共产主义运动史”(以下简称国际共运史)与“科学社会主义”的关系。其缘由是,2011年国务院学位办在讨论政治学二级学科设置时,提出要将“科社与国际共运”学科中的“国际共产主义运动”去掉,理由是“科学社会主义”已经包含了“国际共产主义运动”。此事引发了国际共运史学界的危机意识。国际共运史学会给学位办写了申诉书,强烈要求保留原二级学科名称。申诉书强调了国际共运史学科的重要性、独特性和不可替代性,指出,科学社会主义是指导国际共产主义运动发展的科学理论,国际共产主义运动是科学社会主义的

具体实践，二者紧密联系，相辅相成，不可分割。但作为不同的学科，其研究对象和研究方法是不同的。科学社会主义学科主要研究无产阶级解放的性质、条件和一般目的，是着重以理论发展为主要线索的学科；国际共运史则研究无产阶级解放的历史进程和基本规律，是着重以实践运动发展为主要线索的学科。因此，不能以“科学社会主义”替代国际共运史。

在本文中，笔者想把这个话题再引申一下，从学科建设的角度，谈谈国际共运史与“世界社会主义”的关系。

说起这两者，有人认为其实是一回事。从表面现象看，这样说似乎也有一定的道理。比如，参加国际共运史学会的人和参加当代世界社会主义专业委员会的人有相当一部分是重合的，研讨会讨论的问题也有相当一部分是重合的；中国国际共产主义运动史学会的会刊名称是《当代世界与社会主义》；山东大学当代社会主义研究所的刊物名称是《当代世界社会主义问题》，而这两个刊物也都是研究国际共运史的重要阵地。但是，从学科建设的角度来看，还是有必要厘清两者的关系，搞清它们之间的联系与区别。

谈这个问题首先要回顾一下学科发展史。在我国高校中，国际共运史学科最初发端于马列主义基础理论专业，当时主要教学内容是马列经典著作和《联共(布)党史简明教程》。1956年苏共二十大和波匈事件后，党中央决定在中国人民大学等重点高校开设国际共运史课程，逐步取代了联共(布)党史课程，一些院校还把它作为政治教育专业的基础课程。“文革”期间，中国人民大学停办，国际共运史学科在其他高校也受到重创。“文革”结束后，许多高校陆续恢复或新开设了国际共运史课程，国际共运史学科进入大发展时期，教学和研究工作均出现了空前繁荣的景象。随着国际共运史学科的正本清源、拨乱反正，对巴黎公社、十月革命、波匈事件等重大事件的研究，对共产主义者同盟、第一国际、第二国际、第三国际等国际组织的研究，对革命导师及其他国际共运重要人物的研究，以及对苏联、东欧等社会主义国家的研究，均取得了长足的进展。也正是在这一时期，国际共运史学科开始发生转型，将研究重点逐渐从历史转向当代，开始研究“二战”后的世界社会主义运动。但当时人们很少使用“世界社会主义”概念，更没有想过用它来做学科名称，而是创造了一个“大共运”的概念，将西欧的民主社会主义、亚非拉的民族社会主义以及其他一些社会主义流派统统纳入了国际共运史的研究范围。

20世纪90年代初，苏联东欧社会主义国家及其执政的共产党纷纷垮台，国际共产主义运动遭受严重挫败。随着传统意义上的国际共产主义运动退出历史舞台，我国的国际共运史学科也遭受了灭顶之灾。各高校本科阶段的国际共运史课程被取消，国际共运史教研室和研究所被撤并，大批教师和研究人员不得不转行其他专业。正是在这一时期，“世界社会主义”概念开始被频繁使用。国际共运史学科在越来越多的场合被改称为世界社会主义学科。中国人民大学、北京大学、山东大学、中国政法大学等高校分别给硕士生和本科生开设了“世界社会主义专题课”和“世界社会主义概论”课，并撰写出版了相关教材。1994年，根据中央领导指示，由中国社会科学院牵头，建立了有中联部、中央编译局、新华社、中央党校和国家教委参加的“国外社会主义跟踪研究协调组”，在此基础上，中国社会科学院于2001年成立了“世界社会主义研究中心”。1998—1999年,中国国际共运史学会也酝酿改名为“世界社会主义学会”,甚至已经起草了新章程,因会长顾锦屏同志坚决反对,才最终没有改名。

由此可见,当时曾一度出现了用“世界社会主义”替代国际共运史的趋势。不过现在回过头来看,这种做法是不可取的。“世界社会主义”与国际共运史虽然密切相关,甚至有部分内容相互重合,但是两者的研究对象和研究范围还是有显著区别的,不可等同视之,更不能相互替代。

关于国际共运史的研究对象,我国第一部正式出版的教材《国际共产主义运动史(从马克思主义诞生至十月社会主义革命胜利)》是这样写的:“国际共产主义运动史这门科学,总的说来,是研究无产阶级如何实现其推翻资本主义、建立共产主义的世界历史使命的科学,即研究共产主义运动从兴起到在全世界胜利的发展规律的科学。更具体地说,它是着重研究无产阶级暴力革命和无产阶级专政的发展规律的科学,研究从资本主义向共产主义过渡的规律的科学,研究无产阶级政党以及党内两条路线斗争发展规律的科学。”①

最新的一部国际共运史教材,即人民出版社和高等教育出版社2012年出版的“马克思主义理论研究和建设工程重点教材”《国际共产主义运动史》对国际共运史专业的学科定位是这样写的:

“国际共产主义运动史的研究对象是:深入研究全世界无产阶级及广大人民群众在马克思主义指导下,在无产阶级政党领导下,反对资本主义和一切剥削制度,进行无产阶级革命和社会主义建设的伟大实践,并为最终实现共产主义而奋斗的一般历史进程及其基本经验和基本规律。包括以下三个主要方面:

第一,研究无产阶级和广大劳动人民反对资本主义、开展无产阶级革命和夺取政权的历史进程及其基本规律。……

第二,研究社会主义国家进行社会主义建设和改革的历史进程及其基本规律。……

第三,研究各国无产阶级政党和国际组织建立、发展的历史进程及其基本规律。”②

由上述可见,国际共运史是与科学社会主义理论指导和共产主义奋斗目标紧密联系在一起的。而世界社会主义的研究对象和研究范围则要宽泛得多。

北京大学编的《世界社会主义的历史和理论》(1995年版)和《世界社会主义史论》(2004年版)对国际共运史和世界社会主义未从学科建设的角度做严格区分,有将两者等同看待的趋向,认为“世界社会主义这个学科是在科学社会主义诞生、世界社会主义运动兴起之后出现并随着运动的发展逐步形成和发展的”。③ 但即便如此它也提道:“在一百五十多年的世界社会主义运动中,社会主义从来就不只是一家,它过去、现在、未来都存在各种各样的思潮和流派。”④

中国人民大学马克思主义理论研究和建设工程系列教材《世界社会主义运动概论》(2006年版)则对两者做了比较明确的区分,指

---

① 《国际共产主义运动史(从马克思主义诞生至十月社会主义革命胜利)》,人民出版社1978年版,第2页。

② 《国际共产主义运动史》,人民出版社、高等教育出版社2012年版,第1—2页。

③ 黄宗良、孔寒冰主编:《世界社会主义史论》,北京大学出版社2004年版,第12页。

④ 同上,第4页。

出:"在世界社会主义运动中,社会主义从来就不止一家,而是存在着各种各样的流派。在科学社会主义诞生以前,社会主义的学说和理论就已存在着不同的流派,科学社会主义诞生之后,世界上依然存在并不断产生着不同的社会主义流派。共产主义运动是社会主义运动的左翼,它在世界社会主义运动中占据着相当重要的位置,但世界社会主义运动史毕竟不是世界共产主义运动史。……世界社会主义运动不是国际社会主义运动,更不是国际共产主义运动,而是把世界范围内的各种类型的社会主义运动都纳入自己的视野。在这个意义上,国际社会主义运动和国际共产主义运动只是它的一部分,而不是全部。"①

中国人民大学高放教授主编的《当代世界社会主义新论》(1998 年版)则直接把世界社会主义与当代联系起来,从而与国际共运史相区分。本书导论指出:"当代世界社会主义概论是属于社会主义的现状研究,是社会主义现状学。它与社会主义历史学(如国际共运史、社会主义思想史)和社会主义学(如科学社会主义原理)有密切联系,又有重大区别。"②"当代世界社会主义的重要特点是不论社会思潮、社会派别、社会运动、社会制度都表现出自己的多样性。"③高放教授对当代世界社会主义的学科定位是这样写的:"概括起来说,当代世界社会主义的研究对象是第二次世界大战结束以来,尤其是六七十年代以来,世界上各种自称的社会主义思潮、社会主义派别、社会主义运动和社会主义国家,重点是研究当代执政的社会主义政党的理论、政策和实践。"④

我赞成高放老师的观点,即把社会主义历史学的领域留给国际共运史,而将社会主义现状学的领域划给世界社会主义。苏东剧变后,人们倾向于用"世界社会主义"取代"国际共运史"的一个主要理由是,传统意义上的国际共产主义运动已经没有了,现存的只有各种社会主义思潮、流派、运动和制度,所以不宜再研究国际共产主义运动,而只能研究世界社会主义。这里我要提请大家注意一个重要的区别:"国际共产主义运动"与"国际共产主义运动史"。今天,传统意义上的国际共产主义运动虽然已经没有了,但是国际共运史却仍然存在并将永远存在,就像明朝、清朝没有了,明史、清史仍然存在一样。如果这样看问题,那么就不是用世界社会主义替代国际共运史,而是用当代世界社会主义来延续或补充国际共运史。两者合起来可以称作"国际共运史和世界社会主义学科"。我 2000 年和 2005 年给国家社科规划办写的两份学科调查报告,用的名称就是"国际共运史和世界社会主义学科调查报告"。

总之,我认为,要彰显国际共运史学科的重要性、独特性和不可替代性,使它在学科分类中站稳一席之地,就必须抛弃当初作为权宜之计的所谓"大共运"概念,将西方民主社会主义、亚非拉民族社会主义以及其他一些社会主义流派划归当代世界社会主义的研究范围,使国际共运史专注于对传统领域的研究,强化其历史学科的属性,更加自觉地把它作为一门历史科学来研究。

为加强对国际共运史传统领域的研究,

① 蒲国良主编:《世界社会主义运动概论》,中国人民大学出版社 2006 年版,第 3 页。

② 高放主编:《当代世界社会主义新论》,云南人民出版社 1998 年版,第 1 页。

③ 同上,第 4 页。

④ 同上,第 4—5 页。

中共中央编译局编辑了一套《国际共产主义运动历史文献》，共 64 卷，总字数大约 3000 万字，现已全部完成，并由中央编译出版社出版发行。

这套书是在中共中央编译局和中国国际共产主义运动史学会的鼎力支持下，于 2010 年由中央编译出版社申报国家出版基金项目获得立项资助，于 2011 年 4 月正式启动的。它一定程度上继承了中国国际共运史学会 1984 年发起编辑出版的《国际共产主义运动史文献》的部分工作成果，并在内容和方法上有较大的改进和创新。这套文献主要收录共产主义者同盟、第一国际、第二国际、第三国际、共产党和工人党情报局这五个国际组织已发表的全部文献档案，包括历次代表大会、代表会议和其他重要会议的记录、决议和有关文件；收录的材料力求齐全；凡外国有选编完整的版本者，根据外国版本翻译；凡文件散见于外国不同出版物者，尽力搜集完整，组织力量统一编译；文件完全按照原件翻译，译文力求准确，不作修改删节，以便读者根据完整、准确的第一手材料了解这些国际组织的历史。

这套文献具有以下鲜明的特点：

第一，收录的文献比较全，包括一些最新公布的档案材料。特别值得一提的是，苏联解体后，俄罗斯开放了部分苏联时期的档案和国际共运史的档案，这套文献的共产党和工人党情报局部分，就全部采用了这些新开放的档案。

第二，文献编辑非常规范，并且充分吸收、利用了近年来马克思主义经典著作编译的最新成果。编委会参照中共中央编译局翻译出版经典著作的要求制定了《国际共产主义运动历史文献》的编辑技术规格，明确规定了经典著作引文、人名、地名、历史事件、党派团体、组织机构、会议、著述等译名的统一要求，对注释的写法、异体字的用法、书信和函件的书写格式、数字的用法、特殊标点符号的用法等等作了详细的规定。在旧版《文献》中，对已出版的马克思主义经典著作中译本只列目录，不收正文，而新版不仅所有卷次均将相关著作全文收录，而且均采用最新的中文版本，以方便读者查阅。

第三，参与翻译编辑的人员大都是有经验的专家，保证了文献的质量和权威性。

第四，文献内容丰富。五个国际组织的文献内容包括：其一，共产主义者同盟文献共 4 卷，主要内容为：同盟的纲领、章程和通告信；同盟各级组织的会议记录和决议；同盟领导人和重要活动家的有关书信、著作和回忆录等。其二，第一国际文献共 10 卷，其中第一国际总委员会文献（1864—1872）共 4 卷，主要内容为：总委员会会议记录，小委员会会议记录，有关文件报告和著作、信件等；第一国际代表大会文献共 5 卷，主要收录第 1—6 次代表大会和伦敦代表会议的有关会议记录以及大会正式通过的决议等；根据新发现的文献编的一个补卷（第 63 卷），收入第一国际总委员会从伦敦迁至纽约直到 1876 年第一国际解散期间发表的公告、通告、与国际各支部的通信等。其三，第二国际文献共 15 卷，其中第二国际代表大会文献共 13 卷，主要内容为：第二国际 8 次代表大会和 1 次非常代表大会的会议记录和大会正式通过的决议；社会党国际局文献（1900—1907 年、1909—1913 年）共 2 卷，主要收录社会党国际局 1900—1913 间的会议记录、通过的决议、宣言、声明、通告等。其四，共产国际文献共 30 卷，其中共产国际代表大会文献共 15 卷，收录第 1—7 次代表大会的会议速记记录、大会通过的决议以及共产国际领导人的报告等；共产国际执委会全会文献共14卷,收录执委会第1—13次全会的会议速记记录、全会通过的决议以及共产国际领导人的报告等内容;第七次代表大会前的共产国际文献1卷,主要收录关于第七次代表大会前共产国际执委会及其各工作机构的决议、共产国际各支部活动情况的资料以及青年共产国际、国际妇女书记处、国际妇女书记处、国际监察委员会的有关文件。其五,共产党工人党情报局文献共4卷,主要收录共产党工人党情报局筹备、成立、解散的过程,4次会议有关领导人所作的报告、大会讨论的情况以及通过的决议等原始档案文献,还包括苏南冲突中双方往来的函件、电报、双方领导人会谈纪要以及其他国家的党通过的相关决议的档案文件。最后全书还有一个总目录检索卷(第64卷),以方便读者查阅文献。

上面收录的这些文献不仅具有很高的史料价值,而且具有重要的学术价值。现在中国人民大学国际关系学院的博士研究生,特别是高放老师当年指导的研究生,已经利用这些珍贵史料开展研究工作并取得了一些成果。希望今后能有更多的国际共运史研究者充分利用这套文献开展教学和研究工作,以进一步推动我国的国际共运史学科发展。

国际共运学科40年回顾

【内容摘要】 国际共运作为一门学科，产生于20世纪中期，当时称为国际共运史。在中国，其真正发展是从改革开放以来才开始的。20世纪70年代末和整个80年代，可称作破冰期；从90年代起，一些新的研究单位和专业性刊物问世，在高校中的硕士点和博士点数量有较大增加。1997年按照学科调整，国际共运与科学社会主义合并而为科社与共运专业；进入21世纪以来，发展和变化情况错综繁杂，很难明确分期。这一时期，知识与学术界中出现了思想的分化。国粹派、自由主义派、老左派和新左派逐渐形成，即使在马克思主义和社会主义研究者内部，认识也各不相同。在这样的社会背景下，国际共运学科领域也呈现出观点众多、五花八门的局面。本文认为，改革开放以来在国际共运领域或在世界社会主义领域，成就是显著和巨大的，但学术发展有其自然的法则，对学问本身无私忘我的探求，才是发展的真正推动力。

【作者简介】 张光明，北京大学国际关系学院教授

【原文出处】《福建师范大学学报》(哲学社会科学版)2019年第3期

国际共运作为一门学科，产生于20世纪中期，当时称为国际共运史。它从一开始便密切配合当时的政治需要，在国际上为中苏之间的大论战提供历史资料和理论依据，在国内则直接服务于加强政治思想教育。在这样的条件下，它是一门备受重视的“显学”，但也因此而很难有独立的学术研究，所能做的只是运用历史和理论为政治需要做注脚。诚然，这一领域中的一批学者在资料收集和翻译方面作出了重要的贡献，但它的真正发展是从改革开放以来才开始的。

在经历了“文革”之后，举国上下普遍意识

到，再也不能按照这条老的道路走下去了。中国必须走改革开放之路，而如果没有一场深刻的思想解放运动为先导，这是不可能的。在这样的历史背景下，以1978年底的著名的十一届三中全会为契机，哲学社会科学焕发出了前所未有的活力，获得了全面的发展。国际共运史学也正是在这场宏大的历史潮流中，开始了40年来的发展历程。

一

20世纪70年代末和整个80年代，可称作破冰期。在此期间，无论在教学和研究方面，都取得了令人瞩目的成就。国内许多高校开设国际共运史课程，一些有条件的科研单位、高校和党校成立了国际共运史研究机构；各省市的国际共运史学会纷纷诞生，整合全国专业学者群体的中国国际共运史学会则成立于1982年，后来又有中国科学社会主义学会当代世界社会主义专业委员会的建立。它们在改革开放的40年里，致力于团结科研和教学队伍，提出科研方向，组织学术讨论，奖掖后进，发现和鼓励青年人才的成长，对学科的发展起到了重要的引导和推动作用。特别应提到的是，中国国际共运史学会和当代世界社会主义专业委员会长期以来坚持每年举办学术研讨会，成为几代学者们的共同精神家园。

本学科的几种主要刊物则在交流学术观点、传播学术成果方面发挥了很大作用。其中我们可以举出：《国际共运史研究资料》（初由中共中央编译局国际共运史研究室主编，后与北京市共运史学会、中国人民大学主办的《国际共运教研参考》合并为《国际共运史研究》，成为中国国际共运史学会和中央编译局主办的学会会刊，后更名为《当代世界与社会主义》）；山东大学当代社会主义研究所主办的《当代世界社会主义问题》；中国科学社会主义学会、中央党校科学社会主义教研部主办的《科学社会主义》；华中师范大学的《社会主义研究》等。一些在本学科中有新意、有创见的论文，常常刊登在这些刊物上。

在这10年间，国际共运史学的主要方向是拨乱反正，解放思想，对许多历史问题进行研究和反思。学者们本着解放思想、实事求是的态度，对以往许多被歪曲了、忽略了或由于政治原因被划为禁区而不得触碰的问题展开了探索，其主流是思想活跃、富于进取精神的，深度和广度都是以往无法设想的。这一时期的成果可称丰硕，其范围纵横百多年，涉及各个国家、各种流派、运动、事件、人物及其思想……尽管其中仍有不顾真实情况、坚持简陋陈说的空疏之论，但真正受欢迎的是那些经过独立思考、具有学术性的成果。如我以前曾经写过的，“其中有些可以称得上新颖大胆，别开生面，或在老问题上提出新的见解，或把视野扩大到新的‘空白’领域，甚至闯入了以往无人敢于逾越的‘禁区’。所有这些，有力地动摇了先前在长期思想钳制下形成的僵化郁闷状况，创造了共运史研究繁华开放的局面”。①

在这篇万字文中平铺直叙地罗列如此众多的研究成果，未必会有令人满意的效果。倒不如在概述各个时期时，从主要方向上选取若干例子，以局部略见整体。先谈谈对第二国际和第三国际的研究。

大家知道，第二国际在自己的发展中经历了复杂的内部分歧和争论，直到第一次世界大

---

① 李景治主编：《国际共运史学百年》，北京出版社1999年版，第144页。

战期间陷于分裂。以列宁为首的俄国布尔什维克斥之为“第二国际的破产”。后来斯大林干脆对第二国际全盘否定，把这个时期称为“机会主义独占统治的时代”，这一断语在后来的国际共运传统中被奉为不刊之论，第二国际成为“修正主义”和“背叛”的代名词，一直是遭受批判的对象。在改革开放以前，中国完全接受和延续了这一思想传统，并把中共党内的历次政治斗争与第二国际结合起来，“上挂下联”，大加鞭挞，以至在一般人们心目中，第二国际声名狼藉，罪无可逭。在这样的情况下，是谈不上独立的学术研究的。

禁区大门的打开始于20世纪70年代末80年代初。由于问题的敏感性，学者们最初不得不委婉曲折、谨慎小心地表达自己的意见，但他们本着实事求是的态度和解放思想的精神，对许多传统观点提出了质疑，初步指出了研究的方向。① 在整个80年代，在诸如第二国际的组织、分期、派别分歧与斗争、革命与改良的关系和主要人物的评价等问题上，都展开了较为深入的探讨。在具体看法上虽仍有分歧，但多数论者在一些主要问题上形成了共识，确认了第二国际时期是一个在马克思主义指导下取得了很大成就的时期，尽管受到机会主义的干扰，但它的功绩仍是占主要地位的。1989年是第二国际成立一百周年，以此为契机召开的全国性学术讨论会和在各大刊物上发表的一批学术论文，集中地反映了这十年间的学术进展。② 中央编译局一批老学者沿着他们80年代的研究向前，到90年代出版了一部内容厚重的《第二国际研究》，迄今仍可视为这个领域中不可忽略的高水平专著。③ 而作为第二国际后裔的二战后现代民主社会主义，80年代也得到了研究，出版了一系列文件资料汇编和一批有价值的论文，为此后的研究奠立了基础。

第三国际或共产国际，是长期受到严密控制的又一学术禁地。80年代的研究也改变了这一状况。一些论文着眼于方法，提出应该立足客观现实，实事求是地、分阶段地对共产国际进行研究。④ 研究起初多是集中在共产国际与中国革命的关系上，随后逐渐扩展到对国际本身各个时期、各种政治主张和策略的研究。当人们考察共产国际的中期和后期时，还较易达成一般共识，而它的早期因为涉及列宁直接领导下的共产主义运动的兴起，便更为敏感和富有争议。80年代的讨论中出现过不少分歧和争论，但总的来说，那种对共产国际的指导思想和高度集中的组织方式持完全肯定和支持的意见，是影响日蹙了。多数论者认为，共产国际起过积极的作用，但也给各国革命带来过严重危害，给国际共运留下了深刻的教训。一些论者

---

① 可参见殷叙彝：《第二国际史研究工作中的几个问题》，《马列著作编译资料》1979年第6辑（人民出版社出版）；殷叙彝：《第二国际的组织形式和机构》，《国际共运史研究资料》（第2辑），人民出版社1981年版；李兴耕：《关于斯大林在〈论列宁主义基础〉一书中对第二国际的评价》，《马列主义研究资料》1982年第4辑，人民出版社1982年版。

② 例如可见李兴耕：《国际工人运动史上的重要里程碑——纪念第二国际成立100周年》，《国际共运史研究》（第2辑），人民出版社1989年版；殷叙彝：《议会斗争与第二国际的策略》，《世界历史》1989年第4期；吴铭（张光明）：《论第二国际时期欧洲社会主义运动的分化》，《世界历史》1989年第4期。

③ 殷叙彝等：《第二国际研究》，中央编译出版社1998年版。

④ 可参见张中云《如何深入开展共产国际的研究》、宋洪训《谈谈共产国际研究中的方法论问题》，均载《国际共运史研究》（第2辑），人民出版社1987年版。

更认为，共产国际“在长期的历史过程中，比较明显地表现出一条‘左的’路线”。即使在其一开始，在理论和策略上就已存在着严重的“左”倾错误，而这种错误在共产国际的历史上是贯穿始终的。① 这些看法在往后的发展中形成了人们的共识。

苏联历史问题始终是学术界最为关注的领域之一。其中的主要问题有俄国马克思主义的早期阶段、1917 年十月革命、内战时期和军事共产主义、新经济政策与列宁晚期思想、20 年代的党内斗争、斯大林模式以及“二战”后的苏联和苏共的发展，等等。十月革命是一个核心问题，只要深入探讨苏联历史发展中出现的大量问题，学术界便不能不对 1917 年这个起点进行反思。在总体上，大多数学者仍对十月革命持肯定态度，但不再无条件地赞美歌颂，而是深入思考其起因和历史地位。人们越来越注意到这一革命的特殊性，并力图立足于这一特殊性去进行实事求是的分析和评价。在这方面出现了不少独到见解。② 再如，当讨论对国际共运有巨大影响的斯大林模式时，是不能不遇到如何评价《联共(布)党史简明教程》的问题的。80 年代的不少论文针对这一教程提出了尖锐批评。③ 到 80 年代结束时，我国大多数专业学者中已经达成共识：这部“联共(布)党史”有着严重错误，我国的思想解放必须以摆脱此书的思想束缚为前提。

人物及其思想研究在这一时期占有突出的位置。从马克思、恩格斯及其同时代其他社会主义派别的代表人物，从爱德华·伯恩施坦(Eduard Bernstein)、卡尔·考茨基(Karl Kautsky)、保尔·拉法格(Paul Lafargue)、格奥尔基·普列汉诺夫(Georgi Plekhanov)、列昂·托洛茨基(Leon Trotsky)、罗莎·卢森堡(Rosa Luxemburg)到列宁、尼古拉·布哈林(Nikolai Bukharin)、斯大林、安东尼奥·葛兰西(Gramsci · Antonio)等等，都有大量研究成果。例如，关于伯恩施坦和考茨基。此二人历来被认为是修正主义和机会主义的头子，最凶恶的叛徒，这种简单粗暴的做法在 80 年代遇到了质疑。对伯恩施坦有长期深入研究的殷叙彝通过一系列文章，说明了伯恩施坦问题的复杂性，并提出了不少新的看法。④ 至于考茨基，许多论者也注意到他与伯恩施坦的重大区别，认为他在当时并非伯恩施坦那样的“异端”，而是维护马克思主义的正统理论权威；而对他的中派主张即所谓“考茨基主义”，现在也都提出了许多大不同于过去的看法。⑤ 普列汉诺夫在这一时期更是热点。在马哲史学界和共运史学界，普列汉诺夫都受到了特别的注意。人们着力于挖掘他在过去被严重贬低和忽略了的哲学贡献，而关于他一生的政治活动，现在也开始得到了比较公正

① 参看李骧、田永祥：《关于共产国际组织原则的几个问题》，《马克思主义研究》1986 年第 4 期；程玉海、孔寒冰：《试论共产国际的“左”倾路线》，《世界历史》1989 年第 4 期；宋洪训：《试评共产国际的历史功过》，《求是》1989 年第 6 期。

② 参看姜长斌：《论十月革命的道路和斯大林模式若干问题》，《史学理论》1988 年第 3 期。

③ 参看高放：《重评〈联共(布)党史简明教程〉》，《世界史研究动态》1982 年第 1 期。

④ 可参见他的《伯恩施坦研究中的几个问题》等文，已收入他的文集《民主社会主义论》，中央编译出版社 2007 年版。

⑤ 例如李兴耕：《关于考茨基中派主义形成的时间问题》，《世界历史》1982 年第 2 期；李宗禹：《关于“考茨基主义”研究中的一些问题》，《世界历史》1982 年第 3 期。

的评价。① 卢森堡的名字对国人来说并不陌生,但她的理论贡献,特别是对列宁的组织策略和俄国革命后的政权的批判,却是长期遭到封锁的禁区。80年代开始了对这一禁区的突破,论者们注意到,恰好是她的这些批评对于推动我国社会主义民主的进步有着重大的意义,应该着力予以发掘。② 在联共(布)的早期理论家中,布哈林是最受关注的一位。郑异凡等学者在这个领域中做出了很大成绩,不仅摘去了强加给布哈林头上的那些诬陷的罪名,而且对布哈林的政治活动和理论贡献提出了许多新的、有价值的观点。郑异凡到90年代更进一步写出了材料扎实、内容丰富、观点多有新意的专著《布哈林论稿》(中央编译出版社,1997年),以及2006年的《布哈林论》。

最后,还要简略地提到:80年代以来的很多学者已经不满足于书斋里的研究,他们以自己的专业研究积极参与推动我国政治与经济体制的改革。诸如通过对历史的回顾大力呼吁反"左",批判个人崇拜,主张加速推进改革开放和社会主义民主等。高放和黄宗良等学者都发表了许多论文,属于这一领域中的最活跃者。随着认识的进步,越到80年代后期,学术界的有识之士越是清晰地意识到,有必要重写一部全新的、内容翔实的、在学术上有分量的共运史。但这样的要求在当时未能实现,成为后来者理应承担但至今仍未完成的一项使命。

总之,80年代的进步是显著的,影响是深远的。尽管现实政治生活中仍存在着种种禁锢以及由此而来的思想惯性,以致那一时期的研究成果在当今看来,很可能感到从思想到行文上有这样那样的不足,但筚路蓝缕以启山林之功,是永远不应忘记的。至于那一时期不少学者们做学问的踏实、真诚和责任心,应该是如今学人心向往之、努力以求的榜样。

二

如果说,80年代的国际共运史学界主要还集中于对各个时期历史的重新分析和评价,那么,从90年代起,情况又有变化和发展。一些新的研究单位和专业性刊物问世,在高校中的硕士点和博士点数量有较大增加。1997年,按照学科的调整,国际共运与科学社会主义合并而为科社与共运专业。这样一来,学科的规模看上去壮大了,然而实际上,同一名目下两个专业在教学和研究方面仍大致保持各自独立运作。对于这些行政方面的改变本文不准备多叙,仍然着眼于研究的领域。

首先,研究范围扩大了,在过去很长一段时期,国际共运史被描述为从马克思、恩格斯到列宁、毛泽东所领导的一条单线发展过程,除此之外,一概被当作机会主义逆流加以否定。现在随着思想的开放和视野的扩大,越来越多的人意识到,世界上的各种社会主义思潮和流派的地位理应得到承认,并应认真予以研究。研究领域因此大大扩展了。除了历史问题继续受到注意之外,当代世界社会主义也更多地进入了学术界的视野,这样一来,原来的国际共运史名称虽然由于实际原因而不能改变,但实际上已

---

① 普列汉诺夫哲学的研究者和翻译者中,成就最大者应是哲学家王荫庭。共运史界的学者高放和高敬增合著的《普列汉诺夫评传》(中国人民大学出版社1985年版)则对普氏的生平事迹,特别是政治活动做了十分详尽的叙述和评价。

② 这方面较早的研究和翻译成果,可参见《国际共运史研究资料》增刊《卢森堡专辑》(人民出版社1981年版)。

扩大为包括历史与现状的世界社会主义了，后者应当包括前者，但前者不能等同于后者。在这篇文章中，我仅仅是为了方便，才沿用了迄今学科划分中仍然使用的这种老说法。

其次，研究深度有进步。除了继续对各种运动、事件、人物的具体分析之外，一部分学者开始从更广阔的背景上对若干理论问题和历史问题进行重新考察和研究。这其中包括：经典马克思主义研究中的若干重大问题、马克思主义与列宁主义的关系、社会民主主义与布尔什维主义的关系、从列宁到斯大林时期的苏俄党内外的许多重要问题、从尼基塔・赫鲁晓夫(Nikita Khrushchev)到米哈伊尔・戈尔巴乔夫(Mikhail Gorbachev)时期的发展情况、苏联和东欧诸国解体问题、欧洲共产主义以及各种左派运动、革命与改良的关系、世界资本主义及其与社会主义的关系等。第三世界形形色色的社会主义虽然不是研究的热点，但也有一些值得关注的成果出现。关于以上所述，仍举如下数例以明之。

例一：关于马克思的“跨越资本主义卡夫丁峡谷思想”。

80 年代关于马克思、恩格斯思想的研究成果已经不少，在国际共运史界，主要集中于马克思、恩格斯政治活动、生平事迹和各种革命战略和策略等。大致从八九十年代之交起，出现这样一种情况：马克思、恩格斯某些时期的某些具体理论和政治主张，受到了特别的注意，直至形成热点，从而在包括共运学科在内的中国理论界中引起了长久的讨论。马克思晚年的所谓“跨越资本主义卡夫丁峡谷”思想便是一例。

这里指的是马克思在 1877 年给俄国《祖国纪事》编辑部的信和 1881 年给俄国女革命家查苏利奇的复信及其草稿，在这些书信中，马克思就俄国是否可能利用它特有的农村公社组织避免资本主义阶段并直接过渡到社会主义的问题，提出了自己的意见。这些论述在中国长期无人注意，但一旦在 80 年代晚期被一些学者挖掘出来并借此提出了看法之后，①学术界，特别是马哲史学界和科社与共运学界的众多学者起而呼应，形成如下十分普遍的理解：马克思在这些书信中阐述了一种不同于先前他与恩格斯的“西方社会理论”的“东方社会理论”，从而为后来东方落后国家的社会主义跨越资本主义之路奠立了理论基础。很明显，这种理解有着非常实际的意图，即通过对马克思的这一解读，为中国社会主义的道路和改革开放提供理论证明。这种看法影响之大，一度充斥于各种刊物文章、专著甚至教材之中，几成定论。然而也有持异议者，他们认为：上述意见其实是基于对马克思的误读和曲解。马克思的完整而真实的意思是：落后的俄国如果通过一场革命充当西欧无产阶级革命的“信号”，从而形成双方“互相补充”的局面，这时俄国村社才可能成为向“共产主义发展的起点”。因此这里并不存在什么与他先前理论不同的“东方社会理论”；不能用片面曲解马克思的做法为后来的历史做注释。② 这场讨论旷日持久，迄今仍未结束。

---

① 参看荣剑：《关于跨越资本主义“卡夫丁峡谷”问题——对东方社会发展道路的哲学思考》，《哲学研究》1987 年第 11 期；张奎良：《马克思的东方社会理论》，《中国社会科学》1989 年第 2 期。

② 参看吴铭：《世界革命理论与跨越资本主义“卡夫丁峡谷”设想》，《国际共运史研究》1992 年第 1 期；吴铭：《跨越“卡夫丁峡谷”设想与东方社会主义并无联系》，《中国人民大学学报》1996 年第 1 期；张光明：《关于所谓“跨越资本主义卡夫丁峡谷设想”的真相》，《当代世界与社会主义》2003 年第 1 期。

例二：关于社会民主主义—民主社会主义。

90 年代以来，欧洲社会民主主义的研究得到了更大发展。如果说，此前它还往往从属于第二国际及其后续历史的研究，现在则越来越扩展为一个专门领域了。除了 80 年代末 90 年代初因外部政治影响而一度显得沉寂外，社会民主主义的有关研究成果在 90 年代大量发表，其中不乏有分量的佳作。对历史问题——包括人物、事件、组织等——的研究是更加客观深入和实事求是了，当代西欧的民主社会主义也越来越形成了新的关注点。社会党国际所属的各个社会民主党、工党，它们的理论、纲领、政策及其具体实施如福利国家等，都得到了更为客观的考察和评价。80 年代已经有一批关于社会民主主义—民主社会主义的文件集编译出版，90 年代这方面有更多的书籍出现。其中我们指出两本编译文集：《未来的社会主义》和《当代国外社会主义：理论与模式》（均由中央编译局世界社会主义研究所编，中央编译出版社出版于 1994 年和 1998 年），这两本书都包括了不少国外学者和政治家论述社会民主主义的论文，对于我国学术界有很大的参考价值。至于国内学者论述包括西方社会民主主义在内的西方左翼的成果，可以提到以下两本集体写作的著作：《激进、温和，还是僭越？》（陈林、侯玉兰等著，中央编译出版社，1998 年）；《九十年代社会民主主义的变革》（王学东等著，中央编译出版社，1999 年）。此外还有不少论述 90 年代在世界上曾经风靡一时的"第三条道路"的作品以及译作，限于篇幅，无法一一列出了。

例三：关于苏联问题。

20 世纪 80 年代末 90 年代初的苏东剧变，对于国际共运史与世界社会主义学界来说，是最值得关注的大事之一。最初的成果主要还是跟踪、纪实和时评性质的，有关文章至少数以百计，各类书籍和译作数量也颇可观。随后产生了不少试图对这一剧变归纳原因、总结经验教训的作品。苏联及东欧的情况由于与中国有着密切的关系，很难成为纯学术研究的对象，因此在看待同一事变时，论者往往观点大相径庭，甚至截然对立，以致扞格不入，引起热烈的争论。概而言之，关于苏联和东欧集团的解体，有归结为外部西方资产阶级"和平演变"和内部戈尔巴乔夫推行"新思维"的"背叛"说；有主因在于苏联经济长期没有搞好说；有苏共长久以来未能解决教条主义的思想失误说；有苏联失败的根源主要在于体制弊端说。反映了上述各不同观点而又流传较广者，可举出江流、陈之骅主编的《苏联演变的历史思考》（中国社会科学出版社，1994 年）、宫达非主编的《苏联剧变新探》（世界知识出版社，1998 年）等。

对苏联历史的研究在这一时期有不少收获。期刊论文数量极大，举不胜举，仅提出一部分影响较广的专著。在通史中，有陈之骅主编的《苏联史纲》两册，由人民出版社分别于 1991、1996 年出版；周尚文等人的《新编苏联史：1917—1985》，由上海人民出版社 1990 年出版。以上两书内容皆较为丰富，论述亦较平实说理，少有武断结论。斯大林时期研究的著作，可举出李宗禹等著《斯大林模式》（中央编译出版社，1999 年）。此书系统地对斯大林问题展开了论述，包括斯大林时期的"一国社会主义理论"、工业、农业、意识形态、对外关系等方面，是一部全面考察斯大林问题的著作。此外，李宗禹还主编了《国外学者论斯大林模式》上下两册（中央编译出版社，1995 年），收入了众多有代表性的国外学者关于斯大林问题的论述。在俄国历史方面，金雁、卞悟的《农村公社、改革与革命》一书（中央编译出版社，1996年），思想敏锐而大胆，观点颇多独到处，文字亦生动泼辣，在材料和论述上固有可商榷处，但仍然在知识界和社会上产生了广泛影响。姚海所著《俄罗斯文化之路》（浙江人民出版社、台湾淑馨出版社，1992年）、《近代俄国立宪运动源流》（四川大学出版社，1996年）等，叙述甚详，也都是这一领域的佳作。我还想指出安启念的《东方国家的社会跳跃与文化滞后——俄罗斯文化与列宁主义问题》一书（中国人民大学出版社，1995年）。此书属马克思主义哲学史著作，未必都能为专治共运史的学者所熟悉，但它对于认识俄罗斯历史与列宁主义的关系有很大的启发意义，所以在这里也应该推举出来。

另外还应提到的是，90年代以来，国内学术界在对外交流方面，较之80年代有了更为显著的发展。这里只需指出卢森堡研究方面的进步就够了。80年代初，中国学者们通过与国外学者的接触和联系，开启了对卢森堡的真正研究。到了90年代，联系进一步加强。1994年，中央编译局与国际罗莎·卢森堡协会在北京共同举办了卢森堡思想国际研讨会，此后又于2014年在广州召开了卢森堡国际研讨会。在这类国际性会议以及与国际学术界的日常经常交流中，中国学术界确实收益不少。

三

进入21世纪以来，发展和变化情况错综繁杂，很难明确分期。本文仍大致以10年为界，先谈谈头10年的状况，偶尔必要时也延伸到此前此后。

这一时期，伴随着中国改革开放中的发展和变化，知识与学术界中出现了思想分化。今天人们常常提到的国粹派、自由主义派、老左派和新左派逐渐形成，即使在马克思主义和社会主义研究者内部，认识也各不相同。在这样的社会背景下，国际共运学科领域中也呈现出观点众多、五花八门的局面。

自80年代起便活跃在学术论坛上的老一代学者，这时继续保持着旺盛的创作力，在各自的领域中不断贡献新作。社会民主主义领域中，殷叙彝在2007年出版了《民主社会主义论》文集（中央编译出版社版），其中汇集了他在长期学术研究中所写的主要论文，其中涉及这一主义的历史起源、概念演变、各个时期的理论与策略、各种派别、人物与思想以及国际共运史研究的方法等问题。此后他再接再厉，又在2011年出版了《社会民主主义概论》一书（中央编译出版社版）。这两本著作可视为这一领域中老一代学人中最值得重视的成果。苏联及当代俄罗斯研究领域的著名学者郑异凡出版了《不惑集》（2001年）和《史海探索》（2005年），长期研究世界社会主义的专家周作翰出版了《求真思录》（2001年），张汉清出版了《探索：张汉清文集》（2003年），边鹏飞出版了《反思与求索——当代资本主义和社会主义发展进程若干问题研究》（2004年），俞邃出版了《俞邃文集》（2005年），周尚文出版了自选集《求真路上》（2014年），李兴耕出版了《晚晴集》（2015年），等等。专治苏联史的历史学家徐天新、柳植、叶书宗等也都出版了自己的专集。此外，属于中年一代学者的王建民出版的文集《十五年间》（2015年），内容丰富，在许多历史与理论问题上提出了颇有见地的看法。我对此书有很高评价，尽管在另外一些问题上我与他有不同意见。

在国际共运史、科学社会主义、世界社会主义等领域辛勤耕耘数十年，以思想活跃、大胆敢言著称的高放，从1990年代起先后出版了9本文集，其内容广泛，时有思想闪光处，是他一生理论探索的结晶。黄宗良的《书屋论证》（人民出版社，2005年）和《从苏联模式到中国道路》（北京大学出版社，2015年）两本文集，收入他关于社会主义、苏联模式和中国社会主义等领域中的众多论文，尤其对社会主义民主以及官僚主义现象等问题给予重点分析，这两本书在学术界和社会上都有不小反响。

这一时期出现了一批研究世界社会主义总体历史进程的著作。老一代著名理论家吴江的《社会主义前途与马克思主义的命运》一书（中国社会科学出版社，2001年）就马克思主义和社会主义发展史中的许多重大问题提出了不少新的理论见解，读来富于启发性。张光明的《布尔什维主义和社会民主主义的历史分野》（中央编译出版社，1999年）、《社会主义由西方到东方的演进》（云南人民出版社，2004、2005年）两书，都通过考察社会主义运动中的复杂矛盾和派别纷争，对20世纪世界社会主义的演变提出一种历史唯物主义的分析框架。此两书论述皆粗线条，但因其着力于探讨马克思主义史上的重大问题，并直接针对传统观念系统地提出自己的不同主张，在学术界仍引起较大反响。黄宗良、林勋建主编《共产党和社会党百年关系史》（北京大学出版社，2002年），肖枫著《两个主义一百年》（当代世界出版社，2002年）、周尚文著《社会主义发展的历史进程研究》（上海人民出版社，2002年）、韦定广著《"世界历史"语境中的人类解放主题》（人民出版社，2004年）等书，都产生了较大影响。任晓伟的《社会主义计划经济的历史和理论起源》（人民出版社，2009年）在社会主义计划经济这个似乎人人都知道、实则不知其所以然的问题上做出了较为深入的分析，富有新意。其他社会主义通史类著作和教材甚多，不能逐一列举了。

苏联历史研究继续向前。大量探讨具体问题的论文无法在此叙述（其实好的论文往往比思想贫乏、徒以篇幅而欺世的那类"巨著"有更多学术贡献），这里只提出若干值得重视的专著。陆南泉、姜长斌、徐葵、李静杰主编的《苏联兴亡史论》（人民出版社，2002年），陆南泉、黄宗良、郑异凡、马龙闪、左凤荣等主编的《苏联真相》（新华出版社，2010年），对苏联兴亡过程中的主要问题做了较为深入的分析。在政治方面，有周尚文等的《苏共执政模式研究》（上海人民出版社，2010年），在探讨苏联解体的根源方面，有马龙闪的《苏联剧变的文化透视》（中国社会科学出版社，2005年）、郭春生的《社会政治阶层与苏联剧变》（当代世界出版社，2006年），在中苏关系方面，有蒲国良的《中苏大论战的起源》（当代世界出版社，2003年）等书。东欧方面，有沈志华主编、多位学者撰写的《冷战时期苏联与东欧的关系》（北京大学出版社，2006年）、孔寒冰的《东欧史》（上海人民出版社，2010年）等。

在西欧社会党、共产党、"第三条道路"、西方新社会运动、当代资本主义研究等方面，也有不少论著。其中我们举出裘援平、柴尚金、林德山所著的《当代社会民主主义与"第三条道路"》（当代世界出版社，2004年），张世鹏的《当代西欧工人阶级》（北京大学出版社，2001年）和《二十世纪末西欧资本主义研究》（中国国际广播出版社，2003年）；刘玉安的《从民主社会主义到社会民主主义》（人民出版社，2010年）等。这些著作着眼于全球化时代，对资本主义的现状、"社会民主主义"以及工人阶级状况作了实事求是的分析。林德山的《渐进的社会革命——20

世纪资本主义改良研究》(中央编译出版社，2008年)则从20世纪大背景出发，对西方资本主义经济、社会和政治诸领域的改革调整，由此对阶级关系的影响，做了踏实细致的分析和理论总结，是这个大问题上的一部较有新意的著作。

在亚非拉各种社会主义和左翼运动研究方面，也有较显著的进展，出版了唐大盾等著的《非洲社会主义：历史・理论・实践》(世界知识出版社，1988年)、祝文驰等著的《拉丁美洲的共产主义运动》(当代世界出版社，2002年)、徐世澄的《古巴模式的"更新"与拉美左派的崛起》(中国社会科学出版社，2013年)、徐世澄主编的《拉美左翼和社会主义理论思潮研究》(中国社会科学出版社，2017年)，以及崔桂田、蒋锐等著的《拉丁美洲社会主义及左翼社会运动》(山东人民出版社，2013年)，等等。

在略述了以上成就之后，也不能回避一种令人不安的情况：这一时期学术界中的不良风气逐渐滋长起来。这种情况以前并非没有，但到了新世纪，浅薄轻浮之风日益兴盛，严谨踏实、认真求实的治学传统渐遭漠视，学术论著中的跟风跑、说空话、走捷径甚至转相抄袭……已经不是稀有现象，而这种不良之风，在往后的时期里是越来越狂躁了。

四

现在让我们转到最近七八年来的情况。这些年来，研究的方向进一步多样化了。人物、思想、思潮、事件、流派、国度以至总体性的研究，种类繁多，五花八门。其中有一些研究成果更加深入和细致了，视野也更加扩大了。各类论文发表的数量之大，无法列举，只得从略。此外，还出现了一些部头较大的著作和流传较广的高校教材。一些卷帙巨大的资料集也陆续出版了。另一个新的情况是：20世纪40年代之前出生的老一代学者逐渐淡出学术论坛，部分"40后""50后"和"60后"学者仍在岗位上，70年代以后的青年人越来越多地登上前台，承担起了教学著述和学术交流的工作。他们中间的有些人已经做出了很好的成绩，成为本专业的后起之秀。他们的某些著作在学术上有创见，有新意，得到了普遍的认可。就我所熟悉的情况而言，例如郭洁的《悲剧与困惑：纳吉与20世纪50年代的匈牙利》和项佐涛的《米洛万・吉拉斯的政治思想演变研究》(中央编译出版社，2012年)即是如此。两书都以"现实社会主义"历史上的敏感人物为研究对象，不仅对他们的政治生涯论述甚详，而且展现了他们所处的社会环境，并对他们做出了令人信服的评价。特别像研究吉拉斯这样以提出"新阶级"理论而著称的思想人物，必定触到苏式社会主义中最富挑战性的问题，即"官僚主义蜕化"的问题。能够自觉承担这项重大使命并把书写到这样的程度，的确是一项应该称赞的功绩。但在我的视野中，这样有分量的成果还不算多。仅从这些年的学术讨论会上提交的青年学者论文看，时政化趋势明显，对当下政策、文件或"重要思想"的学习体会之类往往占据很大部分，而在本学科仍需继续深入探讨的理论和历史问题上却少有佳作。

多卷本《苏联史》的出版是这一时期苏联历史研究的一件大事。预定由人民出版社出版的9卷本在2013年已出首批5卷，即第一卷《俄国革命》(姚海)、第三卷《新经济政策的俄国》(郑异凡)、第四卷《斯大林模式的形成》(徐天新)、第八卷《勃列日涅夫的十八年》(叶书宗)、第九卷《戈尔巴乔夫改革时期》(左凤荣)。作者均为这一领域有长期研究经验的专家，论述可说代表了当今苏联通史研究的最高水平。即以姚海写作的第一卷而言，史料的丰富，叙事的详细，立论的公正……反映出作者深厚的学术功底和治学的认真负责，而这在当今普遍浮躁的时期尤其值得称赞。此外，苏联和东欧历史及当代转型，也得到了比以前更为充实的研究，近年来这方面的成果极多。至于在当代西方资本主义、各种左翼力量和社会运动……也都有许多研究，无法多谈了。

此外，40 年来共运史或世界社会主义史的教材大量涌现，种类之多和数量之大，几可用汗牛充栋来形容。其中固有内容和形式均比较扎实，确实有助于学习者的，但也有不少转相袭用、观点陈旧，没有多大价值的。最近十几年来较好的作品，可以举出高放、李景治、蒲国良主编，中国人民大学出版社多次再版的《科学社会主义的理论与实践》；黄宗良、孔寒冰主编的《世界社会主义史论》（北京大学出版社，2004 年）等。另外，2018 年是马克思诞辰两百周年，国内各地举办了各种形式的纪念活动。由原中央编译局四位学者分别撰写、已经出版过的马恩列斯的传记，现在经过较大的修改扩充，由天地出版社出版。本学科的学者们在各种学术期刊上发表了许多学习和研究马克思学说的作品，均不列举了。

还要专门谈谈 40 年来对本学科发展十分重要的资料收集和翻译工作。20 世纪 60—70 年代编译并内部发行的"机会主义、修正主义资料选编"（即俗称的"灰皮书"），对于改革开放后国内学术界的开拓视野发挥了重大作用。随着社会的进步，这批资料得以公开出版，从 2008 年起，由人民出版社陆续出版了 8 本文选，包括了考茨基、伯恩施坦、饶勒斯、卢森堡、奥托·鲍威尔、普列汉诺夫、托洛茨基、布哈林等人的著作选编。80 年代以来，关于世界社会主义各个派别思想家的著作、纲领和文献汇编，蔚为大观。由沈志华主持的《苏联历史档案选编》等历史文献资料的大规模整理出版，对于今人和后代来说，是一项很有价值的成果。国际共运史史料汇编自改革开放以来就在进行，中途曾因各种困难搁浅，后重又开始，从 2011 年起至今，64 卷本《国际共产主义运动历史文献》[1]已经出齐，这套卷帙浩繁的文献汇集了各个时期的大量文件资料，对于本学科研究和教学具有重要意义。

综上，改革开放以来在国际共运领域，或更确切地说，在世界社会主义领域，成就是显著和巨大的。如果以为如今仍然停留在此前几十年的老套路上，那是完全不了解情况的误解。在这一领域真正的学者完全可以说，他们是以治学者的良心，严肃认真地推动着知识和思想进步的。

但事情的另一方面也不能忽略。国际共运这个学科从来是与现实政治密切联系着的。许多问题都属于敏感区域，正因此每一进步都是来之不易的。上面所谈到的那些成就，往往需要经由长期的认真研究而获得，但一旦提出，极易招来各种固守陈说的、非学术的批评、指责和否定，发表或出版往往也遇到层层困难。这便产生如下情况：真正有价值、有见地的学术研究时常淹没在大量人云亦云、"炒剩饭"的庸常之作中间，而那些既缺少探索精神、又缺少学术分量的肤浅之作，反倒流行于市。更有甚者，在某些情况下，一些充斥着常识性错误、在明眼人

① 王学东主编：《国际共产主义运动历史文献》，中央编译出版社，2011—2017 年。

眼中只不过是笑料的投机文字，居然可以被抬举成重要贡献，到处受到吹捧。这种情况败坏了学风，严重损害了国际共运研究的声誉，在许多人心目中留下了偏见甚至恶劣的印象，以为这一学科根本算不上学问，不过是一门无聊的“官房学”而已。如今在许多重大的世界社会主义历史与理论问题上，由既不了解真实历史、又没有基本学术素养的外行批评者们任意编造出来的无稽之谈，壅塞于网络之上，不管他们所讲的东西多么荒诞不经，却往往受到但求“过瘾”、不问真假的人们的追捧。

在上述情况下，这一学科的维持和发展遇到很大的困难。需要研究的重要问题往往因政治禁忌而让人望而却步，本属于这一领域的工作者们因个人前途黯淡而纷纷“逃离”。要改变这种状况，需要各方面的真正理解和支持。但情况远非依靠“权”和“钱”去“造势”所能解决。学术发展有其自然的法则，重要的是需要这样一种条件，它使得学者们能够无所顾忌地本着对历史、对社会进步的责任心，把自己的事业当作一门科学去不断求索。马克思坚决主张学术探索的自由与真诚，反对使科学研究的观点屈从于“各种与科学无关的外在利益”。[①] 恩格斯也明确地提出：“科学越是大公无私，它就越符合工人阶级的利益。”[②]对学问本身无私忘我的探求，才是真正的推动力。这个道理当然适用于所有的研究领域，但对本专业来说，尤其如此。

---

① 《剩余价值学说史》(第 2 卷)，人民出版社 1978 年版，第 123 页。

② 《马克思恩格斯选集》(第 4 卷)，人民出版社 1995 年版，第 258 页。

现代化视野下的“革命”及其历史必然性问题

【内容摘要】 长期以来，对暴力革命的重视和推崇始终在马克思主义理论中占据主流位置，但从实际出发，无论对革命的过分推崇还是彻底否定，都有失偏颇。如何分析和评价发生于20世纪东方落后国家的社会主义革命及其历史必然性，是一个存在很大争议的理论难题。俄国和中国等东方国家的现代化革命最终走向社会主义，是历史的合力所致，且与世界现代化发展的特点相联系，大多兼具社会革命和民族革命双重目标与内涵。同时，落后国家的现代化多具有外源型特征，这使得俄国、中国的现代化革命最终具有一定程度的社会主义性质，是历史必然性的结果和反映。

【作者简介】 韦定广，中国人民解放军国防大学政治学院教授

【原文出处】《宁波市委党校学报》2019年第4期

长期以来，对革命（主要指暴力革命）的重视和推崇始终在马克思主义理论中占据主流位置；革命不仅被认为是人类社会走向社会主义的基本途径，而且也是不同国家和民族实现由传统农业社会向现代工业文明变迁的必要形式。然而在意识形态之争背景下，国际学术界却一直存在着对革命，尤其是以十月革命为代表的东方国家革命的否定。在国内也曾产生过对革命的尖锐批评，认为中国的问题首先是辛亥革命“搞糟了”，然后又是一连串的革命，由此得出结论：“‘革命’在中国并不一定是好事情”。[①] 其实，无论对革命的过分推崇还是否

① 参见李泽厚、王德胜：《关于文化现状、道德重建的对话》，《东方》1994年第5、6期。

定，都有失偏颇。对于20世纪东方落后国家，现代化是“最大的政治”（邓小平语），其成败得失是对革命后道路或制度选择优劣与否的最高评判标准。由此，需要我们从现代化视角重新认识和反思革命及其历史必然性问题。

一

人们对20世纪“革命”的批评或否定，主要表现在两个方面：

其一，20世纪的灾难很大程度上源自对“乌托邦”整体社会工程的崇拜，而这正是“革命”惹的祸，因为“革命常常就是凭一种观念、一个理想、为达到一个目的而去作的整体社会工程设计”。①

其二，一些主要通过改良方式实现社会变迁的国家，如英、德、日，在现代化过程中则能保持一种稳定的发展态势，效果更为理想。

姑且不论革命与改良的根本区别是否真的表现为有还是没有一个“整体社会工程设计”（在这方面，我们不妨将法国大革命与日本的明治维新做一个对比），凡是最终导致社会发生巨型变迁的革命，都不是任何人能够“制造”出来的（马克思说过，“制造”革命是件十分危险的事）。在俄罗斯，十月革命前首先有1861年农奴制改革、维特改革和斯托雷平改革，再就是1905年革命和二月革命，最终是历史将布尔什维克推向革命，从而“终结”了60年的社会动荡。同样发生于20世纪初的中国辛亥革命，在许多方面与俄国的二月革命，甚至十月革命存在相似之处：革命的爆发出乎长期组织革命的领导人或政党意料之外，革命过程自然而又非常简单，革命的最重要政治成果都是宣告作为传统社会代表的封建统治王朝的覆灭。武昌起义的爆发固然与孙中山领导下的革命党长期进行宣传、组织工作存在一定的联系，但事实上，革命最终在1911年10月10日的武昌这一具体的时间和地点爆发，不但出乎孙中山预料，而且几乎所有的革命党或准革命党们都没有想到。当时孙中山在美国，两个半月后才回国。士兵们发动了革命，也取得了胜利，然而却陷于群龙无首的困境，不得不将统帅权交到非但和革命无关而且从来敌视革命的旧军人黎元洪手中。最终，孙中山领导的革命党将政权交给袁世凯，当然这和袁世凯当时在各方面政治势力中占据优势有关。与十月革命相仿，辛亥革命的“暴力”性质甚微，除了全国性的动乱外，甚至没有发生类似阿芙乐尔巡洋舰“一声炮响”那样令人记忆深切的事件。然而，革命的自发性与普遍性也正是其历史必然性的充分体现。

武昌起义的爆发完全是偶然的、“计划外”的，但由孙中山领导的革命党所竭力倡导的“革命”却又确实是有“观念”、有“理想”、有“目的”的，是想借此完成对社会的“整体”性的“设计”和改造。不但孙中山领导的革命，十月革命和中国共产党领导下的革命更是如此。然而，难道世界近代史上为实现社会文明变迁而进行的“改良”，就没有观念、理想在指导？难道事先就没有对目标的整体设计？

按照塞缪尔·亨廷顿(Samuel Huntington)的观点，所谓“革命”，是使传统社会现代化的一种方式，在本质上，不是某种能够发生在任何类型社会、任何历史时期的现象；也是说，它不是一个带有普遍性的范畴，而是一种具有历史特殊性的现象。因此，革命作为特定历史条件下实现巨型社会变迁的途径，在根本上不同于任何

---

① 参见李泽厚、王德胜：《关于文化现状、道德重建的对话》，《东方》1994年第5、6期。

国家历史上经常发生的起义、叛乱、暴动、政变、战争等等；“革命是在一个社会占统治地位的价值准则和假托，及其政治体制、社会结构、领导权，以及政府活动与政策等方面发生的一场迅猛的、根本性的、暴力的内部变化。”①进行这样的革命，自然需要社会付出一定的代价，然而从长远实际效果来看，改良的代价未必逊于革命。在历史上，德国和日本在社会转型过程中由于缺乏革命冲击波强有力的震撼，19世纪后期存留下来的反动政治形式却成为20世纪法西斯主义的基础；印度避免了革命，却没有能够免除民族分裂和长期的民族冲突、政变与动乱之苦，在独立后的半个世纪里，现代化始终“受制于一条代价同样惊人的停滞路线”。② 另外，西方资产阶级为现代化所进行的革命或许不存在“乌托邦”的一面，然而其暴力程度及其社会代价难道就很低吗？法国大革命所经历的恐怖时代，我们都很熟悉了(或许在一些人看来，也应该“另当别论”)；而美国的南北战争如何？即使英国，在实现和平改革之前，首先经历了17世纪、18世纪两个世纪的暴力革命形式(著名的“圈地运动”，实则为和平统治秩序下的合法暴力行为)，巴林顿·摩尔(Barrington Moore)认为，“这种革命暴力实际上是一种和平转变的序幕”，而“割断两者之间的联系就是歪曲历史”。③ 另外，正由于现代化革命具有历史上前所未有的社会大革命性质，所以往往不可能一蹴而就。西方有学者分析，在大多情况下尤其是在东方国家，需要经过从温和派(如孙中山)掌权，到新旧政权对峙、较量(在西方，斗争相持通常是在不同革命集团之间进行)，最后由更加坚定的革命派取得彻底胜利几个阶段。按著名现代化问题专家、美国学者西里尔·布莱克(Cyril Black)的阐述，从发动革命到国家巩固现代化的领导权，一般都需要经历一个“不断革命”的过程。例如世界上第一个进行现代化革命的国家英国，这一阶段从1649年至1832年，前后长达183年；第二个国家是美国，这一阶段从1776年到1865年，共延续89年；18世纪末到19世纪初，有13个国家进入现代化行列，平均时期为73年；在20世纪第一个1/4的时间里，有26个国家开始进入现代化，到60年代，其中的21个逐步表现出现代化国家的姿态，平均时间为29年。④

二

至于革命的不断激化，说明白一点，也就是为什么俄国和中国等东方国家的现代化革命最终走向社会主义的问题。

借用恩格斯的一个术语，这完全是“多少个平行四边形的力的合力”所致。在俄罗斯，如大量历史事实所证实，十月革命后的不断激进成为各党各派的主动选择，而不再单纯是列宁或布尔什维克的独立主张。类似情形在20世纪上半叶的中国也大体如此，不同之处在于，中国经历时间更长、情况更复杂，但最后结果也更加直截了当。例如：

(1) 1923年、1924年，北京曾有人利用校

---

① 参见[美] 塞缪尔·亨廷顿：《变动社会的政治秩序》，张岱云等译，上海译文出版社1989年版，第286—288页。

② [美] 巴林顿·摩尔：《民主和专制的社会起源》，拓夫译，华夏出版社1987年版，第344页。

③ 同上，第14、21页。

④ 转引自[美] 塞缪尔·亨廷顿：《变动社会的政治秩序》，张岱云等译，上海译文出版社1989年版，第51页。

庆纪念日社会各界人士聚集的机会进行民意测验。结果在涉及"社会主义"的两次测验中,赞成或相信"社会主义"的人明显占优势;赞成"以俄为友"者是赞成以美国为友的4—5倍。人们对"社会主义"感兴趣的重要原因之一,是俄国经过革命,建立起一个人人平等、劳动人民当家做主的社会。①

(2) 1933年7月,上海《申报月刊》举行"中国现代化问题"专题讨论。在30余篇征文中,完全赞成中国现代化应走西方或私人资本主义道路的只有1篇;而明确倾向于采取社会主义方式的却有5篇。②

(3) 20世纪40年代由活跃于当时中国政坛、主要以民族资产阶级和知识分子组成的"第三种力量",起初奉行自由主义路线,主张在中国建立一个以欧美资本主义为榜样的社会。然而,随着对社会认识的加强,这些深受中国传统文化浸润的党派或人士除极少数与国民党关系密切者外,大多数转向了社会主义。例如在民盟1945年的经济纲领中,以苏联为榜样的"平均财富"、主张由国家制定统一的经济计划、消费品分配以国营和合作社为主、节制私人商业等经济政策占有很突出的地位。③

之所以呈现出这种状态,首先是与世界现代化发展的特点相联系。全球性现代化进程气象万千、扑朔迷离。摩尔的《民主和专制的社会起源》一书追源溯流,梳理出了三条主要的政治发展脉络:以英、美、法为代表的西方民主道路,以德、日、意为代表的法西斯主义道路和以俄国、中国为代表的社会主义道路。他认为,这三条道路不但在时间序列上大致是相互衔接的,而且存在因果链条上的辗转递进关系。或许摩尔的观点在论证上还欠严密,但对西方资本主义现代化的批判成为俄、中走向社会主义的背景,却是无可否认的事实。

其次是像摩尔和亨廷顿所努力论证的,为现代化革命在东方国家的特殊性所决定。与许多研究者的思路不同,摩尔在分析现代化政治革命的不同道路及结果时,不是从资产阶级入手,而是看重"土地贵族和农民在其中所扮演的角色",认为他们才是"左右政局的决定性因素"。④ 亨廷顿也认为,现代化革命虽然名为资产阶级革命,然而无论西方社会还是非西方社会,"在很大程度上都是农民的革命"。中国和俄国由于历史基础关系,农民"左右政局"的作用更加突出。俄国二月革命后的临时政府由于没有取得来自农村的支持,注定了自己垮台的命运。"列宁及时看清了这一事实",所以取得了成功。亨廷顿引用别人的观点评论道:如果没有农民,十月革命"这一效法1871年巴黎公社的努力肯定会遭到蒙马特尔社会主义者同样的命运,并作为类似事件留存史册"。⑤

中国的情况就更加如此。但问题在于:既然农民必须在俄国革命和中国革命中起决定性作用,革命必然要以农民满意作为结果;另外一方面,东方农民深厚的文化心理特征

① 参见许纪霖、陈达凯主编:《中国现代化史》第1卷,上海三联书店1995年版,第398页。

② 罗荣渠主编:《从"西化"到现代化》,北京大学出版社1990年版,第14页。

③ 参见许纪霖、陈达凯主编:《中国现代化史》(第1卷),上海三联书店1995年版,第565—510、589页。

④ [美] 巴林顿·摩尔:《民主和专制的社会起源》,拓夫译,华夏出版社1987年版,前言部分,第5—6页。

⑤ 参见[美] 塞缪尔·亨廷顿:《变动社会的政治秩序》,张岱云等译,上海译文出版社1989年版,第5章中"农民与革命"一节。

(俄罗斯的村社主义,中国农民根深蒂固的、以太平天国军事共产主义为代表的"大同"愿望),也必然会影响甚至决定着革命的方向,并在革命后的社会制度选择及其建设中留下深刻的烙印。

三

更重要的原因还在于:20世纪落后国家的现代化革命大多兼具社会革命和民族革命双重目标与内涵。

落后国家的现代化都具有"外源型"特征,现代化的"种子"大多伴随西方资本主义国家军事、经济、政治等多方面的入侵而来,或者在现代化起步阶段,经济上很快为外国资本势力所控制(例如19世纪末20世纪初的俄国);而在20世纪上半叶,前一种情况迟早会落入依附于工业列强境地,甚至陷于殖民地或半殖民地状况。所以,落后国家的现代化革命,一方面,极易有外国干涉卷入;另一方面,从主观上来说,争取民族独立、自主和尊严也经常成为其基本内容。外国干涉的刺激又很容易成为革命不断激化最终完成其全过程的重要因素。例如法国大革命,R. R. 帕尔默认为普鲁士于1792年夏入侵法国,在很大程度上造成了革命激进化进程:巴黎的"无套裤汉"和流亡知识分子彻底摧毁了封建制,宣告法兰西共和国成立。因此,"战争使革命革命化……使革命在国内变得更加激进,使它在国外的影响变得更加巨大"。①

进一步分析:如果没有第一次世界大战,很可能就没有十月革命。外国干涉对于中国革命的激化意义更加显著。在辛亥革命时期,国外政治势力的支持是袁世凯能够获得统治地位的重要筹码,而稍后几年,日本人的"二十一条"又成为其政府倒台的推动力量;五四运动的直接背景是巴黎和会而非"启蒙";20世纪30年代,日本侵略中国构成推动农民全面参加"革命"的重要因素;最后,美国20世纪40年代后期在中国的存在,国民党对美国的依附及其在华利益的维护,无疑从另外一个方面增强了共产党在革命中的合法地位与号召力。

换个角度看,落后国家的现代化革命兼具反对国内旧的统治阶级和国外干涉或统治体系双重任务,这也是革命能够获得成功的重要条件。

西方发达国家历史上现代化革命的成功,主要取决于有一个从"底层"崛起,首先在经济上较旧政权更具有优势的资产阶级(例如在法国革命中,作为第三等级代表出现的"市民阶级")及其知识分子。在落后国家,尤其是20世纪上半叶的东方国家,民族资产阶级由于既和旧的统治势力也与外国资本或政治集团保持着密切的联系,注定在兼具双重含义的革命中终将"大权旁落",最后主要由接受过现代思想启蒙的知识分子担当起发动和推动革命的重要角色。革命的主力自然是农民。在思想观念与行动目标上,知识分子和农民阶级可能存在差异,然而在革命的民族主义层面上,二者的利益和追求却是一致的(暂且不考虑共产党代表最广大人民利益这一点)。然而以积极的民族主义为号召,随之而来的是革命后的社会制度性质及政权建设问题。不可想象,一场以反对国外统治或资本势力侵略的革命,最后的结果会是建设一个与之相似的社会制度或模式。如果说这种情况在19世纪后期的拉美国家出现时,还

① 参见[美]塞缪尔·亨廷顿:《变动社会的政治秩序》,张岱云等译,上海译文出版社1989年版,第331页。

有些无可奈何,那么在20世纪上半叶,马克思主义的以挑战西方资本主义为核心的社会主义理论便使之获得了彻底的改变。

有人认为,“十月革命的世界意义在于,它提供了解决帝国主义时代民族国家问题的可能的历史途径”;因为在20世纪,对于亚洲、非洲的前现代化国家而言,国际资本的垄断、帝国主义列强的军事侵略和政治统治,已经“彻底切断了民族国家从工业化过程和市民社会生成的可能性,民族国家不能朝着最发达的欧洲和北美这个惟一的方向前进”。[①] 这实际上也就确定了革命最终将朝着与世界资本主义不同的方向“激进”:社会主义。事实上,不但中国等东方国家,“二战”后许多发展中国家在民族革命成功后也都纷纷选择“非资本主义”道路。

基于上述分析,不但20世纪上半叶中国等东方国家现代化过程中发生革命是必然的,而且革命不断“激进”至社会主义也是必然的。革命不是因为某些人或党派有意“制造”,革命的起因也并非完全出于对“乌托邦”社会工程的癖好。

然而,革命成功的喜悦却使胜利者逐渐产生了对革命的错觉:将其历史必然性简单混同于马克思所论证的无产阶级革命。

或许,这才是问题的关键所在!

四

勒芬·斯塔夫里阿诺斯(Leften·Stavrianos)的《全球分裂》(下册)在论述第一次世界大战后发生于第三世界的革命时,用了一个标题:“马克思被颠倒过来”。因为按照马克思的设想,反抗资本主义的革命理应首先在工业化的西方爆发,而社会主义的欧洲却存在着被仍旧是资本主义的外部世界包围和威胁的可能。斯塔夫里阿诺斯所言的根据,是马克思1858年10月8日给恩格斯的信。马克思在信中写道:“对我们来说,困难的是:大陆上的革命迫在眉睫,并将立即具有社会主义的性质。但是,由于在极为广阔的领域内资产阶级社会还在走上坡路,革命在这个小小角落里不会必然被镇压吗?”[②]但是在20世纪,共产党领导下的革命却主要在东方落后国家取得胜利。具有特定内涵的革命从资本主义世界体系的中心转向了边缘,在这一层面上,马克思确实被“颠倒”了。对于“颠倒”的实质及其丰富意义,列宁在逝世前清楚地认识到了。简单回顾一下,列宁的认识着重体现在两个方面:革命在本质上是共产党领导下的现代化革命;革命虽然具有内部动因,但促使革命的领导权及其胜利最终属于共产党的,主要在于特定历史条件下的外部压迫。[③]

20世纪全球化背景下的外部压迫,使俄国、中国的现代化革命最终具有一定程度的社会主义性质,这也是历史必然性的结果和反映。不过值得记住的是,这是不同于马克思所论证社会主义历史必然性的另一类历史必然。如果前一种历史必然在实现上呈现出“水到渠成”“瓜熟蒂落”特征,那么后一种历史必然的实践形态在更大程度上,表现为由外部压力所产生的“不得已而为之”状态。从社会发展道路的多样性以及外源型现代化建设需要而论,也是完

---

① 徐迅:《民族主义》,中国社会科学出版社1998年版,第84页。

② 《马克思恩格斯全集》(第29卷),人民出版社1972年版,第348页。

③ 参见《列宁选集》(第4卷),人民出版社1995年版。

全能够成立的。[①] 然而长期以来,在为社会制度选择而进行的辩护或意识形态斗争与宣传中,我们总是力图从马克思有关社会主义历史必然性的论证中寻找能够自圆其说的"武器",结果每每陷于捉襟见肘的困境。在实践中,为了弥补客观历史前提的不足,最终走向公有制崇拜,即社会主义"美好"原则的实现主要不是通过经济和社会发展来达到,而是依靠以建立公有制为核心的政治层面。就像列宁在总结"军事共产主义"时所说:"我们为热情的浪潮所激励,我们首先激发了人民的一般政治热情,然后又激发了他们的军事热情,我们曾计划依靠这种热情直接实现与一般政治任务和军事任务同样伟大的经济任务。我们计划(说我们计划欠周地设想也许较确切)用无产阶级国家直接下命令的办法在一个小农国家里按共产主义的原则来调整国家的产品生产和分配。现实生活说明我们错了。"[②]然而,问题在于一错再错。在苏联,先有"军事共产主义",后又有 1929 年的全盘集体化运动;中国在时间短促及实现公有化的行政命令方式上,则较苏联又更上层楼,于是产生了革命后的"革命"问题。

应该承认,这才是导致出现"乌托邦"社会工程设计的根本缘由(假设可以这么提出)。

① 斯塔夫里阿诺斯在《全球分裂》中对于 20 世纪社会主义首先产生于落后国家,曾经从世界文明发展规律角度提出他的解释:人类的古典文明、中世纪文明和资本主义文明都诞生于前一文明的边缘地区,由此得出结论:"每一种社会制度趋于腐朽且将被新的社会制度所淘汰的时候,率先发生转变过程多半不在中心地区的富裕的、传统的和板结的社会里,而是发生在外缘地区的原始的、贫困的、适应性强的社会里。"参见斯塔夫里阿诺斯:《全球分裂》(上册),商务印书馆,第 22 页。这一新论点的启发性在于:由落后而产生社会变异(Social Mutation)是世界历史上重复出现的规律性现象。然而,世界文明发展规律同样表明:边缘地区新文明的成长必须建立在充分吸收前一文明先进成果的基础上。

② 《列宁全集》(第 42 卷),人民出版社 1987 年版,第 176 页。

无产阶级专政概念中国化考证与疏义

【内容提要】 在社会主义发展史上，Diktatur/Dictatorship、无产阶级专政概念一直处于大大小小的争议中。基于概念史考察可见，在马克思和恩格斯的原著中，无产阶级专政指的是无产阶级组织为统治阶级的政治形式，是和民主相适应的专政。在自西徂东衍变而传入日本，再由日本传入中国的过程中，无产阶级专政多采用“独裁”译法，同时还配词“专制”“专政”“专断”等对译英语、法语文献词，某种程度上也掩盖了中国传统文化中“专政”独揽政权、专管政务的含义，也“歪曲”了马克思和恩格斯的原意。中国共产党成立后，在延安时期翻译了许多马克思列宁主义原著，实现了无产阶级专政概念的中国化。在马克思主义中国化进程中，中国共产党实现了“民主”和“专政”两词连用，并在伟大社会革命实践中见证了人民作为政治主体的生成，锻造出人民民主专政的国体概念。

【作者简介】 靳书君，广西师范大学马克思主义学院教授；李永杰，中共福建省委党校哲学部教授

【原文出处】 《党史研究与教学》2019 年第 2 期

中国共产党文件中首次正式使用“无产阶级专政”术语，是 1920 年 11 月上海共产主义小组起草的《中国共产党宣言》：“无产阶级专政的任务是一面继续用强力与资本主义的剩余势力作战，一面要用革命的办法造出许多共产主义的建设法”。[①] 在共产国际代表格列高里·维经斯基(Grigori Voitinsky)推介下，《中国共产党宣言》从《美国共产党宣言》借鉴了不少术语和表述。《美国共产党宣言》设有 Proletarian

① 吕延勤主编：《马克思主义在中国早期传播史料长编》(上卷)，长江出版社 2016 年版，第 435 页。

Dictatorship专章，沈雁冰将《美国共产党宣言》英译汉时，将Proletarian Dictatorship初译为“劳工阶级专政”，[①]《中国共产党宣言》改译“无产阶级专政”。在《共产党宣言》德语和英语原著正文中，马克思还没有使用无产阶级专政概念，《中国共产党宣言》提出这一术语，是中国早期马克思主义者经诸多日译马克思主义文献濡染，又受十月革命启发借助俄国经验进一步科学理解专政概念意义而成，表现出《共产党宣言》在跨语言传播中的思想包容性和概念创造力。在马克思全部著作中，共18处使用过“无产阶级专政”术语，时间集中在1850—1852年、1871—1875年、1891—1895年三个时期，主要在《1848年至1850年的法兰西阶级斗争》《马克思致魏德迈的信》《法兰西内战》《哥达纲领批判》四部著作使用。[②] 十月革命以后，这四部著作多次汉译，并结合列宁经典著作《国家与革命》在华传播，最终以“专政”取代“主国之职”“独裁官之职”等旧译法，取代“狄克铁特”“狄克推多”等音译词，特别是取代“独裁”“专制”“专断”等意译词，成为通行译词，标志着汉语无产阶级专政概念成熟定型。经过汉译词选替背后的意义生产和再生产，马克思四部著作中使用的无产阶级专政术语，与他在《共产党宣言》中宣告的“无产阶级民主”概念，在中国化过程中对接起来，专政概念被阐释成一种新型民主的国体。

一、无产阶级专政的原著概念

1885年，恩格斯写信给马克思女儿劳拉·拉法格(Laura Lafarge)，称赞她翻译的《共产党宣言》法文版译文“能给读者提供原著概念”。[③]恩格斯要求经典著作译文充分体现原著概念，是因为马克思在创作中对原著概念的使用十分严谨，具有很高的革命性和科学性。马克思使用无产阶级专政概念比较集中的四部作品都对列宁产生了深刻影响，列宁在反复阅读马克思这四部作品的基础上，于十月革命前后写成《国家与革命》一书和《论“民主”与专政》一文，其中大量摘引和援用马克思原著论述，坚持和阐发了马克思的原著概念，马克思的四部作品和列宁的《国家与革命》一起，又是传入早、流传广、影响大的汉译经典，成为汉语无产阶级专政概念的源头活水。

在《1848年至1850年的法兰西阶级斗争》中，马克思第一次提出了无产阶级专政概念：“推翻资产阶级，工人阶级专政！”[④]工人阶级即无产阶级成为政治权力的主体，这是无产阶级专政概念的阶级规定性。此前，传统国家作为阶级矛盾不可调和的产物，从奴隶制国家到封建制国家再到资本主义国家，无论是君主制国家、贵族制国家还是民主制国家，都是占有物质生产资料的阶级掌握统治权，是占有者阶级剥削生产者阶级的政治形式。这种政治形式的实质，就是剥削阶级的阶级专政。阶级斗争是阶级社会发展的动力，资产阶级专政以前的每一次阶级专政更替，虽然都不同程度扩大了政治权力主体，但专政主体始终是特定的占有者阶级，政治权力都不曾归于生产者阶级。在该书中，马克思还在“社会主义就是宣布不断革命，

① 《共产党》月刊，1920年第2号，第40页。

② 参见李惠斌：《马克思〈法兰西内战〉研究读本》，中央编译出版社2013年版，第51页。

③ 《马克思恩格斯全集》(第36卷)，人民出版社1975年版，第361页。

④ 《马克思恩格斯选集》(第1卷)，人民出版社2012年版，第469页。

就是无产阶级的阶级专政”句中，在“阶级专政”四字下划着重号。在1852年致魏德迈的信中，马克思强调：“阶级斗争必然要导致无产阶级专政，”①无产阶级专政第一次使生产者阶级取得统治权，无产阶级成为专政主体，民主共和国第一次成为社会共和国、真正共和国、劳动共和国，成为劳动解放的政治形式。

但是，“工人阶级不能简单地掌握现成的国家机器，并运用它来达到自己的目的”。在《法兰西内战》中，马克思把巴黎公社作为无产阶级专政的典型，“实质上是工人阶级的政府，是生产者阶级同占有者阶级斗争的产物，是终于发现的可以使劳动在经济上获得解放的政治形式”。② 这种无产阶级专政的政治形式，必须成为铲除阶级赖以存在，因而也是占有者阶级专政赖以存在的经济基础的杠杆，破坏运用社会的有组织的国家力量谋取私利的阶级专制的经济基础，从而根本改变生产者的社会奴隶地位，建立生产者阶级的政治统治。在《国家与革命》中，列宁坚持了马克思的概念内涵，指出：“公社就是无产阶级革命打碎资产阶级国家机器的第一次尝试和‘终于发现的’、可以而且应该用来代替已被打碎的国家机器政治形式。”③所以，无产阶级专政的目的，不仅是夺取资产阶级专政的国家机器，而是首先废除生产资料的阶级所有制，由生产者直接掌握生产资料，进一步使生产者充分享有经济社会管理权，充分参加日常社会管理和日常政治生活，以此为基础，把政治和行政管理作为一项日常的技术工作，能够为普通劳动者学习并掌握，把政治、行政、军事职务变成普通劳动者的职务，从而打破旧国家机器的神秘性和虚伪性。在生产者阶级的政治统治中，“共和国只有作为‘社会共和国’才有可能存在”。④ 在马克思、列宁的原著概念当中，未来国家不再被理解为政府机器，或由于分工而同社会分离的独特机体，无产阶级专政不只满足于建立一个新国家，更要建设一个新社会，在经济基础和社会关系之上建构新的政治形式。

马克思、列宁原著概念中这种新的政治形式，既是传统国家的消亡，又是新型国家的诞生。国家消亡并不是无政府主义，而是传统的具有阶级专制性质的国家消亡，转为以无产阶级专政为原则的新型国家。在《哥达纲领批判》中，马克思探讨了无产阶级专政国家的两种形式，即无产阶级的革命专政和未来共产主义社会的国家制度。马克思指出：“在资本主义社会和共产主义社会之间，有一个从前者变为后者的革命转变时期。同这个时期相适应的也有一个政治上的过渡时期，这个时期的国家只能是无产阶级的革命专政。”⑤在《国家与革命》中，列宁引用了马克思的这句话，并且充分地发挥了这句话对无产阶级专政概念的意义。过渡时期的任务是消灭阶级所有制和阶级法权，以新社会代替旧社会，必须实行无产阶级专政的革命政治形式。经过过渡时期建成新社会之后，未来共产主义的国家制度就是公社式的，这是无产阶级专政的基本政治形式。在马克思、列

① 《马克思恩格斯全集》(第28卷)，人民出版社1973年版，第509页。

② 《马克思恩格斯选集》(第3卷)，人民出版社2012年版，第102页。

③ 《列宁选集》(第3卷)，人民出版社2012年版，第160页。

④ 《马克思恩格斯选集》(第3卷)，人民出版社2012年版，第150页。

⑤ 同上，第373页。

宁看来,无产阶级为主体的人民已经是居民的多数,因而,传统阶级专政意义上的实行镇压职能的特殊力量也就不需要了,人民这个大多数人代替享有特权的少数人(享有特权的官吏、常备军长官)的特殊机构,直接掌握政权。无产阶级专政的这种基本政治形式,马克思称作公社体制,列宁称之为无产阶级社会主义共和国。这种基本政治形式包括国家层面的议行合一制度和基层自治制度,在各个层次上实行普选制、代表制、委员制、廉薪制、问责制、罢免制,无产阶级专政是历史上首次出现的占人口大多数的人民直接掌握政权的政治形式,从而给社会主义共和国奠定了真正民主制度的基础。在《法兰西内战》导言中,恩格斯讽刺"社会民主党的庸人又是一听到无产阶级专政这个词就吓出一身冷汗。"[①]其实,经典作家站在生产者阶级角度,站在新社会角度,站在多数人的角度,在他们的原著概念中,无产阶级专政这个词颠覆了一切旧阶级专政的意蕴,而与真实的民主相通。在《国家与革命》《论"民主"与专政》中,列宁精准地发现:《共产党宣言》干脆把"无产阶级转化为统治阶级"和"争得民主"这两个概念并列在一起的。[②] 而无产阶级转化为统治阶级采取什么样的政治形式,才能和争得民主这点相适应?对此,列宁看到,马克思、恩格斯通过总结巴黎公社实践经验,在1882年他们最后一次共同为《共产党宣言》作序时进行了解答,即无产阶级专政是无产阶级组织为统治阶级的政治形式,是和民主相适应的专政。

二、"专政"译词自西徂东衍变

"专政"一词在《左传》《史记》《后汉书》《资治通鉴》等史籍皆有典,如"齐王越亲而专政""是时王少,成、兑专政"还有"钱粮为藩司专政""请宽繇民徭而免田租之敝,专政者恶之"。[③] 古典用例为动宾结构,有两种意思,一为独揽政权,二为专管政务。近代西学东输,专政一词与西学术语对接,在1866—1869年新教传教士罗存德英华字典中,把 a monarchical government 译为皇专政,罗存德英华字典的专政一词,很快进入日语,1884年,日本井上哲次郎订增英华字典援用了同样的对译。[④] 专政无论在汉语中还是作为和制汉字词,都保留了它的第一个古典含义,与另一个古典词专制在意义上相通,同时由动宾结构变成了偏正结构词,专政被视为专制政府的缩略语。而专制一词,早在明治初期就进入了英日词典,在日本被用来对译英文术语 despotism 和 autocracy,并保留了这个词在汉语古典用法中的偏正结构:义素"专"表示"独自地""独断地"的副词含义,"制"表示"决定""规定"的动词含义。由于这种造词法在日译西学中具有很高的能产性,所以,虽然专制和专政在和制汉字词成为同音同义词,但实际上,专政作为专制政府的缩略语,被裹挟其中很少使用,而专制的使用频次要高得多。更为明显的是,专制在对译英语词 autocracy 语用实践中,其他引申义在日语同样按照汉语造词法和制新词,如:自主、独主、独

① 《马克思恩格斯选集》(第3卷),人民出版社2012年版,第55—56页。

② 《列宁选集》(第3卷),人民出版社2012年版,第188—189页。

③ 《辞海》(缩印本),上海辞书出版社1999年版,第2829页;《汉语大词典》(第八卷),汉语大词典出版社,第3017页。

④ 《罗存德英華字典》,Hong Kong: The Daily press office,1866—1869年,第910页;井上哲次郎:《订增英华字典》,1884年,第560页。

操等词,①都是按照专制一词的偏正结构,由副词义素和动词义素造就。日本最早在翻译古罗马独裁官 dictator 一词时,仿照英语词 dictator 的结构,把后缀-or 译成官,限定词义按照专制、自主、独主、独操等词的造词法,新造汉字词独裁,以独裁官对译 dictator。② 这个译法也进入汉语,1908 上海商务印书馆《颜惠庆英华大辞典》,就把 Dictatorship 译作独裁官之职,当时并无褒贬价值意味。这个辞典延续罗存德英华字典把 a monarchical government 译为皇帝专政,专制政府。③ 可见,在晚清,无论在日语还是汉语语境中,独裁与专制只是造词法一样,并非同义词,直到辛亥时期打破皇帝专制的革命口号和实践力量,给专制一词冠上负面的贬义,同时独裁一词被用来指称贬义意味更厚的军阀统治。"独裁"在 1916 年《赫美玲官話》中已对译英文词组 absolute monarchy,同时还对译 autocracy、despotism,④在汉语中成为专制、专政的近义词。在接受马克思主义之前,陈独秀在 1916 年《青年杂志》发文写道:"日本之维新,日本国民之恶德川专政也,"⑤即是从《赫美玲官話》所列义项上使用"专政"一词。

马克思的原著术语 Diktatur,经过列宁著作引用,在十月革命历史伟力推动下进入日语。1918 年日本社会主义者高畠素之在《新社会》一刊中,首次把列宁著作中的"无产阶级专政"翻译为"労働階級の獨裁";1920 年初,山川均援引《哥达纲领批判》中关于过渡时期无产阶级革命专政的经典论述,论证布尔什维克政权符合马克思主义原著概念,山川均将"无产阶级的革命专政"译为:無産階級の革命的獨裁政治;次年,山川均又将列宁原著《无产阶级政权的当前任务》日译并在日出版发行。⑥ 由此,"dokusai 獨裁"在日本社会主义文献中成为 Diktatur 的通用对译词。在法国大革命时期以及在《共产党宣言》发表后 1848 年欧洲革命时期,公元前 5 世纪古罗马独裁官 dictator 的称谓,也常常用于掌权的革命派自称。日本社会主义者选用 dictator 译词中的"独裁"二字,译指十月革命后苏维埃式新政权,在日本社会主义文献中,和制汉字词独裁与专制、专政这些词,并无必然的意义关联。留日期间在日本《社会主义研究》杂志上,施存统看到山川均根据《哥达纲领批判》译述的"無産階級の革命的獨裁政治"的文章,立即汉译此文寄给陈独秀,并发表在上海《民国日报》上。施存统及随后去日本的周佛海,还根据山川均等人的文章,译撰了不少通俗文章,通过陈独秀发表在《新青年》和《共产党》月刊上。受日译词影响,中国早期社会主义者多用"独裁"一词来翻译 Dictator 和列宁的无产阶级专政概念。1919 年 1 月 26 日,李大钊写作《平民独裁政治》,专门释读这个新名词:"俄、德起了社会革命,世人又造出一种新名辞来,叫做什么'平民独裁政治',就是说这种政治是平

---

① 井上哲次郎:《订增英华字典》,1884 年版,第 75 页。

② [德]李博:《汉语中的马克思主义术语的起源与作用》,赵倩、王草、葛平竹译,中国社会科学出版社 2003 年版,第 371 页。

③ 《颜惠庆英华大辞典》,上海商务印书馆 1908 年版,第 608、1028 页。

④ 《赫美玲官話》,Statistical Department of the Inspectorate General of Customs,1916 年版,第 1661、375、87 页。

⑤ 《陈独秀著作选》(第 1 卷),上海人民出版社 1984 年版,第 173 页。

⑥ [德]李博:《汉语中的马克思主义术语的起源与作用》,赵倩、王草、葛平竹译,中国社会科学出版社 2003 年版,第 371、372 页。

民一阶级的'狄克铁特'(Dictator)。"①1920年,上海共产主义小组印发第一本直接歌颂十月革命的宣传小册子《俄国无产阶级的十月革命》,李绰把"Dictatorship of the Proletarian"翻译为"无产阶级者独裁制"。② 可见,日译词"dokusai 獨裁"回流汉语后,对中国人理解苏维埃政权和马克思主义经典作家无产阶级专政概念产生了很大影响,由于独裁在汉语原典中带有个人或少数人专断、专制、专权的意蕴,所以,与独裁并存,Dictator、Dictatorship还有"专断""专制""专政"等汉译词。1919年底,在《我们为什么要讲社会主义?》文中,张东荪将Dictatorship译为专制政治:"多数的社会主义(Bolshevism)组织一个无产阶级专制政治(Proletarian Dictatorship)"。③ 1920年,《东方杂志》刊登署名罗罗的文章《世界劳动者之概况》,将"Proletarian Dictatorship"译为"劳动者之专断",原文为:"属于第三国际机关者,主张实行阶级斗争。以求'劳动者之专断'"。④ 1920年11月,周佛海引译马克思《哥达纲领批判》:"政治的过渡时期,不外是无产阶级底革命独裁政治的状态。"又引译列宁《论"民主"与专政》:"若以为不要什么强制和独裁政治,可从资本主义移到社会主义的,真是妄诞的,梦想的主义(见列宁著Democracy and Proletarian Dictatorship文中)。"周佛海将马克思和列宁的Dictatorship译作独裁政治的同时,还译作专政、专制:"共产党(多数派)主义乃是集产主义和无产阶级底专政底结合(The Amalgation of Collectivism and Proletarian Dictatorship)","非无产阶级底专制不能实现社会主义,岂但要无产阶级底专政,还要少数者底独裁政治!"⑤ 沈雁冰汉译《美国共产党宣言》时,把Proletarian Dictatorship译成"劳工阶级的专政",也译成"劳工阶级的专断政府",⑥实际上是把专政理解成"专断政府"的缩略语。

由此可见,无产阶级专政原著概念的早期汉译,"独裁""专制""专断""专政"等译词常常混用通用,"专政"常常被理解成"独裁""专制""专断"的同义词、近义词或"专断政府""专制政体""专制政治"的缩略语。从汉语释意看,"独裁""专断""专制""专政"在词义上既有联系又相区别。"独裁""专断""专制"都是和制偏正结构汉字词,回流汉语后仍是近义词。在《汉语大词典》里,"专政"释意有三:一是独自裁断、独自决定;二是执政;三是专管的政务。⑦ 只有第一层古典义与"独裁""专断""专制"词义相通或相近,后两层释义意指个人或机构专管政务,在古典义中并无独裁、专断或专制义素。但在早期对译马克思主义原著概念Diktatur和Dictatorship时,专政的"专管政务"词义常被遮蔽,与"独裁""专断""专制"一起,"独揽政权"的词义被突出出来。这种词义的遮蔽背后,是中国人在马克思主义早期传播中,对无产阶级专政原著概念的不充分解读,即把无产阶级专政的政治形式过多地理解为无产阶级

---

① 《李大钊全集》(第2卷),人民出版社1999年版,第177页。

② 吕延勤主编:《马克思主义在中国早期传播史料长编》(上卷),长江出版社2016年版,第505页。

③ 1919年12月1日,《解放与改造》第1卷第7号。

④ 《世界劳动者之概况》,《东方杂志》,1920年第17卷第3期,第20页。

⑤ 周佛海:《俄国共产政府成立三周年纪念》,《共产党》第1号,1920年11月7日。

⑥ 《共产党》月刊,1920年第2号,第43页。

⑦ 《汉语大词典》(第2卷),汉语大词典出版社1988年版,第1273页。

独揽政权。这种不充分解读是基于当时的术语工具、文本来源和现实参照。在甲午战争之前，用来翻译 Dictatorship 的汉语词组是“主国之职”，就是“专管政务”的官职；甲午战后到辛亥革命之前，无论在日语还是汉语中，Dictatorship 都被翻译成了和制汉字词“独裁官之职”，词义即“主国之职”，此时“独裁”一词，本不与专制、专断通义；但辛亥革命后“独裁”在汉语中与专制、专断近义并贬义程度更深，对译英文词 autocracy、despotism、absolute monarchy；十月革命后中国人又从日本社会主义文献二次借词“独裁”，专门对译马克思主义概念词 Dictatorship，“独裁”一词作为术语工具自然容易把先前 autocracy、despotism、absolute monarchy 意蕴带入 Dictatorship 理解。从文本来源看，早期从日语借词的施存统（光亮）、周佛海、李汉俊、李大钊、陈独秀、李达等人，基本上是依据山川均译马克思《哥达纲领批判》关于过渡时期无产阶级革命专政的论述，或直接是河上肇摘译的《哥达纲领批判》中《马克思主义的所谓“过渡阶段”》，①这段无产阶级专政革命政治形式的经典论述，成为早期中国马克思主义理解无产阶级专政完整概念的依据，客观上造成了对无产阶级专政基本政治形式的文本遮蔽。特别是这段论述被列宁反复引用，并成为阐释苏维埃俄国政治形式的经典论据。1922 年李乐天（署名：励冰）发表《〈共产党宣言〉的后序》写道：“无产阶级专政的具体组织，至克明尼而初定；至苏维埃就大定了。”②“克明尼”是公社的音译，中国马克思主义者早期理解无产阶级专政概念的现实参照就是苏俄，把巴黎公社无产阶级专政的具体组织形式，归结为初创时期的苏维埃制度。俄国在十月革命胜利之初进入过渡时期，特别是由于内战需要，必须强化无产阶级专政的革命政治形式。无产阶级专政的基本政治形式尚未可见的现实注脚，无产阶级专政概念参照系的特定性，是无产阶级专政早期汉译术语词义不丰的现实根由。

中国共产党成立后，1921 年，李达参考《国家与革命》提出“依列宁说，劳动专政的形式，就成了劳动阶级和下等农民永久专政的典型的劳农会共和制度”。③ 1922 年，陈独秀在《马克思学说》中引译《法兰西内乱》《哥达纲领批判》，提出劳动阶级不能单靠掌握现成的国家，而是实现“劳工专政”。④ 1923 年，周恩来领导的共产主义青年团旅欧支部以《历史要走到无产阶级专政》为题摘译了 1852 年《马克思致魏德迈的信》。1924 年 11 月 26—29 日，《觉悟》副刊连载张太雷以《马克思政治学》为题翻译的列宁《国家与革命》。1925 年，郑超麟以《专政问题的历史观》为题翻译列宁《论“民主”与专政》。1926 年，任卓宣（叶青）摘译恩格斯 1892 年《法兰西内战》序言，提出恩格斯讲的“无产阶级独裁制”，“不是别的，就是无产阶级专政的政府形式”。⑤ 1927 年柯柏年译《国家与革命》在《岭南民国日报》副刊《革命》载出。到党的六大召开前，马克思、列宁集中论述无产阶级专政概念的经典著作都开始汉译，改变了早期主要通过《哥

---

① 《红藏·新青年·第九卷·第六号》，湘潭大学出版社 2014 年版，第 524 页。

② 吕延勤主编：《马克思主义在中国早期传播史料长编》（中卷），长江出版社 2016 年版，第 71 页。

③ 吕延勤主编：《马克思主义在中国早期传播史料长编》（上卷），长江出版社 2016 年版，第 605 页。

④ 《红藏·新青年·第九卷·第六号》，湘潭大学出版社 2014 年版，第 427 页。

⑤ 《红藏·新青年（1925 年复刊）·第五号》，湘潭大学出版社 2014 年版，第 319 页。

达纲领批判》关于过渡时期的论述来理解专政概念的文本格局。特别是党在延安站稳脚跟后，吴黎平、张闻天合译《法兰西内战》，何思敬、徐冰合译《哥达纲领批判》，很快由解放社出版，1938年，莫师古译《国家与革命》。到中共六届六中全会召开前后，马克思、列宁集中论述无产阶级专政概念的经典著作基本上都有了汉译本，更为重要的是，这些译本都是从德语母本或俄语母本直接汉译，不再借道东洋。经典作家论述无产阶级专政概念原著的直接、集中汉译，为中国马克思主义者更全面、更充分地理解原著概念的科学内涵，提供了文本支撑。在马克思、列宁经典著作的翻译和解读过程中，“专政”术语逐步生产出与“专断”“专制”“独裁”不同的中性意义，光复了除“独揽政权”之外的“专管政务”的古典义。“专政”曾经以偏正结构作为“专断政府”“专制政体”“专制政治”的缩略语，术语丰义后变成动宾结构，表达“专管政务”“专管政治”“专管政权”之义。“专政”术语丰义，源自中国马克思主义者对无产阶级专政概念越来越全面、充分、科学的理解，即由无产阶级专政的革命政治形式转向基本政治形式的足义理解。术语、概念的转义丰义，有赖于经典著作的文本支撑，而更具根本性的是，中国共产党带领中国人民从事伟大社会革命的实践，是文本阅读史和术语概念史获得真正突破的前提条件，党和人民探索建设新社会新国家的实践创造，是无产阶级专政概念成熟的实践基础。

三、“无产阶级专政”概念中国化

马克思主义经典著作德语概念词Diktatur，在十月革命实践伟力推动下进入日语，日本社会主义者按早先传入日本的《英华字典》模式造词，以和制汉字词“独裁”对译，并会通英语词Dictatorship。留日旅日中国人早期多借词“独裁”译法，同时还配词“专制”“专政”“专断”等多种译法对译英语、法语文献词。“独裁”“专断”“专制”和“专政”作为语素与“平民”“劳农”“劳工”“劳动阶级”“无产阶级”等词搭配，形成“平民独裁政治”“劳动者专断”“劳动独裁”“劳农专政”“劳工专政”“劳工阶级专断政府”“无产阶级专断”“无产阶级专制”“无产阶级独裁政治”“无产阶级独裁制”等无产阶级专政概念的多种译法。在这些概念表述形式当中，最先用“无产阶级专政”这种表述的是蔡和森。1920年8月13日，蔡和森在给毛泽东的信中写道：“社会主义必要之方法——无产阶级专政。我认为现世革命唯一制胜的方法。……只有工人能参与，不容已下野的阶级参与其中，这就叫做阶级专政。”在往后与毛泽东往来的多封书信中，蔡和森多次使用了无产阶级专政这个概念。无产阶级专政原著概念从多种表述方式并存到确立统一表述方式，再从无产阶级专政到提出人民民主专政概念，这是马克思主义无产阶级专政概念中国化的进程。

从词源上考查，Diktatur源于约公元前5世纪的古罗马独裁官。独裁官是古罗马共和的非常任政治职务，由元老院推荐任命。虽然独裁官是最高级行政官员，但仅限于保国安民的非常状态，“尽管他施行绝对的权力，他却不是一个暴君，而是一位救世主。”①独裁官最长任期不超过6个月，施政期间还要受到执政官、保民官的制约。因此，词源意义上的Diktatur并非专制暴政，而是受托执掌政务、保国安民。在

① 韦农·波格丹诺主编(英文版)，邓正来主编(中文版)：《布莱克维尔政治制度百科全书》，中国政法大学出版社2011年版，第183页。

法国大革命及1848年欧洲革命时期，Diktatur政体更是被视为民主运动的一个方面，法国二月革命后建立的资产阶级临时政府中的左翼代表路易·勃朗(Louis Blanc)，就主张临时政府应把自己看成是由革命委派的独裁者，右翼领导人拉马丁(Alphonse Lamartin)也把自己和他的同党称为独裁者。因此，法国复辟时期的历史学家皮埃尔·基佐(Pierre Guizot)在《论法国的民主》(1849)中写道，人人主张民主，但是民主意味着混乱、阶级战争和民众专制。1848年欧洲革命后的19世纪50年代，惧怕民主的暴政成为一种"流行病"，专政反而成为一种"流行语"。受"独裁"传统释意的影响，用汉语"独裁"对译Diktatur时，"专管政务"的含义被大大遮蔽，而更多保留了"独揽政权"的传统释意。所以说，Proletarian Dictatorship在中西无产阶级专政概念发展过程中都存在不同程度上部分含义被遮蔽，只保留其中部分含义的现象。

在中国革命实践进程中，"专政"被遮蔽的"专管政务"的含义逐步光复，"专政"替代"专断""专制""独裁"等译词成为Diktatur的统一汉译词。1920年11月上海共产主义小组起草《中国共产党宣言》，在党的全国性文件中首次正式使用"无产阶级专政"术语。1921年7月，党的一大通过《中国共产党第一个纲领》规定无产阶级专政。1922年7月，党的二大提出民主革命纲领，明确革命的动力是工人、农民和小资产阶级、民族资产阶级，二大宣言提出"与贫苦农民联合的无产阶级专政"。① 党的一大、二大提出的无产阶级专政纲领，在大革命实践中经历了一个曲折探索过程。1923年陈独秀在党的三大报告中指出："现在我们在工人中只能提出成立中国总工会的口号，而不能提出无产阶级专政的口号。"②1927年"四一二"反革命政变后，党的五大通过《政治形势与党的任务议决案》，把民族资产阶级当作革命对象，认为中国革命已经发展到建立"工农小资产阶级之民主独裁制"阶段，"八七"会议通过的《最近职工运动议决案》提出实现"工农独裁"的目标。在大革命失败前后，党在实践探索中出现的无论是右的还是"左"的偏向，都反映了党的幼年时期对无产阶级专政概念理解的偏差，例如，从过渡政治形式的角度解读无产阶级专政概念，或根据"独裁""专制""专断"等词的同义或近义语意解读无产阶级专政概念。"左"和右的区别仅在于现时还是明时建立这种下层独裁制，忽略了中国社会正在生成的人民主体及其基本政治形式。1928年7月，党的六大通过的《政治决议案》，首次将"民主"和"专政"连用，提出"工农民主专政"概念。从开辟井冈山红色政权起，无产阶级专政在中国有了现实注脚。1931年11月，中华苏维埃第一次全国代表大会通过《中华苏维埃共和国宪法大纲》，规定"中国苏维埃政权所建设的是工人和农民的民主专政的国家"。③ 工农民主专政是土地革命中前期主要政权形式，党带领广大劳动群众创造了参加日常政治生活的可行方式。"专政"和"民主"联合构词不是简单的词语拼接，而是中国共产党人对中国革命实践进行经验总结后对无产阶级专政概念的中国化的超越。中国共产党人把"专政"与"民主"联合构词，使"专政"与"专断""专

① 吕延勤主编：《马克思主义在中国早期传播史料长编》(中卷)，长江出版社2016年版，第194页。

② 《中共中央文件选集》(第1册)，中共中央党校出版社1989年版，第171页。

③ 《中共中央文件选集》(第7册)，中共中央党校出版社1983年版，第464页。

制”“独裁”开始有了语义区分，原来被遮蔽的“专管政务”的含义得到逐步光复。工农民主专政概念的提出，也表明中国共产党人对中国革命政权主体的认识进一步深化。无产阶级专政建设的初步实践使中国共产党人深刻认识到，无产阶级在中国并不占多数，必须联合广大农民、民族资产阶级中的革命成分和小资产阶级掌握革命政权，才能达到本阶级的目的。1935年华北事变后，中日民族矛盾激化，瓦窑堡会议将“苏维埃工农共和国”改为“苏维埃人民共和国”，“人民”一词作为革命政权建构主体定位，表明共和国以工农为主体的同时容纳一切反帝反封建的阶级，人民群体作为建设无产阶级政权的政治主体在中国凸显出来。在1937—1945年的全民族抗战时期，中国共产党在抗日根据地开展政权建设的进一步实践探索，在真正普遍平等的选举制基础上建立“三三制”民主政权，“这种政权，是一切赞成抗日又赞成民主的人们的政权，是几个革命阶级联合起来对于汉奸和反动派的民主专政”。① 随着抗日民主根据地的扩大和抗日民主政权建设的实践深入，无产阶级专政的政治主体和政治形式更加具体化、中国化，“专政”在词义上越来越与“民主”相通，越来越与“独裁”“专断”“专制”在词义上区分开来。延安时期，毛泽东反复、仔细地研读了解放社出版的《法兰西内战》《哥达纲领批判》《国家与革命》，并向全党推荐学习。1948年6月16日，《人民日报》第1版专栏刊登《重印“左派幼稚病”第二章前言》，人民民主专政的概念第一次出现在公众视野。次年6月毛泽东发表《论人民民主专政》，无产阶级专政概念中国化为人民民主专政。自1926年从“采取专制的手段”去解读《国家与革命》的无产阶级专政概念，②到结合根据地政权建设实践重新研读《国家与革命》等经典原著概念，以毛泽东同志为主要代表的中国共产党人，从政治主体和政治形式方面都完成了对无产阶级专政原著概念的本质回归和创新发展。Proletarian Dictatorship在中国经历了从多种译法到统一译法的概念发展史，并完成从无产阶级专政到人民民主专政概念的中国化延伸，“专政”成为中国马克思主义政治学的核心概念。

首先，相比“专断”，“专政”术语更易于突出原著概念关于阶级主体方面的规定性。“专断”是一般词汇，算不上科学术语，在《汉语大词典》的释意为“独自决断”，从词义上看专断一词的主体是“独自”，即个人。在原著语境中，马克思设想无产阶级将逐渐地成为现代工业社会的人口多数，因此，无产阶级专政这个术语本身就暗合着将由人口的多数建立起一种政治形式的意蕴。中国共产党领导中国人民开展伟大社会革命的实践证明，要取得革命、建设、改革的胜利，必须在政治上最广泛地整合动员能够为伟大事业奋斗的阶级阶层力量。因此，“专政”术语相比“专断”更能表达原著概念中的阶级主体是一个或几个大的社会集团，而不是个人。

其次，相比“专制”，“专政”术语更易于表达原著概念关于根本国体的规定性。“专制政体”“专制政治”“专制政府”等词组，都是用“专制”一词表述一种政权组织形式，即政体。过去一切阶级斗争和革命的根本目的，都是建立本阶级占统治地位的新政权，而无产阶级社会革命的最终目的是为了消灭阶级存在的条件，所以

① 《毛泽东选集》(第2卷)，人民出版社1991年版，第741页。

② 《毛泽东读书集成》，中央文献出版社2013年版，第3179页。

不仅要在政治上建立一个新国家，更要建立一个生产者阶级占有生产资料、人民当家作主的新社会。无产阶级专政是可以使劳动在经济上获得解放的政治形式。依靠这种新型国家政治形式，保障生产者阶级充分参加公共社会生活和日常政治生活，保障生产者阶级始终作为国家政治权力主体实现政治统治。因此，“专政”相比“专制”更易于表达原著概念关于在劳动者占有生产资料基础上、在人民群众参加日常政治生活前提下，建立新型政治形式的国体界定。

最后，相比“独裁”，“专政”术语更易于阐发原著概念关于人民群体的规定性。“人民”是一个生成性概念，人民群体是以生产者阶级为基础的多数人口，在近代社会历史运动中能够进行政治表达、政治行动、政治建构。人民群体通过共同占有生产资料，参加公共社会生活和日常政治生活，并在各种基层自治形式基础上，通过普选制、代表制、委员制、廉薪制、罢免制、问责制等具体政治制度，在国家层面直接掌握政权，专政第一次成为绝大多数人所享有的真实的民主。无产阶级专政具体化为人民民主专政，经济上获得解放的、占有生产资料的多数人口直接掌握国家政权，以无产阶级专政概念的中国化，创造了大国民主的政治形式，从理论和实践的结合上解答了两百年来政治学上的卢梭难题，为现代民族国家建设新型政治文明贡献了中国概念和中国话语。

《布莱克维尔政治制度百科全书》深刻地指出：无产阶级的统治是第一次由大多数人实行的专政。因此，马克思称它正在“赢得民主的胜利”。[①] 在传统概念史上，民主和专政是一对相互对立的术语，但在马克思、列宁那里，民主和专政成为与未来社会政治形式相通的表述。在马克思主义中国化进程中，实现了民主和专政两词连用，并在伟大社会革命实践中见证了人民作为政治主体的生成，锻造出人民民主专政的国体概念。

① 韦农·波格丹诺主编（英文版），邓正来主编（中文版）：《布莱克维尔政治制度百科全书》，中国政法大学出版社 2011 年版，第 185 页。

20世纪初无政府主义思潮在中国的传入及论争

【内容提要】 20世纪初，在马克思主义和社会主义思想传入中国的过程中，无政府主义起到了重要作用，是近代影响国人、学人的重要思潮，对其历史作用不可不察。大体上看，无政府主义派别主要有章太炎的“俱分进化论”“天义派”的“互助论”和“新世纪派”的“进化论”，其理论旨趣在于批判中国同盟会的三民主义，并从经济、政治和文化方面批判资本主义，试图“别筹革命之方”，争夺“中国向何处去”的领导权话语。但在理论争论中，无政府主义者没有充分认识到，不能将生物界的科学理论机械照搬到人类社会发展上。正是这一研究方法的错用，最终导致中国的无政府主义者分崩离析。

【作者简介】 鲁法芹，山东大学当代社会主义研究所副教授

【原文出处】《当代世界社会主义问题》2019年第1期

1906年底到1907年8月，在短短不到一年的时间内，中国同盟会会员先后在巴黎和东京成立了“世界社”“亚洲和亲会”和“社会主义讲习会”三个组织并出版了《新世纪》《天义》两份机关报，这标志着中国同盟会作为一个统一的政治实体已名存实亡。[①] 这绝非简单的巧合，从社会主义思想在中国传播的视角看，当章太炎于1906年7月第三次抵达日本并接掌《民报》之时，[②]《民报》与《新民丛报》之间围绕革命

① 汪荣祖在《章炳麟与中华民国》一文中指出：“从1908年到1911年，同盟会虚有其名。”参见章念驰编：《章太炎年谱长编(增订本)》(上册)，中华书局2013年版，第68页。

② 汤志钧编：《章太炎年谱长编(增订本)》(上册)，中华书局2013年版，第121—122页。

与改良的论战已趋于尾声，且梁启超业已发出了求和的声音，[①]同时梁氏此时辩论的焦点集中到了社会主义问题上。从这个意义上讲，“要不要革命”的问题已经解决，剩下的问题就是“如何进行革命”以及“建构什么样的共和国”。这些问题归结到一点，就是对“什么是社会主义”这一根本问题的回答。这是章太炎、“天义派”和“新世纪派”接受和宣传社会主义、无政府主义的深层次原因。因此，这次论争表面上是在探究社会主义与无政府主义的异同，实则在追问二者的学理基础，只不过这些深层次问题被“别筹革命之方”即争夺“中国向何处去”领导权话语所遮蔽罢了。[②]

一、“别筹革命之方”的提出

1906年7月15日，在东京留学生举行的欢迎会上，章太炎作了关于“用宗教发起信心，增进国民的道德”和“用国粹激动种性，增进爱国的热肠”是革命党人“近日办事的方法”的主旨演讲。章氏指出，中国的“国粹”特别是中国历史上的典章制度中蕴涵有丰富的“社会主义精神”，即便是“刑名法律”和“科场选举”这两件“本是极不好的，尚且带几分社会主义的性质”，遑论早已被民生主义者充分引证的三代井田制度和魏晋至唐的均田制度。对于这些，章氏告诫革命党人“必定应该顶礼膜拜”。[③] 因此完全可以说，该次演讲透露出了章氏对“什么是社会主义”的理解——均富主义与平等主义的综合体。[④] 只不过此时的平等话语，章氏采取的表达方式是借佛教法相宗的几部经典这个“新瓶”来装卢梭天赋人权平等思想那壶“老酒”。[⑤] 事实是，将平等主义注入社会主义的肌体，为章氏从政治上批判资本主义预埋了伏笔。巧合的是，9月1日清政府颁诏预备立宪，为章氏思考政治问题提供了难得的契机。为驳斥康梁新党而写作的《箴党新论》，特别是章氏主编的《民报》临时增刊《天讨》所刊载的《论立宪党》一文，或许是开创革命党人明确批判近代资本主义民主政治制度先河的一篇重要文献。《论立宪党》一文指出，资本主义代议民主制只是“财主、地棍、土豪”的民主，中国若“地权不平均，阶级不消灭，日后被选举的，一定是财主、地棍、土豪”。[⑥] 这倒为章氏稍前排斥“督抚革命”而主张“平民革命”提供了事实、经验和学理上的有力支撑。[⑦]

在梁启超停笔论战之际，光复会另一主力人员刘师培携其妻何震、姻弟汪公权并苏曼殊一起，应章太炎之邀于1907年2月抵达日本东京，[⑧]而此时日本社会党内部正围绕“采取直接的革命行动还是走议会道路”来实现社会主义这一话题，进行激烈论战。此次论战在日本社会主义思想史上的意义，就是在“社会主义思想

① 丁文江、赵丰田编：《梁启超年谱长编》，上海人民出版社1983年版，第363—364页。

② 参见《俄国革命之旨趣》之“译者识”，《天义》第16—19卷合刊，1908年3月。

③ 参见太炎：《演说录》，《民报》第6号，1906年7月25日。

④ 《章太炎生平与学术》(上)，上海人民出版社2016年版，第191页。

⑤ 参见朱维铮：《〈民报〉时期章太炎的政治思想》，《复旦学报》1979年第5期。

⑥ 楚元王：《论立宪党》，《天讨》1907年4月25日。

⑦ 参见章太炎在《民报》纪元节庆祝会上的演说，载民意：《记十二月二日本报纪元节庆祝大会事及演说词》，《民报》第10号，1906年12月20日。

⑧ 万仕国编：《刘师培年谱》，广陵书社2003年版，第97页。

形成之后，人们才有意识或无意识地开始认识到合法主义的社会主义的局限性的结果”。① 众所周知，该次论战的结局是幸德秋水（Kotoku Shusui）领导的“硬派”即无政府主义派完全胜出，以至于幸德秋水及其思想完全支配了这一时期日本的社会主义运动。② 该派主张以直接行动、总同盟罢工为手段来实现无政府主义。正是在这种背景下，初到日本的刘师培“闻社会主义、无政府主义新说，皆驰骛焉。劬学，每至夜分不辍，精气疲苶，又不暇察迩言”。③ 在无法廓清社会主义与无政府主义本质区别的情况下，加之此前又曾将社会主义、无政府主义纳入中国传统文化之中进行考察，④刘师培等人完全沉迷于“新说”而不能自拔，自是在情理之中。无独有偶，同年2月25日，初次与孙中山见面的刘师培却机缘于“倒孙风潮”的导火索之中。⑤ 3月26日，章太炎致信幸德秋水，表达了“敬聆雅教”的强烈愿望，⑥继而又与刘师培、张继、陶成章等人一起，成为这次“倒孙风潮”的主力。4月，响应幸德秋水在《平民新闻》上发出的“中国的革命家应与日本的社会运动家携手，东洋各国的社会党应该联合起来”的倡议，⑦章太炎等人在日本东京组织成立了亚洲和亲会。由章太炎执笔的《亚洲和亲会约章》首次公开打出了“反抗帝国主义”的旗号⑧——同盟会“民族主义”纲领被突破；6月10日，作为女子复权会机关报的《天义》出版——同盟会“三大纲领”被纳入其中；⑨8月31日，社会主义讲习会召开第一次会议，公开亮出了无政府主义的底牌，⑩打出了进行“无政府革命”的旗号，继而宣称“由今而降，如有借社会主义之名，希望有政府者，决非吾人所主张之政策，虽目为仇敌，不为过矣”，⑪从而走上了一条“别筹革命之方”的新路。

巧合的是，深受欧洲正统无政府主义影响的张静江、李石曾、吴稚晖等人于1906年12月在巴黎达卢街25号发起成立了世界社，并出版《世界》画报。《世界》创刊号宣称：“吾辈笃好进

---

① ［日］近代日本思想史研究会：《近代日本思想史》（第2卷），商务印书馆1991年版，第79页。

② 参见［美］伯纳尔：《一九〇七年以前中国的社会主义思潮》，丘权政、符致兴译，福建人民出版社1985年版，第193页。

③ 汪东：《辛亥人物碑传集》，凤凰出版社2011年版，第669页。

④ 刘师培曾指出：“许行之言与西人无政府党最近。而无政府党之起原，则起于近世社会主义。盖嫉贫富之不均而思所以革其弊，与许行嫉滕君厉民以自养者同一目的。及法人布鲁东创之于前，俄人巴枯宁继之于后。”参见刘师培：《中国民约精义》，岳麓书社2013年版，第33页。

⑤ 参见万仕国编：《刘师培年谱》，广陵书社2003年版，第99页。

⑥ 马勇编：《章太炎书信集》，河北人民出版社2003年版，第269页。

⑦ ［日］井上清、铃木正四：《日本近代史》，商务印书馆1959年版，第348页。

⑧ 《亚洲和亲会约章》规定：“本会宗旨，在反抗帝国主义，期使亚洲已失主权之民族，各得独立。”参见《陶成章集》，中华书局1986年版，第457页。

⑨ 《天义》报《简章》之“宗旨及定名”条规定：“以破坏固有之社会，实行人类之平等为宗旨，于提倡女界革命外，兼提倡种族、政治、经济诸革命，故曰‘天义报’”。《天义》第1号，1907年6月10日。

⑩ 刘师培在演讲词中宣称：“吾辈之宗旨，不仅以实行社会主义为止，乃以无政府为目的也。”公权：《社会主义讲习会第一次开会记事》，《天义》（第6卷），1907年9月1日。

⑪ 申叔：《社会主义与国会政策》，《天义》（第15卷），1908年1月15日。

化之学理者，倾其心以欢爱于我黄种之同胞；吾愿吾之同胞，尔速来与吾辈握手。此即世界大同之始基，而博爱平等之区域，确然而定也。”① 换成毕修勺的话说，就是世界社的创始者在主张“联合同志，推翻异族的统治”的同时，提出了“万人平等，世界一家”的革命宗旨。② 换言之，“世界社”同人提出了中国革命与世界革命相结合的思想，试图达到“反刺孙文、黄兴”之目的。③ 1907年6月22日，世界社创刊《新世纪》周刊作为机关刊物，同时出版了《新世纪丛书》和《新世纪杂刊》等，公开鼓吹无政府主义，声言：“本报纯以世界为主义。同人之意以为，苟能发愿与世界之种种不平等者为抵抗，一切自包其中，不必支支节节”，④从而也走上了一条“别筹革命之方”的新路。

二、“别筹革命之方”的内涵

通过简单梳理可以发现，以《天义》《新世纪》创刊为标志，资产阶级革命党人围绕“中国向何处去”展开了一场新论战。从同盟会中分离出来的中国无政府主义鼓吹者，首先受到了革命阵营中的其他革命党人的指责。辨析无政府主义与三民主义的异同，就是中国无政府主义者首先要阐释的一个基本理论问题，也是考察、理解和把握他们争夺“中国向何处去”领导权话语的一个有益途径。

第一，中国无政府主义者深化了同盟会的民族革命纲领，赋予了其反抗帝国主义的内容。近代以来的历史表明，求得民族独立和人民解放是处于半殖民地半封建的中国所面临的首要历史任务，而推翻帝国主义和满清政府反动专制统治的共和革命，则是民族独立和国家富强的唯一途径。为此，革命党人提出了“排满/种族革命”的口号。这一口号含有简单的民族复仇或大汉族主义的“种族革命”倾向，并不完全符合孙中山的本意，且在孙中山看来这一口号本身就是“政治革命”的“毕其功于一役”。⑤ 中国无政府主义者并不简单排斥“排满/种族革命”主张，且进一步深化了这一革命的理论基础和道德合法性。

“天义派”站在中华民族的立场上指出：“夫满人之当排，非以其异族而排之也，特以其盗窃中国、握中国之特权。故仅言民族问题，不若言民族特权问题。”从民族不平等的视角出发，“吾人之对于满洲，惟当覆其君统，废其政府。君统既覆，则昔日满人之特权，其援君统而起者，均当归于消灭”。故“吾人之意，以为实行无政府革命，则满洲政府必先颠覆，满洲政府既覆，则无政府之目的可达，即排满之目的亦可达”。于是，“天义派”将“排满/种族革命”纳入到了“无政府革命”之中，“安得谓无政府革命，有妨于种族革命乎”。⑥ 正是基于反“民族特权”以求得各民族一律平等，以及初步介绍马克思主义阶

---

① ［法］南遼：《序》，姚蕙译，《世界》第1期，1907年秋季。

② 毕修勺：《世界社四十周年纪念》，《自由世界论文集(新刊)》，1946年1月。

③ 朱和中：《欧洲同盟会纪实》(遗稿)，《辛亥革命回忆录》(第6集)，中华书局1963年版，第18页。

④ 《新世纪发刊之趣意》，《新世纪》第1号，1907年6月22日。

⑤ 孙中山曾明确指出：“我们推倒满洲政府，从驱除满人那一面说是民族革命，从颠覆君主政体那一面说是政治革命，并不是把来分作两次去做”，“就算汉人为君主，也不能不革命”。参见《孙中山全集》(第1卷)，中华书局1981年版，第325页。

⑥ 震、申叔：《论种族革命与无政府革命之得失》，《天义》第6号，1907年9月1日。

级观点，刘师培进一步指出："排满主义，不必以种族革命为目标，谓之阶级斗争之革命可也。"其理由是，"满人所居之地位"与"田主、资本家相同，而多数汉民均处劳动地位也"，"故欲实行经济界之平等，以兴社会大革命，则抵抗旗人之法，与抵抗田主、资本家之法大约相同。若谓排满主义仅由种界及政治而生，与经济问题无涉，此则大谬不然矣。"①用阶级斗争置换"排满/种族革命"，这是刘师培在中国社会主义思想史上的一个突出贡献，但他没有进一步去探讨阶级产生的经济根源以及经济、政治之间的辩证关系，而是简单从追求绝对平等这一道德至高点上接受了无政府主义。

"新世纪"派从"革命犹重进化也"的视角指出，"言排满，不若言排皇"，"排皇不过政治革命，犹不足以尽革命。至社会革命始为完全之革命"，而"社会主义，一言以蔽之曰自由、平等、博爱、大同。欲致此，必去强权无政府，必去国界去兵，此之谓社会革命"。由此他们得出结论说："社会革命必自倾覆强权始，倾覆强权必自倾覆皇帝始。故曰：政治革命为权舆，社会革命为究竟。"②在《与友人书论新世纪》一文中，他们又从进化的次第顺序上对此做了进一步解释："由个人自私主义而进至种族革命与祖国主义，由种族革命与祖国主义而进至社会主义，同为公理良心之进化，所异者先后、小大耳。是以凡真主张种族革命与祖国主义者，皆可望其主张社会革命与大同主义，由进化公例而知之。"这里，"先后"是一个典型的"后胜于今"的时间进化观念，"大小"又等同于"规模"："故言种族革命，不若言社会主义之政治革命也。然则吾人之昌言无种界无国界，亦非与种族革命及政治革命相背而驰也，但规模较大耳，彼所谋者不过一国之幸福，若我辈之所谋者，则世界之幸福耳。"③正是基于这种进化观，"新世纪派"指责"排满/种族革命"者所鼓吹的革命是"旧世纪之革命"，④进而又斥责说："今主民族主义者，即排满也。夫排满，则私矣。""私"则体现在三方面："满人非尽恶也，……而一网打尽，其私一""汉人非尽良也，……而置之不问，其私二""不凭公道真理，而惟各以非吾族类者互相仇，其私三"，因此"民族主义者，复仇主义也；复仇主义者，自私主义也"。⑤

巧合的是，"天义派"亦指出，"排满"与"保满"二派"揆以自利之心，两派一揆"，因为"彼倡保满，冀获权利于目前，此倡排满欲攫权利于异日""排满亦出于私，与倡保满者相同"，因而"民族主义，乃不合公理之最甚者也"。⑥ 刘师培进而又从学术之谬（华夏之防、种性之说）、心术之谬（黠者具帝王思想、卑者冀为开国元勋）、政策之偏（革命不外学生与会党二端）三方面作了进一步阐释，特别是从"学术之谬"视角批判"排满/种族革命"会导致产生狭隘的"民族帝国主

① 《社会革命与排满》，《衡报》第3号，1908年5月18日。

② 真民：《革命》，《新世纪丛书》（第一集），巴黎新世纪书报局1907年版。

③ 《与友人书论新世纪》，《新世纪》第3号，1907年7月6日。

④ 真：《续祖宗革命》，《新世纪》第2号，1907年6月29日。

⑤ 民：《伸论民族民权社会三主义之异同再答来书〈论新世纪发刊之趣意〉》，《新世纪》第6号，1907年7月27日。

⑥ 志达：《保满与排满》，《天义》第3卷，1907年7月10日。

义之说”的危险。[①] 而关于“帝国主义”产生的根源，刘师培认为是“政府、资本家欲摄取异国之金钱，利其愚弱，制以威力，由是托殖民之名以扩政府、资本家之实有”，[②]从而揭示了其经济侵略的本质。在为译著《排斥军国主义》加写的按语中，“新世纪派”人士亦指出：“军国主义者，即殖民帝国主义之先导，而世界扰乱之大因也，以其扰乱世界而排斥之，宜也。”[③]同样也发出了反抗帝国主义的口号，从而拓展和深化了中国同盟会民族主义革命纲领。

第二，中国无政府主义者批判了资本主义政治制度，揭露了资产阶级民主虚伪性的一面。孙中山的民权主义以建立民主立宪政体为归宿，但他也看到了资本主义政治制度的某些弊端，希冀以“五权分立”的方式来补救“三权分立”的政治架构。[④] 中国无政府主义者对资产阶级选举制、议会制、共和制进行了严厉批判，特别是章太炎设计了一种“抑官吏，伸齐民”和“抑富强，振贫弱”的新政治制度，作为一种向无政府主义过渡的形式。

由于“新世纪派”人士曾长期生活在西欧，可以近距离观察西方政治运作的实际情况，从而对资本主义的弊端有着切身感受。比如，褚民谊就批评了法国政党政治，认为法国政府虽以“王党”为基础，但又在“贵族”和“工党”之间骑墙，“左则委蛇贵族，右则附和工党，其卒也，左不能安慰贵族之宿志，右不能满意工党之要求”，以至于“贵族”党的“麦第”出而“击法总统”，[⑤]弄得整个社会动荡不安。吴稚晖则痛斥西方议会为“少数各个人，瓜分一个人之专制”，而“此少数各个人，即所谓中流社会者是也”，[⑥]与广大劳苦群众无涉，从而揭示了民主的资产阶级本质。以此为视角，他们认为君主立宪、民主共和与君主专制政体比起来，只不过是“少数执政者之于独夫，五十步与百步之间，所差甚微”。只要政府尚存，“所谓民权者，不过表面上一好名词，其实在相去其真义远矣”。于是，自由平等博爱也只是“大书特书于公建筑”上的象征符号而已。[⑦] 他甚至斥责深受第二国际影响的德国社会民主党为“假社会党”，指出：“社会党者，以大同为目的也，不先剪政府之爪牙，而使之徐倾，则大同之愿，何日可偿？此假社会党之所宜改良也。”[⑧]

“天义派”则更是以诸如《政府者万恶之源也》《选举罪恶史》《议会之弊》《共和之病》《地方选举之流弊》《选举之徇私》等显著标题，无情批判了资本主义政党政治特别是党争及其贿选现象。刘师培说：“彼所谓政党者，以虚伪之演说，荧惑众听。一党得志，则扩张党员之权力，以遏抑他党，安得谓之为国民全体谋幸福耶。”[⑨]“咸以贿赂之多寡，定党势之胜败。故总统之选举，

---

① 参见震、申叔：《论种族革命与无政府革命之得失》，《天义》第6卷，1907年9月1日。

② 申叔：《亚洲现势论》，《天义》第11/12合册，1907年11月30日。

③ ［英］华伦西：《排斥军国主义》，《新世纪》第39号，1908年3月21日。

④ 《孙中山全集》（第1卷），中华书局1981年版，第325页。

⑤ 民：《此之谓共和政府》，《新世纪》第81号，1909年1月23日。

⑥ 燃：《议院为如何之一物乎》，《新世纪》第81号，1909年1月23日。

⑦ 民：《续无政府说》，《新世纪》第32号，1908年2月1日。

⑧ 真：《德国之社会党》“按语”，《新世纪》第30号，1908年1月18日。

⑨ 申叔：《无政府主义之平等观（续）》，《天义》第5卷，1907年8月10日。

内阁大臣之任用,均由贿赂之公行。议员亦然。”①即使能够实行普选,其“多数决”的弊端也在所难免:“故议院之制、民主之政,被以一言,即众者暴寡之制也。以众暴寡,安得谓之平?”②何况现实则是“议政之权、选举之权,女子均鲜得干预”。③ 更难能可贵的是,“天义派”认为,这种现象“非仅于偶呈之事见之,实为代议制度固有之弊”,④从而揭露了资产阶级民主的阶级本质。而作为“天义派”临时盟员的章太炎,⑤在现实政治层面鉴于欧美等共和国“爵位废而兼并行”的经验教训,设计了一个以“抑官吏,伸齐民”“抑富强,振贫弱”为宗旨的修正过渡方案。他说:中国建立共和政体后,“当置四法以节制之:一曰均配土田,使耕者不为佃奴;二曰官立工场,使佣人得分赢利;三曰限制相续,使富厚不传子孙;四曰公散议员(凡议员有贪污事,平民得解散之;议院本由民间选举,自当还付民间解散;……),使政党不敢纳贿”。他认为实行这四种制度后,虽能造成“豪民庶几日微,而编户齐人得以平等”的状态,但“是四制者,特初级苟偷之法,足以补苴衅隙而已。欲求尽善,必当高蹈太虚”,⑥从而进入一种虚无状态。

第三,中国无政府主义者批判了资本主义经济制度,深化了中国同盟会社会革命的内涵。上文指出,中国同盟会的“排满”革命本身就是“政治革命”的“毕其功于一役”,由是我们才能更好地理解《〈民报〉发刊词》所提出的“举政治革命、社会革命毕其功于一役”的深刻内涵。不过,这里所言的“社会革命”即民生主义,其内涵也仅涉及“平均地权”或“土地国有”即经济革命,并希冀通过国家政权的力量来实现。⑦ 正是“鉴于同盟会提出了社会革命是政治革命任务的补充(的观点),无政府主义者提出了以社会革命取代政治革命(的主张)”。⑧ 在这点上,中国无政府主义者的目标是一致的,即将平等主义特别是经济平等作为社会革命的主要内容,从而超越了中国同盟会民生主义的经济范畴。

“天义派”在考察欧洲社会主义源流演变的基础上,认为实施民生主义只会造成一种被路易·勃朗(Louis Blanc)曾斥责为“伪社会主义”的极其类似法国“国立工场”的结局,因为这种“伪社会主义”的实质是“欲借国家之力,以均平财产”,而“今倡土地、财产国有之说者,说非不善。然不善用之,必致一切利权均为国家所垄断,以蹈法国国立工场之覆辙”。⑨ 巧合的是,

① 震、申叔:《论种族革命与无政府革命之得失(续)》,《天义》第7卷,1907年9月15日。

② 申叔:《无政府主义之平等观(续)》,《天义》第5卷,1907年8月10日。

③ 何殷震:《女子宣布书》,《天义》第1号,1907年6月10日。

④ [俄]苦鲁巴特金:《无政府共产主义之基础及原理(续)》,《衡报》第6号,1908年6月18日。

⑤ 有学者指出,章太炎主导的“亚洲和亲会”是仿照“茹拉同盟”的模式建立的亚洲无政府主义共产主义团体,而刘师培的《亚洲现势论》一文可视为是该会的“宣言”。参见梁展:《世界主义、种族革命与〈共产党宣言〉中译文的诞生——以〈天义〉〈衡报〉的社会主义宣传为中心》,《外国文学评论》2016年第4期。

⑥ 太炎:《代议然否论》,《民报》第24号,1908年10月10日。

⑦ 参见《军政府宣言》,《孙中山全集》(第1卷),中华书局1981年版,第297页。

⑧ [美]阿里夫·德里克:《中国革命中的无政府主义》,孙宜学译,广西师范大学出版社2006年版,第82页。

⑨ 申叔:《欧洲社会主义与无政府主义异同考》,《天义》(第6卷),1907年9月1日。

这种“伪社会主义”又极其类似于中国历史上汉武帝盐铁专营和王莽恢复王田等改革措施，因此“观于汉武、王莽之所为，则今之欲设政府，又以平均地权愚民者，均汉武、王莽之流也”。① 之所以会如此，就是因为民生主义者主张在推翻满清政府之后要建立新型政府，而“既有政府，即不啻授以杀人之具，与以贪钱之机。欲其不舞弊、不残民，安可得耶”?② 这是在忽视分析政权阶级性基础上而产生的一种对政府职能的恐惧症。正是出于这个担忧，章太炎亦指出：“若就民生主义计之，凡法自上定者，偏于拥护政府；凡法自下定者，偏于拥护富民；今以议院尸其法律，求垄断者唯恐不周，况肯以土田平均相配?”③他们从中国历史典籍中找到了区田制后，认为推行此制才是“中国现今之急务”，奉劝“世有持民生主义者，不可不提倡此法”。④ 但人们仍旧会问，在政府同样存在的情况，采取分区种田的区田制，就不会产生“欲借国家之力，以均平财产”的后果吗?

“新世纪派”成员李石曾在所译《克若泡特金学说》一文所加写的按语中说：“无政府与共产，二者相联，欲以政府行社会主义、经济平等者，非伪即误。”⑤这是在辨析无政府主义、社会主义和共产主义的区别基础上所得出的结论。对之，褚民谊进一步指出，社会主义概念“最为含糊”且“派头”即流派纷呈，而“主张共产者，都是无政府党。故无政府党，主张社会主义实行共产者”，因而“单说社会主义，是有毛病，因为现在有一般社会党，别名叫得假社会党，实则作官党”，他们“以其所倡土地归公、资本归公之说，最利于多数之贫民，以故生计界之不得志者，群焉趋之若鹜，几奉为民生之救主，而不悟其足以召乱而蹙国，正孟子所谓非徒无益而又害之者也”。⑥ 这间接批判了中国同盟会民生主义革命纲领。

三、“别筹革命之方”的学理依据

关于“新世纪”派鼓吹无政府主义的学理基础，蔡元培在《五十年来中国之哲学》中概括道：“《天演论》出版后，‘物竞’‘争存’等语，宣传一时，很引起一种‘有强权无公理’的主张。同时有一种根据进化论，而纠正强权论的学说，从法国方面输进来……《新世纪》……不但提倡政治革命，也提倡社会革命，学理上以互助论为根据的。”⑦也就是说，“新世纪派”是用彼得·克鲁泡特金（Petr Kropotkin）的“互助论”来替代严复的“天演论”，作为鼓吹无政府主义的理论基础。事实上，蔡元培这个论断同样适合于“天义派”。《天义》《衡报》也刊载了克鲁泡特金的相关作品，或许更重要的是，恰是“天义派”最早明确提出了“反抗帝国主义”的口号。事实上，这一口号指向的就是“天演论”鼓吹的“社会达尔

---

① 申叔：《西汉社会主义学发达考》，《天义》（第5卷），1907年8月10日。

② 志达：《政府者万恶之源也》，《天义》（第3卷），1907年7月10日。

③ 太炎：《代议然否论》，《民报》（第24号），1908年10月10日。

④ 申叔：《区田考序》，《天义》第16—19卷合刊（春季增刊），1908年3月。

⑤ 真译：《克若泡特金学说（续）》，《新世纪》（第16号），1907年10月5日。

⑥ 民：《驳〈时报·论中国今日不能提倡共产主义〉》，《新世纪》（第72号），1908年11月7日。

⑦ 蔡元培：《中国伦理学史》，东方出版社1996年版，第126—127页。

文主义”,[①]因为它为帝国主义的殖民扩张提供了“合理”的学理口实。

“天义派”认为无政府主义“于学理最为圆满”,其立论之一就是所谓的“物类互相扶助”说和“空间无中心”说等所谓“科学”。[②] 在刘师培看来,克鲁泡特金的学说恰具有这两个特征,因而克氏学说“于共产无政府主义最为圆满”。[③] 这是因为:第一,互助论可以纠偏进化论的缺陷。刘师培指出:从进化论的视角来看,赫伯特·斯宾塞(Herbert Spencer)、托马斯·赫胥黎(Thomas Huxley)“误解达氏之旨,以优胜劣败为公例,故强种欺凌弱种,惨虐频仍,视为分所应然。即一国之中,在上之人亦挟其权位,以凌贫弱,转目彼等为劣败,扰乱平和,蔑视公理,均赫胥黎诸氏‘惟争乃存’一语有以误之也”。相反,“若明于苦氏互相之说,则竞争者恒劣败,互助者始生存,而强权可以渐弭矣”。第二,“空间无中心”说可以类推出无政府状态。刘师培说:“若明于苦氏无中心之说,则政府机关可废,而人人可逃于人治之外”,即进入无政府状态,那时“必全废资本私有制度,解放劳动者,易为共同生产之组织。凡生产之物,均为一般社会之自由使用”,即按照“自由合意”的方式重新组织社会。总之,“苦氏此等学术,非惟为无政府主义之确证也,且足破现今学术之根据。”[④]“足破现今学术之根据”自然包括其他无政府主义者的学说,比如皮埃尔·蒲鲁东(Pierre Proudhon)和米哈伊尔·巴枯宁(Mikhail Bakunin)就仅“凭议论以为独断者也”而不足为凭,而克氏恰“鉴于仅用演绎论理者之谬误,复证于事实而求归纳之法”。[⑤] 换言之,按照“天义派”的解读,克氏无政府主义就是建立在归纳和演绎方法之上的。照此逻辑,在为译作《无政府主义之哲理同理想》加写的“按语”中,“天义派”将“互助论”纳入社会主义一脉中去考察,认为克氏是对基德、欧文特别是傅立叶《四种运动论》所宣扬的互助精神的继承和超越。[⑥] 也就是说,在“天义派”看来,“互助”而不是“竞争”才是社会主义的真谛。

“新世纪派”不仅视进化论为人类历史新纪元,[⑦]而且指出:“进化者,前进而不止,更化而无穷之谓也。”[⑧]基于这种认识,他们指出进化是“有顺序而无倒行”的,因此人类政治制度史上“专制逊于立宪,立宪逊于共和,共和逊于无

① 有学者指出:“与关心严格意义上的生物进化相比,严复更关心进化主义在人类和社会中的普遍适用性。这样,‘社会达尔文主义’一开始就在严复的进化主义中打上了烙印。”参见王中江:《进化主义在中国的兴起》(增补版),中国人民大学出版社2010年版,第56页。

② 公权:《社会主义讲习会第一次开会记事》,《天义》(第6卷),1907年9月1日。

③ 申叔:《苦鲁巴特金学术述略》,《天义》第11/12卷合册,1907年11月30日。

④ 申叔:《苦鲁巴特金学术述略(续)》,《天义》第13/14卷合刊,1907年12月3日。

⑤ 公权:《苦鲁巴特金之特色》,《天义》(第3卷),1907年7月10日。

⑥ [俄]苦鲁巴金:《无政府主义之哲理同理想》,《天义》第16—19卷合刊(春季增刊),1908年3月。

⑦ 李石曾指出:“当世界未有进化学说,人类简单之观念,皆以为世界万物,各由元始之时,一一特别创造,永不更改;关于人治之一部分,亦遂不能跃出支那孟轲氏之范围,所谓一治一乱,终古循环而已。”参见[英]华伦西述:《达尔文一百年之纪念日》的“按语”,《新世纪》(第86号),1909年2月27日。

⑧ 真:《进化与革命》,《新世纪》(第20号),1907年11月2日。

政府，乃顺序之比较，不外乎进化而已”。[①] 于是，“自进化学说，成为一科之学，于是影响于较玄之人事者，始确然共信无政府主义，在此后最近之世界，为较公之真理”。[②] 达尔文开创的进化论，视进化等同于进步的观念，是“新世纪派”鼓吹无政府主义的学理基础。正是基于这种认识，“新世纪派”对“天义派”的复古思想不以为然，认为中国典籍中的井田制、许行并耕之说、王莽新政以及王安石变法等举措“与共产生义有什么半点瓜葛！”“均而不匀，等于不均，故不若共产主义之最善也”，而“各尽所能，各取所需”才是共产主义的“大纲”和信条。[③] 如此，中国传统文化的“均平”烙印在“新世纪派”人士的脑海中依旧，只是不自知而已。这与“天义派”有着异曲同工之妙。刘师培在区分无政府主义流派及其宗旨的基础上说：“吾等则以无政府主义当以平等为归。”[④]进而从追求绝对平等出发，刘氏设计了“人类均力”，即“以一人而兼众艺”的实施方案，认为“依此法而行，则苦乐适均，而用物不虞其缺乏。处于社会，则人人为平等之人；离于社会，则人人为独立之人。人人为工，人人为农，人人为士，权利相等，义务相均，非所谓‘大道为公’之世耶”？[⑤] 针对这种彻底打破固定分工的简单设想，署名“铲平王”的文章从无政府主义视角提出了质疑，并做了进一步的修正。“铲平王”指出：无论是巴枯宁还是克鲁泡特金等人，“其权标‘无政府’之名者，终难逃有政府之实”。“有政府之实”是指无政府主义者所设想的自治组织，如“所谓‘公民会’、‘公会’、‘协会’、‘联合会’者，岂非即政府之别名耶”？在这种情况下，“人类均力”的设想难于付诸实践。对此，“铲平王”设计了“平等政府”的方案来纠正之，即“共产均力、无币无兵、全世界一平等政府”，[⑥]从而将平等观念进一步推向了极端。

事实上，刘师培的“人类均力”设想隐藏着一种“劳动乃人之天性”的理论假说，[⑦]而“新世纪派”更是把进化论视为科学公理而不容置疑，二者的实质均是一种变相的“进化主义”或“进化教”思维方式。这是章太炎与刘师培分道扬镳并与吴稚晖交恶的理论认识根源。为此，章太炎写作了《五无论》《俱分进化论》《四惑论》等文章而加以辩解。针对“劳动者，人之天性，循其天性而谋进化”的说教，章太炎在《四惑论》一文中从人的主观评价角度出发，将“劳动”一词分解为“劳”与“动”，认为“动者人之天性，劳者非人之天性”，即“动”是人的自然天性而“劳”非是，于是“动至于劳，亦未有不思休息者”，因为“劳”若“有之，则父师所督率，生计所驱使云尔”。也就是说，“劳”是外力所迫使然，这多少

---

① 真：《答骚客书》，《新世纪》（第 29 号），1908 年 1 月 11 日。

② 荷兰来稿：《人类原始说》按语部分，《新世纪》（第 39 号），1908 年 3 月 21 日。

③ 民：《驳〈时报・论中国今日不能提倡共产主义〉》，《新世纪》（第 72 号），1908 年 11 月 7 日。

④ 申叔：《无政府主义之平等观》，《天义》（第 4 卷），1907 年 7 月 25 日。

⑤ 申叔：《人类均力说》，《天义》（第 3 卷），1907 年 7 月 10 日。

⑥ 铲平王：《世界平等政府谈》，《天义》第 13/14 卷合刊，1907 年 12 月 30 日。

⑦ 刘师培在批评“迫人于苦”对“人类均力”设想的责难时写道：“况‘苦’字之名，与‘乐’字为对待，苦为一己之所独，斯为之苦；若苦为众人之所公，苦外无乐，则苦乐之名已泯，夫何身苦之足云？况好动为人民之天性，而工作之勤，转足为适其好动之性，则迫人于苦之说非也。”参见申叔：《人类均力说》，《天义》（第 3 卷），1907 年 7 月 10 日。

带有一点我们现在所理解的“为别人劳动”的“异化劳动”的意味。继而章太炎又在进一步区分维持生计的必要劳动与愉悦劳动的基础上，认为“求进化者，不在行乐之劳，而在求福之劳；不在掉举之动，而在坚忍之动。若人皆自私其产，斯亦可也”。而在生产资料公有制前提下，“欲其忍性就劳，则势所不行”，这是因为“人之天性，以动为趣，不以劳为趣；以劳而现乐者为趣，不以劳而求福者为趣”。因而章太炎指出：“若以进化为主义者，事非强制，即无以使人必行。彼既标举自由，而又预期进化，于是构造一说以诬人曰：‘劳动者人之天性。’若是者，正可名进化教耳。”①换言之，章氏并不简单反对“进化”而是反对“进化教”或“进化主义”。以此立论，章氏斥责“新世纪派”鼓吹“进化者，其迷与求神仙无异”，②主张采取“进化之实不可非，而进化之用无所取”③的态度来辩证看待进化学说。这也就是章氏写作《俱分进化论》一文的主旨所在。

作为晚清后起的一个流派，中国无政府主义者辨析无政府革命与同盟会三民主义革命纲领的异同，其主观目的是争夺“中国向何处去”领导权话语。这种话语争夺是以辨析无政府主义、社会主义、共产主义的学理基础为前提的。然而，在论争过程中，各方都暴露了各自理论上的不足，这倒是出乎论争者的意料之外的。

“天义派”服膺克鲁泡特金的互助论且将克氏归纳与演绎的研究方法视作为“科学”本身，加之自身的国学素养，轻易将舶来的无政府主义与中国历史传统以及传统文化相比附，提出了“实行无政府主义，以中国为最易，故世界各国无政府，当以中国为最先”的命题，④从而滑向了民粹主义深渊。而“新世纪派”则坚信“有进化，无退行”的理念，⑤斥责“天义派”的复古思想，认为无政府主义是人类社会发展的一个终极趋势，提出在新世纪与旧世纪之间有一个“新旧过渡时代”的命题，⑥从而将无政府主义的实现推向了遥远的未来。“新世纪派”的这种把进化等同于进步的直线进化观又受到了章太炎的指责，“不悟进化之所以为进化者，非由一方直进，而必由双方并进”“若以道德言，则善亦进化，恶亦进化；若以生计言，则乐亦进化，苦亦进化。双方并进，如影之随形，如罔两之逐影”，从而章太炎提出了独特的“俱分进化论”主张。⑦ 三方相互攻讦，难以达成一致意见，最终导致中国无政府主义群体分崩离析。出现这种结局的根源，除了个人之间的恩怨外，归结到理论上，就是克鲁泡特金在拿“互助为一个自然法则和进化的要素”来修正社会达尔文主义者所信奉的“相互斗争法则”时，⑧本身就是“一名修正论社会达尔文主义者。因为，甚至在他谴责别人从自然以及自然进化里学到的‘教诲’时，

---

① 太炎：《四惑论》，《民报》（第 22 号），1908 年 7 月 10 日。

② 太炎：《五无论》，《民报》（第 16 号），1907 年 9 月 25 日。

③ 太炎：《俱分进化论》，《民报》（第 7 号），1906 年 9 月 5 日。

④ 震、申叔：《论种族革命与无政府革命之得失》，《天义》（第 6 卷），1907 年 9 月 1 日。

⑤ 无政府党分子：《书天义报社会主义讲习会第一次开会记事后》，《新世纪》（第 24 号），1907 年 11 月 30 日。

⑥ 《新世纪之革命》，《新世纪》（第 1 号），1907 年 6 月 22 日。

⑦ 太炎：《俱分进化论》，《民报》（第 7 号），1906 年 9 月 5 日。

⑧ ［俄］克鲁泡特金：《互助论》，李平沤译，商务印书馆 2010 年版，第 10 页。

他自己也向自然以及自然进化寻求‘教诲’”。[①]换言之，克鲁泡特金在解释人类历史发展时，仍机械地将生物界的自然法则应用到人类社会发展上，因而是一种研究方法的简单照搬甚至是错用。中国无政府主义鼓吹者各自所遇到的理论困境的根源，就在于没有清醒地认识到克氏研究方法的错用所带来的理论悖论。

客观地说，章氏“俱分进化论”的提出，已经意识到将自然界的生物进化学说应用到人类社会发展上去是一种方法论错用，并试图将自然科学和人文社会科学区别开来，同时在进化论的影响下又将学理研究的“求是”与“致用”彻底剥离开来，[②]从而在其独特的哲学观领域进入了“五无”的虚无世界，而在现实领域却严厉批判了无政府主义，[③]这充分暴露出其自身理论与实践的矛盾性。“新世纪派”则在达尔文生存竞争、优胜劣败学说与克鲁泡特金互助论之间进行调和，强调“天演之淘汰与自然之进化，皆生存之大道也”，[④]企图弥合社会主义与无政府主义之间的裂痕。[⑤]“天义派”更是遇到了马克思主义的阶级斗争学说与互助论的冲突，并注意到恩格斯关于马克思唯物史观与达尔文学说之间关系的论述，但却无力解决这一难题，以致武断地判定马克思“所谓‘共产’者，系民主制之共产，非无政府制之共产。故共产主义渐融于集产主义中，则以既认国家之组织，致财产支配不得不归之于中心也。由是，共产之良法美意，亦渐失其真。此马氏学说之弊也”，从而放弃了对唯物史观的进一步研讨及引进。中国无政府主义者遇到的这一理论难题，要等到马克思主义，特别是唯物史观大面积传入中国并被国人自觉运用后，才得以解决。

---

① [美]浦嘉珉：《中国与达尔文》，钟永强译，江苏人民出版社2016年版，第389、392页。

② 章太炎说：“哲学者，有学而无术，故可以求是，不可以致用。”太炎：《规新世纪》，《民报》(第24号)，1908年10月10日。

③ 章太炎斥责：“无政府主义者，与中国情状不相应。……为中国应急之方，言无政府主义，不如言民族主义也。”太炎：《排满平议》，《民报》(第21号)，1908年6月10日。

④ 民：《无政府说(续)》，《新世纪》(第36号)，1908年2月29日。

⑤ [意]冯鲁：《社会主义与实验科学》，《新世纪》(第45号)，1908年5月2日。

19世纪末20世纪初社会主义概念在中国的原初表述、普及化及理解

【内容提要】 19世纪末，社会主义术语进入中国语境，最早以一种音译的状态，主要通过传教士的译介与驻外使臣以见闻式的叙事方式加以阐述，但他们对社会主义理论以及革命事件的阐释都有特定目的，导致此时社会主义主要呈现“消极”“负面”的语义。20世纪初，“社会主义”汉字的形式正式从日本引入中国，并在新文化运动中不断被普及化，用汉字“社会主义”来对译“Socialism”逐渐成为主流。知识分子开始从政治变革与社会改造的角度理解“社会主义”。此后，“Socialism”这一术语的语词色彩逐渐从消极、负面意义居多，转变为彰显积极、正面意义。

【作者简介】 陈红娟，华东师范大学马克思主义学院副教授

【原文出处】《社会主义研究》2018年第6期

马克思主义初入中国的语境不是以一种系统、整体的理论，而是以零星、音译的状态呈现。有些术语不是以一种主观的、积极的状态被介绍到中国的，而是晚晴官员、士大夫、传教士被动、有目的地传入中国。马克思主义的基本术语，如社会主义、共产主义等在中国语境中最初的呈现形式，反映了中国人最初接触马克思主义的原初状态，代表着那个时代马克思主义传播者的原初认知。

一、19世纪末“社会主义”术语在中国语境中的原初表述

自第一次鸦片战争以来，西方列强不断用武力打开中国大门，随后西方宗教、科学、技术、制度与文化等所谓的“资本主义”文明汹涌而至。不少仁人志士在反思中国政治、文化危机

同时，逐渐祛除了"天朝上国"的优越感，转而掀起了西学东渐浪潮。一时间无论是洋务派、维新派还是革命派，都把学习西方先进的技术、文化、制度看作中国救亡图存和民族复兴之关键。然而，那时正是西方资本主义社会矛盾充分暴露，社会主义思潮和运动蓬勃发展的时候，社会主义思想亦夹杂在西方先进理论中传入中国。社会主义革命运动、马克思主义以及《共产党宣言》的只言片语正是在此背景下被译介到中国。中国人不是直接学习了马克思主义的先进理论，而是首先接触了西方世界里的社会主义运动，在介绍或描述社会主义运动时出现了"共产主义""社会主义"的音译词。可以说，源自西方的马克思主义理论中的基本术语，初入中国时并没有不言自明的对应词，主要以形态各异的"音译"方式存在。虽然，译者的"在场"让这些词从一开始就存在"中国化"的历程，但此时的"中国化"主要是一种表层的、肤浅的，尚未与中国文化、中国实际相结合的粗糙的"中国化"。

19 世纪 70—90 年代，一些外交人员的日记、笔记中就涉及了对国际工人运动、巴黎起义、美国罢工、德国社会民主党等的零星描述，如张德彝的《三述奇》、宋育仁的《泰西各国采风记》、黎庶昌的《西洋杂志》、李凤苞的《使德日记》、崔国因的《出使美日秘国日记》、曾纪泽的《使西日记》、王韬的《普法战纪》、江南制造总局编印的《西国近世汇编》、广学会出版的《泰西民法志》等。[①] 不过，他们并没有理解社会主义革命的性质、原因与措施，也并没有表现出对社会主义的任何兴趣，相反，在描述过程中常夹杂着许多歪曲的成分。

同文馆毕业的张德彝亲眼目睹了 1871 年巴黎公社革命，在其所著的《随使法国记》中记载了巴黎工人阶级为保卫公社而展开的英勇斗争，描写了公社战士面对屠刀视死如归的英雄本色，面对死亡"有吸烟者，有唱曲者，盖虽被擒，以示无忧惧也"。他还分析巴黎起义的原因，"夫乡勇之叛，由于德法已和；盖和局既成，勇必遣撤。撤而穷无所归，衣食何赖？因之挺［铤］而走险，弄兵演［潢］池"。[②] 他虽然正确指出了巴黎公社起义的起因是反对法国政府向德国投降，但也加入了起义者迫于生计的铤而走险等因素，这表明他并未真正理解巴黎公社的革命性质。此外，王韬也对巴黎公社革命进行了转述。不过，他站在政府的角度将巴黎公社革命视为"叛乱"，并指出"叛乱"的根源，"推原其致乱之由，则皆因自主二字害之也"，[③] 显然，他并未完全理解巴黎公社革命的无产阶级性质，更不理解公社革命采取的一系列政治经济措施。

巴黎公社革命后，虽然西方工人运动一度陷入低潮，然 1873 年后又重新高涨，中国国内相关介绍日益增多。此时，"Communism""Socialism"等基本术语的音译词开始出现在中国人的视野中。

最早使用"Communism""Socialism"等词汇的"对应词"并介绍社会主义理论基本主张的是

---

① 参见裴大新：《戊戌变法前中国人对西方社会主义的介绍》，《政治学研究资料》1986 年第 1 期；严铭：《社会主义在中国早期传播的研究》，《哲学动态》1987 年第 6 期等。

② 张德彝：《随使法国记》（《三述奇》），钟叔河：《走向世界丛书》第 1 辑第 2 册，岳麓书社 1985 年版，第 415、451 页。

③ 姜义华：《社会主义学说在中国的初期传播》，复旦大学出版社 1984 年版，第 9 页。

《西国近事汇编》。“欲知各国近今情况，则制造局所译《西国近事汇编》最可读”，[①]《西国近事汇编》(1873—1882)中有大量篇幅描述西方各国工人罢工、工会运动，如“英国煤矿各匠作，勒加工值，一律停工，日久迁延，尚未妥为调处，以举缺煤”。尤其是，美国监理会传教士林乐知、金楷理口译，姚莱、蔡锡龄等笔述的不少文章都提到了各国发生的社会主义运动及主张。如他们在介绍德国社会民主党选举时，将其称为“主欧罗巴大同之议会”；1873 年 3 月 22—28 日，西班牙阿勒崩城、巴士罗拿郡、义斯德勒、马都拉等地工会“藉富室私产而公分之”；再如俄礼部以境内近有奸民，创为贫富均财之说。直到 1877 年 5 月在介绍美国共产主义者“梅戭”从事工人运动时，才第一次提到了“共产主义”的音译术语以及其核心要旨，“美国费拉特尔费亚省来信，谓美有数处民心不靖，恐康密尼人乱党夏间起事，国内有无赖之人为奸徒唆使行凶，以偿其贫富适均之愿”；啧昔尔阜尼亚监督司的文斯于教会聚时语人曰：“乱事每起于微，而后渐滋大不可制。今乱党以体恤工人为名，实即康密尼党唆令作工之人与富贵人为难。去年工人滋闹，尚无头绪，今有数处康密尼人练演为兵，此种人为教训约束所不及，须用武以制之，或用教会以开导之”。[②] 其中，“康密尼”是“Communism”一词的最早音译词，而“康密尼党”则是对持“Communism”党的最早翻译。而且，这里明确概括“Communism”主张即“贫富适均”。此后，《佐治刍言》《万国史记》《泰西新史概要》等书中对共产主义、社会主义等做了新解释，不过也不外乎“产业平分”“齐贫富”“均有无”之理解，如《佐治刍言》在谈及法国社会主义时将其主要思想概括为“一国产业，必与一国人平分，令各人皆得等分，方为公道”。[③]

除此之外，“Communism”“Socialism”对应的音译词也出现在中国驻外使臣的著述中。中国第一任出使德国的大臣李凤苞在《使西日记》中将德国社会民主党翻译为“莎舍尔德玛噶里会”，俄国民意党译为“尼赫力士”，“廓密尼士”作为“Communism”的音译，“先是欧洲有‘莎舍尔德玛噶里会’，译音‘平会’，欲天下一切平等，无贵贱贫富之分。”“德国查屡次谋杀之‘平会’，西语‘莎舍尔德玛噶里会’，各国皆有之……在俄国曰‘尼赫力士’，在法国曰‘廓密尼士’，今各国禁逐……”。[④] 他把“欲天下一切平等，无贵贱贫富之分”作为欧洲社会主义思想的要旨。另一使臣黎庶昌在描述德国社会革命党人行刺德皇时，首次使用了“Socialism”的音译词“索昔阿里司脱”，“行刺者就获后，刑司讯之……久乃知为‘索昔阿里司脱’会党。索昔阿里司脱，译言‘平会’也”。[⑤] 他将“富贵者无所恃，而贫贱者乃得以自伸”概括为社会主义革命的目标。

学界对“社会主义”一词在中国流行，多是从汉字“社会主义”一词的出现开始进行探

---

① 梁启超：《饮冰室文集》(卷 21)，中华书局 1941 年版，第 106 页。

② 上文引用参见姜义华：《社会主义学说在中国的初期传播》，复旦大学出版社 1984 年版，第 12、9—11、12、13 页。

③ 姜义华：《社会主义学说在中国的初期传播》，复旦大学出版社 1984 年版，第 27 页。

④ 李凤苞：《使德日记》，姜义华：《社会主义学说在中国的初期传播》，复旦大学出版社 1984 年版，第 18—19 页。

⑤ 黎庶昌：《西洋杂志》，钟叔河：《走向世界丛书》第 1 辑第 6 册，岳麓书社 1985 年版，第 429 页。

讨的，[1]多数认为梁启超[2]首先使用了社会主义的概念。但是社会主义首次进入中国并不是以汉字的或者日译汉字的形式出现，而是一种音译状态，主要通过传教士的译介与驻外使臣见闻式的叙事方式加以阐述的，而且出现了一词对多种音译对应词的现象，如“Communism”的对应词既有“康密尼人”也有“廓密尼士”。19世纪70—90年代，他们对社会主义思想理解中出现频率比较高的词有“平”“均”“等”“共”等。其中，两位使臣不约而同用了“平会”作为主张“Communism”或“Socialism”政党的译言。“平”与他们了解的中国社会那些参与“叛乱”民众所持有的平均主义思想相吻合，“会”则是“会党”之意，因为中国当时没有政党一说，借用了民间秘密的反抗组织“会党”一词。将具有“均等”之意思的“平”和有“聚众”之意的“会”，来对释社会主义政党比较粗浅，却也代表了他们对社会主义或者共产主义最初的理解，一开始中国人对社会主义的认识就与“平均”相关联，“产业平分”“齐贫富”“均有无”皆是如此。由此可知马克思、恩格斯用于区别于其他社会主义流派的科学社会主义、共产主义等词意，一开始并没有在中国语境中“激活”。

二、20世纪初“社会主义”概念在中国的普及化

中国共产党成立以前，中国的社会主义理论传播以日本为主渠道，以中国留日学生为传播媒介。日本社会主义学者对马克思主义术语的使用以及对社会主义理论的理解深深影响着中国留学生。由于当时日本社会主义理论中大量的马克思主义术语已经用意译的对等词来表达，因此，这个时期中国的部分马克思主义术语开始用汉语对应词来表达。“Socialism”在中文语境逐渐摆脱了多样的音译状态，到1902—1905年间，日文移植的“社会主义”一词开始作为日后中文约定俗成的对应词，并逐渐获得普及化。

第一，“社会”“主义”“社会主义”在中国语境与日本语境中的语义溯源。

“社会主义”是中国近代社会思潮的产物，古汉语中，“社会”与“主义”分开使用。“社会”一词在中国古已有之。古人所使用的“社”主要地区单位的意思，不同时代对基层行政单位理解并不相同。正如“二十五家为社”(《周礼》)；“方六里，名之曰社”(《管子·乘马》)。至元代，“社”所指的范围有所扩大，五十家为社，“县邑所属村疃，凡五十家立一社，择高年晓农事者一人为之长。增至百家者，别设长一员。不及五十家者，与近村合为一社。地远人稀，不能相合，各自为社者听”(《元史·食货志一·农桑》)。后来，“社”被引申为志同道合者进行集体活动的共同场所，“社，团结共事者亦曰社”，如“文社”“诗社”等。[3]“会”在古代主要是“聚也”。“社”“会”两字连用，主要指重要节日所举行的集会。“社会”最早出现在唐代的古籍，《旧唐书·玄宗上》(本纪第八)记载：“礼部奏请千秋节休假三日，及村闾社会。”后来，“社会”逐渐引申为志同道合之人所组成的团体，“原来大张员外在日，起这个社会，朋友十人，近来死了一两人，不成社会”(《醒世恒言·郑节使立功神

① 参见王磊：《21世纪以来国内“社会主义”概念研究述评》，《社会主义研究》2017年第2期。

② 金观涛、刘青峰：《观念史研究：中国现代重要政治术语的形成》，法律出版社2010年版，第549页。

③ 李伟民编：《法学辞源》，黑龙江人民出版社2002年版，第1773页。

臂弓》)。这里,“社会”主要是动词,指一定数量、规模的人群为了一定目的在一定空间范围内的进行活动。

“主义”一词由“主”“义”构成,在古代汉语中分别表意,并不构成一个独立语言成分。①古语中“主义”放在一起所表达的意思与今天的“主义”语义相去甚远,“主义行德曰元”(《逸周书·谥法解》)中之“主义”是谨守仁义的意思。“敢犯颜色,以达主义,不顾其身”(《史记·太史公自序》)中的“主义”指的是道义,“以达主义”指的是“使君主的行动合乎道义”,②并非现代汉语中“对事情的某种主张”之意。

在日文语境中,“社会主义”是明治时代的产物。明治时期,汉学曾达到历史高峰,“明治时期新事物名称多用汉语词(或西方语词),故欲咏其事物,势必使用汉语词”,③日本人通常用丰富、优秀的汉字来准确翻译欧洲语言及著作等。“社会主义”正是在这个过程中作为“Socialism”的日文对等词而出现。

1870年,日本杰出的德文翻译家、自由党派人士加藤弘文(Kato Hiromitsu)等在其著作《真政大意》《百学连环》等中以经济学形式介绍了社会主义、共产主义,分别翻译为“ソシセリスメ”“コムミエニスメ”。④ 1878年6月6日,福地源一郎(Fukuchi Genichiro)在《东京每日新闻》上刊登攻击“社会党之主义”的《辟说之害》一文,首次用汉字“社会主义”对译“Socialism”,“社会主义的最大错误在于一味倾向于集体主义,而放弃人的生活中必不可少的个人主义”,之后“社会党”“社会主义”逐渐在日本书刊中沿用。此时,“社会主义”主要与“个人主义”相对,大体指“将社会置于中心地位的主义”“集体主义”。

日本语境中,“社”由两部分构成,左偏旁示“神事意”,右偏旁是表示土地符号。这样,“社”字就与土地及基于土地的村社有着密切联系,与“会”(会议之意思)结合成“社会”一词,即为“乡间集市”或“村社集会”的含义,作为“Socialism”的标准译词“社会主义”保留了它起源于农村公社的痕迹。⑤ “Society”在日本语境中,并不止有“社会”这一个对应词,还常被翻译成“世间”“世态”“仲间”“会社”“交际”等。“主义”是一个日语新词,指“基本原理”之意,专门对应用于翻译欧语中的后缀“ism”。不过,当时,“Socialism”在日文语境中并不是只有“社会主义”一个对应词,有时还对应“社会论”“社会说”。⑥ 到19世纪80年代,“社会主义”作为“Socialism”的对等词逐渐占据优势。⑦

第二,“Socialism”从多元化音译对等词转向一元化的对等词“社会主义”。

“Society”进入中国语境,被翻译成两个普遍存在的词汇,一是由传教士们翻译的对应词,

① 王彬彬:《为批评正名》,时代文艺出版社2000年版,第321页。

② [西汉]司马迁:《史记》,中国三峡出版社2006年版,第3247页。

③ 参见陈力卫:《和制汉语的形成与发展》,汲古书院2001年版,第三章。

④ 《社会主义思想在中国的传播》(第一辑上册),内部资料1985年版,第6页。

⑤ [美]伯纳尔:《一九〇七年以前中国的社会主义思潮》,丘权政、符致兴译,福建人民出版社1985年版,第60—61页。

⑥ 陈力卫:《“主义”概念在中国的流行》,《学术月刊》2012年第6期。

⑦ 参见[德]李博:《汉语中马克思主义术语的起源和作用》,赵茜、王草、葛平竹等译,中国社会科学出版社2002年版,第118页。

即含有“众多”之意的“群”或“人群”，“社会者，日人翻译英文Society之语。中国或译之为群。此处所谓社会，即人群之义耳。此字近日译日本书者多用之”。① 晚清时期，在翻译西方社会学时，先进知识分子企图从中国传统文化中寻找资源来对译西方社会学的术语“Society”。严复将赫伯特·斯宾塞(Herbert Spencer)的《社会学研究》译为《群学肆言》、梁启超发表《说群序》《说合群》等表达其所持的社会观；二是保留使用中译的日语专门词“社会”。1875年，黄遵宪在《日本国志》中把“社会”对译“Society”的用法带到中国。② 1886年始，作为描述人类生活组织形式与关系的“社会”在《时务报》(从第十册开始)多次出现。③

20世纪初，“社会”“社会学”与“社会主义”从日文中引入，使用逐渐变得连续化、普遍化。④ “社会”逐渐取代了中国传统文化中的“群”“群学”；英文后缀“ism”一词，原本传教士将其翻译为“之说”，如“若外国工人，有立会、演说、开报馆、倡社会之学说者，我国有之乎”。⑤ 后来，“ism”在汉语中吸收了日语专门词“主義”翻译成“主义”。1901年，《近世政治史》中较早出现“社会主义”一词，“倡均贫富制恒产之说者，谓之社会主义”。⑥ 此后，“社会主义”一词在中文中被广泛使用。1902年4月初，由日本学者村井知至(Mukai Tomokotoko)撰写，罗大维负责翻译的《社会主义》一书，文中解释的社会主义即是上述日本语境中与“个人主义”相对应之“社会主义”，“今个人本位论渐衰而社会本文说渐盛随为讲坛社会主义(一名淡水社会主义)为20世纪一般学者所据依”。⑦ 只是，此时的社会主义主要是作为社会学的一种学说进行阐释罢了，在与“个人主义”对比的基础上，突出社会主义的“集体性”，详尽介绍了社会主义的“定义”和“本领”，探讨了社会主义与道德、教育、美术、妇人(妇女)、劳动团体(工人阶级)、基督教等具体问题，指出，“社会主义之目的，使社会主义归于协同”。⑧ 赵必振翻译幸德秋水(Kotoku Shusui)著的《广长舌》(商务印书馆，1902年11月)，也介绍了社会主义的“实质”“理想”“急要”和“适用”等问题。

1903年以前，中国知识界主要将日文中“社会主义”挪用到中国语境，而1903年以后中国知识分子开始在影响较大的报刊、辞典中对社会、主义、社会主义这样的术语进行阐解。1903年，《浙江潮》推出“新名词释义”计划，试图准确解释日本产生的新名词以便国人理解，“自东方译事兴，而新名词之出现于学界者日益多。好学之士，初读新书，必有半日不得其解者。……斯诚今日吾辈之义务，无可容辞矣”。⑨ 其中，“社会”便在其中，“社会者何二人

① 《问答》，《新民丛报》(第11号)，1902年7月5日。
② 陈旭麓：《戊戌时期维新派的社会观——“群学”》，《近代史研究》1984年第2期。
③ [德]李博：《汉语中马克思主义术语的起源和作用》，赵茜、王草、葛平竹等译，中国社会科学出版社2002年版，第113页。
④ 参见《从“群”到“社会”到“社会主义”——中国近代公共领域变迁的思想史研究》，金观涛、刘青峰：《观念史研究——中国近代重要政治术语的形成》，法律出版社2009年版，第180—226页。
⑤ 《说国民》，《国民报》1901年第2期。
⑥ [日]有贺长雄：《近世政治史》，社员翻译，《译书汇编》1901年第2期。
⑦ [日]村井知至：《社会主义》，罗大维译，《翻译世界》1902年第2期。
⑧ 同上。
⑨ 《新名词释义》，《浙江潮》1903年第2期。

以上之集合体而为协同生活者之谓也”。① “社会主义”在专门解释西方术语的中文辞书《新尔雅》中所呈现的阐释为，“废私有财产，使归公分配之主义，谓之共产主义，一名社会主义”。那时，资产阶级改良派主办的很多报刊都致力于介绍新思想，培养新的社会意识，“社会主义”一词频频出现。作为改良派的代表性人物梁启超在报纸杂志刊登的文章中多次使用“社会主义”，将“社会主义”与中国传统文化、中国改良运动结合起来，也是促使其得以广泛传播。

第三，新文化运动中“社会主义”概念在中国得以普及化。

笔者登录晚清期刊全文数据库，以“社会主义”为主题词进行搜索，发现 1912—1919 年间“社会主义”一词一共出现了 156 次，1912 年为 107 次，为这一时期用词的高峰期；1913 年为 21 次、1914 年为 6 次、1915 年为 5 次、1916 年为 4 次、1918 年为 6 次，而 1919 年则为 49 次。而在 1920—1924 年间，也就是中国共产党成立前到国共合作期间，1920 年社会主义出现 102 次、1921 年为 168 次、1922 年为 110 次、1923 年为 68 次、1924 年为 79 次。可以说，1921 年正是“社会主义”在 1920—1924 年间得以讨论的高峰。不过，该数据库文献有限，在金观涛先生所建立的数据库则统计出，1915 年前“社会主义”一词在中文著述中大约出现了 900 次，②且新文化运动以后，其使用频率继续大幅增加。如果从中文里首次出现到 20 世纪前十余年，“社会主义”还只是中国出现的上千种形形色色的“主义”之一，那么到新文化运动以后，社会主义则几乎征服了所有政治流派，社会以谈论“社会主义”为时尚。此外，纵观当时国内重要的期刊，《新潮》《少年中国》《每周评论》《向导周报》《建设》《星期评论》《解放与改造》《醒狮》等，无论是共产党、国民党所主办的理论刊物，还是资产阶级改良派主办的刊物抑或是中国国家主义青年团出版的刊物，“社会主义”都是使用较多的关键词。此时，“社会主义”作为一种改造中国社会的新学说，其定义、真意、目的以及与其他主义的区别等被充分讨论，社会主义概念得以“普及化”。

三、19 世纪末 20 世纪初“社会主义”在中国的理解

在 19 世纪末 20 世纪初的中国，介绍社会主义革命运动、社会主义理论的主要是两个群体，一为传教士、士大夫（主要为清政府的驻外使臣或者主张洋务的官员），二为中国先进知识分子。前者为 19 世纪末，以音译方式使用“Socialism”这一术语的主体，他们主要关注社会主义革命事件；后者为 20 世纪初，用汉字“社会主义”来对译“Socialism”的主体，他们开始从政治变革与社会改造的角度理解“社会主义”。

19 世纪末，传教士、士大夫在阐释社会主义或者马克思主义的相关内容时均将其纳入自己特定价值立场，不仅难以看出他们对“社会主义”的兴趣，而且社会主义革命运动最早呈现的并不是“积极”的一面，而是官方立场上所批判的“对象”。

当时，中国西学书刊的翻译和出版工作，多数受到传教士控制。国内出版西方书籍和报刊

① ［德］李博：《汉语中马克思主义术语的起源和作用》，赵茜、王草、葛平竹等译，中国社会科学出版社 2002 年版，第 113 页。

② 金观涛、刘青峰：《观念史研究：中国现代重要政治术语的形成》，法律出版社 2010 年版，第 217、549、219 页。

的机构主要有三家,江南制造局和北京同文书馆虽然由清政府主办,但主要由英国传教士傅兰雅和美国传教士丁韪良所操纵,而广学会原本就是基督教在中国最大的出版机构。《西国近事汇编》《佐治刍言》《泰西新史揽要》《万国公报》皆是由传教士直接编译或者撰写。其中,《万国公报》前身就是 1868 年创刊的《教会新报》,是广学会发行最广的报刊。这些人所精心挑选和加工的“西学”都是为适合他们“将中国逐步变为某一外国或几个外国统治和掠夺的殖民地”①这一目的和需要而服务。他们介绍马克思主义学说,要么是宣传基督教救世教义过程中无意间夹杂着译介一些欧美社会主义流派的只言片语。比如 1894 年出版的《社会进化》一书虽然引用了社会主义者的论述,然作者的最终目的却是要借用超理性的宗教力量来消弭社会矛盾,改善社会分裂之状况。② 他们主要是利用马克思主义的只言片语佐证自己的思想学说,正如李提摩太提及马克思学说不过是为了佐证其主张的“安民”学说罢了!

在描述欧美工人发动的罢工或者社会主义革命运动时,无论是传教士还是士大夫,都站在官方立场将其污为“暴民”“乱党”,且将革命一事描述为民众一致反对之事,“查此事,皆由康密尼人党而来,人皆疾恶之”。③ 他们对“共产主义”“社会主义”的评价多用“空想”“幻说”等消极词汇。如《佐治刍言》中英国传教士傅兰雅阐述社会主义“平分产业”思想的主旨,主要是为了论证“平分产业之弊”的主张,并不赞同这种理论,而且指出这种理论不过是为“博一时名誉”,“法国人所喜平分产业,皆系空虚荒谬之谈,断不能见诸实事也”,“故平分产业之事,英国人从不肯轻赞一辞”。④ 因此,中国人在最初认识到的社会主义、共产主义思想理论或者革命运动,都经过传教士、士大夫的“过滤”。由于传教士和士大夫从消极层面介绍和描述社会主义革命和思想,就注定那时中国人只能从消极、片面的层面来理解社会主义。此时,他们还难以对社会主义的语义、内涵、思想以及其所代表的未来世界有清晰和深刻的认知。值得肯定的是,这个时期的介绍毕竟让中国人知道在西方世界还存在着与统治阶级相对立的另一种社会力量或社会理想,为日后中国的思想家们考察西方社会主义思潮奠定了基础。

20 世纪初先进知识分子所使用的 Socialism 对等词经历从“群”“群学”到社会之说、社会主义学说的演变,对社会主义的内涵、目的以及其所代表的未来社会等进行了充分讨论。较前一阶段相比,这一阶段先进知识分子对中国的政治生态、社会结构、文化体制等有了新认知,迫切希望建立一个不同于传统社会的现代社会。“社会主义”的憧憬包含着他们对“社会”展开的种种设想与期待,是他们积极寻求政治变革与社会改造的道路之一。

在该时期,尽管有一些以儒家观点为支撑对“社会主义”进行的批判与反驳,如《社会主义平议》一书通篇以儒教观点批判社会主义,称社会主义“共产妻、杀人”“社会主义之流毒且千万

---

① 顾常声:《传教士与近代中国》,上海人民出版社 2013 年版,第 141 页。

② 姜义华:《社会主义学说在中国的初期传播》,复旦大学出版社 1984 年版,第 35 页。

③ 《西国近事汇编》,(光绪三年〈一八七七年〉),姜义华:《社会主义学说在中国的初期传播》,复旦大学出版社 1984 年版,第 14 页。

④ 《社会主义思想在中国的传播》编写组:《社会主义思想在中国的传播　资料选辑》(第 2 辑下册),中共中央党校科研办公室 1987 年版,第 378、376 页。

倍于杨墨佛老”。① 但大多数知识分子对社会主义的理解还是带有正面、积极的色彩,毕竟在风靡一时的进化论影响下,社会主义作为一种代表着高于或者说优于资本主义的历史发展方向存在着。因此,那时“大家都争相说社会主义的好话,谁也不敢说资本主义的好话”。② 梁启超曾公开宣称,“社会主义其必将磅礴于20世纪也明矣”③“社会主义为将来世界最高尚美妙之主义”。④ 孙中山在游历欧洲是也一度称自己是“社会主义者”,在1902—1903年间,他对社会主义已达“极思不能须臾忘”⑤的地步。

这一时期,介绍和讨论社会主义理论的知识分子多是留日学生,社会主义的理论探讨多是通过翻译、介绍日本学者山川均(Yamakawa Hitoshi)、山川菊荣(Yamakawa Kikue)、河上肇(Hajime Kawakami)、堺利彦(Sakai Toshihiko)等文章与著作。原本“社会主义”一词源自拉丁文socialis(社会的),在社会思潮领域主要代表着对市场经济、资本逻辑以及个人主义的批判。而在日本语境中,“社会主义”又与日本的文化习俗、政治诉求、译者的知识结构与价值取向相关联,不可避免地被赋予了日本学者的某些“附加意义”。这就注定社会主义进入中国语境时必然偏离西方语境的原初语义。

20世纪初,参与社会主义讨论、辩论的知识分子本身思想也较为复杂,常将无政府主义、改良主义、民粹主义等非社会主义与社会主义混淆,将马克思主义与各种其他社会主义不加区分地加以讨论。对社会主义含有的平等、民生、社会进化等思想的阐述或者挖掘,主要根据自己需求而定,可以说是各取所需。以梁启超为代表的改良派主要阐述了社会主义中的“平等”思想,“民族主义尚不暇及,何论于社会主义、大同理想哉?”⑥“故以近世社会主义者流,以最平等之理想为目的,仍不得不以最专制之集权为经行……”⑦而以孙中山为代表的资产阶级革命派则更强调“民生”,朱执信曾在文中注明“社会主义本译民生主义”;⑧冯自由也曾在文章中指明:“民生主义(Socialism)日人译名社会主义”;⑨孙中山更加明确地说道,“民生主义就是共产主义,就是社会主义”。⑩ 而且此时,社会主义与共产主义之间界限十分模糊,例如,1903年,中国留日学生杜士珍将《近世社会主义评论》译为中文,文中对社会主义一词进行的解释就体现了这点,“日本译之。或曰社会主义。或曰共产主义。或直译其音。三者皆通用总之社会主义”“译者案社会主义。英文谓之‘索西亚利士谟’(Socialism)其训即共产主义是也”。可以说,“社会主义”在20世纪初与各种思潮相互激荡、杂糅的语境中,呈现多元繁杂状态,其真意在此时仍被遮蔽。

---

① 参见[日]石川祯浩:《中国共产党成立史》,袁广泉译,中国社会科学出版社2006年版,第342页。

② 丁伟志:《辨析国情,选择出路之争——对于五四过后发生的社会主义大辩论的再认识》,《中国社会科学》1999年第4期。

③ 梁启超:《干涉与放任》,《清议报》,1900年7月。

④ 梁启超:《杂答某报》,《新民丛报》(第14号),1906年。

⑤ 《孙中山全集》(第1卷),中华书局1986年版,第288页。

⑥ 《大同日报缘起(摘录)》,《新民丛报》,第38、39合本,1903年。

⑦ 中国之新民:《论俄罗斯虚无党》,《新民丛报》,第40、41合本,1903年。

⑧ 《民报》(第1册),中华书局2006年版,第515、567页。

⑨ 《孙中山全集》(第9卷),中华书局1986年版,第386页。

⑩ 闾小波:《近代中国民主观念之生成与流变》,江苏人民出版社2011年版,第16页。

1917 年俄国革命研究的若干问题

【内容提要】 对苏联史学界来说，俄国 1917 年革命始终都是最重要也最富争议的研究话题。如果对当代俄罗斯学界与社会关于 1917 年革命的讨论情况进行总结的话，那么大致可以概括出以下几点共识性的看法：一是将 1917 年 2—10 月发生的一系列事件视为一个完整的革命进程，不能将二月革命与十月革命割裂对立起来；二是把国内战争作为一个独立阶段纳入革命进程中，将俄国大革命的起止时间界定为从 1917 年到 1922 年；三是承认历史发展的继承性，即从俄罗斯帝国经过苏联，直至今天的俄罗斯联邦；四是无论是对待自由派、布尔什维克，还是他们的对手，都没必要追究对与错，也不应去谴责或维护某一方，而是要努力剖析历史，从中汲取教训，以避免重蹈覆辙。

【作者简介】 谢尔盖·茹拉夫廖夫(Sergei Zhulavlev)，俄罗斯科学院俄国史研究所教授

【原文出处】《国外理论动态》2019 年第 6 期

对苏联史学界来说，俄国 1917 年革命始终都是最重要的研究选题。这既是因为该事件对俄罗斯历史具有不同寻常的意义，也是由于它对世界历史产生了重要影响。

从 1914 年第一次世界大战爆发到 1922 年俄国国内战争结束的这段历史被当时的人们称之为“大动荡时代”，这也是数百万俄国侨民反思的主题。那些侨居国外躲避革命的前俄罗斯帝国统治阶级的代表，以及在内战中被击败的白卫军残部，也在反复追索自己失败的原因，他们既互相推诿责任，也将其归罪于俄国人民的“忘恩负义”。

20 世纪 20 年代，由于受到当时某些政治理念以及随意诠释历史的风潮(例如卸任的政治家和将军们热衷写回忆录)影响，那些陈年往事在侨民群体中渐渐被演绎成了神话。例如，

白卫军领袖们被过度英雄化,而1917年革命被说成是共济会、犹太人和布尔什维克间谍等一小撮人的密谋等。

梅里古诺夫(С. П. Мельгунов)是最早提出革命阴谋论的人之一,而且他还详细研究了布尔什维克获得德国资助的情况。这些议题在当代(后苏联)俄罗斯的史学研究中受到了关注,我也因此注意到了这些议题产生的源头。

有一个值得注意的地方是,在20世纪20—30年代的侨民文献中,很多侨民作者亲身经历过俄国1917年的历史事件,而且积极参与了当时的政治斗争,如立宪民主党领袖米留科夫(П. Н. Милюков)、著名的社会革命党人切尔诺夫(В. Чернов)等,后来他们都不承认布尔什维克政权,而且在自己的回忆录中把1917年2—10月这段时间视为一个完整的革命进程,同时还指出,俄国革命具有重大的世界历史意义。

对于掌权的布尔什维克来说,理解与评价1917年国家发生的历史事件也是非常重要的。有作家这样写道:"最主要的是理解其意义……确信所发生的并不是可怕的血腥暴动,而是……秉持着不同人类价值观念的新世界的诞生。"虽然在20世纪20年代的苏维埃俄国,统一的革命概念还没有形成,但官方当时已经积极开展了收集留存文献资料的工作,并在一定范围内鼓励1917年历史事件和国内战争的参与者撰写回忆录。这项工作是在布尔什维克党的领导下进行的,并为此在中央和地方建立了专门的党史和革命史(简称党史)委员会。

20世纪30年代,苏联对革命的理解进入新阶段。在斯大林的直接参与下,首次提出了对革命和国内战争等历史事件的官方解释。这种被视为规范性的解释随后被写进了所有历史教科书中,其中有两个基本要素值得注意。

第一,出现了1917年"两次革命"的概念——就像现在大家普遍认为的那样,这两次革命是相互对立的,而且彼此在性质和任务上有原则差异。第一次革命是"二月革命"(1917年2月推翻俄国的专制统治),它被称为"资产阶级民主"革命。而第二次革命则发生在布尔什维克取得政权的1917年10月,被称为"伟大的十月社会主义革命"。

第二,在斯大林于20世纪30年代提出的"1917年革命"的概念中,首次对革命之后的国内战争(1918—1922年)给予了高度重视。这样一来,国内战争不只是简单地被纳入(早前没有)到革命时代中,而是成了革命时代的核心部分,甚至在一定意义上,"革命"本身都退居到了第二位。

这个概念在大型多卷本《苏联国内战争史》的编纂过程中得到了特别强化。该项工作始于1931年,得到苏联共产党最高领导人的支持。按照编纂计划,国内战争史从1917年革命写起,并将其作为第一卷。也就是说,在这一编纂计划中,1917年革命成为国内战争的一个组成部分,是起始阶段。而且,1917年革命处于一种从属地位,是布尔什维克在之后国内战争中的胜利才最终决定了革命的命运。

《苏联国内战争史》第一卷的原稿由斯大林亲自审定。斯大林不只是按照新的概念"修正"历史事件,而且事实上是他确定了写进史书的人物清单,确定了谁是革命和内战中的英雄,谁是反派(典型的例子是抹杀托洛茨基的作用)。对革命时期的这种诠释在1938年出版的《联共(布)党史简明教程》中被确定下来,并一直沿用到20世纪60年代。

20世纪60年代,一批从事十月革命研究

的"新派"苏联历史学家,如沃洛布耶夫(П. В. Волобуев)、塔尔诺夫斯基(К. Н. Тарновский)和安菲莫夫(А. М. Анфимов)等人尝试对先前的一些观念做出修正。例如,他们对俄国是否做好了进行社会主义革命(在一个社会经济落后国家)以及实行民主制的客观准备提出质疑。

冷战时期,西方的苏联问题专家们特别关注在1917—1922年间发生的历史事件,他们想从总体上弄清楚革命年代苏维埃体制形成的根源及典型特征。作为这一群体的代表性人物,理查德·派普斯(Richard Edgar Pipes)数十年致力于这一研究。他得出的结论是,要理解俄国革命就必须回答三个主要问题:沙皇专制为什么垮台,布尔什维克为什么取得了政权,20世纪20年代初为什么是斯大林接替了列宁成为国家领导人。按照派普斯的观点,君主制不肯接受改革,而俄国的自由派知识分子也没有意识到挑动革命会引发悲剧性后果,二者共同断送了专制体制。派普斯甚至认为,1917年10月,自由派被更强有力且精于筹谋、渴望权力的布尔什维克党领袖列宁赶下了历史舞台,而列宁在20世纪20年代又被更加残暴和狡猾的阴谋家斯大林所取代,这种解读与斯大林的《联共(布)党史简明教程》一样,都带有如此鲜明的政治偏见,二者的差别只是《联共(布)党史简明教程》里的英雄在派普斯这里都成了"反派"。

20世纪70—80年代,西方新"修正派"史学家的出现是对"极权主义流派"著作中的反苏维埃定式的一种反应,其目的是纠正对苏维埃历史的片面解读。"修正派"努力以社会史和文化史来补充政治史,通过对普通人的感受与心理状态的描写,"自下而上"地展现历史事件,并将革命的地区断面和民族因素等考虑在内。

在戈尔巴乔夫时期,苏联开始重新评价革命和国内战争,这一过程一直持续到20世纪90年代,其间提出了很多重要观点,包括:作为1917年革命的关键前提,第一次世界大战的作用被低估了;革命前的俄国已经形成了对抗式的政治文化,这预先决定了社会的深刻分裂和国内战争的残酷性;尽管君主制被推翻,但那种专横的家长制倾向在社会意识中还有着强大的生命力。

20世纪90年代,学者们在俄国地区层面的革命和国内战争史研究方面取得了长足进步。对革命中的民族因素和穆斯林因素的研究也有了很大突破。

同时,冷战时期打造的一些反布尔什维克的神话作品常常被用来填补所谓的"历史空白"。前面提及的西方"极权主义流派"的观点在20世纪90年代居于主导地位。其结果就是旧的神话被新的神话取代,马克思列宁主义学说不加区分地受到严厉批评,似乎苏联的解体同时也意味着马克思列宁理主义的崩溃。

在后苏联时代的俄罗斯,重写历史的方法常常是机械地颠倒"正""反"两方(从前革命者和红军是英雄,现在政治保守派和白军是英雄),包括从尼古拉二世到临时政府最后一任总理克伦斯基等在苏联时期被定义为反派的人,现在都备受推崇。在苏联史学研究中,革命史首先是布尔什维克党和工人阶级的历史,而作为对苏联史学的反动,从20世纪80年代末开始,俄国自由主义、皇室和反革命成为了史学界优先讨论的议题。

这方面的典型代表是当代的国内战争史研究,它在很大程度上是由描写白卫运动及其领袖的历史构成的。除了少数例外,多数研究成果和畅销书都带有为他们辩白的性质。这些研究中体现出来的思想是,与布尔什维克相比,所有“白方”阵营的人都是民主和爱国主义思想以及高尚道德的承载者，等等。

当代史学发展的一个重要趋势是力图铺陈俄国革命的大事年表，并在更广域的历史背景下去研究它。这反过来又促使许多俄罗斯和国外的学者产生了这样的看法，即 1917 年俄国革命是经历了几个阶段的完整进程。

在“改革”年代，很多禁令被废除。同时，随着资料的累积以及对过去一些陈腐认识的摒弃，对 1917 年历史事件谨慎且客观的评价逐渐出现。其中，革命分期是最重要的问题之一。今天，大多数学者都倾向于将 1917 年俄国革命视为一个完整的进程，而且它经历了几个阶段，从自由派在 2 月推翻君主专制到布尔什维克 1917 年 10 月取得政权，继而爆发国内战争。一些专家认为国内战争也是革命的一个组成部分，是革命的最后阶段。对革命的这种解释如今已经写进了俄罗斯中学历史教科书。

在我们看来，斯大林式的 1917 年革命的概念是人为地将 1917 年的历史事件割裂成两个互相对立的革命——二月资产阶级革命和伟大的十月社会主义革命，而当代俄罗斯学者最终对这一概念的摒弃则堪称是一项重要的学术成就。事实上，在对待革命史的问题上，马克思主义辩证法正在发挥作用，它是将历史事件置于一个完整的发展过程中（从条件成熟到最终完结）加以考察的方法。因此，在谈到革命史时，无论是 1917 年 2 月末至 3 月初和 10 月末发生的事件，还是随后国内战争，它们都应被视为革命史进程中的里程碑。这样一来，我们就有理由将这些阶段划分为各不相同的独立部分，但无论如何它们都处在一个统一的俄国大革命框架内。

在 1917 年革命研究中，另一个重要问题是：二月事件是人民群众的自发行动，还是“上层”密谋导致的？在现代俄罗斯文献中，可以见到阴谋论和宗教—神秘论两种观点，它们将革命描述成是“共济会成员的密谋”“敌基督降临”，或者是一小撮革命冒险家进行的“暴徒”式的狂欢。今天最流行的观点是所谓的“间谍”说，按这个说法，革命没有什么重要的内因，只不过是由一些“不负责任的自由派”首先筹划和完成的，之后布尔什维克依靠外国的资助从他们手里夺取了政权。

在苏联的历史学研究中，密谋的说法不受欢迎，相反，学者们更强调的是 1917 年革命是有着深刻原因的大规模群众运动。当年，雅科夫列夫（Н. Н. Яковлева）的著作《1914 年 8 月 1 日》受到批评，在这本书中，他认为俄国革命的主要推动力来自共济会组织。在 20 世纪 90 年代中期，一些学者根据 1917 年俄国的很多政治活动家都是共济会分会成员这一情况，更进一步确认了这一结论。当时情况的确如此，20 世纪初，共济会发展壮大，但人们并不认为它是一种有组织的政治运动。不过即便如此，历史学家斯塔尔采夫（В. И. Старцев）还是认为，俄国共济会成员在推动 1916 年底至 1917 年初的革命形势发展方面起到了很大作用，他们最先利用了 1917 年 2 月 27 日自发起义的结果。共济会密谋的说法之所以引起争论还因为，要在共济会成员与自由派政治活动家之间划清界限非常困难，而要说清楚哪项决定是受到共济会成员观点的影响，哪项决定是自由派学说在起作用，实际上是不可能的。在今天俄罗斯史学界，主导观点还是认为 1917 年二月事件具有自发性。

目前在研究 1917 年问题的研究成果中，有关罗曼诺夫王朝和最后一位俄国皇帝的著作构成了一个独立板块。学者们力图回答：俄国是否有可能保存君主制，其垮台的原因是什么？他们的结论是：这种政治制度在1917年前就已经不受欢迎且没人支持。

在对1917年十月事件的研究中，人们特别关注的是德国在资助布尔什维克政治活动中的作用问题。这里需要明确的一点是，作为国际主义革命家，列宁既没有站在俄国一方，也没有站在德国一方，他是从国际无产阶级的立场上思考问题的。布尔什维克把在俄国开始的革命视为"导火索"，它应该引燃世界革命的烈火。

斯塔尔采夫在研究了布尔什维克的资助问题后指出，看似能证明布尔什维克与德国之间存在联系的一些文件都是伪造的。"1917年的两次革命都不是仰仗'德国的钱'，而是我们俄国人用自己的钱在俄国人的领导下进行的。"在国外史学研究中也存在类似结论。在流亡的托洛茨基的参与下，美国人也对未经证实的革命资助的说法进行了调查，在英国的档案中也没有发现外国资助1917年革命的证据。

在当代俄罗斯学者的研究中，还有以下几点值得强调。学者们注意到，1917年俄国革命的爆发有一系列与国家先前发展相关的重要原因。首先，当局极度抵触势在必行的国家政治体制变革，但同时又想尝试将专制制度与民主制度的一些元素结合起来，这种做法催生了一批国内政治反对派，其中既有激进的革命者，也有温和的自由派。其次，保留农业领域中的封建关系要素，维持社会成员的等级制度，缺乏有效的劳动立法，限制民族和宗教自由等等，都成为革命原因。另一方面，第一次世界大战也加速了革命的来临，如战争造成经济危机蔓延，后方和前线的反政府与反战政治鼓动愈演愈烈，君主制权威的衰落，大规模征召男性居民入伍导致劳动力不足，食品价格上涨与城市供应状况恶化。

如何评价1917年俄国革命？这一问题在当代史学研究中占据非常重要的地位，并通过纳入中学教育等渠道成为重要公共话题。我们可以将现有的一些评价概括如下：

第一，1917年2—10月发生的一系列事件被视为一个完整的革命进程。"俄国大革命"这一术语得到广泛认同，并被写进了当代俄罗斯中学教科书。

第二，目前对俄国大革命的起止时间尚有争议。有些学者认为革命只包括1917年2—10月发生的一些历史事件。但更多学者把国内战争作为一个独立阶段也纳入革命进程中，那么俄国大革命就是从1917年到1922年。

第三，承认历史发展的继承性，即从俄罗斯帝国经过苏联，直至今天的俄罗斯联邦。

第四，俄国大革命是俄国历史上一个非常复杂的时期，导致社会分裂成相互敌对的阵营。

在俄罗斯学术界、政治精英群体以及普通民众中，对革命和国内战争史中许多问题的讨论还在继续。在当代俄罗斯历史学研究中，人们越来越认同的是，无论是对待自由派、布尔什维克，还是他们的对手，都没必要追究对与错，也不应谴责或维护某一方，而是要努力剖析历史，从中汲取教训，避免重蹈覆辙。对于当代俄罗斯来说，这才是最重要的也是最负责任的态度。

（中央党史和文献研究院徐向梅　译）

伯恩施坦修正主义的“自由化”和社会发展理念

【内容提要】 伯恩施坦曾提出其修正主义公式,但事实上他的“手段”没有太多新颖之处,而是在很大程度上吸收了英国“新自由主义”理念,这最终影响了他对社会发展的认知。伯恩施坦在“进步”的目的上与“新自由主义”者站在一起,结果成为自由主义的实践者。伯恩施坦修正主义的“自由化”有着潜在的社会历史和理论道路因素,并非发展科学社会主义,而是改变了科学社会主义的目的。因此,伯恩施坦修正主义在根本上具有虚假性。本文以概念史为分析工具,阐释伯恩施坦修正主义“自由化”的渊源、建构、原因和实质,分析其与马克思主义的根本不同。

【作者简介】 来庆立,上海社会科学院中国马克思主义研究所助理研究员

【原文出处】《当代世界社会主义问题》2019 年第 2 期

一、溯源:自由主义的社会主义化

爱德华·伯恩施坦(Eduard Beinstein)曾多次提到社会主义继承了自由主义事业,将社会主义等同于“有组织的自由主义”,同情甚至认同边际理论和曼彻斯特学派。美国学者曼弗雷德·斯蒂格(Manfred B. Steger)认为,英国“新自由主义”①对伯恩施坦有着重要启发,美国学者和一些德国学者也谈到了伯恩施坦与自由主

① “新自由主义”首先出现在英国,又被称为自由社会主义或社会自由主义,在英国的口号是积极自由,在德国的口号是社会自由主义,在美国的口号是新民主,在法国的口号是团结。本文统一称其为“新自由主义”(New Liberalism),区别于新自由主义(Neo-Liberalism)。前者更加注重从社会意义出发“修正”自由主义,后者则强调恢复古典自由主义对待市场的本来面目。

义者和费边社的良好关系。[①]

在很大程度上，伯恩施坦转向修正主义借鉴了19世纪末20世纪初英国自由主义的转型，这一转型的最大特征是“社会主义化”，在自由主义概念的主要构成方面都吸纳了社会主义因素。需要注意的是，自由主义理解的社会主义并非科学社会主义，而是英国式的社会主义，后者认为约翰·密尔（John Mill）等人比马克思更符合社会主义定义。

19世纪末的英国，许多“自由主义者都关注社会问题”。[②] 至少在物质层面，这对英国工人阶级有利，“如果社会主义是指热切关心广大劳动者的疾苦……那么我们都是这个意义上的社会主义者”，社会主义就是社会改革，“等同于处理社会问题的英国方式”。[③] 关注社会问题使英国自由主义者热情“拥抱”、利用和改造社会主义，渐进地进行社会改革、实现社会进步，成为其最为核心的社会发展理念。密尔、里奥纳德·霍布豪斯（Leonard Hobhouse）、约翰·霍布森（John Hobson）等学者都是代表人物。

从概念内涵变迁出发，在诸多重要的规定性内涵上，自由主义都出现了明显的社会主义倾向，这尤其体现在以下四个方面。

（一）从个人主义到“社会化的个人主义”

“新自由主义”首先将社会主义理解为解决社会问题的方案，这就需要消解社会主义与自由主义的核心价值——个人主义的冲突。因此，探讨个人和社会的性质及其关系就成为其首先需要解决的问题。

通过社会主义理论解决社会问题，需要“从伦理的、人文主义的角度来理解社会中的人……认识到人是一种社会存在。自社会形成以来，就一直存在着某种社会主义”。[④] 密尔提出，社会没有实现分配正义，需要通过公共媒介管理国家生产资源。社会主义是个人自由、共同所有权以及平等分享共同劳动收益的结合，霍布豪斯认为这是“自由社会主义的最佳总结性说明”。[⑤] 因此，“新自由主义”认为，社会主义首先是对个人的伦理化认知，其次是经济政策的调试。通过道德改革促进社会改革，这也是“进步”概念的内涵之一。正如密尔所言，要通过社会主义道德和原则消解“自私”。霍布豪斯认为，个人主义和社会主义能够和谐相处，因为自由社会主义不同于机械和官僚社会主义，[⑥]它将个体

① Manfred B. Steger, The Quest for Evolutionary Socialism — Eduard Bernstein and Social Democracy, Cambridge University Press 1997, p. 131, 138；福赛特认为，自由主义者和社会主义者在“争夺进步桂冠的竞争中”是同盟者，而社会主义者的代表就是伯恩施坦，参见福赛特：《自由主义传》，北京大学出版社2017年版，第171页；一些德国研究者认为，伯恩施坦与费边社的良好关系，使之同情甚至吸收了一些英国自由主义理念，参见 Bernstein und der demokratische Sozialismus, Berlin: Dietz; 1. Aufl edition, pp. 47 - 58; Klaus Leesch, Eduard Bernstein und die Fabian Society, Gummersbach 2012, pp. 10 - 17.

② ［英］拉斯基：《欧洲自由主义的兴起》，北京大学出版社2017年版，第18页。

③ ［英］弗里登：《英国进步主义思想》，曾一璇译，商务印书馆2018年版，第58—59、60页。

④ 同上，第61页。

⑤ 参见［英］霍布豪斯：《自由主义》，朱曾汶译，商务印书馆2009年版，第57页；［英］密尔：《密尔论民主与社会主义》，胡勇译，吉林出版集团2008年版，第345—349页。

⑥ 霍布豪斯列了9项自由表达个人主义的核心价值，但他同时又区分了机械社会主义、官僚社会主义和自由社会主义，自由社会主义包括民主与个人自由两个关键要素。参见［英］霍布豪斯：《自由主义》，商务印书馆2009年版，第85—88页。

自由和民主视为社会主义的关键组成部分,目的是通过人性的伦理进步不断发展人的才能,最终实现“共同的善”。[1]

因此,个人主义和社会主义的契合点主要在于:将个人主义伦理化、“社会化”,使之与社会公正、平等等价值观相联系;将社会主义自由化、“个体化”,通过道德改革促进社会改革,对制度不公平、不正义进行社会改良。最终目的是使个体与社会相互关联,使伦理化的个体“社会化”,体现社会本质的个体性。

(二)从自由放任到伦理国家

“新自由主义”反对这一主张:将自由主义等同于自由放任,因而无法推动社会改革。因此,讨论自由放任和国家的性质功能,论证自由主义与国家的互嵌,证明自身解决社会问题的能力,就成为其重要议题之一。

在自由放任问题上,“新自由主义”认为,自由放任不是自由主义的绝对要素。例如,有学者指出,以科布登为代表的曼彻斯特学派的原则“恰恰是很多所谓的‘社会主义’立法的倡导者一贯依赖的原则”,[2]而国家调控则是自由放任的关键一环。[3]

在国家问题上,多数“新自由主义”者认为,国家是保障个人主义原则(自由)和社会福祉(进步)的重要工具。霍布豪斯认为,国家能够实现“共同善”和“个体自我完善”,是社会理论的最高目的。[4] 国家的行动在某种程度上是提升成员道德和精神利益的最佳表达,是社会伦理进步的表现。[5] 因而,国家拥有实现伦理生活的手段和责任,这表现为保护私有财产和对公共财产的留置权。霍布森认为国家功能是保障最低生活标准,如吃住行、良好的环境、艺术、音乐、教育等,[6]与个人的社会福祉密切相关,本质上这也是“价值”在共同体层面的理论化:在坚守个人主义原则的基础上推导、保护社会化原则。

(三)从有产精英到中间阶级为主体的市政社会主义

“新自由主义”认为,在理论上使个人主义、国家与自由主义相联系,在实践中就应采用务实可行、符合传统的社会政策,证明自身具有可行的社会改革方案,完成这一“任务”的是市政社会主义。

在方法论层面,有研究者认为,市政社会主义是一种务实的社会主义,能够同时被社会主义者和自由主义者接受。这也与英国的渐进主义传统相关。“真正的进步都必须通过发展来实现;新事物必然从旧事物发展而来,而非从其他根基移接上去的分支;这就是主流的社会主义者现在倡导的一些变革。”[7]因此,渐进改革与暴力革命的社会主义被区分开。在发展意义

---

① 霍布豪斯用“有机”概念说明个人与社会的关系,有机和谐的伦理基础是“共同的善”——属于个人也属于所有人,这是个人自由与社会集体的善之间的有机互动关系。参见殷叙彝:《社会民主主义概论》,中央编译出版社 2011 年版,第 352—353 页。

② [英]弗里登:《英国进步主义思想》,商务印书馆 2018 年版,第 72 页。

③ 参见[英]霍布豪斯:《自由主义》,商务印书馆 2009 年版,第 43 页。

④ 参见 Hobhouse: *Democracy and reaction*, London: T. Fisher Unwin Paternoster Square, 1904, p. 131。

⑤ 参见 Hobhouse: *Social Evolution and Political Theory*, New York: Columbia University Press, 1911, p. 188。

⑥ Hobson, *The Social Problem: life and work*, London: Nisbet & Co, Ltd, 1901, pp. 79 - 80.

⑦ 参见[英]弗里登:《英国进步主义思想》,商务印书馆 2018 年版,第 75—76 页。

上，市政社会主义能够最大限度地实施自由主义计划。

在功能层面，约瑟夫·张伯伦（Joseph Chamberlain）等人提出了一些代表性观点，例如“减轻人的苦难，使所有市民的生活变得更加美好、高贵和幸福……是社会主义的一种具体表现形式”“社会主义未来将围绕这个平台来扮演它那最重要的角色”。[①] 这既减少了革命社会主义者对改良的不信任，也消解了自由主义者对“干预”的恐惧。使公共资源在市政层面社会化，调和了个人主义和共同体、社会与国家的关系，成为社会改革的首要原则。

在持有群体层面，市政社会主义与中间阶级紧密相连，将工人阶级置于更广泛的“人民”概念之中实现地位提升，“尽可能迅速地把处于中产阶级之下的那个饱受痛苦的阶层中的所有最优者吸收到中产阶级之中，从而使那个繁荣的、舒适的中产阶级群体尽可能地壮大。”[②]中间阶级被视为“新自由主义”基本原则的保护者，将工人阶级吸纳其中更是成为普世性的体现，从而靠数量上的优势推动社会变革，实现进步。

（四）从私有财产到“社会化的私有财产”

自英国资产阶级革命以来，私有财产的合法性已经成为英国社会的主要共识。在19世纪的英国，财富生产和利益驱动是社会发展的主要信条。消除社会主义剥夺个人财产的恐惧，是“新自由主义”需要解决的论题。霍布豪斯、霍布森等学者的思路是：在社会意义上承认“非劳动财产”，建构个人财产与社会财产的联系。

霍布森提出，可以通过立法和税收管控垄断，推动社会改革，前提是承认个人财产和收入，而非侵犯个人财产和私有财产权。[③] 在“非劳动财产”层面，他更是直接强调个人财产的社会性质，即个人在生产价值的过程中多源于共同体的帮助，绝对的个人财产是不存在的。这样做的根本目的在于承认私有财产这一自由主义的基本原则，将自由主义伦理意义上的个人主义与资本主义意义上的私有财产相结合，使后者（理念）成为前者（价值）的投射，将社会化的个人主义与社会化的私有财产相结合。霍布豪斯和霍布森承认的都是私有财产的合法性，从而建构了社会化的私有财产观念。例如霍布豪斯认为应区分个人财富和社会财富，财产的基础是社会的，社会财富包括社会化的价值和生产，个人财富增长的基础是社会财富和社会生产，“经济学的主要问题不是消灭财产，而是使社会的财产概念在适合现代需要的条件下恢复其正确地位”。[④] 霍布森也提出，个人财产在性质上具有社会性（共同体原则），后者保障了个人财产所有权，这是“进步”的最好表现。[⑤]

二、建构：社会主义的自由主义化

社会主义化的自由主义使伯恩施坦有了借鉴的可能，在概念基本要素层面，伯恩施坦完成了社会主义的自由主义化。在剔除了几乎所有马克思主义理论后，伯恩施坦吸纳了“新自由主义”，为社会主义与自由主义成为“同盟军”奠定了基础。从概念内涵变迁出发，在相关规定性

---

① 参见[英]弗里登：《英国进步主义思想》，商务印书馆2018年版，第72—73、75页。

② 同上，第231页。

③ 参见殷叙彝：《社会民主主义概论》，中央编译出版社2011年版，第369页。

④ 参见[英]霍布豪斯：《自由主义》，商务印书馆2009年版，第95—96页。

⑤ Hobson, *The Social Problem: life and work*, London: Nisbet & Co, Ltd, 1901, pp. 110 - 111.

内涵上，修正主义的自由主义化同样体现在以下四个方面。

（一）从强调阶级个体到认同“社会化的个人主义”

斯蒂格明确指出，伯恩施坦借鉴了“新自由主义”，改变了自由主义与社会主义的关系，在伦理和社会意义上使个人主义成为社会主义的核心价值，同用自由主义建构自身的道德社会主义者别无二致。①

作为德国的代表性思潮，黑格尔哲学受到多数英国学者的敌视，后者崇尚实证和经验主义，不认同抽象的概念体系。例如，霍布森就指责科学社会主义玩弄黑格尔的辩证法，认为马克思的唯物史观是经济决定论，其社会发展理念存在漏洞。伯恩施坦与这一认识高度一致，不仅反对黑格尔辩证法，还默认唯物史观是经济决定论，强调道德、伦理在社会发展中的作用，以证明社会主义的合法性，这突出表现在伯恩施坦强调自由和个体价值。

伯恩施坦将个体自由定义为“个体能实现最大可能的自我决定”，②这种“自由”认同“个体权利”，意味着“阶级个体”转变为了“权利个体”。伯恩施坦坚持认为社会关系不完全决定“个体本质”，并且用传统自由主义思想家的自然法概念来表达权利的理性概念；用“新自由主义”个人主义价值观所蕴含的集体、社会、团结等理念阐释社会主义。在这一基础上，伯恩施坦提出“社会主义也是有组织的自由主义”。③“由于模仿资产阶级思想体系或者把它应用于无产阶级的地位，就形成了新的概念，现在或者称为共产主义，或者称为共产主义思想体系”。④

（二）从“反对国家”到承认资产阶级国家

“新自由主义”国家观的逻辑在于：反对国家的阶级性质，使国家“中立化”，发挥国家在社会改革中的作用，既保护个人主义，又推动社会福祉。

与此逻辑一致，而非认同马克思主义的阶级国家观与“打碎国家机器”的要求，并且通过反驳“工人无祖国”，伯恩施坦阐释了国家的性质和功能：工人阶级逐渐上升为市民阶层，“在国家、地方自治机构等等中是有平等权利的选民，从而也是民族的公有财产的共同所有者，他的子女由社会教育，他的健康由社会保护，社会保障他不受欺侮，在这种情况下，工人将有祖国”。⑤ 同时，他也将国家视为保障民族利益的工具，通过民主和普选权，国家、民族和工人阶级的利益在本质上相统一。从中不难看出，伯恩施坦同样认为国家是保护个体和推动社会福祉的工具。

在自由放任问题上，与霍布豪斯对曼彻斯特学派的认识相似，伯恩施坦认为国家有“集体责任”，需要进行宏观调控。“没有责任就没有自由”“承认经济上的个人责任，是个人为了社会给予他的或者向他提供的服务而对社会的报偿”。⑥“一战”后，伯恩施坦系统阐述了自己的国家观，提出“人民共和国”概念，认为具有自由贸易精神的国家与帝国主

---

① Manfred B. Steger, *The Quest for Evolutionary Socialism — Eduard Bernstein and Social Democracy*, Cambridge University Press 1997, pp. 115 - 138.

② Manfred B. Steger, *The Quest for Evolutionary Socialism — Eduard Bernstein and Social Democracy*, Cambridge University Press 1997, p. 138.

③ 《伯恩施坦文选》，人民出版社 2008 年版，第 276 页。

④ 同上，第 460 页。

⑤ 同上，第 290 页。

⑥ 同上，第 275 页。

义不同，这种国家具有世界主义理念，能够推动“共同善”。①

（三）从立足“社会的两极化”到推动“工人阶级的市民化”

伯恩施坦的国家观与阶级观紧密相连，反映在实践层面同样表现为认同以中间阶级为基础的英国市政社会主义。

伯恩施坦认为社会将朝向“中间化”发展，中间阶级的数量会不断增长，贫穷的工人阶级群体将会缩小，因此应满足中间阶级的利益，使工人阶级上升为市民阶层，使市民生活普遍化。“如果现代社会的崩溃取决于社会角锥尖端和底座之间的中间部分的消失，如果它取决于这一中等部分的被上面和下面的极端所吸收”，是不可想象的。② 在文化上，市民阶级“就整个来说不仅在经济上而且在道德上还是相当健全的”。③ 因此，社会主义政党应当把中间阶层的发展视为工人阶级发展的关键，使“无产者的社会地位上升到一个市民的社会地位”，④建构社会主义的社会制度。这一逻辑认为，社会不断中间阶级化与市民化能够形成数量优势，推动民主化和议会立法，发挥国家功能，推动社会变革。

在这一基础上，与“新自由主义”提出的市政社会主义一致，伯恩施坦认为地方自治机构连接了中间阶级和议会民主，是推动社会变革的中介。首先，民主制度要避免官僚主义，更好地解决社会问题，就必须使它建立在“经济上个人责任的广泛分散的自治之上”，⑤这是工人阶级政治统治的基础。其次，市政机构任务的不断增加和市政自由的不断扩大，使“公社成了愈来愈重要的社会解放的杠杆”，⑥“公社”即是市政自由的形式和执行市政任务的机构。最后，地方自治机构能够锻炼工人阶级，后者与自治机构的发展成正比，这能使工人阶级在文化知识和物质福利层面不断成长为中间阶级。

（四）从批判私有财产到强调私有财产的合法性

与马克思主义批判私有财产相反，伯恩施坦与“新自由主义”的基本原则高度一致，在承认私有财产的基础上，强调私有财产的社会性和社会意义。

在世界历史意义上，伯恩施坦将私有财产视为“进步”的标志，其历史观蕴含着资产阶级革命基础上的“西方文明—现代”理路。他认为，资产阶级革命的根本标志就是保护私有财产，这也是东西方革命的根本区别。东方国家不重视私有财产，但恰恰是保护私有财产的需要造就了革命，这不单纯是财产崇拜，更是一种承认人权的方式。在生产方式的现有阶段，这是社会进步的绝对条件，能够促进技术进步、知识增长和生产力发展。反对私有财产，就会使革命失败或历史倒退。⑦

在社会主义基本原则上，伯恩施坦认为，“社会民主党人不要求消除私有财产，只是限制它的权利。在总体上废除财产权是完全不可能的”“关键不是是否承认财产权的问题，而是哪种财产权需要被承认，具有何种权利。保障财

① 参见 Eduard Bernstein, *Völkerrecht und Völkerpolitik: Wesen, Fragen, und Zukunft des Völkerrechts*, Berlin: Paul-Cassirer-Verlag, 1919。

② 《伯恩施坦文选》，人民出版社 2008 年版，第 206 页。

③ 同上，第 273 页。

④ 同上，第 273 页。

⑤ 同上，第 278 页。

⑥ 同上，第 281 页。

⑦ 参见 Eduard Bernstein, Revolutionen und Russland, *Sozialistische Monatshefte*, Heft. 4, 1905, S. 289 - 295。

产权是社会生活和生产的前提条件,其对立面不是社会主义,而是无政府主义”。[①]

在“进步”的意义上,伯恩施坦将社会主义视为一种“文化运动”,“在工人中间扩大社会启蒙工作”,启发工人阶级理解社会应当沿着社会进步的轨道前进,以及相关手段的性质和能为整体谋福利的目的。[②] 因此,使工人阶级在物质进步(以掌握私有财产为前提)的基础上实现文化进步,参与社会管理,推动社会进步,就成为伯恩施坦的目的之一。与“新自由主义”的逻辑一致,这唯有通过市民社会的不断发展,即私有财产(强调个人差别而非阶级差别)与共同体(团结、有计划地管理国家生活)的不断结合才能实现。

三、原因: 概念内涵转变的时空、理论与道路因素

综上不难看出,修正主义的重要理论借鉴是社会主义化的自由主义,伯恩施坦修正马克思主义的后果在于使科学社会主义“自由主义化”。在厘清概念内涵变迁的基础上,还应厘清概念内涵转变的相关因素。从时空—优先性、理论—渗透性、道路—比例性三个维度出发,可以阐释概念内涵转化的主要原因。[③]

(一) 时空—优先性: 社会发展出现的新问题

优先性指的是概念结构中不同内涵的权重。在不同时空背景下,不同内涵的地位和重要性会发生变化,例如在“新自由主义”中,私人财产权和社会福利的地位发生变化。在修正主义中,伯恩施坦消除了科学社会主义与资产阶级改良主义、自由主义和社会主义的对立,“自由”“人权”和“个人自治”等内涵进入概念价值的核心区域,使社会主义的含义发生了彻底转变。

“新自由主义”和修正主义诞生在19世纪末。对于这个年代,国内外史学家形成了诸多共识,尤其反映在: 经济、政治发展逐渐缓解了阶级冲突,中下层社会阶级的物质诉求能够通过民主化得到满足。

在经济层面,19世纪80年代到“一战”可称为繁荣期,80年代属于“19世纪末的一个长期上升期”,[④]90年代到1914年更是“壮阔成长的生产时期”。[⑤] 西欧各国和美国的人均收入都在增长,穷人生活水平也在提升,财富开始扩散,人们拥有更多财富购买多样化的消费品。与之相对的是商业、农业的相对萧条以及财富分配的不平衡,[⑥]工人阶级要求更公平的分配,社会要求更平衡的发展。

在政治层面,现代国家和民族主义观念逐渐占据主流,这导致两个重要后果: 一是政府扩大开支提升了市民生活水平;二是国家能够维护民主的自由主义秩序,提升社会和民族凝聚力。但与前面现象同时存在的还有另外一种景象,统一国家仍旧存在分裂,如德国东部落后

---

① 转引自 Manfred B. Steger, *The Quest for Evolutionary Socialism — Eduard Bernstein and Social Democracy*, Cambridge University Press 1997, p. 147。

② 《伯恩施坦文选》,人民出版社2008年版,第473页。

③ 弗里登认为,政治概念的结构存在相邻性、优先性、渗透性和比例性。参见[英] 弗里登:《英国进步主义思想》,商务印书馆2018年版,第10—11页。

④ [美] 福赛特:《自由主义传》,杨涛斌译,北京大学出版社2017年版,第172页。

⑤ [英] 霍布斯鲍姆:《帝国的年代》,贾士蘅译,中信出版社2014年版,第38页。

⑥ [美] 福赛特:《自由主义传》,北京大学出版社2017年版,第172页。

的乡村农业与西部先进的城市工业、美国南北之间的分裂等;在城市中,社会阶级的多样化并非使所有人都能享受物质福利等。因此,自由主义的理想目标开始与现实相妥协,不再是财产精英的垄断,而是扩大到每个人尤其是贫穷群体。

在社会层面,经济上的"进步",尤其是产业结构的发展改变了社会结构,产生了新阶层,扩大了中间阶级。[①] 新的"有产者"试图扩大政治权力,推动政治民主化,使自由主义与民主社会相妥协,"政治的民主化往往使得不情愿和备受困扰的政府走上采取社会改革和福利政策之路"。[②] 在工人阶级和中间阶级的努力下,他们与资产阶级达成了妥协:前者要获得平等的政治话语权和稳定的工作生活条件,就必须承认资产阶级的权力和资本主义存在的合法性;后者要继续发展自身和资本主义,就必须承认更富裕、更具话语权的工人阶级对其有利。

上述变化使社会进步在形式上有了无限可能,社会发展的不平衡与不公平使自由主义者意识到社会改革的必要性,这一时期自由主义的两大议题是团结自身成为更有效的政治力量、与力量越来越大的工人阶级相妥协。[③] 经济繁荣和政治民主化使部分社会主义者意识到,通过渐进改良不断实现社会进步可能是人类发展的唯一道路。现实变化使伯恩施坦认为修正马克思主义、吸收自由主义的价值原则十分重要。

(二)理论—渗透性:民主和社会主义的理论"困境"

渗透性指的是不同概念或概念内部不同内涵存在重叠。"新自由主义"使社会主义相关理念渗透到自由主义中,这容易让人误以为具有社会主义理念的自由主义是现实化甚至是正统的社会主义。同时,一些社会主义者也意识到,应吸纳属于自由主义的民主理论,社会主义才具有现实合法性。

在费边社的演说中,伯恩施坦提出,议会能够提升工人阶级的生活、工作条件,有越来越多的中间阶级议员关注、解决社会问题。关注劳动者的疾苦使民主逐渐成为社会主义现实化的重要手段之一。此前,民主和议会是工人阶级夺取政权的工具,[④]但在英国,这已经成了实现社会主义的手段。工具性质的转变带来了理论困境:民主一直是自由主义的"专利",依赖于资本主义而存在。这就需要从根本上改变自由主义和社会主义的关系。因此,对伯恩施坦来说,借鉴"新自由主义"就尤为重要。

马克思主义认为,自由主义和民主仅仅是历史发展过程中具有"普遍规律形式"的历史特例,民主和议会制度从诞生伊始就是维护有产者的工具。当民主被自由主义放大到国家层面和中下阶层时,人们容易被短期利益"俘获",并将此简单等同于社会进步。因此,部分群体认为社会主义无法取代自由主义,除非吸纳民主思想,这样一来,修正社会主义与自由主义的关系就成为重要前提。哈罗德·拉斯基(Harold Laski)对此批评道,密尔、霍布豪斯等人消除了自由主义财产私有范式和社会主义范式之间的

---

① 参见[英]霍布斯鲍姆:《帝国的年代》,中信出版社2014年版,第56—59页。

② 同上,第60页。

③ 两大提议参见:David Powell:The New Liberalism and the Rise of Labour, 1886 - 1906, *The Historical Journal*, Issue 2, 1986。

④ 参见《马克思恩格斯选集》(第4卷),人民出版社2012年版,第189—190、293、384、396页。

对立，费边社等英国社会主义者接受了自由主义的核心价值和基本原则，承认个人主义、私有财产和民主化，可以随时放弃无产阶级政党的权力，依赖自由资本主义的经济信条，“费边主义和自由主义的结合就如同自由主义本身一样”。①

伯恩施坦十分看重民主，在评价1848年革命时，他就提出民主权利的扩大“已经在原则上宣告了无产阶级的解放”。② 如果说社会主义要与民主相关联，那么就必须改变与自由主义的关系，因为自由主义核心价值的形式正是民主。在修正主义理论中，自由主义和社会主义的对立不再可能，继承、完成自由主义事业也就成为社会主义的主要任务，也是实现自身的根本途径。

（三）道路—比例性：“进步”与社会主义的道路“困境”

比例性指的是在概念结构中，不同内涵占据的比例不同。例如在修正主义中，讨论经验性和微观事物“手段”的比例远远大于理念、抽象性的“目的”。因此，与“新自由主义”相似，修正主义理解的社会主义呈现为不断“进步”、发展性的事物。伯恩施坦认为，唯有这样才能在道路层面解决社会主义的现实合法性问题。

自由主义转型的目的是社会改革。密尔提出，社会罪恶在当前体系下是巨大的，社会主义的理智与道德理由“可以提供使得当前社会的经济体系能够物尽其用所必需的改良指导原则”。③ 例如，在承认财产所有权的基础上，密尔认为需要使所有权适应人类社会的进步发展。在根本目的层面，自由主义借用了社会主义概念中“社会化”、国家管控、为贫困阶层服务、社会所有权等内涵，试图推动社会改革，实现社会进步。

在这种情况下，新自由主义无疑“蚕食”了诸多社会主义的原有议题，使工人阶级在短暂的物质福利和长期的社会主义目标之间往往选择前者。不少工人阶级看到了上升为市民社会一员的可能和福利，民主化和物质进步使工人阶级对社会和国家的归属感不断上升。解决社会问题和社会改革的需要，使“进步”的发展道路成为自由主义和社会主义争夺“民意”的重要资源。

伯恩施坦曾提出，英国工薪阶层的进步是通过民主制度而非暴力，中间阶级的改革者每天都在增加，他们从事社会改良的事业，各类中产阶级立法者在努力解决大量工人群体关注的问题。在议会辩论中，工人阶级的发展同工薪阶层一样，通过妥协的形式不断进步。因此，伯恩施坦认为马克思主义要与现实妥协：“是摧毁步步发展的机会，因此拖累整个运动，还是支持那些不是为了自身利益的民众，帮助其推行种种进步性措施。不论马克思有多同情感情用事之人，工人阶级在其社会地位的上升过程中，在最重要的关头，在最需要帮助的时候，如果不能施以援手，那么工人阶级就会毫不犹豫地远离马克思。”④

① ［英］拉斯基：《欧洲自由主义的兴起》，中国人民大学出版社2012年，第20页。

② 《伯恩施坦文选》，人民出版社2008年版，第24页。

③ ［英］密尔：《密尔论民主与社会主义》，吉林出版集团2008年版，第330页。

④ 参见 H. Kendall Rogers: Eudard Bernstein Speaks to the Fabians: a Turning-Point in Social Democratic Thought?, *International Review of Social History*, No3, 1983。

四、本质:修正主义的社会发展“目的”及其局限

修正主义与“新自由主义”成为同盟军,两者在根本目的上均提倡“进步”的社会发展理念。这不仅与马克思主义的社会发展理念完全不同,而且具有很大的局限性。

自由主义的社会主义化,根本目的在于“进步”,在形式上呈现为一种社会发展理论。密尔、霍布豪斯和费边社等人都不相信空想社会主义者的共产主义计划和革命社会主义者“一步跨入大同社会”的理想。他们认为,变革现存社会体系只有通过渐进改良才能实现。① 在内涵层面,“进步”的社会理念包括社会进步(社会改革)和人的进步(人自身的改革),主要体现为改善人性、提升个人知识水平(消除“未开化民众”)和社会物质、道德进步。例如霍布豪斯主张以社会的名义改造市场,推动进步,并用个人繁荣一词来概括“进步”,体现为人民不受任意征税、机会平等、经济自由、保护家庭、国家独立、稳定的社会秩序等。一些自由主义者还提出“商业的道德化”,限制金钱政治,反对消费主义和富人阶层道德观,提升多数民众生活水平等理念。②

与此“目的”相同,伯恩施坦同样认为,期待或推动社会朝向“大灾变”发展和迅速改变所有制进入社会主义社会是空想,因此需要一种替代性的社会发展理念。伯恩施坦的选择是抛弃马克思主义,转向“进步”的社会发展理念。

社会主义者也是“进步主义者”,其与“新自由主义”的区别主要是变革现存社会秩序的手段和目的。有论者提出,既然社会主义和自由主义都认同变革社会秩序,那么这仅是手段而非目的的不同。但实际上,伯恩施坦将“没有放弃实现社会主义社会的目的”,偷换成了提倡社会改革、实现社会进步的良愿。从本质上看,无论手段还是目的,伯恩施坦的社会发展理念实现的是“进步”,与马克思主义的目的完全不同。

第一,在方法论层面,伯恩施坦的渐进主义等同于英国的渐进主义。英国自由主义和社会主义长期以来反对暴力革命,反对一个阶级掌握政治权力,反对“跨越式”地进行社会革命。“新自由主义”在核心价值层面坚持个人主义和“自由”,在基本原则层面坚持私有财产原则,在现实载体层面坚持市场为主体,在功能和支持群体层面坚持以扩大市民权利为基础。因此,“新自由主义”坚持的仍旧是资产阶级革命以来形成的资本主义社会发展理念。在消除马克思主义唯物史观和黑格尔辩证法的合法性后,伯恩施坦接续的正是这一社会发展理念,在概念基本构成上,社会主义接续自由主义和资产阶级革命的发展脉络,使原本具有本质不同的两个概念合二为一。

在这一方法论和历史观下,社会主义是自由主义基本原则和资产阶级革命集大成发展的事物。这毫无疑问背离了唯物史观社会发展的“否定之否定”理念,更是将社会主义限定在自由主义框架与西方文明的线性发展之中,这种社会主义只可能是自由主义的翻版、再版和改版,是对马克思主义解放层次的矮化。

第二,在内容层面,伯恩施坦的修正主义无疑等同于“新自由主义”。在渐进、线性的历史观下,修正主义服务的阶层只能是“中产阶级”:

---

① 参见《费边论丛》,生活・读书・新知三联书店 1958 年版,第 118 页。

② 相关论述参见《自由主义传》,北京大学出版社 2017 年版,第 96、197、226—240 页。

扩大工人阶级的物质条件，使之不断上升为中间阶级。与马克思主义相反，伯恩施坦反对无产阶级的自觉联合，以及通过党的领导夺取政治权力开展社会革命，而是强调通过政治民主化和议会立法进行社会改良，在“团结、组织”等伦理价值观引导下，建构有利于中间阶级的社会主义制度的市民社会。

伯恩施坦的“进步”同样包括两个内涵：一是社会进步，即社会财富的增加，产品的增加和技术进步，使社会利益得到极大发展，民主“是社会进步的强有力杠杆”；[①]二是人的进步，在工人阶级中间不断扩大社会启蒙工作，走上“有组织的进步的道路”，工人阶级的“幸福和痛苦是和社会进步息息相关的”。[②] 因此，与这种将社会主义与自由主义概念合二为一的意识形态中立化相对应，社会发展也中立化，资本主义与社会主义仅是制度而非社会发展理念的不同。在结构层面，修正主义的社会发展理念仅仅是包裹着“社会主义外衣”的诸多资本主义社会理念的现实投射。

第三，在目标层面，伯恩施坦修正主义本质上建构了西方社会发展基础上的社会主义。“新自由主义”认为，“进步”需要扩大到每一个社会阶层，这样才能使西方文明的发展不被阶级分化和冲突所消灭，不被资产阶级和商业文明的贪婪与享受所摧毁。

在解释修正主义公式时，伯恩施坦认为他并非否定实现社会主义社会的目的，而是认为目的在现阶段无法预测，可以通过渐进改良逐步实现。但从社会发展理念的目的层面出发，修正主义明显不同于马克思和恩格斯意义上的“不预测未来社会”。

基于历史事实，马克思和恩格斯在唯物史观中提出了社会发展的原则，这构成了社会主义概念的科学本质。社会发展需要从物的依赖“进步”到人的自由全面发展。马克思认为，从人的依赖向物的依赖转变，依靠的是生产资料（土地）和劳动者（农民）的分离，土地商品化和农民工人化创造了大量财富和剩余劳动者大军，为技术进步和新的生产方式占据统治地位奠定了基础。同样不能忽视的是对外掠夺和战争，19世纪所谓中间阶级的福利进步，其来源正是霸权国家垄断政治权力和全球经济规则获得的超额经济利润。[③] 英国正是第一个典型国家，其社会发展“结果”具有的进步性，不代表手段和“目的”具有正当性。马克思正是在这一意义上看待资本主义的社会历史发展。因此，既需要找到正当性的发展道路实现进步，更要通过经济基础的结构性变革实现人的自由全面发展。

简单地用发展的进步“结果”偷换其剥削过程，用英国社会发展的进步“结果”偷换世界先发国家对落后国家的掠夺，这无疑是伯恩施坦不同于马克思主义的根本立场。伯恩施坦认为，在尚未发展到“物的依赖”的国家，在社会和人的“进步”意义上，都不具备开展社会主义革命的可能。历史和社会发展的中立化在伯恩施坦的“目的”中表现得十分明显，在承认“物的依赖”历史发展阶段不可跨越的前提下，他没有讨论发展到这一阶段的手段，而是将其基本元素，如个人财产权原则和私有制、市民阶层的利益、先进国家的内外剥削等，作为“目的”本身。同“新自由主义”一致，伯恩施坦的手段不过是修

---

① 《伯恩施坦文选》，人民出版社2008年版，第269页。

② 同上，第464、473页。

③ 参见《资本主义全球化时代的反思》，商务印书馆2018年版，第251页。

补“目的”的工具，使“目的”体现出进步性。他既没有探索在不同国家实现进步性“结果”的诸多可能，也没有在先进文明国家寻找真正进步所需的结构性改革道路，更是回避了“进步”的历史发展过程，粉饰了“进步”的真实面貌。

对于有利于中间阶级的“进步”目标，德国学者弗兰茨·瓦尔特指出，德国社会民主党“对于其核心群体，即专业工人的精英，是非常成功的。这一群体实现了社会主义所最终关心的物质富裕、教育和文化参与、参与公民社会和被认可”“他们发迹了，是德国新的当然也是自由主义的，肯定是更加合群的、更少偏见的统治集团的一部分。现在，社会民主党的核心群体不再站在与资产阶级社会敌对的反对派立场上。在这个意义上说，德国社会民主党当然也不再是左翼的，甚至不再是社会主义的运动”“领导人的地位升迁了，现在说着另一套话语，衣着更好更贵，喝着葡萄酒，而不是啤酒了，住房更加精致而且位于市中心。因此，作为共同主体的其余无产阶级和次无产阶级崩溃了”。[①]

2008 年全球金融危机之后，世界上许多国家都出现了“中产阶级空心化”现象，如美国和以色列等国。在土耳其、波兰等国家，更是出现了城市与农村的对立。世界范围内也呈现出精英与大众的对立。从历史上看，这不过是资本主义结构性危机带来的福利衰退和“进步”消解的又一次后果，是繁荣与危机的不断循环在社会阶级结构层面的表现，也无怪乎社会民主党再次拾起了“进步”大旗。因此，从本质上看，“进步”的社会发展理念不仅不属于科学社会主义，更无法实现其初衷：真正解决社会问题，实现人类的进步发展。

---

① ［德］弗兰茨·瓦尔特：《德国社会民主党：从无产阶级到新中间》，张文红译，重庆出版集团 2008 年版，译者序言第 2—3、5 页。

中国特色社会主义研究

中国特色社会主义是马克思主义在当代中国的继承、发展与创新，是科学社会主义在当代中国的新篇章，是世界社会主义21世纪走向复兴的中流砥柱。对中国特色社会主义展开研究，是世界社会主义研究一个至关重要的组成部分。

在当代中国，中国智慧是中国道路、中国理念、中国方案在价值层面的集中表达，是对马克思主义的原创性贡献，也是对人类文明进步的独创性贡献，具有浓郁的中国特色、中国风格、中国气派，集中体现于邓小平理论、“三个代表”重要思想、科学发展观、习近平新时代中国特色社会主义思想等重大理论创新成果中。在《论当代中国的中国智慧》一文中，王曾认为，中国智慧极大地推动了马克思主义的发展，也极大丰富了中华民族思想宝库。中国智慧的独特之处在于它正确处理了理论和实践、道义和利益、个人和集体、民主和集中、本来和外来的关系。中国智慧在涉及改革开放、国内发展、国际关系、全球治理等多个领域，取得了举世瞩目的成就，正在世界上产生深远影响。

中国特色社会主义进入新时代，是中华人民共和国发展史上、中华民族发展史上的一件大事，也是世界社会主义发展史上、人类社会发展史上的一件大事。习近平新时代中国特色社会主义思想，作为当代中国马克思主义和21世纪马克思主义，在世界范围内产生了广泛的感召力和影响力。在《中国特色社会主义进入新时代在人类社会发展史上的重大意义》一文中，姜辉指出，新时代中国特色社会主义已经成为21世纪世界社会主义发展的引领旗帜、中流砥柱，推动世界社会主义发展进入了新阶段；中国特色社会主义进入新时代，走出了一条人类历史上前所未有的现代化新路，为世界各国的现代化拓展了新道路，拓宽了新空间；进入新时代的中国日益发挥着世界和平建设者、全球发展贡献者、国际秩序维护者的重要作用，为人类解决世界问题、探索更好社会制度提供中国智慧和中国方案。

新时代中国特色社会主义对于21世纪世界社会主义发展具有重大意义。刘洪刚在《新时代中国特色社会主义与21世纪世界社会主义发展》一文中指出，回顾历史，新时代中国特色社会主义，实现了世界社会主义运动从低潮向初步复苏的历史转变，使科学社会主义在21世纪的中国焕发出强大生机活力。审视现实，新时代中国特色社会主义实践正在为21世纪世界社会主义运动提供新方案、贡献新思想、给出新战略，推动世界社会主义运动进入新阶段。展望未来，新时代中国特色社会主义将在建成社会主义现代化强国、拓宽发展中国家的现代化路径、为解决人类问题贡献社会主义智识中，推动21世纪世界社会主义运动走向复兴，拓展社会主义生存空间，推进社会主义全球化发展。

改革开放40多年来，中国特色社会主义在实践与理论层面都取得了巨大成就，这为提升中国特色社会主义世界话语权提供了条件和可能。然而，当前提升中国特色社会主义世界话语权仍然面临着国内外的严峻挑战，主要是话语主体能力有待提高，话语内容有待创新发展，话语平台效用有待提升，话语外部环境有待改善。许徐琪在《试论中国特色社会主义世界话语权》一文中指出，提升中国特色社会主义世界话语权的战略出路就应该在于：强化话语主体，提升政党形象；优化话语内容，提升话语质量；搭建话语平台，传播中国声音；展示话语权力，贡献中国力量。在此基础上，为新时代提升世界对中国特色社会主义的认同度，实现中国特色社会主义"走出去"提供强有力的话语支撑。

海外中国特色社会主义研究，作为中国特色社会主义研究的重要组成部分，总体经历了一个曲折渐进的发展过程：早在中华人民共和国成立之际，国外就展开了对社会主义新中国的研究；改革开放之后，国外试图弄清中国新的政策取向和未来走势，从而导致中国特色社会主义研究的兴起；苏东剧变之后，伴随着社会主义何去何从的世纪问题，中国特色社会主义成为世人瞩目的焦点；进入 21 世纪，中国的改革开放取得举世成就，国外关于中国特色社会主义的讨论骤然升温；2012 年以来，新时代中国特色社会主义又成为国外理论界一项不可回避的重要主题。成龙在《海外视域中的中国特色社会主义研究》一文中指出，总体看来，海外中国特色社会主义研究从多领域、多视角、多维度总结中国改革的实践经验，揭示中国成功的内在秘密，肯定中国发展的世界意义，但也提出了诸如"中国特色资本主义""中国版新自由主义""中国威胁论""中国崩溃论"等错误论调，亟待我们深入分析并做出回应。

作为国外中国特色社会主义研究的一个重要组成部分，海外中国共产党研究脱胎于西方汉学研究和中国研究，逐步发展成为一个以中国共产党为特定研究对象的跨学科研究领域。周凯在《海外中国共产党研究的发展动向评析》一文中分析指出，当前海外学者比较关注党的十八以来中国共产党的高压反腐及其内在逻辑、意识形态建设与文化软实力、基层党建与社会治理，以及中国特色社会主义新时代等议题，呈现出研究主体日益多元化、研究议题紧跟时政热点、理论框架亟待更新等特征。总体而言，海外中国共产党研究注重比较视野、实证分析以及专题化研究，但存在着理论预设局限于政体二元论、概念使用过度"拉伸"、研究结论以偏概全等问题。对此，同样需要我们进行理性辨析与批判性思考。

党的十八大以来，以习近平同志为核心的党中央在管党治党、治国理政方面取得了巨大成效，改革开放和社会主义现代化建设取得了历史性成就，党和国家事业发生了历史性变革，党的领导核心地位更加巩固，党的领导核心作用更加凸显，引发了国际社会的高度关注。李丹青在《十八大以来海外学者对中国共产党领导核心作用的积极认知与评价》一文中指出，海外学者从领导能力、理论基础、制度设计、比较视野等维度对中国共产党在中国改革开放和社会主义现代化建设中的领导核心作用做出了积极的分析和评价。系统梳理和深入分析党的十八大以来海外学者对中国共产党领导核心作用的认知与评价，对于新时代坚持和加强党的全面领导具有重要的理论价值和现实意义。

论当代中国的中国智慧

【内容提要】 在当代中国,中国智慧是中国道路、中国理念、中国方案在价值层面的集中表达,是对马克思主义的原创性贡献,也是对人类社会的独创性贡献,具有浓郁的中国特色、中国风格、中国气派,集中体现于邓小平理论、“三个代表”重要思想、科学发展观、习近平新时代中国特色社会主义思想等重大理论创新成果中。中国智慧极大推动了马克思主义发展,也极大丰富了中华民族思想宝库。中国智慧的独特之处在于正确处理了理论和实践、道义和利益、个人和集体、民主和集中、本来和外来的关系。在涉及改革开放、文化发展、国际关系、全球治理等多个领域,中国智慧取得了举世瞩目的成就,在世界上产生了深远影响。

【作者简介】 王曾,《毛泽东邓小平理论研究》兼职研究员

【原文出处】 《毛泽东邓小平理论研究》2018 年第 8 期

习近平在领导党和国家事业发展、开展具有许多新的历史特点的伟大斗争中,多次阐述了中国智慧。这些重要论述涵盖面广,涉及改革开放、文化发展、国际关系、全球治理等领域,彰显出高度的理论自觉和文化自信。这里结合学习领会习近平新时代中国特色社会主义思想,结合改革开放以来丰富的理论和实践创造,本文着重谈谈对中国智慧的认识和理解。

一、何谓中国智慧?中国智慧具体表现在何处?

根据《辞海》的解释:智慧是指“对事物能认识、辨析、判断处理和发明创造的能力。”顾名思义,“中国智慧”是指中国人对事物的认识、辨析、判断处理和发明创造的能力。中国智慧反映了中华民族独特的思维方式、行为方式、精神世界,反映了中华文化独特的理念、气度、神韵。

在当代中国，中国智慧是中国道路、中国理念、中国方案在价值层面的集中表达，是对马克思主义的原创性贡献，也是对人类社会的独创性贡献，具有浓郁的中国特色、中国风格、中国气派。

改革开放以来的40年，是中国特色社会主义实践表现最生动、效果最显著的时期，也是马克思主义在中国的发展最顺利、创新最丰富的时期。我们党领导人民进行艰辛理论探索，先后形成了邓小平理论、“三个代表”重要思想、科学发展观、习近平新时代中国特色社会主义思想等重大理论创新成果。这几大理论创新成果，既包括体系完备、论述周详的思想观点，又包括标识清晰、生动鲜活的概念范畴；既涉及治国理政、经邦济世的战略策略，又包含通俗易懂、灵活便捷的方式方法，集中体现了当今时代的中国智慧。

(一) 表现在思想理论创新上

中国智慧表现在一系列思想理论上的重大创新，极大推动了马克思主义发展，也极大丰富了中华民族思想宝库。

中国智慧表现在一系列思想理论上的重大创新。比如，社会主义初级阶段理论。马克思、恩格斯曾预测，取代资本主义的未来社会将经历一个“过渡时期”，即共产主义的“第一阶段”或“低级阶段”。后来列宁把共产主义“第一阶段”称作社会主义社会。但在具体实践中，无论是苏联共产党还是中国共产党，在对社会主义发展阶段的认识上，曾经有急于从社会主义向共产主义过渡的思想，结果吃了大亏，摔了跟头。改革开放以后，我们党在总结经验教训的基础上，不断深化对基本国情的认识，提出了社会主义初级阶段理论。这一重要理论，既强调我国已经进入社会主义社会，阐明了当前的社会性质，又强调我国仍然处在社会主义初级阶段，阐明了社会主义社会的发展程度。这一重要理论，明确了当代中国的基本国情和最大实际，指明了党和国家事业发展所处的时代坐标，是对马克思主义的重大贡献。

比如，社会主义市场经济理论。这一理论从根本上解除了把计划经济等同于社会主义、把市场经济等同于资本主义的思想束缚，打破了市场经济只能与私有制相联系的迷信，解决了公有制与市场经济有机结合的世界性难题，为社会主义市场经济实践提供了有力的理论支撑，是我们党对马克思主义和社会主义的历史性贡献。在这一理论指引下，改革开放以来，我们既在深刻而广泛的变革中坚持社会主义基本制度，又创造性地在社会主义条件下发展市场经济，使经济活动遵循价值规律的要求，极大解放和发展了社会生产力。

比如，“一国两制”理论。这一理论主张，在一个统一的国家内，国家主体实行社会主义制度，个别地区依法实行资本主义制度。这一理论，是中国为国际社会解决类似问题提供的一个新思路新方案，是中华民族为世界和平与发展作出的新贡献，体现了中华文化的开放包容胸襟，凝结了海纳百川、有容乃大的中国气量。在这一理论指引下，我国顺利解决了历史遗留的香港、澳门问题，开启了以往人类政治实践中从未有过的实践。

比如，构建人类命运共同体思想。几百年来，国际关系一直由西方大国主导，西方的权力政治、丛林法则、力量均衡、霸权稳定等国际关系理论，以及所谓“文明冲突论”“历史终结论”“修昔底德陷阱”“金德尔伯格陷阱”等论调，无不充满着“弱肉强食”“赢者通吃”的强权逻辑。习近平提出构建人类命运共同体的重要思想，主张建设持久和平、普遍安全、共同繁荣、开放包容、清洁美丽的世界。这一重要思想,既反映了当代国际关系现实需要,又将人类共同价值和中华优秀文化弘扬光大,是中国为实现人类美好未来提出的中国方案。

(二)表现在标识性概念的提出

中国智慧表现在一系列标识性概念的提出,不仅打造了易于为国内外所理解和接受的新概念、新范畴、新表述,而且极大增强了中华文化的世界影响力。

中国智慧表现在一系列标识性概念的提出。比如小康社会。“小康”原本出自《诗经》:“民亦劳止,汔可小康。”《礼记》中描绘的“小康”是一种仅次于“大同”的美好社会。改革开放之初,邓小平用“小康社会”来诠释中国式现代化,成为鼓舞人民群众奋力前进的号角。“小康社会”这个目标管了40年,经历了从“总体小康”到“全面建设”,再到“全面建成”的变化。而今这个概念已经扬名中外,在某种程度上成为中国模式、中国道路的代名词。

比如“中国梦”。这是近代以来中华民族的伟大梦想,基本内涵是国家富强、民族振兴、人民幸福。这个重要概念将中国的过去、现在、未来紧密联系起来,将国家、民族、人民紧密联系起来,进一步揭示了中华民族的历史命运和当代中国的发展走向,道出了海内外中华儿女的渴望,成为凝聚感召中华儿女的最大公约数,成为激励中华儿女团结奋进的精神旗帜。这个重要概念也很好地实现了政治话语向大众话语的话语转换,更容易得到海内外的理解和认同。

比如和谐共生。近代以来,西方理性主义大行其道,人定胜天、征服大自然、战胜大自然的观念广为流行,结果人类对大自然的伤害而伤及人类自身的悲剧一再重演。尽管西方有识之士也一直在呼吁发展应当是绿色的、可持续的,但是由于其资本的逐利性本质,不可能从根本上解决人与自然的和谐发展问题。我们党在实践中深切认识到,人类可以利用自然、改造自然,但归根结底是自然的一部分,必须坚持人与自然和谐共生,牢固树立绿水青山就是金山银山的发展理念,牢记良好生态环境是最普惠的民生福祉,要像对待生命一样对待生态环境。和谐共生这一重要概念的提出,明确了发展与保护内在统一、相互促进、协调共生的关系,是对中国传统“天人合一”观念的创造性转化、创新性发展。

(三)表现在战略策略的创造性运用

中国智慧表现在一系列战略策略的创造性运用,不仅推动解决了看似不可能解决的问题,而且为我们认识问题打开了新视野、提供了新思路。

中国智慧表现在一系列战略策略的创造性运用上。比如,“一带一路”倡议。众所周知,经济全球化一直由西方国家主导,国际规则主要由它们制定,国际组织也主要由它们掌控。中国作为姗姗来迟的后起之秀,意识形态同其迥然不同,社会制度同其格格不入,在全球化浪潮中既不能置身事外、单打独斗,又不能被裹挟其中、自甘落后,永远当追随者、跟跑者,必须依靠自身力量蹚出一条新路。习近平提出“一带一路”倡议,以亚欧大陆为重点,不排除、也不针对任何一方,提出仅四五年,已经有100多个国家和国际组织参与其中,中国与“一带一路”沿线国家和地区,货物贸易额累计超过5万亿美元,对外直接投资超过700亿美元。这一倡议同二战后美国所搞的扶持一方、压制另一方的“马歇尔计划”有着本质区别,无论是参与国家还是规模影响,“马歇尔计划”都难以望其项背。

这一倡议是在现有国际秩序下另辟蹊径,极大增强了中国在世界上的凝聚力、向心力。

比如,底线思维。古人讲,"治大国若烹小鲜"(《道德经》第 60 章),大国"政贵有恒"(《尚书·毕命》)。对于我们这样一个近 14 亿人口的大国、一个 9000 万党员的大党,决不能在根本性问题上出现颠覆性错误,一旦出现就无可挽回、无可弥补。习近平强调:"要善于运用'底线思维'的方法,凡事从坏处准备,努力争取最好的结果,这样才能有备无患、遇事不慌,牢牢把握主动权。"①提高底线思维能力,就是要居安思危、增强忧患意识,宁可把形势想得更复杂一点,把挑战看得更严峻一些,做好应付最坏局面的思想准备,努力争取最好结果。正是有了这种底线思维,我们顺利地闯过了一道道关坎,成功抵御了一波波重大风险,既包括国内的经济、政治、意识形态、社会风险以及来自自然界的风险,也包括国际经济、政治、军事风险等。

二、中国智慧为何在当今时代充分体现出来?

众所周知,中华文明是世界四大古老文明之一,又是其中唯一未曾中断、延续至今的文明,为世界人类文明的发展作出了持续而独特的贡献。但鸦片战争以后,由于封建统治的腐朽没落和西方列强的野蛮入侵,中国跌入了内忧外患的黑暗深渊。在中国共产党的领导下,久经磨难的中华民族迎来了从站起来、富起来到强起来的伟大飞跃,中国以坚定从容的步伐,前所未有地走近世界舞台的中央,中国的发展理念、发展道路、发展模式的影响力空前增强。在当今时代,中国智慧的外溢外露,绝不是偶然的,有其深层次的内在原因。

(一)独特的价值体系,影响着中国人

中华民族、中国人民的特质、禀赋,铸就了有着独特价值体系的中华文化,深刻影响着当代中国人的精神世界。

中华民族是一个多灾多难的民族,这种灾难,既包括社会的,也包括自然的。就社会而言,中国历史上和平年代不多,战争连绵不休。在极其严酷的社会和自然环境下,中华民族成长为历经磨难、不屈不挠的伟大民族,中国人民成长为勤劳勇敢、自强不息的伟大人民,中华文化形成了独具特色、博大精深的价值观念和文明体系,形成了自己的独特风格和特有概念体系、表达方式。例如,天人合一的宇宙观、革故鼎新的发展观、自强不息的人生观、知行合一的知行观、社会和谐的理想观,等等。习近平指出:"这些思想文化体现着中华民族世世代代在生产生活中形成和传承的世界观、人生观、价值观、审美观等,其中最核心的内容已经成为中华民族最基本的文化基因。这些最基本的文化基因,是中华民族和中国人民在修齐治平、尊时守位、知常达变、开物成务、建功立业过程中逐渐形成的有别于其他民族的独特标识。"②正是有这样伟大的人民,有这样伟大的民族,有这样伟大的民族精神,才诞生了如今这样伟大的中国智慧。

(二)马克思主义主导了中华文化的发展方向,提供了中国智慧

马克思主义让中国人民在精神上由被动转为主动,改变、主导了中华文化的发展方向,

---

① 中共中央宣传部编:《习近平总书记系列重要讲话读本》,学习出版社、人民出版社 2016 年版,第 288 页。

② 习近平:《在纪念孔子诞辰 2565 周年国际学术研讨会上的讲话》,http://news.xinhuanet.com/politics/2014-09/24/c_1112612018.htm。

开启了坚定"四个自信"、为世界提供中国智慧的秘钥。

1840年以后,西方列强凭着坚船利炮野蛮地轰开了中国的大门,中国逐渐沦为半殖民地半封建社会。由于一直受人欺负,很多地方不如人家,许多人民族自信心不足,认为中西文化差异实际上是古今之别,甚至出现了"全盘西化论"。一些人尽管尊崇中国文化,但更多的是回味过去、发幽古之思,对于未来并没有找到很好的解决办法。马克思主义在中国的传播发展,使自近代以来在黑暗中彷徨无计的中国先进分子,认清了人类社会发展的潮流和自身肩负的历史使命,中国人民从精神上由被动转为主动。马克思主义在与中国实际相结合的过程中也很快实现了民族化、本土化,形成了中国化马克思主义,成为中华文化的精神支柱。经过近百年的发展,马克思主义已经成为中国文化这条滔滔长河中的主流,为传统文化注入了新的生命,改变、主导了中华文化的发展方向。改革开放以来尤其是党的十八大以来,中西力量对比发生深刻变化,大大强化了这种文化自信。习近平多次强调:当今世界,要说哪个政党、哪个国家、哪个民族能够自信的话,中国共产党、中华人民共和国、中华民族是最有理由自信的;今天,我们比历史上任何时期都更接近中华民族伟大复兴的目标,比历史上任何时期都更有信心、有能力实现这个目标。①

(三)中共建构了独特的制度体系,进一步彰显了中国智慧

中国共产党在长期革命、建设、改革历史中涵育的先进理念、建构的独特制度体系,让中国智慧的作用进一步彰显。

在长期领导革命、建设和改革的历史进程中,中国共产党形成的先进理念、制度体系,充分彰显了中国智慧在各个历史阶段的重要作用。表现在理念上,一是我们党是全心全意为人民服务的党。人民性是马克思主义最鲜明的品格。始终同人民在一起,为人民利益而奋斗,是马克思主义政党同其他政党的根本区别。在革命、建设和改革的不同历史时期,我们党始终把人民放在心中最高位置,始终为人民利益和幸福而努力奋斗,党的路线方针政策都充分体现了最广大人民的根本利益。二是我们党是高度重视理论创新的党。一直坚持用马克思主义观察时代、解读时代、引领时代,用鲜活丰富的中国实践来推动马克思主义发展,用宽广视野吸收人类创造的一切优秀文明成果,坚持在改革中守正出新、不断超越自己,在开放中博采众长、不断完善自己,不断开辟中国马克思主义新境界。三是我们党不但善于领导人民进行伟大的社会革命,而且善于领导全党进行伟大的自我革命。历史上,我们党领导人民取得了新民主主义革命和社会主义革命的胜利。改革开放以来,又进行了改革开放新的社会革命,积极推动生产关系和上层建筑变革,以适应社会生产力的发展要求。勇于自我革命,从严治党管党,是我们党最鲜明的品格,也是我们党最大的优势。从延安时期毛泽东要求全党学习《甲申三百年祭》,到党的七届二中全会上提出"两个务必",从中华人民共和国成立前后多次进行整风、整党运动,到改革开放以来多次开展党内教育活动,从党的十八大以来的全面从严治党,到党的十九大提出新时代党的建设总要求,等等,都是我们党在推动社会革命的同时不断推进自我革命的重大理论和实践成果。

---

① 习近平:《在庆祝中国共产党成立95周年大会上的讲话》,《人民日报》2016年7月2日。

表现在实践上，一是形成了一套系统完善的中国特色社会主义制度体系，即人民代表大会制度这一根本政治制度，中国共产党领导的多党合作和政治协商制度、民族区域自治制度以及基层群众自治制度等基本政治制度，中国特色社会主义法律体系，公有制为主体、多种所有制经济共同发展的基本经济制度，以及建立在这些制度基础上的经济体制、政治体制、文化体制、社会体制等各项具体制度。这一制度体系在世界上不同制度模式的较量竞争中充分展现出自身优势，为我国社会发展进步提供坚实的制度支撑，也为发展中国家的制度建设提供了有益参考，为人类制度文明的发展贡献了中国方案。二是我们党领导14亿人探索出了一条与西方国家完全不同的社会主义现代化道路，打破了发展中国家对西方国家现代化的“路径依赖”。从现代化发展史上看，西方国家主导的现代化已经有200多年历史了，但实现工业化的国家不到30个、人口不到10亿。广大发展中国家追随西方国家现代化之路，不但没有解决发展问题，有的甚至战乱不断、问题丛生。原社会主义阵营中不少国家选择了西化道路，结果大多数发展缓慢、举步维艰。与此形成鲜明对照的是，中国成功走出了一条独具特色的现代化之路，向广大发展中国家证明，“另一个世界是可能的”，另一条道路是可行的。

三、中国智慧独特之处主要表现在哪些方面?

中国智慧特就特在正确处理了理论和实践关系。马克思有一句名言:“哲学家们只是用不同的方式解释世界，问题在于改变世界。”①实践性是马克思主义区别于其他理论的显著特征。而中华传统文化的一个鲜明特点就是强调实践智慧必须转化为实际行动，做到“内化于心、外化于行”，达到“知行合一”的境界。在当代中国，马克思主义的实践性与这种知行合一的理念有机结合起来，与社会主义可以集中力量办大事的体制优势有机结合起来，衍生出空谈误国实干兴邦、求真务实、“三严三实”、发扬钉钉子精神、“撸起袖子加油干”等切实管用的具体要求。这与西方体制下那种议而不决、决而不行的做法形成了鲜明对比。

第一，中国智慧特就特在正确处理了道义和利益的关系。这种义利观将“义”置于重要位置，以道义和公平正义为思考和处理问题的出发点，强调义先于利、义利兼顾、义利共赢。表现在对外关系上，强调政治上互尊互信、平等协商，国家不分大小、强弱、贫富一律平等;经济上互利互惠、优势互补，携手合作、共谋发展;文化上互学互鉴、求同存异，尊重文化多样性，以文明互鉴超越文明冲突，以文明共存超越文明优越。这一观念，是对中国传统文化中义重于利、义利相兼、义者利之和等观念的继承弘扬。这一观念，是对西方国际关系理论“利益至上”“没有永远的朋友，只有永远的利益”等理念的超越，也是对见利忘义、损人利己的霸权行为的反对和鞭挞。正是秉持这种观念，中国即使在一穷二白的艰苦条件下仍不忘对广大发展中国家施以援手，提供不附带任何政治条件的援助;即使在西强我弱、资强社弱的大格局下仍然坚持立场，秉持公道正义，坚决反对霸权主义、强权政治。

第二，中国智慧特就特在正确处理了个人和集体关系。浓厚的家国情怀、强烈的社会责

---

① 《马克思恩格斯选文集》(第1卷)，人民出版社2009年版，第502页。

任感是中华传统文化的一个鲜明特征。孟子云:“天下之本在国,国之本在家,家之本在身。”(《孟子·离娄上》)儒家认为,国家和天下的命运与个人的命运是紧密联系在一起的,主张修身齐家治国平天下。在当代中国,这种个人和集体相统一的观念又与马克思主义有机结合起来,形成了我们党倡导的集体主义原则。这个原则将国家和集体利益放在首位而又充分尊重个人的合法利益;国家、集体利益高于个人利益,当三者利益发生矛盾时,倡导个人利益服从国家和集体利益;承认个人对利益的追求,国家依法保护个人的正当利益,反对小团体主义、本位主义和损公肥私、损人利己。这一基本原则同扼杀个性、否认个人利益的封建整体主义有本质不同,也同西方资本主义的个人主义根本对立。个人主义强调金钱至上、个人至上,私人利益与公众利益的矛盾是不可调和的,不可能有本质上的化解,只可能有紧张的共存;国家只是利益共同体,人与人之间是一种契约关系,有利则合,无利则分,为利而斗。

第三,中国智慧特就特在正确处理了民主和集中的关系。民主集中制之所以能够成为我们党的根本组织原则和领导制度,是依据工人阶级的特性和社会主义国家人民根本利益而产生的,因此也是其他政党、政治和社会制度所无法效仿的。在马克思主义看来,工人阶级政党的先进性作为它所代表的阶级的集中表现,不仅在于其不谋私利,肩负着解放全人类的历史使命,而且在于其内部成员之间是完全平等的,因而其“组织本身是完全民主的”。正是这种组织内部的完全民主性决定了工人阶级政党在组织原则上实行民主集中制的必然性。民主集中制包含民主基础上的集中和集中指导下的民主两方面,两者相互依存,不可分割。民主集中制既尊重多数、保护少数,反对把个人意志凌驾于集体之上,同官僚专制主义根本不同,又反对把民主和法治相割裂,同无政府主义和极端民主化划清原则界限。民主集中制原则既体现了人民的至上性,保证了人民主权的统一性,又有力地保证了法令畅通,提高了国家机关的运行效率,与西方国家权力相互掣肘、效率低下形成了鲜明对比。

第四,中国智慧特就特在正确处理了本来和外来关系。中华文化是在连绵不断的民族融合中不断充实发展起来的,因而天然具有包容性,所谓“万物并育而不相害,道并行而不相悖”(《礼记·中庸》)。这种包容性,不但使自身力量不断增强,而且能融化外来文化壮大自身。这在中华传统文化、革命文化和社会主义先进文化中都有充分表现。中华传统文化是一个以儒学为主导、儒释道三位一体的悠久而宏大、多样而融贯的文化体系,具有巨大的文化亲和性与融合力。革命文化与长期艰苦卓绝的革命斗争实践紧密相联,包含的井冈山精神、长征精神、延安精神、西柏坡精神等革命精神,既传承中华优秀传统文化的基因,又坚持马克思主义科学世界观和方法论,是中国共产党人崇高理想和精神追求的集中体现。社会主义先进文化是科学社会主义基本原则与中华民族精神、时代精神的有机结合,蕴含着中华优秀传统文化的因素,建基于马克思主义立场观点方法和革命文化的基本精神。总之,这三种文化在各自的形成发展过程中,都吸收借鉴了其他文化养分,在当代已经有机融合浑然一体,共同构成了中国特色社会主义文化。西方文化则建立在其宗教文化基础之上,这种宗教文化把上帝作为全人类的救世主,上帝带来的福音要传播到地球上的每一个角落,世界上其他文明必须对其皈依和服从。西方历史上的宗教战争,说到底是对外来文化的抵制和反对。近代以来,这种宗教精神同资本无限追求利润的内在本性结合起来,表现出向其他文明推行其价值观近乎狂热的执着。

四、中国智慧的巨大成就及其深远影响体现在何处?

毛泽东曾提出殷切期望:"中国应当对于人类有较大的贡献。"①邓小平也强调:"国家总的力量就大了,可以为人类做更多的事情……我们就是有这么一个雄心壮志。"②可以告慰先辈的是,这个雄心壮志如今越来越清晰可见。中国智慧取得了举世瞩目的成就,在世界上产生了深远影响。

首先,中国智慧的彰显,使社会主义与资本主义两种意识形态的较量在21世纪首次发生了有利于社会主义的转变。马克思主义诞生后,社会主义成为唯一能与资本主义相抗衡的思想体系。俄国十月革命的胜利,打破了资本主义一统全球的坚冰,开辟了人类历史的新纪元,使社会主义实现了从理论到实践的跨越,二战后更是实现了从一国到多国的发展。但历史的发展是艰辛曲折的。20世纪末,随着苏联解体、东欧剧变,社会主义运动遭受重大挫折,世界上反马克思主义、反社会主义的论调甚嚣尘上、聒噪不休。在巨大的压力面前,中国共产党人没有退缩,而是把社会主义的大旗举起了、立住了。中国特色社会主义焕发出的强大生机活力,带动和引领当代世界社会主义走出低谷低潮,走向复苏复兴,初步改变了社会主义与资本主义力量对比严重失衡的局面,极大鼓舞了世界上马克思主义者的信心。由于中国特色社会主义的成功,当初世界社会主义万马齐喑的局面得到很大程度的扭转,社会主义在与资本主义竞争中的被动局面得到很大程度的扭转,社会主义优越性得到很大程度的体现。

其次,中国智慧的影响,体现在中国由昔日积贫积弱、饱受欺凌的落后国度转变成为世界和平的建设者、全球发展的贡献者、国际秩序的维护者。新中国成立以来,在不到70年的时间内,中国走完了西方几百年的发展历程,我国经济实力、科技实力、国防实力、综合国力进入世界前列,国际地位实现前所未有的提升。中国在自身发展的同时,始终没有忘记肩负的责任,始终把为人类作出更大的贡献作为自己的使命。长期以来,中国为广大发展中国家提供了大量人力、物力、智力和技术支持,为广大发展中国家建成了大批经济社会发展和民生改善项目,帮助他们改变命运。中国积极履行应尽的国际义务和责任,坚定维护联合国权威和地位,引导应对气候变化国际合作,积极推动共建"一带一路",多次派出维和人员,用中国担当守卫世界和平,等等。总之,中国智慧作用彰显的时代,是我国日益走近世界舞台中央、不断为人类作出更大贡献的时代,是中国人民同各国人民一道推动人类命运共同体建设、共同创造人类美好未来的时代!

---

① 《毛泽东文集》(第7卷),人民出版社1999年版,第157页。

② 《邓小平文选》(第3卷),人民出版社1993年版,第233页。

中国特色社会主义进入新时代在人类社会发展史上的重大意义

【内容提要】 中国特色社会主义进入新时代，是中华人民共和国发展史上、中华民族发展史上的一件大事，也是世界社会主义发展史上、人类社会发展史上的一件大事。习近平新时代中国特色社会主义思想，作为当代中国马克思主义和21世纪马克思主义，在世界范围内产生了广泛的感召力和影响力。新时代中国特色社会主义已经成为21世纪世界社会主义发展的引领旗帜、中流砥柱，推动世界社会主义发展进入了新阶段；中国特色社会主义进入新时代，走出了一条人类历史上前所未有的现代化新路，为世界各国的现代化拓展了新道路，拓宽了新空间；进入新时代的中国日益发挥着世界和平建设者、全球发展贡献者、国际秩序维护者的重要作用，为人类解决世界问题、探索更好社会制度提供中国智慧和中国方案。

【作者简介】 姜辉，中国社会科学院当代中国研究所所长、马克思主义研究院院长

【原文出处】 《世界社会主义研究》2019年第10期

习近平指出："中国特色社会主义进入新时代，在中华人民共和国发展史上、中华民族发展史上具有重大意义，在世界社会主义发展史上、人类社会发展史上也具有重大意义。"①中华民族迎来了从站起来、富起来到强起来的伟大飞跃，中国日益走近世界舞台中央，中国道路、中国理论、中国制度、中国文化日益深刻地影响和改变着世界，中国智慧和中国方案积极引领解决世界难题和人类共同问题，不断为人类作出

① 习近平：《决胜全面建成小康社会夺取新时代中国特色社会主义伟大胜利》，《人民日报》2017年10月28日。

新的更大贡献，在人类社会发展史上具有重大而深远的历史意义。

一、为发展21世纪马克思主义作出新贡献

中国特色社会主义进入新时代，实践创新和理论创新都达到了前所未有的高度，马克思主义中国化实现了新飞跃。习近平指出："把坚持马克思主义和发展马克思主义统一起来，结合新的实践不断作出新的理论创造，这是马克思主义永葆生机活力的奥妙所在。"①以习近平同志为主要代表的中国共产党人，应时代之变迁、立时代之潮头、发时代之先声，从理论和实践结合上系统回答了新时代"坚持和发展什么样的中国特色社会主义、怎样坚持和发展中国特色社会主义"这个重大时代课题，形成了习近平新时代中国特色社会主义思想，这既是当代中国马克思主义的最新成果，也是21世纪马克思主义的最新理论形态。

习近平新时代中国特色社会主义思想，深化了对共产党执政规律、社会主义建设规律、人类社会发展规律的认识，贯通了马克思主义哲学、政治经济学和科学社会主义，为发展21世纪马克思主义做出了原创性贡献。比如，坚持辩证唯物主义和历史唯物主义世界观和方法论，创造性运用实践的观点、矛盾的观点、群众的观点、全面发展的观点，树立战略思维、创新思维、辩证思维、历史思维、底线思维，丰富和发展了马克思主义哲学；提出并践行新发展理念，建设现代化经济体系，完善社会主义市场经济体制，进行供给侧结构性改革，推动形成全面开放新格局，丰富发展了马克思主义政治经济学；提出"八个明确"和"十四个坚持"，是对中国特色社会主义整体性、开创性的丰富发展；提出以人民为中心的发展思想，深化了社会主义本质理论；提出我国社会主要矛盾发生历史性转化，发展了社会主义发展阶段理论；在新时代全面深化改革，提升了社会主义发展动力理论；推进国家治理体系和治理能力现代化，丰富发展了社会主义现代化理论；推进"五位一体"总体布局和"四个全面"战略布局，完善了社会主义全面发展理论；坚持党的全面领导，提出中国共产党领导是中国特色社会主义最本质的特征，是中国特色社会主义制度的最大优势，提出新时代党的建设总要求和总布局，丰富发展了社会主义执政党建设理论；阐明人类社会历史发展的必然趋势，提出科学认识两大社会制度关系的新思想，丰富了关于正确处理社会主义与资本主义之间的关系的理论；提出推动构建人类命运共同体，丰富发展了马克思主义关于未来社会的理论；等等。这些具有重大理论意义和鲜明时代意义的新理念新思想新战略，构成了21世纪马克思主义的崭新内容。

习近平新时代中国特色社会主义思想在世界范围内产生广泛的感召力和影响力，得到普遍认同和高度赞誉。比如，有人认为这一思想极大改变了世界范围内马克思主义与反马克思主义、社会主义与资本主义的力量对比，一种新版的马克思主义理论正在形成；有人认为这一思想是世界百年未有之大变局中"东升西降"的标志性理论成果；有人认为这一思想富含中国近一个世纪的实践和探索经验，可供全世界学习和借鉴；等等。总之，这一伟大思想运用马克思主义观察时代、解读时代、引领时代，坚持马克思主义世界性与民族性的有机统一，以深

① 习近平：《在哲学社会科学工作座谈会上的讲话》，《人民日报》2016年5月19日。

远的历史眼光和宽广的世界眼光审视马克思主义创新发展的理论需要和实践需要，用鲜活丰富的当代中国实践来推动马克思主义发展，是21世纪马克思主义创新发展的旗帜和典范。

二、推动世界社会主义发展进入新阶段

中国特色社会主义进入新时代，“意味着科学社会主义在二十一世纪的中国焕发出强大生机活力，在世界上高高举起了中国特色社会主义伟大旗帜”。[①] 这表明，新时代中国特色社会主义是21世纪科学社会主义的引领旗帜，是世界社会主义发展的中流砥柱，是推动人类社会发展进步的主导力量。新时代中国特色社会主义成功求解了社会主义发展史上的历史性课题。落后国家在革命胜利后如何建设和发展社会主义，是社会主义发展史上的重大历史课题。马克思和恩格斯曾设想社会主义革命在发达国家同时取得胜利，并在生产力已达到较高水平的基础上进行新社会建设。他们也关注过俄国等经济文化比较落后的东方社会的发展道路问题，提出过跨越资本主义“卡夫丁峡谷”的设想，但由于他们生前未经历建设社会主义的实践，其见解设想大多是预测性的，可以说是对历史课题的“点题”。列宁在俄国十月革命胜利后对经济文化比较落后的国家如何建设社会主义做了许多创造性探索，提出并实施新经济政策、实行工业化、发展先进文化、加强执政党建设等，并在实践中取得初步成效，可以说是对历史课题的实践“破题”。此后，苏联进行数十年大规模社会主义建设，取得很大成就，也发生过严重错误，由于苏联解体而归于失败，最后以改旗易帜的“跑题”告终。中国特色社会主义进入新时代，我们党在理论、实践和制度方面全面推进科学社会主义进入新阶段，中国特色社会主义迎来了从创立、发展到完善的伟大飞跃，是对社会主义历史性课题的成功“解题”，具有重大的理论意义、实践意义、时代意义、世界意义，在科学社会主义发展史上作出了里程碑式的巨大贡献。

中国特色社会主义进入新时代，成为21世纪世界社会主义发展的引领旗帜和中流砥柱。习近平总书记指出：“科学社会主义在中国的成功，对马克思主义、科学社会主义的意义，对世界社会主义的意义，是十分重大的。”[②]苏东剧变近30年来，世界社会主义运动经历了从挫折低谷到谋求振兴的过程。在每个重要的历史节点，中国特色社会主义都对世界社会主义发挥了至关重要的历史作用。20世纪80年代末90年代初，苏联解体、苏共垮台、东欧剧变，“社会主义失败论”“历史终结论”一度甚嚣尘上，然而中国顶住了巨大压力和挑战，把社会主义旗帜举住了、举稳了，捍卫和挽救了社会主义。21世纪初国际金融危机引发了整个资本主义危机，有许多理论家深刻揭示资本主义的体系危机、制度危机、价值危机，这实际上是资本主义制度结构性矛盾的集中凸显。中国特色社会主义进入新时代，中国“风景这边独好”，以无可辩驳的事实彰显了科学社会主义的鲜活生命力。中国特色社会主义道路越走越宽广，使世界范围内两种意识形态、两种社会制度的历史演进及其较量，发生了有利于马克思主义、社会主义

① 习近平：《决胜全面建成小康社会夺取新时代中国特色社会主义伟大胜利》，《人民日报》2017年10月28日。

② 《以时不我待只争朝夕的精神投入工作开创新时代中国特色社会主义事业新局面》，《人民日报》2018年1月6日。

的深刻转变。一位国外理论家这样评价说："中国实现了快速和可持续的崛起，在剧烈变化的国际事务中扮演着重要的角色。世界历史不仅没有被西方的'自由民主'所终结；相反，中国的崛起开辟了新的世界历史。"中国特色社会主义事业的成功，对于世界社会主义发展和人类社会进步，都具有深远的历史意义。新时代中国已经成为社会主义的中流砥柱，引领和塑造着21世纪世界社会主义。

三、为世界各国现代化拓展新道路

中国特色社会主义进入新时代，在探索符合中国历史传统、现实国情和时代发展趋势的现代化道路上，中国共产党人既坚定不移地走自己的道路，又博采其他发展模式之众长，走出了一条人类历史上前所未有的现代化新路。

世界各个国家和地区，不论其历史传统、社会制度、发展水平如何，都不可避免地、或早或晚地走上现代化道路。但现代化道路往哪个方向走、如何走，却有很大差异。在历史上，可以说西方国家在现代化道路上先行一步，其成功经验和积极成果是对人类发展的重要贡献。但据此认为西方道路是实现现代化的唯一的"普世之路"，其他国家别无选择、必须模仿跟随、亦步亦趋，则是完全错误的。西方现代化道路有着固有的矛盾弊端、制度局限和历史局限。21世纪西方国家的种种乱象，如贫富差距悬殊、难民危机、民粹主义泛滥、恐怖主义猖獗、逆全球化和反全球化潮流等，都标志着西方现代化之路走入了死胡同。一些追随西方、接受其提供的"现代化方案"的国家，要么陷入"中等收入陷阱"而发展长期停滞，要么成为依附于"中心国家"并受其控制和支配而丧失了独立性，要么在"结构性调整"的猛药"医治"下陷入破产，要么在"颜色革命"中陷入政治动荡和国家分裂。

新时代中国现代化道路的开辟，开拓了一条不同于资本主义的全新现代化道路。它是依靠自身发展和艰苦奋斗实现的现代化，完全不同于那种通过"血与火""剑与枪"进行殖民掠夺的现代化；它是以人民为中心、以实现人民对美好生活的向往为目标的现代化，完全不同于那种实现少数国家发展和少数人获利的现代化；它是经济社会全面发展、人与自然和谐共生的现代化，完全不同于单纯追求经济增长和短期利益的片面畸形的现代化；它是和平的、造福于全人类的现代化，完全超越"国强必霸"逻辑和"修昔底德陷阱"对抗的现代化。总之，中国现代化打破了所谓现代化只有西方一种模式的神话，打破了所谓"核心国家"与"边缘国家"之间统治与依附的不平等体系，打破了发展中国家追求发展与让渡独立性之间的悖论，中国"拓展了发展中国家走向现代化的途径，给世界上那些既希望加快发展又希望保持自身独立性的国家和民族提供了全新选择"。

近14亿人口的中国实现高水平的、全面的现代化，是人类历史上前所未有的大变革，意味着比现在所有发达国家人口总和还要多的人民进入现代化行列，其影响是世界性的。当我国成为世界上第一个通过走社会主义道路而不是走资本主义道路成功建成现代化强国时，它对人类社会发展的深远历史意义会更加充分地彰显出来。

四、为解决世界问题提供新方案

中国特色社会主义进入新时代，面对的世界正经历百年未有之大变局。"中国新时代"和"世界大变局"，是中国共产党统揽中国与世界、所作出的重大科学判断。正如习近平指出的："当前，我国处于近代以来最好的发展时期，世界处于百年未有之大变局，两者同步交织、相互激荡。"① 在中国发展新的历史方位与世界演变新的国际格局交织激荡中，"中国共产党人和中国人民完全有信心为人类对更好社会制度的探索提供中国方案"。②

当今世界，经济全球化、社会信息化、文化多样化深入发展，全球治理体系和国际秩序变革加速推进，国际力量对比发生深刻变化。同时，世界面临的不稳定性不确定性突出，人类处在一个挑战层出不穷、风险日益增多的时代。世界经济增长乏力，金融危机阴云不散，发展鸿沟日益突出，兵戎相见不时发生，冷战思维和强权政治阴魂不散，恐怖主义、难民危机、重大传染性疾病、气候变化等非传统安全威胁持续蔓延。全球增长动能不足、全球治理滞后、全球发展失衡这三大根本性矛盾愈益突出，保护主义、孤立主义、民粹主义等力量不断抬头。人类社会发展又一次来到一个"十字路口"：世界怎么了？应该怎么办？

在世界大发展大变化大调整的背景下，日益走近世界舞台中央的正在复兴的中国，为解决世界经济、国际安全、全球治理等重大难题指明了新的方向、提供了新的方案。中国的发展方式、发展道路、发展模式的吸引力和影响力显著增强，并且为人类社会贡献了"科学发展、和平发展、包容发展、共赢发展"的新发展理念。中国日益发挥着世界和平建设者、全球发展贡献者、国际秩序维护者的重要作用，积极推动国际经济政治秩序，推动经济全球化朝着公平合理的方向发展。中国积极发挥负责任大国的作用，引领全球治理体系改革，践行共商共建共享的全球治理观，倡导构建人类命运共同体，提出国际秩序新原则和人类社会发展新愿景。中国扎实推进"一带一路"建设，让沿线各国各地区人民获得实实在在的利益，推动践行以文明交流超越文明隔阂、文明互鉴超越文明冲突、文明共存超越文明优越的新文明观。总之，新时代中国特色社会主义以巨大的成功发展了自己，也造福了世界，在世界和平发展和人类进步事业中发挥着更加积极的作用。这在人类社会发展史上书写了浓墨重彩的一笔，具有重大而深远的历史意义。

---

① 《坚持以新时代中国特色社会主义外交思想为指导努力开创中国特色大国外交新局面》，《人民日报》2018年6月24日。

② 习近平：《在庆祝中国共产党成立95周年大会上的讲话》，《人民日报》2016年7月2日。

新时代中国特色社会主义与21世纪世界社会主义发展

【内容提要】 中国特色社会主义进入新时代，对于21世纪世界社会主义发展具有重大意义。回顾历史，新时代中国特色社会主义实现了世界社会主义运动从低潮向初步复苏的历史转变，使科学社会主义在21世纪的中国焕发出强大生机活力。审视现实，新时代中国特色社会主义实践正在为21世纪世界社会主义运动提供新方案、贡献新思想、给出新战略，推动世界社会主义运动进入新阶段。展望未来，新时代中国特色社会主义将在建成社会主义现代化强国、拓宽发展中国家的现代化路径、为解决人类问题贡献社会主义智识中，推动21世纪世界社会主义运动走向复兴，拓展社会主义生存空间，推进社会主义全球化发展。

【作者简介】 刘洪刚，厦门大学马克思主义学院副教授

【原文出处】《当代世界与社会主义》2019年第2期

习近平在党的十九大报告中指出，中国特色社会主义进入新时代是我国发展新的历史方位，不仅“在中华人民共和国发展史上、中华民族发展史上具有重大意义，在世界社会主义发展史、人类发展史上也具有重大意义”。① 深入研究新时代中国特色社会主义在世界社会主义史中的地位和作用，对于把握21世纪世界社会主义的发展趋势具有重要的价值和意义。

一、中国特色社会主义进入新时代与世界社会主义的初步复苏

20世纪末，苏联与东欧等国因共产党政权

① 习近平：《在中国共产党第十九次全国代表大会上的报告》，人民出版社2017年版，第12页。

相继被颠覆而转向资本主义，仅存的五个现实社会主义国家也面临着理论与实践的双重挑战；其他各国共产党受到巨大冲击而处境艰难，或改旗易帜或边缘化；第三世界社会主义运动亦陷入困境；社会民主党也纷纷失去执政地位，世界社会主义陷入低潮。一些西方学者提出了所谓的“社会主义失败论”“马克思主义过时论”“历史终结论”。然而世界历史的发展终究表明这些认识是多么的肤浅。进入21世纪，从2008年肇始的全球金融危机到当前西方国家的债务危机、民主危机、社会治理危机、移民危机和生态危机等，无不表明资本主义并非是理想的世界和人类历史的终结。正如习近平指出的：“历史没有终结，也不可能终结。”①作为最大的社会主义国家，中国成为世界社会主义的中流砥柱，推动世界社会主义逐步走向复苏。

（一）中国特色社会主义进入新时代证明了“社会主义失败论”的失败

早在东欧剧变、苏联解体的严峻形势下，邓小平就坚定地指出：“只要中国社会主义不倒，社会主义在世界将始终站得住。”②在中国共产党的领导下，中国成功应对了苏东剧变的猛烈冲击和西方资本主义的挑战，把中国特色社会主义成功推向21世纪，不仅坚守住了社会主义的最大阵地，更以自身的发展从根本上扭转了世界社会主义运动持续衰落的颓势。

党的十八大以来，以习近平同志为核心的党中央领导集体统筹推进“五位一体”总体布局、协调推进“四个全面”战略布局，引领中国特色社会主义进入新时代。新时代中国经济保持中高速增长，在不断缩小与美国的差距中壮大社会主义的经济体量；新时代中国特色社会主义民主建设取得重大成绩，中国之治与西方之乱形成鲜明对比；新时代中国特色社会主义文化建设取得重大进展，中华文化软实力的国际影响力大幅提升；新时代中国特色社会建设取得全面进步，创造性地实现了人类史上最大规模的人口脱贫；新时代生态文明建设与生态环境治理成效显著，中国已经成为全球生态文明建设的重要参与者、贡献者和引领者。新时代中国的“经济实力、科技实力、国防实力、综合国力进入世界前列”，③不仅使国际共产主义运动在低潮中持续奋进，也标志着社会主义的重新崛起和强劲复苏，最有力地终结了“社会主义失败论”。

（二）中国特色社会主义进入新时代证明了科学社会主义的科学性与真理性

科学社会主义是马克思、恩格斯创立的无产阶级和人类解放的科学理论。马克思、恩格斯不仅揭示了社会化大生产与资本主义私有制的矛盾，科学论证了社会主义取代资本主义的历史必然性，指出无产阶级及其政党将在与资产阶级的斗争中夺取政权，建立新社会；而且还科学构想了未来新社会——社会财富充分涌流、生产资料社会所有、有计划地组织生产，阶级和国家不复存在，人的全面自由发展得以实现，等等。科学社会主义为人类社会发展指明了前进方向，为各国进行社会主义革命、建设和改革提供了基本原则。

中国特色社会主义之所以进入新时代，最根本的原因就在于既坚持了科学社会主义基本

---

① 习近平：《在中国共产党成立95周年大会上的讲话》，《人民日报》2016年7月2日。

② 《邓小平文选》（第3卷），人民出版社1993年版，第346页。

③ 习近平：《在中国共产党第十九次全国代表大会上的报告》，人民出版社2017年版，第10页。

原则，又根据时代特征和本国国情赋予其鲜明的时代特色和中国特色。正如习近平所指出的："中国特色社会主义，是科学社会主义理论逻辑和中国社会发展历史逻辑的辩证统一，是根植于中国大地、反映中国人民意愿、适应中国和时代发展进步要求的科学社会主义。"①新时代中国特色社会主义是科学社会主义在中国的本土化、现实化、具体化，彰显了科学社会主义的强大生命力。马克思主义仍然是我们观察世界、分析问题的科学认识工具和思想武器，仍然"占据着真理和道义的制高点"。②

二、新时代中国特色社会主义与世界社会主义新方案新思想新战略

中国特色社会主义推动国际共产主义运动逐步走出低谷，也成为刻画世界社会主义发展的时代坐标。审视现实，新时代中国特色社会主义实践正在为21世纪世界社会主义运动提供新方案，贡献新思想，给出新战略，推动世界社会主义运动进入新阶段。

（一）新时代中国特色社会主义为世界社会主义运动提出新方案

社会主义代表着人类对美好社会形态的理性建构和实践追求。新时代中国特色社会主义正在实践中生成科学社会主义的现代形态，为世界社会主义发展提出新方案。

社会主义中国方案是始终坚持人民立场的社会主义。历史是人民群众的实践活动及其结果，决定人类社会发展的根本力量是"行动着的群众"。③ 新时代中国特色社会主义是中国共产党紧紧依靠人民进行艰辛探索而取得的根本成就，也始终把人民对美好生活的向往作为奋斗目标。

社会主义中国方案是全面、协调、可持续发展的社会主义。人类社会形态是由诸多要素构成的复杂有机体。新时代中国特色社会主义既坚持以经济建设为中心，又全面推进政治、文化、教育与科技、社会、生态文明、国防和军队、外交、党的建设等各方面改革，推动社会全面进步和永续发展。

社会主义中国方案是开放与包容的社会主义。中国把自身的发展与整个世界联系起来，既继承中华文化的优秀遗产，又大胆吸收和借鉴人类文明成果来建设社会主义。

（二）新时代中国特色社会主义为世界社会主义运动贡献新思想

马克思主义对于科学认识世界与改造世界具有不可替代的作用，但必须以与实践的结合为前提。恩格斯指出："马克思的整个世界观不是教义，而是方法。它提供的不是现成的教条，而是进一步研究的出发点和供这种研究使用的方法。"④世界社会主义史也表明，马克思主义之所以能够发挥巨大的影响力，就在于它与各国发生了具体的联系而实现了结合，不断形成新的理论。

中国特色社会主义进入新时代，实现了马克思主义的中国化、时代化、大众化。这就是在改革开放实践中把马克思主义基本原理同中国实际相结合，用中华文化的表达方式和大众喜

① 《习近平谈治国理政》，外文出版社2014年版，第21页。

② 习近平：《在哲学社会科学工作座谈会上的讲话》，人民出版社2016年版，第10页。

③ 《马克思恩格斯文集》（第1卷），人民出版社2009年版，第287页。

④ 《马克思恩格斯文集》（第10卷），人民出版社2009年版，第691页。

闻乐见的民族语言阐述马克思主义，在社会主义现代化建设中开辟中国特色社会主义道路；同时又把中国经验总结提升为理论，形成具有中国风格、中国气派的当代马克思主义。党的十八以来，以习近平同志为核心的党中央紧密结合新时代的实践要求，推进理论创新，形成了习近平新时代中国特色社会主义思想。这一新思想是中国特色社会主义理论体系的最新成果，是科学社会主义发展到新时代的理论结晶，也是对21世纪马克思主义的原创性贡献，以全新的视野深化了对共产党执政规律、社会主义建设规律和人类发展规律的认识，处在世界社会主义理论的最前沿。

（三）新时代中国特色社会主义为世界社会主义运动给出新战略

国际共产主义运动强调国际主义和全世界无产阶级的大联合。在《共产党宣言》中，马克思、恩格斯就呼吁“全世界无产者，联合起来！”①但他们也指出：“真正的国际主义无疑应当以独立的民族组织为基础。”②因此，各国“在内部事务上的自主和独立也就包括在国际主义这一概念本身之中”。③ 进入20世纪后，共产党人对国际主义产生了误解，尤其是苏联共产党片面强调国际共产主义运动的同一性和国际性，忽视了各国的差异性和民族性，极力推广苏联社会主义模式。与此同时，共产党虽然与社会民主党同根同源，但由于指导思想的根本分歧和路线之争而长期处于对立甚至对抗之中，这也阻碍了世界社会主义运动的发展。

苏东剧变结束了持续近半个世纪的冷战，和平与发展的时代主题更加鲜明。在这样的时代条件下，世界社会主义运动应该怎样开展？中国特色社会主义进入新时代表明，社会主义力量要根据各国情况独立自主地探索自身的发展之路，用成功的实践证明社会主义的优越性。正如邓小平所言：“社会主义总的来说比资本主义优越，但要靠我们的发展来证明这一点。”④

当前世界社会主义运动也从过去强调国际性和单一性走向各国独立探索与自主改革阶段，呈现出民族性和多样性。中国特色社会主义进入新时代表明要用独立自主、完全平等、互相尊重、互不干涉内部事务原则处理社会主义党际关系和社会主义国家关系。习近平强调：“社会主义并没有定于一尊、一成不变的套路，”⑤“我们不‘输入’外国模式，也不‘输出’中国模式，不会要求别国‘复制’中国的做法。”⑥与此同时，社会主义是世界历史性的事业，社会主义各力量应通过政党、工会、学术团体、左翼媒体和国际会议等多种平台进行交流与沟通，加强团结与合作，避免不必要的纷争和内耗，在多样化中增强世界社会主义发展合力。

新时代中国特色社会主义也为正确处理社会主义与资本主义两制关系提供了新原则。长期以来，社会主义理论和实践都强调社会主义与资本主义的根本对立。中国共产党则深刻认识到两制并存、“资强社弱”格局将长期持续，

---

① 《马克思恩格斯文集》（第2卷），人民出版社2009年版，第66页。

② 《马克思恩格斯全集》（第18卷），人民出版社1964年版，第87页。

③ 《马克思恩格斯全集》（第39卷），人民出版社1974年版，第84页。

④ 中共中央文献研究室编：《邓小平思想年谱（1975—1997）》，中央文献出版社1998年版，第370页。

⑤ 习近平：《在纪念马克思诞辰200周年大会上的讲话》，《人民日报》2018年5月5日。

⑥ 《习近平出席中国共产党与世界政党高层对话会开幕式并发表主旨演讲》，《人民日报》2017年12月2日。

既坚决与资本主义进行斗争,又充分利用资本主义的先进成果建设社会主义。正如习近平所指出的:“我们要深刻认识资本主义社会的自我调节能力,充分估计到西方发达国家在经济科技军事方面长期占据优势的客观事实,认真做好两种社会制度长期合作和斗争的各方面准备。”①社会主义国家要在与资本主义国家斗争中寻求合作,既要警惕和防御西方资本主义国家的西化、分化图谋,又要批判地借鉴资本主义文明成果,促进经济社会全面发展。

三、新时代中国特色社会主义与21世纪世界社会主义复兴

中国特色社会主义新时代是“奋力实现中华民族伟大复兴中国梦的时代”,也是中国“日益走近世界舞台中央、不断为人类作出更大贡献的时代”。② 展望未来,新时代中国特色社会主义将在建成社会主义现代化强国、拓展发展中国家的现代化路径、为解决人类问题贡献社会主义智识中,推动21世纪世界社会主义运动走向复兴。

(一)新时代中国特色社会主义坚定世界社会主义的理想信念

按照党的十九大战略部署,新时代中国特色社会主义将“在本世纪中叶建成富强民主文明和谐美丽的社会主义现代化强国”。③ 具体来说,从党的十九大召开到2020年,全面建成小康社会,国家综合国力、国际竞争力和国际影响力进一步扩大;从2020年到2035年,基本实现现代化,国家经济实力、科技实力大幅跃升,社会主义制度更加完善;从2035年到21世纪中叶,建成社会主义现代化强国,成为综合国力和国际影响力领先的国家。在西方国家看来,中国这样的宏伟目标及其战略步骤是难以想象和预期的,因为它们实行的是政党轮流做庄制度,因而不可能有如此长远的战略部署。但中国拥有坚强稳定的领导核心,现代化宏伟目标也是建立在实事求是地综合分析国内国际形势和中国发展条件基础之上的,因而每一步战略目标都是科学的、每一步战略部署都是可行的,必然能够按时完成,甚至提前实现。

新时代中国逐步实现社会主义现代化强国战略,将对世界社会主义产生根本性影响。邓小平就曾自信地指出:当中国在21世纪中叶达到中等发达国家水平时将向人类表明:“社会主义是必由之路,社会主义优于资本主义。”④中国的成功将进一步证明社会主义是能够消灭资本主义固有弊病的、高于资本主义的新社会,证明社会主义是人类发展的必然趋势。这无疑将为社会主义国家、各国共产党和世界左翼运动起到示范作用,坚定社会主义的理想信念,增强世界社会主义事业的信心。

随着新时代中国特色社会主义实践的展开,当代中国马克思主义也必将跟上时代,为发展21世纪马克思主义贡献中国力量,让马克思主义、科学社会主义展现出更加强大、更有说服力的真理魅力。正如习近平所指出的:“新中国成立以来特别是改革开放以来,中国发生了深刻变革,置身这一历史巨变之中的中国人更有资格、更有能力揭示这其中所蕴含的历史经验和发展规律,为发展马克思主义作出中国的原

---

① 中共中央文献研究室编:《十八大以来重要文献选编》(上),中央文献出版社2014年版,第117页。

② 同上,第11页。

③ 同上,第19页。

④ 中共中央文献研究室编:《邓小平思想年谱(1975—1997)》,中央文献出版社1998年版,第384页。

创性贡献。”①

（二）新时代中国特色社会主义引领21世纪发展中国家现代化的时代潮流

现代化是每个国家都要完成的历史任务。西方发达国家通过资本主义私有制和自由市场的制度安排，走出了资本主义现代化道路，成为世界体系的主导者，也形成了“现代化必须西化”的偏见。二战后，那些照搬西方现代化模式的国家和地区大规模地实行私有化、市场化和自由化，虽然取得了一定的成效，但却带来了经济、政治和社会等结构性难题，现代化进程举步维艰。

作为现代化的后来者，中国走出了一条社会主义现代化新路，实现了对资本主义现代化道路的扬弃与超越。这条现代化新路坚持“以人民为中心的发展思路，把改善人民生活、增进人民福祉作为出发点和落脚点，在人民中寻找发展动力、依靠人民推进发展、使发展造福人民”；②这条现代化新路坚持从本国国情出发，通过改革创新破解发展中的挑战与体制机制障碍，不断解放和发展生产力；这条现代化新路坚持互利共赢共享的和平发展，“在实现自身发展的同时更多惠及其他国家和人民”。③ 正是基于此，中国用几十年的时间走完了发达国家几百年的历程，同时成功克服了资本主义现代化所带来的诸多弊病。

新时代中国特色社会主义将继续完善社会主义现代化道路，引领21世纪发展中国家的现代化潮流，“给世界上那些既希望加快发展又希望保持自身独立性的国家和民族提供了”④全新选择、实践样板与参照范式。这将极大彰显社会主义现代化道路的可行性和社会主义的优越性，增强发展中国家人民对社会主义的认同，促进当地社会主义运动的开展，拓展世界社会主义的生存与发展空间。

（三）新时代中国特色社会主义贡献人类命运共同体的社会主义智识

全球化时代的世界既面临良好的发展机遇，也面临严峻的挑战。在全球问题面前，资本主义世界难以提出切实有效的应对方案。新时代中国特色社会主义则创造性地提出了一个替代性的社会主义方案——构建人类命运共同体。

构建人类命运共同体表明社会主义是实现更美好世界的必然选择。马克思、恩格斯科学论证了人类社会在历史历程中将进入实现人的全面自由发展的共产主义社会。建构人类命运共同体是新时代中国对人类命运和前途的理性思考而提出的社会主义答案，解决了“建设什么样的世界，怎样建设”的当代课题：立足“人类社会”的根本立场，超越民族国家的局限，坚持对话协商、共建共享、合作共赢、交流借鉴和环境友好，“建设持久和平、普遍安全、共同繁荣、开放包容、清洁美丽的世界”。⑤ 构建人类命运共同体的理念体现了社会主义的终极人类价值关怀，表明马克思主义在当今时代的科学指导作用。

构建人类命运共同体，展现了社会主义超越资本主义狭隘利益与话语观念的国际主义传统与人类共同价值。构建人类命运共同体倡导

---

① 《习近平谈治国理政》（第2卷），外文出版社2017年版，第66页。

② 同上，第483页。

③ 同上。

④ 习近平：《在中国共产党第十九次全国代表大会上的报告》，人民出版社2017年版，第10页。

⑤ 同上，第59页。

共同、综合、合作、可持续的新安全观；打造开放、创新、包容的发展前景，为世界发展提供持续动力；主张和而不同、兼收并蓄的文明交流；推动建设相互尊重、公平正义、合作共赢的新型国际关系。这意味着新时代中国将走出一条超越大国崛起必然引发战争的社会主义和平发展之路，建构一套具有亲和力、说服力和引导力的话语体系。这将有助于突破资本主义的国际话语垄断权，构筑社会主义国际话语权，传播社会主义核心价值，增强社会主义的国际认同和影响力。

构建人类命运共同体在构筑人类“利益共同体”中不断矫正资本主义全球化弊病，不断增强中国改变世界的国际塑造力与创造力。新时代中国将积极搭建共享的全球合作平台，推动“一带一路”倡议；坚决维护多边贸易体制，促进国际贸易和投资自由化；深度参与全球治理变革，扩大发展中国家在国际事务中的代表性；加大对发展中国家特别是最不发达国家援助与合作力度，实现南方国家共同发展。这意味着新时代中国特色社会主义将以实际行动推进各国合作共赢，超越“发达国家单方面主导、渗透和支配不发达国家的全球化模式”，[①]建设更加符合共同利益的全球发展模式。这将极大提升中国的国际规则制定权和全球秩序建构的发言权，既增强社会主义吸引力，又推动全球生产力普遍发展，世界社会主义复兴提供坚实支撑和强大动力。

① 郗戈：《超越资本主义现代性——马克思现代性思想与当代社会发展》，中国人民大学出版社 2014 年版，第 136 页。

试论中国特色社会主义世界话语权

【内容提要】 改革开放40多年来,中国特色社会主义取得了巨大成就,这为提升中国特色社会主义世界话语权提供了条件和可能。然而当前提升中国特色社会主义世界话语权仍然面临着国内外的严峻挑战,主要是话语主体能力有待提高、话语内容有待创新发展、话语平台效用有待提升、话语外部环境有待改善。相应地,提升中国特色社会主义世界话语权的战略出路应在于:强化话语主体,提升政党形象;优化话语内容,提升话语质量;搭建话语平台,传播中国声音;展示话语权力,贡献中国力量。以此为基础,为新时代提升世界对中国特色社会主义的认同度,实现中国特色社会主义"走出去"提供强有力的话语支撑。

【作者简介】 许徐琪,浙江师范大学马克思主义学院讲师

【原文出处】 《当代世界与社会主义》2019年第1期

随着中国日益走近世界舞台的中央,中国特色社会主义在世界经济政治格局中的影响力不断提升,中国道路的成功实践使中国特色社会主义参与全球话语体系建设成为可能。"现在到了中国用自己的术语参与全球政治价值对话的时候了。中国应该推广激励中国人的政治价值观,如果世界其他地方认真对待这些价值观,将有助于这个世界变得更加美好。这是中国对世界的更大贡献。"①的确,如果能在全球话语体系中以有效的方式把中国特色社会主义阐释好,赢得国际国内普遍认同,这不仅有利于全球话语体系的良性发展,也是提升新时代中国特色社会主义国际影响力的有力注脚。

① 参考贝淡宁:《中国不妨大胆推广政治价值观》,《环球时报》2010年11月18日。

一、中国特色社会主义世界话语权的内涵及其世界历史意义

习近平在庆祝改革开放40周年大会的讲话中指出:“改革开放40年来,我们党全部理论和实践的主题是坚持和发展中国特色社会主义。”①40余年改革开放的成功实践充分证明了中国特色社会主义的成功。中国特色社会主义理应在全球话语体系中占有一席之地。

(一)中国特色社会主义世界话语权的内涵

话语权是指信息传播主体拥有的现实和潜在的影响力。总体上看,话语权具有双重含义,一是“话语权利”,二是“话语权力”。本文是在兼顾两方面含义的基础上,侧重于对后者的分析。综上,“中国特色社会主义世界话语权”可以概括为中国共产党在世界范围提升中国特色社会主义科学性和真理性力量的权力。由于话语权主要以“影响力”作为其外在表现形式,所以,“中国特色社会主义世界话语权”就是中国特色社会主义的世界影响力。

中国特色社会主义世界话语权与某些西方国家追求并实施话语霸权的性质截然不同。无论是贫穷的中国、发展的中国还是强大的中国,我们绝不称霸,中国特色社会主义世界话语权也绝不会通过强权政治的方式,迫使其他国家和地区接受。中国特色社会主义世界话语权不是话语霸权,不涉及任何左右、压制、控制的含义,不是要把中国自身的理论与实践强加于人,而是“完全有信心为人类对更好社会制度的探索提供中国方案”。②

(二)中国特色社会主义世界话语权的世界历史意义

中国特色社会主义世界话语权的赢得是一个具有世界历史意义的重大事件,它必将对长期以来西方主导的话语格局构成挑战,一定程度上还会改变世界历史进程。

第一,打破“历史终结论”的谬论,证明人类社会发展具有不可抗拒的固有规律。中国特色社会主义的成功实践打破了“历史终结论”的谬论,是马克思主义历史唯物论在社会主义国家的生动实践,坚定了全世界致力于社会主义事业人士的信心,壮大了世界社会主义事业的队伍,推动了世界社会主义事业的发展,进一步证明了人类社会发展的必然方向。当前,“中国特色社会主义进入新时代,正成为21世纪科学社会主义发展的旗帜,成为振兴世界社会主义的中流砥柱”。③

第二,打破西方话语霸权的地位,有力促进全球话语体系的多元发展。长期以来,西方借助创造工业文明所获得的先发优势,形成了覆盖全世界的“西方话语霸权”。以中国为主要代表的发展中国家和新兴国家的崛起一定程度上改变了原先“西方中心主义”话语主导的全球话语格局,促使全球话语体系的多元化发展。与西方话语追求的“唯我独尊”截然不同,中国特色社会主义世界话语权致力于构建合作共赢的全球话语体系,它不以意识形态为界限,而以国家利益为基础、以世界人民的共同利益为标准,

---

① 习近平:《在庆祝改革开放40周年大会上的讲话》,2018年12月18日,http://www.xinhuanet.com/politics/leaders/2018-12/18/c_1123872025.htm。

② 习近平:《在庆祝中国共产党成立95周年大会上的讲话》,人民出版社2016年版,第14页。

③ 人民日报评论员:《一以贯之坚持和发展中国特色社会主义——论学习贯彻习近平总书记“1·5”重要讲话》,《人民日报》2018年1月6日。

通过探索共赢发展之路,为解决人类面临的共同问题贡献更多力量,为和谐世界的构建提供更多话语表达。

第三,打破西方现代化的独尊模式,拓展发展中国家走向现代化的途径。中国没有复制西方现代化发展的模式,而是把中国的发展与世界的发展连在一起,走出中国特色社会主义的发展之路,打破了“西方中心论”认为的西方现代化是最优发展模式的虚妄论调。在中国共产党领导下,中华民族不仅迎来了从站起来、富起来到强起来的伟大飞跃,而且还“拓展了发展中国家走向现代化的途径,给世界上那些既希望加快发展又希望保持自身独立性的国家和民族提供了全新选择,为解决人类问题贡献了中国智慧和中国方案”。①

二、提升中国特色社会主义世界话语权面临的挑战

中国特色社会主义的成功实践为中国特色社会主义世界话语权的赢得提供了条件和可能,但也面临着国内外严峻挑战。认真分析这些挑战,是我们进一步思考如何提升世界话语权的前提。

(一)话语主体能力有待提高

中国共产党作为话语权的主体,其长期执政能力建设、先进性和纯洁性建设能力的高低直接影响着中国特色社会主义话语权的强弱。

第一,党的长期执政能力有待提高。中国特色社会主义实践的伟大成就是中国特色社会主义世界话语权最坚强的后盾。然而中国特色社会主义事业能否继续取得令世人惊叹的成绩很大程度上取决于中国共产党长期执政能力的强弱。新时代,中国社会的主要矛盾集中体现在人民日益增长的美好生活需要和不平衡不充分的发展之间的矛盾,这种发展不平衡不充分的现状是当前人民追求美好生活最主要的制约因素。“人民美好生活需要日益广泛,不仅对物质文化生活提出了更高要求,而且在民主、法治、公平、正义、安全、环境等方面的要求日益增长。”②这些矛盾和问题在一定程度上影响了人民群众对人民当家作主、共同富裕、以人为本、和谐社会等社会主义理念和原则的认同度。中国特色社会主义所阐述的美好目标与我国社会主义初级阶段的现实之间、人民群众对于社会主义的殷切期盼与当前复杂的现实情况之间仍然存在较大差距。所以,中国共产党作为中国特色社会主义世界话语权的话语主体,需要不断提高其理论转化为实践、实践上升为理论的能力,提高长期执政能力。

第二,反腐败斗争形势依然严峻。“人民群众最痛恨腐败现象,腐败是我们党面临的最大威胁。”③中国共产党的执政形象从总体上来看是好的,然而一些党员、党员干部的不良行为影响了人民群众对中国共产党整体形象的判断和印象,致使党的公信力受到了一定程度的挑战。在改革开放的时代大潮面前,一方面,中国共产党人必须掌握运用商品经济的原则来驾驭社会主义市场经济的能力;但另一方面,又绝不能把商品经济中的等价交换那一套带到党内政治生活中来。然而,在现实生活中,一些党员干部往往容易混淆两者的界限,出现了权力寻租现象。权钱交易、权色交易等各种形式的贪

① 习近平:《在中国共产党第十九次全国代表大会上的报告》,人民出版社 2017 年版,第 10 页。

② 同上,第 11 页。

③ 同上,第 66—67 页。

污腐败、行贿受贿严重损害党与人民群众的关系。虽然党的十八大以来我们党坚持全面从严治党,不敢腐不能腐取得基本成效,反腐败斗争的压倒性态势已经基本形成,但当前反腐败斗争形势依然复杂。面对复杂环境的诱惑,我们始终保持清醒的头脑,建立不想腐的道德防线,不断巩固党的先进性和纯洁性建设。

(二)话语内容有待创新发展

话语内容质量的高低也是判断话语权强弱的一个重要指标。当前我国智库建设尚未成熟,国际议题设置能力不足等问题已经成为影响话语内容提升的主要制约性因素。

第一,智库建设尚未成熟。根据全球最有影响力和最权威的智库报告于 2017 年 1 月发布的《全球智库报告 2016》显示,虽然中国智库在全球 6846 家智库中数量排名位居第二,拥有 435 家,但是与排名世界第一的美国智库 1835 家相比较而言,相去甚远。另外,在排名全球智库十大榜单中,美国智库占了六成,中国则无一家智库入选。可见,中国智库在质量上进一步提升的空间还很大。长期以来我国智库发展和智库人才的培养相对滞后。这主要表现在高级别智库的质量和数量有待提高;中央智库与地方智库沟通不畅,地方智库中一些优秀的研究成果不被重视,缺乏向上报送的渠道;研究成果转化不及时,未能把优秀的智库成果上升到中央决策层面,为顶层设计服务;理论与实践脱节比较严重,研究成果不接地气,不能很好地解决现实问题。“据权威数据分析,中国智库的决策失误率为 30%左右,而西方仅为 5%。”①这说明我国智库建设的研究成果质量不佳,存在短期性和应景性,缺乏长期性、战略性的思想产品。另外,我国智库在开放程度方面还有待增强,理论构建的国际视野和全球思维有待拓展,对于民间智库的建设和重视程度还没有很好地被提上议事日程。所有这些都在很大程度上影响了我国智库的国际化水平和对外影响力的提升。

第二,国际议题的设置能力不足。“一个不容讳言的事实是,在今天的全球话语氛围里,中国很大程度上仍然未能获得一个对自己有利的国际话语环境,”②还没有足够能力去争取形成对自己有利的国际议程。这极大影响了中国特色社会主义在国际上的影响力,是导致“中国特色社会主义”被污名化的重要原因之一。美国等西方发达国家在国际议题的设置上总是能够先发制人,而中国往往处于被动,不能掌握国际热点问题的主动权,这说明中国在国际议题的设置能力方面有待提高。导致这一问题的原因主要有三方面:首先是我们长期以来在议题设置方面意识较弱,没有充分认识到主动设置国际议题的重要性。其次,当前我国外宣人才培养不力,储备不足,还没有形成一支专门从事推动“中国特色社会主义”走出去的,涵盖理论研究、对外翻译、媒体宣传、党际交流的人才队伍,这就直接导致了我们对外阐述的能力相比西方而言显得相对薄弱,容易陷入“有理说不出,说了也传不开”的尴尬局面。另外,我们目前还缺乏议题设置的丰富经验,对于设置“什么样的议题”“什么时候对外发布议题”“如何提升议题的国际关注度”等问题,我

---

① 景春梅:《中国特色新型智库建设的七大难题与八项建议》,《光明日报》2015 年 10 月 21 日。

② 陈正良等:《国际话语权视阈下的中国国际议程设置能力提升研究》,《中国矿业大学学报》(社会科学版)2014 年第 3 期。

们还没有太多经验，这需要我们在实践中不断尝试、摸索和总结。

（三）话语平台效用有待发挥

新时代的中国不缺少话语平台，但是现存话语平台在提升话语权的过程中所应有的效用并没有得到充分发挥。

第一，高质量的旗舰型媒体比较缺乏。长期以来，发达国家的新闻媒体牢牢掌控着全球信息输出的领导权和话语权，其对世界话语的影响不容忽视。发达国家特别是美国通过媒体控制全球信息、传播和娱乐行业，无论是传播载体的标准化、媒介组织的产业模式，还是媒介实践中的价值观、媒介内容，发达国家特别是美国都占据主导位置，控制着发展中国家乃至全球。当发展中国家的人民持续地消费着来自发达国家的媒介产品、文化商品时，他们也在累积性地接受着隐含在这些产品和商品中的西方价值观和意识形态，而自身的传统和民族文化则会被西方文化逐渐地同化甚至销蚀，造成对人类文化多元性和丰富性的抹杀，这种现象的危害就在于它在不知不觉中制造并加深了本就不公平、不对称的国际等级关系。世界著名的facebook、twitter、Youtube三大媒体公司总部都设在美国。我国的主流媒体如新华社、中国国际电视台、《中国日报》《人民日报》《环球时报》等之所以都在这些平台注册了账号，通过这些国外媒体推送与中国有关的新闻，其中的主要原因还在于我们缺乏一批高质量、有影响力的旗舰型媒体，这对于我们提升中国特色社会主义世界话语权构成了较大的障碍。

第二，媒体的传播理念和能力有待创新改进。当前，互联网是话语权争夺的主要场域之一，然而，我国媒体在互联网领域的传播手段和传播理念还有待改善和提高。理论宣传还是大量地见诸一些传统媒体，然而这些媒体的宣传形式不够灵活，缺乏感官上的冲击力和吸引力，话语表达不给力。虽然现在许多媒体在微信这一平台上开通了公众号，但是在进行主流话语宣传的过程中未必能起到预想的结果。这主要还是其表现形式、传播技巧上存在问题导致的。要想吸引更为广泛的受众的注意，必须大力提升符合时代发展要求的传播理念和传播手段。特别是一些官方的网络媒体，对网络受众心理方面的研究不够充分，对文化传播规律认识不太清晰，在资源传输速度、资源使用条件、资源共享程度上还未形成一套成熟定型有效的运行机制。总之，传播手段和传播理念上的保守和相对落后在较大程度上削弱了对外宣传中国特色社会主义所原本应有的效果。

（四）话语外部环境有待改善

话语权的运作需要一个良好的外部环境。长期存在的西方话语霸权以及近年来不断加剧的“逆全球化”思潮的泛起是当前提升话语权面临的主要外部性障碍。

第一，西方话语霸权的消极影响。长期以来，西方国家习惯性地把东方塑造成一个“他者”的形象，“他者”是愚昧、落后的象征，需要先进、优越的西方来拯救。然而，当今的中国已经完成了“站起来”和“富起来”的历史任务，现在正走在“强起来”的路上。这就需要我们对“他者”进行重新界定，需要建构一个全新的全球话语体系，这自然会使既有的全球话语体系面临解构，全球话语格局中的权力场能量开始出现转移。西方国家不能接受自身话语霸权弱化的事实，依然沉浸在长期以来话语霸权的优越感之中，面对突如其来的话语权挑战，极力抹黑中国特色社会主义，以图继续维持昔日话语霸权的地位。这在一定程度上阻碍了中国特色社会主义世界话语权的提升。

第二,“逆全球化”思潮泛起。参与全球治理是提升话语权的重要途径之一。然而,“逆全球化”思潮的泛起对中国参与全球治理,在世界舞台提升中国特色社会主义影响力构成了一定程度的外部挑战。这种逆全球化的趋势势必会阻碍全球治理的健康发展。这集中表现在以下四个方面:首先,观念赤字。观念赤字主要是公平、民主、公正等观念的赤字。由于全球治理旨在解决全球共同面临的问题与挑战,所以每个参与全球治理的行为体都是全球治理的平等参与者和建设者,大国或强国绝不能凌驾于小国或弱国之上。然而实际上,全球治理的主导权一直掌握在发达国家手中,发展中国家难以获得平等的话语权。霸权式思维是当前主导全球治理的主要价值模式。其次,制度赤字。一些传统的全球治理制度或规则严重失衡,“非中性色彩十分浓重,并业已成为维护和扩大少数既得利益国家或国家集团利益的工具”。① 发达国家一直霸占着规则制定、解释和执行的权力,希望发展中国家只是事务性的参与,并不希望它们进入到结构性或制度性参与。再次,产品赤字。当前全球治理的公共性产品明显供给不足,这与逐渐增大的需求构成了冲突和矛盾,很多国家都希望享受公共产品带来的利益或好处,却都不希望承担提供公共产品的高额成本,这导致了全球治理过程中公共产品供给的稀缺。最后是责任赤字。“发达国家享受了全球治理的主要权利,但受西方个体本位主义以及近来民粹主义思潮的影响,在责任面前尽力推脱。而发展中国家仍无法获得与自身实力相适应的话语权。”②其中,权利与责任往往是不对等的,甚至是极不对等的。可见,中国在通过参与全球治理,提升中国特色社会主义世界话语权的过程中遇到的困难是多方面的,也是必须着力加以应对的。

三、提升中国特色社会主义世界话语权的战略出路

在新时代的大背景下,实事求是地看待话语权面临的挑战和问题,中国共产党必须展望未来、抓住机遇、谋划对策。

(一)强化话语主体,提升政党形象

话语主体的形象直接影响到话语权力的强弱。中国特色社会主义世界话语权的话语主体是中国共产党,因此中国共产党必须率先垂范、以身作则,在国际舞台树立起令人信服的政党形象。

第一,加强党的长期执政能力建设,为提升话语权打牢民心基础。在国际舞台上,要把中国特色社会主义讲清楚、讲明白,以赢得国际社会的广泛认可,从而提升中国特色社会主义的辐射力和影响力;在国内,我们党要着力提高执政能力和执政本领,有效把中国特色社会主义所倡导的美好目标转变成人民群众能切身感受到的美好生活,以增强中国特色社会主义的凝聚力和向心力。中国共产党要形成自觉增强执政能力建设的意识,积极主动增强执政本领,不断加强长期执政的八大本领建设。提升执政能力是一项长期复杂的工程,只有起点没有终点,必须一以贯之坚持下去,必须保持长期作战的准备。为此,我们党一定要牢记初心和使命,始终坚定公仆意识,坚持为人民执好政、掌好权,

---

① 张宇燕:《全球治理的中国视角》,《世界经济与政治》2016 年第 9 期。

② 徐秀军:《逆全球化思潮下中国全球治理观的对外传播》,《对外传播》2017 年第 3 期。

切实增强执政能力建设。

第二，夺取反腐败斗争压倒性胜利，为提升话语权提供政治保障。党风廉政建设和反腐败斗争是一项长期、复杂、艰巨的政治任务，要想“强化不敢腐的震慑，扎牢不能腐的笼子，增强不想腐的自觉”，①必须坚持思想建党和制度治党相统一，既要解决思想问题，也要解决制度问题，把坚定理想信念作为根本任务，把制度建设贯穿到党的各项建设之中，实现全社会的海晏河清、朗朗乾坤，从而为提升话语权提供坚强的政治保障。正如习近平所言：“我们坚定不移反对腐败，使我们占据了国际道义制高点。”②“廉洁执政既要靠制度也要靠人，两者不存在因果关系或哪个先哪个后的先后排序考量。再好的反腐制度也要靠正直廉洁的人来执行”。③ 思想建党的关键是依靠理想信念的坚定和自信，筑牢拒腐防变的思想堤坝。制度建党的关键是“使制度成为硬约束而不是橡皮筋”，④成为“带电的高压线”。真正营造不敢腐、不能腐和不想腐的体制机制和政治氛围。

（二）优化话语内容，提升话语质量

话语质量的高低直接影响到话语权力的强弱。加强智库建设、提升议程设置能力是优化话语内容、提升话语质量的主要因素。重视这两方面的建设和发展，有利于中国特色社会主义世界话语权的提质增效。

第一，加强智库建设，为提升话语权汇聚智力资源。首先，中国特色的智库建设必须要有一个长远且宏观的规划。这就需要有关部门统筹谋划，构建、提升和完善中国智库的整体质量。其次，还需要充分发挥各种不同服务类型智库的各自优势，优化整合，实现各种不同类型智库之间的资源共享与交流合作。再次，要积极推动中国智库走出去。国内高端智库应进一步拓展国际视野，积极设立智库国外分支机构，加强与国外高端智库的密切联系。最后，必须保证智库建设经费来源的正当性以及规范智库人才职业操守等问题，从而实现提高智库质量、扩大智库规模的目的。另外，要高度重视、积极建立“旋转门”机制，培养高端智库人才。国外在智库“旋转门”机制的实施方面已经非常普遍且运作成熟，而中国的“旋转门”机制可谓是打开了半扇门。人才流动要打破体制界限，让人才能够在政府、企业、智库间实现有序顺畅流动。只有这样才能建设一支具有中国特色的、能够提供长期性、战略性思想产品的高端智库联盟队伍，最终实现建设具有较大国际影响力和竞争力的高端智库的宏伟目标，真正形成具有中国特色的智库体系。

第二，提高议程设置能力，为提升话语权提供议题支撑。过去我们总是被动反驳，随着世界形势的发展，我们也要学会在国际事务中主动设置议题，主动阐述自己的观点，用具有中国特色的话语影响别人，产生吸引力和感召力。随着我国综合国力的不断提升，一方面，国际社会迫切期望了解中国特色社会主义成功的秘诀，了解中国共产党是如何形成中国特色社会主义道路、理论、制度和文化的；另一方面，国际社会对中国特色社会主义还存在一些疑虑、困

① 习近平：《在中国共产党第十九次全国代表大会上的报告》，人民出版社 2017 年版，第 67 页。

② 习近平：《在第十八届中央纪律检查委员会第六次全体会议上的讲话》，《人民日报》2016 年 5 月 3 日。

③ 于运全主编：《中国共产党国际形象研究》，外文出版社 2014 年版，第 88 页。

④ 习近平：《在党的群众路线教育实践活动总结大会上的讲话》，《人民日报》2014 年 10 月 9 日。

惑甚至误解。这都需要我们积极主动参与国际议题的设置、研究和发布，回应国际社会的关切，特别是对一些形形色色的负面议题，要增强政治敏锐性、鉴别力，及时做到正本清源，减少被表达、被动挨骂的局面，减少可能会削弱中国特色社会主义世界话语权的负面能量。坚持“以我为主、于我有利”的原则，“引导国际社会更加客观全面地认识和理解当代中国，牢牢掌握中国发展进步的阐释权、话语权。同时，以更加积极的姿态主动参与国际重大议题的讨论和研究，争取国际事务的议程设置权和话语主导权”。①

（三）搭建话语平台，传播话语声音

话语权的提升离不开话语平台的传播。依托媒体、政党等传播平台，拓展传播渠道、创新传播手段，提升传播能力，传播中国声音，全方位、多领域地介绍中国特色社会主义理论与实践，为世界更好地了解中国、纠正对中国的偏见提供丰富的场域和契机。

第一，加强媒体传播，为提升话语权拓展外宣渠道。在当今全球化、信息化、大数据、云计算多元叠加的新时代背景下，如何整合中央媒体和地方媒体的资源、整合传统媒体和新兴媒体的优势、整合不同类别媒体的功能是当前建设一支强大的旗舰式媒体的主攻方向。当前，以融媒体为主要特征的旗舰式媒体是未来新闻媒体行业发展的最主要趋势之一。推动传统媒体和新兴媒体从相加到相融，推进媒体深度融合是一项战略任务、一项系统工程。新闻媒体特别是三大主流媒体应积极主动运用融媒体这个新平台，搭建一个支撑优质内容生产的公共平台，聚拢各方资源，网罗世界各地新闻热点，集合各地方新闻资源和素材，及时监测舆情信息，实现“全媒体报道，全天候推送，全球化传播”，在国内外形成具有强大传播力、公信力、影响力的旗舰式媒体集团。另外，一支强大的旗舰式媒体除了拥有“中央厨房”这样的融媒体以外，还应该拥有涉及各种类别的、拥有多语种、向世界主要国家发行的期刊、报纸等传统业务资源，这是一个合格的旗舰式媒体所必备的条件。总之，不同层面、不同地区、不同门类的媒体应该各司其职，发挥自身优势和特长，协同推进、形成合力，“加强国际传播能力建设，增强国际话语权，集中讲好中国故事，同时优化战略布局”，②认真做好联接中外、沟通世界的工作，共同把 21 世纪中国化的马克思主义推向全世界。

第二，加强党际合作，为提升话语权营造党际平台。党际层面的交流与合作也是提升中国特色社会主义话语权的主要平台之一。“中国共产党始终以开放的心态，尊重差异性和多样性，欢迎与世界一切愿意与我党交往的政党，不管是左翼政党、中性政党还是右翼政党，只要坚持党际交往的四项原则，都愿意进行接触合作。”③中国共产党应充分利用党际交往这个平台，与其他国家共产党、社会党以及右翼政党就社会主义建设、发展中国家如何实现现代化、治国理政的经验、执政党能力建设和先进性纯洁性建设、全球治理等问题展开交流与合作，增进共识、减少分歧，互相借鉴学习，从而推动人类命运共同体的构建。

---

① 崔玉英：《增强议题设置能力 向世界讲好中国故事》，《求是》2014 年第 23 期。

② 习近平：《习近平谈治国理政》（第 2 卷），外文出版社 2017 年版，第 333 页。

③ 刘朋：《中国共产党政党外交的基本经验》，《中国社会科学报》2014 年 6 月 25 日。

(四)展示话语权力,贡献中国力量

全球治理是中国基于硬实力的基础并结合软实力的力量在世界舞台展示话语权力的一个重要的国际平台。从全球治理的视角积极推动中国特色社会主义参与全球话语体系的构建,能为全球治理朝着更加公正合理的方向发展贡献中国智慧、提供中国方案,让中国正能量话语影响世界。

第一,建立价值共识,为提升话语权建立价值前提。只有建立起一套具有广泛代表性和包容性的全球治理的价值理念,才能得到世界人民的认可和拥护。"共商共建共享"的价值理念就是中国与世界就全球治理达成的最大公约数。"中国若要在世界上真正成为有地位、受尊敬的大国,与世界的'共识'是很重要且必要的。中国必须通过与世界的价值关系来影响世界。"①"作为一个新兴大国,中国并不谋求挑战美国在全球治理中的主导地位,也不谋求在现有全球治理体系之外建立对抗性或替代性的国际机制,而是遵守现有全球规则,愿意按照自身能力,在现有体系中承担相应的大国责任。"②在参与全球治理的过程中,中国通过"共商共建共享"的理念,建立与世界的沟通和联系,致力于消除不同意识形态之间的对立状态,因此,中国是全球治理正能量的参与者、建设者、改革者,中国所提倡的全球治理理念是一种非霸权的良性的软力量。"什么样的国际秩序和全球治理体系对世界好、对世界各国人民好,要由各国人民商量,不能由一家说了算,不能由少数人说了算。"③中国在参与全球治理过程中必须积极弘扬"共商共建共享"的治理理念,尊重不同文明和文化,鼓励对话与合作,坚持具体问题具体分析,增进人类福祉与进步,充分展现开放包容的大国姿态。

第二,推动中国特色社会主义"走出去",为提升话语权贡献中国智慧。"近年来,中国在全球治理领域表现愈发抢眼,不论是倡导成立亚投行、创设金砖银行,还是主办 APEC 会议、G20 峰会等,都是中国崛起带来国际话语权上升的有力注脚。事实证明,中国不是国际秩序和规则的颠覆者、破坏者,而是建设者、完善者。"④这种建设与完善具体来看主要表现为:中国积极参与全球治理,为推动全球治理体系朝着更加公正、民主、合理、有效的方向发展提供更多物质性、制度性和观念性的公共产品;中国通过争做全球治理的建设者、改革者、完善者,从而增强利用规则、制定规则的意识和能力,为发展中国家和新兴国家争取应有的利益,进而展现中国自信。中国为全球治理贡献中国智慧、提供中国方案、探索共赢之路,这也是崛起中的中国和面向全球化的中国所应有的大国担当。提升中国特色社会主义世界话语权,其基本途径之一,就是通过自身的成功经验为世界提供解决问题的方案,为人类探索共赢发展的道路,从而提升世界对中国特色社会主义的认同度,推动中国特色社会主义"走出去"。

"一种主义,能够不断吸引世界各种势力

---

① 庞中英:《全球治理与世界秩序》,北京大学出版社 2012 年版,第 64 页。

② 张君荣:《中国参与全球治理的三大意义》,2017 年 2 月 1 日,http://ex.cssn.cn/zx/bwyc/201702/t20170201_3400786.shtml。

③ 习近平:《在庆祝中国共产党成立 95 周年大会上的讲话》,人民出版社 2016 年版,第 20 页。

④ 福建省中国特色社会主义理论体系研究中心:《中国崛起为世界发展提供更大空间》,《求是》2017 年第 6 期。

站到它的旗帜下，加入它的阵营里来，足以说明这种主义的感召力”。① 当前中国特色社会主义在“走出去”过程中不断受到来自世界各国的认可、赞许和欢迎，这足以说明中国特色社会主义强大的吸引力、凝聚力和感召力，足以说明提升中国特色社会主义世界话语权正当其时。

① 蒲国良主编：《世界社会主义运动概论》，中国人民大学出版社 2006 年版，前言第 4 页。

海外视域中的中国特色社会主义研究

【内容提要】 海外中国特色社会主义研究，作为中国特色社会主义研究的重要组成部分，总体经历了一个曲折渐进的发展过程：早在新中国成立之际，国外就展开了对社会主义新中国的研究；改革开放之后，国外试图弄清中国新的政策取向和未来走势，由此导致中国特色社会主义研究的兴起；苏东剧变之后，伴随着社会主义何去何从的问题，中国特色社会主义成为世人瞩目的焦点；进入21世纪，中国的改革开放取得举世瞩目的成就，国外关于中国特色社会主义的讨论骤然升温；2012年以来，新时代中国特色社会主义开始成为国外理论界一项不可回避的研究主题。总体看来，海外中国特色社会主义研究从多领域、多视角、多维度总结中国改革的实践经验，揭示中国成功的内在秘密，肯定中国发展的世界意义，但也提出了诸如"中国特色资本主义""中国版新自由主义""中国威胁论""中国崩溃论"等不同论调，亟待我们深入分析并做出回应。

【作者信息】 成龙，浙江大学马克思主义学院教授

【原文出处】 《国外社会科学》2019年第3期

海外中国特色社会主义研究是中国特色社会主义研究的重要组成部分。在新中国成立70周年之际，系统回顾和分析海外学者对中国特色社会主义的研究，对于我们从国际大视野更为全面地审视中国经验，总结中国理论，深入贯彻习近平新时代中国特色社会主义思想，坚定走中国特色社会主义道路，无疑具有重要借鉴意义。

一、曲折渐进而成果丰硕的研究历程

早在中华人民共和国成立前夕，毛泽东就在《新民主主义论》和《论联合政府》等文章中指

出，即将建立的新中国既不同于“欧美式”的资产阶级国家，也不同于“苏联式”的社会主义国家，而是新民主主义的国家。随着中华人民共和国的成立和社会主义建设的展开，海外专家学者围绕新中国的独特的政策体制和建设方式，对照苏联模式展开讨论。据詹姆斯·汤森(James R. Townsend)和布兰特利·沃马克(Brantly Womack)的考证，西方学者有关这一论题的研究，大多产生于20世纪50年代中期以毛泽东为代表的中国共产党人所采取的一系列独特的政策，既与苏联模式相区别，也与其他各发展中国家的模式相区别，因而在西方国家获得“中国模式”的称号。“‘中国模式’确实意味着一种‘毛泽东主义模式’。”①施图尔特·施拉姆(Stuart R. Schram)、本雅明·史华慈(Benjamin I. Schwartz)、尼克·奈特(Nick Night)等人也都做过类似的论述。

20世纪70年代末，中国做出了改革开放的伟大抉择，邓小平提出“建设有中国特色社会主义”这一论断，标志着中国正式走上开创中国特色社会主义事业的道路。国外专家学者试图弄清中国新的政策取向和未来走势，从而导致海外中国特色社会主义研究的兴起。20世纪80年代，海外掀起了此起彼伏的邓小平研究热潮，盛赞“中国的第二次革命”。费正清(John King Fairbank)、鲍大可(A. Doak Barnett)、哈里·哈丁(Harry Harding)、大卫·兰普顿(David M. Lampton)、邹谠(Tsou Tang)等人都曾发表著述，就中国从毛泽东时代向邓小平时代的重大转变发表了他们的看法。莫里斯·迈斯纳(Maurice Meisner)的《毛泽东的中国及毛泽东以后的中国》，派伊(Lucian W. Pye)的《论80年代中国的实用主义》，戴维·W.张(David Wen Chang)的《邓小平领导下的中国》，阿里夫·德里克(Arif Dirlik)的《后社会主义？有中国特色社会主义的反思》，是这一时期有影响的代表之作。

苏东剧变后，中国何去何从，社会主义何去何从，成为举世关注的热点。1992年，邓小平发表南方谈话，对社会主义本质、市场经济以及中国未来改革方向等问题进行了全面论述，在海外引起强烈反响。1993年秋季《中国季刊》发表“邓小平研究”专辑，全面描述了“邓小平时代”中国产生的巨大变化和进步。与时代特点相呼应，这一时期的海外学术著作也呈现出两种类型：一是从正面反映邓小平及中国改革的研究。如理查德·伊文思(Richard Mark Evans)、大卫·古德曼(D. S. G. Goodman)、本杰明·扬(Benjamin Yang)、罗伯特·本尼威克(Robert Benewick)都曾为邓小平作传或主编专著，全面描述中国90年代的改革；二是带有一定猜测和怀疑倾向的研究，如卡尔·林登(Carl Linden)等人主编的《俄罗斯和中国》，美国马萨诸塞科技研究所主编的《共产主义：俄罗斯、中国和东欧的教训》，摩尔·古德曼(Merle Goldman)和罗德里克·麦克法夸尔(Roderick MacFarquhar)主编的《中国后毛时期改革的困境》，等等。

进入21世纪，由于中国特色社会主义取得举世成就，海外有关“中国道路”或“中国模式”的讨论骤然升温。2001年，澳大利亚《中国杂志》第45、46期接连发表专栏文章，对新世纪中国政治的发展趋向做了专门研究。2004年5月，约舒亚·雷默(Joshua Cooper Ramo)在英国《金融周刊》提出“北京共识”概念，在国际社会引起强烈反响，拉开了大范围内讨论中国模式

① [美]詹姆斯·R.汤森、布兰特利·沃马克：《中国政治》，顾速、董方译，江苏人民出版社1994年版，第23—24页。

的序幕。2005年8月,由中央编译局主办的“中国发展道路国际学术研讨会”在天津举行,海外学者就上述问题展开热烈讨论。雷默、萨米尔·阿明(Samir Amin)、大卫·施韦卡特(David Schweickat)、德里克、托马斯·海贝勒(ThomasHeberer)、苏南达·森(Sunanda Sen)、格里高利·陈(Gregory Chen)等人都提交了颇有分量的论文。①

2008年,中国成功举办奥运会,紧接着迎来中华人民共和国成立60周年大庆。中国特色社会主义连续30年的快速发展,赢得世人更多的认同。英国著名汉学家马丁·雅克(Martin Jacques)的《当中国统治世界》,奈斯比特夫妇(John Naisbitt & Doris Naisbitt)的《中国大趋势:新社会的八大支柱》,麦克法夸尔主编的《中国政治:中华人民共和国60年》,兰普顿的《一脉相承的领导者:治理中国,从邓小平到习近平》成为这一时期具有代表性的著作。

党的十八大的召开,形成了以习近平同志为核心的党中央领导集体。海外学者认为,中国正在迎来一个“习近平时代”(“Xi Jinping Era”)。美国纽约大学终身教授熊玠(James C. Hsiung)在《习近平时代》一书中认为,中国的崛起和民族复兴将是人类在21世纪最伟大的事件之一,“习近平时代”意味着“中国的新长征”。罗斯·特里尔(Ross Terrill)在其主编的《习近平复兴中国:历史使命与大国战略》一书中认为,“习近平时代”的最大任务是完成“三大治理”,即执政党治理、国家治理、全球治理;规避“两大陷阱”,即中等收入陷阱、修昔底德陷阱。伊丽莎白·C. 伊科诺米(Elizabeth C. Economy)在《第三次革命:习近平及其新的中国政府》一书中认为,在实现民族伟大复兴的历史上,毛泽东和邓小平分别完成了中国的第一次革命和第二次革命,习近平将在毛泽东和邓小平的基础上,通过全面治理和改革,实现中国的“第三次革命”。

二、充分肯定中国成就的研究内容

纵观这些海外中国特色社会主义研究,虽然各自的知识背景、研究目的、政治立场和思维方式存在明显的差异,但其主体内容和总体倾向是积极的,充分肯定中国发展的成就。

(一)多领域多视角总结中国发展经验

绝大多数海外学者高度评价中国特色社会主义建设的成就,并且从多方面多领域总结中国发展的经验。雷默提出“三定理说”,强调创新发展、可持续发展、平等发展、自主发展的意义。奈斯比特提出“八大支柱说”,强调解放思想、发挥主体能动作用、调动人民创造性、坚持发展市场经济、积极融入全球等因素的重要意义。巴里·诺顿(Barry Naughton)提出“两个层面说”:政治上,中国经验的核心在于“一种协商的、由发展驱动的威权主义”;②经济上,相当重视各种市场力量的逐步扩张,将其视为经济加速增长的基本前提条件。戴维·W. 张等人提出“混合模式说”,认为中国特色社会主义呈现出一种“混合性”“综合性”和“四不像”的特点,是一种混合模式。③

---

① 参见俞可平主编:《中国模式与“北京共识”:超越“华盛顿共识”》,社会科学文献出版社2006年版。

② Barry Naughton, *Singularity and Replicability in China's Developmental Experience* (*Draft for discussion purposes*), China Analysis is edited by Sebastian Heilmann, 2009, pp. 3-4.

③ David Wen Chang, *China under Deng Xiaoping: Political and Economic Reform*, Macmillan Press, 1988, p. 266.

伯特尔·奥尔曼(B. Ollman)等人提出"市场社会主义说",认为"中国取得的成就是令人惊异的",中国的成功在于走了"市场社会主义"的路子,"中国证明了一种市场社会主义的形式是与广泛扩大其物质利益的充满活力的经济相适合的",这种社会主义大大优于资本主义,"在人类发展的现阶段,它既是唯一可行的社会主义形式,也是唯一合乎需要的社会主义形式"。① 罗斯·吉廷斯(Ross Gittins)指出:市场社会主义的试验曾在南斯拉夫、苏联和东欧等国做过试验,但最终归于失败,现在仅剩下了中国,唯有中国能够将市场社会主义的试验进行到底,并且取得成功。②

(二)高度评价马克思主义在中国的创新发展

海外学者认为,马克思主义与中国的实际相结合是中国共产党人在延安时期形成的传统,正是这一传统的延续,丰富和发展了科学社会主义的基本原理。迈斯纳指出,相对于传统教条主义的社会主义而言,中国特色社会主义是"更加正统的马列主义理论"。③ 马克·布莱彻(Marc Blecher)指出:中国的许多试验都是大胆的创新,"中国模式不是一个,而是有几个","在社会主义这面大旗下,有多少东西可以兼收并蓄,在一国的具体条件下,从社会主义的一般原理中可以引出一些什么结论,在这两方面中国都积累了宝贵的经验"。④ 美国经济学家大卫·科茨(David M. Kotz)、印度经济学家阿嘎瓦拉(Ramgopal Agarwala)、法国汉学家魏柳南(Lionel Vairon)等人都以不同的方式强调,在20世纪80年代,正是邓小平断然拒绝"华盛顿教义",中国才避免了灾难性后果。英国经济学家彼得·诺兰(Peter Nolan)认为,中国在传统社会主义与资本主义之外,发现了自己的"第三条道路"。这是一种完整的哲学,也是一种"没有选择的选择","不仅为自己的生存可能提供了一座灯塔,而且为自由市场原教旨主义冲动提供了一种替代选择"。⑤ 罗斯·加诺特(Ross Garnaut)认为,中国发展经验的显著特点是非凡的制度创新。中国的发展模式恰似一个"四不像"状态。在经济上,它是一个"半计划、半市场的混合体;非社会主义、非资本主义"。在政治上,它是"一种协商的、由发展驱动的威权主义"。⑥ 德里克提出"后社会主义论",他认为"'后社会主义'并不表示社会主义的结束,恰恰相反,它提高了'在社会主义危机期间以新的、更具有创造性的方式反思社会主义的可能性……由于摆脱了对……一个不可阻挡的未来……的迷信,就可以用一种新的方式来构想

---

① [美]伯特尔·奥尔曼:《市场社会主义:社会主义者之间的争论》,段忠桥译,新华出版社2000年版,第6页。

② [澳]罗斯·吉廷斯:《中国独自进行市场社会主义试验》,《悉尼先驱晨报》1992年7月4日。

③ Maurice Meisner, *Mao's China and after: a History of the People's Republic*, the Fress, a Division of Macmillan, Inc., New York, 1985, p. 466、467.

④ [美]马克·布莱彻:《中国开辟了一条新的社会主义道路》,齐欣等编译:《世界著名政治家、学者论邓小平》,上海人民出版社1999年版,第342—343页。

⑤ Peter Nolan, China at the Crossroads, *Journal of Chinese Economic and Business Studies* No. 1, 2005.

⑥ Ross Garnaut, *Thirty Years of Chinese Reform and Economic Growth: Challenges and how it has Changed World Development*, See *Seeking Changes: the Political Development in Contemporary China*, Central Compilation & Translation Press, 2011, p. 173.

社会主义'"。①

（三）充分肯定中国发展的世界意义

随着中国改革的深入和综合国力的增强，中国的发展无疑成为影响和塑造世界的重要力量。绝大多数的海外学者充分肯定中国崛起对世界和平发展的意义。早在1997年，亨利·基辛格(Henny Kissinger)就指出：尽管中国的经济增长确实惊人，但就军事领域而言，中美实力之悬殊不可同日而语。中国不是一具支配亚洲的军事大国。我们的军费占国内生产总值的3.5%，中国的防务开支充其量只有我们的1/10。② 针对美国"接触＋遏制"的对华战略，新加坡《海峡时报》发表文章指出："中国并非奉行扩张主义的大国，没有必要对它进行'遏制'"，"采取一种把是否同中国对峙作为战略选择的遏制政策是不合时宜的"。③ 拉兹鲁·伊斯拉姆(Nazrul Islam)指出："中国的崛起正震荡着整个世界。中国已经成为世界工厂，几乎全球每个角落都有中国提供的廉价商品。……世界战略平衡随中国崛起而改变"。④ 龙安志(Laurence J. Brahm)认为，"中国的做法有两个可供大家'打包带走'的'重点'：第一，没有一个模式是普遍适用的；第二，基于意识形态的经济学是不切实际的。中国政府让市场有序发展。市场失灵的时候，政府再把它拉回来。如果财政措施、税收和利率都不管用，那么政府就会果断采用行政手段，规定费用和配额。它们并不在意你怎么看，只要做法奏效就行。……巴西、俄罗斯、印度、南非(金砖国家)和77国集团(G77)很重视中国的做法"。⑤ 马丁·雅克指出：崛起的中国将为世界提供完全不同于当今资本主义的价值，"中国的国家模式注定要在全球范围内尤其是发展中世界发挥强大影响力，由此也将改变未来经济分歧的相关条款。可以想象，次贷危机中盎格鲁-美国模式的崩溃，将使中国模式用于更多的国家"。⑥

（四）乐观展望中国未来前景

海外学者认为，中国实现可持续发展具有多方面的优势和条件。W.约翰·霍夫曼(W. John Hoffmann)指出：自80年代早期改革以来，已经产生了好多版本的"中国崩溃论"，中国却从来没有崩溃。在问题面前，中国领导人表现出了机敏、实用、耐心和对新观念的开放等素质和作风，中国的适应能力和影响变化能力是无法估量的。⑦ 熊玠认为，中国时代正在来临，在未来的国际秩序中，中国不会延续令其厌恶的两种治理模式，一是西方"帝国主义"的模式，一是斯大林式的大国沙文主义模式。中国会更多地关注国际正义。中国反对西方的"社会达尔文主义"，它曾为统治世界是"白人的责任"提

---

① Arif Dirlik, *Post-Socialism Revisited: Reflections on 'Socialism with Chinese Characteristics', Its Past, Present and Future*, See *Seeking Changes: The Political Development in Contemporary China*, Central Compilation & Translation Press, 2011, pp. 189 - 190.

② Henry Kissinger, Let's Cooperate With China, *The Washington Post*, July 6, 1997.

③ 《微妙的平衡之举》，新加坡《海峡时报》2005年3月25日。

④ Edited by Nazrul Islam, *Resurgent China: Issues for the Future*, Palgrave Macmillan, 2009, p. 1.

⑤ Laurence J. Brahm, *Fusion Economics: How Pragmatism is Changing the World*, Palgrave, 2014, pp. 17 - 18.

⑥ Martin Jacques, *When China Rules the World: the Rise of the Middle Kingdom and the End of the Western World*, Penguin Books, 2009, p. 185.

⑦ W. John Hoffmann, *China Into the Future: Making Sense of the World's Most Dynamic Economy*, John Wiley & Sons (Asia)Ptc. Ltd. ,2008, pp. 10 - 11.

供了合理依据。不仅如此，中国也不造成苏联的“无产阶级国际主义”，因为这意味着在苏联的全盛时代，其有权凌驾于所有联邦国家之上。“公正”应该包括社会正义和对世界欠发达国家表示同情。[①] 美国地缘政治学家威廉·恩道尔(Frederick William Engdahl)通过与中国学生、教授、工人和农民的大量讨论，认为大多数中国人都肩负着使命感，他们坚信中国会成为创造历史的大国。“过去60年，甚至过去2500年的历史告诉我们：在优秀国家领导人的卓越远见指引下，中华民族定能创造辉煌。”[②]英国汉学家马丁·雅克认为，与历史上一些大国崛起时的情况相比，中国具有多方面的优势条件，包括人口优势、劳动力规模、规模效应、中国对世界其他地区产生的影响，等等，中国的崛起是不可避免的。[③]

三、富有学术含量的研究方法

海外那些从事研究中国特色社会主义研究的专家学者虽然来自各个不同的国家，主客观条件各不相同，但他们的研究总体倾向是严肃和理性的，富有学术含量和学理分析。

（一）主题跟踪与规律探讨相结合

这些专家学者通常都会紧扣中国政治形势的发展，因时代主题的转变而迅速转变自己的研究主题，从来不会将自己的研究固定在某一个点上。毛泽东时代的最初探索、邓小平时代的全面改革、江泽民时代的深入推进、胡锦涛时代的丰富发展，习近平时代的创新完善，先后都成为他们的研究主题。另一方面，海外学者也特别注重透过纷繁复杂的现象发现背后的结构性和规律性联系。迈斯纳的《马克思主义、毛泽东主义与乌托邦主义》，沃马克的《历史和意志》，派伊的《论80年代中国的实用主义》，戴维·W.张的《邓小平领导下的中国》，麦克法夸尔的《文化大革命的起源》(三卷本)，都反映了海外学者试图发现中国发展规律的研究倾向。

（二）文献研究与实际考查相结合

从海外国特色社会主义研究的队伍来看，其学术背景是相当复杂的，他们对中国特色社会主义的研究，一般从文献研究入手。美国学者施拉姆、加拿大学者陈志让(Jerome Chen)、日本学者竹内实(Takeuchimi)皆因编辑毛泽东的文献而蜚声国内外，傅高义(Ezra Feivel Vogel)为完成《邓小平时代》，除阅读《邓小平年谱》和《邓小平文选》，还查阅了中外与邓小平相关的所有文献和档案。不仅如此，这些专家学者还不局限于文本，在有条件的时候，总是尽力到中国进行实际考查，以致成为真正的“中国通”。雷默曾在《不可思议的年代》一书交代，“他一半时间在中国，一半时间在美国”。兰普顿在《一脉相承的领导者：治理中国，从邓小平到习近平》一书的“导论”讲，为完成此书，他曾与中国领导人进行过558次交谈。其他学者如德里克、傅士卓(Joseph Fewsmith)、罗德明、季塔连柯(Mikhail Leontievich Titarenko)等，也都与中国政治界、知识界有着广泛交流，以自己的切身感受直陈己见。

---

① [美]熊玠：《大国复兴：中国道路为什么如此成功》，李芳译，湖北教育出版社2016年版，第224页。

② [美]威廉·恩道尔：《目标中国：华盛顿的“屠龙”战略》，戴健、顾秀林、朱宪超译，中国民主法制出版社2013年版，第211页。

③ Martin Jacques, *When China Rules the World: the End of the Western World and the Birth of a New Global Order*, Penguin Books, 2009, pp. 185 - 187.

（三）中国传统分析与社会主义传统分析相结合

一方面，海外学者大都强调，中国是一个文明型国家，中国文化传统对当代中国普通群众和领导者的价值理念、治理方式、政策选择等都产生了相当重要的影响，应从中国自身的历史和传统理解中国特色社会主义。戴维·W.张就指出：中国特色社会主义的构想，"它的由来是至少 3000 年的中国政治传统"。① 杰柳辛(Delukhin)认为，邓小平关于共同富裕和避免两极分化思想是完全符合中国传统思想观念的。② 魏柳南指出：儒家传统在"文革"后的中国重新找回了核心位置，中国看起来正在向某种社会类型前进，我们可以大胆地称这种社会类型为"儒家社会主义"。③ 另一方面，海外学者强调马克思主义思想和社会主义运动对中国特色社会主义的影响。洛丽塔·纳波利奥尼(Loretta Napoleoni)通过对 20 世纪全球改革的比较，认为中国的成功说明亚当·斯密打不赢马克思，"中国模式成为最大赢家"。熊玠从中国现代化视角，高度评价中国共产党人，"以毛泽东为代表的中国共产党人，带领中国人民实现了国家独立，建立起了新中国，从此，中国人民的命运就掌握在了自己手里；以邓小平为代表的中国共产党人带领中国走上了改革的道路，而他们所开辟的中国特色社会主义道路让中国重返世界舞台中央；现在，实现国家复兴的任务落在了以习近平为代表的新一任中国领导班子上，中国前所未有的接近了实现国家伟大复兴的梦想"。④

四、值得思考回应的若干问题

尽管绝大多数海外专家学者中对中国特色社会主义抱有一张理解和认同的态度，并且积极评价中国发展的成就和贡献，但其中也不乏各种形式的曲解和偏见，并且提出了一些比较尖锐的问题，亟待我们深入分析并做出回应。

（一）中国特色"特在何处"？

海外有学者认为，当下中国正处在重要的转型时期，面临诸多挑战，认为中国特色社会主义并不具有独特性，只不过是各种模式和体制在当今中国的混合或杂合。其实，中国特色社会主义的"特色"是十分明显的。第一，从价值取向看，在中国，资本和权力服从于人民利益，人民不仅是中国特色社会主义的建设者、依靠者，而且是资本的占有者、使用者，是国家制度的制定者、监督者，是利益的分享者。这与以资本为主体的美国模式和以国家为主体的苏联模式相区别。第二，从经济特征来看，坚持公有制为主体与多种所有制经济共同发展，国家调控作用和市场决定作用相结合，提高效率同促进社会公平相结合，坚持独立自主同参与经济全球化相结合，这在西方教科书上基本是空白，在社会主义发展史上也是独一无二的。第三，从政治制度看，坚持中国共产党领导，不搞多党制，不搞"三权分立"，坚持人民代表大会"一院

① David Wen-Wei Chang, *China under Deng Xiaoping: Political and Economic Reform*, Macmillan Press, 1988, p. 64.

② ［俄］杰柳辛：《革命家、毛泽东主义者、改革家》，齐欣等编译：《世界著名政治家、学者论邓小平》，上海人民出版社 1999 年版，第 63 页。

③ ［法］魏柳南：《中国的威胁?》，人民日报出版社 2009 年版，第 24 页。

④ James C. Hsiung, *The Xi Jinping Era: His Comprehensive Strategy toward of China Dream*, Beijing times Chinese book co., LTD. Press, 2015, p. 10.

制”，坚持中国特色的政治协商制度、民族区域自治制度、基层群众自治制度，这不仅与英美国家资本主义相区别，也与当今其他社会主义相区别。第四，从文化基础看，既坚持马克思主义的主导地位，又弘扬中国优秀传统文化和革命文化的时代价值，同时借鉴西方文明发展中的有益成果，“以马为本，以中为根，以西为用”，融合古今中外，走综合创新之路，这是中国特色社会主义的独特文化品格。第五，从发展道路看，中国特色社会主义坚持以改革和创新为动力之源，不但考虑自身发展，而且兼顾世界发展，为世界发展提供中国方案、中国智慧，与近代以来西方大国的掠夺殖民地的发展道路截然不同。第六，从历史背景看，中国特色社会主义立足于5000年文明史，170年民族振兴发展史，70年新中国不懈奋斗探索史，40年改革开放史，这是世界上任何国家所不具有的。

（二）中国成功源自“新自由主义”?

海外有一种观点认为，中国坚持社会主义只是一种表面的权宜之计，实际上早已背离马列主义而走向资本主义。尤其在苏东剧变后，海外一些人高调预测，中国将和苏东国家一样，共产主义意识形态必然崩溃。笔者认为，得出这样的结论主要有三个方面的原因：其一是把马克思主义凝固化为僵硬不变的教条，以为社会主义就是“单一的公有制＋单一的计划经济＋平均主义的分配方式＋激烈的阶级斗争”，然后把这一模式作为检验社会主义的唯一标准，并将这种标准强加于中国，由此得出中国背离马克思主义的结论。其二是否定社会主义与周围资本主义的联系。在他们看来，证券、股票、市场、民营经济都与资本主义相联系，社会主义一旦借鉴了这些具体做法，就必然成为资本主义。其三是过高估计新自由主义的能量。新自由主义极力宣扬私有化，鼓吹“市场万能论”，鼓励全球资本主义化。新自由主义在世界的推行，先后导致拉美陷阱、亚洲金融危机、俄罗斯经济社会全面休克、欧美金融危机，以致包括美国在内的资本主义各国不得不对自己的政策进行大幅度调整。中国正是因为一开始就坚决拒绝新自由主义的策略，才避免灾祸，取得了成功。把中国特色社会主义的成功等同于新自由主义的成功，这种逻辑充满了对新自由主义过度虚夸的想象。

（三）中国发展“威胁世界”?

这种观点认为，中国发展必然造成对世界的威胁，并因此采取各种手段竭力阻遏中国发展。尤其突出的是：特朗普上台后，更是将中国定位为“战略竞争对手”，毫不隐讳地指责中国是印太地区的“破坏性力量”，发动了对中国的贸易战。其实，“中国威胁论”的逻辑，不仅源自冷战思维的惯性，更源于对中国文化特质的无知，同时也充满某些人别有用心的蓄意炒作。习近平总书记在各种不同场合曾对“中国威胁论”进行了批驳，指出零和博弈、国强必霸的逻辑完全不适合于中国。首先，历史应当走出强权争霸的时代，各个国家、民族之间的相互依赖性在增加，正在成为“你中有我、我中有你”的命运共同体，任何国家都不可能离开其他国家而单独发展。其次，中华民族是一个爱好和平的民族，自古以来就奉行“国虽大，好战必亡”“四海之内皆兄弟”“协和万邦”“以和为贵”“天下太平”“天下大同”等理念，中华民族不存在霸权主义的文化基因。中华人民共和国成立后，几代中国领导人更是秉持“和平共处”原则，发展与世界各国的友好关系，无偿支援亚非拉各国的建设。再次，文明是多样性的统一，要求世界上所有的国家和民族整齐划一，只有一种生活方式、一种语言、一种音乐、一种服饰，这是不可想象的。最后，中国的发展成就是中国人民几十年不懈奋斗、流血流汗拼出来的，而不是抢别人饭碗得来的。中国在参与全球化的进程中，不仅自身受益，而且回报世界，成为世界经济发展的重要引擎。

（四）中国未来“必然崩溃”？

海外有极少数人一直不看好中国发展，借中国发展中存在的某些问题，一再预言“中国必然崩溃”。毋庸讳言，当下中国的确存在一系列有待解决的问题，但中国不会因此而崩溃。这是因为中国共产党人不仅对中国发展中存在的问题具有十分清醒的认识，而且着力推进体制改革和制度建设，为解决这些问题提供了有力保障。首先，党的十九大提出习近平新时代中国特色社会主义思想，对发展的总目标、总任务、总布局、总战略，以及发展方向、发展方式、发展动力、战略步骤、外部条件、政治保证等基本问题都做了明确的规划，为中国未来发展提供了重要理论保障。其次，党的十八大以来，中国共产党全面从严治党，严厉整治“四风”，坚决反对特权，反腐成效显著，已形成压倒性态势，把实现国家治理体系和治理能力现代化作为全面深化改革的总目标，为中国未来发展提供了坚强政治保障。再次，根据新时代我国社会主要矛盾的转变，把满足人民对美好生活的需求作为发展的根本目的，发展方式从“要素驱动”向“创新驱动”转变，发展质量在不断提升，资源环境压力得到缓解，为中国未来发展提供了坚实经济保障。最后，针对意识形态和文化建设存在的问题，就如何坚定马克思主义信念，推进哲学社会科学理论创新，真正体现中国特色、中国风格、中国气派，夯实国家文化软实力，创造人民大众需要的文化产品等都作了系统论述，为推进社会主义文化繁荣兴盛提供了重要精神保障。

海外中国共产党研究的发展动向评析

【内容提要】 海外中国共产党研究脱胎于西方汉学研究和中国研究，逐步发展成为一个以中国共产党为特定研究对象的跨学科研究领域，为探究中国共产党治国理政提供了一种重要的异域视角。当前，海外学者比较关注党的十八以来中国共产党的高压反腐及其内在逻辑、意识形态建设与文化软实力、基层党建与社会治理以及中国特色社会主义新时代等议题，呈现出研究主体日益多元化、研究议题紧跟时政热点、理论框架亟待更新等特征。总体而言，海外中国共产党研究注重比较视野、实证分析以及专题化研究，但存在着理论预设局限于“民主—威权”的政体二元论、概念使用存在过度“拉伸”现象、研究结论容易以偏概全等问题。对此，我们需要进行理性的辨析与批判性的思考。

【作者简介】 周凯，上海交通大学马克思主义学院副教授

【原文出处】 《马克思主义研究》2019 年第 3 期

随着中国发展取得举世瞩目的成就，国家综合国力的日益增强，海外学界掀起了新一轮“中国热”——国外顶尖高校、科研机构、高端智库有关中国共产党治国理政的课程设置、专题研讨、学术成果日渐增多，影响广泛。国外学者关注哪些有关中国共产党的研究议题？海外中国共产党研究有何新的发展动向？其研究范式有何值得借鉴之处？又存在哪些需要理性思考之处？本文将针对上述问题展开系统梳理和评述，以增进国内学界对海外中国共产党研究的了解与反思，在比较视野中推进构建具有中国特色、中国风格、中国气派的学术话语体系。

一、海外中国共产党研究的发展演变

海外中国共产党研究发轫于西方汉学研究及中国研究，并逐步发展成为以中国共产党为

特定研究对象的跨学科交叉研究。汉学研究是指西方对古代中国语言、文学、历史、哲学、社会等领域的系统探究，其目的是向西方世界描述推介东方古国的异域风貌和文化特质。第二次世界大战后，西方学界逐渐兴起了一股“反汉学”之风，以费正清为代表的新一代学者主张加强对近现代中国政治、经济、社会发展的深入研究，以服务于教育公众和政策制定，从而实现学术研究与现实政治之间的有机结合，并由此形成了中国研究的基本范式。

自 20 世纪 30 年代起，中国研究范式中逐渐衍生出了一个新流派——中国共产党研究。该范式主张将研究对象聚焦于作为革命党和执政党的中国共产党，围绕党的历史、党的建设、党的意识形态、党的革命实践、党的治国理政等问题展开广泛深入的专题化研究。从研究议题和研究风格上来看，海外中国共产党研究大致经历了四个发展阶段，即萌芽期（1921—1949 年）、成型期（1950—1978 年）、发展期（1979—2012 年）和迷茫期（2012 年至今）。

（一）萌芽期（1921—1949 年）

该时期西方学界尚未对中国共产党研究产生浓厚兴趣，一些驻华记者、外交官及个别学者发表了少量有关中共革命实践的报告和书籍，侧重于描述中共领导下红色政权、武装革命和工农红军的基本情况，主要从“猎奇”角度向西方读者介绍中共的产生和崛起。比较有代表性的著作有埃德加·斯诺（Edgar Snow）1937 年发表的《红星照耀中国》、费正清（John King Fairbank）的《美国与中国》（1948）和史华慈（Benjamin I. Schwartz）的《中国的共产主义与毛泽东的崛起》（1951）等。

（二）成型期（1950—1978 年）

中华人民共和国成立后，海外学界不得不对一系列有关中国共产党革命及其政权建设的问题进行回应：为何中国共产党能够胜出？其如何巩固新生政权？如何开展社会主义建设？与其他社会主义国家相比有何显著特征？这些问题吸引了大批西方学者转向中国共产党研究，研究风格也从描述性介绍转为分析性解释，基本奠定了以中共作为切入点的研究视角和理论范式，并产生了一系列影响深远的学术力作，如鲍大可（A. Doak Barnett）的《共产党中国的干部、官僚政治与政权》、裴宜理（Elizabeth J. Perry）的《无产者的力量：“文革”中的上海》、马若德（Roderick Macfarquhar）的《文化大革命的起源》等。

（三）发展期（1979—2012 年）

改革开放以来，海外中国共产党研究得到迅猛发展，具体表现在如下两点：第一，研究内容日益丰富，涵盖了诸如中共执政合法性、政党建设与体制改革、社会维稳与基层治理、党内民主与政治协商等多维度研究议题。第二，学术成果“井喷式”爆发，有关中共引领改革、应对挑战及其自身建设的科研论文、学术专著、智库报告等大量涌现。[①] 客观而言，海外中国共产党研究的蓬勃发展实际是中国改革开放的副产品：一方面，中共主导的各项改革议程吸引了西方社会的强烈关注；另一方面，海外学者获得进入中国开展田野调查和学术交流的大量机

① 该时期有代表性的论著有李侃如（Ken Lieberthal）的《治理中国：从革命到改革》、吉利（Bruce Gilley）的《统治的权力：国家如何获得和失去合法性》、谢淑丽（Susan Shirk）的《中国：脆弱的超级大国》、沈大伟的《中国共产党：调整与适应》、狄忠蒲（Bruce Dickson）的《财富转化为权力：中共对私人部门的拥抱》、柏思德（KjeldErik Brodsgaard）的《回归政党：中国如何治理》，等等。

会。这两个因素叠加在一起，共同促成了海外中国共产党研究的繁荣兴盛。

（四）迷茫期（2012 年至今）

海外中国共产党研究目前进入了一个充满纷争的迷茫期。首先，“中共崩溃论”之争。2016 年，沈大伟（David Shambaugh）和狄忠蒲（Bruce Dickson）分别发表专著《中国的未来》和《独裁者的困境：中国共产党的生存策略》，声称中共如果继续目前的“硬权威”治理模式，将难以避免地迎来政体崩溃的结局。然而，郑永年、杨大力等学者持不同意见，认为现有政治体制依旧极有活力，中共的执政经验正成为一些国家执政党争相学习与参考的重要内容。① 牛津大学的许慧文（Vivienne Shue）和蓝梦琳（Patricia M. Thornton）则主张西方学者应尽快走出“中共何时崩溃”的窠臼，转向扎实推进对中共主导下政体运行的中观及微观机制研究。②

其次，研究方法论之争。西方许多新生代学者主张依据主流社会科学的理论模型和定量方法来研究中国共产党，并力求在学科专业期刊而非聚焦中国的区域性综合期刊发表研究成果。这一转向致使一些海外学者对研究方法过度“沉迷”，轻视甚至完全忽略为西方民众和政策制定者了解中国共产党提供智力支持的社会责任。正如加州大学伯克利分校中国研究中心主任欧博文（Kevin J. O'Brien）所言，“他们本质上并不在乎中国的现实深处正在发生什么，他们更喜欢的其实是对现实世界泛泛的抽象描述”。③ 因此，海外中国共产党研究当前正面临着“路在何方”的重大纷争。

综上所述，海外中国共产党研究脱胎于西方汉学研究和中国研究，盛于对中共治国理政的问题聚焦与理论关照，成为国际社会了解中国共产党的重要窗口。正如美国学者罗伯特·库恩（Robert Lawrance Kuhn）所言：“要了解中国，就必须理解中国共产党。”④虽然海外中国共产党研究当下存在着一些内部争拗，但其基本共识依然坚实如故，即理解当代中国必须聚焦于作为执政党的中共自身。

二、海外中国共产党研究的最新动向

自党的十八大以来，中国共产党采取了一系列关于治党管党和治国理政的强力举措，给执政党自身及中国社会带来了显著变化，引发了海外学者的浓厚学术兴趣和理论思考。从现有研究来看，高压反腐及其内在逻辑、意识形态建设与文化软实力、基层党建与社会治理以及中国特色社会主义新时代的政治特征等成为海外学者最为关注的学术热点。

（一）高压反腐及其内在逻辑

“苍蝇老虎一起打”的高压反腐是否会有效遏制干部腐败？海外学者针对这一问题给出了

---

① Yongnian Zheng, “Where Does the Chinese Communist Party Go From Here? Challenges and Opportunities”, *China: An International Journal*, Vol. 10, No. 2, 2012, pp. 84 - 101; Dali Yang, “China's Troubled Quest for Order: Leadership, Organization and the Contradictions of the Stability Maintenance Regime”, *Journal of Contemporary China*, Vol. 26, Iss. 103, 2017, pp. 35 - 53.

② Vivienne Shue and Patricia M. Thornton (eds.), *To Govern China: Evolving Practices of Power*, New York: Cambridge University Press, 2017, pp. 1 - 26.

③ ［美］欧博文：《与学科理论对话还是与中国研究对话》，管玥译，https://www.thepaper.cn/newsDetail_forward_1438465。

④ 转引自刘少华：《海外中共学方兴未艾》，《人民日报》（海外版）2017 年 8 月 16 日。

迥异的答案。沈大伟和裴敏欣(Minxin Pei)分别在其新近出版的专著中表达了相同观点：虽然当前中共的反腐风暴比以往任何时候都要严肃和持续,但这并不会根除腐败问题——他们认为"一党体制"、庇护主义、裙带关系、法治缺失、媒体监督缺位等造成腐败的结构性因素还依然存在,故高压反腐是治标不治本。① 马若德也指出,声势浩大的反腐运动虽然在一定程度上挽回了中共的政治声誉,但反腐也是"双刃剑",会引发党内某些既得利益者的不满和基层干部的不作为。② 与此同时,另一些学者则认为党的十八大以来的高压反腐具有实质性和决定性成效。克礼(Macabe Keliher)等学者认为高压反腐与行政体制改革以及全面从严治党是一个完整体系,不仅旨在清除干部腐败和渎职现象,更重要的是彻底改变当前的政治文化,重塑中共政治运作的新模式和干部管理的新理念。③ 彼得·劳仁特(Peter L. Lorentzen)及其合作者则通过对中纪委2012年11月—2015年9月查处的全部腐败案例的定量分析发现,与高层领导的私交也无法对贪官本人提供保护,中国共产党反腐是具有实质意义的重要举措,是遏制不断蔓延的腐败趋势和提升选贤任能治理体系(meritocratic governing)效度的必要措施。④ 英国学者凯利·布朗(Kerry Brown)进一步驳斥了海外盛行的所谓"反腐是打击异己的政治斗争"的观点,指出高压反腐的内在逻辑是中共为了巩固和实现长期执政目标而采取的必要行动,是一场旨在改变党内错误权力观念和重塑良好政治生态的自我革命。⑤

(二) 意识形态建设与文化软实力

中共的意识形态建设一直是海外学者关注的重要议题。哈佛大学肯尼迪政府学院的托尼·赛奇(Tony Saich)认为,"四个全面"是习近平治国理政思想中的核心要义,并且较之全面建成小康社会、全面深化改革、全面依法治国,全面从严治党的提出最具理论新意和战略性,反映了以习近平为领导核心的中共中央对修复执政党的政治声誉、强化党的领导的战略意图。⑥ 凯利·布朗等则指出,当前中国共产党意识形态建设的主要特点是更加主动地从价值层面构建具有社会主义精神文明气质的理念与体系(如社会主义核心价值观的提出),从而为巩固党的领导、凝聚共同理想以及实现中国特色社会主义现代化奠定思想基础。⑦《当代中

① David Shambaugh, *China's Future*, Cambridge: Polity Press, 2016, pp. 1 - 20; Minxin Pei, *China's Crony Capitalism: the Dynamics of Regime Decay*, Cambridge: Harvard University Press, 2016, pp. 49 - 77.

② Roderick Macfarquhar, "Searching for Mao in Xi Jinping's China", http://bostonreview.net/politics/roderick-macfarquhar-searching-mao-xi-jinpings-china.

③ MacabeKeliher and Hsinchao Wu, "Corruption, Anticorruption, and the Transformation of Political Culture in Contemporary China", *The Journal of Asian Studies*, Vol. 75, Iss. 1, 2016, pp. 5 - 18.

④ Xi Lu and Peter L. Lorentzen, "Rescuing Autocracy from Itself: China's Anti-Corruption Campaign", https://ssrn.com/abstract=2835841.

⑤ Kerry Brown, "The Anti-Corruption Struggle in Xi Jinping's China", *Asian Affairs*, Vol. 49, Iss. 1, 2018, pp. 1 - 10.

⑥ Tony Saich, "What Does General Secretary Xi Jinping Dream About?", https://ash.harvard.edu/files/ash/files/what_does_xi_jinping_dream_about.pdf.

⑦ Kerry Brown, et al., "Ideology in the Era of Xi Jinping", *Journal of Chinese Political Science*, Vol. 23, Iss. 3, 2018, pp. 323 - 339.

国》主编赵穗生(Suisheng Zhao)认为，当前中国共产党发起了改革开放以来最大规模的意识形态建设运动，将马克思主义、列宁主义和民族主义融为一体，目的是为了净化执政党自身和巩固其长期执政的地位，从根本上确保政治体制总体稳定和中华民族伟大复兴的顺利实现。①《亚洲研究期刊》主编华志坚(Jeffrey Wasserstrom)则对“中国梦”的内涵进行了分析：“中国梦”虽然具有多个面向，但最核心的内容是民族复兴——这并不与个人幸福产生矛盾，民族复兴和国家富强是个人幸福的有力支撑。②

同时，党的十八大以来中国共产党所高度重视的文化软实力问题也颇受关注。哈佛燕京学社社长裴宜理在2014年出版的新著《安源：发掘中国革命之传统》中，围绕安源罢工这一个案，考察了中共“文化治理”(culture governance)的政治传统，认为唯有充分认识中共文化动员的政治基因，才能更好地理解中共在意识形态建设中独有的比较优势和特殊之处。美国著名政治学家约瑟夫·奈(Joseph S. Nye)也分析了中国共产党当前的“软实力”建构——通过遍及全球的孔子学院和媒体“走出去”战略，中国共产党巧妙地向全世界讲述中国故事、传递中国声音，并逐渐在世界范围内取得了一定的文化影响力和感召力。③ 加拿大学者贝淡宁(Daniel A. Bell)则分析了中共“天下为公，选贤与能”的人才观，指出选贤任能是融合了传统儒家文化和现代国家治理的一种更适合中国政治文化的制度安排。④

(三) 基层党建与社会治理

随着“党领导一切”的不断强化，党在不同领域中的组织覆盖和工作覆盖(“双覆盖”)以及在社会治理中主导角色的重要性日渐凸显。狄忠蒲认为中共在“两新”组织(新社会组织和新经济组织)中推进党建工作是“列宁式政党”的内在要求——中国共产党通过主动地在这些新兴领域中建立组织和发展党员，可以拓展执政党的组织基础并更好地监管和服务这些经济社会最活跃的“细胞”。⑤ 蓝梦林则指出，在“两新”组织中建立基层党组织，既是党的领导在体制外的一种生动体现，又能够增强执政党在“两新”组织中的存在感和认同感。此外，这些处于新兴领域的基层党组织在参与各类公共服务过程中，还有助于改善执政党的政治形象，赢得更多社会认可和民意支持。⑥ 从基层社会治理的角度来看，古大牛(Daniel Koss)认为中国政治体制的力量之源在于中国共产党的执政能力，而其执政之基则是扎根于各行各业的基层党组织和数以千万的中共党员——通过无数的基层组织和普通党员，中国共产党得以有效贯彻

① Suisheng Zhao, “Xi Jinping's Maoist Revival”, *Journal of Democracy*, Vol. 27, No. 3, 2016, pp. 83 - 97.

② Jeffrey Wasserstrom, “Here's Why Xi Jinping's ‘Chinese Dream’ Differs Radically from the American Dream”, *Time Magazine*, October 19, 2015.

③ Joseph Nye, “How Sharp Power Threatens Soft Power”, *Foreign Affairs*, January 24, 2018.

④ Daniel A. Bell, *The China Model: Political Meritocracy and the Limits of Democracy*, Princeton: Princeton University Press, 2015, pp. 179 - 198.

⑤ Tony Saich, “Negotiating the State: The Development of Social Organizations in China”, *The China Quarterly*, Vol. 161, 2000, pp. 124 - 141.

⑥ Patricia M. Thornton, “The New Life of the Party: Party-Building and Social Engineering in Greater Shanghai”, *The China Journal*, No. 68, 2012, pp. 58 - 78.

政治决议、落实重大政策、引领社会治理。① 芮杰明(Benjamin L. Read)进一步指出由执政党创制的基层行政单位(如居委会、村委会),是连结国家与社会的重要桥梁,并且通过多种柔性方式(如社区服务、邻里互助、矛盾调解等)广泛接触和团结民众,有效增强了中国共产党对基层社会的管治能力。②

(四) 中国特色社会主义新时代的政治特征

随着中国特色社会主义进入新时代,海外学界也愈加聚焦这一重大变化及其政治特征。首先,许多学者将新时代直接称之为“习近平时代”。例如,新加坡国立大学的郑永年最早提出关于“习近平时代”的理论思考,“毛是一个时代,邓是一个时代……从习的时代开始,中国重启了一个新的改革范式,和以往有很大不同……”③郑永年认为,从执政理念来看,“习近平时代”强调集权推动改革、强力反腐、顶层设计这三大要素,且三者相互关联、互相支撑。美国纽约大学政治系终身教授熊玠(Jie Xiong)在2015年出版的《习近平时代》一书中指出,习近平时代面临着三个至关重要的课题:经济上如何摆脱中等收入国家陷阱而顺利晋级富国行列;政治上如何实现国家治理体系现代化,使中国成为公平正义和民主法治的典范国家;文化上如何激发中华民族的创造精神,使中国精神照亮人类进步的航程。④ 其次,新时代的政治特征引发海外学者热议。波士顿大学教授傅士卓(Joseph Fewsmith)认为,新时代与邓小平时代的重要区别在于党的角色——改革开放之初,邓小平提出要解决党政不分、以党代政的问题,并不断推进党政分开的体制改革,而党的十八大以来针对党的领导弱化的突出问题,以习近平为领导核心的中共中央更加强调“党领导一切”。换言之,党的核心领导地位被不断巩固和强化,党的领导在社会各个层面予以进一步重申和全面体现。⑤ 从领导风格而言,马若德将中共领导人划分为两种基本类型:董事长型和首席执行官型。董事长型领导风格注重方向性、全局性和战略性的顶层设计,而首席执行官型领导风格表现在对现有大政方针的坚决贯彻和狠抓落实。他认为,党的十八大以来中共中央总书记习近平在治国理政中体现出了兼具上述两种类型的新领导风格,即一手紧抓顶层设计和整体规划,一手狠抓贯彻执行和任务落实。⑥ 此外,从领导体制来看,布鲁金斯学会约翰·桑顿中国中心主任李成(Cheng Li)认为,新时代绝非某些西方学者所描述的是集体领导的终结和个人权威的回归,而是在维护党内团结、保持国内稳定以及营造良好国际环境的同时,积极对集体领导体制进行新一轮的动态调整和创新实践,试图在权力集中与权力分享之

---

① Daniel Koss, *Where the Party Rules: The Rank and File of China's Communist State*, Cambridge: Cambridge University Press, 2018, pp. 3 - 34.

② Benjamin L. Read, *Roots of the State: Neighborhood Organization and Social Networks in Beijing and Taipei*, Stanford: Stanford University Press, 2012, pp. 257 - 293.

③ 郑永年:《习式反腐意在反寡头建立新政治生态》, http://ucwap.ifeng.com/news/news?aid=93774171&mid=&p=1。

④ [美]熊玠:《习近平时代》,新北市人类智库数位科技2015年版,第70页。

⑤ Joseph Fewsmith, “The 19th Party Congress: Ringing in Xi Jinping's New Age”, *China Leadership Monitor*, Iss. 55, 2018, pp. 1 - 22.

⑥ Roderick MacFarquhar, “Leadership Styles at the Party Centre: From Mao Zedong to Xi Jinping”, *China's Core Executive*, No. 1, 2016, pp. 14 - 17.

间寻求一种新的重塑与平衡。①

总之,海外学者对党的十八大以来中国共产党治国理政的战略思维和行动策略高度关注,并从多个维度进行了深入分析与理论研究。从上述最新的发展动向来看,当前海外中国共产党研究呈现如下三个基本特点:

其一,研究主体日益多元化。与汉学研究和中国研究不同,海外中国共产党研究已经走出"象牙塔",进一步拓展到政界、军界、商界等领域,成为各类国际组织、高端智库、咨询公司的重要研究对象。例如,世界银行、美国兰德公司、英国国际战略研究所、德国柏林墨卡托中国研究中心等非营利性组织,以及麦肯锡公司、荣鼎咨询集团等营利性商业机构均设有专职科研人员或研究团队,对当前中国共产党治国理政的新理念新思想新战略进行系统研究,尤其是对党的十八大以来中共的重要文献、习近平新时代中国特色社会主义思想等开展深入分析,以便积极研判与预测中国共产党执政的战略方向与发展趋势。总体而言,这些新兴研究主体丰富了海外中国共产党研究的维度和视角,突破了传统学院派研究过于注重理论阐释和理论建构而忽视对策性思考的弊端,强化了对现实重大问题的预测性研究。海外学者已不仅仅满足于对某一议题"是什么""为什么"的理论追问,而是更注重对"怎么办""如何做"等策略层面的深度探讨。概言之,海外中国共产党研究不再停留于单纯地对中国共产党的理论与实践进行理论解读与学理分析,而愈加强调从实用性角度为母国国家利益、国际政治经济格局或商业资本盈利展开战略分析与对策研判。

其二,研究议题紧跟时政热点。当前越来越多的海外学者拥有在中国学习工作的经历,对中国共产党治国理政中的新提法新举措新变化敏锐度较高,更加热衷于追逐时政热点议题和拓展新的研究领域。从研究议题变化来看,除少数学者依旧"执着"于执政合法性、政党体制、基层维稳等老生常谈的话题外,许多西方学者紧盯党的十八大以来中共中央提出的诸多新理念新思想新战略。从研究侧重点来看,全面从严治党、国家治理体系现代化、经济新常态、精准扶贫、文化软实力、中国特色大国外交、生态治理等问题,日渐引发海外学者的强烈学术关注。虽然针对这些热点议题的研究或多或少存在"跟风"之嫌,但对推动海外中国共产党研究的议题多样化和提升其研究时效性具有重要意义。此外,从研究方向选择来看,近年来一些西方中国共产党问题专家对其研究方向进行了重大调整。例如,以研究中国共产党的组织建设和思想建设而闻名学界的沈大伟,将自己的研究方向转向中美两国在东南亚地区的博弈策略研究。② 无独有偶,以研究中国共产党基层政权维稳机制而著称的加州大学洛杉矶分校的李静君(Ching Kwan Lee)则转向了中国国有企业在非洲投资遇到的劳资纠纷问题研究。③ 诸如此类的个人研究大幅度转向绝非个案,海外中国共产党研究正呈现出焦点议题更新快、学者跟进速度快的总体特征。

---

① Cheng Li, *Chinese Politics in the Xi Jinping Era: Reassessing Collective Leadership*, Washington, D. C.: Brookings Institution Press, 2016, pp. 7 - 40.

② David Shambaugh, "US-China Rivalry in Southeast Asia: Power Shift or Competitive Coexistence?", *International Security*, Vol. 42, Iss. 4, 2018, pp. 85 - 127.

③ Ching Kwan Lee, *The Specter of Global China: Politics, Labor, and Foreign Investment in Africa*, Chicago: University of Chicago Press, 2017, pp. 1 - 30.

其三，理论框架亟待更新。海外学界关于中国共产党的研究依然停留在威权主义韧性(authoritarian resilience)的解释框架之下，缺乏概念创新和理论突破。“威权主义韧性”是由哥伦比亚大学教授黎安友(Andrew James Nathan)所提出的理论框架，意在解释中国共产党为何没有步苏共后尘，反而其执政地位不断得以巩固的现实状况。该理论框架的优点在于意识到了所谓“威权主义国家”执政党并非僵化保守，固步自封，而是能够通过权力交接制度化、选贤任能规范化、政治参与有序化等方式及时应对国内挑战与国际压力，从而实现政权巩固与延续。然而，该理论的缺点也显而易见，即“韧性”概念的外延过于宽泛，缺乏有效界定，导致越来越多的变量被吸纳到该理论框架之下——当任何因素都被视为“威权主义韧性”时，这一理论也就丧失了其精准解释力和理论生命力。例如，海外学者不约而同地将自己的研究对象，如村民选举、民主协商、“送法下乡”、“两新”组织党建、社会主义核心价值观等，归结为中国共产党领导下政体韧性的重要表现。换言之，中国共产党的任何理论发展与实践创新都被机械化、简单化地解读为旨在延续其执政地位的主动选择或被动反应，是其政党适应性和政体韧性的显性表现，而本应大胆进行概念创新和理论建构的重要契机被有意或无意地错过了。因此，当前海外中国共产党研究亟待突破“威权主义韧性”的概念束缚和“惰性”思维，勇于超越西方政体理论和民主化理论的羁绊，积极实践更加符合现实世界发展经验的理论框架创新。

三、海外中国共产党研究的启发性局限性

中国共产党研究在海外已发展成为以中国共产党为特定研究对象的跨学科交叉型研究领域，不仅为中外学界审视和思考中国共产党治国理政提供了一种重要的异域视角，也对国内学界进一步推进党史与党建研究极具启发性。需要特别强调的是，海外学者深受西方价值理念及学术规范影响，在学习与借鉴其研究成果时，须对其进行理性辨析与批判性思考。

(一) 启发性

首先，海外中国共产党研究注重比较视野。西方学者往往倾向于弱化中共的独一无二性，主张将其置于纵向历史或横向现实的比较框架之下，从中发掘中国共产党与其他政党的共通之处与比较优势。例如，在马丁·季米特洛夫(Martin K. Dimitrov)编著的《为何共产主义没有崩溃》一书中，来自欧美的12位学者将苏东剧变中垮台的苏联共产党及东欧国家共产党，与现存的五个社会主义国家(中国、古巴、越南、朝鲜、老挝)的执政党进行了细致比较，发现以中国共产党为代表的这五个共产主义政党展现了较强的制度调适性(包括经济制度的改革力度、公共政策的回应效度、政治制度的吸纳性、意识形态的弹性等)。① 此外，郑永年在其专著《组织化皇权——中国共产党的文化、再造和转型》一书中，从纵向对比角度分析了中共与国民党在组织结构与组织运行上的差异，指出虽然国共两党都受到了列宁式政党理论的影响，但中国共产党的组织建设更具穿透力，其对革命

---

① Martin K. Dimitrov (ed.), *Why Communism Did Not Collapse: Understanding Authoritarian Regime Resilience in Asia and Europe*, New York: Cambridge University Press, 2013, pp. 3-39.

理念与现实政治的"糅合"更具说服力和吸引力。① 比较视野下的学术研究其优势在于：一方面，有助于明晰中共与其他政党之间的异同，精准把握其政治特质与内在优势；另一方面，比较研究也有益于将中共这一重要案例与现有政党理论进行深入对话，以生成新的理论框架和学术命题，不断拓展政党研究的深度与广度。

其次，海外中国共产党研究注重实证分析。海外学者秉承了近代以来西方社会科学实证主义传统，在研究过程中力求摒除宏大叙事和空泛议论，而是高度重视对具体事实、过程和细节的深入探究，在收集经验材料的基础上提出理论和验证理论。由此，海外中国共产党研究呈现出丰富多元的研究方法和研究设计。例如，爱荷华大学的唐文方(Wenfang Tang)采用分层随机抽样的调查方法探讨了中国民众为何对执政党总是具有超高信任度的问题②；芮杰明采取了民族志研究方法，在中国进行了长达 16 个月的参与式观察和田野访谈，详细调研了社区居委会、居民区党支部及普通民众之间的互动关系③；麻省理工学院的蔡晓莉(Lily Tsai)通过深度访谈辅之以问卷调查的混合研究方法分析了农村社团组织与基层干部之间的亲疏关系是如何影响了当地公共设施和公共产品的供给状况④；北卡罗来纳大学的陈曦(Xi Chen)则利用地方历史文献和政府档案资料研究了中国的信访制度与底层民众的抗争行动。⑤ 此外，近年来许多青年学者也开始利用大数据挖掘技术和列举实验(list experiment)方法来研究中国共产党对网络舆情的管制策略、对社会民意的回应效度等前沿问题。⑥ 总之，海外学者注重以经验证据为支撑的研究传统值得持续关注与借鉴。

第三，海外中国共产党研究注重以问题为中心的专题研究。海外研究者往往具有不同的学科背景，如政治学、社会学、历史学、经济学、传播学、人类学等，热衷围绕某一具体问题开展跨学科的对话、商榷甚至论战，从而不断深化对原有问题的认知。例如，关于中国共产党与"文化大革命"的研究就呈现出跨学科多维度的学术思考。哈佛大学政府学系的马若德从政治精英之间意识形态与政策分歧的角度分析了"文革"的政治起源；⑦荷兰历史学家冯客(Frank

① Yongnian Zheng, *The Chinese Communist Party as Organizational Emperor: Culture, Reproduction, and Transformation*, New York: Routledge, 2010, pp. 98 - 149.

② Wenfang Tang, *Populist Authoritarianism: Chinese Political Culture and Regime Sustainability*, New York: Oxford University Press, 2016, pp. 15 - 19.

③ Benjamin L. Read, *Roots of the State: Neighborhood Organization and Social Networks in Beijing and Taipei*, Stanford: Stanford University Press, 2012, pp. 285 - 293.

④ Lily Tsai, *Accountability without Democracy: Solidary Groups and Public Goods Provision in Rural China*, Cambridge: Cambridge University Press, 2007, pp. 287 - 292.

⑤ Xi Chen, *Social Protest and Contentious Authoritarianism in China*, New York: Cambridge University Press, 2012, pp. 3 - 26.

⑥ Greg Distelhorst and YueHou, "Constituency Service Under Nondemocratic Rule: Evidence from China", *The Journal of Politics*, Vol. 79, No. 3, 2017, pp. 1024 - 1040; Tianguang Meng, et al., "Conditional Receptivity to Citizen Participation: Evidence from A Survey Experiment in China", *Comparative Political Studies*, Vol. 50, Iss. 4, 2014, pp. 399 - 433.

⑦ [美]麦克法夸尔：《文化大革命的起源》(第 2 卷)，魏海生等译，求实出版社 1990 年版，第 7—67 页。

Dikötter)则通过红卫兵和普通人的底层视角重新描绘了"文革"十年,凸显了执政党自上而下的政治动员与普通民众迥异而富有创造性的自下而上的社会回应;[①]斯坦福大学社会学系的魏昂德(Andrew G. Walder)则根据20世纪80年代以来中国内地出版的数千种县志资料,建立了"文革"时期基层社会数据库,并从社会学的角度分析和还原了"文革"十年基层政权的实际运作情况。[②] 宾夕凡尼亚大学安南堡传播学院的杨国斌(Guobin Yang)则通过研究"文革"对红卫兵这一代中国人的心理影响,探讨了中国政治激进主义的兴起。[③] 总之,针对某一问题的专题研讨已成为海外中国共产党研究的主流趋势,一些长期关注中国问题的顶级区域研究期刊,如《中国季刊》《当代中国》以及《中国学刊》等,经常围绕某一热点问题组织跨学科的专题讨论与系列研究,不断推动以问题为导向、融合多学科的交叉研究。

(二) 局限性

尽管海外中国共产党研究具有上述诸多优点,但其在理论预设、概念使用和研究结论方面依然存在明显的局限性。

首先,理论预设拘泥于民主—威权二元论。海外学界深受亨廷顿的第三波民主化理论影响,其研究出发点和理论落脚点是威权政体何时开启民主化进程,其核心议题始终纠结于中国共产党主导的政治体制何时如苏东国家共产党那样转向西式民主政党体制。针对中国共产党在改革开放进程中所展现出的卓越的政党调适性和中国经济社会的快速发展,海外学者不断追问的却是经济高速发展是否会带来政体变化?公民社会是否会挑战中共执政?新兴社会群体是否会对执政党提出政治参与新诉求?显然,海外中国共产党研究体现了西方的学术传统和政治价值观,本质上是一种西方中心论式思维。"主流的西方民主化理论在研究后发展国家的政治转型时,往往自觉或不自觉地将西方发达国家作为效仿对象,试图将西式自由主义民主作为普世模板进行推销。"[④]

当前研究基本沿袭了这一定式思维,认定中国共产党主导下的政治体制属于典型的威权政体,[⑤]即处于从极权政体向民主政体的过渡阶段,并生造出一连串概念,如韧性威权、民粹威权、抗争威权、数字威权,等等,将中国共产党所进行的多领域多层次的改革措施与制度创新定格在威权政治理论框架之下。海外学界的研究前提依然是西方民主政体才是"美好彼岸",而中国共产党研究的核心问题则是:中国共产党是否正在转型?为何没有发生转型?是否即将崩溃?自冷战结束之后,民主—威权政体二元论实际上已经在西方社会科学界逐渐失去了

---

① Frank Dikötter, *The Cultural Revolution: A People's History 1962 - 1976*, New York: Bloomsbury Publishing, 2016, pp. 183 - 322.

② Andrew G. Walder, *China under Mao: A Revolution Derailed*, Cambridge: Harvard University Press, 2015, pp. 100 - 122.

③ Guobin Yang, *The Red Guard Generation and Political Activism in China*, New York: Columbia University Press, 2016, pp. 1 - 17.

④ 上海市中国特色社会主义理论体系研究中心:《西方民主化理论存在致命缺陷》,http://www.qstheory.cn/dukan/qs/2016-06/15/m_1119023744.htm。

⑤ 西方学界一般将不同于西方自由民主制的政体称之为极权政体(totalitarian regimes)或威权政体(authoritarian regimes):极权政体是指国家完全控制社会及公民,威权政体是指介于极权政体和民主政体之间较温和的专制政体。

其理论解释力和范式主导性。一方面,政体二元论无法解释真实世界的实际发展情况,特别是"混合型政体"(hybrid regimes)的出现,以及部分国家从一种威权转向另一种威权而未发生民主转变的客观现实。另一方面,随着西方民主国家政治衰败迹象的日渐显现和中国模式的日益成型,越来越多的学者呼吁比较政治研究的理论视角应从政体转型范式向政党善治范式进行转型。

其次,概念使用存在过度"拉伸"现象。任何概念及其相关理论都是基于一定历史条件与社会背景的产物,具有明确的边界或限制性条件。当某一概念跨越时空去解释其他类似现象时,其适用性往往面临质疑与挑战。如"封建"一词原本是马克思用于描述西欧农民与封建领主之间剥削关系的概念,而当其被用于分析中国历史时,便引发极大争议——有学者指出,生硬地将自秦代以降的中国社会称之为"封建社会",其实是概念"误植",导致了"泛封建论"。① 在现实中,概念使用缺乏严谨性的情况并非个例。"由于许多概念在产生时并不是为普遍性适用所设计的(很多概念是基于特定的经验生成的),所以,既定领域的概念在进行跨领域应用时,便出现萨托利所言的'概念拉伸'(concept stretching)问题。"②

海外中国共产党研究也存在概念使用过于泛化和随意的问题。例如,有些西方学者经常使用"autocracy"(专制)和"dictatorship"(独裁)这两个术语描述中国共产党的长期执政。然而,这两个概念所要强调的均是个人掌握绝对权力的政治体制,如法国路易十四的君主专制、德国希特勒的法西斯独裁、智利皮诺切特的军事独裁等。显然,中国共产党所实行的集体领导制与上述个人独裁专制案例具有本质差别,不加区分地简单套用无疑是一种概念误用。此外,海外学界习惯性地将中国共产党执政称为"一党制",似乎暗示中国共产党是中国的唯一政党,有意无意地忽视了八个民主党派参政议政、民主协商、共襄国是的制度安排。因而,这种表述也相当随意,缺乏严谨性、客观性和精准性。概言之,"社会科学中的很多概念和理论是根据西方的情况发展起来的,而各学科也假定这些概念和理论同样适用于中国这样的地方"。③ 然而,当这些西方社会孕育的概念"旅行"到非西方社会中时,其外延覆盖面的扩展必然导致内涵精确性的丧失,从而难以真正捕捉到事物的本原。

第三,研究结论存在以偏概全的问题。海外中国共产党研究遵循了美国社会学家罗伯特·默顿(Robert C. Merton)所提倡的"中层理论"范式,反对宏大理论的建构,而注重从具体的经验观察中总结出有一定限度的中观理论。由此,学者们在研究中国共产党执政理念与实践时,经常选择从小题目或微观层面入手,借助各种研究方法最大可能地获取实证资料,并"以小见大"地构建起解释中国共产党治国理政的"一家之言"。例如,哈佛大学的加里·金(Gary King)及其团队通过大数据挖掘技术研究了中国共产党对新浪微博这一社交媒体的舆论管控,发现单纯批评党政机关的帖子并不一定会

---

① 参见冯天瑜:《"封建"考论》,武汉大学出版社 2007 年版,第 44—59 页。

② 高奇琦:《比较政治分析中的概念研究》,《欧洲研究》2013 年第 5 期。

③ [美]欧博文:《与学科理论对话还是与中国研究对话》,管玥译,https://www.thepaper.cn/newsDetail_forward_1438465。

被删除，但鼓动或组织集体行动的言论则更肯定被删帖，从而得出结论中国共产党最害怕引发群体性事件的网络舆情。① 该研究虽然使用了最“潮”的研究方法，但其结论显然并不令人信服：所谓的新浪微博删帖“规律”究竟是企业内部规定还是法律要求？一个互联网公司的删帖行为能否简单等同于中国共产党网络治理的实践与理念？个别企业是否存在过度执行或选择性执行有关法律法规的可能性？如果不对这些问题进行深入探讨，单凭坐在电脑前收集的数据匆匆得出结论，无疑会酿成以偏概全的谬误。

海外中国共产党研究的常见问题之一是重大议题的讨论却建立在狭窄有限的经验基础上。研究者往往根据田野调查的个别案例或现实中可以寻找到一些可量化的数据资料，便绕开历史脉络、现实背景及客观实际，急于得出关于中国共产党执政的一般性结论或重大发现。这些成果或许在方法上颇有新意，比较符合西方社会科学研究的“科学”标准，但却时常忽视客观现实的多样性和复杂性，导致社会科学中的“社会”元素消失。尤其是西方学界近来兴起的定量研究潮流，使得一些研究者对中国共产党治国理政的历史背景、现实情景、客观条件不求甚解，甚至一些学者根本不懂中文，便匆匆忙忙搞数据、搞实验、搞模型，摇身一变成了“中国共产党问题专家”。他们习惯于走马观花式的文献回顾，急于显示研究方法的前沿性，脱离具体情境和实际情况便得出一些或削足适履或盲人摸象或管窥蠡测的研究结论，学术研究也异化为快速生产期刊论文的发表游戏。

总之，海外中国共产党研究既体现了西方实证主义传统的鲜明特征，又在价值观、认识论和方法论上存在诸多缺陷。需要特别指出的是，海外学者研究中国共产党问题并非“钢板”一块，有些友好有些敌对，有些客观坦率有些轻率武断，有些观点鲜明有些投机善变，有些对中国共产党怀有深挚情感，有些则带有个人偏见。这些持不同立场的学者或任职于顶尖学府，或受雇于高端智库，或就职于咨询机构，彼此之间对中国共产党研究的各类问题时常展开商榷与辩论，共同构成了当前海外中国共产党研究的多样图景。然而，抛开学者们所持立场与个人态度的差异与变化，仅从研究整体性、学术规范性、论证严谨性的角度来看，海外中国共产党研究在理论预设、概论使用和论证过程中均存在着上述共性问题。因此，国内学界对海外学者研究成果的借鉴与参考要慎之又慎。

---

① Gary King, et al., “How Censorship in China Allows Government Criticism but Silences Collective Expression”, *American Political Science Review*, Vol. 107, Iss. 2, 2013, pp. 326 - 343.

党的十八大以来海外学者对中国共产党领导核心作用的认知与评价

【内容提要】 党的十八大以来，以习近平同志为核心的党中央在管党治党、治国理政方面取得了巨大成效，改革开放和社会主义现代化建设取得了历史性成就，党和国家事业发生了历史性变革，党的领导核心地位更加巩固，党的领导核心作用更加凸显，引发了国际社会的高度关注。海外学者从领导能力、理论基础、制度设计、比较视野等维度对中国共产党在中国改革开放和社会主义现代化建设中的领导核心作用做出了积极的分析和评价。系统梳理和深入分析党的十八大以来海外学者对中国共产党领导核心作用的认知与评价，对于新时代坚持和加强党的全面领导具有重要的理论价值和现实意义。

【作者简介】 李丹青，中共中央党校(国家行政学院)党建教研部博士研究生

【原文出处】 《当代中国史研究》2019 年第 4 期

党的十八大以来，以习近平同志为核心的党中央带领中国人民所取得的历史性成就得到了国际社会的普遍认可。国际社会高度评价中国共产党在中国改革开放和社会主义现代化建设中的领导核心作用。本文拟从领导能力、理论基础、制度设计、比较视野等维度对海外学者的主要观点进行梳理和分析，以深化关于新时代坚持和加强党的全面领导的理论研究。

一、领导能力：中国共产党领导中国人民取得历史性成就，党的领导核心地位更加巩固

当前，以习近平同志为核心的党中央所展现出的强大领导能力，以及中国共产党在中国特色社会主义事业中的领导核心地位和作用逐渐成为海外学者广泛关注的中心。

(一) 充分肯定中国共产党领导中国改革开放和社会主义现代化建设所取得的历史性成就

海外学者对于中国共产党在近几十年中国社会主义现代化建设取得的历史性成就中所发挥的领导作用给予了充分肯定,尤其对党的十八大以来领导中国取得各方面的成就和发生历史性变革惊叹不已。

关于中国共产党在中国社会主义现代化建设中所发挥的领导作用,法国学者高敬文(Jean-Pierre Cabestan)认为,中国共产党不仅在国家政治体制中扮演领导角色,也领导着整个中国经济、社会发展,"中国共产党是中国政治体制的基石","中国共产党的主要任务就是领导"。① 新加坡学者郑永年认为,"中国共产党的成功就在于其对秩序和发展之间关系的关切。中国共产党是执政党,是中国共产党规划、推行了中国的改革开放,同时也是中国共产党通过改革自身而得到制度更新"。② 苏联解体后的莫斯科首任市长、学者加夫里尔·波波夫(Gavriil Popov)在谈到中国改革开放成功的原因时表示,"这是由于北京成功地将国家的主要政治力量即党政机关变成了拉动改革前行的引擎"。③ 美国哈佛大学教授裴宜理(Elizabeth J. Perry)认为,中国共产党作为执政党和改革事业的领导核心,在改革年代采取了一条独特的发展道路,使得中国迅速崛起。④ 西班牙学者胡利奥·里奥斯(Xulio Rios)认为,中国共产党领导中国实现了翻天覆地变化的关键是中国共产党"适应中国国情,拒绝思想克隆,同时目光长远"。⑤

关于中国共产党领导中国人民取得的历史性成就,澳大利亚悉尼大学教授克里·布朗(Kerry Brown)认为,中国作为一个有着悠久历史以及从一个世纪的动荡中崛起的国家,经济发展始终是中国共产党的重要领导方式,它最终创造了一个富强有力的国家。中国共产党提出"两个一百年"的奋斗目标,勾勒出了其未来目标观。⑥ 他认为,在中国共产党的领导下,中国将成为更加繁荣、更加和谐、更加平衡的国家。⑦ 美国乔治·华盛顿大学史蒂芬·J. 巴拉尔(Steven J. Balla)认为,几十年来的传统观点认为把数亿人从贫困中解救出来的经济奇迹支撑了中国共产党的领导,从而维持了中国政治体系的稳定。然而,经济增长放缓的步伐是中国的新常态。在这个复杂多变的环境中,治理改革已经成为中国共产党加强其领导战略的核心,同样治理改革是新常态下中国共产党发展

---

① Jean-Pierre Cabestan, The Party Runs the Show: How the CPC controls the state and powers over the government, legislature and judiciary, in Willy Wo-Lap Lam, ed., *Routledge Handbook of the Chinese Communist Party*, London and New York: Routledge Press, 2018, p. 9.

② [新] 郑永年:《中国的政治秩序给世界提供了全新选择》,《人民日报》2018 年 8 月 28 日。

③ 《俄媒: 中国改革成功有两大秘诀——务实主义与发展经济》,《参考消息》2018 年 12 月 4 日。

④ [美] 裴宜理:《增长的痛楚: 崛起的中国面临之挑战》,夏璐译,《国外理论动态》2014 年第 12 期。

⑤ 《西媒: 中共为确保长期执政开出"良方"》,http://column.cankaoxiaoxi.com/g/2016/0712/1227646.shtml,2019 年 2 月 19 日。

⑥ Kerry Brown, *The Belt and Road: Security Dimensions*, *Asia European Journal*, Vol. 16, No. 3, September. 2018, pp. 213 – 222.

⑦ Kerry Brown, China 2020: el caminoincierto del cambio politico, *Politica Exterior*, Vol. 26, No. 145, February. 2012, pp. 82 – 91.

战略的一个组成部分。①

（二）突出强调以习近平同志为核心的党中央的领导作用和领导能力

党的十八大后，以习近平同志为核心的党中央的领导能力和执政风格是海外学者的关注焦点之一。美国学者沈大伟（David Shambaugh）认为，习近平的“党领导一切”的观点和举措在近年内确实巩固了中国共产党，同时使得中国在世界舞台上表现出了更加自信和坚定的姿态。② 美国斯坦福大学教授魏昂德（Andrew G. Walder）撰文指出，官僚主义现象会阻碍中国的改革，而习近平是一个反官僚主义的改革家。习近平扭转了近20年来日益出现的“无组织的领导倾向”。③ 澳大利亚国立大学中国研究中心在其出版的中国故事年鉴中写道：“习近平克服各种政治挑战的能力和新领导人阵容组成重新证明了他是一个多么睿智而令人敬畏的政治家”。④ 英国剑桥大学彼得·诺兰（Peter Nolan）指出，现在对中国共产党领导集体来说是十分重要也是十分复杂的时刻。过去几年，“中国领导人也努力领导一个稳定的社会，这一点即使是批评中国的人也不得不承认”。“中国共产党执政的专业水准也显著提升，官员的能力也在增强，可以说这一体系取得了巨大成就。中国的领导层十分灵活，十分务实”。⑤ 美国学者伊丽莎白·依柯诺米（Elizabeth C. Economy）认为，习近平领导的中国共产党发动了一系列强有力的政治和经济改革并取得了成功。同时，中国共产党在中国政治、社会和经济生活中的领导作用的日益加强，中国共产党努力将中国重新塑造为一个大国，寻求重振过去的辉煌。⑥ 她认为习近平的领导特征之一就是“重申了中国共产党在社会和经济中的作用”。⑦

从近些年的研究成果来看，海外学者开始更多地关注中国共产党领导治国理政的各个方面，涵盖了党的领袖与领导集体的领导思维和风格，而对中国共产党领导中国社会主义现代化建设和经济社会发展能力的研究成为海外学者研究的重心。

二、理论基础：强化马克思主义的指导思想地位，更加重视对中国传统文化的继承与发展

意识形态工作是党的一项极端重要的工作，也是长期以来海外学者的重要关注点。党的十八大以来，海外学者将目光投向马克思主义和中国传统文化在中国的新变化新发展。

---

① Steven J. Balla, *Is Consultation the New Normal? Online Policymaking and Governance Reform in China*, *Journal of Chinese Political Science*, Vol. 22, No. 1, March. 2017, pp. 375 - 392.

② David Shambaugh, *Xi Jinping's China: Going Backward to Move Forward*, *Asia Policy*, Vol. 13, No. 4, October. 2018, pp. 146 - 149.

③ Andrew G. Walder, *Back to the Future? Xi Jinping as an Anti-bureaucratic Crusader*, *China: An International Journal*, Vol. 16, No. 3, August. 2018, pp. 18 - 34.

④ Jane Golley & Linda Jaivin, *Prosperity*, Canberra: Australian National University Press, 2018.

⑤《英国学者：“世界在变，而中国是最重要的变化”》，2019年1月30日，http://ihl.cankaoxiaoxi.com/2017/1020/2239741.shtml。

⑥ Elizabeth C. Economy, *The Third Revolution: Xi Jinping and the New Chinese State*, London: Oxford University Press, 2018, p. 3.

⑦ Elizabeth C. Economy, Author's Response: *The Third Revolution Is Real*, *Asia Policy*, Volume 13, Number 4, October. 2018, pp. 162 - 165.

（一）坚持马克思主义的指导思想地位，推进党的理论创新

海外学者普遍认为，党的十八大以来马克思主义在中国有了新的突破和发展，习近平新时代中国特色社会主义思想的理论创新代表着当前马克思主义中国化进程的不断推进，理论创新为坚持和加强党的领导提供不竭动力。加拿大英属哥伦比亚大学齐慕实（Timothy Cheek）和蒙特利尔大学大卫·奥文比（David Own by）共同撰文指出，马克思主义要与时俱进就必须与本土文化相结合才能有效，同时需要一个强大的党和一个伟大的领导者才能取得成功。这种马克思主义与本土化的结合是为了整合国家意识形态、复兴中国治理的最佳传统。马克思主义是中国共产党近百年来自我革新能力的源泉，也就是中国共产党所指的“自我革命”。①

在纪念马克思诞辰200周年大会召开后，西班牙中国政策观察网刊登题为《中国重温马克思主义》的文章称：真正的新闻在于过去几年中国共产党对马克思主义的创新。作为外来理论的马克思主义在中国适应了中国文化特点。中国领导人更加积极地维护和推动马克思主义中国化，即结合中国实际情况进行理论创新，重申马克思主义是指导思想。同时，中国领导人强调社会主义模式不是单一和一成不变的，其基本原则应该与每个国家的现实、历史和文化相结合。马克思和马克思主义在中国共产党不同执政阶段一直是被研究的目标，是教育和学术领域以及政府官员培训的核心要素。中国共产党已经不是革命党，它现在是执政党，但对马克思主义的信奉和重申仍是中国共产党永不会放弃的身份标志。②

一些海外学者认为，当前中国人民始终与这个跟上了时代潮流的政党站在一起，中国共产党用不断更新的、复杂的手段，让这个国家保持运转并领导着一切。尽管革命战争的浪潮已经日益远离，但中国共产党始终坚持以马克思主义为指导，而这也成为确保社会主义大方向的思想保证。同时，在对自身文化的日益认同中，中国共产党领导下的中国不会为实现目标而对西方自由主义思想让步。中国共产党正在告诉全世界，这个政党有着更长久的生命力。③

（二）加强政治文化建设，注重传统文化的继承和发展

海外学界普遍认为，注重传统文化的继承和发展，成为党的领导地位得以不断巩固的重要文化基础，同时让政治文化在意识形态建设中发挥重要作用也是体现党的领导能力的重要方面。

从国内层面看，裴宜理认为，中国共产党具备化解挑战能力的重要因素之一，是其领导人具备为实践所证明的进行“文化治理”的能力。具体来说，就是通过创造和利用能使人产生共鸣的象征性资源来提升使人民群众乐于接受的党的形象。④ 美国爱荷华大学唐文芳（Tang Wen fang）对当今最大的政党中国共产党执政政权中的一个关键问题，即“为什么中国共产党

---

① Timothy Cheek & David Own by, *Make China Marxist Again*, *Dissent*, Vol. 65, No. 4, September, 2018, pp. 71 - 77.

② 《西媒述评：中共致力于推动马克思主义中国化》，2019年3月1日，http://column.cankaoxiaoxi.com/g/2018/0509/2267750.shtml。

③ 《外媒：中共生命力远超西方想象》，2019年1月30日，http://column.cankaoxiaoxi.com/g/2016/0712/1227646_3.shtml。

④ Elizabeth J. Perry, *Anyuan: Mining China's Revolutionary Tradition*, Berkeley: University of California Press, 2012, p. 8.

的领导能够始终获得中国人民的强大支持”，进行了全面深入的分析，把中国共产党的革命经验和执政风格带到了理论分析的中心，认为中国的政治文化主要是由中国共产党的群众路线所塑造的政治动员、集体化和社会服务提供的，这对中国人民的政治态度和行为产生了巨大影响。①

海外学者也较为关注党的十八大以来中国共产党在国际环境中展示的软实力。如美国加利福尼亚州克莱蒙特·麦肯纳学院裴敏欣(Pei Minxin)认为，近年来中国共产党能够保持领导地位以及坚持“更为坚定的宏伟战略”的支柱之一是近年来其“软实力”的“积极表达”。她认为，正如同努力摆脱经济增速放缓压力和开展军事改革一样，中国推动软实力发展是在党的十八大之前就付出了努力，但在习近平领导下有了更大的动力和更多的资源。由于西方媒体根深蒂固的统治地位，以及美国在软实力方面的压倒性优势，中国共产党深知意识形态吸引力的重要性。中国日益增长的经济影响力是一条改善形象的道路，而这反过来又是挑战西方在塑造国家间话语体系和世界舆论方面主导地位的基础。②

海外学者已经开始注重从中西方文化差异中分析中国共产党的领导理论、领导方式与执政方式，尤其对中国共产党与马克思主义、中国传统文化的关系有了更加深入地了解和重视，普遍认同坚持和加强中国共产党领导作用的理论基础就是不断推进马克思主义中国化，继承和发展中国传统文化。

三、制度设计：以制度建设贯穿党的建设始终，党的领导体制机制日益完善

海外学者普遍对党的领导相关制度的设计和完善产生了极大兴趣，认为中国共产党通过领导体制的顶层设计和制度改革，对党的领导方式进行了完善，能够更加有效地开展各方面工作，为加强党的领导提供了制度化和规范化保证。

(一) 强化自上而下的顶层设计，通过制度改革完善领导方式

海外学者普遍认为，党的十八大以来中国共产党强化了各项领导制度的顶层设计，尤其是推动自上而下的领导机制变革，进而完善党的领导方式，使其变得更加科学高效。德国外交关系协会伯恩特·贝格尔(Bernt Berger)认为，当前中国共产党正希望自上而下改革这个国家。他认为，由于改革压力已不可忽视，中央领导层选择自上而下改善各级治理。党的十八大以来的各项体制机制的改革在中国国内有着不同寻常的意义，意味着中国共产党正在为社会和经济改革搭建舞台，预示着中国领导层打算从顶层设计入手逐步完成改革任务。③ 日本国际问题研究所角崎信也(Shinya Kadozaki)认为，习近平最显著的领导特点之一就是通过自上而下顶层设计这一政治运行方式，“真正统筹起重要政策的制定、执行、管理和监督，确保‘全国一盘棋’”。④ 美

① Tang Wenfang, *Populist Authoritarianism: Chinese Political Culture and Regime Sustainability*, Oxford and New York: Oxford University Press, 2016.

② Pei Minxin, A Play for Global Leadership. *Journal of Democracy*, Vol. 29, No. 2, April. 2018, pp. 37 - 51.

③ Bernt Berger, All That Xi Wants China's Communist Party is Trying to Reform the Country from the Top Down, *Deutschen Gesellschaft für Auswärtige Politik*, No. 5, 2018, pp. 1 - 3.

④ [日]角崎信也：《习近平的执政特点：“顶层设计”、“群众路线”与“反腐败”》，《国外社会科学》2017年第4期。

国波士顿大学傅士卓(Joseph Fewsmith)和哥伦比亚大学黎安友(Andrew J. Nathan)撰文指出,中国共产党正越来越受到广泛接受的规范的约束,同时中国共产党正在建立能够加强其领导并延长其执政时间的制度机构。① 美国布鲁金斯学会李成(Cheng Li)通过考察中国共产党领导体制的发展变化认为,中国共产党的领导方式与社会诸因素之间存在很强的关联,中国共产党保持执政地位并具有强大生命力是因为中国共产党始终根据变化了的形势寻求新的工作机制、制度性规定、政策措施、政治规范来解决内在缺陷与不足。② 丹麦哥本哈根商学院柏思德(Brødsgaard Kjeld Erik)认为,中国特色社会主义本质是在中国共产党领导的层级分明的政治秩序,这种政治秩序与西方所倡导的"普世价值"截然不同。他认为,事实上中国共产党还将自己直接定位于一种与西方民主政治价值观明显不同的新型治理模式的中心。他从以下几个方面论述了党的领导的加强:第一,以国企改革中的"双向进入、交叉任职"为例,指出这项制度是推进"公司治理与党的领导相结合的有效措施",保证了"党的整体性和中心性"。第二,在习近平的领导下,党组制度受到了极大重视。第三,巡视制度作为一种组织方式,"是中央强有力的控制手段","标志着中国共产党的执政呈现出一种新的集中化趋势,并对中纪委的工作产生了巨大的影响"。第四,在习近平领导下,领导小组加强了党的协调和决策职能。作为党的领导体制改革的一部分,四个领导小组正式改组为委员会,彰显了它们的特殊地位。③ 德国蒂宾根大学舒耕德(Gunter Schubert)和乌尔兹堡大学安晓波(Bjorn Alpermann)认为,中国共产党通过强调分级指挥,强化顶层设计和指挥监督,增强了其领导能力。习近平推动的重大政策改革有力地证明了,领导层要拥有一个强大的指挥中心,必须拥有明确的自上而下的指挥权。事实上,中国的治理意味着既要由国家权力主导,又要在高度复杂的制度环境中与中国社会的企业、集体和个人行动者合作。而从党的十九大后中国政治体制的变化来看,中央显然打算通过精简政治体制结构,赋予党的机构更多的权力,来提高其"初始指导"能力。④

(二)把权力关进制度的笼子,通过制度完善强化领导作用

海外学者较为认同党的十八大以来中国共产党的反腐败斗争在加强党的领导方面发挥的重要作用,同时,通过党员忠诚教育、干部激励等机制建设强化了对干部队伍的内部监督和管理,持续加强党对纪检监察工作的领导,在国家层面持续推动法治改革取得了积极成效,把权力关进制度的笼子,不断加强党对各项工作

① Joseph Fewsmith & Andrew J. Nathan, Authoritarian Resilience Revisited: Joseph Fewsmith with Response from Andrew J. Nathan, *Journal of Contemporary China*, Vol. 28, No. 116, September. 2019, pp. 167 - 179.

② Cheng Li, *Chinese Politics in the Xi Jinping Era*. Washington: Brookings Institution Press, 2016, pp. 7 - 9.

③ Brødsgaard Kjeld Erik, China's Political Order under Xi Jinping: Concepts and Perspectives, *China: An International Journal*, Vol. 16, No. 3, August. 2018, pp. 1 - 17.

④ Gunter Schubert & Bjorn Alpermann, Studying the Chinese Policy Process in the Era of "Top-Level Design": the Contribution of "Political Steering" Theory, *Journal of Chinese Political Science*, Vol. 24, No. 1, March. 2019, pp. 1 - 26.

的领导。菲律宾智库“人民良政中心”鲍比·图阿松认为，党的十九大报告中有关中国共产党党内工作的论述，是针对当前复杂的政治环境以及对中共各种新的考验而提出的，“习近平在全面从严治党方面的要求对于中国共产党的未来十分重要”。① 美国乔治·华盛顿大学狄忠浦(Bruce J. Dickson)认为，注重对新党员的吸纳，并保证其忠诚，是中国共产党维护领导地位，保持凝聚力的重要因素。中国共产党党员更有可能出于各种原因奉献个人利益，积极参与各种事务，这些行为是党员忠诚的标志，并成为其他民众的榜样。② 美国康奈尔大学毛学峰(Andrew Mertha)也认为，促使党员干部强化对党认同的关键在于不断地开展整风，这一过程涉及大量的制度规范，这些制度规范会带来压力，但主要是为了在学习、分析和自我批评过程中提高党员干部对党绝对忠诚的品质。③ 俄罗斯《权力》周刊亚历山大·加布耶夫(Alexandr Gabuev)撰文称，为应对阻碍改革的因素，习近平决定加强垂直权力体系建设，并发挥制度的重要作用，通过严格法规限制官员牟取私利。“加强依法治国、夯实政权的法律根基对习近平而言是监督官员的重要工具，能够有效遏制官员腐败，从而避免重蹈国民党时代以及苏联晚期的覆辙。”④美国吉尔福特学院郭学智(Xuezhi Guo)通过分析党的十八大以来纪检监察工作的成效，认为一直以来中国共产党都在试图建立各种机制，以遏制其政治体制中的腐败和滥用职权现象，努力促进党内监督和构建系统的制衡机制。⑤

党的十八大以来，海外学者对中国共产党的领导体制机制改革给予了极大关注，着重分析了党的领导小组、党组等领导体制机制的发展变化，以及各级党组织在各个领域或单位中地位的提升和作用的增强，更多地认同中国共产党领导的新型政党制度的发展进步以及党的领导的核心作用。

四、比较视野：中国共产党具有强大生命力，党的领导的比较优势日益显著

党的十八大以来，海外学者开始意识到需要更加深入地从学理层面分析中苏和中西方政治模式的差异，尤其是分析政党制度与党在本国政治制度中所处不同地位的重要性。

（一）以苏联为鉴，毫不动摇坚持中国特色社会主义道路

将中国与苏联进行对比研究是长期以来海外学者的重要研究方法之一，而近年来海外学者普遍认为中国能够避免出现与苏联同样的

---

① 《菲律宾国际问题专家：十九大报告以问题为导向具有现实意义》，2019 年 3 月 1 日，http://news.cri.cn/20171026/33688623-7976-dc3e-40be-cf7dec1ff452.html。

② Bruce J. Dickson, Who Wants to Be a Communist? Career Incentives and Mobilized Loyalty in China. *The China Quarterly*, Vol. 217, No. 1, March. 2014, pp. 42 - 68.

③ Andrew Mertha, “Stressing Out”: Cadre Calibration and Affective Proximity to the CCP in Reform-era China, *The China Quarterly*, Vol. 229, No. 1, March. 2017, pp. 64 - 85.

④ 《俄媒：依法治国有利中共制度反腐》，2019 年 3 月 1 日，http://column.cankaoxiaoxi.com/g/2016/0712/1227646_5.shtml。

⑤ Xuezhi Guo, Controlling Corruption in the Party: China's Central Discipline Inspection Commission, *The China Quarterly*, Vol. 219, No. 3, September. 2014, pp. 597 - 624.

结局的根本原因在于中国共产党拥有强大的领导能力和改革决心，中国共产党能够深刻汲取苏联的教训来提高全党的危机意识。美国加利福尼亚大学圣迭戈分校谢淑丽（Susan L. Shirk）认为，在改革开放以后，中国共产党有步入“苏联和东欧的共产主义政党所遵循的道路”的倾向，而这些国家的共产党“最终失去了权力，今天也不复存在了”，因此“习近平决心为中国共产党避免这样的命运”。① 英国皇家学院兼澳大利亚悉尼大学教授克里·布朗（Kerry Brown）认为，“自 2008 年金融危机以来，中国共产党及其领导层对西方模式越来越持怀疑态度。他们把苏联解体和 20 世纪 90 年代在俄罗斯发生的事情看作是中国共产党坚决避免重复错误的教科书”。② 美国斯坦福大学魏昂德（Andrew Walder）对中苏为什么会遵循不同的历史路径进行了分析，他强调勃列日涅夫领导下的苏联共产党始终忽视严重的体制结构问题，虽然后来开始推迟艰难的改革，但为时已晚。而当戈尔巴乔夫面对阻碍经济结构调整的根深蒂固的利益藩篱时，他开展了政治体制改革，虽然克服了官僚主义阻力，但却失去了对过程的控制。从这个角度看，中国共产党的反腐败运动与苏联改革完全不同，它是对“无组织领导下的浮躁和拖延”的回应，这种无组织的领导“让腐败等结构性问题腐化和发展，没有强有力的对策”。美国亚洲协会美中关系中心夏伟（Orville Schell）认为，通过近几年的改革，现在的中国共产党宣布将领导中国向新的政治命运蜕变，中国从此将向自己的中国梦进军，“中国梦的最大特征就是有一个强有力的、纪律严明的共产党”，并在其领导下坚定地把中国推向中国特色社会主义的道路。③ 魏昂德也认为，在习近平领导下中国共产党的历史作用可能是确保中国继续保持一个有凝聚力的政治结构，避免最终导致苏联式的瘫痪和崩溃。这也将为未来的领导人创造条件，他们将在现行的政治体制中进行结构性改革，以增强中国的稳定，促进长期的善治。还有一些海外学者认为，对中国共产党人而言，苏联的经验教训仍然历历在目。未来几年仍将是非常棘手的一段时期，中国将面对复杂的国内国际形势。在避免经济陷入停滞这个重点问题上，虽然现在面临困难，但中国似乎已经取得了优势。④

（二）拒绝照搬，展现中国新型政党制度的独特优势

海外学者认为，党的十八大以来中国共产党没有选择西方政治模式与政党制度，而是坚持立足于中国特点，拒绝照搬西方，充分发挥中国特色政党制度的优势，领导中国取得了巨大成就。印度观察家基金会苏得欣德拉·库尔卡尼（Sudkhindra Kurkani）认为，中国共产党新一届中央领导集体必将从国内和全球两个维度，展示中国梦的实现路径，中国将在党的十九大之后崛起成为一个更加强大而自信

---

① Susan L. Shirk, The Return to Personalistic Rule, *Journal of Democracy*, Vol. 29, No. 2, April. 2018, pp. 22 - 36.

② Kerry Brown, The Belt and Road: Security Dimensions, *Asia European Journal*, Vol. 16, No. 3, September. 2018, pp. 213 - 222.

③ Orville Schell, China in Xi's "New Era": A Neglected Democratic Heritage, *Journal of Democracy*, Vol. 29, No. 2, April. 2018, pp. 90 - 97.

④ 《西媒：中共为确保长期执政开出“良方”》，2019 年 2 月 19 日，http://column.cankaoxiaoxi.com/g/2016/0712/1227646.shtml。

的世界性大国。[①] 澳大利亚国立大学张峰(Feng Zhang)表示:"与美国秩序中的自由主义相比,中国更倾向于在国际社会提倡政治多元主义,提倡各种形式的政治制度和社会发展模式的合法性。"[②]德国蒂宾根大学舒耕德和乌尔兹堡大学安晓波认为:"中国没有遵循西欧民主国家作为现代政府模式的治理轨迹。但中国也没有简单地坚持列宁主义的结构和规划传统,""中国无疑是通过其独特的政策进程实现经济发展和政治稳定的最成功的非西方制度。"[③]

对于中国共产党提出的新型政党制度,英国剑桥大学马丁·雅克(Martin Jacques)称:"西方国家的长期论点是,多党制是民主的一大优势,能够防止政党僵化和停滞。然而事实上,中国共产党找到了使自己保持活力与年轻的方法,而西方的政党却越来越疏远其代表的人民。"[④]澳大利亚阿德莱德大学盖里·格鲁特(Gloria Davies)认为,自党的十八大以来,"中国共产党重新强调了统一战线工作的重要性",认为"中国共产党已经深刻认识到统战工作对于新形势下政治和社会的稳定,以及中国共产党在海外的形象有着重要影响",而"统一战线的各项倡议在党的领导下得到更有效的实施"。[⑤]伊朗德黑兰国际问题研究所理查·巴尔霍尔达理(Richard Balholdari)认为:"中国已经找到了合适的路,那就是中国特色的社会主义道路。从这里能看出,习总书记和中国共产党领导人知道虽然这条路是合适的路,但是里面有一些问题要把它解决好,要把不合适的去掉,使之符合现代化的情况。"[⑥]美国弗吉尼亚大学布兰特利·沃马克(Brantly Womack)认为:"每一种政治制度都必须以一个决定性的领导制度而走向顶点,""中国共产党的政治领导从根本上致力于人民主权""中国有八个民主党派,都是统一战线的一部分,参加了中国人民政治协商会议,但都致力于维护中国共产党的领导地位,""与大多数自由主义国家的分权相比,党的领导不仅把政治指导和官方行政结合起来,而且是非官方社会结构的根本指导力量"。[⑦]

海外学者通过对党的十八大以来中国共产党领导开展的各项工作和体制机制改革的分析和研究,更加深刻地认识到中国共产党在中国社会主义现代化建设中的领导核心地位和作

---

① 《热点连线:中国好,世界才更好——国际社会寄望中国共产党新一届中央领导集体》,2019 年 1 月 30 日,http://www.xinhuanet.com/politics/19cpcnc/2017-10/26/c_1121862307.htm。

② Feng Zhang, Chinese Visions of the Asian Political-Security Order, *Asia Policy*, Vol. 13, No. 2, April. 2018, pp. 13-18.

③ Gunter Schubert & Bjorn Alpermann, Studying the Chinese Policy Process in the Era of "Top-Level Design": the Contribution of "Political Steering" Theory, *Journal of Chinese Political Science*, Vol. 24, No. 1, 2019, pp. 1-26.

④ 《中国新型政党制度带给世界的启示(钟声)》,《人民日报》2018 年 3 月 10 日。

⑤ Gloria Davies, Jeremy Goldkorn, Luigi Tomba, *Pollution*, Canberra: Australian National University Press, 2016, p. 169.

⑥ 《伊朗专家:为中国"两个一百年"的奋斗目标而感动》,2019 年 1 月 30 日,http://news.cri.cn/20171020/a017ec14-6dbd-f217-ebb6-85178443ef2c.html。

⑦ Womack Brantly, The Zone of Respect in the Chinese Party-State: A Preliminary Exploration, *China: An International Journal*, Vol. 14, No. 2, May. 2016, pp. 146-156.

用，并将中国取得举世瞩目历史性成就的根本原因归结为中国共产党领导下的中国特色社会主义道路、理论、制度和文化的独特性发展。而在了解海外学者对中国共产党的领导核心作用认知的转变和积极评价的同时，我们也要理性、辩证地看待海外学者中还存在的不同观点，认识到中国共产党在长期执政条件下所面临的各种问题和挑战，毫不动摇地坚持和加强党的全面领导，将新时代中国特色社会主义伟大事业不断推向前进。

世界社会主义研究年鉴(2019)

附　录

一、新书博览

《与巨人比邻而居：革新开放政策下越中关系的政治经济学》

Living Next to the Giant: The Political Economy of Vietnam's Relations with China under Doi Moi, Le Hong Hiep, ISEAS — Yusof Ishak Institute, June. 2018

革新开放(越南语：Đổi mới)是1986年越南共产党第六次全国代表大会提出的政策，主要是经济上和思想上的改革与开放。本书探讨了自20世纪80年代末以来，政治和经济因素之间的相互作用是如何影响越南对华政策以及两国双边关系的。作者除了介绍革新开放政策的相关历史背景以外，着重探讨越南革新开放政策实施以来对双边关系产生的冲突和影响。作者认为，越南的革新开放不仅在经济上取得了跨越式发展，而且对1991年中越关系正常化以及之后双边关系持续改善发挥了决定性影响。与此同时，越南在南海的经济活动和中国采取的应对措施加剧了双边竞争，两国都承受着一定压力。本书指出，革新开放政策确实给越南带来了新的机遇，也使越南在与中国保持既合作又竞争的关系上更有空间。作者还比较了两国民主化的进程，并在此基础上评估了两国关系的未来走势。

本书可谓是中越关系的全新力作，无论是学者、政治家、学生，还是任何对越南及其外交政策感兴趣的人，都应该细细品读。作者乐康喜(Le Hong Hiep)是日本东京大学政治学讲师，著有《越南的工业雄心：Vingroup集团和汽车工业的案例》(*Vietnam's Industrialization Ambitions: The Case of Vingroup and the Automotive Industry*)。

《社会主义的茶馆：成都公共生活衰落与复兴(1950—2000)》

The Teahouse under Socialism: The Decline and Renewal of Public Life in Chengdu, 1950 - 2000, Di Wang, Cornell University Press, July. 2018

在20世纪上半叶的成都,很少有其他公共设施像茶馆一样对人们的日常生活产生那么重要的影响,中国也没有哪个城市像成都一样有那么多的茶馆。本书的魅力在于从小视角下的城市空间出发,展示了大视角下的政治变迁。书中,成都茶馆成为一个微观世界,由此得以观察毛泽东时代的中国社会以及改革开放后的公共生活和经济发展状况。本书将研究视角投向四川省会城市成都,改善了当前英语世界关于中国城市史的研究过度集中于上海和沿海城市的状况,将研究视角转向了内地,转向了战后国家发展工业的一个重要城市。作者之所以选择社会主义制度下的成都茶馆作为探索公共生活的对象,是因为茶馆也如美国社会学家威廉·怀特(William Whyte)在讨论咖啡馆时所指出的,是一个"小的城市空间"。本书关于成都公共生活的研究深入,多学科交叉,采用了人类学和社会学的方法和理论,并挖掘了多份城市史的文献,包括报纸、日记、个人记录,以及茶馆文化的口述资料。本书的出版不仅对中国和全球城市史作出了重要贡献,而且有助于我们进一步理解非西方语境下的市民社会和公共领域的问题。

本书作者王迪(Di Wang)是澳门大学历史系教授,著有《成都的街头文化:公共空间、城市居民与地方政治,1870—1930》(*Street Culture in Chengdu: Public Space, Urban Commoners, and Local Politics, 1870 - 1930*)。

《安哥拉解放战争：殖民与共产主义冲突(1961—1974)》

Angolan War of Liberation: Colonial-Communist Clash, 1961 - 1974, Branko Milanovic, Pen and Sword Military, Oct. 2018

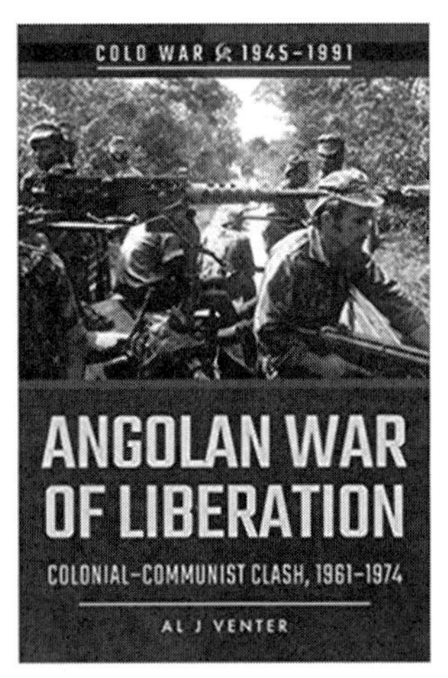

本书讲述了葡萄牙在安哥拉殖民后期的历史。1961年,一大批叛军从刚独立的刚果入侵安哥拉,预示着另一场非洲独立战争的爆发。1961—1974年间,葡萄牙政府面临着极其艰巨的任务,即同时开展三次"反叛乱运动",以维护其在安哥拉、葡属几内亚和莫桑比克的霸权。尽管这一时期欧洲其他国家在非洲的殖民势力不断弱化,三场独立斗争有可能成功,但葡萄牙政府还是选择坚持镇压运动。

葡萄牙军队在一场遥远的多线战争中取得了十三年的胜利,对于一个资源极其有限的国家而言,这绝非易事。在安哥拉,葡萄牙人仅有一支包括十几架运输机、两架f-86直升机和大约二十架普通直升机组成的小型空军。而像安哥拉这样一个偏远的非洲国家,其国土面积是美国得克萨斯州的两倍。

葡萄牙军队苦苦支撑，但最终证明了这样一场战争是可以打赢的。在得到苏联、古巴的支持后，“安哥拉人民解放运动”积极开展游击战，令葡殖民军疲于奔命，那里的战争费用占到葡萄牙政府开支的40%。到了1975年，葡萄牙政府无可奈何地同意安哥拉独立，并移交政权。但这并没有给安哥拉带来和平，此后，安哥拉国内的共产主义力量与美国扶持的“争取安哥拉彻底独立全国联盟”和“安哥拉民族解放阵线”开始了长期内战，致使其民众连续几代人都深陷战争和赤贫之中。

本书作者阿尔·文特尔(Al Venter)是南非军事作家，作品主要反映中东和非洲的军事斗争。

《没有资本的资本主义：无形经济的兴起》

Capitalism without Capital: The Rise of the Intangible Economy, Jonathan Haskel, Stian Westlake, Princeton University Press, Oct. 2018

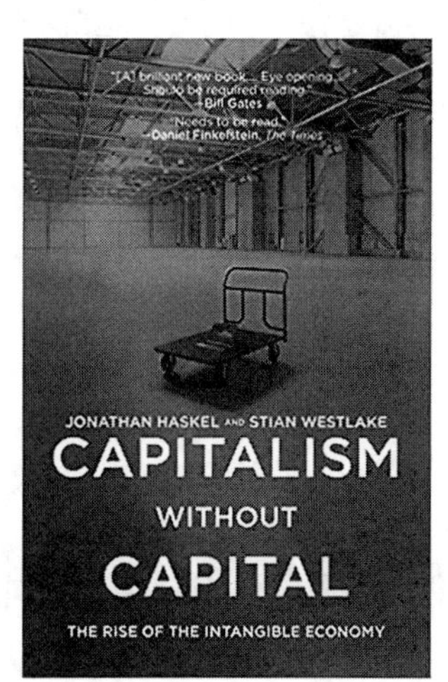

21世纪初，资本主义世界发生了一场静悄悄的革命。主要发达经济体首次开始更多地倾向于投资无形资产，诸如设计、品牌和软件等。而传统行业中的机械、建筑物和计算机这类有形资产开始不再受追捧。本书认为，对于不同类型的企业来说，部署既看不见也摸不着的资产的能力，已经越来越成为其获得长远收益的主要渠道。无形资产作为新兴经济体的组成部分，其日益增加的重要性已在过去10年间发生的一系列重大经济变革中得到证明，包括经济不平等的加剧和生产力发展的停滞。在本书中，乔纳森·哈斯克尔(Jonathan Haskel)和希兰·韦斯特莱克(Stian WestLake)着重探讨了无形投资所具有的不寻常的经济特征，并在本书结论部分讨论了一个无形资产丰富的经济体与以有形资产为基础的经济体的根本区别。同时，他们概述了当今的管理者、投资者和决策者如何利用无形资产时代的特点来发展他们的业务、投资组合及产品。将资本视为有形资产的惯性思维一直存在，并限制了我们的思维。但可以肯定的是，究竟哪些无形资产可以算作资本，关于这个问题的争论一直没有停止过。本书选择了“无形经济”这一宽泛的定义，并探讨了其含义。在此过程中，作者对一些令人费解的问题提出了独到见解，并证明了我们知道的并不如我们所认为的那么多，因为我们衡量经济表现的一些工具已经过时了。

本书作者哈斯克尔是英国伦敦帝国学院经济学教授，韦斯特莱克是英国国家创新基金会高级研究员。

《特朗普经济学：重振经济的“美国优先”计划》

Trumponomics: Inside the America First Plan to Revive Our Economy, Stephen Moore, Arthur B. Laffer, All Points Books, Oct. 2018

1974年，亚瑟·拉弗(Arthur Laffer)和时任白宫办公厅副主任迪克·切尼(Dick Cheney)、时任白宫办公厅主任唐纳德·拉姆斯菲尔德(Donald Rumsfeld)在华盛顿的一家餐馆里参加鸡尾酒会时，在一张餐巾纸上画出了闻名于世的“拉弗曲线”。但此后，茶党人士在堪萨斯州进行的减税实验却以失败告终，对美国经济持乐观态度看来还为时尚早。但在本书中，作者拉弗再次表态称，实施大规模减税计划可以促进经济增长。本书指出，“反唐纳德·特朗普(Donald Trump)主义者简直错得离谱……事实上，他根本‘没有破坏世界经济’；事实上，股市并没有崩盘；经济也没有衰退”。作者始终坚持特朗普没有摧毁全球经济，减免税赋的政策反而大幅度促进了经济发展。本书出版后，特朗普在推特上推荐称：“这两个才华横溢的人写了一本关于我的经济政策的书，这本书好得难以置信。”但是，评论称，本书提出的理论缺乏事实支撑，时间将证明这种增长是否可持续，以及它能否控制赤字。

本书作者史蒂芬·摩尔(Stephen Moore)曾是《华尔街日报》编辑委员会成员，拉弗曾是里根经济政策咨询委员会成员，被誉为“供给侧经济学之父”。两位作者在2016年曾任特朗普的经济顾问，目前仍为特朗普经济顾问委员会成员。

《中国与西方：文明的交汇点》

China and the West: Crossroads of Civilisation, Peter Nolan, Routledge, Oct. 2018

自20世纪80年代以来，资本主义全球化在推动科技进步、减少贫困人口和改善工人福利方面发挥了巨大的作用。但是，随之而来也产生了新矛盾，包括生态环境破坏、全球气候变暖、政治经济发展的不平等、企业权力集中和金融市场的不稳定。本书认为，现代世界发展到了关键时刻，全球政治经济正处在一个十字路口。为了世界上大多数人口的利益，对全球政治经济秩序进行管理至关重要，只有这样，人类才能避免达尔文式的灾难。在书中，作者探讨了中国为公众利益而规范市场的历史经验。两千多年来，中国管理机构一直在务实地寻找一种方法，即将市场力量的“无形之手”与以道德为导向的政府监管的“有形之手”相结合。他还指出，西方的公民和政治家与其寻求与中国对抗，不如对中国在过去几个世纪里对全球可持续发展的贡献加深理解，并把握中国未来几十年对可持续发展事业的愿景。

本书作者彼得·诺兰(Peter Nolan)是英国著名经济学家,著有《中国的崛起与俄罗斯的衰落:斯大林主义转型中的政治、经济与规划》(*China's Rise, Russia's Fall: Politics, Economics and Planning in the Transition from Stalinism*)。

《欧亚新秩序》

冯玉军著,中国社会科学出版社2018年版

本书第一卷为《俄罗斯转型:国家治理与社会变迁》,展示了苏联解体前后,俄罗斯进入了全面的社会转型时期,但受传统文化、现实条件、思维方式、权力博弈、国际环境等多重因素影响,转型之初的制度设计与目标规划在很大程度上已扭曲变形。对于俄罗斯来说,如何摆脱历史的循环与宿命,在全球化的世界大潮中走出一条既符合人类文明发展总体方向,又符合自身国情特点的道路,仍然是一项艰巨的任务。第二卷为《俄罗斯转型:对外政策与中俄关系》,展示了苏联解体后,俄罗斯的对外政策变迁以及中俄关系实现了平稳过渡并结成了全面战略协作伙伴,因此在新的历史条件下,中国应更加主动地引导和塑造中俄关系的未来发展。第三卷为《欧亚转型:地缘政治与能源安全》,展示了冷战结束、苏联解体后,苏联国家纷纷走上了政治、经济、社会全面转型之路,欧亚地区国家发展模式的多样化选择、大国及地区势力在欧亚地区的多元化存在、围绕欧亚地缘政治和能源资源的多重博弈与合作将是未来欧亚地区国际关系体系演变的三条基轴。

本书作者冯玉军是复旦大学国际问题研究院副院长,主要从事俄罗斯—欧亚问题、国际战略与大国关系、国际能源安全与外交、中国周边安全、上海合作组织以及俄罗斯国际关系理论研究。

《强有力的政府,岌岌可危的工人:自由化时代的劳动力市场政策》

Strong Governments, Precarious Workers: Labor Market Policy in the Era of Liberalization, Philip Rathgeb, ILR Press, Dec. 2018

为什么一些欧洲高福利国家能更好地保护失业和就业不足的工人("局外人"),使其免受经济不确定性的影响?本书认为这主要得益于强有力的工会。本书作者以奥地利、丹麦和瑞典为研究对象,探讨了劳动力市场政策变化所带来的影响。他通过分析工会和政党之间的权力分配,试图将工会和政党政治这两条研究思路联系起来。作者认为,包容性工会在保护"局外人"方面具有高度的政治利害关系,因为它们将保护面临失业风险的工人纳入其代表性主张。但今天,政府对工会偏好的影响随着时间的推移而不断变化,整个西方世界的阶级力量重心从劳动力转移到了资本。因此,各国政府在制定政策时越来越向雇主倾斜,减少了对"局外人"的社

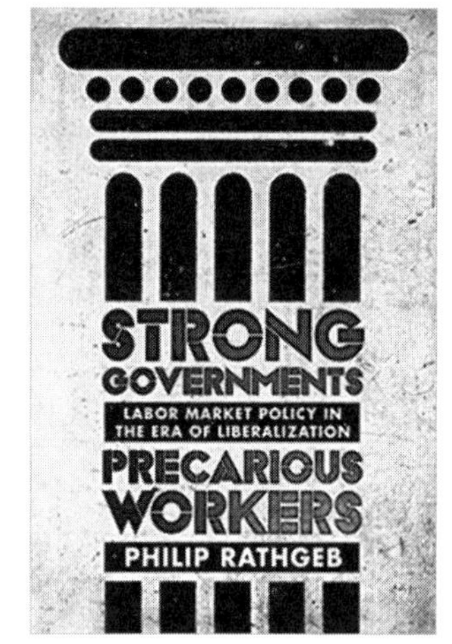

会保障。结果,工会只能在与政府达成共识的方面保护“局外人”,显得十分被动。一旦政府能在议会中掌控多数席位时,它们的力量就足以将工会排除在外。本书还对当前欧洲国家的政党选举提出质疑,认为它们对与日俱增的潜在失业工人缺乏应有关注。作者认为,应该削弱政府的作用,加强工会的力量,这样才能对不稳定工人加强社会保护。

本书作者菲利普·拉特格布(Philip Rathgeb)是奥地利康斯坦茨地区大学政治学教授,研究领域为福利国家和劳资关系。

《资本主义神话:垄断与竞争之死》

The Myth of Capitalism: Monopolies and the Death of Competition, Jonathan Tepper, Denise Hearn, Wiley, Nov. 2018

本书讲述了美国是如何从一个开放的、竞争激烈的市场发展到一个只有少数超大规模公司主导市场的故事,这些公司直接主宰着与我们日常生活息息相关的行业。像谷歌、脸书和亚马逊这样的数字垄断公司已成为数字世界的守护者。亚马逊占据了几乎所有的网上购物费用。消费者往往会有面临多种选择的错觉,但对于大多数关键的消费行为而言,我们真正面对的其实只有一两家公司,特别是在高速互联网、健康保险、医疗保健、抵押贷款保险、社交网络、互联网搜索等方面,甚至连牙膏这样的生活用品也不例外。每天,几乎每个美国人都会把一小部分薪水支付给这样的垄断者和寡头垄断者。作者认为,解决上述问题的方案是推行强有力的反垄断法,让美国回到一个由竞争创造更高经济增长、更多就业机会、更高工资以及更公平竞争环境的时代。本书虽然讲述的是工业集中于寡头的故事,但所涉及的问题对每个普通百姓都很重要,因为爆发社会矛盾的风险已经很高了。作者表示,本书旨在解决以下重大问题:为什么美国正在成为一个更加不平等的社会?为什么尽管有数万亿美元的联邦债务和印钞数据,美国的经济增长仍然萎靡不振?为什么初创企业的数量有所下降,以及为什么工人的生活水平日益下降?

本书作者乔纳森·泰珀(Jonathan Tepper)是英国经济学家、罗兹学者;丹尼斯·赫恩(Denise Hearn)是英国经济学家,任职于英国牛津商学院。

《古巴自由！切，菲德尔和改变世界历史的不大可能的革命》

Cuba Libre!: Che, Fidel, and the Improbable Revolution That Changed World History, Tony Perrottet, Blue Rider Press, Jan. 2019

大多数人都熟悉1956—1959年古巴革命的基本情况：革命由20世纪最有魅力的两位人物——卡斯特罗和格瓦拉领导，革命成功推翻了这个岛国中由美国扶持的独裁者，但在菲德尔·卡斯特罗(Fidel Castro)的领导下，革命很快就出了岔子。虽然这场革命已为人所熟知，但很少有人了解这场革命的独特之处。在本书中，托尼·佩罗泰特(Tony Perrotte)揭开了这场革命背后的戏剧性：一小群自学成才的革命家，其中许多是刚从大学毕业的孩子、文学专业和艺术专业的在校学生。他们打败了4万名职业士兵，推翻了巴蒂斯塔的独裁统治。本书深入揭示了一些有趣的细节，如卡斯特罗的秘密情人是谁？茜莉娅·桑切斯(Celia Sánchez)是如何塑造男性游击队的？加入古巴革命军的20多名美国志愿者是谁？如何用炼乳罐来制作地雷？如何在游击战中做好饭？作者认为，古巴革命是一场引人入胜的解放运动，它以独特的戏剧性、鲁莽的勇气、悲喜交加的色彩吸引了全世界的关注，加剧了冷战的紧张局势，甚至把世界推向了核战争的边缘。评论称，本书揭露了许多关于古巴革命不为人知的秘密，作者用一种令人难忘的方式讲述了这一耳熟能详的故事。

本书作者佩罗泰特是美国媒体人，著有《拿破仑的蛋》(*Das Ei des Napoleon*)。

《注定一战：中美能避免修昔底德陷阱吗？》

Destined for War: Can America and China Escape Thucydides's Trap?
［美］格雷厄姆·艾利森著，陈定定、傅强译，上海人民出版社2019年版

随着中国实力的迅速提升，美国长久以来拥有的全球优势地位受到了挑战。从历史的角度来看，《伯罗奔尼撒战争史》中雅典和斯巴达的战争历史，对理解当下中美关系的发展至关重要。修昔底德在书中指出，“使战争不可避免的真正原因是雅典势力的增长以及因此而引起的斯巴达的恐惧”，这也就是格雷厄姆·艾利森(Graham Allison)所定义的“修昔底德陷阱”。本书聚焦崛起中的中国对于美国及全球秩序的影响，分析了历史上16个崛起国与守成国进行全球竞争的案例和战争场景，指出中美之间的冲突是可以避免的。因为，修昔底德陷阱是一个结构性压力，而在现今中国和美国都提出让各自国家“复兴”的时代背景下，如果两国能够妥善处理在关键领域的利益分歧，就可以避免灾难性战争的发生。同时，作者在书中还为中美如何避免发生战争冲突提

供了12个具有借鉴意义的对策。评论称,本书指出了对世界秩序的一个重大挑战,即一个崛起的大国对一个超级大国的影响,并提出了协调它们关系的关键方案。

本书作者艾利森是美国哈佛大学政治学教授,著有《决策的本质:解释古巴导弹危机》(*Essence of Decision: Explaining the Cuban Missile Crisis*)。

《马克思与社会正义:政治经济学批判中的伦理与自然法》

Marx and Social Justice: Ethics and Natural Law in the Critique of Political Economy, George E. McCarthy, Haymarket Books, Jan. 2019

在本书中,乔治·麦卡锡(George McCarthy)根据马克思早年和后期的作品,对马克思社会正义理论中关于伦理、政治和经济基础等内容作了详细而全面的概述。作者认为,马克思理论的独特之处在于,他反对自由主义的正义观,通过平衡古希腊哲学和19世纪政治经济学,试图构建以合法权利和公平分配为基础的社会主义。亚里士多德对社会正义的定义是以伦理和政治、美德和民主为基础的,马克思以此为依据并将其应用于更广泛的领域,例如工人的管理及其创造力的激发、生产者协会、人权和人的需求、公平和互惠交换、财富分配、政治解放、经济和生态危机以及经济民主等。麦卡锡表示,本书的每一章都代表了社会正义的不同方面,但与洛克和黑格尔的不同之处在于,马克思能够将自然法和自然权利融为一体,因为他构建了"属于人民,依靠人民"的经典自治愿景。

本书作者麦卡锡是美国俄亥俄州冈比亚肯扬学院社会学教授,著有《马克思与古代人:古典伦理、社会正义与19世纪政治经济学》(*Marx and the Ancients: Classical Ethics, Social Justice, and Nineteenth-Century Political Economy*)。

《古巴》

Cuba: A Captivating Guide to the History of Cuba and Havana, The Cuban Revolution and Fidel Castro, Captivating History, Independently published, Jan. 2019

古巴的历史是迷人的。在其坎坷的历史上,古巴一次次直面死神,在大多数时候都凝视着死亡的眼睛并微笑着。侵略者一次又一次地企图为了夺取这个岛屿而兴风作浪,革命者一次又一次地站起来保卫古巴,誓死要把古巴还给它的人民。本书是关于勇气、牺牲、压迫和未来古巴的故事,是一个关于剥削和希望的故事。作者称,今天的古巴绝不只是一个小岛,而是一个与全球紧密联系的国家,它有承载斗争历史的

沉船、海盗和印第安人，他们见证了古巴革命者的牺牲和胜利。面对难以置信的困难，古巴人民一次又一次地表现出他们的韧性、勇气和激情。本书分为四部分，即古巴的历史：从哥伦布的到来至卡斯特罗时代；哈瓦那的历史：古巴的首都；古巴革命：改变古巴历史进程的武装起义；菲德尔·卡斯特罗（Fidel Castro）：古巴共产主义革命的领导者。评论称，古巴是一个让人不得不钦佩的民族，而在这本引人入胜的历史书中，你会发现它的魅力。

本书为系列丛书“迷人的历史”（*Captivating History*）之一本。

《全球性不平等》

Inégalités mondiales，Branko Milanovic，La Découverte，Feb. 2019

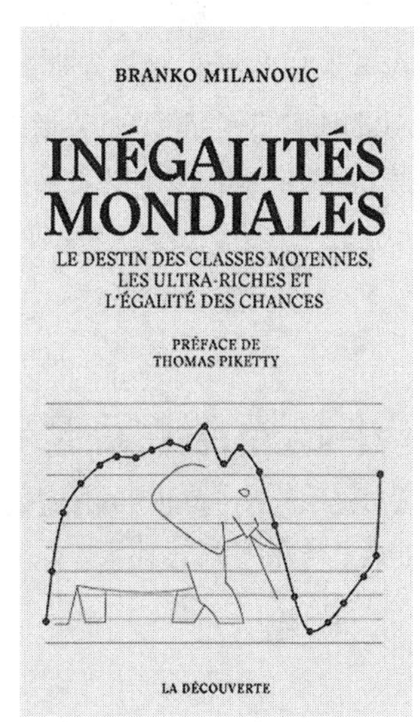

富人以及亚洲新兴国家的中产阶级是全球化的受益者，他们的财富得到了长足增长。那么，谁在全球化中失去的最多呢？本书作者布兰科·米拉诺维奇（Branko Milanovic）表示，富裕国家的中产阶级失去了财富继续增长的动力，而富人更加富有则更凸显前者经济地位的下降。但这并不意味着经济统治力已经从老牌的西方国家渡让到新兴的亚洲国家，只是西方国家增长较慢，而亚洲国家增长较快，全球不同国家之间的经济不平等状况正在缩小。不过，某些国家内部的经济不平等现象反倒扩大了。作者认为，假如生活在一个经济水平极度不平衡的国家，那么个体产生强烈的意愿，想要移民到经济相对平等的国家去，就可以理解为是一种本能。

全球经济不平等现象固然令人忧心，但是更加亟待解决的问题是最富有的人成为财阀，占据统治地位，控制了大量资源，并进一步攫取更多财富。这样的情况不利于经济发展以及社会阶层的流动。全世界的经济学家都在讨论不平等问题，普罗大众当然也希望生活在一个相对平等的社会中。那么，国家在其中扮演了怎样的角色呢？米拉诺维奇认为，国家当然有责任进行调节。只是，“国家真的有破釜沉舟的决心这么干吗？”

本书作者米拉诺维奇曾任世界银行研究部门首席经济学家。

《劳工之声：工人阶级的历史》

Voices of Labor: History of the Working Class, Steve Sears, Independently published, Feb. 2019

工人有没有想过每天工作8小时是怎么定下来的？为什么会有40小时工作周、病假、养恤金和休假制度？这绝不是因为政治家或总统送给工人的。之所以有这些成果，是因为几代工人们聚集在一起，组织起来，为自己的权利而不断抗争与战斗。在美国劳工史上，有许多个“伟大的一天”值得被铭记，除了自己的生日、纪念日，工人更应该多关注这些日子。本书回顾了玛丽·琼斯(Mary Jones)、尤金·德布斯(Eugene Debs)、伊丽莎白·弗林(Elizabeth Flynn)和乔·希尔(Joe Hill)等工人领袖以及广大工人群众通过夜以继日的罢工、抗议甚至为此付出生命而创造的美国劳工史。他们的斗争和牺牲换来了今天的美好生活，使美国工人阶级一度成为全世界羡慕的对象。但是，那些只占全国总人口1%的资本家从来不喜欢工会，甚至在你读到本书的时候，他们也在努力破坏工会。2018年，美国最高法院对公立部门工会会费案(Janus v. AFSCME)的裁决，使得劳动者在工作场所的话语权遭受了沉重打击。即使现在，他们也在努力削弱职业安全与健康标准，剥夺工人的养老金和加班费。作者表示，重申这段历史的重要性是因为当年的危机有重新抬头趋势，那些不记得过去的人注定要重蹈覆辙。

本书作者史蒂夫·希尔斯(Steve Sears)是美国工会活动家、社会主义者。

《小趋势：决定未来大变革的潜藏力量》

Microtrends: The Small Forces Behind Tomorrow's Big Changes

[美]马克·佩恩、[美]E.金尼·扎莱纳著，刘庸安、贺和风、周艳辉译，上海社会科学院出版社2019年版

本书认为，当今世界最大的趋势就是“小趋势”。当下人们普遍的想法往往是错误和过时的。社会不再是一个大熔炉，而被分成了一个个有着不同喜好和生活方式的群体。那些小的、新的、热情的全体，正在社会发展中发挥着重大作用。

通过可靠的信息和分析，作者让我们发现大量与直觉相背的事实。本书列举了影响美国社会未来发展的75个小群体的发展动向，那些貌似细微的发展正在酝酿着巨大的社会变革。这将彻底改变我们观察从现在到未来的视角，并由此发现自身处境在现在与未来之间会有怎样的改变。本书还告诉读者，应该如何去观察和分析社会中小群体的发展，他们能改变一个企业的命运，也可以对一场选举胜负起决定性作用，还可能煽起一场运动或者改变个人

生活。尤其在当今市场占主导地位的社会中，小群体的力量不容小觑。“小”决定着“大”。评论称，本书是一部以全新的视角剖析当今社会生活的震撼之作。对于揭示掩藏在这个时代背后的社会真相而言，它无疑是一部完美的圣经。

本书作者佩恩是美国资深政治顾问；金尼·扎莱纳(Kinney Zalesne)是美国白宫顾问。

《普京的世界：俄罗斯与西方的较量以及和其他国家的关系》

Putin's World: Russia Against the West and with the Rest, Angela Stent, Twelve, Feb. 2019

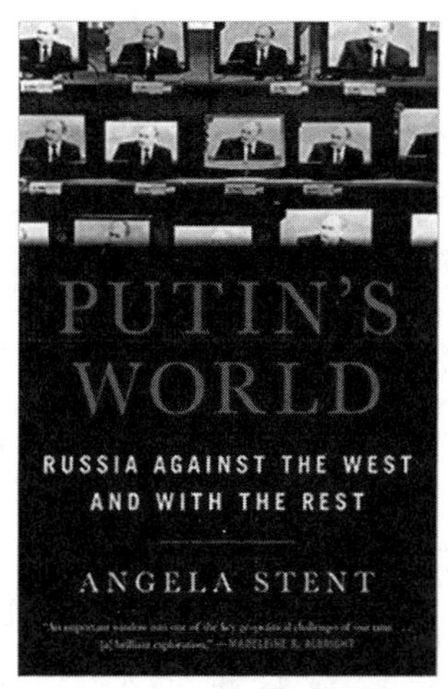

近年来，俄罗斯已经在世界舞台上重新崛起，甚至在自己不擅长的经济领域重整旗鼓。这是因为弗拉基米尔·普京(Vladimir Putin)是一位才华横溢的战略家，还是由于西方国家因为深陷本国问题而无暇顾及俄罗斯？本书审视了俄罗斯动荡的过去，认为俄罗斯的历史对普京产生了深刻影响；也分析了俄罗斯人对自己全球地位的理解，以及他们未来的野心，认为俄罗斯人坚信自苏联解体以来，西方一直试图剥夺他们的大国席位。此外，本书还着眼于俄罗斯的几对重要外交关系，即它与美国、欧洲和北约的对抗，与中国、日本、中东和其他邻国的合作，还有与乌克兰的复杂关系，为我们展示了多重独特的解读视角。作者将帮助人们理解冷战后的时代如何以及为什么已经成为一个新的、更危险的世界。作者表示，俄罗斯在全球的每一个角落都蓄力向美国发起挑战，俄罗斯在美国政治中已成为一瓶“毒药”。评论称，尽管普京的国家很脆弱，但他已经想方法来巩固俄罗斯的实力。了解普京是如何做到这一点对美国而言至关重要，本书恰好对此问题提供了精彩的见解。

本书作者安吉拉·斯滕特(Angela Stent)是美国乔治城大学俄罗斯与东欧研究中心主任，著有《伙伴关系的界限：21世纪的美俄关系》(*The Limits of Partnership: US-Russian Relations in the Twenty-First Century*)。

《重蹈覆辙：1938年》

Récidive: 1938, Michaël Foessel, Presses Universitaires de France, Mar. 2019

往昔，是法西斯主义；今天，是恐怖主义和移民问题。动荡不安的20世纪30年代如同一座灯塔，为现今的我们投来微光，指明方向。作者在翻阅档案资料的过程中猛然发现，1938年和现在有着许多相似之处。首先是经济危机。1929年和2007年都爆发了资本主义经济危机。作者发现一个有趣的现象，在20世纪30年代的报纸中很少提及经济危机，当权者更乐意把经济不景气归结于某些社会福利政策，怪罪于人民阵线提出的“每周40小时工作制”；如今则把低迷的法国经济和35小时工作制挂钩。两个年代的潜台词是一致的：好日子到头了，法国应该为高福利的生活付出代价。经济危机导致人民生活水准下降，从而引发部分民众对少数族裔或者外来移民的歧视，现在和“二战”之前都出现了上述情况。

作为后遗症，右翼政党开始占上风。比如在过去的德国，希特勒领导的政党夺得了大选胜利，并逐渐发展为第三帝国。在今天的法国，国民阵线这个极右翼政党多年前还处于边缘地位，而今它的候选人进入了法国总统第一轮选举，可见其群众基础正在不断扩大。本书出版后已经登上畅销榜，并引来民众和学者的热烈讨论。评论称，我们应该跟年轻一代重提未来了。过去并不是负担，而是提供了一幅图景，让我们一同抵抗宿命。

本书作者迈克尔·福塞尔(Michael Fusel)是法国哲学家，著有《安慰的时间》(*Le Temps de la consolation*)。

《中国的胜利愿景》

China's Vision of Victory, Jonathan D T Ward, Atlas Publishing and Media Company, Mar. 2019

本书是以美国人的视角来审视中国崛起的。作者认为，总有一天，我们会说，我们从来没有预见到它的到来。在太平洋两端75年的和平之后，美国力量的新挑战者出现了，这是一股几代人都未曾看见过的力量。中国共产党从对民族命运的深刻认识出发，带领一个拥有14亿人口的国家走向“中华民族伟大复兴”，并随之改变一个以美国为首的世界。今天，美国的年轻人会见证美国作为超级大国捍卫自己地位的最终行动吗？美国的聪明才智、信心和实力能否超越中国共产党的长期战略思维和规划？这些挑战将影响未来10年甚至更长的时间。本书将使广大美国读者对中国的计划、战略和雄心有新的理解。从海底到太空，从非洲到北极，从地下战争到中国跨国公司的崛起，本书将向美国人展示他们生命中新的伟大“游戏”，以及他们的对手——中国是如何看待这一切的。评论称，中国的崛起在世界历史上是前所未有的，也是21世纪头20年来最大规模的地缘政治发展。在未来的几十年里，中国很可能会继续如此。

本书作者乔纳森·沃德(Jonathan Ward)是阿特拉斯组织(Atlas Organization)的创始人，该组织是一家专注于印度和中国崛起以及美中全球竞争的咨询公司。

《构建新时代中国特色社会主义政治经济学》

蔡昉、张晓晶著，中国社会科学出版社 2019 年版

在中国的语境中，政治经济学早已不是一门简单的学科门类。它代表着对社会发展经验的总结，远远超越了学科建设的范畴。作者认为，中国特色社会主义政治经济学应该是 70 年来中国社会主义建设经验与发展道路的总结。本书总结了我国经济发展实践的规律性认识，分析新时期我国经济运行的特点，是深入学习习近平新时代中国特色社会主义经济思想的理论成果。全书由六部分构成。第一部分提出习近平新时代中国特色社会主义政治经济学的指导原则和主体内容，第二部分阐释了其认识论与方法论要义，第三部分从时间与空间维度揭示经济发展新常态的大逻辑，第四部分依据新发展理念对发展的目的、动力、必要条件、衡量尺度等问题予以审视，第五部分论述建设现代化经济体系的路径，第六部分列举了在改善全球治理、促进全球发展方面的中国智慧与中国方案。作者表示，本书没有拘泥于传统政治经济学教科书的写法，而是在概括已有马克思主义政治经济学理论成果的基础上，重点围绕新时代新发展的内容展开。

本书作者蔡昉是中国社会科学院副院长，著有《中国的二元经济与劳动力转移——理论分析与政策建议》；张晓晶是中国社会科学院经济研究所副所长、研究员。

《国际共产主义运动发展报告(2018—2019)》

姜辉、潘金娥主编，社会科学文献出版社 2019 年版

为了及时跟踪和发布每年国际共产主义运动和世界社会主义发展的最新动态，中国社会科学院马克思主义研究院以创新工程项目“世界社会主义思潮与运动新进展研究(2018—2022)”为基础，以国际共产主义运动重点学科为依托，采取开放式的方式引入国内外研究力量，聘请本学科国内权威专家组成专家指导委员会进行指导，以优化学科资源方式进行集体创作。

本书的主要内容包括三部分：总报告、专题报告和附录。其中，专题报告分为三篇，即对国际共运理论和年度重大问题进行讨论的“理论聚焦篇”、对世界社会主义国家的理论与实践新动态进行跟踪研究的“改革创新篇”，以及对国外共产党和左翼政党的思潮及运动新进展进行观察的“思潮运动篇”。附录为对当年国际共运学科重要事件进行盘点的“国际共产主义运动重大事件 50 项”，概要呈现当年本学科的重点、热点、焦点问题和重大事件、重要人

物、重要成果等。总报告以专题报告和年度重大事件为基础,对当年国际共产主义运动的总体发展态势特征进行概括,并提出本书的观察和发现。本书力争以一手资料,在第一时间,以原创性、全视角方式反映本学科年度发展的基本情况。本书旨在推动国际共运学科发展,同时也为理解当今世界面临的百年未有之大变局提供马克思主义视角的解读。

《发展中的社会民主主义:欧洲社会主义的政治和宗教根源》

Social Democracy in the Making: Political and Religious Roots of European Socialism, Gary Dorrien, Yale University Press, Apr. 2019

近20年来,新自由主义经济全球化的深入发展,引发了人们对民主社会主义旧理念的浓厚兴趣。在社会民主党执政的国家里,人民控制着经济和政府,没有任何团体支配其他任意一个群体,每个公民都是自由、平等和包容的。本书聚焦基督教社会主义和社会民主政治的融合,以及它们在英国和德国的发展历史与现状,并追溯了民主社会主义从19世纪诞生到20世纪60年代中期的故事。本书以20世纪的社会和政治创伤为切入点,研究了民主社会主义所依据的原则以及它如何适应不同的文化、宗教和经济环境。作者加里·多林(Gary Dorrien)提醒道,基督教社会主义为所有解放神学铺平了道路,使被压迫人民的斗争成为救赎的主题。他主张权力下放的经济民主和反帝的国际主义。评论称,本书是对基督教社会主义和社会民主交织后产生的遗产的深刻而重要的解释,它将两者阐释为经济民主运动,并提出这是当今社会正义运动不可或缺的共同点。

本书作者多林是美国哥伦比亚大学宗教学教授,著有《美国自由主义神学的形成:理想主义、现实主义与现代性(1900—1950)》(*The Making of American Liberal Theology: Idealism, Realism, and Modernity, 1900–1950*)。

《民主能否在全球资本主义中生存?》

Can Democracy Survive Global Capitalism? Robert Kuttner, W. W. Norton & Company, Apr. 2019

在过去的几十年里,即使随着生产力的发展,大多数工人的工资仍处于停滞状态。社会福利被削减,企业却获得了空前的利润。这是怎么回事呢?罗伯特·库特纳(Robert Kuttner)认为,这其中,全球资本主义是罪魁祸首。通过限制工人的权利、解放银行家、默许企业逃税避税,资本主义沉重打击了民主原有的根基。

作者指出，资本主义应该为民主服务，而不是反过来破坏民主。这种错误造成了一系列不良后果，包括大量失望的选民在走投无路的情况下选出了唐纳德·特朗普(Donald Trump)这样一个打着民粹主义旗号的资本家做总统。库特纳结合相关历史，探讨了不受约束的全球资本主义如何控制政治进程，如何切断原本可以保护工人和国家利益的政策方针，如何导致人们对政治制度失去信心，以及极端意识形态如何抬头。评论称，作者承认，仅仅依靠反对这种现状并不是有效的解决办法，现在需要大家深入思考这个复杂和令人不安的时代。对于渴望扭转西方民主衰落趋势的人来说，这本书是必不可少的。

本书作者库特纳是美国资深作家，著有《债务人监狱：紧缩政治与可能性》(*Debtors' Prison: The Politics of Austerity Versus Possibility*)。

《观念的力量》

The Power of Ideas

［英］以赛亚·伯林著，胡自信、魏钊凌译，译林出版社 2019 年版

本书收录了以赛亚·伯林(Isaiah Berlin)此前不曾结集成书的 22 篇文章。从伯林对自身学术道路的梳理，到令他成名的俄国思想家研究，再到令他享誉世界的自由论述，无不以优雅的文字和磅礴的论证，证明伟大的观念可以革新人类对世界、对自身的理解，而可怕的观念也可以给世人带来厄运和灾难。马克思主义、浪漫主义、自由和犹太复国主义，作者对这些迥然不同的观念的论述都包含在这部精彩的文集中。观念不再仅仅是观念，没有人能像该书作者这样，将它们光辉或不那么光辉的历史抽丝剥茧地写出来。本书不仅用清晰通透的方式把握住观念在历史上的力量，并且告诉我们该如何运用伯林的思想来理解当今世界所发生的一切。评论称，这部可读性极强的著作涵盖了伯林最为关键的研究领域。它很显然是研究伯林思想的入门佳作，所有与作者紧密相关的论述，尤其是自由和人类价值，都可以在这里找到。

本书作者伯林是英国哲学家，著有《苏联的心灵：共产主义时代的俄国文化》(*The Soviet Mind: Russian Culture Under Communism*)。

《人、权力和利润：一个不安时代的进步资本主义》

People, Power, and Profits: Progressive Capitalism for an Age of Discontent, Joseph E. Stiglitz, W. W. Norton & Company, Apr. 2019

本书带领读者挑战经济现况，抛开自由市场的基本教义，重拾属于民众的全新经济时代。民众普遍认为，美国资本主义及其政府都将经济的重责大任放在大企业上，但作者约瑟夫·斯蒂格利茨(Joseph Stiglitz)却在本书中解释道，这样的情况是非常危险的。他认为，当前美国已有少部分的财团主宰整个经济大权，导致贫富不均加剧和经济增长缓慢。这也造成金融业可以制定对自身较有利的法规，科技公司掌控大量的个人隐私数据却无人监督，而政府却签订了未能谋取劳工最大利益的贸易协定。越来越多的人通过剥削而非创造财富与价值获利。如果再不采取措施，新兴科技不仅将使经济状况变糟，不平等和失业人口也会持续上升。斯蒂格利茨认为，财富和提升人民生活水准的根源，必须透过教育学习、科学与科技优势，以及真正的律法来制衡。若人民对司法、教育体系和媒体充满抨击，这些质疑与否定将推动美国经济与民主的发展。即使我们对现状感到绝望，这并非真的无能为力，透过斯蒂格利茨权威的经济学分析，为未来美国经济指引了一条全新的改革道路，企业将与工人共同奔向更美好的愿景。

本书作者斯蒂格利茨是美国哥伦比亚大学罗斯福研究所首席经济学家，著有《特朗普时期的反全球化》(*Anti-Globalization in the Age of Trump*)等。

《社会主义宣言：极端不平等时代激进政治的理由》

The Socialist Manifesto: The Case for Radical Politics in an Era of Extreme Inequality, Bhaskar Sunkara, Hachette Audio, Apr. 2019

本书表达了美国左翼政治最突出的声音之一、一个振奋人心的论点，即为什么今天的美国需要社会主义？美国著名左派政治家伯尼·桑德斯(Bernie Sanders)于2016年参与民主党总统候选人竞选并获得成功，这一事件重振了一种许多人认为已不复存在的政治理念——美国的社会主义政治。桑德斯表示，他理解的社会主义就是，在这个社会里，我们不需要一个贫穷的阶层。国际间的关系应该基于合作，共同发展而非某一个国家对利润的贪婪。人应该享受自己生产出的果实，一起创造未来，而不是像别人雇佣的奴隶一样，被随便呼来唤去。但是社会主义到底是什么呢？美国的社会主义制度会是什么样子？在本书中，巴斯卡·桑卡拉(Bhaskar Sunkara)回顾了19世纪中期以来的社会主义历史，并对其未来提出了现实的设想。桑卡拉指出，社会主义在美国虽然通常被视为一种经济制度，但它实际上提供了打击一切形式压迫的手段,包括种族主义、性别歧视和贫富差距等。它的最终目标不是复制苏联式的规划,而是为大多数劳工赢得医疗、教育和住房的权利,并在工作场所和社区建立新的民主机构。评论称,这是一本关于 21 世纪社会主义的入门读物,任何想要结束我们这个时代严重不平等现象的人都应该细细品读。

本书作者桑卡拉是美国《雅各宾》(*Jacobin*)杂志创始人。

《燃烧的森林：印度对毛派的战争》

The Burning Forest: India's War Against the Maoists, Nandini Sundar, Verso, Apr. 2019

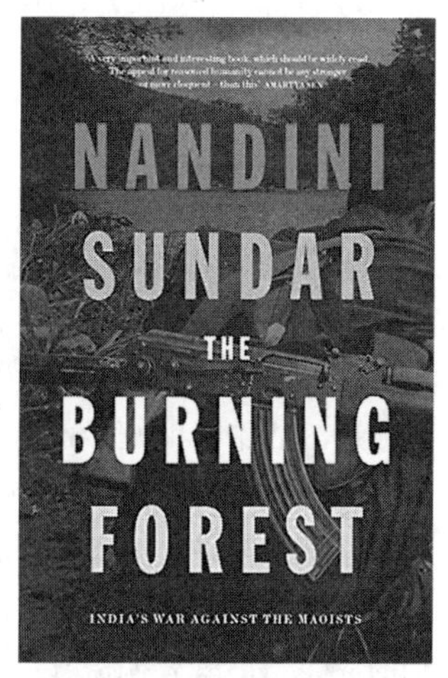

印度毛派是一个信仰毛主义的极左地下政党,目标是推翻印度政府。在过去 10 年里,印度中部森林茂密、矿产丰富的巴斯塔尔地区已经成为印度最军事化的地区之一。印度政府称毛派叛乱是对印度"最大的安全威胁"。2005 年,一个由政府赞助的民团运动 Salwa Judum 烧毁了数百个村庄,利用马来西亚、越南和其他地方开发的反叛乱技术,将这些村庄的居民赶进了政府控制的营地。冲突一直持续到今天,造成大量平民、安全部队和毛派干部的牺牲。2007 年,作者与其他同事就冲突引起的侵犯人权行为向印度最高法院提起诉讼。在 2011 年的这项具有里程碑意义的判决中,法院禁止政府采用私刑。本书描述了印度心脏地带的这场残酷战争的经过,整理了来自政府、法院、媒体和其他政治组织对该事件的不同立场,对印度的民主现状进行了深刻批判。评论称,作者以冷静的方式详细描述了暴力升级的历史,很少有人文社科学者敢触及此类话题,更不用说亲自跟踪 20 多年进行研究了。

本书作者南迪尼·桑达尔(Nandini Sundar)是印度德里大学社会学教授,著有《臣民与君主：巴斯塔尔的人类学史(1854—2006)》(*Subalterns and Sovereigns: An Anthropological History of Bastar, 1854–2006*)。

《工业革命：历史、理论与诠释》

严鹏、陈文佳著,社会科学文献出版社 2019 年版

本书对 19 世纪以来学术界最主要的工业革命研究文献进行了梳理,区分了革命说与渐变说这两种关于工业革命的基本历史叙事,考察了经济史范式转移背景下工业革命研究在方法、诠释与理论上出现的变化,辨析了不同学术观点形成的机理。本书所选择的文献,有很多是尚未译为中文的英文文献,其中既包括最早传播"工业革命"这个词的经典著述,也包含截至 2018 年出版的前沿成果。工业革命的相关文献浩如烟海,本书仅聚焦于第一次工业革命即

“工业革命”这个词的本义,同时,选择介绍与分析的文献主要为严肃的学术成果,至于市面上流行的由各类写手创作的通俗读物,则不在讨论范围内。

在梳理学术史之余,本书对工业革命的起源问题提出一己之见。更为重要的是,本书搜集了关于工业革命的各种基本数据,对于读者而言,这或许是更有参考价值的。工业革命创造了工业文化,工业文化又促进了工业革命,对工业革命的诠释与讨论也是工业文化的一部分。本书作为“工业文化通识丛书”的开篇之作,力求在工业文化的视野下探究工业革命。

本书作者严鹏是华中师范大学中国近代史研究所副教授;陈文佳是福建省福州第二中学教师。

《民主如何终结》

How Democracy Ends, David Runciman, Profile Books LTD, May. 2019

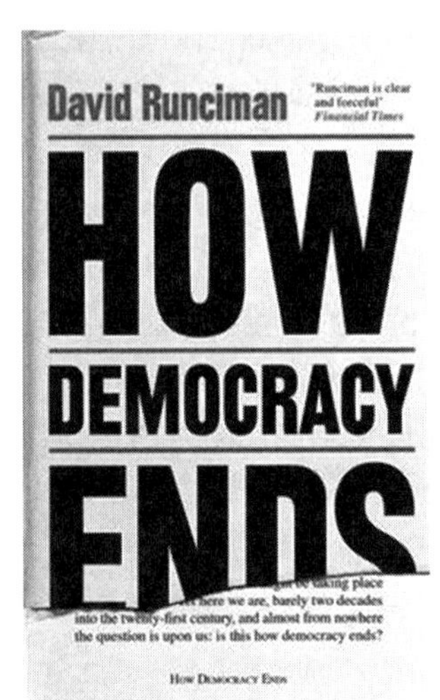

近年来,西方民主受到严峻的考验。继英国脱欧、唐纳德·特朗普(Donald Trump)当选等一连串“黑天鹅事件”接连发生后,人们不禁要问:西方民主是否已经走到尽头?本书作者大卫·朗西曼(David Runciman)认为,民主未死,只是中年危机,这个危机的核心是民主的空心化。本书围绕西方的政治地景,从古希腊和现代希腊的政变、核战争、环境灾难和恐怖主义等角度出发,分析了西方民主遭受的威胁和挑战。他指出,当前的社会已经变得更富裕、老龄化和网络化,不像从前那么容易分崩离析,历史不会重演,但是制度的僵化和衰败却是民主未来真正的威胁。今天,西方民主的中年危机是一场全面的危机。此外,本书还探讨了以往对于民主遭遇失败的种种忧虑以及这些忧虑是否过时。朗西曼用自己的观点解释了21世纪的种种作用力如何使得人民失去民主而不自知。他认为,所有政治体系都会有终结的一天,而民主的生命也不会有单一的终点,民主国家将继续沿着世界不同地区的不同道路继续前进。评论称,本书带着活力和严谨审视问题,帮助我们思考:民主的失灵在21世纪意味着什么?继民主之后有可能有更好的制度出现吗?

本书作者朗西曼是英国剑桥大学政治学教授,著有《信心陷阱:一战以来的民主危机史》(*The Confidence Trap: A History of Democracy in Crisis from World War I to the Present*)。

《马克思与〈资本论〉》

卫兴华著,中国人民大学出版社2019年版

本书是作者一生钻研《资本论》的集大成之作,深入浅出地阐述了马克思写作《资本论》的前因后果、《资本

论》的研究对象与方法、《资本论》的主干内容与疑难点及时代意义；全面介绍了马克思研究政治经济学和写作《资本论》的峥嵘岁月，尤其是马克思长期忍受贫困、病痛等折磨，精益求精、不断写作和修改完善《资本论》手稿的过程。本书具有四个鲜明特点：一是内容全面精炼，简明扼要。本书论述了三卷《资本论》的基本内容，虽然只有 18 万字，却完整再现了马克思《资本论》的理论精要，有助于初学者和爱好者快速把握《资本论》的思想内容。二是忠于原著，力求准确。无论是谋篇布局还是具体的理论阐释，都尽量严格按照马克思本意解读。凭借对《资本论》的长期深入研究，作者将艰涩的理论阐述得既通俗易懂，又不失精确。三是澄清理论是非，攻克难点。对于学界长期存在的对《资本论》某些问题的错误解读，如关于生产劳动与非生产劳动、外延型和内涵型扩大再生产、粗放型和集约型增长方式等问题，作者不惜笔墨，以求明晰理论是非、消除误解错解。四是理论联系实际，突出《资本论》的当代价值。本书不仅阐述了《资本论》对认识当代资本主义的现实意义，还明确了它对建设中国特色社会主义的指导作用。

本书作者卫兴华是中国人民大学荣誉一级教授，著名马克思主义经济学家。

《处于十字路口的民主资本主义：技术变革与政治未来》

Democratic Capitalism at the Crossroads: Technological Change and the Future of Politics, Carles Boix, Princeton University Press, May. 2019

20 世纪以来，西方工业化国家的民主资本主义取得了不俗的成绩，人们普遍支持自由市场和代议制选举。今天，这种传统的政治共识似乎正在崩溃，两极分化所带来的收入不平等令大多数公民不满，他们对现有的民主体制感到失望，也对重新抬头的民粹主义感到担忧。本书通过回溯近两个世纪以来民主资本主义的历史，划分出民主资本主义发展的三个阶段，认为每一个阶段都创造了一个独特的时代，有其独特的政治挑战、生产和就业结构以及民主关系。第一阶段从 19 世纪的曼彻斯特开始，工厂老板以低工资雇佣非技术工人，造成了严重的不平等和限制性的选举权。第二阶段始于 20 世纪初，底特律通过现代装配线的发明，将劳动力需求向熟练的蓝领工人身上转移。虽然不断增长的工资、略有缓解的不平等和逐渐壮大的中产阶级一定程度上支撑了民主资本主义的蓬勃发展。但始于 20 世纪 70 年代的硅谷信息革命，即第三阶段，正以完全牺牲传统工人阶级为代价，让精英阶层受益。就业机会正在向海外转移，不平等现象急剧上升，这让许多人怀疑民主和资本主义是否仍是相容的。对于上述种种的问题，本书提出了相应的解决方案，希望能够利用资本主义的力量来维护民主，并应对未来的挑战。

本书作者卡莱斯·博伊(Carles Boix)是美国普林斯顿大学政治学教授，著有《政治党派、增长和平等》(*Partidos Politicos*, *Crecimiento E Igualdad*)。

《民主也许不存在，但当民主消失时，我们会怀念它》

Democracy May Not Exist, but We'll Miss It When It's Gone, Astra Taylor, Metropolitan Books, May. 2019

民主到底是什么？我们用这个词是什么意思？它真正存在吗？对于这一系列问题，被《洛杉矶时报》誉为“新民权领袖”的阿斯特拉·泰勒（Astra Taylor）在本书中给出了令人惊讶的答案。她认为，美国是不缺民主的，至少在名义上是这样。但我们所看到的每一个地方都处于民主危机之中——从白宫的富豪小集团，到选区划分和黑钱捐赠。显而易见的是，选举口号中的由民执政和为民服务的原则并没有得到兑现，民主问题比任何一个选举周期都要严峻。正如作者所证明的那样，真正的民主——完全包容和完全平等——实际上从未存在过。本书以一种既有哲理又有趣味的语调，把历史、理论、个人故事和对几位当代著名哲学家的采访结合在一起，为读者重新审读了“民主”这个词。此外，泰勒还表示，民主是一种手段还是目的，是一种过程还是一套期望的结果？如果这些结果，不管它们是和平、繁荣、平等、自由，还是公民参与，那么它们是否可以通过非民主手段实现呢？民主原则应适用于哪些生活领域？如果民主意味着人民的统治，那么统治意味着什么，谁是人民？民主固有的矛盾往往不被提及，也不被承认。探讨这些问题的答案可能是民主不存在，但也使我们更好地理解了什么是可能的，我们想要什么，为什么民主如此难以实现，为什么民主值得努力等。

本书作者泰勒是美国杂志《异见者》（*Dissent*）的特约编辑。

《简斯维尔：一个美国故事》

Janesville: An American Story

［美］艾米·戈德斯坦著，徐臻译，中信出版社 2019 年版

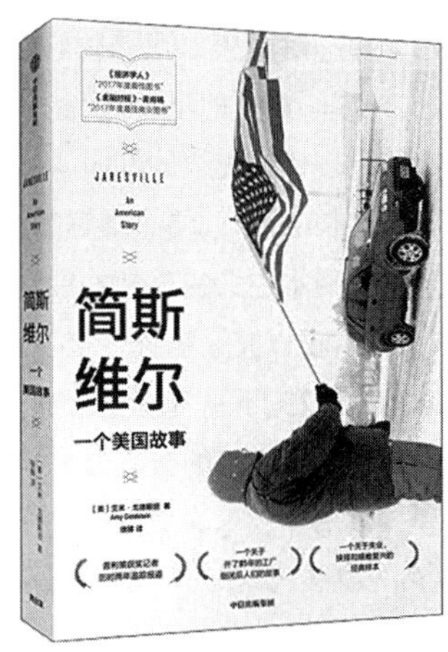

2008 年，美国爆发了席卷全球的金融危机，美国最大的汽车公司通用汽车不得不通过破产保护的方式自救。自救的方式之一就是大量关闭工厂和裁员，简斯维尔地区是最大的受害者之一，通用汽车决定关闭那里的生产线。本书的故事就从这里开始，作者并没有记录金融危机之后的直接冲击，而是用了几年的时间，采访简斯维尔的工人、商人、学校、政客、慈善组织，调阅大量资料，对这个小城和小城居民的故事，以及工厂关闭给他们带来的冲击，进行了长期观察和追踪。当地处美国中心地带的一个工业城镇的主要工厂关闭时，到底发生了什么？当一个具有“敢干”精神的城市试图重新振作起来时，又发生了什么？书中指出，像简斯维尔这样的地区在美国非常多，对工人命运并不

真正关心的媒体和知识精英阶层，将他们称为“铁锈地带”。如今闻名于世的硅谷地区也曾险些成为铁锈地带，后因半导体产业的兴起而成功转型。但简斯维尔显然没有那么幸运，从 2008 年至 2016 年，其问题都没能得到有效解决。此后，作为建制派代表的希拉里败给了毫无政治经验的特朗普，也就成为自然而然的事情。

本书作者艾米・戈德斯坦(Amy Goldstein)是美国资深媒体人、首位独立赢得麦肯锡最佳商业图书奖的女作家。

《我们需要谈谈普京：西方是如何误解他的？》

We Need to Talk About Putin: How the West Gets Him Wrong, Mark Galeotti, Ebury Press, June. 2019

本书精辟剖析了西方世界如何误解普京的强权与势力，带领读者认识这位全球最具魄力的总统。普京到底是如何掌握权力的？他到底想要什么？又将对全球局势如何出招？尽管市面上有无数的书籍描述普京执政下的俄罗斯，西方世界仍无法真正理解这位全球最强大的政治家，普京的影响力遍布全球，其权力网络甚至触及我们日常的生活核心。本书揭露了普京神化背后的真实故事，还解开了一般大众对普京的误解，并深度解析了西方应该如何破解他真正的动机以及下一步的行动。本书内容包括，普京在俄罗斯国家安全委员会任职的早期生活，他与美国政府的真实关系，他对俄罗斯及全世界未来的愿景。此外，作者还收录了新俄罗斯政权的相关资讯和部分从未发表的报道，为认识这位全球政治核心人物提供了无与伦比的全新视野，让读者重新挖掘这位不同过往的俄罗斯狂人。

本书作者马克・加莱奥蒂(Mark Galeotti)是英国俄罗斯问题专家，著有《车臣战争(1994—2009)》(*Russia's Wars in Chechnya, 1994 - 2009*)。

《在越南大声疾呼：共产党执政国家中的公众政治批评》

Speaking Out in Vietnam: Public Political Criticism in a Communist Party-Ruled Nation, Benedict J. Tria Kerkvliet, Cornell University Press, June. 2019

自 20 世纪 90 年代以来，公众政治批评已逐渐在越南政治格局中扮演一个特殊的重要角色。作者根据调查发现，从这些公开表达意见的民众群体来看，公众政治批评早已不局限于家庭间的窃窃私语，而是大量充斥在网络等社交平台。本书首先分析了这类批评在过去 30 年里变得普遍的原因，其次集中讨论了四大类批评：工厂工人要求更高的工资和生活水平，村民示威并要求反对腐败和没收土地，对中越关系持有不同意见的公

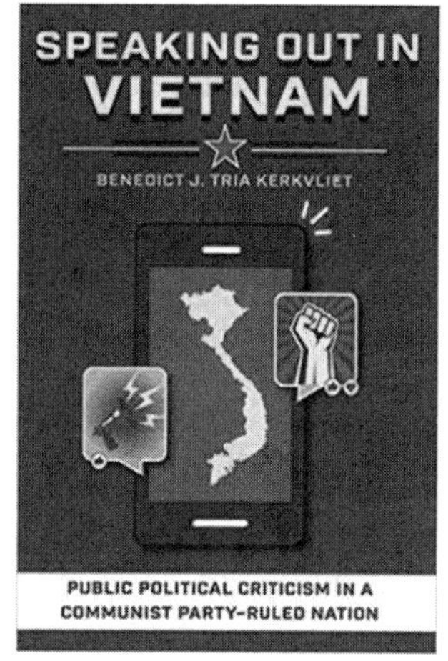

民，持不同政见者要求进行政党竞争选举。作者发现，公众诉求的方向已经从政府腐败问题逐步转向了要求放宽网络舆论的管制和提升普通工人的工作条件等方面。最后，作者表示，虽然我们可能认为越南当局在利用各种手段压制公众的批评，但事实上，政府早已习惯容忍或主动回应这种公开的抗议言论和活动。评论称，本书令人信服地解释了越南共产党和越南政府的一些行为，包括什么时候和为什么压制，什么时候和为什么容忍，以及什么时候和为什么有反应等。

本书作者本尼迪克特·克弗列特(Benedict Kerkvliet)是澳大利亚国立大学政治学教授，著有《菲律宾的日常政治：吕宋中心村的阶级和地位关系》(*Everyday Politics in the Philippines: Class and Status Relations in a Central Luzon Village*)。

《技术陷阱：自动化时代的资本、劳动力和权力》

The Technology Trap: Capital, Labor, and Power in the Age of Automation, Carl Benedikt Frey, Princeton University Press, June. 2019

本书全面回顾了从工业革命到人工智能时代技术进步的历史，并分析了它如何从根本上改变了社会成员之间的经济和政治权力分配。作者认为，从长远来看，工业革命创造了前所未有的财富和繁荣，但机械化的直接后果对大批工人来说是毁灭性的。中等收入就业岗位萎缩，工资停滞不前，劳动收入份额下降，商品利润猛增，经济不平等大大加剧。上述情况也是当今自动化时代的趋势，这一时代始于计算机革命。正如工业革命给我们的生产、生活带来了极大变革一样，人工智能系统也具有同样的潜力。但作者认为，技术的最终影响还取决于我们的管理方式。在19世纪，工人们激烈地表达了他们对机器抢走自己饭碗的担忧。这场喧闹的起义引发了席卷欧洲乃至中国的工人运动。今天，绝望的中产阶级并没有诉诸武力，但是他们的沮丧导致了民粹主义的抬头以及社会阶层的日益分化。由于中产阶级依然面临失业的压力，人们无法持续保持对技术的积极态度。工业革命是世界近代史上一个里程碑式的事件，但当时很少有人意识到它的巨大负面作用。作者提出，也许在这场新的技术革命中，过去的教训可以帮助我们更有效地面对现在和未来。

本书作者卡尔·弗雷(Carl Benedikt Frey)是英国牛津大学工艺学研究员，著有《知识产权与技术创新融资：公共政策与资本市场效率》(*Intellectual Property Rights and the Financing of Technological Innovation: Public Policy and the Efficiency of Capital Markets*)。

《新中国发展面对面》

中共中央宣传部理论局著，学习出版社、人民出版社 2019 年版

为庆祝中华人民共和国成立 70 周年，中央宣传部理论局组织撰写了 2019 年通俗理论读物《新中国发展面对面》。

本书是“理论热点面对面”系列的最新读本，秉承其一贯特点和风格，集中回答干部群众普遍关心的重大问题。从 2019 年 2 月开始，中宣部理论局就组织力量开展深入调研，梳理出新中国 70 年发生了怎样的变化、中国经济奇迹是如何创造的、中国式民主为什么符合国情、中国何以文化自信、中国老百姓日子怎样越过越红火、中国是怎样走上绿色发展之路的、中国国防和军队现代化是如何推进的、中国是如何坚持“一国两制”和推进祖国统一的、中国是怎样走近世界舞台中央的、中国道路为什么好、中国共产党为什么能、中国未来为什么前景可期等 12 个重大问题。中央有关部门的同志和专家学者围绕这些问题，进行深入研讨，集中起草修改，广泛征求意见，在凝聚各方面智慧的基础上完成了书稿。本书既讲是什么又讲为什么，既讲怎么看又讲怎么办，可作为干部群众、青年学生进行理论学习和开展形势政策教育的重要辅助读物。

《冷战与学术：美国的中国学(1949—1972)》

张杨著，中国社会科学出版社 2019 年版

“二战”改变了美国学术界一向秉持的自由独立学术传统，大量学者投身到为美国政府服务的工作中去，官智关系加强。及至战后，一方面，美国在全球范围内的势力迅速扩张，亟须大量社会科学研究特别是区域研究来为政府对外政策提供智力支持；另一方面，两大阵营在意识形态领域的对抗，对人类“未来道路”的竞争，也使美国迫切需要各种专门知识。亚洲地区得益于中国文化的长期深刻影响，新中国的成立对美国构成意识形态挑战，美国政府需要通过加强对中国的了解，寻找更有效的对华冷战政策。中国学由此卷入极具争议的官智互利与互斥的旋涡中去。

借助来源广泛的已刊和未刊档案资料，本书追溯了冷战前半期美国中国学的发展历程：美国中国学既受大环境的裹挟，某种程度上屈从于冷战国家安全需求，又主动争取权力分享，为美国对华政策提供智力支持。美国中国学研究专家不断在国家安全、社会责任、学术伦理和价值追求之间寻找平衡。作者从上述视角出发，尝试探讨四个问题：“冷战需求”与美国中国学之间的关系、以中国学为代表的区域研究的内生动力和外在影响力、美国中国学学者的个人际遇与选择、美国中国学对美国对华政策的影响。

本书作者张杨是浙江大学历史学教授。

《新阶级社会：美国梦的终结？》

New Class Society: Goodbye American Dream?

［美］厄尔·怀松、［美］罗伯特·佩卢奇、［美］大卫·赖特著，张海东等译，社会科学文献出版社2019年版

本书指出，过去40年间发生在美国的经济与社会结构转型，可能并非简单的市场调控或政府政策后果，而是由处于特权阶级顶层的超级阶级及其盟友共同谋划的，以剥削中产阶级与工人阶级利益为目的而展开的一场旷日持久的“阶级战争”。自20世纪70年代中期以来，美国社会的阶级结构逐渐从中产阶级主导转变为特权阶级主导。伴随着“新经济”背景下的公司裁员与业务外包，以及全球化背景下的商贸竞争与组织重构，曾经代表着“美国梦”的中产阶级日渐式微，大量滑向下层工人阶级。作者认为，他们之所以把因为利益分歧而产生的阶级冲突称为“阶级战争”，很大程度上与他们采取的阶级分析方法，即基于马克思阶级分析范式的社会不平等研究逻辑有关。不同于马克思语境下的阶级斗争或暴力革命，如今的美国特权阶级与新工人阶级间的利益冲突，是由超级阶级及其盟友单方面组织并发起的，一场自上而下的非暴力战争，其目的是为了强化和扩大特权阶级在经济、政治、文化利益等方面至高无上的地位。

本书作者厄尔·怀松(Earl Wysong)是美国印第安纳大学社会学教授；罗伯特·佩卢奇(Robert Perrucci)是美国普渡大学社会学教授；大卫·赖特(David Wright)是美国威奇塔州立大学社会学教授。

《刘少奇与探索新中国之路(1949—1956)》

林蕴晖著，社会科学文献出版社2019年版

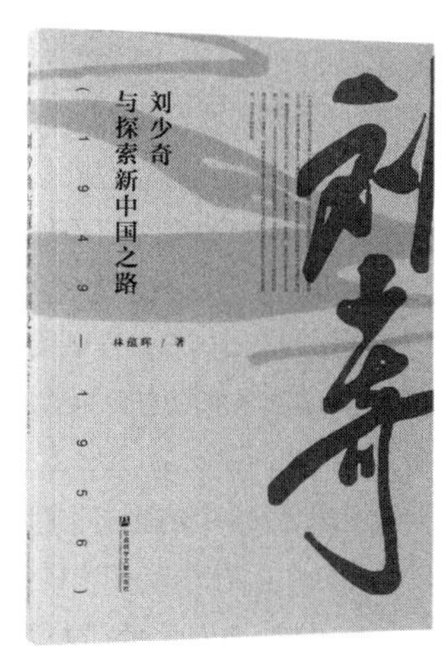

刘少奇同志是伟大的马克思主义者，伟大的无产阶级革命家、政治家、理论家，党和国家的主要领导人，中华人民共和国开国元勋，是党的第一代中央领导集体的重要成员。作者认为，“社会主义就是消灭私有制”是包括刘少奇在内的一代领导人的理论共识。但是，在新中国成立之初，刘少奇阐述了资本主义“剥削有功”说；批判在个体小农经济基础上“逐步地动摇、削弱直至否定私有基础”的主张，认为这“是一种错误的、危险的、空想的农业社会主义思想”；提出了一系列有关社会主义政治制度建设的思想观点。新中国成立后，刘少奇积极探索适合我国国情的社会主义建设道路，强调我们应该根据中国特点采取适合中国情况的方法来进行建设。如果站在中国处在社会主义初级阶段的理论高度，那么就不难看出刘少奇在探索新中国之路——由传统社会

主义转向中国特色社会主义的历史进程中的独特贡献。

本书作者林蕴晖是中国人民解放军国防大学退休教授。

《邓小平传》

Deng Xiao Ping and the Making of Modern China

［英］理查德·伊文思著，田山译，国际文化出版公司 2019 年版

理查德·伊文思(Richard Evans)一生与中国结下了不解情缘。20 世纪 50 年代、60 年代和 80 年代，他三度赴华任职，前后在中国生活了 8 年时间，与邓小平有过数次面对面接触，并直接参与了香港问题谈判。30 多年来，他始终关注着中国，关注着邓小平，花费了多年时间收集资料，研究邓小平本人的经历和他的著作。经过多年的努力，将他 30 多年来对中国历史的了解，对中国共产党的了解，尤其是对邓小平本人的了解展示给了广大读者。他站在独特的立场，以平和的眼光看待并展示邓小平不平凡的一生，带领读者重温了 20 世纪中国的发展历史。在本书中，伊文思按时间顺序分 15 章，叙述了 1904—1993 年间邓小平的主要历史活动。评论称，本书以客观的立场叙述了伟大的领导人邓小平的一生，是国外学者研究邓小平的权威巨著。

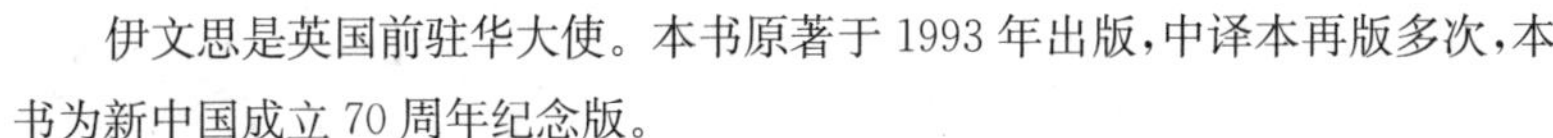

伊文思是英国前驻华大使。本书原著于 1993 年出版，中译本再版多次，本书为新中国成立 70 周年纪念版。

《精英的暮色：繁荣、周边和法国的未来》

Twilight of the Elites: Prosperity, the Periphery, and the Future of France, Christophe Guilluy, Yale University Press, Aug. 2019

大都市是经济全球化的必然结果，法国也不例外。在本书中，克里斯托夫·古卢瓦(Christophe Guilluy)认为，法国已经成为一个“美国式的社会”，即一个充满多元文化和日益不平等的社会。在今天的法国，经济全球化所产生的赢家和输家之间的分歧，似乎已经取代了昔日法国左翼、右翼政党的纷争，同时留下了许多处于社会“边缘”的法国人。正如本书所示，由于没有统一的国有经济，那些与法国新兴经济体隔绝的平民阶层在经济和社会方面正遭受着与日俱增的痛苦。在古卢瓦的分析中，精英阶层对法国“开放社会”的口头支持是为了掩盖一个正在形成的封闭社会，为了上层阶级的利益，精英们会不自觉地将社

会封闭起来。他认为,法国的统治阶级正进入一个危险的阶段,如果经济没有稳定而持续增长,那些被排除在经济增长之外的国内民众的希望就会破灭,进而破坏了法国这样一个多元文化国家的稳定。评论称,本书用马克思主义的阶级历史观,充满激情地描述了法国都市精英阶层和工人阶级之间的鸿沟是如何把这个国家搞得四分五裂的。

本书作者古卢瓦是法国地理学家,著有《法国的郊区:我们如何牺牲大众阶级》(*La France périphérique: Comment on a Sacrifié les Classes Populaires*)。

《因打压而愤怒:美国工人的过去、现在和未来》

Beaten Down, Worked Up: The Past, Present, and Future of American Labor, Steven Greenhouse, Knopf, Aug. 2019

在一个企业利润猛增而工资却停滞不前的时代,数以百万计的美国人正在寻找改善生活的方法,他们经常求助于工会或直接参加工人运动,例如 Red for Ed 教师罢工和"争取 15 美元时薪"罢工。作者认为,工资增长停滞、低薪工作和饱受摧残的蓝领社区已经成为当今美国社会的一部分,这些现象背后隐藏的是一个我们较少关注的问题,即几十年来工人力量的衰弱。这种衰弱反映了美国今天面临的一些最紧迫的问题,例如收入不平等、社会流动性下降、性别工资差距以及政治权力集中在富人手中。作者通过回顾工人运动的成效,列举当前工人群体为争取自身权益所做的创造性努力,驳斥了"工会有害论""工会过时论"等观点。作者通过数十名通用汽车工人失业后转行做优步司机的故事,向我们展示了现代劳动力的另一面。作者以 1909 年纽约的年轻女性服装工人、1968 年孟菲斯的黑人卫生工作者以及今天的酒店管家为例,描绘了美国工会在历史上是如何从被赋予权利到被边缘化的过程。最后,作者提出了若干具体可行的办法,旨在让工人的集体权力在 21 世纪重新得到保障。

本书作者史蒂文·格林豪斯(Steven Greenhouse)是美国资深记者,著有《大挤压:美国工人的艰难时期》(*The Big Squeeze: Tough Times for the American Worker*)。

《在红角:何塞·卡洛斯·马里亚特吉的社会主义》

In the Red Corner: The Marxism of José Carlos Mariátegui, Christophe Guilluy, Haymarket Books, Aug. 2019

本书是乔斯·马里亚特吉(Jose Mariategui)的传记。马里亚特吉是秘鲁马克思主义思想家,秘鲁共产党创始人，拉丁美洲杰出的共产主义运动领袖，其理论观点被称为马里亚特吉思想。马里亚特吉思想是具有鲜明的秘鲁和拉美特色的社会主义思想，被誉为拉丁美洲 20 世纪最光彩夺目的思想。其思想内容的核心是解决印第安人和土地问题，反对拉丁美洲大庄园封建制。在本书中，作者介绍了秘鲁社会主义者鼓舞人心的生活和思想。作为第一批讨论马克思主义的意义，并从土著人民的斗争中吸取教训的现代思想家之一，马里亚特吉的观点在北美的岩石战和其他土著人领导的斗争中有着直接的现实意义。马里亚特吉的社会主义思想涉及一种乌托邦式的革命辩证法。在这种辩证法中，前资本主义时代的土著社区传统中的某些因素与一个前瞻性的后资本主义的未来图景结合在一起。

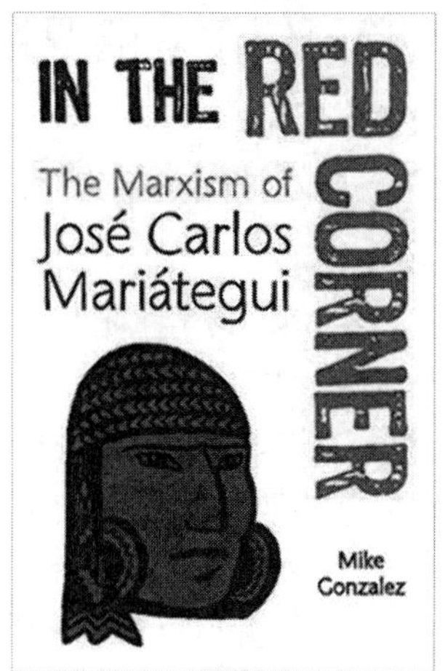

本书作者克里斯托夫·古卢瓦(Christophe Guilluy)是英国格拉斯哥大学拉丁美洲研究名誉教授，著有《乌戈·查韦斯：21 世纪的社会主义者》(*Hugo Chavez: Socialist for the Twenty-first Century*)。

《无身体的器官：论德勒兹及其推论》

Organs without Bodies: On Deleuze and Consequences
[斯] 斯拉沃热·齐泽克著，吴静译，南京大学出版社 2019 年版

吉勒斯·德勒兹(Gilles Deleuze)是法国影响巨大的后现代哲学家，是 20 世纪 60 年代以来法国复兴尼采运动中的关键人物。他认为，政治学是一种欲望政治学，他并不排斥阶级政治，但是，要颠覆资本主义国家机器，阶级政治是不充分的。霸权式的法西斯主义不仅仅存在于希特勒式的政权政治中还可能存在于资本主义的各个角落。

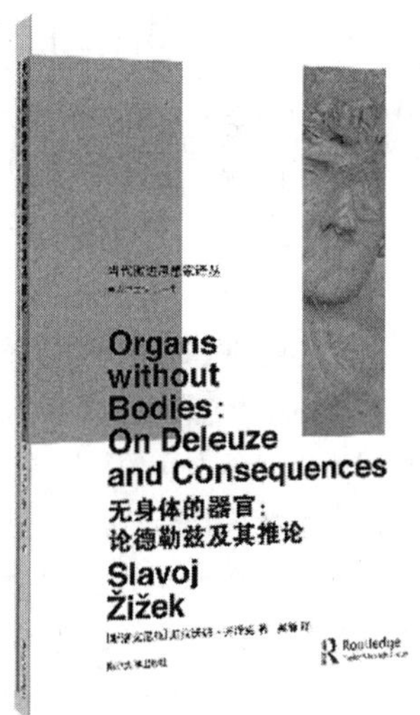

本书分为导论和推论两部分。在这部颇具争议的作品中，一位文化理论巨人沉浸在一位法国思想巨人的思想中，斯拉沃伊·齐泽克(Slavoj Zizek)将德勒兹的作品与俄狄浦斯(Oedipus)和弗里德里希·黑格尔(Friedrich Hegel)连接在一起。这二者，正是这位法国哲学家试图远离的。齐泽克颠覆了一些德勒兹主义的概念，其目的是探索电影《搏击俱乐部》和希区柯克作品中的“无身体的器官”。最后，他抨击了他所认为的“特别时髦”的德勒兹主义者，认为这样的做法会把德勒兹变为当今“数字资本主义”的理论家。评论称，齐泽克用他超凡的能力和无所畏惧的论证，致力于重建一个比我们所知所想的更为真实，也更激进的德勒兹。

本书作者齐泽克是斯洛文尼亚卢布尔雅那大学高级研究员，著有《天堂的烦恼：从历史的终结到资本主义的终结》(*Trouble in Paradise: From the End of History to the End of Capitalism*)等。

《帝国幻象：俄罗斯“国家形象”变迁与他者视野》

张建华著，社会科学文献出版社 2019 年版

本书采用跨学科的研究方法，将文化学、政治学、传播学、文艺学等理论引入俄国史研究，使用档案、报刊、回忆录、文艺作品、影像史料等多样化文献，综合俄文、中文和英文等多语种材料，对俄罗斯的“国家形象”和“民族形象”进行历时态和共时态的考察。纵观俄罗斯自公元 862 年诺夫哥罗德建立以来 1100 余年的历史，帝国的诉求贯穿始终，帝国的影子伴随左右，帝国的形象毁誉并存。作者认为，史学领域的“国家形象”概念仍然是基于认知、情感和行为三要素的心理意识，其关键之处是在历史上长期累积而成并且影响当代的“国家形象”。他指出，“苏联形象”不完全等同于“俄国形象”。“俄国形象”通常泛指自 10 世纪基辅罗斯立国，至 18 世纪初俄罗斯帝国建立，1922 年苏联成立，以及当代俄罗斯联邦的国家形象。有时，专门指代 1917 年二月革命前的“帝俄形象”。而“苏联形象”则专指十月革命后和苏维埃政权建立之后，苏联政府通过各种组织形式和宣传工具，营造并向外界展示的迥异于欧美资本主义国家和亚非民族国家的社会主义国家——苏联的外在面貌，借以宣示它所代表的社会主义政治和社会制度的优越性。

本书作者张建华是北京师范大学历史学院教授，著有《俄国知识分子思想史导论》。

《向和平宣战：外交的终结和美国影响力的衰落》

War on Peace: The End of Diplomacy and the Decline of American Influence

［美］罗南·法罗著，李茸译，社会科学文献出版社 2019 年版

美国的外交政策正经历严峻的转变，其结果可能永久改变美国在全球的地位。预算大幅削减使美国的外交及其国际发展机构大伤元气，为美国谈判国际协议、为海外美国公民提供保护的大量外交官出走，曾经由和平缔造者承担的美国对外事务已被军工势力接管。美国正变成一个先开枪、后提问的国家。在本书中，从华盛顿的权力走廊，到阿富汗、索马里和朝鲜等全球最偏远和最危险的地区，作者通过亲身经历，带我们经历了一场惊人之旅，透析了美国历史上影响最为巨大、最令人不解的一次转变。在大量引用最新解密文件，汇总海量对军阀、内幕消息人士及政策制定者珍贵采访的基础上，本书为外交这一濒危行业做出了强有力的辩护。书中采访到的政策制定者包括了从亨利·基辛格(Henry Kissinger)到威廉·克林顿(William Clinton)，再到雷克斯·蒂勒森(Rex Tillerson)在内的所有在世的美国国务卿。作者认为，美国数十年来在政治上怯懦、在战略上短视以及在对外行为中公然为恶的结果，是美

国的外交已然衰落,这或许也为美国提供了一条摆脱争战中的世界格局的出路。

本书作者罗南·法罗(Ronan Farrow)是美国记者。

《朝鲜日记》

North Korea Journal, Michael Palin, Huntchinson Books, Sept. 2019

2018年5月,环球旅行家、纪录片大咖迈克尔·佩林(Michael Palin)带着摄制组,冒险进入了朝鲜民主主义人民共和国,一睹这个国家的生活。他以此为素材为英国第五频道拍摄的两部纪录片吸引了数百万观众,并赢得了普遍的赞誉。

本书是作者在拍摄期间精心保存的日记。他在日记中描述了一些特殊的经历:一个完全不同于自己曾经访问过的任一国家的地方;一个拥有世界上最高空置建筑——柳京饭店的国家;首都平壤的居民每天早上醒来首先听到的是:"你在哪里,亲爱的将军?"这来自从全市各新闻媒体的亲切问候;在那个国家,只有15种被认可的发型。作者记录了与官方导游、教师、宣传艺术家、农民和士兵之间的对话。在这些对话中,相互不理解的差异和人性的共同点不断交织在一起,给人以强烈的震撼。

评论称,佩林的日记用其标志性的热情和机智写成,并用丰富且精彩的照片进行了衬托,简单的标题背后却表达了对朝鲜罕见的洞察。

《西方通史》

Geschichte des Westens

[德]海因里希·奥古斯特·温克勒著,丁娜译,社会科学文献出版社2019年版

本书由著名历史学家、联邦大十字勋章获得者海因里希·温克勒(Heinrich Winkler)历时5年写成,四卷共厚达4500页,是第一部跨大西洋、总括性的西方史,荣获2016年莱比锡欧洲图书奖。作者称,在帝国主义时代,西方列强越是将世界的其他地方正式或非正式地置于自己的统治之下,地球上的这些地方也就越发必然地进入本书讨论的视野。但这并未让本书成为一部"全球史",充其量不过是为此作出一份贡献而已。评论称,作者撰写西方的历史,被认为是首次填补了一项早就该填补的空白:他以罕见的大师手笔、生动的历史叙事,清晰提炼出西方世界的重大发展脉络;所描绘的世界

史宏图,时间跨度从古代源头直至20世纪,权威地阐述了此间发生的重大政治事件,以及各种政治思想的轨迹。

德国媒体盛赞这是一部“具有划时代意义”的“大师著作”。这部著作由“一文未名”德语翻译工作坊历时三年精心翻译,宏大的视角、鲜活的历史、流畅的文笔,实是全球历史爱好者不可不读的世界史鸿篇巨制。

《社会主义101:从布尔什维克和卡尔·马克思到全民医保和民主社会主义者,你需要知道的关于社会主义的一切》

Socialism 101: From the Bolsheviks and Karl Marx to Universal Healthcare and the Democratic Socialists, Everything You Need to Know About Socialism, Kathleen Sears, Simon & Schuster Audio, Sept. 2019

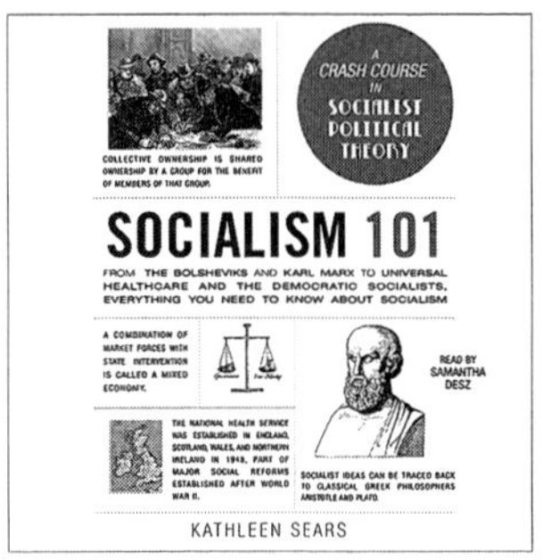

本书是一部对社会主义历史和现实的全面而易懂的指南。作者认为,在今天的政治光谱中,越来越多的政党候选人开始公开支持社会主义或民主社会主义的政策。在美国,凡是涉及“压迫”的问题,社会主义必是人们讨论的热点和关键,甚至探讨对富人征税和全民医疗等内容时也少不了社会主义。但是,社会主义究竟是什么?为什么会引起如此热烈的讨论?本书详细介绍了这种社会制度,包括它的起源、发展史、基本结构、著名人物和现状,为广大读者提供了客观且易于理解的概述。作者表示,今天的资本主义已不再那么具有吸引力,而社会主义的受欢迎程度却在增加。因此,读懂社会主义的必要性从来没有比现在更加紧迫。

本书作者凯思琳·西尔斯(Kathleen Sears)是美国作家,著有《美国历史101:历史事件,关键人物,重要地点,等等!》(*U. S. History 101: Historic Events, Key People, Important Locations, and More!*)。

“马克思主义理论研究丛书”

张占斌主编,社会科学文献出版社2019年版

为了向新中国70华诞献礼,学好用好习近平新时代中国特色社会主义思想,中共中央党校(国家行政学院)马克思主义学院组织出版了“马克思主义理论研究丛书”(共11册),涵盖马克思主义基本原理、马克思主义中国化、马克思人学、中国道路、国家治理现代化、绿色发展、对外开放、中国特色的新型城镇化道路等马克思主义重大理论和实践问题。本丛书是一个重磅的精神产品、文化产品,它既不是块块研究,也不是点点研究,而是从源和流的角度来研

究，既紧紧围绕中国道路，从中国道路视角研究马克思主义发展史，紧紧围绕着实现“强起来”来理解习近平新时代中国特色社会主义思想的原创贡献，紧紧围绕坚持和发展中国特色社会主义这个根本主题和党的十八大以来实现中华民族伟大复兴这个主线。评论称，本丛书突出了马克思主义的整体性、系统性、开放性，把马克思主义作为一个整体加以研究，并涉及多个领域，总体上围绕中国道路这个主题，为当代中国马克思主义作了全景式的轮廓勾画。

本丛书由中共中央党校（国家行政学院）马克思主义学院院长张占斌主编并作为中共中央党校（国家行政学院）高端智库成果入选中宣部“庆祝新中国70周年大型成就展”。

《中华人民共和国大事记（1949年10月—2019年9月）》

中央党史和文献研究院编，人民出版社2019年版

新中国的成立，实现了中国从几千年封建专制政治向人民民主的伟大飞跃，是近代以来实现中华民族伟大复兴的里程碑，中华民族发展进步从此开启了新纪元。为庆祝新中国成立70周年，突出反映党领导人民探索、开创、坚持和发展中国特色社会主义的伟大实践及其重大理论、制度创新成果，本书充分展示了新中国成立70年经济、政治、文化、社会、生态文明建设以及国防和军队、“一国两制”和祖国统一、外交、党的建设等各方面取得的辉煌成就，以便更加深刻地认识中国共产党、中国人民和中国特色社会主义的伟大力量，动员全党全国各族人民更加紧密地团结在以习近平同志为核心的党中央周围，不忘初心、牢记使命，锐意进取、开拓创新，沿着中国特色社会主义道路，满怀信心继续把新中国巩固好、发展好，为实现“两个一百年”奋斗目标、实现中华民族伟大复兴中国梦而不懈奋斗。

中央党史和文献研究院编写了本书。评论称，本书简明扼要、脉络清晰、重点突出、主题鲜明，出版后在全社会引起良好反响，得到广泛好评，是目前反映新中国历史时间跨度最长、最为权威的编年体的新中国简史，对于读者提纲挈领地把握新中国发展的主线，具有重要的现实意义。

《工党的坏消息：反犹太主义、党和公众信仰》

Bad News for Labour: Antisemitism, the Party and Public Belief, Greg Philo, David Miller, Mike Berry, Justin Schlosberg, Antony Lerman, Pluto Press, Sept. 2019

第二次世界大战期间，犹太人成为最大的受害族群，将近600万犹太男女和儿童遭到纳粹集团有组织的杀害，留下人类现代史上最黑暗的一章。“反犹太主义”作为不久前被人类集体实施的罪行，像一道红线圈出了西

方主流政治的最大雷区之一。然而,近年来,英国工党内部频频出现“反犹太主义”言论。本书由5位学者共同撰写,阐述了当今工党中有争议的“反犹太主义”问题,并探讨了在维护该组织完整性的同时解决这一问题的方法。作者深入分析了主流媒体对这一问题的报道,以及部分公众未知的报道。作者集中讨论了围绕国际大屠杀纪念联盟(IHRA)定义的争论,以及对大卫·米勒(David Miller)的指控。他们认为,这些指控最终被驳回的结果已成为未来类似情况的一个重要参照。在本书的结尾,作者还试图以时间顺序说明这个问题的争论焦点。

本书第一作者格雷格·菲洛(Greg Philo)是英国格拉斯哥大学传媒集团研究主任,著有《以色列传来更多坏消息》(*More Bad News From Israel*)。

《资本死了:这是更糟糕的事情吗?》

Capital is Dead: Is This Something Worse?, McKenzie Wark, Verso, Oct. 2019

在这本激进而富有远见的新书中,麦肯齐·沃克(McKenzie Wark)认为信息赋予了一种新的统治阶级权力。通过对信息所有权的控制,某些新兴阶层不仅支配着劳动力,也支配着传统意义上的资本。不仅仅是像亚马逊和谷歌这样的科技公司,就连沃尔玛和耐克现在也可以通过拥有品牌、专利、版权和物流系统来主宰整个生产链。尽管技术乌托邦的辩护者仍然宣称这些创新是对资本主义的一种改进,但对于工人,乃至整个世界劳动者的境遇来说,情况就更糟了。作者认为,新的统治阶级利用信息的力量可以绕过任何障碍,包括罢工和社会运动。那我们怎么才能找到应对的出路呢?本书不仅提供了分析这个新世界的理论工具,而且提供了改变它的方法。沃克借鉴了一系列令人惊讶的经典和当代理论家的著作,提供了一个关于解释当前状况以及在此状况中崛起的新兴阶级力量的概述,极具启发性。评论称,在我们的数字世界即将面临生态灾难的时候,本书是一个具有挑衅性和说服力的探索。有违直觉、富有洞察力和想象力的资本死了,这及时提醒我们,还有比资本主义更糟糕的事情,我们可能只是在经历它们。

本书作者沃克是美国纽约尤金朗学院教师,著有《一份黑客宣言,玩家理论,50年来国际形势论的恢复期》(*A Hacker Manifesto*, *Gamer Theory*, *50 Years of Recuperation of the Situationist International*)。

《近代中国社会主义传播史图谱》

徐觉哉著,学林出版社 2019 年版

1840 年鸦片战争以来,近代中国出现过各种主义和思潮,其中社会主义思潮脱颖而出,成为民族救亡图存的指针。本书以图文结合的形式集中论述了各种社会主义思潮在近代中国的传播历史和途径,展示了近代中国社会主义思潮的多元谱系,并进行了历史客观的分析解读,为构建完整的社会主义和马克思主义学科体系做了近乎完整的文献收集和整理工作,具有较高的学术价值。作者认为,社会主义作为一种以"均富"与"平等"为重要诉求的人类理想,对近代各种思潮都有感染力、辐射力和冲击力,并成为先进的中国人孜孜不倦的选择与追求。

本书作者徐觉哉是上海社会科学院国外社会主义研究中心研究员、中国科学社会主义学会常务理事,著有《社会主义流派史》等。

《99%经济:民主社会主义如何克服资本主义危机》

The 99 Percent Economy: How Democratic Socialism Can Overcome the Crises of Capitalism, Paul S. Adler, Oxford University Press, Oct. 2019

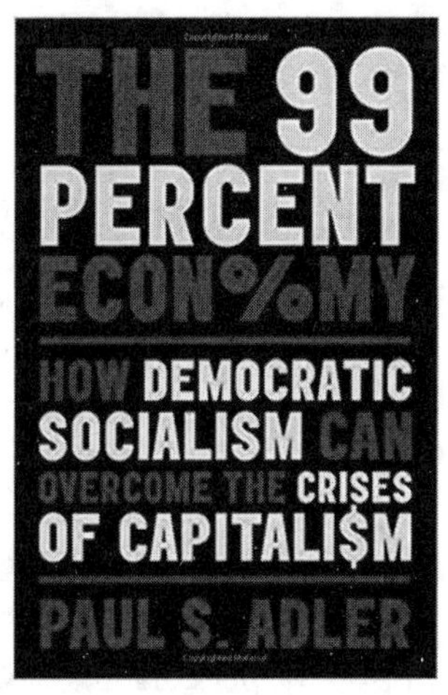

我们生活在一个危机的时代,这个时代充斥着经济动荡、工作场所丧失权力、政府反应迟钝、环境恶化、社会解体和国际竞争。本书认为,除非我们从根本上改变经济模式,否则这些危机注定将会加深。但绝望不能解决问题,作者提供了一种引人注目的选择:民主社会主义。他认为,为了克服这些危机,我们需要对单个企业和整个国民经济的管理实行民主控制。他从一个新颖独特的角度出发,即我们许多大公司的战略管理流程,来表明这种民主将是如何运作的。在这些公司的顶层设计中,已经承诺让工人参与管理,同时赋予他们权利,以此来确保效率和创新。虽然在实践中这一承诺很少实现,但原则上,这一过程可以在企业内部巩固,并可扩大到国家层面。社会生产资源的私有制,是资本主义残酷竞争的基础,是以牺牲社会、环境和子孙后代为代价的私利。作者指出,我们资源的社会化和公有化,将使地方和国家一级的民主委员会能够决定我们的经济、社会和环境目标以及如何实现这些目标,而工业的日益集中使这一社会化步骤变得更加容易。此外,作者还认为,民主社会主义并不是向未知的飞跃,资本主义工业为一个超越资本主义及其危机的世界奠定了基础。

本书作者保罗·阿德勒(Paul Adler)是美国南加州大学社会学教授。

《共和国识别码》《共和国之路》

李忠杰著，中共中央党校出版社 2019 年版

本套书借用“识别码”概念，就是希望从“识别”的角度，把中华人民共和国与其他国家准确地区分开来，凸显鲜明的“中国特色”。这两本书可谓将关于中华人民共和国的重要关键词尽收其中。《共和国识别码》一书共有 13 章，重点介绍中国的国家形象、发展道路、历史文化、内政外交国防、社会经济、风土人情。姊妹篇《共和国之路》一书也分为 13 章，重点介绍共和国的奋斗历程、历史大事件、各项大工程、各领域战略方针政策。两本书中的 311 个“识别码”，既谈共和国发展历程、辉煌成就，也讲历史文化、民众生活。书中还有不少“冷知识”和日常生活知识，让人们在信手翻阅的同时倍感有趣、亲切。这套丛书的内容包罗万象，叙述严谨平实，既是了解中华人民共和国的精编百科全书，也是用学术水准为大众写的通俗共和国大辞典。可以细细研读，亦可作为工具书放在手边，写作、讲课、研究、工作、聊天等，凡是需要，皆可查阅。

作者李忠杰曾任中央中央党史研究室副主任，现任中央马克思主义理论研究和建设工程咨询委员会委员、中国中共党史学会副会长。从写作体例来看，这两本书没有采用通常的学术格式，但事实上，每一个关键词都饱含学术成分。作者通过细致地梳理，弄清关键词的来龙去脉，提炼出精华，并作出科学精当的分析和评价。

《东欧各国社会制度转型档案文献编目》

沈志华等编著，社会科学文献出版社 2019 年版

冷战以苏联解体、苏共垮台的方式结束，引起人们对一个理论问题的思考，即社会主义国家的发展道路问题。于是，苏联和东欧国家的社会制度转型问题，一时间成为学术界的热门话题。本书为 2012 年度国家社科基金重大招标项目“东欧各国冷战时期档案收集和整理”最终成果，由沈志华领衔，中外 30 位学者历时 7 年共同协作，系统整理、翻译、编目而成。全书为东欧八国及俄罗斯总计四万多条档案的目录汇编，这些文件来自苏东各国的档案馆、图书馆和已经出版的档案文

献集。在编目中以东欧八国从 20 世纪 40 年代进入苏联模式到 80 年代摆脱苏联模式的社会制度转型的历史为主线，侧重冷战时期东欧八国在政治、经济体制变化过程中发生的重大事件和危机，如 1948 年苏南冲突、1953 年东柏林事件、1956 年波匈事件、1968 年布拉格之春、1989 年东欧剧变等。

全书共 9 卷，分为匈牙利篇、保加利亚篇、波兰篇、东德篇、阿尔巴尼亚篇、捷克斯洛伐克篇、罗马尼亚篇、南斯拉夫篇，以及副篇一(苏联与东欧关系俄国档案)、副篇二(东欧各国档案文献：英译文)、副篇三(东欧各国档案文献：中译文)。

本书主编沈志华是华东师范大学历史系终身教授、冷战国际史研究专家。

《国家建构：聚合与崩溃》

Nation Building: Why Some Countries Come Together While Others Fall Apart

[瑞] 安德烈亚斯·威默著，叶江译，格致出版社 2019 年版

为什么一些国家通常沿着族群断层线而分崩离析，而另一些国家虽然拥有多样化的人口，但几十年乃至几个世纪都仍然在一起？换句话说，为什么国家建构在某些地方获得成功而在另一些地方却遭到失败？安德烈亚斯·威默(Andreas Wimmer)多年来致力研究以上问题，并对世代相传的缓慢移动过程如何影响全世界不同国家的国家建构前景提出了深刻独到的见解。威默在书中综合运用三对案例比较分析和全球大样本数据分析的方法，从志愿性组织的发展、国家供应公共物品的能力、语言多样性等变量进行了深入探讨，将国家建构聚焦在一个缓慢、代际的过程。威默比较了瑞士和比利时，指出志愿性组织的早期发展如何强化了国家构建；比较了博茨瓦纳和索马里，阐述公共物品供应如何将不同的政治选区团结起来；比较了中国和俄罗斯，证明共同的语言空间如何帮助跨越族群边界构建政治同盟。

本书作者威默是美国哥伦比亚大学社会学和政治哲学教授，著有《民族和民族身份：正确看待欧洲经验》(*Nation and National Identity: The European Experience in Perspective*)。本书获得美国社会学协会 2019 年巴林顿·摩尔图书奖。

《社会主义、资本主义与选择：区域研究与全球理论》

Socialism, Capitalism and Alternatives: Area Studies and Global Theories, Peter J. S. Duncan, Elisabeth Schimpfössl, UCL Press, Oct. 2019

1989 年，柏林墙倒塌。两年后，苏联解体了。斯大林模式的社会主义在东欧和苏联的崩溃，使世界社会

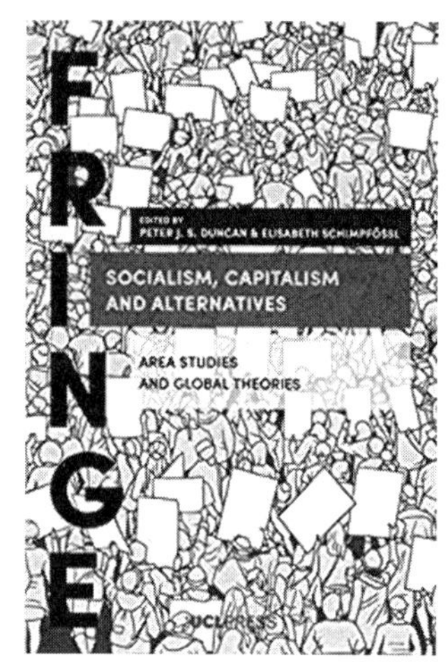

主义思潮和国际共产主义运动陷入了低谷。西方媒体一度认为这是资本主义对社会主义最终且不可逆转的胜利。这种胜利的主导地位一直没有受到挑战,直到 2008 年的金融危机使西方世界再次陷入动荡状态。本书通过对后苏联时代的俄罗斯、中东欧以及英国、中国和美国境遇的分析,对社会主义、资本主义、民粹主义和其他替代方案进行了详细阐释。从市场经济对落后国家的计划经济格局的改变开始,作者进一步探讨了中国如何成长为一个在全球范围内经济持续增长的灯塔,以及它全球影响力不断扩大的原因。本书的最后一节提出了大胆的想法,即寻找其他的方案替代新自由主义在西方意识形态领域的主导地位。

本书作者彼得·邓肯(Peter Duncan)是英国伦敦大学学院政治学副教授,著有《俄罗斯救世主》(*Russian Messianism*);伊丽莎白·辛普福斯(Elisabeth Schimpfossl)是英国伯明翰大学社会学讲师,著有《富裕的俄罗斯人:从寡头到资产阶级》(*Rich Russians: From Oligarchs to Bourgeoisie*)。

《铁器时代:论保守派民族主义》

Age of Iron: On Conservative Nationalism, Colin Dueck, Oxford University Press, Oct. 2019

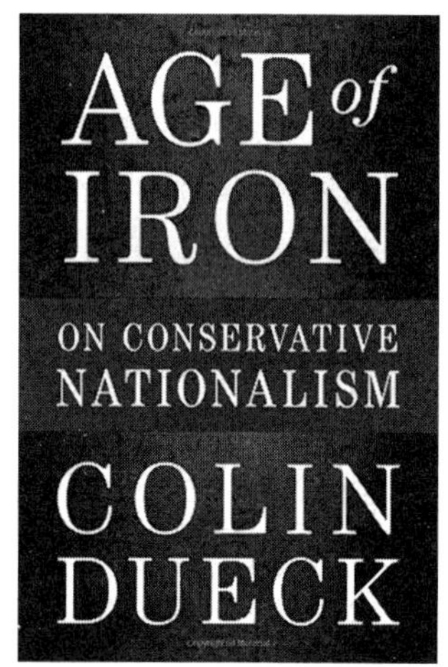

近年来,民粹主义、保守主义和民族主义的兴起引起了美国国内外各界的不安。在民粹主义浪潮的推动下,特朗普赢得了总统大选,并主张采取更加强硬的民族主义政策。但批评人士却经常误解美国政府的外交政策以及民族主义。在本书中,科林·杜克(Colin Dueck)提出,保守派民族主义是美国外交关系中最古老的民主传统。为了维护自治,保守派民族主义可以与国际各界相兼容。但是,21 世纪美国在外交、经济和军事上的挫折,导致了一种强调物质利益思潮的复兴,美国不再允许其盟友搭便车,也不允许将其话语权让给各类全球治理机构。因为这种回归是基于国家利益,所以即便特朗普离任时也不太可能消失。本书描述了过去一个世纪中,共和党内部外交政策派别之间的持续斗争与合作,并分析了 2015—2016 年间共和党外交政策受到强烈质疑的原因。杜克对特朗普的外交政策、方针进行了整体上的总结和评估,解释了其优势和弱点。他还表示,在更广泛的政治民粹主义背景下,保守派舆论和总统外交政策将会进一步相互影响。最后,他强调,政府在制定政策时要重视前瞻性,因为美国正进入与其他大国展开长期地缘政治竞争的时期。评论称,本书抓住了美国保守派民族主义的过去和现在,可能还有未来。

本书作者杜克是美国乔治梅森大学政治学教授。

《交易空间：殖民地市场与美国资本主义的基石》

Trading Spaces: The Colonial Marketplace and the Foundations of American Capitalism, Emma Hart, University of Chicago Press, Nov. 2019

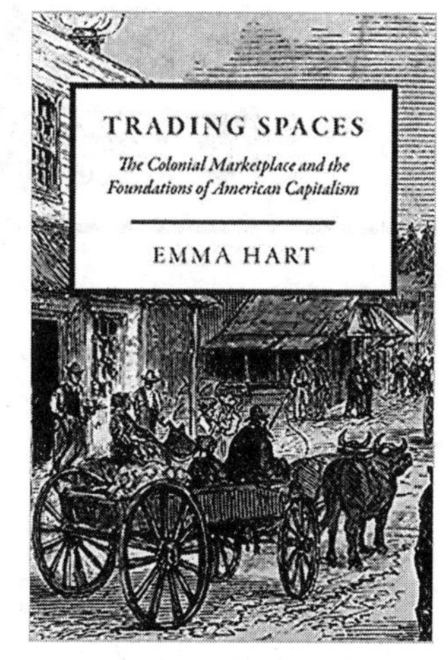

16—18 世纪，正在进行资本原始积累的西欧各国相继入侵北美洲。到了 18 世纪中期，他们一共在北美大西洋沿岸建立了 13 块殖民地，殖民地的经济、文化、政治日趋成熟，资本主义也再次孕育而生。为讲述资本主义市场复杂的跨国发展历程，艾玛·哈特(Emma Hart)以 17 世纪、18 世纪英国的商业规范为分析框架，考察了这一时期北美的商店、拍卖行、码头、酒馆、集市、居民住所，提出英国对北美的殖民是资本主义市场从“场所”转向“概念”的一个关键因素，这对美国经济的特征产生了深远影响。由于它们对监管的依赖性较低，早期北美出现了受约束较少的资本主义。到了 19 世纪则发展为一种早期的市场经济。本书并非一部关于特定商品市场演变的历史，而是关于交易空间本身的历史，商业和资本主义市场在这些交易空间内诞生。

本书作者哈特是英国圣安德鲁斯大学历史学副教授，著有《建造查尔斯顿：18 世纪英国大西洋世界的城镇与社会》(*Building Charleston: Town and Society in the Eighteenth-Century British Atlantic World*)。

（林颖峰 编）

二、英国《社会主义年鉴》(2017—2019年)目录

《社会主义年鉴 2017：反思革命》

Socialist Register 2017: Rethinking Revolution, Edited by Gregory Albo and Leo Panitch, Monthly Review Press, Dec. 2016

- B. 帕尔默(Bryan D. Palmer)、J. 桑斯特(Joan Sangster)：《1917 年独特的遗产：革命长期性的复苏》
- L. 帕尼奇(Leo Panitch)、S. 金丁(Sam Gindin)：《阶级、政党和国家转型的挑战》
- J. 迪恩(Jodi Dean)：《革命的现状》
- H. 温莱特(Hilary Wainwright)：《激化的运动-政党关系：从米利班德到科尔宾及以后》
- F. 埃斯卡洛纳(Fabien Escalona)：《当代激进左翼中欧洲共产主义的遗产》
- A. 马尔姆(Andreas Malm)：《温和世界的革命：从俄罗斯革命到叙利亚革命的教训》
- D. 施瓦茨曼(David Schwartzman)：《超越环保灾变说：太阳共产主义的条件》
- P. 邦德(Patrick Bond)：《南非的下一次抗争：生态社会主义的机遇》
- R. 卡沃里斯(Robert Cavooris)：《扭转趋势：玻利维亚改革之路的革命潜力与束缚》
- S. 斯特里夫勒(Steve Striffler)：《拉美左翼纪事：委内瑞拉和 21 世纪社会主义的斗争》
- P. 博德(Pierre Beaudet)：《寻找“现代王子”：新魁北克叛乱》
- A. 尼姆茨(August H. Nimtz)：《马克思恩格斯论革命党》
- A. 祖尔布鲁格(A. W. Zurbrugg)：《回顾 1917 年与“工人国家”》
- 汪晖(Wang Hui)：《“人民战争”与中国革命的遗产》
- A. 里德(Adolph Reed, JR)：《民族解放革命与新自由主义反种族主义的起源》
- W. 米夏尔斯(Walter Benn Michaels)：《总体把握：形式、改革与革命》
- S. 齐泽克(Slavoj Žižek)：《解决不可能》

● L. 帕尼奇(Leo Panitch):《论知识分子的革命乐观主义》

《社会主义年鉴 2018: 反思民主》

Socialist Register 2018: Rethinking Democracy, Edited by Gregory Albo and Leo Panitch, Monthly Review Press, Oct. 2017

● D. 皮隆(Dennis Pilon):《对抗现存民主的斗争》
● S. 罗博瑟姆(Sheila Rowbotham):《女性: 把生活与民主联系起来》
● M. 康宁斯(Martijn Konings):《从哈耶克到特朗普: 新自由主义民主的逻辑》
● J. 福林(James Foley)、P. 雷蒙德(Pete Ramand):《对民粹主义的恐惧: 公投与新自由主义民主》
● A. 希尔顿(Adam Hilton):《为民主而组织? 民主党内部的左翼挑战》
● N. 芬顿(Natalie Fenton)、D. 弗里德曼(Des Freedman):《假民主,坏新闻》
● T. 米尔斯(Tom Mills):《民主和公共广播》
● N. 鲍尔(Nina Power):《数字民主?》
● G. 查诺克(Greig Charnock)、R. 里贝拉-富马兹(Ramon Ribera - Fumaz):《共同的巴塞罗那: 都市民主和"共同的利益"》
● S. 卡斯米尔(Sharryn Kasmir):《反思蒙德拉贡: 合作民主还是合作竞争力》
● L. 韦加拉-加缪(Leandro Vergara - Camus)、C. 凯(Cristóbal Kay):《新型土地民主:"粉红浪潮"错失良机》
● M. 威廉姆斯(Michelle Williams):《民主共产主义实践: 印度喀拉拉邦经验》
● P. 雷克斯塔德(Paul Raekstad):《从民主到社会主义: 彼时此时》
● I. 麦凯(Ian Mckay):《新自由主义共识的挑战: 葛兰西、麦克弗森及下一个左翼》
● A. 德米罗维(Alex Demirović):《激进民主和社会主义》

《社会主义年鉴 2019: 颠倒的世界?》

Socialist Register 2019: The World Turned Upside Down? Edited by Leo Panitch and Gregory Albo, Monthly Review Press, Dec. 2018

● L. 帕尼奇(Leo Panitch)、S. 金丁(Sam Gindin):《特朗普帝国》
● A. 阿罕默德(Aijaz Ahmad):《极端资本主义和"民族问题"》
● A. 哈尼(Adam Hanieh):《全球移民的矛盾》
● E. 阿尔特瓦特(Elmar Altvater)、B. 马恩科普夫(Birgit Mahnkopf):《资本纪: 无休止地资本主义对抗革命》
● D. 亨伍德(Doug Jenwood):《特朗普和新亿万富翁阶层》

- R. 基利(Ray Kiely):《定位特朗普：旧保守主义、新自由主义和反全球化》
- 林春(Lin Chun):《中国的新全球主义》
- S. 斯塔尔斯(Sean Kenji Starrs):《中国能阻挡美国推进全球资本主义的步伐吗?》
- J. 戈什(Jayati Ghost):《经济脱钩不过是一个神话：全球乱象中的亚洲资本主义》
- A. 加西亚(Ana Garcia)、P. 邦德(Patrick Bond):《矛盾扩大化：渐行渐远的金砖四国》
- M. 博福(Mark Boffo)、A. 萨阿德-菲略(Alfredo Saad - Filho)、B. 费恩(Ben Fine):《新自由资本主义：威权主义转向》
- U. 厄兹苏(Umut Ozsu):《当前的人道主义干涉》
- D. 怀特(David Whyte):《"大企业之死"：一个温和的建议》
- N. 阿肖夫(Nicole Aschcoff):《美国的临界点：在特朗普主义和新的左翼之间》
- A. 卡夫尼(Alan Cafruny):《欧洲危机和左翼》
- C. 莱斯(Colin Leys):《科尔宾和英国脱欧：左翼的出路在哪里?》

（马丽雅　编译）

三、中文文献索引

当代社会主义运动研究

- 论改革开放的世界社会主义意蕴/刘海军，王平//河海大学学报：哲学社会科学版(南京)，2018.5.
- 俄罗斯“新社会主义”的特征及未来走向/夏银平，赵静//当代世界与社会主义(京)，2018.6.
- 试析21世纪世界社会主义发展的新态势/轩传树，冷树青//当代世界(京)，2018.11.
- 当代世界社会主义思潮研究：一个文献综述/杨章文//湖北社会科学(武汉)，2018.11.
- 建设社会主义现代化强国对全球社会主义运动的影响/曾宪奎//世界社会主义研究(京)，2018.11.
- 老挝社会主义建设的基本经验/方文//社会主义论坛(昆明)，2018.12.
- 越南理论家视阈中的马克思和马克思主义/潘金娥，周增亮//毛泽东邓小平理论研究(沪)，2019.3.
- 20世纪落后国家社会主义平等实践的历史启示/李冬俐//理论导刊(西安)，2019.1.
- 社会主义核心价值观与社会民主主义基本价值观理论基础的比较/薛新国//西华大学学报：哲学社会科学版(成都)，2019.1.
- 卓越贡献：70年宏伟历程彰显科学社会主义鲜活生命力/姜辉//光明日报(京)，2019.1.
- 深刻启迪：70年伟大实践谱写科学社会主义史上壮美篇章/林建华//光明日报(京)，2019.1.
- 宝贵经验：七十年不懈探索丰富和发展科学社会主义/刘建军//光明日报(京)，2019.1.
- 中国特色社会主义在战后世界社会主义改革中的地位和作用/郭春生//理论与改革(成都)，2019.1.
- 列宁思想与世界社会主义——中国列宁思想研究会2018年年会综述/孟睿//社会科学动态(武汉)，2019.1.
- 改革开放与21世纪世界社会主义发展——“改革开放与21世纪世界社会主义国际研讨会”综述/赵振辉，方正//马克思主义研究(京)，2019.1.
- 关于国际共产主义运动进入第三阶段的思考/奚广庆//当代世界社会主义问题(济南)，2019.1.
- 试论国际共运视阈下的人类命运共同体思想——纪念改革开放四十周年/刘晶//内蒙古大学学报：哲学社会科学版(呼和浩特)，2019.2.
- 新宪法将巩固古巴社会主义改革成果/徐世澄//中国社会科学报(京)，2019.2.28.

- 21 世纪俄罗斯左翼学者对社会主义理论的新探索/户晓坤//马克思主义研究(京),2019.2.
- 新时代中国特色社会主义与 21 世纪世界社会主义发展/刘洪刚//当代世界与社会主义(京),2019.2.
- 共产主义的理论逻辑与中国实践/唐源昌//中国社会科学报(京),2019.2.28.
- 世界历史进程中的人类命运共同体及两制国家关系/刘建飞//当代世界与社会主义(京),2019.2.
- 古巴社会主义建设和改革中非公有制经济的理论、政策和实践/徐世澄//统一战线学研究(重庆),2019.2.
- 古巴社会主义研究述评/毛相麟,金淑霞//当代世界社会主义问题(济南),2019.2.
- 理论与实践的断裂:欧洲社会主义运动发展现状思考/林德山//当代世界社会主义问题(济南),2019.2.
- 工人阶级的新变化与共产党人的当前任务——第 20 次共产党和工人党国际会议的成果、特点和作用/张毅,王喜满//科学社会主义(京),2019.2.
- 世界格局、“一带一路”与构建人类命运共同体(下)——第九届世界社会主义国际论坛综述/《世界社会主义动态》编辑部//世界社会主义研究(京),2019.3.
- “共产国际与中国共产党”高端学术论坛会议综述/潘何琴//党政研究(成都),2019.3.
- 世界社会主义运动视野下的青少年社会主义核心价值观教育/李东明//青年发展论坛(南昌),2019.3.
- 金正恩执政以来朝鲜对内政策的调整及效果分析/牛林杰,崔明旭//当代世界社会主义问题(济南),2019.3.
- 当代俄罗斯马克思主义批判学派复兴社会主义的三重批判/陈红//苏州大学学报(哲学社会科学版),2019.3.
- 论中国特色社会主义对国际共运的新贡献/张琴芬//江苏第二师范学院学报(南京),2019.3.
- 中国特色社会主义与世界社会主义发展/孙玉娟,孙浩然//哈尔滨市委党校学报,2019.4.
- 21 世纪世界社会主义运动的特征与发展前景/胡承波,林雪风//沈阳建筑大学学报(沈阳),2019.4.
- 马尔库塞女性主义社会主义理论及其当代价值/戴雪红,刘雪梅//理论视野(京),2019.4.
- 世界社会主义视域下的新时代中国特色社会主义/李华锋//中国社会科学报(京),2019.5.23.
- 21 世纪以来西班牙马克思主义的理论关切与发展趋向/贺钦//世界社会主义研究(京),2019.5.
- 2018 年世界社会主义研究的几个热点问题/单超,杨戏戏//世界社会主义研究(京),2019.6.
- 一位共产党原领导人眼中的中国特色社会主义新时代——读克伦茨的新作《我看中国新时代》/李瑞琴//世界社会主义研究(京),2019.6.
- 21 世纪俄罗斯新社会主义理论与实践/夏银平,赵静//国外理论动态(京),2019.6.
- 新时代中国特色社会主义思想对中国、对世界的战略意义——对意大利共产党党史刊主编的采访录/《世界社会主义研究》编辑部//世界社会主义研究(京),2019.6.
- 论世界社会主义运动视阈中的新时代中国特色社会主义/李东明//思想理论教育导刊(京),2019.6.
- 信息革命对社会主义造成的机遇和挑战/罗文东//科学社会主义(京),2018.5.
- 论当代共产主义话题的建构——价值、实践与“世界历史”视角/王培洲//理论导刊(西安),2018.10.

当代资本主义研究

- 当代西方社会的阶级结构与工人阶级——基于拉尔夫·密利本德的阶级理论/雷晓欢//天府新论(成都),2018.6.

- 反新自由主义的模式：道德主义、马克思主义与21世纪的社会主义/(英)杰里米·吉尔伯特，王瑶译//当代世界与社会主义(京)，2018.6.
- 关于当前世界格局的几点看法/张全景//世界社会主义研究(京)，2018.11.
- 科学判定当今世界所处的时代方位/李慎明//红旗文稿(京)，2019.1.
- "印太"战略对东盟在亚太区域合作中"中心地位"的影响/刘务，刘成凯//社会主义研究(武汉)，2019.1.
- 美日同盟的"印太"指向及其对东亚的影响/杨光//当代世界社会主义问题(济南)，2019.1.
- 特朗普政府战略安全威胁评估与预警机制论析/邓凯帆，叶圣萱，刘胜湘//社会主义研究(武汉)，2019.1.
- 当代资本主义的发展与意大利共产主义运动的历史//卢乔·马格里，马特//国外理论动态(京)，2019.2.
- 南非土地改革：从温和到激进的转变及其逻辑/张凯//当代世界与社会主义(京)，2019.1.
- 脱欧与英欧反恐：现状、问题与前景/魏怡然//当代世界与社会主义(京)，2019.1.
- 欧洲老龄化社会的民主困境/程同顺，史猛//当代世界与社会主义(京)，2019.2.
- 墨西哥暴力政治的新自由主义政策根源/释启鹏，杨光斌//当代世界与社会主义(京)，2019.2.
- 特朗普政府与北约战略调整/朱耿华，孙蔚//当代世界社会主义问题(济南)，2019.2.
- 冷战中后期美国对苏联的粮食外交与美苏博弈/徐振伟，左锦涛//当代世界社会主义问题(济南)，2019.2.
- 后金融危机时代发达资本主义国家民众社会心理嬗变及其政治意涵/阚道远，梁靖宇//当代世界与社会主义(京)，2019.2.
- 西方主要发达国家生态社会主义思潮和运动概览/张剑//毛泽东邓小平理论研究(沪)，2019.3.
- 西方民主制度的结构性不均衡与民粹主义的兴起/侯恩宾，李济时//社会主义研究(武汉)，2019.3.
- 论民主化对民族分离问题的影响——以缅甸独立后的政治转型为例/郭雷庆//社会主义研究(武汉)，2019.3.
- 国外主流政党开展政治建设的举措和经验——基于政党基本文件文本的梳理/靳呈伟，刘玉//当代世界与社会主义(京)，2019.3.
- 民粹主义的内涵及国外运动的发展/刘家卉，刘佩雯//吉林省教育学院学报(长春)，2019.4.
- 拉美民众主义的当代解析/刘雨萌，曹亚雄//江汉论坛(武汉)，2019.4.
- 为何资本主义需要民粹主义/拉古兰·拉詹//第一财经日报(沪)，2019.6.25.
- "两个必然"仍然是当今世界发展的大趋势/朱炳元//红旗文稿(京)，2019.6.
- 土耳其爱国党的历史演进、理论主张及实践活动/余维海，唐志坚//世界社会主义研究(京)，2019.6.

社会主义理论研究

- 共产主义的"两个维度"及其当代启示/查建友，李泓静//大连干部学刊，2018.5.
- 马克思捍卫科学社会主义的三大阶段/王秀华，薛俊文//中共南京市委党校学报，2018.5.
- 资本、国家与社会主义——社会生活的两重性与国家治理的两重性/孙承叔//中国浦东干部学院学报(沪)，2018.6.
- 马克思恩格斯党的章程建设思想论纲/陈忠禹//理论与现代化(津)，2018.6.
- 高放教授科学社会主义思想体系的意蕴和结构/郭春生//党政研究(成都)，2018.6.

● 落后国家社会主义道路的理论与实践探索——马克思跨越"卡夫丁大峡谷"思想的发展研究/肖磊//经济社会体制比较(京),2018.6.
● 马克思的共产主义观——基于《1844年经济学哲学手稿》的解读/王虎学//学术研究(广州),2018.11.
● 从神话逻辑到科学社会主义——两种马克思主义叙事逻辑的探究/张蝶//教学与研究(京),2018.11.
● 英国新马克思主义的社会主义"民族解放"思想探析/刘烨,乔瑞金//学习与探索(哈尔滨),2018.11.
● 人类命运共同体与马克思国际主义/(意)安德烈·卡托内//世界社会主义研究(京),2018.12.
● 马克思视野中的共产主义是什么样的共同体?/曲轩,林进平//中国人民大学学报(京),2019.1.
● "共产主义与正义"之争及其破解/巩永丹//理论探索(太原),2019.1.
● 建立社会主义制度是人类社会发展符合规律的必然趋势/周新城//毛泽东邓小平理论研究(沪),2019.1.
● 论马克思的共产主义信念/马拥军//毛泽东邓小平理论研究(沪),2019.1.
●《1844年经济学哲学手稿》中的共产主义思想及其时代意蕴/张品//理论建设(合肥),2019.1.
● 法国大革命与历史唯物主义/林钊,谢倩//马克思主义与现实(京),2019.1.
● 社会主义革命何以首先在不发达国家取得胜利——从马克思恩格斯的经典论述说起/覃夫杰//中共南京市委党校学报,2019.1.
● 社会主义从空想到科学的跨越——读《社会主义从空想到科学的发展》/张端//宁夏党校学报(银川),2019.2.
● 马克思主义在法国的诞生与初步发展——从巴黎公社到一战爆发/Raymond ROCHER,陈湘蓉译//广东外语外贸大学学报(广州),2019.2.
● 马克思恩格斯早期共产主义思想发展的三个阶段/陈中奇//科学社会主义(京),2019.2.
● 共产主义社会就是生产资料公有制社会/李济广//理论与改革(成都),2019.2.
● 生态社会主义何以可能/姚修杰//北方论丛(哈尔滨),2019.2.
● 消费主义思潮对社会主义核心价值观的挑战及应对/盛洁//无锡商业职业技术学院学报,2019.2.
● 工人阶级自我解放思想的理论内涵与当代价值/高英杰//马克思主义研究(京),2019.2.
● 列宁关于党代表大会代表问题的思想及其当代意义/王琮//南昌大学学报(人文社会科学版),2019.2.
● 从民主到社会主义:过去和现在/保罗·雷克斯塔德//国外社会科学前沿(沪),2019.3.
● 揭开"新世界"的迷惑外衣——《德意志意识形态》对"真正的社会主义"预言的批判/胡芳,王雪//社会主义研究(武汉),2019.3.
● 社会主义理想渊源新探/戴亮//天中学刊(驻马店),2019.3.
● 作为理念的革命:对马克思无产阶级革命概念的重新理解/张盾,马鹏莲//求是学刊(哈尔滨),2019.3.
● 马克思主义、工会与阶级斗争/莎伦·史密斯//国外社会科学前沿(沪),2019.3.
● 论"社会主义从空想到科学"的发展/许蓉//成都大学学报(社会科学版),2019.3.
●《德意志意识形态》中共产主义思想的演进/王培//中共济南市委党校学报,2019.3.
● 人类劳动的起源、转化与完善进路——一个关于社会主义的定义/钱津//社会科学动态(武汉),2019.4.
● 现代化视野下的"革命"及其历史必然性问题/韦定广//中共宁波市委党校学报,2019.4.
● 社会主义与人类未来(上)/夏振坤//社会科学动态(武汉),2019.5.
● 社会主义与人类未来(下)/夏振坤//社会科学动态(武汉),2019.6.
● 苏俄时期列宁的行政管理思想及其现实启示/姚东//世界社会主义研究(京),2019.6.
● 国内外关于考茨基唯物主义历史观研究述评/侯文文//长江论坛(武汉),2018.5.
● 论列宁关于"建成社会主义"基本路径的探索——以商品经济为中心/胡敏//中南民族大学学报:人文社会

科学版(武汉),2018.6.

- “神话”、“反神话”与“理性”——美国历史学界研究威廉·福斯特及共产主义运动的逻辑/李东明//聊城大学学报(社会科学版),2018.6.
- 世界社会主义面临的现实问题、理论难题和大趋势——拉斯基《〈共产党宣言〉:社会主义的里程碑》评析/郭海龙//中国延安干部学院学报,2018.6.
- 论卢卡奇无产阶级政党理论及当代启示/李孝阳,李媛媛//中共云南省委党校学报(昆明),2018.6.
- 向“社会主义·共产主义社会”迈进——不破哲三关于未来社会的构想/郑萍//中国社会科学报(京),2018.11.29.
- 重温马克思恩格斯社会主义革命的基本思想/刘志明//世界社会主义研究(京),2018.11.
- 批驳有关共产主义的几种谬解/孟婷,张澍军//思想教育研究(京),2018.11.
- 科恩的社会主义观及其当代价值/于萍//观察与思考(杭州),2018.12.
- 劳动的取消与无产阶级革命的置换——兼评艾伦·伍德对高兹后马克思主义阶级观的批判/冯旺舟//湖北社会科学(武汉),2018.12.
- 密里本德聚焦社会秩序变革的社会主义思想探析/乔瑞金,贾文雅//武汉科技大学学报:社会科学版,2019.1.
- 列宁时期党内民主的限度及其在后列宁时代的嬗变/严向远//湖北行政学院学报(武汉),2019.1.
- “列宁主义”的定义之争及对马克思主义中国化的影响——基于列宁时代观的视角/舒新//社会主义研究(武汉),2019.1.
- 列宁对马克思“过渡时期”理论的重要发展及当代启示/俞敏//社会主义研究(武汉),2019.1.
- 论卡尔·考茨基早期社会主义思想的历史贡献/谢向波//社会主义研究(武汉),2019.1.
- 罗莎·卢森堡群众运动观的革命性重塑——兼论其与卡尔·考茨基的争论/马嘉鸿//中国浦东干部学院学报(沪),2019.1.
- 论拉法格对历史唯物主义的理论贡献和当代启思/王群,詹真荣//科学社会主义(京),2019.1.
- 论爱德华·汤普森工人阶级研究的两个维度/文吉昌,刘晓//苏州科技大学学报:社会科学版,2019.2.
- 浅析近年来国内对阿兰·巴迪欧思想的研究路径/李健//北京科技大学学报:社会科学版 2019.2.
- 卢森堡社会主义革命道路理论述要/孙志娟//重庆科技学院学报:社会科学版,2019.2.
- 列宁的“四月转向”及其限度:从季诺维也夫对“不断革命论”的批判说起/吕佳翼//唐山学院学报,2019.2.
- 从马克思到列宁:无产阶级社会福利思想的发展/丁建定//当代世界与社会主义(京),2019.2.
- 论伯恩施坦对共产主义的误解与背离/贾淑品,阳银银//福建论坛:人文社会科学版(福州),2019.2.
- 列宁共产主义信念教育思想的三维透视/陈伟,刘德中//思想政治教育研究(哈尔滨),2019.2.
- 列宁关于执政党治理的探索及当代启示/曹月柱//湖北行政学院学报(武汉),2019.2.
- 列宁关于党的先进性建设思想及其现实启示/李婉芝//湖北大学学报:哲学社会科学版(武汉),2019.2.
- 坚持党的领导是一条不可动摇的原则——列宁执政党建设思想及其启示/杨煌//当代世界与社会主义(京),2019.2.
- 政党认同视阈下列宁从严治党思想探析/孙希江//中共南京市委党校学报,2019.2.
- 列宁加强党内监督的理论逻辑、现实考量和制度设计/王进芬//南京师大学报:社会科学版,2019.3.
- 列宁关于苏俄官僚主义产生及其危害性思想/俞敏//贵州社会科学(贵阳),2019.3.
- 论列宁关于无产阶级政党领导权的思想/陶元浩//理论视野(京),2019.3.
- 列宁与民主集中制的创建和发展/许耀桐//东南学术(福州),2019.3.

- 十月革命与列宁务实、温和的政策思想/俞良早//理论视野(京),2019.3.
- 葛兰西十月革命观的精神实质/刘近,孙来斌//当代世界与社会主义(京),2019.3.
- 祛魅与揭蔽:列宁《进一步,退两步》中党的组织建设理论/索世帅,孟宪平//党政研究(成都),2019.4.
- 谢尔盖·茹拉夫廖夫教授谈有关1917年俄国革命研究的若干问题/谢尔盖·弗拉基米罗维奇·茹拉夫廖夫,徐向梅译//国外理论动态(京),2019.6.
- 种族和阶级:马克思主义、种族主义和阶级斗争/郑祥福,张丹//国外理论动态(京),2019.6.
- 克罗斯兰的社会主义平等观评析/蒋锐,钟丽丽//理论学刊(济南)//2019.1.
- 萨拉·萨卡生态社会主义及其当下意义/宋晓梅//青海师范大学学报:哲学社会科学版(西宁),2018.5.
- 卡尔·伦纳社会主义思想述评/孟飞//当代世界与社会主义(京),2019.1.
- 安德烈·高兹生态社会主义理论的多维透视/刘歆,苏百义//南京林业大学学报:人文社会科学版,2019.1.
- 霍耐特社会主义理论及其当代价值/李旭艳,刘子飞//齐齐哈尔大学学报(哲学社会科学版),2019.7.
- 英国新马克思主义的社会主义"民族解放"思想探析/刘烨,乔瑞金//学习与探索(哈尔滨),2018.11.
- 评国内对巴迪欧共产主义理论的解读方式/李健//福建论坛:人文社会科学版(福州),2019.1.

《共产党宣言》研究

- 十年来国内《共产党宣言》研究现状梳理、评析与展望/刘宇,赵继伟//新疆社科论坛(乌鲁木齐),2018.5.
- 《共产党宣言》的"自由人联合体"思想与人类命运共同体构建/梅坤//长江论坛(武汉),2018.5.
- 《共产党宣言》中的"资本逻辑"批判/吴波,秦志龙//长白学刊(长春),2018.6.
- 《共产党宣言》的历史智慧/马建青,王娜//思想政治教育研究(哈尔滨),2018.6.
- 《共产党宣言》的全球化思想与人类命运共同体/赵馨姝,李传兵//理论月刊(武汉),2018.11.
- 《共产党宣言》对资本主义文化的批判性阐释/王婷,胡海波//学术探索(昆明),2018.11.
- 《共产党宣言》的基本原理永放光芒/卢继元,姜成成//党政干部论坛(武汉),2018.11.
- 整体理解《共产党宣言》厘定的社会正义之路/乔瑞金,高丁丁,毛振阳//国外理论动态(京),2018.12.
- 《共产党宣言》对各种社会主义流派的批判逻辑及当代启示/桑丽//广西社会科学(南宁),2018.12.
- 论《共产党宣言》之三重批判/姚满林//长江论坛(武汉),2019.1.
- 《共产党宣言》的空间生产思想及其当代意义再探析/林密//南京社会科学,2019.1.
- 《共产党宣言》视域下资本逻辑的二重性及其启示/胡飒//湖南社会科学(长沙),2019.1.
- 马克思恩格斯对《共产党宣言》基本原理的坚持和发展——基于《1872年德文版序言》/赵慧玲//实事求是(乌鲁木齐),2019.1.
- 论《共产党宣言》的政党联合思想/李斌,房蕊荣//商洛学院学报,2019.1.
- 《共产党宣言》对社会历史发展规律的探究及其当代价值——纪念《共产党宣言》面世170周年/蔡淑英,乌峰//内蒙古师范大学学报:哲学社会科学版(呼和浩特),2019.1.
- 对《共产党宣言》中"消灭私有制"论述的理解/刘柯杰,袁恩桢//毛泽东邓小平理论研究(沪),2019.1.
- 《共产党宣言》意识形态思想析要/张志丹//毛泽东邓小平理论研究(沪),2019.1.
- 论《共产党宣言》之精神/刘宁宁,马海燕//辽宁大学学报:哲学社会科学版(沈阳),2019.2.

● 《共产党宣言》的人文情怀及理论品质/冯扬，王红梅//中共成都市委党校学报，2019.2.

● 《共产党宣言》国内研究的三次热潮——以改革开放为视角/王慧阳//知与行(哈尔滨)，2019.2.

● 《共产党宣言》中的政治经济学批判思想及其现实意义/刘珍英//毛泽东邓小平理论研究(沪)，2019.2.

● 人民性品质：《共产党宣言》强大生命力的彰显与昭示/李文斌//苏州科技大学学报(社会科学版)，2019.2.

● 《共产党宣言》内蕴的共产党人精神及其时代价值/李庆//井冈山大学学报：社会科学版(吉安)，2019.2.

● 理论、实践与当代：《共产党宣言》的意识形态思想探析/郛丹//河北青年管理干部学院学报(石家庄)，2019.2.

● 《共产党宣言》"三个稿本"基本范畴的互文性/牟文谦，徐伟新//学术研究(广州)，2019.2.

● 《共产党宣言》中的实践智慧及其当代价值/邹志鹏//深圳社会科学，2019.2.

● 《共产党宣言》中的共同体理论/赵慧玲//佳木斯大学社会科学学报//2019.2.

● 历史·价值·建构：《共产党宣言》中生态实践观之三维审视/方芳，王成华//井冈山大学学报：社会科学版(吉安)，2019.2.

● 《共产党宣言》汉译本中的"资本家"和"资产阶级"——由译词的确定过程看革命对象的固化/徐天娜//南京大学学报：哲学·人文科学·社会科学，2019.2.

● 《共产党宣言》中阶级斗争理论的两种阐释路向与反思/张当//教学与研究(京)，2019.3.

● 《共产党宣言》中的意识形态安全思想探析/杨宏伟，吕学会//甘肃理论学刊(兰州)，2019.3.

● 共产党人使命的演进逻辑——从《共产党宣言》到新时代/吴宁宁//河海大学学报：哲学社会科学版(南京)，2019.3.

● 《共产党宣言》的世界交往思想及其当代启示/田海舰，王贺//河北大学学报：哲学社会科学版(保定)，2019.3.

● 论《共产党宣言》方法论的时代价值/夏欣阳，胡大鹏//天中学刊(驻马店)，2019.3.

● 《共产党宣言》的新时代意蕴/杜黎明//中南民族大学学报：人文社会科学版(武汉)，2019.4.

● 国外学者关于《共产党宣言》的论争/张留财，孙来斌//马克思主义研究(京)，2019.4.

● 资本逻辑与人的逻辑的较量——《共产党宣言》的解读新视域/谢卓芝//理论月刊(武汉)，2019.6.

● 社会思潮批判及其方法论析——以《共产党宣言》第三章为范例/牛先锋//山东社会科学(济南)，2019.6.

● 《共产党宣言》在越南的传播与翻译/闫杰花//当代世界与社会主义(京)，2018.5.

● 《共产党宣言》与马克思主义基本原理——"第三届全国马克思主义基本原理研讨会"综述/靳晓春，李梦//马克思主义研究(京)，2018.11.

● 马克思恩格斯对《共产党宣言》与时俱进的发展及其当代启示/丁堡骏//马克思主义研究(京)，2018.12.

● 《共产党宣言》"三个稿本"核心思想的互文性/牟文谦//理论视野(京)，2018.12.

国际共产主义运动史研究

- 为拉美化马克思主义一辩——重审拉美马克思主义史/叶健辉//拉丁美洲研究(京),2018.5.
- 近十年国内关于十月革命研究综述/吴诗尧//内蒙古大学学报：哲学社会科学版(呼和浩特),2018.6.
- 共产主义宣传/(法)埃蒂耶纳·卡贝,姚远译//江苏大学学报：社会科学版(镇江),2019.1.
- 20世纪前半叶马克思主义在印度的传播及其教训/罗会钧,许名健//湘潭大学学报(哲学社会科学版),2019.1.
- 纳萨尔运动50年：事实与阐释/王晴锋//印度洋经济体研究(昆明),2019.1.
- 古巴社会主义"更新"经济模式研究/李嘉//政治经济学评论(京),2019.1.
- 十月革命与马克思主义在知识分子中的传播/胡宇喆//湖南工业职业技术学院学报(长沙),2019.1.
- 世界社会主义重心三次变迁推进理论大发展——以全球视阈深化认识中华人民共和国成立70周年/杨承训//毛泽东邓小平理论研究(沪),2019.1.
- 共产国际工人统一战线策略的演变解析/宫玉涛//当代世界与社会主义(京),2019.2.
- 改革开放四十年来第一国际研究综述/乔镜蜚//聊城大学学报：社会科学版,2019.2.
- 从共产主义政党党章党纲看其指导思想的演变/王喜满,张强//马克思主义研究(京)2019.3.
- 古巴60年来创建文化强国的经验及启示/毛相麟//世界社会主义研究(京),2019.3.
- 冷战时期古巴"革命的国际主义"对外政策探析/孙若彦//理论学刊(济南),2019.3.
- 170年国际共产主义运动的一条重要经验/吴克明//湘潭大学学报(哲学社会科学版),2019.2.
- 古巴特色社会主义模式探析/王承就//马克思主义研究(京),2019.2.
- 从"奥勃洛摩夫"到"阿Q"：民族文化消极影响及其在苏、中党内的表现/韦定广//理论与改革(成都),2019.2.
- 苏联时期虚无主义思潮的衍变形态及其历史根源/刘雅悦//鲁东大学学报：哲学社会科学版(烟台),2019.3.
- 近年来中国学者关于十月革命研究述论及启示/申红利,周新辉,吕秀兰//社科纵横(兰州),2019.3.
- "联合"何以可能？——无产阶级革命动机问题的当代反思/高广旭//北京行政学院学报,2019.4.
- 100年社会主义建设史的"五个环节"和习近平的重要论述/俞良早//理论与改革(成都),2019.4.
- 共产国际的宝贵经验/(俄)根·安·久加诺夫,刘淑春译//世界社会主义研究(京),2019.5.
- 实事求是评价共产国际历史地位和贡献/李景治//理论视野(京),2019.6.
- 研究当代中国史离不开对世界社会主义史的研究/朱佳木//世界社会主义研究(京)2019.6.
- 《国际共产主义运动历史文献》关于共产国际文献评介/王学东//理论视野(京),2019.6.
- 社会主义建设史上的"铁三角"逻辑结构及其支撑力和拱推力——从十月革命到中国特色社会主义的内在逻辑研究/俞良早//江汉论坛(武汉),2019.7.

苏联东欧问题研究

- 苏联时期所有制理论对经济体制改革的影响/陆南泉//中国浦东干部学院学报(沪),2018.5.
- 国家认同视域下的苏联解体原因探析及启示/吴玉军,刘娟娟//南通大学学报(社会科学版),2018.5.
- 十月革命发生的三重逻辑/王力//福州大学学报(哲学社会科学版),2018.5.
- 苏联解体的历史虚无主义之因/陈宏滨,赵娜//南华大学学报:社会科学版(衡阳),2018.5.
- 简述苏联驻德军事管制机构对德国科学技术的转移——以机构发展、发明专利及人员转移为中心/李晓如//历史教学(津),2019.6.
- 浅论二战时期苏联的北极战场/徐广淼//史学集刊(长春),2018.6.
- 苏联第一颗原子弹成功研制的决定性因素分析——基于苏联核计划解密档案文献资料的研究/刘玉宝//史学集刊(长春),2018.6.
- 战俘劳动与战后苏联国民经济的恢复/王学礼//史学集刊(长春),2018.6.
- 戈尔巴乔夫的改革与苏联解体/(俄) 瓦·伊·茹科夫,粟瑞雪译//世界社会主义研究(京),2018.11.
- 苏联社会主义失败原因分析(上)/陆南泉//重庆社会科学,2018.11.
- 苏联社会主义失败原因分析(下)/陆南泉//重庆社会科学,2018.12.
- 是谁、是怎样摧毁了苏联?——依据档案文献还原苏联解体过程/(俄) 阿·萨宗诺夫,侯艾君译//世界社会主义研究(京),2018.12.
- “8·19”事件中的国家紧急状态委员会/(俄) 久加诺夫,康晏如//世界社会主义研究(京),2018.12.
- 斯大林是怎样掉入“修昔底德陷阱”的——战后苏美从合作走向对抗的路径和原因/沈志华,余伟民//俄罗斯研究(沪),2019.1.
- 赫鲁晓夫“秘密报告”对国际共产主义运动的影响/张丽娟//俄罗斯学刊(哈尔滨),2019.1.
- “乌兹别克案”:苏联后期反腐运动评析/侯艾君//安徽史学(合肥),2019.1.
- 正确处理社会主义大国改革的“十大关系”——兼论戈尔巴乔夫改革失败的原因/薛小荣//探索与争鸣(沪),2019.1.
- 对十月革命胜利与否相关争论的辨析——兼对实践方面相关误判的评论/郭海龙//汉江师范学院学报(十堰),2019.1.
- 苏联经济建设成就对二十世纪三十年代中国的思想影响/阎书钦//中共党史研究(京),2019.1.
- 对苏联改革历史的回顾与再思考/陆南泉//探索与争鸣(沪),2019.1.
- 对戈尔巴乔夫改革失败主要原因的思考/左凤荣//探索与争鸣(沪),2019.1.
- 改革如何寻求共识——简论戈尔巴乔夫改革研究的三种立场/余伟民//探索与争鸣(沪),2019.1.
- 加强档案利用,推动中国与东欧关系研究——《冷战时期中国与东欧各国关系档案选编》导言/沈志华//中国浦东干部学院学报(沪),2019.1.
- 来自内外上下的挤压——从苏联意识形态及其体制效应审视/肖巍//探索与争鸣(沪),2019.1.
- 东欧的苏联模式化与苏联模式化的东欧——东欧剧变根源的历史再考察/郑智超//社会科学动态(武汉),2019.1.
- 现实主义才是成功之本——读薛小荣研究戈尔巴乔夫改革新著的随想录/叶书宗//探索与争鸣(沪),2019.1.

- 苏联经济的命运、矛盾及其发展演变/(俄)列·伊·阿巴尔金,康晏如译//世界社会主义研究(京),2019.1.
- 苏联解体根源再认识——“历史终结论”的挑战与思考/刘仁营,胡月庆//世界社会主义研究(京),2019.1.
- 苏联社会主义意识形态建设弱化的经验教训及启示/周兵//毛泽东研究(长沙),2019.2.
- 苏联解体造成的民族冲突与被迫移民/(俄)维克多·皮罗仁科,高媛译//世界社会主义研究(京),2019.2.
- 苏联解体中知识分子意识形态立场转向的逻辑理路/朱培丽//南京航空航天大学学报(社会科学版),2019.2.
- 从中苏改革的两种命运看中国成功的经验/左凤荣//中国浦东干部学院学报(沪),2019.2.
- 苏联解体过程中的意识形态演变及历史教训/伍志燕//湖湘论坛(长沙),2019.2.
- 苏联共产党的权力网络与苏维埃国家治理/薛小荣//江西师范大学学报:哲学社会科学版(南昌),2019.2.
- 经济文化相对落后国家的革命与社会发展——以《新时代》对1905年俄国革命的讨论为视角/来庆立//当代世界与社会主义(京),2019.2.
- 苏联社会主义经济制度选择与西方批判辨析——驳“社会主义不可行”论/李燕//马克思主义研究(京),2019.3.
- 结构性视角下苏联改革失败原因探析/崔言鹏//中共成都市委党校学报,2019.3.
- 东欧剧变30年:重塑与蹉跎/李瑞琴//当代世界(京),2019.4.
- 结构性视角下苏联改革失败的原因/崔言鹏//党政干部学刊(沈阳),2019.6.

世界左翼政党研究

- 南非共产党对现阶段南非革命的新认识/程光德//社会主义研究(武汉),2018.4.
- 越南革新开放中的互联网治理及其现实启示/阚道远,季正聚//国外理论动态(京),2018.11.
- 捷克和摩拉维亚共产党在捷克政党政治中地位的变化及原因分析/姜琍//当代世界(京),2018.11.
- 《共产党宣言》与尼泊尔共产党的发展——访普什帕·拉尔纪念基金会前主席贾拉·纳特·卡纳尔/刘洋,王东红//中国社会科学报(京),2018.12.27.
- 近年来国外共产党对生态危机的认识和思考/王森//五邑大学学报:社会科学版(江门),2019.1.
- 苏共政治信仰塑造的嬗变及启示/熊辉,李琳琳,谭诗杰//广西社会科学(南宁),2019.1.
- 劳尔·卡斯特罗领导的古巴共产党改革国内研究综述/杨利利//大庆师范学院学报,2019.1.
- 西班牙共产党意识形态与理论战略的调整及其原因/于海青//当代世界社会主义问题(济南),2019.1.
- 2018年议会选举后意大利共产主义政党的新主张与新策略评析/李凯旋//当代世界社会主义问题(济南),2019.1.
- 2018年国外共产党的新发展与新态势/于海青//当代世界(京),2019.2.
- 巴西共产党社会主义革命理论与策略新发展论析/王建礼//马克思主义研究(京),2019.2.
- 古巴共产党与古巴经济社会模式更新/徐世澄//当代世界社会主义问题(济南),2019.2.
- 当代资本主义的发展与意大利共产主义运动的历史/卢乔·马格里,马特译//国外理论动态(京),2019.2.
- 意大利重建共产党的现实困境及其出路探索/何森//当代世界社会主义问题(济南),2019.2.
- 南非共产党与执政联盟关系嬗变及其态势/王建礼//当代世界社会主义问题(济南),2019.2.

- 资本主义的危机、帝国主义的攻势及共产党和工人党的斗争任务——第 20 届共产党和工人党国际会议述评/罗理章，岳梅//当代世界社会主义问题(济南)，2019.2.
- 葡萄牙共产党对中国特色社会主义的看法与评析/唐海军，章德彪//江西师范大学学报：哲学社会科学版(南昌)，2019.2.
- 后卡斯特罗时代古巴共产党管党治党经验探析/胡柳娟//理论视野(京)，2019.2.
- 苏共党内政治文化建设的惨痛教训/史成虎//西南石油大学学报：社会科学版(成都)，2019.3.
- 美共在 2018 年美国中期选举中的斗争策略厘析/刘力波，黄炜熔//当代世界社会主义问题(济南)，2019.3.
- 澳大利亚共产党第十三次全国代表大会述略/(澳) 迈克·胡珀，王永刚译//世界社会主义研究(京)，2019.3.
- "再激进化"的希腊共产党/于海青//广东党建(广州)，2019.3.
- 发达国家共产党的活动空间及其局限/轩传树//当代世界与社会主义(京)，2019.3.
- 新形势下巴西共产党的发展战略探析/张春雨//拉丁美洲研究(京)，2019.3.
- "对领导权的误读"：法共对葛兰西思想的接受/M.迪马乔//马克思主义与现实(京)，2019.3.
- 当今国外共产党的发展变化及其特点//于海青//人民论坛(京)，2019.3 中.
- 老挝社会主义革新的基本经验/赵建云，方文//黑河学刊，2019.3.
- 金融危机以来国外共产党对当代帝国主义的分析和批判/杨守明//当代世界与社会主义(京)，2019.3.
- 日本共产党的基本理论观点和政策主张/禚明亮，史为磊//聊城大学学报(社会科学版)，2019.3.
- 财政之困：日本共产党的发展之痛/曹天禄//当代世界与社会主义(京)，2019.4.
- 越共十二大以来越南政治思想工作探析/蒋海蛟//当代世界与社会主义(京)，2019.4.
- 苏联解体以后的白俄罗斯共产党：发展演变、理论主张与现实挑战/李世辉//社会主义研究(武汉)，2019.4.
- 印度共产党(马克思列宁主义)的基本观点、政治立场和政策主张/禚明亮，赵金山，刘蕾//上海党史与党建，2019.5.
- 意大利重建共产党社会主义观及其评析/代金平，钟连发//理论视野(京)，2019.5.
- 国外共产党和工人党对资本主义文化的批判与应对/余维海，高云//当代世界(京)，2019.5.
- 议会斗争给印度共产党(马克思主义)带来的机遇和挑战/王元磊，寇清杰//社会主义研究(武汉)，2019.5.
- 法国社会党 2017 年大选失败原因及启示/李姿姿//当代世界与社会主义(京)，2018.5.
- 荷兰社会党的发展历程/张莉//国外理论动态(京)，2018.10.
- 北欧模式的本质及当前的困境/夏庆宇，张莉//荆楚学刊(荆门)，2018.6.
- 劳工主义而非社会主义：英国工党早期主导思想探析/李华锋//当代世界与社会主义(京)，2019.1.
- 第 20 次共产党和工人党国际会议述评/苏珊珊//当代世界与社会主义(京)，2019.1.
- 以色列工党政坛走势的分析与前瞻/吴诗尧//当代世界社会主义问题(济南)，2019.1.
- 和平向社会主义过渡思想的逻辑机理与当代启示——基于北欧五国民主社会主义实践的考察/王阁//知与行(哈尔滨)，2019.2.
- 特点、问题与思考——21 世纪社会党国际实践探析/罗涛涛//聊城大学学报(社会科学版)，2019.2.
- 择优取向、代表功能与议员候选人遴选——以英国保守党和工党为例/张君//当代世界与社会主义(京)，2019.3.
- 瑞典社会民主党廉政建设与腐败治理机制研究/赵婷//当代世界与社会主义(京)，2019.4.
- 试论社会党国际议程设置对苏东国家剧变前后的影响/訾广冬，曹亚雄//学校党建与思想教育(武汉)，2019.4 下.
- 北欧社会民主党理论政策调整、面临的挑战及改革举措/赵宏涛//当代世界(京)，2019.5.

- 非洲民主社会主义政党的理念与实践探索/许苏江//当代世界(京),2019.6.
- 欧洲社会民主政党的生存现状与发展前景：从整体低迷到初现起色/伍慧萍//当代世界(京),2019.7.
- 当代霍查主义力量国际联合的重要平台——“马列主义政党和组织国际会议”发展概况及述评/余维海,陈姣//党政研究(成都),2018.6.
- 欧洲左翼政党谱系视角下的“绿色转型”/郇庆治//国外社会科学(京),2018.6.
- 非洲左翼政治力量的形成、建设与发展/许忠明//中国社会科学报(京),2018.10.25.
- 低谷回声：原东欧社会主义国家左翼马克思主义研究的回顾与反思/韩雷//宜春学院学报,2018.10.
- 加拿大左翼政党的历史与现状/邓超//当代世界(京),2018.11.
- 2018年国外左翼思想研究概览/周森,雷晓欢//科学社会主义(京),2019.1.
- 伊朗第一次左派运动的兴衰及失败原因初探/张超//当代世界与社会主义(京),2019.1.
- 欧洲国家左翼阵营的构成情况及变化趋势/夏庆宇//大连海事大学学报：社会科学版,2019.1.
- 中东左翼政党的政党合作：基本特征及其影响/易小明//当代世界社会主义问题(济南),2019.1.
- 希腊激进左翼联盟的政治崛起和执政表现探析/王聪聪,陈永琦//当代世界与社会主义(京),2019.2.
- 瑞典社会民主党政治理念的演变/孙明明,杨健//中共济南市委党校学报,2019.2.
- 民主社会主义的本土适应性问题论析/黄皖毅//学理论(哈尔滨),2019.2.
- 希腊激进左翼政治的历史、现状与前景——以希腊激进左翼联盟和希共的比较为视角/周玉婉//当代世界与社会主义(京),2019.2.
- 拉美新左派的特殊性——以“全球60年代”中的阿根廷为例/夏婷婷//拉丁美洲研究(京),2019.3.
- 印度独立以来左翼政党的政治地位评析/张淑兰//当代世界社会主义问题(济南),2019.3.
- 当前托派政党的新格局与“第四国际”的新转向/吕佳翼//当代世界社会主义问题(济南),2019.3.
- 激进左翼政治的回归：德国左翼党的政治发展与走向/王聪聪//社会主义研究(武汉),2019.4.
- 阿尔及利亚左翼政党的政治参与及其特征研究/易小明//社会主义研究(武汉),2019.4.
- 德国马列主义党的理论与政策主张评析/禚明亮,易艳华//社会主义研究(武汉),2019.5.
- 德国社会民主党与工会的关系变化(1863—1914)/龙萌瑶//当代世界与社会主义(京),2019.5.
- 法国社会党：2017年以来的法国社会民主主义力量现状/让-努马·迪康热,赵超//当代世界与社会主义(京),2019.5.
- 英国工党的社会福利观念与政策变化/肖伊宁//当代世界与社会主义(京),2019.5.
- 文明危机视阈下的减贫和再分配：拉美左翼进步政府的教训/米里亚姆·兰,刘力//国外理论动态(京),2019.6.
- 抉择的时代：全球化的世界、俄罗斯及左翼的任务——当代俄罗斯左翼力量宣言草案/A. B. 布兹加林//陈红,郑永旺//国外理论动态(京),2019.6.
- 拉丁美洲的超越发展理论：一种绿色左翼话语/刘琦//国外理论动态(京),2019.6.

(王　鑫　选编)

四、外文文献索引

Socialism and Democracy(《社会主义与民主》)

2019 第 2 期

Articles:

- Saeed Rahnema, Lessons of the Second Revolutions: Revisiting the Russian, German, Chinese and Vietnamese Socialist Revolutions
- Paul Blackledge, Engels's Politics: Strategy and Tactics after 1848
- Daniel Egan, Rosa Luxemburg and the Mass Strike: Rethinking Gramsci's Critique
- Thomas Powell, Biological Warfare in Korea: A Review of the Literature
- Ashwin Desai & Patrick Bond, Speculators and Scoundrels in South Africa's Secondary Circuit of Capital: A Turbulent Investment Climate at Durban's Point Waterfront
- Ali Shehzad Zaidi, Imprisonment as the Gateway to Wonder in the Poetry of Faiz Ahmed Faiz
- Tony McKenna, On the Psychiatrists' Couch: Frasier, Tragicomedy, and the Aesthetics of Class

Book Reviews:

- Carl Grey Martin, Old Gods, New Enigmas: Marx's Lost Theory
- Mat Callahan, Red-Green Revolution: The Politics and Technology of Ecosocialism
- Victor Strazzeri, Splendour, Misery, and Possibilities: An X-ray of Socialist Yugoslavia
- Mat Callahan, Navigating the Zeitgeist
- Ron Jacobs, Eugene V. Debs: A Graphic Biography
- Ronald W. Edsforth, Capitalism, Hegemony, and Violence in the Age of Drones
- Katrina Hamilton, Re-enchanting the World: Feminism and the Politics of the Commons
- Peter Seybold, Giants: The Global Power Elite
- Paul Buhle, Prisoner 155: Simon Radowitzky

2019 第 1 期

Editorial:

- Suren Moodliar, Venezuela: A Critical Moment to Challenge Intervention

Article:

- Rémy Herrera, Samir Amin, Militant Theoretician
- Samir Amin, For an International of Workers and Peoples
- Valentine M. Moghadam, The Movements of Movements — A Review Article
- Miriam Lang, Poverty Reduction and Redistribution in the Light of Civilizational Crisis: Lessons from South America's Progressive Phase
- Taimur Rahman, The Colonial Path of Transition to Capitalism
- Timothy Kerswell, A Conceptual History of the Labour Aristocracy: A Critical Review
- Ingrid Hanon, Workers' Participation: The Challenge of Cuban Socialism
- Peter Ranis, Worker Cooperatives: The Default Alternative to Predatory United States Capitalism
- Ted Glick, Religion, Revolution and Higher Love
- Alexei Anisin, Tracing the State of Nature in Stephen King's Under the Dome
- Ronald Paul, Sweden, Migration, and the Emigrant Novels of Vilhelm Moberg

Book Review:

- Peter Seybold, The Young Karl Marx
- Matthew Schultz, Class War, USA: Dispatches from Workers' Struggles in American History
- Marcella Bencivenni, Puerto Rican Labor History 1898 - 1934: Revolutionary Ideas and Reformist Politics
- Paul Buhle, Red Scare in the Green Mountains: Vermont in the McCarthy Era, 1946 - 1955
- Mat Callahan, Isonomia and the Origins of Philosophy
- Kirk S. Lawrence, The French Revolution and Historical Materialism: Selected Essays
- Chris Hardnack, The H-Word: The Peripeteia of Hegemony
- Steve Ellner, Enrique Dussel's Ethics of Liberation: An Introduction
- Doug Enaa Greene, The Blanqui Reader: Political Writings, 1830 - 1880
- Ronald Paul, Workers' Play Time: Seven Scripts from Seven Struggles
- Ronald Paul, Culture as Politics: Selected Writings of Christopher Caudwell
- Kirk S. Lawrence, The Myth of Silent Spring: Remaking the Origins of American Environmentalism
- Norman Markowitz, Corbyn: The Strange Rebirth of Radical Politics

Rethinking Marxism(《反思马克思主义》)

2019 年 4 期

Articles:

- Emmanuel Terray & Joseph Serrano, Exploitation and Domination in Marx's Thought

Book Symposium: Development and Globalization: A Marxian Class Analysis

- Faruk Eray Düzenli, "Is There No Alternative?": An Overdeterminist Marxian Class Analysis of International Political Economy
- Suzanne Bergeron, When Failure Becomes Success: The Antiessentialist, Antidisciplinary Contribution of David Ruccio's Development and Globalization
- Jack Amariglio, "Capitalism Has a Conjunctural History but No Necessary Trajectory": A Comment on David Ruccio's Development and Globalization
- Adam David Morton, Reading for Class
- David F. Ruccio, Changing the Subject: Response to Düzenli, Bergeron, Amariglio, and Morton

Articles:

- Sami Torssonen, A History of Ideological Transparency
- Ian E. J. Hill, Monsterization, Mechanization, Contradiction: Marx's Rhetoric of Technology

Exchange:

- Dylan Cree, A Response to Tyson E. Lewis's "A Marxist Education of the Encounter"
- Tyson E. Lewis, Response to Dylan Cree

Remarx:

- Gregory C. Flemming, From Questioning to Answering: The Paranoid Dialectics of P. K. Dick

Review:

- Jack Black, Grand Hotel Abyss: The Lives of the Frankfurt School
- Dhruv Jain, Transpacific Revolutionaries, by Matthew D. Rothwell. How Difficult It Is to Be God, by Carlos I. Degregori. Heavy Radicals, by Aaron J. Leonard and Connor A. Gallagher. The East is Black, by Robeson T. Frazier
- Gökhan Demir, For a Left Populism

2019 年 3 期

Editorial:

- The Editors, Editors' Introduction

Introduction:

- Banu Bargu & Robyn Marasco, The Political Encounter with Louis Althusser

Articles:

- G. M. Goshgarian, The Void of the Forms of Historicity as Such
- Vittorio Morfino & Translated by Stefano Pippa, Beyond the "Repressive Hypothesis": "Subject-" and "Libido-

Effect" in Althusser

- Banu Bargu, Police Power: The Biopolitical State Apparatus and Differential Interpellations

Art:

- Ernest Larsen & Sherry Millner, Does 68 minus 18 equal 50? Encounters, Interventions, Resistances

Articles:

- Robyn Marasco, Althusser's Gramscian Debt: On Reading Out Loud
- Stefano Pippa, Void for a Subject: Althusser's Machiavelli and the Concept of "Political Interpellation"
- Erdinç Erdem, Althusser's Relation to Hegel: French Hegelianism, Marxism, and Aleatory Materialism

2019 年 2 期

Editorial:

- The Editors, Editors' Introduction

Interview:

- Robin D. G. Kelley, Jack Amariglio & Lucas Wilson, "Solidarity Is Not a Market Exchange": An RM Interview with Robin D. G. Kelley, Part 2

Articles:

- Mikkel Bolt Rasmussen & Dominique Routhier, Critical Theory as Radical Crisis Theory: Kurz, Krisis, and Exit! on Value Theory, the Crisis, and the Breakdown of Capitalism
- Malcolm K. Read, The Psychoanalytic Paradox and Capitalist Exploitation: Slavoj Žižek and Juan Carlos Rodríguez

Reviews:

- Marc Herzog, Creativity and Humour in Occupy Movements: Intellectual Disobedience in Turkey and Beyond, edited by Altug Yalcintas
- Mitchell Abidor, The Origins of Collective Decision Making, by Andy Blunden

2019 年 1 期

Editorial:

- The Editors, Editors' Introduction

Articles:

- Vincent Lyon-Callo, Yahya M. Madra, Maliha Safri, Chizu Sato & Boone W. Shear, Rethinking Marxism: Valences of Hope in Otherworldly Times

Symposium. Part 2: Gramsci in the Twenty-First Century: "Unclear Boundaries"

- Joel Wainwright, Capital and Social Difference in Gramsci and Luxemburg
- Francesca Antonini, Pessimism of the Intellect, Optimism of the Will: Gramsci's Political Thought in the Last Miscellaneous Notebooks
- Peter Ives, Gramsci and "Global English"

Articles:

- Baraneh Emadian, The Quandary of Multiple States as an Internal and External Limit to Marxist Thought: From Poulantzas to Karatani

Book Symposium: Financial Institutions and Development in China, by Satyananda Gabriel

- Ric McIntyre, Labor Politics, Finance, and Chinese State Capitalism
- Craig Freedman, Keeping the Lid on the Financial Pressure Cooker: Scattered Thoughts on Satya Gabriel's Insights into the Chinese Financial Structure
- Mathieu Dufour, Financial Reform with Chinese Characteristics
- Satyananda Gabriel, Finance, Growth, and Transition in the PRC

Article:

- Lorenzo Veracini, Containment, Elimination, Endogeneity: Settler Colonialism in the Global Present

Review:

- Brad Stiffler, Epistemontology in Spinoza-Marx-Freud-Lacan: The (Bio) Power of Structure, by A. Kiarina Kordela

2018 年 4 期

Editorial:

- The Editors, Editors' Introduction

Articles:

- Cosimo Zene, Justice for the Excluded and Education for Democracy in B. R. Ambedkar and A. Gramsci
- Marcus E. Green, Gramsci's Concept of the "Simple": Religion, Common Sense, and the Philosophy of Praxis
- Alfonso Gonzales, Nuestro Gramsci: Notes on Antonio Gramsci's Theoretical Relevance for the Study of Subaltern Latino Politics Research

Interview:

- Robin D. G. Kelley, Jack Amariglio & Lucas Wilson, "Solidarity Is Not a Market Exchange": An RM Interview with Robin D. G. Kelley, Part 1

Articles:

- Brian Harnetty, Getting Lost: Photographs from Jonathan Johnson's Low Season and Green Country

Miscellany:

- Jonathan Johnson, Excerpts from Low Season and Green Country

Review:

- Christian W. Chun, Using Gramsci: A New Approach, by Michele Filippini

2018 年 3 期

Introduction:

- Oded Nir & Joel Wainwright, Introduction

Preface:

- Fredric Jameson, Preface

Articles:

- Oded Nir & Joel Wainwright, Where Is the Marxist Critique of Israel/Palestine?

Interview:

- Noam Chomsky, Joel Wainwright & Oded Nir, "There Are Always Grounds for Seeking a World That Is More

Free and More Just": An Interview with Noam Chomsky on Israel, Palestine, and Zionism

Articles:

- Raja Khalidi, Nation and Class: Generations of Palestinian Liberation
- Sherene Seikaly, Men of Capital in Mandate Palestine
- Shimshon Bichler & Jonathan Nitzan, Arms and Oil in the Middle East: A Biography of Research
- Amir Locker-Biletzki, Rethinking Settler Colonialism: A Marxist Critique of Gershon Shafir
- Nitzan Lebovic, The History of Political Melancholy as an Alternative History of Zionism

New Left Review(《新左翼评论》)

2019 年第 4 期

Articles:

- Aaron Benanav, Automation and the Future of Work — 1

  Abstract: First in a two-part global reappraisal of the linkages between technological advance and capitalist labour-market dysfunction. What light does automation discourse shed on dynamics within the productive economy? Rise of the robots versus industrial overcapacity to explain the worsening crisis of under-employment.

- Alain Supiot, An Artist of the Law

  Abstract: The testing of opposing ideas and perils of descent into arbitrary power: Kafka's schooling in the principe du contradictoire as explainer of his prose style and preoccupations, in The Trial and beyond.

- Perry Anders, onSituationism à L'envers?

  Abstract: Building on the extended review by Cédric Durand in NLR 116/117, Perry Anderson seeks clues to the politics and method behind Adam Tooze's Crashed in the author's wider oeuvre. From the Peace of 1919 to the dollar swap-lines of 2008, the oft-heralded rise of a beneficent American hegemon.

- Johnny Rodger, The Vanishing Library

  Abstract: Twice consumed by fire and set to be rebuilt anew, in what sense can Charles Rennie Mackintosh's library at the Glasgow School of Art still be said to exist? Freudian derealization, Cartesian doubt and Gaelic allegory summoned by a resident scholar's memories of reconstructed timbers and their smouldering remains.

- Lola Seaton, The Ends of Criticism

  Abstract: In response to the recent debate between Francis Mulhern and Joseph North on the means and purposes of literary criticism, Lola Seaton examines the play of method and personal experience in Raymond Williams's The Country and the City and its contemporary rebound in the 'hauntology' of K-Punk's Mark Fisher.

Reviews

- Benjamin Kunkel, on Bhaskar Sunkara, The Socialist Manifesto. A case for the democratic-socialist transformation of the United States, drawing lessons from the failures of the twentieth century.
- Robin Blackburn, on Paul Collier, The Future of Capitalism. A programme to rectify the failings of contemporary

capitalism through a return to the pragmatic communitarian politics of 'the hard centre'.

- Susan Watkins, on Kate Manne, Down Girl. A moral-philosophical argument for a feminism of the privileged, as first in line for misogynist policing.

2019 年第 3 期

Articles

- Daniel Finn, Crosscurrents

  Abstract: After decades of hawkish neoliberalism, the British Labour Party has become the stage for an unprecedented experiment. To what extent has Corbyn's leadership been able to transform Blair's party into a vehicle for egalitarian renewal? Can his project survive the maelstrom of the UK's Brexit crisis?

- Simon Hammond, K-Punk At Large

  Abstract: The most powerful critique of neoliberal culture since the crisis, issued from the margins of the blogosphere. Simon Hammond traces the arc of Mark Fisher's career, from accelerationism to Capitalist Realism and beyond, in a striking comparison with the critical cultural studies of Stuart Hall.

- Kelly Askew & Rie Odgaard, Deeds and Misdeeds

  Abstract: Stories of land and gender struggles from the uplands of Tanzania, where the CCM government is bent on pushing through a land-titling programme, backed by the World Bank and Hernando de Soto, with the promise of women's empowerment.

- Franco Moretti & Oleg Sobchuk, Hidden In Plain Sight

  Abstract: What is the meaning of data visualization in the Digital Humanities? What does it hide, in its acts of revealing? Considerations of time and form, data and theory, as two researchers put their field in a comparative frame.

- Wolfgang Streeck, Progressive Regression

  Abstract: A periodization of European social policy, from attempts to manage the militant labour upsurge of the late 1960s to a supra-national lever for neoliberal restructuring, by way of Maastricht's Social Protocol. The upshot: a deleterious relocation of social-policy battles from the terrain of welfare-state building to the fields of fiscal policy and immigration.

Reviews

- Kheya Bag, on Alpa Shah, Nightmarch. A Naxalite guerrilla platoon as the vantage point for a multi-faceted account of Indian society, and the state violence that advances extractive growth.
- Anders Stephanson, on Daniel Immerwahr, How to Hide an Empire. A reading of America's global power through its territorial possessions, from ocean archipelagos to military bases.

2019 年第 2 期

Articles

- Matteo Pucciarelli, Salvini Ascendant

  Abstract: Portrait of the bare-knuckle Milanese politician currently leading the advance of the far right in Europe — and explanation for his rise, amid the ruins of Italy's party system and its euro-racked economy.

- Evgeny Morozov, Digital Socialism?

Abstract: What opportunities does the new feedback infrastructure of data capitalism offer for non-market forms of social coordination? Hayek and the Calculation Debate revisited in the age of big data.

- Young Pioneers, May Fourth Manifesto

  Abstract: A resounding call for labour rights and democracy on the centenary of the youth uprising of May 1919, swiftly removed from the internet.

- Stathis Kouvelakis, The French Insurgency

  Abstract: Analysis of the group dynamics and programme of the Gilets Jaunes, read through the lens of the Prison Notebooks — and against the surprising precedent of the Chartist movement's political economy.

- DSA Members, America's New Left

  Abstract: Five members of Democratic Socialists of America give their views on the organization's dramatic growth and the strategic dilemmas it must address — above all, relations to Sanders and the Democratic Party.

Interview

- Christine Buchholz Germany Redivided
- Wide-ranging perspective on the German political landscape under Merkel, and left debates on how best to counteract the ascent of the AfD, from one of Die Linke's Bundestag members.

Articles

- Emma Fajgenbaum, Cinema as Disquiet

  Abstract: Portugal's revolution and colonial legacy refracted through the lives of its subjects in the work of Pedro Costa, one of Europe's most innovative practitioners of an experimental cinema from below.

- Joseph North, Two Paragraphs in Raymond Williams

  Abstract: Replying to Francis Mulhern in NLR 110, Joseph North finds support for his project of a critical aesthetic education in the supposedly anti-aesthetic work of Raymond Williams.

- Mary Mellor, An Eco-Feminist Proposal

  Abstract: Continuing the debate in recent numbers of NLR, insights from feminist economics brought to bear on the most pressing questions of green strategy.

Reviews

- Cédric Durand, on Adam Tooze, Crashed. Epic account of the financial crisis and the decade of political aftershocks that followed.
- Michael Rustin, on Anthony Barnett, The Lure of Greatness. Post-imperial pathologies of the multinational kingdom as catalyst for Britain's leap into the unknown.
- Jan Breman, on Michael Levien, Dispossession without Development. India's real-estate development through the eyes of its excluded.
- Grey Anderson, on Julian Jackson, A Certain Idea of France. Can the latest life of de Gaulle rescue him from the enormous condescension of the Anglo-Saxon powers?

2019 年第 1 期

Articles

- Susan Watkins, America vs China

  Abstract: Introducing a triptych of perspectives on the PRC, as the drumbeat from Washington grows louder. Is the American imperium now so vast, so overweening in its demands, that any rising power must grate against it?

● Peter Nolan, The CPC and the Ancien Régime

Abstract: Roots of the PRC's legitimating ideology in the longue durée of Chinese history, as source of the Party's confidence that it need not imitate Western models in the coming century. Peter Nolan sets out the view from Zhongnanhai on the desirable relation between market and state — a potential alternative to the current world order?

● Christopher Connery Ronald, Coase in Beijing

Abstract: On the eve of the financial crisis, Giovanni Arrighi's Adam Smith in Beijing posited the advent of a world-equalizing market state in China. Christopher Connery now takes a sardonic look at the country's 'institutional economics' through the eyes of an idiosyncratic English Hayekian.

Interview

● Victor Shih, China's Credit Conundrum

Abstract: Interviewed by Robert Brenner, Victor Shih discusses the one-off factors that enabled China's rise as workshop of the world and its subsequent dependence on state credit as driver of growth. Contradictions between the conditions for political and financial stability, as the Xi regime superintends an unsteady slowdown.

Articles

● Didier Fassin & Anne-Claire, Defossez An Improbable Movement?

Abstract: The policies and pretensions of a Bourbonnais president as background to the political insurgency of provincial France. Origins and complexion of the gilets jaunes mobilization, with the Elysée resorting to the worst police violence since May 68.

● Mark Burton & Peter Somerville, Degrowth: A Defence

Abstract: Counterblast to Robert Pollin's programme in NLR 112 for a green-growth new deal, arguing that a radical reduction in greenhouse-gas emissions requires a smaller global economy. Proposals for a drastic overhaul of production, construction, transportation and agricultural practices.

● Lola Seaton Green Questions

Abstract: A survey of the 'green strategy' debate in recent numbers of NLR unravels the threads of twin disagreements about GDP growth, which appears, by turns, a political-economic necessity and an ecological death-sentence. Steady-state, half-earthing, degrowth, green new deal? All have questions to answer.

Reviews

● Frederik Van Dam, on Francis Mulhern, Figures of Catastrophe. Elegant elucidation of an unsuspected literary genre centred on culture as a ground for social conflict.

● Alexandra Reza, on Stephen Smith, La ruée vers Europe. Projected convergence of African demographic growth and economic stagnation as conditions for a migratory 'scramble for Europe'.

● Rebecca Lossin, on Mauvaise Troupe, The ZAD and NoTAV. Oral history and barefoot ethnography combine in a participants' account of territorial struggles in Piedmont and Brittany.

2018 年第 5 期

Articles

● Göran Therborn, Twilight of Swedish Social Democracy

Abstract: Hailed with relief for fear of a bleaker outcome, the SAP's poor performance in the September 2018 election underlines the malaise afflicting social democracy's global flagship. Therborn charts the country's SAP-led neoliberalization — and rise of the far-right Sweden Democrats — against the backdrop of recession and refugee arrivals.

- David Kotz, End of the Neoliberal Era?

  Abstract: Prognosis for the US economy, after a decade of unprecedented monetary stimulus. Does the distempered character of the recovery — soaring profits, feverish asset prices, anaemic wage growth — signal a structural crisis in the existing regime of capitalist accumulation, and transition to a new institutional framework?

- Perry Anderson, An Afternoon with Althusser

  Abstract: Notes on a conversation in the summer of 1977, when the philosopher made an impromptu visit to the NLR office. Wide-ranging discussion on Althusser's relations with the PCF, the condition of Marxism, the Chinese and Russian revolutions compared; Trotsky, Sraffa and the problems with Gramsci's concept of hegemony.

Interview

- Richard Stallman, Talking to the Mailman

  Abstract: Growing domination of companies over users, malicious functionalities, tracking and widespread surveillance. The leading campaigner for software freedom discusses the present technological landscape and the political relevance of the campaign for free software.

Article

- Donald MacKenzie & Alice Bamford, Counterperformativity

  Abstract: If speech can — in the famous argument of J. L. Austin — not only be true or false, but also do things, what about economic models? And what about when models go wrong, or actually undermine their own assumptions? Black-Scholes, gamma traps and gaming — a typology of the perverse effects of some key financial tools.

Reviews

- Dylan Riley, on Heinrich August Winkler, The Age of Catastrophe. 'The West' as normative construct — and narrative telos — in a moralizing account from Berlin of the 20th century's wars and revolutions.
- Zöe Sutherland, on Marcus Verhagen, Flows and Counterflows. Comparative survey of how contemporary artists have engaged with the invisible dynamics of globalization through their work.
- John Grahl, on Philippe Askenazy, Tous rentiers! Contra Piketty's fiscal prescriptions, a French economist's recipe for reducing inequality through re-mobilization of labour and critique of 'propertarian' ideology.

International Socialist Review(《国际社会主义评论》)

2019 年春季号

Top story:

● Cele Fierro and Pablo Vasco, The Struggle for Abortion Rights in Argentina

Editorials:

● Lance Selfa, The Shape of US Politics

Features:

● Hadas Thier, Ten Years Since the Great Recession

● Jennifer Roesch, The New Women's Movement

● Fidel Castro, Samuel Farber, The Global Struggle Against the War on Women

● David Renton, What is Different about Today's Far Right?

Interviews:

● Toufic Haddad interviewed by Phil Gasper, The State of the Palestinian Struggle

● Loong Yu Au interviewed by Ashley Smith, China's Rise as a World Power

Critical Thinking:

● Phil Gasper, How can We Prevent Climate Catastrophe?

Reviews:

● Guy Miller, How Finance Capital Wrecked the World Economy

● Glenn Allen, Pushing Opioids for Profits

● Paul Le Blanc, A Pioneering Work on Lenin and Bolshevism

● Samantha Agarwal, The Legacy of Maoism in India

● Llanon Davis, The Political Economy of Neolithic States

● Dayna Long, Feminism's Flexible Features

● Djamil Lakhdar-Hamina, Marxist Economics Put to the Test

● Brian Ward, From Indigenous Resistance to Native Liberation

● Dan Georgakas, Charting the Ebbs and Flows of the US Radical Left

● Emily Comer, Chronicles of the Red State Revolt

● Tim Goulet, Hidden History of the Mexican-American Working Class

● Nancy Welch, The Truth Alone Will not Set You Free

2018 年冬季号

Top Story:

● 1968: 50 Years Since the Global Revolt

Features:

● Rafael Bernabe, Puerto Rico: Economic Reconstruction, Debt Cancellation, and Self-determination

● Manuel Aguilar Mora, 1968 in México, and 50 Years Later

● Heike Becker, South African Student Protests, 1968 to 2016

● Lee Sustar, Black Power at the Point of Production, 1968 - 73

● Megan Behrent, May 1968 and the Revolt of the Lycéens

● Ernest Reed, May 1968: Workers and Students Together

● Ronnie Almonte, Richard Parrish, the Black Caucus, and the 1968 Ocean Hill-Brownsville Strikes

Interviews:

● Ashley Farmer, Mary Phillips, Robyn C. Spencer and Leela Yellesetty Women in the Black Panther Party

Reviews:

● Charlie Hore, Trotskyism in China

● Anup Gampa and Jeremy Sawyer, Building a Marxist Psychology

● Sean Larson, The Rise and Fall of German Communism

● Afsaneh Moradian, Vivos los Queremos

● Will Myers, The Politics of Climate Change

● Michelle Farber, A Cure for the For-Profit Health Care System?

● Axel Fair-Schulz, The Revolution that Could have Changed World History

● April Burke, The Dialectical Practice of a Marxist Educator

Critique Journal of Socialist Theory(《批判：社会主义理论》)

2019 年第 3 期

Editorials:

● Hillel Ticktin, Critique Notes 86

Articles:

● Michael J. Thompson, The Radical Republican Structure of Marx's Critique of Capitalist Society

● Govand Khalid Azeez, The 'Kurd' Between Capitalist-statist Nationalism and Class Conflict

● Julian Eagles, Modern Capitalism and the Marginalized in the Post-2008 Era: The 'Consumer Society', Mystification and Rebellion

● Raquel Varela & Roberto della Santa, Labour Immigration and Capitalist Restructuring in an Internationalist Perspective — Mainstream Official Policy of 'Open-Borders' and Radical Left Case for No-Borders: The IDC, International Dockworkers Council

● Murzban Jal, Who Wants Liberalism?

Review Article:

● Mohammad Moheq, Taliban and ISIS: Seven Similarities, Seven Differences

Book Review:

● Paul Flewers, Isaac and Isaiah: The Covert Punishment of a Cold War Heretic

2019 年第 2 期

Editorial:

- Hillel Ticktin, Critique Notes 85

Articles:

- Peter Nolan, Global Finance Since the Asian Financial Crisis
- Stathis Psillos, Value and abstraction in Marx's Capital
- Alex Steinberg, Trotsky as a Marxist Theoretician: The Evidence in the Notebooks
- Paul Cockshott, Shifting Paradigms: How Even Hipparchus Was Smarter Than Samuelson
- Mohammad Ferdosi, The Social Democratic Road to Socialism
- Murzban Jal, The Phantasmagoria of Confidence: the Tragi-Comedy of Indian Liberal Democracy
- Paul Flewers, The Unexpected Denunciation: The Reception of Khrushchev's 'Secret Speech' in Britain
- Raquel Varela, Fascism's Road to Power (1929 - 1939)
- Karim Pourhamzavi, Gramsci and the Root of Passiveness in the Iranian Constitutional Revolution 1906 - 1911
- Tony McKenna, Behind the Black Mirror: The Limits of Orwellian Dystopia

Book Review:

- Mike Belbin, The Politics of Style: Towards a Marxist Poetics

2019 年第 1 期

Editorials:

- Hillel Ticktin, Critique Notes 84

Articles:

- Peter Nolan, Finance, Class Structure and the Real Economy in Pre-1914 Britain
- Murzban Jal, The Indian Left and the Indian National Congress Party: What is To Be Done?
- Savvas Matsas, Karl Marx and the Future
- Raquel Varela, The 1945 European Social Pact
- Christos D. Georgiou, The Molecular Biology of the Elites is Replaced by an Environmentally Interactive Biology of Social Equality
- Govand Khalid Azeez, On Saidian Postcolonialism: The Middle East between Culture, Capital and Class

Review Essay:

- Baraneh Emadian, Under Western Eyes: On Farris's In the Name of Women's Rights

Book Review:

- Thomas Kilkauer, Angst for Germany

2018 年第 4 期

Note:

- Hillel Ticktin, Critique Notes 83

Articles:

- Peter Kennedy, Tracing Secular Stagnation to the Prevention of Communism, Through the Prism of Economics and Marxist Political Economy

- Esteban Torres, The Three Engines in Marx's Social Theory: Towards a Renewal of the Left
- Mike Macnair, Intersectionalism, the Highest Stage of Western Stalinism?
- Eugene Flanagan, Drawing-back the Mystical Veil: Economic Fables and the Irish Print Media
- Tony McKenna, Planes, Trains and Automobiles: A Study of Capitalist Reification and the Possibility of Its Overcoming
- Paul Flewers, The Prophet, Isaac Deutscher's Trotsky Trilogy

Book Review:

- João Moreira, Breve História da Europa — da Grande Guerra aos Nossos Dias

International Socialism: A quarterly review of socialist theory(《国际社会主义：社会主义理论评论季刊》)

2019 年夏季刊

Conference:

- Cuba, the Pink Tide and revolution in Latin America, 26 October 2019

Analysis:

- Alex Callinicos, Betting on Infinite Loss
- Anne Alexander, Living on Revolution Time: Understanding the Dynamics of the Uprisings in Sudan and Algeria
- Judith Orr, Women and the Far Right
- Paul Holborow, The Anti Nazi League and its Lessons for Today
- Geoff Brown, Tackling Racism: the Communist Party's Mixed Record
- John Molyneux, In Defence of Party Building
- Camilla Royle, Marx and the Robbery of the Soil and the Worker
- John Charlton, Our Globe is Burning!
- James Preece, The Secrets of Nineteen Eighty-Four
- Peter Robinson, So much Freedom! Portugal's Carnation Revolution
- Padraic Finn, Dollar, Debt and the End of the American Dream

Feedback:

- Wayne Asher, Socialists and the Leave Vote — a (brief) Reply to Sean Leahy
- Dave Lyddon, Striking Continuity Amid Great Change Book Reviews
- Dave Gilchrist, German Workers Get that Sinking Feeling
- Shirley Franklin, Revolutionary Psychology

Pick Of The Quarter:

- This Quarter's Selection

2019 年春季刊

Conference:

● Race, Class and Identity, Saturday 18 May 2019: Videos Now Available

Analysis:

● Alex Callinicos, Shambling Towards the Precipice

● John Charlton, Colin Barker: an Appreciation

● Mark L Thomas, Fascism in Europe Today

● Jad Bouharoun, The French Quagmire

● Suzanne Jeffery, Dirty energy, Capitalism and the Working Class

● Andy Brown, Class Battles in Latin America

● Ken Olende, Marx and Race: a Eurocentric Analysis?

● Michael Kidron, Modern Capitalism

Feedback:

● Sabby Sagall, Remain and Replace — a Socialist Case

● Sean Leahy, Why we Voted Leave

● Christian Høgsbjerg, Trotskyism: a Rejoinder to John Kelly

Book Reviews:

● Mark Krantz, The Long History of Palestine

● Donny Gluckstein, Divergent Views on the Labour Party

● Chin Chukwudinma, Revolution and the Global South

Pick Of The Quarter:

● This quarter's selection

2019 年冬季刊

Analysis:

● Valério Arcary, Brazil: How Big a Defeat?

● Alex Callinicos, Brexit Blues

● David Albrich, Austria: Fascism in Government

● Carol Williams, 1968 and the Troubled Birth of the Turkish Left

● Philip Marfleet, Iraq: What Happened Next ...

● Roger Cox, Marxist Politics at Work During the Long Boom and its Breakdown

● Mark O'Brien, Breaking Points and Rank and File Moments: Reaching the Limits of "Legalism" in Industrial Action

Feedback:

● Wayne Asher, In a Hole and Still Digging: the Left and Brexit

● Capitalism and the Holocaust — the Missing Link: a Reply to Donny Gluckstein Horst Haenisch

● Iain Ferguson, Marxism and Mental Distress: a reply to Shirley Franklin

● John Kelly, The Consolation of Familiar Ideas: a Reply to Christian Høgsbjerg

Pick Of The Quarter：

● This Quarter's Selection

2018 年秋季

Conference：

● Race，Class and Identity，Saturday 18 May 2019

Analysis：

● Alex Callinicos，Legends of the Fall

● Marnie Holborow，Ireland's Abortion Victory

● John Bellamy Foster and Paul Burkett，Value isn't Everything

● Ian Rappel，Natural Capital：a Neoliberal Response to Species Extinction

● Sheila McGregor，Social Reproduction Theory：Back to (which) Marx?

● Martin Upchurch，The Labour Party and Post-Neoliberalism

● Dave Sewell，How Not to Resist Racism：a Lesson from France

● Chris Harman，Trotsky and the New Stalinism

● Donny Gluckstein，Remember，Remember the 9th of November

● Nick Grant，Keeping it Real：the Brutal Art of Ken Loach

● Joseph Choonara，Labouring Under No Illusions

● Christian Høgsbjerg，Trotskyology

● John Sinha，Post-Capitalism in Commons?

Book Reviews：

● Tony Phillips，Battle Lines Drawn

● Dick Pitt，An Irrational System

● Martin Pitt，A Psychodynamic Approach to a New Party?

Pick Of The Quarter：

● This Quarter's Selection

Monthly Review(《每月评论》)

2019 年 10 月刊

● The Editors，NOTES FROM THE EDITORS

Review Of The Month：

● John Bellamy Foster，Farooque Chowdhury，The Rise of the Right

Exchange：

● Neil Davidson，Socialist Internationalism Against the European Union

- Andy Storey，Navigating the Brexit Strait
- Costas Lapavitsas，Learning from Brexit：A Socialist Stance Toward the European UnionPOETRY："Green Card" by Kenneth Salzmann

Review：

- Linda Backiel，A Duel of Dreams

Reprise：

- Marta Harnecker，A New Revolutionary Subject

2019 年 9 月刊

- The Editors，NOTES FROM THE EDITORS

Reprise：

- Margaret Benston，The Political Economy of Women's Liberation
- Lise Vogel，She Was My Kind of Scientist：Margaret Benston and the Political Economy of Women's Liberation
- Martha E. Gimenez，Women，Class，and Identity Politics：Reflections on Feminism and Its Future
- Silvia Federici，On Margaret Benston：The Political Economy of Women's Liberation
- Leith Mullings，Mapping Gender in African-American Political Strategies

Interview：

- Selma James，Ron Augustin，Beyond Boundaries

Poetry：

- Marge Piercy，Straggling onward

2019 年 7—8 月刊

- The Editors，NOTES FROM THE EDITORS

Introduction：

- John Bellamy Foster，Late Imperialism：Fifty Years After Harry Magdoff's The Age of Imperialism
- Utsa Patnaik，Prabhat Patnaik，Neoliberal Capitalism at a Dead End
- Samir Amin，The New Imperialist Structure
- Intan Suwandi，Labor-Value Commodity Chains：The Hidden Abode of Global Production
- John Bellamy Foster；Hannah Holleman；Brett Clark，Imperialism in the Anthropocene
- Ricardo Antunes，The Preemptive Counterrevolution and the Rise of the Far Right in Brazil
- João Pedro Stedile，Contemporary Challenges for the Working Class and Peasantry in Brazil

Reprise：

- Harry Magdoff，A Note on the Communist Manifesto
- Samir Amin，Firoze Manji，Toward the Formation of a Transnational Alliance of Working and Oppressed Peoples

2019 年 6 月刊

- The Editors，NOTES FROM THE EDITORS

Review Of The Month：

- Ian Angus，Superbugs in the Anthropocene：A Profit-Driven Plague

● Erald Kolasi，Energy，Economic Growth，and Ecological Crisis

● Jean-Claude Paye，The Yellow Vests in France：People or Proletariat?

Review：

● Chirashree Das Gupta，The Contemporary Contours of Imperialism

2019 年 5 月刊

● The Editors，NOTES FROM THE EDITORS

Review Of The Month：

● John Bellamy Foster，Absolute Capitalism

● Atilio Borón，Salvador Allende："Not in My Name"

● Corinna Mullin；Nada Trigui；Azadeh Shahshahani，Decolonizing Justice in Tunisia：From Transitional Justice to a People's Tribunal

Exchange：

● Ted Benton，Marx，Animals，and Humans：A Reply to My Critics

● John Bellamy Foster；Brett Clark；Christian Stache，Replies to Benton

Review：

● Bruce Neuburger，California's Migrant Farmworkers：A Caste System Enforced by State Power

● Russell Hall，Unionizing the World's Largest Slaughterhouse

2019 年 4 月刊

● The Editors，NOTES FROM THE EDITORS

Review Of The Month：

● Tamás Krausz，Róbert Nárai，Searching for Alternatives in Eastern Europe：Tamás Krausz Interviewed by Róbert Nárai

● Kyung-Pil Kim，Crisis Management in South Korea and the Hegemonic Strategy of the Chaebols

Reprise：

● Leo Huberman，The Debs Way

Correspondence：

● Michael Roberts，Owning Financialization

● The Editors，The Critique of Financialization：A Reply to Michael Roberts

Review：

● Victor Grossman，Germany's Hidden Social Crisis

● Brit Schulte，Read Revolting Prostitutes：Your Socialism Depends on It

2018 年 3 月刊

● The Editors，NOTES FROM THE EDITORS

Review Of The Month：

● Intan Suwandi；R. Jamil Jonna；John Bellamy Foster，Global Commodity Chains and the New Imperialism

● Zhun Xu，Economic Surplus，the Baran Ratio，and Capital Accumulation

- Boris Hennig, Self-Knowledge, Estrangement, and Social Metabolism

Review:

- Andrew Glikson, The Criminal Dimension of Climate Change

2019 年 2 月刊

- The Editors, NOTES FROM THE EDITORS

Review Of The Month:

- John Bellamy Foster, Capitalism Has Failed — What Next?
- Ivan Manokha, New Means of Workplace Surveillance: From the Gaze of the Supervisor to the Digitalization of Employees
- Chad Pearson, Scholarship on the Rise of the Right: Liberal Historians and the Retreat from Class

Interview:

- Eni Lestari, Promise Li, Fighting for Migrant Workers in Hong Kong

2019 年 1 月刊

- The Editors, NOTES FROM THE EDITORS

Review Of The Month:

- Patrick Bond, South Africa Suffers Capitalist Crisis Déjà Vu
- Keeanga-Yamahtta Taylor, Black Feminism and the Combahee River Collective

Reprise:

- Combahee River Collective, A Black Feminist Statement
- Ron Augustin, Cuba, Che Guevara, and the Problem of "Socialism in One Country"
- David Matthews, Capitalism and Mental Health

Science and Society(《科学与社会》)

2019 年第 3 期

Editorial Perspectives:

- In This Issue
- D. L, The Electoral Arena Once More: A Fresh Look at the "Lesser Evil" Debate

Articles:

- Gaofeng Meng, The Household Responsibility System, Karl Marx's theory of Property and Antony M. Honoré's Concept of Ownership
- Hao Qi and Zongjin Li, Giovanni Arrighi in Beijing: Rethinking the Transformation of the Labor Supply in Rural China During the Reform Era

● Paul Blackledge, On Strategy and Tactics: Marxism and Electoral Politics

● Nathan Sperber, State Capitalism and the State-Class Nexus

Symposium (Round Two):

● Tom Brass, Frank T. Fitzgerald, Roberta Garner & Larry Garner, Timothy Johnson & Mark Solomon, and Tom Mayer, Is the Term "Stalinism" Valid and Useful for Marxist Analysis?

Review Article:

● Kirk Boyle, Rereading Jameson: On Doing Versus Introducing Dialectical Criticism

Reviews:

● James Smethurst, Charles Forsdick and Christian Høgsbjerg, eds., The Black Jacobin Reader

● John Arena, Erica Kohl-Arenas, The Self-Help Myth: How Philanthropy Fails to Alleviate Poverty

● Arthur MacEwan, Daniel Aronoff, A Theory of Accumulation and Secular Stagnation: A Malthusian Approach to Understanding a Contemporary Malaise Daniel Aronoff, The Financial Crisis Reconsidered: The Mercantilist Origin of Secular Stagnation and Boom Bust Cycles

● Victoria Gritsenko, Mariano Zukerfeld, Knowledge in the Age of Digital Capitalism: An Introduction to Cognitive Materialism

2019 年第 2 期

Editorial Perspectives:

● In This Issue

● D. L, The Electoral Arena and Evolving Class Structure in Capitalist Societies

Articles:

● William I. Robinson, Global Capitalist Crisis and Twenty-First Century Fascism: Beyond the Trump Hype

● Julio Huato, The Statistical Physics of a Private Ownership Society

● Kaan Kangal, Engels' Intentions in Dialectics of Nature

● Zeyad El Nabolsy, Aristotle on Natural Slavery: An Analysis Using the Marxist Concept of Ideology

Reviews:

● David M. Kotz, Samir Amin, Russia and the Long Transition from Capitalism to Socialism

● David Laibman, Robin Hahnel and Erik Olin Wright, Alternatives to Capitalism: Proposals for a Democratic Economy

● Tom Angotti, Ashley Dawson, Extreme Cities: The Peril and Promise of Urban Life in the Age of Climate Change

● George Snedeker, Michael E. Brown, The Concept of the Social in Uniting the Humanities and Social Sciences

● Renate Bridenthal, Stephen Kotkin, Stalin: Waiting for Hitler 1929 - 1941

2019 年第 1 期

Editorial Perspectives:

● In This Issue

● D. L, Objectivity and Stadiality — Key Marxist Contributions to Left Thinking and Practice

Articles:

- Pedro M. Rey-Araujo, Grounding Populism upon Political Economy: Organic Crises in Social Structures of Accumulation Theory
- Sean Sayers, Marx and Teleology
- Tom Brass, Power Wanting, but Wanting Power? Betraying Revolution (Again)
- Brian Smith, Anarcho-Republicanism?: Arendt and the Federated Council System

Reviews Article:

- Richard Westra, Financialization and Marxism

Review:

- Paul Buhle, Alain Brossat and Sylvie Klingberg, Revolutionary Yiddishland: A History of Jewish Radicalism
- Kaan Kangal, Kohei Saito, Karl Marx's Ecosocialism: Capital, Nature, and the Unfinished Critique of Political Economy
- Funda Hülagü, Valeria Vegh Weis, Marxism and Criminology: A History of Criminal Selectivity
- Charisse Burden-Stelly, Stephen C. Ferguson II, Philosophy of African American Studies: Nothing Left of Blackness

2018 年第 4 期

Editorial Perspectives:

- In This Issue
- D. L, Karl Marx at 200: The Time Frame for an Achievement Varies Directly with Its Magnitude

Articles

- Paul Blackledge, Hegemony and Intervention: Alan Shandro's Lenin
- Annamária Artner, Is Catching Up Possible? The Example of Central and Eastern Europe
- Christopher Gunderson, Autonomist Marxist Interpretations of the Zapatista Uprising: A Critique

Symposium:

- Renate Bridenthal, Alex Callinicos, Russell Dale, Raju Das, Sheila Delany, Steve Ellner, Barbara Foley, Julio Huato, David Laibman, Gerald Meyer, Paul C. Mishler, August Nimtz, and Alan Wald, Is the Term "Stalinism" Valid and Useful for Marxist Analysis?

Communications:

- Grover Furr, Stalin Reappraised: Comments on Meyer
- Gerald Meyer, Grover Furr on "Joseph Stalin: Revisionist Biography": A Response

Review article:

- Eugene Gogol, Marxist-Humanism: The New Raya Dunayevskaya Collection

Review:

- Renate Bridenthal, Keeanga-Yamahtta Taylor, From #BlackLivesMatter to Black Liberation
- Eric Mielants, Pepijn Brandon, War, Capital and the Dutch State (1588 - 1795)
- Joseph Ricciardi, Robert Guttmann, Finance-Led Capitalism: Shadow Banking, Re-Regulation and the Future of Global Markets
- Steven Wexler, Jennifer Cotter, Kimberly DeFazio, Robert Faivre, Amrohini Sahay, Julie Torrant, Stephen

Tumino, and Rob Wilkie, eds., Human, All Too (Post)Human: The Humanities after Humanism

- Paul Buhle, Keith Gilyard, Louise Thompson Patterson: A Life of Struggle for Justice
- Barbara Foley, David R. Roediger, Class, Race, and Marxism
- Al Campbell, Paresh Chattopadhyay, Marx's Associated Mode of Production: A Critique of Marxism

（来庆立　选编）

五、大事记(2019年)

1月16日,英国共产党(Communist Party of Britain)总书记罗伯特·格里菲斯(Robert Griffiths)在英国共产党政治委员会会议上发表了讲话。他敦促各地的工人举行运动以继续要求重新举行大选,并选出由左翼领导的工党政府同欧盟进行未来的谈判,这才是“摆脱当前危机的前进方向”。英国共产党政治委员会还同意签署一份来自21个共产党和工人党的声明。该声明是为了应对即将到来的欧洲议会选举而发表的。声明谴责欧盟“加剧剥削并制造贫困”,认为欧盟正在军事化,并且已经无可救药。声明要求建立一个“工人和人民大众的欧洲”,以实现和平、社会公正并保障各国主权。

1月21日,在经过数月激烈的跨阵营谈判后,瑞典新政府最终由中左翼阵营的社会民主党和环境党组成少数派政府。瑞典首相、社会民主党主席斯特凡·勒文(Stefan Löfven)在议会公布了新一届政府组成名单并发表施政报告。他表示,新政府组成是“历史性”新时代的开始,并承诺将解决瑞典面临的诸多问题。

1月23日,美国总统特朗普正式承认非经选举产生的委内瑞拉反对派领袖担任该国临时总统。委内瑞拉现任总统马杜罗(Nicolás Maduro Moros)痛批美国企图政变,随即宣布与美国断交,限美国外交官员72小时内离境。此前,委内瑞拉全国代表大会主席盖多(Juan Guaido)自行宣布成为临时总统,白宫方面则透过事先准备好的声明正式承认盖多。美国的区域盟友,包括加拿大、巴西、哥伦比亚、智利、秘鲁与阿根廷,也先后加入支持行列。拉美左翼政权,包括玻利维亚、古巴、尼加拉瓜与墨西哥则持续承认马杜罗政府的正当性。

2月3日,100万人聚集在印度加尔各答(西孟加拉邦首府),誓言要在即将到来的选举中把印度总理纳伦德拉·莫迪(Narendra Modi)领导的右翼政党人民党(BJP)赶出西孟加拉邦。来自全邦各地的人们挥舞着红色旗帜,参加由印度共产党(马克思主义)领导的左翼阵线组织的示威活动。印度共产党(马克思主义)总书记西塔拉姆·亚秋里(Sitaram Yechury)对群众说:“如果我们国家要避免更多的灾难,就需要改变反人民的政策,就需要推进替代政策。”

2月9日,上万人参加了支持罢工护士的游行,导致爱尔兰都柏林陷入停滞。爱尔兰共产党也作为“反对低工资之伞组织”(Communities Against Low Pay umbrella organisation)的一部分参加了示威。

2月13日,南非全国各地工会决定举行全国罢工。南非正因私有化、紧缩和帝国主义而面临政府关门的局面。南非工会大会(COSATU)称这次罢工得到了学校、医院、采矿和纺织等大多数行业工会的支持,罢工的原因是失业和私有化。南非是世界上失业率最高的国家之一。南非共产党(SACP)支持罢工,要求制定一项国家战略来应对严重的失业问题,并在一份声明中称,根据广义的失业定义,南非真正的失业率高达38%,有980万人失业。

2月13日，比利时发生了4年来的首次全国性罢工，全国各地的机场、铁路和医院不得不关闭。三个工会呼吁罢工，抗议工资限制，并对首都布鲁塞尔的交通网络造成了重大干扰。北约各国国防部长当时正在布鲁塞尔开会。工会要求取消目前0.8%的工资提高限制，提高工资1.5%，同时将最低工资提高10%。工会还要求实现就业稳定、工作与生活之间更好的平衡、体面的养老金，并加强社会安全与公共服务。

2月13日，数十万阿根廷人涌上街头，誓将把国家从国际货币基金组织推行的紧缩政策中拯救出来。抗议者警告说，这种政策是在"毁灭国家"。抗议活动中，由工会和其他进步组织组成的联盟提出了"土地、住房和工作"的口号。在阿根廷首都布宜诺斯艾利斯，有超过20万人抗议。全国大多数主要城镇都发生了大规模抗议。

2月15日，位于英国伦敦海格特公墓的马克思墓碑再遭破坏，被恶意涂抹红漆，写满"仇恨教义""种族灭绝"等字样。两周内，墓碑被袭击两次，2月5日，墓碑曾遭锤子打砸。该破坏对墓碑造成了永久性伤害。海格特公墓谴责此行为，称其愚蠢无知。

2月16—17日，为研究各国共产主义斗争的历史教训并交换经验，欧洲共产党"倡议"(European Communist Initiative)的各成员党在土耳其伊斯坦布尔召开了以"为共产主义而斗争：百年政治遗产"(Struggle for Communism：100 Years of Political Heritage)为主题的研讨会。

2月19日，数千人在法国巴黎共和国广场集会反对反犹主义。极右政党之外的各政党都参加了集会。法国共产党领导人法比安·鲁塞尔(Fabien Roussel)、法共欧洲议会选举候选人名单的领导人伊恩·布罗萨特(Ian Brossat)以及法共竞选委员会领导人拉萨纳·巴希利(Lassana Bathily)参加了集会。

2月20日，苏丹港码头工人继续封锁港口，并呼吁国际社会支持他们的行动。苏丹港是苏丹最大的港口城市。5000名永久员工和3万名临时工在苏丹港的码头工作。这次罢工的目的，是抵制该市最大港口南港(South Port)的私有化。

3月2日，《2018—2019世界社会主义黄皮书》发布暨"中国特色社会主义道路与构建人类命运共同体"学术研讨会在京举行。由中国社会科学院世界社会主义研究中心组织编写的《世界社会主义黄皮书》始于2005年，属于国家社科基金特别委托项目、中国社会科学院创新工程学术出版资助项目。该黄皮书对世界范围内的社会主义思潮、理论、运动与制度进行多视角、深层次、全方位的研究与探讨，反映世界社会主义领域发展和研究的最新动态。此次发布的《世界社会主义黄皮书》涵盖学习习近平新时代中国特色社会主义思想、庆祝改革开放四十周年、世界社会主义运动与政党动态、世界格局与资本主义研究等七大方面，是马克思主义研究与探索在新时代的最新成果。

3月3日，西班牙人民共产党中央委员会在马德里召开会议，决定更名为西班牙工人共产党(Communist Party of the Workers of Spain，PCTE)。2017年4月以来，有两个组织以西班牙人民共产党的名义活动，且均为共产党和工人党国际会议的成员。这种情况造成了一些混乱。此次更名为西班牙工人共产党的组织，是欧洲共产党和工人党"倡议"(Initiative of Communist and Workers' Parties of Europe)的成员。该党总书记为阿斯托尔·加西亚(Astor Garcia)，机关报为《新道路》(*Nuevo Rumbo*)，青年组织为西班牙共产主义青年集体(Collectives of Communist Youth)。

3月5日，在起诉肯尼亚政府之后，肯尼亚共产党(Communist Party of Kenya)赢得了使用"共产党"名称和"锤镰"标志的权利。这是对反共主义压迫的一个重大胜利。尽管肯尼亚的同志们一直认为自己是共产党，但由于过去长年处于独裁统治之下，他们不得不把自己称作肯尼亚社会民主党(Social Democratic Party of Kenya)。独裁统治被推翻后，2010年肯尼亚颁布了一部进步的宪法。随着党的发展壮大，2019年1月5日，党代会决定将党名改为肯尼亚共产党。然而，肯尼亚政党注册部门拒绝承认这一新名称和"锤镰"标志。其理由是，肯尼亚是一个新自由主义的资本主义国家，不能允许社会主义和共产主义的政党。肯尼亚共产党将政党注册部门起诉到法院，并在国内和国际层面组织了广泛的抗议运动。这一行动现在取得了成功。

3 月 8 日，在国际妇女节这天，西班牙各地的妇女组织和工会组织了席卷全国的罢工。在西班牙工人委员会(CCOO，西班牙最大工会，100 多万会员)和西班牙劳动者总联盟(UGT，西班牙主要工会，由西班牙工人社会党领导)的支持下，全国 120 个城市和城镇爆发了 1000 多场游行，共有 500 多万女性参加。

3 月 29—31 日，来自地中海地区 21 个国家的 31 个左翼政党的 48 名代表在黎巴嫩首都贝鲁特举行第四届地中海左翼政党会议，此次会议由黎巴嫩共产党主办，过去 8 年间分别在意大利、土耳其和西班牙举行了往届会议。

3 月 31 日，根据土耳其《左翼报》消息，在 2019 年的地方选举中，土耳其共产党候选人法提赫·买买提·马乔卢(Fatih Mehmet Maçoğlu)当选通杰利省(Tunceli Province，旧称德西姆 Dersim)省长。通杰利省成为土耳其历史上第一个由共产党执政的省份。通杰利省的选民总数为 56943 人，总人口超过 8.6 万人。

4 月 1 日，成千上万的德国柏林公共交通工人(柏林运输公司)发动了罢工。这是过去 6 周内交通运输工人发动的第三次，同时也是规模最大的一次罢工。除了之前的公交车司机和技术人员，此次电车和地铁司机也参加了罢工。

4 月 10 日，朝鲜劳动党第七届中央委员会第四次全体会议举行。朝鲜劳动党委员长金正恩主持会议，并在全会上作报告。全会讨论了“在社会主义建设中更高地举起自力更生的旗帜”等议题。

4 月 10 日，全澳大利亚的工人们集会要求改变针对普通民众的政治经济规则，仅墨尔本就有 10 万人游行。工会在 14 个城市和城镇组织集会，以推动“改变规则”运动(Change the Rules campaign)。工会称，自由党(Liberal Party)政府的领导，导致了 30 年来生活水平的最大崩溃，政府需要做出转变，将权力与财富由雇主转移到工人身上。

4 月 10—11 日，“追寻美好生活”中国脱贫成就展分别在比利时布鲁塞尔欧洲议会大厦、荷兰海牙市政厅举行。40 余幅讲述真实脱贫故事的图片，见证了中国为摆脱贫困所作的努力，展示出中国通过教育、文化、旅游、电子商务等途径开展的各项扶贫举措不仅为本国人民带来美好生活，也为世界减贫事业贡献了中国智慧和中国方案。“追寻美好生活”中国脱贫成就展曾于 2018 年 6 月在美国纽约联合国总部展出，此次是首次在欧洲展出。该活动还将在丹麦举办。

4 月 11 日，塞浦路斯劳动人民进步党发表了纪念建党 78 周年的公告。

4 月 11 日，朝鲜第 14 届最高人民会议第一次会议在平壤万寿台议事堂举行。朝鲜最高领导人金正恩出席会议，并再次被推举为国务委员会委员长。朝鲜劳动党中央政治局常委、中央副委员长、组织指导部部长崔龙海向最高人民会议郑重提议，推举金正恩为朝鲜国务委员会委员长，受到全体与会者的支持和赞同。

4 月 13—14 日，澳大利亚共产党中央委员会选举产生了以安德鲁·欧文(Andrew Irving)为总书记、温尼·莫利纳(Vinnie Molina)为全国主席、利兹·胡尔姆(Liz Hulm)和大卫·马特斯(David Matters)为副书记、埃利亚斯·阿莱维佐斯(Elias Alevizos)为副主席的新一届领导集体。

4 月 15 日，美国共产党发布一篇来自其成员贝丝·埃德尔曼(Beth Edelman)关于庆祝美国共产党成立 100 周年的文章。文章指出，美国共产党成立的 100 周年，是美国共产党坚持和运用马克思主义的 100 周年。100 年来，美国共产党一直在不懈地、有意识地、顽强地努力把马克思主义运用于美国工人阶级和被压迫人民的斗争当中。

4 月 18—21 日，西班牙青年共产主义联盟在马德里举行其第十四届大会。大会汇集了来自西班牙各地的 200 多名年轻人。

4 月 19 日，在南斯拉夫社会主义工人党(南斯拉夫共产党)成立 100 周年之际，南斯拉夫地区共产党和工人党协调委员会(Coordination Committee of the Communist and Workers' Parties from the territory of Yugoslavia)召

开了一次国际纪念会议，共有 110 名代表出席。会议地点是 Slavijia 旅馆，这是 100 年前南斯拉夫共产党成立的地方。除了协调委员会各成员党的代表，出席会议的还有俄罗斯联邦共产党、保加利亚共产党等组织的代表。

4 月 25—27 日，第二届"一带一路"国际合作高峰论坛在中国北京举行。中华人民共和国主席习近平出席论坛并发表开幕式演讲。37 个国家元首或政府首脑出席了该次高峰论坛。

4 月 28 日，中华人民共和国主席习近平出席 2019 年中国北京世界园艺博览会开幕式，发表了题为"共谋绿色生活，共建美丽家园"的重要讲话。

4 月 28 日，西班牙举行大选，右翼遭遇惨败，社会主义者在 4 年内赢得了该国的第三次选举，却没有达到多数。此次选民投票率高达 75.8%，比 2016 年的选举增加了 9 个百分点。

5 月 4 日，北京大学"纪念五四运动一百周年"马克思主义在中国的早期传播学术研讨会暨《马藏》首发仪式在京举行。活动发布了由北京大学马克思主义学院组织编纂，系统呈现马克思主义在中国传播、接受和发展的历史文献典籍——《马藏》的第 1 部第 1—5 卷。

5 月 15 日，"亚洲文明对话大会"在中国北京开幕。来自亚洲全部 47 个国家和世界其他国家及国际组织的 1352 位会议代表共同出席大会。会议聚焦"亚洲文明交流互鉴与命运共同体"主题，共商亚洲文明发展之道，共话亚洲合作共赢大计，达成广泛共识并发表《亚洲文明对话大会 2019 北京共识》。中国国家主席习近平出席开幕式，并发表题为"深化文明交流互鉴　共建亚洲命运共同体"的主旨演讲，阐述亚洲文明对世界文明发展的重要意义，提出加强不同国家、不同民族、不同文化交流互鉴的中国主张，深刻阐释中华文明的独特价值。

6 月 1 日，第七届国际共产主义运动论坛在中国贵州省遵义市召开。来自中国国际共产主义运动研究领域的 100 余名专家代表参加了本次论坛，分别围绕"世界社会主义与国外共产党发展新动态""五四运动、共产国际 100 年及其对中国的影响" "新中国 70 年：经验与成就"三个议题展开讨论。本次论坛还发布了《国际共产主义运动发展报告(2018—2019)》黄皮书。黄皮书是由社会科学文献出版社出版的第 1 本有关"国际共产主义运动"的皮书系列。黄皮书由中国社会科学院马克思主义研究院姜辉、潘金娥主编，共包括"总报告""理论聚焦篇""改革发展篇""思潮运动篇""资料篇"五部分内容。

6 月 1—2 日，保加利亚共产党、阿塞拜疆共产党、匈牙利工人党等 30 个共产党组织在俄罗斯莫斯科举行了纪念共产国际 100 周年的科学与实践会议。参加这一会议的各党确认，国际主义就像对任何真正的科学而言一样，不仅是马克思主义的固有内容，更是实现共产主义目标的主要前提和手段。

6 月 2 日，希腊地方选举结束。在第二轮投票中，希腊共产党候选人科斯塔斯·佩雷提迪斯(Kostas Peletidis)以 70.22%的支持率再次当选帕特雷(Patras)市长。佩雷提迪斯是一名医生，于 2014 年当选帕特雷市长，并任职至今。他一直站在工人阶级和人民大众一边，反对资产阶级政府的野蛮措施。

6 月 8 日，为讨论 2019 年第 21 次共产党和工人党国际会议(21st International Meeting of the Communist and Workers' Parties，IMCWP)的组织问题，该会议工作组会议在土耳其伊兹密尔(Izmir)召开。25 个党的代表参加了本次工作组会议。会议决定：第 21 次共产党和工人党国际会议将由土耳其共产党(Communist Party of Turkey，TKP)和希腊共产党(Communist Party of Greece，KKE)共同举办，地点是土耳其伊兹密尔。

6 月 18 日，世界银行集团发布的研究报告显示，"一带一路"倡议全面实施可使 3200 万人摆脱日均生活费低于 3.2 美元的中度贫困状态，使全球贸易增加 6.2%，沿线经济体贸易增加 9.7%，全球收入增加 2.9%。

6 月 20—21 日，阿拉伯各国共产党在黎巴嫩首都贝鲁特举行会议。会议讨论了对抗美国—犹太复国主义计划即所谓"世纪交易"的阿拉伯民族解放运动的动员方式，强调要声援巴勒斯坦人民，并避免引发海湾地区另一场战争的危险。会议谴责了美国的政策——煽动战争和冲突；实施经济制裁以破坏地区稳定；以及对伊朗的军事升级和战争威胁。

6 月 21 日，在韩国首尔法院发出逮捕令后，警方逮捕"韩国民主劳总"(KCTU)主席金明焕，称他是有逃跑风险的危险份子。在过去的3个月里，金明焕和“韩国民主劳总”干部因一项有可能延长工人工时的法案在国会不断与防暴警察发生冲突。随后，韩国工人于7月3日开始进行全国性的抗议活动，并在7月18日举行全国总罢工。

6月25—26日，第七届社会主义国际论坛在中国大连召开，本届论坛的主题是“新时代党的建设与社会主义新发展”。来自越南、老挝、朝鲜和中国的150余位专家学者共聚一堂，围绕加强社会主义国家间交流互鉴、社会主义国家党的建设的理论创新与世界贡献、社会主义国家党的建设的基本经验及教训、社会主义国家党员干部队伍的建设与评价、党的领导核心作用在新时代社会主义各项事业中的体现、马克思主义关于执政党建设理论的创新与发展、反腐败与社会主义改革(革新)新进展等七个问题进行了深入、广泛、坦诚的交流和讨论。

6月29—30日，第15届欧洲共产主义青年组织会议大会在奥地利林茨举行，共有17个共产主义青年组织参会。欧洲共产主义青年组织会议(MECYO)是一项重要的年度倡议，旨在加强在欧洲斗争的共产主义青年组织之间的交流与讨论。今年，该会议由奥地利共产主义青年团与奥地利劳动党联合主办。研讨会结束后，大多数与会组织签署了一项共同宣言。该宣言表示，“欧洲青年的榜样——罗莎·卢森堡和卡尔·李卜克内西被谋杀100年后，我们为反对日益加剧的资本攻击和争取我们的权利和利益而斗争。在整个欧洲，我们可以看到，资本的独裁和垄断毫无疑问地正在显现。”

7月4—7日，“2019年社会主义大会(Socialism 2019 conference)”在美国芝加哥举办。大会的主题是：“不要边界，不要老板，不要两党制”(NO BORDERS，NO BOSSES，NO BINARIES)。大会聚集了来自世界各地的活动家、左翼人士，举办了数十场小组讨论会、讲座和研讨会，主题包括反对种族主义、如何获得性别平等、激进工人阶级斗争和当前的左翼争论等。

7月13—14日，当代世界社会主义专业委员会2019年年会在中国新疆石河子大学召开。会议的主题为“新中国70年与世界社会主义新发展”，近百名专家学者分别就“新中国70年伟大成就的理论、总结世界社会主义事业中的新中国70年、习近平新时代中国特色社会主义思想与21世纪社会主义、世界社会主义新发展理论与实践”四个分议题进行了热烈而深入的研讨。

7月16日，乌克兰宪法法院确认2015年4月9日开始实行的《关于在乌克兰谴责共产主义和纳粹主义的极权政权，并禁止使用其标志》这一法律具备宪法性质。乌克兰共产党称，宪法法院的这一决定不符合乌克兰宪法和人权领域的专家的意见，纯粹是受政治动机驱使。

7月18日，第十届马克思主义中国化学术论坛在大连理工大学举行，来自全国的100余位专家学者参加了本次论坛。本次论坛的主题是“马克思主义中国化与新中国70年”。

7月26—29日，在北约轰炸南斯拉夫20年后，世界民主青年联盟欧洲北美委员会(World Federation of Democratic Youth Committee of Europe and North America)，在贝尔格莱德举办了夏令营。本届夏令营由南斯拉夫新共产党领导下南斯拉夫青年共产主义联盟(Young Communist League of Yugoslavia)主办，口号是：“北约是和平与自由的敌人！北约轰炸南斯拉夫共和国20周年——北约侵占和开始新战争的政治活动。”17个反帝国主义青年组织参加了本届夏令营。

8月16—18日，“中华人民共和国政治发展70年与当代社会主义民主政治新态势”高端论坛暨山东大学当代社会主义研究所2019年学术年会在山东大学青岛校区召开。来自全国的近100名专家学者参加了此次会议。

8月26日，罗马尼亚自由和民主联盟党决定退出由社会民主党主导的执政联盟，持续近3年的两党合作宣告破裂，现政府由此失去议会多数地位。

8月26—27日，中非智库论坛第八届会议在中国北京举行。来自中非双方的政府官员、智库学者、企业代表及媒体人士近400人参加了此次会议。与会代表围绕“落实中非合作论坛北京峰会成果”进行研讨，为构建更加紧密的中非命运共同体建言献策。

9月，曾在2013年以一本《21世纪资本论》在全球创下出版奇迹的法国经济学家托马斯·皮凯蒂(Thomas Piketty)的第二本同样雄心勃勃的新作问世，这部《资本与意识形态》(*Capital et Idéologie*)和前作一样卷帙浩繁，厚达1232页。该书从历史视角深入探究了贫富差距问题，追溯世界各国存在已久的不平等现象，逐个剖析不同社会制度下，主流意识形态如何为不平等现象辩护，赋予其合理性。皮凯蒂在结论中指出：社会不平等从不是经济发展的自然产物，而是基于政治制度的意识形态构建。他提出，在现有的资本主义体系下，应该“大胆设想根本性的制度改革”，尤其是“必须立即停止将私有财产神圣化”。他还提议法国左翼政党建立一种新型的“参与型社会主义”，以减少社会不平等现象，遏制财富过度集中。

9月8日，俄罗斯莫斯科市举行地方选举，225位候选人竞选45个莫斯科市杜马席位。根据俄罗斯联邦选举委员会(Electoral Commission)公布的全国地方选举结果显示，俄罗斯联邦共产党(Communist Party of The Russian Federation)在莫斯科杜马选举中赢得13个席位，新时期的议会席位比2014年增加8个。俄罗斯联邦共产党在莫斯科杜马的人数有所增加，这对俄罗斯联邦共产党来说是一个重大的提升。

9月10—11日，第八届世界中国学论坛在中国上海召开。本届论坛主题为“中国与世界：70年的历程”，契合中华人民共和国成立70周年，以更好地阐释中国与世界的关系。世界中国学论坛由国务院新闻办和上海市政府共同主办，上海社会科学院和上海市政府新闻办联合承办。来自35个国家和国际组织的300多名专家学者参加本届论坛。

9月15日，美国通用汽车公司发生12年以来规模最大的罢工。汽车工人工会宣布全美约4.8万名通用汽车工人于当晚23:59开始罢工，罢工工人来自全美31家通用工厂和21家其他设备公司，遍及全美各地。工人要求公正工资、医疗保障、公司利润分享、工作保障等。

9月15日，俄罗斯联邦共产党代表团开始对中国进行访问。代表团由俄罗斯联邦共产党中央书记、列宁共产主义青年团中央第一书记伊萨科夫率领。代表团成员包括俄罗斯联邦共产党15个地区分支机构的代表。这次访问的主要目的是了解中国建设社会主义的经验和中国共产党的具体情况。

9月17日，以色列举行大选，以色列共产党支持的“共同名单”(Joint List)赢得了所有有效选票中的10.62%，在第22届以色列议会中获得了13个席位，再次成为以色列议会的第三大力量。它上次获得同样的成绩还是在四年半之前——2015年3月首次参选第20届以色列议会时。

9月19日，希腊共产党针对欧洲议会签署的令人愤慨的反共决议发表声明，谴责由人民党、社会民主党、自由党、绿党和保守党改革派等政治团体共同签署的卑鄙反共联合决议。

9月20日，印度左翼政党代表大会在新德里召开。大会指出，由于莫迪政府的裙带资本主义和新自由主义经济政策，印度经济正处于极其严重的类似经济衰退的危机之中。大会要求印度政府增加公共投资以创造就业机会，保证每月1.8万卢比的最低工资，停止公共部门的私有化，提高每月最低养老金等。

9月28日，英国共产党(马列)在伦敦举办纪念中国革命70周年会议，并在官网刊文呼吁世界各地的工人站出来像捍卫自己的自由一样捍卫中国的自由，反对帝国主义统治者最近针对中国的“颜色革命”的企图。

9月30日晚，庆祝中华人民共和国成立70周年招待会在北京人民大会堂隆重举行。中共中央总书记、国家主席、中央军委主席习近平出席招待会并发表重要讲话。他强调，在新的征程上，我们要高举团结的旗帜，紧密团结在党中央周围，巩固全国各族人民的大团结，加强海内外中华儿女的大团结，增强各党派、各团体、各民族、各阶层以及各方面的大团结，保持党同人民群众的血肉联系，大力弘扬爱国主义精神，凝聚成一往无前的力量，推动中华民族伟大复兴的航船乘风破浪、扬帆远航。

10月1日，庆祝中华人民共和国成立70周年大会于北京举行。中共中央总书记、国家主席、中央军委主席习近平发表重要讲话。庆祝大会后，举行了盛大的庆祝中华人民共和国成立70周年阅兵式和群众游行。中共中央、国务院、中央军委颁发"庆祝中华人民共和国成立70周年"纪念章。

10月6日，葡萄牙举行议会选举。据官方最终计票结果，现任总理科斯塔(António Luís Santos da Costa)领导的葡萄牙社会党以较大优势获胜，但未获得议会多数议席。此次选举共有21个政党和政党联盟角逐议会230个席位。根据计票结果，科斯塔领导的葡萄牙社会党获得106个席位，比上次选举增加21席。最大反对党社会民主党获得77席，与上届相比减少12席。现政府的支持者左翼集团和葡萄牙共产党均已表示，愿意同社会党就组阁问题协商合作。

10月7—12日，越南共产党第十二届中央委员会第十一次全体会议在河内举行。会议讨论并递交越共十三大各文件草案、2019年经济社会发展和国家预算执行情况报告、2020年经济社会发展和国家预算计划草案等。越共中央总书记、国家主席阮富仲主持会议并在开幕会和闭幕会上发表讲话。

10月15日，美国国会众议院审议通过了"香港人权与民主法案"。美国国会众议院的这种错误做法，是要公然插手香港事务，粗暴干涉中国内政，也引起了国际社会的谴责。11月4日，美国共产党官方网站《人民世界》刊发IAN GOODRUM撰写的题为"Congressional bill on Hong Kong lays bare U. S.' colonial ambitions"的文章，驳斥了法案的虚伪性，指出该法案非但和香港的人权与民主无关，还暴露了美国的"殖民野心"，是"分而治之"古老帝国战略的最新翻版。

10月18—20日，由土耳其共产党和希腊共产党共同承办的"第21次共产党和工人党国际会议"在土耳其伊兹密尔召开。为了纪念共产国际成立100周年，会议主题被确定为"共产国际成立100周年：争取和平与社会主义的斗争仍在继续!"，58个国家74个党的137位代表出席了会议，土耳其共产党和希腊共产党的总书记分别作了开幕致辞。

10月19—20日，"学习习近平总书记在庆祝中华人民共和国成立70周年大会上的讲话精神"理论研讨会暨中国科学社会主义学会2019年学术年会在上海市委党校召开。来自全国的260余名专家学者参加会议。

10月25日，超过100万智利人在首都圣地亚哥街头游行示威，要求亿万富翁总统塞巴斯蒂安·皮涅拉(Sebastián Piñera)辞职，结束那种使富人更富、穷人更穷的新自由主义政策。此次游行被认为是智利历史上规模最大的一次。

10月28日，中国共产党第十九届中央委员会第四次全体会议在北京召开。中央委员会总书记习近平代表中央政治局向全会作工作报告，并就《中共中央关于坚持和完善中国特色社会主义制度、推进国家治理体系和治理能力现代化若干重大问题的决定(讨论稿)》向全会作了说明。

11月1—2日，"第十届世界社会主义论坛"在中国北京举行。本届论坛主题为"新中国七十年与世界社会主义"。来自中国宣传文化系统、科研单位、高校的200余位专家学者，以及来自德国、俄罗斯、越南、匈牙利、纳米比亚、法国、意大利、美国、古巴、巴西、老挝、日本等国家的近30位专家学者、同志和朋友与会，并围绕论坛主题，深入探讨了四大议题：(1) 中国特色社会主义道路的回顾与思考；(2) 世界社会主义运动的回顾与思考；(3) 新中国与世界社会主义运动相互影响；(4) 习近平外交思想的世界意义。

11月1—3日，在古巴首都哈瓦那召开了第二届"争取民主和反对新自由主义团结大会"，来自95个国家的左翼组织、进步运动、工会、青年和学生联合会的领导人以及知识分子和学者代表共1200多人参加了此次大会。大会讨论了声援古巴、人优先于自由贸易与跨国公司、非殖民化、文化战、战略沟通、社会斗争等六大主题。

11月4日，"世界政党研究中心"成立仪式在山东大学隆重举行。"世界政党研究中心"是由中国社会科学院马克思主义研究院和山东大学马克思主义学院联合发起组建的一个综合性、开放性的研究机构。该中心成立于党的十九届四中全会刚刚闭幕之际，旨在推进世界政党研究，总结世界政党建设经验，推动"中国之治"迈向"大国之治"、"强国之治"。

11月4—5日，日本共产党第八届中央委员会大会召开。中央委员157人，准中央委员49人参加。大会通过了党纲部分修订案。该修订案强调,在发达资本主义的国家努力向社会主义、共产主义前进,是21世纪新的世界历史性课题。

11月5日,“第六届全国国外马克思主义研究论坛”在江苏省徐州市中国矿业大学召开。来自国内高校科研机构,以及德国、俄罗斯等国科研机构的国内外专家学者共200余人参加了本次论坛。

11月8日,美国《行政情报评论》周刊发表德国席勒研究所主席兼创始人黑尔佳·策普-拉鲁什(Helga Zepp-LaRouche)的文章称,西方人不应将中国的崛起视为威胁,而应承认中国在过去40年中取得的前所未有的经济奇迹给人类带来的巨大利益。

11月10日,西班牙再次举行了大选,工人社会党以120席的结果再次成为胜利者,但仍未能获得单独执政所需的众议院绝对多数议席,即176席。11月19日,西班牙共产党提议工人社会党与左翼政治联盟联合执政。

11月15日,伊拉克共产党中央委员会发表声明,明确宣布全面变革的时刻已经到来,必须在该国的前进中展开一个新的阶段,并为建立一个以公民、真正的民主和社会正义为基础的国家开辟道路。此前,自10月以来,伊拉克首都巴格达以及伊拉克中部和南部的十多个省份开始出现大规模人民示威游行活动。参与示威游行的人民表现出对伊拉克当前高失业率、腐败、糟糕的公共服务以及政治当局无力解决生活危机的极度不满,要求消除腐败并推翻政府。随着抗议势头的显著增加,大型示威游行席卷了街头,越来越多的学生和失业者以及各个专业和社会部门的员工参与到示威游行中。这些抗议活动在伊拉克现代历史上是空前的,它是由于对整个政治阶层的不满而自发开始的。

11月20日,多个国家的共产主义青年组织在青年共产国际成立100周年之际签署联合声明。该声明指出,面对国际上对各国人民不利的反动力量,今天世界各地的共产主义青年组织仍需要共同斗争。

11月24日,葡萄牙共产党(PCP)召开中央委员会会议。会议指出,葡萄牙近年来暴露出严重的结构性问题,这些问题是葡萄牙发展严重滞后的根源,是社会党(PS)、社会民主党(PSD)和人民党(CDS)奉行数十年右翼政策所导致的。葡萄牙共产党计划实施一系列具体举措,包括:在2020年4月18日举行葡萄牙共产党全国文化问题会议;在2020年11月27—29日召开第21次全国代表大会。在2020年为纪念列宁诞辰150周年(1870年4月22日)和恩格斯诞辰200周年(1820年11月28日)举办纪念活动等。会议还强调了在2021年纪念建党100周年的重要性和意义,其计划将首先从2020年3月6日在里斯本的卡洛斯·洛佩斯展馆举行庆祝建党99周年纪念活动拉开序幕。

11月27日,《俄罗斯报》发表俄高等经济学院教授、《全球政治中的俄罗斯》双月刊主编费奥多尔·卢基扬诺夫(Fyodor Lukyanov)的文章称,西方输出“民主”使国际环境混乱无序。

11月29日,巴西共产党中央委员会第七次会议在圣保罗召开。巴西共产党总书记卢西亚娜·桑托斯(Luciana Santos)出席会议并作报告,指出在当前的拉丁美洲,各国都正在寻求新的政治和发展计划,巴西共产党需要团结广泛的力量,向正在战斗的人民表示声援。

12月1日,“中国特色哲学社会科学学科创新与学术评价高端论坛”在上海举行。来自全国的著名专家学者、期刊界与转载与评价机构代表以及科研管理部门代表百余人参加此次会议。

12月2—5日,越共中央书记处书记、中央理论委员会主席阮春胜率领越南共产党代表团对日本进行访问并出席越南共产党和日本共产党第九次理论交流会。会议主题为“世界和地区形势:各国的机遇和挑战”。

12月5日,法国迎来24年来最大规模的全国性罢工游行,导致交通全面瘫痪。据法国内政部数据,当天有超过70个城市爆发了游行示威,参与人员总数超过80万人,涉及交通、能源、教育、医疗以及一些政府公共服务部门。导致这次大罢工的直接导火索是法国总统马克龙试图推动养老金改革。在法国生活和工作的希腊共产党(KKE)及其希腊共产主义青年团(KNE)的成员和支持者以及希腊共产党领导的工会组织——全体工人战斗阵线(PAME)的代表团参加了罢工示威。

12 月 6 日，德国社会民主党在柏林召开党代会，正式选举萨斯基娅 · 艾斯肯(Saskia Esken)和诺贝特 · 瓦尔特-博尔扬斯(Norbert Walter-Borjans)为党主席。德国社民党在 2019 年上半年举行的欧洲议会选举和地方选举中失利。此后，为加强党内团结，发动基层党员积极性，社民党首次举行允许全体党员参与表决的党主席选举。11 月 30 日，在德国政坛知名度较低的艾斯肯和瓦尔特-博尔扬斯在第二轮表决中获胜。2018 年 3 月，德国社民党与联盟党组成大联合政府。但社民党内左派认为本党为联合执政所做妥协过多，导致失去选民支持，因此一直主张尽快退出联合政府。

12 月 6—7 日，"中非携手促进可持续发展"国际研讨会在埃塞俄比亚首都亚的斯亚贝巴召开。来自中国和非洲多国重要研究机构的专家学者、政府官员、企业高管、媒体人士及非洲联盟等国际组织代表 300 余人参加研讨会。

12 月 6—8 日，由土耳其共产党组织的"关于社会主义未来与规划"研讨会在土耳其首都安卡拉召开。研讨会在"科学与启蒙学院"的支持下在中东技术大学(METU)举行，有 300 多名学者、大学生和工人参加会议。"科学与启蒙学院"是由土耳其共产党发起的一项倡议，旨在传播科学的辩证唯物主义和历史唯物主义方法，组织自然科学和社会科学不同领域的工作者，建立一门造福于人民而不是造福于资本的科学。

12 月 7 日，"中国道路的本质内涵及其当代意义"全国高端学术研讨会在兰州大学举行。来自全国的 120 余位马克思主义理论专家围绕会议主题展开深入研讨。

12 月 7 日，"第十一届中国特色社会主义论坛暨中国马克思主义论坛 2019"在北京中央党校(国家行政学院)隆重召开。本次论坛聚焦学习贯彻党的十九届四中全会精神，主题为"坚定制度自信，提升治理能力"。来自全国的专家学者，中央党校(国家行政学院)部分在校学员、教师和研究生，约 500 人参加了论坛。

12 月 9 日，欧洲共产党会议在布鲁塞尔召开，来自 32 个国家的 33 个共产党和工人党出席了会议。会议主题是"欧洲共产党和工人党反对反共产主义，反对欧盟及其政府篡改历史，支持把劳工运动作为实现社会主义和推翻资本主义野蛮制度的必要前提"。

12 月 15 日，英国工党领导人科尔宾(Jeremy Corbyn)在英国《星期日镜报》发表的一封信中写道："我很抱歉，我们做得不够，对此我承担我的责任。"这封信的起因是，在 12 月 12 日举行的选举中，保守党赢得了全部 650 个席位中的 365 席，已超过单独组阁所需的 326 席。而工党只赢得 203 席。舆论认为，此次选举是自 1987 年以来保守党以最大优势获胜的议会下院选举，也是工党自 1935 年以来的最大失利。科尔宾在选举惨败后受到党内的猛烈批评。他已经表示，经过一段时间的反思后，他将辞去工党领袖一职。选择接替人选的流程将于明年初开始，但一些人要求科尔宾立即辞职。美联社分析其失利的原因时认为，科尔宾的政策并没有激起选民们的热情，他们已经厌倦了 3 年多来围绕英国"脱欧"的政治争论。

12 月 28—29 日，中国国际共运史学会 2019 年年会暨"新中国成立 70 周年和世界社会主义"学术研讨会在湖南吉首召开。来自全国的 150 余位专家学者参加了会议。

(马 庆 选编)

后 记

《世界社会主义研究年鉴》(2019年)终于在2020年这一特殊的年份同大家见面了。由于受突如其来的新冠疫情影响，以及本刊工作团队调整，致使出版有所延迟。

这份年鉴从2013年首次出版算起，迄今已经是第8个年头了，它始终秉承这份编著的主旨和初心，即着力选取本年度国内外世界社会主义研究中具有权威性、前沿性和代表性的研究成果，试图对当今世界范围内的社会主义思潮、理论、运动与制度作多视角、深层次的观察和思考，反映世界社会主义研究领域的最新研究动向。现在这份年鉴已经成为国内学术界和决策界把握世界社会主义前沿问题必备的参考文献之一。

2019年度的年鉴还是继承往年的正文和附录两大板块结构，只是这两大板块各自的专栏安排有所调整：正文板块开设年度热点专论、马克思主义经典文献解读、当代资本主义纵览、世界左翼运动现状、社会主义思想史新探、中国特色社会主义研究等6个专栏；附录板块开设新书博览、英国社会主义年鉴目录、中文文献索引、外文文献索引、大事记等5个专栏。选编的稿件来源广泛，包括境内外报刊、主要思想库和学术机构重要的资讯。

这本年鉴的正文板块专栏的编者安排："年度热点专论"由马庆选编，"马克思主义经典文献解读"和"中国特色社会主义研究"由陈祥勤选编，"当代资本主义纵览"由马丽雅选编，"世界左翼运动现状"和"社会主义思想史新探"由来庆立选编。附录板块的专栏编者安排："新书博览"由林颖峰选编，"英国社会主义年鉴目录"由马丽雅选编，"中文文献索引"由王鑫选编，"外文文献索引"由来庆立选编，"大事记"由马庆选编。

在此，由衷感谢本年鉴各位编委老师尤其原主编潘世伟教授、徐觉哉研究员的大力支持，感谢选录稿件的作者以及相应期刊的支持与配合，感谢上海社会科学院出版社董汉玲编辑的倾情奉献，还要感谢上海社会科学院在读研究生高妍同学在年鉴文献选编过程中所做的大量前期工作。

2020年2月

图书在版编目(CIP)数据

世界社会主义研究年鉴. 2019 / 上海社会科学院中国马克思主义研究所、上海社会科学院国外社会主义研究中心编 .— 上海 ：上海社会科学院出版社，2020
ISBN 978 - 7 - 5520 - 3288 - 8

Ⅰ. ①世… Ⅱ. ①上… Ⅲ. ①社会主义—研究—世界— 2019 —年鉴 Ⅳ. ①D507 - 54

中国版本图书馆 CIP 数据核字(2020)第 151907 号

世界社会主义研究年鉴(2019)

编　　者：上海社会科学院中国马克思主义研究所
　　　　　上海社会科学院国外社会主义研究中心
责任编辑：董汉玲
封面设计：黄婧昉
出版发行：上海社会科学院出版社
　　　　　上海顺昌路 622 号　邮编 200025
　　　　　电话总机 021 - 63315947　销售热线 021 - 53063735
　　　　　http://www.sassp.cn　E-mail:sassp@sassp.cn
排　　版：南京展望文化发展有限公司
印　　刷：上海新文印刷厂
开　　本：787 毫米×1092 毫米　1/16
印　　张：38.75
插　　页：2
字　　数：843 千字
版　　次：2020 年 5 月第 1 版　　2020 年 5 月第 1 次印刷

ISBN 978 - 7 - 5520 - 3288 - 8/D · 592　　　定价：168.00 元